中国口岸年鉴

（2006年版）

中国口岸协会编

中国海关出版社
2006年12月

图书在版编目（CIP）数据

中国口岸年鉴．2006年版/中国口岸协会编．—北京：中国海关出版社，2006.12
ISBN 7-80165-380-7

Ⅰ．中…　Ⅱ．中…　Ⅲ．通商口岸—中国—2006—年鉴　Ⅳ．F752－54

中国版本图书馆CIP数据核字（2006）第138945号

书　　名：中国口岸年鉴（2006年版）
编　　者：中国口岸协会
责任编辑：孙　红　沈楚铃
出版发行：中国海关出版社
地　　址：北京市朝阳区东土城路14号（100013）
电　　话：中国口岸协会 010-65195917
印　　刷：中煤涿州制图印刷厂北京分厂
版　　本：2006年12月第1版　2006年12月第1次印刷
开　　本：889毫米×1194毫米　1/16
印　　张：57.5印张
字　　数：1380千字
定　　价：300.00元

《中国口岸年鉴》编辑委员会

编 写 说 明

一、《中国口岸年鉴》是由中国口岸协会组织编纂的、新中国诞生以来第一部全面记录中国口岸状况的编年书，是一部具有权威性的大型资料性工具书。年鉴系统、真实地记录了中国 29 个省、自治区、直辖市（宁夏和青海尚无口岸）2005 年口岸运行、发展、改革和取得成绩的整体情况。年鉴向广大读者展示了改革开放以来中国向世界敞开大门的成就。

二、本年鉴采用条目体结构，分省、自治区、直辖市编纂，点面结合、条块结合，记载了口岸各查验部门的主管部委 2005 年的工作综述，逐个记载了各省级和大连、青岛、宁波、厦门、深圳等 5 个计划单列市口岸委、办 2005 年的工作综述，以及口岸各主要查验部门的工作综述，辅以必要的图表。主要内容还包括：2005 年新颁布实施的有关口岸工作的法规，口岸各类统计数据。

三、本年鉴引用的各类数据和资料，截至 2005 年底。全国进出口贸易统计资料，由海关总署综合统计司提供。其他统计数据，分别来自海关、边检、检验检疫和各省级口岸办公室。由于各部门职能不同、统计口径、范围和方法亦有所不同，因此书中有些数据不尽一致。

四、台湾省、香港特别行政区和澳门特别行政区口岸资料和统计数据暂缺，特向广大读者致以歉意。

五、本年鉴的稿件资料，主要由各有关部委、各省、自治区、直辖市口岸办公室提供。年鉴在编辑过程中，得到海关总署、公安部、国家质检总局、交通部、各地口岸办公室、各直属海关、以及长期在口岸工作的老领导和专家的大力支持与合作，在此向他们表示诚挚的感谢！

六、本年鉴在全书体例、资料收集等方面都还有许多不尽如人意之处。加之编辑水平有限，疏漏或瑕疵在所难免，敬请广大读者予以批评指正。

中国口岸协会
2006 年 10 月

序

口岸是国家的门户。党中央、国务院历来十分重视口岸工作。改革开放以来，为满足日益增长的对外经贸、人员往来的需要，国家投入了大量人力物力进行口岸建设，已经形成沿海沿江水运、航空和内陆边境立体化的开放口岸体系。口岸开放与全方位、宽领域、多层次的对外开放格局基本相适应，为促进对外经济贸易和国际交往的发展起到了重要的保障作用。

当前，进一步提高口岸工作效率的要求更为紧迫。经济全球化对口岸工作必然会提出更多更高的新要求，为适应参与国际竞争的需要，我国口岸工作要全面贯彻“三个代表”重要思想，落实十六大提出的“发展要有新思路，改革要有新突破，开放要有新局面，各项工作要有新举措”的要求，结合我国口岸工作的实际，紧紧围绕提高口岸工作效率，加快通关速度，处理好把关与服务的关系，为促进对外经济贸易和国际交往发展作出新贡献。为提高口岸工作效率，国务院曾在深圳进行口岸管理体制改革试点。1998 年政府机构改革，对口岸管理体制作了重大调整。2001年，国务院办公厅为推广口岸电子执法系统和提高口岸工作效率相继发出了两个文件。今年5月，国务院批准海关总署等8部门在上海召开了提高口岸工作效率现场会。我国口岸要通过建立“大通关”机制，提高工作效率，改变传统管理模式，整顿和规范进出口秩序，促进口岸管理各部门转变职能、改进服务、提高管理水平，形成适应我国社会主义市场经济发展需要的新的口岸管理和运行机制，提供与发达国家相类似的口岸通关服务。

中国口岸协会从新世纪开始组织编撰《中国口岸年鉴》，是一件很有意义的工作。它不仅直接记录口岸管理运行的资料和数据，而且是在我国加入“WTO”以后，书写中国口岸深化体制改革、努力提高工作效率、为“大通关”服务的历史。

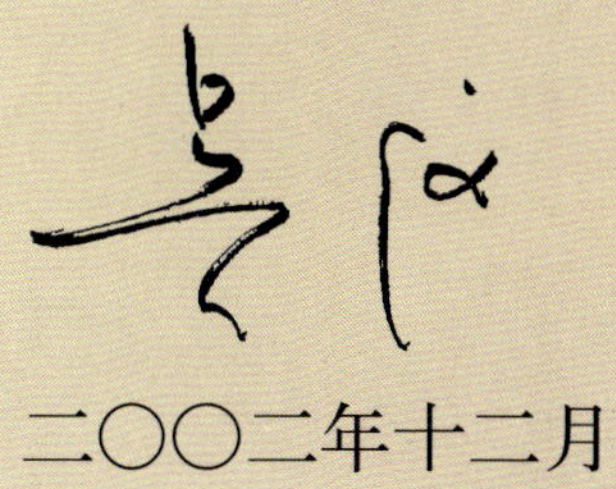

二〇〇二年十二月

中信21世纪

服务"大通关"建设

再创企业之辉煌

中国电子口岸
China E-Port

中国电子口岸是在国务院领导的推动下，由15个部委共建的公众数据中心和数据交换平台。它依托国家电信公网，实现工商、税务、海关、外汇、外贸、质检、银行等部门以及进出口企业、加工贸易企业、外贸中介服务企业、外贸货主等单位的联网，随时供国家各行政管理部门进行跨部门、跨行业、跨地区的数据交换和联网核查，并向企业在通关、物流、商贸等方面提供实时在线服务。

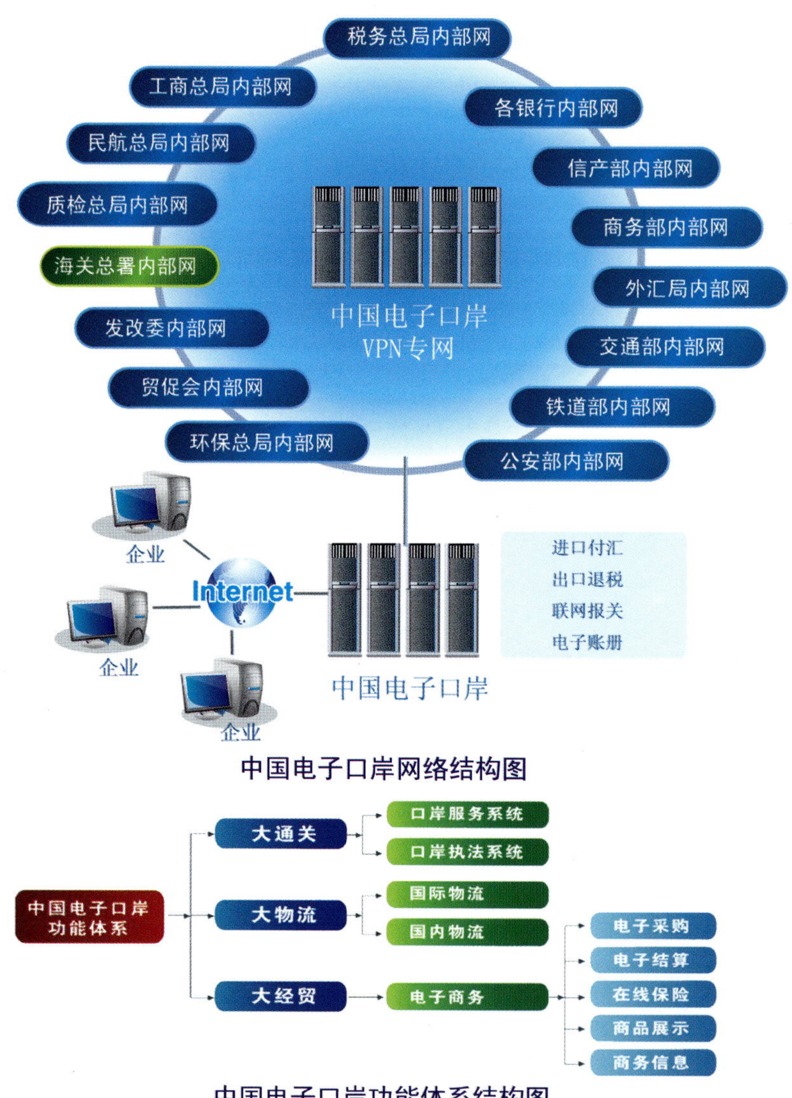

中国电子口岸网络结构图

中国电子口岸功能体系结构图

吴仪副总理出席地方电子口岸建设现场会

截至2006年9月——

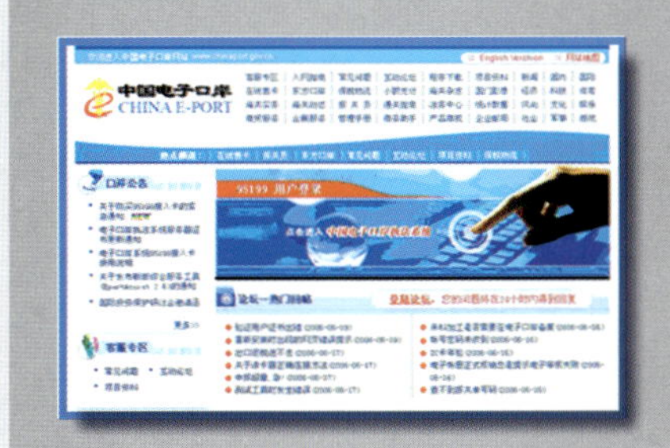

中国电子口岸门户网站

- 中国电子口岸已有42个口岸电子执法项目在全国推广应用；
- 在中国电子口岸的 15个发起单位中，有10个部门全部实现了联网应用；
- 中国银行、中国工商银行、中国农业银行、交通银行、招商银行等13家商业银行先后与中国电子口岸联网；
- 中国电子口岸入网企业达31万余家，每日处理电子单证数量达70万笔；
- 中国电子口岸网站每日点击率超过700万次；
- 电子口岸依托电信公网，在北京、上海、深圳等大城市设立了中心节点，已实际开通110余个；
- 通过专线、宽带或拨号接入的方式，中国电子口岸实现了全国范围的网络覆盖。

全国地方电子口岸建设现场会会场

2005年11月22日，“全国地方电子口岸建设现场会”在宁波召开。会上，吴仪副总理强调，建设电子口岸是国务院做出的重大决策，是提高政府行政执法效能的需要。为适应我国加入世界贸易组织“后过渡期”的新形势，必须进一步加快电子口岸建设，全面推进大通关制度，提高口岸工作效率，促进我国开放型经济发展。

中国电子口岸的快速发展和取得的巨大成绩，是与党中央、国务院的正确领导，与各有关部门的大力支持和共同参与、各地方政府积极推动分不开的。今后，中国电子口岸将继续坚持“以服务为宗旨，以促进为目的，以需求为导向，以合作促发展”的指导思想，积极落实“三个统一”的建设原则，使口岸执法管理更加严密高效，使企业进出口通关更加有序便捷，为国家外贸事业发展做出更大贡献！

中国电子口岸

——作用及应用项目举例

电子口岸的建设与推广，适应了我国对外贸易的需要，在打击走私、骗汇、骗退税，规范进出口秩序和企业行为，提高行政执法效率，推进口岸大通关和电子政务建设等方面发挥了重要作用。

一、遏制走私、骗汇、骗税等违法犯罪活动，为规范社会主义市场经济秩序发挥了积极作用。

举例1：进口报关单联网核查项目

1998年海关总署与外汇管理局联合开发的进口报关单联网核查项目，1999年1月投入使用后迅速改变了我国外贸顺差不顺收的情况，有效遏止了“三假”走私（假单证、假批文、假印章）、逃套汇、骗退税等违法犯罪活动。项目推广前的1998年，我国外贸顺差435亿美元，而外汇顺收仅有48亿美元，项目推广后的1999年，外贸顺差和外汇顺收基本实现同步增长。同时，由于严密了外汇管理，切断了走私的资金流，走私活动受到遏制，海关税收连年大幅增收。

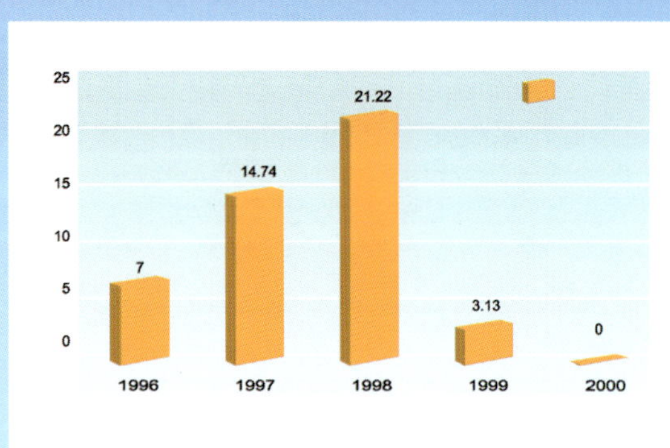

“三假案”减少

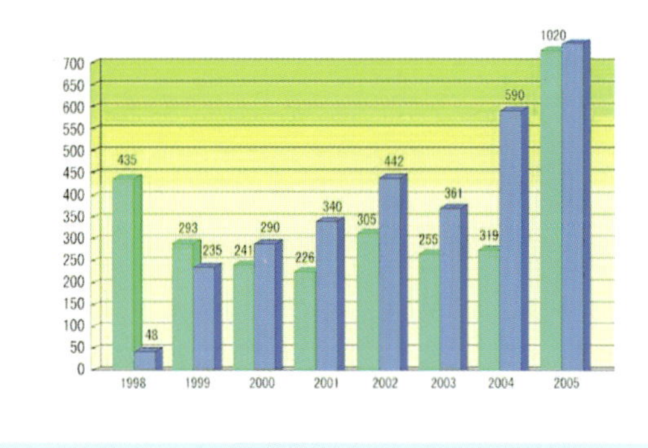

顺差顺收趋于平衡

举例2：进口增值税联网核查项目

2004年，海关总署与税务总局合作开发了“进口增值税联网核查”项目，实现了国家税务总局与海关总署的数据交换，解决了利用假进口增值税专用缴款书骗取税费抵扣的问题。当年，在该系统投入运行前的1至8月，各地海关协助税务机关共甄别出伪造的进口增值税专用缴款书4972份，涉及抵扣金额7.89亿元。8月份该系统投入运行后，伪造进口增值税专用缴款书的情况迅速减少，从11月起，基本上杜绝了此案件的发生。

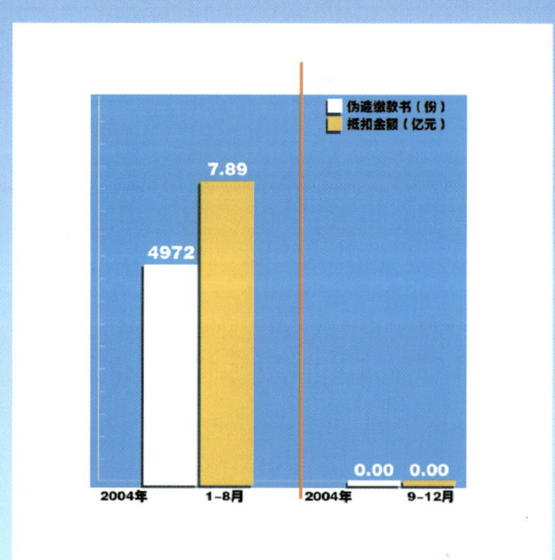

系统上线前后比对

二、电子口岸的推广应用有效提高了通关效率，降低了企业通关成本，提高了企业的国际市场竞争力。

积极推动电子口岸建设，实现企业“网上报关”，方便企业办理进出口环节的各种手续，是促进贸易便利化的重要举措之一。实践证明，电子口岸的推广应用，有效地加快了企业通关效率，降低了企业通关成本，提高了企业国际市场竞争力。

举例1：公路口岸自动核放系统

公路口岸自动核放系统自2003年1月在深圳正式投入运行后，车辆进出境海关通关时间由原来的3、4分种，缩减到5秒种。现在香港到深圳每日货运量4万辆车次，其中90%是货柜车，每辆车的平均通关速度是5秒钟。

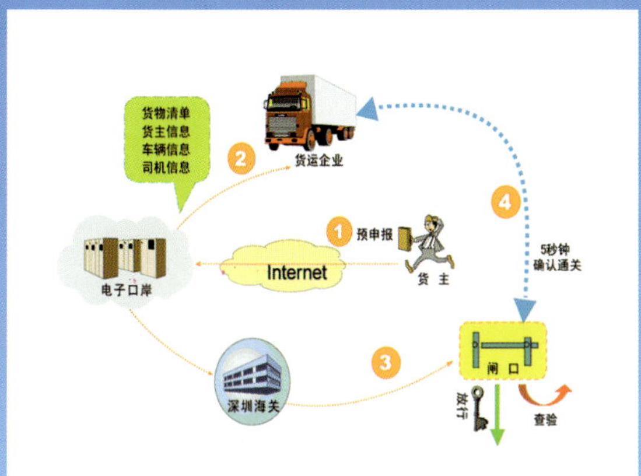

公路口岸自动核放系统流程图

举例2：加工贸易联网监管项目

电子口岸加工贸易联网监管项目的开发应用，适应了即时生产、零库存等现代生产、现代物流方式的需要，使企业在日趋激烈的国际市场竞争中掌握了主动。以苏州华硕电脑公司为例，短短几年时间，其年出口额由十几亿美元达到120亿美元。以前，企业办理手续采用传统纸质手册效率低，耗时长，企业只敢接7天以上交货的订单。实施联网后手续在网上就能完成，大大提高效率，企业可以承接1天交货的订单，生产能力充分发挥。以前，华硕有相当一部分生产基地在台湾、韩国，联网后，全搬到了苏州。目前，实行联网监管的加工贸易进出口额已占我国加工贸易进出口额的41.5%。

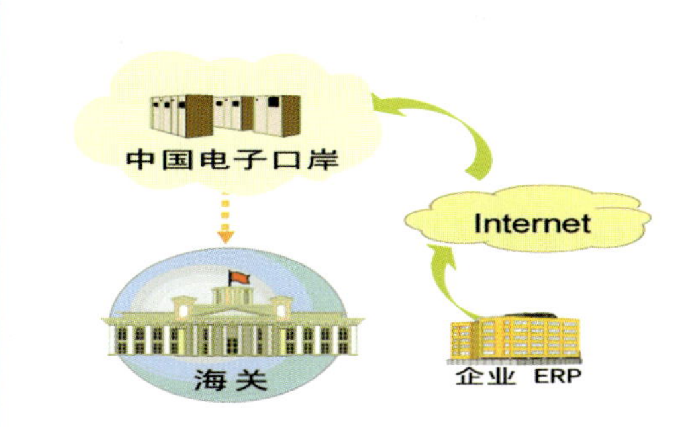

加工贸易联网监管系统基本流程图

三. 电子口岸推动了跨部门信息化建设，初步建立了大通关统一平台，既方便了广大企业，又提高了行政效率。

电子口岸在开发过程中充分利用现有网络资源和信息资源，逐步形成了应用覆盖面广、信息交换数据量大、应用效果明显的进出口管理数据处理中心，为对外经济贸易、运输、仓储、金融、保险等跨部门、跨行业、跨地区的管理和服务提供了统一的应用平台。据统计，电子口岸运行以来，在电子口岸平台上的网上办事量已达到2.14亿件；其中，仅2004年一年就达到8967万件，包括审核进出口货物报关单1510万票，核发核销单2200万票，审核进出口快件1640万票，签发出口退税报关单1584万票，等等。大通关统一平台的建立，既方便了广大企业，又提高了行政效率。

举例1：铁路口岸信息系统平台项目

铁道部、公安部、质检总局与海关总署合作开发的“铁路口岸信息系统平台”，实现了铁路运输、海关、边检、质检等部门数据交换，这一系统在满洲里、阿拉山口、二连、绥芬河等4大铁路口岸运行后，每辆国际列车滞站时间平均减少了12小时。仅此一项，平均每天可为企业节约费用7.17万元，每年节约2600万余元。

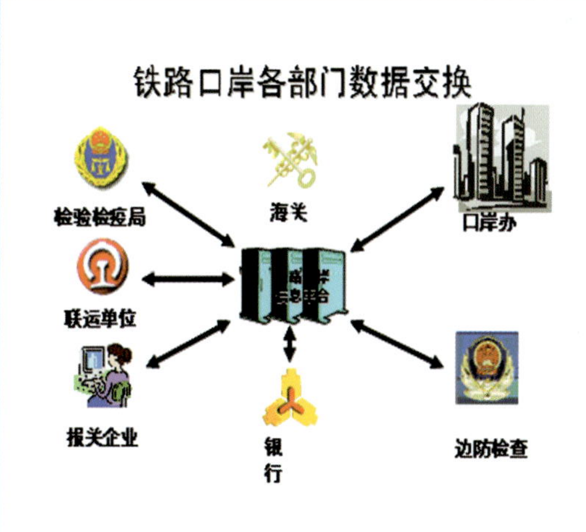

铁路口岸各部门数据交换图

东方口岸科技有限公司
East Port technology Co.,Ltd

一、公司概况

东方口岸科技有限公司是专业从事电子政务、电子商务增值服务的高新技术企业，其投资方为中国电子口岸数据中心、中国电信集团公司与中信21世纪电讯有限公司。

作为中国电子口岸数据交换平台以及电子口岸专网的唯一设计者、建设者及维护运营商，公司自成立以来，一直以“中国电子口岸”各应用项目的开发与推广为业务核心，运用现代信息技术，借助国家电信公网资源，设计并建立统一、安全、高效的电子口岸公共数据平台，实现数据共享和数据交换，使国家各行政管理部门可进行跨部门、跨行业、跨地区联网数据核查，方便进出口企业用户在网上办理各种相关业务。

在电子政务领域各应用项目开发与推广的基础上，公司面向企业用户提供电子商务应用解决方案。其服务项目主要为高性能应用软件研发、各类IT应用咨询及外包托管服务，服务对象包括政府各行政管理部门、各大银行、保险公司、物流公司，以及全国500多万家进出口企业。

二、核心业务

电子口岸数据交换平台

——集中存放进出口企业信息流、货物流、资金流的电子数据，为国家行政执法部门提供电子数据交换和联网核查服务，为企业提供网上报关、结付汇核销、出口退税、网上支付等实时在线服务。

数据安全交换平台

——为用户提供统一的、本地化的安全与认证服务，建立分层次的数据交换系统，提高数据传输效率，实现电子口岸身份认证与数据交换的标准化管理。

物流信息化解决方案

——将物流监控和数据监控有机结合，依托数据智能化管理，对进出园区货物、园区内仓库及通关过程等实施全方位的监控。

小额支付平台

——基于电子口岸专网而构建的服务平台，为企业、个人用户在线支付、资金划转提供了一个便捷、高效、安全的通道，是银行结算服务的“综合服务柜台”。

互联网数据中心（IDC）

——依托高稳定、高带宽的电信基础网络资源，为企业用户提供以服务器托管为主的综合服务业务，机房内计算机系统安全、稳定、可靠的运行，保证各类信息通讯畅通无阻。

短信查询服务平台

——依托中国移动集团公司的短信平台，通过短信订制服务和用户查询服务两种方式，随时把业务单证数据回执状态的最新信息发送至企业用户的注册手机上，从而使企业及时获得业务单证的处理结果。

地方电子口岸平台

——以中国电子口岸为基础，整合各地口岸、物流以及其他公共信息资源，打造充分体现地方特色的口岸平台。主要包含中国电子口岸执法系统、通关信息查询服务系统、海运单管理系统、企业风险查询系统等业务系统、企业服务类的公共服务信息系统以及网站后台管理维护系统。

三、展望未来

几年来，东方口岸科技有限公司逐步发展，形成了独有的资源优势与客户优势。公司与中国电信、中国网通等电信运营商均保持紧密的合作关系，在网络平台保障及移动业务应用领域，具有独特优势；公司运行维护的电子口岸平台联结着众多政府机关及进出口企业，形成了跨行业、跨地区、跨部门的高效服务平台，能够同时满足多种业务的运行并有力地保障了大量资讯信息的交流；此外，公司拥有强大的技术研发队伍，为企业提供应用软件、网络、数据平台集成等各个方面完善的解决方案。

凭借这些优势，公司吸引了众多全球知名IT企业的战略加盟，建立了广泛合作和长期战略伙伴关系。通过与SAP、IBM、BEA、ORACLE、SUN、DELL等跨国企业的资源整合及产品合作，公司积累了丰富的企业信息化应用实施的经验，提升了公司国际竞争力。

公司在大力发展业务、积累丰富行业经验的同时，还拥有完善的服务保障体系，为企业提供网络、声讯等在线服务支持、7X24小时网络实时监控和技术支持等服务。

展望未来，东方口岸科技有限公司将继续肩负政府赋予的使命，秉承“博采无穷智慧，引领科技创新”的经营理念，通过提供安全、高效、全面的电子政务和企业电子商务应用服务，为推进我国流通领域的信息化建设做出更大贡献！

东方口岸科技有限公司副总裁王玉琦在“东方物流频道”开通仪式上致辞

为了积极有效的推广海关联网监管项目，2004年11月30日，东方口岸科技有限公司在广东江门主办的“海关联网监管与企业信息化研讨会”

东方口岸科技有限公司积极参与物流信息化建设中

“全球眼”在电子通关中的高效运用

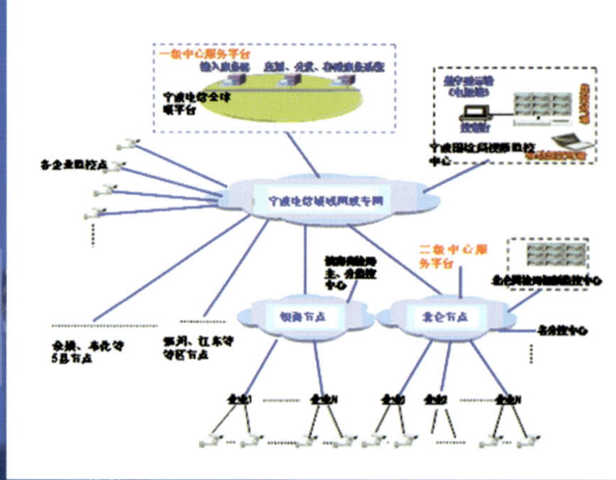

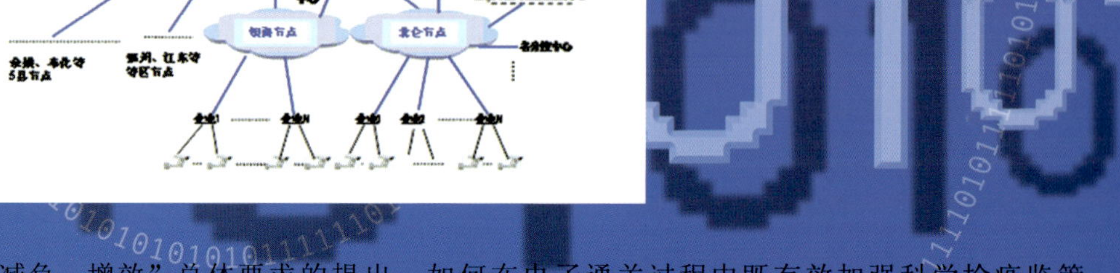

随着国家大通关工程“提速、减负、增效”总体要求的提出，如何在电子通关过程中既有效加强科学检疫监管，又显著提高工作效率，同时便利社会各方群众，已成为国家质量监督检验检疫部门关注的热点。

过去，我国出入境检验检疫管理电子监管力度相对薄弱，大量依靠手工操作，不能满足多层监管、历史数据追溯、现场检验与复查审核统一等高效工作要求，整体检疫管理效率不高，并给一些不法分子以可乘之机，造成国家一些不必要的损失。随着中国电信“全球眼”视频监控业务在浙江、广东等地的成功实践，电子监管在通关检疫过程中发挥了良好的科学管理与服务作用，有效地克服了以上弊端，成为电子大通关的有力助手，获得了各有关方面的充分肯定。

2005年11月21日，国务院吴仪副总理在视察宁波出入境检验检疫局过程中，高度赞扬了中国电信“全球眼”在出入境检验检疫中发挥的重要作用，并希望在全国各口岸推广实施。

吴仪讲话

吴仪视察

一、宁波出入境检验检疫局简况

宁波是我国最早开放的14个沿海开放城市之一，也是浙江地区重要的动植物产品出入境口岸。宁波出入境检验检疫局是主管宁波地区出入境卫生检疫和动植物检疫，以及进出口商品检验、鉴定、认证和监督管理的行政执法机构，隶属国家质量监督检验检疫总局领导，在宁波地区10多个县（市）及重要口岸均设有检验检疫机构，但由于面广量大，出入境检验检疫管理一直不能满足发展需求。

二、中国电信“全球眼”在宁波的应用

2005年，宁波出入境检验检疫局利用中国电信“全球眼”业务，搭建了包括注册平台、管理平台、图像分发和存储平台等在内的完整视频监控应用系统。首期在8个重点分局开展试点，通过该系统在进口口岸、码头、仓库、装卸点等地对重点敏感商品实行全天候视频信号采集，同时，将信号传输给宁波检验检疫局及各分支局，实现同步监控。近期将在宁波检验检疫系统全面推广，预计将有2000个视频监视点。

三、行业应用效果

1、实现了对进口货物的严密监管，堵住了进口商品现场查验工作中可能出现的漏洞，确保进口敏感商品的安全、卫生、健康、环保。

2、达到提速、减负、增效、严密监管的目标，实现了现场检验与后续复查、审核同步进行，多层查验监督，有效规范了检验检疫的管理和查验程序，大大缩短检验检疫周期，提高了通关速度。

3、为检验检疫查验提供了可靠的数据管理，可追溯历史记录，既保护当事人合法权益，也规范了检验检疫人员工作行为。

4、加强了集装箱场站管理，有力促进和推动了地区口岸公共电子平台的构建。

5、从源头上实现了对出口企业的电子监管，达到对出口的食品、动植物、机电产品的生产、流通全过程的监控。

中国电信大客户事业部：
服务咨询电话：4008105518
地址：北京市西城区金融大街31号
邮编：100032
网站：www.ct1000.com

SINOSURE 中国出口信用保险公司
China Export & Credit Insurance Corporation

信用管理咨询服务

中国出口信用保险公司总经理 唐若昕

中国信保承保国外大型电站项目

中国信保承保的马尾700箱船下水剪彩仪式

中国出口信用保险公司（简称中国信保）是由国务院批准成立的国有独资企业。它的主要任务是积极配合国家外交、外贸、财政、金融等政策，为企业开拓海外市场提供收汇风险保障，并在信息咨询、应收账款管理等方面为企业提供快捷、完善的服务。

中国信保资信评估部（SINORATING）的职能是为客户提供信用评级和信用管理咨询服务，帮助客户防范各种商业风险，全面提升企业竞争力和赢利能力。目前SINORATING的客户涵盖了海外信用保险机构、大型跨国企业、国内生产和贸易企业等多种性质的市场主体。

SINORATING拥有500多万家中国企业和800多万家国外企业数据库该数据库规模将随着中国信保的业务发展而日益庞大。

目前主要产品类别如下：

1、工商企业资信报告

1）中国境内企业资信标准报告和VIP报告

标准报告包含注册信息、经营信息、财务信息、银行信息、诉讼信息等，VIP报告在标准报告内容基础上增加被调查企业的发展前景分析和行业分析。

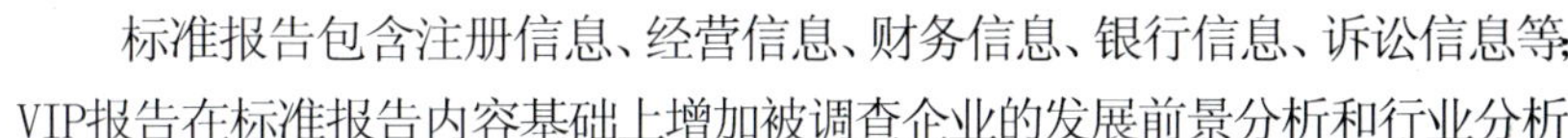

2）海外企业资信报告

SINORATING利用覆盖全球的40多个征信渠道为中国信保提供海外企业信息，同时为其他客户提供海外企业资信报告。

2、行业市场研究报告

SINORATING以行业市场研究报告的形式为客户提供海内外投资可行性研究、产品现状与市场潜力调查和市场占有率预测分析等多种调查服务。为客户拟定营销策略和信用管理政策提供信息基础。

3、企业信用管理咨询和培训服务

SINORATING为客户量身定做信用管理和评级系统，提出风险建议计划书。并为客户提供债权保障，应收账款回收管理等服务。

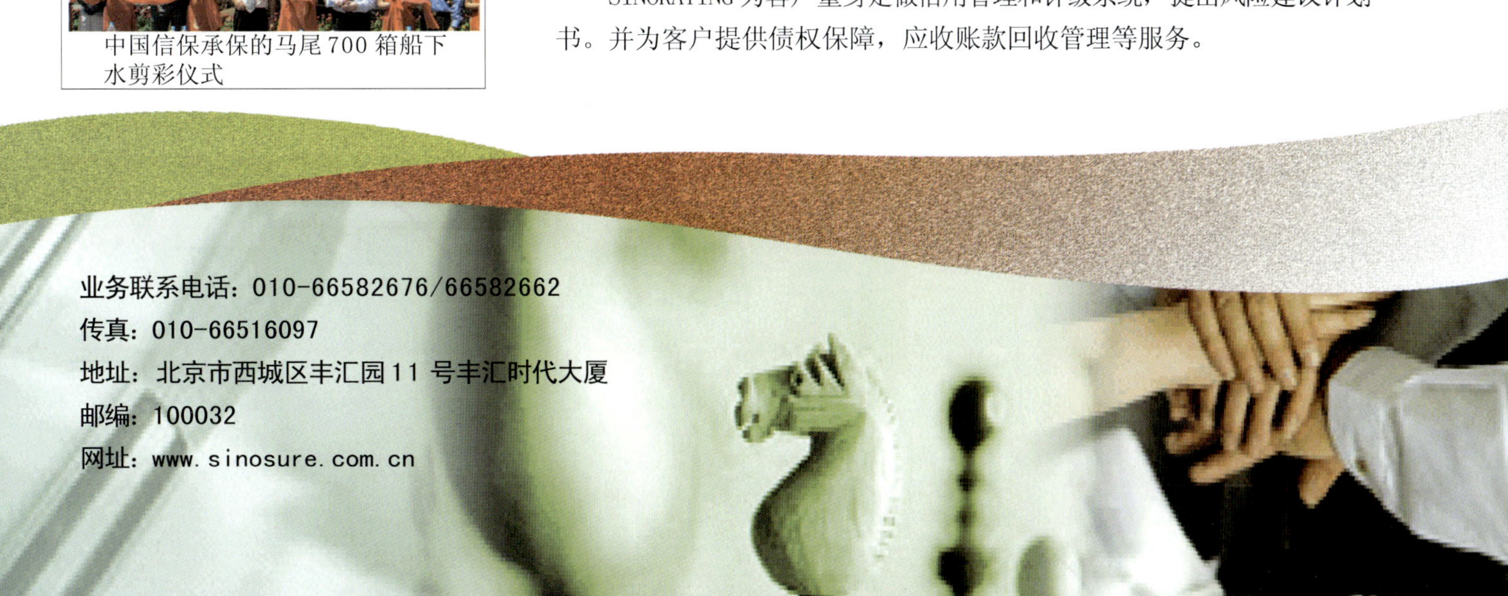

业务联系电话：010-66582676/66582662

传真：010-66516097

地址：北京市西城区丰汇园11号丰汇时代大厦

邮编：100032

网址：www.sinosure.com.cn

北京中盾安民分

FISCAN

一、单位简介

以“神盾”、“FISCAN”为注册商标的北京中盾安民分析技术有限公司，暨公安部第一研究所安检技术事业部，是具有进出口经营权和自主知识产权、长期致力于为公安业务和社会公共安全部门提供产品、工程和技术服务的技、工、贸相结合的高新技术企业。它以时刻关注高科技犯罪的现状及未来的趋势为重任，不断推出最新技术的FISCAN系列安全检查产品，为全社会的安全提供全套解决方案和技术保障。

公司通过了ISO9001质量管理体系认证、ISO14001环境管理体系认证和OHSMS职业健康安全管理体系认证。

昌平基地外景

认证证书

二、FISCAN系列X射线安全检查设备

①19种机型安全检查设备获民用航空安全检查设备使用许可证

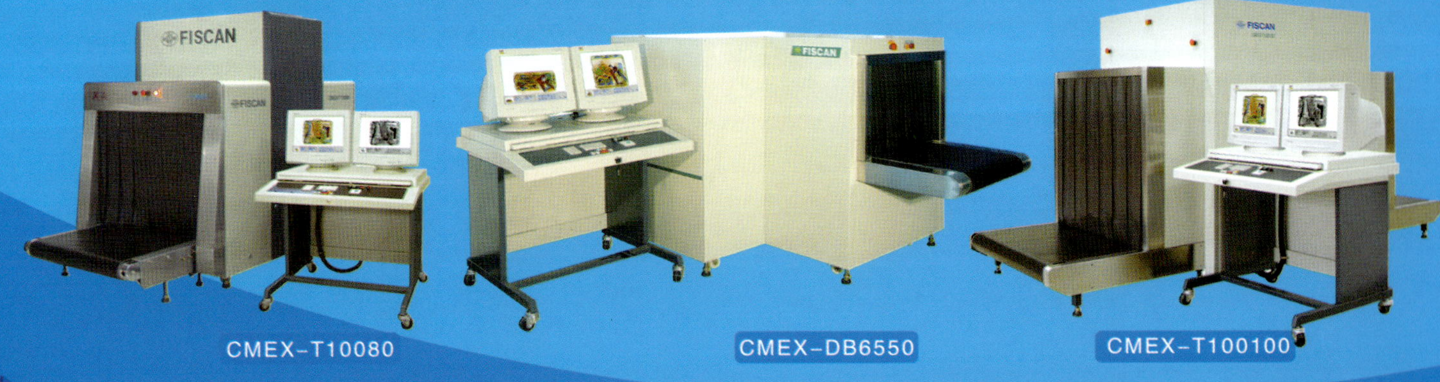

CMEX-T10080 CMEX-DB6550 CMEX-T100100

②EDS-T10065、EDS-T10080爆炸物自动探测设备通过了美国TSA/FAA技术认证和产品认证。

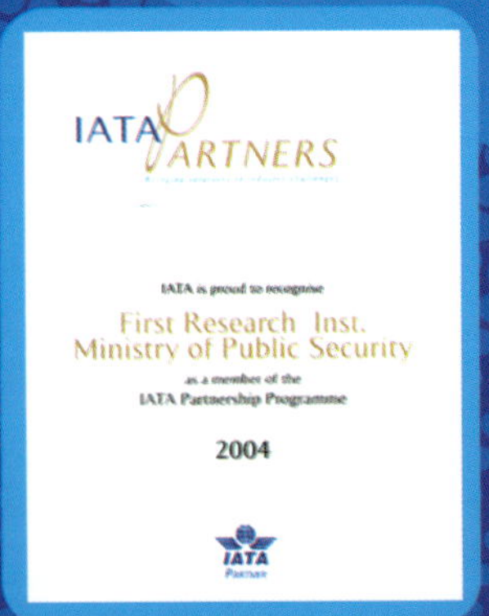

TSA/FAA认证证书

EDS-T10080在首都机场投入使用

析技术有限公司

社会安全提供解决方案和技术保障

三、FISCAN系列X射线安全检测设备在世界上的广泛应用

①FISCAN具有三十多年X射线安全检测制造史，其产品以先进、成熟、可靠和高性价比的优势，大量装备在海关、机场、车站、港口和重要活动场所。

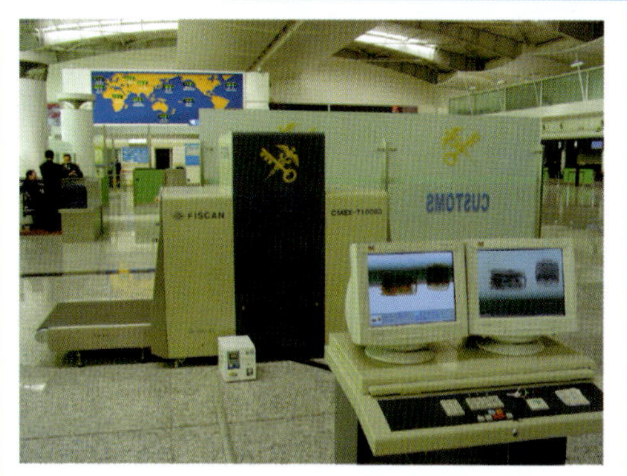

FISCAN使用在大连海关

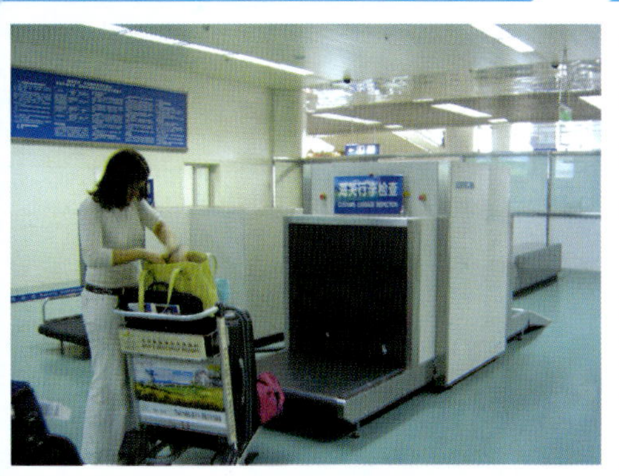

FISCAN使用在昆明海关

海关安全检查车

FISCAN使用在沈阳海关

②FISCAN系列X射线安全检测设备远销三十多个国家

FISCAN使用在印尼机场海关

FISCAN使用在英联邦首脑会议上

FISCAN使用在柬埔寨海关

國泰航

植根香

国泰航空公司于1946年成立，是一家以香港为基地的国际航空公司。时至今日，国泰航空服务香港这个祖国的南大门已有60年之久，为发展和巩固香港国际机场的全球主要航空枢纽地位做出了很多贡献。国泰航空屡次被国际权威机构评选为“全球最佳航空公司”，并名列全球十大货运航空公司之一。

到2006年夏天，国泰航空机队规模已突破100架，其中共有14架全货机，包括6架波音747-400F、7架波音747-200F，以及全球首架由波音747-400客机改装而成的货机。在2006年底将有2架波音747-400改装货机付运；在2007年再增加3架货机；同时还计划将在2008年之后再继续增添多架货机。国泰航空将通过不断扩大机队规模，进一步增强其环球网络的接驳能力。

现在，国泰航空的网络遍及全球35个国家和地区的90多个目的地，每年接载旅客逾千万人次及货物逾百万公吨。国泰货运服务覆盖全球近三十个航点，包括上海、纽约、旧金山、芝加哥、洛杉矶、达拉斯、安克雷奇、亚特兰大、温哥华、悉尼、墨尔本、伦敦、法兰克福、曼彻斯特、米兰、慕尼黑、布鲁塞尔、巴黎、孟买、杜拜、德里、槟城、首尔、新加坡、台北、大阪及东京等。

为了给往来内地的乘客提供更方便的服务，以及巩固香港作为国际主要航空枢纽的地位，国泰于2003年12月复航北京，随后又于2005年恢复往来上海的货运服务。目前，国泰每周有12班全货机往来香港与上海，14班客机往返北京，以及每周3班客机往返厦门。

国泰航空公司货运网络图

空公司

、飞越寰宇

国泰航空于2006年6月新开办每周2班飞往印度孟买及晨奈（马德拉斯）的货机服务。国泰航空将会继续积极开拓新航点，使其环球货运网络更加完善。

为满足顾客对优质高效服务的更高要求，国泰货运推出了一系列“国泰特快”（Cathay Pacific Express）产品及服务，包括：“国泰批发速递（OBC）”、“零售包裹特快”、“Priority Lift”及“国泰／敦豪通宵特快网络（OEO）”等。这些服务让顾客之包裹及货物可以更迅速及安全地运抵目的地，深受货运代理及其他顾客的欢迎。例如“国泰批发速递”服务可减省当地速递公司的送货程序，更快速办理清关，节省运送及办理文件的时间。“Priority Lift”提供优越的运送服务，货物可获最优先处理及快速清关。

此外，国泰航空还通过Ezycargo货运网站（www.ezycargo.com）为广大货运代理，航空公司，货站及海关等单位提供及时、快速、高效及可靠的网上服务，是一个处理空运货物电子订仓及清单资料的综合网络平台。Ezycargo网站已经在11个亚洲国家的34个城市推出服务，并有逾1600家货运代理公司通过该网站扩展其电子商贸潜力和提升效益。Ezycargo网站在内地市场的推广、销售及支持由上海英迪信息技术有限公司获授权进行代理。

展望未来，随着祖国经济继续兴旺发展，对国际航空运输的需求必将不断迅速增长。作为全球最佳航空公司的国泰航空将继续积极拓展网络，提升服务质素，不断追求卓越，努力为发展祖国和香港的航空事业作出更大贡献。

中国国际货运航空

AIR CHINA CARGO

中国国际货运航空有限公司（以下简称“国货航”）于2003年12月12日正式宣告成立，注册资金22亿元人民币，总部设在北京，由中国国际航空股份有限公司、香港中信泰富有限公司、首都机场集团公司三家公司共同投资35亿元人民币组建，是中国第一家中外合资的货运航空公司。在世界航空货运权威媒体《AIR CARGO NEWS》公布的2004年世界货运航空公司排名中，国货航位居第20位。

在航空货运业蒸蒸日上之时成立的国货航，是国内唯一载有中国国旗的货运航空公司。截至2006年6月，国货航已拥有8架B747全货机，其中4架B747－200型货机、4架B747－400型货机；同时独家享有国航股份8架B747－400大型宽体客货混载飞机和160余架B747、B767、B777、A340型客机腹舱的载货使用权。2007年之前，国货航还将陆续引进1架B747-400改装型货机和3架TU-204货机。

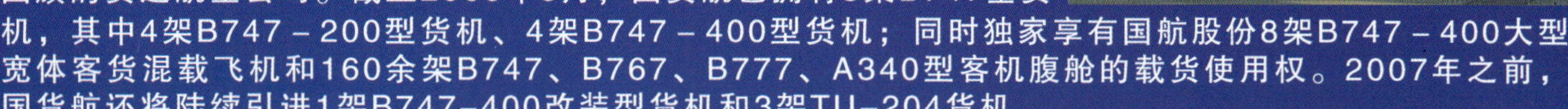

国货航拥有丰富的国际航线网络、强大的服务能力和优秀专业的员工队伍，下设北京、天津、成都、杭州4个运营基地和重庆、贵阳、呼和浩特3个货运部，并在上海、深圳、广州、大连、青岛及法兰克福、纽约、大阪等国内外重要城市设立了90多个营业部。截至2006年6月，国货航开通了238条航线，其中国内航线169条、国际航线60条、地区航线9条，横跨欧洲、北美及亚洲地区的25个国家和地区。

国货航具有全面的空运、汽运、仓储等综合服务能力和运营经验，从1995年4月开通了国内第一个海关卡车监管航班至今，已经拥有多条卡车航线，逐步建立起自己的地面运输网络。在欧美地区，国货航通过在门户城市与国外的卡车公司合作，以及与外航签订SPA协议等多种方式合作，使销售网络覆盖了欧美近200个主要城市，并把“航班”拓展到了非洲和中东。

1996年3月，国货航率先在国内启用世界先进的SITA计算机货运管理系统，建立了货运舱位管理、进出港货物处理以及货物跟踪查询等信息服务功能。近年来，国货航加大对IT的投入，积极建设航空物流信息化平台，并不断完善和发展货物网上订舱、查询、跟踪等e时代服务，努力满足客户的个性化需求。

国货航一贯坚持“以安全为前提、以市场为导向、以服务为保证、以效益为中心”的经营方针；坚持“以顾客为关注焦点，安全运输，规范运行，诚信服务，改进创新”的质量方针，力求为客户提供安全、可靠、快速、便利的服务。2005年5月，在被业界视为中国货运行业“奥斯卡”奖的第四界中国货运业大奖评比中，国货航摘得“最佳货运航空公司综合服务金奖”，以优质、专业的服务赢得社会各界的嘉奖。

国货航拥有一支能力强、业务精、素质高、具有先进水准的员工队伍，并时刻以提高航空货运市场竞争力为着眼点，创新品牌，以实现公司规模和效益的良性发展，逐步成为客户首选的货运航空公司。

苏州工业园区出口加工区

SUZHOU INDUSTRIAL PARK EXPORT PROCESSING ZONE

从制造到创造

苏州工业园区出口加工区于2000年4月27日经国务院批准设立，是全国首批试点加工区之一，面积2.9平方公里，分A、B两区。

截止到2006年4月底，园区出口加工区累计吸引外资企业74家，投资总额14.5亿美元，注册资本6.1亿美元，从业人员超过15000人。2005年，园区加工区实现进出境货物总值37.2亿美元，其中出口22.2亿美元，同比分别增长82%和87%。2006年1-4月，完成进出境货物总值19.6亿美元，其中出口12.15亿美元，同比分别增长114%和120%。

经过几年来的开发建设，园区出口加工区成功引进了迈拓、百得、水星、大众、史密斯、新义、泰科等国际知名企业，形成了以硬盘、笔记本电脑、航空零部件为特色的电子信息与精密机械产业群。

SIEMENS

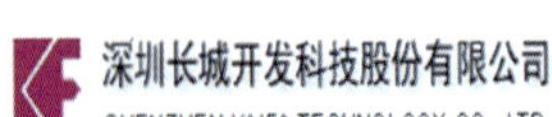

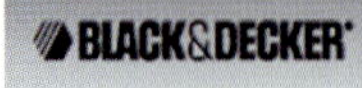

江苏无锡出口加工区

江苏无锡出口加工区于2002年6月21日经国务院批准设立，规划面积2.98平方公里。无锡出口加工区具有明显的区位优势和优良的投资环境，东邻上海100公里，西接南京147公里，距沪宁高速公路出入口仅3公里，距无锡硕放机场仅5公里，集铁路、公路、空运、水运于一体，构成了四通八达的水陆交通网络。出口加工区可直达上海港、张家港、江阴港、上海虹桥机场、上海浦东机场、南京碌口机场，货物经水陆通道直达港口均可直接出境。区内设立海关、国检管理机构，建有年吞吐量2万吨的国际集装箱中转站，国家二类口岸,为企业搭建了现代化物流平台。

截至2005年底，无锡出口加工区累计引进项目24个，总投资25亿美元，注册外资10亿美元，注册人民币7.8亿元。投资总额列全国出口加工区前列。区内集聚了一批总投资超亿美元的重大项目、国际知名品牌项目和世界500强投资项目，特别是2005年随着国内最先进的、江苏省最大的外商独资项目海力士一意法半导体项目的落户，加工区产业规模进一步壮大，产业集聚度进一步提升。形成了集成电路、精密机械制造两大产业，以大规模集成电路芯片为主导的特色产品集群。

联系电话：0510-85201818　　传真：0510-85201105
地址：江苏省无锡新区高浪路287号　　EMAIL:zhour@wnd.gov.cn

常熟出口加工区于2005年6月3日经国务院批准设立，位于江苏省常熟经济开发区内，规划面积0.94平方公里，紧靠国际港口常熟港，紧邻沿江高速公路、苏嘉杭高速公路、沿江高等级公路。

江苏省常熟经济开发区依靠长江黄金水道和优良的区位优势，经过10多年的发展，目前，已有来自20多个国家和地区的外商投资企业317家，外资总投资达87亿美元，其中投资超亿美元项目有19个，世界500强投资项目13个。高档造纸、电力能源、精细化工、汽车零部件、新型建材及特殊钢铁等主导产业群体显现规模效应，医药食品、精密机械、电子电器等新兴产业迅速崛起，为出口加工区提供了良好的产业发展基础。

常熟市委市政府十分重视加工区的建设，2005年8月即设立了常熟出口加工区管委会，下设常熟出口加工区管理局，全面负责出口加工区的招商及日常运作管理。加工区严格按照海关标准做好各项基础设施和功能配套建设，已累计投资达2亿元，对区内基础设施进行了建设和完善，区内形成了“一纵二横”的道路框架，同时沿路敷设了各种管网和路灯，基本完成了“七通一平”建设。按照海关标准在加工区四周建成隔离围网和巡逻通道。沿隔离围网及卡口、监管大厅等都建有闭路电视监控系统和周界报警系统。在出口加工区综合监管大楼内设立监控中心，可以对出口加工区监控区域实行全天候、全方位的监控和录像。同时建设主卡口一个。在主卡口内东南面建监管仓库1800平方米，货物查验场地5600平方米,查验平台277平方米。在主卡口西北面建有总建筑面积4500平方米的综合监管大楼。

常熟出口加工区针对常熟临港的产业结构情况，初步确定了加工区的招商产业定位，大力发展电子电器、精密机械、装备制造、新型材料等产业。到目前为止，已有三家企业落户出口加工区，总投资3000多万美元，约10个项目正在洽谈推进中。

同时常熟出口加工区积极筹划搭建招商载体，共规划建设加工区标准厂房6幢共54000平方米。并根据项目需要分批次动工，现在已全部完工，可以交付使用。

常熟出口加工区的设立，对常熟市提升利用外资质量和加工贸易转型升级必将产生巨大的推进作用。

MGE UPS SYSTEMS
法国Montbonnot总部

梅兰日兰电子（中国）有限公司

中国上海闵行区申富路999号

电话：86（21）3407　4528

传真：86（21）3407　4529

邮编：201108

网址：http://www.mgeups.com

http://www.mgenasia.com

三相UPS　Galaxy 5000系列
20/30/40/60/80/100/120kVA

PULSARM

中国国际电子商务中心(公司)

中国国际电子商务中心成立于1996年，是中华人民共和国商务部信息化建设执行机构和技术支撑单位，是国家级电子商务全程服务机构，是中国国际电子商务培训基地,在亚太地区乃至全世界的电子商务促进工作中发挥着重要作用。

中国国际电子商务有限公司是中国国际电子商务中心与中国对外贸易中心（集团）共同出资成立的公司，运营着中国国际电子商务权威、稳定、安全的第三方服务平台，是国家级电子商务全程服务机构。中国国际电子商务有限公司作为投资控股公司，负责战略规划、资本运营、投资管理、资源整合，拥有国富通信息技术有限公司、北京国富安电子商务安全认证有限公司、北京青鸟商务应用技术发展有限公司、北京国富泰企业征信有限公司、北京锦江富园大酒店有限公司五个子公司。

中国国际电子商务中心(公司)建设、运行和维护的中国国际电子商务网是国家金关工程主干网、国家“九五”重点信息化建设项目。经过多年的建设，中国国际电子商务网已经拥有100个城市节点，形成覆盖全国主要大中城市的网络环境，与相关部委的国家级专网平台相连接，并与207个驻外机构（经商参处）实现了信息互送，为中国各级政府部门和国内外企业提供安全、稳定的电子商务运行环境和全方位、多层次的服务体系，拥有企业会员80万家，在中国商贸交流和发展中起着举足轻重的作用，成为中国唯一集管理、信息、服务为一体的商贸网络平台，在业界及商贸企业群中拥有很高的声誉。

中国国际电子商务中心(公司)主动参与国际交流与合作，与其他国家和电子商务国际组织建立对话与磋商机制，是联合国全球贸易网络中国发展中心、APEC电子商务工商联盟主席单位、泛亚电子商务联盟主席单位。

本着“联合盟友、聚合资源、实现多赢、做强做大、服务发展”的战略方针，中国国际电子商务中心(公司)积极与相关政府部门、国际知名企业及多家银行开展务实性合作，在集信息流、资金流、物流“三流合一”的总体框架下坚持不懈地履行着自己的使命，构建一体化电子贸易服务体系，全力推进中国国际贸易信息化进程。

电话（Tel）：86-10-67800060 67800465 67800174

传真(Fax)：86-10-67800140

客服中心(Call Center)：86-10-67870108

国家信息化建设重点工程——外经贸专用网主中心落成典礼

中国国际电子商务中心与中国电子口岸数据中心合作协议签约仪式

刘俊生先生工作照

外经贸专用网主中心机房监控室

中国国际电子商务中心外景

刘俊生先生简历

刘俊生先生毕业于上海华东理工大学和中国社会科学院研究生院。现任中国国际电子商务中心主任、中国国际电子商务有限公司董事长、APEC电子商务工商联盟主席，是中国国家中长期科学与技术发展规划专家委员会现代服务业专题组副组长、中国PKI论坛副主席。曾任原外经贸部贸管司副司长、原外经贸部科技司副司长、山东省烟台市副市长。

降低数据中心复杂性，实现强大存储管理——Veritas Storage Foundation

应对复杂性：异构在线存储管理

人们通常认为企业数据存储是成本最低的IT开销之一。随着磁盘价格的猛跌，以及各种存储新技术的出现，数据存储的性价比已经达到了一个非常理想的程度。但是，尽管这些变化使单个存储日趋低廉，存储消耗总量的增速却抵消并且超过了单位成本的降幅。因此，对于大型企业而言，存储仍需耗费大量资金。

赛门铁克DataCenter Foundation可以支持核心IT服务管理过程，它也是唯一一种可以通过一致的软件基础架构来在异构应用程序、数据库、服务器和存储平台之间来实现企业标准化的集成解决方案。

为什么需要改进存储管理?

许多企业数据中心和存储网络所面临的情况是由多种因素导致的。由于业务和法规的要求，企业关键信息是以几何级速度增长，而这种情况在未来还将持续下去。存储在本地服务器中的文件数量和大小可能以超过80%的年增长速度增加，这些数据通常需要更长的保存期限。人们还需要采取安全保护和访问控制措施来防止这些数据遭受各种威胁的攻击。所有这些因素都会造成整体存储成本的上涨。

对于不断增加并被存储的企业数据流必须进行管理。存储的数据量越大，需要的管理、资本费用以及运营开支也就越多。随着存储成本在IT资本和运营开销方面的影响越来越显著，企业正寻找方法来尽可能减少这些因素。

坚实的基础可以最大限度降低复杂性

通过自动化并提供更有针对性的专业技能，可以提高管理人员的效率，减少运营成本，从而获得存储管理工具、技术和实践的标准化。通过标准化实施，存储利用率、I/O性能、对因用户失误造成的故障的恢复能力、容错性能、灾难恢复能力均得到改进或者加强。Veritas Storage Foundation以及Cluster Server为存储管理提供了一种基础架构，从而可以在整个数据中心的主要操作系统和存储子系统中提供这些重要功能。

理想的存储管理工具集

Veritas Storage Foundation包括了Volume Manager、File System、和CommandCentral Storage。Veritas Storage Foundation核心包括了VxFS文件系统，并集成了VxVM卷管理器/存储虚拟系统。Storage Foundation是一种管理企业存储的高性能、可扩展的工具集，它可以在所有主流UNIX平台上提供一个共享的用户接口。

存储基础管理服务器

Storage Foundation Management Server（SFMS）是一种改变存储管理的免费技术。通过结合SMFS和Storage Foundation，企业可对其存储环境拥有前所未有的可视能力和控制能力。通过单独、安全和基于WEB的平台，企业可以查看跨应用程序、服务器和存储资源的独特资源。

集中存储和数据管理——虚拟化

对于连接到服务器的在线存储访问，VxVM能够通过与适配卡和设备驱动的协同工作建立虚拟存储设备。使之在文件系统和实用程序看来就像是类似磁盘驱动的模块存储设备，同时提高了可靠性和I/O性能，并且实现了一些磁盘驱动尚无法提供的高级功能，比如扩展或者减少设备的容量，或者以透明的方式进行转换（比如从RAID5转换为镜像数据保护）。

无缝的数据迁移

VxVM的便携式数据容器技术可以支持一系列包含了VxFS文件系统的虚拟存储设备，能从UNIX或者Linux平台中导出，然后由不同的操作系统直接导入、安装和进行访问，而不需要网络复制或者NFS交叉安装。

多层存储功能

Storage Foundation的动态存储分层功能可以允许IT经理将时间较为久远、或不经常使用的信息转移到便宜的存储层中，而无需改变用户或者应用程序访问这些文件的方式。

SAN流量监视和性能瓶颈防范

动态多路径是Storage Foundation的一种集成功能。当该功能被启动时，管理员可以通过一个控制台或者图形界面来管理存储I/O路径策略，并且实现多路径

图1.1 复杂的存储管理图

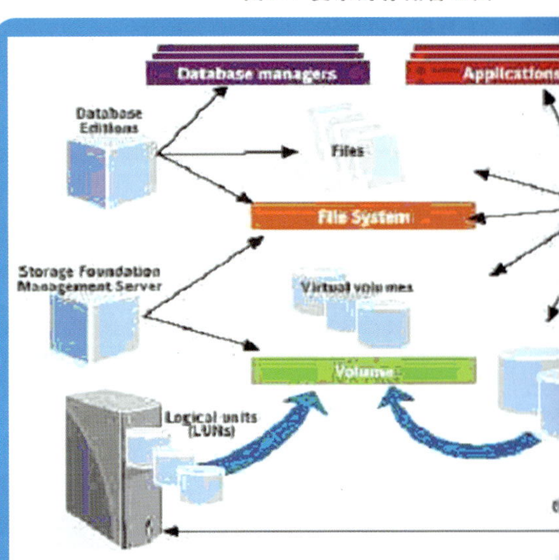

图1.2 与Storage Foundation核心相集成的

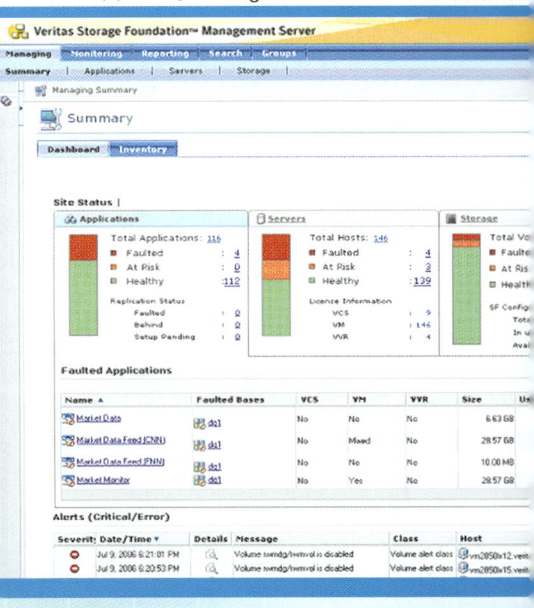

管理的自动化。

Veritas Storage Foundation还拥有数据库加速器技术，可以帮助提高数据库性能。这些技术使数据库性能与原始磁盘分区的性能相当，但又同时具备了文件系统可管理性的优势。

数据库存储管理得到改进

针对数据库的Veritas Storage Foundation实现了许多通常与数据库存储管理有关的手工操作任务的自动化，从而提高了可管理性，并进而减少了管理工作负荷以及人工操作失误。

端点防护与安全管理：网络保护的现在与未来

不用赘述病毒、蠕虫以及黑客层出不穷、花样翻新的攻击了。相信没有人会否认，今天，如何确保信息网络正常高效的运行，已经成为IT管理人员最头疼的问题。

各种防治措施和防御体系在不断更新。达成安全网络的解决方案从提供单一的防范措施逐步向集成化方向发展。然而，即使各大厂商不停地增强安全工具和补丁程序，企业仍然无法摆脱网络危机的梦魇。显然，以往防火墙、防病毒、入侵检测这“三板斧”的防御已力不从心。是时候重新检讨我们的安全理念了。

着眼终端的安全理念

问题在哪里？一份由计算机安全协会（Computer Security Institute）与美国联邦调查局（FBI）联合进行的计算机安全报告显示，对企业网络构成的为首四大威胁全部都是源自终端。除了上面提到的病毒外，还有笔记本用户引起的交叉感染，内部终端的未授权访问，内部终端滥用网络。

既然所有的矛头都直指终端，那么终端管理的现状又怎样呢？根据国际计算机安全协会的调研报告，有30%的终端不符合企业的安全规范。在蠕虫和病毒加速侵略我们的网络时，网络管理员们却发现自己迷失在终端安全管理的汪洋之中，疲于应对各种挑战：

- ●复杂的IT架构：多样化的设备、接入点、用户、程序和应用；
- ●日益开放的业务要求网络的开放；
- ●网络可用与信息安全的平衡；
- ●传统方案（防火墙、入侵检测、防病毒）的效果并不理想。

今天，VPN的接入、移动终端和无线接入，已经让企业很难定义一个清晰的网络边界。而通过端点的管理技术则可以定义出一个清晰的边界。在今天的网络环境中，去定位、隔离和修复不达标的系统，意味着需要消耗大量的人力资源和时间；并且没有好的技术手段来保障，这些问题迟早又会重现。正是在这样的背景下，“终端安全完整性管理”这一新的安全理念应势而出:通过管理网络中的各个端点，来保证终端的安全运行、实施自动修复，并最终实现对整个网络的保护。

从源头保证安全

赛门铁克公司的SEP（Symantec Enterprise Protection）方案可以有效解决终端的安全管理问题，该系统通过网络准入控制Symantec Network Admission Control (NAC)技术来屏蔽一切不安全的设备和人员接入网络，并规范用户接入网络的行为。

不妨从网络的原理来思考赛门铁克SEP和 NAC理念的先进性。网络是由包括个人计算机、台式机、工作站、服务器等各种各样的端点组成，而端点是网络安全问题的源头，如果把安全做到端点，就可以通过确保网络中每一个端点是安全并符合规范的，来保护整个网络的安全。在终端接入网络时，需要对接入的系统安全状况及系统用户的身份进行充分的评估、认证，以此确认该系统是否符合企业的安全策略，最后再决定是否需要给予该终端网络接入权限，并在对终端自动进行安全升级后再允许其接入。通过准入设备、终端保护系统和策略控制系统的联动，将整个网络打造成主动预防、及时处理和策略控制的全面安全系统，确保了所有接入到网络上的端点是可信的。这样网络就不会被滥用，有效降低了潜在的安全风险、缩小安全问题发生的范围。

赛门铁克以一种全新的思路，从根本上改变了网络安全一直以来被动防守的局面，为用户提供了一套完整的能够真正实现主动防护、不间断防护和零时点防护的安全管理架构。

因此，不奇怪为什么越来越多的企业正转向基于端点的安全管理方式。诸如惠普、索尼、时代华纳、NTT、联邦快递、优利这样的大企业都选择了赛门铁克NAC在全球进行大规模的部署和应用，来保护自己的网络和客户的数据安全。在亚太地区，诸如瑞士信贷、富士通、中兴、一汽等也已经初步体验到了端点保护的优势。

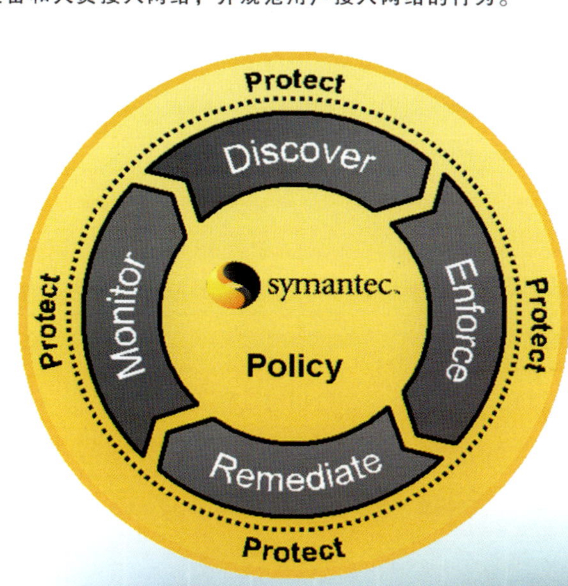

Symantec NAC 流程

It`s our business to deliver yours!

TNT集团

TNT集团在世界范围内向企业和个人消费者提供全方位的邮政和快递服务。TNT公司总部位于荷兰，在欧洲和亚洲拥有高效的网络设施并在世界范围内不断扩展业务网络，以实现其网络绩效的最大化。TNT集团拥有128000名员工，分布于200多个国家和地区。2006年上半年，TNT集团的营业收入为53亿欧元，息税前利润为6.71亿欧元。TNT集团分别在阿姆斯特丹和纽约股票交易所上市。

TNT中国

TNT中国是TNT集团在中国的分支机构。通过整合快递和直复营销业务部门，TNT中国为客户提供从门到门快递服务到直复营销服务的整合业务解决方案。目前，TNT在中国拥有75个营运分支机构和4600名员工，服务范围覆盖中国500个城市。TNT中国目前拥有7个国际口岸——北京、上海、广州、大连、杭州、厦门和深圳。

TNT的服务特色

贴心解决方案

根据不同客户不同货品的运送需求，TNT为您度身定做贴心的快递解决方案。

专人客户服务

TNT设有免费客户服务热线800-820-9868，7天24小时随时恭候您。

全球畅达无阻

TNT拥有欧洲首屈一指的航空和陆路运送系统以及全面辐射中国的国内网络，覆盖超过500多个城市，保证您的货件准时到达世界各地。

全程追踪确认

您可以通过上网、电话、邮件等方式全程监控您的货样，包括从取件到派件的整个运送过程。

准点送达保证

TNT设有朝九快递、中午快递以及全方位快递服务，满足您的货件不同紧急程度的需求。

悉心照料货品

即使您的货品有特殊运送要求，TNT也能为您悉心照料。

福州华衡称重设备系统有限公司

“福州华衡称重设备系统有限公司”前身为1991年注册成立的“福州华衡电子有限公司”，地处福州市金山工业园科技企业孵化器1号楼5层。是一家集研制、开发、生产和经营于一体的电子衡器的专业公司。主要科技人员来自70年代全国最早生产电子衡器的福州无线电仪器总厂。专业技术人员占总员工人数80%。集20多年的经验，博采众长，在借鉴、消化国内先进技术的基础上，对产品结构设计不断创新。

福州华衡称重设备系统有限公司具有丰富的衡器设备制造经验，拥有2000平方米厂房，其中拥有设备门类齐全的大型机加工车间1座，大型传感轨贴片、测力、烘干车间1座，引进1套西德进口测力机设备以及高精度数字仪表，这些设备和工艺有力的保证了产品的质量。

目前本公司生产经营六大系列三十几个品种的电子衡器产品：畜禽围栏秤、电子汽车衡、电子地上衡、轨道式海关称重系统、动态电子轨道衡、动态电子煤塔衡、动（静）态天车衡、电脑吊秤、电子计重秤。产品质量优良，遍布全国各地，深受用户的青睐和好评，用户的信赖度高。同时，本公司可为客户专门设计制造产品。

本公司已通过ISO9001—2000国际质量管理体系认证，拥有全部技术核心知识产权。尤其在制造衡器、轨道衡方面拥有独具特色的技术。现有5项获得专利技术，尚有几项在申请受理中。

本公司始终贯彻产品质量精益求精，服务用户周到及时，经营方针灵活求实的宗旨。始终贯彻的质量方针是：顾客至上；诚信经营；追求卓越。所有产品经全国各地衡管所和国家轨道衡总站检定，合格率均达到规定要求。公司成立以来无发生一例质量投诉。公司被国家技术监督局列为重合同、守信誉、质量信得过企业。

我们深信：当今企业的竞争就是产品的竞争，服务工作的竞争。因此我们信奉“质量是企业的生命，服务是企业的灵魂”。我们给您的不只是产品，更应是服务。我们牢固树立“客户是上帝”的思想，对售出产品实行跟踪服务。从您第一次同我们联系开始，您就是我们的服务客户，使用我们公司的产品，我们都将维护终生。无论是产品的选型，基础施工的咨询，还是产品的技术培训，衡器产品的维修，均可与本公司联系。

孵化器大楼

轨道衡

汽车衡

电脑吊钩秤

畜牧围栏秤

汽车衡

地上衡

上海银行成立于1995年12月29日，是一家由上海市国有股份、中资法人股份、外资股份及众多个人股份共同组成的新型的股份制商业银行，成立以来，稳健经营，规范管理，并快速发展。

2005年11月，经中国银监会批准，上海银行获准在宁波设立分行，成为全国城市商业银行中第一家跨区域经营的银行。

上海和宁波具有独特的地理优势，进出口客户较多，网上支付关税需求较为强烈。2006年3月上海银行与中国海关总署签署协议，获准开展中国电子口岸网上支付业务，目前正在技术开发中。

上海银行“大通关”EDI电子支付系统

一、概念

“通关宝”即上海银行的大通关EDI电子支付业务，是进出口企业在网上通过银行向海关缴纳海关税费的一种方式。它是上海市政府及口岸监管部门合力推进的上海“大通关”工程的重点基础项目之一。

二、上海银行开展该业务的优势

①与各级政府委办保持良好的业务合作关系。

②最先与海关开展大通关EDI业务的三家商业银行之一。

③205家网点，为您提供贴身服务。

三、系统功能

①7×24小时申报支付，安全可靠、使用方便。

②通关时间短，效率高，降低企业贸易成本。

③功能强大，支持多税费的支付，目前提供“海关税费支付”和“一般口岸费用支付”两大功能，支持增值税、关税以及通关业务中涉及到各种税费共14种。

用户通过该平台可以查询并支付的税费种类有：

进口关税	消费税缓息
出口关税	增值税缓息
特定关税	监管手续费
特定增值税	保证金
反倾销税	滞报金
进口增值税	滞纳金
关税缓息	进口消费税

通关宝——通关好帮手　助您快速通关

华夏银行成立于1992年。1995年率先实行了股份制改造，成为一家全国性股份制商业银行。2003年9月，华夏银行公开发行股票，并在上海证券交易所挂牌上市交易(股票代码600015)，成为全国第五家上市银行。2005年11月华夏银行引进战略投资者，与德意志银行签署了股份转让协议、全面长期战略合作协议、全面技术支持和协助协议、信用卡业务合作协议，为提高经营管理能力和国际化水平带来了新的契机。14年来华夏银行完成了三次历史性跨跃。

截止2006年3月31日，华夏银行已在北京、上海、广州、南京、杭州、济南、深圳、昆明、沈阳、武汉、重庆、成都、西安、乌鲁木齐、太原、石家庄、大连、温州、青岛、福州、呼和浩特、天津、苏州、无锡、烟台、玉溪、聊城等27个城市设立了22家分行、5家异地支行，营业网点达到270家，员工7700多名，“立足经济发达城市，辐射全国”的机构体系已经形成。此外，华夏银行还与境外368家银行建立了代理业务关系，建成了覆盖全球主要贸易区的结算网络。

自2001年以来，华夏银行就提出了高质量发展的办行思想，坚持质量、效益、速度、结构协调发展，不断扩大经营规模，不断提高盈利能力，保持了持续稳定、健康发展的良好态势。2004年华夏银行被评为中国上市公司金融地产行业10家最具竞争力企业之一，跻身于全球大银行500强之列，2005年还荣获“中国最具有影响力财富企业”称号。截至2006年一季度，银行总资产达3623.71亿元， 2006年1-3月实现净利润3.75亿元，同比上年增长20.19%。

华夏银行实施“小银行，大网络”战略，坚持科技创新与产品创新一体化的方针，加强信息系统管理、信息技术运用以及新产品开发管理，加强全行创新工作的统筹规划管理。不断加大科技投入，综合业务系统、自助银行和网上银行的开发推广，成为本行电子化的重要支撑，形成了较强的竞争优势，拥有“华夏互联通”、“华夏丽人卡”等为代表的一批品牌产品，在市场上享有盛誉，市场份额在业内名列前茅。2005年，我行推出的“集团结算中心”、“银企直联”、“银证直联”等集团客户服务产品荣获第十三届中国国际金融(银行)技术暨设备展览会“优秀解决方案”奖，在国家电网公司等一批知名集团客户中成功应用，获得良好反响。

“银关通”是华夏银行与海关合作，面向进出口企业推出的全新金融服务产品。它将海关业务系统、中国电子口岸、华夏银行综合业务系统联在一起，进出口企业直接通过中国电子口岸网站，即可享受报关、缴付关税及相关行政性费用等“一站式”服务。既节省时间，又减少奔波劳累之苦，降低贸易成本，提高贸易效率。

在海关总署的大力支持下，华夏银行与中国电子口岸数据中心密切合作，完成了“银关通”系统的开发测试，将于今年8月份开始试点，力争年底前推向全国所有分支机构，为进出口企业提供准确、方便、快捷和安全的网上支付等业务服务。

95577

华夏银行网址：http://www.hxb.com.cn

SMC(中国)有限公司

SMC（中国）有限公司是世界最大的气动元件制造销售的跨国公司——SMC株式会社在中国投资建成的以生产制造为主，同时提供技术服务的海外子公司。公司自1994年9月在北京经济技术开发区成立以来，已在开发区建有第一工厂、第二工厂、职工宿舍，研发中心大楼，在天竺出口加工区建设的大型气动元件生产出口基地已初具规模。SMC中国公司从最初投资20亿日元，经过七次增资，投资总额已达340亿日元。生产规模不断扩大、生产品种不断增加。公司引进了当今世界同行业最精锐的自动化的生产设备，形成了精密铸造——精密加工——表面处理——组装——出厂检测，完整的现代化气动元件生产工艺流程。现公司已形成了生产规模，凭借世界先进的气动技术和过硬的产品质量，成为了世界气动元件的重要生产出口基地。SMC中国公司在由中国机械工业企业管理协会、世界企业实验室评出的2006年度中国机械行业500强中名列228位。2005年度中国机械工业销售收入百强企业名列97位。

SMC（中国）有限公司在全国40多个城市设立了营业网点，为中国的客户提供便捷、优质、高效的服务。同时公司也非常重视技术普及和技术开发工作，先后在清华大学、北京理工大学、哈尔滨工业大学、南京理工大学、上海交通大学、北航、西安交大等7所著名学府合作建立了具有世界先进水平的气动技术中心，培养了从学士、硕士到博士的高层次技术人才，并在各校设立了SMC奖学金，选送各校优秀毕业生到SMC筑波技术中心培训，为我国培养了大批气动技术专业人才。

SMC(中国)有限公司被北京市政府评为首批外商投资高新技术企业、外商投资先进技术企业、出口型生产外资企业、全国外商投资双优企业，多次获北京市政府颁发的北京国际经贸合作奖、北京工业外商投资企业100强企业、工业系统出口50强企业、外商投资企业财务决算先进企业、北京市纳税信誉A级企业；被海关总署评为红名单企业；被北京经济技术开发区评为五大外商实际投资企业、五大出口企业、优秀外商投资企业……

通过气动技术为工业自动化及社会繁荣做贡献是SMC一贯追求的目标；诚实、正直、勤奋、向上是SMC的企业作风；SMC愿以优良的气动元件为中国及全世界工业自动化的发展尽力。

SMC中国技术中心(北京)

第一工厂(北京经济技术开发区)

第二工厂(北京经济技术开发区)

第三工厂(北京出口加工区)

上海分公司(紫竹科技园区)

青岛新东洋计电有限公司

青岛新东洋计电有限公司（中国）作为韩国最大电源制造商——东洋E&P株式会社在中国投资以制造为主同时兼有开发服务的子公司。于2003年04月建立。属当年落户、当年建设、当年投产项目。总投资额为1000万美元，注册资本为500万美元，项目征地50亩，总建筑面积23000平方米。经过新东洋人三年的不断创新改善，生产规模不断扩大，生产品种不断增加。公司先进的开发技术、管理方法，形成以开发、加工、销售为一体的管理系统，成为世界重要的电源生产基地之一。公司不断引进学士、硕士、博士等高层次技术人员，同时派到国外学习先进的技术,为人才的培养作出不断的努力。

青岛新东洋计电有限公司，地理位置处于中国山东省胶南市（距青岛120Km，济南400KM，威海400Km）海滨工业园上海南路西侧。由于胶南市良好的投资环境，使青岛新东洋计电有限公司生产规模不断扩大，销售额连年翻番，增强了客户继续扩大定单的信心。

主要产品：SMPS、充电器、Adapter系列。该公司引进先进的专利技术和设备，90%的产品出口韩国、美国、欧洲。2005年全年生产产品1250万台，出口额为5000万美元，进口额2200万美元。预计2006年出口额为6000万美元。公司获得青岛海关24家企业海关“诚信企业”认证；被海关总署评为红名单企业等多项殊荣。

集团投资中国形成了富有自身特色的经营模式、运筹模式、育才模式与发展模式。未来新东洋将继续深耕科技，广揽人才，持续攀登科技高峰。

山西杏花村国际贸易公司简介

山西杏花村国际贸易公司（前身为山西杏花村汾酒集团进出口公司）是汾酒集团有限责任公司的全资下属子公司。公司注册资本2000万元，员工158人（包括42名临时工），是我国白酒企业中首家获得进出口经营权的企业。多年来，我们一直致力于向世界推介“杏花村”酒文化。主要经营国家名牌“杏花村”牌汾酒、竹叶青酒及其系列产品，产品远销欧洲、美国、澳大利亚、东南亚、香港等50多个国家和地区。同时，我们还利用山西省的资源优势及自身的资金优势，开发了焦碳、镁、铸件、医疗设施、化工产品、粮油食品的出口业务，这些业务现已形成规模。公司年销售收入50591万元，进出口总额达4770万美元。镁的出口量居全国首位。近年来，我们大胆改革、勇于探索，不断引入科学的经营机制和管理模式。我们坚持“以人为本”的原则，广纳人才。整个员工队伍勇于进取、充满活力。公司已连续三年荣获国家外经贸部“全国质量效益型先进企业”，山西省政府“进出口先进企业”以及被授予国家“五一劳动奖状”。2002年，被中国商业知名品牌委员会评为“中国知名品牌商业企业”。2004年，被授予“2004年全国外贸信誉度AAA级企业”，2005年被国家海关总署授予“红名单”企业荣誉称号。

Brief Introduction To China Shanxi Xinghua Cun International Trading Co.

China Shanxi Xinghua Cun International Trading Co.(formerly Shanxi Xinghua Cun Fenjiu Group Imp.& Exp. Co.) is the subsidiary directly under and wholly invested by Fenjiu Group Liability Company. It boasts a registered capital of 20 million Yuan and a working staff of 158(including 42 temporary employees).The company is the first one that has got the import and export license among the liquor enterprises of the whole nation. For many years, we have been working hard to introduce the Xinghua Cun liquor and its culture to the world. It mainly handles the export of Fen Chiew, Chu Yeh Ching Chiew and the products have been exported to more than 50 countries and regions such as Europe, Australia, South East Asia Hongkong etc. Mean while, by making full use of the resource advantages of Shanxi province and capital advantages of ourselves, we developed the export of coke, magnesium, castings, medical facilities, chemicals, cereals and foodstuffs and these businesses are on large scales now. Its annual sales income comes to 505.91 million Yuan and the total amount of import and export hits 47.70 million U.S. dollars. The export volume of magnesium ranks the 1st in the country. In recent years, vigorous in reform and dashing in exploration, we have been constantly introducing scientific operation mechanism and management mode. We adhere to the principle of human first and admit as many talented people as possible. Thus the whole working stuff is initiative and full of vitality. For three consecutive years, Our company has been awarded the title of advanced Enterprise in Quality and Benefits by the National Ministry of Economy and Foreign Trade, the title of import and Export Model Enterprise by the Labor Emulation Committee of Shanxi Province It has also been honored the national May Day Labor Certificate of MeritIn 2002 it was chosen as the famous Brand Business Enterprise of China by China Business Famous Brand Committee. In 2004,it was awarded 2004 National Foreign Trade Credit AAA Enterprise.and awarded the title of “Red List” enterprises in 2005.

东莞口岸

［概 况］

东莞市口岸局（正处级），是代表市政府规划、建设、管理东莞口岸和协调处理口岸问题的职能部门。内设办公室、业务、财务3个科室，下设太平、沙田、凤岗、常平、长安、篁村、麻涌7个正科级口岸分局，下辖东莞市港澳货运车辆检查场管理服务中心（正科级事业单位）和东莞市口岸建设发展有限公司。

截至2005年，东莞市政府累计投资超过9亿元，建成和开通了7个口岸。其中虎门港口岸和东莞铁路（客运）口岸为一类口岸。二类口岸5个（太平、沙田、莞城、麻涌、中堂进出口货物装卸点），纳入口岸管理的东莞市港澳货运车辆检查场4个［凤岗、长安、篁村、虎门（临时）车检场］，其中凤岗车检场是全国最大、最繁忙的二线车检场。

东莞口岸设立的检查检验单位有：东莞海关（正处级），下设常平办事处（副处级）；太平海关（正处级），下设沙田办事处（副处级）；黄埔海关驻凤岗办事处（正处级）；黄埔海关驻长安办事处（正处级）；东莞出入境检验检疫局（正处级），下设太平、长安、凤岗、沙田、常平5个副处级办事处；东莞边防检查站（正团级），下设常平、沙田2个副团级边防检查站；东莞海事局（正处级），下设沙田、太平2个副处级办事处和莞城、长安、中堂、麻涌、石龙、沙角6个正科级办事处；广州海事局沙角海事处（正处级）。

［寮步车检场建设工作基本完成］为缓解市区交通压力，市政府拨款一亿多元用于篁村车检场搬迁到寮步镇重建工程。该车检场设计日通过能力为3000车次。2005年，寮步车检场口岸各单位的办公区、生活区、查车台、出入口工程、道路及配套设施等主体工程已全部完成，附属工程也进入了紧张施工阶段。

［虎门港口岸查验单位远程监控信息光纤高速通道建设方案启动］根据市政府[2004]34号工作会议纪要"关于查验单位与各开放码头电子监控系统联接问题，由口岸局牵头提出方案，报市政府审定"的精神，经与虎门港口岸各检查检验单位磋商后，市口岸局制定了虎门港口岸检查检验单位监控信息光纤高速通道的建设方案，经请示市政府，同意由市财政拨款393万元用于该项目的建设。2005年，已完成了第一阶段的设计方案，相关项目工程正组织招标中。

［成立东莞市口岸新增作业码头查验配套设施协调领导小组］"十一五"期间，市政府计划逐步加大虎门港的建设投入。麻涌新沙南、沙田立沙岛、沙田西大坦岸线将新增一批作业码头，其中沙田西大坦5、6号泊位于2005年5月动工建设，立沙岛油气化工码头于2005年12月1日动工。据统计，2005年在虎门港口岸对外开放水域范围内完成立项或正式动工的2000吨级至5万吨级的码头泊位有12个，设计通过能力超过900万吨。为此，成立了以张顺光副市长为组长，驻莞查验单位和虎门港管委会等单位的主管领导为成员的东莞市口岸新增作业码头查验配套设施协调领导小组，以便统筹解决有关在建码头查验配套设施的规划和建设问题。

［虎门港口岸增加作业码头并对外开放］因东莞市外源型经济的发展需要，2005年，东海码头、沙角A电厂煤码头、沙角B电厂煤码头、沙角C电厂煤码头、马士基码头、鸿辉码头、中兴船务有限公司码头等纷纷提出申请，要求纳入虎门港口岸范围并对外开放。东莞市口岸局根据国函[2002]120号文的精神及各码头建设情况，分期分批报省人民政府审批，各项工作正在落实中。

［向省政府申请开行东莞至香港货运直通列车］东莞市口岸局经广泛论证，并与广州铁路（集团）公司、广深铁路股份有限公司和香港九广铁路公司等多次协商，拟订了《关于开行东莞至香港货运直通列车的方案》，经驻莞查验单位同意后，于2005年10月25日以市政府名义向省人民政府上报了《关于申请东莞铁路（客运）口岸增加货运功能的请示》。

［制定《东莞市清理整顿后保留的原二类口岸码头的处理方案》］根据《转发国家五部门〈关于落实对清理整顿后保留的原二类口岸进行处理的意见〉的通知》（粤府口字[2005]18号）以及《海关总署、中央机构编制委员会办公室关于印发〈关于落实对清理整顿后保留的原二类口岸进行处理的意见〉的通知》（署岸发[2005]109号）精神，结合我市对外经济发展的需要和二类口岸的实际，东莞市口岸局拟定了《东莞市清理整顿后保留的原二类口岸处理方案》，得到了市政府的肯定，并于2005年6月23日上报省政府审定。

［有效提高篁村车检场的通关效率］在充分听取了香港各运输公司代表对篁村车检场通关工作的意见和建议的基础上，东莞市口岸局协调海关等部门，实施了"增加武警人手，延长施封时间"和"待查车辆持卡进场，其他车辆从建设路施封、验封通关"这两项措施，使通关效率大大提高，通关环境得到进一步改善。

［开展调查研究，为我市口岸建设提供理论指导和理论储备］2005年，东莞市口岸局开展的调研课题主要有：1、协助省口岸办落实中央编办交办的调研事项，对影响通关效率的各种因素和收费项目进行调研 2、协助海关总署、省口岸办，对东莞铁路（客运）口岸恢复承担北京、上海至九龙直通旅客列车检查检验任务的可行性进行调研 3、协助广东省人民政府口岸办公室对我市各车检场通关情况进行调研等。

［加强口岸队伍建设］根据市委的统一部署，东莞市口岸局积极认真地开展保持共产党员先进性教育，全面贯彻落实"三个代表"重要思想、科学发展观及有关反腐倡廉工作的一系列重要指示精神，努力增强领导干部执政水平和廉洁自律意识；同时积极安排干部职工参加各种业务培训教育，鼓励广大干部职工参加各种学习、函授教育等，营造浓厚的学习氛围，使口岸队伍的综合素质不断增强，有力地促进了各项业务工作的健康开展。

［精神文明建设］东莞市口岸局结合口岸工作的实际，开展形式多样的运动竞赛和联谊活动，加强口岸精神文明建设。2005年3月，组织口岸查验单位共植"口岸林"，开展植树造林活动，绿化美化东莞；2005年8月26日，举办了《市口岸局工会第三届体育运动会》；2005年11月22日，主办了《东莞市第八届口岸体育运动会》，运动会总赛程为15天，设有足球、篮球、羽毛球、乒乓球、拔河等5个比赛项目，参赛运动员达到400多人；2005年4月，市口岸局沙田分局口岸建设资金收费组荣获团市委授予的《青年文明号》称号。

上海浦東發展銀行
SHANGHAI PUDONG DEVELOPMENT BANK

浦发银行成立于1992年，1999年国内上市，是《公司法》、《商业银行法》和《证券法》颁布实施以来国内首家由中国人民银行、中国证监会正式批准的股份制商业银行上市公司。2002年12月，浦发银行正式与花旗银行签署战略合作协议，引入花旗银行为战略投资者。

自成立以来，浦发银行一直秉承"笃守诚信、创造卓越"的经营理念，通过十余年的不断发展、持续创新，业已形成了拥有全国28家直属分支行、356个营业网点的经营格局。截至2006年3月底，总资产规模达5994亿元，本外币贷款余额4067亿元，各项存款余额5296亿元，不良贷款比例1.91%。为巩固和不断提升市场地位、不断创造出更趋多元化、更具差异性、更富竞争力的金融产品和服务，浦发银行于2005年6月在公司业务领域全新推出"浦发创富"品牌，先后推出了企业现金管理、企业供应链融资、企业投融资、资产托管、企业年金、离岸银行、成长型客户金融服务等一系列的金融服务方案，旨在让客户真正享受到全能型、融智型、专业技术型的新型金融服务。

"银关通"是浦发银行竭诚为对公客户提供的网上缴纳关税费的一项新业务，是企业现金管理解决方案中"付轻松"品牌下的在线支付产品之一。该业务通过海关系统、中国电子口岸与浦发银行业务系统相连接，改变了传统的税费支付方式，为客户提供准确、方便、快捷的网上缴纳税费的服务。通过领先的技术、创新的产品，高效的流程，浦发银行"银关通"业务更加强调对企业贸易、通关全过程的服务，全面助力企业贸易发展。具体体现为以下特点：

- **电子支付 高效通关**

通过简化支付手续，优化业务流程，开通银关通后，客户只需在办公室里登录中国电子口岸网站，就能快速、安全、方便地完成所有口岸电子税费通知的支付，显著提高通关效率。同时能有效减少客户持票据或现金到柜面缴纳税费，有助于企业加强财务风险控制。

- **异地支付 实时到账**

支持客户异地报关、异地支付。客户可用在浦发银行任一网点开设的结算账户办理所有口岸税费通知的电子支付，且无论是本地支付还是异地支付均为实时到帐，完全突破了通关口岸及账户开户行的地域限制，使异地、本地报关同样轻松！

- **7×24小时 全天候服务**

利用业界领先的数据大集中等技术优势，浦发银行银关通业务提供"7×24小时"不间断服务，且系统自动处理税费支付指令，无须人工干预，客户可以随时进行网上税费支付，完全突破了柜面营业时间的限制。

- **透支支付 报关融资**

对于信用状况良好的企业，浦发银行提供支付透支或支付担保等操作便利、成本低廉的报关融资服务。通过银行的融资服务，即可避免企业因临时性头寸不足而影响通关速度，同时也有利于节约企业头寸，提高企业资金效益。客户享用透支服务，可随时透支、随时偿还，透支和偿还均为系统自动处理，无须额外手续，且当天透支当天偿还的，不计收利息。

- **银行取单 方便快捷**

浦发银行为客户提供快速的取单服务。为保证取单的速度，每天浦发银行派专人到海关取回纸质缴款凭证，并在快速完成税单核对后，及时将缴款凭证传递给客户，为客户提供方便快捷的增值服务。

浦发银行将继续秉承"专注客户、专心服务"的服务理念，全力打造更好、更全面的通关金融服务，助力企业发展！

客户服务电话：95528

总行地址：上海市中山东一路12号　网址：www.spdb.com.cn

连云港口岸

连云港口岸位于陇海兰新铁路的东端，是新亚欧大陆桥的东方桥头堡。横穿东西的连（云港）霍（霍尔果斯）高速公路和纵贯南北的同（江）三（亚）高速公路在此交汇，具有独特的区位优势。连云港港是我国沿海25个主要港口、12个区域性主枢纽港之一。连云港口岸是江苏北部地区经济发展和对外贸易的重要依托，是中西部地区外贸运输最便捷的口岸。

至2005年底连云港口岸共拥有生产性泊位34个，其中万吨级以上的泊位28个，最大靠泊10万吨级。现有集装箱航线近30条，月航班近300个，与全球160多个国家和地区近1000个港口有贸易往来。年综合通过能力3877万吨，其中集装箱74万TEU。2005年港口吞吐量完成6016万吨，同比增长20%；集装箱运输突破100万标箱，同比增长100%。“十一五”期间，连云港口岸将以建设国际物流中心为目标，实现港口吞吐能力和吞吐量的双倍增，其中集装箱能力和吞吐量翻两番，使港口总吞吐能力达到8000万吨，集装箱通过能力达到300万标箱以上，港口吞吐量达到1.2亿吨左右,集装箱突破400万标箱。

推进口岸“大通关”工程。2005年，连云港口岸重点开展以下几项工作：一是协调口岸查验部门实行了“5+0.5+0.5"工作制和全天候预约加班制，满足了口岸运量快速增长的需要；二是连云港海关与苏北各海关之间实行区域通关试点，实现了“一次申报、一次审单、一次查验放行”；三是对部分出口货物实行“提前报关、实货放行”；四是完成了口岸公共信息平台建设前期调研和项目规划、方案设计招标工作。

大陆桥运输再创新高。连云港口岸在开通至哈萨克斯坦阿拉木图集装箱国际班列的基础上，积极争取铁路运力支持，加强与新疆阿拉山口的协作配合，积极为大陆桥运营企业服务，有力地促进了新亚欧大陆桥过境运输快速发展。2005年，连云港口岸新亚欧大陆桥过境集装箱运输近30000标箱，创1998年以来最高纪录。

打造中韩“黄金航线”。连云港至韩国仁川客货班轮航线开航一年来，旅客上座率、集装箱运量和经营效益均创造了我国沿海港口至韩国客运班轮航线同期的最好业绩。2005年共运送出入境旅客44775人次，出入境集装箱27145标箱。该航线的开通和顺利运营，为加强连云港市与韩国经贸合作发挥了重要作用。

目 录

第一篇 口岸主管部门工作回顾

第二篇 各省、自治区、直辖市口岸运行情况

北京市

天津市

河北省

山西省

内蒙古自治区

辽宁省

吉林省

黑龙江省

上海市

江苏省

浙江省

河南省

湖北省

湖南省

广东省

海南省

广西壮族自治区

四川省

重庆市

贵州省

云南省

陕西省

甘肃省

第三篇　2005 年颁布的口岸工作有关法规

第四篇　全国口岸运行主要数据统计表

第一篇

口岸主管部门工作回顾

2005年海关工作回顾

中华人民共和国海关总署

2005年是海关工作经历考验的一年，也是取得突出成绩的一年。全国海关认真贯彻落实党中央、国务院的一系列指示精神，提出并实施综合治税大格局，深化改革，整合创新，把关服务能力进一步增强，现代化管理水平进一步提高，干部队伍整体素质进一步提升，各项工作任务圆满完成，海关改革和建设继续保持良好的发展势头。

【综合治税大格局初步建立，海关税收任务超额完成】 构筑综合治税大格局、超额完成税收任务是2005年海关工作突出的亮点。从年初开始，海关税收就面临着严峻形势，税收征收额与计划进度缺口最多时达105亿元。在困难和压力面前，全国海关齐心协力，努力构筑综合治税大格局，动员一线监管、后续管理、打击走私等各方面力量，全力管住管好一般贸易、加工贸易和减免税等重点涉税渠道，各级海关、各个部门积极开展综合治税联合专项行动，依法征管，科学征管，克服困难，挖掘潜力，确保应收尽收，超额完成了年度税收计划，海关年税收突破5000亿元大关，得到了中央领导的充分肯定。全年海关税收净入库5278.36亿元，比上年多收534.3亿元，增长11.26%，比5207亿元的年度税收计划多收71.36亿元。其中，征收关税1066.64亿元，进口环节税4211.72亿元；通过归类、审价、加贸监管、后续稽查、执法监察、督察内审等各种渠道补税入库235.88亿元。同时，认真执行减免税政策，积极落实CEPA、东盟早期收获、对台水果进口零关税等各项贸易税收政策措施，也都取得了良好成效。

【打击走私职能进一步加强，反走私斗争成效明显】 2005年，全国海关始终保持打私高压态势，坚持以打促税，对涉税走私活动实施重点打击和综合治理，有效开展了一系列反走私专项斗争和联合行动，依法查处了一批走私大案要案，打掉了一批走私犯罪团伙，查缉毒品、扫黄打非战果显著，有力地维护了国家经济安全和社会稳定。全年共查获各类走私案件9267起，案值98.5亿元，其中走私犯罪嫌疑案件1090起，案值85亿元，对2769名走私犯罪嫌疑人依法采取了强制措施，向检察机关移送起诉748人。查获违规案件27434起。查获各类毒品467.9千克、易制毒化学品4051.3千克，在打击毒品走私方面被国务院领导评价海关开辟了“第二战场”。查获反动邪教等宣传品537.3万件。

【通关监管改革稳步推进，实际监管能力和通关效率进一步提高】 通关监管新机制初步建立，海关通关监管职能进一步整合优化，区域通关改革开始起步，泛珠三角地区海关合作取得初步成效，航空口岸旅客申报制度改革顺利推进，电子通关、选择查验、卡口管理等改革试点取得进展。国家“十一五”口岸发展规划基本完成，大通关制度建设不断推进。在口岸管理体制改革方面，按照国务院领导的要求，配合中央编办进行了系统调研，口岸协调管理工作有新突破。全年海关共审核进出口报关单3910.7万份，监管进出口货物21.2亿吨，进出口总值达14221.2亿美元，分别增长12.9%、2.5%、23.2%，监管进出境快件8646万件，进出境旅客行李物品3.1亿件，分别增长

24.5%、10.6%。

【加工贸易和保税监管制度改革不断深化，推动加工贸易转型升级取得新进展】 成功召开了全国出口加工区工作会议，出口加工区等海关特殊监管区域和保税监管场所建设进一步发展，管理更加规范，特别是上海洋山保税港区正式启用，成为海关保税监管制度的新的应用典范。加工贸易联网监管进一步扩大，加工贸易产业准入机制开始建立。加工贸易合同审批和内销征税审价、归类工作得到加强。全年共办理加工贸易合同备案42.3万份，备案金额3449.7亿美元。

【风险管理试点全面推进，海关后续管理得到加强】 调查职能调整顺利实施，海关管理资源进一步优化，风险管理和后续管理得到加强。总署和直属海关两级风险管理职能机构组建完成并开始运作，19个海关的试点工作进展顺利，风险管理成效进一步显现。2005年，全国海关通过风险管理操作平台共发布风险信息9847条，下达预定、预警式布控2585条，通过风险线索共查获走私违法案件1037起，案值64亿元，涉税14亿元。常规稽查和专项稽查力度加大，全年共稽查企业7949家，发现涉嫌走私案件68起、涉嫌违规案件1273起。深入开展规范企业行为工作，评定公布2005年度“红名单”企业139家、“黑名单”企业68家。在对企业进行后续稽查的同时，把海关有关企业行为规范的法规，广泛告知企业，通过大张旗鼓地宣传，教育企业守法经营，得到地方党政的好评。

【海关统计基础工作更加扎实，统计预警监测和统计监督作用明显增强】 进出口预警监测系统作为国家级研发课题取得突破，初步实现了对货物进出口全过程的实时监测、快速反应、科学预测和动态预警。海关统计作为国家宏观经济形势分析的重要参考依据，得到了党中央、国务院和各级地方党政的高度重视。业务统计数据源从H883向H2000系统切换工作顺利完成，执法评估、报关单数据监控、贸易统计质量监控、统计商品归类数据库等一批统计信息化应用项目进一步建立或完善。

【海关法制建设继续加强，依法行政水平进一步提高】 《行政许可法》、《全面推进依法行政实施纲要》等法律法规在海关系统得到全面贯彻，落实国家“四五”普法的各项工作圆满完成。《海关统计条例》和15部行政规章顺利出台，行政执法过错纠正制度和责任追究制度初步建立，海关标准化体系建设开始启动，以《海关法》为母法的海关法律体系进一步完善。复议应诉工作进一步加强。应对纺织品一体化和敏感物项管理措施收到预期效果。知识产权海关保护工作进一步加强，全年查获进出口侵权货物案件1208起。总署督察内审司正式建立，海关系统督察内审力量普遍充实，督察内审制度不断完善，海关执法监督的有效性明显增强。

【海关信息化建设成效明显，地方电子口岸建设取得突破性进展】 H2000系统双中心容灾备份成功运行，海关信息系统安全运行管理机制初步建立。新的科技应用项目管理制度开始实施，科技工作的统筹管理和优化整合得到加强。政务信息化建设成果显著，海关政务办公系统（HB2004）在全国海关普遍推广，中国海关门户网站顺利开通。特别是成功召开全国地方电子口岸建设现场会，统一了认识，理顺了体制，标志着电子口岸建设进入全面发展的新阶段。截至2005年底，已与中央11个部门、香港工贸署和澳门经济局以及13家商业银行实现联网，开发应用项目36个，入网企业23万家，与30个地方政府签署了合作建设地方电子口岸备忘录，有23个地方电子口岸平台上线运行。

【海关国际合作更加广泛和深入，国际地位不断提升】 中国海关在东盟10+1、上海合作组织等区域海关合作中发挥了主导作用，与亚太RILO、港澳及有关国家和地区的执法合作和情报交流取得新成果，牵头参加的WTO贸易便利化谈判有了新进展，WCO副主席（亚太地区）各项职责得到有效履行，海关驻外机构工作进一步加强。2005年，实现海关高层互访的国家和地区共55个。截至2005年底，建立海关合作关系的国家或地区共110个，缔结政府或海关间双边互助合作协议28个。

【保持共产党员先进性教育活动成效显著，领导班子和干部队伍建设得到加强】 根据中央统一部署，全国海关开展的以“居安思危、永不懈怠、把好国门”为主题的保持共产党员先进性教育活动取得预期效果，海关系统党员干部队伍素质全面提高。总署向直属海关单位派出15个巡视联络组，协助地方政府，有力推动了各直属海关单位的先进性教育。领导班子建设取得新的成效，对46个司局和直属海关单位领导班子进行了调整补充，对14名直属海关单位缉私局长进行了转任或交流，对21名总署机关和直属海关处以上领导干部进行了上下交流，干部人事制度改革取得新的进展。海关“十五”教育培训规划得到落实，教育培训的规范化水平明显提高，署管干部、后备干部等培训工作不断加强。总署特派办监督检查的职能作用得到有效发挥。特别是总署党组实行巡视制度，组建4个巡视组，对8个直属海关进行巡视，强化了对直属海关领导班子、领导干部的监督管理，得到了中央的充分肯定。

【红其拉甫海关受到国务院表彰，精神文明建设等工作取得新成果】 国务院授予红其拉甫海关“艰苦奋斗模范海关”荣誉称号，国务院领导出席了中宣部、人事部和海关总署在人民大会堂联合召开的表彰大会并作重要讲话，各海关单位大力开展“弘扬红其拉甫海关艰苦奋斗精神，做祖国忠诚卫士”主题教育活动，在海关系统和全社会产生了良好反响。精神文明创建工作取得丰硕成果，有16个海关单位获得全国文明单位荣誉称号，25个海关单位获得全国精神文明创建工作先进单位荣誉称号。基层建设达标试点、准军事化海关纪律部队建设试点取得了宝贵经验，海关文化建设各项活动蓬勃开展。《海关政治工作暂行条例》颁布实施，政治工作整合力度加大。

【惩治和预防腐败体系开始建立，党风廉政建设和反腐败工作更加深入】 《2004—2010海关系统建立健全教育、制度、监督并重的惩治和预防腐败体系指导方案》颁布实施，党风廉政建设责任制在各级海关领导班子和领导干部中进一步落实，基层单位党风廉政建设呈现良好态势。海关各级领导干部廉洁自律意识不断增强，廉洁从政各项规定得到认真执行。“海关人员6项禁令”、“红包”公布制度落实有力，纠风工作成效明显，全年有75个海关单位在当地行风评议中名列前茅或受到通报表彰。违纪违法案件得到有力查处。反腐败抓源头各项工作顺利推进，关务公开更加规范，反走私与反腐败相结合的工作机制进一步健全。反腐倡廉教育不断深入，4个海关创作的7首廉政歌曲在全国廉政歌曲创作和演唱活动中获奖。

【海关其他各项工作也取得可喜成绩】 海关政策研究、新闻宣传等工作取得新成果，突发性公共事件应急机制初步建立。海关财务装备保障能力和保障水平得到进一步提升，部门预算、综合理财、国库集中支付、统一规范津补贴等多项财务改革措施稳步推进。后勤服务保障工作得到加强。物资集中采购供应工作取得新成绩。离退休干部工作得到加强。出版工作的社会效益和经济效益有了新提高。海关学会、口岸协会、报关协会、保税区出口加工区协会等社会团体工作取得新进展。

2005年口岸规划工作回顾

中华人民共和国海关总署口岸规划办公室

2005年海关总署口岸规划办公室以科学发展观为指导，按照实事求是的原则，从国家利益出发，兼顾地方利益，尽职尽责，圆满地完成了各项工作任务。一年来，口岸环境有了新的改善，口岸布局日趋合理，口岸管理更加顺畅，口岸综合效能得以进一步提高，口岸的规划、组织、协调更加科学、有效。得到了国务院领导同志和有关部门的认可。

【口岸效能不断提高有力地促进了我国经济快速发展】 2005年在各级口岸主管部门的共同努力下，口岸环境明显改善，口岸管理与通过能力不断提高。2005年我国进出口贸易总额达到14221.2亿美元，与2004年相比（下同）增长23.2%，进出口货运量达到21.2亿吨，增长2.5%，入出境人员达到3.11亿人次，增长10.6%，入出境交通工具达到2072.6万艘（辆、架、列）次，增长4.7%。科学、高效的口岸工作为我国经济和社会的快速发展作出了突出贡献。

【积极做好口岸开放和扩大开放的审理工作】 2005年海关总署口岸规划办公室根据国家“十五”口岸发展规划，会同中央编办、国务院有关部门和军方在认真调研、充分论证的基础上，研究制定了年度工作计划，并结合口岸实际，圆满完成了口岸开放、扩大开放、临时口岸开放的审理工作和口岸验收工作。（一）、2005年批准开放口岸共7个，其中新开口岸4个：银川机场、宜昌机场、策克公路、池州港口；扩大开放口岸3个：上海港洋山港区、宁波机场、合肥机场。（二）、审理口岸正式开放申请文件16个。（三）、审理临时开放口岸144个（航空51个、陆路26个、水运67个）。（四）、验收口岸12个，其中航空口岸6个：太原、威海、延吉、贵阳、宁波、喀什；公路口岸1个：都拉塔；水运口岸5个：海口港马村港区、广东潮阳港、福建宁德港城澳港区、上海港洋山港区、河北黄骅港。

【科学整合资源，布局日趋合理，管理更加规范】 为整合口岸资源，充分发挥口岸效能，海关总署联合中央机构编制委员会办公室、公安部、交通部、国家质量监督检验检疫总局共同制订的《关于落实对清理整顿后保留的原二类口岸进行处理的意见》（署岸发【2005】109号）已经国务院批准并下发。海关总署联合公安部、交通部、质检总局、总参谋部制定了《关于确认港口口岸开放范围的办法》（署岸发【2005】349号），就全国目前尚未明确划定口岸开放范围（其中包括水域和陆域范围）的口岸，着手逐步确定其明确的范围。同时，制定了《非口岸区域临时开放审批暂行办法》（署岸发【2005】97号）、《口岸开放验收规程》（署岸发【2005】261号）等文件，进一步规范了审批工作制度和规定。

【努力推进口岸管理体制改革，深入开展系统调研】 在口岸管理体制改革方面，2005年按照国务院领导的要求，海关总署口岸规划办公室主动联系中央编办和国办秘书局等部门，深入开展系统调研，对口岸管理体制进行论证研究，提出了设想，进行了积极有效的探索。

【编制国家“十一五”口岸发展规划】 2005年是国家“十五”规划的收关之年，同时也是国家

“十一五”规划的筹划之年。为配合国家“十一五”规划的正式实施，海关总署口岸规划办公室根据国家经济发展规模及对外开放的总体规划并结合地方口岸主管部门的开放需求，积极稳妥地完成了海关系统唯一的国家级专项规划《国家“十一五”口岸发展规划》的编制工作。

【建立数据统计分析制度，为推行“口岸准入退出机制”奠定基础】 口岸业务数据统计分析制度的建立能及时、准确、全面、客观的反映口岸的运营状况，真实地反映口岸的发展趋势，为科学、全面地制定口岸发展规划发挥着重要的基础作用。2005年海关总署口岸规划办公室积极与相关单位与部门进行合作，统计出全国各个一类口岸货运量，初步建立口岸客货运量通报制度，为推行口岸准入退出机制奠定基础。

【做好人大、政协提案的答复工作】 海关总署口岸规划办公室从履行国家机关职责和维护海关形象出发，结合口岸工作内容，实事求是，在充分研究的基础上，以高度负责的精神，认真做好每一件提案的答复工作，2005年完成人大、政协提案复函37件；为党中央和国务院领导以及外交部、商务部等准备谈判口径材料10份。

（口岸一处）

2005 年电子口岸工作回顾

中国电子口岸数据中心

2005 年，在党中央、国务院和海关总署的正确领导下，在有关部委和海关总署各司局的大力支持下，电子口岸事业获得蓬勃发展。2005 年电子口岸新入网企业近 5 万家，发放 IC 卡 12 万余张，每日处理电子单证数量达 68 万笔，中国电子口岸门户网站每日点击率超过 700 万次。至此，电子口岸企业用户累计超过 23 万家，已发放 IC 卡 58 万张，实现了与海关总署、外汇管理局、国税总局、质检总局、工商总局、商务部、公安部、铁道部、环保总局、发展改革委等 11 个部委及贸促会、香港工贸署、澳门经济局等部门的联网，与中国银行、中国工商银行、中国农业银行、交通银行、招商银行等 13 家商业银行也实现了数据的互联互通和信息共享。

【联网应用项目不断增加并上线运行】 2005 年电子口岸联网应用项目不断增加，如汽车零部件进口管理系统，环保审批证件联网核查系统，香港、澳门外出加工纺织品免税联网核查系统，电子手册管理系统，广州海关 QP 版企业管理系统，报关员 IC 卡计分管理系统以及广州白云机场空港物流信息平台，大连保税物流园区信息平台，广州南沙关港信息平台等，在进一步严密通关执法的同时，为进出口企业用户提供了更加便捷、高质量的服务，为促进我国外经贸发展贡献自己的力量。截至 2005 年底，电子口岸已经上网运行 32 个应用项目，其中包括 7 个基础辅助类项目、17 个跨部门联网项目和 8 个海关自身的执法项目。

【应用项目业务量不断增长，电子口岸应用范围不断扩大】 2005 年电子口岸各应用项目业务量不断增长。据统计，进口付汇报关单联网核查系统处理单证 778 万余票；出口收汇联网核查系统处理单证 2143 万余票；出口退税联网核查系统处理单证 1594 万余票；进口增值税联网核查系统处理单证 571 万票；加工贸易联网监管系统（含保税仓、出口加工区等）联网监管企业达 921 家；ATA 单证册通关系统处理单证 1 万余票；网上税费支付系统已有 5700 多家企业上线，支付税额 390 多亿；进出口快件通关系统处理单证 176 万余票；报关单、转关单预录入系统日处理报关单数量达到 13 万余票。这些数据表明，在多方共同努力下电子口岸已初步成为一个跨部门、跨地区、跨行业的统一信息平台，在推动大通关建设、提高通关效率、促进外经贸和国民经济发展等方面发挥了重要作用，特别是电子口岸能实现企业网上报关报检、网上办事，在很大程度上方便了企业，简化了通关手续，降低了企业成本，提高了国际竞争力，取得了良好的经济效益和社会效益。同时可以提高政府部门行政执法能力以及服务水平，并实现铁路、公路、航空、海运等运输信息资源的共享，改善地方投资环境，促进物流业和区域经济的发展。

【以“安全第一、服务至上”为宗旨，确保电子口岸系统安全稳定运行】 电子口岸是 24 小时在线运行系统，系统出现任何问题都会给国家的外贸和经济安全带来很大影响。为保证电子口岸系统稳定运行，2005 年顺利完成主系统升级、扩容切换以及服务器证书更新工作，优化了系统架构，提高了系统稳定性、可用性和可靠性。同时，认真做好电子口岸系统客户服务工作，继续提供 7×24 小时的热线值班服务和在线咨询服务，按照首问负责制受理客户咨询、投诉，并对处理情况进行跟踪督办和反馈。2005 年电子口岸热线日均受理电话 1305 个，论坛日均回复 276 次，邮件处理共 1876 次，直接处理率 92.4%，问题的处理效率、处理质量全面提升，客户满意度不断提高。从 2005 年实际情况来看，基本上实现了“系统故障 10 分钟发现、半小时解决”这一目标。

【地方电子口岸建设取得巨大进展】 2005 年地方电子口岸建设取得巨大进展。在各方的共同努力下，2005 年海关总署与天津、江门、阳江、湛江、汕头、汕尾、潮州、梅州、揭阳、满洲里、中山、珠海、北京、安徽省、福建省、西藏自治区、浙江省、湖南省、湖北省、四川省、海南省、甘肃省、新疆自治区、新疆建设兵团政府签署 17 个合作共建地方电子口岸合作备忘录，涉及 14 个省区市、11 个副省级以下城市，共建地方电子口岸 17 个。截止 2005 年底，海关总署共与 30 个地方政府（不含新疆建设兵团）签署 24 个合作备忘录（不含新疆建设兵团），涉及 18 个省区市、15 个副省级以下城市，共建地方电子口岸 24 个，其中已上线的 21 个。

【全国地方电子口岸建设现场会顺利召开，为电子口岸建设指明了方向】 2005 年 11 月 22 日，海关总署等 12 个共建部门联合召开的全国地方电子口岸建设现场会顺利宁波举行，吴仪副总理出席会议并作重要讲话，对电子口岸取得的成绩给予了充分肯定，并对电子口岸的功能定位、指导思想、建设原则、管理模式、发展目标以及领导体制、工作机制等予以明确，要求各有关部门和各地方提高认识、加强领导，加大工作力度，进一步推动电子口岸建设。吴仪副总理对电子口岸建设下一步工作提出具体要求：一是加强领导，进一步完善各级电子口岸领导体制和工作机制；二是密切配合，打通大通关业务电子流程；三是整合资源，尽快建立大通关统一信息平台；四是采取措施，确保电子口岸的安全稳定运行。这次会议是中国电子口岸建设发展的里程碑，意义重大，影响深远。

2005年出入境边防检查工作回顾

中华人民共和国公安部出入境管理局

2005年，全国各级出入境边防检查机关在公安部的领导下，深入贯彻落实党的十六届四中、五中全会，《中共中央关于进一步加强和改进公安工作的决定》和第二十次全国公安会议精神，全面加强“四个能力”建设，以周永康部长“三个下功夫”的要求为指针，努力提高文明规范执勤水平和基层基础工作质量，圆满完成了各项出入境边防检查任务，为维护国家主权、安全，社会稳定和服务经济社会发展做出了新的贡献。

【深化执法为民思想，努力为国家经济建设服务】 简化查验手续，便利人员、交通运输工具出入境。随着我国经济与世界经济的联系日益紧密，我国口岸出入境流量持续上升。为适应形势、缓解通关压力，公安部出入境管理局于2005年相继推出了多项改革便利措施：一是简化我国公务航空飞机出入境航班和机组人员的查验手续。二是简化在我国机场停留不超过24小时且不出机场的外国非定期专机、包机、小型公务机、私人飞机机组人员的查验手续。三是简化我国出入境外派乘务人员的查验手续。四是放宽了外国和台湾船员的登陆住宿限制。五是进一步简化大陆居民赴台湾的出入境查验手续。六是为希望按照24小时或48小时过境免签证政策从我机场过境、以保留其一次有效来华签证的外国籍旅客入出境提供便利。七是对于持用已盖满验讫章的我国多次有效另纸签证的旅客，采用提供“多次有效另纸签证盖章页”的做法。上述便利措施的出台，受到广大旅客、出入境交通运输工具员工及企业的普遍欢迎。

积极参与口岸开放、边贸合作及国家对外合作。一方面，公安部出入境管理局参加了宁波等3个机场扩大对外国籍飞机开放，威海机场、河北黄骅港、新疆都拉塔口岸等10个口岸的审批和对外开放国家级验收工作，并针对满洲里西郊机场、珠恩嘎达布其口岸、漳州港石码港区、安徽池州港等数十个口岸临时开放和内蒙古额布都格口岸、深圳深圳湾口岸等十几个口岸对外开放及北京、上海铁路临时口岸延长开放期等反馈了工作意见。另一方面，以提前介入、促进发展为原则，积极跟进吉木乃边贸市场、霍尔果斯国际边境合作中心、图们江互贸区、西藏亚东仁青岗边境贸易市场、中蒙俄过境运输等边境合作、跨境运输项目的工作进程。此外，公安部出入境管理局还参与了APEC、GMS、上海合作组织、“丝绸之路”等国际合作项目的相关工作，为便利人员出入境，促进商贸交流做出了贡献。

圆满完成重要会议、活动的出入境边防检查任务。2005年，全国边防检查机关圆满完成了全国人大、政协会议，国民党、亲民党大陆访问团，《财富》全球论坛，20国集团财政部长及央行行长会议，亚欧财长会议，世界经济合作组织会议，亚奥理事会第24届代表大会，澳门东亚运动会，博鳌亚洲论坛年会，博鳌亚洲高官论坛会议，第十次亚欧贸易投资高官会，2005年东亚投资论坛，中国西部国际博览会等重要会议、活动的出入境边防检查工作。北京、上海浦东、广州白云边检站担负了台商包机的出入境边防检查任务，检查台商包机90余架次，出入境人员1万多人次。为支持我国对印度洋海啸灾区的救援工作，北京、广州边检总站采取有效措施，为往来印度洋海啸灾区的航班及人员提供出入境便利。

【加强安全保卫工作,全力维护国家主权、安全和社会政治稳定】 严厉打击非法出入境活动。全国出入境边防检查机关认真研究、准确把握口岸偷渡活动的特点和规律，及时调整工作重点，采取有力措施，加大检查和办案力度，查获了一批出入境违法犯罪案件。2005 年，查获偷渡人员 6807 人次，同比增长 17.91%，协助他人偷渡人员 250 人次，同比增长 23.76%。为打击利用集装箱进行的偷渡活动，公安部出入境管理局根据孟宏伟副部长批示精神，牵头成立了由公安部，交通部，商务部，海关总署有关司、局组成的“防范和打击利用集装箱偷渡活动领导小组”，启动了部际协调会议机制，形成了防范和打击集装箱偷渡活动的合力。为有效防范和打击外国人非法入出境活动，公安部出入境管理局组织在广州召开了打击外国公民偷渡活动协调会，并及时下发了《关于加强打击外国人非法入出境工作的通知》，指导全国各级边防检查部门，严把外国人入、出境检查关，破获了一批外国人非法入出境案件。2005 年，查获非法入出境外国人 557 人，同比增长 101.81%。

有力处置突发事件。为提高处置突发事件的针对性和有效性，公安部出入境管理局研究起草了《出入境边防检查机关处置突发事件预案》，并指导各级出入境边防检查机关根据口岸特点完善预案，加强演练，增强实效，确保安全。2005 年，珠海边检总站在第四届东亚运动会期间，针对口岸不同情况，分别制定专项处置方案，取得了良好效果；深圳边检总站成功处置一起以引爆随身携带的爆炸物品相威胁企图闯关进入香港的事件。此外，公安部出入境管理局还参与了国家防治禽流感等重大公共卫生突发事件处置工作，积累了经验。

【加强自身建设，通过开展基层科队达标活动，推进队伍正规化建设】 为进一步提高所属 9 个边检总站基层科队建设的整体水平，公安部出入境管理局从 2005 年开始开展为期 3 年的基层科队正规化建设达标活动。各边检总站高度重视、精心组织，认真贯彻落实各项制度、规定，改善基层执勤条件，严格队伍管理，加强综合素质培训，有力提高了基层科队的队伍建设水平、硬件条件和执勤执法能力。经过考核、检查，2005 年八个边检总站的 8 个科队通过验收，实现了首年度达标科队数量不低于 30%的目标。

加大人力、物力投入，积极改善基层科队执勤条件。各边检总站坚持“小机关、大基层”的原则，努力向一线充实警力，缓解基层警力紧张的压力。北京、上海、广州、深圳等边检总站将 2005 年新招录大学生全部充实到一线。上海边检总站从总站机关精简了多名民警到基层工作。各边检总站除按基层科队建设达标标准配备了各种设备外，还根据自身特点积极改善基层科队的执勤条件。厦门边检总站通过与相关单位协商，为东渡边检站争取到 400 多平方米执勤用房，改善了该站夜间值班室、办证窗口、办公执勤场所的执勤条件。天津边检总站与有关部门协商，调整了天津边检站旅客检查现场布局。珠海边检总站重新装修和改造了斗门边检站备勤室，合理安排各科队的备勤和学习用房，并更换了陈旧的供电、通讯设备。

认真落实《出入境边防检查勤务规范》，提高执勤水平。为进一步加强出入境边防检查勤务规范化建设，提高工作质量和业务水平，公安部出入境管理局于 2005 年 4 月制定下发了《出入境边防检查勤务规范》，要求各单位抓好勤务规范的学习，保证勤务规范得到正确贯彻落实。各边检总站对此项工作十分重视，将其作为开展基层科队正规化建设达标活动的一项重要内容，认真组织学习和贯彻落实。深圳边检总站将2005年作为落实勤务规范年，制定了贯彻落实《勤务规范》的方案，通过组织规范化示范演示，以点带面，全面推动出入境边防检查勤务规范化建设。海口边检总站以“建一流警队、创一流业绩”为目标，认真抓好《勤务规范》的学习和培训工作，并组织了以《勤务规范》为主要内容的业务竞赛。

开展多种培训，提高基层科队的综合素质。为切实提高队伍素质，提高文明执勤水平，各边检总站开展了多种形式的培训。厦门边检总站先后组织了伪假证件识别、警械使用和人身检查技能等培训班，提高一线民警的综合素质。天津边检总站编写了边检业务学习用书，充实完善了“边检业务练兵考核试题库”，组织人员开发了边检业务网络电子考试系统软件。上海各港口边检站制定了《登轮检查工作规范》、《船体检查工作规范》，并多次举办船体检查培训班，外高桥边检站在对一韩国籍船舶实施船体检查时，查获1起偷渡案件，抓获偷渡人员和协助偷渡的船员各2人。

【充分利用科技手段，推动边防检查工作发展】 研制开发了新一代边防检查信息系统（以下简称“新系统”）。为提高全国出入境边防检查机关的信息化水平，公安部出入境管理局根据公安部“金盾工程”建设的总体部署，经过一年半的努力，于2005年研制开发了新系统。这一系统顺应了当前“集中式管理、网络化运作”的发展趋势，使边防检查部门连成一个整体，实现了网络化运作，是边防检查工作的核心软件。为确保新系统的顺利启用，各级出入境边防检查机关成立了由主要领导挂帅的领导小组，制定方案，开展培训及相关建设工作，2005年下半年先后选派业务、技术骨干参加了新系统推广应用培训班，为推广应用再培训工作和新系统的应用规划奠定了基础。作为新系统试运行试点单位，广州边检总站成立了以总站长为组长的工作领导小组，认真组织培训和操作演练，确保了新系统的正常使用，未发生执勤差错、口岸不畅等情况。在各单位的共同努力下，新系统的启用工作进展顺利。

认真做好启用首都机场人像识别系统以及旅客信息预报预检系统的研发和试点工作。作为加强入境控制、加快通关速度的有效手段，2005年公安部出入境管理局多次派员赴北京边检总站调研、完善数字闭路电视监控和面像识别系统、旅客信息预报预检系统功能和使用情况，参加了“北京机场现场数字闭路电视监控及面像识别一体化系统”专家评审会，并参与专家组考察了北京口岸边检现场设备安装和运行情况，对面像系统和新信息系统的结合及发挥其在奥运会期间出入境管理控制工作的应用前景提出了工作建议。

启用港澳旅客自助查验通道和“快捷通”系统，提高通关效率。为提高查验速度，节省警力，公安部出入境管理局加大科技投入，指导深圳、珠海边检总站开发建设了港澳旅客自助查验通道和“快捷通”系统。深圳边检总站于2005年下半年启用了港澳旅客自助查验通道，所辖车辆检查口岸的“快捷通”系统也于2005年全部启用。截至年底，该总站自助查验通道验放入出境港澳旅客达1200多万人次，日均验放量达10多万人次；“快捷通”系统验放出入境车辆1300多万辆次。珠海边检总站港澳旅客自助查验系统和“一站式”车辆查验系统于2005年3月开始试运行，截至年底验放入出境港澳旅客240余万人次，入出境车辆90余万辆次，日均验放4800多辆次，占日均车流量的63%。

【加强多渠道的交流与合作，完善各项工作机制】 加强与公安机关、口岸查验部门等单位的配合。深圳边检总站通过加大对遣返人员的审查力度，深挖案件线索，向地方公安机关通报案件线索390

条，共有 14 个省、市公安厅、局根据提供的线索进行了立案调查，破获多起非法办理出入境证件案件。其中上海市公安局、浙江省公安厅根据深圳边检总站通报的线索分别拘留和逮捕了多名非法办理出入境证件案件的组织者和参与者，湖北省黄石市公安局破获了一起该局出入境管理部门内部人员与不法分子勾结，非法办理出入境证件和往来港澳签注的重大案件。广州边检总站遣返所与地方公安机关密切配合，连续破获骗取、出售出入境证件，组织内地妇女到香港卖淫 2 起案件，抓获犯罪嫌疑人 8 名，查获大批伪假证章和非法办证资料，受到部领导的表扬并荣立集体二等功。

加强与境外警察、移民部门的交流与合作.为进一步加强与环太平洋有关国家和地区移民管理部门的交流与合作，公安部出入境管理局于 2005 年 10 月举办了以“增强情报信息对打击跨国有组织非法移民活动的作用”为主题的第 11 届环太平洋移民情报会议，与成员国 (地区) 交流在打击非法移民活动方面的成功经验。珠海边检总站密切与澳门警方的合作，在节日、重大活动时期就出入境流量的预测、口岸情报信息的沟通等工作进行协作，保证了口岸畅通。2005 年，全国边防检查机关分别与英国、古巴、澳大利亚、法国、荷兰本、西班牙、新西兰、加拿大、美国匈牙利、泰国、瑞典、日俄罗斯等国驻华使、领馆及移民部门进行了边防检查、打击非法出入境活动等方面的交流。

2005年出入境边防检查主要统计数据

中华人民共和国公安部出入境管理局

2005年，全国出入境边防检查部门共检查出入境人员3.02亿人次，首次突破3亿，与2004年相比（以下简称“同比”）增长9.8%。其中，内地居民6170.68万人次，同比增长7.91；港澳居民19173.12万人次，同比增长8.44%；台湾居民820.2万人次，同比增长11.52%；外国籍人员4038.74万人次，同比增长19.7%。按通行口岸类型分，从陆路出入境24378.38万人次，同比增长9.11%；从海港出入境1636.39万人次，同比增长6.38%；从空港出入境4187.97万人次，同比增长15.46%。在全国口岸中，深圳罗湖口岸的出入境人数最多，达9074.86万人次，占全国出入境人员总数的30.05%。

出入境人数增长的主要原因有以下几个方面：一是我国经济持续快速增长，人民生活水平不断提高，对外经济、文化交流活动日益频繁。2005年，我国内地居民出境人数3102.63万人次，同比增长7.53%。我国内地居民出境前往国家和地区为234个，居前十位的为：中国香港、中国澳门、日本、越南、韩国、俄罗斯、泰国、美国、新加坡、马来西亚。其中，观光旅游599.36万人次，占总数的19.32%；访问581.51万人次，占总数的18.74%。二是国家和地区不断增多，我出国（境）旅游公民大幅增加。2005年，我国内地居民因私出境人数达2526.92万人次，同比增长9.59%。其中因私赴港澳地区的1851.73万人次，同比增长10.3%。三是部分外国人来华签证期限或居留许可期限逐步放宽，入出境外国人大幅增加。2005年，有来自234个国家和地区的2025.51万外国人入境，同比增长19.52%。居前十位的国家为:韩国、日本、俄罗斯、美国、马来西亚、新加坡、菲律宾、蒙古、泰国、英国。其中，观光旅游934.46万人次，占总数的46.13%；会议商务307.39万人次，占总数的15.18%；出入境交通运输工具服务员工201.16万人次，占总数的9.93%。四是2005年台湾国民党、亲民党、新党主席相继访问大陆，推动了两岸关系，赴大陆台湾居民入境、居留手续、就业条件进一步放宽，促进了台湾居民入境数量的增长。2005年，入境台湾居民为410.92万人次，同比增长11.45%。

2005年，全国出入境边防检查部门共检查出入境交通运输工具2007.55万艘（架、列、辆）次，同比增长3.44%。其中，机动车辆1921.65万辆次，同比增长3.19%；飞机32.34万架次，同比增长15.88%；火车5.01万列次，同比增长9.82%；船舶48.55万艘次，同比增长5.26%。其中，深圳皇岗口岸全年出入境机动车辆1097.56万辆次，占出入境机动车辆总数的57.12%，居全国第一；上海浦东机场全年出入境飞机11.53万架次，占出入境飞机总数的35.65%，居全国第一；内蒙古满洲里口岸全年出入境火车1.02万列次，占出入境火车总数的20.27%，居全国第一；广东中山口岸全年出入境船舶2.71万艘次，占全国总数的5.58%，居全国第一。

2005年出入境检验检疫工作回顾

中华人民共和国国家质量监督检验检疫总局

2005年，全国出入境检验检疫系统在邓小平理论、“三个代表”重要思想的指引和党中央、国务院的正确领导下，在全系统广大干部职工共同努力下，以科学发展观统领质检工作全局，以“依法行政，严格把关，服务经济，促进发展”为宗旨，以大力实施“以质取胜”战略为主线，按照规范化、法制化、科学化的要求，致力于建立和完善适应社会主义市场经济体制的质检工作体系，努力提高依法把关能力，维护国家经济安全，增强质检工作对经济社会发展的有效性，在复杂多变的形势之下，在日益繁重的执法把关工作中，在突发性事件接连不断的考验面前，认真贯彻落实党中央、国务院的各项战略部署，团结一心，扎实工作，开拓进取，勇于探索，励精图治，奋发有为，经受了一系列考验，比较圆满地完成了各项任务，实现了检验检疫事业的快速发展，为国民经济和社会发展做出了应有的贡献。

【妥善应对一系列突发性事件】 2005年先后发生了禽流感、鼠传疫病、苏丹红、红火蚁、猪链球菌、孔雀石绿、甲醛啤酒、PVC保鲜膜、输韩泡菜等一系列突发性事件。对此，检验检疫系统一是迅速掌握事件动态。对突如其来的事件，既高度重视，又冷静对待，迅速查明事件起因，预测可能造成的影响，分析解决问题的有利条件和不利因素，及时掌握事件发展的动态，知彼知己，有效应对。二是认真组织检验检测。苏丹红事件发生后，各地检验检疫机构立即加强对进出口食品检验检测，两次从进口食品中检出苏丹红，有效防止了不合格食品进口。甲醛啤酒事件曝光后，质检总局紧急部署对19个企业20个品牌的国产啤酒、10个国家21个品牌的进口啤酒进行甲醛检测，澄清了事实，迅速消除了对我国啤酒出口的影响。三是积极改进自身工作。四川部分地区发生猪链球菌疫情后，当地检验检疫机构迅速展开巡查和监管，确保检验检疫备案养猪场无疫情，避免了国外对我国采取的跟进措施。对检出孔雀石绿的已备案养鳗场，迅速展开拉网式清理整顿，加强监管，重新报备，分批恢复出口，控制了事态的发展。针对PVC保鲜膜问题，立即部署研究相关标准和有关检测方法。四是全面强化应对措施。针对红火蚁疫情加强了检疫技术培训，加强口岸防控，连续从美国、澳大利亚、欧盟的货物中11次截获红火蚁。在应对韩国泡菜事件中，有针对性地采取措施，严加检测，从韩国泡菜中10次检出寄生虫卵，掌握了对外谈判、解决问题的主动权。五是有理有节地进行交涉。供港水产品检出孔雀石绿后，一方面分析问题产生的原因，一方面区别对待，质检总局积极交涉，最大限度地减少了负面影响，与香港特区政府达成“两地一检”的共识。猪链球菌疫情发生后，质检总局及时加强与香港特区政府的磋商和交涉，促进猪肉供港全面恢复。对出口韩国泡菜，检验检疫系统采取积极主动的工作，采取有效措施，加严检测，取得了主动权，迅速扭转了韩国舆论，维护了国家的形象和利益。对甲醛啤酒事件，检验检疫机构反应非常迅速，措施非常得力，效果非常明显。

【较好地完成了依法把关这一光荣任务】 各级检验检疫部门不断强化措施，认真履行维护公共安全的重要职责，及时调整进出口商品目录，工作重点向安全、健康、卫生、环保、反欺诈方面转移，完善企业注册、装运前检验、到货口岸查验、后续监督管理全过程的“一条龙”式检验检疫监管模式，严格实施进口货物“消、杀、灭”检疫处理。突出抓好进口棉花、旧机电、废物原料、钢材、原油等商品的检验检疫监管，有效实施进口食品质量监控计划，严厉打击非法进境肉类产品，强化口岸疫病疫情预警和快速反应机制建设，加强传染病疫情监测，坚决防堵疫病疫情进出国门。全年共检疫出入境人员 2.4 亿人次，传染病监测 93 万人次，发现传染病 9000 余例，其中艾滋病 525 例，实施出境人员预防接种 83 万人次，截获有害生物 2427 种 8 万多批次。特别是在下半年禽流感防控形势十分严峻的情况下，全国检验检疫系统坚决按照党中央、国务院的统一部署，以对党对人民高度负责的精神，团结战斗，严防死守，全面落实各项防控措施，有力、有序、有效地做好防控工作。到目前为止，没有发现禽流感疫情通过国门传入传出，没有发现检验检疫监管注册、备案的养禽场发生疫情。

【大力加强了服务外贸的三项重点工作】 各级检验检疫机构把促进地方经济发展作为第一要务，积极发挥把关、服务作用，努力促进扩大出口。

一是从源头抓质量。不断强化从源头抓出口商品质量的各项措施，努力提高出口商品竞争力。对机电出口产品积极开展分类管理，改进检验监管模式，实施从生产、加工、包装、运输、仓储、销售全过程监管。对出口食品、农产品大力推行和完善“公司+基地”管理模式，对种植、养殖场实行备案管理，帮助企业提高自检自控能力，配合地方政府和有关部门开展农兽药残留和疫病疫情监控。各级检验检疫机构积极发挥信息、技术优势，指导企业强化管理措施，改进工艺流程，帮助建立健全质量监控体系，鼓励企业实施质量承诺制，全面提高产品质量。充分用好普惠制、原产地等政策，帮助企业扩大国外市场，解决了多起我出口货物受阻问题。各有关检验检疫机构积极落实总局与地方政府的合作协议，加大对出口企业帮扶力度，培育出口名牌产品，促进地方经济发展。

二是推进“大通关”。检验检疫“大通关”建设取得新进展，形成了电子执法、电子服务应用两大信息平台，加快了以“电子申报、电子监管、电子放行”为主体的检验检疫信息化建设，便利了企业申报、业务查询和信息反馈，进一步实现了提速、减负、增效、严密监管的目标。“金质工程”建设步伐加快，初步建成了质检主干网，开发应用了一批新系统。出口电子监管迈出新步伐，对部分企业出口商品实施从原料进厂、生产加工、成品检测、仓储运输主要环节的全过程监控。电子审批、电子查验、电子预警应用范围扩大，实现了疫病疫情警示通报电子化管理，增强了检验检疫监管的针对性和时效性。建立关检合作机制，加强与有关部门的资源共享、信息互通，推动了口岸电子执法系统建设，提高了查验效率，减轻了企业负担，为企业通关放行提供了更多便利。

三是积极构建技术贸易措施体系。针对国外技术贸易壁垒不断加强的趋势，各有关检验检疫机构从维护国家利益、促进扩大出口、提高我国产品竞争力出发，密切关注国外技术贸易壁垒新动向，及时开展深入研究，妥善提出应对措施和办法。指导企业改进生产工艺，加强产品检测，提高产品质量，适应国外日益苛刻的技术标准。加强与国外质检领域的磋商与合作，增进互信，建立沟通、交流机制。针对不同情况，科学合理地运用检验检疫手段，采取设置门槛、提高标准、加严检测、预警通报、严格准入等手段，构筑我国技术措施体系，保护国内产业安全。加强对外交涉，努力促进扩大出口。继 2004 年 14 万头（只）牛羊成功出口约旦之后，2005 年我国第一批 7 万多只活羊再次出口科威特。促使日本放开第二批18家出口蔬菜企业。出口沙特、黎巴嫩、马来西亚、巴基斯坦牛羊的检疫问题得到解决。猪肉恢复对蒙古、新加坡出口。这些措施对于促进经济发展发挥了重要作用。

【不断推进提高执法把关能力的三大建设】 一是推进技术基础建设。各级检验检疫机构深入落实科技兴检方针，加大检验检疫科研、实验室和口岸查验设施的投入，加强国家重点实验室建设和口岸设施建设，一大批高精尖新的检验检疫设备得到应用，提高了检测能力和口岸执法把关能力。科技专项研究取得重大成果，食品中苏丹红染料新检测方法研究成功，解决了实际检测中的一系列难题。禽流感检测技术、食品安全关键技术研究被列入国家科技攻关课题，已经获得成功。检科院、北京局及时根据国家的需要和把关需要，开展相关技术研究，取得一系列成果，有的达到先进水平，受到有关部门的肯定。第一批132个保健中心通过了清理整顿考核验收。检验检疫科研和技术机构改革有所进展，管理体制、用人制度、分配制度改革不断深化，增强了科研单位、技术机构的创新能力和自我发展能力。认证认可工作取得新成绩。开展了强制性产品认证大检查，规范认证机构工作程序，查处违规企业和产品，提高了认证认可的有效性、严肃性和权威性。拓展认证认可新领域，开展了森林认证、节能节电节水认证、食品和农产品认证、体育服务认证、能效标识认证，适应了经济发展对认证认可工作的新要求，适时成立了认证认可协会，促进了认证认可事业的发展。围绕转变对外贸易增长方式和加强检验检疫工作，发布并推行了一批行业技术方法、技术标准，推动了检验检疫工作的规范化和科学化。

二是推进法制建设。以全面贯彻实施《商检法实施条例》为契机，进一步加强法制教育，开展了多层次的培训，增强执法把关意识，推进依法行政各项措施，提高了依法把关的能力和水平。修订了检验检疫行政处罚实施办法，建立和完善了执法过错责任追究、行政执法证件管理等制度，开展了政务公开、行政执法检查。认真贯彻《行政许可法》，行政审批制度改革取得重要成果，检验检疫法制化迈出新步伐。

三是推进干部队伍建设。通过开展保持共产党员先进性教育活动，广大党员思想认识有新的提高，机关作风有新的转变，党群干群关系进一步密切，党组织的创造力、凝聚力和战斗力有新的增强。深化行政审批制度、干部人事制度、财务预算管理制度改革，提高了检验检疫依法行政水平。坚持标本兼治、综合治理、惩防并举、注重预防的方针，贯彻落实惩防体系建设《实施纲要》的具体意见，建立分支局纪检组长由直属局派驻和总局巡视工作制度，对6个直属局认真开展了第一批巡视工作，进一步完善各项制度规定和责任制，党风廉政建设呈现出良好发展态势。落实“八严禁”，进一步树立了检验检疫部门“科学、公正、廉洁、高效”的行业形象，7个直属局、分支局获得全国文明单位称号，13个直属局、分支局获得全国精神文明创建工作先进单位称号。

【2005年全国检验检疫系统业务概况】 2005年全国检验检疫系统共完成出入境检验检疫1458万批、货值6955亿美元，检出不合格货物85395批、货值213.10亿美元；完成出入境人员检疫查验27939万人次，艾滋病监测数105.62万人次，预防接种100.92万人次；完成检疫出入境交通工具2112.3万（架、节、辆、艘）次；检疫出入境集装箱4977.51万标准集装箱；完成外商投资财产鉴定4738批；签发出境货物通关单1034.99万份，签发入境货物通关单528.19万份；签发普惠制产地证书332.47万份，货值837.47亿美元，签发一般产地证书125.15万份，货值402.88亿美元。

2005年海事工作回顾

中华人民共和国海事局

新世纪的头五年，直属海事系统认真贯彻落实党中央、国务院和交通部的一系列重大战略部署，围绕“船舶适航、船员适任、安全畅通、有效监管、优质服务”二十字方针和“三精两关键”要求，坚持落实科学发展观，建设“三个海事”，实现“三个追求”，打造“三支队伍”，依法行政水平不断提高，服务交通和服务经济社会的能力不断增强，社会形象和国际地位不断提升，水上安全形势基本稳定，海事事业保持了持续快速健康发展的良好势头。

2005年是“十五”计划的最后一年，也是海事系统全面贯彻落实科学发展观、加强执政能力建设的重要一年，直属海事系统工作取得了许多新成绩。主要有：第一，水监体制改革全面完成，修订完善了《中国海事发展纲要》和“十一五”海事发展规划，提出了“全国海事一家人，水上监管一盘棋”的新理念，促进了海事新发展。第二，水上安全形势继续保持基本稳定，2005年全国共发生运输船舶水上交通事故532起，死亡失踪479人，沉船306艘，直接经济损失4.95亿元。与2004年相比，分别减少5.3%、2.0%、7.3%，增加34.3%。第三，开展了治理船舶超载反弹、长江干线内河船员持假证上船任职、低质量船舶、船载危险品等专项整治活动，有力解决了水上安全管理的薄弱环节。截至2005年底，纳入治理的运输船舶6327艘，完成附加检验4229艘；纳入治理船厂922家，关闭和处理123家。检查内河船员316932人次，收缴假证2900余本。检查外国籍船舶4764艘次，滞留290艘次；检查中国籍船舶85515艘次，滞留1747艘次。监管危险品船舶46万艘次，危险货物近6亿吨，纠正各种违章41万次。第四，应急反应措施得力，全年共组织协调搜救行动1568起，成功救助16873人，救助成功率达95.3%；有效应对了台风和冬季大风等灾害性天气，成功处理了阿提哥等一批重大船舶污染事故险情，得到了国务院领导的肯定，受到了部党组的表彰。第五，积极推动立法进程，《内河船员适任考试发证规则》、《防治船舶污染内河水域环境管理规定》、《海事行政许可条件规定》正式颁布，《船员条例》已经通过国务院法制办的立法审查，《防治船舶污染海域环境条例》完成部内立法审查并上报国务院，《海上交通安全法》修订草案的立法审查也已顺利启动。第六，国际交流与合作取得新进展，与菲律宾签署了两国海事合作谅解备忘录，举行了中国——东盟海事磋商机制第一次会议，继续开展了中韩、中日、中俄、大陆香港海事双边合作会谈，成功举行了上海国际海事论坛和东海联合搜救演习。第七，在长江安徽段、上海段实施了船舶定线制，确保了水上交通安全畅通。第八，综合管理能力不断增强，完成了水监信息二期工程建设任务，启动了海事应急辅助指挥系统开发研究，开展了船舶“管用养修”检查评比活动，基本建成了覆盖沿海重要水域AIS岸基骨干网络。第九，文明创建与海事中心工作有机结合，在长江三峡库区和江苏段、黄骅港、烟大航线开展了“安全畅通文明”航区（航线）创建活动。第十，制订了具有海事特色的教育、制度、监督并重的惩治和预防腐败体系实施意见，积极开展了保持共产党员先进性教育活动。

【水监体制改革全面完成】 成立了14个直属海事局和27个省级地方海事机构，统一了政令，统一了布局，统一了监督管理，初步建立了与社会主义市场经济体制相适应的水上安全监督管理新格局。

【依法行政全面推进】 新修订的《海洋环境保护法》和《内河交通安全管理条例》等多部重要法律法规相继出台，协助发布部令12件，海事法律法规体系不断完善，海事行政许可审批事项得到全面清理和规范，海事行政执法监督制度、政务公开制度以及执法过错和错案责任追究制有效落实，海事依法行政能力和水平全面提高。

【安全监管和应急反应成效显著】 在水运经济快速发展和港口吞吐量大幅增长的背景下，水上安全形势基本稳定，水上交通事故件数、死亡人数同“九五”相比，分别下降了32.7%和41.3%。五星旗船队由“九五”期间被各主要港口国监督组织同时列入黑名单的不良记录，发展到“十五”期间稳居白名单前列，并连续多年保持较低滞留率。同时，建立完善三级救援体系和应急救援机制，成功组织海上搜救和溢油应急演习，应急反应能力明显增强，“十五”期间，共组织、协调重大搜救行动3919次，救助遇险人员52870人，救助成功率达93.5%。

【基础设施和信息化建设得到加强】 建造了2艘千吨级巡视船和一批巡逻艇，加强了VTS、AIS、CCTV等监管手段建设，监管手段得到加强，综合业务用房得到改善。海事电子海图数据中心全面建成，港口航道测量、海图编绘、应急扫测等海事测绘能力得到加强。覆盖四级机构的海事信息网络基本建成，船舶管理、船员管理等业务软件得到全面应用。

【队伍素质整体提升】 实施人才发展战略，抓好三支队伍建设。深化人事制度改革，坚持“凡进必考”，建立双向选择、竞争上岗用人机制，实行执法人员考任制，不断优化队伍结构，执法人员三年上台阶目标顺利实现。

【服务经济社会能力不断增强】 建设安全、畅通、便捷的海上通道，保障了国家战略物资运输，有效缓解了煤电油运紧张状况；推进渡口渡船改造，打击非法载客和客运超载，保证了人民群众出行安全；为长江三峡、洋山港、苏通大桥、河北曹妃甸港、黄骅港等国家重点建设项目提供了有力的海事保障；严格水上运输危险品管理和防治船舶污染水域，为经济社会快速健康发展创造了安全、环保的水上环境。

【国际交流与合作不断扩大】 与30多个国家和IMO、IHO、IALA、东盟等有关国际组织卓有成效地开展了双边或多边合作与交流，履约能力和水平明显提高，我国也连续九届当选国际海事组织A类理事国。

【精神文明和党风廉政建设明显加强】 教育、制度、监督并重的惩治和预防腐败体系不断完善，保持共产党员先进性长效机制逐步健全，两级领导班子不出现重大廉政问题的目标顺利实现。文明创建与业务建设实现了有机结合，广泛推行政务公开，不断加大宣传工作力度，行风建设和社会满意度明显提高。

直属海事系统工作“十五”期间取得以上成绩，是部领导高度重视和正确领导的结果，是部各有关司局和地方各级党委、政府大力支持和积极配合的结果，是海事系统上下团结奋斗和努力拼搏的结果。回顾五年发展实践，可以得出六个方面的基本经验：

（一）海事发展必须坚持紧紧围绕党中央、国务院和部党组的重大战略部署，积极主动，抓好落实。五年来，党中央、国务院和部党组领导给予了海事工作前所未有的重视和关注，多次视察，多次对海事的发展和管理提出殷切的希望和要求。近三年来，部领导120多人次到海事系统视察工作，极大鼓舞了海事广大干部职工。各级领导对海事工作的重视和支持，为海事事业始终朝着正确的方向稳步发展，指明了方向，提供了保障。“十五”海事取得的辉煌成就，是各级领导高度重视的结果。

（二）海事发展必须坚持正确处理改革、发展与稳定的关系，以改革促发展，以发展保稳定。我们始终把发展作为第一要务，增强忧患意识、危机意识，用改革的办法破解发展中的难题，在改革中求得了新发展。在水监体制改革的基础上，构建了“一省一局”管理模式。同时，积极开展海事执法管理模式改革、干部人事制度改革和航标“管养分开”改革，整合了资源，提高了效能，完善了内部工作运行机制，维护了队伍的稳定，促进了各项工作上台阶、上水平。“十五”海事取得的成绩，是正确处理改革、发展与稳定关系的结果。

（三）海事发展必须坚持以人为本的安全管理理念，做负责任的部门和负责任的行业，维护好人民群众的根本利益。做好水上安全管理工作，保持水上安全形势稳定，保护人民群众生命财产安全，是落实科学发展观、遵守党的纪律、坚持安全生产方针的最基本要求，也是海事工作的出发点和落脚点。我们深化规律性认识，确立了“四区一线”水域、“四客一危”船舶等监管重点，着力预防预控，标本兼治，探索出了“专项整治与长效管理相结合，坚持长效管理”的水上交通安全监管新思路，取得了共识，赢得了社会的信任和支持。

（四）海事发展必须坚持依法行政，正确履行职能。依法行政是新一届政府坚持执政为民的基本决策和依法治国方略的重要内容。我们加大立法工作力度，制定、修改了一大批海事法律法规。推行政务公开，加强执法监督，严格实施执法过错和错案责任追究，基本保证了执法的公开、公平和公正。同时，积极开展对外交流与合作，代表国家履行公约义务。海事依法行政能力不断增强，国际化程度不断提高。

（五）海事发展必须坚持树立大局意识、服务意识，为经济社会发展提供支持和保障。我们为国家、地方重大战略部署和重要决策的实施，营造了安全、畅通、便捷的水运环境。在重要水域和新兴港口，积极调整和改造助航设施。实施船舶定线制，提高了船舶营运效率，提升了港口竞争力。在港口建设、沿海沿江开发中，充分发挥海事专业优势，积极参与决策论证，保障了施工安全，有力地支持了地方经济建设。海事的社会价值得以彰显，海事的社会地位明显提高。

（六）海事发展必须坚持抓党风、促政风、带行风，营造“心齐、气顺、风正、劲足”的局面。我们落实党风廉政建设责任制，推行“六项措施，八项要求”。建立健全工作制度，不断完善工作运行机制。深化文明创建活动，鼓励争先创优。党政之间、上下级之间、系统内外互相补台、互相谅解、互相支持。坚持抓班子、带队伍，工作氛围上下和谐，发展环境内外顺畅，为海事发展创造了良好的条件。

这些经验是多年实践的结晶，要坚持和深化。同时，我们还要清醒地认识到海事发展中存在的一些问题。从总体上说，水上交通安全监管能力与水运经济持续快速发展不相适应；主动服务国民经济社会发展的意识与政府职能转变的要求不相适应；海事依法行政能力与以人为本、更为严格的公共安全需求不相适应。对此，我们必须要高度重视，切实采取措施，认真加以解决。

（杨新宅、许吉翔）

对外开放港口进港船舶情况

项目		艘数（艘）	总吨（吨位）	总载重量（吨）	载客量（客位）	船员人数（人次）	货物到达量(吨)	旅客到达量(人)
总计	合计	1602634	3712108891	4398420589	115497796	13790097	1567717875	128306608
	中国籍船舶	1472629	1863358393	2002160322	112207338	11686599	818197542	126846084
	其中:外贸船	55959	174062893	184052799	5618482	694998	60048821	14775268
大连	合计	120243	370395597	335295462	10526429	1409762	77823173	8467213
	中国籍船舶	111749	244164952	172166595	10423809	1273299	29990725	8411240
	其中:外贸船	1599	10951876	13005541	1306	27961	2793063	276
营口	合计	8285	49432954	71628722	23030	123703	17875861	10317
	中国籍船舶	6951	32990104	45075488	20	101865	7159768	–
	其中:外贸船	209	2010190	3027748	20	4366	933611	–
丹东	合计	3745	8313103	10731264	262616	41839	3562489	133271
	中国籍船舶	2826	3985374	5899892	173216	22287	1769024	87130
	其中:外贸船	296	664528	873379	–	4584	130048	–
锦州	合计	2351	19800476	32287558	–	41142	6431989	–
	中国籍船舶	1627	12663045	20237358	–	28302	3388579	–
	其中:外贸船	27	510630	1426016	–	614	370614	–
天津	合计	96519	222081392	281747922	298576	358657	89989175	176701
	中国籍船舶	89356	94988837	117288149	236171	207334	30134103	126410
	其中:外贸船	944	9928895	11178932	–	23380	3967329	4228
青岛	合计	72160	231429834	263842985	8060368	312085	123905909	5584044
	中国籍船舶	65225	75273533	60124812	7928543	163409	15543796	5511535
	其中:外贸船	1095	13757873	17217756	–	25611	6155470	–
烟台	合计	12141	81385164	53462964	3883189	357089	24537499	2704928
	中国籍船舶	10828	64710627	32872046	3872213	324257	11969285	2670685
	其中:外贸船	147	1107913	1491765	–	3397	522361	–

(续表一)

项目		艘数（艘）	总吨（吨位）	总载重量（吨）	载客量（客位）	船员人数（人次）	货物到达量（吨）	旅客到达量（人）
威海	合计	16960	17361847	10491730	2164217	153031	5949641	1355291
	中国籍船舶	16155	11649239	7949343	2067278	136325	5392571	1292272
	其中:外贸船	237	941071	1179254	–	4781	110233	–
龙口	合计	3198	12287806	19706804	4900	45329	10382424	–
	中国籍船舶	2639	7188392	10938620	4900	34589	6147573	–
	其中:外贸船	110	828919	1345588	–	2596	725395	–
日照	合计	4036	45020456	72724935	20188	72456	36127298	22516
	中国籍船舶	2709	15757550	24226503	–	43808	3255508	–
	其中:外贸船	55	7920678	905815	–	1229	553648	–
石岛	合计	1649	3991369	2723342	82662	26779	1513675	48429
	中国籍船舶	1231	1260647	1636640	–	15703	1289770	–
	其中:外贸船	532	510558	438277	–	7706	50497	–
岚山	合计	2298	16177214	26957154	–	36925	19700647	–
	中国籍船舶	1386	3918297	6243192	–	19148	2995192	–
	其中:外贸船	74	643448	1064993	–	1670	778026	–
东营	合计	6807	1670369	675019	13070	52311	443066	25364
	中国籍船舶	6807	1670369	675019	13070	52311	443066	25364
	其中:外贸船	–	–	–	–	–	–	–
蓬莱	合计	13329	15938756	5112440	2166373	267290	3392620	796835
	中国籍船舶	13086	15132422	3914256	2166373	262188	2526911	796835
	其中:外贸船	30	55692	60655	–	673	64975	–
莱州	合计	1659	3235054	5038800	–	20684	3355186	–
	中国籍船舶	1382	2199332	3524623	–	16195	2396489	–
	其中:外贸船	33	94243	136550	–	694	51954	–
龙眼	合计	335	2454488	770235	100314	9277	212553	59847
	中国籍船舶	180	158361	231938	1440	1748	102212	1088
	其中:外贸船	29	40858	58254	–	401	5752	–
连云港	合计	44286	66698327	90401808	93928	270130	27743209	75477
	中国籍船舶	41978	35917769	41256133	93928	226154	5815258	75470
	其中:外贸船	784	8161363	9724916	–	18382	2063512	13009

(续表二)

项目		艘数(艘)	总吨(吨位)	总载重量(吨)	载客量(客位)	船员人数(人次)	货物到达量(吨)	旅客到达量(人)
张家港	合计	10083	43799827	67798518	–	129226	40574055	–
	中国籍船舶	7245	20978276	32217026	–	81978	23121217	–
	其中:外贸船	397	2127497	2563106	–	10078	1479322	–
南通	合计	7012	37305537	59028173	–	68137	26321191	–
	中国籍船舶	5207	15091384	22796552	–	35866	16873509	–
	其中:外贸船	165	1065330	1621059	–	3477	553177	–
南京	合计	8064	34477152	51655474	–	76172	32872547	–
	中国籍船舶	7042	25824254	37317050	–	59187	27790008	–
	其中:外贸船	368	1902106	2426248	–	9237	1121406	–
镇江	合计	4535	21771611	34296529	1030	51763	20155067	852
	中国籍船舶	3710	12575979	20486785	1030	36354	15504542	394
	其中:外贸船	99	965558	1261791	–	2588	694848	–
江阴	合计	6178	25552536	37238095	–	74507	24372829	–
	中国籍船舶	4921	14913470	21010906	–	54705	18546241	–
	其中:外贸船	155	806337	1071278	–	2702	671299	–
扬州	合计	643	4914064	7310285	–	11648	5952791	277
	中国籍船舶	457	3434149	4985104	–	7563	4316800	277
	其中:外贸船	21	126296	147585	–	813	104489	277
泰州	合计	1500	4777636	7598280	–	13890	4140275	–
	中国籍船舶	1244	2511212	3858683	–	8958	2764684	–
	其中:外贸船	47	315144	394310	–	1015	296994	–
常熟	合计	1497	12059908	18715144	–	21420	10103512	–
	中国籍船舶	899	5194488	8410699	–	11760	6741057	–
	其中:外贸船	53	291334	518071	–	969	246038	–
太仓	合计	1896	11702688	18917099	–	30009	10020739	–
	中国籍船舶	1056	5769091	10802404	–	15217	7106994	–
	其中:外贸船	54	172729	214946	–	1019	102708	–
常州	合计	1038	4080563	8199490	–	13989	3762877	–
	中国籍船舶	591	1402518	3837753	–	7046	1836519	–
	其中:外贸船	39	167317	181687	–	890	168904	–

(续表三)

项　目		艘 数(艘)	总吨(吨位)	总载重量(吨)	载客量(客位)	船员人数(人次)	货物到达量(吨)	旅客到达量(人)
上 海	合　计	60107	444563789	520790880	2102628	542112	274733265	682824
	中国籍船舶	46384	139852534	162018862	2100286	243958	191547760	659069
	其中:外贸船	1243	13591767	8716042	15583	31592	5499960	8463
温 州	合　计	87179	28138313	30244776	9177437	455882	20923368	2024150
	中国籍船舶	87070	27115072	28926224	9177437	454161	20430556	2024150
	其中:外贸船	69	326979	449833	–	1198	82719	–
宁 波	合　计	246612	370157806	435515441	12633373	1830666	167099287	7518527
	中国籍船舶	238851	170424656	159948796	12557179	1686395	72827267	7488136
	其中:外贸船	916	13955218	12379731	50	18505	5822318	31
舟 山	合　计	204318	132528698	131622649	34733815	1964046	40292077	10966095
	中国籍船舶	203443	99962645	75139444	34733815	1947459	16363505	10966095
	其中:外贸船	1000	2949892	4147592	–	15056	1849464	–
海 门	合　计	81281	20780152	29626892	2978604	337346	18381114	957822
	中国籍船舶	79937	18985755	27182586	2978604	324876	17092111	957822
	其中:外贸船	55	69923	97414	–	720	44157	–
乍 浦	合　计	3000	12847873	17107334	30	38239	14817066	–
	中国籍船舶	2674	10692158	14633285	30	29899	13224289	–
	其中:外贸船	72	668264	854905	–	1529	612640	–
福 州	合　计	20097	47055295	70648969	36612	244005	16443482	17308
	中国籍船舶	17378	24502395	37219762	832	191730	14013181	–
	其中:外贸船	1926	2105915	3050767	–	24913	606346	–
厦 门	合　计	52734	130297510	139579710	4144144	392511	21133304	1828937
	中国籍船舶	49089	28936651	24723035	4119471	310002	9712201	1821174
	其中:外贸船	3395	8943672	8903274	514272	43786	1512046	260351
泉 州	合　计	7160	19415889	29362851	–	86173	15524471	–
	中国籍船舶	6843	15414108	21910352	–	78504	10709743	–
	其中:外贸船	285	994086	1560533	–	4344	787520	–
宁 德	合　计	3594	2808180	4787717	7431	32718	1694293	3354
	中国籍船舶	3419	1962194	3322122	7431	30258	1681323	3354
	其中:外贸船	146	147818	237701	–	1424	10888	–

(续表四)

项目		艘数（艘）	总吨（吨位）	总载重量（吨）	载客量（客位）	船员人数（人次）	货物到达量（吨）	旅客到达量（人）
莆田	合计	2264	3107810	4706072	116477	11441	4084762	847255
	中国籍船舶	2200	2420259	3848234	116477	11165	3288264	847255
	其中:外贸船	78	178452	277848	–	440	147442	–
漳州	合计	38064	21041729	20035738	3110638	193546	11343657	1144756
	中国籍船舶	37646	18733161	16568387	3110638	187602	10070722	1144756
	其中:外贸船	290	440945	586106	6538	1571	130681	3058
广州	合计	32583	126117496	158851849	1153477	377379	89825037	435242
	中国籍船舶	29922	83936166	103188514	1152277	321671	68048861	434737
	其中:外贸船	5784	17185513	12126236	1069037	56230	5612373	385601
湛江	合计	7178	35874260	58369321	6489	94678	34742989	–
	中国籍船舶	6360	13674032	20378632	6489	77288	10140107	–
	其中:外贸船	989	2487733	3226880	–	12410	2028285	–
汕头	合计	4534	9979499	13472900	5292	60488	4072198	1106
	中国籍船舶	4223	7887745	10552114	–	53263	3535275	–
	其中:外贸船	1606	1367828	1606662	–	19942	628207	–
汕尾	合计	2984	682611	587322	22527	11953	160164	16257
	中国籍船舶	2848	663219	577781	19627	11468	155622	13657
	其中:外贸船	64	55302	47739	–	666	18100	–
惠州	合计	3640	12148526	19265200	–	38731	11860984	–
	中国籍船舶	3336	5360216	7338275	–	34742	4997530	–
	其中:外贸船	2147	2721472	3521806	–	20036	2275833	–
阳江	合计	807	1931159	2982804	–	9754	2231611	–
	中国籍船舶	623	597934	899075	–	6378	621140	–
	其中:外贸船	5	28600	43205	–	100	40304	–
珠海	合计	23658	26373844	26971286	4108880	164370	13204066	1748990
	中国籍船舶	21119	15107198	14129265	4108880	145615	8653606	1748990
	其中:外贸船	6523	4118885	1682539	1970079	39914	810915	877287
潮州	合计	650	1530577	1622465	6008	6387	593221	2045
	中国籍船舶	616	470131	410161	6008	5639	103173	2045
	其中:外贸船	21	109892	129332	–	264	62937	–

(续表五)

项目		艘数（艘）	总吨（吨位）	总载重量（吨）	载客量（客位）	船员人数（人次）	货物到达量(吨)	旅客到达量(人)
江门	合计	1207	1242280	1544407	–	9351	427311	–
	中国籍船舶	1150	1118505	1375873	–	8749	378501	–
	其中:外贸船	9	18643	23371	–	100	18480	–
茂名	合计	3078	9041646	15588796	4794	30143	11008009	6120
	中国籍船舶	2867	3337479	5348126	4794	25763	2374789	6120
	其中:外贸船	306	1241451	2159412	–	4040	1364905	–
东莞	合计	4816	12942973	19550685	–	48548	16713649	–
	中国籍船舶	4482	11202390	16800307	–	43050	15259129	–
	其中:外贸船	309	480389	671020	–	2809	384249	–
蛇口	合计	61340	434051641	472280850	5267108	719622	66854918	77670564
	中国籍船舶	35166	62969524	59377486	3270818	382214	29549952	77021843
	其中:外贸船	12169	25563640	19796996	1625140	173635	2467661	12794995
海口	合计	22266	60658463	24256092	6443787	426795	11853802	1990171
	中国籍船舶	21843	59384782	22803883	6430387	417770	11178158	1985392
	其中:外贸船	390	474382	559482	–	4381	165644	–
三亚	合计	575	634825	1027438	–	6567	630393	–
	中国籍船舶	529	519764	859994	–	5929	515525	–
	其中:外贸船	–	–	–	–	–	–	–
八所	合计	1518	3898029	6256487	–	20124	751831	–
	中国籍船舶	1055	3037845	4818397	–	14026	261105	–
	其中:外贸船	11	26061	35977	–	179	12969	–
洋浦	合计	2276	3941476	5851509	–	24210	2913326	–
	中国籍船舶	1924	2518246	3782212	–	19209	1511583	–
	其中:外贸船	45	105258	149548	–	513	99389	–
清澜	合计	319	260501	371878	2900	3500	165242	773
	中国籍船舶	307	250061	357612	2900	3389	161718	773
	其中:外贸船	2	2581	4818	–	33	–	–
芜湖	合计	1568	2095266	3980083	–	17986	1673959	–
	中国籍船舶	1504	1950155	3748855	–	17181	1611674	–
	其中:外贸船	63	165879	245719	–	956	97780	–

(续表六)

项目		艘数(艘)	总吨(吨位)	总载重量(吨)	载客量(客位)	船员人数(人次)	货物到达量(吨)	旅客到达量(人)
安庆	合计	319	727101	993998	–	4156	186891	–
	中国籍船舶	309	704482	956994	–	4053	186891	–
	其中:外贸船	11	164052	187671	–	182	–	–
九江	合计	561	361978	645442	–	6625	50971	–
	中国籍船舶	560	359843	641814	–	6615	50463	–
	其中:外贸船	–	–	–	–	–	–	–
武汉	合计	375	452374	664557	–	3693	586231	–
	中国籍船舶	375	452374	664557	–	3693	586231	–
	其中:外贸船	–	–	–	–	–	–	–
黄石	合计	63	50994	42652	–	326	24550	–
	中国籍船舶	62	48829	39024	–	316	24550	–
	其中:外贸船	1	2165	3628	–	10	–	–
富锦	合计	137	109991	115600	528	366	130461	106
	中国籍船舶	112	74791	80400	528	290	92168	106
	其中:外贸船	112	74791	80400	528	290	92168	106
同江	合计	2213	846444	576850	40710	5281	329628	20651
	中国籍船舶	1978	594824	326850	34960	4646	131676	11147
	其中:外贸船	1978	594824	326850	34960	4646	131676	11147
黑河	合计	10503	1228752	763703	675552	36679	216158	285617
	中国籍船舶	3094	595237	321484	300649	15428	73020	59744
	其中:外贸船	3094	595237	321484	300649	15428	73020	59744
抚远	合计	1738	173224	92200	67699	8317	16395	56784
	中国籍船舶	987	122442	72300	36864	4679	5022	31754
	其中:外贸船	987	122442	72300	36864	4679	5022	31754
萝北	合计	415	203985	188400	12200	1546	350066	2922
	中国籍船舶	309	59385	43800	12200	1293	59375	2922
	其中:外贸船	309	59385	43800	12200	1293	59375	2922
饶河	合计	980	541138	1200	–	6860	44895	–
	中国籍船舶	980	541138	1200	–	6860	44895	–
	其中:外贸船	980	541138	1200	–	6860	44895	–

(续表七)

项 目		艘 数(艘)	总吨(吨位)	总载重量(吨)	载客量(客位)	船员人数(人次)	货物到达量(吨)	旅客到达量(人)
秦皇岛	合 计	33764	130073229	192150710	502012	482443	28446260	387268
	中国籍船舶	32307	95592240	140227926	502012	445854	12904558	387168
	其中:外贸船	275	3325238	2130256	29888	10701	725327	321101
唐 山	合 计	14975	34744922	52476353	98	66073	7687226	–
	中国籍船舶	14532	27520995	40344948	98	56866	3830684	–
	其中:外贸船	68	349547	519732	–	1443	171116	–
黄 骅	合 计	80342	169319033	244960604	–	710513	1729833	29
	中国籍船舶	79853	161226549	231624611	–	703617	1668153	29
	其中:外贸船	27	392593	17906249	–	643	60394	–
防 城	合 计	11937	19409831	31822457	–	105258	14572342	–
	中国籍船舶	4852	5411307	8647096	–	48843	1023798	–
	其中:外贸船	258	706726	1031772	–	4215	513984	–
北 海	合 计	2668	6194819	6435645	326936	33389	3288247	229573
	中国籍船舶	2373	3446119	2505883	324936	28556	1186068	229146
	其中:外贸船	307	434030	469137	1368	1912	179078	918
钦 州	合 计	7790	3407232	5273586	108720	30051	2682568	–
	中国籍船舶	6651	2297187	3490215	108720	18081	1390219	–
	其中:外贸船	35	105902	130312	–	577	82881	–

注:葫芦岛港统计数据暂缺,黄骅港的统计数据为神华港务有限公司数据。

第二篇

各省、自治区、直辖市
口岸运行情况

北京口岸工作综述

2005年，在市委、市政府和市商务局的领导下，市口岸办积极认真、稳步扎实地开展了保持共产党员先进性教育活动和依法行政等学习培训工作；按照要求完成了“十一五”时期北京口岸发展规划；按照市领导指示精神深入开展了朝阳口岸迁移至马驹桥的相关调研工作；继续巩固和提高了北京口岸“大通关”成果并取得了新进展；继续推进了首都机场地区精神文明建设、社会治安综合治理工作；推动了食品安全专项工作部署和口岸反偷渡反走私工作；继续加强了口岸基础性、经常性工作，保证了口岸综合协调管理和机关职能机制的正常、有序运行；配合、协调完成了各项活动的机场接待任务。

【精心构筑“十一五”时期口岸发展规划】 根据北京市统一部署，市口岸办精心制定了《北京市“十一五”时期口岸发展规划》。期间，多次组织召开了规划研讨会，对完善口岸查验设施与改进“大通关”环境的主要项目和内容、优先发展航空港口岸及临空经济的主要措施、建设北京新出海通道的阶段性目标等进行了充分的讨论，尤其对北京口岸发展的指导思想及定位、口岸布局及框架体系等问题展开了深入的探讨。

【修改完善了72小时过境免签调研报告】 按照市领导的指示精神，及时完成了《在首都国际机场有条件实行72小时过境免签等改革性措施的可行性及实施方案》的再次上报工作。此项工作，在2001年度前期调研准备的基础上，又深入了解机场周边相关动态，重新充实和更改了相关内容及数据，对该方案进行补充和论证。

【配合空港物流园区完成相关工作】 对顺义空港物流园区建设开展了调研、协调工作。进一步加强了与顺义空港物流基地、机场当局和首都机场扩建指挥部的工作联系，积极协助有关单位初步明确了空港物流园区的地域分布、责任单位和规划进展，落实了牵头单位，完成了最终规划批复方案的调研，积极配合做好发展临空经济、建设空港国际物流保税中心及“大通关”基地的协调工作。

【深入开展朝阳口岸迁移调研工作】 按照市领导指示精神及相关部门的意见，就朝阳口岸迁移至马驹桥的问题，配合有关部门开展了深入的调查研究工作。市口岸办组织相关处室专门对朝阳口岸在北京对外经贸发展中发挥的作用、周边的交通状况、发展前景做了深入调研，对现有问题和迁移问题做了基础性准备。多次召开研讨会，广泛听取相关部门的意见和建议，预测困难和问题，完善方案和计划，会同有关部门起草了《朝阳口岸迁移至马驹桥实施意见（草案）》，及时办理了市人大、政协十届三次会议代表和委员关于朝阳口岸迁移的建议、提案工作。陆昊副市长多次听取汇报，并于11月10日专程到朝阳口岸调研。

【完成西站临时口岸调研工作】 配合海关总署，完成了北京西站临时客运口岸的调研及协调工作。在调研工作中，对通港列车的运行情况、口岸基础设施的现状、口岸联检单位的要求和人员编制需求以及运行中存在的困难和问题都进行了深入了解，形成调研报告报送海关总署口岸规划办公室，为领导决策提供了依据。

【继续推动“大通关”工作】 2005年度，在调查座谈，广泛征询意见的基础上，围绕优化首都发展环境和奥运行动规划的新要求，进一步简化通关流程，改善口岸地区治安环境等工作，制定了《2005年北京口岸“大通关”工作安排》，作为指导和推进全年“大通关”工作的依据和落实检查标准。

【加快北京口岸电子口岸的建设】 按照陆昊副市长关于加快北京电子口岸建设的有关批示，借鉴了外省市经验，与相关部门沟通后，代拟了《关于建设北京电子口岸的合作备忘录》，11月18日由北京市政府与海关总署正式签订了该备忘录。11月22日，口岸办领导陪同陆昊副市长参加了在宁波举行的全国地方电子口岸建设现场会，了解了宁波电子口岸建设模式。

【加强口岸合作，促进区域发展】 继续巩固和完善了朝阳口岸与天津海港口岸的直通成果，口岸办率领有关单位赴天津参加了首届天津经济合作与投资洽谈会暨天津春季全国商品交易会，并作了专题发言，与天津等12个省、市、自治区口岸部门签订了《跨区域口岸合作天津议定书》。11月份，口岸办领导陪同陆昊副市长出席了天津市“加强口岸合作，促进区域发展”座谈会暨国际贸易与航运中心落成仪式。

【继续推动精神文明建设】 2005年度，口岸办组织机场地区各相关单位进行了“文明礼仪教育实践”活动；大力开展了“做人民满意公务员”和“创建文明机关、当好人民公仆”活动；普及了《首都机场航站楼〈基础业务知识培训教材〉》。组织评选了机场地区文明单位、十佳文明岗台、十佳文明标兵和文明嘉奖评奖活动。

【健全体制做好防控工作】 经北京市政府批准，2005年3月成立了北京市机场地区食品安全领导小组及其办公室，并设立机场地区食品安全监督协调办公室。开展了对“涉红”产品的专项检查，落实了“奥运食品安全行动纲要暨市场升级改造现场会”会议精神，制定了整治方案，开展了专项检查工作，确保了首都机场地区食品卫生工作的安全和有序。在防控禽流感的关键时期，又及时成立了地区防控领导小组，精心组织、深入宣传，制定了专项防控预案，杜绝了禽流感经由机场口岸传播的可能性。

【双反工作不断完善和创新】 为进一步扩大反偷渡反走私工作的覆盖面和涉及层次，双反领导小组按惯例组织召开了工作年会、总结表彰会、业务知识培训班以及年终总结交流座谈会，还首次邀请了反偷渡反走私先进单位标兵介绍经验和好的做法。针对机场口岸偷渡、走私活动的发展趋势和特点等，采取了专群结合、群防群治的协作氛围并已初步形成了反偷渡反走私的网络体系。

【圆满完成相关迎送工作】 2005年度口岸办针对国事活动、重大活动多的特点，全办高度重视，精心组织，周密部署，圆满完成北京《财富》全球论坛、诺贝尔论坛、苏迪曼杯世界羽毛球锦标赛、与宝岛台湾的首次直航、中央“两会”代表等迎送工作。

【口岸运行统计有继承有创新】 为适应形势，精益求精，口岸统计工作有继承有创新。改进统计报表的单一模式，使每个月报既有口岸运行数据，又有口岸运行分析；增加假日“黄金周”每日统计制度和假日黄金周统计比较，进行同比分析和预测，为领导和相关部门决策提供更为全面、准确的数据。

2005 年北京口岸运营情况统计表

项　目		本年累计	上年同期	同比增长±%
首都机场空港口岸				
旅客吞吐量(万人次)		4100.4	3488.3	17.6
其中	进港(万人次)	1925.7	1650.4	16.7
	出港(万人次)	2174.7	1837.9	18.3
进出境旅客吞吐量(万人次)		1065.9	920.2	15.8
其中	外籍旅客进出境人员(万人次)	613	511.8	19.8
货邮运量(万吨)		78.2	66.9	16.9
飞机起降(架次)		341681	304776	12.1
其中	进港(架次)	170757	152441	12
	出港(架次)	170924	152335	12.2
进出境飞机起降(架次)		76629	67728	13.1
海关监管空运货物(万吨)		28.8	22.9	25.1
其中	监管进口货物(万吨)	12.6	11.2	12.5
	监管出口货物(万吨)	16.1	11.8	37.2
海关征收关税及代征税(亿元)		141.8	134.3	5.6
北京丰台货运口岸				
海关监管货物(万吨)		2.6	3.9	-34.3
其中	监管进口货物(万吨)	0.4	0.4	0.00
	监管出口货物(万吨)	2.2	3.6	-37.8
海关征收关税及代征税(万元)		4310.9	3983.8	8.2
北京朝阳口岸				
海关监管货物(标箱)		85551	86287	-0.9
其中	监管进口货物(标箱)	83633	83838	-0.2
	监管出口货物(标箱)	1918	2449	-21.7
海关监管货物(万吨)		62.3	61	0.4
其中	监管进口货物(万吨)	59.9	59.87	0.00
	监管出口货物(万吨)	1.4	1.1	23.9
海关征收关税及环节税(亿元)		63.9	60.9	4.9

北京口岸查验单位工作综述

北京海关

2005年，在总署党组的正确领导下，北京海关以邓小平理论和“三个代表”重要思想为指导，深入贯彻全国海关关长会议精神，认真开展保持共产党员先进性教育活动，围绕以建立健全风险管理机制为中心环节的现代海关制度第二步发展战略目标，不断加大业务整合和队伍建设力度，进一步提高把关服务能力，圆满完成了全年各项工作任务。

【加大综合治税力度，全力完成税收任务】 面对严峻的税收形势，北京海关坚决贯彻总署关于加强综合治税的指示精神，始终把税收工作作为各项工作的“轴心”，积极落实10项措施，综合利用风险分析、专项稽查、统计预警、企业管理和缉私等多种手段，不断健全关区综合治税工作机制。加大了关区税收监控力度，对重点商品及时开展价格核查，不断提高归类和审价水平，确保科学征管、应收尽收。全年共征收税款220.3亿元，比上年增长6.1%，再创历史新高，超额完成了总署下达的税收任务。

【顺利完成调查职能调整工作，打私缉毒成效显著】 年内对调查职能进行了调整，加强了稽查、风险、企管部门的人员力量，优化了海关管理资源配置，进一步提高了打私整体能力。强化反走私综合治理，组织开展了打击加工贸易走私专项行动，查获案件41起，案值6088万元。全年共查获各类案件567起，案值12.3亿元，罚没收入4317万元。缉毒工作成效显著，相继破获跨国毒品案件6起，缴获各类毒品12416.28克，抓获犯罪嫌疑人18名，打掉了4个国际贩毒团伙。进一步加大了对进出境印刷品、音像制品的监管力度，严密防范“法轮功”等邪教组织的政治渗透。全年共查获各类进境违禁印刷品、音像制品244万件，其中“法轮功”邪教宣传品228万件。

【积极构建综合监管新机制，通关监管能力得到进一步提升】 坚决贯彻全国海关监管工作会议精神，牢固树立综合监管理念，积极建立“四肢协调”和“耳聪目明”有机统一的综合监管新机制。一是不断推动选择查验作业制度改革，建立了机场集中查验库区，降低了监管风险，提高了监管效能。二是实施航空口岸旅客申报制度改革，实现了旅客通关程序的国际化，强化了对进出境旅客的实际监管。三是监管现场卡口试点工作进展顺利，设备已全部安装到位，关区空、海运现场卡口联网监管初具规模。全年共监管进出口货物254万吨，进出口商品总值422亿美元，验放进出境人员1081万人次，进出境飞机68119架次。

【充分发挥统计职能作用，海关统计的应用效果更加突出】 狠抓基础数据质量管理，积极开发利用SAS分析软件，规范CSD系统作业，不断提高贸易统计、业务统计和报关单数据库管理水平。进一步加强和地方政府部门的联系沟通，主动走访调研，拓展合作渠道，充分利用海关统计数据为北京市经济发展服务。积极推动特约统计分析员工作机制的建立，壮大了统计分析队伍，增强了统计分析工作的力量，全年报送各类统计分析文章74篇，其中68篇次被总署和市政府采用，13篇次得到市领导批示。统计监督和执法评估工作在海关管理中的基础作用发挥得更加明显，进出口预警监测能力和辅助决策服务水平得到切实提高，海关统计的影响力不断扩大。

【稳步开展加工贸易和保税物流监管业务改革】 年内，加快推进加工贸易联网监管步伐，目前关区联网企业达到40家，其中星网企业10家，通用型联网企业30家，联网企业加工贸易进出口额占到北京市加工贸易进出口总额的77%。积极探索保税物流中心监管模式，推动北京空港保税物流中心（B型）的建设，拓展了关区保税物流仓储功能，促进了北京地区保税物流经济的持续发展。组织对关区115家保税仓库盘库核查，强化了对保税货物的实际监管。对逾期未核销加工贸易手册进行了全面清理，进一步规范了关区加工贸易管理。完成了“加工贸易产业”分类评估，组织开展了西北各关区加工贸易和保税业务执法检查工作。

【积极推进“大通关”建设，不断提高通关效率】 年内，北京海关与天津海关正式启动区域通关改革试点工作，积极推动环渤海地区“自动转关”和“属地申报、口岸验放”通关方式。加强与口岸“大通关”相关单位的联系配合，主动参与“十一五”口岸发展规划、首都机场新航站楼改扩建工程、朝阳口岸迁移等重点工作。全力支持首都经济发展，配合地方政府做好奥运前期准备和首钢搬迁工作。加大便捷通关实施力度，目前关区便捷通关企业达到41家，担保验放报关单数占到关区总量的25%。拓展网上付税项目，审批网上付税企业135家，付税金额达19亿。

【充分发挥风险平台作用，建立健全风险管理机制】 年内，以建立健全风险管理机制为中心，制订了风险布控处置操作规程，进一步理顺了风险信息采集、分析、处置等各环节的关系，强化了部门间的联系配合。实施了《北京海关风险管理绩效评估及奖励办法》，完善了奖励激励措施，调动了一线业务人员开展风险管理工作的积极性。分6期开展了风险平台、风险信息培训工作，提升了各部门风险管理的应用水平，使风险平台在海关业务工作中的作用得到了充分发挥。年内，全关利用平台开展风险分析，共发现和处理各类走私违规案件107起，案值3.44亿元。

【加快电子口岸建设步伐，提高科技应用和服务水平】 积极推动电子口岸建设，口岸执法系统、口岸快件通关管理系统等应用项目陆续在电子口岸平台投入运行，口岸通关效率明显提高，企业社会反映良好。组织开展了数据安全检查工作，认真查找薄弱环节，加强计算机授权管理，健全和完善了数据安全管理制度，强化了数据安全使用管理和防范工作。数字物流视频监控系统开发完成并投入使用，机场航站楼、快件检查中心、西客站旅检大厅、朝阳口岸查验通道等业务现场实现了微机远程视频监控，关区业务运行管理能力显著增强。

【坚持“从严治关”，全面加强基层基础建设】 在基层建设中，按照总署要求，以《海关基层建设纲要》为标准，通过开展学习红其拉甫海关艰苦奋斗先进事迹、建立北京海关网上荣誉室等一系列工作，全面推动基层建设达标工作的深入进行。年内，组织开展了执法为民主题纠风活动，走访地方相关部门26家、企业69家，整理各类意见建议358条。通过有针对性地改进工作，广大关员的把关服务意识进一步增强。北京海关开展的文明单位和文明窗口创建活动也取得了丰硕成果。首都机场海关评为全国精神文明建设先进单位，首都机场海关旅检处和总关报关厅被评为国家级青年文明号，开发区海关、朝阳办事处等7个单位分别被评为首都文明单位和首都文明单位标兵。

【党风廉政建设和反腐败工作不断引向深入】 实行了党组党风廉政建设工作例会制度，督促检查和落实反腐倡廉分解任务，大力推动基层单位党风廉政建设责任制建设，各单位、各部门抓反腐倡廉工作的责任感和自觉性明显提高，广大关员廉洁自律意识显著增强。加大了对各级领导干部履行

“一岗双责”和基层单位责任制考核力度，完成了2004年党风廉政建设责任制考核，235名领导干部按照要求进行了述职述廉。

以贯彻执行“海关人员6项禁令”和整治送收“红包”行为为重点，进一步加大反腐倡廉力度，组织开展了“海关人员6项禁令”警示教育等一系列专题活动。从北京市党政机关、新闻媒体、进出口企业和社会组织新聘请了22名监督员，进一步加强了社会监督和舆论监督。实施关区“红包”公布制度，年内共有5个单位报告了拒收、退还礼品礼金的情况。“中秋”、“国庆”两节期间，全关共谢绝各类宴请200余人次，拒收礼品礼金70余人次，拒收有价证券37张，价值20600元。

北京海关2005年主要工作量统计表

统计类别		数量	单位
进出口货物总重量		254	万吨
其中	进口货物	182	万吨
	出口货物	72	万吨
监管集装箱	标准箱总数量	87417	箱次
	箱载货物重量	60	万吨
进出境飞机		68119	架次
进出境人员		1081	万人次
非贸易性行邮物品		5153	万件
其中	监管印刷品和音像制品	4871	万件
征收税款总金额		220.3	亿元
其中	关税税款	39.36	亿元
	进口环节税款	180.94	亿元
查获走私案件		30	起
查获走私案值		11324	万元
查获违规案件		537	起
查获违规案值		111849	万元
实际罚没收入		4317	万元

北京出入境边防检查总站

2005年，北京边检总站认真学习贯彻部局党委指示精神，按照部署和要求，紧紧围绕边防检查这一中心，牢牢抓住队伍建设这个根本，以周永康部长“三个下功夫”的要求为指针，以建设“文明国家窗口”和打造“最优秀的行政执法队伍”为目标，以文明规范执勤和加强基层基础工作为重点，以制度建设和机制创新为保障，狠抓规范管理，严明纪律责任，下大气力预防案件事故，积极推进队伍正规化建设，全面提高队伍整体素质和执法服务水平，为维护国家安全和社会稳定，服务改革开放和经济建设做出新的贡献。

按照这一指导思想，总站开展了机构调整、机制制度建设、先进性教育和正规化建设等一系列卓有成效的工作，全体边检民警以严肃认真的态度，扎实严谨的作风，顽强拼搏的精神，较好地完成了以边检执勤为中心的各项任务。全年验放出入境人员首次突破千万大关，达10794115人次，比上年增长16%；12个科级单位在总站组织的正规化建设检查评比中被评为先进单位；2个分队、4名个人分别被评为全国边检系统文明窗口单位和文明规范执勤标兵；4个党支部、24名党员、7名党务工作者分别受到部局党委、总站党委和机场街道工委表彰；11个单位、135名同志立功受奖；111人被评为优秀公务员；特勤队三分队副分队长武玉峰被评为全国优秀人民警察；在部局组织的大练兵知识竞赛中获得团体第1名；在全球航协组织对首都机场进行的服务质量测评中，边防检查服务质量超过机场整体水平；查获了跨国偷渡案、携带毒品案等一批大案要案；查获偷渡和引带他人偷渡人员945人次；完成了中外国家领导人专机检查任务158架次，多次受到公安部领导批示表扬。

【调整内设机构，有效整合警力，实施层级管理】 1998年职改以来，形势、任务和队伍状况发生了很大变化，为适应新形势新任务，备战奥运会，经过调研论证，在部局领导的支持下，于7月份对基层机构和职能分工进行了调整。新组建6个正处级基层单位和34个科级单位，管理模式由总站、队两级调整为总站、站（队、所）和分队三级，由一级党委调整为两级党委，形成了工作新格局。由于配实配强了基层单位，基层领导干部抓班子、带队伍的责任心增强，工作质量效率、队伍管控能力有了显著提高。

按照“充实一线，保障执勤”的原则，压缩机关人员，在机关80%的人员参加一线执勤的基础上，将机关、基层人员比例调整为2:8，实现了“小机关、大基层”。同时，调整了勤务组织方式，整合警力，使每班执勤警力由原来的130人增加到180人，增长约40%，有效解决了一线执勤警力不足，难以应对客流高峰的问题。新机构以充足的警力、清晰的职能划分，从容应对了旅客流量高峰和24小时执勤的新形势。同时，随着特勤队和遣返所证件研究室的成立，执勤专业化程度和口岸管控能力也有了新的提高。

【健全规章制度，严明纪律责任】 按照规范化、标准化、精细化管理要求，积极探索建立科学的管理运行机制。总站先后修订完善了30余项规章制度，覆盖了工作的各个层面，明确了各单位工作职能，细化了岗位职责，严明了纪律责任，按照“谁主管，谁负责”、“一把手”负总责的原则，大力推行层级分解任务、层级落实责任的管理模式，形成了上下联动，齐抓共管的良好局面。总站简政放权，确保基层责、权统一，充分调动了基层党委、党支部的积极性和创造性，提高了管理权威性。

着力发挥制度的导向、规范和约束作用，狠抓责任追究，不断加大治警力度。督察处到一线办公，各站队所都成立了督察小组，对关键执勤岗位、问题多发部位实施重点督察，利用监控设备实时督察，录制整理执勤中不规范、不文明行为进行曝光。边检二队、三队等单位对队伍中出现的不良倾向和违规问题主动揭露，依照规定严肃处理。严明的纪律制度和有力的执行措施，使队伍的纪律作风得到加强，有效预防和遏制了问题事故，促进了队伍健康发展。

【严格考评讲评，加大管理力度】 按照周部长关于在奖优罚劣，调动积极性上下功夫的指示，针对以往考评中存在的奖惩力度不够大的问题，重新修订了总站考评规定和量化管理办法，确立了突出绩效，奖优罚劣的考评原则。各基层单位在充分考虑具体岗位职责、工作难易程度等因素的基础上，细化考评项目，科学设置分值，制定了考评实施细则，形成了总站考评站（队、所），站（队、所）考评分队，分队考评民警的三级考评方式，确保了每个人都在考评范围之内。年内，总站再次提高津贴数额，由于工作数量、质量的差别，个人月收入差距高达千元，充分体现了工作实绩，有效调动了队伍潜能，促进了警力的“无增长改善”。工作中，各单位坚持将考评结果对上报告，对下公布，与公务员等级评定、职衔晋升、评功评奖紧密挂钩，有效调动了队伍积极性。

【着力推进基层科队正规化建设】 一是各单位认真组织队伍深入学习部局制定的正规化建设标准，对边检工作进行深入分析，总结出了其重复性、细节性强的规律特点，使民警认识到开展正规化建设的重要性和必要性。二是在队伍建设方面，7 月份机构调整后，8 月份各单位迅速选举建立了党委、支部，按照部局的标准，建章立制，使新机构从运作之初就按照正规化的要求管理队伍。三是在勤务组织方面，根据标准，结合实际，规范了总站—队—分队三级勤务组织，形成了总站统一指挥，队分别组织，分队实施的模式，保证了勤务工作规范进行，警力使用更加合理。四是在勤务保障方面，由总站负全责，按照标准全面落实，大大改善了勤务工作条件和基层民警的生活环境。五是立足实战，深入开展了练兵活动。培训工作打破了以往“一刀切”的模式，突出针对性和适用性，根据不同岗位的需求和民警的不同技能水平，分别举办了 7 种类型的培训班。在新系统培训中，各级领导带头，全员参与。形式多样的练兵活动，有效提高了队伍整体素质，也培养了一批适应多岗位执勤的复合型人才，增强了战斗力。

【规范执法行为，坚持文明执勤】 执勤规范落实不到位，低级勤务问题频繁发生，是总站长期存在的顽疾，受到了局里通报批评。为此，将落实规范作为突破口和着力点，从人证对照、录入盖章等执勤基本动作入手，深入开展勤务专项整顿活动。为纠正“痼疾顽症”，各单位都成立了执法质量检查组，采取人盯人检查、监控录像对比等方式，反复抓，抓反复，促使民警由被动地执行规范变为积极主动的自我约束和自我完善。为进一步规范执法程序，总站编印了边检法律文书范本，聘请专家讲授新时期行政执法理念；组织旁听行政诉讼案件审理。同时，严格落实执法质量考核评议制度，提高了执法规范化水平。全年无执法责任事故，无行政诉讼和国家赔偿案件，3 起行政复议均维持了原决定，6 个单位执法质量全部达标，其中，西站检查站、特勤队、遣返所 3 个单位获得优秀等次。

【向一线倾斜，加强基层基础工作】 为夯实基层基础工作根基，总站坚持人往一线走，钱向一线投的原则，增强了基层实力。一是竞争上岗工作中，同等情况下，优先提拔使用一线人员；出国考察、学习培训、休假疗养优先安排一线人员；有限经费物质优先用于一线。二是改善民警执勤、备勤、学习和基层办公条件。投入1000多万元更新了执勤设施、修缮了备勤宿舍、统一配置了空调、电视、电话、网线等，改善了住宿条件，实行了公寓化管理。三是积极争取，多方筹措，提高一线人员误餐、夜餐标准，落实了绩效奖，使一线人员的收入高于机关同职级人员。四是配齐、配好勤务用车。五是为全体人员进行健康普查，建立了个人健康档案。一系列倾斜一线、加强基层的措施巩固了基础工作，凝聚了警心，鼓舞了士气，调动了积极性。

北京出入境检验检疫局

【概况】 2005年1—10月，共检验检疫出入境货物129330批次，同比增加21.28%；货值986561万美元，增加39.88%。其中出口货物79359批次，增加34.27%；货值634485万美元，增加66.77%。进口货物49971批次，增加5.12%；货值352076万美元，增加8.38%。查出不合格进出口货物1123批次，增加132.02%；货值4828万美元，增加250.79%。其中不合格进口货物1030批次，增加138.43%；货值4645万美元，增加280.87%。不合格出口货物93批次，增加78.85%；货值183万美元，增加16.86%。检验检疫进出境动物及其产品8726批，增加64.12%；货值12589万美元，增加82.48%。植物及其产品5436批，减少10.28%；货值8450万美元，减少2.66%。监测体检出入境人员48812人次，增加21.94%，检出各种病例902例，增加33.63%。艾滋病监测49610人次，增加27.08%；预防接种54939例，减少36.35%。检疫入境飞机26158架次，检疫处理入境飞机26158架次；检疫出境飞机24794架次，检疫处理出境飞机541架次；检疫监管出入境旅客和机组人员8947988人次。

【切实增强口岸防控能力】 针对国际疫病疫情状况，目前已制定6类航空器染疫嫌疑应急处理预案及7类突发事件应急预案。一年来，妥善处理口岸突发事件17起，排查病人20例，在首都机场成功组织食物中毒应急处理演练。

进一步加强对入境货物和旅客携带物检疫查验，提高有害生物检出率。1—10月份,从入境货物和旅客携带物中共截获植物检疫危险性病虫害共767批，其中，一类植物检疫危险性病虫害7批次(全部由检验检疫人员运用检疫犬截获)，二类植物检疫危险性病虫害44批次，三类植物危险性病虫害22批次，一般性植物危险性病虫害694批次。

在完善“人—机—犬”三位一体的口岸查验模式的同时，积极开展检疫犬驯导工作和系统内检疫犬驯导员培训工作，到目前为止已为大连、深圳、厦门和青岛检验检疫局共培训驯导员8名，输送检疫犬8只。

【进一步规范出入境动植物及动植物产品检验监管】 圆满完成4批共757头进口种猪以及843只澳大利亚进口种羊的隔离检疫工作。截止10月底，从出入境动物及动物产品中检出疫病32例，其中包括鹦鹉热、传染性胸膜肺炎、布氏杆菌病、蓝耳病和单增李斯特杆菌等。在出入境植物及植物产品的检验检疫中，共发现不合格产品 307 批。

不断探索和规范进口食用水生动物的口岸监管方式，先后起草《关于报送从挪威进口冰鲜三文鱼检验检疫情况的函》、《关于加强进口冰鲜三文鱼检验检疫工作的通知》、《关于进一步加强进口鲜活水产品检验检疫和监督管理工作的通知》等一系列文件，有关建议得到了国家质检总局的充分肯定。

【强化源头质量管理，加大监管模式改革力度，为营造和谐稳定的社会环境做出贡献】 做好涉及安全、卫生、环保、反欺诈等高风险进出口货物的检验检疫监管工作，是稳定社会局面、促进经济发展的基础，也是人民生命健康安全得到保障的前提，是检验检疫工作的“重中之重”。

加强出入境特殊物品检验检疫审批及备案管理，在充分调研的基础上，积极探索建立特殊物品分类管理模式。截至 10 月底，共审批进出口特殊物品 2212 批次，增长 19.12%，进出口总值 6974 万元。加大出口农产品质量监管力度，共实施出口备案饲养场疫病检测 372 次，检出禽流感阳性 4 份、口蹄疫阳性 10 份。从 2 家出口注册渔场观赏鱼春季监测样品中检出 SVC 阳性。加强进出口食品、化妆品卫生监测和标签审核，共检验出口食品、化妆品 4667 批次，检出不合格 9 批次；检验进口食品、化妆品 4923 批次，检出不合格 46 批次；受理进出口食品标签审核 2013 份，受理化妆品标签审核 51 份，全部完成初审并上报终审机构，初审合格率达 98%。围绕安全、卫生、环保、反欺诈等内容，加强进出口机电产品的检验监管工作，共办理进口旧机电产品备案 284 批，查出不合格产品 13 批，货值约 862 万美元。对 4 批总值约 590 万美元的违法进口旧机电设备依法进行了查处。

【按照“提速、增效、减负和严密监管”的要求，加大信息化建设力度，推动“大通关”战略实施】 全面推进信息化建设，为“大通关”战略提供技术保障。8 月，信息中心正式成立，为全局信息化建设工作全面统筹、合理规划、稳步推进打下了基础。积极开展电子监管试点工作，在进口花卉企业中开展电子监管的初步试点，并积极参与国家质检总局组织的出口电池、木质包装、蔬菜三个产品的电子监管试点。对检验检疫监管库进行视频监控，完善和加强对普货及快件库的管理，提高口岸通关效率。

探索建立审单中心，集中审核报检单证，严格审查标准，提高审单速度。全面推广空港物流监管库网络系统，实现提前申报、网上审核、入库查验、快速放行，优化工作流程；设计开发了加工贸易出口货物备案管理信息系统，提前对加工贸易出口货物进行备案，提高了工作效率和计费准确率，保证检验检疫工作质量。积极推进与北京海关的电子数据交换工作，从 4 月起，先后帮助 3 家出口企业顺利实现检验检疫无纸化电子通关。稳步推进“集中审单快速核放”制度，目前，有 25 家企业先后获得了“集中审单快速核放”资格。积极推动“三电工程”建设。电子签证、电子转单和电子报检继续保持 100%，电子报检达到 96%。

【坚持“科技兴检”战略，不断提高检验检疫技术水平和检测能力】 科技管理工作成果显著。组织完成了国家质检总局 2006 年科研计划项目申报、国家认监委 2005 年科研计划项目申报、2006 年度检验检疫行业标准的申报、2005 年度科技部禽流感防治专项课题申报、国家科技进步奖申报以及北京市科技进步奖申报工作。

科研检测工作再创佳绩。利用细胞培养、荧光 PCR、PCR 三种试验方法从 2 个监测渔场的部分样品中分离鉴定出鲤春病病毒，实现了水生动物重大疫情截获零的突破。积极建立和完善农药检测体系，开展有机氯农药、有机磷农药、氨基甲酸酯类农药和拟除虫菊酯类农药检测项目 50 多个。

实验室规划重点突出。走“专、特、精、新”的集约化发展道路，重点加强专业、特色实验室的规划、建设和管理，不断拓展检测项目，扩大检测范围。年内新建立检测方法、新增加检测项目 163 项，大大缩减委托检测的开支。

对外交流合作频繁。先后与日本国土环境株式会社签署了合作备忘录，与北京青云航空仪表有限公司签署了合作建立实验室的协议，与北京华安佛医药研究中心有限公司签署了合作备忘录，与美国艾滋病资源研究中心就双方在艾滋病研究领域开展全面合作签署合作备忘录。各实验室接待参观访问 67 次，接待国内外领导、专家共计 550 人次。

【切实加大服务力度，促进首都经济发展】 在全国率先检测出含“苏丹红”色素的样品，为市场清理整顿提供依据；全国率先研制成功“猪链球菌荧光 PCR 快速检测技术”，平息消费群体恐慌情绪。在高致病性禽流感防控工作中，收集整理了《禽流感知识问答》等 7 份高致病性禽流感相关材料以及禽流感疫区名单，强化业务人员的知识储备；进一步完善《北京口岸〈进出境重大动物疫情应急处理预案〉实施方案》、《高致病性禽流感疫情进出境检验检疫应急预案的实施细则（试行）》、《北京口岸进出境禽流感防控措施》等文件和规定，为做好防控工作打下坚实的基础。

采取有效措施，帮助出口企业走出困境。完善供港牛场的检验检疫和监管制度，多次深入牛场检查指导防疫、免疫工作，并与当地兽医部门建立协调机制，及时沟通情况。在最短时间内恢复北京地区供港活牛出口业务。圆满完成台湾进口水果查验工作，对来自台湾的 6 批 124 吨水果查验中，先后查出番石榴褐斑病、介壳虫等一般性疾病及农残超标等问题，为此迅速启动了快速有效的除害处理，确保了台湾农产品及时、安全地投放首都市场。严把成套设备检验鉴定关，在对北京某机动车检测场进口的 2 套重型柴油车简易工况负载减速测试台进行鉴定时，发现该设备存在严重缺陷，可能造成重大事故，进口该套设备的 5 家工厂及时办理退货手续，挽回了损失。

努力打破贸易壁垒，将为地方经济服务落在实处。通过提前制定方案、完善体系建设、及时进行整改等措施，帮助多家禽肉出口企业顺利通过美国、日本等国的注册和体系考核，扩大了出口市场；帮助北京地区 4 家企业顺利通过日本农林水产省年审，获得了北京地区实验动物出口日本的通行证。

【加大依法行政力度，规范市场管理秩序】 加大违法行为行政处罚力度。按照《北京检验检疫局行政处罚规定》要求，针对法检商品未经检验擅自销售使用、伪造卫生证书或标签审核证书、骗取原产地证书等违法行为，加大了行政处罚力度，共办理行政处罚案件 204 起，结案 204 起，罚款 190 万元。其中，当场处罚 158 起，罚款金额 14 万元；一般程序处罚 46 起，罚款 176 万元。

进一步加强进口商品后续监管工作。与 163 家进口商品经销使用单位建立起进口商品经销商联系制度；在原有进口商品协管员制度的基础上，制定《进口商品协管联络员管理办法》，明确协管员职责。多次对北京市场进口商品进行监督检查。继续规范认证监管工作，共完成 173 次企业卫生注册审核和卫生注册换证审核工作，其中新增卫生注册企业 22 家，年度审核 60 家，审核取消了 45 家注册企业出口食品卫生注册及相关资格。

积极推进产地证签证管理工作。深化产地证电子报检模式宣传效果，加快企业对产地证电子报检方式的理解和认同，共签发普惠制原产地证 40371 份，增长 3.8%；签发一般原产地证 13350 份。圆满完成代理报检单位和报检员注册工作。加强对代理报检行为的监督管理，规范代理单位和报检员的报检行为，维护正常的报检工作秩序，顺利完成北京地区代理报检单位注册登记受理、初审以及报检员注册工作。年内，共受理代理报检单位注册登记申请 68 家，现场审核 46 家；通过报检员资格全国统一考试，向 509 名人员颁发了报检员资格证书。

北京口岸大事记

1 月 10 日

市口岸办组织召开了北京市“十一五”时期口岸发展规划研讨会。

1 月 11 日

朝阳口岸迁移至马驹桥方案研讨会在通州举行。

北京出入境检验检疫局召开 2005 年检验检疫工作会议。国家质检总局党组成员、国家认监委主任王凤清，北京市人民政府副市长陆昊参加会议并做了重要讲话

1 月 12 日

首都机场海关至青岛流亭机场海关出口汽车航班正式开通。

1 月 14 日

北京市口岸办领导班子到北京出入境边防检查总站慰问。

1 月 15 日

北京市口岸办综合业务处与北京市统计局外经处联合主持召开了 2004 年度北京口岸统计工作总结暨表彰会。

1 月 29 日

首都机场口岸实现了五十五年来与宝岛台湾的首次直航。首都机场海关、边检总站、首都机场检验检疫局等查验单位圆满完成了此次台商包机直航的监管查验工作，受到旅客及有关部门的高度赞扬。

2 月 3 日

为加强同兄弟省市口岸联系，借鉴学习先进经验，北京市口岸办到天津口岸走访，交流了一年来的口岸工作情况。

2 月 8 日

北京市副市长陆昊到北京口岸视察工作，并亲切慰问现场的工作人员。

2 月

朝觐人员验放工作圆满结束。首都机场海关旅检处共监管进出境朝觐包机 10 架次，其中进、出航班各 5 架，验放进出境朝觐人员 3471 人次。

3月25日

北京市口岸办组织召开《朝阳口岸迁移马驹桥实施意见》技术研讨会。

3月29日

北京市口岸办到北京西站临时客运口岸进行调研。系统地了解了口岸的管理、执法和基础设施条件等情况。

4月4日

北京市口岸办向位于怀柔区琉璃庙镇的蛴峰茶小学捐赠电脑12台，为帮助山区贫困小学，使祖国未来的接班人更好地学习现代化。

4月5日

北京市口岸办召开“大通关”货代企业座谈会。会议讨论了现行的货运通关流程中的问题所在，解决办法和其他具体意见。

4月18—22日

天津市政府、中国商业联合会共同主办首届天津经济合作与投资洽谈会暨天津春季全国商品交易会。北京市口岸办在口岸物流板块的“会中会”上发言，并与天津、河北等12个省、市、自治区口岸部门签订了《跨区域口岸合作天津议定书》。

4月19日

首都机场反偷渡反走私工作领导小组召开2005年度首都机场反偷渡反走私总结表彰会。

4月20日

北京市副市长陆昊到北京海关视察。

4月26日

北京市口岸办召开“一机两屏”工作研讨会。

4月

北京出入境检验检疫局与北京海关启动了“无纸化电子通关”（简称“电子通关”）模式。该模式是指对于符合放行条件的法定检验检疫的出入境货物，检验检疫机构向海关发送电子通关数据，以“电子通关单”取代现有的“纸质通关单”，海关凭电子通关数据验放的一种高效便捷的通关模式。

5月1日—7日

北京出入境边防检查总站认真组织部署圆满完成“五一”黄金周的检查任务。共检查入出境航班1139架次，列车6列次；检查旅客167136人次，员工11669人次；查获在控对象64人次，非法出入境人员19人次，接收处理遣返人员123人次。

5月11日

北京市口岸办与北京海关进行座谈。就北京电子口岸建设进行了初步磋商。并就海关总署与北京市人民政府将要签署的电子口岸合作备忘录进行了沟通。

5月12日

2005年北京《财富》全球论坛首都机场保障工作协调会召开。对《财富》论坛首都机场保障工作具体事宜进行了协调，议定了保障方案。截至5月16日，首都机场海关共验放参加2005年北京

《财富》全球论坛的境外代表106人次，监管公务机24架次。

6月2日

为大力推进朝阳口岸物流通关服务平台运行，北京市口岸办进行了大量调研，并与朝阳口岸有关部门多次研究，迅速拟定了更加全面准确的业务流程。

6月7日

北京市口岸办对北京西站临时客运口岸运行情况的调研报告报送海关总署口岸规划办公室，为北京西站临时客运口岸的运行提供决策依据。

6月15日

北京出入境边防检查总站研究制定了《机组员工检查手续前移工作方案》，航空公司及机组员工普遍认为此举大大方便了机组员工手续的办理，工作流程更加顺畅。

6月21日—7月1日

首都机场检验检疫局工作人员在BGS库区，连续从荷航KL897航班7批次货物垫木中截获疫情。

6月30日

吴仪副总理视察首都机场海关旅检现场。

6月

大陆第一条完全自动化的轨道交通线在北京首都机场动工，2007年12月建成后，将实现全程自动无人驾驶。系统时速可达55千米/小时，乘客从3号航站楼A楼到达B楼只需要一分钟。

7月1日

首都机场海关旅客申报制度实施。

首都机场海关开通了“通关110”短信服务平台。

7月7日

为积极推进北京电子口岸建设，北京海关到朝阳口岸考察调研朝阳口岸物流通关服务平台。此次调研为北京电子口岸建设的前期准备提供了重要依据。

7月9日

我国第三批赴利比利亚维和部队的首批轮换工兵、运输和医疗分队共287人乘坐南方航空公司包机从首都机场出境。北京出入境边检总站安排专人办理检查手续，最大限度地为维和分队人员提供了通行便利，受到维和分队的一致赞扬。

7月19日

首都机场海关物流处对进口鲜活货物的查验采取风险布控与选择查验的方式进行。这是该处对鲜活货物查验方式改革的初步探索和尝试，从实施的情况来看，绝大多数报关企业对此种做法表示理解和肯定，通关效率也得到了明显提高。

7月

在北京出入境检验检疫局的大力支持下，北京地区3批共计100.6吨，货值11.2万美元的蜂产品顺利进入了欧盟市场，这标志着北京地区的蜂产品在欧盟设禁3年之后首次冲破禁令重返欧盟市场。

8 月 18 日

北京和记京泰物流有限公司在北京朝阳口岸召开了“大通关”发布会，会议主要介绍了北京朝阳口岸与天津海港口岸实现直通以后，海运集装箱“CY 北京”方式的业务流程，并详细说明了“直通”模式减少通关环节，提高通关效率，节约企业成本的实际效果。

9 月 7 日

中国政府援助美国受飓风影响的救灾物资货包机 CZ433 从首都机场启运，首都机场海关特事特办，为赈灾货物通关提供通关便利。

9 月 15 日

首都机场海关组织部分外国航空公司召开业务座谈会，来自汉莎、北欧、港龙等 9 家外国航空公司代表参加会议。会议介绍了首都机场海关货运监管情况，并针对如何提高首都机场口岸货运量、增强口岸竞争力等问题广泛征求意见和建议。

9 月 16 日

北京市主管农业、卫生工作的副市长牛有成听取了北京出入境检验检疫局魏传忠局长的专题工作汇报。牛有成副市长对北京出入境检验检疫局近年来在保护首都人民身体健康安全、促进扩大出口方面取得的突出成绩给予了充分肯定。

9 月 26 日

首都机场海关加班验放故宫博物院应邀在英国举办“盛世华章展”的第二批外展展品，以避免因双休日造成贵重展品在机场滞留时间过长。故宫博物院对海关的全力支持表示感谢。

9 月 27—28 日

首都国际机场口岸 2005 年反偷渡反走私业务知识培训班开办。

9 月 29 日

北京出入境边防检查总站与 28 家中外航空公司举行座谈会。

9 月

北京朝阳口岸海关与天津开发区海关签订了“便捷通关合作备忘录”的方式。

首都机场成功引进泰国金狮航空公司、美国大陆航空公司、斯里兰卡航空公司、西班牙欧洲航空公司、Air Plus Comet Company、菲律宾航空公司、俄罗斯维美航空公司共 7 家新的外航。首都机场国际航线市场拓展工作取得显著成效。

10 月 8 日

南亚发生地震灾情以来，首都机场海关共验放中国政府援助巴基斯坦政府震灾包机 6 架次，总重量 494.46 吨，价值近 6000 万元人民币，海关为物资和人员的通关提供便利，受到中国地震局等单位的赞扬。

10 月 12 日

首都机场海关开始在进口业务现场进行电子通关试点。

10 月 18 日

北京出入境检验检疫局召开禽流感防治领导小组会议。会议传达了国家质检总局关于做好禽流感防控工作的精神，并对北京检验检疫局禽流感的防控工作进行部署。

11月10日

北京市副市长陆昊同志到朝阳口岸调研。

11月18日

北京市副市长陆昊与海关总署李克农副署长代表双方签署了《关于建设北京电子口岸的合作备忘录》，正式启动北京电子口岸建设工程。

11月19日—21日

美国总统布什访华前夕，北京出入境边防检查总站及时召开会议专门部署访华代表团的边防检查及保卫任务，并制定了《美国总统布什访华期间入出境边防检查工作方案》，统筹安排，合理布排，顺利完成了美国总统布什访华代表团专机入出境边防检查任务。

12月1日

“双反”工作领导小组办公室召开了“2005年首都机场口岸‘双反’工作情况交流会”。

12月4日

北京边检总站为韩籍旅客CHOI GYOU YOUNG办理完出境边防检查手续，标志着首都机场口岸2005年出入境人员验放总量突破历史记录，首次达到1000万人次。

12月12日

我国赴海地维和警察防暴队乘包机从首都机场出境赴海地执行任务。北京边检总站按照公安部出入境管理局指示，提前一天，于11日晚8时选派民警对证件进行了查验，共办理旅客95人，机组员工32人。

12月15日

北京海关与天津海关“京津区域通关改革工作”正式启动。

首都机场海关顺利验放首票“属地申报、口岸验放”货物。

12月23日

国家民族宗教事务委员会组织首批赴麦加朝觐团出境，北京边检总站为朝觐团开设了6条专用检查通道，为350名朝觐旅客办理了出境边防检查手续，得到了朝觐旅客的好评。

12月28日

通州检验检疫局正式挂牌成立。

天津口岸工作综述

【概述】 2005年，天津口岸工作以“三个代表”重要思想为指导，按照市委、市政府关于口岸工作的部署和要求，紧紧围绕建设“通关便捷、服务高效、监管规范、成本低廉”的一流口岸目标，坚持科学发展观，开拓创新，注重实效，突出抓好国际贸易与航运服务中心和电子口岸建设等重点工作，全面推进口“大通关”建设，不断提高口岸运行质量和服务水平。

【口岸客货运量稳步上升】 2005年海港完成货物吞吐量2.41亿吨，同比增长20%；集装箱完成480.10万标准箱，同比增长25.8%；空港通过旅客213.65万人次，同比增长25.3%；货邮吞吐9.33万吨，同比增长14.1%；海面油田交货点出口原油206.3万吨，同比增长145.5 %；口岸贸易额突破800亿美元，达到819.29亿美元，同比增长22%。

【加强国际贸易与航运服务中心和电子口岸建设，全面提升服务功能】 齐心协力，建设好“中心”。建设国际贸易与航运服务中心和电子口岸，是市委、市政府确立的重点工作，也是市领导直接督办的重点工程。按照市领导提出的“一天也不能耽误”和“建设高效优质工程”的任务要求，市政府口岸办、“中心”建设工作领导小组办公室以及口岸各相关部门，自觉站在增强天津滨海新区服务功能，辐射环渤海区域经济发展的高度，顾全大局，统筹协调，密切配合，主动克服困难，全力以赴抓好“中心”建设，确保了该工程建设高速、优质完成并于10月底投入使用。

加强领导，管理好“中心”。为确保中心正常、安全运行，在“中心”机构正式设立之前的过渡时期，口岸办成立了驻“中心”办公室，全面负责“中心”管理工作。组织制定相关管理、安全等制度；组织各进驻部门签订《安全责任书》；向进驻部门广泛征求意见，将口岸文明共建和督察机制引入“中心”并积极开展活动；按照市领导的指示要求和“中心”实际，认真负责地做好“中心”的管理、服务、协调、监督工作，做好对外宣传、接待考察工作，做好物业管理指导与协调等工作。

优化服务，使用好“中心”。“中心”投入运营以来，各进驻单位强化服务意识，根据新的需求创新作业模式，积极主动为客户服务。天津海关通过采取调整进口审单作业模式、启用接单条码管理系统、排队呼叫系统、设置内地企业专门通关窗口提高服务质量。天津出入境检验检疫局进驻中心后对一些部门进行了调整，将原入境三个部门，调整成为检验处，将原来必须到三个部门分别办理的手续，集中到一个部门一次性办理，同时改进调整报检模式和木制包装查验模式，理顺内地货物通关单据内部流程。其他进驻部门也依据工作需求采取了相应服务措施。“中心”投入使用两个月，工作有序，运行正常，海关共受理报关11.78万票，检验检疫受理报检6.62万批，港口集团受理集装箱业务82.51万箱，电子口岸办理入网审批及变更企业680家，并根据需要实现放行信息、舱单信息、EDI回执信息、船舶动态信息的传输。海事局、出入境边检总站等进驻单位的工作业务也都正常、顺利运行。

【积极推进“大通关”，口岸通关效率明显提高】 认真贯彻《天津口岸“大通关”建设实施细则》，努力做好综合服务与协调，在通关效率上下功夫。货物进口当日放行率平均达到87%以上，货物出口当日放行率平均达到90%以上。

进一步丰富天津口岸“四个机制、五项制度”建设内容。按工作制度做好口岸服务、协调、管理和监督工作，试行两年来的口岸量化通关统计月报制度日趋规范，口岸通关综合监测评估体系建设已提上日程并纳入电子口岸（局域网）建设。

切实做好通关工作协调。组织建立了由口岸办牵头的关、检业务协调联络小组；天津海关与天津出入境检验检疫局建立了关检合作机制。加强对特资、维和装备、民用爆炸品、救灾及农用物资、重点企业进口设备等重要物资通关组织协调，国际游轮、要客团组进出境的接待协调以及首家民营航空企业奥凯开航协调、空港机场扩建布局协调等；针对日益增长的货物吞吐量与交通压力的矛盾，加强港口集疏运工作的组织领导和协调，基本保证了港口畅通。

进一步深化通关改革。进一步组织推进“提前申报、货到放行”、“登记验放、集中审征”、“集中查验、分批放行”以及“属地接放”、“网上预检”、“网上支付”等新通关模式的实施。同时，进一步扩大便捷通关范围，获得检验检疫认证资质的一、二类企业由181家扩大到221家，享受检验检疫“绿色通道”制度的内地和本市企业达到1916家；享受海关“绿色通道”制度的企业由50家扩大到58家。以上重点企业的外贸出口额分别占口岸外贸出口额约70%和55%。

继续实施“预约通关”、“延时通关”、“加急通关”、“节假日通关”、“全天候通关”等24小时通关制度。积极推行天津海关“7小时通关目标”试点经验，建立各主要通关环节目标时限责任制，实行“当日、一次办结”通关。

努力为企业提供全方位和个性化服务。口岸办在各项工作中，坚持把着眼点落在重服务企业、重调查研究、重解决问题上，在逐步解决“第三方调研”发现的相关问题的基础上，通过各项工作协调和开展口岸文明共建活动等，相继为企业在货物通关、船舶查验、企业码头管理与业务协调、报检企业资质注册登记、大批量接运进口种牛等方面解决了大量实际问题。针对海面油田交货点出口原油企业提出减少查验人员的意见，口岸办高度重视，与各查验单位充分协商，将乘机出海查验人员减少到最低限度。天津出入境检验检疫局在优化服务上积极推行“首问负责制”、“双诚信工程”以及“局长接待日”，为企业解决多项难题。天津海关在坚持关务公开、严格推行“6条禁令”并实行“送收红包曝光制度”的同时，积极推进延伸服务，为企业进口中亚棉花通过阿拉山口直接转关至天津港保税区，建立了一条“国际快速通道”。天津港集团通过优质服务积极吸引、拓展国际陆桥运输，继2004年与哈萨克斯坦卡钢建立过境运输业务后，2005年卡钢过境出口钢板等货物不再分流其他港口，全部从天津港下海。

【大力拓展跨区域口岸合作，口岸辐射功能明显得到加强】 全力推进口岸延伸，不断增强天津口岸的服务辐射功能，是大通关建设的一项重要任务。在实施区域合作方面重视做好四项工作：

（一）建立跨区域口岸合作机制。“津洽会”期间，成功举办跨区域口岸合作活动，天津口岸分别与新疆、内蒙古口岸签订合作备忘录，并与腹地11省市区共同签订《跨区域口岸合作天津议定书》，形成了以天津口岸为龙头的跨区域口岸合作共同体，将口岸优势化为合作强势。11月份，在国际贸易与航运服务中心落成之际，由市政府、海关总署、国家质检总局、公安部和交通部联合举办了“加强口岸合作，促进区域发展”高层座谈会，以口岸合作为切入点，为进一步推进区域合作奠定了坚实基础。

（二）推进联合建设内地无水港。继上年天津与乌鲁木齐联合建设国际集装箱中转站后，依据津冀口岸合作备忘录，组织天津港集团等部门到河北调研，成立天津港驻石家庄办事处，成为沟通、协调和服务两地业务的服务窗口，以建设内地集装箱回收点的方式与河北方面展开合作，在石家庄国际集装箱中转站正式挂牌后，对石家庄集装箱场站及相关人员进行了业务培训。

（三）巩固扩大内地和过境集装箱班列运输。组织海关、检验检疫、天津港集团公司等到郑州、西安、洛川等地调研并走访新疆、内蒙，商讨解决班列运输中的相关问题，提高班列运行质量。全年，集装箱班列运输 8.18 万标准箱，同比增长 27.0%。

（四）积极推进“异地通关”。10 月 20 日，天津海关与廊坊海关达成合作，在全国首开“异地通关”。11 月中、下旬，天津海关、口岸办、港口集团组团出访内地，与腹地 9 个省市自治区签订“异地通关”合作备忘录；天津海事局也提出化工危险品的异地申报的通关新举措。

【认真抓好口岸综合管理与协调，口岸通关环境明显得到改善】 圆满完成了中央部门交办的有关工作。组织力量顺利完成了中编办委托的口岸通关工作调研以及海关总署委托的承办国家“十一五”口岸发展规划研讨会等任务。

切实做好口岸开放与管理工作。完成了天津港南疆矿石码头、煤码头以及北疆滚装码头验收与开放审批工作；完成了天津外运新河储运码头对外开放审核以及交通部北海救助局天津基地码头安全生产及临时开放审核。

做好对外宣传和涉外纪律检查。举办中外海员春节、五一、十一、新年招待会，组织走访、慰问外籍船舶，组织“口岸涉外人员培训班”，组织涉外纪律检查，并登轮征求意见。

加强了口岸反偷渡。落实反偷渡各项工作制度，制定实施《天津口岸防范打击利用集装箱偷渡措施》。全年，抓获偷渡犯罪嫌疑人 34 名，接收处理遣返人员 2 名，有力地震慑了偷渡犯罪分子。

严厉打击走私、扒窃违法犯罪。天津海关货物进口查验有效率平均为 15.35%，出口查验有效率平均为 8.08%，立案调查走私违规案件 268 起，案值 6.78 亿元；破获走私犯罪案件 22 起，案值 4.91 亿元，抓获犯罪嫌疑人 46 人，逮捕 8 人。组织协调警力，开展打击口岸和铁路集疏运扒窃行为专项斗争，共抓获盗窃嫌疑人 60 余名；天津边防总队加强岸线及渤海所辖区域海防、缉私、缉毒、缉枪、反偷渡及海上治安等工作，开通“海防安全 110”，走访群众 1402 户，查处刑事、治安案件 3 起，缉获嫌疑走私船舶 2 艘，抓获犯罪嫌疑人 7 人。

加强检验检疫执法。加强对来自疫区货物的检验检疫，严防禽流感等重大疫情从口岸传入传出，进出口货物检验检疫不合格产品 3063 批次，货值 23.25 亿美元。

做好海上搜救工作。组织编制《天津市海上搜救应急处置预案》，并通过专家组评审；成功地组织实施了渤海海域 2005 海空综合搜救演习，提高了海上搜救能力，特别是数字化、信息化水平，检验了应急处置预案；按照“四防一救”要求，切实加强海上搜救工作，有效组织海上遇险搜救，组织实施海上搜救 8 起，调派各类搜救船舶 39 艘次，飞机 3 架次，救助遇险人员 116 人，救助遇险船舶 14 艘次，救助成功率分别为 98%、88%。

【口岸文明共建得到加强，有力促进口岸建设】 共建领域不断扩大、共建的层次不断提升。天津口岸站在服务“三北”和腹地地区、促进区域共同发展的高度，把多年共建活动实践形成的成功做法运用到跨区域口岸合作上，与华北和中西部11个省市共同签订了《跨区域口岸合作天津议定书》。它不仅提升了共建活动的层次、扩大了共建工作的领域，给共建活动带来质的飞跃，同时也有力地促进了口岸“大通关”的建设和发展。因此，这一举措，既是实现“两个文明”一起抓、“两个文明”互相促进的成功实践，也是促进区域口岸协调发展的成功实践，受到了国务院有关部门和市委、市政府的肯定，列入全市工作的重点。2005年11月，又召开的“加强口岸合作，促进区域发展”座谈会，使天津口岸大通关和跨区域口岸合作又向前迈进了实质性的一步。

通过共建联手，优势互补，实现共同发展。在口岸各单位多年不懈努力下，共建活动已经形成了跨行业、跨部门共同参与稳步发展的格局，在业务合作、人才培养、经济协作等方面，发挥了越来越重要的载体作用。许多结成“共建对子”的单位认真履行《共建文明活动协议》，围绕经济和口岸大通关工作，通过加强协作、提升服务，共同推动和促进创建文明单位活动向深层次发展。如北京铁路局积极支持铁路塘沽站与天津港（集团）股份有限公司储运分公司共建结对活动，作为第三方与“对子”单位建立了联络工作制度，定期召开办公会议研究解决问题。同时，铁路部门为天津港储运分公司实行服务预报制度，保证对方铁路货运有效配载，提高了工作效率。天津京海储运中心多年来不断扩大结对单位，形成共建辐射网，与中石化、中石油、新疆屯河公司等多家结成跨区域、跨行业的共建关系。

共建活动在促进口岸树立新形象方面发挥了重要作用。一年来，注重加强和促进口岸职工道德建设和行政执法、服务水平的提高，努力营造文明、高效的口岸服务环境，提升口岸综合服务水平。首先，在认真落实《天津口岸四个机制、五项制度》基础上，始终如一地狠抓服务承诺和政务公开，在口岸初步建立起信誉工作体系，实行了政府公信机制和企业诚信机制。在实行政务公开方面，口岸查验单位基本实行了标准化阳光办公，规范执法程序，实行告知制度，把政府决策、通关信息、服务程序、办事方法、收费标准向社会公开。同时，努力减少办事环节，限定并缩短审批时间。许多口岸服务性企业也制定了服务标准向社会公开，并不断深化和完善服务承诺内容和岗位服务公约，建立和试行一整套完整的服务标准制度。口岸办汇总编印了《口岸通关服务指南》向社会和口岸各方面印发，自觉接受社会和企业的监督。其次，坚持“以人为本”，树立形象。多年来，坚持在口岸干部职工中认真贯彻落实《天津口岸职工道德建设实施纲要》，大力倡导“爱岗守法，明礼诚信，办事公道，团结协作，服务上乘，勤俭求效，敬业奉献”的口岸基本道德规范，口岸各单位在此基础上，结合推行各自服务承诺和政务公开，健全和完善与之相配套的道德规范和道德公约，不断增强广大干部职工口岸意识、服务意识、竞争意识、效率意识、法制意识和迎难而上、开拓创新精神。加强理想信念教育、职业道德教育，努力提高口岸干部职工的政治素质、业务素质和文化素质。各单位通过开展争创口岸“优质服务示范窗口”和“文明执法示范岗位”活动，极大地调动了干部职工争先创优的积极性，精神面貌发生了很大变化，先进事迹和先进人物层出不穷。

通过抓好阶段性优质服务竞赛活动，促进口岸整体服务水平的提高。文明共建活动促进口岸整体服务水平的提高，是1996年在天津口岸开展“百日优质服务竞赛活动”以来，的重要活动内容。10年中，每年突出一个主题，重点解决在口岸经济运行和大通关中的实际问题。2005年7月1日开始至10月份，开展了“以服务促发展，全面建设和谐口岸”为主题的第10次百日优质服务竞赛活动。活动集中体现了全面落实科学发展观，紧紧抓住将天津努力建设成为我国北方经济中心和加快天津滨海新区建设这一历史性发展机遇，强化“经济的中心就是服务的中心”的科学认识，以服务促提高，以服务促发展，以服务促协作，以服务促和谐，通过齐抓共管全方位提高服务水平，把天津口岸打造成为服务优、效率高、通关快的整体及和谐发展的一流口岸。通过努力，口岸通关效率不断提高，到2005年底，货物进口当日放行率平均达到87%以上，货物出口当日放行率平均达到90%以上。

（米树彤　黄占学）

天津口岸查验单位工作综述

天津海关

2005年，天津海关以邓小平理论和“三个代表”重要思想为指导，坚持科学发展观，提出了“稳步提高，健康发展，和谐共进”的总体要求，大力推进风险管理和学习型海关建设两大基础工程，以促进天津经济发展为己任，锐意改革创新，在适应环渤海区域经济社会发展宏观思路上下功夫，各项工作均取得突出成绩，从传统大关向一流海关迈进。中共中央政治局常委、国务院总理温家宝同志在视察天津海关时，对天津海关的工作思路及成绩予以了充分肯定。

【监管业务快速增长，通关效率不断提高】 全年共接受并审核进出口报关单181.3万份，同比增长32.2%；监管货运量11043.5万吨，同比增长10.5%，货值819.3亿美元，同比增长20.9%；监管进出境人员98.2万人次，同比增长19.5%；监管各类进出境船舶17216艘次、飞机3979架次，同比分别增长11%和8.2%。全年进口申报当日放行率71.97%，7个工作小时放行率87.71%；出口申报当日放行率83.49%，7个工作小时放行率98.86%。

【构筑综合治税大格局，圆满完成税收任务】 全年税款入库460.74亿元，比调整后的全年税收计划超收32.74亿，同比增长23.52%，高出全国平均增幅12.26个百分点，占全国税收比重从2004年的7.86%提高到8.73%，年税收总数在全国海关中第四个历史性突破400亿元，各隶属海关税收均创历史新高，税收质量各项指标均有显著提高。

【打击走私成效显著】 全年共立案侦办走私犯罪案件29起，案值51619万元，涉嫌偷逃税7230万元；破获走私犯罪案件22起，案值49087万元，涉嫌偷逃税4963万元；移送审查起诉案件15起30人，案值28167万元，偷逃税3606万元；抓获犯罪嫌疑人46人，逮捕8人，法院判决17起44人；立案调查走私、违规行为案件268起，案值67845万元，涉嫌偷逃税2844万元；审结执行268起，罚没入库7620万元，缉私补税4159.86万元。同时还有效打击了非涉税走私案件，共查获反动、淫秽印刷品、音像制品和散发性宗教出版物71362件，非法进出境文物7件、美金48万元、人民币21万元、卫星接收机4台。

【风险管理“由虚变实”初见成效】 制定了“全面提高各项工作的科学化和集约化水平”、“从根本上实现严密监管与高效运作有机统一”和“解决海关业务量日益增长和海关管理资源相对不足矛盾”的风险管理工作3大目标。设立了由关长担任主任的风险管理办公室，按照“研究思路，探索模式，争取实效，创新机制”的工作思路，在全国海关率先提出将风险管理工作由“软任务”变为“硬任务”。全年通过风险分析补税6.3亿元，发现并弥补多项内部薄弱环节，采取措施堵塞监管漏洞，防范内部风险。关领导亲自撰写风险管理的专题论文刊发，把风险管理作为培养人、提高人，造就知识型关员，提高领导和管理水平和加强廉政建设的重要手段。独具天津海关特色的风险管理模式得到海关总署领导多次肯定，认为“天津海关的风险管理工作有组织、有措施、有成就。”

【以促进天津经济发展为己任】 继续坚持天津海关“因天津而立，依天津而兴”的发展理念，把坚决贯彻总署党组各项部署要求与促进天津地区经济发展紧密结合起来，在天津经济发展大格局中的作用日益突出。

狠抓自身建设，力促改善天津通关和投资环境。大力培养关员的文明素质，通过树立海关依法行政、文明行政、高效行政、廉洁行政的良好社会形象，促进通关环境和投资环境的改善。天津海关获得市政府颁发的“吸引外资特别奖”和第六届亚欧财长会议“优秀服务单位奖”，天津保税区海关被评为“全国文明单位”，天津机场海关被评为“全国创建文明行业工作先进单位”，天津经济技术开发区海关查验科被评为“全国青年文明号”。

积极开展区域通关改革试点，发挥天津经济区位优势。争取到总署批准率先开展区域通关改革试点，并在年底会同市口岸办、天津港集团负责人走访郑州海关、西安海关和太原海关等9个内陆海关，签订区域通关合作备忘录，举办天津口岸便捷通关政策宣传会，受到所到地区地方政府和企业以及海关的热烈欢迎和高度评价。

主动参与，认真落实，大力服务滨海新区开发开放。大力推动天津电子口岸建设并在其中发挥重要作用；将审单中心、海运通关现场全部搬迁进驻天津航运中心，并设立通关咨询中心，真正实现口岸一条龙、一站式通关服务；积极参与滨海新区发展规划的制定，协助市政府申请设立天津保税物流园区并得到国务院批准，并通过国务院9部委联合验收顺利开展业务运作；努力争取总署对东疆保税港区和两个保税物流中心（B型）的支持。

依法认真做好减免税工作，促进天津工业升级换代。全年依据国家产业政策办理天津企、事业单位减免税审批20485笔，减免税货值16.79亿美元，减免进口税37.43亿元。为认真做好减免税工作，加强对天津项目审批部门和企业减免税政策的宣传和服务工作，强化减免税审批责任制，切实解决企业存在的困难和问题，把坚持依法行政和主动服务经济有机结合起来。

通过不懈努力，天津海关获得社会各方和海关总署、天津市地方党委及政府的高度评价。2005年12月1日，中共中央政治局委员、天津市委书记张立昌同志批示：“天津海关确实做到了以科学、文明、高效、廉政为目标的海关，这是大家公认的。希望你们认真总结经验，巩固已取得的成效，再创新的成果。”

（田克丰）

天津出入境边防检查总站

【概述】 2005年，天津出入境边防检查总站在公安部出入境管理局党委的正确领导和地方党委政府的大力关怀支持下，紧密结合自身实际，扎实开展保持共产党员先进性教育活动，加快人事制度改革步伐，积极推进以基层科队达标为重点的队伍正规化建设，着力提高队伍的综合素质和执法水平。充分发挥边检机关职能作用，保持了队伍总体上的健康稳定，圆满地完成了以边检执勤为中心的各项工作任务，保证了口岸的安全畅通，有效地维护了天津口岸的出入境秩序，得到了市委、市政府领导和广大出入境旅客和服务员工及口岸单位的好评，为天津经济发展、口岸“大通关”环境的建设做出了突出的贡献。全年共检查出入境旅客577384人次、员工270736人次，检查出入境飞机4411架次、船舶10478艘次，查获在控人员63人次，查处偷渡人员34人次，接收处理遣返人员2人次，发现处理其他违法违规人员241人次。

【队伍建设得到加强】 天津边检总站按照“全面加强基层基础工作，全面推进队伍正规化建设，实现总站跨越式发展”的指导思想，坚持从严治警，不断深化人事制度改革，加大领导干部考核、交流的调整力度，先后对涉及5个站的5名正处级和15名副处级领导干部进行跨站、跨岗交流，占到同等任职总数的40%。加快科级领导干部竞争上岗步伐，严把考试关、人情关和决策关，经过11个环节，共选拔26名同志走上科级领导岗位。

2005年4月14日，随着公安部出入境管理局《关于开展基层科队正规化建设达标活动的通知》的下发，天津总站正式开展基层科队正规化建设工作，成立了基层科队正规化建设领导小组，建立了党委统一领导、分管领导主抓、各部门分工协作的工作机制，相继出台了《基层科队正规化建设达标活动实施方案》和《考核标准》。进一步统一规范业务档案、培训档案、勤务制度、勤务登记等内容，形成了分类清晰、规范健全的制度体系，为基层科队正规化建设的深入开展提供了详实的制度保证。通过不断完善培训考核机制、分类施训和业务培训档案的建设，将全总站的基层民警培训工作逐步纳入规范化的管理轨道。为提高参训人员的重视程度，综合评价培训效果；为每名参训人员建立培训档案；为保证业务人员全面参训，检验综合业务技能。制定全力保障基层正规化建设的资金使用计划，从保障基层勤务需要入手，配齐硬件设施，确保达到正规化建设验收标准。

【加强基础建设，保障口岸畅通】 天津边检总站通过规范工作程序、完善基础设施、强化职能发挥等多项工作，努力强化边检机关的口岸防控能力，确保天津口岸的安全、稳定和正常出入境秩序。以强化时限性和准确性为重点，严格落实查控三级责任制度和布控二次核对登记等查控制度，不断强化各个环节，使查布控工作的时效性、准确性得到坚决保证。积极立足工作实际，突出重点，加大反偷渡制度化建设。在海港各边检站推广开展了“信得过船舶”评选活动，对在港船舶实行等级管理，有力推动了反偷渡工作的深入开展。为了更加方便船舶办理入出境手续，积极按照市政府统一部署，严密组织勤务，提高工作效能，积极进驻天津国际贸易与航运中心，按所属各边检站辖区不同设置了统一规范的边防检查窗口，实现了天津港入出境船舶手续一站式服务，“文明国家的窗口”形象得到进一步地巩固和加强，受到社会各方面的一致好评。

【反偷渡工作取得实效】 2005年，天津总站始终将打击偷渡违法犯罪活动作为工作中心，以建立完善反偷渡工作体制和运作机制为突破口，切实加大打击、防范和管理、教育等各项工作力度，把重点放在伪假证件的发现及识别、打击利用集装箱偷渡和爬船偷渡方面，在打击团伙性偷渡上下功夫，深挖“蛇头”组织。为遏制海港偷渡活动，制定了以震慑预防为主的重点措施，建立码头电视监控系统，成为综合业务指挥枢纽和码头一线重要的监管设施。进一步严格船舶入出境检查工作，强化对各旅检现场的综合控制能力，杜绝以逃避边防检查形式实施的偷渡活动。有效加强与辖区有关单位的密切协作机制，进一步巩固以集装箱场站为依托，以码头卡口为屏障，动静结合、点线面结合的反偷渡立体防控网络。及时总结和分析偷渡活动的新特点、新规律，明确查堵的主攻方向，进行有针对性的重点防范和打击。不断加大与地方公安机关的协作配合，相继查获了27起具有典型特征的朝鲜族人员偷渡案件，严厉打击了偷渡犯罪分子的嚣张气焰，使天津口岸的偷渡活动得到有效遏制。继“捕蛇”、“秋风”、“春雷”等系列专项行动开展以来，天津口岸的反偷渡工作呈现良好的发展态势，已有近4年的时间没有发生大规模偷渡得逞案和利用集装箱偷渡得逞案件。全年共查获各类偷渡人员34人次，接收境外遣返人员2人次，其中向地方公安机关移交2人次。

2005年初，天津总站与市政府口岸办共同发起、筹备召开了“天津口岸反偷渡工作联席会议(第三次会议)”，进一步建立了反偷渡工作的整体运作机制，明确了边检部门为全市反偷渡工作的主要牵头部门，外管、边防等其他部门各有侧重、协调运作的工作模式，切实加强了对整体反偷渡工作的组织指挥和检查指导，在防范和打击利用集装箱偷渡活动方面走出了特色之路。

(胡文杰　李慧)

天津公安边防总队

【概况】 2005年，天津公安边防总队在公安部边防管理局、天津市公安局党委的正确领导下，以邓小平理论和“三个代表”重要思想为指导，深入贯彻落实党的十六大、十六届五中全会精神，以提高执勤执法能力和维护沿海及海上治安稳定为突破口，积极推进了边防职能完善，开通了“海上110”报警服务系统，特别是深入扎实地开展了保持共产党员先进性教育和三访四见、领导下基层当兵“两项活动”，千方百计地解决了一批群众关心、官兵关注的热点难点问题，为天津市的经济发展和口岸的安全稳定做出了贡献。

【船舶、渔船民管理】 天津海岸线长、面广、港口多。根据渔船民的实际需要，自觉扭转重管理、轻服务的陈旧观念，积极更新管理理念，科学施管，文明执法，有效维护了沿海治安秩序稳定，赢得了辖区群众和地方党委、政府的认可。从2005年7月开始，全面开展“三访四见”活动。期间，各边防派出所定期走访各船船主，征求意见，加强沟通，了解各类船舶存在的困难，适时改进工作方法，推出了一系列便民、利民措施。如缩短办理各类边防证件的时间，对进出天津港停靠码头不满24小时的运输船舶，进港和出港签证合并一次办理，在签证办公室增设便民设施等。半年来，各边防派出所共出动警力3527人次，走访慰问群众1360户次、3884人，捐款捐物折合人民币1.21万元，帮助官兵和辖区群众办好事、实事114件。

工程运输船舶是边防治安管理工作的重点和难点。该类船舶具有停靠分散、船员成分复杂、进出辖区码头不规律、检查难、处理难等特点。为了加强该类船舶的管理，边防支队抽调人员组成了2支港船警务队，专职负责该类船舶的管理工作。通过与海事部门建立信息共享制度，及时了解和掌握船舶进出港时间；通过集中清查，详细了解各类船舶的情况；通过到相关公司座谈，及时宣传边防工作，赢得支持。目前出入天津港的航运和工程船舶已全部纳入了边防治安管理的视线。2005年以来总队共检查各类船舶5000余艘次，查处违规船舶（人员）233起，罚款65650元。

【海上治安管理】 天津港南疆石化小区是国家重点存储危险品源区，总面积1.5平方千米，总投资近百亿元，总储量112万立方米，年吞吐量逾千万吨，输油管线直接供应天津、首都机场和燕山石化等大型重点石化企业。一旦遭受破坏，后果不堪设想。随着滨海新区发展建设的需要，总队大胆跟进，不断尝试改进海上勤务机制，积极开通了“海上110”报警服务系统，出台了“便民利民十项措施”，申请了“海上110”报警专线电话，进一步完善了海警指挥中心与各石油平台间的点对点报警方式，确保了通信联络畅通和不间断指挥。“海上110”开通以来，共为渔船民解决困难办好事30余件，处理化解纠纷10余起。2005年，总队被吸收成为天津市海上搜救中心成员单位，参加了天津市海上搜救中心在渤海海上石油平台举办的“2005年天津海空综合搜救演习”。

随着经济建设的快速发展，海上石油钻井平台、贸易运输船舶逐渐增多，治安管理任务也日渐繁重。总队本着“海上石油生产到哪里，服务保障跟进到哪里”的指导思想，结合季节和违法犯罪活动变化的特点，有针对性地调整警力投向和巡控时间，不断严密巡控网络布局，先后组织了冬季破案会战、海上治安整治、治爆缉枪等打防专项行动，一举破获了“冀黄渔5311号”倒油案件和租用“黄骅港油2号”非法搭靠外籍船舶走私废钢铁等重大案件。先后与河北边防总队海警支队、唐山市边防支队签订了津冀边防联勤制度，并组织船艇参加了2005年10月下旬在大连举行的环渤海三省一市边防总队海上编队联合执勤演练，强化了跨区域的布防工作。

（赵慧林）

天津出入境检验检疫局

【综述】 2005年，天津检验检疫局认真贯彻党中央、国务院和国家质检总局、天津市委市政府的一系列指示精神，坚持以邓小平理论和“三个代表”重要思想为指导，以科学发展观统领全面工作，谋创新、求发展、抓落实，创造性地开展工作，实现了全年工作业绩再创历史新高。全年共受理申报80多万批，完成检验检验34万批，比上年增长12.60%，货物总值638亿多美元。全年检出不合格货物3099批，不合格检出率为9.1‰；检出二、三类疫情223个种次；交通工具检验检疫1.3万多艘（架）次；完成集装箱检验检疫268多万个标准箱；出入境人员体检近2万人次，检出疾病及异常情况8000多例，其中HIV2例，预防接种1.6万人次。

【加强预警机制建设，防范风险能力进一步提高】 天津检验检疫局不断加强风险预警机制建设，在巩固发展防范各类重大疫病疫情，防范安全、卫生、环保方面各类风险有效机制体系建设成果的基础上，抓住进出口食品安全管理、加强口岸传染病和突发公共卫生事件的应对与防控、全力以赴防控防治高致病性禽流感重大疫情三个重点，针对阶段性突出问题，制定周密应对措施，修订防控防治预案，加强把关与防范工作，保证了预警及时、应对有效。“苏丹红”、“孔雀石绿”、啤酒甲醛事件出现后，特别是我国和周边国家陆续突发口蹄疫、红火蚁、禽流感疫情后，天津检验检疫局做到了在第一时间启动应急预案，做到快速反应，科学应对，妥善处置；在把住口岸防控防治关的同时，及时指导企业采取有效措施，取得了防治防控与防范的主动权。禽流感疫情发生后，天津检验检疫局坚决按照党中央、国务院的部署，认真落实国家质检总局的各项具体要求，坚持把口岸防控禽流感疫情传入传出作为一项严肃的政治任务，加强组织领导，周密制定应对措施和方案，狠抓各项制度的落实，开展针对性系列培训和实战演练，形成了较为完整技防、人防，防治与防控相结合，基础性工作与应急处置相协调的工作机制和体系，进一步提升了快速反应能力和处置突发事件的能力。此外，天津检验检疫局还圆满完成了口岸突发公共卫生事件应急处理机制编撰及相关准备工作；环渤海区域外来传染病媒介生物监测联防联控工作，均取得了预期成果。

【强化口岸检验检疫监管，执法把关能力进一步提高】 天津检验检疫局以加强能力建设为核心，以宣传贯彻新《商检法实施条例》为契机，强化依法行政意识，提高全员法律素质与执法能力，执法把关效能有了新的明显提高。在狠抓重点、敏感进口商品准入制度，废物原料供货商注册登记制度，旧机电产品、肉类、水果、进境活动物等高风险进口商品的装运前预检制度等方面，全过程监管制度的落实，不合格检出率继续保持系统内领先水平。积极适应木质包装新的管理办法，加强标识管理的政策宣传贯彻，开展指导帮助企业的工作，一年里，共受理出入境货物木质包装 4 万多批、322 万件，基本做到方便快捷、监管有效。

全面推进出口企业分类管理，完善企业基础数据库，研究普及推广电子监管成果措施和办法，实施动态有效监管的力度进一步加大。在强调抓源头，监管工作前推后移的同时，注重加大现场查验力度。加强与各口岸相关部门的协同把关，加强与内地局的协作与配合，加强进出口煤炭检验监管，以及机电产品质量、食品安全监管，口岸传染病防控和外来有害生物专项监测、检疫处理工作得到了进一步加强。

【“检、学、研”三结合，科技工作取得新突破】 天津检验检疫局坚持走“检、学、研”三结合道路，大力开展科研制标工作。全年共完成国家标准 104 项，行业标准 96 项，科研项目验收鉴定 8 项，成果登记 5 项。获得参与国家 863 重大科研及主持天津市科研项目各 1 项，主持行业标准 56 项、参与 30 项，在申报、获批项目的数量和层次上都取得了历史性突破。其中天津检验检疫局国家十五重大科技专项“食品储藏、包装与运输过程安全控制技术研究”、重要技术标准“危险化学品包装、储运和管理标准研究”顺利通过了国家各部委专家验收组的验收。天津检验检疫局担负的天津科技重点攻关项目“转基因产品检测芯片的研究”，提前一年时间完成了课题验收、鉴定和成果登记工作，为成功申报 863 课题提供了坚实基础。为提高实验室的检测能力和水平，积极组织各实验室参加了国内外组织的能力验证活动和保健中心建设达标参评活动，均取得优异成绩；加大了 P3 实验室建设的步伐，并率先接受了国家总局专家的预评审；进一步推广应用 LPR2000，实验室资源管理得到了加强；着眼加强化学危险品检验工作，GHS 实验室的筹建工作进展顺利，先期的软硬件设施建设如期完成，形成了检测实力，巩固了天津检验检疫局在化学危险品检测、安全管理领域，在系统内乃至全国继续保持领先的地位。

【增强服务意识，诚信建设成效明显】 以营造国际化通关环境为着力点，持续推进大通关建设。积极推进以新“三电”为主要内容的检验检疫信息化建设，顺利实现天津港CIQ2000海港版投入使用，有效地避免和防止了逃漏检情况的发生。广泛开展深入企业访求问需活动，做好服务月各项工作，及时解决了百余家企业的问题，先后为2000多家企业提供了3C免办、卫生注册登记、质量体系认证、原产地标保护和普惠制政策等服务。建立检企联系制度，落实关检合作机制，密切与腹地的联系，推广绿色通道、实施快速验放核放的力度得到进一步加大。创新检验检疫模式，优化诚信管理办法，试行“诚信企业放行专口”，对A类企业实行“快速核放”程序，进一步加快了放行速度。如对来自台湾的水果采取快速验放程序，保证了水果快捷、保质进入大陆市场。根据滨海新区规划和建设的需要，积极展开调研，为促成国家质检总局与天津市政府签署合作协议做了大量工作工作。全力配合天津国际贸易与航运服务中心建设，按时完成业务调整与组织机构、人员、设施的进驻，保持了业务的顺畅开展。

加强WTO工作，加强对TPT、SPS追踪与研究，为地方经济发展提供深层次服务。圆满完成了总局赋予的打火机CR问题与欧盟各国谈判斡旋，成功推迟了欧盟打火机CR法案的实施。开展日本对自行车产品实施BAA认证的研究，所取得的成果受到了国家质检总局及商务部充分肯定，为中国自行车产品进入日本市场起到积极的推动作用。

大力推进检企共铸“双诚信”活动向纵深发展，在做好具体工作的同时，加强了对诚信建设整体研究。集中精力抓好以实现“三个零”为总目标，以建设诚信评价电子平台为有效载体的科学评价体系建设，初步建成融企业基本数据、日常业务往来信息于一体，规范引导企业诚信建设；建设内部评价与外部评价相关联的科学检验检疫诚信体系。

(吴中津 刘艳华)

天津海事局

【概述】 2005年是天津海事局乘全国海事发展之势，适应滨海新区开发开放，进一步深化改革、加快发展、保持稳定、重点工作取得突出成效的一年。全局认真贯彻落实交通部、天津市和渤海事局的工作部署和指示，圆满地完成了上级赋予的年度工作任务，在水上安全监督和航海安全保障方面发挥了应有的作用，为区域经济繁荣和天津海事的新发展做出了新的贡献。

【加强水上安全监督工作】 完成天津港进出港船舶签证193496艘次，船舶装载危险货物监督8563艘次，防污染检查1562艘次。全年共完成船舶安全检查1030艘次。完成了全国船检机构初次认可，调查处理了河南驻马店船检所违规发证行为。切实加强了危险货物运输和船舶污染防治管理，开展了船舶载运危险货物专项整治工作。突破了海事公安单一内部治安保卫的局限，形成了海上执法与海事公安联合执法的合力。通过多种渠道开展培训，突破了PSC检查官严重短缺的局面。水上搜救工作信息化取得显著成效。成功组织了“天津市海上搜救中心2005年海空综合搜救演习”，首次运用远程通讯传输、VTMIS系统等信息技术，实现了现场搜寻、救助、医疗救护、消防、应急扫测设标、海上清污科目的图像、语音实时同步传输。建立了天津市海上搜救中心内部应急反应机制，完成了《客船搜救合作计划的研究》和《天津市海上搜救中心应急反应预案的研究》。辖区水域全年共发生各类水上交通事故40起，其中重大事故1起，大事故1起，一般事故9起，小事故29起，与上年同比基本持平；共查处船舶污染事故9起。未发生具有海事监管责任的水上交通、船舶污染事故。共组织指挥海难救助18起，调派各类船舶39艘次，飞机3架次，救助成功率98.3%。组织空中巡航24次，巡航里程3218海里；开展水上巡航354次，巡航里程3762海里，出动巡航执法人员1510人次。

【航海保障工作坚强有力】 全局自管航标总数达到1035座，实现了航标“十五”发展规划自管标“人均一标”的目标。全年航标维护量333722座天，航标维护正常率99.99%，航标正常率99.96%，RBN/DGPS台站信号可利用率99.92%，VTS监控系统可利用率99.56%。成功打造了黄骅港水上航标改造精品工程，得到交通部领导的充分肯定、部海事局党委的表彰；精心建设渤海湾AIS骨干网工程，2005年完成了8个基站、2个辖区管理站的建设任务，现已形成了12个基站、4个辖区管理站、1个海区管理中心的北方海区AIS骨干网络，初步实现了对重点港口和水域的覆盖；深入开展航标效能调研、评估和配布调整工作，确定了北方海区“一道二路五区十港”的工作重点，划定了助航服务等级标准，明确了“构建一个体系、组建两个中心、提高关键能力、营造和谐环境”的海区航标“十一五”发展目标。完成6个港口16幅海图测绘任务，总测量面积3057.93平方千米，比2004年测绘工作量提高近50%。完成“北方海区辖区图”的编绘任务。成功完成长江口直升机失事、“沽源”轮和“松岳山”轮及“渚扬3”号轮沉船等扫海任务。全年通信差错率为零；通信设备保养率100%，完好率98.83%，处理紧急救助通信7起，成功改造升级GMDSS-DSC系统远端RCC座席，提高了搜救中心的救助指挥能力。

【“大通关”改革取得重大进展】 2005年，天津海事局乘全国海事发展之势，适应滨海新区开发开放，进一步深化改革、加快发展、保持稳定，辖区水上交通安全持续稳定，海事保障水平进一步提升，海事业务办理效率进一步提高，为促进天津口岸“大通关”做出了新的贡献。

（一）成立天津海事局政务中心，进驻天津国际贸易与航运服务中心，提高海事业务申办效率

为提高天津口岸的通关效率，为港航企业及提供更全面、更优质的服务，天津海事局积极响应天津市政府的号召，于2005年10月28日派出海事执法人员成立天津海事局政务中心，进驻天津国际贸易与航运服务中心（以下简称“中心”），成为进驻“中心”的第一家单位，并于11月3日正式开展相关海事业务。

天津海事局政务中心共开设18个服务窗口，将16项涉及通航管理、船舶管理、危防管理及船员管理的海事政务业务（其中2项可代局审批）移至“中心”受理，并开设了海事业务咨询和综合服务窗口。各项与海事相关的业务在“中心”可以实现一站式办结，极大地提高了海事业务申办效率。

进驻中心后，进一步优化整合管理资源、提高监管效率和服务水平，完善工作程序、改进工作方式、努力提高信息化水平。实现了船舶载运危险货物船报系统EDI传输，国际航行船舶进口岸手续、船员管理等项目实现网络化管理；积极推动移动海事和协同办公网，努力实现办公自动化、规范化、信息化。同时，研究船舶载运危险货物网上申报系统，以期实现天津口岸危险货物的异地申

报功能，提高异地货物的通关效率。

(二) 进一步加强海事监管和水上搜救工作能力建设，为天津口岸“大通关”保驾护航

1、出台天津港船舶雾航安全管理措施，保证港口生产。天津海事局制定并出台了针对天津港船舶雾航安全的管理措施，规定船舶雾航视距大于600米，船舶已具开航条件，并有引航员引航，船舶性能良好，并处适航状态，船公司和船长有足够的安全保障措施，有天津海事局巡逻船开道清障，天津海事局交管中心进行助航，雾航安全管理措施还明确规定了可雾航的船型、船舶雾航操作程序及应急处理程序等相关要求。该规定的制定及实施，在一定程度上缓解了天津港在大雾天气条件下的压力，为确保港口正常生产和降低船舶损失提供了有力的保障。

2、加强通航管理，优化通航环境。初步建成天津VTMIS系统（船舶交通管理与信息服务系统），整合了天津海事局所拥有的VTS、AIS、GPS、DSC、GIS、VHF、CCTV和水文气象等信息技术手段，实现信息资源的优化组合，初步建立了渤海海域海事综合航海保障体系，提高了天津海事局水上交通安全监管和行政执法能力以及海事公共管理与服务水平，为天津滨海新区的开发开放提供国际先进水平的海事综合保障。修订了《天津港通航手册》、测绘再版《天津港引航图集》，为船舶提供天津港最新的翔实资料，确保船舶航行安全。积极创新海事监管方式，建立了立体巡航机制，实现了定期空中巡航。全年共组织空中巡航24次，巡航里程3218海里，开展水上巡航354次，巡航里程3762海里，出动巡航执法人员1510人次。通过加强巡航，有效地整治了通航秩序，保持了良好的通航环境。

3、整合海事资源，辖区水上搜救工作取得新进展。建立了天津市海上搜救中心内部应急反应机制。完成了《客船搜救合作计划的研究》和《天津市海上搜救中心应急反应预案的研究》，建立健全海上搜救应急保障机制，保障在特殊情况下天津管辖水域的安全畅通。2005年9月8日由天津市副市长孙海麟任总指挥成功组织了“天津市海上搜救中心2005年海空综合搜救演习”。首次运用远程通讯传输、VTMIS系统等信息技术，实现了现场搜寻、救助、医疗救护、消防、应急扫测设标、海上清污科目的图像、语音实时同步传输， 2005年12月19日首次启动《客船与搜救中心搜救合作计划》，协助“燕京”轮解除主机故障并顺利返港，为提高天津市海上搜救中心程序化、规范化水平和搜救快速反应能力奠定了基础。

4、天津海事公安依法取得海事水（区）域刑事案件管辖权，突破海事公安单一内部治安保卫的局限。2005年5月，天津市高级人民法院、天津市人民检察院、天津市公安局联合下发《关于印发<天津市海事水（区）域刑事案件管辖的意见>的通知》。该通知规定：天津海事局海事公安处可对天津海事水（区）域内发生的水上肇事逃逸案件，盗窃破坏通航安全保障设施案件，扰乱水上航行秩序案件，伪造海事公文、印章、证件案件及其他与海事有关的刑事案件依法行使管辖权。刑事案件管辖权的取得对查处海事水（区）域内的违法刑事案件，促进港航经济健康发展都具有积极意义。2005年8月，根据交通部公安局的批复，天津海事局公安处正式更名为天津海事公安局。实现了由内部治安保卫分散管理向外部配合海事执法处理海上案件的集中管理的转变，形成了海上执法与海事公安联合执法的合力。

5、加强危险货物管理，开通危险货物电子申报系统。2005年10月20日，天津海事局开通了EDI危险货物电子申报系统。该系统的正式开通，结束了天津海事局对船舶载运危险货物申报纸质

单据审批的历史，使该项行政审批项目进入了信息化、电子化、无纸化的新时期。同时，该局还编制了《天津海域污染应急计划》，对提高水上污染重大事故应急处理能力，控制海上突发事件扩展，具有重要意义。

(三) 航海保障工作坚定有力

1、是针对天津港冬季海况，研制成功新型冰标，进一步保障了冬季辖区船舶航行的安全。针对冬季天津港在结冰期水上常规助航设施航标效能无法得到有效保障，严重影响进出港船舶的航行安全，降低港口通航能力的问题，为进一步提高冬季航标助航效能，适应港口经济建设的飞速发展，天津海事局积极研制新型冰标（钢质冰标和聚脲冰标），新研制的防冰灯罩透光性好、强度高、不易损坏。2005 年 11 月份投放到天津港试用，在港区遭受冰损极其严重的情况下，新型冰标无一损失和灯光熄灭现象，改善了冰标的助航效能，进一步保障了冬季辖区船舶航行的安全

2、是完成天津港航标效能调研评估，进一步完善了 AIS 系统。随着天津港东突堤 AIS 基站的建设完成，监管范围覆盖至天津港锚地、主航道和海河下游地区，用户也由原航标管理部门增加到海事通航、VTS、海事处等部门，大大提高了海事监管效率和手段。2005 年为北方海区海事监管、航标管理提供分析统计数据 13 次，为海事事故分析和调查提供了又一有效依据。

3、是确保港口通信安全畅通。全年通信无差错；通信设备保养率 100%，完好率 98.83%。为保障及时有效地处置通信突发事件，制定了天津海事局《通信信息中心水上安全通信应急预案》。2005 年，成功处理了“渚扬 3/BEFB”轮的遇险报警信号，为成功营救船上 15 名船员做出贡献。

(四) 加强协作，着力构建天津港平安畅通航路

天津海事局倡议并与天津港口集团及相关单位建立了“共建平安畅通航路”联席会议制度，建立了解决制约天津港通航安全及提高港口运输效率等问题的快速协调机制，及时化解了港口生产、施工作业与安全管理的矛盾，提高了办事效率。

(五) 加强信息化建设，为“天津电子口岸”建设奠定基础

制定了天津海事局信息化建设规划，以电子政务系统为基础，现场移动监督检查系统和水上交通管理、海事应急辅助系统为重点，建设天津海事局“数字海事”体系框架及信息化建设的近期、中期、长期目标。

与天津市签署了建设电子口岸的合作备忘录，确定了首批进入电子口岸实现网上审批和提供查询的项目内容。并根据电子口岸项目建设安排，配合海事执法模式改革，启动了电子巡航、移动业务、协同办公等应用系统和无线网络、网络优化与安全等信息化基础项目建设。

（王　勇）

航政管理工作情况统计表

船舶监督管理(艘次)	船舶进出港情		交通组织	船舶安全检查
	海船船舶进出港	本港籍船舶定期签证		
	44872	148624	77210	1030

船舶危防管理(艘次)	船舶装载危险货物监督		防污检查	船舶废弃物管理		船舶污染事故处理(件)
	进港	出港		接收油污水	接收垃圾	
	4585	3978	1562	2389	5670	9

通航管理	航行通告	航行警告	海事签证	海上搜救	水域巡查		处理海上交通事故(件)			
					海区	港区	重大	大	一般	小

船员证件管理(本)	专业和特殊培训考试(人次)	专业和特殊 培训发证	签发海员证	签发适任证书	服务簿签发
	8064	12263	5816	8454	4511

行政处罚(件)	行政强制		行政处罚
	滞留	其他	
	32	——	459

航海保障工作情况统计表

航标工作		计划指标	实际完成	海测工作	计划指标	实际完成
航标维护工作量(座天)		333866	333722	外业测量(平方千米)	3057.93	3057.93
航标维护正常率(%)		99.8	99.99	内业制图(幅)	16	16
航标正常率(%)		99.6	99.96			
RBN/DGPS站信号可利用率(米定位精度)(%)		—	99.92	通信工作	计划指标	实际完成
VTS设备工作情况	系统可利用率(%)	—	99.56	电报差错率(‰)	0.4(年)	0
	设备完好率(%)	—	78.5			
大中型航标船海上作业情况		跨辖区作业:11航次 航程:2200海里 航标巡检:21次		船舶完好率(%)	100	

综合管理工作情况统计表

项目分类			计划指标	实际完成
航测经费使用情况(万元)	总规模		35987	32333
	其中	航测三项费用	1692	440
航政事业费使用情况(万元)	总规模		7481	7709
基本建设完成情况(万元)	总规模		4310	200
	基本建设		3510	200
	造船		800	0
航标专项完成情况			4600	1000
安全工作	工伤事故		3	0
	火灾事故		—	0
	道路交通事故		3	0
	机、海损事故		3	0
综合治理工作	职工犯罪率(‰)		0.8	0
	重大刑事案件(‰)		—	0
	职工矛盾化解(件)		—	0
	各类恶性事件(件)		—	0

天津口岸大事记

1月8日

天津口岸在开发区万丽泰达酒店召开“第二届中国港口经济论坛”，市委副书记、常务副市长黄兴国出席开幕式并致辞。

1月19日

市政府口岸办召开了通关联席会和重点企业联系会，主要通报了2004年天津海港口岸经济运行情况，介绍了2004年海关、检验检疫等部门为口岸大通关出台的一系列便捷通关措施。

1月21日

天津口岸面向本市服装企业召开出口纺织品政策宣讲会。

1 月 26 日

海关总署与天津市人民政府签署《关于建设天津电子口岸合作备忘录》，海关总署副署长李克农和天津市常务副市长黄兴国共同在合作备忘录上签字。

1 月 27 日

市政府口岸办在天津边检总站召开了天津口岸反偷渡工作联席会，重点总结了 2004 年反偷渡工作，并对 2005 年反偷渡工作进行了部署。

1 月 29 日

市委副书记、常务副市长黄兴国在天津港主持召开“天津航运服务中心平面布局和单位建筑方案审查会”。市委常委、滨海新区管委会主任皮黔生，市政府副秘书长柴中达，口岸办主任周德洪及市有关委办局主管领导等出席。

2 月 19 日

市委副书记、市长戴相龙对《2004 年天津市出口突破 200 亿美元出口增幅超出全国水平 10 个百分点》（《海关统计专报》2005 年第 4 期）做出批示：“请立昌同志阅示后退黄胜强同志。上年，天津出口增长 45.5%，高于全国平均水平 10 个百分点，在大城市中仅低于上海，天津开发区出口增长 62.5%，高于全国开发区平均水平 13.6 个百分点，名列苏州之后。获此成效原因之一，是天津海关实施一系列便捷通关措施。在此，向天津海关全体同志表示感谢，并望把今年工作做得更好。”

2 月 22 日

中央政治局委员、市委书记张立昌对《2004 年天津市出口突破 200 亿美元出口增幅超出全国水平 10 个百分点》（《海关统计专报》2005 年第 4 期）做出批示：“同意相龙同志的批示。天津海关把管理寓服务之中，既为国家把好关又为经济发展做出了突出的明显的贡献。请黄关长代我和相龙同志向大家表示亲切的问候。”

2 月 28 日

天津国际贸易与航运服务中心工程正式开工建设。

3 月 4 日

天津海关被天津市政府授予直接利用外资工作特别奖。

3 月 8 日

天津海关被评为天津市 2004 年度对外开放工作先进单位。

3 月 19 日

全国政协常务副主席王忠禹同志视察天津港。市领导戴相龙、宋平顺、皮黔生陪同。

3 月 30 日

由海关总署等 9 部委组成的联合验收小组对天津保税物流园区进行验收，联合验收小组向保税区管委会颁发“天津保税物流园区验收合格证书”。

4 月 13 日

埃及交通部长沙拉夫率政府代表团访问天津港。集团公司于汝民总裁在港口宾馆会见代表团成员。

4 月 18 日

在天津召开跨区域口岸合作座谈会，商务部驻津特派员杨凤妹、国家工商联边境口岸商会负责人荆山水以及天津、北京、河北、内蒙古、山西、河南、陕西、新疆、宁夏、甘肃、四川和青海等 12 省、市、自治区口岸部门、海关、检验检疫和部分物流企业的负责同志参加了会议。

5 月 11 日

市政府口岸办在天津港滚装码头公司召开现场会，就滚装码头泊位对外开放所具备的条件进行了现场考察和专题研究。

5 月 14 日

国家发改委主任马凯一行到天津口岸视察。

5 月 18 日

海关总署、共青团中央命名，认定天津经济技术开发区海关查验科、天津新港海关查验处查验一科、天津机场海关旅检科为 2004 年度海关系统全国青年文明号。

6 月 23 日

天津市委副书记、常务副市长黄兴国在市政府有关负责同志的陪同下视察天津边防总站。

6 月 25 日

中共中央政治局常委、国务院总理温家宝率中央 15 个部委负责同志视察天津口岸。市领导张立昌、戴相龙、黄兴国及相关领导同志陪同视察。

6 月 25 日

中央政治局常委、国务院总理温家宝视察天津海关。

6 月 27 日

武警总部副司令员朱曙光率工作组一行来天津海关检查协勤工作。

6 月 27 日

亚欧财长会议与会财长到天津口岸参观考察。

7 月 6 日

海关总署加贸司副司长吕伟红一行考察天津港东疆保税港。

7 月 22 日

市政府口岸办召开了由天津海关、天津检验检疫局、天津海事局、天津港（集团）有限公司和北京铁路局天津办事处等单位参加的 2005 年第三次货物通关联席会，主要分析了天津口岸“大通关”工作现状。

8 月 16 日

首批台湾产 8 种零关税鲜水果在天津口岸顺畅通关。

8 月 20 日

海关总署党组副书记、副署长盛光祖在武清培训基地会见市委副书记、常务副市长黄兴国。

8 月 22 日

国家发改委副主任张平在天津市常务副市长黄兴国陪同下视察天津港和在建的天津国际贸易与

航运服务中心工程进展情况以及即将启动的东疆港区开发建设情况。

8月29日

天津海关与天津出入境检验检疫局正式签署《天津海关与天津出入境检验检疫局关于空港旅检现场检验检疫管理工作联系配合办法》。

9月8日

天津市举行2005海空综合搜救演习。天津市委常委、副市长、天津市海上搜救中心主任孙海麟，天津海事局局长、天津市海上搜救中心常务副主任徐津津，市政府口岸办主任周德洪等有关领导，在距离演习现场120余千米的天津市政府会议厅，通过大屏幕和远程无线通信系统指挥并观看了搜救演习。

9月25日

江泽民同志在由喜贵同志，市领导张立昌、戴相龙等同志陪同下，视察天津口岸。

10月1日

中共中央总书记、国家主席、中央军委主席胡锦涛视察天津口岸。市领导张立昌、戴相龙陪同。胡锦涛总书记认真听取了集团公司党委书记、董事长王恩德关于天津港生产建设情况的汇报，详细询问了天津港港口功能、设施、港口吞吐能力以及东疆港区的建设情况，对天津港今后的发展寄予了非常的关注，提出了殷切的希望。

10月29日

天津海关海运进出口通关业务搬迁到天津国际贸易和航运服务中心。

11月4日

市委副书记、市长戴相龙，市委常委、滨海新区管委会主任皮黔生，市政府秘书长何荣林应黄胜强关长邀请到新落成的天津国际贸易与航运服务中心的天津海关报关现场视察并慰问现场关员。

11月5日

市政府口岸办组织召开了由天津海关、天津海事局、天津港集团、天津天马拆船公司等有关单位参加的船舶打捞工作协调会。

11月7日

天津国际贸易与航运服务中心隆重举行落成仪式。中共中央政治局委员、市委书记张立昌为天津国际贸易与航运服务中心和天津电子口岸公司成立揭幕。天津市委副书记、市长戴相龙，国家质检总局局长李长江，海关总署副署长盛光祖，交通部副部长徐祖远以及天津港腹地12个省、市、自治区等有关领导和有关口岸部门负责人100余人出席了揭牌仪式。

11月7日

天津市政府、海关总署、国家质检总局、交通部、公安部共同主办的“加强口岸合作，促进区域发展”座谈会在天津召开。

11月11日

天津海关就促进区域通关合作走访石家庄海关、郑州海关、西安海关和太原海关等9个内陆海关，签订区域通关合作备忘录，举办天津口岸便捷通关政策宣传会。

11 月 22 日

天津保税区海关被评为全国文明单位，天津机场海关被评为全国精神文明创建工作先进单位。

11 月 28 日

天津五洲国际集装箱码头有限公司正式挂牌成立，并于当日实现年度集装箱吞吐量突破 100 万标准箱。市交工委书记、交委主任刘明哲受黄兴国常务副市长委托致辞，口岸办周德洪主任出席庆典仪式。

12 月 1 日

中央政治局委员、市委书记张立昌对《天津海关提出加强自身建设为大通关创造良好环境》(《天津市委督查专报》)做出批示："天津海关确实做到了以科学、文明、高效、廉政为目标的海关，这是大家公认的。希望你们认真总结经验，巩固已取得的成效，再创新的成果。"

12 月 7 日

天津海关与北京海关间的区域通关试点改革联网测试取得成功。

12 月 9 日

天津海关税款累计入库 428.70 亿元，同比增长 23.19%，提前 22 天完成全年税收指标。

12 月 10 日

《天津日报》头版头条刊发题为"完善'大通关'建一流口岸——天津海关狠抓综合治税服务本市经济发展"的报道。

12 月 15 日

环渤海区域通关改革试点工作正式启动。

12 月 15 日

天津口岸举办"天津港滚装码头推介会"，标志着我国北方第一座专业化滚装码头正式启用。天津市交工委书记刘明哲及日本邮船株式会社、天津市口岸办等政府主管部门、相关口岸单位、知名货主、航商近百人参加会议。

12 月 19 日

市政府口岸办组成"口岸办驻'中心'临时办公室"，办公室下设行政秘书部、行政事务部、综合业务部，口岸办周德洪主任任主任，综合处孙方奎处长任常务副主任。

12 月 28 日

口岸办组织召开了驻天津国际贸易与航运服务中心各单位第一责任人第二次全体会议，通报了口岸办驻"中心"机构及工作职责，布置了"中心"设立的第一责任人、工作联络员、共建联络员和信息员等工作。

（郝占轻）

河北省口岸工作综述

2005年，在省委、省政府的正确领导下，口岸系统各部门、各单位紧紧围绕年初确定的工作思路和目标要求，以改善环境、完善功能、提高效率为重点，狠抓口岸建设和开放，口岸运行保持了良好的发展态势，口岸工作取得新的进展，较好地实现了全年口岸各项工作目标。

【口岸运行实现稳定、快速增长】 外贸进出口继续保持高位增长。全年全省外贸进出口总值完成160.7亿美元，同比增长18.8%。其中，进口完成51.4亿美元，增长22.9%；出口完成109.3亿美元，增长17%。

口岸货运量快速增长。全省口岸完成货运量27210.3万吨，同比增长22.5%，其中外贸货运量7172.6万吨，同比增长3.2%。在全部运量中，海运口岸完成27192.1万吨，同比增长22.6%，其中外贸运量完成7166.3万吨，同比增长3.3%；陆运口岸完成外贸运量5.1万吨。关区监管集装箱量2.92万标准箱，同比增长14%。

进出境人员数量增加。关区进出境人员11万人次，同比增长4.2%。航空口岸出入境人员1.28万人次，同比增长1.7倍。

检验检疫成效明显。全省完成出入境商品检验检疫12.7万批次，货值金额130亿美元，同比分别增长30.8%和62.1%。检验进出境不合格产品638批次，价值2.88亿美元，同比分别增长92.2%和27.2%。

检查监管进出境运输工具有所增加。全省关区共检查监管运输工具6264艘（辆）次，同比增长1.3%。

【口岸工作取得新进展】 口岸系统按照省委、省政府提出的实现更快更好发展的主基调，真抓实干，求真务实，全省口岸工作取得新的进展。

口岸开放步伐进一步加快。一是全力推进曹妃甸港区临时开放。根据河北省口岸“十一五”发展规划的安排意见和省领导关于曹妃甸港区年内通航的要求，确定了先临时开放再正式开放“两步走”的工作思路，在多次赴海关总署、交通部、总参、北京军区等部门跑办和到曹妃甸现场协调的基础上，组织完成了港区开放的可研论证工作，协调联检部门形成了临时开放会议纪要，对一些重大问题达成共识，并以省政府名义向交通部、北京军区等上报了申请开放文件。经过积极努力，交通部已批复曹妃甸港区临时开放。二是重点推动黄骅港口岸对外开放的国家验收工作。及时完成了北京军区对开放范围、锚地、航道等界定批准以及口岸查验设施配套资金的落实等一系列前期准备工作，顺利通过国家组织的验收交通部按规定正式对外公布开放。三是积极促成京唐港区纯碱泊位对外开放。组织了纯碱泊位工程的省级验收，指导项目单位完善与口岸开放有关的各项配套条件和相关手续，协调查验部门积极予以支持，目前运营状况良好。

口岸“大通关”进一步深化。一是加大区域间口岸合作力度。与北京、天津等12省市签署了《跨区域口岸合作天津议定书》，建立了区域间口岸合作长效机制。在此基础上，积极促成石家庄海关与天津海关签署了通关合作备忘录，打破了关区设置的限制，从真正意义上实现了与天津口岸的

“直通”。二是加强对各查验部门的督导。贯彻落实温家宝总理在政府工作报告中提出的“加强口岸管理体制，加快‘大通关’建设”的精神，进一步加强口岸的制度化建设和科学化管理，督促配合各查验监管部门出台了一系列提高口岸工作效率、加快货物和人员出入境速度、降低通关费用、提高服务水平的重大举措，取得了实实在在的效果。三是加快电子口岸建设。实行无纸通关、便捷通关、网上付税、联网监管等改革，取得显著效果。大力推行“三电”工程，推出了出境直通式电子报验和入境货物二次电子转单业务，全面实现了电子报验、电子转单和电子签证。2005年河北省电子口岸月入网及变更企业超过300家，比2004年翻了一番。目前，各查验单位内部已初步实现了电子化、网络化。

口岸开放环境进一步优化。一是服务意识增强。配合检验检疫部门完成了保定天威集团和石家庄常山纺织公司棉二分公司出口免检的国家审核工作，出口免检是国家质检总局给予出口企业的最高待遇。二是大力推进口岸精神文明建设。把开展口岸精神文明建设作为加强口岸部门之间联系沟通、提高口岸服务质量和水平、改善口岸通关环境的有效手段和途径，做到“虚功实做”，全力改善口岸环境，建设文明口岸。

口岸运行协调进一步加强。一是口岸运行协调机制不断完善。通过口岸系统联席会议制度，形成了口岸系统各查验监管部门间的协调联动，从机制和制度上保证了口岸的正常运行。二是加强部门间协调和协作。通过协调海关解决了秦皇岛秦——仁航线进口集装箱的通关问题，使得进口汽车配件集装箱得以顺利通关，为进出口企业提供了快捷的通关环境。在此基础上，还与秦皇岛口岸查验部门就为北京现代汽车进口汽车配件提供绿色通道通关一事达成了共识，为河北省进口集装箱争得了一块市场。三是积极为企业排忧解难。针对秦皇岛港、京唐港铁矿石在港口超储的情况，组织专人到现场调研、协调，找出了产品市场价格下降导致对原材料需求下降的主要原因，提出了港口在调度管理的同时加强与用户的沟通联络的建议，使问题得以初步解决，目前港口铁矿石进、疏港量趋于平衡。

尽管河北省口岸工作取得了一定成绩，但由于口岸建设起步较晚，发展相对滞后，在数量、规模、效益等方面与发达省市相比还有较大差距，与河北省经济大省的地位也不相称。主要表现：一是开放口岸少。河北省作为拥有487千米海岸线的沿海省份以及环京津、环渤海的区位优势，河北省一类口岸数量仅占全国的1.6%。二是基础设施陈旧。口岸建设投入严重不足，查验设施、设备和场所装备落后，多年失修和不能更新，机场、港口改造、维修和建设任务大。三是口岸功能发挥水平低。如京唐港、秦皇岛港、黄骅港多是运送煤、矿石、石油等大宗货物，集装箱运量少，功能未能充分发挥。四是竞争能力差。河北省空港、海港与北京、天津、青岛比较，在区位优势、经济规模和装备水平等方面存在较大差距。因此，今后一段时期，河北省现有口岸改造和扩大开放、新口岸的建设和开放任务仍十分艰巨。

河北口岸查验单位工作综述

石家庄海关

2005年，石家庄海关在关党组“科学治关，和谐发展，全面开创关区工作新局面”的主导思想指引下，在全国海关深入学习党的十六届五中全会、中央经济工作会议精神，协调推进海关改革与建设，全面谋划海关工作在“十一五”时期实现更快更好发展的形势中，认真贯彻落实党和国家的法律法规和方针政策，全面落实总署党组的工作部署和指示精神，推进整合业务建设，加强稳固队伍建制，综合管理水平明显进步，把关与服务的能力逐步提高，圆满地完成了各项工作任务，取得了海关通关监管、税费征收、查缉打私、统计分析预警监测、加贸保税监管、风险管理、法治建设和廉政建设等多项可喜的成就。

【税收征管能力稳步提升，税收任务超额完成】 石家庄海关认真落实全国海关综合治税工作会议精神，建立了综合治税责任制和协调配合机制，初步构建了综合治税大格局，在全年税收征管工作中发挥了重要的指导作用。继续坚持以税收为“轴心”，质量并举，加大了价格、归类、减免税、加工贸易以及保证金和税单核注等业务环节的监控力度，健全了税收分析监控机制，完善了反价格瞒骗正面监控和加工贸易基础业务考核评比指标体系和税收考核体系，税收征管能力稳步提升，在国家实施宏观调控、部分税源商品价格大幅波动和税收计划上调的形势下，在不断提高税收征管质量的基础上超额完成了税收计划。全年，关区实现税收净入库30.4亿元，增收6.9亿元，同比增长29.3%，税收排名居全国第22位，较上年上升2位，增幅居全国第10位，其中，通过归类、审价、加贸、稽查等各种渠道补税1.54亿元。全年一般贸易价格水平始终处于0.95–1.05绿色最优区间，同名商品归类差异率由上年的2.07%降至0.27%。同时，依法做好减免税工作，全年共办理减免税证明2620份，审批货值10.3亿美元，减免税款23.2亿元，同比增长26.9%，支持了地方经济的发展。

【采取有效监管与便捷通关，海关监管能力不断加强】 石家庄关区完成了通关监管职能、机构和人员的调整，进一步整合和优化了通关监管资源。与天津海关签订区域通关合作备忘录，初步建立了“属地报关、口岸验放”的通关模式，拓宽了业务发展的远景。实施了航空口岸旅客申报制度改革，运行了H2000系统保税仓库电子账册工程，开展了“选择查验”工作。加强了稽查后续管理，开展了专项稽查和常规稽查。推广了网上支付业务，目前关区共有网上支付签约企业13家。各项便捷通关措施平稳实施，电子口岸建设又有新进展，推行了“窗口叫号”、“红绿灯联合内审”等联合办公服务举措，为2181家进出口企业和银行办理了入网手续，接听咨询热线6000余次。全年，关区监管进出口货运量为7239万吨，增长9.4%，进出口总值为76.3亿美元，增长38.4%，监管运输工具6264辆（艘），监管集装箱29238箱次，关区进出境人员15万人次，新注册企业1690家。

【打击走私能力有效增强，缉私办案成果明显】 2005年继续保持了打私的高压态势，建立了依托风险管理平台、分析业务数据、确定风险重点、开展情报经营的工作机制，深化了缉私办案与海关业务的融合，以专项行动为主线，加大了案件查办力度，相继开展了“301”专项行动、打击加工贸易渠道走私违法活动专项行动和胶印机专项整治行动，侦结了“6·08”特大氨纶丝走私案并移送审查起诉，查破了“5·09”旧针织机走私案，维护了经济安全和贸易秩序，全面提高了打击走私能力。同时，缉私部门主动适应调查职能调整后的工作要求，积极承担了关区全部查私办案职能，进一步提高了执法水平，全面推进了行政执法工作。全年共立案走私、违规案件48起，案值人民币2.17亿元，涉税2272.75万元；结案37起，案值6.36亿元，涉税1.04亿元；抓获嫌疑人14名；法院判决5起9人；罚没入库636.29万元。

【统计分析预警监测能力得到提高，统计职能作用充分发挥】 依据《海关统计专报》为载体，以贸易进度分析和专项内容分析为重点，加大了贸易分析力度，为地方政府和经贸主管部门提供了可靠的信息参考。以《海关统计监测信息》为载体，以政策执行的监测为重点，加大了统计监测力度，对政策执行过程中出现的情况和问题进行了分析和监测，为总署及地方政府和有关部门科学决策和有效监控提供了参考依据。加强了数据管理工作，建立了数据质量通报制度，自主开发并优化完善了“海关统计数据处理应用系统”。全年共撰写各类统计信息150余条，据不完全统计，被中办、国办采用8条次，海关总署采用4条次，省委、省政府采用47条次，报送《海关统计专报》等3种专报36期，编发《海关统计监测信息》25期。规范开展了执法评估工作，完成了对总署下发的低价记录的常规核查任务。

【加工贸易保税监管能力得到提升，管理更趋规范】 为认真落实全国出口加工区工作会议精神，积极做好出口加工区的海关工作，廊坊海关积极协助廊坊市政府申请设立出口加工区并获得国家批准，秦皇岛海关积极协助当地政府吸引高新技术企业入区。对关区138本逾期手册进行了集中清理，其中99本清理完毕，39本移交缉私、稽查处理，截止目前，关区逾期手册大部分得到了解决。加强了加工贸易单耗管理，统一了关区单耗标准的执法尺度，全年新制定三级单耗标准34个，承办制定的国家一级单耗“维生素C加工贸易单耗标准”通过了总署和国家发改委的审定，已向全国发布。加工贸易联网监管工作进入实质运行和全面推广阶段，首份电子手册于6月份正式生成，目前又有15家企业获准实施联网监管。全年，关区共备案加工贸易手册4195份，增长9.6%；备案金额9.7亿美元。

【风险管理逐步推进，风险分析监控走向深化】 积极适应调查职能调整后风险管理职能进一步强化的形势，不断深化风险管理工作，逐渐推动关区风险管理工作向“构建严密风险管理防控体系，促进风险管理工作由虚转实”为重点的转变。制定了“三级风险防控体系”实施方案，整合修订了风险管理各项工作制度，明确了职责分工，建立了联席会议、核查处置、月度通报、绩效考核等工作机制，风险自主分析实现了零的突破，风险核查处置实行了统一归口、集中管理，进一步深化了风险管理的职能作用。全年关区通过H2000下达布控指令共1540条，通过风险布控共查获有问题报关单53票，查获率为3.43%，10、11、12月份连续三个月风险信息排在全国20名以内。

【法制建设平稳推进，不断取得新成绩】 以“四五”普法总结验收为契机，贯彻《依法行政实施纲要》的措施为切入点，组织开展了形式多样的教育培训活动，引导关员依法行政，提升海关执法理念和执法水平，开展了关区行政许可法检查，加大了对关区整体执法过程的监督指导力度。全力做好北方诉讼案的应诉工作，最终以庭外调解、原告部分撤诉的方式结案。以“法制为基层、为业务服务”为指导，积极开展了各项法律把关、服务与咨询工作。开展了知识产权专项行动，全力查获侵权案件，在秦皇岛海关旅检现场查获一批涉嫌侵犯注册商标的案件，实现了旅检现场查获知识产权案件零的突破。

【保持共产党员先进性教育活动扎实开展，成效显著】 按照总署和省里的统一部署，开展了为期4个月的保持共产党员先进性教育活动，通过加强组织领导，精心准备实施，认真督促检查，大力开展宣传，扎扎实实地圆满完成了前期准备、学习动员、分析评议和整改提高4个阶段的各项任务，得到了省委督导组和总署联络组的充分肯定，全关党员群众对教育活动的综合评价满意率达到了100%。活动中准确把握“树正气、讲团结、求发展”的主旋律，突出了“强素质、把国门、促发展”的石家庄海关先进性教育主题，制定了具有海关特色的新时期共产党员保持先进性的具体要求，全关党员意识和党性观念普遍得到了强化，党支部的战斗堡垒作用得到了发挥，党的基层组织建设得到切实加强，党群关系、干群关系更加融洽，做到了两不误，两促进。

河北省公安边防总队

【概况】 2005年，河北省公安边防总队坚持开拓创新、真抓实干、稳步提高的指导思想，结合“大练兵”和“双争”活动，紧紧围绕边防检查工作这一中心，以维护口岸安全稳定和促进地方经济发展为己任，狠抓勤务规范的贯彻落实，加强边防检查站的全面建设，圆满完成了各项边防检查任务，有效地维护了国家政治稳定和社会安定，保障了口岸方便、快捷、有序的出入境秩序，为河北省改革开放和经济建设做出了积极的贡献。

2005年全省各边防检查站共检查出入境船舶3428艘次，飞机656架次，检查出入境旅客51170人次，员工82494人次，查获处理偷渡案件6起，涉案人员15人，其中遣返2名坦桑尼亚籍偷渡人员。

【以“双争”活动为契机，推动边检队伍整体素质提高，树立边防部队良好形象】 2005年，河北省公安边防总队“双争”（争创执法为民窗口，争创执法为民标兵）活动领导小组，有针对性地对“双争”活动进行了研究部署，制定出切实可行的方法措施，并逐条逐项抓好落实。

打牢基础，强化素质。总队党委高度重视检查员等级评定工作，结合贯彻落实公安部边防管理局杭州会议精神，对此项工作进行了专题研究部署，提出了具体要求。各边检站组织严密，措施有力，通过建立检查员业务素质档案等方法，实行动态分档、动态管理，引入竞争机制，进一步深化了等级评定。同时加大对边检业务人员的培训力度，采取岗位练兵、集中培训、请进来与走出去相结合的方法，积极开展法律、外语、计算机、识别伪假证件等业务培训。秦检站依托地方教学资源，分期组织检查员到燕山大学参加计算机培训。唐检站安排检查员轮流到刑警队和派出所见习，提高了处理问题的能力。2005年，总队举办专项业务培训班3期，各边检站举办各类业务培训班10期，促进了边检队伍素质的提高。

转变观念，主动服务。河北省公安边防总队从口岸实际出发，进一步解放思想，转变观念，正确处理管理和服务的关系，主动由管理型向服务型转变，努力提升服务层次和质量。在深度、广度上下功夫，进一步细化完善了便民利民措施。石家庄边检站结合实际，落实了旅游团预报预检措施，开设了转机专用通道，缩短了通关时间。秦皇岛边检站在新《规范》实施后，积极推出了“七个零目标”的服务目标，为船方和入出境人员营造了方便、快捷、优质的通关环境。为更好地实现“双争”的主旨，促进地方经济发展，推动部队建设，河北省公安边防总队抓住现场办公会等有利时机，主动走访省、市政府及地方企业单位的领导和部门，征求意见、建议，解决实际问题，争取支持、理解和帮助。各边检站以“三访四见”活动为契机，积极走访当地政府和相关单位，努力达到口岸开放发展与边检站建设“双赢”的效果。

深化改革，科技强警。在社会经济迅猛发展，边检任务日益繁重的情况下，对现有勤务方式的改革不仅是适应新形势发展的需要，同时也是顺利完成执勤任务的重要保证。河北省公安边防总队结合落实新《规范》出台了检查监护改革措施。因地制宜，大胆探索，在秦皇岛和黄骅边检站执勤现场成立边检指挥中心，实行卡口管理、电视监控、电子门警、巡视巡查相结合的全新管理模式，实现了警力前移，靠前管理，既节约了警力，又减轻了干警的工作强度。科技强警是边防部队的发展方向，面对当前普遍存在的业务量的快速增长与警力不足的突出矛盾，河北省公安边防总队始终坚持向科技要警力、要效率的指导思想，把科技强警作为提高边检执勤能力和执法为民的大事来抓。各边检站不断加强科技投入，增加科技含量，提高边检工作质量。黄骅边检站适应口岸发展需要积极对电子门警系统进行升级，实现网络化、智能化管理。石家庄边检站在实施口岸监控的基础上，将现场监控、电视监控以及后台信息核查等系统有效的结合起来，努力打造边检数字化工作平台。

【狠抓规范化建设，落实各项规章制度，边防检查业务逐步走向规范】 河北省公安边防总队把勤务规范化建设作为全面提高边检工作水平的有效手段，进一步加大组织领导力度，软硬件并举，有计划、有步骤、有目标的开展活动，取得显著效果。

严格规范勤务制度。把认真落实各项勤务规章制度作为头等大事来抓，多措并举，通过细化工作流程，规范执勤执法程序，强化监督机制，不断提高官兵公正执法和维护口岸秩序的能力。针对以前边检勤务工作中不适应新《规范》的情况，结合新《规范》对旅客检查、船舶检查、布控查控、证件办理、监护勤务、行政执法等每一项具体业务工作都重新制定了详细的工作流程，规定了各项工作的办理程序和时限要求，工作中不打折扣，不随意变通，以规范的勤务制度确保了勤务的安全。

严格规范执法工作。从提高人员法律素质、规范执法行为入手，教育广大官兵进一步端正执法思想，转变执法观念，加强执法人员业务素质的培训，提高执法办案的能力。2005 年 6 月和 12 月分别举办了以规范执勤执法为主要内容的培训班。各边检站多次举办了类似的培训班，收到了较好的效果。为规范执法行为，提高办案质量，结合执法质量考核考评工作，定期对办案程序、案卷制作、法律文书的填写等方面进行会审检查，确保严格、公正、文明执法。

严格规范监督机制。为加强对执勤执法工作和办理行政许可事项的监督力度，一方面通过严格落实重要勤务站领导带班制度和发挥纪检、督察、财务部门的抽查审计作用，加强了日常内部监督；另一方面通过加强与友邻业务单位的交流，聘请执法监督员，实行警务“三公开”制度（即在执勤现场对外公开收费标准和检查公告；向出入境旅客公开执勤人员姓名、职务并做出编号；公开部局、总队、边检站三级投诉电话，设立举报箱），加强了外部监督。通过落实各项监督措施，约束检查人员的执勤执法行为，杜绝了各类职务性违法违纪行为。

【认真做好曹妃甸港临时对外开放前的各项准备工作】 曹妃甸港是国家“十一五”发展规划的重点工程，也是河北省的“一号工程”，同时也是全省边防部队发展的新机遇。河北省公安边防总队党委高度重视，领导多次深入实地考察调研。该港口经交通部批准临时对外开放后，为更好地促进地方经济发展，做好临时对外开放期间的边防检查工作，本着“早动手、早准备、早谋划、早介入”的工作思路，河北省公安边防总队认真谋划和部署曹妃甸港临时对外开放期间边防检查工作。同时，积极协调地方党委政府和企业，努力争取支持和帮助，在总队经费紧张的情况下，克服困难，多方筹措资金，基本解决了营房建设和执勤设施，并从全省抽调部分干部战士成立了曹妃甸港边防检查站筹建办公室，目前，河北省公安边防总队已顺利承担了曹妃甸港外轮的边防检查和监护任务。

河北省出入境检验检疫局

【统计】 2005 年，共检验检疫出入境商品 127207 批，货值首次突破百亿大关达到 1300218.5 万美元，同比分别增长 29.52%和 57.32%。其中检验检疫出境商品 116473 批、货值 910127.98 万美元，同比分别增长 29.41%和 58.9%；检验检疫入境商品 10734 批、货值 390090.53 万美元，同比分别增长 30.71%和 53.74%。检出不合格商品 638 批，货值 28795.12 万美元，其中检出不合格出境商品 171 批、460.63 万美元，检出不合格入境商品 467 批、货值 28334.49 万美元。截获矮腥黑穗病（TCK）、假高粱、锯齿大戟、双钩异翅长蠹等检疫性有害生物 9 种 38 批。完成出入境人员查验 109833 人次（出境人员查验 52108 人次、入境人员查验 57725 人次），健康检查及预防接种 21392 人次，发放国际旅行健康证 7968 份。对 3858 艘船舶、691 架飞机等交通工具进行了卫生检疫。普惠签证减免关税、对外索赔获赔、涉外财产鉴定直接间接为企业争取有效利益约 1 亿美元。

【检验检疫执法把关】 加强对重点、大宗、敏感商品的执法把关。一是加大了对重点、大宗商品的监管力度。重点加强了出口煤炭、金属线材和钢坯、石焦油、服装、普通机械、机动车辆及进口矿石、原油、钢铁制品、动力设备、成套设备等大宗商品的检验检疫监管。二是加强了对动植物、食品等敏感性商品的检验检疫监管。强化进出口商品农兽药残留和疫病的检测监控，重点加强了对进口种鸡、皮张、肉类、小麦、大豆、棉花、木质包装和出口活畜、肠衣、水产品、花生、辣椒、板栗等商品的检验检疫监管。对全省 12 家供港澳注册活牛育肥场进行了年度考核，对发现问题提出了整改措施。对辖区内进境肉类商品进行了全面检查，依法严厉打击非法进口肉类产品活动。对进口食品中“苏丹红”添加剂问题组织开展了市场检查，抽查检测了辖区内 290 批可能含有“苏丹红”的出口食品及食品添加剂，确保了进出口食品安全。三是加大对涉及安全、卫生、环保等商品的检验监管力度。加强了对输美陶瓷铅、镉溶出量检测，对出口烟花爆竹安全检测和对进口矿产品放射性检测等，确保了安全。加强了对进口旧食品机械、旧医疗器械等旧机电和进口废物原料的检验监管，严防“洋垃圾”入境。四是加强执法稽查工作，加大对违法违规行为的处罚力度，严厉打击逃漏检行为，检验检疫工作秩序进一步规范。五是开展了以“建立诚信、降低风险、规范执法、有效把关”为主题的“质量安全季”活动，执法把关水平进一步提高。

严把口岸检验检疫关，确保公共卫生安全。一是口岸公共卫生事件应急能力增强。在秦皇岛口岸组织实施了河北局系统口岸鼠疫防控演练，提升了口岸应对突发公共卫生事件的指挥协调、疫情报告和疾病预防控制的应急处理能力。二是完善口岸食品卫生风险管理。推行口岸食品 HACCP 管理体系，督导口岸从业单位不断提高食品生产和饮食服务质量，确保口岸食品的卫生安全。三是强化口岸把关职能。全年各口岸局办共成功阻止了 30 批、货值 290 多万美元的不合格产品出口，维护了河北出口商品的国际信誉；阻止了 80 批、货值近 2.6 亿美元的不合格商品入境。

【服务地方经济建设】 积极参与和主动服务重大项目建设。积极参与和检验检疫有关的重大项目建设，实现检验检疫功能配套与重大项目建设同步协调。在曹妃甸港区建设，秦皇岛煤四期、煤五期等重点项目建设的过程中，涉及检验检疫功能设施配套的各项建设和协调准备工作扎实有效。对进口 5000 万美元以上大型成套设备的河北张河湾蓄能发电有限责任公司等实行专门机构驻地检验，主动介入，超前服务，保证了重点项目工程顺利建设。

积极扶持县域和特色经济加快发展。积极促进县域和特色经济加快发展。在技术壁垒日益增多的情况下，河北农产品出口仍保持了 11.6%的增幅。大力扶持汽车产业发展，加强出口汽车监管工作，2005 年出口汽车 27542 辆，货值达 18377.868 万美元。积极推动单晶硅、轮胎等县域特色产品扩大出口，成效显著。

充分发挥人才技术优势，帮助产业加快发展。一是为地方产业发展的宏观决策搞好服务。认真搞好日本官方对输日热加工偶蹄动物产品注册企业检查的迎检工作，为河北辖区的 8 家注册企业顺利通过检查和对日稳定出口铺平了道路。努力作好河北鲜梨出口检验检疫工作，接待了美国、加拿大、墨西哥等 7 个国家代表团对河北鸭梨产区和出口加工厂的考察，河北鸭梨获准对美国、加拿大出口，新开辟了澳大利亚、墨西哥、斐济市场，并继续向秘鲁、阿根廷推进。2005 年共检验检疫出口鲜梨 2000 多批 5.3 万吨，创汇 2720 多万美元。二是完善预警机制，加强对企业的信息支持。加强对 WTO 相关规则的研究和运用，通过建设河北进出口企业网站、编印《检验检疫动态》等形式为企业提供贸易指导信息和风险预警信息，帮助企业了解国外相关动态，及时采取措施扩大出口、规避风险。三是充分发挥检验检疫部门优势，加强对企业的技术帮扶。全年共开展有针对性的质量管理技术培训 90 余次，实验室检测技术指导与培训 80 余次，组织开展与企业实验室间的检测能力比对 400 多项次，进一步提高了企业的管理水平和检测能力。通过检验检疫技术帮扶，中断十年的承德果酱重返国际市场，秦皇岛蜂蜜在全国率先进入欧盟市场。四是积极组织企业人员参加报检员全国统一考试，考试通过率高于全国平均值 9 个百分点，河北进出口企业对报检人员的需求得到较大的满足。五是继续坚持“急事急办、特事特办、难事帮办”，节假日、公休日实行预约检验检疫等做法，为企业办事提供了最大方便。

【检验检疫管理体系创新】 加强风险管理体系建设，强化关键环节管理控制。进一步树立风险管理意识，把风险管理方法贯穿于全部工作过程、各个工作环节。对 107 种商品开展了风险分析与评估，评估范围基本覆盖了所有重点和敏感商品，形成了 87 份风险分析与评估报告。一是针对活动物进出口风险大的特点，初步建立了分析数据库。二是对出口花生、熟食、罐头、木质包装、机电产品等，采取了批次追溯、批次相关性分析等处理方式。三是针对输韩水产品，加强暂养介质、金属探测等关键点的控制，提高了把关针对性。四是提升纺织品服装出口风险控制等级，加强了对偶氮染料、甲醛、阻燃性、纤维成分等项目的检验。五是对不能进行前期控制的矿产品及化学危险品等加强了过程检验监管，取得了良好效果。

加强应急体系建设，妥善处置突发事件。为提高应对突发事件的快速反应和应急处理能力，在清理完善原有14个应急预案的基础上，经过科学分析，补充制订了包括行政办公、业务管理、网络安全、疫病防控等在内的7个新的应急预案。积极应对和妥善处置了突发事件，检验检疫应急工作处理能力经实战检验进一步提高。一是积极防控高致病性禽流感。全系统积极行动，严密部署，完善预案，加强防范，做到组织到位、人员到位、责任到位、物资到位、措施到位，口岸机构、内地机构与地方部门实现了联防联控。二是做好口蹄疫防控工作。亚洲I型口蹄疫发生后，随即启动重大动物疫情应急预案，对全省的供港澳活牛注册育肥场进行疫情监测，组织了对供港澳活牛注册育肥场的清理整顿，强化免疫与抗体监测，有效控制了疫情，保证了活牛尽快恢复供应港澳。三是积极应对孔雀石绿事件。针对欧盟等国在我国出口水产品中检出孔雀石绿残留问题，加强对全省17家出口水产品养殖场的水产品、水样中孔雀石绿残留检测，以及养殖场用药管理，保证了水产品正常出口。四是加强对与四川有贸易关系的肉类进出口加工企业的监管，有效防范了猪链球菌疫情。

加快企业诚信体系建设。构建了企业诚信体系建设的基础框架，研究出台《河北检验检疫局企业诚信体系实施意见（试行）》，建立了企业诚信管理、评价和奖惩体系，对检验检疫日常监管和实施检验检疫工作模式改革提供了可靠的技术支持。

实施绩效管理新机制，加强机关效能建设。制定出台了《河北检验检疫局绩效考评办法》、《河北检验检疫局机关效能建设若干规定》、《河北检验检疫局行政效能建设过错责任追究办法》和《关于建立和完善绩效考评机制的决议》。积极推行绩效管理考核，实行平时考核与年终考核、定性考核与定量考核紧密结合，强化工作目标责任制管理，进一步促进各项工作管理的规范化、科学化。

【检验检疫业务改革】 积极推进分类管理，监管模式改革取得新突破。全面推行出口产品的分类管理，全省有61家企业实施了一类管理，有120家企业实施了二类管理，同比分别增加12家和35家。保定天威保变电气股份有限公司和石家庄常山纺织股份有限公司2家企业获得了出口免验证书，实现了河北检验检疫出口免验零的突破。实施新型检验监管模式改革企业对外贸易额已占到对外贸易总额的80%。

积极推进“大通关”建设，验放速度不断加快。加快以电子申报、电子监管、电子放行为内容的新“三电工程”建设，电子申报企业达到1255家。有81家企业实行了快速核放制度，64家企业进入检验检疫绿色通道。开展了电子监管试点工作，在全省4家出口食品企业实现了远程视频监控。正式开通了入境货物流向二次电子转单业务。实行了直通式电子报检。进境动植物及其产品网上审批工作进展顺利，为优势行业、优良企业和优质产品扩大出口提供了优质的服务。

完善市场准入退出机制，进一步提高企业质量自控能力。加强注册认证工作，推行审核员注册和审核员队伍的动态管理，实行异地审核，保证了审核活动的公正和公平。加强认证监管，严格考核和日常监督，完善了市场准入退出机制。新增卫生注册/登记企业和质量许可证考核/复查企业共315家。帮助15家企业分别在6个国家进行了注册。全面整顿了对韩注册水产品注册企业，取消了11家企业的注册资格，动态监管工作力度进一步加大，企业产品质量和出口业绩实现了双提高。帮助316家企业建立和完善了质量保证管理体系，在全国首创了集ISO9001、ISO14001、HACCP于一体的整合体系认证，颁发了全国首张“CCIC生态纺织品认证证书”。完成了对泊头东方果品有限公司 EUREPGAP 认证审核，再次开创河北省先例。为 3 家企业申领了原产国标记，加强了名牌产品的原产地注册标记保护。

狠抓源头管理，基地建设成效明显。积极引导出口企业由“公司+农户”经营模式向“公司+基地”的先进模式转变，大力推动出口农产品，食品基地建设。重点抓了京东板栗，廊坊活牛，秦皇岛养禽业，张家口和邯郸蔬菜，保定速冻果蔬，沧州和石家庄鸭梨，衡水麦苗粉和辛集，肃宁、枣强皮革加工等主要出口基地建设。完成果园、蔬菜企业和养殖场注册及备案 279 家。注册果园和蔬菜基地备案面积已达 5 万亩。以基地建设带动特色农业和食品加工业向规模化、集约化和标准化方向发展，有力地促进了出口产品质量的提升。

【科技实力建设】 实验室能力建设实现上档升级。一是完成了对轻纺实验室、动检实验室和植检实验室的整合和纺织品、棉花和包装检测恒温恒湿实验室建设，新建了百级、千级生物实验室，医学媒介生物（鼠疫）检测实验室和转基因实验室。衡水局常规实验室、廊坊燕郊办事处微生物和动物血清学实验室等基层实验室开始建设。二是开展了系统内 29 个实验室资源调查工作，对实验室资源进行了初步整合，提高了实验室资源的综合利用效益。三是狠抓实验室技术能力提升。全省系统有 13 个实验室通过了国家计量认证/实验室认可“二合一”评审。参加了国家实验室认可委组织的花生中黄曲霉毒素、水产品中孔雀石绿、结晶紫等多项实验室能力验证，均取得了满意的成绩。沧州局黄骅港办事处煤炭实验室参加国家煤矿科院组织的神华煤能力验证中获得排名第一的好成绩。四是充分发挥 6 个国家级重点实验室和 9 个区域中心实验室的技术带动作用，年内新开验包括板栗中阿维菌素草甘磷、水产品中孔雀石绿、结晶紫等项目达到 28 个。

科研制标和科研攻关成果丰硕。充分发挥科技委和食品、动物、植物、卫生等 11 个科技专业组的作用，积极开展科研攻关，科研制标工作取得了丰硕成果。全局有三项成果获国家质检总局 2005 年度“科技兴检”奖。其中：秦皇岛局技术中心负责研制的“蜂蜜五项国家标准的研究”获“科技兴检”一等奖；由省局技术中心完成的“进出口动物源食品中硝基呋喃代谢物残留量检测方法”和秦皇岛局卫检处完成的“输入性蠓类、蚤类病毒检测规程”，获总局“科技兴检”三等奖。“大型全自动煤炭机械采制样系统的研制”通过国家局鉴定，填补了国内相关行业的空白，技术能力达到国际先进水平。申报了新的 500–600 种农药多残留检测方法和 30 项兽药残留检验方法国家标准的研究课题。在全国范围内率先研究出了食品中“对位红”的检测方法，并开展了检测工作。

信息化建设迈上新台阶。完成了省局综合实验楼计算机网络平台的建设。着手构建小型机集群系统，建立全省 CIQ2000 数据库处理中心，逐步实现全省 CIQ2000 大集中式管理。完成了省局综合实验楼电化培训教室建设，具备语音广播、视频投影、网络应用等多种教学培训功能。配合国家质检局开展了质检主干网建设。建立了全局系统网络安全防护系统，增强了网络安全防护能力。积极推进办公自动化的应用，办公自动化系统在省局机关正式运行。同时对内部信息平台进行了改造，进一步优化了功能。视频会议室和多功能大会议室投入使用，取得了良好效果。

【企事业单位改革】 初步建立了规范与激励相结合的企事业财务管理机制和用人机制，调动了各级人员的积极性。省局技术中心加快实验室整合工作进展顺利。省局技术中心、秦皇岛局技术中心和中检河北公司还积极探索与国际知名实验室的强强联合新途径，不断增强检测实力。评审中心不断规范认证审核工作，积极开发大、名、优、特企业，服务高端客户，加快实施名牌战略，努力创建精品认证机构，被中国质量认证中心授予“综合管理优秀奖”。省局、秦皇岛局、京唐港办事处旅保中心圆满完成执法保障任务，省局旅保中心还积极拓展体检市场，社会体检量大大增加。检验检疫协会充分发挥在政府和企业间的桥梁和纽带作用，不断开拓新的市场领域。机关服务中心狠抓制度建设，实行物业委托、食堂责任制、汽车维修招标等管理方式改革，筹建了商务服务中心，省局机关和各分支机构后勤服务保障工作有效开展。中检河北公司加快推进经营体制和管理机制改革，积极构建自身的技术专家支撑体系和检测技术支撑体系，加快业务创新，积极开拓市场，不断增强市场竞争能力。

河北海事局

【概况】 2005年，河北海事局以水上交通安全监督管理为中心，全面提升海事依法行政能力和水平，严格执法，热情服务，为保持辖区水上交通安全形势稳定、海域环境清洁和促进区域经济社会发展做出了积极贡献。全年辖区港口吞吐量达到2.7亿吨，同比增长16.5%，有效监管进出港船舶4.79万艘次，同比增长17.1%，船舶流量31.97万艘次。

【通航环境管理】 加强对水工作业安全监督管理。2005年，辖区有多项大型港口建设及改造工程，如黄骅港外航道整治工程、曹妃甸港区建设、京唐港挡砂堤改造及泊位扩建、秦皇岛港煤四扩容、秦皇岛港煤码头五期工程等。河北海事局多次深入基层港口、码头现场查看工程进展及安全管理情况；组织召开黄骅港外航道整治工作协调会，积极解决航道回淤问题；参加曹妃甸临时对外开放协调会，提出多项合理化建议；在施工作业安全监管上，提出了“五个落实、五个强化”；组织编印了《曹妃甸海域船舶航行作业安全手册》。经过港方、水上施工单位和海事监管部门的共同努力，河北辖区的几项国家重点港口建设项目相继顺利完工，实现了港口营运、港口建设双丰收。

加强海上巡航工作，在保电煤运输期间，组织巡航船舶在航道附近巡航，及时清理碍航渔船渔网，为大型电煤运输船舶保驾护航。7月19日，河北海事局巡逻船艇与海事系统排水量最大、技术最先进的海事巡逻船“海巡31”轮一起编队对秦皇岛海域进行联合巡航。

河北海事局集中“主要领导、主要精力、主要资源”，着力打造“安全责任链、安全管理链、信息沟通协调链三根链条，推动开展共建黄骅港安全、畅通、文明航区活动。交通部徐祖远副部长对黄骅港共建活动做出多次重要批示。刘功臣常务副局长评价：共建黄骅港安全、畅通、文明航区活动是继在我国长江江苏段、三峡库区等水域开展此项活动之后，在全国沿海水域首次开展的共建活动，有一定的创新性，具有积极的探索作用，是构建和谐社会、贯彻落实执政为民、服务经济社会的具体体现。通过共建各方的共同努力，活动取得了明显成效。2005年，黄骅港货物吞吐量6700万吨，同比增加2257万吨；船舶安全进出港4840艘次，同比增加1036艘次；发生船舶事故3起，船舶事故率0.6‰，同比降低3.1‰。

【船舶管理】 强化现场安全监督检查，重点加强了船舶签证管理，严把签证关。河北海事局开展了辖区运石船专项整治活动、低质量船舶专项治理和散杂货船专项检查活动。

在河北海事局倡议力促下，形成了由政府领导组织协调，海事与地方政府（包括市及景区所在的区、县政府）为管理方，景区和船公司或游艇联合体及个体船东为经营方的旅游船艇共同管理"2+2"新机制。全年河北辖区旅游船艇安全营运11256艘次，旅游船艇共接待游客133.58万余人次，没有发生任何安全管理责任事故。与上年相比，船舶违章下降61.4%，船艇交通事故下降75%，沿海旅游船艇的安全营运环境得到了明显改善。

为落实"全国海事一家人，水上监管一盘棋"的指导思想，2005年8月，河北海事局与河北地方海事局在保定市召开了首次船舶安全监督工作交流研讨会。双方一致认为在今后工作中，加强沟通与联系，在深化旅游船舶安全管理、共同打击低质量船舶、防止小型船舶污染水域等领域加强合作，共建河北和谐海事，共同促进河北航运经济的健康快速发展。

截止2005年年底，河北海事局共有A类船舶安全检查官25名，B类船舶安全检查员48名，A类主任审核员3名，A类普通审核员13名，船舶登记人员基本经过国家级的知识培训。

【防治船舶污染管理】 随着《港口法》、《行政许可法》和河北省政府1号令以及交通部10号令(《中华人民共和国船舶载运危险货物安全监督管理规定》）颁布和实施，河北海事局依法制订和修改了7部有关规范性文件。

2005年1月26日由沧州市政府和河北海事局联合发布实施了《沧州海域船舶溢油应急计划》，4月27日由唐山市政府和河北海事局联合发布实施了《唐山海域船舶溢油应急计划》，河北辖区秦、唐、沧三市海域分别建立起较为系统完善的溢油应急反应体系。

2005年5月22日—5月29日，河北海事局组织了省政府办公厅、河北省环保局、河北省海洋局、河北省港航管理局以及河北省财政厅等有关单位部门领导，赴山东、广东、深圳、海南等地开展组织开展河北省海上污染防治联合调研活动。河北海事局推出了"燕赵海上防污工程"和"北戴河之夏海上联合行动"方案，并于9月5日被河北省政府批准颁布实施。

2005年8月6日，在河北海事局的倡导并组织下，河北省政府在秦皇岛召开了河北省海上搜救与防污染联席工作会议。河北省副省长付双建同志出席会议。会上介绍了《河北省船舶污染海域应急预案》和"燕赵海上防污工程"及"北戴河之夏海上联合行动"方案，观看了"燕赵之窗 蓝色海洋"专题片。

【船员管理】 加强船员管理，新版船考体系开始运行。根据全局实际情况，对第二版船员考试、评估和发证质量体系文件进行了系统修改，于5月1日正式运行。9月份，全局船考体系的再有效审核顺利通过。全年共举办各类海船船员考试25期。

支持沧州地区开展渔民转产培训。由于渔业资源枯竭，沧州地区6万渔民急需转产就业，河北海事局从服务地方经济社会发展出发，积极与沧州市政府有关部门沟通，从政策上、技术上大力扶持当地开展船员培训工作，无偿提供师资，降低培训成本，减轻渔民负担。

【规范依法行政管理】 河北海事局组织实施全局海事法规文件和内部规章制度的立、改、废工作，全面推动完成全局文件清理工作，规章制度由原来的289项精简为194项，其中内部规章157项，规范性文件37项。清理工作共修改形成文件64项，废止海事规范性文件10项、内部规章31项，25项文件存档备查。

由河北海事局起草的《河北省防治船舶污染水域管理办法》于2005年3月1日以河北省政府2005年1号令形式正式实施。它是全国首部同时规范沿海和内河防治船舶污染工作的专项省政府规章，开创了地方立法防治船舶污染工作的新篇章。

2005年，河北海事局建立健全执法监督制约机制，确保了海事行政处罚准确率100%，重大行政措施准确率100%，执法错案发生率、行政诉讼案件为零的良好局面。

【搜救工作】 2005年河北海事局及时正确处理各类水上交通险情30次，组织搜救行动30次，协调搜救船舶102艘次，救助船舶35艘，协调飞机1架次，救助遇险人员387人，救助成功率达到96.51%。

2005年8月17日凌晨，安徽籍“渚扬3”轮遭遇9级大风，在京唐港东南27.5海里处遇险，船舶货舱大量进水，部分集装箱落海，船体倾斜。河北海事局紧急协调救助，迅速组织了7艘船舶和1架直升飞机，仅用3小时20分钟就将落水的15名船员全部救起。中国海上搜救中心专门致函予以表扬。

2005年8月6日，河北海事局组织召开了河北海域搜救与防污染联席工作会播放了河北省海上搜救工作宣传片，推出了《河北省海上搜寻救助工作规定》和《河北省海上搜救应急预案》两项草案。

河北口岸大事记

1月31日—2月1日

石家庄海关召开2005年工作会议，才利民副省长出席会议并作重要讲话。才副省长高度评价了该关2004年各项工作所取得的显著成绩和对全省对外开放工作所做出的重要贡献，要求海关在下一步工作中认清形势，抓住机遇，狠抓队伍建设，加强把关服务能力，为促进全省改革开放和经济发展做出新的更大贡献。

3月1日

石家庄至香港航线复航，该航线是河北省仅有的一条国际（地区）空中通道，关系到河北省开放和投资环境，十分重要。该航线原由东航河北分公司按照与省政府的合同执飞，至2004年10月20日结束，此后，航线处于停飞状态。郭庚茂、付双健等省领导、河北省发改委有关领导和部门对停飞一事高度重视，经大力协调，取得了突破性进展，该航线的承运人由原来的东航河北分公司变为石家庄机场公司，并实行市场化运作的经营模式。3月1日出境客座率达到了98.48%、处于上升势头，一改过去客座率偏低的局面，形势十分喜人。

3月9日

石家庄内陆港举行揭牌仪式。省发改委副主任宋晓瑛，石家庄市委常委、常务副市长马静为内陆港揭牌并为联检大楼开工奠基。石家庄内陆港将集港口功能、国际集装箱多式联运、中转及第三方物流功能于一体，实现沿海港口和边境口岸功能向内陆地区的延伸。这对于加快河北省“一线两厢”战略的实施，加快建设首善之区，促进物流业发展，提高省会在国际交往中的知名度，促进河北省中南部及相邻省部分地区外向型经济发展，改善投资环境具有重要意义。

4月11日

根据唐山市政府《关于京唐港散装纯碱泊位对外国籍船舶开放验收的请示》（唐政呈 [2005] 11号），依据国家口岸开放的有关规定，河北省发改委口岸处于4月11日组织省各查验单位、唐山市政府及有关部门召开了京唐港口岸纯碱泊位对外开放验收会议。省口岸验收组听取了业主单位和唐山市口岸办公室关于其纯碱泊位建设和通航情况的汇报，对该口岸纯碱泊位和有关查验配套设施进行了实地查看，认为泊位设施和查验设施具备了口岸查验监管的基本条件，符合对外开放要求。会议签署了京唐港口岸纯碱泊位对外开放验收会议纪要，通过了验收。经报省政府后现批复同意该纯碱泊位从2005年4月11日起对外国籍船舶开放。

5月9日

龚正副署长到石家庄海关检查指导工作。龚副署长听取了姚宝德关长的工作汇报，还会见了河北省政法委书记车俊、省高级人民法院院长刘瑞川，就有关工作进行了交流和沟通。

5月26日

经过两年多的建设和筹备，建筑面积8000平方米，投资近3000多万元资金的沧州海关办公楼及配套设施全部竣工。5月26日举行了沧州海关开关典礼，标志着沧州口岸系统又增添一支生力军，使沧州的口岸查验设施建设更加完善和配套。沧州海关的设立，将对沧州优化投资环境，扩大对外开放，提高通关效率，增加进出口贸易，降低商务成本，更加有利于沧州的口岸开放等方面，产生巨大的推动作用。

6月7—8日

河北省发改委口岸处在石家庄召开了2005年全省口岸信息员工作座谈会，全省有关市发改委，秦皇岛、唐山、沧州、邯郸市口岸办，石家庄海关，河北出入境检验检疫局，河北省公安边防总队，河北海事局，石家庄机场公司等单位参加了会议。特邀中国口岸协会信息部冯主任到会，站在全国的高度对如何做好信息工作进行指导。

6月20日

经过近两年的建设，黄骅边防检查站在迎来建站3周年的同时,新营区落成典礼隆重举行。黄骅边防检查站新建营区占地20亩，办公楼及附属设施建筑面积共计2544平方米。训练场地、体育设施、后勤生活设施、营区绿化等布局合理有序。具备了现代化、正规化的新营区，极大的改善了干部、战士的办公和生活条件。黄骅边检站新营区的落成，标志沧州口岸查验设施建设日趋完善，为黄骅港一类口岸开放创造了条件。

8月1日

全国政协副主席李贵鲜、徐匡迪，原国务委员兼国家科委主任宋健一行在河北省省委常委、唐山市市委书记张和，副省长付双建，河北省政协副主席秦朝镇等陪同下，视察了曹妃甸港区。张和等同志向老领导们介绍了曹妃甸工业区的规划和建设情况。

8月19日

国家质检总局副局长葛志荣率计财司、检验检疫司、通关司的领导，在河北检验检疫局局长郭富荣等同志陪同下分别到唐山港曹妃甸港区、京唐港区建设现场视察。

9月2日

交通部海事局党委书记梁晓安同志考察了曹妃甸港的建设施工情况，重点对施工船舶安全管理方面进行了详细的询问，要求海事部门要全方位服务曹妃甸建设。

9月10日

唐山市人民政府从打造国际知名港城的角度出发,本着“一港一市，以属地命名”的原则决定,自2005年9月10日起停止使用“京唐港”港名，恢复使用“唐山港”港名。“唐山港”下设两个港区，即京唐港区和曹妃甸港区。

9月24日

奥运航班备降的重点配套建设项目——石家庄机场平行滑行道工程已经竣工并正式投入使用，从根本上改善了机场运行条件，提升了机场的综合保障能力。该工程跑滑间距和场道规格符合世界上最大客机A380的起降要求，可以保障世界上各类大型飞机安全起降。民航总局和华北局对石家庄机场的保障已进行了实地考察。2000多万元的特种车辆和设备即将到位。

10月5日—6日

全国政协常委、经济委员会副主任叶连松视察了唐山港曹妃甸港区建设情况，认为曹妃甸的未来发展前景喜人，起步也非常好，曹妃甸的开发对重点项目的建设有启示作用。

10月19日

沧州市人民政府邀请中国工程院院士谢世楞、梁应辰等12名港口建设专家齐聚北京河北饭店，就黄骅港防潮堤工程、20万吨级航道可能性研究工程及多用途杂化码头起步工程规划方案进行论证。黄骅港要快速成为综合性大港，其战略必然性还在于其辐射冀中南、豫北、鲁西北、内蒙古西南部和陕西、陕西大部分地区，这个腹地集聚了1.1万多亿元的GDP。此外国家“十一五”规划中把环渤海和京津冀地区作为中国的第三个增长极，这一地区将在未来五年乃至更长一段时间中，成为我国经济发展最活跃的地区。专家们一致认为：将黄骅港建成为综合性深水港不仅十分必要，而且非常迫切。

10月15日—16日

中纪委副书记刘锡荣带领中纪委有关部门负责同志到唐山市考察，指出曹妃甸工程是我国“十一五”期间最大项目之一，曹妃甸工业区的规划建设体现出了大气魄和大手笔，是一个事关全局的战略性选择，它的开工建设会对唐山、河北乃至全国的生产力布局调整起到强大的推动作用，并必将会为经济的发展插上腾飞的翅膀。并强调要将其建设成为“廉政工程”的典范。

10月21日

中共中央政治局委员、国务院副总理曾培炎，在河北省委书记、河北省人大常委会主任白克明、河北省委副书记、省长季允石，铁道部党组书记、部长刘志军，国务院常务副秘书长汪洋，国家发改委副主任、国务院振兴东北办公室主任张国宝陪同下出席迁曹铁路奠基仪式。这条铁路起自大秦铁路迁安北站至曹妃甸，全长147千米。它的开工建设不仅为曹妃甸工业区的开发建设提供了可靠的集输港的硬件保障，而且顺应了国家能源发展战略的需要，开辟了北煤南运的新通道。

10月22日

中共中央政治局委员、国务院副总理曾培炎在河北省委书记白克明、省长季允石、北京市副市长陆昊陪同下，为首钢京唐钢铁联合有限责任公司揭牌。首钢京唐钢铁联合有限责任公司建成后，主要生产汽车、家电、造船等国家长期依赖进口的精品钢材。2007年底确保400万吨生产能力竣工投产，到2010年将达到年产800万吨生产能力。

10月27日—29日

中共中央政治局常委、全国政协主席贾庆林分别在中共中央政治局委员、北京市委书记刘琪，市长王歧山，河北省委书记白克明，省长季允石等陪同下，先后到北京石景山首钢总公司和河北省唐山市曹妃甸工业区，就首钢搬迁和建设专题进行调研。

11月1日

河北边防总队总队长刘怀宝、副政委张志发、后勤部部长刘永存、副参谋长于建国等一行到正在建设中曹妃甸港区和边防检查站。唐山市口岸办、曹妃甸实业公司介绍了曹妃甸工业区近、远景发展目标规划，刘总队长对曹妃甸工业区的建设速度之快表示振奋，并表示将全力以赴支持河北乃至唐山市的经济发展。

11月10日

我国北方最大的矿石码头——曹妃甸25万吨矿石码头一期工程正式竣工。该工程于2004年10月7日开工，在短短13个月的时间建成了两座外海深水码头。经过省水运工程质量监督站、唐山海事局、中交水运规划设计院、中北港湾建设监理事务所等单位组成的验收组验收，工程质量评定为优良。曹妃甸矿石码头一期工程全部完工，这在曹妃甸工程开发建设史上具有里程碑意义，必将对进一步加快曹妃甸港区建设，促进唐山经济社会更快更好发展，产生强有力的推动作用。

11月11日

石家庄海关与天津海关在石家庄正式签署了区域通关改革试点业务合作备忘录。该备忘录的签署标志着环渤海地区海关区域合作取得实质性进展。按照备忘录规定，今后，河北省企业在天津港进口货物符合转关规定的，在天津海关报关后，依照申请可直接办理放行手续；由石家庄海关及隶属海关进行查验并办理货物通关手续；出口货物在河北省属地海关申报后，天津海关根据石家庄海关的传真通知直接予以放行。此次合作备忘录的签署，是环渤海区域海关为进一步推动区域经济协作发展，促进该区域海关通关改革，方便内陆企业更好地利用天津港所采取的一项推动举措。环渤海区域海关之间联系配合机制的建立，将在一定程度上促使河北省企业更好地利用天津港，更好地开展进出口贸易活动，降低通关成本，提高通关效率。

11月25日

河北沧州黄骅港综合港区前期准备工程开工奠基仪式在沧州隆重举行。此项工程的开工，昭示着黄骅港进一步迈向兼备水运、铁路、管道等多种运输方式，集港口装卸、中转换装、临港工业、现代物流、通信信息、综合服务等功能于一体的，由多个港口企业、多种临港产业有机结合的综合性多功能大港，成为带动沧州、河北省东南部区及广大腹地经济发展的桥头堡。工程总投资22亿元，2008年底通航。

11月29日

经过近3个月的努力，先后多次到国家7个部委和军队进行汇报争取，曹妃甸港区临时对外开放11月29日获得北京军区、交通部批准。北京军区以［2005］司作字第137号函《同意曹妃甸港区口岸临时对外开放》、交通部以交函海［2005］399号《关于同意国际航行船舶临时停靠曹妃甸港区的函》正式行文给予批复，同意自2005年12月1日—2006年5月31日临时对外开放，国际航行船舶临时停靠曹妃甸港区。至此，河北省完成了曹妃甸港区实行临时对外开放的任务，曹妃甸港区临时对外开放工作取得重大突破。

12月9日

由海关总署及交通部、公安部、质检总局、总参等国家有关部门组成的口岸开放验收组，于12月9日通过并共同签署了黄骅港口岸开放验收会议纪要，标志着黄骅港将向世界开放。黄骅港口岸的正式对外开放必将为沧州创造良好的发展机遇和新的经济增长点，对沧州扩大对外开放、增加对外贸易、提高国际知名度起到巨大的推动作用，为更好地利用国际和国内两种资源、在更深更广的层次上参与国际合作和竞争提供良好的平台。

12月13日

下午2时24分，第一艘澳大利亚籍外轮“吉尔达”号，满载22万吨矿石，安全靠泊唐山港口岸曹妃甸港区矿石码头。实现了唐山港口岸曹妃甸港区对外国籍船舶开放历史性的第一步。

12月16日

国家民航总局局长杨元元与河北省长季允石在石家庄共同签署了《关于石家庄正定机场改扩建问题会谈纪要》。双方将共同投资5亿元对石家庄正定机场进行改扩建，这标志着河北机场奥运保障工程建设全面启动。河北省委书记白克明出席了签字仪式。

12月16日

唐山港曹妃甸港区和25万吨级矿石码头正式开港通航，这是曹妃甸港口和循环经济示范区的开篇之作，标志着国家“十一五”期间最大的项目集群——曹妃甸工程建设跨入了一个崭新的阶段。河北省委书记白克明出席开港通航仪式，并宣布唐山港曹妃甸港区正式开港通航。省长季允石主持开港通航仪式。

山西口岸工作综述

【概述】 2005年，山西口岸工作在山西省委、省政府的正确领导下，在口岸各职能部门通力协作下，圆满完成了各项工作，在航空口岸扩大开放及陆运口岸建设方面取得突破性进展。

【太原航空口岸成功升格为国家一类口岸，口岸功能逐步完善】 2004年1月国务院批复同意太原航空口岸扩大对外国籍飞机开放后，山西省政府口岸办立即召集口岸各部门，研究部署太原航空口岸扩大开放验收筹备工作，经过积极努力争取，2005年1月27日，由海关总署会同公安部、质检总局、民航总局、总参作战部组成的国家验收组对太原航空口岸正式对外国籍飞机扩大开放前的准备工作进行了检查验收。国家验收组听取了太原航空口岸筹备情况汇报，认真查看了客货查验现场布局、流程、设施配置以及查验单位办公业务用房及配套设施，征求了国家驻山西省口岸查验单位的意见和建议，认为山西省人民政府非常重视太原航空口岸的扩大开放工作，各项准备工作基本就绪，太原航空口岸国际联检厅查验设施基本能满足国际旅客候机和口岸检查检验等单位工作的需要，口岸查验单位人员到位，可以满足对外国籍飞机开放的需要，验收组一致同意通过验收，并同省政府就验收纪要进行了签字。

2005年2月5日，海关总署以署岸函 [2005] 62号文通过国家验收组关于同意太原航空口岸扩大开放意见，国家民航总局网上发布了太原航空口岸扩大对外国籍飞机开放的信息资料，至此，太原航空口岸正式升格为国家一类航空口岸。

【陆运口岸建设取得积极成效】 2005年山西省在陆运口岸建设上进行了积极的探索。秉承“合作、互利、共赢”的宗旨，山西省政府口岸办组织口岸驻地查验单位，积极同北京、河北、河南周边口岸尤其是天津、内蒙等沿海沿边口岸进行联系与合作，进一步拓宽山西省进出口货物通道，简化进出口手续。2005年4月山西省口岸办组织太原海关，山西出入境检验检疫局，太原铁路局，山西省物流中心，大同及侯马市经委、口岸办负责同志赴天津出席共12省市自治区参与开展的跨区域口岸合作座谈会，并代表山西省与11个省市自治区签定了《跨区域口岸合作议定书》。这是山西省跨区域口岸合作的初步尝试，一方面可以充分发挥山西省的资源优势，不断扩大货物生成量；另一方面使具有口岸优势的地区，通过不断完善口岸运输、仓储、查验等大通关环节以及将口岸部分功能向内陆口岸延伸等措施，为内陆省份提供政策和服务支持，形成互为依托，互为促进，共同发展的区域间口岸合作局面。

同时山西省陆运口岸按照“以太原为中心，大同侯马为两翼”的发展格局，大同、侯马两地政府充分利用当地大型铁路货运中转站，进行陆运口岸平台建设。大同陆运口岸已完成基础设施建设，为了更好调动运营企业的积极性，注重实际效益，内外贸业务兼营，目前国内业务已对外开放运营。侯马市政府积极开发建设侯北铁路货运物流中心，整体规划占地400余亩，拟设置口岸功能区域，项目总投资1.2亿余元，建设开发单位已同侯马市政府正式签定了开发建设协议，目前该项目正在通过土地预审，预计2006年二季度可开工建设。太原陆运口岸规划在山西省重点工程太原公路主枢纽——武宿物流园区内，一期建设占地50余亩，按国家相关要求，园区内规划了口岸综合办公楼、集装箱堆场、海关监管仓库、查验平台及检验检疫消毒场所等，设计货物吞吐量2万标箱。它的建设不仅直接服务周边的太原高新技术产业开发区、太原经济技术开发区和榆次工业园区三大产业集群，同时可以带动和服务山西中部产业区，对于改善山西省尤其是太原市的投资环境，扩大对外招商引资力度，都具有重要意义。这些物流平台的建设已列入山西省人民政府促进山西省流通业发展的重点项目。

【提高管理水平，服务口岸经济，口岸运营态势良好】 国务院批复同意太原航空口岸扩大对外开放正式成为一类对外开放口岸后，口岸各有关部门针对口岸新变化，同心协力，相互支持，集思广益，充分发挥部门职能优势，共同支持口岸经济。

夯实基础，严格把关，确保口岸安全。口岸直接涉及外事，口岸安全关系着我国的国际声誉，2005年太原航空口岸更加注重口岸安全，扎扎实实做好各项安全保障工作。

2003年“非典”疫情爆发后，国家及地方各级政府都非常关注公共卫生突发事件。近年来国际疫情形势严峻，高致病性禽流感、登革热、流行性脑膜炎等在一些国家和地区相继发生和流行，面对严峻的疫情形势，太原机场检验检疫局加强了口岸检疫查验工作，严格进行体温初筛，对入境旅客进行健康申报；严格对旅客携带物进行检疫查验，杜绝禽类及其产品入境；对来自疫区的飞机进行更加严格的检疫和预防消毒处理；加强检验检疫人员和口岸从业人员的卫生防护意识；加强物资和技术储备，严格各项制度，强化口岸卫生监督，杜绝突发性卫生事件发生。东航山西分公司积极配合检疫工作，根据在防治“禽流感”中取得的经验，建立了应对突发事件的应急制度，保证信息传达畅通，方案迅速准确，处理手段科学合理。2005年航空口岸共检验检疫货物10617批次，同比增长167%。

太原机场始终贯彻“安全第一、预防为主”的方针，加大安全管理力度，突出安全工作重点，保障航空运输安全，强化了对乘机人员、随身行李及托运物品的安全检查；进一步加大了对货包机业务的安全管理和规范化管理，针对性地采取措施，对货包机工作流程进行了改造，对装机全过程实施24小时监控制度，同时加强了对包机单位等车辆及人员通行证件的管理。通过夯实基础工作，全方位确保了全年的飞行安全、空防安全和航空地面安全。

落实科学发展观，立足部门优势，服务口岸经济。2005年，太原航空口岸始终贯彻落实科学发展观，不断创新“大通关”理念和举措，通过科技手段提高工作效率，注重部门协调，优化口岸环境；扩大外部联系，拓展口岸发展空间。通过综合手段，充分发挥口岸部门的综合效能，服务山西省旅游产业和外向型经济。

一是立足山西实际，积极筹备电子口岸建设工作。按照“政府牵头协调，统一信息平台，手续前推后移、加快实货验放”的“大通关”制度，根据全国地方电子口岸建设现场会议精神，2005年我们积极推动山西省口岸电子执法系统（简称电子口岸）建设筹备工作。山西省口岸相关单位对海关总署相关文件（署厅函[2005]163号）进行了认真学习和研究，向国家海关总署数据中心重点了解了电子口岸建设国家层面的进展情况及建设中涉及的基础硬件设施和技术等问题；局电子口岸建设起步较早、并已同国家海关总署签署了《合作备忘录》的天津、上海、广州、深圳、山东五省市，以及与山西省口岸建设发展和业务性质具有可比性的中西部省份安徽，河南、陕西等省市口岸办详细了解电子口岸建设进展情况，同时与太原海关就山西省电子口岸建设多次进行研究协商并对湖北和河南进行了实地调研，在此基础上提出了山西电子口岸建设基本思路，初步明确了山西电子口岸建设的指导思想和建设原则，提出了预期目标、建设任务和步骤，以及为完成此项工作应建立的组织体制、工作机制和资金保障。

二是加强各项管理，发挥部门优势，优化口岸环境。2005 年，太原机场海关立足山西省情，将服务与促进山西省外向型经济发展作为工作重点，主动走访驻地航空公司，召开座谈会，积极向企业宣传海关便捷通关、服务地方经济发展的措施。太原机场海关 2005 年被海关总署和团中央联合授予“青年文明号”。

太原机场检验检疫局加强现场管理，完善检验鉴定记录和现场抽查监管记录，依据企业诚信度，对包机公司实施了分类管理，同时严厉打击假冒伪劣行为，促进了输俄货包机贸易的正常发展，维护了山西省和国家的声誉。

山西公安边防总队积极建设新边检系统，提高运用高科技手段进行执勤指挥的能力，同时努力推动边检理论水平、业务水平和边防检查执勤执法水平的提高。在边防检查工作中，结合任务特点，深入开展“三访四见”活动，广泛走访，广泛征求服务对象的意见，出台了七项便民措施与服务承诺，切实提高服务水平，为构建“平安口岸”和部队驻地和谐社会做出贡献。

2005 年太原航空口岸出入境客货飞机 615 架次，出入境人员 18548 人次。其中独联体货包机共安全飞行 468 架次，货运量 11003.28 吨。

积极做好口岸宣传等各项工作。2005 年太原航空口岸全力推进口岸“大通关”建设，完善口岸各项管理。山西省政府口岸办根据太原航空口岸扩大开放后的新形势要求，牵头组织口岸各相关单位对山西省政府 1994 年出台的《太原航空口岸管理暂行办法》进行了修改；组织口岸系统参与山西省参加的“中国国际物流节”，通过图文系统介绍了山西省航空口岸及陆运口岸建设发展状况；组织口岸各联检单位认真编撰了《2004 年中国口岸年鉴（山西篇）》，并向中国口岸协会供稿近 20 篇，有数篇在《中国口岸通讯》上发表，在中国口岸协会 2005 年口岸信息座谈会上，山西省口岸办获得了信息集体二等奖和个人一等奖两项荣誉；同时积极利用山西省口岸办已有网站，多渠道、多角度对山西省口岸工作进行宣传。

山西口岸查验单位工作综述

太原海关

【开展"服务年、基层年、基础年"活动】 在"服务年"方面，旗帜鲜明地将工作着力点放在加强服务能力建设上，唱响了服务山西外向型经济发展的主旋律。出台了《服务山西外向型经济发展的22条措施》，太原海关党组一班人带领有关部门赴山西省11个省辖市和23个大中型进出口企业，开展了为期一个月的集中走访，由封闭被动服务转向开放主动服务，提高了太原海关在山西省的影响力；快捷、灵敏地为地市政府提供两种口径的进出口统计数据，增强了政府决策能力；组织业务宣讲小组深入566个企业，宣讲海关政策133场次，印发资料3154份； 27次走访口岸海关，开辟"绿色通道"，使企业享受到"一站式"服务；与天津海关签订《区域通关合作备忘录》，为企业享受"属地申报、口岸验放"的快捷通关创造了条件；促成太钢（集团）国际经济贸易有限公司等4家企业进入到全国海关"红名单"，实现了零的突破；为富士康、太钢等重点项目和重点企业提供全方位服务，富士康实行加工贸易联网监管后，合同备案时间由3–5个工作日缩短至半个小时，通关时间由1个工作日缩短至1个小时；在太钢设立监管仓库，实行先放后税等便利措施，保证企业进行技术改造和产业升级；在稽查和查私办案中，妥善处理严格执法与促进企业发展的关系，注意办案的经济效益、法律效益和社会效益，敦促企业守法经营。一年来，太原海关真诚服务山西外向型经济发展的行动得到山西省委、省政府的充分肯定，受到广大进出口企业的高度赞誉。

在"基层年"方面，太原海关党组成立了基层建设指导组，指定机关4个处与4个基层单位"结对子"，制定了《太原海关基层建设考评办法》，在人、财、物方面向基层倾斜；为3个基层海关配齐、配强领导班子，调整充实了科级领导干部；及时总结侯马和大同海关的经验，两次召开基层建设现场会，推动关区基层建设深入发展；组织力量对2002年5月至2004年12月期间的加工贸易、案件处理、减免税审批、通关监管及财务管理进行内部审计，并采取下发审计决定书、制作教学片、组织业务宣讲督导抓整改等措施，有效地提高了基层业务管理水平；将基层建设与深化缉私勤务制度改革有机结合，缉私与监管、缉私情报与风险管理兼容，有效整合了人力资源，弥补了基层海关监管力量的不足。一年来，基层建设成效显著，机场海关荣获"全国青年文明号"称号，现场业务处查验科被海关总署评为"监管系统先进集体"，大同海关被大同市委评为"市级精神文明单位标兵"，侯马海关被临汾市直工委评为"十佳基层党组织"。经过考核验收，侯马海关被评定为基层建设达标先进单位，大同海关、机场海关和现场业务处被评定为基层建设达标单位。

在"基础年"方面，开展了以"应知应会"为主要内容的岗位练兵，全关169人参加考试并全部通过；修订了28项业务操作流程和作业规范，建立起统一的执法机制；调整新增风险管理委员会、风险办成员、协调人、联络员、分析员75人，风险管理有序开展；机场海关运用技术手段，加强对海关监管场所改造，实现了与民航局X光机图像适时传输、视频监控系统联网、进出境航班信息动态查询，有效提高了监管效能和水平；全年有108人次参加总署和协作区组织的各类培训，

300余人次参加了本关组织的专题培训，关员的业务素质有了进一步提高；关、处领导带头，海关学会推动，全关共撰写政研类文章68篇，学习业务的氛围逐步形成；召开了建关以来首次关区统计工作会议，制定了《太原海关加强统计工作的决定》，统计工作首次获得海关统计学会论文组织一等奖。

【税收创建关最高水平，业务运行质量不断提升】 太原海关党组响亮提出“小关要有大作为”的口号，全关按照“质为主，量力争”的业务工作要求，坚持以税收为轴心，进一步落实和巩固综合治税大格局，税收、货运、减免税等主要业务指标均创建关19年来最好成绩。全年征税6.35亿元，比上年增长46%；审批减免税18.64亿元，比上年增长68.56%；加工贸易合同备案5.02亿美元，比上年增长52.3%；监管进出口货物196.5万吨，比上年增长191.6%；监管进出境飞机613架次、出入境人员18419人次；稽查补税1813.72万元；受理行政违法案件线索13起，办结10起，罚没75.26万元，补税1112.09万元，比上年增长165.54%。进出口报关单当日通关率达到63%，提高14个百分点；税收回流率为43.23%，提高19个百分点；查验率由6.1%下降为1.87%，查获率由1.1%提高到6.4%；保证金、转关申报单、舱单的核销率都达到了建关以来最好水平；到期合同报核率、核销结案率基本实现了两个100%，改变了自2002年以来一直低位徘徊的状况。进出口货运量居全国海关第31位，减免税总额从上年的34位提升到第26位。

【结合保先教育队伍，建设取得新成果】 太原海关135名党员全部参加保持共产党员先进性教育活动。党组成员带头讲学习，讲正气，认真进行党性分析，虚心听取群众意见，普遍开展了谈心活动，建立了每周五下午关长接待日制度，在关网上开通了关长信箱；对大家给党组班子提出的32条意见、建议，进行了认真整改。先进性教育活动群众满意度测评，太原海关得分98.02分（满分为100分）。山西省委先进性教育第22督导组、总署第2巡视组和总署副署长刘文杰、纪检组长胡玉敏同志，都对新一届关党组给予高度评价。

先进性教育为队伍建设增添了新的动力。全年共选拔任用正处级领导干部5人，副处级领导干部8人，正科级领导干部6人，副科级领导干部17人，占全关干部总人数的21.2%，长期中层干部断层问题得到缓解。坚持把准军事化海关纪律部队建设作为队伍建设的抓手，严格执行早点名、升国旗、军训及内务督察四项制度，全年共进行内务督察255次，发布内务督察公告25期。制定并实行了工作日午间禁酒令。太原海关第4次蝉联“山西省直文明单位标兵”称号。

党风廉政建设责任制已形成了一级抓一级的格局；实行了关党组纪检组与缉私局党组纪检组合署办公，配备了专职纪检监察员，纪检监察队伍得到充实和加强；通过开展“执法为民，树立新风，共建廉洁海关”主题宣传月以及弘扬红其拉甫海关艰苦奋斗精神教育等活动，纠正了部分关员存在的麻痹思想，端正了立足本职、建功立业的人生座标；将“不准关员参与赌博活动”与海关人员“六项禁令”组合成“6+1”禁令公布执行；按照山西省“三项办”清房政策，5名处以上领导干部和16名购房人员补缴房款91万元；清退了18人用公款购买的商业保险，补缴金额49557元。全年未发现关员违纪，保了一方平安。全关区共拒请263人次，拒礼72人次，拒现金7500元，拒卡3张、各类购物卷20张。党风廉政建设有效促进行了行风转变，通过向企业发放调查问卷，满意度达到100%。有7人被评为廉政先进个人。

（王欢骋）

太原海关2005年主要业务统计表

业务类别		2005年					2004年	05年与04年同比（%）
		关区	太原	机场	大同	侯马		
监管货运量（万吨）		196.5	74.9	1.2	0.8	119.6	67.4	191.6
其中	出口	5.8	4.5	1.	0.7	119.5	5.2	11.9
	进口	190.7	70.4	0.1	0.1	0.1	62.2	206.6
其中	独联体包机货运量	1.1	—	1.1	—	—	1.5	-26.3
征税（万元）		63492	39296	2478	7333	14385	43447	46
审批减免税额（万元）		186425	151463	2015	14922	18025	110634	68.56
受理报关单（份）		16357	3545	12263	320	229	6469	152.9
加工贸易合同备案（份）		206	137	—	14	55	237	-13.1
其中	备案金额（万元）	50184	35234	—	3085	11866	32961	52.3
监管进出境飞机（架次）		613	—	613	—	—	891	-31.2
其中	独联体货运	484	—	484	—	—	749	-35.4
监管进出人员（人次）		18419	—	18419	—	—	27541	-33.1
查获走私案件（起）		—	—	—	—	—	2	/
其中	案值（万元）	—	—	—	—	—	1496	/
查获违规案件（起）		1	1	—	—	—	15	-93.3
其中	案值（万元）	379.5	379.5	—	—	—	1351	-71.91
查获刑事案件（起，已立案）		—	—	—	—	—	0	/
其中	案值（万元）	—	—	—	—	—	0	/
采取强制措施（人次）		1	1	—	—	—	4	-75
罚没入库（万元）		85.6	85.6	—	—	—	764.7	-88.81
企业注册累计（家）		1709	1186	—	126	397	1456	17.34

山西省公安边防总队

2005年，山西公安边防总队牢固树立执法为民思想，深入开展“三访四见”活动，努力提高服务出入境人员和地方经济建设的意识和能力，大力提高边防检查执勤执法水平，严格执法，热情服务，圆满完成了太原航空口岸各项边防检查任务，维护了口岸良好的出入境秩序，为山西的对外发展和经济建设做出了应有的贡献。

2005年，山西边防总队共检查出入境人员18554人次（入境人员9064人次，出境人员9490人次），比2004年减少32.7%；检查出入境飞机618架次（入境飞机314架次，出境飞机304架次），比2004年减少30.2%。

【大力加强业务建设，严格履行把关职能】 2005年，为提高检查员边检业务水平，山西公安边防总队大力加强对检查员的业务培训，为每位检查员建立了业务考核档案，对培训内容进行考试，公布考试成绩，排列名次，有效提高了检查员的学习自觉性和业务能力。组织有关人员编写了《山西边防总队边防检查实用手册》，使大家在编写中深入学习边防检查知识，提高了边检业务理论水平，同时为新检查员的培训提供了系统的学习依据。根据公安部边防局进行检查员等级评定的部署，山西公安边防总队有针对性地加强了外语、计算机、边检业务等方面的学习培训，组织检查员参加了地方计算机和外语等级考试，检查员全部参加了公安部边防局和山西公安边防总队组织的等级考试，一名干部取得了中级检查员资格，多名干部取得了初级检查员资格，有效激发了检查员的学习热情，促进了业务能力的提高。根据公安部深化“大练兵”活动的要求，山西公安边防总队高度重视，紧密结合担负边防检查任务的实际，认真开展了大练兵活动，建立了大练兵档案，并对练兵内容进行了考试，有力地促进了边防检查业务建设。年终，山西公安边防总队选派检查员分三批到陕西边防总队进行了跟班学习，增长了见识，开拓了视野，提高了检查员实际处理问题的能力。在边防检查工作中，山西公安边防总队深入学习贯彻公安部新颁布的《出入境边防检查勤务规范》，认真对照标准逐项整改，执勤规范化建设水平和执法为民能力有了很大提高。工作中，注重加强业务研讨，进行勤务讲评，定期分析、研讨执勤工作中出现的新情况、新问题，有针对性地进行出入境法律法规的研究，制定具体工作措施，不断提高依法执勤的能力。2005年，共依法查处违法违规事件9起46人次，行政罚款18万元，每次处罚均做到事实清楚，证据充分，法律手续齐全，维护了口岸良好的出入境秩序。

【深入开展“三访四见”活动，努力为地方经济建设服务】 在严格履行职能的同时，山西公安边防总队深入转变执法观念，牢固树立“执法为民”思想，正确把握“把关”与“服务”的关系。2005年，深入开展了“三访四见”活动，努力为地方经济建设服务。“三访四见”活动是以“三访”为主要内容，即访服务对象（主要是指出入境旅客员工、航空公司、货包机公司），访相关单位（主要是指民航管理局、旅行社、联检单位），访地方政府（主要是指省委省政府相关部门、省口岸办、省旅游局），达到出入境旅客和驻地群众对公安边防官兵“看见、敢见、愿见、想见”的效果，树立边防官兵可亲可敬的良好形象，为构建“平安口岸”和部队驻地和谐社会做贡献。根据活动方案，山西公安边防总队领导分别带领有关人员广泛进行了走访，切实了解掌握地方党委、政府对边防检查工作的要求，使边检工作更加自觉地纳入地方经济建设活动中；诚心征求服务对象的意见，发现和解决问题，提高服务水平；虚心向相关单位学习，更好地做好协调配合，共同营造便捷、高效的口岸通关环境。对征集到的意见，仔细分析，认真研究，边访边改，有针对性地提高和改进工作。“三访四见”活动中，山西公安边防总队出台了七项便民措施与服务承诺，这些便民措施与服务承诺受到出入境旅客和有关单位的一致好评。有关旅行社还将山西公安边防总队推出的便民措施介绍到境外的合作旅行社，向他们介绍山西边防为出入境旅客创造的宽松快捷的通关环境，欢迎境外合作旅行社组团来山西旅游。

【改善执勤设施，发展边防检查工作】 2005 年 1 月，太原机场通过国家验收正式对外国籍飞机开放，山西公安边防总队抓住这一有利时机，积极做好工作，改善执勤设施，发展边防检查工作。完成了现场监控系统工程，通过验收，正式投入使用，提高了运用高科技手段进行执勤指挥的能力。选派了两批人员参加了公安部边防局举办的新边检系统集训，并积极向上级申请，更新了执勤现场所有微机，积极进行新边检系统的建设，大大提高了边防检查质量和效率。国务院批准太原机场对外籍飞机开放后，山西公安边防总队着眼长远，认真筹划，积极向山西省政府申请解决相关问题，同时立足实际，顾全大局，充分考虑和理解地方政府的困难，经过多次协商，山西省政府已立项，为山西公安边防总队解决加盖遣返所、办公楼加层等问题，为总队进一步发展提供了更大的空间。

（张晓春）

2005 年太原口岸出入境旅客统计表

单位:人次

项目		出入境旅客		合计
		入境	出境	
中国籍	因公	70	22	92
	因私	536	2157	2693
	香港	2050	1725	3775
	澳门	5	0	5
	台湾	2676	1998	4674
外国籍		765	696	1461
华侨		1	14	15
合计		6103	6612	12715

2004 年太原口岸出入境人员统计表

单位：人次

项目		出入境旅客		合计
		入境	出境	
中国籍	因公	—	—	—
	因私	654	601	1255
	香港	—	—	—
	澳门	—	—	—
	台湾	—	—	—
外国籍		2307	2277	4584
华侨		—	—	—
合计		2961	2878	5839

山西出入境检验检疫局

【概述】 2005 年 1—12 月，共检验检疫出入境货物 22872 批，货值 226319 万美元，其中，检验检疫出境货物 21438 批，货值 143886 万美元，检验检疫入境货物 1434 批，货值 82433 万美元。经检验检疫，发现不合格出入境货物 95 批，货值 1897 万美元，其中不合格出境货物 14 批，货值 61 万美元，不合格入境货物 81 批，货值 1836 万美元。查验输俄罗斯货包机 462 架次，检验放行货物 10617 批，货值 72776 万美元，检疫出入境人员 4226 人次。检疫监管客机 145 架次，检疫出入境人员 14055 人次。检测体检出入境人员 3111 人次，预防接种 2723 人次，检出传染病例 82 例。签发一般原产地证书 2065 份，货值 10433 万美元，签发普惠制产地证书 8860 份，货值 48805 万美元。检验鉴定出境包装 4136 批，其中普包性能鉴定 3064 批 658 万件，危包性能鉴定 270 批 326 万件，危包使用鉴定 802 批 290 万件。检疫出入境货物木质包装 4135 批 27.5 万件，涉及铺垫货物的货值为 59850 万美元。其中在对进境木制包装材料进行检疫时共发现 2 批次所出具证书与实际木质材料不符，1 批次有活幼虫，均做销毁处理，未发现检疫性有害生物。

【口岸传染病防控和突发公共卫生事件应急体系建设】 进一步完善了口岸疾病监测系统和突发公共卫生事件应急体系；开展了太原航空口岸媒介生物调查工作，制订了《太原航空口岸鼠疫防治预案》、《太原航空口岸核和核辐射恐怖事件应急预案》、《太原航空口岸生物恐怖事件应急预案》等预案，增强了口岸检测能力和紧急处理能力，完善了口岸的应急能力和口岸隔离留验设施配套建设。强化了对来自高风险地区的人员、旅客随身携带物、货物、交通工具和集装箱的卫生查验，加强了对出入境人员传染病监测，确保了国门安全。继续做好口岸媒介生物调查工作。全年共捕获活鼠5只、蚊243只、蝇1175只、蜚蠊1943只，均为太原常见品种，未发现外来种类。

【动物疫情防治】 我国周边国家和地区发生高致病性禽流感后，山西出入境检验检疫局按照国家质检总局的安排部署，站在讲政治、讲大局的高度，及时启动重大动物疫情应急预案，加强了对全局高致病性禽流感防治工作的指导，并采取切实有效的措施，加强了进出境动物检验检疫工作，抓好了高致病性禽流感的预防控制工作。先后多次派出检验检疫人员对供港澳活牛注册养殖场进行了监督检查，并对每个注册场平均检查3次以上。通过检查，取消了2家注册养殖场的注册资格，对其他企业提出了整改要求并监督其按时完成了整改，同时还对部分养殖场开展了口蹄疫的疫情监测工作，排除了发生疫情的隐患。

针对6月四川发生猪链球菌病疫情，加强了对所辖供港活猪注册养殖场的监管，并制订了《猪链球菌疫情应急处置预案》，开展了猪链球菌疫情监测，确保了山西省供港活牛的安全、卫生质量。进入秋冬季以来，高致病性禽流感疫情在全球多个国家再次爆发，我国部分省市也相继发现，11月中旬山西也发现禽流感，形势十分严峻。山西出入境检验检疫局按照国家质检总局的部署，积极行动起来，制订应急处置预案，实行了24小时值班制度和每日零报告制度，对应急物质进行了贮备，开展了出口肉禽及蛋禽养殖基地的产地疫情监测，加强了对相关出口企业的监督检查，对各分支局的防控工作进行了技术指导，加强了与农牧部门的信息交流和沟通。派员参加了山西省防控重大动物疫情指挥部组织的全省防控高致病性禽流感工作的检查，配合技术监督部门开展了对非法进境肉品的清查工作。

做好了太原航空口岸防治高致病性禽流感工作：一是制定了《山西出入境检验检疫局口岸应对流感大流行实施方案》；二是加强对出入境人员的检疫查验力度，按照国家局“八项制度”的要求，严格出入境人员的体温检测，认真查验健康申明卡，发现异常，及时隔离处理；三是加强对输俄货包机的查验消毒工作；四是积极储备了防治禽流感应急治疗和预防性药物，以及个人防护物品等；五是指定专人每日向国家局禽流感办公室进行疫情零报告。

【敏感商品的检验检疫】 一是重点加强了对进出境动植物及其产品、食品的检验检疫把关。按照国家质检总局的要求，加强了对添加苏丹红1号食品的检验监管工作，向各出口食品生产企业发出《关于出口食品中不得添加苏丹红的紧急通知》，并采取六项措施加强对进出口食品检测和生产过程监管。认真开展了出口动物源性食品和供港食用动物的药物残留监控工作及疫情监测工作。对来自加拿大、澳大利亚的30万吨进口小麦及来自美国的6万吨进口大豆进行了检疫监管，共检出苍耳等有害生物6种，特别是从美国进境大豆中截获国家禁止入境的检疫对象——“假高粱”，并指导企业进行了有效处理，防止了疫情的扩散。

二是进一步建立和完善了检验检疫风险预警和快速反应机制。将国家质检总局发布的预警通报信息及时通报有关部门及企业，并积极指导企业应对国外技术措施；在山西省范围内继续开展了检疫性实蝇及有害生物的监测工作，经监测，诱捕到两种检疫性实蝇，其发生地区和数量都呈扩大趋势，山西省政府领导对此高度重视，并对四个实蝇发生地市及农业、林业等部门作出重要批示和部署。将认真收集、筛选、整理而成的《技术性贸易壁垒动态》及时印送至省委省政府、各地市、相关厅局以及有关部门。认真编发《国际疫情通报》（月刊），向山西省内党政机关、高等院校、外事、旅游、公安、卫生、教育、劳务及交通等部门通报国际疫情动态。

三是加大了对疫病疫情及敏感、有毒、有害物质的把关力度。按照国家质检总局第 69 号令《出境货物木质包装检疫处理管理办法》，进一步加强了对出入境货物木质包装的检验检疫工作，对不符合规定或带有病虫害的木质包装加强了检疫除害处理；对辖区内木质包装标识加施企业的热处理、熏蒸处理设施、人员及相关质量管理体系等进行了考核；强化了对进口旧机电产品和进口废物原料的检验监管工作。

【大宗进出口商品、重点工程项目的检验把关服务】 一是进一步加强了出口芦笋等农副产品的检验检疫，因地制宜对其实施了驻点检验检疫监管模式，抽调精兵强将常驻永济芦笋基地，坚持无节假日、24 小时办公等务实高效的工作制度，加大了源头把关力度，通过采取强化食品安全源头监管，引导推广“公司+基地”和“公司+ 基地+农户”生产经营模式，派员与永济市农业局行政执法队联合对芦笋种植区域的农资、农药销售市场进行执法检查并对发现的个别禁用农药实施封存，开展对六六六、DDT、甲拌磷、氯氰菊脂、对硫磷等 12 种农药的残留监测普查，实施包括进行 F0 值测定的年度热力杀菌备案检查、加强对生产过程中安全卫生项目的检测及督促企业加强实验室建设、提高自检自控能力等措施，消除了安全隐患，确保了出口芦笋的质量。

二是深入贯彻《国家质检总局“十五”期间促进机电产品扩大出口的指导性意见》，紧紧围绕山西省委、省政府提出的“巩固、扩大、提高”和工业产业结构调整的战略部署，制定服务措施，加大业务改革力度，千方百计帮助企业扩大出口，对山西地区重点出口机电产品纺织机械和法兰盘给予了重点扶持，在驻点检验、分类管理、合作机制的基础上，进一步扩大服务范围，帮助出口企业不断提高管理水平和产品质量。

三是把好重点工程进口设备质量关。进一步加强了对神头电厂、河曲电厂、太钢集团、西龙池蓄能水电站、河律铝厂、富士康集团、晋北鲁能氧化铝和万家寨引黄工程等 8 个国家（省）重点工程建设项目的检验监管。确保了全省经济结构调整及新型能源和工业基地建设的顺利实施。

【煤炭等大宗出口散装矿产品的检验监管】 配合国家能源政策，加强和改进出口煤炭、焦炭、生铁、硅铁、锰铁等大宗散装矿产品的产地监督管理工作，加快实现检验监管工作从品质指标向涉及安全、卫生、健康、环保项目的转移。着力从源头上控制出口煤炭质量安全上狠下功夫。一是组织召开了出口煤炭生产企业座谈会，向企业通报了《进出口煤炭检验监管办法》的修改情况，并听取了出口煤炭生产企业对今后出口煤炭监管工作的意见和建议；二是制定了《出口煤炭监管工作实施计划》；三是在总结多年来出口煤炭检验监督管理经验的基础上，广泛征求各方意见，编写了《出口煤炭监督管理手册》，从制度上，明确了工作职责和工作目标，严肃了工作纪律，细化了监管工作程序，提高了监管工作效率；四是组织开展了出口煤炭检验监管人员技术培训；五是进行了分片驻点巡回检查的出口煤炭监管模式探索；六是认真贯彻落实“全国进出口煤炭安全检验监管工作会议”精神，在出口煤炭主产区大同市召开了经秦皇岛口岸出口的煤炭生产、经营企业以及相关检验检疫局参加的“进出口煤炭安全检验监管会议精神宣贯会”，对下一步工作分别作了具体安排；七是积极实施出口煤炭检验监管模式转变；八是成立课题组进行《出口煤炭产地电子监管系统及监管数据电子传输系统应用性研究》攻关。努力推动山西由煤炭大省向煤化工大省、由污染大省向清洁生产大省转变，为山西全面推进新型能源和工业基地建设提供支持和保障。

【注册认证】 按照国家质检总局和国家认监委的要求，对出口食品卫生注册企业实施了动态管理，认真落实了出口蔬菜基地备案管理工作，组织了长治云海公司及9家水果企业等出口食品企业对国外注册的组织推荐工作。加大了对出口商品质量许可证的考核及监督管理，加强了对出口日用陶瓷质量许可及输美陶瓷认证工作和管理。1—10月份共受理出口食品卫生注册申请42家、出口商品注册登记申请26家、共受理国境口岸服务行业卫生许可申请5家、组织完成HACCP官方验证考核企业8家、完成了8家出口企业基地备案工作。发挥技术优势，积极引导、帮助和促进山西地区进出口企业建立完善ISO9000、ISO14000、OHSAS18000、HACCP体系认证，努力带动山西地区进出口企业质量管理水平的全面提高。

【“大通关”建设】 一是加快“三电工程”建设步伐。在已实现100%电子申报、100%电子签证和100%电子转单的基础上，按照国家质检总局的统一部署，继续推进“大通关”各项工作的建设，积极探索适合山西地区的电子监管模式，在实施分类管理和检验检疫监管模式转变的基础上，稳步推进出口货物快速核放工程建设。二是检验检疫监管模式转变工作初见成效。对动植物产品、食品推行“公司+基地”的管理模式，重点抓种植、养殖过程中病源和农、兽药残留控制措施的落实，狠抓加工过程中企业自控体系的建设以及原产地至出口离境全过程的监管工作。根据国家质检总局《出口工业产品生产企业分类管理办法》及山西局《出口工业产品生产企业分类管理办法实施细则》，在出口工矿产品中推行分类管理，提高了检验监管工作效率，降低了企业成本，确保了出口质量。三是努力推行“绿色通道”制度等通关便利举措。根据国家质检总局《出口货物实施检验检疫绿色通道制度管理规范》，在前两年帮扶双喜轮胎、芮城黄化和汾河生化三家企业享受“绿色通道”便利的基础上，积极争取政策，创造条件，力争帮助山西更多诚信好、管理体系健全、产品质量稳定的大型出口企业享受“绿色通道”制度带来的优惠和便利。

【太原航空口岸检验检疫工作】 太原航空口岸是山西连接国际市场的重要枢纽，2005年1月正式通过了国家的验收成为一类口岸。山西局积极配合太原机场对外籍飞机开放工作，进一步加强了口岸检验检疫基础设施建设，本着“活而不乱，严而不死”的精神，努力做好口岸检验检疫工作，促进输俄货包机贸易发展。面对疫情严峻的新情况，认真落实国家质检总局“八项制度”的工作要求，做到“五个及时”、“五个到位”和“五个不漏”，严格检疫，严防疫情疫病从口岸传入传出。

结合太原航空口岸的实际，认真贯彻落实国务院十部委《关于进一步规范对俄贸易秩序的若干意见》，严格执行《输俄货包机货物检验检疫管理办法》，采取积极有效措施，既依法把关，又积极服务，努力为太原航空口岸输俄货包机业务创造良好的执法把关和方便快捷的环境，促进山西在更大范围、更广领域和更高层次实行对外开放。加强对知识产权的保护，打击假冒行为，严禁“三无”产品、假冒侵权产品报检出口。共截获NIKE、ADIDAS假冒名牌运动鞋2批400余箱，均作了不允许其出口的处理，维护了国家信誉。加强对包机公司的管理，规范包机人的行为。

利用太原机场改造之机，将检验检疫查验台设在了出境通道第一位。经与海关协调，在口岸通道上，实现了X光机的一机双屏、资源共享，加大了对旅客携带物的监管力度，对口岸和出入境交通工具上的饮用水、食品等进行了卫生监督，加强了对卫生除害处理单位的监督管理工作，建立和完善了卫生除害处理档案和记录。针对以少报多、低价高报、垃圾裘皮等涉嫌骗取通关单、出口骗税的现象，加大检验监管力度，有效的保证输俄货包机贸易的正常秩序。在7、8两个月，分别堵截了两批涉嫌骗单骗税的货物，其金额分别为298万美元、338万美元。

【合作机制建设】 为进一步贯彻实施“走出去”战略，全面优化检验检疫外部执法环境，提高检验检疫行政执法效能，2004年以来山西局积极开拓思路、想办法、定措施、出实招，积极主动建立合作机制，一是加强与地方政府的协调合作；二是加强与相关部门的协作；建立协调合作机制；三是加大对重点出口企业的帮扶、服务力度，大力促进山西外向型经济发展。山西局已与长治市政府、阳泉市政府、山西省卫生厅、山西省质量技术监督局、山西省工商局、山西杏花村汾酒集团有限公司、经纬纺织机械股份有限公司榆次分公司等4个市县政府、3个政府部门、7个重点出口企业签定了促进相关产品出口的合作（工作）备忘录。达成促进相关产品出口、部门工作合作意向百余条。建立合作机制以来，既为山西省的外向型经济优化了发展环境，又进一步改善了检验检疫部门的外部执法环境，检验检疫把关服务水平明显提高，受到了省政府高度重视和充分肯定。

合作机制初见实效。在与地方政府合作方面，山西局与长治市政府签署的促进长治地区农产品出口合作机制，把促进长治云海外贸肉食有限公司冻兔肉出口作为一项重点工作，局领导及有关检验检疫人员多次赴企业进行调研和指导，指导帮助企业完成了冻兔肉加工车间部分设备的技术改造和卫生质量体系的修改完善，督促指导企业加快出口兔肉养殖基地建设，使企业的基地建设在较短的时间内有了很大起色。有力地促进了企业管理水平和产品质量的提高，产品出口数量也大幅度增加，达到753.7吨，同比增加127%，为近年来最多的一年。同时还帮助该企业对国外注册推荐的考核工作，已上报国家认监委批准对欧盟推荐。

在与政府有关部门的合作方面，山西局与山西省卫生厅建立合作机制后，不断加强交流与沟通，确立了许多的合作项目：将口岸媒介生物调查列入了全省病媒生物调查计划，使这项工作与全省的媒介生物调查工作融为一体，可以与兄弟单位互相学习、取长补短，提高技术水平，同时可以享有全省乃至全国的调查资料，并借助地方的技术力量促进山西局媒介生物鉴定水平的提高。山西局参加了山西省艾滋病防治工作委员会，参与了全球基金山西省艾滋病项目多部门参与项目——“太原航空口岸出入境人员及从业人员艾滋病防治知识宣传教育活动”项目，通过努力该项目正式立项，加大口岸出入境人员及口岸从业人员的艾滋病知识宣传教育力度，防止艾滋病从口岸传入传出。

在帮扶重点出口企业方面，山西杏花村汾酒集团有限责任公司是第一个和山西局签订“工作备忘录”的企业。合作机制签字仪式举行不久，杏花村集团根据海外需求，组织了多批量、集中出口多国市场的业务，山西局急企业所急，制定了快速检验方案，建立了报检、检验、检测、出证放行等环环相扣一条龙高效工作机制，满足了企业要求，维护了企业的信誉，为企业留住了老客户，迎来了新客商。长治检验检疫局与山西绿州纺织品公司签订工作备忘录以来，先后通过派出技术人员，对企业检测工作进行检查、指导、完善，规范和改进其认可实验室管理；帮助企业开展ISO9000质量体系建立认证；向企业通报2005年后发达国家可能会趋于对进口纺织品制造技术性贸易壁垒等多方面情况；鼓励和引导企业对出口“绿洲”牌大麻制品实行原产地标记注册等措施，有力的促进了企业自身实力的强化，促进了企业规避国外技术措施能力的提高。侯马检验检疫局为促进当地果汁出口，充分利用人员和技术优势，帮助企业有效运行质量管理体系和HACCP管理体系，强化卫生注册企业的后续管理，从源头控制，实施过程监督。与当地最大的果汁生产企业临漪恒兴果汁签订《促进恒兴果汁出口工作备忘录》，有力地促进了该地区果汁的出口。截止 2005 年 10 月底，浓缩苹果汁出口近 5 万吨，3261 万美元，分别比上年同期增长 296%和 276%，继续保持强劲的增长势头。

【服务地方经济】 改进服务措施，提高服务质量，千方百计扩大出口。因地制宜，因时制宜，针对山西芦笋、法兰等大宗出口产品实施了驻点检验检疫监管模式。抽调精兵强将常驻永济芦笋基地和定襄法兰生产基地，驻点工作人员坚持无节假日、24 小时办公等务实高效的工作制度，有力地保证这些大宗产品的出口。

发挥检验检疫信息、技术、人才优势，提供优质服务。广泛地为进出口企业提供信息通报、技术咨询和指导服务，促进企业突破国外技术性贸易壁垒、扩大出口。积极帮助企业和果园，向国外注册，通过大量工作，已有 4 家企业首批得到注册，另 5 家正在办理之中。我国部分地区发生高致病性禽流感疫情后，我国的禽类产品频频遭到国外市场的封杀，一些禽蛋出口大省由于发生疫情而被停止出口，部分外省的禽蛋出口企业把组织货源的目光转向了非疫区的山西。为了利用好这一有利条件，在确保安全的情况下积极促进山西禽蛋出口，扶持山西养禽业的发展，山西局与外省出口企业多次沟通，并多次派员分赴临县、文水、交城、平遥等养殖基地调查了解禽蛋养殖和疫情情况，对养殖基地进行了疫情监测。还按照国务院和国家质检总局的要求采取了多项优惠扶持措施，简化了报验手续和检验检疫程序、缩短了检验时间，检验检疫人员加班加点牺牲了双休日到产地检验检疫，保证了禽蛋按时保质出口，供港鲜鸡蛋呈上升的趋势，截止到 10 月底共检验检疫出口鲜鸡蛋 9296 吨，货值近 974.7 万美元，比去年同期增加 200%，仅此一项带动当地农民增收近 200 万元。

帮助企业建立质量保证体系，提高企业管理水平。积极帮助出口企业建立和完善 ISO9000、ISO14000、OHSAS18000 体系，帮助出口食品企业建立实施 HACCP 体系，促进出口企业提高了产品的国际竞争力，与 WTO《原产地规则》接轨。积极开展原产地标记注册保护工作，帮助东湖老陈醋、水塔老陈醋、双喜轮胎、杏花村汾酒等企业，获得原产地标记认证保护，努力促进山西名优土特产品走向国际市场。

完善服务制度，提高服务质量。坚持预约报检、急事急办、特事特办、服务承诺等便利企业的服务措施，进一步推行和完善了“全天候”工作制、无节假日承诺制、首问负责制、ABC 顶岗制等，并出台了相关的制度，在严格把关的前提下为外贸企业提供了优质服务。

（张建龙　毛春清）

山西口岸大事记

1月27日

由海关总署会同公安部、质检总局、民航总局、总参作战部和山西省人民政府组成的验收组对太原航空口岸正式对外国籍飞机开放工作进行了检查验收。在听取了山西省政府口岸办关于太原航空口岸扩大对外国籍飞机开放工作筹备工作汇报，并认真查验了太原航空口岸客货查验现场布局、流程、设施配置以及口岸查验单位办公业务用房及配套设施后，国家验收组认为山西省人民政府非常重视太原航空口岸的扩大开放工作，太原航空口岸机场国际厅查验设施基本能满足国际旅客候机和口岸检查检验等单位工作的需要，符合对外国籍飞机开放的条件，验收组一致同意太原航空口岸扩大对外国籍飞机开放通过验收，并与山西省政府举行了验收纪要签字仪式。

2月5日

海关总署下发了《海关总署关于印送〈太原航空口岸扩大对外国籍飞机开放前准备工作的验收纪要〉的函》（署岸函 [2005] 62号），同意国家验收组通过的《关于太原航空口岸扩大对外国籍飞机开放前准备工作的验收纪要》。

3月29日

经山西省政府批准，山西口岸系统2004年度工作总结暨表彰会议正式召开，会议听取了山西省2004年度口岸系统工作报告，对在2004年口岸工作中做出重要贡献的太原海关、山西出入境检验检疫局、山西省公安边防总队、山西省民航机场集团公司、东航山西分公司、山西省人民政府口岸办公室6个单位和32名先进工作者予以表彰奖励。会议由山西省政府副秘书长王洪岐主持，山西省副省长宋北杉同志出席会议并做了重要讲话。

3月24日

由山西省口岸办牵头，组织山西省经委投资与规划处、经济合作处、技术创新处及能源处召开了同太原海关的座谈会，对太原海关拟定的22条支持山西省外向型经济发展的措施征求意见。

4月17日—24日

山西省口岸办组织太原海关、山西出入境检验检疫局，太原铁路局，山西省物流中心，大同、侯马经委及口岸办相关负责同志赴天津出席共十二省市自治区参与开展的跨区域口岸合作座谈会，并签定《跨区域口岸合作天津议定书》。同时，还沿途考察学习了北京、河北、河南三省市的陆运口岸建设。

5月18日—23日

由山西省经委主办，山西省交通协会协办，组织全省交通物流行业管理部门及相关园区，企业参加在上海举办的中国国际物流节，山西省口岸办共展出反映山西口岸开放与建设相关图片十余幅，全面系统介绍了山西省在航空口岸及陆运口岸建设与开放方面所取得的成绩及进展。

5月11日

中国口岸协会2005年口岸信息工作座谈会在安徽省合肥市召开，山西省口岸办荣获信息集体二等奖，邓志蓉获个人一等奖。

5月27日

为进一步适应太原航空口岸扩大对外国籍飞机新形势的需要，山西省口岸办对1994年出台的《太原航空口岸管理暂行办法》向口岸各相关单位征求修改意见，以使口岸各项管理更加制度化、规范化。

7月1日

根据中华人民共和国海关总署公告，在航空口岸实行旅客书面申报制度，山西省口岸办及时协调机场海关、机场出入境检验检疫局对太原航空口岸旅检现场流程及查验设施进行了调整和配置，确保该项制度顺利实施。

7月8日

山西省口岸办召集口岸相关单位协调会，协商港中旅包租东航山西分公司客机在太原航空口岸出入境事宜，以及给予山西省委台湾工作办邀请的来晋参加三晋文化参访交流活动的台湾民意代表团一行，在出入太原航空口岸中给予相应礼遇，使台方参访人员对山西行留下美好印象。

7月25日

山西省口岸办召集太原海关、山西出入境检验检疫局相关负责同志就太原公路主枢纽武宿物流园区国际口岸区初设图纸征求意见。

8月1日

山西省副省长宋北杉同志在山西省政府副秘书长、山西省公安厅及山西省口岸办有关领导同志的陪同下，慰问了山西省公安边防总队官兵。

7月26日

中国口岸协会在青岛举办了首届口岸信息员培训班，山西省口岸办组织太原海关、山西出入境检验检疫局、东航山西分公司、山西省物流中心等口岸相关单位信息员参加了会议。

9月1日

应太原海关邀请，山西省口岸办与太原海关、山西省物流中心负责人对浙江、江苏两地共4个海关监管场所进行了考察和学习。

9月28日

天津口岸办暨“中心”建设工作领导小组办公室组织天津口岸相关单位负责同志来山西省口岸作专题调研，就天津口岸及“国际贸易与航运服务中心”应如何更好地开展对腹地服务广泛征求山西省相关部门意见和建议。山西省口岸办召集商务厅、海关、检疫、边防、铁路、物流等单位以及相关大型企业与天津考察团进行了座谈。

9月12日—21日

由山西省民航机场集团公司主办的2005年太原机场驻场单位职工“联谊杯”篮球赛中，民航太原空管中心、海航山西分公司和口岸联检队分获比赛第一、第二、第三名。

10月18日—19日

山西口岸派员参加了在山东济南召开的第六届全国口岸办主任联席会议。

11月2日

山西省口岸办与商务厅有关部门负责同志组织山西省进出口企业代表召开座谈会，听取进出口企业在天津港务及口岸通关方面的意见和建议。

11月7日

12省市自治区“加强口岸合作，促进区域发展”座谈会在天津举行，同时还举行了天津国际贸易与航运服务中心落成仪式等活动。山西省由宋北杉副省长带队，山西省经委总经济师陈官虎同志和省商务厅、太原海关、山西出入境检验检验局、山西省口岸办等单位领导出席了会议及相关活动。

11月22日

山西口岸派员出席由海关总署、公安部、铁道部、交通部、信息产业部等国家12个部委联合召开的全国地方电子口岸建设现场会在宁波举行，中共中央政治局委员、国务院副总理吴仪出席了会议并作了重要讲话。

12月20日—21日

省口岸办组织太原机场海关、太原机场出入境检验检疫局、山西省民航机场集团公司相关人员赴北京、沈阳两地就中国国际航空股份有限公司于12月中旬起推出的太原—北京—法兰克福等5条虚拟国际航班进行调研和考察学习，以明确太原航空口岸与中转站——北京国际机场之间，双方查验单位在虚拟国际航班通关查验各环节中需分别履行的职责，共同确保双方工作衔接到位，通关查验合法有序。

内蒙古口岸工作综述

【各项指标完成情况】 2005年全区口岸进出境货运量为2700万吨，同比增长24%；进出境客运量为336.6万人次，同比增长16.4%；进出境交通工具为60.8万列（辆）次，同比增长17.9%。完成年初提出的任务。

【口岸工作五个方面的新突破】 发展口岸经济有了新突破。一是发展口岸经济已被列入各级领导的重要议事日程。2005年在全区经济工作会上储波书记指出：充分发挥口岸作为过货通道、加工制造、商贸物流三大枢纽中心功能。大力提高口岸过货能力，大力提高口岸加工增值水平，大力发展口岸物流业和口岸旅游业，形成具有内蒙特色和优势的口岸经济。自治区副主席余德辉在全区商务及口岸经济工作会议上也要求，充分挖掘口岸潜力，推动口岸经济再上新台阶。8月19日储波书记再次在《要情摘报》就如何加快满洲里、二连口岸经济开发区做了重要批示。自治区主席杨晶也做了批示。根据自治区领导的批示，按照厅领导的具体要求，口岸办牵头就发展满洲里、二连口岸经济开发区进行调研，提出了具体思路和意见。二是口岸所在地经济发展势头强劲。策克口岸自2003年4月正式从蒙古国纳林苏海特煤田进口原煤累计383万吨。2002年以来，额济纳旗财政收入每年实现翻一番，口岸经济的发展不仅农牧民得到实惠，还带动了第三产业的发展，缓解了就业压力，增加了居民收入。与此同时，策克口岸发展促成了嘉—策铁路和临—策铁路建设，推进了临—哈高速公路的建设进程，使蒙西电网220千伏输电线路和220千伏变电站进驻额济纳旗，大大改善了额济纳旗的基础设施条件，预计到2008年口岸经济的贡献率将占全旗经济的80%。三是口岸城镇化、互贸区建设步伐加快。嘎达布其镇、满都拉镇、策克、甘其毛道等口岸城镇建设发展规划已经完成，特别是珠恩嘎达布其口岸嘎达布其镇建设进展顺利，牧民参与口岸城镇化建设的经验值得推广。满洲里口岸边境经济合作区、互市贸易区和扎赉诺尔重化工业基地以及二连浩特边境经济合作区运行态势良好，珠恩嘎达布其、策克、甘其毛道、额布都格等口岸的煤炭、有色金属加工、原油、贸易服务区等园区或基地正在进行规划和招商。四是开发利用俄蒙资源也了有新的进展。与室韦口岸对应的俄罗斯别列佐夫铁矿有望开采，鲁能集团买下了该矿的开采权，正在做开采前的准备工作。额布都格口岸面对的蒙古国东方省哈拉哈河苏木探明了储量为15亿吨的油田，距离口岸仅140千米，2005年4月，大庆石油公司以4000万美元从英国索克公司购得该油田的开采权。新巴尔虎右旗新鑫矿业有限公司在蒙古国东方省开发的乌兰铅锌矿进展顺利。

“大通关”建设有了新的突破。2005年口岸部门和各联检部门在“大通关”工作中采取很多新举措。内蒙古边防总队推出10条便捷措施，减少查验环节，实现了客货通关明显提速。每列出入境货运列车的检查时间由原来的50分钟缩短到15分钟；每列旅客列车的检查时间由原来的2小时缩短到40分钟；每名旅客的检查时间由原来的45秒压缩到40秒。满洲里海关在上年对大部分进口货物实行“径放”和“预报关”的基础上，年内对所有进出口货物实施了“小集中报关”和“小集中预约报关”的新措施，并首次应用网上支付方式征收了税款。满洲里公路口岸实行了并联式便捷通关措施，实现了办理海关手续与货车驶离口岸的同步；同时还实现了海关与检验检疫局X光机检测图像的“一机两屏”。呼和浩特海关通关效率继续保持在全国海关的领先地位。呼和浩特海关和检验检疫局在呼和浩特白塔机场也启动了“一机两屏”新模式。自满都拉季节性口岸实现电子通关以来，阿日哈沙特、甘其毛道口岸也相继实现了电子报关。

口岸开放工作有了新的突破。2005年口岸办把口岸开放程度的提升和口岸扩大开放作为口岸发展的重点。在各联检单位和内蒙古军区的积极配合和大力支持下，经过各级口岸办的共同努力，实现了策克口岸对庆华集团，甘其毛道口岸对三和、普兴和艾芬豪公司，珠恩嘎达布其口岸对华北石油、中色建设临时开放。针对满洲里市开展中俄蒙大型活动和举办重要会议的实际情况，及时向海关总署申请临时对俄开放满洲里西郊机场，保证了各项活动顺利开展。经过三级口岸部门的共同努力和联检部门的积极配合，6月29日，国务院批复策克口岸常年对外开放。珠恩嘎达布其、甘其毛道、额布都格和满都拉四个口岸的开放和扩大开放列入国家《2005年度口岸开放审理工作计划》，这是自治区口岸历史上的大突破。同时阿日哈沙特口岸实现了集中开关。5月15日开始，二连浩特公路口岸正式实行每周7天通关。7月中蒙双方正式确定阿尔山—松贝尔口岸努木尔根界河桥的建桥位置。

口岸基础设施建设有了新的突破。2005年是口岸基础设施建设突破性进展的一年。根据《中蒙边境口岸及其管理制度协定》，口岸办积极支持策克口岸配套设施建设的同时，把甘其毛道、珠恩嘎达布其、阿日哈沙特三个口岸联检楼作为重点项目来抓，目前三个口岸的联检楼都已竣工。其他口岸的基础设施建设也全面启动。“中蒙第一桥”额布都格口岸界河桥已于2005年11月3日举行竣工通车仪式。口岸交通现状进一步得到改善。满洲里口岸至海拉尔公路已动工；二连浩特口岸至赛汉塔拉公路已实现单幅通车；室韦口岸至额尔古纳公路交付使用；阿日哈沙特口岸至新巴尔虎右旗公路已动工建设；额布都格口岸至新巴尔虎左旗公路交付使用；中国援建的蒙古国扎门乌德至二连浩特公路已建成通车。铁路口岸的建设也有了新的发展。由铁道部投资对满洲里、二连浩特铁路口岸站场进行了扩能扩容改造。目前，满洲里铁路口岸通过能力达1800万吨；二连浩特铁路口岸通过能力达1000万吨。海拉尔至满洲里铁路复线建设也已展开；临—策口岸铁路建设项目已启动；嘉—策铁路铺轨已完成。二连浩特铁路联检大楼已投入使用。满洲里公路口岸在绿化、美化、亮化建设上下功夫，完成了口岸彩虹桥和24小时通关备用配套设施建设。策克口岸进行了国门建设；黑山头口岸对联检楼进行了扩建；室韦口岸对通道封闭及地面硬化做了前期土建工作；满都拉口岸完成了通道硬化和查验工作台建设。跨界输变电线路建设项目顺利实施。满都拉至杭吉口岸、额布都格至白音胡硕口岸、策克至纳林苏海特煤田输变电线路工程已完工并交付使用。

争取口岸建设资金有了新的突破。口岸基础设施建设资金短缺是口岸建设中的突出矛盾。为了解决这一问题，口岸办积极协调，努力争取国家、自治区口岸基础设施资金4934万元。其中，为二连浩特市争取修建公路资金700万元；争取国家口岸补贴资金1434万元；落实自治区发改委对口岸基建投资1000万元；安排自治区财政口岸建设补助资金1500万元；在厅领导的重视和协调下，从自治区财政为满洲里、二连浩特口岸争取300万元口岸形象工程建设资金。

【口岸工作四个新的进展】 电子口岸建设有了新的进展。自治区口岸办大力支持满洲里口岸“一站式”电子口岸建设，分管厅长专门听取了满洲里电子口岸建设情况汇报，并协调自治区财政从口岸经费中解决了180万元专项经费。满洲里市政府已与海关总署签署了建设电子口岸备忘录。在满洲里口岸委和满洲里海关的积极努力下，满洲里“一站式”电子口岸建设进展顺利，撰写、完成集中申报、闸口自动核放、口岸税费核算、铁路口岸商务记录退补税、一单三报等系统的业务需求书，并与中国电子口岸数据中心共同完成了上述系统的业务需求分析。按计划完成了满洲里口岸门户网站和集中申报系统，并在铁路口岸试运行。硬件设备采购工作也在陆续展开。

口岸区域合作有了新的进展。二连浩特口岸是蒙古国从我国天津口岸出海的唯一通道。为了建立二连浩特口岸与天津跨区域口岸合作机制，自治区口岸办在会同天津口岸办赴二连口岸调研的基础上，多次征求了呼和浩特、二连口岸联检单位的意见，做了大量的筹备工作，促成了《二连浩特口岸与天津跨区域口岸合作备忘录》及《跨区域合作天津议定书》在天津签署，自治区乌兰副主席出席签字仪式。口岸区域合作的建立与口岸合作模式的创新，推进了口岸直通、口岸转关、多式联运、陆桥运输等方面的快速发展。

“十一五”口岸规划有了新的进展。根据内蒙古自治区口岸发展较快的特点，在报送国家的“十一五”口岸开放规划的基础上，按照2005年4月海关总署在天津召开的“十一五”口岸开放发展规划工作会议要求，从口岸发展的实际出发，把乌力吉口岸、巴格毛都口岸、满都拉铁路口岸、珠恩嘎达布其铁路口岸和锡林浩特航空口岸补充列入国家“十一五”口岸开放发展规划的意见报自治区政府。目前，已由自治区政府致函海关总署待批。同时与各口岸联系制定了“十一五”口岸建设规划，目前正在进一步修改和多方征求意见之中。

口岸信息传递工作有了新的进展。在各级政府的重视和各口岸部门及联检部门的积极努力下，口岸信息传递工作取得较好的成绩。口岸信息传递工作坚持了主动性、及时性和真实性原则。从多角度反映了口岸一线情况，为各级领导的决策提供了依据。1—12月份口岸办共发纸质信息48期，网上发送信息60期，受到了上级部门的表彰。5月份在安徽省召开的全国口岸信息工作会上，口岸办获2004年度口岸信息工作先进集体一等奖，满洲里口岸委被评为先进集体并获特别奖，满洲里海关蒋小林获优秀信息员一等奖，满洲里海关在大会上做了典型发言。

【口岸工作面临的困难和问题】 随着经济全球化和对外开放步伐的加快，口岸在扩大对外贸易、推动经贸合作、加快资源开发、促进旅游业发展等方面的作用日益突出。新的发展形势对口岸工作提出了更高要求，口岸办需要应对和解决的问题比过去更多、更复杂。比较突出的问题有：一是口岸开放过程中遇到的困难多。《中蒙边境口岸及其管理制度协定》的签署，使内蒙口岸开放进入了第二个快速发展时期。由于口岸开放涉及部门多，环节多，程序复杂，办理周期长，办理的难度很大，给工作带来了困难和压力。二是口岸整体现代化、信息化水平偏低。口岸各个部门的信息化建设起步较早，全区口岸信息平台建设目前只有满洲里口岸着手进行。整合口岸信息资源的难度较大，认识问题有待进一步提高。三是口岸部门间深层次的合作还显得不够。口岸涉及部门众多，各个部门互不隶属，大多数是条管单位，政出多门，各自执行本部门的法律和条例，开展深层次的合作有一定困难。四是口岸立法工作相对滞后，口岸综合管理工作缺乏法律和制度作保障。五是与俄蒙口岸间的协调问题有待进一步加强。内蒙大部分口岸与俄蒙都是陆路接壤，实现客货快速通关，不是单方面能做到。现在全区口岸因对方通关不畅，影响口岸通关能力和效率的问题比较突出，特别是对俄口岸问题较为严重。六是口岸基础设施建设资金投入不足，大部分口岸基础设施建设滞后，标准不高，与快速发展的口岸业务不相适应。特别是被确定为常年开放的口岸基础设施，距离国家验收标准差距较大，建设资金严重短缺。七是推进口岸经济发展的政策措施不力。目前自治区还没有出台口岸经济发展的指导性文件，扶持政策和具体实施不到位。

2005 年全区各口岸货物量、出入境旅客统计表

项目 名称	货物进出口（吨）		进口（吨）		出口（吨）		出入境旅客（人次）		入境（人次）		出境（人次）	
	本年累计	同比增减%	本年累计	同比增减%	本年累计	同比增减%	本年累计	同比增减%	本年累计	同比增减%	本年累计	同比增减%
满洲里	17522125	24.85	16365845	25.49	1156280	16.46	1806138	10.11	901665	10.42	904473	9.82
二连浩特	7104703	20.5	6277102	16.73	827601	59.45	1187535	22.85	593768	23.5	593767	22.21
策克	1854972.75	18.95	185192018	18.86	3052.57	102.29	125218	9.22	62524	9.13	62694	9.31
甘其毛道	379512.08	923.16	366872.08	1270.87	12640	22.36	103697	73.55	51860	71.81	51837	75.32
珠恩嘎达布其	56978.13	23.24	48313.63	26.04	8664.5	14.44	24915	33.97	12629	29.83	12286	38.51
阿日哈沙特	31539	10.94	24526	3.94	7013	45.14	42371	34.31	21329	34.39	21042	34.23
室韦	18902.99	64.48	18717.99	63.45	185	362.5	2858	57.29	1387	48.98	1471	66.03
满都拉	18283.39	-57.3	17770.83	-58.82	512.56	121.68	33266	7.74	16797	8.12	16469	7.35
黑山头	18130.61	-1.82	17621.81	3.17	508.8	31.85	23337	78.25	11492	75.64	11845	80.87
呼和浩特口岸	2317.76	-71.97			2317.76	-71.97	12174	17.69	5789	14.05	6385	21.2
额布都格	1569.9	-48.47	1564.9	-32.55	5	-99.31	2413	-69.51	1195	-62.29	1218	29.99

2005 年全区各口岸货物、旅客运输统计表

项目 名称	货运量（吨）						客运量（人次）					
	进出口累计	同比增减%	进口累计	同比增减%	出口累计	同比增减%	出入境累计	同比增减%	入境累计	同比增减%	出境累计	同比增减%
铁路口岸	23530575	21.68	22155542	21.8	1375033	19.64	318891	4.15	159719	18.71	159172	-7.27
公路口岸	3437038.35	41.91	2796307.72	43.11	640730.63	36.87	3004249	17.57	1500853	16.29	1503396	18.89
水路口岸	38603.5	16.97	37904.7	22.86	698.8	-67.5	28608	50.19	14074	32.05	14534	73.23
航空口岸	2317.76	-71.97			2317.76	-71.97	14056	35.89	6715	32.29	7341	39.32
合计	27008534.61	23.88	24989754.42	23.87	2018780.19	24.02	3365804	16.43	1681361	16.69	1684443	16.18

内蒙古口岸查验单位工作综述

呼和浩特海关

2005年是呼和浩特海关“倾力打造具有边疆特色西部强关”的攻坚之年，也是全面落实《呼和浩特海关发展进步三年规划》的承前启后之年。在总署党组的正确领导下，呼和浩特海关以海关工作16字方针和队伍建设12字要求为指导，秉承“调整创新年”的改革精神，以“夯实基础”为主线，以保持共产党员先进性教育成果为动力，以加强把关服务能力建设为核心，坚持科学发展观和“以人为本”管理理念，较好地完成了年初确定的工作目标，在构建“开放型、融入型、学习型、和谐型、奋进型”新型呼和浩特海关的征程上实现了新的跨越。

【业务基础进一步夯实，以构建综合治税大格局和综合监管新机制为主要内容的业务改革稳步开展】 两税入库再攀新高。坚持以税收工作为轴心，以建立税收征管长效机制为目标，增强主动性，富于前瞻性，掌控税收走势，加强科学征管。充分发挥一线监管、加工贸易管理、减免税审批、后续稽查、打击走私等综合治税手段的作用，全面构筑了综合治税大格局。关区一般贸易价格水平处于总署公布的最优绿色区域。实现了加工贸易无遗留手册，甩掉了加工贸易的历史包袱。年内两税入库达到22.27亿元，由2003年的全国海关第32位迅速跃升至24位。

打击走私成果丰硕。刑事、行政执法手段优势互补、成效显著。先后在辖区范围及边境口岸开展了“打击‘蚂蚁搬家’走私专项行动”，极大地震慑了走私违法活动。2005年关区受理刑事行政案件394起，案值1.92亿元人民币，涉嫌偷逃税款4208万元人民币，实现罚没收入入库217.49万元。

监管效能充分发挥。以提高监管整体效能和构建综合监管新机制为目标，切实履行监管职能，通关效率稳居全国海关前茅。季节性口岸监管场所建设稳步推进，监管布局日趋合理。在季节性甘其毛道、满都拉口岸开通了H2000电子报关系统。全年累计监管进出口货物995.3万吨，同比增长26.3%，监管进出境运输工具45.13万辆次，监管进出口邮递物品、印刷音像制品、邮政快件11.3万件（盘），监管进出境人员148.2万人次。

风险管理扎实推进。确定了绩效考核试点和风险分析模式“两个突破口”，风险管理初步实现“由虚向实”的转变。召开了关区首次风险管理工作会议，举办了2期企业管理培训班，举行了“红名单企业”授匾仪式和与中石化的合作备忘录签字仪式，关企新型合作伙伴关系迈出新步伐。年内共稽查企业25家，查获率28%，案值3109.48万元，涉税740.56万元。

统计工作成绩斐然。实现了统计数据零差错报送。编发《统计分析》30期，被自治区党政部门采用16篇，提升了海关统计在地方的影响。在全国海关统计征文活动中荣获组织二等奖，5位同志荣获个人奖。统计工作内引外联力度进一步加大，组织召开了关区统计工作会议，成功承办了西部12省区统计工作调研会。在隶属二连海关成立了综合统计科，强化了统计职能。

【服务地方经济发展理念进一步提升，以举措务实和成效显著为基本特征的服务体系赢得各

方好评】 创新服务理念，确定服务导向。通过认真探究自治区区域经济特点及构成，积极呼应自治区外向型经济发展战略，根据海关的职能特点，“找准三个突破口、处理四个关系、实现五个目标”。找准三个突破口：一是在促进和繁荣口岸经济、充分利用俄蒙资源上实现新突破；二是在为“四园区六产业”的振兴提供服务支持上实现新突破；三是在支持重点企业和重点项目的发展壮大上实现新突破。处理“四个关系”：处理好启动与规范、发展与促进、堵与疏、思路与手段的关系。实现“五个目标”，就是长远发展以“倾力打造具有边疆特色的西部强关”为目标，对内打造西部强关，对外构建强势海关；服务理念以“坚持从地方党政改革与开放的关注点、自治区外向型经济发展新的增长点、海关自身监管的变化点确定海关把关服务着力点”为目标；工作重心以“凡是自治区关注的对外开放的重点、难点、焦点问题，就是海关所应倾力帮助、支持和解决的问题”为目标；实现方式以全面融入自治区经济建设大局，在把关中体现服务、通过服务促进经济发展为目标；实施效果以对外贸易在全区国民经济总量中占据重要地位、新型的关企合作伙伴关系基本形成、海关的职能作用全面发挥为目标。

完善服务举措，彰显服务成效。一是准确理解和认真落实各项优惠政策，促进自治区产业优化升级和企业的发展壮大。全年累计办理减免税审批 5468 批次，审批减免税货值 12.2 亿美元，减免税款 14.1 亿元。二是利用通关窗口、稽查、邮寄等多种形式和渠道，向企业发放宣传手册、法规汇编和调查问卷 240 多份。三是扶持自治区重点经济带，成功举办了包铝、鄂尔多斯羊绒集团等两家单位的“红名单”企业授匾仪式，进一步营造了“诚信守法便利、失信违法惩戒”的社会氛围。四是进一步健全了关企联系人制度，在构建新型的关企合作伙伴关系方面迈出了新步伐。五是向关区 A 类企业和重点企业发出“增进战略合作伙伴关系，共同营造高效通关环境”的倡议书，推出了限时办事、归类预审、业务预约等 7 项新的服务举措，推行了《海关业务建议书》制度。

满洲里海关

2005 年是满洲里海关以邓小平理论和“三个代表”重要思想为指导，认真贯彻党的十六届四中全会、五中全会和全国海关关长会议精神，继续深入推进各项改革的重要一年，也是全面提高把关服务能力、积极构建和谐边关的重要一年。一年来，在总署党组的正确领导下和内蒙古自治区地方三级党委政府的支持下，满洲里海关认真贯彻落实海关工作 16 字方针和队伍建设 12 字要求，弘扬求真务实的精神，发扬真抓实干的作风，积极履行职责、深化业务改革、狠抓工作落实，加强综合治税、促进贸易便利、维护贸易安全，圆满地完成了税收、打私、监管、进出口统计预警监测等各项工作任务。

【主要业务数据再创历史新高】 征收税款首次突破 40 亿元，税收征管量质并举。2005 年征收税款入库 41.93 亿元人民币，较 2004 年增长 37.4%，其中征收关税 2.31 亿元人民币，进口环节代征税 39.62 亿元人民币，同比分别增长 39.75%和 48.39%。其中，车站办征收税款 41.04 亿元，十八里办征收税款 3942 万元，海拉尔海关征收税款 346.81 万元，额尔古纳海关征收税款 250 万元。11 月初，全关征收税款完成 33.9 亿元人民币，完成年初税收任务 35 亿元的 96.86%，在全国海关税收形

呼和浩特海关2005年主要业务情况统计表

项目		单位	数量	与2004年同期相比(±%)
一、进出口货运量		万吨	955.3	26.9
其中	进口货运量	万吨	869.2	24.3
	出口货运量	万吨	86.1	61.6
二、进出口货值		亿美元	28.45	52.05
其中	进口货值	亿美元	22.71	41.40
	出口货值	亿美元	5.74	116.57
三、实际入库税收值		亿万人民币	22.27	23
关税		亿万人民币	0.51	-30
增值税		亿万人民币	21.76	25
四、进出口报关单份数		万份	9.17	28.06
其中	进口份数	万份	6.83	24.8
	出口份数	万份	2.34	38.64
五、进出口记录条		万条	11.84	32.41
其中	进口记录条	万条	7.24	25.23
	出口记录条	万条	4.60	45.54
六、监管境集装箱		箱次	6117	58.3
七、监管运输工具		万辆次	45.13	20.2
其中:进出境运输工具		万辆次	37.70	24.2
八、查验货物报关单		份	2546	59.0
九、货物报关单查获		份	103	505.9
十、进出境人员		万人次	148.2	27.3
其中	进境人员	万人次	74.3	23.3
	出境人员	万人次	73.9	31.1
十一、邮递物品、印刷、音像制品		万件(盘)	8.1	-31.9
十二、进出境邮政快件		万件	3.2	-20.6
十三、备案加工合同(纸质手册)		份	161.0	36.4
十四、合同备案金额(纸质手册)		万美元	37181.8	52.7

势严峻情况下，关党组决定自加重担、自我加压，将税收任务指标调整到40亿元，全年征收税款完成数额超出调整指标4.83%，税收征管质量也有了显著提高。

监管进出口货运量大幅攀升，五年来增长两倍。2005年监管进出口货运量1729.9万吨，比2004年增长24.1%，比2001年增长144.71%。其中满洲里铁路口岸监管货运量1620.08万吨，同比增长23.9%；满洲里公路口岸40.56万吨，同比减少6.1%；阿日哈沙特口岸3.3万吨，同比增长29%；黑山头、室韦口岸3.7万吨，同比增长47.4%；转关货物40.2万吨，同比增长22.6%。

监管进出境旅客和车辆大幅增长，双双刷新历史纪录。2005年满洲里公路口岸共监管进出境人员189万人次，首次突破180万人次，车辆88.3万辆次，首次突破88万辆次，同比分别增长13.4%和21.9%。阿日哈沙特口岸集中开关234天，进出境人员3.92万人次，进出境车辆1.04万辆次，分别增长19%和26%。中国海拉尔—俄罗斯赤塔国际航班监管进出境航班32架次，进出境旅客1503人次。黑山头、室韦口岸共监管进出境人员2.7万人次，进出境车辆0.87万辆次，分别增长47%、54%。

【整合深化业务改革，各项重点工作亮点频频】 通过整合创新，全关克服了不利因素，全年税收征管入库大幅增加，税收征管质量大幅提高，使风险管理、打击走私、内控审计等主要工作取得了突出成绩：一是风险布控2133批，布控有效319批，有效率14.95%，同比增长42.3%，提交各类专项风险分析报告54篇，涉税额1700余万元，向缉私部门移交风险（案件）线索16条，其中缉私部门行政立案6起、刑事立案2起、收取案件保证金820余万元；向稽查部门移交风险线索15条，稽查部门收取保证金115余万元。目前，已实际补税、罚款共计入库154万余元。二是办理各类案件97起，案值11500万元，涉案税款589万元，上缴罚没收入73.4万元。其中，刑事立案12起，对40人次采取了刑事强制措施，移送审查起诉案件9起13人，法院审理并判决4起5人，办理各类行政违法案件85起。此外，还积极做好知识产权海关保护工作，全年共查获侵权案件2起、审结案件4起，查获涉嫌侵犯阿迪达斯、耐克、锐步等国际品牌知识产权服装28056件，价值40余万元。三是开展审计工作40余项，发现和纠正各类问题400多个，提出审计建议110余条，查出和纠正有问题金额760余万元；开展专项督察、执法督察近10次；共审核业务单证（数据）200余万份（条）；解决银行压库、查扣货物处理不及时、外籍车辆管理等问题。

【“深化、整合、规范”完善满洲里铁路口岸便捷通关改革，促进口岸大通关】 一是继续对原木、原油、铁矿砂等大宗进口货物实施“径放”式便捷通关措施，同时对进口原油采取“F”通道管理模式。在年初对原油、铁矿砂集中申报的基础上对其他进口货物尝试批量集中申报，随后推广到允许所有进出口货物向海关批量集中申报，便利了企业申报，减少了海关行政成本和关员单位时间作业量。并严密重点税源商品通关管理，保证原油等重点税源商品保证金转税的及时、准确。二是实行出口报关单预审核。在出口货物到站企业办理海关手续时，对符合海关监管要求办理接单手续，提高铁路部门对出境列车编组效率和出口货物通关效率。三是对进口化肥实施绿色通道管理，积极向企业宣传新的化肥申报规范，并加强报关单证审核，保证数量、价格等影响归类、统计、税收的项目单单相符、单证相符、单机相符。四是年底推行对进口原木规范管理的改革，严密监管流程，规范报关员申报行为，加强舱单审核，建立进口原木电子数据库，提高对进口原木风险的监管能力。

【加强整合，满洲里公路口岸通关效率和实际监管能力得到提高】 完善口岸物流监控体系，实现微机化操作。以规范进口货物运单管理为切入点对公路口岸进口货物监管通关业务进行改革，建立了现场监管的决策、执行、监督三权分离、相互制约的科学有效的进口货物通关监管模式。强化口岸通关监管的联系配合，理顺作业流程，规范现场操作，切实重视和有效解决口岸通关监管作业流程中的业务结合部问题。切实加强旅检业务工作，顺利完成了南方航空公司临时客包机自满洲里机场出入境监管任务，加强对旅客进出境管理、国际班列和小客车、俄籍自用车辆、免税店、严防控高致病性禽流感流入等监管工作，积极做好公路口岸试运行24小时通关各项工作。

【改革通关监管作业机制，提升海关对物流监管的实际控制能力】 按照全国海关监管工作会议精神，完成通关监管作业机制改革。以顺畅物流为基础，创新查验分析方法，运用风险分析成果，确定风险布控查验的重点企业和重点商品，增强查验工作的针对性和有效性；积极发挥科技设备效能；建立物流信息监控室、进出口商品电子样品室。强化审单中心通关操作平台地位，建立审单快速反馈机制加快通关操作规范化建设，编制通关作业操作指引，做好审单质量监控；对高、低风险企业和商品，分别实施重点审单和快速通关管理；推出预约审单制、报关单电子数据限期审结制、“5+2”工作时间制等新举措，提高审单作业整体效能。

【大力推进海关信息化建设，科技应用效益不断提升】 认真落实“一站式”通关改革的要求，积极配合满洲里市政府与海关总署签订共建满洲里地方电子口岸合作协议，完成了满洲里地方电子口岸建设的一期软件开发工程和一期硬件设备招标工作，理顺了下一步的建设思路。顺利推进关区网络安全扩容改造建设，整合现有物流监控资源，提升监管科技设备整体效能，完成全关物流信息监控室建设，将公路、铁路H986图像查看系统、铁路口岸信息平台引入物流信息系统，实现了钴一60图象分析信息的共享。完成H2000系统版本升级、紧急更新和容灾切换工作、H883维护以及风险管理平台2.0版的升级和1.0版的迁移工作，进一步加强加大技术创新力度，全年共推出海关进出境货运车辆管理系统、报关单预录入系统等技术项目7项。狠抓安全管理，提高防病毒能力，网络系统的可靠性和安全性显著提高。

【强化统计数据质量管理，统计工作水平进一步提高】 建立健全统计数据质量保障机制，直属海关版进出口预警监测系统投入使用和执法评估进行二期开发，应用CSD系统，数据质量有效提高。加强统计监督，探索统计监督新模式，规范报关单证档案管理。发挥专兼职统计分析员队伍作用，对全年进出口业务运行状况、重点敏感商品进出口动态及国家有关贸易管制措施的执行情况等进行动态监测及预警分析，被中办、国办采用5篇次，地方党政机关采用49篇次，地方党政领导批示25篇次，统计分析的决策辅助和预警监测作用得到有效发挥。

【积极为地方经济发展献策出力】 采取对果菜出口实行集中申报、口岸径放、与果菜出口诚信企业签订MOU等措施，提高了通关效率，果菜出口量继续增长。建立汽车出口“绿色通道”，全年出口汽车达6667辆。继续加强和地方各级党政的联系与沟通，积极为地方经济发展出谋划策，就海关支持西部大开发政策主题开展专项调研，组织课题组开展“一站式”通关调研并向地方政府提供了权威性、积极性、前瞻性的高质量的调研报告，为地方经济发展提供具有指导意义的意见和建议。

【按照总署部署完成调查职能调整工作】 在各异地隶属海关、办事处整合业务资源，设置稽查科，加强风险管理、稽查和企业管理工作。以风险信息为基础，开展市场调查和贸易调查，严厉打击价格瞒骗行为，规范企业进出口行为，进而创造诚信守法的通关环境，全年共稽查企业 49 家，查获稽查补税情事 6 起，涉税案值 567 万元，涉税额 44.5 万元。

满洲里海关 2005 年主要业务量统计表

项目		单位	数量	增减%
进出口报关单		万份	31.2	23
进出口贸易值		万美元	429092	36.8
其中	进口总值	万美元	387994	38.5
	出口总值	万美元	41099	22.9
进出口货运量		万吨	1729.9	24.1
其中	进口货运量	万吨	1608.9	24.5
	出口货运量	万吨	80.8	15.2
转关货运量		万吨	40.2	22.6
进出境人员		万人次	189	13.4
进出境运输工具		万辆次	88.3	21.9
税收入库		亿元	41.928	37.35
其中	关税	亿元	2.31	–39.75
	代征税	亿元	39.62	48.39
实际减免税		亿元	11.16	23.3
其中	关税	亿元	1.38	–4.2
	增值税	亿元	9.78	28.5
罚没收入		万元	73.4	
稽查企业数		家	49	44.12
稽查涉税额		万元	44.5	–41.14
稽查移交案件数		起	3	200
稽查涉税案值		万元	567	–31.99
新注册企业		家	181	41.4
缉私立案查办各类案件		起	97	–8.5
其中	案值	万元	11500	309
	偷逃税款	万元	589	140
刑事案件立案		起	12	33
行政案件立案		起	85	–14
行政案件立案中走私行为案件		起	18	–56
行政案件立案其他违法行为案件		起	67	19.6
刑事强制措施		人	40	37.9

内蒙古自治公安区边防总队

2005年，边防检查工作按照公安部边防管理局及总队工作部署，深入开展“双争”活动，加大对下指导力度，明显提升了口岸管理和服务水平，较好地完成了本年度工作任务。截止12月25日，共检查来自90个国家和地区的入出境人员3051430人次，同比增加17.51%；检查入出境交通运输工具555036辆（列、架）次，同比增加20.53%；查获违法违规人员827人次，同比减少19.86%。

【落实“双争”活动要求，大力推进规范化建设】 务实规范化建设基础，突出“双争”特色建设。按照“双争”要求，结合自治区口岸规范化建设发展水平不均的实际，年初制定了适合全区边检工作的《“双争”活动实施方案》，重点增加了深化大站勤务改革、规范中小口岸涉外工作、加强全区边检系统执法监督、优化警力配置、促进“双争”均衡发展、突出区域规范化建设等内容，丰富了活动内涵，提升了活动层次。特别是8月份全国“双争”现场研讨会在满洲里成功召开，全面检阅了全区边防检查工作品质，提升了工作层次，受到了部局领导的好评。周永康部长10月份视察内蒙期间，也对包括勤务改革、边检部队建设、服务地方等方面做出的成绩给予了褒奖。在成功承办部局“双争”现场研讨会的同时，圆满完成了部局交办的以全总队边检工作为主要内容的《边防检查勤务工作规范教学演示片》、《“双争”经验示范片》、《公安边防会谈会晤工作规范演示片》等宣传光碟的刻制和发放任务。

贴近出入境实际需要出台服务措施，收效显著。针对货运列车传统检查方式陈旧，工作效率偏低，公路口岸客、货流量密集，岗哨林立，疏管矛盾突出，国际列车旅客待检时间过长，全区边检信息共享传递较难，统一协调指挥不易等突出问题，出台十条措施，指导各站积极转变工作思路，创新执法理念，突出职能优势，规范和美化口岸了通关环境，拓展了服务领域，减少了查验环节，加快了客货通关速度，为自治区经济建设和口岸繁荣稳定起到了保驾护航作用。如：满洲里边检站对出入境旅游团队网上预录预检、呼和边检站在航空口岸减免对客货运航空班机起落的清舱检查，额尔古纳边检站以“五个主动”的精神积极为地方经济建设服务等，得到当地政府和出入境旅客的高度评价。在此基础上，6月份由自治区公安厅牵头组织有关执法部门向社会公开了边检系统3项便民利民措施，进一步推动了自治区全方位开放战略的有序进行。

顺应形势发展，创新开展工作。根据地方政府要求，经国家主管部门批准，二连公路口岸于5月15日起开始实施无休息日工作制，阿日哈沙特口岸实行集中开关，策克、甘其毛道、珠恩嘎达布其等口岸对庆华、普兴、华油、中色建等公司实行临时常年开放，11月28日中俄满洲里—后贝加尔斯克国际公路口岸开始实行24小时通关制，上述口岸边检站克服警力不足、查验设施短缺、口岸设施滞后等不利因素，积极为口岸通关创造良好条件，同时也推动了口岸开放层次的提高，促进自治区对外开放和经济发展；满洲里、二连条件较好的边检站在对铁路货运列车实施勤务改革与创新的同时，对公路口岸勤务模式进行了改革和完善，通过建立全方位电子监控系统，搭建公路口岸电子输运信息平台，与理货及联检、联运部门签订责任分担协议，综合运用人犬结合及科学整合警力等措施，建立了一套适合陆地口岸检查监护的新模式，形成了内外结合、人犬结合、人机结合、联检联运相配合的公路货运检查新模式。将检查一辆满载货物汽车的时间，由过去的平均15分钟减到现在的不到1.5分钟，执勤警力由3人减少至2人，工作强度下降1/2；将检查一辆空货车的时间由过去的40秒钟减少到现在的不到20秒钟，实现了提高工作效率，降低劳动强度，确保高质量完成边防检查任务的目标。

学练结合，着重加强官兵的实际执勤执法能力建设。结合“大练兵”及检查员等级评定工作要求，总队和各边检站均制定了《大练兵实施方案》，明确了“练为战”的指导思想，提出了“向练兵要工作佳绩、向练兵要服务质量”的总体要求。全区较偏远、条件落后的室韦、珠恩嘎达布其、甘其毛道边检站在迁址建站和执勤工作繁重时段，忙而不乱，合理摆布工作，严格按既定练兵方案，组织干部、战士学习业务，举办落实“新规范”业务竞赛，营造了很好的“学知识、赛技能"氛围；满洲里、二连、呼和浩特、额尔古纳等边检站采取岗位练兵与知识竞赛相结合、脱产学习与考核验收相结合的方法，增强了培训效果。各对蒙季节性口岸边检站采取聘请地方专家授课、到兄弟单位学习观摩等方式，提高检查员综合业务能力。全年各站举办各类培训班、业务知识竞赛和外出学习交流共36次，官兵参训率达86.4%，达到了预期的培训效果。

【继续加强维护稳定的工作，为创建平安口岸打好基础】 改进工作、掌握主动、确保安全。围绕出入境流量大幅增加后引发的各类新情况、出现的新趋势，坚持按季度就全区口岸出入境动态进行分类系统分析，及时以通报形式下发各口岸边检站，加强横向交流。有针对性地采取相应措施，指导各边检站以蒙古国公民经我国偷渡第三国、中国公民持用97版护照冒名顶替出境以及中国公民持用境外办理俄罗斯入境签证、以蒙古国为跳板偷渡第三国等情况为重点，加大打击力度，有力遏制了非法出入境活动。截止12月25日，共查获偷渡案件57起74人次。加强了与自治区公安、安全等部门协调配合，严厉打击企图以旅游、贸易等形式为掩护入出境搞破坏的民运分子和严控“三股势力”，多次在第一时间为有关部门提供重要出入境线索，受到有关部门的一致好评，为有力维护自治区边疆社会稳定和建设平安口岸做出了贡献。

加强口岸管控，严防突发事件。按照部局《出入境边防检查机关处置冲击堵塞口岸群体性事件的意见》要求，指导各站根据口岸实际制定了《处突预案》，健全了包括组织指挥、联络协调、情况分析、处置程序、联勤保障等内容的操作性较强的预警机制。针对俄蒙口岸入境货运车辆夹带、藏匿废旧炮弹、地雷和其他危爆物品较多的实际，各站加强检查和控制力量，在口岸易发事地段增强警力，假设案情进行处突演练，各站共组织各种处突演练26次。同时签订多方责任协议，明确工作职责，营造了大家都动起来保安全的工作氛围。截止12月25日，共查获并退运出境190余枚废旧炮弹，查获手枪2支、子弹107发。同时，加强了与俄蒙对应边防部门在口岸边境一线的工作配合，成功查获堵截非法越入孔道管理区46人次。

【采取有效措施，切实提高执法监督能力】 从制度建设抓起，严格执法监督程序。按照逐步构建规范管理机制要求，将执勤规范与纪检监督融为一体，细化了分工职责，严格了行为界线。以一线执勤干部、战士和重要敏感岗位为主要对象，管教结合，初步构建起了腐败分子“干不了、能发现”的“大监督”工作格局；二连、满洲里、甘其毛道、阿日哈沙特边检站将督察科或专职督察员正式归口站纪委直接领导，并向站党委负责，使纪检督察部门可以真正深入执勤一线，贴近边检业务独立开展工作。把监督重点环节放在事前和事中，并实行监督关口前移，做到中心工作开展到哪里，监督工作就跟进到哪里；呼和浩特、额尔古纳边检站进一步落实警务公开、挂牌上岗、电子监控、定期走访和聘请社会监督员以及设置举报电话等制度和措施，有效净化了执勤环境，规范了执法行为，营造良好的遵纪守法氛围，有力地保障了勤务规范化建设的顺利开展。全区边检系统全年未发生职务犯罪和行政复议案件。

提高执法能力，规范执法行为。按照部局《公安机关办理行政案件程序规定》要求，指导和督促各站采取“请进来，走出去”的方式，聘请地方法律专家授课和辅导，派出业务骨干到地方执法部门学习，有效提升了队伍整体法律素质；继续开展了“季度执法评议活动”，每季度按一定比例调阅抽查各边检站执法案卷，对办案程序是否合法、定性是否准确、处罚是否得当等内容进行考评，定期将评比情况通报全区。11 月份派出专人随总队执法检查组赴全区各站进行执法质量检查，有力地促进了边检执法水平的提高；始终把加快科技强警步伐作为推进规范化建设的重要举措，在对俄、对蒙主要口岸执勤现场通过安装覆盖检查现场的电子监控设施，装备文检仪、护照阅读机等高科技设备，保证了规范执法服务的精确性与实效性。

【全面规范外事工作，提升为改革开放和经济建设服务的能力】 2005 年继续与俄联邦西伯利亚联邦区地区边防局、蒙古国边防总局司令部保持信函往来、畅通会谈联系渠道、定期相互通报口岸及边境地区各类情报信息的基础上，于 10 月份邀俄联邦安全总局西伯利亚联邦区地区边防局代表团对总队进行了工作访问，理顺了工作交往渠道，并继续保持与布里亚特—赤塔州边防局的工作联系，拓展了对俄工作交往层次。通过会谈与俄方就年内开展口岸地区反恐联合行动、提高口岸通关速度等事宜达成了一致，妥善解决了出入境边防检查与口岸管理工作的诸多事宜，使双方的工作配合取得了突破性进展。

【充分发挥边检职能作用，为促进地方经济发展牵线搭桥】 总队及各边检站进一步发挥与俄罗斯、蒙古国对应边防代表机构间建立的稳定合作机制作用，主动为促进地方经济发展提供便利，逐步构建起高效和谐的口岸通关环境。额尔古纳、策克、甘其毛道、海拉尔等边检站多次与俄罗斯、蒙古国对应边防代表机构磋商，共同研究完善了中方劳务团组过境或跨境施工管理方案，免除办理护照签证的复杂手续，简化查验及管理程序，为出入境劳务人员和施工车辆提供通行便利；确保了中国网通跨境国际光缆对接，中国援助蒙古国扎门乌德公路改造及嘎顺苏海图联检楼建设，满都拉—杭吉口岸输变电线路架设，额布都格、额尔古纳口岸界河桥建设等跨境施工项目的顺利进行；同时协调俄、蒙边防代表机构，为双方各级党、政代表团及重要经贸、文化、科技团组开通双边“一站式”贵宾绿色通道，及时提供预检及“直通车”的通关服务，达到了政府、群众满意的工作目标。

内蒙古出入境检验检疫局

2005 年是“十五”的最后一年，内蒙古检验检疫局党组带领全局干部职工以邓小平理论和“三个代表”重要思想为指导，认真贯彻党的十六届五中全会精神，以科学发展观统领检验检疫工作，严格执行国家质检总局工作部署，严把疫情关、质量关，提高把关服务的有效性，扩大出口，为充分利用口岸资源和俄蒙资源提供便捷服务，提高应对和处置突发事件的能力，提高依法行政水平。2005年是内蒙古检验检疫业务快速发展、再创历史新高的一年。

【检验检疫业务】 2005年，内蒙古检验检疫全系统检验检疫出入境货物19.6万批，同比增长33%，货值54.92亿美元，同比增长63%。检出不合格货物2749批，货值2513万美元，批次、货值合理率分别为98.6%和99.4%。检验出境货物5.3万批，货值12亿美元，批次和货值均占全部出入境货物的26%，并分别增长18%和38%。检验入境货物14.3万批，货值42.8亿美元，批次和货值分别占全部出入境货物的73%和78%，并分别增长40%和72%。

卫生检疫查验出入境人员265万人次，同比增长19%；出境人员预防接种3万人次，同比增长34%；出入境人员监测体检5.7万人次，同比增长28%；发现病例9387例，同比增长29%，其中艾滋病7例；实施集装箱卫生检疫2万个，同比增长50%；检疫交通工具104万次，同比增长27%，其中飞机386架次，火车59万节，汽车45万辆次。

【拓展新业务领域，提高检验检疫覆盖率】 采取有效措施，提高拓展新业务的有效性，严堵逃检漏检，提高检验检疫覆盖率。2005年内蒙古检验检疫局出入境货物货值54.92亿美元。覆盖率居全国检验检疫系统前列。

贯彻落实有关促进机电产品出口政策，协助企业做好检验通关工作。汉鼎科技公司是一家以出口为主的台资企业，在设备进口、安装、调试全程中，根据企业实际情况，提供24小时全程服务，为后期出口打下良好基础。全年检验出口激光视盘机219批232万台，货值6688万美元，出口额占到内蒙古机电产品出口的40%，成为内蒙古机电产品出口的领头羊，由上年机电出口占全区出口总额的3.3%上升到7.9%。

加大出入境木质包装检疫监管力度。认真贯彻国家质检总局第4号公告和第69号局令，制定了《内蒙古检验检疫局木质包装检疫管理实施细则》。全年共处理出口到美国、加拿大、澳大利亚、欧盟、南非等国家的木质包装14万件。

建立口岸车辆出口绿色通道，提高通关速度。与口岸汽车出口相关单位建立有效、快捷、诚信的工作机制，在确保严密监管的前提下，对出口汽车实行“产地检验，口岸查验”的工作办法，采取整批抽查逐台核销的查验方式，实施预约式查验。满洲里口岸全年出口各类国产机动车辆6007辆，货值5080万美元。摩托车出口实现了零的突破，年内出口摩托车及其零配件总价值达22.4万美元。

首次开展进口废旧原料的境外预检。派员赴俄罗斯开展废物原料境外预检，预检废旧原料32万余吨，查出放射性超标货物70批、夹带危险性及密闭容器货物103批，把大量有毒有害物质挡在国门之外。全年共检验进口废物原料1.9万批67万吨，货值9500万美元。加大进口旧成套设备装运前预检力度，全年完成8972台（套）旧设备装运前预检，货值2000万美元。

完成援蒙小麦的检验检疫任务。为确保援蒙小麦顺利出口，首次采用中蒙联合检验检疫的方法，共有84批5000吨援蒙小麦顺利通关。

恢复了中断4年之久的进口蒙古国麸麦贸易。全年累计检验进口蒙古国麸皮3200余吨。2005年上半年，首次完成内蒙古三个国家粮食储备库，进口13万吨小麦检疫监管工作，确保全部进口小麦安全入库。国际航班监管工作大幅增加。呼和浩特恢复到香港航班，开通了到美国、德国、法国、加拿大、英国5个国家7个城市的虚拟国际航班。海拉尔恢复了俄罗斯赤塔的国际航班，满洲里开通了俄罗斯伊尔库斯克的国际航班。

【打造引进俄蒙资源大通道】 2005年，内蒙古口岸进口原油、木材、纸浆、矿产品、化肥、废旧金属等资源性货物达1800万吨，占口岸全部入出境货物的80%，促进国家加快利用俄蒙资源战略的实施。

加强进口木材检验检疫工作。组织人员赴俄罗斯对木材装运点、储木场、林场的原木进行预检。年内预检原木53万立方米，熏蒸处理入境原木7万个车皮423万立方米。加快通关速度，提高检疫工作效率。在上年日平均处理进口木材400个车皮的基础上，2005年上升为470个车皮。加强对进口木材检疫监管，认真做好索赔工作，维护贸易双方合法权益。2005年索赔木材46批1737立方米，货值246971美元。全年内蒙古口岸进口木材1120万立方米，比上年增加240万立方米，增长27%。

创新作业流程。把凡是不涉及安全、卫生、环保的入境货物调整为报验后先出具通关单，待货物通关后再进行检验检疫工作的快速通关模式，将检疫、扦样、放射性监测、卫生除害处理等工作现场同步进行。对原油进口实施“并批出证”集中报检，年内进口原油862万吨，货值32亿美元，较上年增长25%。

在口岸设施尚不完善，新增人员没有到位的情况下，克服困难，主动服务，完成原煤检验和出入境人员检疫查验、交通工具卫生除害处理工作。全年检验甘其毛道、策克两口岸进口原煤180万吨。

【实施名牌战略】 供港活牛检疫工作取得新突破。全年检疫供港活牛突破1万头，增长64%。目前，通辽肥牛供港创下多项全国之最：供港活牛注册育肥牛场最多；全国地市级供港活牛数量最大，占香港市场1/9；供港活牛优质率最高，达到98%；香港市场同类牛卖价最贵，每头尽高出200港元。

全力做好出口活羊检验检疫监管工作。年内7万只乌珠穆沁肥尾羊顺利出口，创汇277万美元。

加强实验室建设，提高出具证书的科学性和权威性，做好出口蔬菜检验监管工作。全年检验检疫出口水果类1.7万批16万吨，货值3800万美元；蔬菜类1.1万批13万吨，货值2100万美元。强化出口番茄酱管理，年内出口番茄酱10万吨，货值5100万美元，同比增长1倍多。

确保出口牛奶质量，首次对蒙牛公司从原奶到成品进行黄曲霉毒素M1的抽查，对五类产品作全项目致病菌和重金属的抽查。全年检验供港牛奶207批10118吨，货值710万美元。

分类管理促进羊绒衫出口，全年检验出口羊绒衫682万件，货值2亿美元。

【落实认证注册工作】 完成ISO9000和ISO14000质量体系评审102家，完成新申请出口食品卫生注册登记企业31家、复查换证企业13家、HACCP官方验证企业的评审、审批、发换证工作10家。

目前，内蒙古全区已有卫生注册登记企业145家，通过HACCP官方验证的46家，对外注册企业9家，分别为向欧盟、韩国、以色列、日本、南非、斯洛伐克等六个国家和地区注册，对外推荐注册企业2家。

【严把疫病疫情关】 严防死守，打击非法入境。针对内蒙古开放的口岸相邻国家疫情复杂，点多、面广、线长，环境恶劣、疫情防堵难度高等工作实际，完善工作程序和加强制度建设，把国家严禁入境的有害物品挡在境外。年内各口岸截获各种动物皮张 35477 张、原毛绒 16.5 吨、肉蛋奶类 3.2 吨，其中销毁皮张 33716 张、原毛绒 4.5 吨、肉蛋奶类 1.6 吨，其余做退运处理。

严防禽流感传入传出。内蒙古检验检疫局在面临着国内外疫情包围的重大压力下，采取有效措施，积极防控，一是成立防控组织和防治领导小组，健全值班和请示汇报制度；二是制定《内蒙古局高致病性禽流感疫情进出境检验检疫应急处理预案实施办法》；三是加强卫生检疫、口岸查验、防疫消毒、实验室检测、体温检测、医学检查、临时隔离、销毁处理、防护用具和检测试剂等储备；四是加大检查力度，禁止疫区禽鸟及其产品入境，加强对边贸、边民互市和边境线地区的监管及边境口岸地区的疫情监测；五是加强对入境人员的卫生检疫查验工作，严格执行“八项制度”、“五个不漏”、“五个到位”和“五个及时”；六是采取措施，确保出口企业不染疫。确保了国门和口岸安全，维护了国家和人民的利益。

认真开展口岸卫生监督专项督察工作，保证口岸卫生监管工作严密有效。首次对出入境客运列车和餐车编组情况进行调查和建立卫生监督档案，对 16 列中国籍列车、15 列蒙古籍列车实施卫生监督。在满洲里、二连浩特铁路口岸建成进境列车消毒通道，在阿日哈沙特口岸集中开关后，安装了全自动车辆消毒通道设施。

认真落实国家质检总局“口岸突发公共卫生事件及核与幅射恐怖事件处置预案”，并制定了“内蒙古检验检疫局口岸突发公共卫生事件处置预案”，反恐工作获得公安部反恐检查组高度评价。

【推广绿色通道】 在内蒙古伊利、蒙牛等 13 家骨干企业享受到出口产品在口岸直接放行的优惠政策后，内蒙古检验检疫局积极组织人员深入企业宣传，指导和帮助企业组织相关申报材料，对申请企业严格筛选，年内又向国家质检总局上报 23 家企业纳入绿色通道管理。

【打造口岸高速通道】 满洲里公路口岸已实行 24 小时通关，二连浩特公路口岸自 5 月起每周 7 天通关，策克口岸因进口原煤由季节性开关转变为常年开关，阿日哈沙特口岸从 4 月 1 日开始集中开关，全年开关天数由过去 80 天增加到 234 天，甘其毛道、珠恩嘎达布其口岸已经常年开关。与海关签署协作协议，建立关检合作联系例会制度、协调检查制度、信息通报制度，实现信息共享。

参与口岸“大通关”建设和共同搭建信息平台。首次在大型果蔬产品贮藏基地安装并投入使用视频监控系统，初步实现了口岸检验检疫电子监管新模式。编制和应用了“健康证书管理系统”、“货检通道查验监管计算机管理系统”、“国际旅行人员健康体检综合业务计算机管理系统”等管理应用程序，加快了检验放行和通关速度。

【科技兴检，提高实验室检测水平】 开展重点技术项目的研究和攻关。开展了国家质检总局立项批准的“进口俄罗斯木材携带有害生物监测、鉴定和分析”，研发“进口油品容量计重计算机管理系统”，开展了“出口玉米有毒有害物质和品质项目检测及玉米品牌项目研究”，对出口乳及乳制品中有毒有害物质真菌毒素的调研、检测工作。统一调配系统内检测仪器设备，整合实验室资源，扩大委托检测范围，提高检验检疫综合检测能力。二连浩特检验检疫技术中心实验室顺利通过蒙古国专家组和评审组的考核，成为我国第一个获得蒙古国认可的实验室，满洲里检验检疫局技术中心实验室的检测水平，得到俄罗斯方的充分肯定，给予满洲里口岸出口水果蔬菜免检待遇。

对实验室质量管理体系文件进行全面修订，由原来的 15 类 46 项增至 20 大类 99 项，对所适用的标准全面查新，根据食品理化实验室、植物产品检验检疫室、微生物检验检疫室、绒毛实验室的不同业务范围制订相应的作业指导书，获得国家认可委颁发的认可证书。内蒙古检验检疫局技术中心实验室顺利通过国家组实验室认可、计量认证“二合一”评审。

【强化队伍建设】 内蒙古检验检疫局研究制定了《内蒙古检验检疫局党组关于进一步加强自身建设的若干意见》，完善了中心组学习制度、党组议事制度，在坚持民主集中制原则、坚持调查研究、完善报告工作和督促检查机制、加强党风廉政建设方面作出了22条具体规定。认真执行《干部任用条例》，实行领导干部试用期制，执行民主推荐和公示制度。

认真做好干部培训工作。制定2005年度教育培训计划和十六届四中全会培训计划。年内，选送1名副局长参加了中央党校地厅级干部理论培训班，10名处级干部参加了国家质检总局、内蒙古党校、行政学院的培训，5人参加了英语强化培训。

全面贯彻落实中央《关于健全教育、制度、监督并重的惩治和预防腐败体系实施纲要》，开展了以收费、发证、办班为重点的专项治理，一年来，未发生违纪违法事件。

【精神文明建设】 包头检验检疫局原综合业务科被国家质检总局、共青团中央正式命名为“全国青年文明号”。包头检验检疫局、二连浩特检验检疫局晋升为自治区级文明单位标兵。内蒙古检验检疫局全体职工爱岗敬业、团结奉献、涌献爱心，年内为职工遗属捐款4万元。

内蒙古口岸大事记

1月16日

加拿大艾芬豪公司从蒙古国乌幽图陶勒盖铜矿进口的首批铜矿石243吨，经甘其毛道口岸入境，运往天津新港出境到澳大利亚进行化验分析。至此，甘其毛道口岸成功的协助加拿大艾芬豪公司实现了首批过货。

1月20日

呼和浩特海关税费“网上支付”正式投入运行。

2月25日

满洲里数据分中心与农行满洲里市支行以及满洲里市大陆进出口贸易有限责任公司成功对电子口岸“网上支付系统”进行联合调试，“网上税费支付”系统在满洲里海关正式运行。

3月2日

我国首列国际物流专列“如意号”国际集装箱稀土货运专列从二连口岸出境。“如意号”专列由呼和浩特始发，途径乌兰巴托、莫斯科、明斯克、华沙、柏林，最后抵达德国工业城市法兰克福，总行程9814千米，全程运行18天，较海运缩短27天，运输成本大大降低。

3月16日

中蒙两国政府通过外交途径正式确认阿日哈沙特—哈比日嘎口岸4月1日按新《协定》实现集中开放。开放时间为每年1月6日—25日，4月1日—10月31日。

3月17日

首批2万张为出入境蒙古国客商制作的、以口岸通关和市场整治投诉电话为主要内容的“服务卡”和“宣传画”正式在公路口岸发放和张贴。得到了中央、自治区等多家媒体的报道以及国内外客商的好评。

4月17日—20日

孟贵玺副厅长、哈斯巴根常务副主任赴天津市参加了跨区域口岸工作座谈会和《二连口岸与天津口岸跨区域合作备忘录》、《跨区域口岸合作天津议定书》签字仪式。自治区乌兰副主席出席了签字仪式并讲话。自治区口岸办、呼和浩特海关、内蒙古检验检疫局、呼铁局的代表与天津市相关部门签订了《天津与二连口岸区域合作备忘录》，孟贵玺副厅长代表全区与12个省区签订了《跨区域口岸合作天津议定书》。二连市委、二连海关、二连市口岸办的领导也参加了以上活动。

5月15日

二连浩特公路口岸与蒙古国扎门乌德公路口岸正式实行每周7天通关。口岸开放期间，中蒙双方工作时间由原来的8个小时延长到10个小时。

5月23日

满洲里海关SCA门禁指纹识别系统投入正式使用。

5月31日

由铁道部投资3.8亿元对二连铁路口岸站场设施和技术设备改造工程全面完工。新建原油换轮库如期投入使用，它是目前各口岸站中设施最完善、质量最优秀、工艺最先进、能力最大化的国际原油列车更换转向架作业基地。

6月1日

满洲里海关风险管理平台正式投入运行。

6月6日

中共中央书记处书记、中央军委副主席徐才厚上将视察满洲里公路口岸和十八里国门，视察了满洲里边检站监护三中队，亲切看望了执勤一线广大官兵。

6月12日

自治区党委书记杨利民参观视察了满洲里公路口岸旅检现场。

6月16日

中国援助蒙古国公路改造项目在蒙古国扎门乌德市举行隆重的奠基仪式。

6月18日

中共中央政治局常委、中央书记处书记、国家副主席曾庆红在内蒙古自治区党委书记储波、自治区主席杨晶等领导的陪同下视察满洲里公路口岸，亲切看望了满洲里边检查站广大执勤官兵。

6月21日

中国科协主席周光召到满洲里公路口岸参观考察。

6月22日

二连浩特铁路口岸新建国际候车室投入使用，这是中、蒙、俄开办国际联运以来二连国境站迄今建造的面积最大、设施最完美、功能最齐全的现代化国际候车室，从根本上满足了出入境旅客的需求。

6月28日

国家监察部副部长、国务院纠风办副主任屈万祥一行到满洲里公路口岸参观视察。

6月29日

国函 [2005] 57号文件《国务院关于同意内蒙古策克口岸对外开放的批复》，同意策克口岸对外开放；同意策克口岸设立海关、边检、检验检疫等查验机构。

7月8日

满洲里市政府组织口岸涉外单位隆重举行了“预检预录系统启动仪式”，标志着由满洲里边检站独立研发的“网上团体旅客预审报系统”正式投入使用。

7月12日

甘其毛道口岸进蒙古国的旅游线路正式开通。

7月18日

海关总署批准满洲里西郊机场临时对外开放。

7月27日

满洲里市与海关总署签订电子口岸建设备忘录。

7月28日—29日

中蒙两国联合考察组对阿尔山—松贝尔口岸努木尔根界河桥的位置进行了实地考察会谈后达成了《备忘录》，双方同意建桥位置确定为1382和1383号界标之间。

7月30日—8月1日

全区口岸主任办公会议在阿尔山市召开。国家有关部门、自治区各盟市口岸主管部门、自治区各有关部门、各口岸联检部门、内蒙古军区、呼铁局、哈尔滨铁路局及民航集团等70多位代表参加了会议。

8月7日

最高人民检察院检察长贾春旺参观了满洲里公路口岸、国门、互贸区，看望了满洲里边检站执勤官兵。

8月13日

中央政治局委员、中央书记处书记、中央组织部部长贺国强在自治区书记储波等领导的陪同下视察满洲里公路口岸、互市贸易区，亲切看望了满洲里边检执勤官兵。

8月18日

二连海关被内蒙古自治区党委、政府和军区联合授予“2004—2005年度内蒙古自治区文明单位标兵”称号。

8月24日

农业部部长杜青林在自治区副主席雷厄尔德尼的陪同下参观新粮果菜出口基地，对满洲里海关实行的果菜出口“绿色通道”给予好评。

8月26日

国家进出口银行行长李若谷在自治区副主席余德辉的陪同下考察满洲里公路口岸，看望了满洲里边检执勤官兵。

8月27日

交通部部长张春贤一行在自治区副主席赵双连的陪同下视察满洲里边检站铁路货检现场和公路口岸检查现场，参观了国门、界牌和秘密交通线遗址，看望了满洲里边检站执勤官兵。

8月28日

满洲里海关与内蒙古出入境检验检疫局《关于加强关检合作协议》举行签订仪式。

8月29日

满洲里—伊尔库斯克国际航线首航开通。运营时间为8月29日—10月28日，由南方航空公司承飞。这一航线的开通，将为中俄两国间在商贸、旅游、经济等方面的合作起到了积极的促进作用。同时也标志着满洲里口岸集公路、铁路、航空于一体的立体化交通运输格局已经初步形成。

9月2日

中国海拉尔—俄罗斯赤塔国际航班正式复航，这是海拉尔航空口岸在关闭9年后重新开通。

9月6日

北京军区副政委符廷贵视察了策克口岸并亲切看望了边检执勤官兵。

9月13日

中共中央政治局常委李长春同志在自治区党委书记储波、政府主席杨晶等领导的陪同下，视察了满洲里公路口岸、国门、边防检查现场，参观了界碑和秘密交通线旧址，并亲切看望了边检站广大执勤官兵。

9月20日

室韦口岸综合楼建成举行剪彩仪式。

9月25日

自治区主席杨晶带领自治区有关部门的领导在市、旗两级主要领导的陪同下，视察了甘其毛道口岸。

10月2日—5日

中共中央政治局委员、书记处书记、国务委员、公安部部长周永康在自治区党委书记储波、自治区主席杨晶的陪同下在内蒙古自治区视察工作。期间，对内蒙古公安边防总队“草原110”、满洲里口岸等进行了视察。

10月12日

兴安盟正式成立外事口岸办。

10月18日—23日

俄罗斯联邦安全总局西伯利亚联邦区地区边防局局长古利夫少将率代表团对内蒙古公安边防总队进行了工作访问，并签署了《工作会谈纪要》，双方正式建立工作联系制度。

10月20日

内蒙古电力公司开辟策克口岸到蒙古国纳林苏海特35千伏电压等级的国际供电线路，该工程总投资1344万元，线路全长52千米，规划主变容量为2×6300千伏安，新建策克和纳林苏海特35千伏变电站各一座。这是自治区向国外提供电力资源电压等级最高的线路。

10月28日

临策铁路开工奠基仪式在策克口岸举行，自治区政府领导，有关厅局、盟市领导及有关人员参加此项活动。临策线系规划临河至哈密线的重要组成部分。是国务院批准的《中、长期铁路规划》中的路网干线之一。全长755千米，投资44亿元，计划于2007年完工。临策铁路是连接东北和西北的一条最便捷的通道，同时也是第二亚欧大陆桥一条新的辅助通道。

10月29日

满洲里—赤塔653/4次国际旅客列车首发运营。

10月

蒙古国正式启用新版《蒙中边境地区出入境通行证》。新版《通行证》分为30天多次有效和30天一次有效两种，旧版《通行证》在有效期内可以继续使用。

11月1日

中国海拉尔—俄罗斯赤塔国际航班暂停飞行。

11月3日

内蒙古自治区政府副主席郝益东视察了二连公路口岸，参观了口岸联检大厅、出入境通道、国门和界碑，看望二连边检站执勤官兵。

11月3日

在呼伦贝尔市新左旗额布都格口岸隆重举行了中蒙边界第一桥和阿木古郎镇至额布都格口岸公路，即额布都格—白音胡舒口岸路桥正式通车剪彩仪式。中蒙额布都格—白音胡舒口岸桥为钢筋混凝土结构，全长164.9米，宽5.5米，总投资600万元；口岸路全长22千米，路面宽7米，总投资2719万元。中蒙额布都格—白音胡舒口岸路桥的通车将会对开发利用蒙古国资源、中蒙两地区间的经贸合作、文化交流、境外旅游和口岸经济的发展起到重要的推动作用。

11月10日

投资2560万元的中国援助蒙古国扎门乌德至二连浩特口岸公路改造项目正式实现通车。该项目是国家主席胡锦涛访问蒙古国期间代表我国政府与蒙古国政府签署协议所定的重要项目，同时也是中蒙两国政府在边境口岸蒙方一侧援助的第一个项目，它连接中蒙边境二连浩特至扎门乌德口岸以及环绕扎门乌德市城区，全长5.681千米，由中国建筑工程公司承建。

11月16日

自治区党委书记储波视察二连公路口岸，并详细听取了口岸大通关情况汇报。

11月28日

满洲里公路口岸试行24小时通关试运行开通仪式。

11月29日

自治区党委副书记杨利民一行在有关领导的陪同下赴策克口岸检查指导工作。

12月3日

国务院防治高致病性禽流感领导小组成员、国家质检总局副局长葛志荣检查了二连边检站等口岸联检单位防控禽流感工作。

12月14日

二连边检站铁路货运列车检查现场监控系统正式投入使用。

12 月 26 日

满洲里—大连集装箱货运班列终于投入试运营。

12 月 26 日

自治区副主席乌兰视察满洲里十八里办业务现场及满洲里公路口岸闭路监控分中心，看望了满洲里边检站执勤官兵。

12 月 28 日

自治区党委书记储波、政府主席杨晶一行莅临呼和浩特海关视察慰问。

辽宁口岸工作综述

2005年，辽宁口岸办公室认真贯彻党的十六届四中、五中全会精神，按照省委、省政府对外开放工作的部署，进一步加大口岸开放工作力度，努力实施“大通关”工程，提高通关效率，提升服务质量，改善口岸环境，在口岸运输生产、查验业务持续增长的形势下，确保口岸安全、畅通，口岸管理向着“效率高、成本低、服务好”的目标稳步推进。

【口岸客货运量】 “十五”期间，随着辽宁省经济的发展和口岸环境的明显改善，口岸主要业务指标连续5年快速稳定增长：2005年，货物吞吐量2.95亿吨，是2000年的2.3倍，年均增幅17.4%。外贸进出口货运量完成9842.8万吨,是2000年的1.9倍，年均增幅14.1%。其中：外贸进口5499.3万吨，是2000年的2.8倍；出口4343.5万吨，是2000年的1.4倍。出入境旅客192.2万人次，是2000年的1.54倍，年均增幅9.2%。集装箱运输完成377.9万标箱，是2000年的3.1倍，年均增幅25.4%。口岸进出口货物总值518亿美元，是2000年的2.2倍，年均增幅17.2%。其中：进口244亿美元，是2000年的2.3倍；出口274亿美元，是2000年的2.1倍。

2005年全省口岸货物吞吐量完成2.95亿吨，同比增长21.1%，其中：外贸进出口货运量完成9842.8万吨,同比增长25.4%；出入境旅客192.2万人次，同比增长9.4%。其中海港22.1万人次，同比增长22.8%；空港154.3万人次，同比增长9.4%；陆路15.8万人次，同比下降13.9%。集装箱运输完成377.9万标箱，同比增长26.5%；口岸进出口货物总值完成518.02亿美元，同比增长17.1%。

【外贸进出口】 “十五”期间，辽宁外贸进出口完成1435亿美元，比“九五”增长92.8%。其中出口完成804亿美元，比“九五”增长79%。对外贸易拉动了经济快速增长，外贸对经济增长的贡献率达到32%，生产总值对外贸的依存度由“九五”末的33.7%提高到2005年的41.3%。“十五”期间外经贸之所以取得显著成就，得益于良好的环境。

2005年辽宁省外贸进出口总额完成410.1亿美元，同比增长19.1%。其中：出口完成234.4亿美元，同比增长23.9%；进口完成175.7亿美元，同比增长13.5%。进出口总额占辽宁口岸进出口总额的79.14%。出口当年净增57亿美元，是辽宁省外贸出口历史上最好水平，拉动全省经济增长约5个百分点。

【对朝贸易】 丹东作为边境城市，对朝边境贸易别具一格，也是对外贸易重要组成部分。2005年，丹东外贸进出口总额完成20亿美元，与上年持平。其中对朝贸易进出口总额完成8.2亿美元，占全市进出口总额的41%。

对朝边境贸易带动了丹东运输、餐饮、旅游、服务业的发展，成为我国最大的对朝贸易商品集散地。随着朝鲜同国际社会间政治经济合作关系的加强，我国内地企业及国外企业纷纷到丹东从事商务考察、贸易洽谈和设立办事机构，大量的内地商品不断通过丹东各类口岸运往朝鲜，丹东各类口岸的对朝贸易进出口货运量已占全国对朝贸易货运量的80%。具备铁路、港口、公路、输油管道，边境过货点等各种运输方式的丹东口岸成为全方位对朝贸易的物流中心。

【口岸“大通关”】 在省委省政府的领导下，认真贯彻“十六大”、十六届三、四中全会和全省经济工作会议精神，紧紧围绕“优化口岸环境，全面提高对外开放水平”这一中心工作，加大协调力度，按照“依法管理涉外经济活动，强化服务和监管职能，进一步提高贸易和投资的自由、便利程度”的要求，建设促进现代物流发展的口岸通关作业体系，为辽宁老工业基地振兴做出了贡献。

进一步提高通关速度。年初在全省口岸办（局）主任会议上研究制定了新的通关速度指标：即“海运货物进出口提发货时间由2004年的24小时缩短到20小时。空运进出口提发货时间由2004年的12小时缩短到8小时。海、空、陆运正常旅客进出境口岸查验时间平均每人不超过40秒”。在全省各口岸单位的共同努力下，通关速度达到新指标的规定，得到通关企业的认可和社会各界的广泛认同。 通关作业信息化建设取得进展。继2004年大连电子口岸完成调试上线后，通过省市相关部门的共同努力，在海关总署中国电子口岸数据中心、大连数据分中心等相关单位的大力支持下，营口电子口岸作为辽宁电子口岸的试点项目，于10月底上线调试，年底开通。大连海关关区已有联网报关企业近93家，网上支付企业45家，无纸通关企业5家，F通道企业107家。检验检疫“三电工程”普及率达到100%，联网报检企业已超过1000家。边检出入境船舶及旅游团队网上预报检系统于2005年11月开始运行。

按照需求为导向的口岸监管理念，推动通关模式的改革。大连海关充分发挥开发区、保税区、出口加工区和保税物流园区的先导作用，进一步简化通关手续，实现“四区”和口岸海关间的一次申报、一次放行的“直通关”。沈阳海关启动沈阳区域内的就近报关、口岸放行通关方式。辽宁检验检疫局根据企业需求，调整驻丹东口岸查验机构监管范围，使报检通关业务便利化。辽宁海事局整合内部机构，简化通关业务流程。查验监管部门之间的合作成为今年实施大通关工程的一大特色：大连海关与辽宁检疫局签署了“一单两报”合作协议，沈阳海关与辽宁出入境检验检疫局开展了旅检现场“一机两屏”的合作和大连口岸查验单位实行“5+1”通关制度等，口岸通关操作向着整合监管资源、方便企业通关的方向推进。

深入调查研究。为掌握通关工作中存在的问题，进一步推进大通关工作。组织对大连和营口口岸进行重点调研，通过召开从事通关业务的企业座谈会、跟票作业等方式，了解影响通关效率的问题；对天津、青岛、上海、宁波等口岸进行考察，学习他们的先进经验，改进辽宁口岸的通关工作。

利用《口岸动态》简报推进口岸通关工作。全年共编辑大通关专辑8期，口岸工作简况26期，将辽宁各市口岸管理部门、口岸基层的海关、边检站、检验检疫局、港口和机场、航空公司等单位“加强对大通关工作的领导、创新监管模式、增强服务意识、扶持企业发展增加农民收入”等经验和典型做法向全省推广，进一步提高全省口岸通关工作的服务水平，以适应现代物流发展的需要。

利用社会评价机制推进通关环境改善。为推进辽宁口岸的通关工作，辽宁省通关办委托省货代货主协会对全省通关工作进行测评，并召开专门会议，通报测评结果。测评主要采取发放调查问卷、召开座谈会的形式，征求企业和查验部门对通关工作的意见和建议。年末测评发放调查问卷210份，收回188份，分别对海关、检验检疫、港口、机场和理货的通关情况进行了评议。企业认为：口岸主管部门和各单位领导十分重视通关工作，从自身队伍建设入手，纷纷制定和出台具体措施和办法，自觉接受社会监督，工作效率和服务水平不断提高。但企业也提出一些影响通关效率和服务水平的问题。口岸各单位十分重视企业提出的问题，认真制定整改措施，不断改进通关工作，提高服务水平。这次总的评议结果为满意率55.18%，基本满意率39.81%，不满意率5.01%。不满意率比2004年下降0.82个百分点。

积极争取口岸设施建设资金。在省政府领导的重视和发改委、财政部门的大力支持下，1360万元的口岸设施建设和查验装备投资完成立项审批手续，按一次性补助方式分别投给大连和沈阳海关、辽宁检验检疫局三个单位。省财政对口岸公共信息平台建设向有关港口一次性专项补助500万元。这将有利于调动驻我省口岸查验部门的积极性，改善全省口岸通关环境。

对企业进行培训。随着通关企业希望了解掌握不断变化的通关操作业务的需求日益高涨，省市口岸主管部门组织对通关企业进行培训，不仅提高了企业办理通关业务的水平、降低通关的成本，并有助于口岸监管部门宣传国家政策，与通关企业沟通。在营口和锦州口岸成功地举办了232家企业参加的培训班，取得显著效果，得到企业的普遍好评。

口岸通关礼遇工作。根据省委、省人大、省政府、省政协办公厅、省外办、外经贸厅等领导机关和部门的要求，积极协调口岸相关部门，对政府邀请的国际团组、友人、重要实业界知名人士、省政府举行的各种大型活动和省委、人大、政府、政协各大机关领导出访办理通关便利和相应规格的礼遇，受到好评，为招商引资工作助力。全年共为47个团组和“要客”办理通关礼遇工作。

【新开国际航线】 “十五”期间，辽宁口岸共开辟空中国际航线33条，是政府报告规定开辟空中国际航线10条任务的3.3倍；开辟海上国际航线22条，是计划开辟5条海上国际航线的4.4倍。2005年全省开辟空中国际航线16条，超额完成政府报告规定每年开辟空中国际航线2条任务的7倍；开辟海上国际航线15条，是年初规定开辟1条海上国际航线的15倍。这些航线的开通，为扩大对外交往，繁荣国际交流事业，保障开放型经济的发展起到重要作用。

【口岸精神文明建设】 辽宁省口岸系统精神文明创建工作坚持高举邓小平理论和“三个代表”重要思想伟大旗帜，认真贯彻落实党的十六大和十六届三中全会、四中全会精神，大力开展保持共产党员先进性教育活动，全面贯彻落实科学发展观，以“规范执法，文明服务”、推进信息化建设、提高通关效率、改善通关环境为主要内容，继续推行社会服务承诺制、生产经营信誉制、行政执法公示制，进一步提高口岸整体服务水平，为建设“和谐辽宁”和老工业基地振兴创造良好通关环境。辽宁口岸做到年初有计划，年内有活动，年底有检查有总结，并将精神文明建设工作检查情况向全省口岸单位通报，进一步促进精神文明建设工作的开展，使这项工作硕果累累。10月26日，中央文明委在北京人民大会堂举行全国精神文明建设工作表彰大会，辽宁口岸系统有6个单位受到中央文明委的表彰，其中有2个单位是经口岸系统推荐得到这一殊荣。根据辽宁省精神文明建设活动办公室《关于评选2004—2005年度全省精神文明创建工作先进单位的通知》和《辽宁省文明单位建设管理办法》要求，评比坚持高标准严要求，服务意识强，满意率高，具有示范作用。在全省口岸系统各单位认真开展各项活动的基础上，经过各市口岸管理部门进行认真检查、考核、评选，向辽宁省委省政府推荐了“标兵单位”1个，“文明单位”14个。1个口岸基层海关被省文明委授予“雷锋号”。45个窗口被辽宁省口岸办公室授予2004—2005年度辽宁省口岸系统“文明窗口”。先进评比评出了干劲，评出了团结，评出了共创和谐口岸的良好氛围。

2005年辽宁口岸货运量统计表

项目 口岸	外贸合计（万）	同比（%）	外贸进口（万吨）	同比（%）	外贸出口（万吨）	同比（%）	外贸集装箱吞吐量（万标箱）	同比（%）
全省口岸合计	9842.8	25.4	5499.3	21.9	4343.5	30.2	255.0	19.2
沈阳空港	2.8	–26.3	1.1	—	1.7	–37.0	—	—
大连海港	6377.3	29.6	3765.8	23.2	2611.5	40.0	241.0	20.5
大连空港	5.8	5.5	2.4	4.3	3.4	6.2	—	—
营口海港	2201.5	13.3	1166.6	14.6	1034.9	11.9	6.9	27.8
锦州海港	580.7	30.9	254.6	7.6	326.1	57.6	0.2	–84.6
丹东海港	500.8	32.1	255.4	70.3	245.4	7.2	6.9	–4.2
丹东铁路	74.4	14.3	43.0	12.9	31.4	16.3	—	—
丹东公路	41.8	35.7	7.8	–1.3	34.0	48.5	—	—
丹东管道	52.3	–1.7	—	—	52.3	–1.7	—	—
盘锦海港	5.4	100.0	2.6	116.7	2.8	86.7	—	—

2005年辽宁口岸客运量统计表

项　　目	完成量	同比%
沈阳桃仙国际机场出入境旅客	66万人	16.2
大连周水子国际机场出入境旅客	88.3万人	4.7
大连海港出入境旅客	9.43万人	51.6
营口海港出入境旅客	3.32万人	–9.4
丹东海港出入境旅客	9.33万人	14.5
丹东铁路出入境旅客	5.9万人	43.1
丹东公路出入境旅客	9.9万人	–19.5
全省口岸进出口货物总值	518.02亿美元	17.1
进口货物总值	243.68亿美元	10.3
出口货物总值	274.34亿美元	23.9

大连口岸工作综述

2005年，大连口岸海、空港货物和旅客吞吐量继续保持稳步增长的势头，集装箱运输得到了快速发展，口岸进出口贸易取得了长足进步，口岸查验业务量明显增加。

【口岸客货运量】 2005年，大连市港口货物吞吐量17085.2万吨，同比增长17.7%，同比净增2569万吨，增速比2004年提高2.5个百分点，在全国沿海主要港口中名列第六位。其中，外贸货物吞吐量6377.3万吨，同比增长29.6%；海港出入境旅客9.43万人次，同比增长51.6%；大连口岸完成集装箱吞吐量268.8万TEU，同比增长21.5%。其中，外贸集装箱完成242万TEU，同比增长20.8%，内贸完成26.8万TEU，同比增长28%；空港旅客吞吐量540.7万人次，同比增长17.2%。其中，空港出入境旅客88.3万人次，同比增长4.7%；货邮吞吐量13万吨，同比增长10.3%。其中，外贸货邮吞吐量5.8万吨，同比增长5.5%。大连空港旅客吞吐量继续保持东北第一。大连口岸进出口货物总值422.87亿美元，同比增长24.3%。

【口岸开放】 编制《大连口岸查验设施体系发展规划》（以下简称《规划》）。为贯彻落实中共中央、国务院《关于实施东北地区等老工业基地振兴战略的若干意见》（中发[2003] 11号文）战略部署，服务东北振兴，加快大连东北亚重要国际航运中心和“大大连”建设，依据国家有关部委关于口岸查验设施与港口、机场、车站、通道等主体工程统一规划，统一设计、统一投资、统一建设的基本原则，结合大连口岸的实际，组织编制了《大连口岸查验设施体系发展规划》并初步通过了专家的评审。此《规划》对加强大连口岸建设，改善口岸通关和投资环境，推动全市经济跨越式发展，加快与国际惯例、国际规则、国际市场的接轨步伐，扩大对外交往，树立对外开放良好形象等都具有十分重要的意义。

做好新建码头对外开放工作。组织海关、检验检疫、海事、边检等口岸查验单位到正在建设的大连汽车码头、大连港集团新港油码头，大连湾码头和长生码头进行现场调研，对大连汽车码头、大连港集团新港油码头，大连湾码头和长生码头的编制和投资提出了申报意见。

发展游轮经济。协调办理8条国际游轮来大连观光旅行的通关便利，全年接待国际游客9500人次；大连市唯一的海上国际客运航线—大仁航线准班正点继续保持良好的发展势头。

增加运输能力。集装箱新增外贸航线15条，至2005年底，大连港共拥有内外贸航线75条，其中，外贸航线66条，内贸航线9条。新开辟空港国际航线12条：大连—济洲、伦敦、墨尔本、温哥华、洛杉矶、悉尼、新加坡、吉隆坡、德里、普吉、曼谷、巴黎。截至2005年底，大连机场已开通航线101条，其中，国内航线70条、国际（地区）航线31条。在海铁联运上，开通了大连—通辽的集装箱班列，并在通辽蒙物流园区设立了集装箱中转站，打通了内蒙古东部地区的出海大通道。2005年大连口岸的集装箱海铁联运完成13.6万TEU，为集装箱的快速增长做出了贡献。

【口岸“大通关”】 通过口岸各查验部门之间和部门内部工作程序和职能的有效整合，监管方式前推后移，推出了“提前报检、报关、实货放行”、“选择报关、按口岸放行”模式和“异地报检、通报通放”等模式，有效地提高了口岸工作效率。2005年5月18日，大连海关和辽宁出入境检验检疫局签署了关检联动合作协议，“通关无纸化”等5项合作项目取得了实质性进展。2005年6月27日，大连海关会同腹地海关推出了合作推动东北物流发展九项措施；辽宁出入境检验检疫局制定了支持百户农产品重点龙头企业和百户重点工业企业发展的措施，并采取特事特办、急事急办和24小时预约服务等方式，解决企业在检验检疫中遇到的实际困难。大连海事局改革船舶进出口查验工作，查验业务在口岸现场即可完成，方便船公司及其代理。10月，大连地区各边检站开通电子报检系统，并开始试运行，实现了船舶、船员、旅客网上申报。在认真总结试行“5+1天”工作制经验，结合大连口岸的实际，制定了《大连口岸“5+1天”工作制实施方案》，并组织口岸相关单位从2005年9月10日起，在大连航运交易市场、大窑湾和机场等业务量较大的口岸现场全面实施。海关、检验检疫、海事等部门对进出口货物报检报关、查验放行提供每周6天的通关服务，相关查验单位对国际航行船舶、飞机进出口岸提供快捷服务，保证船舶、飞机抵港后即可上下作业人员、装卸货物。

【口岸信息化建设】 按照“政府支持、企业运作”原则，落实与海关总署签署的共建地方电子口岸合作备忘录，将大连现有与物流和“大通关”相关的信息进行整合。2005年9月推出了港检（港口与检验检疫）联动快速查验系统，在大窑湾口岸率先进行试点，在检验检疫、大窑湾集装箱码头、船舶代理和熏蒸公司间实现了集装箱查验业务电子化和网络化。组织开发了危险货物申报系统，实现了危险货物网上申报和审批，提高了口岸危险品作业服务和监管水平。以口岸公共信息平台为基础，与专业金融业务平台相连接，建立了大连口岸支付平台，具备账单查询与打印、账单审核、银行卡网上支付、对公账户支付、账户动态查询等多种功能，目前在集装箱码头业务支付领域开始投入使用。

【航运交易市场】 2004年11月19日大连航运交易市场投入使用以来，这座目前国内功能最全、集约化程度最高、设施最完备的航运交易市场，集中体现了大连口岸近年来“大通关”工作的成果，提供的“一站式”通关和“一网式”交易服务，得到客户的普遍欢迎。目前，航运交易市场平均每天接待客户800人次以上，占大连口岸海关报关量的20%以上、检验检疫受理总报检量的50%以上、海事局受理的出口危险货物申报的100%在航运交易市场进行。2005年8月增加了航运人才市场功能，将航运交易市场建设和人才市场建设有机结合起来，建立了航运人才市场管理新体制，人才集聚能力得到了加强。

2005 年大连口岸业务统计表

指标名称		完成数量	同比%
海港	货物吞吐量	1.71 亿吨	17.7
	外贸货物吞吐量	6733.3 万吨	36
	集装箱吞吐量	268.8 万标箱	21.5
	旅客吞吐量	615.4 万人次	-0.25
	出入境旅客	19.99 万人次	220
空港	旅客吞吐量	540.7 万人次	17.2
	出入境旅客	116.6 万人次	16
	货邮吞吐量	13 万吨	9.9
	外贸货物	5.8 万吨	4.2
	飞机起降	5.015 万次	7.8
口岸贸易	进出口总值	422.87 亿美元	24.3
	出口	220.51 亿美元	33.4
	进口	202.26 亿美元	15.7

辽宁口岸查验单位工作综述

大连海关

2005 年，大连海关在海关总署的正确领导下，在地方党政的支持配合下，认真贯彻海关工作 16 字方针和队伍建设 12 字要求，锐意改革创新，不断提高把关服务能力，积极支持东北老工业基地振兴，全面推进队伍建设，圆满完成了各项工作任务。

【推进“大通关”工程，支持东北振兴和国际航运中心建设】 大连海关深入开展区港联动试点。与中国电子口岸联手进行了园区通关信息化管理系统的开发和升级，进境货物从备案到入区只需不足 50 分钟，一汽集团称之为“突破性的速度”。建立了港区专用卡口，制定了 8 项规程，制作了园区海关通关指南，建立了园区企业档案，对“一日游”等重点业务实施重点查验。截止 2005 年末，已在工商部门注册的园区企业 41 家，13 家企业正式开展业务。园区全年接单 2,858 票，共计征收关税 1,411 万元。

不断拓展和完善便利通关措施。为支持省、市深化和扩大对外开放，4月份和7月份分别在大连市、辽宁省对外开放工作会议上推出了包括实行“5+1”工作制、扩大联网监管、实现口岸与先导区“直通关”、打造东北“无障碍通关”环境等为主要内容的九条措施，受到了省、市党政领导的高度评价。进一步完善“选择报关、口岸放货”通关模式，建立了现场海关、职能部门、通关应急办公室三级立体应急通关机制。自9月10日实行“5+1”工作制后，每周六受理报关单量平均在2,000票左右，切实方便了企业通关。网上支付、通关单联网核查等联网项目应用继续拓展，“一卡多行”、“异地支付”等网上支付项目试点启动，网上支付企业45家，网上支付税费3.53亿元，与海关签署合作协议的银行达到8家。据统计，大连关区平均进出口报关单作业时间（平均一票）从年初的进口5.83小时、出口2.99小时缩短到年末的进口1.06小时、出口0.32小时；海关作业时间占“大通关”时间从年初的进口19.7%、出口8.68%到年末的4.59%和1.31%。

积极探索区域海关及口岸部门合作。以促进大连国际航运中心建设为出发点，主动学习和借鉴珠三角、长三角海关区域一体化改革经验，于6月8日牵头在大连召开了东北五海关（大连、长春、哈尔滨、沈阳、满洲里）合作研讨会，提出了推动东北大物流发展九项措施，确定了联手打造“快速通关系统”、逐步实现进出口货物属地直报、关际直转、车船直取、专线直达、干港直提（装）和通关快捷的“五直一快”目标，推出了东北地区“海铁分拨快列”等便利通关措施，确保了转关货物应转尽转快转。继续推进与沈阳海关内外贸同船运输业务，出台了操作细则，全年大连关区共办理跨关区快速转关货物425万吨。落实海关总署和国家质检总局合作备忘录精神，于5月18日隆重举行了大连海关和辽宁出入境检验检疫局建立关检合作机制为“大通关”服务协议签字仪式，确定了“一单两报”、“一机两屏”两个合作项目，受到与会省、市领导的热情赞扬。

【提高“五种能力”，深化海关业务建设】 提高税收征管能力，构筑综合治税大格局。2005年，受税率下调、东北地区一般贸易进口应税货物增长缓慢等因素影响，大连海关税收面临前所未有的严峻形势。关党组坚决贯彻海关总署综合治税工作会议精神，切实落实加强税收征管十项措施，得到总署检查组的充分肯定。

提高统计监测能力，增强服务宏观决策效果。全面开展综合执法评估和专题评估，做好数据加载和前期运行等统计预警监测基础性工作，全年提示各类风险信息千余条。完善了“分位数检控程序”等多项科学化数据审核手段，加大了业务培训和监督考核力度，数据质量基础不断加强，全年修改报关单差错记录4万余条，堵住差错累计金额3亿美元。统计信息报送力度不断加大，全年共编报分析文章200余篇，40余篇得到中央和省、市领导批示。

【建立健全风险管理体系，实现监控环节前推后移】 大连海关以组建风险分析监控中心为重点，顺利完成了调查职能调整工作，新成立的企管、风险、稽查三部门队伍稳定，机制顺畅，前中后相互配合，职能作用发挥更为显著。努力推进业务现场、业务职能部门和督审、纪检监察、统计及风险职能部门等三个层级的监控体系建设，强化风险信息管理和整合，深入开展宏观、专项风险分析，坚持廉政风险和执法风险一起防控，不仅促进了党风廉政建设责任制在基层的落实，而且逐步建立了具有大连海关特色的风险分析与业务质量监控体系。2005年风险平台发布各类信息330篇，被海关总署采用104篇；与其他执法部门开展风险信息协作，发现53份伪造的《海关代征增值税缴款书》，涉税1100余万元人民币。大连海关廉政风险和执法风险一起抓的经验在全国海关关长会上作了重点发言，总署对大连海关风险管理的经验专门发文介绍。与此同时，大力加强了对一般贸易、加工贸易和减免税货物等的后续稽查,全年共稽查企业318家。前期严格报关员管理，开展了报关员IC卡管理试点工作，全年新增注册备案企业2486家。

【开展先进性教育，提高干部队伍素质】 认真开展保持共产党员先进性教育活动。大连海关关党组高度重视保持共产党员先进性教育活动，成立了学习教育领导小组，向隶属海关派出3个巡视组，并组织163名处级以上党员干部集中培训。深入开展“开拓创新当先锋，把关服务做楷模”主题实践活动和“六个一”大讨论，群众测评满意率达到99.7%，先进性教育活动成为“群众满意工程”，被省市《先进性教育工作简报》和大连日报、大连电视台等媒体先后20余次报道。

积极开展和谐海关、纪律部队建设。围绕学习弘扬红其拉甫海关精神，组织了“关歌嘹亮”歌咏比赛、“学英模，见行动，做祖国忠诚卫士”主题演讲比赛等系列活动，促进了海关职业道德建设。研究出台了基层建设试点方案和实施细则，5月份总署在大连海关隶属鲅鱼圈海关召开了全国海关基层建设达标试点工作会议，鲅鱼圈海关作了经验介绍。不断推进准军事化海关纪律部队建设，开展了“抓规范、促养成，总关先行”的内务管理规范整顿月活动，组织机关95%以上的干部参加了封闭式军事训练，被总署《政治工作简报》专题推介。

不断深化干部队伍教育管理。优化各级领导班子结构，共对26名处级、60名科级领导干部进行了调整交流，对2名处级领导干部和9名科级领导干部转任非领导职务，对2005年新录用的48名公务员首次试行了正式分配到岗与到业务一线实习锻炼相结合的分配制度。全年共举办入关、任职、上岗等各类培训、竞赛等26期次，参加1021人次，有效地促进了干部队伍素质的提高。

进一步推进党风廉政建设。加强教育、制度、监督惩防腐败体系建设，坚持业务工作和廉政风险“两手抓”，开展了以预防查验廉政风险为重点的风险分析和以税收征管、制度落实等为重点的综合执法检查和监察，在“全国海关纪检监察领导干部研讨班”上，大连海关就结合通关运行监控机制、建立健全廉政风险预警和处理机制的研究成果进行了专题介绍。积极推进基层单位落实党风廉政建设责任制，关党组与各基层单位签订党风廉政建设责任状，确定试点单位，采取自查、检查、互查相结合的方式对基层单位进行全面调研检查，并于9月份举办了基层单位落实党风廉政建设责任制专题研讨班，使各级领导干部“一岗双责”及廉政意识得到普遍增强。

【确保海关改革、发展、稳定，努力做好其他各项工作】 进一步提升政务服务水平。全力组织实施HB2004系统推广工作，经过多次调试和20余次培训，10月份在关区一次性切换成功且运行稳定，大幅度提高了机关工作效率和效能；精心策划开展了20余次重点工作系列宣传，全年共发表新闻宣传稿件700余篇，被中央一级的新闻媒体采用263篇；编发各类海关信息4657篇，被总署办公厅以上和省市采用1613篇次；继续做好安全保密、文档管理、督办值班等各项工作。办公室被评为“向省委办公厅报送信息先进单位”、“辽宁省行政机关公文处理工作先进单位”、“辽宁省‘十五’档案工作先进集体”。

大力加强法制建设。针对《行政许可法》的实施、关务公开落实等开展了数次执法检查，就《公务员法》、《行政许可法》等重要法规进行多次专题培训。大连海关编订的《进出口贸易管制工作海关实务》手册已被多个海关作为贸易管制的重要参考书籍。审理复议案件8起，应诉案件4起，为国家避免了2000多万元的行政赔偿损失。11月底国务院保护知识产权专项行动第七督察组来大连海关检查，对知识产权保护做法给予了充分肯定。切实提供科技支撑。及时进行了 H2000 系统、风险管理平台系统的多次升级，圆满完成了网络改造等重点工程项目的建设与推广，开展了通关运行效率监控系统等十余个应用项目的开发，为各项业务工作的推进提供了强有力的技术支撑。深入开展业务督察审计。核减预决算资金 489 万元，开展了对隶属海关关长在任期中的经济责任审计，实现了审计信息共享和监督关口前移。圆满完成了接受沈阳特派办审计任务，进一步改善了业务运行质量。加强财务后勤服务保障工作。严格资金预算及税收入库管理，稳步推进关区财务装备管理改革。着力解决了群众关心的职工购房补贴、移动通信补贴、提高公积金扣缴比例等问题，化验中心搬迁、单身职工宿舍规划选址、招待所改造等项目进展顺利，群众福利待遇和工作、生活条件得到了进一步改善。圆满承接了 104 次海关会议、培训及接待任务，涉及 9861 人次；积极围绕现代海关制度与能力建设开展理论研讨和论文征集活动。共征集文章 1070 篇，并评选出 49 篇优秀论文予以表奖。此外，大连机场海关 8 月份正式开关挂牌，港湾海关开关和庄河、旅顺港开放有关海关设施建设及报关协会成立等项工作取得了新的进展。

经过全关上下的共同努力，大连海关的工作取得了显著成绩，有 71 个单位与个人获得总署和省（部）、市级以上表彰；中央文明委授予大连海关隶属鲅鱼圈海关“全国文明单位”称号，总署党组在全国海关关长会议上给予了隆重表奖；两个青年集体分别被评为国家级、省级“青年文明号”，1 人被授予辽宁省“杰出青年卫士”称号。李克农副署长在先进性教育期间来大连海关检查工作时说：“大连海关近年来总体发展很好,总署党组对大连海关是放心的”。辽宁省副省长李万才在省内有关会议上评价说：“大连海关工作适应了东北和辽宁省对外开放发展的需要，推动了我省开放工作不断前进，为促进地方经济发展做出了突出贡献。”

沈阳海关

2005 年，沈阳海关在总署党组的正确领导和辽宁省委省政府的大力支持下，在全关同志的共同努力下，认真贯彻落实全国海关关长会议及全国海关党风廉政建设和反腐败工作会议精神，以提高把关服务能力为主线，不断加大队伍建设、业务建设和党风廉政建设力度，积极促进辽沈地区老工业基地振兴，各方面工作取得新进展，圆满完成全年各项工作任务。

【严格履行海关职责，高标准完成各项工作任务】 2005 年，沈阳海关以加强科学征管综合治税、打击走私规范秩序、有效监管便捷通关、加工贸易保税监管和统计分析预警监测等五个方面能力建设为重点，全面完成各项业务工作。

沈阳海关以税收工作为轴心，以贯彻落实全国海关综合治税工作会议为契机，努力构建以提高税收征管水平为重点和各部门良性互动的综合治税长效机制。

加强组织领导。成立了综合治税领导小组和综合治税推动小组，关领导亲自挂帅，各单位一把手为完成税收任务的第一责任人，上下齐动员，层层抓落实，出台了多项举措，保障税收任务完成。

2005年大连海关关区业务统计表

项目			单位	本月	累计	累计同比(%)
进出口报关单总数			万张	12.6	130.8	16.78
进出口记录条总数			万条	28.9	280.1	20.37
进出口总值	合计		万美元	462434	4819356	20.4
	进口		万美元	220772	2211910	13.7
	出口		万美元	241662	2607446	26.8
进出口货运量	合计		万吨	742.1	7371.4	28.5
	进口		万吨	501.5	4509.2	28.7
	出口		万吨	240.6	2861.8	28.3
集装箱	集装箱总数		万箱	25.53	248.28	25
	箱载货物		万吨	109	1171.3	21.4
监管运输工具	监管总数		架艘辆	12392	148137	38.5
	其中	飞机	架	606	9539	43.7
		船舶	艘	971	13649	9.3
		火车	节	1593	28545	9.9
		车辆	辆	9222	96404	55.8
企业	注册企业		个	188	2486	-1.9
	其中	报关单位	个	7	168	158
行邮	进出境人员		人次	135459	1898680	11.8
	邮、快递物品总数		万件	21.3	348.7	-43.3
	其中	邮递物品	万件	10.3	228.3	-55.2
		快件	万件	11	120.4	15
加工贸易	实有加工贸易企业		个	35	2282	17
	备案加工合同		份	2996	31137	7
	合同备案金额		万美元	76064	877019	27
	经批准内销补税		万元	2348	63016	60

续表

项目			单位	本月	累计	累计同比(%)
税收	关税		百万元	335.54	4192.61	-16.25
	进口环节税		百万元	1480.07	16936.87	6.37
	两税合计		百万元	1815.61	21129.47	1.27
	其中	审价补税	万元	1382	20670	45.77
		归类补税	万元	268.8	2461.2	85.7
减免税审批	减免关税		万元	9206	83419	32.2
	减免环节税		万元	27909	243022	40.88
	合计		万元	37115	326441	38.6
走私案件	查获宗数		起	135	1188	72.2
	案值		万元	4212.03	33221.1	94.4
	抓获犯罪嫌疑人		人	0	50	—
违规案件	查获宗数		起	0	0	0
	案值		万元	0	0	0
罚没收入	缉私罚没收入		万元	337.24	558.06	-71.20
	海关其他罚没收入		万元	73.20	577.08	49.24
	合计		万元	410.44	1135.14	-51.16

打破部门界限。业务现场与职能部门在综合治税领导小组领导下，加强联系配合，形成了现场与职能、职能部门之间和谐的执法氛围。审单中心在加强审单的同时，编写了《沈阳关区常见商品规范申报指南》，规范现场审单操作；监管部门对17个监管场地进行全面检查，加大实际监管力度；加贸部门积极发挥职能作用，严把加工贸易内销补税关，实现内销补税2670万元；稽查部门不断加大企业稽查力度，稽查企业105家，稽查补税2060万元；缉私部门开展了打击加工贸易渠道走私违法专项行动，以打促税；督查审计部门开展了对税收缴款入库情况和对进口零关税商品的专项督察等，初步形成了各部门分工合作、协调配合的综合治税格局。

开展业务培训。本着“实用、管用”的原则，开展了21次税收征管业务培训，累计555人次参加，受训人员达到了“干什么学什么、需要什么补什么、补什么强什么”的学习效果。

严把“征、免、退、补”关。研究制定了《沈阳海关减免税档案管理办法》、《沈阳海关退税工作管理规定》和《沈阳海关退税业务操作规程》，严格管理减免税备案和退税审批，防止“跑、冒、滴、漏”。全年共征收税收31.38亿元人民币，创历史最好水平。

【整合打私力量，保持高压态势，打私威力进一步发挥】 沈阳海关主动适应调查职能和机构调整的要求，充分认识机遇与挑战并存，及时调整思路、找准定位，以整合资源为契机，加强缉私能力建设，保持打私高压态势。根据总署党组整合行政执法资源及调查职能调整的要求，在较短时间内完成了行政执法资源的整合，建立起一整套规章制度，使打私工作在以往工作基础上更加规范、有序。

充分利用风险管理平台和H2000系统拓展情报工作，提高主动发现案件线索的能力，并综合运用行政和刑事两种执法手段，稳、准、狠地开展打私工作。2005年，共受理刑事案件9起，涉案总值5150.72万元人民币，立案了4起，抓获犯罪嫌疑人18人。查办行政违法案件66起，违法总值1655.28万元，结案39起，实际执行罚款18.49万元。在“打”的同时，坚持综合治理，注重打防结合，认真做好“防”的工作。以总署公布进出口企业“红、黑名单”为契机，通过走访进出口企业，召开“关企”座谈会，发放“公开信”等形式，有针对性地宣传“守法便利、违法必究”的理念，采取了企业先自查，海关再稽查的方法开展稽查工作，达到了海关执法与企业发展“双赢”的目的，实现了“稽查一家，规范一家，服务一片”的效果。

【加强实际监管，完善监管手段，实际监管水平有了新的提高】 加强对转关运输货物和舱单管理。把舱单管理作为物流监控工作主线，在舱单管理上下工夫，建立了较为严密的舱单管理制度，加强对舱单的动态监控，保障舱单核销率98%以上，高于海关系统平均核销水平；积极推进监管模式改革。实现了监管管理网、H2000外网预录入的测试及业务现场系统的切换，为建立综合监管新机制做好了准备；实施进出境旅客申报制度改革。总署下发《关于改革航空口岸进出境旅客申报制度有关问题的通知》后，沈阳海关及时研究制定了旅客进出境海关监管现场改造方案，抽调人力，保障进出境旅客申报制度改革达到预期目标；加强监管技术设备管理。研究制定《监管技术设备管理岗位职责》和《沈阳海关监管技术设备管理办法》，对监管技术设备进行全面核查，监管技术设备使用效能进一步提高；加强与检验检疫部门联系配合。制定完善了《关检合作备忘录》，在空港口岸实现旅客行李物品通关“一机两屏”监管模式。

【完善监管制度，清理遗留手册，提高加工贸易管理水平】 制定下发了《沈阳海关关于规范加工贸易项下出口应税商品征收出口关税的操作规程》和《沈阳海关加工贸易监管操作规范细则》等多项制度，从加工贸易的审批备案到核销结案都做了较规范的量化责任标准要求，为加工贸易规范化管理奠定了制度基础。按照总署统一要求，开展了加工贸易逾期未核销手册清理工作，清理逾期未核销手册583本。通过清理遗留手册，发现了以往管理上存在的问题和薄弱环节，解决了长期困扰业务现场提高管理工作的难题，为提高加工贸易管理质量和水平奠定了良好基础。针对加工贸易占关区半壁江山的特点，采取多种措施，引导更多的加工贸易企业参加联网监管。目前，已实行联网监管的企业15家。积极发挥职能作用，加强对现场和企业的业务指导、培训、检查。对业务现场加工贸易管理人员进行了《操作规范细则》讲座；对200多家加工贸易企业进行相关法规宣讲。开展执法检查，加强规范管理。通过抽查业务现场150本手册，发现个案问题70多个，普遍性问题10多个，并及时进行了情况反馈，要求各业务现场进行整改。

【深化统计分析，拓展服务领域，统计职能作用有效发挥】 积极发挥统计分析和预警监测作用，为振兴老工业基地服务。抓住地方经济发展中的热点、重点问题进行统计信息分析，将重点放在发挥统计分析和预警监测作用，服务于老工业基地振兴上。年内编发《海关统计》124篇，中办、国办采用2篇，总署采用6篇，省市政府办公厅政务信息采用46篇，媒体采用110篇，得到省市领导批示16篇。《统计分析》被采用情况和受到领导批示均创历年同期最好水平。积极拓展统计咨询服务领域，收到良好社会效益。年内15次走访地方政府有关部门，就贸易调研、信息交流、提供统计信息服务以及建立长效合作机制等事宜进行交流与沟通，接待400余人次查询海关统计数据。通过走访座谈和提供社会化服务，有效拓宽了海关统计信息服务领域，提高了海关信息社会化服务水平。

【健全工作机制，开展风险分析，风险管理工作稳步推进】 以抓好风险分析监控中心建设为重点，建立起层级管理体制。健全风险管理协调配合机制，确立了风险管理的中心环节地位，实现了风险分析监控中心实体化运作，初步形成了风险管理整体联动的工作格局。以服务综合治税大格局为主线，积极开展对重点企业、重点商品的风险分析监控工作，发布风险分析报告十余篇，初步形成了综合分析与专题分析相结合、预警监控与常规布控相结合的风险防控模式。加强对业务运行质量进行监控，定期发布业务运行监控报告，为加强业务基础建设提供服务。以规范风险信息管理为着力点，加强风险管理基础工作，通过改进和完善风险信息管理模式、创建发布载体和实行定期通报制度等，充分发挥风险信息实际预警提示作用，增强了风险信息的实际预警作用。在关区内有针对性地开展风险管理平台应用全员培训，普及了风险管理理念，扩大了风险管理平台使用范围。

【促进辽沈地区老工业基地振兴迈出新步伐】 2005年初，牟署长为沈阳海关题写了“振兴东北，海关先行”的重要指示后，关党组高度重视，把促进辽沈地区老工业基地作为我关今年乃至今后一个时期一项重要工作。特别是国务院下发《关于促进东北老工业基地进一步扩大开放的实施意见》后，新一届关党组顺应辽宁进一步扩大对外开放的形势需要，主动将海关工作置于辽宁进一步扩大对外开放的各项建设事业中，把地方党政的工作重点作为海关的工作重点去思考、去研究、去部署，促进辽沈地区老工业基地振兴工作取得了新成就。

出台10项支持措施，促进振兴层次提升。结合辽宁省对外开放工作会议要求，组成了“服务对外开放，促进辽沈振兴”课题小组，由关领导带队走访了关区8个市党政机关和主要领导，主动征求意见，了解地方经济发展具体需求，在深入调查研究的基础上，制定实施了《沈阳海关支持东北老工业基地振兴10项措施》（以下简称《10项措施》），重点突出主动适应和强化服务两个方面。《10项措施》对外发布后，地方党政领导和社会各界予以高度评价。省政府领导赞誉说：“这次沈阳海关出台的《10项措施》是在主动走访调研企业需求、了解政府有关部门意见和建议的基础上，全面贯彻落实国办36号文件和《中共辽宁省委、辽宁省人民政府关于进一步扩大对外开放的实施意见》具有前瞻性的重大举措，完全适应辽宁省经济发展需要，同辽宁省抓住东北振兴、沿海开放双重发展机遇，进一步扩大对外开放，以开放促振兴的总体思路相符合。这10条措施必将有力地促进辽宁进一步扩大对外开放和辽宁老工业基地振兴。”

深化通关作业改革，通关效率进一步提高。在“属地报关、口岸验放”新型通关模式试点的基础上，进一步扩大试点范围，通关效率稳步提高。积极与多家商业银行合作，扩大“网上支付”业务覆盖面，目前使用“网上支付”业务的企业已增至28家。建立了展览品通关协调应急机制，有力地保证了在沈阳举办的“韩国周”、“制博会”、“东北亚高新技术博览会”等7个国际展览会的展览品快速通关。

深化跨关区业务合作，促进开放成效显著。在跨关区海关业务合作，实现跨关区监管8条国际航线的基础上，进一步加大工作力度，不断拓展跨关区海关业务合作范围，2005年实现对沈阳经北京、上海等地24条新国际航线跨关区海关监管作业。这一举措对于增加辽宁与世界各地的人员往来，促进辽沈地区进一步扩大对外开放起到了重要推动作用。

组建专门业务机构，推动保税物流发展。沈阳市地处东北地区的交通枢纽，在沈阳建立保税物流中心对于拉动辽宁中部城市群扩大对外开放具有重大作用。为推动东北地区中心城市的保税物流业发展，2005年初，沈阳海关抽调专人，组建沈阳海关驻沈阳保税物流中心筹备组，积极主动协助地方政府开展相关工作。这一举措，受到地方党政领导和社会各界的好评。

积极开展关检合作。海关和检验检疫部门密切合作，对进一步提高口岸通关效率、促进辽沈地区外向型经济发展具有重要意义。关党组非常重视此项工作，多次与检验检疫部门领导协商，在双方共同努力下，与沈阳出入境检验检疫局签订了《建立关检合作机制为大通关服务的协议》，为沈阳空港进一步提高通关效率奠定了坚实基础。

【贯彻“海关人员6项禁令”】 以建立教育、制度、监督三者并重的惩治和预防腐败体系为重点，采取有效措施，深入推进党风廉政建设和反腐败工作，抵御和防范廉政风险的能力不断增强。

深入贯彻“海关人员6项禁令”。组织开展了“6项禁令”贯彻情况专项检查，特别注重节假日前的廉政教育和节假日后的廉政检查。在“五一”、中秋、“十一”等节假日之前及时下发通知，要求全体关员严格遵守“6项禁令”和廉洁自律的有关规定，在节假日后对落实情况进行监督检查。在加强廉政制度建设中，制订实施了《沈阳海关关务督察工作实施办法》、《沈阳海关六不准》、《沈阳海关六不准实施细则》和《沈阳海关对送收“红包”行为予以公布的实施细则》等工作制度。

纠风工作扎实有效，行风状况获好评。沈阳海关领导带队到隶属关办、大中企业走访，对“6项禁令”贯彻情况和行风状况进行专项检查。邀请社会监督员和新闻媒体的代表参加关区行风建设座谈会，深入贯彻落实总署关于“红包”公布的制度。今年5月，在辽宁省召开的“全省纠风工作暨行政审批制度改革工作电视电话会议”上，沈阳海关关被省政府授予“2004年度全省民主评议行风先进单位”的牌匾。这是沈阳海关连续两年荣获此殊荣。

加强内部督察审计，督察针对性和有效性进一步提高。注重发挥督察审计工作在建立监督制约长效机制中的作用，推动督察审计工作深入开展，取得了一定成效。组建了关务督察队。这是党组加强执法监督，强化关容风纪，建设准军事化纪律队伍的重要举措。一年来督察队采取常规督察、重点督察、专项督察等方式，积极开展涉及内务规范、关容关纪、业务规范等诸多方面的督察工作。督察队对发现的问题及时进行纠正，对带有倾向性的问题及时提出建议，定期发布督察情况通报，有效促进了队伍建设；开展了对隶属关办领导干部任中经济责任审计。2005年首次开展了对隶属关办主要领导任中经济责任审计。重点审计了3个隶属关办主要领导在任职期间依法行政、履行经济责任和廉洁自律情况。通过对领导干部任中经济责任审计，进一步强化了基层领导干部的责任意识，提高了抓基层打基础的主动性；开展了对总署审计决定中涉及的问题整改情况回头看检查工作。以2004年总署督察审计报告中提出的问题作为切入点，开展了业务基础建设回头看专题活动，有力促进了业务规范化建设。

认真落实党风廉政建设责任制。在2005年年初召开的关区工作会议，逐级签订了党风廉政建设责任书，组织开展了对隶属关办2004年党风廉政建设责任制落实情况的检查和考核。召开了基层党风廉政建设分析会，对基层单位领导和兼职纪检监察员进行培训，基层领导干部“一岗双责”意识普遍增强。认真抓好信访案件的举报管理和案件查处工作，综合运用纪律处分和组织处理手段，提高执纪执法水平。

辽宁省公安边防总队

2005年，在上级机关的正确领导和相关部门的大力支持下，辽宁省公安边防总队边防检查工作始终从维护国家政治和社会稳定、服务地方经济建设的大局出发，以落实部局党委扩大会议及满洲里培训研讨会精神为契机，以“双争”、“三访四见”（“访贫问苦、访疾问难、访外问弱”、“看见、敢见、愿见、想见”）、“大练兵”活动为载体，以口岸查控和反偷渡及落实《出入境边防检查勤务规范》为重点，狠抓各项规范的落实和各级人员综合素质的提高，稳步推进执勤执法规范化建设，执法为民意识和服务水平不断提高，圆满完成了各项边防检查任务。

【忠实履行工作职责，确保口岸安全稳定】 辽宁省公安边防总队进一步加强各项基础性工作，建立健全各项规章制度，不断加大检查监督指导力度，并指导所属各边防检查站进一步完善口岸处置突发事件预案，开展有针对性的实战演练，提高处置突发事件的能力，确保了重点时期、敏感时期口岸的安全和社会的稳定。同时，根据当前口岸偷渡活动出现的新情况、新特点，辽宁省公安边防总队着力在证件研究、规范执法、加强培训上下功夫，以证件研究室为依托，以机关刊物《证件研究

2005年沈阳海关关区业务情况统计表

项目		单位	2005年
税收	关税	亿元	10.88
	代征税	亿元	20.51
	合计	亿元	31.38
审批减免税	宗数	宗	1923
	商品	项	3410
	审批货值	亿美元	11.05
	减免关税	亿元	3.53

项	目	单 位	2005 年
减免增值税		亿元	11.51
监管贸易值	进口	亿美元	22.5
	出口	亿美元	13.6
	合计	亿美元	36.1
监管货运量	进口	万吨	258
	出口	万吨	324
	合计	万吨	582
	转关	万吨	12
受理报关单	进口	份	40339
	出口	份	26827
	合计	份	67166
集装箱	箱次	个	18030
	箱载货物	万吨	9.8
监管运输工具	飞机	架次	10524
	船舶	艘次	794
行邮监管	进出境人员	万人次	85.2
	邮递物品	万件	179.1
	印刷品	万件	148.5
稽查案件	案件	起	5
	案值	万元	8844
	罚没金额	万元	150.8
缉私刑事／行政案件	立案刑事／行政案件	起	9/66
	刑事／行政案值	万元	5150/1655
	罚没收入	万元	18.99
	结案案件	起	9
	立案偷逃税额	万元	1081
	抓获犯罪嫌疑人	人	18

与业务研讨》为载体，注重证件资料的收集和整理，指导各单位不断提高发现和识别伪假证件的能力。在总队的指导和支持下，各边防检查站也分别成立了证件研究小组或确定了后台证件鉴定人员，加强了对伪假证件和证件样本的收集、分析、研究工作，并及时将研究成果应用到一线检查工作中，有力地支持了口岸反偷渡工作。此外，在总队积极协调下，各边防检查站积极寻求与口岸相关单位的配合，以召开口岸反偷渡工作会议、口岸限定区域管理座谈会等形式，充分利用口岸相关部门、企业等公共管理资源打击非法出入境活动，从而告别了过去反偷渡工作边检部门单打一的局面，初步形成了“政府挂帅、明确责任、各方联动、齐抓共管、综合治理”的良好局面，有效遏制了口岸偷渡活动的多发势头。

【加强规范化建设，提高正规化执勤执法水平】 辽宁省公安边防总队召开了贯彻落实“公安边防部队边防检查深化‘双争’活动暨落实勤务规范化研讨会”电视电话会议，传达上级会议精神，并就如何严格执行两个规范、加强业务建设、加强现有执勤装备使用和维护、加大对执勤执法工作检查和指导力度、领导干部业务考核工作以及进一步加强和改进总队边防检查工作作了重要部署。为深入贯彻落实上级会议精神，总队制定了《辽宁省公安边防总队边防检查业务考核实施办法（试行)》，于10月底对各边防（境）检查站值班领导、各执勤业务科（包括检查科、查控科等从事边防检查业务工作的科室）领导实施了业务考核，并将考核成绩上网公布，纳入支队级党委班子量化考核。为加强规范化执勤执法工作，总队制定了“月（季）检查、半年讲评、年终考评”制度，即对有旅客检查任务的边防检查站每月检查一次，对无旅客检查任务的单位每季度检查一次，并不定期进行了明查暗访，每半年进行一次总结讲评，年终进行综合考评，并将年终考评结果纳入支队级党委班子量化考核，从而进一步加强了对执勤执法工作的检查监督指导力度。此外，辽宁省公安边防总队还通过举办落实《出入境边防检查勤务规范》培训班等形式，对落实新规范中的难点、热点、共性问题进行了统一规范，使规范化执勤执法工作得到进一步加强。

【加大人员培训力度，边检队伍整体素质得到提高】 2005年，辽宁省公安边防总队不断加大业务培训工作力度，将提高整体执勤人员业务素质作为重点工作来抓。以落实《出入境边防检查勤务规范》为契机，先后举办了全省各检查站站长、分管业务副站长、参谋长以及各边境检查站站长参加的落实新规范培训班以及全省一线执勤人员参加的边防检查业务巡回培训班。为进一步提高领导干部处理问题、解决问题的能力以及综合业务素质，总队在鲅鱼圈边防检查站举办了由全省各检查站站长、分管业务副站长、参谋长以及各边境检查站站长参加的业务培训班。培训期间，根据当前辽宁省边防检查规范化执勤、执法工作的实际情况，组织参加培训人员对《出入境边防检查勤务规范》重点章节和重点内容进行了逐条逐项地学习，并对各单位提出的难点和热点问题进行了解答，对共性问题进行了统一规范，为规范边检工作奠定了基础。为增强感性认识，培训期间参加培训人员还参观了鲅鱼圈边防检查站办证大厅和执勤现场，并就业务建设、执勤现场规范化建设、人员培训等问题开展了广泛的交流和研讨活动。在加强对领导干部业务培训的同时，辽宁省公安边防总队还针对基层任务重、集中培训有困难的实际情况，抽调各边防查检站业务骨干组成巡回授课团，对全省一线执勤人员进行了以空港业务、海港业务、查控工作以及证件识别等方面内容的培训，即达到了培训的目的，又落实了孟宏伟副部长“基层第一”的要求。同时，根据部局满洲里会议精神，制定了《辽宁省公安边防总队边防检查业务考核实施办法（试行）》，并于10月底对全总队各边防检查站值班领导、各执勤业务科领导进行了业务考核，进一步激发了各级领导学习业务、钻研业务的自觉性和主动性。各边防检查站以检查员等级评定为契机，紧密结合公安部开展的“大练兵”活动，采取网上培训、脱产学习、集体培训等多种措施，有针对性地开展业务培训和岗位练兵，使执勤人员的综合素质和业务能力有了明显提高。

【提高边检工作科技含量，推广使用“网上报检系统”】 为进一步提高通关速度，践行执法为民，加大边防检查工作科技含量，辽宁省公安边防总队从改革勤务方式入手，着手进行“出入境船舶及旅游团队网上预报预检系统”的研发和推广工作。“网上报检系统”是“出入境船舶及旅游团队网上预报预检系统”的简称，该系统利用电脑网络资源共享和传输便捷的优势实现各终端互联，缩短办理出入境（港）船舶手续时间和提高旅游团队通关速度，操作简便，流程合理，信息畅通，可为中外出入境船舶和旅游团队提供快速、畅通的通关服务，从而实现出入境边防检查电子政务化。8月初，大连、周水子边防检查站首先进行了海港、空港边防检查站业务模块的测试，并组织大连地区各边防检查站、旅行社、代理公司等相关单位的有关人员进行了系统推广业务培训；8月底，完成了网上报检系统在大连地区的试运行。9月5日，该系统在大连地区各边防检查站全面开通。年底在全省范围内推广使用。网上预报预检系统的建立，改变了边防检查报检程序繁琐、通关验放速度相对滞后的现状，实现了“一站式”通关服务。此外，上级机关和辽宁省公安边防总队不断加大资金和设备投入力度，逐步改善检查现场的执勤设施。先后为各边防检查站配发了证件阅读机、多功能打印机、彩色扫描仪等检查、查验设备，各边防检查站也通过积极争取地方政府支持进一步完善了执勤现场设施，执勤基础建设得到进一步巩固和加强。

【强化“执法为民”，推动“双争”深入开展】 为巩固“双争”活动成果，把“双争”活动引向深入，辽宁省公安边防总队成立了由总队长挂帅，司、政、后部门领导和相关处室人员参加的“双争”工作领导小组，制发了《辽宁省公安边防总队深入开展“双争”活动实施方案》，并根据新情况、新问题重新修订了《辽宁省公安边防总队边防检查业务工作检查验收标准》，实现了对“双争”工作的量化管理，同时提出了“队伍建设正规、执勤设施完备、执勤执法规范、文明服务优良、政府群众满意”的“双争”活动总体要求，为进一步做好“双争”工作奠定了基础。满洲里部局培训研讨会结束后，辽宁省公安边防总队及各边防检查站以会议精神为指导，以“三访四见”活动为载体，深入走访地方政府、口岸查验单位、服务对象，虚心征求意见和建议，不断深化服务内涵，提高服务质量和水平，推动“双争”活动深入开展。通过“双争”、“三访四见”活动的深入开展，有效提高了边防检查工作水平和队伍正规化建设水平，赢得了地方政府的高度评价。中共辽宁省委办公厅、台湾工作办公室致函辽宁省公安边防总队，对中国国民党荣誉主席连战一行及新党主席郁慕明一行到辽宁省参观、考察期间所做的工作表示感谢；中共沈阳市委台湾工作办公室致函沈阳边防检查站，感谢该站在台湾新党主席郁慕明率领的“民族之旅—沈阳投资参访团”考察期间给予的通行便利；丹东边防检查站被丹东市委、市政府授予“2005年度丹东市对外开放工作先进单位”荣誉称号；营口边防检查站被营口市委、市政府授予“2005年度营口市对外开放工作先进单位”荣誉称号；沈阳边防检查站被评为“沈阳市对台工作先进集体”。

【加强口岸“大通关”工作】 辽宁省公安边防总队通过开展“双争”、“三访四见”活动，不断强化各级人员的“执法为民”意识，合理调整警力充实边防检查工作一线，积极承担新开及新增航线、新增泊位的边防检查及监护任务，出台更具“人性化”的便民利民措施，为地方经济建设创造了良好的口岸通关环境。为配合做好口岸“大通关”工作，落实辽宁省政府“关于对重要团组及人员给予礼遇待遇”的要求，辽宁省公安边防总队及所属各边防检查站及时调整工作部署，合理调配警力，圆满完成了敏感时期、重要活动期间的边防检查任务，得到了上级有关部门及地方政府的高度评价。周水子边防检查站圆满完成塞黑总统代表团、吴仪副总理专机、俄罗斯联邦委员会主席米罗诺夫专机等重要团组和专机以及大连第十六届“赏槐会”、第三届“软交会”、WTO非正式小型部长会议等重大活动期间的边防检查任务；沈阳边防检查站圆满完成了瑙鲁外长戴维·阿迪昂代表

2005年辽宁省口岸出入境旅客统计表

单位：人次

项目		出入境旅客合计		合计
		入境	出境	
中国籍	因公	25411	25513	50924
	因私	270025	296009	566034
	香港	15618	16815	32433
	澳门	160	167	327
	台湾	21988	27681	49669
外国籍		617740	605314	1223054
合计		950942	971499	1922441

2005年辽宁省口岸出入境员工统计表

单位：人次

项目		入境方式					出境方式					合计
		飞机	船舶	火车	汽车	小计	飞机	船舶	火车	汽车	小计	
中国籍	因公	51363	65604	1929	34335	153231	51198	78181	2033	35073	166485	319716
	因私	1999	148	1	1	2149	1937	116	0	2	2055	4204
	香港	547	49	0	8	604	551	58	0	7	616	1220
	澳门	3	0	0	0	3	2	1	0	0	3	6
	台湾	27	121	0	1	149	24	115	0	0	139	288
外国籍		23733	63266	3359	15592	105950	23231	60551	3605	14876	102263	208213
合计		77672	129188	5289	49937	262086	76943	139022	5638	49958	271561	533647

团、朝鲜内阁总理朴凤柱代表团、中国国民党荣誉主席连战一行、新党主席郁慕明参访团、辽宁省委书记、省人大常委会主任李克强代表团访朝以及中国沈阳“韩国周”、第四届辽宁台湾周、中国沈阳国际旅游节、2005 年东北亚高新技术博览会期间各项边防检查任务；丹东边防检查站圆满完成了外交部副部长武大伟一行入境边防检查以及“五一”期间旅游团徒步出入境检查监护任务。

辽宁出入境检验检疫局

【业务量完成情况】 2005 年，辽宁出入境检验检疫局共检验检疫出入境货物 340522 批，货值 277 亿美元，同比分别增长 14.9%和 32.2%。其中，出境 259873 批，货值 140 亿美元，同比分别增长 20.4%和 40.1%；入境 80649 批，货值 137 亿美元，同比分别增长 0.1%和 25%。共签发普惠制原产地证书 85778 份，金额 34.6 亿美元，同比分别增加 9.6%和 32.5%；一般原产地证书 24315 份，金额 14.9 亿美元，同比分别增长 16.8%和 34.2%。共完成衡器鉴重 1228 万吨，同比增长 76.7%；水尺计重 641 船次，2309 万吨，同比增长 42.5%；容器计重 516 船次，2063 万吨，同比增长 3.7%。共检验检疫进出口动物及动物产品 26108 批，货值 13.94 亿美元，同期相比分别增加 29.3 %和 34.6%。共检验检疫进出口植物及其产品 14680 批，1385061 吨、113440 立方米、199270 件、140580 千支，金额 52970.95 万美元，同比批次增长 35.56%，金额增长 26.35%，其中，出口 12515 批，1306331 吨、62008 立方米、141189 件，金额 47761.97 万美元；进口 2165 批，78730 吨、51432 立方米、58081 件、140580 千支，金额 5208.98 万美元。共检疫出入境船舶 11636 艘次，同比增长 9.2%，汽车 104742 辆次，同比增长 3.16%，火车 28329 节，同比减少 7.1%，飞机 14594 架次，同比增长 23.3%。查验出入境人员 2176911 人次，完成出入境人员体检 83640 人次。

【阻击高致病性禽流感】 2005 年，辽宁周边国家和辽宁境内先后发生高致病性禽流感疫情，给检验检疫工作带来了新的挑战和考验。年初，朝鲜发生高致病性禽流感疫情以后，辽宁局高度关注疫情动态，以丹东边境口岸为重点对全省辖区内各口岸加强防控，进行了周密布置，认真贯彻落实“八项制度”，做到“五个到位”、“五个不漏”、“五个及时”的要求，认真传达了国务院、总局及辽宁省防控禽流感会议精神，不断完善防控预案，严查严控严消毒，采取有力措施，有效的防止了疫情的传入。辽宁省胡晓华副省长、总局葛志荣副局长对辽宁局防控朝鲜禽流感工作给予高度评价，认为：“辽宁出入境检验检疫局对防范外疫传入工作严谨有力”。10 月初，辽宁锦州黑山县发生高致病性禽流感疫情，随后波及锦州北宁市、南站新区和阜新市阜蒙县，形势十分严峻。辽宁局按照国家质检总局和辽宁省委、省政府的要求，把防控工作作为当前重大任务来抓，精心组织，周密部署，果断应对，迅速启动了“应急预案”和局防控领导小组工作机制，承担的辽宁省防控高致病性禽流感监管检疫组工作也相应启动。确定了三大重点、六项行动、十二项措施，在全系统实行 24 小时值班和日“零”报告制度，主要领导、分管领导、相关业务负责人和值班人员电话 24 小时“四线畅通”。先后派出 8 个督查组到各海陆空口岸、出口企业督导防控工作，做到了指挥果断高效、信息通畅便捷，反应及时准确，措施得力、有效。坚持主要领导负总责，分管领导负主要责任，具体部门负直接责任的岗位责任与追究制度，切实做到严把国门。总局李长江局长、支树平副局长在此期间亲临辽宁检查指导防控工作，对辽宁局防控工作提出明确要求，为打赢黑山阻击战指明了方向，并提供了强大的精神动力和工作支持。11月7、8日，国家质检总局派出以国家认监委副主任程方为组长的督查组来辽宁检查督导防控工作，对辽宁局进一步做好防控工作给予有力指导。11月中旬，辽宁局联合黑龙江局、吉林局、山东局80余名一线卫生防疫人员举办了国境口岸突发公共卫生事件培训班，系统内各单位组织了疫情处置演练。组织编印了中、日、韩等文种的宣传品20000余份，汇编印制了三辑防治高致病性禽流感文件。辽宁局在做好防控工作的同时，还全力帮助企业扩大出口。出台了扶持家禽业发展十项措施，帮助出口加工企业和备案饲养场尽快恢复正常生产。自疫情发生以来，辽宁省各企业出口禽肉制品164批1400多吨，宠物食品51批170吨，蛋粉6批70吨。出口量与去年同期持平，熟制禽肉出口比较稳定。防控工作得到了省、市政府的多次表扬和总局领导及督察组的充分肯定。辽宁省疫情解除后，辽宁局向全系统发出了《关于继续做好高致病性禽流感防控工作的通知》，按照国家质检总局的部署和要求继续做好辽宁检验检疫系统防控高致病性禽流感工作。

【应对突发事件】 2005年以来，辽宁局紧紧围绕敏感商品的检验检疫工作，不断改进和完善检验监管措施，杜绝了各类工作质量问题的发生。8月份，面对孔雀石绿、结晶紫残留事件，辽宁局紧急行动，立即传达总局的要求，向企业通报有关信息，并及时开展对孔雀石绿和结晶紫检测。全年共检测水生动物及其产品500多批，5816余吨。其中检出孔雀石绿阳性样品8批次，共计91.6吨。为了从根本上解决出口水生动物及其产品被孔雀石绿污染问题，辽宁局在抓源头上狠下功夫，对出口水生动物及其产品的企业进行了清理整顿，保证了出口水生动物及其产品的质量。在苏丹红和对位红以及啤酒甲醛等突发事件中，严格按照国家局的要求，按期完成辽宁地区数据调查和统计上报工作。建立了日报告制度和零报告制度，制定并及时启动《突发事件总体应急预案》。在调查苏丹红系列成份过程中，对辽宁地区的从欧盟进口的含有辣椒成分和番茄成分的食品及食品调料进行逐一排查，共检查了221个品种，实施了严格检查把关。与此同时，进一步明确敏感商品的检验检疫监管规程和标准，严格落实双人上岗、定期轮岗、责任追究、奖惩措施等制度。

【工作质量】 建立和完善工作质量的长效机制。修订完善了《辽宁检验检疫工作质量管理办法》，对质量管理职责进行了细化、明确，扩展了工作质量考核的范围，明确了奖惩办法。对工作质量实行动态管理，加大了对全系统工作质量的管理和指导力度。同时，坚决执行总局的各项指令，严格落实检验检疫工作质量的各项规章制度，实行工作质量责任制，实行一把手负总责，严格责任追究，对业务工作的各个环节实行工作质量监控，全系统基本形成了全员分级负责、齐抓共管质量工作的局面。用1个月时间对辽宁检验检疫系统的32个单位工作质量情况进行了全面的检查和考核，对发现的问题责令限期整改。

狠抓企业自控体系建设。加大了对企业自控体系建设的指导力度，引导企业转变质量管理观念，树立从源头保质量的意识，指导出口企业建立实施危害分析与关键控制点、良好操作规范、卫生标准操作规范等科学生产加工管理体系，建立和完善以疫病疫情控制、检验检测、产品追溯等源头管理及过程控制体系，提升产品质量自控水平。帮助企业建立原辅料的监控体系，指导企业制定生产过程中原辅料核销制度，使原辅料的使用得到有效的控制。

积极发挥监控体系的预警、协调作用。利用各种渠道收集、整理、发布国内外疫情动态和检测信息，及时为业务工作提供参考。收集国内外禽流感疫区状况、国外对我国出口设限情况等资料，及时下发业务一线。跟踪欧盟、美国 FDA、韩国、日本等国外相关网站，及时对有关信息进行翻译、整理，发布了欧盟和日本检出我国出口货物的不合格情况，并将欧盟可能将对我国采取的预警信息通报全系统。

加大行政处罚度，实施严密监管。加强进出口商品的打假工作，继续开展对进出口商品质量抽查，重点查处伪造证书、假冒产地、以次充好、盗用冒用品牌、标识以及虚假标注产品成份等违法行为。截至 11 月底，共调查处理违法案件 26 起，已处罚 20 起，罚款 663713 元，依法对违法当事人实施行政处罚，保证了检验检疫秩序的正常运行。查处的案件主要包括进口旧机电设备不如实备案和报检案件、进口废物原料假装运前检验证书案件、出口货物木质包装未熏蒸骗取熏蒸证书案件、出口馒头夹带鸡肉案件、进口设备未检验合格安装使用案件、进口清酒无卫生证书和食品标签案件、伪造健康证书出入境检验检疫签证印章案件等。

【认证认可工作】 成立了认证监管处，提出“建章立制、夯实基础、逐步提高、力求发展”的工作方针，建立健全科学的认证监管制度，积极运用标准、认证、注册等手段，加强对出口商品质量的源头控制、生产过程监管，强化了认证监管基础工作。建立健全认证监管工作责任追究制度，进一步规范和制约各项行政许可工作，提高认证监管工作的质量和效率。加大了认证监管档案管理力度，在国家质检总局行政许可检查中，受到总局检查组的好评。新开发了 QS9000 和 OHSAS18000 两大体系认证领域，HACCP 体系认证也有较大突破。截止 11 月底，全系统五大管理体系累计认证企业 680 家，其中当年新认证企业 140 家，撤销 39 家，预计到年底能够完成年初确定的累计认证 700 家、年度撤销少于 60 家的目标。

完成了实验室计量认证转换工作，获得了认监委计量认证转换工作先进单位的称号。辽宁局食品检测中心获得韩国食药厅国外公认检测机关资格。继 2004 年技术中心 8 个实验室通过 CNAL 组织的现场评审后，2005 年又顺利通过 CNAL 专家评审组的最后评定，获得 CNAL ISO/IEC17025 认可证书。进一步规范 3C 免办证明办理和监管工作，共办理 3C 免办证明 1447 份，不符合免办条件申请 124 份。全年共办理注册登记企业 304 家，全省现有注册登记企业 924 家，提前完成年初制定的实现注册登记企业 900 家的计划。

【科研工作】 向 APLAC 申请了三个食品安全方面的国际能力验证项目，其中 APLAC T048 牛肉中兽药残留检测能力验证计划得到了亚太经济合作组织（APEC）的高度重视，并给予该项目财政资助；APLAC T047 饲料中动物源性成分检测能力验证计划得到了 APLAC 的资助。APLAC T046 食品微生物学能力验证计划也得到了 APLAC 的批准。成功承办了“能力验证与食品安全检测关键技术（大连）国际学术交流会”。组织完成了 5 个国内、国际能力验证项目的审定工作。截止到 11 月底，共完成科研、制标项目鉴（审）定 61 项。其中行业标准 14 项；科研成果 47 项；还有 4 项标准物质。完成辽宁省 2005-2006 年度科研计划项目的组织申报工作，辽宁局共有 11 个科研项目参加申报。首次开展了食品安全检测标准样品体系的研究工作，向全国标准样品技术委员会申报了研制四十多项标准样品的申请工作，并已初步得到批准。

【辽宁老工业基地振兴】 积极为辽宁扩大对外开放献计献策。先后在全省经济形势分析会和大连市对外开放工作会议上，从检验检疫的角度帮助分析辽宁对外贸易的形势，积极为辽宁扩大对外开放献计献策，对推进辽宁省外向型经济发展提出了“优化出口产品结构，形成品牌优势；积极促进农产品扩大出口；进一步增强企业的诚信自律；加强信息沟通和服务，帮助企业应对国外技术壁垒；加强信息化投入和协作，提高口岸整体通关水平”等建议，专门制定了辽宁检验检疫系统支持全省外贸发展的具体措施，得到了省、市政府的肯定。

积极为老工业基地振兴出实招，尽全力。把辽宁老工业基地振兴作为检验检疫工作的出发点和落脚点，全面落实各项服务措施。在近两年调研论证的基础上，积极促成总局与辽宁省人民政府签署了《关于推动辽宁老工业基地振兴的合作备忘录》（以下简称《备忘录》)。6月13日，总局在沈阳召开落实中央振兴东北地区等老工业基地战略座谈会，之后，对照《备忘录》和总局《关于落实中央振兴东北地区等老工业基地战略的意见》中确定的条款和任务要求，认真分析了全省的进出口形势，逐条进行了细化，明确了目标、责任人和完成时限，形成了《辽宁局振兴辽宁老工业基地工作方案》，并狠抓了落实。相继组织业务部门和分支局、办事处对全省第一批52个重点项目和第二批92个重点项目中的重点企业进行了走访调研，听取了企业的意见和建议，现场解答了有关问题，协调解决企业在检验检疫方面遇到的问题。全年走访企业496家，其中局领导就亲自走访了48家。将涉及引进设备或产品出口的主要项目列为“局长工程”或“处长工程”，针对企业的不同需求实施有重点的专项服务。全系统各业务处室、分支局、办事处针对企业的不同需求，分别与各企业签订了专项扶持协议或合作备忘录，实施了有重点的服务。

积极实施“双百工程”。把全省100家重点农产品出口企业和100户重点出口工业产品生产企业作为辽宁局的“双百工程”，专门为这些企业建立了档案，在检验检疫的各个环节提供优先、便捷、优惠的服务。狠抓了6项支持辽宁农产品扩大出口扶持措施的落实，进一步加大促进农产品扩大出口的工作力度。制定了辽宁出入境检验检疫局关于振兴东北老工业基地支持百户重点工业产品进出口企业发展的8条措施。召开了辽宁省100家工业企业老总座谈会，与企业建立了固定的联络机制，相互交流信息，交换意见。对企业的进出口货物在检验检疫的各个环节给予高效、便捷的服务。优先受理报检和快速验放。并采取急事急办、特事特办、24小时预约验货的方式，解决企业在检验检疫中遇到的实际困难。根据出口产品的生产工艺和产品特点，改变检验监管模式，实行动态监管、将监管过程前移，改变批批检验的旧工作模式，为企业提供全新的服务。积极帮助企业完善与检验检疫业务相关的管理制度，推进ISO9000质量体系认证，帮助企业实施名牌战略。充分发挥检验检疫信息、技术等优势，及时向企业发布进出口质量方面的安全信息，积极帮助企业了解TBT有关规定，应对国外对工业产品的技术壁垒。对百户重点扶持的进出口工业产品生产企业实行动态管理，对诚信好的企业继续给予扶持，对诚信差的企业适时进行调整。

积极开展注册/登记管理和向国外推荐注册工作。积极配合国家局认监委做好出口企业注册登记工作，目前，全年共办理注册登记企业304家，全省现有注册登记企业924家，提前完成年初制定的实现注册登记企业900家的计划。对国外注册的企业已达到共314家，其中对日本11家；韩国水产189家、热加工禽肉2家、屠宰加工厂2家；欧盟水产107家、肠衣1家；新加坡热加工禽肉2家。向欧盟推荐了水产注册企业10家，冷冻拖网渔船（2家）17艘；禽肉罐头企业2家；向巴西推荐水产注册企业5家，推荐对港出口冰鲜猪肉企业2家；推荐对韩国热加工禽肉注册企业7家；推荐对新加坡注册罐头企业1家、速冻方便食品企业1家、禽肉企业1家。共推荐对国外注册企业31家，超额完成全年向国外推荐注册企业20家的工作目标。

【大通关工作】 针对大连国际航运中心物流业的发展特点，采取积极主动的措施，大力推进大通关工作。积极配合地方口岸服务政策的落实，实施“5+1 天”工作制。为保证该项工作的顺利实施，研究制定了《辽宁检验检疫局“5+1 天”工作制度》，明确了 12 个部门和单位共 375 人参与的具体实施方案，明确了承诺范围、责任部门、监督机制、考核处罚程序及步骤。技术中心还实施了“5+2”工作制，保证了业务需要。

全面推进信息化建设。全省企业安装电子报检软件达 1500 多家，电子报检、电子签证、电子通关实现了 100%。推动“无纸化”通关和“无纸化”报检工作。在大窑湾局开发了非法检收费管理软件，实现了集装箱卫生处理、货物卫生处理、动物产品外包装消毒等费用电脑管理。开发了“CIQ2000 辅助子系统——电子配证系统”并于 7 月 1 日开始启用，完善了 CIQ2000 程序对空白证单个人领用的管理，提高了签证速度和质量，使管理工作更加严谨、规范、科学。开发了大连地区出口集装箱适载检验放行电子管理系统，把过去从申请到放行的 8 个环节、2—3 天时间，缩短为申请、检验、放行 3 个环节，达到即时申请、即时检验、即时放行，每年可为企业节省费用约 300 万元。研究开发了报检单条码管理系统，启用条码扫描代替手工录入完成电子报检受理工作，使单证的流转更加快捷、准确。

积极推进关检协作。分别与大连海关、沈阳海关签订了关于建立关检合作机制为“大通关”服务的协议，确定双方合作的具体内容。目前已经完成了关检合作内容有：沈阳桃仙机场的“一机两屏”；以一家企业的出口申报为试点的“一单两报”。针对在大连保税物流园区依托“中国电子口岸”数据中心平台进行检验检疫数据交换中存在的诸问题，起草了《关于在大连保税国际物流园区通过“中国电子口岸”数据平台进行检验检疫数据交换的请示》报总局待批。

全面推广“一票一监督”经验做法。在认真总结 2004 年开展“一票一监督”试点单位经验的基础上，2005 年在全系统对进出口重点、敏感商品开展“一票一监督”。坚持把企业的满意程度作为衡量“大通关”工作质量的依据，对通关时限、服务标准、企业满意度进行跟踪考核，实行“一票一监督”，在通关效率、服务质量、企业满意度等方面取得了明显的成效。

积极推进监管模式改革。全力推进分类管理工作，分类管理工作步入快速发展的轨道，实现出口工业产品生产企业分类管理一类企业达到 100 家。进一步扩大实施“绿色通道”范围，积极鼓励辖区企业申请“绿色通道”，争取更多企业享受到优惠，成功申请大杨集团为免验资格试点企业。

【机构改革】 对技术中心实验室进行了集中整合。分别组建了食品理化检测中心、微生物检测中心、工矿产品检测中心和电子电器检测中心，优化了实验室资源配置，提高了效率。与中国质量认证中心等部门联手成立了中认北方实验室，实现了实验室资源优势互补、强强联合，在电子电器和机械安全检测领域的服务功能进一步拓宽，为装备制造业基地的建设提供了检测技术支撑。顺利通过中国实验室国家认可委现场扩项及监督评审，标志着技术中心实验室能够与国内外最先进的检验标准同步，检测能力达到国内一流水平，对提高企业通关速度也将发挥重要作用。对系统外分包实验室大力推行备案管理新模式，有 11 家社会实验室取得了备案资格。

圆满完成了保健中心的整顿和建设任务，全系统所有的保健中心做到了六证齐备，七个科室健全，十六个房间独立，房屋面积达标，12 名业务人员三证齐全，二十七件医疗设备全部到位，管理上各项规章制度规范。在保健中心机构、人员、工作质量、财务、药械进货渠道等方面，基本上实现了五个统一：即统一管理模式；统一检查项目；统一检查、检验标准；统一收费标准；统一进货渠道。在国家质检总局卫检司组织的考评中，全系统保健中心一次性通过验收，得到了总局机关的较高评价。

辽宁海事局

2005年，辽宁海事局以加强水上交通安全监督管理工作、维护辖区水上交通安全形势的稳定为中心，以实施有效监管、提供优质服务、切实促进地方经济发展为宗旨，坚持源头管理和标本兼治、专项整治和建立长效机制相结合，继续以渤海海域和“四客一危”船舶、陆岛运输船舶为监管

2005年辽宁出入境检验检疫局业务统计表

项目			2005	2004年	同比%
货物检验检疫	批　次(批)		375064	330704	13.4
	金　额(万元)		3021169	2378767	27.0
	出境不合格	批次（批）	365	305	19.7
		金额（万元）	3354	1315	155.1
	入境不合格	批次（批）	854	703	21.5
		金额（万元）	78543	55149	42.4
产地证	普惠制产地证	份数（份）	92116	85023	8.3
		金额（万元）	350343	272505	28.6
	一般产地证	份数（份）	26180	22953	14.1
		金额（万元）	159670	123845	28.9
监测体检	监测体检（人次）		90934	129303	-29.7
	艾滋病监测（人次）		90295	83822	7.7
	发现病例（例）		13925	11986	16.2
	预防接种（人次）		107659	105372	2.2
重量鉴定	批　次（批）		16076	27390	-41.3
	重量（万吨）		6101	4848	25.8
包装鉴定	批　次（批）		28784	32703	-12.0
	件数（万）		13842	12721	8.8
集装箱检疫	标箱（万）		246.9	177.6	39.0

重点，坚持现场签证，强化现场监管，对重点水域和重点时段实施重点监管，不断加强和改进监督管理手段，加大通航环境的整治力度，收到了明显成效，避免了特大恶性责任事故的发生，确保了辖区水上安全形势的进一步稳定。

【大力加强船舶安全监督管理，提高通航管理水平】 2005年船舶进出港379930艘次，其中外轮进出港23634艘次；实施PSC(港口国监督) 检查469艘次，FSC（船旗国监督）检查1700艘次，开航前检查率达到100%，经辽宁海事局检查开往国外港口的船舶无一艘被滞留；开展了船舶载运危险货物专项整治、低质量船舶专项治理、防污染专项检查、散杂货船专项检查和乡镇渡船、渡口的专项整治，同时结合辖区特点开展了水上、水下施工作业船舶安全专项整治；安全管理体系审核工作进展顺利，完成了37家国际、国内航运公司的审核工作；为更好地服务地方经济、构建和谐社会，辽宁海事局和山东海事局共同开展了创建大连-烟台“安全畅通文明航线”活动。

9月中旬，辽宁海事局开展了大规模的海上巡查执法会战，为稳定国庆节期间水上安全形势奠定了基础；审核水上水下施工作业47项；发布航行通告134期，发布航行警告153份；继续加大清理通航水域非法养殖物力度，有效地遏制了非法养殖物前清后养和反弹现象；成立水上交通事故专家委员会；处理水上交通事故57起，其中重大事故9起；办理海事签证54起。

搜救工作成果显著。2005年，辽宁海事局共处置海上险情33起，其中重大以上险情14起；组织救助船舶34艘，救助人员1101人，救助成功率95.24%；成功组织救助和处理“阿提哥”轮溢油、“宝华”轮失火事故，以及在“10.21”大风天气救助多艘船舶和多名船员，有力地保障了人民生命和财产的安全。特别是对“阿提哥”轮的成功救助，创造了同类事故救助的一个奇迹，得到了国际上的高度赞誉。搜救工作得到省市政府的大力支持，搜救力量得到加强。应急反应机制进一步完善，编制完成了《辽宁省海上搜救应急预案》、《国家海上搜救应急预案》分预案《海上客船遇险应急反应处置预案》和《海上医疗援助应急联动预案》。

2005年，辽宁海事局完成了第36、37、38共3期海船船员适任证书全国统考，3319人参加考试；完成528期非统考考试；船员“考评发质量体系”和辖区相关船员教育和培训机构的质量体系通过外审，确保了整个质量体系持续有效运行；加强船员管理的信息化建设，开展海船船员无纸化考试工作；把辽宁海事局自行开发的海员出境证明签发管理软件与审核船员资历结合起来,有效打击了船员虚假资历现象；全面运行船员管理系统，建立精确的船员电子档案，规范了船员档案管理；完成了“鲜销船”船员培训和换证工作，为400余名船员解决了上岗问题。

加大危险品和防污染管理力度。辽宁省省级污染应急体系和沿海各市市级污染应急体系建设工作取得进展；船舶载运危险货物安全专项整治活动共出动8000多人次,检查到港船舶5389艘次，发现并纠正各类安全隐患91起，发现并纠正不安全因素235项，处罚船舶11艘次；防污染方面共检查船舶708艘次，发现并纠正各类船舶缺陷295项，滞留船舶3艘次，处罚各类船舶违章85艘次；翻译出版共3册、140万字的新版《国际危规》。

推进船舶检验管理工作。完成东三省的船检机构资质年审工作，对辽宁、黑龙江船检机构船舶法定检验质量体系的建立和运行进行了跟踪督导；开展低质量船舶现场附加检验督查，并按照附加检验要求督促船舶对存在的缺陷进行整改；完成辖区救生筏检修站的质量年检活动；加强验船人员队伍建设工作；建立完成全国助理验船师试题库的建设工作。

强化航海保障工作。VTS（船舶交通管理系统）纠正违章316次，避免险情560次；圆满完成了各项航海保障任务，为1357艘次船舶护航；海上通信管理方面，代交通部核发国际船舶电台执照31份，收发航行警告、大风警告、台风警告、气象报告7542份，为船舶安全和海上救助提供准确、畅通的信息服务。

【开展"阳光工程"活动，树立海事执法新形象】 2005年，辽宁海事局进一步深化"政务公开"工作，推行了"三公开一监督"制度，即"公开办事制度、公开办事程序、公开办事结果，接受群众监督"，开展海事执法"阳光工程"，树立以人为本、服务社会、全心全意为人民服务的海事新形象。通过增设海事执法公示栏，将新颁布的法律法规、费收标准及依据、行政处罚典型案例的查处情况等对外公布，提高行政执法工作的透明度，增强了管理者与被管理者之间的互信。同时，局属各单位还建立健全了外部监督网络，设立监督举报信箱和举报电话，聘请港航企业负责人担任行风义务监督员，制定了行风意见反馈制度。根据大连口岸加速通关协调领导小组办公室《"5+1天"工作制实施协调会会议纪要》要求，辽宁海事局在大连航运交易市场的业务受理从2005年9月10日起正式实施了"5+1天"工作制，积极提高服务质量，实践服务承诺，方便了管理相对人。

辽宁海事局在口岸管理中认真履行海事监督管理职能，严格执法，积极配合交通部海事局推行"八项便民措施"，进一步提高海事部门办事效率。根据交通部海事局发布的《中华人民共和国海事局"安全诚信船舶"、"安全诚信船长"评选规定》，经辽宁海事局初审并报批公布了12艘"安全诚信船舶"名单和25名"安全诚信船长"名单。按照规定，为诚信船舶提供便利条件，对"安全诚信船舶"24个月免于例行安全检查（含开航前检查）；对由"安全诚信船长"连续在船担任船长的"安全诚信船舶"，免于36个月例行安全检查（含开航前检查）。在落实《辽宁海事局"安全诚信船舶"优先办理进出港及相关手续实施办法》方面，局属各单位办理适用船舶进出港签证/查验、船舶载运危险品申报手续时实行"一加一"方式，即"预约现场办理"和"24小时窗口办理"，适用船舶可根据实际情况自愿选择办理方式，建立"预约现场审批"制度，保持24小时通信联络畅通，保证高效、快捷地为适用船舶办理需要现场审批的港内相关作业手续。营口海事局继续开通"绿色通道"，对经常来该局辖区的内贸班轮船舶进行安全评估，对船况好、安全管理到位的船舶首先开通"海上绿色通道"，以简化检查环节和签证手续，提高通关效率；为特殊重点船舶办理进出港手续和安全进出港提供方便快捷的途径，实行现场签证。大连海事局继续实行进口岸申报一站受理,对特种船舶（干线班轮）提供优先通航、VTS助航、载运危险品船舶即到即批等服务,将口岸查验业务由原来的一个地点统一办理变为将此项业务下放到相关海事处，使船方及代理能在所靠码头的辖区海事处就能办理进出口手续。丹东海事局依据有关规定将办理进出口岸手续由以前的提前7日申报，改进为提前3日申报，方便船方和代理的申报；并且除大型船舶或其他需要上报的特殊情况的船舶，由海事处上报局通航管理科审批外，对于一般船舶，直接由海事处当场审核批准，简化了审批的程序，边贸运输船舶实施现场定期签证办理，方便船方及代理，凡24小时进出口岸的船舶实行一次性办理手续，为船舶快速通关创造有利的条件。

保障港口水域船舶航行安全是提高船舶通关效率的一个基本前提。为降低船舶交通事故率、提高港口通航能力，辽宁海事局适时对重点水域进行专项整治，在海蜇捕捞期、渔汛期对港区通航水域非法养殖和违章捕捞现象进行综合整治，为船舶营造良好的通航环境。大连海事局主动争取市政府的支持、帮助和协调，发挥清障执法主体作用，联合相关涉海部门积极开展海上清障工作。为了进一步加强海上清障工作力度，在年初海事执法模式改革中，新组建了大连海事局海巡执法大队，配备了执法巡逻船，同时安排专人负责海上清障工作，加大了巡航及清理力度。2005 年清理非法养殖物 450 台筏，有效遏制了碍航养殖问题的反弹。

【全力支持港口生产，促进地方经济发展】 为支持港口发展，改进了水上水下施工作业审批模式，辽宁海事局出台了水上水下施工作业申请“审批报备制”。一些信誉度较好的施工建设单位，在办理水上水下施工作业申请时，可以暂时将缺少船舶及船员证书等情况报辽宁海事局通航处备案，等施工船舶到达营口港后，及时将所缺少的资料递交该局核查，经核查无误后即可取得施工许可证，确保不误工期。为配合大连东北亚重要国际航运中心建设工作，近年来，大连港口集团加快了港口建设步伐，大窑湾二期 11#–16# 集装箱泊位、汽车码头、大连湾港区通用杂货泊位等国家重点工程项目相继上马，部分项目已完工，验收后可正式投入使用。针对这些重点工程项目，大连海事局本着以促进地方经济建设为己任，树立主动服务意识，完善服务功能和提高工作效率的原则，对手续完备，符合要求的工程项目即时办理各类建设、施工手续；对手续尚不完备的工程，想方设法帮助企业加快审批进度；对接近完工，能够满足船舶通航安全要求，但达不到验收标准的，可先试投产营运，以适应“以港兴市”战略目标和经济快速发展的需要。

【加快信息化建设，提高工作效率】 在电子科技高速发展的今天，信息化建设成为各口岸单位提高通关效率的一个突破点。辽宁海事局在信息化建设方面加大投入力度，成效显著。网络建设方面，辽宁海事局在原有局域网的基础上，投入了必要的设备：网络交换机、路由器、网络服务器、网络备份设备、入侵检测系统、防火墙、小型机磁带备份系统等，完成了新办公大楼的局机关网络内网建设的升级改造，实现了与交通部海事局的网络连接，开通了与局属各单位之间 2 兆带宽的数据专线，全局形成了一个连接部局、覆盖局属各单位和派出机构的三级信息网络。水监信息系统方面，在全局安装并运行了船舶动态管理系统、通航管理系统、船员管理系统、事故应急系统、船载客货系统、行政处罚系统等水监信息系统。建立起防止病毒侵害的有效屏障，保证了各项业务的正常进行。特别是船舶动态管理软件，提高了辽宁海事局对船舶的电子化管理水平，实现了船舶动态数据全局内部共享，简化了工作环节，加快了通关速度，收效明显。在规费征收方面，组织实施费收软件在分支机构的推广应用，实现规费征收管理信息化。目前辽宁海事局已实现了机制发票取代传统的手写发票，实现了对费收全过程的有效监控，杜绝错收、少收、漏收和乱收现象。业务研发方面，开发了电子海图系统，将船舶动态管理系统和 VTS 系统中与船舶有关的静态与动态信息数据有机地结合起来，在 Web 平台上实现船舶动态和静态数据在电子海图上直观显示，方便查询，提高了海事部门的船舶管理工作效率，对口岸相关部门加快通关速度起到了重要的作用。

2005年辽宁海事局海事业务数据统计表

项目	内容	数据
海上救助	组织指挥海上救助	33次
	出动救助船舶	224艘次
	救助人员	1101人
	救助船舶	34艘
船舶进出港	船舶进出港	379930艘次
	其中外轮进出港	23634艘次

辽宁口岸大事记

1月5日

大连市政府成立空港发展委员会，办公室设在港口口岸局空港处。

1月6日

大连市政府与满洲里市政府签署战略合作协议，开辟大连-满洲里海铁联运通道。

1月20日

锦州海事局召开海事执法管理模式改革实施动员大会。业务科室由过去通航管理科、船舶监督科和港口海事处变成综合业务科、政务中心和巡查执法大队，采取动静结合的管理模式。

1月21日

宋琦副市长、隋莉副秘书长，在市口岸办方向东主任等有关领导的陪同下，走访慰问了沈阳海关、沈阳边防检查站、沈阳出入境检验检疫局、沈阳桃仙国际机场、沈阳市公安局出入境管理处等口岸单位。宋琦副市长代表市政府向为沈阳对外开放辛勤工作在一线的广大干部职工、边防官兵、公安干警和他们的家属致以诚挚的问候和慰问。

1月28日

大连市政府与通辽市政府签署战略合作协议，开辟大连—通辽海铁联运通道。

1月31日

沈阳口岸表彰会在沈飞宾馆举行，隋莉副秘书长代表市政府作了重要讲话，市文明办主任马丽宣读了“创一流通关环境，树沈阳口岸新形象”获奖单位和个人名单。省口岸办、省文明办、沈阳海关、沈阳边检、沈阳出入境检验检疫局的领导为10个先进集体、3名国门卫士、10名先进个人颁奖。会后，口岸单位演出了自编自演的文艺节目。

2月10日

盘锦市口岸办公室组织召开盘锦口岸由二类口岸晋升一类口岸座谈会。

2 月 15 日

营口口岸委确定 2005 年工作思路。即围绕港口生产建设这一中心，以发展口岸物流，创建最佳口岸环境为载体，创新工作理念，提升口岸大通关工程质量，实现口岸物流信息化平台建设，力争圆满完成全年港口吞吐量 7500 万吨、集装箱 80 万标箱的生产任务，为实现亿吨大港，创建和谐口岸打下坚实的基础。

3 月 10 日

锦州海关监管库区兴海油库正式向其传送动态油品信息，监管油库、输油管线和进出口船舶之间的实时动态数据完全纳入海关监管之下。值此锦州海关已实现对锦州口岸进出口油品的全程动态监管。

3 月 12 日

盘锦市口岸办公室组织召开盘锦港开港工作会议，提出 2005 年口岸运输任务。

3 月 14 日

锦州出入境检验检疫局出台五项具体措施，进一步加快通关速度，推动口岸“大通关”建设。

3 月 15 日

全省口岸办（局）主任（局长）工作会议在沈阳召开。会议总结 2004 年全省口岸工作，研究 2005 年重点工作。

3 月 20 日

根据气候特点，协调有关部门，在保证安全的前提下，提前和推迟开封港 15 天，成为营口老港区有史以来最晚封港时间，为港口增加吞吐量 40 多万吨。

3 月 23 日

为在完成公路口岸改造项目后，实现新老口岸顺利衔接，规范口岸运作，着手研究制订《丹东公路口岸通关流程及规则》。

3 月 25 日

朝鲜民主主义人民共和国总理朴凤柱来沈访问，沈阳市口岸办在桃仙机场圆满完成迎送的相关协调工作。

4 月 1 日

盘锦港边检站开展打击偷渡犯罪专项行动。

4 月 6 日

锦州市政府召开全市口岸工作会议，市委、市人大、市政府、市政协有关领导参加了会议。会议总结了 2004 年以来的工作，部署了今后一个时期的任务，并对荣获 2004 年度全市口岸系统大通关工作先进集体和先进个人进行了表彰。

4 月 8 日

大连市政府与营口市政府签署共建东北亚门户枢纽机场合作框架协议。

4 月 20 日

沈阳市政府和中国东方航空公司在沈阳凯宾斯基饭店联合举行了“中国东方航空公司开通沈阳经上海巴黎等八条航线新闻发布会”。民航东北管理局、民航东北空管局、沈阳海关、沈阳边防检查站、沈阳出入境检验检疫局、省市有关部门及30家驻沈新闻媒体、20家驻沈出境旅行社、8家国内航空公司驻沈机构、6家票务代理机构、沈阳周边8城市外办和旅游局等单位的负责人约150人出席了新闻发布会。

4月20日

中国东方航空公司在沈阳桃仙机场举行开通沈阳—上海—巴黎等8条航线首航仪式。中国东方航空公司、辽宁机场管理集团公司、沈阳桃仙国际机场股份公司、沈阳市口岸办、驻机场海关、边防、检疫等单位的领导参加了首航仪式。

4月20日

锦州市市长刘志强、副市长李欣欣、市政府秘书长李铁民在锦州港股份公司总裁刘钧、总裁助理宁鸿鹏的陪同下来到锦州港集装箱码头，登上了“新锦州”号集装箱船看望船员。“新锦州”轮是中海集团于2002年4月购入的，属于第三代集装箱船，具有2200个箱位，载重3.2万吨，是我国目前较为先进的集装箱船型之一。

4月22日

法国总理拉法兰来沈访问，沈阳市口岸办在桃仙机场圆满完成迎送的相关协调工作。

4月23日

大连市政府与丹东市政府签署共建东北亚门户枢纽机场合作框架协议。

4月27日

锦州海关在沈阳海关加工贸易处（筹）的配合下,顺利完成朝阳浪马轮胎有限公司的加工贸易联网调试工作并生成锦州海关第一份加工贸易电子帐册。

4月30日

南航集团大连分公司与台湾明利旅行社举行“台北—济洲—大连旅游包机签字仪式”。

5月10日

向省口岸办报送《关于盘锦港二类口岸处理意见的报告》。

5月11日

经省口岸办积极争取，1360万元的口岸设施建设和查验装备投资完成立项审批手续，按一次性补助方式分别投给大连和沈阳海关、辽宁检验检疫局三个单位。省财政对口岸公共信息平台建设向有关港口一次性专项补助500万元。这将有利于调动驻我省口岸查验部门的积极性，改善全省口岸通关环境。

5月15日

应沈阳口岸办公室邀请，大韩航空公司中国地区总经理智昌薰一行来沈参加" 韩国周"。赵长义副市长在沈阳迎宾馆会见了智昌薰等韩国客人，市口岸办齐大超副主任、崔莉处长参加了会见。

5月15日

营口口岸委和港务集团用一个月时间走访了东北三省和内蒙古等港口经济腹地，拜访了当地政府有关部门，对重点行业、重点货种、重点客户进行了调研和考察，广泛征求用户对营口口岸的通关效率、港口装卸质量、综合服务水平的意见和建议。对港口客货源市场信息网络的建设起到了积极的推动作用。

5月17日

大连机场新扩建的3.7万平方米候机楼正式投入使用。

5月18日

为提高通关效率，省口岸办会同营口市和锦州市口岸办举办培训办，对240多家从事通关工作的企业人员进行培训，取得明显效果。

锦州海关首次在进境EMS包裹中查获反动书籍和报纸。

5月20日

海关总署中国口岸协会秘书长郭燕民视察大连口岸工作。

在全国口岸信息工作研讨会上，沈阳口岸信息工作受到国家口岸协会的通报表彰。

5月21日

盘锦出入境检验检疫局实验室被辽宁出境检验检疫局评为优秀实验室。

5月23日

为适应口岸仓储企业撤销行政审批要求，加强仓储行业管理，了解其经营状况，鲅鱼圈口岸开展了仓储企业经营状况普查工作。仓储行业的管理水平和服务意识得到进一步增强。

5月25日

《营口口岸边防通关业务人员量化管理办法》正式出台，实行了口岸通关业务人员量化管理模式，加大口岸反偷渡工作力度，增强了业务人员的责任意识，提高了口岸集装箱验放速度。

5月30日

锦州海关举办了各船舶货物代理公司负责人参加的座谈会，解决业务工作中存在的问题，宣传了海关相关政策，并就锦州海关廉政及行风情况征求了企业意见。

6月3日

中共中央政治局常委吴官正同志视察大连航运交易市场。

6月12日

锦州出入境检验检疫局召开会议，与锦州港股份有限公司、樊钢锦州钛业有限公司等12家企业签订了《廉政监督公约》。

6月15日

沈阳海关在沈阳高登酒店举行空港口岸进出境旅客申报制度改革新闻发布会，通报从7月1日起在全国部分航空口岸实行进出境旅客申报制度改革的有关情况。省市口岸办负责人、航空公司和旅行社的负责人、驻沈新闻单位的部分记者出席了新闻发布会。

6月20日

为使保持共产党员先进性教育活动取得实效，协调安排营口对外贸易经济合作局全体同志赴营口港座谈参观。并在“六查六看”征求意见时，与省口岸办进行沟通，反馈意见。

6月20日

丹东公路口岸改造工程建设完成。新公路口岸自即日0时开始启用；位于凯旋路段的公路口岸于6月19日24时停止使用。

新公路口岸坐落在十纬路西侧原煤气公司位置。口岸区的进口大门面朝十纬路，出口大门位于二经街与凯旋路交叉处附近。口岸区内设有口岸联检大楼，楼内设置出入境旅客查验通道、免税商店，楼外设置出入境车辆查验通道，还设有出境车辆候检停车场、朝方车辆监管场地、海关保税仓库等口岸功能性服务设施。

《丹东公路口岸通关流程及规则》自即日起执行。

6月30日

由南方航空大连分公司执行的大连至韩国济州航线开通，并在大连周水子国际机场举行首航仪式。

7月1日

按照海关总署等五部委文件要求，结合辽宁省不断扩大对外开放的实际，召开全省二类口岸工作会议，对保留下来的二类口岸进行研究，拿出处理意见，报省政府审定。

7月2日

海关总署口岸规划处副处长谷克表在省口岸办主任刘丹陪同下来丹东考察二类口岸。丹东市政府、东港市政府、宽甸县政府主要领导同志参加了考察活动。谷处长先后实地考察了大鹿岛口岸、大台子口岸（包括一撮毛监管点和芦苇码头）、太平湾口岸、哑巴沟监管点和长甸河口监管点，并详细听取了各口岸的情况汇报，对丹东地区边境口岸的特殊功能和重要作用增加了感性认识，增进了了解。认为丹东对朝边境口岸的设置是中朝双方的共同需要，其特殊性和重要性都很突出。对丹东市政府提出保留原二类口岸的意见表示充分理解。

7月5日

国家海关总署口岸规划处副处长谷克表在省口岸办领导的陪同下来盘锦考察二类口岸。盘锦市领导汇报了二类口岸的运行情况，并提出盘锦二类口岸晋升一类口岸的请求。

7月6日

为解决辽宁省口岸通关工作中的问题，改善通关环境，组织人员到天津、山东、上海口岸就通关速度、服务水平、电子口岸建设等进行学习考察。

7月13日

根据海关总署中国口岸协会的要求，组织各市口岸办（局）、各口岸单位有关人员完成了《中国口岸年鉴》辽宁部分的文稿编写工作，文字图片的质量高，得到中国口岸协会的充分肯定。

7月16日

隶属于泉州锦程海运公司的“锦吉2”集装箱船靠泊锦州港集装箱泊位，标志锦州—泉州—佛山航线开通，锦州港又增添了一条集装箱内贸班轮航线。

7月20日

锦州市政府口岸办会同锦州海关、锦州出入境检验检疫局共同举办了2005年口岸通关业务培训班。来自锦州市及周边朝阳、阜新、葫芦岛等地的进出口企业、外贸加工企业、外资企业和物流运输企业的领导和业务人员共计51人参加了本次培训。

7月23日

大连市政府与中国东方航空公司举行战略合作意向书签字仪式暨大连经上海至欧美澳亚十城市首航仪式。开通的大连经上海至伦敦、墨尔本、温哥华、洛杉矶、悉尼、新加坡、吉隆坡、德里、普吉和曼谷十条国际客运航线。

7月25日

根据《2005年全省口岸系统精神文明建设工作安排指导意见》工作安排，为做好2004-2005年度省级文明单位和全省口岸系统“文明窗口”评比活动，促进全省口岸系统精神文明建设工作健康发展，省口岸办组成检查组对全省口岸系统精神文明建设工作进行检查，并就检查情况向全省口岸单位进行通报。

经沈阳海关批准辽西地区唯一一家具有保税功能的锦州恒大物流保税仓库正式挂牌营运。

7月26日

锦州市政府口岸办会同市文明办组织口岸系统第一批开展“保持共产党员先进性教育”活动的4个查验部门和7个企事业单位，召开了口岸系统精神文明建设成果座谈会。

7月29日

沈阳市口岸办与沈阳边防检查站官兵一起，在来登酒店举行庆“八一”军民联欢会，共同庆祝中国人民解放军成立八十四周年。

7月31日

在盘锦港广大干部职工的共同努力下，盘锦港7月份吞吐量达到10.7万吨，创历史新高。

8月2日

为积极落实国办发36号文件精神，组织口岸查验部门到宽甸县临江村考察，开辟临时过货点，为边贸企业解决进口资源类产品进境运输困难的实际问题。

8月4日

大连市政府召开2005年全市大通关工作会议。

8月10日

国家粮食局流通与科技发展司司长何毅、辽宁省发改委副主任胡建阳、辽宁省粮食局副局长杨喜海一行到锦州港考察粮食现代物流项目一期工程的进展情况，锦州市常务副市长刘伟、公司总裁刘钧接待了何毅司长一行。

8月12日

大连机场海关成立并正式开关，为大连海关的第九个隶属海关，其前身是1985年成立的大连海关驻机场办事处。

8月12日

省口岸办领导对口岸各部门进行精神文明建设检查。盘锦港务局领导向省口岸办汇报口岸设施建设情况。

8月16日

由交通部质监总站水运处张继顺处长及有关港口专家组成的交通部检查组一行8人，对锦州港超大型油泊位工程质量及安全管理进行检查。

8月27日

第五届“沈阳口岸杯”篮球赛在沈阳市残联活动中心圆满结束。10支代表队经过一个星期的激烈比赛，沈阳北陵机场口岸队、沈阳边防检查站队、沈阳桃仙机场空港来登饭店队分别获冠军、亚军和季军。沈阳市公安局出入境管理处获得精神文明奖。

8月27日

营口口岸十分重视精神文明创建工作。为增强口岸凝聚力，口岸办与港务集团一起举办了营口口岸“集发杯”足球赛和“紫丁香”杯篮球联谊赛。

8月30日

锦州市政协组织部分委员视察口岸大通关工作，听取了市口岸办、锦州海关、锦州出入境检验检疫局的工作汇报。

9月5日

辽宁省省长张文岳在省政府秘书长冯韧、省委副秘书长潘利国、省发改委主任仲跻权、省交通厅厅长郑玉焯、省中小企业厅厅长六铭、省商业厅厅长赵颖奇、省政府研究室主任韩东太、省经委副主任江瑞和财政厅副厅长何明清的陪同下到锦州港视察，锦州市委书记佟志武、市长刘志强、常务副市长刘伟、市政府秘书长李铁民以及市发改委、市交通局、国资委、财政局、商业局、海洋局等部门领导陪同。

9月10日

为全力支持口岸集装箱运输生产，营口口岸办积极协调口岸查验部门，帮助港务集团实现环渤海内外贸集装箱同船运输。同时，根据集装箱班轮运输特点，为缩短船舶在港时间，改革集装箱查验模式，变查验、生产的串联流程为同步并联操作，有利地支持了港口集装箱生产，促进了外贸集装箱的增长。

大连口岸单位开始正式实施“5+1”工作制。

2004年度中国纳税百强排行榜正式对外发布。与此同时，倍受人们瞩目的2004年度中国70个行业前20名排行榜也揭晓，锦州港以7798万元的纳税额位列水上运输业第14位。

9月16日

拟制《关于设立丹东机场为口岸机场的前期准备工作情况及下一步工作建议的报告》，并代市政府起草了《关于将丹东机场设立为口岸机场的请示》。

沈阳海关李国关长一行到锦州调研。

9月20日

为贯彻国务院（国发 [2005] 17号）向红其拉甫海关学习的决定精神，学习借鉴大西北精神文明创建活动和口岸管理的经验，省口岸办组织全省口岸系统精神文明建设工作负责同志到新疆口岸学习考察。由新疆口岸有关主管部门介绍了精神文明创建活动经验和红其拉甫海关的先进事迹。

在经国家批准开展“区港联动”试点后首个进入大连保税物流园区的服装物流企业三兴物流有限公司举行奠基仪式。

9月25日

辽宁省副省长李万才视察锦州港。

9月27日

锦州出入境检验检疫局为促进锦州口岸对外贸易的健康发展，对锦州港入境船舶全面开展了电讯卫生检疫。

10月10日

“华海 5”油轮靠泊锦州港 102 泊位，标志锦州石化公司 1# 汽油线改造成功。

10 月 11 日

丹东口岸办公室主任勇仁忠赴大连参加经贸合作洽谈活动。

10 月 12 日

李佳副省长到盘锦港视察，对盘锦港海港建设前期工作给予充分肯定。

10 月 14 日

锦州口岸系统第六届“口岸杯”职工篮球赛在渤海大学体育馆举行。比赛历时两天，共有 8 支代表队 64 名篮球爱好者参加比赛，锦州港股份公司代表队、锦州外理公司代表队、锦州中海物流公司代表队分获冠、亚、季军。

10 月 17 日

勇仁忠、姜仁斌赴济南参加全国口岸工作会议。

10 月 18 日

第六届全国口岸办主任会议在山东济南召开。沈阳市口岸办领导出席了会议，并同兄弟口岸单位就如何进一步做好口岸工作，进行了深入细致的研讨。

10 月 19 日

泰国副总理披尼·乍鲁颂巴来沈访问，沈阳市口岸办在桃仙机场圆满完成迎送的相关协调工作。

连云港市港口管理局党组副书记陈先浩、口岸处副处长吴厌等一行 8 人来丹考察工作。

辽宁省副省长李佳率省交通厅、省建设厅的主要领导到锦州港调研，锦州市委书记佟志武、副市长赵凤义，公司总裁刘钧、党委书记王继惠等陪同。

10 月 20 日

营口集装箱码头有限公司被中国港口协会集装箱分会评为 2004–2005 年度中国港口前五强内贸集装箱码头。

锦州海关出台《锦州海关支持辽西老工业基地振兴实施方案》。

10 月 24 日

为做好全省口岸信息统计工作，省口岸办组织全省口岸有关单位负责信息统计工作的同志到南方学习考察。

10 月 26 日

中央精神文明建设指导委员会在北京人民大会堂举行全国精神文明建设工作表彰大会，作出关于表彰全国文明城市（区）、文明村镇、文明单位和全国精神文明创建工作先进单位的决定。我省口岸各单位十分重视精神文明建设工作，坚持“以人为本”，大力开展《规范执法、文明服务》活动，共建和谐口岸，在精神文明创建活动中取得显著成绩。全省口岸系统有 6 个单位受到中央文明委的表彰。

鲅鱼圈海关被中央精神文明建设指导委员会授予“全国文明单位”。这是全省口岸系统基层查验部门中最高的荣誉称号。

交通部海事局执法监督检查组对锦州海事局执法监督工作进行检查。

10 月 27 日

新加坡总理李显龙来沈访问，沈阳市口岸办在桃仙机场圆满完成迎送的相关协调工作。

10月31日

中海集运欧洲一线（AEX）“大连—欧洲”直航暨“中海大洋洲”号首航大连。

11月3日

锦州市黑山县发生禽流感疫情，锦州出入境检验检疫局接到通报后，立刻启动应急预案，并组成高致病性禽流感疫情调查组，深入黑山县出口蛋鸡的四个备案养殖场，对9.7万只蛋鸡进行疫情普查，并针对疫情制定了具体的防控措施。

11月4日

锦州出入境检验检疫局隆重举行了锦州地区工业产品生产企业颁证仪式，向锦州铁合金股份有限公司、攀钢集团锦州钛业有限公司颁发了“一类企业证书”。

11月7日

辽宁出入境检验检疫局禽流感防控督导组到盘锦港检查禽流感防控工作。

11月8日

锦州海关将通关科前置到锦州港,解决了报关现场与查验现场的距离瓶颈问题，提高了通关效率。

11月13日

经过多年努力，《辽宁省口岸管理条例》被列入省人大2006年立法调研论证计划。

11月18日

锦州港粮食现代物流项目的关键——高49米的筒仓仓体滑模建成，标志整个项目取得阶段性胜利。

11月30日

东航开通大连经上海至巴黎空中客运航线。

锦州海事局召开“锦州海区船舶油污应急预案”专家评审会。

11月31日

盘锦港完成吞吐量82.96万吨，同比增长64.8%。其中外贸货完成5.4万吨，同比增长100%。

12月2日

锦州港—长春东站集装箱海铁联运班列开通。

12月8日

锦州市出台《关于积极促进我市口岸外贸经济发展的实施意见》。

12月9日

锦州港首次以铁路运输形式集中向通辽站发送60个20英尺国际集装箱，标志着锦州港为通辽地区提供了又一条方便、快捷、经济的集装箱陆运通道。

12月10日

锦州海关出台《锦州海关进一步支持辽西未设立海关机构地区扩大对外开放十五项措施》。

12月16日

沈阳桃仙国际机场股份有限公司被中央文明委授予全国精神文明建设工作先进单位。为鼓励先进，宣传先进，省口岸办组织授牌仪式。省文明、省口岸办、省机场集团、沈阳市政府、市文明办的领导、新闻单位及沈阳桃仙国际机场股份有限公司部分员工参加了仪式。

大连港至通辽集装箱班列开通。

丹东阳口岸办拟出《丹东电子口岸平台建设的初步意见》及《预算清单》。

12 月 26 日

锦州港 207、208 两个集装箱泊位竣工投产。两个泊位码头全长 533 米，可同时停靠两艘 5668 个箱位的集装箱船舶，年通过能力 60 万标箱。

12 月 29 日

鲅鱼圈海关被中央文明委授予全国精神文明建设工作文明单位。为推动精神文明建设工作健康发展，省口岸办组织授牌仪式。省文明、省口岸办、营口市政府、市文明办、大连海关的领导、新闻单位及鲅鱼圈海关全体关员参加了仪式。

12 月 31 日

在辽宁省口岸办公室的协调督促下，2006 年全省开辟空中国际航线 16 条，超额完成政府报告规定每年开辟空中国际航线 2 条任务的 7 倍；开辟海上国际航线 15 条，是年初规定开辟 1 条海上国际航线的 15 倍。

吉林口岸工作综述

2005年，吉林省口岸工作在省政府和厅党组正确领导下，在口岸各查验部门的密切配合下，紧紧围绕经济建设这个中心工作，以扩大对外开放、发展对外贸易为切入点，积极协调有关部门,正确处理“把关”与“服务”的关系，努力提高口岸工作效率，使口岸总体功能得到了进一步发挥。

【口岸通过量】 截止12月底，全省口岸进出口货物223万吨，出入境人员89.9万人次，出入境交通工具17.6在辆次,审批临时过货39批次，进口木材25万立方米，出口机电产品13640台（件），进出口货物23.1万吨。

2005年全省实际利用外资达到11.51亿美元，同比增加5.81亿美元，增长1.0倍；全年实际利用省外资金242.91亿元，增加121.93亿元，增长1.0倍。实际利用域外资金占全省全社会固定资产投资的比重由上年的14.3%扩大到18.6%。

【口岸开放及开通国际航线】 完成了延吉航空口岸验收工作。根据国务院《关于同意延吉航空口岸对外开放批复》（国函［2003］68号）精神，在省内预验收的基础上，经积极向国家申请，由海关总署会同公安部、国家质检总局，民航总局、总参作战部、省口岸办公室和延边州政府组成验收组，于2005年3月28日，对延吉航空口岸对外开放前的准备工作进行了检查验收，国家验收组通过听取汇报和现场检查，一致认为，延吉航空口岸对外开放条件已经具备，同意正式对外开放延吉航空口岸，并形成了验收纪要。

开通了“长春—长沙—香港”地区航线。针对“长春—香港”航线客源不足经营严重亏损的情况，积极组织协调边防、海关、检验检疫等口岸查验部门赴大连、长沙、宁波进行考察学习对口衔接，调整查验流程、制订监管查验方案和应急予案。与湖南省签订了开通“长春—长沙—香港”航线的有关协议，经向国家申报。5月3日，正式开通了“长春—长沙—香港”航线。目前运行情况良好，改变了南航吉林公司亏损状况。

按期完成了长春航空口岸搬迁任务。根据王珉省长的要求，为保证长春新机场于东北亚博览会期间启用，召集吉林边防总队、长春海关、吉林检验检疫局、机场建设指挥等部门开会协调。确定长春航空口岸与长春大房身机场同步搬迁至龙家堡机场，研究布署了相关工作，并代省政府起草了《关于长春航空口岸迁移的批复》（吉政函［2005］59号）文件，于5月30下发。保证了长春航空口岸于8月26日搬迁完毕，27日正式开通。

组团赴朝会谈签订了建设中国南坪-朝鲜茂山间铁矿粉输送管道有关协议。应朝鲜咸镜北道外事局的邀请，组成以省商务厅助理巡视员韩英珍为团长、延边州政府副州长西门顺基为副团长的吉林省铁矿粉输送管道建设代表团，一行14人，于2005年1月18日赴朝鲜茂山郡就建设中国南坪—朝鲜茂山间铁矿粉输送管道及开放管道口岸有关事宜与朝鲜咸镜北道代表团进行了洽谈。签订了建设中国南坪—朝鲜茂山间铁矿粉输送管道及口岸有关问题协议书。

【口岸建设与改造】 协调有关部门，下拨了口岸建设改造经费。为使吉林省老口岸基础设施改造和维护工作顺利实施，逐步改变口岸各查验部门的生活和工作条件，会同省发改委安排落实了南坪老口岸建设改造资金100万元，图们公路口岸改造100万元，会同省财政厅，制定下拨了全省老口岸维修改造补助经费，总额220万元。

调研编制了《吉林省口岸基础设施建设改造“十一五”规划》。根据《国务院办公厅关于促进东北老工业基地进一步扩大对外开放的实施意见》（国办发［2005］36号）文件和《中共吉林省委关于制定国民经济和社会发展第十一个五年规划建议》的要求；在吉林省政府主管领导的直接关心和指示下，在各市（州）、县（市）制定规划的基础上，积极协调口岸系统有关部门，共同研究编制了《吉林省口岸基础设施建设改造“十一五”规划》。以吉林省口岸工作领导小组名义印发。

组织编制了中朝边境《千里江堤口岸段规划报告》。按照国家边防委办公室建议和省千里江堤建设工作领导小组部署，配合省发改委及有关部门，组织吉林省各市（州）口岸办，编制了中朝边境《千里江堤口岸段规划报告》（草案）。

经与省财政厅协商，报省政府批准，确定全年全省老口岸维修改造经费300万元。

【口岸管理与协调】 组织了中俄边境口岸联合考察组来省考察活动。根据《中俄总理定期会晤委员会运输合作分委会口岸工作组第七次会议纪要》有关精神，以中方海关总署盛光祖副署长为团长、俄方俄联邦安全局边防局边检分局局长莫洽洛夫少将为团长的中俄边境口岸联合工作组一行22人，于6月15日—16日，来吉林省考察对俄口岸，为此，协调有关部门，制定了工作方案，并组织省、州、市及有关部门领导陪同代表团考察了珲春公路口岸、珲春铁路口岸，召开了现场汇报会，并就吉林省珲春对俄公路口岸、铁路口岸及俄方对应口岸建设和通行等方面存在的问题，向双方工作组进行了汇报，经双方工作组会谈协商，就如何解决这些问题，达成了一致的意见。

完成了东北亚博览会人员出入境和参展商品的通关工作。调研制定了东北亚博览会通关服务方案，经绵斌副省长签批同意，下发口岸有关单位；成立了通关协调部；编写了边防、海关、检验检疫和运输服务指南；协调解决了展会现场通关查验等部门办公业务用房及房间设备配备；会同有关部门向国家申请获取了免关税和下放检验检疫审批权限政策，保证了东北亚博览会圆满成功。

为进一步加强对吉林省口岸工作的领导，经省政府批准，于11月15日成立了《全省口岸工作领导小组》。

根据李锦斌副省长意见，积极组织筹备召开了全省口岸工作会议，省政府印发了《加强全省口岸建设管理若干意见》。

（王　影）

吉林省各口岸运行情况

单位：吨、元、人次、辆（架）次、标箱　　　　截止到2005年底

名称	进出口货物				进出口货值(元)				出入境人员				出入境车辆			
	进口	出口	合计	同比%	进口	出口	合计	同比%	进口	出口	合计	同比%	入境	出境	合计	同比%
长春国际航空口岸	–	–	–	–	–	–	–	–	94429	85463	179892	10.4	–	–	15919	–
延吉国际航空口岸	–	–	–	–	–	–	–	–	73390	77369	150759	3.8	420	417	837	–
图们铁路口岸	62827	169360	232187	–47	–	–	–	–	838	846	1684	–50.6	2464	3451	5915	–49
图们公路口岸	47283	21307	68590	20	–	–	–	–	23645	23742	47387	–11.9	6416	6416	12832	2
珲春公路口岸	45887	44367	90254	50.2	–	–	–	–	71108	71021	142129	–16.8	8072	8042	16114	22.6
珲春铁路口岸	–	–	–	–	–	–	–	–	–	–	–	–	–	–	–	–
圈河公路口岸	53364	117882	171246	22.8	–	–	–	–	77092	76497	153589	–39.6	21611	21882	43493	–15.7
三合公路口岸	31429	36669	68098	–9.0	–	–	–	–	14545	15215	29760	–19	4074	4075	8149	–13
开山屯公路口岸	23400	10880	34280	469	–	–	–	–	8805	8858	17663	283	3435	3418	6853	305
南坪公路口岸	689178	7952	697130	13.8	–	–	–	–	24463	24575	49038	–18.2	21113	21113	42226	–22.6
临江公路口岸	26639	11281	37920	(43.5)	577.1	323.7	900.8	–70.8	12556	12724	25280	–26.3	5660	5660	11320	–47.7
集安铁路口岸	80455	18886	99341	–	877	922.6	1799.6	–	1175	937	2112	–	2899	2899	5798	–
大安港口岸	–	–	–	–	–	–	–	–	–	–	–	–	–	–	–	–
长白口岸	46762	33027	79789	–17.2	2783	8823	11606	–32.0	37365	37365	74730	–24.9	6329	6329	12658	–38.0
古城里口岸	34900	3100	38000	20.6	–	–	–	–	4975	5026	10001	2.3	2604	2604	5208	37.2
老虎哨口岸	7974	1820	9794	–	353.4	96.4	1799.6	–	2956	4794	7750	–	1328	1329	2657	–
青石公路口岸	26873	1790	28843	–	356.1	65.8	421.9	–	–	–	–	–	3016	3016	6032	–
沙坨子口岸	6219	20616	26835	124	–	–	–	–	9960	10054	20014	24.2	2978	2978	5956	124
长春铁路口岸	971	2154	3125	57	–	–	–	–	–	–	–	–	–	–	–	–
吉林内陆港口岸	—	1104	3211	–	–	–	–	–	–	–	–	–	–	–	–	–
合计	1663947	566496	230445	–3.73	260461	71200	331661	–	–	–	89.9	–8.8	–	–	17.6	–11.7

吉林口岸查验单位工作综述

长春海关

2005年，长春海关认真贯彻海关工作16字方针和队伍建设12字要求，稳步实施现代海关制度第二步发展战略，努力为地方经济发展服务，进一步深化海关业务改革，严厉打击走私，加强监管，提高通关效率，狠抓队伍建设，取得了丰硕成果。

【概述】 全年税收实际入库51.76亿元，其中，征收关税20.35亿元、进口环节税31.41亿元。在全国海关税收排名中列第15位。全年监管进出口货运量223.0万吨，货值33.2亿美元，进出境人员89.7万人次，运输工具2688架次。监管印刷品、音像制品10.2万件，查获违禁印音制品2.6万件。全年立案走私案件113起，案值6122.6万元，偷逃税额1551.6万元。实现罚没收入558万。抓获走私犯罪嫌疑人31人，其中刑事拘留17人，经检察机关审查并批准逮捕11人。全年立案侦办毒品案件6起，查获走私冰毒1041.35克，吗啡针215支。2005年，海关总署领导两次莅临长春海关检查指导工作。2005年6月，盛光祖副署长率中俄口岸代表团在珲春进行工作考察，8月份，李克农副署长和杨国勋总工程师在吉林参加部分海关电子口岸座谈会，并到长春海关检查工作，充分体现了总署领导对长春海关的关心和信任。

【支持地方经济发展】 长春海关始终把工作放在吉林省经济发展的大局中把握，努力提高服务地方经济的层次和水平。继2004年推出了“长春海关支持振兴东北老工业基地十项措施”后，2005年，长春海关又结合吉林省经济发展的实际，有针对性研究制定了新的十项支持措施。重点是支持省内支柱产业、优势产业及高新技术企业的发展，不断深化海关各项业务改革。积极推进吉林省汽车产业开发区建设，支持一汽做大做强，走出低谷。对一汽部分通关货物实行集中报关，支持一汽建设公共型保税仓库，进一步提高通关速度，降低企业通关成本。扩大推广应用海关税费网上支付业务，上年新增入网企业8家，通过“网上支付”系统征税9.9亿元,同比增长84.7%。积极推广快速通关新模式，为企业提供担保验放、提前报关、加急通关、快速转关、上门验放等多项优惠措施。为推动吉林省加快加工贸易转型升级，根据国家政策和企业需求，长春海关对5家企业实行了加工贸易“大手册”管理。同时，支持省内企业实行加工贸易联网监管，2005年，对具备条件的企业和5家保税仓库实现了电子账册管理，有效促进了加工贸易的智能化、网络化、信息化监管。支持延边地区开发开放，重点支持中韩束草航线发展，支持中俄互市贸易发展，支持珲春海产品集散地建设，支持南坪、开山屯口岸建设，积极向海关总署申请成立中朝互市贸易区。2005年9月，长春海关推出了“支持东北亚投资贸易博览会十项措施”，积极为2007年长春亚洲冬季运动会进口设备提供便捷、高效的通关服务。2005年8月，顺利完成了机场搬迁工作，保证了新机场国际航线的正常运营，为进一步改善吉林省投资软环境做出了积极的努力。

【构建反走私立体防线】 2005年，针对中朝边境走私形势趋于平缓的现状，认真开展调研分析，加大风险分析和专项稽查力度，有效维护了国家政治经济秩序。全年以打击货运渠道走私及毒品、文物、反动、淫秽违禁品走私为重点，先后开展了4次专项行动。长春海关作为打击毒品走私的重点关区之一，缉毒工作取得了新的突破性进展。11月24日，延吉海关缉私分局在一名前往汉城的旅客身上查获冰毒290克，之后又在其住所查获冰毒制品，合计673克，完成了长春海关在口岸独立办理的第一例缉毒案件。同时，长春海关以风险分析为基础，确定稽查重点，开展专项稽查，全年共稽查企业53家。通过切实有效管理，吉林省企业守法自律意识明显提高，目前尚无“黑名单”企业。2005年长春海关上报的拟评定为“红名单”企业的12家单位，最终有5家通过了海关总署的审核，通过数量居全国第六。同时，牢固树立“大风险”观念，积极探索符合长春关区业务特点的风险分析方法，全面推广2.0版风险管理平台，提高整体效能。全年长春海关利用风险管理平台系统查获涉嫌贸易渠道违规案件1起，补税58万元；非贸易性物品违规案补税32起，补税92万元。

【队伍建设取得实效】 2005年，长春海关领导班子建设、党风廉政建设、准军事化纪律部队建设、精神文明建设取得新的成果，。长春关党组组织了10余次党组理论中心组学习，各级领导干部学习理论，加强“五种能力”建设的自觉性明显增强。法规处处长陈磊同志获得吉林大学法学博士学位，出版了论文专著《商业瞒骗走私犯罪研究》，近35万字。全年共提拔处级干部15人，科级干部155人，对18名处级干部和总关26名科以下干部进行了交流，干部队伍年龄结构、知识结构更趋合理，依法行政能力不断增强。党风廉政建设和反腐败工作更加深入。2005年，在执行“海关人员6条禁令”和省直机关“五不准”过程中，长春海关无违规情事发生，并因纪律严明、服务企业热情周到受到了海关总署的肯定和省直机关工委的通报表扬。按照胡锦涛总书记建设海关准军事化纪律部队的要求，2005年长春海关在珲春进行了试点，并于12月份召开了关区现场会，总结经验，交流体会，取得了进一步推进全关区准军事化纪律部队建设的经验和保障。2005年，长春海关精神文明创建工作取得丰硕成果。长春经济技术开发区海关被中央文明委和国家人事部授予“全国文明单位”称号，现场处监管科被评为“全国青年文明号”，图们缉私分局和珲春海关通关科被评为“省级青年文明号”。长春海关及8个隶属海关均成为“省级精神文明建设先进单位”。同时，参加了省“纠风办”主办的“政行风热线”活动，现场答疑，受理投诉，树立了良好的社会形象。

【保持共产党员先进性教育见成效】 2005年上半年，长春海关严格按照中央、总署、省委的要求，开展了保持共产党员先进性教育活动。长春海关党组围绕先进性建设这个主题，在求真务实和建立长效机制上下功夫，使广大党员受到了深刻的思想教育，党的宗旨意识得到加强，党员先锋模范作用和基层党组织战斗堡垒作用得以充分发挥。长春海关先进性教育活动做到了让中央督导组、省督导组、总署巡视联络组、工作对象和组织者、推动者、参与者五个层面满意。通过活动确定了《长春海关党组关于先进性教育活动的整改措施》，共计66条。从教育培训、民主监督等8个方面建立了一套使党员长期受教育、永葆先进性的长效机制，进一步推动党建工作的规范化、制度化建设。用中央督导组副组长王淑芳同志的话说“长春海关通过实实在在的工作，取得了实实在在的效果。”

【信息宣传再上新台阶】 长春海关始终注重信息宣传工作。2005年信息被海关总署各类载体采用1688篇，被吉林省委、省政府采用政务信息202篇。2005年，长春海关信息工作达到了历史最好水平，在吉林省委系统排列第1位，在吉林省政府系统排列第2位，在海关总署排名第12位。对外宣传工作保持了上年的成绩，在各类新闻媒体发表稿件770篇，在全国海关系统排名第16位。

按照海关总署的综合业务指数评估，长春海关在全国排在23位左右，属于全国海关最中游，信息宣传工作排名大幅超越了综合业务排名。

长春海关2005年主要业务情况表

项　目		单 位	全年累计	同比增长（%）
进口报关单		张	26799	–8.3
出口报关单		张	27009	39
进出口货运量		吨	2230443	–3.73
其中	进口货运量	吨	1663947	–4.87
	出口货运量	吨	566496	–0.2
进出口货值		美元	3316611025	–21.89
其中	进口货值	美元	2604607918	–32.95
	出口货值	美元	712003107	97.08
进出运输工具		辆艘	177599	–10.78
进出境集装箱		箱次	64121	7.98
转关货物		吨	13494	376.31
实有加工贸易生产企业（电子账册）		个	10	–9.09
实有加工贸易生产企业（纸制账册）		个	314	2.28
备案加工合同数		份	1378	13.04
备案加工合同金额		美元	449330433	39
结案合同		份	483	64.85
保税仓库注册实有		个	8	14.29
保税仓库入库货物		吨	11009	–95.23
保税仓库入库货殖		美元	32939222	39
进出境人员		人次	897175	–8.99
进出境邮递物品		件	101602	–2.92
进出境印刷品及音像制品		件	434641	–6.43
查处走私案件数		起	71	20.34
案件总值		万元	4352.14	271.52
抓获犯罪嫌疑人		人	31	–3.13

吉林省公安边防总队

2005年，吉林省公安边防总队以深入开展“双争”活动为载体，认真贯彻落实《出入境边防检查勤务规范》（以下简称“新规范”），严密口岸查控，加大打击口岸偷渡活动力度，充分发挥边防检查机关职能作用，积极为地方经济建设和社会发展服务。2005年度，共检查出入境人员899265人次，汽车165054辆次，火车1068列次，飞机2559架次；查获在控对象25人、持用吊销证件人员16人，抓获偷渡人员2238人；发现和处理各类违法违规人员361人，未发生执勤事故和职务犯罪案件，圆满完成了各项边防检查工作任务。

【认真落实新规范，开展边检站业务等级评定活动，全面推动“双争”工作深入发展】 新规范下发后，吉林省公安边防总队首先在总队机关相关人员中进行了传达和学习，并针对新旧规范的不同点和侧重点进行了研究和讨论。在掌握精神实质的基础上，将规范转发各站，提出了贯彻落实意见，要求边检站将落实规范作为边检工作的重中之重，站、科领导依据规范要求，加强对执勤工作的督促和指导，从勤务组织、熟悉职责、坚持制度和接还证件动作、人证对照、资料录入、加盖验讫章等基本环节入手，培养检查员规范化执勤的习惯，做到“学规范、用规范、守规范”。各边检站把狠抓规范的学习作为近一个时期业务培训的重要内容，认真对照规范查找业务工作存在的问题和薄弱环节，以便在工作中不断改进和完善。长春边检站党委专门例会对规范进行学习，并建立了一套边防检查勤务评估机制，依据规范对勤务组织、检查程序、执勤纪律等项目进行量化打分，对贯彻执行规范进行动态评估。延吉边检站采取领导讲解、集中学习、分组讨论、自学等方法，把培训与考核结合起来，分阶段、分岗位，由面到点、由表及里地学习，并组织定期、不定期考核。珲春边检站召开了落实规范现场会，并组织模拟演练，增强了落实效果。同时，将落实规范与开展“双争”活动有机结合起来，及时下发了通知，把“双争”活动的考核评比列入年终边检站基层建设考核的重要内容，并提出了具体的工作要求。

2005年，吉林省公安边防总队继续把进一步加强规范化执勤执法，深入开展“双争”活动作为边防检查业务建设的重要内容来抓，把深入开展“双争”活动作为全年工作的主线，在2004年开展活动的基础上，对照新要求、新标准，细化了工作任务和目标，拓展了服务内容。一是迅速贯彻了满洲里边检会议精神。2005年8月16日，在图们边检站召开了贯彻公安部边防局满洲里会议精神、深入开展“三访四见”活动、抓好业务等级评定、全面推动“双争”工作会议。会议传达了公安部边防局满洲里会议精神，通报了总队7月份对边检站业务等级评定初评情况，听取了各边检站开展“双争”活动、落实“两个规范”、“三访四见”和业务等级评定工作情况的汇报，对下一步工作提出了要求。二是创造性地开展了边检站业务等级评定工作。为落实满洲里边检会议精神，全面推动“双争”工作向纵深发展，同时针对边检站存在的机关化、个别站领导不懂业务、检查队伍素质不高等问题，制定实施了《吉林省公安边防总队边防（境）检查站业务等级评定实施办法》及考评细则，确定了“勤务工作规范、执法办案严格、业务培训正规、情报调研有效、执勤设施完备、工作作风扎实、文明服务优良”的工作标准，并将业务等级评定与年终量化考核挂钩。通过开展边检站业务等级评定，各站切实转变了工作作风，站长、分管业务副站长、参谋长积极落实每月以普通检查员身份参加5天以上验证工作制度，通过上台验证，进一步掌握了检查员的工作情况，有效地提高了指导业务工作的能力和水平，增进了官兵感情和警民感情。2005年年底，又组织相关业务人员随吉林省公安边防总队年度量化考核小组对全省边检站进行业务等级评定，并对站值班领导和检查人员进行了边防检查业务和法律考试，成绩在吉林省公安边防总队网页上进行了公布。从评定和考试的结果看，达到了预期的目的。三是扎实开展“三访四见”活动。公安部边防局开展“三访四见”活动以来，认真研究边检站开展“三访四见”活动的形式和内容，制定了边检站开展“三访四见”活动十条措施，及时总结经验，有力地推动了边检站“三访四见”活动的深入开展。

【加大口岸查控和反偷渡工作力度，维护国家安全和社会稳定】 吉林省公安边防总队始终把口岸查控工作作为边防检查工作的首要政治任务来抓，严格落实行政主官负责制，要求各站继续在查控工作重点环节上下功夫，严密各项规章制度，坚持一级抓一级，层层落实。各查控岗位人员必须做到：接控迅速，布控准确，核查仔细，查控规范，撤控及时。同时进一步明确工作重点，将“两会”、“六四”、国庆、元旦等敏感期和重大节日、重大活动作为查控工作的重点时期，及时开展各种形式的教育，要求站领导和全体官兵保持清醒头脑，克服麻痹思想，采取有力措施，严密防范境内外敌对分子“闯关”闹事，确保口岸的安全、畅通。各边检站进一步完善了处置突发事件预案，提高了对出入境人员闯关、在控对象脱逃以及各种违法犯罪分子破坏活动等突发事件的控制能力。2005年6月和10月，分别派专人对边检站的查控工作进行了全面检查，指出并纠正了工作中存在的问题，为查控工作万无一失提供了有利保证。2005年查获在控对象25人。

在严厉打击口岸偷渡活动中，要求各边检站要注意掌握口岸偷渡活动的特点，加强对口岸偷渡活动规律的研究，定期或不定期地开展反偷渡工作业务研讨，积累工作经验。工作中，根据各站实际确定了反偷渡工作重点，要求各站加强与公安出入境管理、刑警等部门和民航集团、航空公司、运输公司等单位的联系，开展反偷渡工作协作与合作。同时还及时把工作中发现的新情况、新问题和查获的偷渡案件向各边检站通报，实现反偷渡信息共享，交流工作经验。2005年共抓获偷渡分子2238人，是2004年的3倍。

【完善现场基础设施建设，狠抓业务培训，营造和谐的通关环境】 2005年以来，吉林省公安边防总队不断加大对执勤现场设施的建设和改造力度，增加边防检查科技含量，通关环境得到很大改善。同时把边防检查业务培训工作纳入总队党委的重要议事日程，进一步提高了边防检查执勤执法工作水平。一是做好新现场启用和老现场改造工作。针对长春、南坪口岸新执勤现场建设的实际，指导长春、南坪边检站积极争取地方政府及有关部门的支持，本着提前介入的原则，提出了执勤设施建设标准。针对长春新机场提前启用的实际，总队领导和有关部门多次深入新机场进行现场办公，研究解决长春边检站搬迁新机场有关问题，同时加强与施工单位的沟通，提出边防检查执勤设施规范化建设的意见，确保了长春新机场于2005年8月27日正式启用。长白边检站积极向地方政府反映口岸建设问题，经努力争取，改造了执勤现场，实现了通道式通关方式。古城里、老虎哨边检站积极与口岸联检单位协调，封闭了口岸执勤现场，合理规划了联检大厅内部设施，保障了执勤现场空间的有效利用。吉林省公安边防总队还根据实际，为各执勤现场订制了边防检查验讫章保管柜和验讫章携行包，保证了验讫章存放和使用中的安全。二是加大科技投入，改善工作条件。按照公安部边防局要求，为各边检站配备了执勤现场所需的数码照相机、摄像机、传真复印一体机、扫描仪和数码录音笔等设备，保证每个执勤现场都有一套取证设备，解决了多年以来执勤现场所需的“四机”问题。为落实《边民检查工作规范》，经过研究和论证，对现行边防检查信息管理系统进行了必要的完善，实现了边民信息资料的计算机管理和查控，使吉林省边民检查工作逐步走向规范。为加快边防检查统计数据传输速度，从2005年1月起，各边检站正式利用公安网络向总队传输边防检查统计数据，大大提高了统计数据的时效性和准确性。三是突出抓了站值班领导的业务学习。根据吉林省公安边防总队《边检站业务等级评定实施办法》有关规定，结合公安部边防局要求，下发了《关于加强边检站值班领导现场执勤的通知》，对站值班领导年终考核内容及标准做了规定，并将考核成绩与年终量化考核挂钩。通知下发后，站值班领导学习业务的劲头明显上升，与检查员一起参加业务、法律、外语、计算机的培训和考核，要求检查员做到的，站领导首先带头做到。同时站领导通过上台验证，不但学习了边防检查业务，还影响和带动了其他检查人员学习业务、钻研业务的积极性，有效地激发了检查人员的学习热情。2005年底，对全省边检站值班领导进行了年终业务考试，考试内容除了公安部边防局要求的新规范和《边民检查工作规范》内容外，还增加了执法程序、法律法规、边检业务、证件识别、查控工作、外语等方面的内容，从考核的结果看，基本达到了预期目的。四是加强业务交流，开展业务研讨。年初对边检处网页进行了完善，增加了经验交流、反偷渡信息、规范化建设、边检月报等栏目，鼓励各边检站积极投稿。对各边检站业务工作中的经验做法和研讨文章，及时在网页相关栏目上进行刊登，同时将好的文章积极向公安部边防局边检处网页进行推荐，这一举措有力地提高了检查人员学业务、钻业务的积极性。为做好改线的长春–长沙–香港航班的边防检查工作，共同防范打击口岸非法出入境活动，2005年5月17日—29日，选调识别伪假证件方面经验丰富、精通韩国语的检查员赴长沙边防检查站进行了业务、韩国语授课，并就边防检查业务的有关问题进行了广泛的业务交流，学到了好的经验和作法。

【实施爱民固边战略，努力为地方经济建设和社会发展服务】 2005年以来，吉林省公安边防总队所属边检站认真贯彻执法为民要求，全面实施爱民固边战略，广泛开展“微笑服务在脸上、文明用语在嘴上、快捷动作在手上”活动，强化服务质量，拓宽服务渠道，增强为地方经济建设服务的意识，全力打造边检亮点和品牌，得到了各级党委、政府和出入境旅客的广泛赞誉。珲春边检站为更好地服务边境旅游，邀请地方政府、旅游行政管理部门及有关旅行社的负责人，召开了“实施服务承诺，推动边境旅游”座谈会。会上，珲春边检站通报了边境旅游中存在的问题，与旅行社有关人员进行了座谈，组织相关人员学习了边防检查有关法律法规，推出了服务边境旅游发展八项措施，还与各旅行社负责人签订了《共同维护边境旅游出入境秩序协议书》。对珲春边检站创新服务理念，真诚推动边境旅游事业发展的举动，地方政府给予了充分肯定，对珲春边检站推出的一系列服务措施也给予了高度评价。长春边检站加大为地方经济建设服务的力度，拓宽“绿色通道”服务领域，积极为各类代表团、商贸团、旅游团提供便利通行服务，实行24小时预录预检，特别是在2005年9月第一届中国·吉林东北亚贸易投资博览会期间，长春边检站制定了严密的工作措施，为出入境参会人员营造了高效快捷、文明和谐的通关环境，受到地方政府和出入境参会人员的好评，被吉林省政府授予“对外开放突出贡献奖”。临江边检站根据从朝鲜进口木材陆地运输成本高、界江流筏作业运输成本低、见效快的实际，经上级批准，与朝鲜相关部门就开通临江当石临时过货点达成一致意见，使中方外贸公司的运营成本降到最低限度，受到外贸单位的一致好评。临江当石临时过货点开通以来，进口木材3000余立方米，为外贸单位节约资金180余万元。

吉林出入境检验检疫局

【综述】 2005年，吉林出入境检验检疫局共检验检疫出入境货物76109批，金额353845万美元，批次比上年增加12.28%，金额比上年减少17.66%。其中：入境检验检疫31118批，金额229482万美元，批次减少12.25%，金额减少32.87%；出境检验检疫44991批，金额124363万美元，批次增加39.20%，金额增加41.52%。出入境检验检疫不合格累计211批，金额852万美元，批次减少29.67%，金额减少65.17%。其中：入境检验检疫不合格135批，金额478万美元，批次减少25.41%，金额减少75.57%；出境检验检疫不合格76批，金额374万美元，批次减少36.13%，金额减少23.52%。

出入境健康体检84776人次，增加17.69%，爱滋病监测84778人次，增加20.38%，预防接种41248人次，增加34.16%，发现病例14560人次，增加113.05人次。

出入境交通工具检疫，火车13714节，减少0.28%；汽车156697辆，减少11.39%；飞机2545架，增加3.79%。

出入境集装箱检疫70536标箱，减少3.80%。

出入境木质包装检疫，出境3922批，214185件，批次增加3.78%，件数减少54.71；入境3251批，410412件，批次减少41.02%，件数减少47.41%。

出入境检验检疫截获疫情，动物疫情4批，减少50.00%；植物疫情107批，增加69.84%。截获病媒生物28批。截获禁止进境物1153人次，1512件，人次减少14.15%，件数减少19.83%。

普惠制产地证签证6887份，签证金额27156万美元，份数增加7.12%，签证金额增加6.30%。一般原产地证签证1483份，签证金额6728万美元，份数增加27.30%，签证金额增加49.08%。

【依法把关保国安民】 防控禽流感。在朝鲜和俄罗斯发生高致病性禽流感后，吉林出入境检验检疫局党组立即召开了专题会议和党组扩大会议，积极贯彻落实党中央、国务院领导的指示和国家质检总局在全国检验检疫系统禽流感防控工作专题会议精神，迅速启动了高致病性禽流感疫情进出境检验检疫应急预案，结合吉林省口岸实际，制定下发了《关于进一步加强检验检疫工作严防朝鲜禽流感传入的通知》，对口岸禽流感卫生检疫工作做了全面、具体的部署。一是抓好口岸防堵。加大口岸查验工作力度，严防禽类产品非法入境。加大进境货物、运输工具、装载容器等的检疫消毒力度，严防高致病性禽流感传入。二是抓好大型出口企业的监督管理。加强备案饲养场的禽流感监测工作，严防禽流感疫情传出。突出抓好大型出口企业基地的防疫工作。三是抓好人间禽流感防控工作。进一步加强进出境旅客的健康检疫。全省21个对朝口岸和临时过货点行动迅速，各对朝口岸人员加大对来自朝鲜的进境货物、运输工具、旅客携带物品、邮寄物品等的监管力度，各口岸对入境人员携带物的检疫要达到100%，对进境运输工具的检疫消毒达到100%，对检疫截获的非法入境禽鸟及其产品必须在检验检疫机构的监督下作退回或销毁处理。并建立了与海关、边检和口岸办的联动机制和建立了口岸岗位责任制和责任追究制。积极协调地方政府和配合有关部门按照各自职责搞好集贸市场、冷库和禽类产品加工点的检查和监督管理工作。切实作到组织落实、措施落实、人员落实、责任落实，有效地防止高致病性禽流感传入。

妥善应对各种疫情和突发事件。在马铃薯甲虫、“亚洲一型”口蹄疫疫情和相继发生的苏丹红、PVC 保鲜膜、输韩泡菜等一系列公共安全突发事件中，吉林出入境检验检疫局反应快速，妥善处置，有效应对，确保了检验检疫备案饲养场无疫，使吉林德大公司出口鸡熟肉制品和生鸡肉 2.5 万吨；在口蹄疫疫情比较复杂，一些省份输港活牛量大幅减少的情况下，吉林省供港活牛没减反增，同比批次增加 38.66%，数量增加 50.8%；出口牛肉 341 批、1950.9 吨，同比批次增加了 95%、货值增加了 130%。在苏丹红、孔雀石绿、硝基咪唑、硝基呋喃、胭脂红、甲醛等突发事件发生后，在第一时间就开展了针对这些新项目的检测工作，保证了检验检疫工作的顺利进行。在应对韩国泡菜事件中，有针对性地组织了口岸查验和对国内市场的检查。通过采取有力措施，迅速有效地应对了各种突发事件，切实履行了严把国门的职责。

截获有害生物。植物检疫工作取得重大突破，检出植物疫情 472 批，比上年增加 223 批。特别是在 4 月 12 日—5 月 23 日期间，从法国进境的 9 个集装箱 260 多立方米橡木板材中，检出 3 纲 12 目 56 科 106 种，总数量高达 7.4 万余头的有害生物，其一次性检出有害生物的数量之大、品种之多，引起了国家质检总局和吉林省人民政府及国内相关部门、新闻媒体的高度关注。

“关检”合作促进大通关。10 月 8 日，为贯彻落实《海关总署、质检总局关于建立关检合作机制备忘录》精神，进一步提高口岸整体通关效率，吉林出入境检验检疫局和长春海关在长春南湖宾馆举行建立关检合作机制协议签字仪式。吉林省政府李锦斌副省长、王甫轶副秘书长出席签字仪式。协议规定，双方合作的范围主要包含积极支持和推进口岸电子执法系统建设，应用推广电子通关 (通关单电脑联网核查)、原产地证、“一单两报” (一次录入，分别申报)、物流信息、统计信息等信息交换，实现信息共享；建立关检配合、协同执法机制，从敏感商品及边贸进出境商品的特点入手，建立协同执法机制，加强双方在旅检现场工作方面的配合，推广在口岸旅检通道现场的 X 光机“一机两屏”应用，加强海关检查、检验检疫查验的合作，建立关检应急联络机制，发挥各自职能优势，提高对突发、应急、重大事件的快速反应、快速通报和联合应对能力；加强业务交流与合作，增进相互了解，发挥双方优势，相互配合，加大打击走私、防止逃漏检力度；按照国家口岸发展规划，支持地方口岸开放建设工作等四大方面内容。关检联手合作建立“大通关”机制，结合吉林省“大通关”实际，创新监管模式的新举措，对确保吉林省口岸的畅通，加快口岸验放通关速度，确保国境经济安全。

【检验检疫为经济建设服务】 “六个一批”工程不断深化。全省检验检疫系统不断创新帮扶企业的内容和形式，从面对面帮扶到利用互联网给企业发送新标准、新规范的远程帮扶，从单纯技术指导、信息服务扩大到培训实验室人员、开展分类管理、应用好普惠制等新方式。全年有 96 家企业被列为“六个一批”帮扶对象，得到定点、定项、定人的扶持。(“六个一批”即：帮助一批企业取得走向国际市场通行证，获得质量体系认证、食品卫生注册等注册认证；支持一批企业攻克技术壁垒，主动为出口企业传递最新的法规、标准、预警公告和国外新壁垒信息；推动一批出口企业实现分类管理，实现提速、减负、增效；促进一批企业产品打入国际市场，努力提高企业在国际市场竞争力；提出一批合理化建议，为各级地方党委、政府当好参谋助手；指导一批企业提高防控技术和实验室检测水平)。87家企业获得质量体系认证或复审换证，94家企业获得了出口产品卫生注册证书，9家出口食品企业的产品被推荐到美国、日本、马来西亚等国家，5家出口企业获3C认证；吉林省的麝鼠首次实现出口；新增出口蔬菜备案基地9家。帮助6家研究所和种子总站引进了苜蓿切叶蜂、向日葵、林木、玉米、西洋参、甜菜、银莓等11批种子；指导5家出口企业获得了分类管理资格。

吉林出入境检验检疫局开展的“六个一批”工程，受到国家质检总局和省政府领导及被帮扶企业的好评。在全国出入境检验检疫局长会议上作了经验交流发言。吉林省田学仁常务副省长在被帮扶企业报送的信息上批示:“吉林检验检疫局的做法很好，应当表扬，值得借鉴”。吉粮集团分别向国家质检总局和省政府打报告，为吉林出入境检验检疫局请功。美国日晖集团亚太地区执行总裁罗麦可先生和中共十五、十六大代表人称“辣椒大王”的吉林省著名农民企业家陈云莲女士等36家企业纷纷以送牌匾、锦旗、感谢信等形式，表达谢意。吉林出入境检验检疫局开展的“六个一批”工程在省直机关开展的办实事票决中被评为“最佳实事”。吉林出入境检验检疫局被长春市评为2005年度招商引资“优秀服务单位”。

落实《合作备忘录》。7月29日，国家质检总局与吉林省政府签署《关于共同推动吉林食品农副产品生产加工和扩大出口合作备忘录》(以下简称《合作备忘录》)后，吉林出入境检验检疫局制定了《吉林检验检疫局关于贯彻落实〈总局与吉林省政府共同推动吉林食品农副产品生产加工和扩大出口合作备忘录〉措施》,包括9个方面内容的39条具体推动措施，并逐条落实到每个企业、每位局领导、每个处室和分支检验检疫机构。全省检验检疫系统，坚持抓住大品种、大企业、示范区和增长点，倾力推动，使吉林省农副产品出口保持了良好的势头。

为落实《合作备忘录》，吉林出入境检验检疫局与吉林省榆树市政府签署《共同促进长春五棵树现代农业产业开发区建设合作备忘录》，通过帮扶，该区实现了出口零的突破，区内的3家企业获得了卫生注册，2家企业分别实现了对韩国出口马铃薯淀粉和向约旦、科威特出口牛肉，这对带动吉林省农产品加工企业走向国际市场，起到了很好的示范作用。

支持东北亚贸易投资博览会。9月2日，首届中国吉林东北亚投资贸易博览会（简称“东博会”）在吉林长春隆重开幕。吉林出入境检验检疫局以超前的行动，极大的热情、快速的反应和实事求是的作风，竭尽全力为东博会保驾护航。制定了《吉林检验检疫局首届“中国吉林东北亚投资贸易博览会”工作方案》，设立吉林检验检疫局现场办公室，接受各相关业务的咨询。为了支持办好东北亚博览会，促进我国与东北亚各国的经贸合作，加速东北经济发展，8月8日，辽宁、吉林、黑龙江三省出入境检验检疫局（以下简称“三方”）在长春签定的《辽宁、吉林、黑龙江检验检疫局关于支持“中国吉林东北亚投资贸易博览会”检验检疫有关工作的协议》。三方合作的范围包括(1)三方口岸对参加“博览会”的展品（包括展销品）实行优先检验检疫，优先通关。(2)三方在对入境参展物的检验检疫方式上采取互补、高效的措施。(3)口岸检验检疫机构对涉及审批项目的入境参展物报检管理提供便利条件。

【科技兴检】 科研制标。组织实施国家质检总局科研项目9项。完成国家标准制订计划11项、检验检疫行业标准15项、国家质检总局科研项目4项、本局科研项目10项。在向国家质检总局申报的25项科技项目中涉及化学、动检、植检、化矿金、卫检等专业，其申报的数量、质量、专业覆盖面都达到了历史最好水平。

检测能力明显增强。研制开发新检测方法和项目33项。吉林出入境检验检疫局检验检疫技术中心首次获得中国实验室国家认可委员会（CNAL）技术委员会食品分委员会组织实施能力验证计划的资格，农兽药残留的检测能力和实施验证组织能力已经达到了CNAL要求，并获准东三省唯一一家被国家质检总局推荐的第二批具备承担电子电气设备6种有害物质检测的实验室。长春国际旅行卫生保健中心和3个分中心顺利通过了国家CQC对其进行的ISO9001：2000版国际质量管理体系运行现场认证评审。

加快信息化管理步伐。接通了吉林出入境检验检疫局与国家质检总局的“数字高速公路”，驻一汽大众办公室实现了对辖区内进口货物实施视频电子监管，分支检验检疫机构的集安局、珲春局和驻一汽大众办公室分别研制了口岸快速申报、核放、登记系统。

【精神文明建设再创辉煌】 吉林出入境检验检疫局局机关再次获得“全国精神文明建设工作先进单位”荣誉。在服务对象的测评中满意率达99.1%，“全省纪检监察信访举报工作先进单位”之一。吉林出入境检验检疫系统五个科室获全国质检系统及吉林省“青年文明号”荣誉；分支机构的珲春局、延边局、集安局、白城局分别获“创一流业绩班子”、“诚信文明服务单位”、“五星级党委”、“吉林人民口碑金奖单位”等荣誉。

（翟文阁 陈 卫）

检验检疫主要业务统计表

1、出入境货物检验检疫情况表

		批次	与上年同比±%	金额(万美元)	与上年同比±%
出入境检验检疫累计		76109	12.28	353845	−17.66
其中	入境检验检疫	31118	−12.25	229482	−32.87
	出境检验检疫	44991	39.20	124363	41.52
出入境检验检疫不合格累计		211	−29.67	852	−65.17
其中	入境检验检疫不合格	135	−25.41	478	−75.57
	出境检验检疫不合格	76	−36.13	374	−23.52

2、交通工具、集装箱及木质包装检疫情况表

本年累计与上年同比±%	交通工具检疫			集装箱检疫(标箱)	木质包装检疫			
	火车(节)	汽车(辆)	飞机(架)		出境		入境	
					批次	件数	批次	件数
本年累计	13714	156697	2545	70536	3922	214185	3251	410412
与上年同比±%	−0.28	−11.39	3.79	−3.80	3.78	−54.71	−41.02	−47.41

3、截获疫情及截获禁止进境物情况表

	截获疫情（批次）			截获禁止进境物	
	动物疫情	植物疫情	病媒生物	人次	件数
2005年累计	4	107	28	1,153	1,512
与上年同比±%	−50.00	69.84	—	−14.15	−19.83

4、健康检查与预防接种情况表

	健康检查与预防接种（人次）				
	健康检查	爱滋病监测	预防接种	人次	疾病检出率%
2005年累计	84776	84778	41248	14560	17.17
与上年同比±%	17.69	20.38	34.16	113.05	—

5、包装鉴定情况表

	普通包装性能鉴定		危险品包装鉴定			
			性能鉴定		使用鉴定	
	批次	件数	批次	件数	批次	件数
2005年累计	602	16676317	13	35713	06	31721
与上年同比±%	−23.12	28.76	−72.34	−36.95	−2.75	−7.19

6、产地证签证情况表吉林口岸大事记

	普惠制产地证		一般原产地证	
	份数	金额(万美元)	份数	金额(万美元)
2005年累计	6887	27156	1483	6728
与上年同比±%	7.12	6.30	27.30	49.08

吉林口岸大事记

1月21日

吉林检验检疫局召开全省检验检疫工作会议，吉林省政府李锦斌副省长、王甫轶副秘书长出席了会议。李锦斌副省长作了重要讲话。

1月31日

长春海关在全省行政执法单位政行风评比中位列第三名，成为全省先进单位。

4月18日

吉林省李锦斌副省长在吉林检验检疫局呈报省政府的《关于进一步加强中朝口岸高致病性禽流感防控工作的报告》上批示："省检验检疫局工作积极主动，措施也很有力度。望继续严格把关，加强检疫，严防疫情传入我省。"

5月3日

开通了"长春—长沙—香港"地区航线。

5月30日

代省政府起草下发了《关于长春航空口岸迁移的批复》（吉政函[2005] 59号）文件，根据王珉省长的要求，为保证长春新机场于东北亚博览会期间启用，召集吉林边防总队、长春海关、吉林检验检疫局、机场建设指挥等部门开会协调会。究布署了相关工作，确定长春航空口岸与长春大房身机场同步搬迁至龙家堡机场，按期完成了长春航空口岸搬迁任务。保证了长春航空口岸于8月26日搬迁完毕，27日正式开通。

6月15日—16日

盛光祖副署长及中俄口岸联合考察组一行抵达珲春海关，在珲春海关召开"中俄运输合作分委会口岸工作组珲春会议"，李录关长陪同考察并参加会议。

7月1日

长春和延吉航空口岸顺利实施航空口岸申报制度改革。

7月14日

长春海关现场业务处监管科被授予2004年度全国"青年文明号"。

8月1—5日

全国部分海关地方电子口岸建设座谈会在吉林海关召开。李克农副署长、总工程师杨国勋、总署有关司室的领导以及上海、深圳等七个直属海关电子口岸部门的负责人参加会议。

8月5日

在国家质检总局的支持下，辽宁、吉林、黑龙江检验检疫局在吉林省长春市举行了《辽宁、吉林、黑龙江检验检疫局关于支持"中国吉林·东北亚投资贸易博览会"检验检疫大通关工作协议》的签字仪式。会议由吉林省人民政府副秘书长王甫轶主持，吉林省人民政府副省长李锦斌发表讲话。

9月16日

吉林省政府召开第一届东北亚投资贸易博览会总结表彰大会召开，长春海关、吉林检验检疫局、长春边防检查站和通关部门8名个人分别被评为博览会工作先进单位和先进个人。

10月8日

为贯彻落实《海关总署、质检总局关于建立关检合作机制备忘录》精神，进一步提高口岸整体通关效率，吉林检验检疫局和长春海关在长春南湖宾馆举行建立关检合作机制协议签字仪式。吉林省政府李锦斌副省长、王甫铁副秘书长出席签字仪式。

10月8日

李录关长、孙玉宁副关长参加关检合作机制协议签字仪式，李锦斌副省长出席仪式。

10月12—14日

澳大利亚驻中国大使馆海关参赞及澳大利亚海关缉毒工作专家一行3人由海关总署缉私局领导陪同，对珲春、延吉、图们海关进行工作访问。

10月26日

长春经济技术开发区海关被授予“全国文明单位”荣誉称号。

在全国精神文明建设工作先进单位和个人表彰会上，吉林检验检疫局再次获得“全国精神文明建设工作先进单位”荣誉称号。

11月24日

延吉海关查获自延吉航空口岸开通以来的首起旅检渠道毒品案件，当场缴获冰毒290.50克。据此线索，延吉海关缉私分局深入侦查，扩大战果，总计查获冰毒673.53克。

12月31日

长春海关全年征收关税和进口环节税51.76亿元，圆满完成年度税收计划，比上年减少40.30%。

黑龙江口岸工作综述

2005年全省口岸工作在省委、省政府的关怀下，在国家有关部门和口岸所在地政府的支持下，在厅党组的直接领导下，在管好用好、发展完善现有口岸，为振兴东北老工业基地服务，为发展对俄经贸科技合作服务方面取得长足进展。1-10月全省口岸进出口货物实现808.9万吨，同比增长20.2%；出入境人员达317.5万人次，同比增长23.2%。

【积极推进年度工作责任目标的实施】 将年度工作责任目标的实施作为全省口岸工作的重点，鉴于这些工作责任目标超出省商务厅（口岸办）的职能范围，口岸办通过会同有关主管部门，采取跟踪问效的方式加以推进，取得可喜进展。

大力抓好口岸建设问题。鉴于黑龙江多数口岸基础设施建设滞后，远不适应对俄经贸科技合作战略升级的发展需要，经省政府有关领导同意，省发改委于6月20日下达了2005年口岸基础设施建设省级预算内投资计划，计划投资6143万元，对绥芬河、黑河、同江、东宁等10个口岸相关基础设施进行改造扩建。

努力提高通关效率。根据中俄口岸工作组第七次会议纪要，经双方口岸有关部门商定，东宁—波尔塔夫卡口岸在客运实行12小时工作制后，于1月31日起货运也实行12小时工作制。黑河—布拉戈维申斯克口岸于1月16日起，在旅检通道实行每周7天工作制。

绥芬河铁路口岸针对货运量增加的情况，为提高通关效率，经商口岸各有关部门，采取适当压缩进口货物回票办理时间及联合报关报验大厅窗口工作时间试行延长2小时的办法，从而加快了通关作业速度，日均接俄车比上年多1.225列、59.93车辆。

铁道部与海关总署于6月16日在绥芬河召开了铁路口岸信息平台验收会议，该铁路口岸信息平台运行情况良好，提高了铁路口岸的通关效率，中俄车辆交车（1列）由原来的1.30小时，提前到50分钟左右，并提高了数据的准确性，减少了手工统计的差错。根据中俄口岸工作组第八次会议决议，绥芬河公路口岸于9月11日—10月末客运高峰期增加了开关时间。

积极开展口岸协调工作，加快黑河黑龙江大桥、洛古河黑龙江大桥建设问题。目前，黑河大桥工程可行性研究报告已通过交通部行业审查和国家发改委的审批。与大桥主体工程相配套的口岸基础设施可行性研究报告已经海关总署批准同意，大桥封闭区引道工程建设已正式开工。洛古河大桥已经国家发改委审批立项，现正着手工程可行性研究报告的编制工作，并于11月3日被纳入中俄总理会晤内容形成会谈纪要。关于两桥建设涉及口岸开放问题，省政府已作为“十一五”口岸开放规划意见上报海关总署。

绥芬河铁路口岸扩能改造。经各方面努力争取，该项目已列入铁道部振兴东北老工业基地改造计划，将在第二期进行绥芬河铁路口岸改造。

关于增加绥芬河至俄格罗捷阔沃铁路客货运输能力的问题，6月份经黑龙江省向中俄边境口岸联合考察组汇报，该联合考察组双方代表同意提请中俄运输合作分委会铁路工作组第九次会议研究。

推进江海联运，充分利用出海口。受中日政治风波的影响，年内黑龙江省向日本出口玉米合同尚未签署，由于出口货源问题没有实施。此事已引起省政府研究室的重视，将纳入下一步研究推进课题。

【继续做好口岸开放及扩大开放工作】 为提高口岸开放质量和水平，国家正在通过调整口岸布局，清理整顿现有开放口岸。黑龙江省要想管好用好、发展完善现有口岸，继续做好口岸开放工作，各方面遇到问题难度很大。但是，为了支持市县政府对外开放工作，必须坚持知难而进。年内主要做了以下工作，并取得新的进展。

绥芬河阜宁直升机场临时开放事，继2004年底前商得省边防总队、哈尔滨海关、省检验检疫局、省军区同意后，年内3月28日商得沈阳军区同意，5月24日代省政府拟文报请海关总署等国家主管部门，并多次派员进京向海关总署等国家主管部门汇报，目前海关总署已批准同意该机场于2005年12月1日—2006年2月28日临时飞行货运包机。

就大兴安岭行署请示开通曾被俄方建议暂不开放的呼玛—乌沙科沃口岸事，1月11日经征询省有关部门意见并向王利民副省长汇报，经王利民副省长1月20日圈阅后印送大兴安岭行署。在口岸办的帮助和指导下，大兴安岭行署及呼玛县政府积极做俄方促进工作，与俄阿穆尔州及斯马诺夫斯克政府达成一致意见，并经双方努力将其纳入了中俄边境口岸联合考察议题，依照两国法律研究解决。

就获准开放12年未能通过国家验收开放的齐齐哈尔航空口岸临时开放事，在商得省有关部门同意后，先后于2月18日和3月31日两次向海关总署请示，终于在4月13日获准同意俄罗斯临时客运包机在齐齐哈尔机场出境，6月28日齐齐哈尔—俄克拉斯诺亚尔斯克航线试飞成功，并于7月5日举行首航仪式。该航线在第五届“绿博会”期间成功飞行20个班次，运送旅客近2000人次。目前正积极与齐齐哈尔市政府及各查验部门沟通，拟于年底前对齐齐哈尔航空口岸正式对外开放准备工作进行预验收。

就鹤岗市政府请示萝北口岸国际客货延伸运输需要履行批复手续事，经反复征求省有关部门意见，于4月21日发出了《关于开通鹤岗市经萝北口岸至俄罗斯比罗比詹市国际运输路线及相关事宜的复函》，使该口岸国际汽车延伸运输有章可循。

就继续开通漠河县洛古河与俄罗斯赤塔州波科洛夫卡冰上季节性临时过货通道事，代省政府拟文商请沈阳军区，并配合省外事办协调有关部门搞好两国会谈，确保该临时通道如期开通。

【积极参与中俄口岸工作会谈会晤】 年内中俄总理定期会晤委员会运输合作分委会口岸工作组6月份组织了两国边境口岸联合考察，7月份在北京召开了第八次工作例会。为使黑龙江省口岸工作遇到的诸多涉外实际问题，能够纳入中俄口岸会谈会晤机制中得到解决，确保口岸畅通，口岸办克服人员少、任务重的困难，全力以赴做好迎接中俄边境口岸联合考察工作。通过与口岸所在地政府及省有关部门沟通，先后汇总整理成《关于对俄边境口岸事务有关问题意见及建议的汇报》和《关于提请中俄边境口岸联合考察组研究解决的问题》，向海关总署和中俄边境口岸联合考察组汇报。在省政府有关领导及厅领导的支持下，在黑河、绥芬河、东宁等有关口岸市县政府的配合下，于6月10日—14日圆满完成了对联合考察组的接待，对有关口岸关心的主要涉外问题均纳入考察议题并写入考察纪要，为中俄口岸工作组第八次会议顺利召开奠定了基础。

黑龙江口岸查验单位工作综述

哈尔滨海关

2005年，哈尔滨海关在总署党组的正确领导下，以“三个代表”重要思想为指导，认真贯彻十六届四中、五中全会精神，努力实践海关工作方针，按照“以人为本、以德治关、强化基础、全面发展”的关区工作总体思路和“学习、发展、落实”年的要求，以深入开展保持共产党员先进性教育活动、巡视工作、构建和谐海关等活动为切入点，狠抓关区各级领导班子建设和队伍建设，全面推广内审监督制约机制，认真履行“把关服务”职责，圆满完成了监管、征税、打私、统计等各项工作任务。

2005年，关区税收入库总额9.8亿元，同比增长8.9%，完成全年税收计划（9亿元）的108.9%；监管进出口货物961.6万吨，同比增长18.4%；进出境运输工具48.9万辆（艘）次，同比增长12.7%；进出境人员370.9万人次,同比增长21.7%；进出境邮递物品、印刷品、音像制品、快件108.1万件（盘），同比增长8.9%。共受理走私犯罪案件8起，立案7起，案值807万元，涉税202万元，对15名犯罪嫌疑人采取强制措施；移送起诉案件5起14人，法院判决案件5起7人；查处走私行政违法案件57起，案值3164万元，涉税478万元。协助兄弟缉私局协查案件60余起，协助抓获犯罪嫌疑人4名。与省公安厅禁毒总队联合侦破1起毒品案件，收缴麻黄素935千克，冰毒500克，抓获犯罪嫌疑人7名。查获侵犯知识产权案件3起，案值14万元。

【深入贯彻海关工作方针，较好地完成了把关服务的各项任务】 以税收工作为“轴心”，坚持依法治税和综合治税，确保应收尽收。面对比较严峻的税收形势，哈尔滨海关进一步加大了对税收工作的领导，在制定科学合理税收计划的基础上，强调各部门的协作配合，努力构筑综合治税大格局。

充分发挥行政和刑事执法的双重合力，严厉打击走私活动。哈尔滨海关认真迅速地落实总署关于调查职能调整的各项要求，机构人员及时到位，确保了打私工作力度不减，工作不断。党组进一步加强了对打私工作的领导，经反复研究提出了《哈尔滨海关党组关于加强关区缉私工作的意见》，为打私工作创造了良好的环境。综合运用行政和刑事两种手段，开展了打击走私的专项斗争和专项行动。

巩固监管业务基础，不断加大实际监管力度。将创新查验机制工作稳步引向深入，提高了物流监控的整体效能。组织做好对进出境运输工具、舱单和转关运输业务的管理工作。进一步加强了行邮监管工作。顺利完成了航空口岸申报制度改革。认真做好监管技术设备的管理工作，制定了关区监管检查技术设备三年发展规划。随着H2000系统的完善，审单、验估与现场验放的通关监管链条更加紧固。加大了对禽流感疫情的监控力度。

抓好统计基础业务工作，充分发挥海关统计服务经济发展和海关管理的有效作用。充分利用TSD等科技手段，提高了统计数据质量。进一步强化统计分析工作，撰写了《2001—2004年黑龙江省对外贸易报告》等一批高质量的统计分析文章。强化了预警监测和执法评估工作，进一步加强了对进出口运行动态和海关内部管理的监督水平。及时发布统计数据，积极做好统计咨询服务工作。创办了《哈尔滨海关统计》期刊。

【高度重视，强化领导，初步建立了保持共产党员先进性的长效机制】 哈尔滨海关把先进性教育活动看作是全党政治生活的一件大事，作为促进哈尔滨海关长远发展的重要举措，作了周密的安排和部署。成立了由党组书记、关长任组长，相关部门负责同志为成员的先进性教育活动领导小组，制定了详细的工作计划和实施方案，并按照每个阶段的任务认认真真地抓好落实工作。同时，按照省委的要求，本着缺什么补什么、什么问题突出就解决什么问题的原则，每一阶段均扎扎实实地开展了回头看和总结工作。

在先进性教育活动中，坚持了省委督导组和总署巡视联络组的指导，坚持了“两不误，两促进”的工作思路，坚持了边学边改、边议边改、边整边改和时间服从质量的原则，使哈尔滨海关的先进性教育活动取得了一定的成果，各项工作得到进一步促进，初步建立了保持共产党员先进性长效机制。对于哈尔滨海关的先进性教育活动，省委督导组和总署巡视联络组均给予了较高的评价。

进一步加强了教育培训工作。制定了《哈尔滨海关干部培训管理办法（试行）》等制度、办法，加强了制度建设。加强了各类岗位培训，并对授课质量和内容进行跟踪评估。年内，哈尔滨海关共组织各类培训 11 期，累计培训 807 人次。开展了全员岗位练兵活动。成立了岗位练兵领导小组，制定了《2005 年哈尔滨海关全员岗位练兵实施方案》，明确了岗位练兵的总体目标，规定了岗位练兵的对象、内容、方法、考核标准和时间安排。

认真贯彻落实《海关系统建立健全惩治和预防腐败体系指导方案》，强化党风廉政建设和反腐败工作。继续强化反腐倡廉教育，开展了针对“田、韩”两案的专项警示教育，结合黄埔海关“2.17”案件提出的 6 个问题开展了大讨论活动。继续加强反腐倡廉体制机制建设，认真抓好了一岗双责和基层党风廉政建设责任制的落实，严格落实了“三项谈话”制度、领导干部个人重大事项报告制度、“6 项禁令”以及“红包公布制度”。注意将内部监督与地方纠风办监督、新闻舆论监督、群众监督有机结合，参加了“行风热线”等活动，进一步加大了纠正行业不正之风的力度。

继续大力弘扬边关精神，切实抓好思想政治工作，加快关区精神文明建设步伐。认真组织开展了学习实践红其拉甫海关艰苦奋斗精神活动。将贯彻落实红其拉甫海关艰苦奋斗精神与弘扬边关精神紧密结合起来。同时，对各单位、部门的边关文化建设情况进行了检查，防止了业务建设和精神文明建设出现“一手硬，一手软”的现象，召开了关区“青年文明号”创建工作经验交流会。绥芬河海关获得中央文明办颁发的“全国精神文明建设先进单位”称号，大庆海关综合科被团中央、海关总署评为“全国青年文明号”。

【继续抓好基层基础建设，稳步推进实施现代海关制度第二步发展战略】 认真总结，周密部署，全面推广内审监督制约长效机制。在 2004 年 5 个试点海关进行内审监督制约长效机制试点的基础上，在关区全面推广应用内审监督制约长效机制。各单位均制定了切实可行的实施方案，成立了相关部门或设置了专（兼）职岗位，进行了全面深入的内审检查。同时，进一步建立健全了督察内审工作有关制度，明确了督察内审工作的法规依据和作业标准，规范了工作程序，内审监督制约长效内控机制初步建立。下半年，哈尔滨海关专门召开了内审监督制约长效机制现场会，并对下一步工作进行了全面部署，为内审监督制约长效机制充分发挥作用打下了坚实的基础。

以贯彻落实《推进依法行政实施纲要》为核心，强化了法制建设。认真贯彻落实《全面推进依法行政实施纲要》，开展了关区专项执法检查和巡回培训工作，查找了关区执法过程中存在的问题和不足，促进了关区执法水平的提高。开展了监管通关类制度集中建设工作，对各项监管通关制度规范进行了清理、修正、制定和完善，有效地杜绝了执法不规范、不统一的执法行为和随意执法行为的发生。

加快了信息化建设步伐。进一步完善了科技应用领导小组工作机制和科技工程项目管理制度，建立健全了计算机网络安全防护体系。推广应用了HB2004办公自动化系统、风险管理平台2.0版、报关单数据质量检控分析系统、电子口岸预录入系统。正式开通了统计预警监测系统和哈尔滨海关因特网主页。继续推动“电子口岸”建设，建立了哈尔滨海关数据分中心与商务厅信息化处的沟通联系渠道。

【充分发挥职能作用，积极为地方经济发展服务】 哈尔滨海关牢固树立“身在龙江，心系龙江，振兴龙江”的观念，采取多项措施为振兴东北老工业基地提供优质服务。结合保持共产党员先进性教育活动，开展了“弘扬边关精神，为振兴东北老工业基地争当先锋”的主题实践活动。召开了服务黑龙江省经济发展20条措施新闻发布会，向黑龙江省的主要新闻媒体通报了20条措施的具体内容及现实意义，取得了良好的宣传效果。采取有力措施，为第十六届“哈洽会”和第53届中国国际医疗器械博览会提供了优质高效的通关服务。高质高效地完成了对黑龙江省外商投资企业的联合年检工作，受到了地方政府和企业一致好评。年内，哈尔滨海关还被哈尔滨市政府授予了“支持地方经济出口突出贡献单位”称号。

继续加大了与俄罗斯远东海关管理局的沟通力度，推动了外事工作开展。办公室、海关学会水平进一步提高。基建工作取得丰硕成果，机关综合楼、车库、机场海关综合楼全部竣工并正式投入使用，缉私局办公楼土建和加固改造工程顺利完成。后勤保障水平进一步提高，松花江水污染停水期间，迅速启动了突发事件应急处理措施，保证了各项工作的正常运转和广大关员的身体健康。

黑龙江省公安边防总队

2005年，黑龙江省边防总队坚持以“二十公”、公安部边防局党委扩大会议精神为指导，认真贯彻落实周永康部长提出的“要在提高队伍素质上下功夫，要在规范化管理上下功夫，要在奖优罚劣落实责任上下功夫”指示要求，加大规范化建设力度，严密口岸查控措施，严厉打击口岸偷渡、走私等违法犯罪活动，为推进黑龙江省对俄经贸科技合作战略升级和国家振兴东北老工业基地做出了一定贡献。据统计，2005年，各边防检查站共检查中国内地和来自俄罗斯、韩国、日本及港澳台等70个国家和地区的出入境人员3597014人次，首次突破300万大关，比上年同期增长20%，验放出入境交通运输工具200851次，比上年同期增长2.1%，检查进出口货物962万吨，比上年增长18.5%，同创历史最高记录。查获在控对象21人；查获非法出入境人员338人，其中偷渡出境人员

口岸客货运量及交通运输工具通过量统计表

口岸名称	运输方式	货运量(万吨)						客运量(万人次)			交通工具(乘务)人员数(人次)			交通运输工具(艘、架、列、辆次)				
		货运量			其中:转关运输量									入境		出境		合计
		进口	出口	合计	进口	出口	合计	入境	出境	合计	入境	出境	合计	中国籍	外籍	中国籍	外籍	
哈尔滨海关	海运	1.6	5.1	6.7	1.6	5.1	6.7	—	—	—	—	—	—	—	—	—	—	—
	铁路	0.01	0.2	0.21	0.01	0.2	0.21	—	—	—	—	—	—	—	—	—	—	—
	空运	0.09	0.09	0.18	0.07	0.04	0.11	11.9	12.3	24.2	12112	12316	24428	—	—	—	—	2345
绥芬河海关	铁路	700.8	41.7	742.5	0.02	—	0.02	24.5	25.3	49.8	26533	26361	52894	—	—	—	—	287861
	公路	2.5	26.0	28.5	—	—	—	31.0	30.1	61.1	26257	26204	52461	—	—	—	—	45333
黑河海关	海运	21.2	9.5	30.7	—	—	—	40.3	40.4	80.7	77965	78196	156161	—	—	—	—	18014
同江海关	海运	30.1	10.9	41	0.0001		0.0001	2.7	2.5	5.2	8276	8062	16338	—	—	—	—	2945
佳木斯海关	海运	0.07	1.2	1.27	0.04	0.2	0.24	—	—	—	—	118	118	—	—	—	—	19
	空运	—	—	—	—	—	—	—	—	—	—	—	—	—	—	—	—	—
牡丹江海关	空运	—	—	—	—	—	—	0.4	0.5	0.9	689	689	1378	—	—	—	—	130
东宁海关	公路	10.8	16..9	27.7	0.0023	—	0.0023	28.9	29.5	58.4	20531	20921	41452	—	—	—	—	41452
逊克海关	海运	0.8	0.1	0.9	—	—	—	1.8	1.8	3.6	1657	1657	3314	—	—	—	—	632
密山海关	公路	0.7	1.0	1.7	—	—	—	14.1	14.1	28.2	4033	4038	8071	—	—	—	—	8060
虎林海关	公路	1.5	2.9	4.4	—	—	—	0.1	0.1	0.2	1795	1820	3615	—	—	—	—	3615
富锦海关	海运	10.8		10.8	10.8	—	10.8	0.01	0.02	0.03	369	166	535	—	—	—	—	23
抚远海关	海运	1.4	3.2	4.6	—	—	—	5.5	5.6	11.1	8685	8984	17669	—	—	—	—	3389
漠河海关	公路	9.5	0.0014	9.5	—	—	—	0.1	0.1	0.2	4315	4372	8687	—	—	—	—	8627
萝北海关	海运	15.4	0.2	15.6	—	—	—	0.6	0.7	1.3	2684	2619	5303	—	—	—	—	1261
嘉荫海关	海运	0.7	0.03	0.73	—	—	—	0.1	0.1	0.2	1525	1533	3058	—	—	—	—	177
饶河海关	公路	0.05	8.9	8.95	—	—	—	1.6	1.7	3.3	12703	12703	25406	—	—	—	—	9496
开发区关	海运	0.2	—	0.2	0.2	—	0.2	—	—	—	—	—	—	—	—	—	—	—
合计		808.2	127.90	936.1	12.7	5.5	18.2	163.6	164.8	328.4	210129	210759	420888	—	—	—	—	433379

75人，组织偷渡2人，协助偷渡2人；接收境外遣返41人；查处出入境手续不符738人。查获涉案金额达1.36亿A级逃犯帅建伦情况，受到了公安部孟宏伟副部长及部局领导的表扬。

【采取多种有效措施，不断改善口岸通关环境，促进地方经济发展】 一是研究制定了《黑龙江省公安边防总队服务地方经济十六条措施》，下发部队执行。二是采取延长口岸通关时间等诸多措施，增强口岸通关能力。按照中俄总理定期会晤委员会运输合作分委会口岸工作组会议纪要内容，积极与俄边防部门磋商，促成了黑河–布拉戈维申斯克旅检口岸1月16日实行每周7天工作制；密山边防检查站多次与俄方边检会晤，将每天6个半小时的通关时间延长至8小时；绥芬河、东宁边防检查站多次与俄乌苏里斯克独立边防检查站会晤磋商，解决了货物高峰期优先验放蔬菜、水果货车出入境问题。三是切实做好中俄水质监测专家过境和第十六届“哈洽会”等期间边防检查工作。松花江水污染期间，按照国务院领导提出的“简化手续，特事特办”的要求，按照公安部边防局要求，同江边防检查站为中俄水质监测专家方便快捷地办理边防检查手续。哈尔滨边防检查站为“哈洽会”制定的十二条措施被中国哈尔滨经济贸易洽谈会以专刊刊登。由于工作突出，边防总队被授予“哈洽会”突出贡献奖，两名同志受到表彰。“2005年中国哈尔滨韩国周”期间，哈尔滨边防检查站积极创造宽松通关环境，给予韩国前总理高建、国会议员等6个团队66人边检礼遇。黑龙江省鸡西市第二届“俄罗斯文化交流周”期间，密山边防检查站热情服务，为12个外国代表团快捷地办理了边检手续。2005年“中俄横渡黑龙江”活动期间，黑河边防检查站根据黑河市政府和俄罗斯阿穆尔州政府共同确定的活动安排，主动服务，确保活动的有序开展。边防检查站一系列的便民利民举措，赢得了参会和活动人员的广泛赞誉。四是保证齐齐哈尔至俄罗斯克拉斯诺亚尔斯克和牡丹江至韩国汉城国际航线的顺利开通，拉动地方经济发展。首航当天，齐齐哈尔和牡丹江边防检查站分别验放出入境旅客76人和159人。

【以提高各级执勤人员素质为主线，大力开展业务培训和研讨，推进检查员等级评定工作】 一是举办了新出入境边防检查信息系统推广应用培训班。为做好新系统在全省边检站的推广使用工作，总队于10月20日，举办了为期一周的新系统推广使用培训班。重点学习了新系统的开发背景、工作原理和操作方法。二是顺利完成了全省边防检查员初级考试工作。组织全省157名检查员进行检查员等级评定考试，其中102名同志通过初级评审。三是积极征求全省边防检查站意见，选拔了具有一定英语基础的检查员参加部局英语晋级培训班，提高检查员队伍素质。四是大力开展业务研讨工作。根据公安部出入境管理局《关于征求对〈出入境边防检查勤务规范（草稿）〉修改意见的通知》要求，召集全省水、陆、空港边防检查业务骨干对部局规范草稿进行了集中研究讨论，结合黑龙江省口岸边防检查工作实际，提出了有关人员检查、勤务组织、船舶检查等修改意见。1月11日，哈尔滨边防检查站牵头组织了东北三省空港边防检查业务研讨会，召集沈阳、大连、丹东、长春、延吉5个边防检查站共同研讨，确定了联系制度，为打击口岸偷渡等工作奠定了基础，提高了检查员整体素质和水平。五是各站采取灵活多样的方式方法，加强业务培训工作。黑河边防检查站开展了为期80天的检查员轮训活动；绥芬河边防检查站举办了新边防检查勤务规范培训班，坚持每季度召开一次业务工作会议，组织检查员进行一次业务考试；哈尔滨边防检查站召开了边防检查业务研讨会，举办了识别伪假证件培训班，制定了《新“规范”学习推进表》，并特地邀请韩国韩亚航空公司驻哈尔滨机场代办为一线执勤人员教授韩语；牡丹江边防检查站针对口岸开通汉城航线情况，有重点开展韩国证件知识学习，并派员到哈尔滨边防检查站现场观摩检查程序和识别伪假证件方法；虎林、佳木斯边防检查站开展了新规范学习月活动；同江边防检查站制定了规范学习流程表；密山、虎林边防检查站还将新规范印制成小册子，方便检查员学习掌握；抚远边防检查站专门制定了《出入境边防检查勤务规范学习方案》；逊克边防检查站将学习规范与“三互”活动结合起来；萝北边防检查站采取走出去的办法，派出检查员到哈尔滨边防检查站学习识别伪假证件技术。

【以边检信息化建设为载体，加强软硬件建设，全面提升边防检查站科技强警水平】 一是统一刻制了全省边防检查站业务用章，下发各边防检查站使用，解决了全省边防检查站业务用章老化、不统一、不规范等问题。二是为各边防检查站下发20套摄像机、佳能数码照相机、联想M7110型多功能打印机、三星录音机、平板式扫描仪等边防检查取证器材，确保了现场勤务工作有序高效开展。三是完成了黑河、东宁口岸的闭路电视监控系统验收工作。四是对全省边防检查站MRE2000B型OCR护照阅读机使用情况进行了调查，实现全面维修，满足工作需要。五是将新出入境边防检查信息系统用计算机如数下发边防检查站，并确定各边检站站长为新系统设备管理使用第一责任人，确保物尽其用，保证一线工作顺利开展。

【本着增进中俄两国人民友谊、促进口岸经济发展的主导思想，积极开展对俄交往工作】 2005年，边防总队及所属边防检查站共与俄方边防机关进行涉外联系167次，其中会谈12次，会晤92次，友好活动3次，直通电话联系60次。一是开展总队与俄罗斯联邦安全局远东联邦区地区边防管理局和滨海边区边防管理局工作会谈。总结回顾2004年以来双方及所属边防检查机关合作情况，协商确定2005年彼此交往计划，并就联合防范和打击口岸走私毒品、珍稀动物制品，恐怖分子持伪假证件非法出入境等违法犯罪活动，以及加强哈尔滨机场边防检查站和哈巴罗夫斯克机场边防检查站等对应边防检查机关间业务联系，绥芬河、东宁口岸客运高峰期实行7天工作制，黑龙江大桥建设施工期间出入境边防检查工作等共同关心的问题进行了磋商，签署了会谈纪要。二是调整了全省边防检查站会谈会晤班子。年初，针对全省边防检查站人员变动状况，对2005年全省边防检查站会谈会晤班子进行了全面调整，下发了《关于调整2005年全省边防检查站会谈会晤班子的通知》，确保了各边防检查站对俄会谈会晤工作的顺利开展。三是各边防检查站按照总队统一部署，不断加强对俄交往工作。各边防检查站根据公安部与俄联邦边防局签署的《合作协议》框架内容和总队与俄联邦安全局远东联邦区、滨海边区边防管理局签署的关于建立代表联系制度纪要所确定的双方工作互访原则，积极开展对俄交往与合作。年内，黑河、密山、同江、漠河、嘉荫等边防检查站分别与对应俄边防检查站举行了年度工作会谈；哈尔滨边防检查站与俄哈巴罗夫斯克空港边防检查站坚持每季度对检查情况相互通报；黑河边防检查站与布拉戈维申斯克边防检查站开展业务和体育交流活动；黑河、萝北边防检查站分别与俄布拉戈维申斯克、阿穆尔捷特边防检查站分别开展有针对性的联合演练活动。中俄边防机关的不断交往与合作，有效维护了口岸秩序。

黑龙江出入境检验检疫局

【扶优扶强的力度进一步加大】 为进一步贯彻落实黑龙江省“努力快发展、全面建小康”的战略目标，促进老工业基地振兴和“三农”发展，黑龙江出入境检验检疫局在完善基础建设，加快大通关建设步伐，提高检验检疫能力和通关效率的基础上，出台了《黑龙江出入境检验检疫局扶优扶强十项措施》，并下发了《关于进一步贯彻落实扶优扶强措施的通知》。在不断出台政策的同时，积极采取实际行动，注重实际工作的推进，在出口企业中优选黑龙江省45家出口产品质量比较稳定的国营、民营重点企业签订了扶优扶强协议，提供扶持政策200余项，并依据企业的不同特点，帮助企业提高产品质量，促进产品出口。目前，已被确定的扶优扶强企业，在产品出口检验检疫、质量体系认证、企业注册、绿色通道、分类管理等方面享受优惠待遇。极大地促进了企业的出口和企业产品质量的自律。这些扶优扶强的措施，对促进出口企业的集约化，发挥优势企业的龙头带动作用，壮大外贸主体的实力，促进对外贸易的发展产生巨大的作用。

【服务地方经济发展的作用进一步增强】 在先进性教育活动期间，黑龙江出入境检验检疫局不断强化服务意识和服务水平的提高，加大了“大通关”业务建设，推进了“三电工程”建设步伐，规范了执法行为。在坚持急事急办、特事特办的基础上，全省检验检疫系统的广大干部职工想服务对象之所想、急服务对象之所急，积极为服务对象排忧解难，加班加点已经成了“必修课”，出谋划策已经成为“寻常事”。各分支机构结合当地实际，纷纷出台促进地方经济发展的措施，积极为地方经济的发展保驾护航。各级领导干部更是率先垂范，带头深入企业、深入一线，了解和掌握服务对象的要求，为企业解难事、办实事。大年初二，杨敏局长一行在深入漠河口岸调研、慰问春节期间坚守在一线的干部职工的同时，还不忘到漠河口岸唯一的一家企业——华诚集团的基地进行走访，与企业人员进行了交流，认真征求企业人员的意见和建议。黑龙江省副省长王利民同志对该局的这种做法给予了很高的评价。

【应对突发事件的能力进一步增强】 2005年上半年，我国周边地区疫情频发，特别是朝鲜等国再次发生的禽流感疫情和俄罗斯边境地区再次发生的口蹄疫疫情给黑龙江省的检验检疫工作带来了更大的挑战。为防止疫情经黑龙江省口岸传入，保护国内畜牧业安全和人体健康，该局迅速行动，根据国家质检总局的要求，在全省检验检疫系统内进行了统一部署，使全省各口岸的防制工作迅速做到了协调统一、高效有序。加强了对边境贸易、边民互市和边境通道的管理，并紧急调入高效消毒药物，对全部备案猪饲养场加强防疫消毒工作，通过严密的部署，有效防止了疫情由境外传入黑龙江省。针对我国关注的一类进境植物检疫危险性有害生物马铃薯甲虫在俄罗斯滨海边区的阿尔谢耶夫市发生的情况，该局立即启动了重大植物疫情应急预案，并及时把有关情况向国家质检总局报告，同时向省政府、内蒙古出入境检验检疫局等有关部门进行了通报。这一信息得到了国家质检总局的高度重视，向全国各直属检验检疫局下发了《关于俄罗斯滨海边区发生马铃薯甲虫的警示通报》。

【促进规范边境贸易发展】 一是召开了全省工作专门会议贯彻落实国家质检总局《关于加强检验

检疫工作配合规范中俄贸易秩序的通知》精神，研究部署加强对俄出口商品的检验检疫工作。二是制定并在全省检验检疫系统下发了《黑龙江出入境检验检疫局输俄商品检验检疫工作方案》，进一步规范了输俄商品检验检疫的工作流程和工作标准，促进了输俄商品质量的提高。三是与俄方建立了联络机制。年内省局组织6次，分支机构组织7次，分别赴哈巴罗夫斯克、海参崴、乌苏里斯克、布拉格维申斯克等俄罗斯远东地区及中俄边贸口岸进行调研，洽谈相关业务。就果蔬类产品的退货和检验检疫结果的互认等问题进行了磋商，及时解决了商品质量和不合格商品处理等问题，进一步理顺了相互间的配合机制，促进黑龙江省对俄贸易发展。四是全力扶持和促进中俄东宁—波尔塔夫卡互市贸易区健康发展。制定了《东宁中俄互市贸易区检验检疫监督管理办法》（草案），对互贸区内储存场地、服务行业、食品生产经营单位开展了卫生许可审批，对互贸区商品交易中心内公共场所、饮用水及环境卫生实施有效的监督管理，确保了互贸区的安全与卫生，为中俄两国产品的流通提供了安全、健康、环保、卫生的发展环境。由于措施到位，取得效果明显，截至11月末，检验检疫输俄产品23589批，25453万美元，与上年同比增长12.8%和34.3%。在采取有效检验检疫、监管措施的同时，结合黑龙江省出口禽类企业的实际情况，及时出台了防治禽流感促进禽类产品出口的“十一条”措施，对黑龙江省正大集团等较大的出口禽类企业，减免检验检疫费用，促进企业扩大出口。由于全面落实各项防控措施，有力、有序、有效地做好防控工作，到目前为止，没有发现禽流感疫情通过黑龙江省国门传入传出，没有发现检验检疫监管注册、备案的养禽场发生疫情。

【检验检疫工作质量进一步提高】 为进一步规范全省检验检疫工作，2005年初，该局召开了全省检验检疫工作会议。对国家质检总局《关于加强检验检疫工作配合规范中俄贸易秩序的通知》精神进行了贯彻落实，就如何加强对俄出口商品的检验检疫工作，进一步提高输俄商品质量进行了深入研究，并对全省系统《输俄商品检验检疫工作方案》进行了修改。在会上，该局还就如何落实《海关总署国家质检总局关于建立关检合作机制备忘录》，建立关检合作机制进行了部署。8个业务处处长就如何加强业务规范、协调和指导进行了主题演讲，并对各分支机构提出的问题进行了解答，会议讨论通过了《关于进一步加强依法行政和提高工作质量的意见》、《边境贸易进口旧机床检验监管工作程序》等文件。这些规范文件的出台，对全系统加强检验检疫工作、提高工作质量、加强把关服务能力、推进依法行政、切实解决业务工作中存在的突出问题、配合规范对俄贸易秩序等都起到了积极的推动作用。

【促进老工业基地振兴】 一是建立了保障机制。结合黑龙江省的实际，将国家质检总局《关于落实中央振兴东北老工业基地战略的意见》，细化和分解了15个工作项目，确定了具体的工作内容、责任人和完成时限，促进了工作的完善落实。二是扶持“三农”，促进农畜产品出口质量提高。坚持从源头抓管理，68家饲养场实施了出口肉类饲养场监督管理，33家种植基地实施蔬菜种植基地备案管理，提供备案饲养场、种植基地的标准化建设咨询指导的47家；推进正大实业有限公司6家出口企业实施“公司+基地”管理模式。加强对供港活牛注册育肥场的管理，增加了产地检疫，严把了“五关”，使黑龙江省330头供港活牛全部顺利通关，未因工作失误，发生卫生质量和退运问题。三是组织开展了哈大齐工业走廊的调研工作。深入哈飞、一重集团等5家重点企业开展调研，了解了企业进出口情况，沟通和理顺了相关检验检疫、监管工作。与大庆市政府签订了扶持大庆出口企业出口的协议，帮助大庆市的出口企业扩大产品出口。四是加快了内设机构的调整步伐。从优化服务结构，提升工作效能的角度，制定了全省系统内设机构的增设安排，拟定增设哈尔滨局、黑河港办事处，对3个在哈办事处进行调整，使布局更加合理，职能更加完善，服务更加到位。

【加快“大通关”建设】 一是增加了大通关建设投入，年内用于大通关建设费用1030万元。二是全面开通了电子报检自动审单业务，审单时间由30分钟缩短到3分钟。年内开通电子报检企业512家。三是积极开展电子监管的试点工作，认真组织了前期调研，对符合条件的企业，抓好基础工作，做好电子监管实施前的各项准备。四是完善检验检疫监管模式，建立快速验放机制，加快了出口工业产品的验放速度。加快了对出口工业产品生产企业实施分类管理考核工作。继上年黑龙江丹峰磨料磨具集团有限公司、黑龙江圆宝纺织股份有限公司、黑龙江东源鞋业有限公司3家企业顺利通过出口工业产品分类管理一类企业考核后，年内，又对哈飞汽车股份有限公司、哈尔滨轴承集团公司和哈尔滨光宇电源股份有限公司等3家企业顺利实施了出口工业产品分类管理二类企业现场考核工作。五是认真落实“关检合作”协议，与哈尔滨海关共同签署了《关检协作机制备忘录》加强了口岸业务的协调和配合，提高了口岸通关效率。

【艾滋病监测哨点“并网”全省网络系统】 2005年10月在绥芬河、东宁口岸设立了口岸艾滋病监测哨点,对在国外居住3个月以上的归国人员进行艾滋病监测,黑龙江省卫生厅将口岸哨点纳入了黑龙江省艾滋病防治监测网络系统,建立起了联防、联控长效机制。截至目前,绥芬河、东宁口岸艾滋病监测哨点共查验在国外居住3个月以上的归国人员3113人,对其中的2351人实施了艾滋病检测,检出HIV抗体初筛阳性1例，确认为阴性，其余监测结果均为阴性。黑龙江省目前共有国家级艾滋病监测哨点7个，省级艾滋病监测哨点（其中包括绥芬河、东宁的口岸艾滋病监测哨点）21个，口岸艾滋病监测哨点的监测量在全省28个哨点中排在首位。

【增强检验检疫基础能力】 为进一步提升技术执法手段，增强检测实力。一是加大资金投入力度，投入资金800余万元，购置检测仪器、设备21台（套），提升全省系统实验室仪器、设备的装备档次和检测能力。二是积极开拓检验检疫技术新领域。全年新开检测项目34项，有针对性地研制出了快速检测苏丹红、孔雀石绿、甲醛啤酒等有影响项目的检测方法和检测标准。三是有效利用仪器设备和技术人才对外服务，开展了绿色食品、工商市场商品检疫、水污染的水样等检测项目。转基因实验室积极开展面向社会的检测，到目前为止已经为黑龙江省检测转基因产品470批。

【加强认证认可工作】 全年通过食品卫生注册认证的企业17家。完成了ISO9000注册审核11家，监督审核78家，复审换证15家，完成ISO14000注册审核2家，OHSAS18001认证2家、HACCP注册3家。通过认证和注册的企业，产品质量有了很大的提高，出口量大幅上升，有的企业达到了45%的增长。

【检验检疫科研能力和检测水平进一步加强】 为了适应黑龙江省老工业基地振兴和检验检疫工作快速发展的需要，黑龙江出入境检验检疫局进一步加大了基础建设的工作力度。并将重点向口岸一线倾斜，加快了口岸分支机构的实验室建设步伐，提高综合检测能力。鼓励各级实验室参加CNAL组织的实验室水平测试，促进了黑龙江检验检疫系统各级实验室能力的提高，提高了工作效率，加快了口岸通关速度，促进了口岸大通关建设。2005年上半年，该局检验检疫技术中心以开拓新的检测项目为重点，攻克了“苏丹红”检测难关，共新开检测项目30项，技术中心实验室的检测能力得到了显著的提高。2005年，该局继续坚持科技兴检的战略，科研制标工作取得初步成果，上报2005年《国境口岸食品风险管理分析评定标准》等标准3项，2006年科研课题15项。在2004年承担的国家质检总局制定标准工作中，已有5项完成，审定材料已报送国家质检总局科技司。国家质检总局科研课题《小麦和大豆中转基因成分定性和定量PCR检测方法的研究》、《马铃薯病毒病鉴定及诊断技术研究》和该局承担的国家质检总局科研课题《中俄边境莱姆病生物媒介调查及病原学研究》都取得了很大的进展。

【加强检验检疫基础工作，积极开展疫情监测和本底调查】 2005年上半年，黑龙江出入境检验检疫局在全省范围内开展了外来有害生物、残留物质监控、本底调查等多项基础性工作。完成了国家药残监控计划在黑龙江省的任务分配及上半年的采样、制样、送样工作。根据国家质检总局有关2005年全国实蝇和其它外来有害生物监测工作的要求和《全国口岸实蝇监测技术方案和要求》的精神，该局从6月份起在全省范围内开展了实蝇监测工作。为了配合出口鲜食南瓜出口的解禁工作，重点在佳木斯、鸡西等地设立了瓜实蝇的监测点；与此同时，继续在有关口岸和地区开展马铃薯甲虫的监测。2005年，该局完成了黑龙江口岸4年一周期的医学媒介生物摸底调查，并且又在绥芬河局、黑河局、东宁局、密山局和逊克局进行了达乌尔黄鼠及黄鼠调查工作。

【从源头质量，提高检验检疫的有效性】 将检验检疫工作延伸到生产企业和生产源头，加强源头管理和关键环节控制，主动为企业生产和农产品种植养殖基地给予必要的技术指导。实施分类管理和“绿色通道”，为企业产品出口提供了便捷顺畅的检验检疫通道，检验检疫的有效性得到进一步提高，有力地促进了黑龙江省产品的出口。开展果蔬农残集中检测，实现检测结果全省共享，提高了出口果蔬品质，加快了口岸验放速度，促进了新鲜农产品的出口。

【更新服务理念，转变服务方式】 采取特事特办、急事急办、难事帮办的方式，促进了鲜活产品的出口，解决了东宁进口旧机床滞留的问题，受理企业特事申请15批，帮助企业解决了燃眉之急，赢得了企业的赞誉。实行政务公开，保证检验检疫程序公开透明。变被动服务为主动服务，为出口劳务人员上门体检，深入企业，帮助企业改进工艺。出台促进禽肉出口“十项措施”，保证禽流感防治期间黑龙江省禽肉产品的正常出口。

【进一步加强系统的法制建设】 认真贯彻落实国务院《全面推进依法行政纲要》，积极推动全省检验检疫法制建设。对全省系统人员进行了政许可法、新商检法实施条例等内容的培训，1500多人次参加了培训，使有权必有责、用权受监督、侵权需赔偿、违法要追究的依法行政原则深入人心。加强全省系统法制骨干的培训，集中开展行政处罚案件实际模拟演练和学习，通过实际模拟演练，全省系统行政处罚的水平和能力得到加强。进一步规范依法行政，完善急事急办特事特办的工作程序，避免了行政执法工作的随意性。同时加大了行政执法工作的督查检查力度，组织力量对全系统各业务部门，进行经常性的政执法和工作质量抽查和定期检查，及时纠正行政执法和工作质量方面存在的问题。做到有法可依、有法必依、执法必严、违法必究。

黑龙江海事局

2005年黑龙江海事局紧紧围绕“船舶适航、船员适任、安全畅通、有效监管、优质服务”二十字方针和“三精两关键”要求，坚持落实科学发展观，建设“三个海事”，实现“三个追求”，打造“三支队伍”，大胆解放思想，适时抢抓机遇，锐意改革创新，努力拼搏进取，确保了水上安全形势的基本稳定,为黑龙江省经济发展和社会进步做出了积极的贡献。特别是在回归部局直接管理的一年里，全面理顺管理关系，在各个方面取得了较大的进步和较快的发展。2005年主要工作情况如下:

【管理体制取得新突破】 2004年初，从黑龙江海事局发展的实际需要，从有利于管理、有利于地方经济发展、有利于更好地维护好中央事权、确保水系水上安全稳定的角度出发，多次通过省交通厅和交通部海事局分别向省政府和交通部反映因管理体制不顺而造成的经费、人事制度等方面的困难，并在交通部原部长张春贤同志视察东北老工业基地的时机，向部里详细汇报了情况，争得了部里的同意。2004年12月8日，省交通厅和部海事局签署了“关于调整黑龙江海事局管理体制的协议”，从2005年1月1日起财务、人事等全部管理关系划归交通部海事局直接管理，至此全面完成了黑龙江海事局管理体制的调整。

【依法行政能力得到新增强】 黑龙江海事局在积极加大地方立法力度的同时，重点强化了系统内执法队伍的能力建设，提高了依法行政能力，先后修订并实施了《黑龙江海事局行政执法工作一般标准》、《黑龙江海事局行政执法责任制实施办法》、《黑龙江海事局行政强制规定》等规范性文件。同时，加强了对《行政许可法》、《行政处罚法》、《内河安全管理条例》等法律、法规和部令以及部局规范性文件的学习、宣传。另外，修订了《中俄国境河流航行规则》，黑龙江海事局与俄罗斯有关部门进行3次研讨，现已经过双方代表团团长草签，将于2006年第48次中俄国境河流航行例会正是签署生效。

【安全监管和船舶检验能力得到新加强】 2005年，黑龙江海事局坚持将水上交通安全管理工作放在首要的位置，结合黑龙江水运经济的实际，在“有效监管，优质服务”上狠下功夫，安全监管能力和船舶检验能力迈出了新步伐。

一是监管机制上得到突破。通过紧紧依靠地方政府，实施《黑龙江省水上交通安全工作协调领导机制》，进一步明确各级水上安全管理部门的职责，加强部门间的协调与配合，形成管理链条，发挥了合力。制定实施了《水上交通安全信息通报制度》和《水上交通安全联合检查制度》，用以支持协调机制的正常运转。二是监管手段上得到突破，高速客船管理进一步规范。按照《高速客船管理规则》，要求船公司重新编制了《四手册》，为下一步进入管理体系奠定了基础。同时，制作了安全警示牌匾，安装在渡口、水库、港口等重要地点，起到了较好的宣传警示作用。三是开展了船舶油污水达标检测工作，实施了国际航线船舶污染物外排管系强制铅封制度，促进了“绿色航运”的建设。四是船舶检验质量得到提高。完成了船舶法定检验质量管理体系建设，并实现顺利运行；加强验船师队伍建设，通过验船师资格考试，实行了验船师持证上岗；认真开展低质量船舶专项治理活动，通过狠抓“四客一危”船舶及乡镇渡船的检验质量，促进了船舶检验水平的提高。

【基础设施建设迈上新台阶】 完成了水上安全监督信息“二期”工程的建设，实现了与部局、其他直属局的网络连接、视频会议和IP电话业务，以及局机关与分支局的网络连接；保证了海事业务软件的应用，建成了黑龙江海事局内网网站，实现了信息连网。这些建设项目的实施和装备的配备，极大的改善了办公环境和条件，提高了工作效率和质量，增强了监管能力，为全局的快速发展提供了强有力的支持与保障。

【人事制度改革取得新进展】 按照部局《关于黑龙江海事局组建和机关人员定岗定编及人员分流方案》和黑龙江海事局《分支局、船检处内设机构设置方案》，重新核定了编制及岗位，制定了人事制度改革方案，完成了全局的机构组建。同时认真贯彻《党政领导干部选拔任用工作条例》，严格按照其要求，进行干部选拔任用。完成了执法模式改革试点工作；落实部局要求制定了《黑龙江海事局关于推进执法人员考任制的实施方案》，组织实施了执法人员考任制，执法人员的学历层次达到了部局“执法人员3年上台阶”的要求，执法队伍整体素质明显提高。

【党建工作的服务保证作用得到新强化】 2005年，党建工作以“三个代表”重要思想为指导，紧紧围绕水上交通安全监管这个中心，在继承中创新、在发展中开拓，在服务和保证中心工作上体现了党的先进性，增强了党的战斗力。

一是保持共产党员先进性教育活动成效明显。加强领导，精心组织，既切实解决党员队伍建设中的突出问题，又努力将集中教育活动的成果转化为加强和改进经常性教育的措施，积极探索建立起使基层党组织充满活力，使党员长期受教育、永葆先进性的长效机制。通过教育活动，党员的先锋模范作用和基层党支部的战斗堡垒作用得到进一步发挥，党员的先进性意识明显增强。二是领导班子和干部队伍能力建设得到增强。进一步加强了两级领导班子的思想、组织、作风建设，坚持党委、总支（支部）中心组学习制度，不断提高班子成员的思想理论水平。认真贯彻民主集中制原则，对重大问题的决策，坚持“集体领导、民主集中、个别酝酿、会议决定”的原则，实现决策的科学化、民主化、制度化。加强了制度建设，建立和完善党委议事规则和决策机制，加大党务公开、政务公开力度。调整充实了局属单位领导班子，全面推行干部公开选拔、竞聘上岗、任前公示和任期制，建立干部能上能下的机制实现干部考核工作的经常化、制度化、科学化。连续三年外派干部学习和挂职锻炼，开阔干部的视野，着力培养干部职工履责尽职的能力和素质，为黑龙江海事快发展提供了人力支撑。三是宣传思想工作和精神文明建设取得新进展。始终坚持两个文明并进的发展方针，注意不断深化和丰富海事文化建设的内容,积极开展丰富多彩的文化建设活动，大力弘扬积极进取、无私奉献的行业精神，树立积极向上的行业风气。文明单位达标升级，不断壮大，形成了行业文明建设的良好发展态势。全局有3个单位进入“全国交通系统文明达标单位”行列，2个单位获得“部直属海事系统文明执法示范窗口”称号，5个单位获得“全省交通系统文明窗口”称号；涌现出9个省部级先进集体和周秀高等9名省部级先进个人。文明行业的创建，促进了全局上下工作环境和生活条件的明显改善,展现了海事新形象。四是党风廉政建设有了进一步加强。坚持以贯彻《实施纲要》为统领，突出加强对领导干部廉洁从政教育和廉洁自律的监督工作，继续落实好党风廉政建设责任制和党员领导干部双重组织生活制度，突出基础设施建设领域廉政工作，突出以执法队伍依法行政、优质服务为主要内容的行风建设，进一步落实政务公开，完善社会监督机制，领导干部廉洁自律意识明显增强。

黑龙江海事局对外开放口岸有关数据统计表

统计项目	数 量	其 中	
		进口(进境)	出口(出境)
进出境船舶(艘次)	31972	15986	15986
进出口货物(吨)	1413747	1087603	326144
进出境旅客(人次)	1593378	796689	796689

黑龙江口岸大事记

2月13日

省政府召开《全省对外经贸工作会议》，张左己省长、王利民副省长到会作重要讲话。

4月13日

《海关总署办公厅关于同意俄罗斯临时客运包机在齐齐哈尔机场出入境的函》（署办函[2005]109号）发省口岸办。

6月8日—19日

以海关总署副署长盛光祖、俄罗斯联邦安全边防总局边检局局长莫恰洛夫少将分别为双方工作组组长的中俄边境联合考察组，就中俄边境口岸工作制度执行情况、口岸设施建设等内容对黑河—布拉戈维申斯克、绥芬河—波格拉尼奇内、东宁—波尔塔夫卡等口岸进行考察，并形成《中俄总理定期会晤委员会运输合作分委会口岸工作组两国边境口岸联合考察纪要》。

7月29日

海关总署办公厅发出《海关总署办公厅关于<黑河黑龙江大桥公路口岸建设的建议方案>的复函》（署办函[2005]312号），主送黑龙江省口岸办公室，原则同意黑河黑龙江大桥公路口岸建设的建议方案。

10月17日

《海关总署关于同意俄罗斯临时货运包机（直升机）在绥芬河阜宁直升机场入出境的复函》（署岸函[2005]378号）发省政府。

11月15日

省商务厅发出《关于同意继续开通漠河县洛古河与俄罗斯赤塔州波科洛夫卡临时冰上过货运输通道的函》（黑商口岸函[2005]821号），经省政府并征得沈阳军区同意，于2005年冬季至2006年春季，继续开通漠河县洛古河与俄赤塔州波科洛夫卡临时冰上汽车过货运输通道。

上海口岸工作综述

2005年是上海口岸工作领导小组办公室的开局之年。口岸办在市委、市政府的领导下，根据市委、市政府《关于上海口岸管理机构调整有关问题的批复》（沪委发【2005】197号）精神，遵照陈良宇同志关于“口岸工作极为重要，履行职能、工作效率、服务质量，各个方面都要突破难题，精益求精，好上加好”的重要批示和韩正市长、周禹鹏副市长对口岸工作的重要批示、指示精神，一手抓好机构筹建工作，一手抓好重点工作推进，紧紧围绕上海国际航运中心洋山深水港开港和上海航空枢纽建设，充分发挥口岸办的协调服务功能，取得了一定的工作成效。

上海口岸各项主要指标取得了全面增长。其中，集装箱吞吐量为1808.4万标准箱，同比增长24.3%，位居全国第一、世界第三；海港货物吞吐量为4.43亿吨，同比增长16.9%，位居全国第一、世界第一；空港出入境旅客1442.9万人次，同比增长14.5%，位居全国第一；空港进出口货物162.8万吨，位居全国第一；口岸进出口货物总值3506.8亿美元，同比增长24.1%，约占全国进出口货物总值1/4。

【全力以赴确保洋山保税港区按期开港】 建设上海国际航运中心洋山深水港区是党中央、国务院从国家发展全局出发作出的重大战略决策。上海港口岸洋山深水港区对外开放，是洋山深水港区正式开港运行的必备条件，设立洋山保税港区是充分发挥洋山深水港区的区位优势和功能作用的重要条件。在党中央、国务院的悉心关怀和中央各部委的指导帮助下，在市委、市政府的直接领导和上海口岸查验单位的积极配合下，经过市各相关单位通力协作，口岸办主要做好四个方面的工作：一是主动赴京汇报，争取特别支持。口岸办会同市编办、深水港指挥部等有关部门，由主要负责同志带队七次赴京，积极与中央有关部委，特别是加强与中央编办、海关总署口岸规划办公室（以下简称总署口规办）的沟通联系，争取特别支持，加快洋山深水港口岸开放和查验单位机构编制的会签审批工作。口岸办还加班加点，为中央编办提供了口岸查验单位机构编制测算依据等材料，得到了中央编办的认可和支持，为今后审核上海其他口岸开放查验单位机构编制打下了基础。中央编办把洋山港口岸开放作为第一办件，在不到两个月的时间内，通过了中央编办、中央编委领导的审批，为确保洋山深水港区口岸开放赢得了时间。二是制定若干意见，优化通关环境。根据洋山保税港区“一线放开，二线管住，区内自由”的监管要求，口岸办多次召开专题会议，研究优化洋山保税港区通关环境的工作方案，会同口岸查验单位和相关企业召开了洋山保税港区通关模式情况通报会，向企业通报洋山保税港区通关模式、通关流程和政策信息及通关须知，制定了《关于优化洋山保税港区通关环境的若干意见》，努力使洋山保税港区与其他特殊监管区域相比较，手续更简便、流程更优化、通关更快速、服务更完善、监管更科学。三是推动各方联动，做好开港准备。口岸办主动与深水港指挥部、口岸查验单位和国际港务集团反复沟通协调，按照市政府上报国务院请示的精神，解决了口岸查验单位配套设施的初步安排和过渡用房等问题。提出了关港、检港联动的模式，同时预留接口，一旦政策突破，即可实现“关检港联动”。口岸办还积极牵头协调洋山港区试通航工作和预验收工作。口岸各查验单位积极制定有关工作方案，组织人员上岗培训，认真做好开港前的各项准备工作。四是精心组织协调，确保验收通过。洋山深水港区开放验收涉及国家5个部委，洋山保税港区验收涉及国家10个部委，“两个验收”涉及部门多、协调难度大、间隔时间短。口岸办一方面主动加强与海关总署等有关部门沟通，汇报工作，争取支持；一方面主动协调上海口岸查验单位加强与其上级主管部门汇报沟通，积极做好验收的有关准备工作。在国务院正式下达批复后不久，11月25日和11月29日上海港口岸洋山深水港区对外开放和洋山保税港区分别顺利通过由海关总署组织的国家有关部门联合验收。联合验收小组同志表示，与兄弟省市口岸开放和特殊监管区域验收相比较，上海洋山港的“两个验收”是最简单、最顺利、最和谐的。

【想方设法提高空港口岸旅客通关效率】 口岸办积极贯彻落实韩正市长关于“口岸办要始终关心浦东国际机场旅客出入境的情况，这是上海最为重要的对外窗口”批示精神和周禹鹏副市长关于“争取年底前在提高空港口岸旅客通关效率方面有比较明显的进展”的要求，主动协调各方努力提高空港口岸旅客通关效率。一是明确职责分工，做好平稳交接。口岸办主动与机场集团沟通协调，明确了空港口岸管理过渡期间有关各方的职责分工和工作要求，建立工作班子，在2005年年底前共同负责空港口岸现场的日常协调工作。同时，根据市领导的要求，研究组建了口岸办驻空港办公室，由口岸办分管负责同志兼任驻空港办的主任，并设专职副主任和专职工作人员，制定了工作职责和工作机制，确保空港口岸管理工作不断不乱，有序推进。二是开展调查研究，提出对策措施。根据韩正市长和周禹鹏副市长的重要批示精神，口岸办牵头组织并会同市政府督察室先后两次开展了专题调研，分析了目前旅客通关慢主要受机场现有设施总体容量不够的制约、航空运行和现有管理方式的制约、现有口岸查验政策的制约和机场边检现有警力不足的制约等因素影响，提出了增加国际值机柜台、突出引导标识、方便行李提取、增开边检通道等4条近期措施和加强情况沟通，完善二期规划；争取政策支持，提高查验效率；改善航空管理，合理控制流量等3条远期措施。努力把影响出入境旅客通关的因素减到最低程度，做到既管得住，又通得快。三是各方共同努力，改善通关环境。机场集团在2005年上半年完成北联检区通道施工工程后，于9月底又完成了38根入境边检查验通道扩建。边检总站克服警力紧张、技术改造、勤务安排等各种困难，自7月23日在北联检区增开6根出境通道后，于12月12日又开通了18根新建通道（包括6根出境、12根入境通道）。海关和检验检疫部门从方便旅客的角度出发，妥善处理出入境旅客填写行李申报单和出境旅客填写健康申报表，做到既严格执法，又保证畅通。各航空公司也做了一些配合工作。通过各方共同努力，浦东机场出入境旅客通关效率确有明显改善。

【坚持不懈深化“大通关”工作】 一是继续推进特殊监管区域的“大通关”工作。口岸办坚持每两个月召开一次出口加工区“快速通关”工作例会制度，除了重点听取松江、金桥、漕河泾、闵行、青浦出口加工区管委会关于“快速通关”工作进展情况汇报外，还对出口加工区内企业反映的涉及综合交通、多方贸易、生产原油等问题，在梳理的基础上，分别向有关部门作了反映，并跟踪了解有关问题的协调落实情况。二是与有关单位联手解决出口加工区海运出口“二次报关”问题。口岸办针对金桥出口加工区希望尽快解决海运出境货物“二次报关”问题的要求，在调研的基础上，搞清了情况，提出了对策，在上海海关和港务集团的大力支持下，从2005年8月1日起对所有特殊监管区域海运出口集装箱整箱货物正式实行“一次报关”的作业模式，这在全国是首创。三是及时协调解决企业反映的通关问题。根据市领导的批示精神，口岸办先后协调沟通了柯尼卡美能达反映进口设备通关效率较低的问题。与海关联手，协调解决了达丰电脑公司反映的海关系统H883切换到H2000后数据不同步等问题。与检验检疫局、外高桥保税区管委会联手协调星科金朋公司反映外高桥保税物流园区出口时间较长的问题等等。四是积极协调推进嘉定出口加工区筹建工作。口岸办会同市发展改革委、上海海关、上海检验检疫局等单位，协助嘉定区政府，积极推进出口加工区筹建工作，目前，嘉定出口加工区3平方公里总体规划和一期1.28平方公里控制性详细规划方案，给排水、通信、电力、天然气配套设施的专业规划已经市规划局批复，动拆迁工作正在进行。

【突出重点推进口岸信息化建设】 一是牵头做好中央调研组来沪调研接待工作，充分反映上海电子口岸建设成果。为做好2005年10月份召开全国地方电子口岸建设现场会的准备工作，8月下旬，海关总署李克农副署长带领国家13个部门组成地方电子口岸建设联合调研组来沪调研，口岸办会同上海电子口岸建设联席会议办公室等部门，在时间紧、变化大、要求高的情况下，积极做好有关准备工作，充分反映上海电子口岸建设成果，圆满地完成了联合调研组来沪调研任务，得到了联合调研组的充分肯定。二是组织制定上海口岸"十一五"信息化规划。口岸办会同口岸查验单位和相关单位，在充分调研和听取意见的基础上，研究制定了上海口岸"十一五"信息化规划，提出了加快上海口岸信息化建设的目标、任务和措施。三是积极推进单证电子化。自2004年底上海口岸进口集装箱提货单电子化正式运行以来情况良好，截止到2005年上半年船舶代理企业使用率达到100%，准确率达到99%；货代、报检报关企业网上确认使用率达到100%；码头100%收取到海关、检验检疫电子放行信息。为进一步推进海运进口集装箱提货单电子化工作，6月下旬，口岸办牵头举办了"海运进口集装箱提货单电子化推广应用培训班"。同时，积极协调推进"一单两报"工作。

【多管齐下不断提高口岸协调服务水平】 一是建立沟通机制，强化协调服务。口岸办主要负责同志多次主持召开口岸工作专题会议、口岸办主任办公会议等，走访市有关部门和口岸查验等单位，听取对进一步搞好上海口岸工作及口岸办职能职责的意见和建议。主动协调解决口岸查验单位反映的办公用房、车辆牌照、开办经费、建房用地等问题，得到了查验单位的认可和支持。二是筹建现场机构，健全服务网络。根据市领导关于口岸办要加强协调服务的工作要求，口岸办先后研究筹建了口岸办驻浦东机场空港口岸、洋山保税港区、海港国际客运中心、航交所"上海国际航运服务中心"、出口加工区等特殊监管区域办事机构，制定了工作职责和工作机制，既发挥好口岸办的协调服务作用，又发挥好所在区域有关单位的积极性，组建反应敏捷、行之有效的工作服务网络，努力做到见事早、反应快、协调强、服务好。三是抓好队伍建设，增强服务意识。口岸办在开展党员先进性教育活动的基础上，组织全体党员干部开展了"新机构、新使命、新作为"大讨论，深刻领会市委、市政府关于上海口岸管理体制改革、组建新口岸办的重大意义。针对口岸办50%是新进人员、对口岸工作不了解不熟悉的情况，制定了"互帮互学，共同提高"的业务学习计划，采取"老帮新、一帮一"结对子的办法，结合推进重点工作，组织全体党员干部到洋山深水港指挥部、亿通公司等单位学习"洋山精神"和"大通关"业务知识，努力提高全体干部协调服务能力和水平。

2005 年上海口岸主要数据一览表

分类	项目		2005 年	2004 年	单位	增长%
海港口岸	集装箱吞吐量		808.4	455.4	万标箱	24.3%
	货物吞吐量		4.43	3.79	亿吨	16.9%
	国际航行船舶		847	26 077	艘次	10.6%
	出入境旅客		61808	41658	人次	48.4%
	外贸货物		18492.2	15835.6	万吨	16.8%
空港口岸	出入境飞机		120359	104707	架次	14.9%
	出入境旅客		1 442.9	1259.7	万人次	14.5%
	进出口货物		162.8	158.1	万吨	-7.6%
铁路口岸	出入境旅客		88379	93317	人次	-5.3%
	出入境货物总值		3506.8	2826	亿美元	24.1%
	其中	出口	2124.3	1	亿美元	31.7%
		进口	382.5	1213	亿美元	14.9%
口岸外贸	出入境旅客总数		1458	1273	万人次	14 .5%

由于从 2005 年 2 月份起，空港进出口货物数据统计不再包含行李，因此，无法作同比。

上海口岸查验单位工作综述

上海海关

【概述】 2005年，上海海关努力贯彻“依法行政，为国把关，服务经济，促进发展”海关工作方针，较好地完成了海关总署下达的各项监管任务。全年监管进出口货物1.17亿吨，同比增长10.3%。监管进出口货物总值3506.8亿美元，增长24.1%，占全国进出口货物总值的24.7%。其中出口2124.3亿美元，增长31.7%；进口1382.5亿美元，增长14%。监管进出口集装箱1102万标箱，下降6.1%。征收进出口货物税款1159.6亿元，增长9.4%。处理进出口货物报关单1031.7万批，增长20.1%。验放进出境人员物品1151.5万人次，增长14.9%。监管进出境运输工具14.2万艘/架次，增长15.4%。查禁走私违规案件2495起，案值13.7亿元，涉及偷逃税款9151万元，抓获犯罪嫌疑人106人，法院判决43起62人，罚没入库1.37亿元。查获各类侵权案件150起，案值4500余万元。查获毒品、精神药物17.53千克。

【创建上海洋山保税港区海关监管模式】 洋山保税港由小洋山港口作业区、东海大桥和与之相连接的陆上特定区域组成，规划面积8.14平方公里，首期开发7.2平方公里，享受保税区、出口加工区相关税收和外汇管理政策，国外货物进入港区视作境内关外，国内货物进入港区视同出口，实行退税。管理模式，充分借鉴自由港和自由贸易区做法，集国内特殊区域各项优惠政策于一体，模式超前，优势明显，体现“港中有区，区中有港”，成为我国创建自由港和自由贸易区的初始样板。洋山保税港区将港口、保税区、保税物流园区和出口加工区四者的功能集一身，是目前我国功能最全的海关特殊监管区域，其具备国际中转、国际配送、国际采购、国际转口贸易、出口加工区。海关针对不同区域内的货物实施“一线放开、二线管住、区内自由”的封闭化、信息化、集约化的监管运作模式。海关还与保税港管委会、口岸管理和港务等相关部门构建了信息联网，形成信息共享和行政互助的口岸管理新格局。

【启动长三角区域海关通关改革试点】 2005年12月10日，长三角区域上海、南京、杭州、宁波4个直属海关在上海通过并签署了《长三角地区海关区域通关改革试点联系配合办法》。为使现有海关管理体制尽快适应和促进地区经济高速发展的形势，上海海关在海关总署的指导下，在与长三角区域其他三个直属海关进行充分沟通的基础上，制定了长三角区域海关通关改革（通关一体化）总体方案。长三角区域海关通关改革的总体战略目标，是将长三角区域内的上海、南京、杭州、宁波四个直属海关视为“大通关协作区域”，在原跨关区快速通关作业模式的基础上，通过建立虚拟的海关区域数据平台，实施“统一平台、区域联动、选择申报、多点放行”的区域海关通关一体化作业新模式，对长三角区域进出口物流实施全方位、全过程的有效监控，实现跨关区申报、审单、验放，全面提升海关管理整体效能，推动长三角区域进出口货物的快速流动。2005年11月21日，长三角区域海关通关改革试点正式启动，一是进口转关运输货物作自动审核放行；二是跨关区通关作业程序改为“一次申报、一次放行”。12月1日，长三角区域海关通关改革第二阶段开始，改革的重点是实现“属地申报、口岸验放”的作业模式。

【中美海关“集装箱安全倡议”正式启动】 4月27日，中美海关“集装箱安全倡议”（简称CSI）合作启动实施仪式在上海举行，海关总署牟新生署长、美国海关与边境保护局伯纳局长出席启动仪式。中美海关“集装箱安全倡议”合作是根据中美两国领导人达成的共识开展的。2003年7月29日，中国海关总署署长牟新生与美国海关与边境保护局局长伯纳在北京签署中美海关“集装箱安全倡议”合作原则声明。2005年3月28日双方就《中国海关总署和美国海关与边境保护局“集装箱安全倡议”合作基本实施程序》达成一致。中国参与合作项目的港口有上海港和深圳港。实施后，美方在中国港口派驻海关关员。美方对持嫌疑的集装箱，须与我方在充分协商的情况下，由中国海关实施开验。美方派驻人员必须尊重中国主权，遵守中国法律和法规，不持执法权。根据对等原则，中国海关也可在美港口派驻人员。目前，全球20个国家的37个港口加入CSI合作。

【空港旅客申报制度改革】 7月1日起，全国海关在航空口岸统一实施进出境旅客申报制度改革，凡从空港进出境的旅客均要填写“进出境旅客行李物品申报单”后向海关作书面申报。为顺利推动改革，上海海关对原旅检现场的格局和通关流程作了精心的设计和调整。经调整后的现场，分进境大厅、出境南联检区、出境北联检区、中转厅、过境厅等，继续保留“红”、“绿”通道。为便于进出境旅客申报，海关在大厅内设置了鲜明的指示标识，设置了近40个申报单填写台，为旅客填写与申报提供一个相对宽松的环境。另外，海关还通过等离子大屏幕循环播放通关流程、通关指南及相关法规，申报台备有中英文《旅客通关指南》宣传资料，申报单填写台前张贴有中、英、日、韩四种语言的申报单填写范本。海关在公告咨询电话的同时，建立了咨询投诉制度。由于海关对改革作了充分准备，加上宣传告知在先，空港旅客进出境通关秩序井然。

【海关国际合作取得新进展】 11月23日，上海海关与荷兰鹿特丹海关关际合作项目启动仪式在沪举行，荷兰海关高级代表团团长、荷兰海关总署副署长威利·罗弗斯和上海海关关长孙毅彪出席启动仪式。根据合作协议，双方海关将就风险管理、海关监管、信息交换等领域开展合作，并通过互访和交流实习，了解推动海关管理的不断进步和海关的现代化建设。荷兰海关在风险管理、推动贸易安全和贸易便利化、管理信息化和其他高科技应用等方面具独特的优势。推进和加强双方的合作，对于提高海关的执法效能，保障国际贸易安全、推动贸易便利化、提升合作水平具有积极的意义。

【简化海关手续，提升长江黄金水道效能】 为适应长江流域经济持续高速发展的趋势，上海海关按照“突出区位优势，完善改革措施，发挥水道作用，促进联动发展”的工作思路，采取有效措施，大力推进致力于长江流域物流快速流动，促进中西部地区经济高速发展的新型通关作业模式。所采取的措施，一是进一步规范和简化海关转关运输监管方式，确保转关运输六项措施落到实处；二是改进内支线管理模式，实现“同船运输内、外贸集装箱货物”，以提升沿海、内河水道航运资源的使用效率；三是进一步简化相关海关手续，提高中转、转关货物通关效率，吸引更多的货物通过长江水路进出上海口岸；四是将水路转运优势延伸至长江沿岸附近地区，切实解决长江支线船舶与靠泊洋山港干线船的衔接难题；五是积极推进长三角区域通关改革试点，整合口岸海关和内地海关的管理资源，促进长江流域经济持续快速协调发展。

上海海关历年业务监管量统计一览表

（2000—2005 年）

内容 \ 年份	2000	2001	2002	2003	2004	2005
进出口吨位（万吨）	6238	6413	7586	9370	10637	11735
进出口货值（亿美元）	1093.1	204.9	1425	2012	2826	3507
集装箱数（万箱）	486.1	552	736.3	943.9	1173	1102
运输工具数（万艘/架）	5.66	6.60	7.85	9.03	12.3	14.2
行李物品（万人次）	652.4	801.7	971.4	894.9	1316	1512
报关单数（万批）	358.9	412.5	526	681.3	859	1032
税款（亿元）	486.82	589.61	582.76	847.06	1 042.2	1139.6

上海出入境边防检查总站

【概述】 2005 年，上海口岸共检查出入境人员 16319683 人次，比上年增加 14.3%，其中旅客 14580019 人次（入境 7099120 人次，出境 7480899 人次），增加 14.5%，空港出入境旅客 14428832 人次，增加 14.5%，海港出入境旅客 62808 人次,增加 50.8%，铁路出入境旅客 88379 人次；检查出入境员工 1739664 人次，增加 12.6%，空港出入境员工 1247595 人次，海港出入境员工 481853 人次,铁路出入境员工 11104 人次。共办理 48 小时过境免签证手续 40099 人次，增加 35.8%，检查持 APEC 商务旅行卡人员 478 人次，增加 368.6%。

上海口岸出入境交通运输工具共有 137830 架（架、艘、车）次，增加 16.4%，其中出入境飞机 115399 架次，增加 18.1%，出入境船舶 22065 艘次，增加 8.6%，出入境列车 366 车次，与上年基本持平。

总站共查获、审理偷渡案件 464 起 590 人次，接受处理遣返 4235 人次，增加 1.2%，处理其他违法违规 4218 人次。

【抽调警力，确保洋山港一期码头顺利启用】 7 月 17 日，根据洋山深水港工程建设的需要，运载超大型桥吊的巴拿马籍货轮“幸运港”号靠泊洋山港，这是洋山深水港自建港以来首次停泊外轮。总站抽调上海站警力，对该轮进行了边防检查和监管。11 月 25 日，由海关总署牵头，公安部、交通部、国家质检总局、总参参加的国家联合验收小组在市口岸办、上海口岸查验单位等有关部门的陪同下，赴芦潮港陆上区域和小洋山港区现场勘察，听取了市口岸办、洋山建设指挥部的工作汇报。联合小组认为：洋山深水港区基本具备对外开放条件，待履行一定程序后，由交通部宣布开放。11 月 30 日上午 09 点 30 分，新加坡籍“彩虹石”轮靠泊洋山深水港，总站下辖洋山站（筹）为其办理了入境边防检查手续，至此，洋山深水港码头正式启用。

【自挖潜力，浦东机场全面开通新增出入境通道】 为有效缓解浦东机场高峰拥堵的现状，缩短旅客候检时间，使边检工作更好地服务地方经济建设，总站通过精简机关人员，从海港边检站已十分紧张的警力中再次抽调部分民警调入浦东站，组建了出境队，从 2005 年 2 月 1 日起正式启用了北国际联检区 10 个出境通道。7 月 27 日，总站克服困难，自挖潜力，在浦东机场北国际联检区又增开 6 条通道。12 月 12 日，浦东机场一期适应性改造后的入境 38 条验证通道和出境北区 22 条通道全面开通。

【简化手续，借助改革措施实现便民利民】 一是总站结合推进上海航空枢纽建设联合领导小组办公室和各航空公司的意见，提出了对国际转国际不出边检限定区域且在当日过境的旅客按“同区域、同验证台办理过境、出境边检手续”的原则进行改革的意见，并制定了旅客中转查验流程改革方案，公安部已于 6 月 3 日批复同意该方案，目前总站已向有关部门通报了此情况，有关部门正在组织协调。二是在前期实施的基础上，于 4 月份进一步全面实施简化入境航班接机手续的改革措施，除部分特殊情况，绝大部分入境航班抵达机场后即可下客，提高了入境通关效率。三是通过前期充分调研，简化了在华停留不超过 24 小时同一机场转机（出边检限定区）旅客查验手续，使此类旅客办理过境边检手续时间由原来的 3 分钟/人减少到 1 分钟/人。

【科技强警，借助新一代出入境边防检查信息系统提高工作效率】 为加强信息化建设、加快口岸通关速度、提高口岸控制能力，提升管理水平，实现“加快验放速度，提高控制能力，强化内部管理”的目标，公安部研发了新一代出入境边防检查信息系统，总站认真做好前期准备工作，积极推行新系统。12 月 21 日上午 8:30 铁路站“梅沙”系统试运行工作正式启动。海港站和空港站的新系统试运行工作将分别于 2006 年 1 月 10 日和 3 月 1 日正式启动，此举将进一步节省警力，提高工作效率，更有力地保障口岸的安全与畅通。

上海出入境检验检疫局

2005 年，是我国全面履行入世承诺的关键之年，上海口岸对外贸易和国际交往进一步扩大，口岸执法把关的任务更加繁重。上海检验检疫局坚持一手抓把关，一手抓服务，以把关促服务，以服务促发展，各项工作取得了新成绩。

【概况】 全年共完成出入境货物检验检疫 1205534 批，金额 732.17 亿美元。其中:完成工业品检验检疫 1014653 批，检出不合格 18817 批；签发普惠制产地证 325511 批；签发一般产地证 93203 批；进口食品卫生检验 43030 批，检出不合格 410 批；出入境动植物及其产品检疫 119890 批，发现二类以上疫情 211 批；出入境船舶检疫 22413 艘；出入境飞机检疫 117405 架；出入境火车检疫 4464 节；出入境集装箱检疫 3955223 只，发现问题 10063 只；出入境旅检 14851586 人次，发现问题 19163 人次；监测体检 105468 人次，发现传染病 2586 人次；对出入境交通工具和集装箱除害处理 546438 批；入境邮包检疫 126416 批，发现问题 8660 批。

【“大通关”平台建设】 上海检验检疫局在国家质检总局和上海市政府的领导下，积极参与了上海国际航运中心建设及“大通关”综合服务信息平台的建设，并且在市政府有关部门、其他口岸管理部门及有关企业的支持与互相配合下，在实现“提速、减负、增效、严密监管”及信息共享、系统互联等方面取得了初步的、实际的成效。

一是全力确保洋山保税港和航空枢纽港建设。按照市委、市政府关于洋山港筹建的时间、节点安排，从有利于发挥保税港区功能出发，做好开港前的检验检疫的各项准备工作，确保开港验收顺利通过。积极支持与参与上海航空枢纽建设，制订了工作方案，积极研究探索国际中转旅客和货物、空港保税物流和快件检验检疫监管模式等方面工作。

二是积极参与上海口岸提货单电子化工作。“提货单电子化”是上海口岸“大通关”的一项重要措施，也是电子口岸重要功能的具体体现。国家质检总局积极支持上海检验检疫局的这项工作，根据上海口岸提货单电子化的具体作业模式和上海检验检疫局的建议，专门对《入境货物口岸查验系统（海港版）》作了多项调整，使“海港版查验系统”能与上海的提货单电子签章系统紧密衔接。为了统一和规范检验检疫提货单电子签章的操作，做好全面推广的准备，上海检验检疫局制定和实施了提货单电子签章的操作规范。1–6 月，货代、报关/报检企业网上确认提货单 17914 票；检验检疫发出放行指令 17011 票。5 月 8 日，对电子签章首批试点企业正式取消了在纸质提货单上盖章的做法，实现了真正意义上的提单电子化管理。同时，上海检验检疫局还制订了相关的应急预案，确保提货单电子签章系统试点运行中一旦发生故障时，企业仍能顺利地办结提货通关手续。在提货单电子化的推进过程中，上海检验检疫局与上海口岸办、上海海关、亿通国际等部门和单位密切配合，并多次组织和参加对相关企业的培训。上海检验检疫局与有关单位共同完成了新一批加入提货单电子化试点工作的企业的培训，并于 11 月将其纳入电子签章企业的行列。目前，采用提货单电子化管理的试点企业增至 30 家。

三是“三电”工程形成阶段性成果。上海检验检疫局自 2001 年以来不断推进电子报检、电子签证和电子转单在上海口岸检验检疫工作中的运用。目前，上海检验检疫局已全部实现产地证电子签证。外地检验检疫局签发的出口换证凭单电子转单已全面启动，出口换证凭单的电子转单率已超过90%。在向外地检验检疫机构发送进境货物流向单方面，也已基本实现电子转单的方式。在上海市出口生产企业中已采用了直通式电子报检。

【建立防控疫情疫病长效机制】 针对复杂多变的国际间传染病、动植物疫病与疫情，上海检验检疫局加强实验室检测，开展业务操作演练，确保一旦发现问题立即启动应急处置预案，切实提高应对口岸突发公共卫生事件和重大动植物疫情的能力，使上海口岸成为阻断动植物疫情和传染病传播的坚强屏障。出入境旅检 1485 万人次，发现问题 1.92 万人次；监测体检 10.5 万人次，发现传染病 2586 人次。在进境动物及其产品中，发现疫情和有毒有害物质 27 批，均按规定实施退货、销毁、无害化等检疫处理。在进境植物及其产品检疫中，发现疫情 5443 次，检疫发现 1 类危险性有害生物 58 批，2 类危险性有害生物 225 批，3 类危险性有害生物 81 批。

【进出口食品安全质量监管工作】 上海检验检疫局成立加强进出口食品安全质量监管工作领导小组，研究制订了严把进出口食品质量安全关，建立食品质量安全监管的长效机制，切实加强“市场准入”监管，认真执行进出口食品有毒有害物质官方监控计划、动植物源性食品残留监控计划，推进进口食品动态监管，建立进出口食品企业的检验检疫诚信管理制度，加强对出口食品生产企业的服务与支持，加强自身管理和检测能力建设，加强一线现场技术配置，加强一线检验检疫人员的业务培训，加强对全局食品质量安全监管工作的统一协调，积极发挥上海检验检疫局作为上海市食品安全联席会议成员单位的作用，加强与质监、农业、食品药品监督、工商等职能部门的沟通与合作，及时有效地获取食品质量安全方面的信息，共同构建监管网络。上海检验检疫局还发挥自身优势，主动服务“三农”，为祖国第三大岛崇明的创汇农业服务，推进农产品出口，实现了崇明柑桔出口零的突破。

10月27日，上海口岸经上海检验检疫局检验检疫合格放行的175箱、3500千克活鳗向日本出口并顺利通关。这是上海口岸活鳗在暂停出口日本3个月后得到正式恢复出口，也是上海检验检疫局积极采取措施，认真贯彻落实国家质检总局有关加强出口活鳗检验检疫工作的规定，采取“专项检测+严密监管”模式，检测孔雀石绿等违禁药物，通过各方共同努力取得的成效。此外，上海检验检疫局还对不合格进口韩国泡菜采取措施，妥善处理国产啤酒“甲醛风波”，积极应对“PVC”薄膜事件，加强了出口食品色素等食品添加剂的管理。

【加强进出口商品安全、质量关】 严把进出口商品的安全、环保、质量关是检验检疫依法施检的主要任务之一，也是上海检验检疫局最主要的业务工作。1—10月，上海检验检疫局共检出不合格进出口商品16264批，通过依法施检，保障了公共安全，国家经济安全，促进了对外贸易的顺利开展。在依法施检的同时，上海检验检疫局认真调查和分析上海口岸的出口退货情况，组织对进口纺织品、面料和胶合板的安全卫生项目的监测，抓好进口旧机电产品备案等工作，先后发现进口旧复印机存在的环保隐患，进口旧工程机械、旧化工设备、旧建材设备存在的安全、卫生问题，最终都参照相对应的国家技术法规和强制性标准的条款，进行了把关并得到了国家质检总局主管部门的认可和支持。

8月24日，由新加坡石油有限公司供货的2.9万吨、1660万美元的航空煤油装运抵沪。上海检验检疫局抽取了代表性样品送实验室检验，发现该批货物的水分离指数低于合同引用的英国国防部标准规定的指标值。针对进口航空煤油存在的质量问题，上海检验检疫局立即向国家质检总局报告，同时提出加强对航空煤油的装船前检验及装运用船的清舱鉴定，防止运输污染等应对建议，要求进口企业签订好贸易合同，做好对国外供货商的评估，这一工作得到了国家质检总局领导的重视和肯定。

在处理进口德国金宝（GAMBRO）肾透析机存在质量问题的情况时，上海检验检疫局敏感地觉察到这是严重涉及安全卫生，危及人民生命健康的案例，在调查和掌握充分事实后，上海检验检疫局及时上报，国家质检总局据此发布了警示通报，防止了存在质量问题的相关设备进口。

为达到预防为主的目的，上海检验检疫局积极建立和完善基础数据库，以基础数据积累和风险分析为基础，实现实时监控，动态管理。上海检验检疫局着手开发了进口旧机电产品检验检疫监管系统，对每批进口旧机电产品的资料和检验检疫情况都有详细记录，业务职能部门能够实时监控分支机构的业务办理进展情况，企业还能够从上海检验检疫局的对外网站上通过该系统提出备案申请。在进口心脏起搏器的检验监管中，上海检验检疫局每月对相关数据进行统计积累，并在对外网站上公布经检测合格的心脏起搏器序列号。动态管理、业务上网，不仅加大了管理力度，更推进了政务公开的水平。

【台商春节包机和台湾入境水果的检验检疫】 2005年，上海检验检疫局对台商春节包机和台湾入境水果的检验检疫、对在上海举行的重大赛事中相关的检验检疫工作。对在上海举办的国际展会中展品的检验检疫工作等，既依法施检，又积极服务，并且根据实际探索可行的监管模式，圆满地完成了多项任务，还被上海市委对台领导小组也授予上海检验检疫局“2005年台商春节包机工作先进单位”称号。上海检验检疫局针对进口废物原料查验工作中存在的不足，修订了相应的管理办法，加大了检查与督查力度，使进口废物原料的口岸查验工作得到了更好的落实。

为了适应新形势，上海检验检疫局在2005年加强业务调研及研究。对保税物流、国际采购等新外贸方式以及国际中转、国际展会、国际邮件等的检验检疫工作模式进行了专题调查与研究，为今后制订相应的检验检疫管理办法提供了依据。

【规范行政执法工作】 上海检验检疫局在行政许可法实施一周年之际，对上海检验检疫局实施的行政许可工作开展了全面自查。对于检查发现的问题，上海检验检疫局及时组织整改。为进一步规范行政许可的办理工作，上海检验检疫局专门制订了行政许可办理规定，对许可各个环节以及可能涉及的文书进行了统一规范。上海检验检疫局的行政许可工作得到了国家质检总局执法检查组的肯定。在国务院批准新的商检法实施条例后，上海检验检疫局在全局范围组织宣传贯彻，就条例修改的背景、意义和重要内容进行辅导、讲解，还通过多种方式加强对外宣传贯彻，为新条例的正式实施做好相关准备工作。上海检验检疫局为了进一步规范与加强行政处罚工作，开发了行政处罚管理系统，并对行政处罚中自由裁量的合理界定加强了基础工作。

【完善网上查询与业务办理功能】 9月8日,上海检验检疫局网站完成改版并启用。新网站的设计制作以强化公共服务功能为指导思想，突出“服务”这一主线，借鉴国际上政府网站应用较多的用户细分和个性化服务的理念，将登录网站的用户细分为进出口企业、报检员和报检企业、社会公众3大群体，并且分别设计对应的版块，使用户能够更快、更方便地得到切合实际需要的电子政务服务，增强了服务的针对性。同时，上海检验检疫局大力推进“业务上网”工程，为用户提供更多更便捷的网上业务办理和业务查询功能。新网站开辟了“网上办事”和“网上查询”板块。新网站注重与用户的互动，不仅能为用户及时解答业务问题，也主动听取行政相对人的意见，接受社会监督。

上海海事局

为加快上海国际航运中心建设步伐，逐步改善上海口岸的软、硬环境，提高口岸应急反应能力和工作效率，上海海事局在认真行使法律赋予的口岸管理工作的同时，不断强化海上应急机制和深化口岸“大海关”工作；通过加强对国际航行船舶进出口岸实施监控管理、口岸查验、船舶安全检查等手段，进一步提高口岸服务质量和管理水平，为维护国家主权和支持上海外贸经济建设作出了应有的贡献。据统计：2005年上海海事局共办理口岸申报手续31161艘次，同比增加11.37%。

【强化海上应急机制，提高上海口岸应急能力】 成功举行2005年东海联合搜救演习。7月7日，由交通部与上海市人民政府主办、上海海事局承办的“2005年东海联合搜救演习”在上海洋山深水港区水域举行。香港特区政府飞行服务队、韩国海洋警察厅和日本海上保安厅分别应邀派遣飞机或巡逻艇参加了本次演习。此次演习是我国参演单位最广、规模最大、演练项目最全、国际参演船、机最多的海上搜救演习，向世人充分展示了我国海上应急实力，塑造了良好的国际形象，有效提升了上海口岸应对紧急突发事件的能力。

修订应急预案，适应上海口岸新发展。为适应上海口岸新发展的需要，上海海事局对原有的应急预案进行了修订和完善，重新拟定了《上海港溢油（化）救应急预案》。针对洋山深水港区开港及上海化学工业区大型液货码头孚宝码头的投入使用，上海海事局未雨绸缪，及时制订了洋山深水港区与上海化学工业区的油污应急计划，确保了洋山深水港区的顺利开港与孚宝码头的使用安全。

加强海事装备建设，有效提高口岸应急反应能力。上海海事局将由四十余艘巡逻艇和二十多辆海事巡视车构成的海事现场监管力量分布于黄浦江、长江上海段和洋山深水港区，对上海口岸的水上交通安全实施全天候的立体监督管理与应急反应，并且还充分运用VTS、AIS、CCTV等高科技监控手段，陆海空三位一体的海事监管系统已在上海口岸形成，水上预控与应急反应能力得到了有效加强，能快速传递海上船舶航行信息，为国际航行船舶安全进出上海口岸提供良好的服务，有效降低了水上交通事故的发生率，保障了上海港的水上交通安全。

【完善船舶信息化管理功能，加强对重点船舶的跟踪管理】 自7月1日起国际航行船舶进出上海口岸试行电子申报制度，大大提高了口岸通关速度。随着危防动态管理系统、船载危险货物EDI申报系统、外贸集装箱定舱信息监控系统和长江口溢油扩散模型的相继研发和投入使用，对打击外国籍船舶在我国水域违法排污和瞒报集装箱危险货物的违法行为起到了关键的作用。一年来，上海海事局依托外贸集装箱定舱信息监控系统共查处瞒报危险货物集装箱案件11起，涉案集装箱21个，有效遏制了上海口岸集装箱运输中隐瞒危险货物性质违法行为的蔓延，为上海口岸赢得了国际声誉；依托AIS系统和GPS系统，查处外国籍散化船在我国领海违法排放洗舱水、污染海洋环境案件5起，其中还查获1起外轮在渤海湾排放洗舱水案件，对国内外船公司造成了很大的震撼力。

【强化口岸现场安全监管力度，稳定上海水域安全形势】 现场监管力度加强，成效显著。上海海事局对590艘次外国籍船舶实施港口国船舶安全检查，对其中存在严重安全问题的71艘次船舶予以滞留；全年共登轮检查载运危险货物集装箱船舶1554艘次，发现缺陷540项；实施集装箱开箱检查111次，检查集装箱395个，查获危险货物谎报瞒报案件31起；有效遏制了低标准船舶进入上海口岸，并对在上海口岸发生的违法行为予以有力查处，维护了国家主权和经济利益。

黄浦江禁航挂桨机船，净化水上交通秩序。10月1日起，上海海事局禁止挂桨机船在黄浦江航行，在上海市相关主管部门的大力支持下，共处罚滞留挂桨机船77艘次，取得了预期的管理效果，净化了上海口岸的水上交通秩序，有力保障了上海口岸的水上交通安全。

【提高口岸开放服务职能，展示海事口岸管理风采】 加强船舶申报管理，提高口岸通关效率。由于近年船舶代理公司发展很快，申报人员业务不熟，在船舶动态申报中经常出现差错，严重影响了口岸通关效率；针对这种情况，上海海事局积极组织口岸业务知识培训，帮助代理公司提高业务水平，全年共为船舶代理单位的50余名申报人员开展了申报业务培训，使申报差错明显著减少，有效提高了口岸通关效率。

认真履行职责，确保洋山深水港区口岸开放。为配合洋山深水港区的口岸开放，上海海事局认真研究洋山水域船舶交通管理新思路，积极制定《上海洋山深水港区及其附近水域通航安全管理规定》，现已经交通部海事局批准，公布施行；加强了对洋山地区船舶现场监管；加快洋山 VTS 系统的建设，已完成“六站一中心”的整体建设；完成洋山周边航路航标布设与洋山水域的全面扫测，组织力量清除航道沉船，加快海图出版；公布了洋山深水港区码头、航道、锚地，确保了洋山深水港区的顺利开港，切实做到口岸海事监管与服务机制的及时到位。

上海口岸大事记

1 月 14 日

上海口岸管理委员会办公室举行口岸迎春座谈会，市外经贸委潘龙清主任主持，市委常委、副市长周禹鹏作重要讲话，李良园副秘书长、口岸办徐逸波主任及口岸相关单位主要领导出席。

1 月 14 日

交通部翁孟勇副部长在上海主持召开了长江口深水航道治理三期工程有关重大技术经济问题的座谈会。上海市、江苏省人民政府有关部门、港航单位及部分专家参加了会议。

1 月 20 日

机场集团公司常务副总裁李德润会见了随荷兰经济外交访问团来华访问的荷兰阿姆斯特丹斯基浦机场集团总裁 Jacques Greitemann 先生一行。双方各自介绍了上海机场和斯基浦机场近年来的发展情况，探讨了双方今后合作发展的可能性。

1 月 24 日

上海、浙江两省市政府在杭州举行《洋山深水港区建设省市联合协调领导小组会议》，上海市副市长杨雄、浙江省副省长王永明主持会议。

1 月 28 日

徐逸波主任主持召开上海口岸管理委员会办公室主任办公会议，总结 2004 年上海口岸管理和“大通关”工作情况，部署 2005 年上海口岸管理和“大通关”主要工作。

2 月 1 日

上海海关召开工作会议，会议期间市委副书记、市长韩正亲切会见了部分代表，并与大家合影留念。海关总署党组副书记、副署长盛光祖、市委常委、副市长周禹鹏出席会议并讲话。

2 月 5 日

9 点 10 分，台湾中华航空公司航班号为 CI585 的台商春节包机飞抵上海浦东国际机场。这是继台湾航空公司首架飞抵上海的台商春节包机后，华航第二次光临上海。

2 月 7 日

市委副书记、市长韩正，副市长杨雄，市政府副秘书长沈骏等到洋山深水港港口、大桥、海港新城、芦潮辅助作业区建设工地慰问建设者。

3 月 7 日

市外经贸委召开工作会议，市委常委、副市长周禹鹏出席会议并讲话。

3月16日

美国西雅图港海港部董事一行考察上海海关，并就美方提出的“上海—西雅图港口安全倡议方案”与上海海关交换意见，参观海关查验现场、H986检查设备和外二期码头。

3月25日

市委、市政府印发《关于上海口岸管理机构调整有关问题的批复》（沪委发【2005】197号），同意：上海口岸管理委员会更名为上海口岸工作领导小组，为市委、市政府领导下统一协调涉及口岸及“大通关”等工作的议事协调机构。撤销上海口岸管理委员会办公室，建立上海口岸工作领导小组办公室，上海口岸工作领导小组办公室是上海口岸工作领导小组的办事机构，也是上海市人民政府的直属机构。撤销上海市空港管理委员会及其办公室。

4月1日

市委印发《关于上海口岸工作领导小组组成人员的通知》（沪委发\[2005\] 213号），市委、市政府决定上海口岸工作领导小组由下列同志组成：组长韩正，副组长周禹鹏，秘书长李良园。19个有关部门负责人为成员。

市委印发《关于建立中共上海口岸工作领导小组办公室党组及徐逸波同志职务任免的通知》（沪委发【2005】214号），决定：建立中共上海口岸工作领导小组办公室党组，徐逸波同志任中共上海口岸工作领导小组办公室党组书记。

4月4日

首届中国机场峰会在上海举行。国际机场协会总干事Robcert J.Aaronson、民航总局机场司司长张光辉、集团公司董事长吴念祖以及70多家国内外机场代表等出席了会议。

4月5日

开埠以来最大邮轮“蓝宝石公主号”带来2800名旅客开始申城之旅。

4月6日

上海首个陆运物流集中监管区在铁路杨浦港站正式建成使用。

4月7日

口岸办在铁路上海站召开由海关、检验检疫、边检、铁路、铁路公安等现场部门负责人参加的现场会，要求进一步做好铁路上海站临时口岸有关工作。

4月8日

市委常委、副市长周禹鹏视察浦东机场一期货运站、快件中心、二期货运机坪及在建的东货运仓库等设施。

4月14日

浦东机场第二条跑道正式投入运营。

4月15日

中美“集装箱安全倡议”（CSI）在上海正式实施，上海海关向上海口岸办、货主协会、货代协会、报关协会及港务（集团）等单位通报情况。

4月19日

市政府印发《上海市人民政府关于徐逸波等同志任职的通知》（沪府任【2005】64号），市政府决定：任命徐逸波同志为上海口岸工作领导小组办公室主任，熊建平、吴振国、汤庆福、马凌俊为上海口岸工作领导小组办公室副主任。

4月27日

中美海关“集装箱安全倡议”（简称CSI）合作启动实施仪式在上海举行。

5月1日

市委常委、副市长周禹鹏一行到达上海航运交易所，慰问坚守在工作岗位第一线的海关、检验检疫、海事、边检等部门的工作人员，对他们365天不间断服务表示肯定。

5月11日

正式启用“上海口岸工作领导小组办公室”公章。

5月12日

市委常委、副市长周禹鹏主持召开研究口岸办公室组建工作专题会。

5月18日

上海市港口管理局与德国马赛港务局在上海签订两港“关于继续发展友好港关系的备忘录”。

5月23日

首次在中国举行的第24届世界港口大会在沪召开。交通部部长张春贤、市长韩正出席并讲话。

5月25日

国际民航组织亚太地区航空运输市场开放研讨会在上海召开，41个国家和地区近200名代表出席了会议。

5月25日

上海国际航运中心洋山深水港（一期）工程东海大桥胜利实现全线贯通。中共中央政治局委员、市委书记陈良宇、市委副书记、市长韩正、交通部副部长翁孟勇、市委副书记罗世谦、市委常委、市委秘书长范德官、副市长杨雄等出席贯通仪式。

6月1日

市委副书记刘云耕、市委副秘书长陈旭到机场公安分局检查指导工作。

6月3日

国务院办公厅复函海关总署《国务院办公厅关于增设上海嘉定等出口加工区的复函》，新批准出口加工区共计18个。

上海口岸办徐逸波主任在浦东国际机场办公楼会议室主持召开上海空港口岸管理过渡交接工作专题会议。

6月6日

徐逸波主任主持召开上海口岸工作领导小组办公室第一次办公会议。

6月7日

洋山深水港航路航标配布工程正式拉开了序幕。

6月9日

原中共中央政治局常委宋平在中共中央政治局委员、市委书记陈良宇的陪同下视察了洋山深水港工程。

6月10日

经营管理洋山深水港区一期码头的盛东国际集装箱码头有限公司正式成立。

6月15日

市委副书记、市长韩正与市委常委、市委政法委书记吴志明、副市长杨雄等一起前往浦东国际机场，实地察看了解机场二期工程建设推进情况。

6月16日

经市委、市政府批准，上海口岸工作领导小组办公室成立并举行揭牌仪式。市委常委、副市长周禹鹏为口岸办公室揭牌并讲话。

上海海事局、长江口航道建设有限公司宣布，长江口深水航道10米通航水深试通航。

6月18日

经国务院批准，“交通部长江口航道管理局”正式成立。交通部副部长翁孟勇出席成立揭牌仪式。

6月21日

上海市人民政府举行新闻发布会，副市长、上海海上搜救中心主任杨雄宣布：“2005年东海联合搜救演习”定于7月7日在上海举行。

6月22日

国务院批复上海市、浙江省人民政府和海关总署，同意设立洋山保税港区。

6月28日

上海国际港务（集团）股份有限公司正式成立。市委副书记、市长韩正为新成立的股份制公司揭牌。副市长杨雄等出席揭牌仪式并讲话。

7月1日

市委常委、副市长周禹鹏到浦东国际机场考察空港口岸旅客通关情况，并在随后召开的上海空港口岸管理工作座谈会上作讲话。

7月4日

中共中央政治局常委、中纪委书记吴官正等在中共中央政治局委员、市委书记陈良宇，市委副书记、市长韩正等市领导的陪同下视察外高桥港区。

7月5日

市人大常委会主任龚学平来到虹桥机场航空服务分公司地面服务科，亲切慰问了在高温酷暑下工作的机场员工。

7月5日

“2005上海国际海事论坛”在上海召开。交通部副部长徐祖运、副市长杨雄出席并致辞，人大副主任刘伦贤出席。

7月7日

由交通部、上海市政府共同举办的2005年东海联合搜救演习在上海洋山深水港举行。交通部副部长徐祖运、副市长杨雄担任演习总指挥。

7月8日

由交通部，国防科工委、国家海洋局和上海市政府举办的郑和航海暨国际海洋博览会在上海开幕。中共中央政治局委员，市委书记陈良宇宣布开幕，交通部部长张春贤、市长韩正出席并致辞。副市长杨雄主持开幕式，中央有关部委的领导出席开幕式。

上海海关驻上海化学工业区办事处开关，口岸办主任徐逸波、上海化工区管委会主任阮延华等同志出席开关仪式并致辞。

7月18日

上海海关、上海国际港务集团召开同创共建暨2005年业务工作例会，就洋山保税港建设、口岸电子化建设等议题进行交流并达成共识。

7月19日

副市长周禹鹏、杨雄主持召开市政府专题会议，听取关于洋山保税港推进方案的汇报。

7月21日

国家质检总局党组书记李传卿一行赴上海出入境检验检疫局、外高桥局报检大厅、废品查验场地和冷冻产品查验场地调研。

8月2日

上海口岸办徐逸波主任、马凌俊副主任赴嘉定区政府就出口加工区筹建工作进行调研。

8月3日

上海口岸办徐逸波主任、马凌俊副主任与虹口区政府俞北华区长、池洪副区长就建设上海国际航运中心服务大厦及北外滩航运服务集聚区进行商谈。

8月9日

2005年度亚洲商用航空会议暨展览会（ABACE）在上海新国际博览中心和虹桥机场举行。副市长杨雄、美国国家商用航空协会总裁兼首席执行官爱德华·博伦为开幕剪彩。

8月16日

上海市港口管理局与荷兰鹿特丹港正式签署建立世界级大港关系的协议。

8月26日

市政府向地方电子口岸建设联合调研组汇报，市委常委、副市长、口岸工作领导小组副组长周禹鹏主持会议。

8月27日

由海关总署李克农副署长带队、国务院13个部门组成的地方电子口岸建设联合调研组在沪召开上海电子口岸建设情况座谈会。副市长杨雄主持，市有关部门分别作了汇报，徐逸波主任代表上海口岸办作了汇报。海关总署李克农副市长代表调研组作了讲话。

8月31日

中央政治局委员、市委书记陈良宇、市长韩正一行由上海海事局兰州路海事处码头出发，乘坐“盛融国际”轮视察黄浦江沿岸，研讨黄浦江两岸开发和世博会动迁事宜。

9月5日

市委副书记、市长、上海口岸工作领导小组组长韩正同志在口岸办、市政府督查室《关于浦东机场国际旅客出入境情况的调查报告》上作出重要批示："口岸办要始终关心浦东国际机场旅客出入境的情况，这是上海最为重要的对外窗口。所拟各条对策措施，要积极推进，予以落实。"

9月7日

虹口区和中国海运（集团）总公司、中远集装箱运输有限公司、上海国际港务（集团）有限公司、上海航运交易所的负责人分别代表各方在协议上签字，副市长杨雄同志参加了签约仪式并讲话。

9月13日

中共中央政治局常委、全国政协主席贾庆林同志在中共中央政治局委员、市委书记陈良宇同志，市委副书记、市长韩正同志陪同下，视察洋山深水港区。

9月23日

中共中央纪律检查委员会副书记张惠新到洋山深水港区参观。

9月29日

市人大主任龚学平、副主任文燕、厉无畏、陈豪等视察洋山港区施工现场。

9月30日

口岸办主任徐逸波赴上海站慰问上海铁路局、口岸查验单位和上海站现场工作人员。

10月1日

市长韩正、副市长杨雄到洋山深水港一期工程现场慰问洋山建设者。

口岸办徐逸波主任、马凌俊副主任等赴空港口岸现场察看旅客出入境情况并慰问查验单位工作人员。

10月3日

上海市港口管理局与法国勒阿弗港务局签署了两港结为友好港的合作意向备忘录。

10月6日

市委副书记刘云耕等一行视察洋山深水港区工程。

10月9日

市委常委、副市长周禹鹏同志调研漕河泾、松江出口加工区和外高桥保税物流园区工作。

10月17日

国务委员陈至立在市委副书记、市长韩正，市委副书记殷一璀、副市长杨雄陪同下视察洋山深水港。

10月20日

交通部救捞系统海上应急救援船队圆满完成"神六"海上保障任务回到上海。交通部副部长徐祖远、副市长杨雄出席了欢迎仪式。

10月21日

国家发展改革委副主任张晓强一行在副市长杨雄陪同下视察浦东机场。

上海港和哥德堡港缔结友好港关系10周年庆祝活动在上海举行。上海市港口管理局与哥德堡港委员会签署了关于进一步发展友好港关系的备忘录。

10 月 23 日

原全国政协副主席胡启立到洋山深水港区视察。

10 月 27 日

上海深水港国际物流有限公司举行成立揭牌仪式。

10 月 31 日

上海市港口管理局和美国洛杉矶港务局正式签署了《中华人民共和国上海港和美利坚合众国洛杉矶港关于建立友好港关系的协议》和《空气质量协作意向书》。协议的签署标志着洛杉矶港正式成为上海第 15 个友好港。

11 月 3 日

洋山深水港一期工程通过由上海口岸办牵头组织的预验收。

11 月 9 日

市人大常委会主任龚学平，副主任刘伦贤和有关专门委员会领导一行赴港口局调研。

11 月 15 日

原中共中央政治局常委、全国政协主席李瑞环一行在副市长杨雄陪同下视察东海大桥和洋山深水港区。

11 月 16 日

国务院下发《国务院关于同意上海港口岸洋山深水港区对外开放的批复》（国函［2005］91 号），同意洋山深水港区对外国籍船舶开放。

11 月 18 日

上海口岸办召开洋山深水港区通关模式情况通报会，徐逸波主任主持，口岸各查验管理部门向企业通报洋山保税港区通关模式，通关流程和政策信息。

11 月 22 日

原中共中央政治局常委、中纪委书记尉建行一行在中共中央政治局委员、市委书记陈良宇陪同下视察东海大桥和洋山深水港区。

11 月 23 日

2005 年上海港口设施保安学习暨洋山一期和东海大桥船港、港桥联动保安演习在洋山深水港举行。

上海海关与荷兰鹿丹海关关际合作项目启动仪式在沪举行，荷兰海关总署副署长威利·罗弗斯和上海海关关长孙毅彪等出席了启动仪式。

11 月 25 日

上海口岸办会同上海出入境检验检疫局部署空港口岸防控人禽流感卫生检疫工作。

上海洋山深水港顺利通过海关总署、公安部、交通部、质检总局、解放军总参谋部组成的联合验收小组对外开放验收，洋山深水港对外开放验收签字仪式举行。

市政府沈骏副秘书长、上海口岸办徐逸波主任陪同上海港口岸洋山深水港区对外开放联合验收小组赴洋山深水港区验收。

11月29日

洋山保税港区首期开发的7.2平方公里保税港区顺利通过了国家有关部门的联合验收。

12月1日

交通部下发《关于上海港口岸洋山深水港区正式对外开放的函》，宣布洋山深水港区于2005年12月8日起正式开放。

12月2日

市人大常委会副主任胡炜率领市人大代表进行年终集中视察，并邀请在沪全国人大代表参加。视察了东海大桥和洋山深水港建设情况。

12月3日

原中共中央总书记、国家主席江泽民一行在中共中央政治局委员、市委书记陈良宇，市委副书记市长韩正等陪同下，视察东海大桥和洋山深水港区。

12月5日

上海口岸办与上海机场集团空港地区管理办公室就空港口岸管理过渡时期的工作进行总结、交流和研讨。

12月10日

海关总署署长牟新生出席《长三角地区海关区域通关改革试点联系配合办法》签字仪式，上海、南京、杭州、宁波四关签订《长三角地区海关区域通关改革试点联系配合办法》。

洋山深水港区开港暨洋山保税港区启用仪式在深水港二期码头隆重举行。中共中央政治局常委、国务院副总理黄菊出席开港仪式并宣布洋山港正式开港。中共中央政治局委员、市委书记陈良宇、浙江省省委书记、省人大常委主任习近平为洋山保税港区揭牌。浙江省省长吕祖善、国家发改委副主任张国宝、交通部副部长徐祖远、海关总署署长牟新生在仪式上分别致词。市委副书记、市长韩正主持仪式。

全国第一个保税港区海关—洋山海关举行了开关仪式、海关总署署长牟新生、副市长杨雄出席仪式、讲话，并共同为洋山海关揭牌。

12月12日

市委常委、副市长、上海口岸工作领导小组副组长周禹鹏，市政府副秘书长、上海口岸工作领导小组秘书长李良园到上海口岸工作领导小组办公室视察调研。

12月15日

市委常委、市政法委书记、市公安局局长吴志明，市委常委、副市长周禹鹏视察浦东国际优化空港乘机环境的情况。

12月16日

全国政协副主席董建华一行20余人，国务委员唐家璇一行30余人在市政协主席蒋以任、副市长杨雄陪同下，分别视察东海大桥和洋山深水港区。

12月19日

洋山深水港二期工程合资项目举行签约仪式，和记黄埔、马士基、上港集团、中远、中海五大港航业巨头强强联合，组成合资公司投建洋山深水港二期工程。市委副书记、市长韩正，副市长杨雄出席签约仪式。签约前，韩正会见了香港和记黄埔集团主席李嘉诚一行。

12月21日

市政协副主席宋仪侨率部分政协委员考察东海大桥和洋山港区。

12月22日

全国人大副委员长路甬祥、原全国政协副主席任健新先后在市有关领导陪同下视察洋山深水港。

浦东国际机场扩建工程全面开工。中共中央政治局委员、市委书记陈良宇，国家民航总局局长杨元元，市委副书记、市长韩正出席开工仪式，并亲切慰问了机场建设功臣及建设者代表。

上海航空枢纽建设联合领导小组第三次工作会议审议通过了《推进上海航空枢纽建设行动钢要》，联合领导小组长国家民航总局局长杨元元，联合领导小组组长、市委副书记、市长韩正出席会议并讲话。

12月24日

市外经贸委 (外资委) 召开全体干部务虚会，副市长周禹鹏出席会议并讲话。

12月25日

中共中央政治局委员、市委书记陈良宇同志在《上海口岸工作简报》第11期上作出重要批示："口岸工作极为重要，履行职能、工作效率、服务质量，各个方面都要突破，精益求精，好上加好"。

12月26日

上海航道局举行百年庆典活动。从1905年12月26日浚浦工程总局创立至今，历经百年发展，上海航道局综合疏浚能力已跃入世界五强行列。

12月29日

《上海港口条例》获上海市第十二届人民代表大会常务委员会第二十五次会议通过并公布。自2006年3月1日起施行。

12月31日

据上海市港口管理局统计上海港2005年的货物吞吐量达4.43亿吨，首次超过新加坡，成为世界第一大港。

江苏口岸工作综述

【对外运输】 2005年，全省口岸共完成外贸运量12664.5万吨，首次突破亿吨大关，国际集装箱运量310.3万标箱，分别比上年增长28.9%和43.6%。全年各主要港口口岸完成外贸运量：连云港港3893.4万吨，张家港港2436.1万吨，南通港1829.7万吨,南京港1101.1万吨，镇江港1012.3万吨，江阴港649.3万吨，太仓港466万吨，常熟港396.4万吨，扬州港219万吨，常州港250万吨，泰州港322万吨；国际集装箱运量：连云港港100.5万标箱,南京港60.5万标箱，张家港港37.7万标箱,南通港30.4万标箱，镇江港17.8万标箱，太仓港25.3万标箱，常熟港9.8万标箱,江阴港4.9万标箱，扬州港3.3万标箱，泰州港4.2万标箱、常州港3.3万标箱。空运南京航空口岸全年共运送出入境旅客54.9万人次。比上年增长41.5%。

【检查检验】 海关2005年，南京海关全关区共监管出入境货物12062万吨，比上年增长25.4%，货值1399亿美元,同比增长28.8%；征收并入库税款521.7亿元，比上年增长10%，位居全国海关第二位。查获违规案件534起，案值16.8亿元，涉税1.5亿元，审结454起，案值11.7亿元，涉税1.03亿元，罚没入库1.67亿元；立案侦查案件41起，案值3.3亿元，涉税6924万元，抓获走私犯罪嫌疑人132名。

检验检疫 2005年，全省系统共检验检疫出入境货物125.7万批次,763.1亿美元，批次同比增长24.1%，金额增长23.3%；全年共发现不合格出入境货物4978批次，33.8亿美元，截获我国禁止进境的一类危险性有害生物6种101批次，二类18种1290批次，三类18种1264批次。进口棉花因品质和短重问题，对外索赔839.6万美元，占全省进口总额的2.3%，为企业挽回了重大损失。完成了70家新申报一类管理企业的现场考核，使全省一类企业达188家，帮助3家企业新通过出口免验审核，151家企业加入了“绿色通道”。

边防数额为2004年，全省共检查出入境人员员工87.8万人次，比上年增长27.7%；检查出入境交通工具22718艘（架）次，增长10.2%；检查进出境船舶171891艘次，同比增7.0%,其中，检查进出港外轮7879艘次，增长21%；检查出入境飞机5529架次，增长21.8%。查获非法出入境案件23起27人，审查处理境外遣返人员3批3人，查处其它违规违章案件223起236人次。

海事 江苏海事局辖区全年监管船舶货运量4.8亿吨，其中危险货物8356万吨，同比增长15.7%和5.0%；监管进出港船舶79.9万艘次，同比增长13.6%。审批超大型船舶进江3180艘次，对外国籍船舶实施安全检查（PSC）632艘次。办理船舶签证76.8万艘次，办理国际航行船舶进出港检查手续2.9万艘次，同比增长13.2%和7.4%。

【口岸管理】 2005年，在全省各口岸的共同努力下，全省口岸“十一五”发展规划已编制完成，并已经省政府批准，上报国家相关部门，全省口岸“十一五”规划的编制完成，标志着全省各口岸在今后5年内将走上规划科学、布局合理、结构协调、重点突出的科学发展之路，为全省口岸的进一步腾飞奠定了坚实的基础。

【口岸开放】 一是顺利开通无锡至香港的临时客运包机，使苏南地区新增了一条快速出入国境的空中通道；二是做好盐城至韩国汉城临时包机延长期限相关工作，使盐城机场韩国包机航线继续续航；三是加快了列入国家“十五”口岸开放的大丰港一类口岸报批进度。2005年大丰港一类口岸开放申报工作正式启动，经征求南京军区同意，省政府已正式向国务院提出了一类开放的请示报告；四是积极推进临时开放，全年申报并获批准临时开放的有江阴中燃油品储运有限公司码头、南通洋口港减载锚地、如皋港区阳鸿等三码头、南京龙潭港码头等；五是认真贯彻落实《关于已开放港口口岸新建码头启用和管理工作意见》，不断提高新建码头对外开放的时效性，全年共有10座新建码头通过省级开放验收，合计新增码头吨位近40万吨。

江苏口岸查验单位工作综述

南京海关

2005年，南京海关在海关总署党组的正确领导下，在江苏省委、省政府的关心支持下，坚持以邓小平理论和“三个代表”重要思想为指导，认真贯彻国务院、海关总署的各项部署和要求，全面落实科学发展观，求真务实、扎实工作、积极进取、开拓创新，圆满完成了年度各项任务。关区海关队伍稳定，各项改革建设事业全面发展。牟新生署长来南京海关检查工作期间给予了高度评价，认为南京海关在全国海关系统已经处于一流海关的地位。

【现代海关制度第二步发展战略全面实施，推进有力】 2005年是南京海关建设一流现代化海关的关键一年。年内，制定了《南京海关现代海关制度第二步发展战略实施规划》，形成了结合重点工作推动规划实施的有效模式，关区现代化建设整体水平明显提高。

科学研究，制定发展规划。成立现代海关制度建设总课题组，根据海关总署《2004—2010现代海关制度第二步发展战略规划》以及各项分课题研究成果，立足省情、关情，制定实施了《南京海关现代海关制度第二步发展战略实施规划》。确立了实现“一个转变”（由系统大关向系统强关转变），服务“两个率先”，构建“三大体系”（业务运行体系、综合保障体系、现代管理体系），建设现代化、智能型的和谐海关的发展目标，为关区海关现代建设提供了行动纲领。

创新方法，推动规划实施。狠抓重点课题、重点项目的研究和建设，切实解决南京海关现代化建设中的重大问题。年初，将南京海关现代海关制度第二步发展战略实施规划、区域通关一体化、业务科技一体化、创建智能型海关、创建学习型海关、加强基层建设、加强机关建设等涉及关区改革和建设的重点、热点、难点问题确定为关级重点研究课题，组织专家骨干，集中智慧，深入研讨，形成了一批工作决策预案。在关党组理论中心组学习扩大会上，两次展示课题研究成果，统一思想、凝聚共识，有效推动了南京海关现代化海关制度建设的全面开展。关区各海关在组织落实过程中，各显其能，在基层建设、文化建设、加工贸易监管改革、监管资源整合等多个方面创新方法，形成特色，有些在海关系统内形成一定的影响。

【综合治税，入库税款再创历史新高】 认真贯彻落实全国海关综合治税工作会议精神，全力构建齐抓共管的综合治税大格局。成立南京海关综合治税领导小组，建立税收征管联系协作机制，分解综合治税重要任务，理顺关系、明确责权。引入税收全要素监控和考评机制，动态掌控关区税收情况。积极开展联合治税专项行动，组织减免税、归类业务专项执法检查，开展税收入库、零关税商品专项督察和监察，结合贸易调查和市场调查，切实提高稽查工作有效性。年内，关区海关共征收入库税款 521.7 亿元，同比增长 10%，列全国海关第 2 位，按进度完成税收计划，对国家财政的贡献不断增强。税收价格水平全年始终处于绿区范围，归类差异率较上年明显降低，审价水平稳定，估价补税和归类补税额均位居全国海关前列。

【强化机制，打击走私凸显整体效能】 顺利完成调查局职能调整，加强关区缉私力量，继续保持打私高压态势，建立全方位、多层次的反走私绩效评估和责任制度体系，关区反走私协作机制初步形成。围绕税收轴心，加大对行业性走私违法活动的打击力度，其中“打击摊铺机走私”和“打击胶印机走私”专项行动得到了总署的高度重视和肯定。继续完善反走私综合治理机制，打击偷逃税反走私联合行动取得成果。2005 年，关区共立案侦查走私犯罪案件 41 起，案值 3.27 亿元，涉税 6924 万元，抓获犯罪嫌疑人 132 名，逮捕 22 人，向检察机关移送 36 起案件 69 名犯罪嫌疑人。立案调查行政违法案件 534 起，案值 16.8 亿元，涉税 1.5 亿元，审结 454 起，案值 11.7 亿元，涉税 1.03 亿元，罚没入库 1.67 亿元。

【锐意改革，实际监管得到新的加强】 一是通关监管工作基础更加稳固。严格新建监管场所标准、清理规范原有监管场地、合理配备监管设备。开展查验工作执法检查，2005 年关区查验率较 2004 年上升了 1 个百分点，查获率始终保持在 8%以上。协调加强货运转关工作，确保应转尽转和转关运输的严密高效。完善通关业务操作规范和应急通关制度，建立了布控反馈机制。二是多项改革齐头并进。区域通关、卡口联网与控制系统、内外贸集装箱同船运输改革试点以及航空口岸旅客申报单制度改革顺利实施。“海关选择查验计算机应用系统”开发前期工作得到海关总署认可。三是继续推行网上支付、便捷通关、无纸通关等通关措施。2005 年，关区新增网上支付企业 645 家，网上付税额共计 51.7 亿元，便捷通关企业总数达到 49 家，无纸通关试点现场总数达到 9 家。此外，建立武警部队参与海关监管和缉私任务长效机制的各项准备进展顺利。江苏电子口岸建设工作推动有力。查缉反动宣传品专项行动取得成果，非贸监管更加规范。支持省政府把靖江长江岸线纳入江阴港开放范围管理，口岸管理职能更好发挥。全年，监管进出境货物 12062 万吨，监管进出口总值 1399 亿美元，同比分别增长 25.4%和 28.8%；监管进出境人员 107 万人次，增长 30%；监管邮、快递物品 302 万件。

【创新管理，有力促进加工贸易升级转型】 一是大力建设发展保税物流体系。出口加工区发展继续位居全国前列，推动省政府建立了江苏出口加工区联席会议制度，协助地方政府完成了 7 地出口加工区申报工作（其中常州等 4 地获得国务院批准），扩大出口加工区辅助监管系统和加工贸易电子账册“以查代核”试点范围，积极参与为出口加工区增加保税物流功能的试点工作。年内，全省 8 个出口加工区实现进出口总值 249.11 亿美元，同比增长 77.09%。张家港保税物流园区“区港联动”项目封关运作，2005 年进出区总值达 7.14 亿美元。苏州工业园区海关保税物流中心（B 型）改革试点运行情况良好，目前省内又有16家保税物流中心正在积极的建设和申报中，为总署创造了宝贵的试点经验。58家保税仓库开通了H2000电子账册管理系统，保税物流系统信息化水平进一步提高。二是改革提高联网监管水平。完成了“E”账册由H883向H2000的切换，启用推广了海关总署第二代标准版“E”账册，吴江联网监管区信息平台通过总署组织的阶段性验收，联网监管区核查核销系统试点顺利开展。截至2005年底，关区共有联网企业317家，覆盖面达到关区加工贸易总量约50%。三是规范加强基础工作。积极开展加工贸易内销归类、审价职能调整试点，受到署领导批示肯定。改进加工贸易监管质量测评和考核，手册核销结案率明显提高，遗留合同明显减少。深入推进单耗制定工作，单耗标准覆盖率提高。年内，关区共审批备案合同5.67万份，备案金额895.79亿美元，同比分别增长4.67%、12.66%。

【辅助决策，统计工作保持领先地位】 进一步加强关区统计工作的组织领导，在组织、机构、技术、制度上全面增强统计力量。加强数据审核力度，正确处理H2000切换对统计工作造成的影响，保证数据质量。针对WTO“后过渡期”和江苏经济特点对外贸动态开展时实监测，较好地发挥了咨询服务和决策辅助作用。2005年共编发《统计分析简报》324篇，其中被《海关要情》采用71篇次，被中办、国办采用26篇次，获中央领导批示3篇次，获署领导批示1篇次，获省领导批示5篇次。统计工作多项考评指标继续保持全国海关领先地位。

【巩固基础，依法行政跃上新的台阶】 贯彻国务院《全面推进依法行政实施纲要》，研究制定《南京海关全面推进依法行政实施方案》。面向基层创出法制教育特色，举办法制讲座和培训班、关领导带头进行法制宣讲、编发新法规导读，提高了关员尤其是业务一线关员的法制意识。立足基础，建立关区贸管联络员制度、制发《南京海关参数维护工作规范》，修订《南京海关知识产权操作规程》和《南京海关实施行政许可事项公示指南》，编发法律指引，规范关区业务执法基础。建立行政诉讼、赔偿风险预防机制，组建关区应诉队伍，培养队伍应诉经验。关区各海关依法行政能力跃上新的台阶。

【构建体系，风险管理发挥监控实效】 制订《南京海关风险管理组织机构及人员设置方案》，成立风险管理中心，建立起多层次的关区风险管理组织机构。完成了2.0版风险管理平台的集中测试和推广，编写了“风险预警提示系统”和“业务绩效评估系统”两个辅助应用系统的业务需求方案，拓展平台功能。发挥风险管理的监控实效，提炼风险信息，深挖走私线索，年内，发现涉案风险线索145条，涉案总值10.39亿元，补税入库5792万元，被总署采用风险信息686条，排名位居全国海关前列。风险管理与业务工作逐步融合，运用风险手段强化企业管理，推行“守法便利”战略，启用了与“诚信江苏”对接的企业信用管理系统。2005年，南京海关被总署确定为8个风险管理全方位改革试点海关之一，关区风险管理改革稳步推进。

【整合资源，信息建设水平整体提高】 全面启动业务科技一体化改革，成立科技应用领导小组，组建江苏易斯特电子口岸信息科技有限公司，制定《南京海关科技应用项目管理规定》，按照“管理、运行、开发”三分离的原则，建成了新型的关区海关信息化管理体制。全年，科技应用领导小组审批关区科技应用立项项目33个，其中18个完成了开发，9个已投入使用，关区科技资源得到整合，科技项目建设整体水平得到提高。加大基础设备投入，对关区网络进行升级改造，增强业务管理的科技保障力。加强系统运行监控，提高对系统安全的保障力。全面推广HB2004政务办公系统，探索建设关区统一的智能化管理平台取得进步。

【有效构筑惩防体系，党风廉政基础更加稳固】 制定了《南京海关关于建立健全惩治和预防腐败体系的实施意见》及其配套的实施细则，明确了关区构建惩治和预防腐败体系总体思路、目标任务和步骤措施，构建惩防腐败体系工作取得良好开局。深化廉政教育，层层签订《党风廉政建设责任书》强化层级间廉政责任关系，规范对人事、财务等事项的监督和对信访案件的办理，内部监督机制更加健全。初步建成覆盖关区的督察审计监督网络，认真开展关长任中审计，督察审计对管理和执法偏差的预警提醒作用得到更好发挥。深入开展"四五"普法和关务公开活动，受到中纪委领导和总署党组纪检组胡玉敏组长的充分肯定。针对"万人评行风"反馈问题认真进行综合整治，加大行风纠建力度。2005 年，南京关区未发生一起严重违法违纪情事。

江苏省公安边防总队

2005 年，在部局、省厅党委的领导下，总队以邓小平理论、"三个代表"重要思想和"二十公"精神为指导，牢固树立科学的发展观，深入贯彻公安边防部队深化边检"双争"活动暨勤务规范化研讨会（以下简称"满洲里会议"）精神，积极组织开展边检"双争"、"三访四见"和"业务练兵"活动，圆满完成了各项边防检查任务，为建设"平安口岸"、服务"两个率先"，做出了积极的贡献。年内，共检查出入境旅客、员工 878497 人次，同比增长 27.69%；检查出入境交通运输工具 22718 艘（架）次，同比增长 10.24%，其中，船舶 17189 艘次，同比增长 6.98%，飞机 5529 架次，同比增长 21.81%；检查进出港外轮 7879 艘次，同比增长 20.99%；查获在控对象 XX 人次，查获非法出入境案件 23 起 27 人，审查处理境外遣返人员 3 批 3 人，查处其它违规违章案件 223 起 236 人次。

【扎实开展"平安口岸"创建活动，有效维护了口岸正常的出入境秩序】 为贯彻落实部局、总队年初党委扩大会议精神和 2005 年边防检查工作意见，充分发挥边防检查机关在"平安江苏"创建中的职能作用，总队坚持以科学的发展观为指导，扎实开展边检站"平安口岸"创建工作，进一步改进和加强边检勤务组织，充分履行守卫国门职责，用实绩赢得了地方党委、政府和人民群众的肯定和支持。

加强查控基础工作，维护开放口岸安全稳定。全省各边检站狠抓接控、布控和查控等各项工作制度的落实，严密对各类不准入境人员和边控对象的管理和控制，圆满完成了全年接、布、查控任务，严密防范了敌对分子、"法轮功"分子、暴力恐怖分子、"民运"分子和重大经济、刑事犯罪分子由口岸潜入潜出。全年共布控不准入境人员 1363 名、边控对象 9604 人次，核查出入境记录 298 人次。根据形势发展需要，总队及时拟制了口岸突发事件处置预案，编制处置突发事件流程图，指导部分边检站"处突"模拟演练，提高了各边检站出入境控制能力，维护了重点、敏感时期全省开放口岸的安全与稳定。

注重科技强警，努力提高科技手段在边防检查工作中的运用。一是加快视频监控系统建设。按照公安部关于边防检查现场设施建设标准，总队将码头现场闭路电视监控系统作为码头对外开放的硬件要求加以规范，年内，全省已有150多个开放码头泊位实现了视频监控，镇江、常熟、太仓边检站还建设了从码头执勤现场到监护中队、现场值班室、站机关的远程监控系统，有效地增强了边检站对口岸码头的全面管控能力。二是完善和改进边检查验设备。针对全省口岸出入境人员流量迅猛增长的情况，为提高边检站查验速度，增强口岸通关能力，总队为旅检任务量较大的边检站增配了OCR证件阅读机，申请购置了文检仪。南京边检站全面更新了前台执勤微机，各港口边检站新增执勤现场查验、办证设施设备得到进一步完善解决。三是加强边检信息化建设。在地方政府的大力支持下，全省边检站加大网络建设力度，部分边检站与监护中队、执勤现场（执勤点、联检办公楼等）已实现了公安信息网连接，切实提高了边检执勤执法网络化和信息化水平。

采取有力措施，深入开展反偷渡工作。根据部局年初有关反偷渡的工作要求，全省各边检站切实采取有力措施，进一步加强沿江、沿海地区和空港口岸的管理工作，严格落实反偷渡综合治理等各项措施，严厉查处伪造边检验讫章、持用伪假证件等出入境违法活动。在夯实反偷渡基础工作中，各港口边检站主要抓三项工作：一是以重点航线国际航行船舶为重点，加大出入境边防检查和监管力度，加强对船舶在港期间的巡查巡视，特别注重加大对中国籍船员海员证内边检验讫章印迹的识别力度，严把入境关、出境关、抵港关、离港关。二是强化情报调研，广辟信息来源，对口岸周围的车站、旅馆、网吧等流动场所进行阵地控制和情报网络建设，努力获取偷渡的预警性、内幕性信息，增强工作的针对性和主动性。三是贴近反偷渡工作实际，加强岗位实用技能培训，进一步提高执勤人员在反偷渡工作中的发现、处理和打击能力。为扎实开展反偷渡工作，全省各港口边检站能主动加强与海关、海事、远洋运输等部门的协调配合，强化对集装箱的监管力度，确保利用集装箱偷渡活动能够及时查获。同时，总队对还及时指导有旅检任务的边检站进一步加大对前往重点国家和地区的检查力度，将因私出境的福建、浙江省籍、东北朝鲜族人员作为重点，严厉打击持用伪假证件以及利用合法出境手续迂回偷渡到西欧、韩国的偷渡活动。

【深入贯彻执行《出入境边防检查勤务规范》，大力提升边检站执勤执法规范化水平】 部局制定下发《出入境边防检查勤务规范》通知后，总队高度重视，迅速组织相关业务人员进行认真学习研究，并及时通知各边检站按照部局的要求，按时从2005年5月1日起正式执行勤务规范。为贯彻落实总队的通知精神，各边检站周密组织开展以勤务规范为主要内容的培训活动，并确保了人员、时间、内容、效果的落实。在贯彻执行中，各边检站严格按照勤务规范的要求，规范设置勤务岗位，规范部署勤务，规范出入境人员、枪支弹药、行李物品、货物、交通运输工具检查和监护程序，规范对常遇问题的处理。通过贯彻执行勤务规范，边检站执勤执法能力和规范化建设水平得到进一步提升。此外，为进一步规范全省边检重大勤务事项管理，总队结合本省边检实际工作，制定了《江苏省公安边防总队边防检查重大勤务事项管理暂行规定》，要求各边检站严格按照工作程序和要求，坚持集体研究，严格请示报告，确保对新建外贸码头泊位边检勤务派遣等重大勤务事项的管理更加规范、有序。

【主动融入发展大局，为地方口岸建设提供了良好服务】 近年来，无锡、盐城、如皋、大丰等地方政府为了加快经济发展、提高区域竞争力，加快当地航空、水运口岸建设的愿望比较迫切。为此，总队认真按照国家有关规定进行工作研究并及时请示部局业务部门，确保有关工作措施既体现中央事权的要求，又倾注对地方经济建设和发展的支持，在此基础上，与地方政府领导进行工作互访，商谈解决口岸一类对外开放或临时对外开放涉及的问题。在这些会谈中，总队以有利于边检工作开展、维护边检机关切身利益为出发点，围绕边检人员编制、机要通信、执勤人员办公条件、边境检查检验设施和相关设备等具体问题，与地方政府部门进行协商并达成了共识。在总队积极指导下，无锡机场、如皋港已获准临时对外开放，盐城机场续飞国际航班再次获得批准，大丰港对外开放事宜也正处于手续申报和现场设施完善阶段。此外，年内总队还就已开放口岸内新建码头的边防检查与监管设施、相关配套条件，与南京、镇江、南通、连云港、江阴、张家港、常熟、太仓等地方政府、企业多次沟通联系，对口岸新建外贸码头泊位提出规范化建设意见和建议。

【组织开展边检业务“大练兵”活动，有效提高了业务人员整体素质】 按照“干什么、练什么，缺什么、补什么”的原则，年初，总队将2005年确定为“边检业务素质提高年”，专门研究并拟制下发了《关于进一步开展边检业务练兵的意见》，明确要求各边检站进一步加强业务培训和练兵工作，确保从事业务工作满一年的人员对本职基础业务知识掌握率达到90%以上，业务分管领导和执勤业务科负责人对日常业务联系单位基本情况熟悉率达到90%以上。为贯彻落实该意见，总队综合利用部局开发的“检查员考试系统”实用软件，不断充实、完善“边检人员岗位练兵题库”，积极为边检业务人员搭建业务学习、培训平台，适时组织初级检查员等级考试，努力造就一支业务精通的边防检查队伍。4月份以来，总队组织了5批23名边检站业务干部进行跟班培训；10月份，总队组织各边检站站长、参谋长（综合办主任）进行了以《出入境边防检查勤务规范》为主要内容的边检业务理论考试；12月份，总队在盐城机场边检执勤点开始举办全省旅检业务轮训班，来自全省支队级单位的19名业务教员和年轻干部参加了首期培训活动。各边检站采取与驻地院校结对教学、到兄弟单位业务交流、鼓励检查员积极参加地方外语、法律、计算机等专业的在职培训等多种形式，着力提高业务干部的综合素质和岗位技能。

【大力开展“三访四见”活动，进一步提升了边检“窗口”形象】 部局组织开展“三访四见”活动以来，总队党委高度重视，认真结合“满洲里会议”精神和全省边检勤务工作实际，多次召开会议进行研究部署落实。为确保“三访四见”活动扎实有效，总队及时制定关于全省边检站开展“三访四见”活动的意见并进行跟踪指导。各边检站根据部局、总队开展“三访四见”活动方案和总队考评细则，结合本口岸实际，精心安排，广泛宣传，制定了“三访四见”活动具体实施方案，进一步明确了各阶段工作重点，确保“三访四见”活动有计划、分步骤地扎实开展。

在开展“三访四见”活动中，为体现边检站便民、利民、为民、亲民的形象，总队积极指导各边检站结合边检“双争”活动，启动边检服务机制改革工作，大力推行“24小时”工作制、首接负责制、船舶预检制、限时办结制、边检手续简化制、“上门”服务制、警务公开制等七项便民利民制度，努力将开展“三访四见”活动作为落实执法为民的有效载体。太仓边检站主动向船员发放告知书，告知其出入境及在港须知事项。张家港边检站针对长期以来“货郎船”扰乱口岸秩序这一难点、热点问题，以“三访四见”活动为契机，对“货郎船”的管理方式由“打击”转变为“疏导”，派出两个工作组尽力帮助解决这部分外来高危、弱势群体的实际困难，引导其改行到陆上从事正当职业。《张家港日报》、张家港电视台等新闻媒体，对该站卓有成效地开展“三访四见”活动进行了报道。江阴边检站在抓好开展“三访四见”活动的基础上，坚持以人为本，大力推行“人性化”执法服务理念。镇江边检站通过走访驻地14家涉外公司，了解到这些公司员工边检法律、法规知识较为薄弱，立即安排业务骨干逐一上门免费提供法律培训服务。扬州边检站将站部服务窗口前移，并在扬州港新建了报检办证点。南京边检站在执勤现场张贴出入境边防检查服务指南，主动为老、弱、病、残、孕旅客填写出入境卡片、提取行李；主动代为南京市政府向旅客散发《Maps Magazine》旅游杂志，宣传全省旅游服务项目；主动为民航学院、航空公司、旅行社、劳务公司和涉外企业等单位学员和员工提供法律培训和军训服务。在开展“三访四见”活动中，各边检站坚持内强素质、外塑形象，突出重点，注重实效，进一步规范边防检查工作，大力加强边检队伍和业务建设，“窗口”设施和勤务制度进一步完善，业务档案资料建设、执勤业务训练得到进一步加强。在边检站经办的246起行政案件中，无一例提起行政复议、行政诉讼、国家赔偿。全省边检站“执法为民窗口”和“执法为民标兵”等先进典型不断涌现，其中总队张家港边检站和4名同志还获得了部局表彰。

江苏出入境检验检疫局

一年来，全省系统紧紧围绕服务经济、促进发展这一中心任务，坚持抓住提高执政能力这条主线，以保持共产党员先进性教育活动为契机，深入贯彻落实科学发展观，积极深化各项改革，大力加强队伍建设，全面提高把关成效，较好地履行了保国安民的职责，为促进江苏经济既快又好发展做出了新贡献。

【各项业务全面增长】 全省系统共检验检疫出入境货物125.7万批次，763.09亿美元，同比批次增长24.1%，货值增长23.3%。全省系统业务量全面呈现快速增长的喜人势头。

【把关成效持续提升】 坚持将提高执法把关成效作为全局工作的重中之重，启动了《把关成效统计与评价系统》项目，出台了《检验检疫把关成效评价标准（2005版）》，在全省系统上下形成了人人严格把关，千方百计提高把关成效的良好局面，促进了全省系统执法把关能力的整体提高。全年共发现不合格出入境货物4978批次，33.78亿美元，其中，截获我国禁止进境的一类危险性有害生物6种101批次、二类18种1290批次、三类18种1264批次。进口棉花因品质和短重问题，对外提赔839.6万美元，占全省进口总额的2.32%,为企业挽回了重大损失。

严密防控重大疫病疫情，较好地处置了禽流感等突发事件。将检疫监管工作从突击防控转为长效管理，成立了重大动物疫病应急处置领导小组，强化领导，统一指挥，协调行动，确保了高致病性禽流感未从江苏口岸传入传出。在全国口岸第一次从进口原木中截获了红火蚁，在全国系统产生了重大影响；成功应对无锡口蹄疫疫情，确保了进境奶牛安全，将疫情对全省进出口贸易的不利影响降到了最低；猪链球菌疫情发生后，又与中国检科院合作，快速完成了《猪链球菌多重PCR检测方法》等5个课题研究和5个国家标准的制定，将检测时间从原来的4天缩短到4小时。

【服务发展的贡献率持续提升】 将建立服务型检验检疫作为质量目标，积极打造服务型机关。认真贯彻《行政许可法》，全面修订工作规范，想方设法为地方经济发展提供更快捷、更高效的服务。以无锡局为试点，开展了《出入境检验检疫诚信体系》课题研究，在全国系统首家通过了诚信体系研究成果鉴定，加快建立企业诚信体系，形成检企良性互动。坚持扶优扶强，建立了服务重点企业、重点工程的长效机制，保障了田湾核电站、润扬长江大桥、南京地铁项目等重点工程的顺利进行。发挥检验检疫技术和信息优势，积极应对国际贸易技术壁垒。特别是针对欧盟即将实施的两项环保指令，开展检测方法研究，为全省出口欧盟机电产品打破国外技术壁垒提供了强有力的技术支撑。帮助南京禄口机场一次性通过了国际卫生机场的验收，为提升江苏国际形象做出了贡献；成功举办了“2005长三角（江苏）国际物流与大通关建设论坛”，在省内外产生了较大影响。

【电子口岸建设步伐加快】 企业分类管理持续推进。完成了70家新申报一类管理企业的现场考核，使全省一类企业达到188家。帮助3家企业新通过出口免验审核，151家企业加入了“绿色通道”。信息化建设上了新台阶。完成了小型机采购，启动了全省检验检疫业务系统数据大集中计划，先后投入资金近3000万元。目前，小型机、存储设备、磁带库等已进入安装调试阶段。

【综合实力不断增强】 加快实施人才强检战略。积极稳妥地开展了全省系统行政执法类公务员管理的试点工作。大张旗鼓地开展岗位业务技术竞赛活动，掀起了学习业务、锻炼技能的热潮。

科技兴检取得新突破。全年共申报科研项目186项，国家标准43项，行业标准132项,经总局评审，共有19个科研项目被总局立项，补助经费预算达259万，另有45个行业标准被认监委批准立项，17个国家标准被标准委立项，均创历史新高。

【行业形象日益提升】 以保持共产党员先进性教育活动为契机，继续深入开展创建活动，实现了“三个文明”建设的和谐发展，树立了良好的行业形象。

扎实开展了保持共产党员先进性教育活动。统筹兼顾合理安排，确保了先进性教育活动与完成工作任务“两促进两不误”。与服务对象广泛开展谈心活动，仅省局机关就召开面对群众、工贸企业等近200人参加的16个座谈会，走访工贸企业180多家，开展谈心2000多人次。通过全省系统干部职工的共同努力，省局、无锡局被表彰为“全国文明单位”，张家港局、常州局被表彰为“全国创建精神文明工作先进单位”，连云港局、扬州局、淮安局、太仓局被表彰为“江苏省文明单位标兵”，全省系统19个分支局再次全部蝉联“江苏省文明单位”。至此，省局已连续16年获得“江苏省文明单位”称号，全省系统已连续6年3次获得“江苏省文明行业”称号。此外，新产生了1个全国质检系统青年文明号、18个省级青年文明号以及9名省级青年岗位能手。

江苏海事局

2005年，江苏海事局在交通部和交通部海事局的领导下，在各级地方政府的支持下，紧紧依靠全局干部职工，各项工作继续健康发展，监管成效显著。在地方航运经济高速发展中，辖区安全形势保持稳定。辖区全年船舶货运量4.77亿吨，其中危险货物8356万吨。分别比2004年增长了15.69%和4.96%。进出港船舶79.89万艘次，比2004年上升了13.60%。审批超大型船舶进江3180艘次，对外国籍船舶实施安全检查（PSC）632艘次，中国籍船舶安全检查（FSC）7735艘次，其中开航前检查186艘次。办理船舶签证76.97万艘次，办理国际航行船舶进出港检查检验手续2.92万艘次，分别比2004年上升13.17%和7.44%。

江苏海事局及其所属的各级海事管理机构在口岸管理中，一直发挥着积极的作用。以水上安全和环境保护法律法规为基准，为江苏沿江沿海经济的发展，特别是与港口业有关的经济，起到了开放政策上帮助和引导、安全管理上扶持和促进作用。近年来，江苏海事局为了适应江苏沿江沿海经济大开发的需要，以加强水上运输的安全、方便船舶航行、提高水路营运效率为目的，制定和实施长江江苏段船舶定线制，率先开展海事监督管理执法模式的改革，为江苏口岸管理做了许多开创性的基础工作，使长江下游江苏段较好地发挥了黄金水道的作用。其主要表现在以下几个方面：

【实施船舶定线制，实现“水上高速公路”】 为配合支持江苏沿江经济腾飞的宏伟发展战略，给越来越多的大型船舶安全进江创造条件，在大力整治通航秩序和完善长江水域锚地建设的基础上，积极推进长江江苏段航路改革，并于2003年7月1日全面实施长江江苏段船舶定线制，真正实现了长江江苏段船舶航行与国际接轨，大大提高船舶航行效率和航行安全，并使大型船舶夜航成为可能，实现了安全、高效、快捷和全天候通航的目标，一条“水上高速公路”已经展现，极大促进了江苏沿江外向型的发展。

【改善航道条件，提高通航效率】 积极向上级领导及有关部门建议长江口航道整治延伸到南京，使南京以下航道维护水深达到10米，确保了5万吨船舶满载趁潮可到南京，10万吨船舶趁潮到南通；开通张家港福姜沙北水道，方便船舶航行，提高通航效率。

【积极推进长江江苏段进江海船的夜航】 为缩减船舶在长江的逗留时间，减少了船舶的营运成本，增加船舶营运效率，吸引了更多的船舶进入长江，提高了港口的利用效率。江苏海事局自成立以后，一直努力推进进江海轮夜航并为之做了大量的工作。随着船舶定线制的实施，大大提高了船舶航行效率和航行安全，为船舶航行提供了良好的通航环境，也使大型船舶夜航的条件更加成熟。2004年，对进江海船夜航作了进一步推动，并召开了新闻发布会宣布长江江苏段进江海船可以全面夜航，目前进江海轮的全面夜航已经实现。

【重新划定长江江苏段锚地和建立水上服务区】 为适应航运经济的发展，巩固船舶定线制的成果，重新对长江江苏段锚地进行了划定，满足了逐年增加的国际航行船舶进出口岸的需要，缓解了进口岸国际航行船舶和进江海轮锚泊难的问题，解决了长期以来制约江苏沿江经济发展的一个“瓶颈”。江苏局引导水上服务模式改革，规划并公布了26个水上服务区，既改变供受油船舶乱停乱泊现象、提高了船舶通航率，又给船方提供了功能齐全、标准规范的服务，得到了船民的普遍欢迎和上级领导的充分肯定。此外，还在长江江苏段设置了10块航行安全警示牌、信息牌，极大方便了船舶航行，对遏制重点水域事故多发，实施船舶定线制起到了积极作用。

【进一步简化进出口查验手续，完善全天候审批制度】 进一步简化国际航行船舶进出口查验手续，及时向各查验单位通报进出口岸船舶动态，协调查验工作，提高了办事效率，减少了船舶在港非生产性滞留时间，树立了江苏口岸及海事系统的形象。为使进出江苏口岸的国际航行船舶尽可能快地进出口岸，在海事管理和服务中，克服任务重、人员少等实际困难，进一步完善24小时值班和国际航行船舶全天候申报审批制度，提高了口岸管理的工作效率，深得各地口岸单位的好评。

【进一步做好超大型船舶进出江安全监管工作】 为进一步发挥长江江苏段口岸的码头、泊位的效率，顺应进出长江船舶不断大型化的发展趋势，让更多的大尺度船舶直接进出长江为地方经济建设服务，在尊重科学和实事求是的基础上，结合辖区水域、航道、港口码头的具体情况，进一步完善超大型船舶进出长江的管理办法，对超大型船舶进出长江实施逐条全程维护，并在确保安全监管的前提下，尽可能简化申报审批程序，努力使更多的超大型船舶进出江苏口岸，以充分发挥江苏口岸效率。

【加快 VTS 改造步伐和信息网络建设，推行电子口岸】 为更好地适应江苏口岸的发展，投入大量资金，一是加快长江南浏 VTS 改造步伐，完成了南通段 VTS 改造工程和张家港福南水道 CCTV 的建设，利用先进的科技设施加强对长江江苏段水上交通的监控，更加有效地为水上交通安全提供保障；二是加快信息网络建设，初步在全局实现国际航行船舶进出江苏口岸以及江苏口岸码头对外开放码头情况等方面的信息资源联网共享，并积极推行电子口岸，实行的国际航线船舶进出口岸网上申报，在加强对船舶港口国和船旗国监督检查的前提下，进一步提高了工作效率，做好服务工作。

【协调有关各方，积极做好码头、泊位的对外开放工作】 在江苏口岸对外开放工作中，江苏局解放思想、转变观念，处理好把关与服务的关系，主动并提前介入码头对外开放的前期工作，指导、督促码头单位建立起各项安全管理制度，主动协调有关各方，对于外国籍船舶临时停靠非开放水域或非开放码头采取“一船一议”审批方法，积极做好码头（泊位）对外开放工作。共审批 309 艘船舶临时停靠。

浙江口岸工作综述

2005年，浙江省口岸工作在浙江省委、省政府的高度重视和钟山副省长的直接领导下，坚持以邓小平理论和“三个代表”重要思想为指导，认真贯彻执行中央关于口岸管理工作的一系列方针政策，按照“干在实处、走在前列”的要求，以保持共产党员先进性教育活动为契机，突出重点，扎实工作，不断推进口岸管理事业，各项工作取得了明显成效。

【口岸客货运量大幅增长】 2005年，浙江省口岸共完成进出口贸易额843.22亿美元，同比增长28.95%；海关税收达544.65亿元,比上年增长21%。海港口岸完成进出口货物1.36亿吨，进出口集装箱467.62万标箱，同比分别增长4.34%、13.32%。其中宁波海运口岸完成进出口货物1.03亿吨，进出口集装箱453.88万标箱，同比分别增长4.02%、31.56%。航空口岸完成出入境人员131.87万人次，进出口货邮2.94万吨，同比增长31.32%、36.2%。其中杭州航空口岸完成出入境人员103.13万人次、进出口货邮2.13万吨，比上年分别增长34.4%、59%。

【口岸扩大开放取得新进展】 宁波港口岸台塑工业（宁波）有限公司一期码头、舟山港口岸沈家门港区浙江石油普陀储运有限公司油库码头、定海港区中化兴中石油转运（舟山）有限公司岙山基地2号、3号泊位、宁波港口岸北仑港区青峙化工码头、宁波港口岸镇海港区12号、13号、18号化工码头 (3个泊位)、宁波港口岸大榭港区招商国际集装箱4号泊位和台州港口岸海门港区4号码头等10个新建涉外码头 (11个泊位) 顺利通过对外启用前的验收，并获浙江省政府批准对外启用。宁波港口岸北仑四期集装箱码头、嘉兴港口岸秦山重件码头等外贸码头泊位经交通部批准临时开放；经海关总署批准，普陀山机场开通了国内飞机舟山至香港的临时包机。宁波航空口岸经国务院批准扩大对外国籍飞机开放。经过一年多时间的筹备和协调工作，曼谷航空公司开通了杭州—曼谷航线。杭州航空口岸再创佳绩。香港港联航空有限公司为第四家航空公司加入香港—杭州、杭州—香港定期航班营运。杭州—香港航线每天有16个往返班次，该航线的航班密度仅次于杭州至北京，杭州至广州。至此，2005年杭州航空口岸已引进了8家境外的航空公司，开通国际 (地区) 航线10条。台州港口岸国营海东造船厂等3家船厂和舟山15家外籍船舶航修点通过开展外轮航修业务的验收，并获浙江省政府批准对外启用。总之2005年是浙江省“十五”以来口岸开放力度最大的一年。

【口岸大通关建设进一步深化】 经过几年来的大通关建设实践，浙江省口岸大通关建设工作取得了明显成效，突出表现在：一是口岸信息化建设有了新的进展。浙江电子口岸建设方案已获批准，建设工作已逐步展开。杭州空港大通关信息服务系统一期、二期已于2005年6月份开始外部试运行。宁波电子口岸信息平台总体规划和“两网合一”（宁波海关公共信息网与港口EDI中心）已经完成，并建立了统一的门户网站，实现了单点登录。二是口岸作业流程改革有了新的突破。试行了对进出口集装箱货物“提前报检、报关，实货放行”的办法，进一步加快了物流通过速度。宁波海港口岸、杭州空港口岸试行对进出口货物“提前报检、报关，实货放行”的办法后，取得了明显的成效，在提高了口岸工作效率的同时，也对进出口企业提供了高效便捷的服务。三是口岸通关服务有了新的改善。推出了IT企业“便捷通关”，重点企业、特殊商品“快速通关”，杭甬、沪甬等两地口岸“直通式”，江、浙、沪、甬、皖“绿色通道”等措施。建立和完善了“一站式”通关服务中心。推行了国际集装箱货物“双休日”加班通关，实行了一年365天口岸全天候工作制。四是口岸通关速度有了新的提高。宁波港口岸一般进口货物通关时间为48小时、出口为8小时,其中进口废物通关时间由大通关建设前的11天缩短至目前的7天。

【浙江电子口岸建设稳步推进】 根据浙江省人民政府关于“大通关”建设的工作部署、钟山副省长的要求和楼小东副秘书长的安排，在浙江省打击走私与海防口岸办陈智伟副主任的组织领导下，于3月14日开始，组织杭州、宁波口岸办先后赴上海、江苏、福建、宁波和杭州海关、浙江检验检疫局、省外经贸厅、杭州萧山国际机场公司，以及浙江省内若干外贸进出口企业、省政府办公厅信息中心进行了考察、学习和调研。通过调研，形成了“大通关”两个平台建设的汇报材料，提出了公共息信平台建设的5种模式及平台建设保障机制和业务操作平台建设意见。6月24日，钟山副省长召开了浙江省大通关建设工作领导小组部分成员专题会议，陈智伟副主任作专题汇报。8月11日钟山副省长再次召集有关部门听取电子口岸建设工作情况的汇报。9月28日，楼小东副秘书长召集有关专家开会，征求对《浙江电子口岸建设方案》的意见。10月31日，浙江省吕祖善省长主持召开省长专题办公会议，听取楼小东副秘书长关于浙江电子口岸建设方案的情况汇报。会议明确浙江电子口岸建设由杭州海关牵头负责，浙江省口岸办负责督促检查。

【浙江省“十五”口岸开放规划执行情况检查顺利完成】 2005年是“十五”口岸规划的最后一年，根据2005年初的工作计划，浙江省口岸办对省“十五”口岸开放规划执行情况进行了检查，并形成了《关于浙江省“十五”口岸开放规划执行情况报告》，报送浙江省人民政府领导。浙江省钟山副省长批示“我省‘十五’口岸开放规划执行情况总体是好的，口岸办的同志们做了大量工作，应当表扬。今年是‘十五’规划最后一年，希望口岸办的同志们继续努力，完成‘十五’口岸开放规划的各项工作。”

【浙江省口岸“十一五”发展规划的深化和衔接工作顺利实现】 9月8日，由浙江省打击走私与海防口岸办陈智伟副主任带队，浙江温州、舟山、嘉兴等口岸办的领导赴海关总署汇报浙江省口岸“十一五”发展规划。事后，根据总署口岸规划办公室的要求，及时补充了有关材料，进行了相关工作的衔接，使浙江省口岸“十一五”发展规划的大部分项目都列入了国家规划。

【清理整顿后保留的原二类口岸处理工作顺利完成】 根据《海关总署关于落实对清理整顿后保留的原二类口岸进行处理的意见》(署岸发〔2005〕109号)的要求，浙江省口岸办及时对该文件进行了转发，并在有关市提出处理意见的基础上，及时向海关总署上报了浙江省的处理意见。

【认真办理省人大、省政协会议的有关建议提案】 在2005年浙江省十届人大三次会议期间，有关代表提交了《关于加快大麦屿开发开放的议案》(省口岸办主办，省交通厅会办)。对浙江省人大代表的建议，浙江省口岸办进行了认真的学习研究，通过调研协商，在规定时间内向代表们作出了答复。

【文明口岸共建工作继续深化】 开展精神文明口岸共建活动是凝聚口岸各单位力量，发扬团结协作精神，提高口岸工作效率的一种行之有效的工作载体。为此，浙江省口岸办和各市口岸办在抓好口岸开放和管理工作的同时，重视抓好了精神文明口岸共建活动。为促进杭州航空口岸大通关工作，树立口岸良好形象，2005 年浙江省口岸办会同杭州市口岸办，依照《杭州航空口岸优质服务共建协议书》，对各查验单位 2004 年度的目标责任进行了考核评比，并召开共建活动座谈会，表彰奖励了 2004 年度杭州航空口岸优质服务共建活动达标单位。

宁波口岸工作综述

2005 年，宁波口岸的各项工作在市委、市政府领导下，以开展保持党员先进性教育活动为动力，全力推进海空港口岸扩大开放，深化实施第五轮口岸大通关建设和电子口岸建设，进一步优化口岸服务，把全面支持、促进外向型经济发展作为口岸工作的出发点和落脚点，保证了口岸在稳定中快速发展。口岸为宁波市大港口建设、外向型经济发展、服务环境改善和城市地位提升的作用更加显著，宁波口岸的潜力和活力更加显现。

2005 年浙江海港口岸进出口运量统计表

单位：货运量（万吨）/ 集装箱（标箱）

项目 / 单位	类别	合计	比上年增长%	其中进口	比上年增长%	其中出口	比上年增长%
宁波口岸	货运量	10259	4.02	8731	1.70	1528	19.6
	集装箱	4538800	31.56	2199600	36.55	2339200	27.18
温州口岸	货运量	144.82	-14.31	108.66	-13.76	36.15	-15.93
	集装箱	73345	3.6	38979	9.39	34366	-2.26
舟山口岸	货运量	2741.27	7.33	2598.29	2.72	142.98	482.64
	集装箱	2487	14.45	2481	16.04	6	-82.86
台州口岸	货运量	182.27	3.52	175.38	2.35	6.89	45.97
	集装箱	47204	16.69	23803	18.36	23401	15.04
嘉兴口岸	货运量	245.47	16.5	242.11	17.3	3.36	-19.2
	集装箱	14441	86.79	12748	174.27	1693	-45.1
总计	货运量	13572.83	4.34	13401.33	2.67	1717.38	17.49
	集装箱	4676277	13.32	2277611	12.99	2398666	13.64

注：表中货运量数据来自海关。

2005 年浙江海港口岸进出口货物统计表

单位：万吨

类别 \ 单位		宁波口岸		温州口岸		舟山口岸		台州口岸		嘉兴口岸		总计	
		全年合计	同比增长%	全年合计	同比增长%	全年合计	同比增长%	全年合计	同比增长%	全年合计	同比增长%	全年合计	同比增长%
进出口货物运量合计		10259	4.02	144.82	–14.3	2741.27	7.3	182.27	245.47	10259	16.5	13572.83	4.34
进口货物	小　计	8731	1.70	108.66	–13.57	2598.29	2.7	175.38	242.11	8731	17.3	11855.44	2.67
	1. 原油	4030	7.27	4.1	10.77	902.48	–1.66	—	53.67	4030	23	4990.25	5.68
	2. 成品油	86	–36.12	—	—	169.80	–26.72	—	—	86	—	255.80	–30.17
	3. 煤炭	134	–23.96	—	—	2.52	—	—	18.56	134	87.8	155.08	–16.67
	4. 铁矿砂	2764	–10.23	—	—	1347.75	4.77	—	1.4	2764	0.9	4113.15	–5.81
	5. 废金属(废船)	135	30.61	—	—	1.51	–80.89	129.3	—	135	—	265.81	10.41
	6. 液体化工	477	21.32	—	—	—	—	2.13	34.35	477	46.6	513.48	22.88
	7. 钢(材)铁制品	6	–5.58	3.93	–41.36	11.32	214.47	—	11.91	6	–8.9	33.16	11.57
	8. 硫磺	7	64.91	—	—	15.80	—	—	—	7	—	22.80	436.47
	9. 小麦	4	–90.99	—	—	—	—	—	—	4	—	4	–90.99
	10. 大豆(油菜籽)	115	2.96	—	—	97.7	120.5	—	—	115	—	212.7	36.35
	11. 木材	28	7.64	1.05	–29.77	19.03	1166.95	0.62	35.21	28	50.4	83.91	55.50
	12. 水产品	2	19.97	—	—	21.99	134.93	—	—	2	—	23.99	117.50
	13. 船舶	3	–58.06	—	—	0.68	–96.5	—	—	3	—	3.68	–86.16
	14. 集装箱货	638	18.3	38.22	8.43	2.85	6.9	42.82	14.56	638	–27.3	736.45	16.42
	15. 其他	302	50.25	61.36	—	4.85	1.89	0.51	72.46	302	–10.4	441.18	52.73
出口货物	小　计	1528	19.6	36.15	–16.43	142.98	482.6	6.89	45.97	3.36	–19.2	1717.38	17.49
	1. 集装箱货	1305	20.9	22.93	–8.76	0.0047	–87.5	6.89	45.97	3.06	–26.9	1337.88	20.15
	2. 成品油	105	–2.78	—	—	4.92	691.91	—	—	—	—	109.92	1.20
	3. 原油	—	—	—	—	22.08	93.54	—	—	—	—	22.08	93.51
	4. 水泥	2	2515.77	—	—	89.80	4695.02	—	—	—	—	91.80	—
	5. 船舶	17	73.46	—	—	11.88	228.19	—	—	—	—	28.88	115.20
	6. 驾驶台	—	—	—	—	6.42	—	—	—	—	—	6.42	—
	7. 水产品	15	–6.62	—	—	4.12	–18.08	—	—	—	—	19.12	–9.34
	8. 植物产品	18	4.08	—	—	—	—	—	—	—	—	18	4.08
	9. 液体化工	5	–20.3	—	—	—	—	—	—	—	—	5	–20.3
	10. 其他	61	48.78	13.22	–91.3	3.76	408.55	—	—	0.3	—	78.29	–59.58

2005年浙江航空口岸出入境统计表

出 入 境 旅 客 单位:人次

项目＼类别	合计	同比增长%	内地	港澳	台湾	外国籍
出入境总数	1201891	30.67	363610	175512	248703	414066
出境	595462	30.26	199492	74548	117986	203436
入境	606429	31.08	164118	100964	130717	210630

出 入 境 货 物 单位:吨

出入境总数	29377	同比增长%	36.24	其中出境	21754	其中入境	7623

出 入 境 飞 机 单位:架次

出入境总数	13644	其中出境	6868	其中入境	6776

2005年杭州航空口岸出入境统计表

出 入 境 旅 客 单位:人次

项目＼类别	合计	同比增长%	内地	港澳	台湾	外国籍
出入境总数	1944838	34.46	279887	175512	170315	369363
出境	463944	33.95	148015	74548	81267	180620
入境	480894	34.96	131872	100964	89048	188743

出 入 境 货 物 单位:吨

出入境总数	21305	同比增长%	59.04	其中出境	17427	其中入境	3678

出 入 境 飞 机 单位:架次

出入境总数	10314	其中出境	5163	其中入境	5151

2005 年宁波航空口岸出入境统计表

出 入 境 旅 客　　单位:人次

项目＼类别		合 计	同比增长%	内 地	港 澳	台 湾	外国籍
出入境总数		221872	19.20	67655	46174	69184	38859
其中	出境	110981	18.75	39923	18806	32448	19804
	入境	110891	19.65	27732	27368	36736	19055

出 入 境 货 物　　单位:吨

出入境总数	6258	同比增长%	−0.8	其中出境	3351	其中入境	2907

出 入 境 飞 机　　单位:架次

出入境总数	2802	其中出境	1440	其中入境	1362

2005 年温州航空口岸出入境统计表

出 入 境 旅 客　　单位:人次

项目＼类别	合 计	同比增长%	内 地	港 澳	台 湾	外国籍
出入境总数	35181	13.69	16068	4065	9204	5844
出境	20537	18.70	11554	1700	4271	3012
入境	14644	7.34	4514	2365	4933	2832

出 入 境 货 物　　单位:吨

出入境总数	1814	同比增长%	−2.42	其中出境	1420	其中入境	394

出 入 境 飞 机　　单位:架次

出入境总数	528	其中出境	265	其中入境	263

【口岸总量继续保持快速增长】 宁波口岸总量继续保持快速稳步增长势头。2005年宁波口岸进出口贸易总额达到674.95亿美元，同比增长31.1%。其中出口361.45亿美元，进口313.5亿美元，同比分别增长35.98%和25.8%。贸易顺差47.95亿美元，同比增长15.7%。海关税收达到402.57亿元，同比增长31%，位居全国41个海关的第5位。

宁波港货物吞吐量达到2.68亿吨，同比增长19.02%；其中外贸货物吞吐量达到1.03亿吨，同比增长4.02%。集装箱吞吐量达到520.8万标箱，同比增长30.02%。目前，宁波港集装箱总航线已达到147条，其中干线63条；最高月航班达到672班。

检查监管国际航行船舶9865艘次，其中外国籍8475艘次。检查出入境船员、旅客14.8万人次，同比增加15.1%；其中外国籍人员12.4万人次，同比增加8.95%。

空港共保障航班2.66万架次，同比增长31.03%；其中口岸检查监管出入境航班2800架次，同比增长38.96%。空港旅客吞吐量237.1万人次，同比增加28.02%；其中检查出入境旅客22.18万人次，同比增加19.2%。空港货邮吞吐量4.3万吨，同比增长22.81%；其中国际货运吞吐量6258吨，同比负增长0.8%。

【第五轮口岸大通关建设进一步深化】 2005年是宁波口岸开展大通关建设的第五年，围绕口岸优化、效率提升的工作目标，在充分做好调研基础上，拟制了《2005年宁波口岸大通关实施方案》，并把全力推进宁波电子口岸建设作为大通关建设的一项重中之重来抓，把项目开发作为电子口岸建设的关键环节来落实。

为促进宁波口岸合作发展，提升口岸各查验单位把关服务能力，提高工作效率，优化服务环境，加强协作与相互支持，宁波市政府在口岸开展了优质服务共建活动。《宁波口岸共建合作书》经宁波口岸查验单位多次审议并几易其稿，基本确定了文本内容。

为进一步拓展港口货源、做好口岸服务工作，会同宁波港集团举行了三场“宁波港集装箱运输座谈会”，就浙江省腹地货源从宁波港进出运中有关口岸查验、港口费用、代理服务与200多家外贸生产经营企业、代理服务中介机构进行了交流，对改善和改进口岸工作发挥了积极作用。

【电子口岸建设全面推进】 宁波市委、市政府对电子口岸建设十分重视，巴音朝鲁书记、毛光烈市长都明确指示要全力做好这项工作。为加强组织领导，3月份，宁波市成立了以常务副市长为组长、分管口岸和信息化工作的两位副市长为副组长、驻甬口岸查验单位和地方有关部门负责人为成员的“宁波市电子口岸建设工作领导小组”，领导小组办公室设在市口岸打私办。领导小组及其办公室采取定期、不定期的形式，及时研究确定重大事项，协调解决实际困难，有力地推进了电子口岸建设。为全面推进电子口岸建设，在广泛征求各方意见的基础上，市政府于8月份出台了《关于加快推进宁波电子口岸建设的实施意见》，从思想认识、目标思路、主要任务、保障措施、工作合力等方面提出了明确的要求。

按照总体规划、分步实施的思路，2005年宁波市电子口岸建设的目标是：初步实现政务公开、信息查询和网上办事等功能，实现两个100%，即100%口岸相关部门可以在同一平台上政务公开并协同作业，试点企业可以使用大通关100%核心流程的服务，初步将海运进出口电子流程打通。这个目标已经实现。

1. 开展核心业务功能应用系统开发，重点推出12个项目。包括：网上退税预申报系统、网上核销系统、船勤网上申报系统、危险品网上申报系统、堆场联网、车队预约系统、仓库联网系统、货主单证标准化、报关报检一单两报、货物状态查询系统、网上订舱系统、电子提货单等。这些项目9月份已投入试运行。

2. 围绕总体规划，搭建统一和稳定的基础平台。完成了政府、企业“两网”部分功能的整合，建立了门户网站，不仅实现了原有两网的所有功能，还逐步实现了与相关单位的资源整合，拓展了功能。建立起了宁波电子口岸稳定而具有良好扩展性的技术基础平台，保证技术的统一性，使得各类应用可以分阶段开发上线，实现业务的自动流转和信息的通畅传递。

3. 齐头并进，做好相关基础工作。一是选择试点企业，签订合作备忘录。为了保证应用项目顺利上线，采用选择代表性企业进行试点的办法，以更好地了解口岸平台在实际运用中遇到的各种问题。目前已与30多家试点企业签订了合作备忘录。二是规范门户网站的开发维护工作。在规范网站运行维护流程，确保平台正常运作的基础上，更加重视网站及栏目的设计，使界面极具人性化和亲和力。三是开展用户注册及客户服务。以市场需求为导向，积极开展用户注册和客户服务工作，及时有效地解决客户在门户网站应用中遇到的问题，目前已有60%的宁波地区口岸相关企业成为宁波电子口岸的注册用户。同时，开展了电子口岸宣传推广、软硬件设备采购和机房建设工作，建立了与中国电子口岸的密切合作关系。

宁波电子口岸建设取得的阶段性成效，得到了海关总署等国务院有关部委的充分肯定。11月22日，全国地方电子口岸建设现场会在宁波成功举行，宁波市委副书记、市长毛光烈代表宁波市人民政府在会上作了典型经验介绍。吴仪副总理对宁波电子口岸建设“起步晚、投资少、见效快”的建设模式表示赞赏。

【航空口岸完成对外国籍飞机开放】 宁波航空口岸扩大对外国籍飞机开放，得到国务院正式批复，7月7日通过浙江省预验收，于9月2日顺利地通过了国家验收。根据国家验收组的意见，2005年11月18日，国家民航总局以民航机函〔2005〕823号文正式批复，宁波栎社机场更名为“宁波栎社国际机场”，标志宁波航空口岸对外国籍飞机正式开放。航空口岸查验单位基础设施得到进一步改善，机场边检新办公楼建成并投入使用，为出入境旅客、企业、货主、代理提供便利快捷通关服务的空港通关中心开始规划、论证和设计。同时以航空口岸对外国籍飞机开放为契机，明确了宁波出入境检验检疫局机场办事处新办公楼建设用地及出入境旅客传染病隔离病区和进口动植物隔离区建设用地，机场候机楼国际厅出入境现场检疫条件也得到了进一步改善。4月1日国务院在同意宁波航空口岸扩大对外国籍飞机的批复中，为空港查验单位增加人员编制100名。其中海关增加编制20名，边检增加编制65名，检验检疫增加编制15名。航空口岸查验执法力量得到了加强。

2005年3月，青岛—宁波—香港全货机航线开通，结束了宁波航空口岸没有定期全货机的历史。目前宁波至香港航班从最初每周2班增加到每天6班，极大地方便了甬港两地人员的交流和往来。为开通临时国际旅游包机和公务机进出宁波航空口岸，认真做了宁波至吉隆坡、宁波至日本、宁波至香港等临时包机的出入境的组织协调工作。

【海港口岸扩大开放成效明显】 宁波大港口的快速发展，以及依托港口资源的大产业的发展，海港口岸开放取得明显成效。

1. 北仑四期一、二阶段的9个泊位水陆域对外开放工作取得重大突破。经过积极努力，多次反复协调，在海军总部和东海舰队的支持下，南京军区于7月份正式同意北仑4期9个泊位水陆域对外开放，为北仑四期的正式开放打下了良好的基础。

2. 宁波海港口岸已开放范围划定的报批工作，经过近一年的努力，得到军方的大力支持。划定开放水域事南京军区已正式函复浙江省政府。浙江省政府以浙政发函〔2005〕48号文批准宁波港口岸的开放范围。

3. 宁波镇海化工区12、13、18 3个化工泊位，宁波青峙化工4万吨级码头于8月24日通过浙江省政府验收，并批准同意正式对外启用。3个泊位开放以来，已累计靠泊国际航行船舶120艘次，接卸液化品超30万吨；与开放前一船一批的临时监管相比，平均作业时间也大幅缩短，只需1天即可完成全部作业。

4. 台塑工业（宁波）有限公司化工一期码头已通过浙江省政府的正式验收，并批准同意正式对外启用。其中化一码头自1月12日开放以来，已靠泊船舶92艘次，接卸货物29万余吨。

5. 宁波大榭招商国际集装箱码头4泊位在通过对外开放筹备工作预验收基础上，省政府于11月份正式批复对外启用。

【口岸服务和机构改革继续完善】 2005年，通过先进性教育，进一步推进了新一轮机构改革，强化了科学的组织协调，提升了口岸服务水平，努力为港口、查验单位和涉外企业办实事、做好事、解难事。

针对多家船公司和海员接待部门就四期3临时开放码头靠泊外轮以来外籍海员不能下地情况的意见和建议，及时与浙江省边防总队沟通、协商，外国海员接待工作已于6月15日正式开展。针对宁波边检站的新营房项目建设工作，通过协调和大量的前期准备，宁波市政府已批准立项。针对目前口岸“三外”企业管理出现的问题，积极探索维护口岸正常工作秩序的办法。

积极做好宁波市重大活动的空港接待保障。2005年先后接待市重大活动中5000多人次的中外贵宾进出航空口岸，受到中外贵宾的较好评价。认真做好航空口岸查验单位的协调服务工作，及时同机场协调落实了现场通道改造、业务办公用房调整等各项工作，保证了出入境旅检查验改革的顺利实施。

根据浙江省委、省政府办公厅浙委办〔2005〕26号，浙江省政府、省军区浙政函〔2005〕10号文件精神，在宁波市委、市政府关心下，对原市口岸办公室职能与机构做了较大调整，组建了宁波市政府口岸与打击走私办公室。内设机构从原来的4个处室增加到6个处室；职能上增加了打击走私和海防管理工作；人员编制从原来的18人增加到28人。宁波市口岸打私办同时挂宁波市口岸管理委员会办公室、宁波市打击走私综合治理领导小组办公室、宁波市海防管理委员会办公室牌子，为新形势下进一步加强口岸打私和海防工作奠定了良好基础。

【口岸文明共建扎实推进】 为做好口岸单位精神文明共建、增强口岸工作合力，全力打造文明高效的口岸形象，2005年初提出了文明共建具体工作计划。先后举办了宁波口岸联欢会，组织实施了有16个球队参加、历时一个月的首届宁波口岸“中海杯”足球友谊赛，在元旦、春节、“八一”期间对口岸相关单位进行了慰问。

浙江口岸查验单位工作综述

杭州海关

2005年，在海关总署的正确领导和浙江各级党委、政府的关心支持下，杭州海关贯彻落实科学发展观，深入实践海关工作16字方针和队伍建设12字要求，以法制建设为中心，全面推进综合治税，加强准军事化队伍建设，积极探索构建和谐海关，杭州关区各项任务圆满完成，改革和建设事业稳步发展。

【依法行政能力明显提高，法制建设中心地位基本确立】 杭州海关明确提出以法制建设为中心，坚持依法行政不动摇，全面推进依法行政，用法治的精神规范各项执法活动，着力构建提高执法能力的长效机制。加强了对杭州关区法制建设的领导，建立了两级党组中心组法律学习制度，在干部培训、竞争上岗和年度考核中增加法律知识和依法行政能力的比重。全面清理了内部操作规程，执法程序、执法尺度得到进一步统一和规范，初步建立起决策科学，执行规范，监督到位的依法行政体制和机制。

【资源整合稳步推进，综合治税大格局初步构建】 杭州海关以整合创新、深化改革为主线，以税收为业务工作的“轴心”，加大风险信息资源整合力度，完善审单中心和风险分析监控中心两大职能平台功能，整合一般贸易税后核查、加工贸易后续管理和减免税后续核查的力量，采取法律赋予海关的一切手段，切实提高海关税收征管能力，初步建立了符合杭州关区实际的综合治税大格局。2005年共征收两税141.64亿元，努力确保税收应收尽收。

税收征管质量明显提高。加大对重点敏感商品的归类审核，有效降低了同名商品归类差异率。编制审价指引，加强价格审核及后续价格风险跟踪工作。杭州关区一般贸易征税货物价格水平、商品归类差异率、税收入库率、应收尽收率等质量指标处于全国较好水平行列。

行政办案职能调整到位，反走私斗争成效显著。顺利完成了行政办案职能调整工作，建立杭州关区反走私形势分析机制，提高了反走私预警监测能力。综合运用刑事、行政两种执法手段，提高海关打私整体合力，始终保持了关区打私高压态势。加大知识产权保护力度，加大规范企业工作力度，进一步完善企业分类管理，关区企业守法水平得到有效提高。

保税监管改革初见成效，加工贸易有序发展。支持出口加工区提升功能，协助浙江地方政府做好申请设立出口加工区工作。进一步扩大应用自行开发设计的中小型企业仓库联网监管系统，大力推进关区5+1模式，各类型保税仓库已全部实施联网监管，实现了数据实时监控。内销征税配合机制进一步健全，税款大幅增长，价格水平较2004年明显提高。改革和简化加工贸易审批模式及程序，积极探索加工贸易内外勤作业分离，提高了效率，方便了企业。

通关改革不断深化，监管绩效明显提高。积极参与长三角区域通关一体化和电子通关改革。开展前置式和风险式审单，审单中心布控有效率进一步提高。开展与上海、宁波口岸海关间“卡口控制与联网系统”试点工作，推动转关业务的发展。动态调整指导查验率，提高监管查验绩效。监管业务量大幅增长，再创历史新高，顺利实施航空口岸进出境旅客申报制度，建立和完善关警“三共”建设机制，协勤武警在监管中的重要作用得到进一步发挥。

统计基础更加扎实，预警监测作用进一步增强。加大对数据源头的审核力度，提高了统计的监督能力。加大对杭州关区业务工作评估力度，拓展执法评估功能在综合治税中的应用。加大预警监测力度，海关统计为地方经济发展服务的作用明显增强。

风险信息资源整合基本到位，风险管理开始实体运作。认真做好风险分析监控中心组建工作，开辟“风险信息专栏”，推动风险信息集约化管理，建立多部门、定期、集中监控工作机制。

人力资源整合力度进一步加大，机构设置更趋合理。顺利完成调查局机构调整，重新明确了稽查处、风险处、企管处的职责，充实了海关后续监管力量，为杭州海关推进现代海关制度第二步发展战略奠定了基础。人力资源调研成果转化稳步推进，开展杭州关区“三定”调研工作，启动基层海关人力资源整合。

【保持共产党员先进性教育活动成效显著，海关队伍建设取得新进展】 保持共产党员先进性教育活动达到预期效果。根据浙江省委和总署党组统一部署，扎扎实实做好各阶段各环节的工作，做到每个阶段有方案有总结。在省委推出的12个单位先进性教育的13位先进典型中，杭州海关占了2位。99.4%的党员和群众对先进性教育成果表示满意和较满意。

思想政治工作有力有效。实行思想政治工作量化督办制，加强了思想动态分析和引导。充分发挥党、团、工会组织的凝聚作用，加强了精神文明建设。深入开展“学习实践红其拉甫海关艰苦奋斗精神、做祖国忠诚卫士”活动，艰苦奋斗精神成为推动业务改革、提高把关服务能力的强大动力。在接连四次的强台风袭击中，涌现了一批抗台先进集体和个人。

准军事化建设试点工作成效显著。制定实施《杭州海关关于贯彻落实海关总署〈2004—2010建设准军事化海关纪律部队的指导方案〉的实施意见》，组织开展海上缉私准军事化纪律部队建设成果汇报演练，推动了关区准军事化纪律部队建设全面铺开。舟山海关及其缉私分局试点工作得到各级领导的充分肯定。

【惩治与预防腐败体系基本建立，廉政建设和反腐败工作形成良好局面】 制定出台《杭州海关建立健全惩治和预防腐败体系实施意见》，体系构建工作实现了新突破。突出抓好基层党风廉政建设，基层单位落实党风廉政建设责任制工作水平有新提高。已建立起“横向到边、纵向到底”的党风廉政建设责任网络，形成了一级抓一级，层层抓落实的良好工作局面。抓好以“海关人员6项禁令”、“红包公布制度”和“廉政100条”为重点的廉政教育工作，反腐倡廉教育工作形成新局面。加大业务执法综合监督的力度，源头防腐工作有了新进展。加强风险预警和业务督察的功能，形成预警、督察和量化评估三位一体的内控机制。

【服务地方经济措施有力，推动浙江省外向型经济发展成效明显】 深入贯彻落实浙江省委、省政府提出的“八八战略”，积极推动浙江省大通关建设。参与了《浙江省大通关实施方案》和《浙江省电子口岸平台建设方案》的拟定工作，中国电子口岸数据中心与浙江省政府签订了合作备忘录，标志着浙江省大通关建设开始进入实质性启动阶段。正式启动关检合作机制，杭州萧山机场旅检现场“一机两屏，一单两报”模式和空运货物“空中申报、落地放行”模式运作初见成效。建立义乌小商品集装箱临时通道式验放场站，优化义乌集装箱监管场站设置，采取了方便外商采购的参照旅游购物监管方式，促进了小商品出口，规范了管理。支持浙江地方政府开发港口资源，推动开通嘉兴港国际直航航线，主动提出宁波、舟山港口一体化通关模式，为宁波、舟山港一体化建设作出了有益探索。合理布局物流场地，论证建立杭州地区集约化国际物流平台，积极配合地方争取建立B型保税物流中心。大力支持浙江省进出口，改革和简化关区减免税审批模式和程序，支持浙江地方政府和企业用足用好减免税政策。制定支持浙江省纺织品出口六项措施，促进了浙江省纺织品出口平稳增长。

2005年杭州海关业务统计表

项目		单位	业务量	同比
货运量	合计	万吨	3682.34	9.0%
	进口	万吨	3312.41	2.5%
	出口	万吨	369.93	148.9%
货值	合计	亿美元	171.24	21.1%
	进口	亿美元	119.25	10.9%
	出口	亿美元	51.99	53.5%
监管运输工具		万辆艘架次	27.43	46.5%
集装箱数量		万标箱	56.85	37.9%
进出境人员		万人次	116.37	34.0%
行邮物品		万件	309.88	18.2%
报关单		万份	35.45	70.9%
累计注册企业		家	28110	32.9%
查处走私违规案件		起	586	142.2%
侦查终结走私犯罪案件		起	32	−5.9%
征收税款	合计	亿元	141.64	15.3%
	关税	亿元	18.20	8.0%
	代征税	亿元	123.44	16.5%
减免税	免表数	份	10420	−14.2%
加工贸易	备案合同	份	23906	7.8%

宁波海关

2005年，宁波海关认真贯彻落实“依法行政，为国把关，服务经济，促进发展”的海关工作方针和“政治坚强、业务过硬、值得信赖”的海关队伍建设要求，按照“务实、创新、和谐、发展”的工作思路，精心组织先进性教育活动，大力加强基层基础建设，扎实推进以税收为“轴心”的各项工作，全面履行海关的各项职能和任务，圆满完成了总署赋予的各项任务。2005年共监管进出口货物1.03亿吨，增长4.02%；进出口贸易总额675.1亿美元，增长30.9%；征收税款403亿元，增长23.3%；审核报关单133.9万份，增长23.8%；审批减免税29.7亿元，减少3.3%；查处走私违规案件2297起，案值1.1亿元；罚没入库收入6635万元，增长53.5%。

【税收跻身全国五强】 宁波海关认真贯彻落实总署提出的各项综合治税措施，把综合治税作为各项工作的重中之重，提出了加强综合治税的12项具体举措，采取了建立关区关税数据库、完善口岸纳税大户企业档案、加强与纳税大户的联系沟通、开展巡回审单和事后类比审单、强化业务结合部管理、加强对内销料件征税管理等10项措施，着力构筑关区综合治税大格局，关区税收征管能力明显增强，全年完成税收入库402.6亿元，增长23.3%，稳居全国海关第五位，再创历史新高。与此同时，税收征管质量也得到了同步提升，价格水平一直处于绿色正常区间，关区同名商品归类差异率稳步提高。

【口岸通关效率和实际监管能力有效提高】 宁波海关积极推行无纸通关、网上支付、快速转关、出口退税联网核查等工作；不断丰富和完善“提前报关，实货放行”、“多点报关，口岸放行”通关模式；全面推行“出口舱单与报关单电子数据预核系统”；正式实施“规范和简化转关运输”业务改革，推动区域通关业务改革试点。

【加工贸易和保税监管改革进一步深化】 宁波海关积极扶持和指导重点企业特别是高新技术企业开展加工贸易，2005年加工贸易进出口总值为77.8亿美元，增长45.8%，占对外贸易比重从2004年20.4%增至23.2%；推进加工贸易联网监管，宁波关区联网企业达到33家，约占关区业务量的1/3；认真做好规范加工贸易管理企业试点，积极开展加工贸易综合治税专项行动，自查补税约500万元；做好特殊区域和场所的监管工作，出口加工区运作一年多来海关注册企业已达23家；以液体化工品为主的保税仓储业务发展迅速，2005年液化品进出仓总额达3.9亿美元。

【打击走私的整体效能得到提高】 宁波海关针对宁波口岸业务量增加迅猛的特点，进一步理顺海关缉私工作机制，综合运用行政执法和刑事执法两种手段，加强缉私力量与海关一线监管部门的深度融合，有针对性地开展了打击船舶走私、假烟走私以及加工贸易走私违法等专项行动，成功举行了大规模联合海上打私演习，着力构建反走私工作长效机制，继续保持打私高压态势，口岸进出口环境得到进一步净化。2005年共查获各类走私违规案件2162起，案值9.7亿元，分别增长47%和168%；对13名走私犯罪嫌疑人采取了强制措施，向检察机关移送审查起诉9起25人次。同时，积极开展保护知识产权专项行动，查获侵犯知识产权案件135件，案值1663万元，连续两年获全国知识产权保护最佳案例奖。

【电子口岸建设全国领先】 宁波海关坚持以便利通关和服务企业为己任，按照“整体规划，分步实施，科学发展”的思路，抓住协调推动、平台建设、调整整合、应用开发四个重点环节，通过人力投入和项目投入，有效整合口岸资源，打造统一平台，初步打通了海运进出口大通关的核心环节，实现了政务公开、信息查询和网上办事等功能，实现了两个100%的目标（即口岸相关部门100%在同一平台上实现政务公开并协同作业、上网企业100%享受大通关核心流程服务），在推进地方电子口岸建设中有效地发挥了海关的作用，使宁波电子口岸建设走在了全国的前列，首创的“五个一”模式（实现的一次输入，多次使用；一套系统，分类服务；一个窗口，全面查询；一次认证，全线贯通；一次交费，全程通关）得到了吴仪副总理的充分肯定。

2005年宁波海关业务统计表

指 标	单位	数值	增长率（%）
审核报关单	份	1339227	23.75
进出口贸易总额	万美元	6750499	30.89
进出口货运量	万吨	10259	4.02
监管集装箱	箱次	3759427	12.61
进出境运输工具	辆艘	10639	26.59
出入境人员	人次	557943	21.52
海关管理企业范围	个	11526	17.79
备案加工合同(纸质手册)	份	10260	11.73
合同备案金额(纸质手册)	万美元	205988	-1.24
结案加工合同	份	9594	16.94
合同结案金额	万美元	204516	37.52
征收税款	亿元	403	23.32
审批减免税	万元	297399	-3.27
违规案件结案数	起	2252	8240.74
违规案件结案案值	万元	54152	638.63
走私行为案件结案数	起	45	45.16
走私行为案件结案案值	万元	1478	-61.41
罚没入库总金额	万元	6635	53.50

浙江省公安边防总队

2005年，浙江省公安边防总队贯彻落实公安边防部队边检工作会议精神，深化边防检查站“争创执法为民窗口，争做执法为民标兵”活动，加强执勤规范化建设，打击偷渡等违法犯罪活动，圆满完成了各项边防检查任务，维护了口岸安全稳定。共检查出入境飞机13644架次、旅客员工1201891人次；船舶15582艘次，旅客员工263539人次；查处各类违法违规人员1494人次。

【深化“双争”活动】 2005年，浙江省公安边防总队推进边防检查站争创执法为民窗口、争当执法为民标兵“双争”活动，出台《边检执勤人员语言行为规范》，组织开展“党员先锋岗”、“入出有边境，服务无止境”活动，提高了办证窗口建设水平，提升了边检工作服务质量。

【支持口岸开放】 2005年，浙江省公安边防总队探索改革路子，在边检勤务工作中推出限时服务、全天候服务、预约上门服务等措施。2005年，各边防检查站完成“港澳·浙江周”、“西博会”、“宁波服装节”、“动漫节”等重大活动边防检查任务，做好宁波机场对外籍飞机开放的国家级验收，舟山岙山原油码头2、3号泊位，半升洞油库码头，台州3家涉外修造船厂，宁波镇海港区12、13、18号泊位，北仑青峙化工码头和大榭招商国际码头3号泊位对外启用浙江省级验收工作，同时实行“边检诚信管理”制度，使口岸“大通关”环境更加快捷、畅通。

【加大反偷渡力度】 2005年，浙江省公安边防总队加强口岸反偷渡工作，举办两期识别伪假证件培训班，开发浙江口岸反偷渡工作网，提高一线检查员素质，强化信息研判。探索“边检主管、船方自管、企业协管”新型模式，延伸群防群治工作触角。5月，舟山边防检查站查获浙江省首例持伪假验讫章海员证出入境案，总队及时通报，加大防范力度，各边防检查站相继查获此类案件29起。2005年共查获口岸偷渡案件45起56人次，比2004年增加55.17%，接收遣返偷渡人员75起82人次，比2004年减少19.35%。

【推广“梅沙”系统】 浙江省公安边防总队根据公安部边防局部署，在边检工作中推广应用出入境边防检查信息系统（简称“梅沙”系统）。2月，总队成立“梅沙”系统领导小组，出台《浙江边防总队出入境边防检查信息系统推广建设方案》，并进行了相关业务培训。“梅沙”系统在总队机关和杭州边防检查站试点后，逐步推广到浙江省各边防检查站，提升了边防检查工作效能。

【开展检查员等级评定】 浙江省公安边防总队完善检查员考试系统，充实大练兵题库。各边防检查站以系统为平台，结合岗位练兵，开展学习培训，提高人员素质。2005年内，总队开展2次全国初级检查员等级评定和1次省级检查员等级评定，79人获得全国初级检查员资格，138人获得浙江省级检查员资格。

2005年浙江省边防总队出入境旅客统计表

单位：人次

类别		项目	入境			出境		
			合计	港口	机场	合计	港口	机场
入出境总数		1201969	606489	60	606429	595480	18	595462
中国籍	合计	787873	395840	41	395799	392033	7	392026
	因公	16677	9007	28	8979	7670		7670
	因私	346979	155152	13	155139	191827	5	191822
	华侨	4077	3016		3016	1061		1061
	港澳	175513	100964		100964	74549	1	74548
	台湾	248704	130717		130717	117987	1	117986
外国籍		414096	210649	19	210630	203447	11	203436

2005年浙江省边防总队出入境服务员工统计表

单位：人次

类别	项目	港口				机场			
		合计	中国籍		外国籍	合计	中国籍		外国籍
				其中港澳台				其中港澳台	
总数	380229	263461	130409	1920	133052	116768	85164	16218	31604
入境	201398	143235	77009	771	66226	58163	42502	8103	15661
出境	178831	120226	53400	1149	66826	58605	42662	8115	15943

2005年浙江省边防总队出入境交通运输工具统计表

类别	项目	船舶（艘次）					飞机（架次）		
		中国籍				外国籍	合计	中国籍	外国籍
		合计	国际航行	港澳地区	台湾				
总数	29226	15582	3371	531	26	11654	13644	10564	3080
入境	15527	8751	1812	336	11	6592	6776	5420	1536
出境	13699	6831	1559	195	15	5062	6868	5324	1544

浙江出入境检验检疫局

2005年，浙江出入境检验检疫局在国家质检总局和浙江省委省政府的正确领导和关心支持下，自觉以邓小平理论和“三个代表”重要思想为指导，全面树立科学发展观，认真贯彻落实国家质检总局和浙江省委省政府的一系列部署和要求，以开展保持共产党员先进性教育活动为契机，“围绕一个核心，提升三种能力，突出五项重点”的工作思路和具体目标，切实加强检验检疫执政能力建设，进一步推进了检验检疫改革创新，努力提高了检验检疫把关服务的能力和监督管理的有效性，有效发挥了促进外贸发展和保国安民的作用，为浙江检验检疫系统“十五”事业发展划上了圆满句号，也为“十一五”事业的新发展新跨越奠定了坚实的基础。

【业务概况】 2005年浙江检验检疫局共检验检疫出入境货物105.78万批、金额359.74亿美元，同比增长28.59%和34.71%。其中出境101.09万批、金额258.32亿美元，同比增长29.11%和35.16%；入境4.70万批、金额101.42亿美元，同比增长18.40%和33.19%。经检验检疫不合格的有3583批、5.21亿美元，同比增长38.61%和159.73%。检出不合格出境货物2258批，货值6534万美元；不合格入境货物1325批，货值45536万美元。

共完成飞机检疫11010架次，轮船5774艘次，集装箱32.82万标箱；签发各类证单115.51万份，普惠制及一般产地证56.91万份，涉及金额154.48亿美元。

监测体检51067人次，艾滋病监测51067人次，预防接种59764人次，发现各类病例30538人次，其中艾滋病5例，性病166例，肺结核28例，肝炎393例，其他传染病1例，非传染病25610例；截获进境植物检疫危险性有害生物2027批，是2004年的2.1倍，共260种，其中二类危险性有害生物132批次，三类危险性有害生物140批次，一般性有害生物1755批次。

【坚持依法行政 加强制度建设】 根据《国家质检总局“四五”普法总结验收方案和具体标准》的有关要求,举办了浙江检验检疫系统“四五”普法培训班，邀请有关专家教授讲授国务院《全面推进依法行政实施纲要》、《公务员法》，此外还邀请了国家质检总局法规司专家就检验检疫行政执法有关课题进行讲授。做好贯彻《新商检法实施条例》的宣传工作，一是召开浙江检验检疫系统商检法实施条例宣贯暨法制工作会议。二是组织系统内业务骨干参加总局举办的商检法实施条例骨干培训班，并在此基础上组成了讲师团，先后对各处室、直属单位以及12个分支局进行了培训，在新商检法条例实施前，完成了全部培训工作。

组织行政许可法执法工作检查，按照“突出重点，加强调研、深入实际、注重实效”的原则，对浙江局系统各单位、各部门的贯彻执行情况进行了抽查。并重点对10项具体行政执法工作质量进行了监督检查，收到了良好的效果。

积极做好对违反检验检疫相关法律的行政相对人的立案和查处工作，加大对行政相对人违法行为的行政处罚力度，行政处罚案件数量较2004年有了明显的增加，有效地打击了逃漏检等各种违法行为，确保国家检验检疫法律法规的贯彻落实。

根据国家质检总局《出口工业品分类管理办法》要求，组织修订并出台了《浙江局出口工业品分类管理实施细则》。为进一步规范和强化检验检疫行政执法监督检查工作，制发《关于进一步加强浙江局检验检疫行政执法工作质量监督检查工作的意见》。为积极应对禽流感等疫情突发事件，防止造成重大损失，先后制订了《浙江检验检疫局高致病性禽流感疫情进出境检验检疫应急处理预案（试行）》、《浙江检验检疫局供港活猪重大疫情应急处理预案（试行）》。

【改进监管方式 提升监管水平】 进一步做好检验检疫模式改革和企业分类管理工作，加强对一类、二类企业的考核与审批。为规范市场经济秩序，防止国外疫病传入，分别于2005年1月、9月、11月单独或会同浙江省质量技术监督局对浙江省范围内的肉类冷库、集贸市场进行了三次执法检查。

有序开展原料和基地备案工作。加强辖区内出口水产品、蜂产品原料供应基地的管理工作。为从根本上解决浙江省出口蔬菜的农残安全和疫情的控制，对浙江省200多个基地，共约30万亩已登记备案蔬菜基地进行复审，同时也对十多个新备案的蔬菜基地进行了考核。

积极做好出口产品电子监管系统试点应用工作。认真做好试点企业现场调研、人员培训、软件安装调试工作，并对新版软件进行了大量模拟数据测试，制发了《出口食品企业良好名单制度》和《出口食品企业黑名单制度》，实施《出口食品企业质量控制和诚信经营承诺书》制度。

【严格检验检疫 履行把关职责】 为快速、有效处置浙江局口岸突发公共卫生事件及核与辐射恐怖事件，防患于未然，制发了《浙江局口岸应对突发公共卫生事件及核与辐射恐怖事件应急处置预案》、《浙江局国境口岸食物中毒应急预案》、《浙江局卫生除害处理安全事故应急预案》和《浙江局应对口岸流感大流行应急处置预案》等多个应急预案，组织举办了浙江检验检疫系统应对突发公共卫生事件培训班。

狠抓疫情截获工作。一是成立疫情截获工作检查组，加强疫情截获工作的督促和指导，深入重点进境口岸，了解一线植物检验疫情截获工作。二是做好重要截获疫情的鉴定复核工作。三是及时通报浙江省疫情截获统计情况。

加强进境木质包装检疫监管。为做好木质包装检疫监管和疫情截获工作，采取了各种有效措施：提高抽检比例、重点检查来自风险较大的国家地区、确定进境木质检疫流程、实行查验企业预约和开展地区局业务合作等。为加强进出口食品标签管理，一是召开专题会议，严格工作制度，统一工作程序；二是组织各分支局人员参加食品标签培训班，与江苏检验检疫局同行进行对口业务交流。

加强纺织品检验监管。面对纺织品出口后配额时代，浙江局将纺织品检验重点转移到涉及安全、卫生、环保等敏感项目上，对部分出口服装根据输入国和地区的技术法规实施不少于10%比例的日常抽查。监管中重点抽查新报检企业、小批量报检批以及风险较高的丝类面料。

【服务外贸产业 促进浙江经济发展】 根据《海关总署国家质检总局关于建立关检合作机制备忘录》精神，浙江检验检疫局积极与杭州海关协调研究，关检合作机制建设取得重大进展，于6月21日签订了《杭州海关浙江检验检疫局关检合作备忘录》，从三个方面努力推进浙江“大通关”建设：一是积极支持和推进口岸电子执法系统建设，实现信息资源共享和“一单两报”（一次录入，分别申报）互通模式，提高通关效率；二是建立全面、长期、稳定的关检协同执法机制；三是充分发挥出口加工区、物流园区等特殊区域的功能和政策优势，建立海关、检验检疫等部门的一站式服务。

积极推进大通关建设。进一步推进“绿色通道”制度的实施，进一步加大实施“电子审单，快速核放”的力度，积极落实关检合作机制,与杭州海关、机场海关等就进一步完善电子通关单联网核查系统，加强信息交换，实现信息共享以及建立联络小组进行了深入研讨，并取得了实质性进展。

大力加强区域性优惠原产地规则的宣传力度。先后举办了2期《区域性优惠原产地知识讲座》，组织了对浙江省系统10个地理标志产品的审核，积极做好《中国—智利原产地规则》、《中国新西兰原产地规则》、《中国—海合会自贸区原产地规则》以及《中国—巴基斯坦原产地规则》对我国影响的调研。

【狠抓内部建设　强化人本管理】　为适应杭州市开放型经济的迅猛发展,整合现有检验检疫资源，进一步改善杭州市对外开放的软环境，浙江检验检疫局与杭州市政府签定了《关于建设杭州出入境检验检疫局的协议书》。

为使检验检疫干部适应社会经济不断发展的需要，浙江检验检疫局积极抓好相关的知识能力培训。一是重点对处级及以上领导干部进行贯彻十六届四中全会精神培训工作。二是以提高依法行政能力为重点，加强公务员培训。认真落实《浙江检验检疫系统干部教育培训五年规划》，开展了以依法行政、英语、检验检疫业务为主要内容的各类培训。

【开展先进性教育活动　加强精神文明建设和党风廉政建设】　开展了以学习实践“三个代表”重要思想为主要内容的保持共产党员先进性教育活动，进一步推动局机关党的工作制度化、规范化建设，制发《浙江检验检疫局机关党支部工作目标管理办法》，使党支部成为贯彻落实“三个代表”重要思想强有力的组织者、推动者和实践者。

着力构建惩治和预防腐败体系实施办法，加强党风廉政建设。制定并下发《浙江检验检疫系统惩治和预防腐败体系的实施办法》，各分支局均构建了惩防体系基本框架。

2005年浙江检验检疫业务情况统计表

金额：万美元

项目	货物检验检疫				交通工具检疫		集装箱检疫	健康检查及预防接种（人次）			
	批次	金额	不合格批次	不合格金额	轮船（艘）	飞机（架）		健康检查	AIDS监测	发现病例	预防接种
合计	1057844	3597403	3583	52070	5774	11010	328232	48757	51067	30538	59764
出境	1010866	2583236	2258	6534	2262	5530	229524	43267	43464	25683	59726
入境	46978	1014167	1325	45536	3512	5480	98708	5490	7603	4855	38

项目	货物通关		出入境人员查验（人次）	签发检验检疫证书（份）	签发通关单（份）	签发出境换证凭单/入境货物检验检疫证（份）	签发不合格通知单（份）	产地证			
								普惠制产地证		一般原产地证	
	批次	金额						份数	金额	份数	金额
合计	61652	946343	1159441	110689	65048	—	—	433723	1117781	135385	427056
出境	25852	92662	567770	108136	25911	965332	2116	—	—	—	—
入境	35800	853681	591671	2553	39137	11889	—	—	—	—	—

宁波出入境检验检疫局

2005年宁波检验检疫局始终坚持以“三个代表”重要思想和党的十六届四中、五中全会精神为指导，牢固树立和落实科学发展观，以开展保持共产党员先进性教育活动为动力，按照“牢牢把握一个核心、紧紧抓住两大关键、着力推进三大工程、加速实现职能转型、切实增强五种能力、始终做到五个坚定不移”的工作部署，求真务实、锐意进取、开拓创新，圆满完成了工作任务。2005年共检验检疫出入境货物41.41万批，货值318.63亿美元，同比分别增长21.59%和37.38%。其中检验检疫出境货物29.66万批，货值81.60亿美元，同比分别增长25.18%和35.89%；检验检疫入境货物11.75万批，货值237.03亿美元，同比分别增长13.38%和37.90%。狠抓检验检疫问题检出率，检验检疫工作有效性明显增强。2005年经检验检疫发现不合格货物1842批，货值7.73亿美元，其中不合格出境货物851批，货值1718万美元，不合格入境货物991批，货值75594万美元。发现医学媒介32.13万只。入境检疫截获有害生物363种4511种次，其中一类检疫性有害生物3种14种次；二类检疫性有害生物9种77种次。共查处各类行政违法案件872起，同比增长267.93%，共处罚金409.49万元。同时，还在深化业务改革、打造电子检验检疫体系和加强干部职工队伍建设等方面取得了新的显著成绩，推动全局工作迈上又一个崭新台阶。

【积极应对国际间技术壁垒挑战，重点敏感商品监管能力有增强】 积极推广海港口岸检验检疫鉴定业务深度融合试点成功经验，大力推进全系统业务深度融合步伐，继续稳步实施业务下放管理。针对日益增多的国际间技术性贸易壁垒，加强风险预警管理和检验检疫技术保障，积极配合有关部门对配额取消后纺织品出口激增实施宏观调控，有效应对了欧盟两项指令ROHS和WEEE，努力化解了苏丹红、孔雀石绿等事件对食品、水产品出口带来的风险。对进口废物原料、机电轻纺、化矿金危、动植物等重点敏感商品监管进一步加强，农兽药残监控力度进一步加大。针对当前我国出口水生动物和水产品遭遇的技术壁垒，尤其是出口鳗鱼及其他养殖类水产品被欧盟、韩国、日本、香港、新加坡等国家和地区检出孔雀石绿等药物残留的严峻形势，宁波检验检疫局积极分析查找原因，研究应对措施，加强养殖场登记备案管理，监督指导企业落实源头管理和原料收购运输过程管理的各项措施，完善追溯体系，确保出口水生动物及其产品的安全。以CCC证书免办管理为重点，强化强制性认证管理和执法检查。深入推进免验管理，继慈兴轴承后，奉化爱伊美服饰有限公司成为宁波第二家获国家质检总局出口免验批准的外贸企业。充分发挥对第三方认证的辅助监控作用，减少认证环节，实施了联合认证模式，积极推行国际认证，认证种类、企业类型、认证地域覆盖面进一步扩大，全年新增ISO9000认证企业650余家，HACCP体系管理60余家，ISO14000认证企业62家，ISO18000（OHSAS18000）认证企业近20家，进一步加大原产地标记保护力度，积极推动“以质取胜”战略的实施。建立了入境流向货物的局内部、相关口岸局之间的纵横协作、立体监督体系，入境流向货物工作办结率实现100%。成功举行宁波海港口岸新亚型流感疑似病例应急处置演习，不断提高应对宁波口岸突发公共卫生事件的防控能力。深入开展原产地标记保护工作。2005年，宁波地区共有4个地理标志产品获得国家质检总局颁发的原产地标记注册证书，目前宁波地区原产地标记注册保护产品已增加到15个。2005年共检验检疫台湾水果11批次，共87.964吨，8个品种,分别为鲜香蕉、鲜番石榴、鲜芒果、鲜菠萝、鲜木瓜、鲜莲雾、鲜杨桃、鲜柚，检出病虫杂草20种，其中检出二类有害生物桔小实蝇两批次，并对该品种水果6.6吨进行了销毁处理。对台湾水果检验检疫工作主要做到以“特事特办，简化手续，快验快放”为原则，提供“三个快速”和“一三一”服务，高质量完成台湾地区水果检验检疫工作。

【以电子检验检疫体系建设为重点，推动大通关建设取得显著成效】 2005年，宁波检验检疫局在积极倡导执法数据互联互通和公益高效的宁波电子口岸建设、做好相关检验检疫项目研发的同时，依靠科技创新，大力组织实施以“电子申报、电子监管、电子放行”为主要内容的“新三电”工程，特别是以信用管理体系建设为基础，借助信息技术最新成果，全力打造宁波检验检疫电子把关和电子服务两大平台，加快构建与宁波电子口岸相辅相成的宁波电子检验检疫体系，以出口电子监管为主的数据监控和以“全球眼”视频技术为主的视频监控推广运用成效显著，还率先在全国系统中顺利完成业务数据大集中，实现了全系统CIQ2000业务数据的统一管理。做法与成效主要体现在：一是围绕科技创新，加快了以电子监管为重点的电子检验检疫体系建设。作为国家质检总局第一批重点实施的第一个试点直属检验检疫局，该局积极开展系统安装调试和学习培训，制定相关工作规范，出口产品电子监管系统于10月29日顺利上线，到年底有300多家出口企业投入应用，取得了显著效益；二是围绕效率创新,进一步推进检验检疫监管模式改革。实施进出境木质包装检疫监管模式改革，实行查验点“前推后移”、鼓励企业自建木质包装检疫处理场所、推进实验室电子化建设、对申报无木质包装和有木质包装的货物分类管理、构建企业诚信管理数据平台等五方面措施，成效显著；三是围绕管理创新，进一步建立完善检验检疫信用管理体系建设。制定实施《宁波检验检疫局检验检疫信用管理体系建设方案》，以检验检疫执法诚信和企业信用管理为重点，通过几年的努力，建立起与检验检疫工作有关的企业信用判断标准，在企业中开展信用等级分类管理工作，加快进出口企业信用体系建设步伐；加强高风险出口商品源头管理，强化全程监管；四是围绕服务创新，从机制和制度上大力推进业务绿色通道建设，切实为企业减负增效。大力优化并推行宁波海港通关中心办事处“一站式”工作模式；对分别从事进口船舶卫生检疫、动植物检疫、鉴定取样检验的专业人员进行交叉培训，加大检验检疫一专多能复合型干部的培养力度，促进业务深度融合；以业务急件办理为着力点，不断优化便利举措；继续实施口岸查验“多点报检”便利措施、出口货物“绿色通道”制度等一系列服务举措；建立“检贸”协作会议制度和政策发布制度。该局被评为“宁波市2005年外商投资企业评议优质服务单位”，并获市政府通报表彰。五是围绕技术创新，加快检验检测重点向“安卫环”转移步伐，努力提升检验检疫技术执法水平。努力建设宁波地区工业品及原材料检测中心、食品安全检测中心、生物安全检测中心以及传染病检测中心等四大检测中心，积极落实4个国家级重点实验室、8个区域性中心实验室和8个常规实验室的建设规划，大力推广运用实验室资源管理系统（LRP2000系统）V4.0版，全面提升检测实力。为重点应对欧盟WEEE和ROHS两项指令，2005年宁波检验检疫局技术中心加紧技术攻关，具备铅、镉、铬、汞、多溴联苯及多溴二苯醚等多项指标的检测能力，被国家质检总局确认为第一批被推荐的应对欧盟两个指令实验室检测机构，已对近百家出口企业100多批400多个样品实施了相关检测。2005年11月21日上午，国务院吴仪副总理在国家质检总局李长江局长、葛志荣副局长和浙江省委书记习近平、浙江省省长吕祖善等领导的陪同下视察宁波检验检疫局，在参观了宁波检验检疫局技术中心实验室和听取了宁波检验检疫局电子监管工作情况汇报后，吴仪副总理对宁波检验检疫局的工作表示充分肯定，认为宁波检验检疫局在口岸电子检验检疫体系建设上做了很多工作，并表示感谢和慰问。

【创新举措，努力服务地方经济发展，推出业务急件办理新举措】 为适应口岸和外贸发展的形势要求，快速办理出入境检验检疫工作中出现的紧急业务，规范办理流程，切实履行把关服务职责，宁波检验检疫局于2005年3月制定实施《宁波出入境检验检疫业务急件办理办法》和具体操作程序，设立3个业务急件专窗，分别受理更改和签证等急件业务。在“确保工作质量、即时办理”原则下，对涉及重点企业、高科技企业、救灾援外物资、企业首次申请检验检疫、实施电子通关企业和申请单证更改等业务急件，从受理、审批、传递、施检、检测各环节实行即时、不间断专人传递办理，到2005年年底，全局共办理业务急件约36000份，平均每个工作日办理约163份，为企业急事急办开启了“长绿灯”，获得报检企业广泛好评。

【内部管理得到加强，齐抓共管的管理机制和工作格局基本确立】 强化检验检疫依法行政制度建设。2005年，宁波检验检疫局把检验检疫法制工作制度建设放在突出的位置，不断开拓、大胆创新。一是对进出口商品复验工作制度进行了有益的探索。依据《进出口商品复验办法》有关规定，集中人员反复讨论，数易其稿，制定了《宁波出入境检验检疫局进出口商品复验工作程序》，详细规定了复验工作的管理和具体实施部门、复验的提起与受理、复验工作组、回避、复验工作方案、期限、复验文书的制作与送达签收、救济措施等内容，并针对性地设计8种文书，为今后该项工作顺利开展奠定了坚实的制度基础。二是完善了检验检疫行政处罚简易程序。依据《中华人民共和国行政处罚法》和《出入境检验检疫行政处罚办法》有关规定，结合当场处罚工作实际，具体制定了《宁波检验检疫局行政处罚简易程序实施办法（试行)》，详细规定了当场处罚工作的管理和实施部门、适用对象、《当场处罚决定书》的制作、缴款期限、罚款的当场收缴、罚没收据、救济措施、当场收缴罚款部门的备案等内容，并设计了《实施行政处罚简易程序当场收缴罚款备案书》，为进一步完善检验检疫当场处罚工作提供有力的制度支持。积极贯彻落实新商检法实施条例。新修订的《进出口商品检验法实施条例》于2005年8月31日颁布，并于当年12月1日开始正式施行。根据国家质检总局的统一部署，宁波检验检疫局新条例宣贯工作对内对外分三个阶段稳步推进，取得了较好的效果。新成立局认证监管处，强化认证认可工作统一归口管理。加强了认证监管执法队伍、评审员和内审员队伍建设，全系统共有卫生注册登记主任评审员16人，评审员36人，实验室内审员96人，为认证监管工作的有效落实提供了充分的资源保障。宁波检验检疫局机关办公自动化（OA）系统建设步伐进一步加快，并在全国系统中率先实现了所有分支机构OA系统上线运行，基本实现全系统公文电子化，有关做法得到国家质检总局充分肯定。“科技兴检”常抓不懈，形成全系统浓厚的科技创新氛围，科研工作保持良好势头，有5项科技成果入选国家质检总局“科技兴检奖”，奖项数量和专业覆盖面为全局历史之最；有4项课题在宁波市科技局立项，闻伟刚等同志撰写的《进口饲料中牛、羊源成分的PCR同时检测方法》荣获宁波市自然科学优秀论文一等奖。

【党员先进性教育成效显著，带动全局三个文明建设和谐发展】 广泛扎实开展了为期近半年时间的保持共产党员先进性教育活动，建立了保持共产党员先进性长效机制，党组班子和各级党组织建设进一步加强，全局党员干部的凝聚力、战斗力、创造力进一步提高，推动机关党建工作再迈新台阶，宁波检验检疫局再次被宁波市委评为党建工作先进单位。以荣获省级文明单位为动力，全系统积极创建宁波市级文明行业，精神文明创建工作呈现蒸蒸日上的良好势头,工团妇各项活动生气勃勃。局机关工会连续第三次被评为宁波市直机关先进职工之家，被宁波市妇联命名为三八红旗单位，11 个妇女集体成为宁波市巾帼文明示范岗。改革共青团管理体制，新成立宁波检验检疫局团委，并直属于共青团宁波市委管理，同时荣获“市五四红旗团委”称号，1 个青年集体荣获全国青年文明号称号、7 个集体成为浙江省级青年文明号。

【加大统筹协调和联络宣传力度，系统内外影响力明显增强】 宁波检验检疫局综合实验大楼工程先后获得宁波市建筑工程“甬江杯”、浙江省建筑工程“钱江杯”和全国建筑工程质量最高奖“鲁班奖”，向社会充分展示了宁波检验检疫事业发展的亮丽形象。加强信息报送工作，受到国务院领导批示 2 条次、浙江省领导批示 8 条次、宁波市领导批示 9 条次，批示总数和层次明显超过往年水平。对外宣传实现了新跨越，全年共在中央级媒体刊发报道 211 篇，市以上媒体刊发稿件 370 篇，有效扩大了宁波检验检疫社会影响力。2005 年承担全国系统全面推进电子监管、全国 3C 案例审编会及全国检验检疫出口商品注册制度研讨会、机关办公自动化系统等各类会议培训近 10 次，体现了良好的接待水平和办会能力，树立了宁波局在全国系统内的良好形象。宁波检验检疫网站运行情况良好。服务地方开放型经济发展工作扎实有效，被宁波市政府授予市外商投资企业评议优质服务单位；在宁波空港对外籍飞机开放过程中工作积极主动，成绩显著，受到宁波市委市政府通报表彰；在宁波市对外开放工作会议上，宁波检验检疫局连续第五年荣获“开放型经济优秀服务奖”，并作大会经验介绍。

2005 年宁波检验检疫业务情况统计表

金额：万美元

项目	货物检验检疫				交通工具检疫		集装箱检疫	健康检查及预防接种(人次)			
	批次	金额	不合格批次	不合格金额	轮船(艘)	飞机(架)		健康检查	AIDS监测	发现病例	预防接种
合计	414140	3186299	1843	77534	9316	2768	3539827	5009	5009	429	5215
出境	296626	816034	851	1718	4352	1424	1822409	2696	2696	247	5214
入境	117514	2370265	992	75816	4964	1344	1717418	2313	2313	182	1

项目	货物通关		出入境人员查验(人次)	签发检验检疫证书(份)	签发通关单(份)	签发出境换证凭单/入境货物检验检疫证(份)	签发不合格通知单(份)	产地证			
								普惠制产地证		一般原产地证	
	批次	金额						份数	金额	份数	金额
合计	587957	4122705	407497	26115	595605	/	/	249078	576518	45910	124880
出境	496757	1477242	202484	21544	503317	90013	853	/	/	/	/
入境	91200	2645463	205013	4571	92288	18806	/	/	/	/	/

浙江海事局

【概况】 2005年，浙江海事局紧紧围绕水上安全监督管理这个中心，组织巡航11714次，出动船艇11715艘次，巡航里程216012海里。审核并发放水上水下施工作业许可证528件，发布航行通告643次、无线电航行警告323次。组织协调海上搜救行动327次，出动海事巡逻艇200艘次；协调出动专业救助船50艘次、飞机6架次，部队船艇21艘次、飞机1架次，社会船艇参与救助216艘次、飞机1架次；救助遇险人员2258人次、遇险船舶299艘次。登记各类船舶11310艘次；办理国内航行船舶进出港签证296.2万艘次、外轮进出口岸审批手续20851艘次；实施港口国监督管理（PSC检查）409艘次，滞留31艘次；实施船旗国监督检查（FSC检查）4873艘次，滞留107艘次；检查内河船舶3320艘次。完成危险品申报审批29716艘次。组织各类船员培训878期、32566人次，办理各类船员证件76092本（份），组织全国海船船员考试2期3154人、浙江省丁类海船船员考试4期4160人。安排国际航运公司安全管理规则审核12次、国内航运公司安全管理规则审核73次、船舶审核192次。2005年，辖区水上安全形势保持基本稳定。

【辖区水上交通安全形势基本稳定】 2005年，辖区发生一般等级及以上水上交通事故95件，同比增长4.4%，沉船57艘，同比下降5.8%，死亡65人，同比下降3.4%，直接经济损失14922.3万元，同比增长119.5%。2005年危险品船舶进出港29716艘次，危险货物吞吐量达10907万吨，未发生重大船舶溢油及危险化学品污染危害性事故，辖区水上交通安全形势基本稳定。

【首次举行海上搜救综合演习】 4月28日下午，浙江省海上搜救中心在舟山马峙海域成功举办了2005年浙江省海上搜救综合演习。浙江省副秘书长、海上搜救中心副主任王小玲担任总指挥，浙江省海上搜救中心各成员单位浙江海事局、海洋与渔业局、公安边防总队、东海救助局、中国海监支队等参加演习。共出动各类船艇22艘、直升飞机1架、救护车1辆，布设围油栏300米，施放撇油器3个，喷洒消油剂500公斤，参加演习作业和观摩的人员近500多人。圆满完成了落水人员搜救、难船遇险人员转移、遇险伤亡人员抢运救治、污染控制清理和演习船艇飞机列队检阅等课目。演习对有效增强浙江省海上搜寻救助的组织、指挥能力以及控制、清除海域污染的能力，提高搜救效率，保障海上生命安全、保护海域环境起到了积极的作用。

【全面推广长三角地区船舶“一卡通”】 4月25日，长三角地区船舶“一卡通”推广工作在浙江海事局及宁波、嘉兴、舟山、台州、温州5个分支局全面启动。本次工程的实施，实现了长三角地区船舶基本数据的集中存储，从而实现船舶动、静态数据的区域性共享，达到船舶管理信息化和智能化。截止到2005年底，共发放IC卡5592张，占应发数的62.4%。本次工程是全面推进海事信息化工作的重要步骤之一，对提高海事系统船舶管理的现代化水平具有重要意义。

【低质量船舶专项治理活动初见成效】 根据交通部、国防科工委、农业部和安全监管总局统一部署，浙江海事局严格按照《浙江省低质量船舶专项治理活动实施计划》，严把船舶签证关和危险货物审批关，以安全检查为主要手段，重点检查船舶的结构、焊接质量、船舶图纸资料及安全设备的配备等，积极开展和推进浙江省低质量船舶专项治理活动。截至12月31日，共出动执法人员983

人次，检查低质量船舶 346 艘次，确保适检船舶检查率 100%，检查出缺陷 3546 项，对 24 艘船舶实施滞留，督促船舶实施附加检验 235 艘次，协助做好造船企业综合评估 12 家，初步达到了改善低质量船舶安全技术条件，打击非法造船、制止违规造船，堵住低质量船舶生产源头的治理目标。

【海上运输安全生产专项整治工作成效显著】 为加强对海上运输船舶的安全监督管理，根据《浙江省人民政府办公厅转发省安全监管局等部门关于开展海上运输和渔船捕捞作业安全生产专项整治工作意见的通知》要求，按照“全省统一部署，部门指导协调，各方联合行动”的方针和“标本兼治，突出重点，强化监管”的原则，浙江海事局于 2005 年 5 月下旬至 11 月底在辖区范围内开展了以采砂船、砂石运输船和航运企业为主的专项整治活动。整治期间共出动巡逻艇 2683 艘次，执法车 1805 台次，执法人员 10334 人次；检查船舶 9978 艘次，其中采砂船舶 970 艘次、运砂（石）船舶 8587 艘次，查处违法船舶 1633 艘次，检查船员 21768 人次，滞溜船舶 36 艘次，罚款 301.52 万元，检查港区灯浮、灯桩 1027 座，清除航障 153 处，拆除、没收渔网、渔具 344 副。通过整治，船舶超载现象明显减少，船舶技术状况和水域通航环境明显改善，船东和船员的安全意识明显提高，砂石运输船舶水上交通事故得到有效遏制。

【认真开展船舶载运危险货物安全专项整治活动】 按照交通部、公安部等 11 部委对危险化学品专项整治工作的部署，浙江海事局于 2005 年在全省范围内深入开展了船舶载运危险货物安全专项整治活动。通过整治，提高了船员、船舶、船公司和相关单位对危险货物运输的安全防范意识，打击了危险货物运输瞒报谎报行为；并及时发现和纠正了船舶载运危险货物运输中存在的重大缺陷和潜在事故隐患，有效防止了重、特大船舶载运危险货物事故的发生；同时进一步建立健全了海事内部执法制度，加强了海事执法队伍建设。专项整治活动中，共实施液货船检查 5609 艘次，纠正缺陷 1241 次；对客船、客滚船检查 3734 艘次，纠正缺陷 35 次；实施包装类危险品船检查 2985 艘次，纠正缺陷 707 次；对集装箱船检查 185 艘次，纠正缺陷 37 次，检查集装箱数 229 次，纠正不符合要求 57 箱次；培训人员 432 人。另外对浙江省辖区 63 家从事危险货物船舶运输单位及 170 个危险货物作业码头的基本情况进行了调查，建立了相关档案，为进一步加强船舶危险品运输安全监督管理打下了基础。

【船员考试、评估和发证质量管理体系通过审核】 为履行经 1995 年修正的《1978 年海员培训、发证和值班标准国际公约》（STCW78/95 公约），依据《中华人民共和国船员考试、评估和发证质量管理规则》，浙江海事局船员考试、评估和发证质量管理体系于 2005 年 7 月 1 日开始试运行，10 月通过中华人民共和国海事局的审核。该体系包括质量手册、与船员考试、评估和发证业务有关的 16 个程序文件、所涉 43 个岗位的工作指导书和质量记录共 4 册。船员考试、评估和发证质量管理体系的运行对于依法行政、规范船员管理、提供优质服务，不断提高船员技术业务素质，保障船舶营运安全，保护海洋环境提供了有力的保障。

【启动区域性海事执法一体化建设工作】 2005 年，浙江海事局正式启动了区域性海事执法一体化建设工作。总体目标是在港口资源集中，通航密度大，船舶航行、作业频繁的区域，按照统一政令，统筹协调海事监管要素发展规划，有效整合海事监管信息和执法资源的原则，调整海事机构职能、事权，完善海事监管运作模式，重点在“特殊水域”内统一调配海事动态执法力量，集中行使海事指挥决策，规范海事执法标准，实现监管信息共享化，海事管理智能化，资源配置合理化，区域执法一体化。主要内容：海事监管规划一体化、海事监管信息一体化、海事监管标准一体化、海事监管实施一体化。具体措施：一是以信息化建设为平台，海事管理智能化为先导，健全信息管理机制，建设区域监控信息中心；二是建立区域性海事指挥协调机制，实现区域性海事动态集中监管；三是以智能化海事管理为依托，以强化特殊水域的动态监管为基础，建设区域性海事执法一体化机制。根据辖区水域海事监管的特点和实际需求，区域性海事执法一体建设严格贯彻“确定方案、分步实施、有序推进”的海事监管模式改革推进原则，将分阶段在浙北和浙南水域稳妥实施。

【《浙江省海上突发公共事件应急预案》发布实施】 为充分发挥专业救助力量、海事、军队和社会救助力量在海上搜救工作中的积极作用，最大限度地减少海上遇险人命财产损失，防止船舶污染，全面提高海上应急管理水平，浙江省海上搜救中心办公室和浙江海事局，根据浙江省政府公共突发事件总体应急预案和国家海上搜救专项预案要求，在原《浙江省海上搜救中心应急事件反应预案》基础上，制订了《浙江省海上突发公共事件应急预案》，2005 年 12 月 13 日由浙江省政府发布实施。

《浙江省海上突发公共事件应急预案》是浙江省政府总体预案之下的一个事故类专项预案，也是国家海上搜救应急预案的省级海上应急预案。主要用于海上船舶、设施因碰撞、触礁、搁浅、失控、火灾/爆炸、人员伤病、沉船、失踪、袭击等各类事故引起的人命财产救助和防止船舶污染的应急管理，并负责航空器突发事件迫降海面或坠毁海里的人命财产救助的应急管理。

浙江口岸大事记

1 月 5 日

浙江省打击走私与海防口岸办组织驻浙查验单位及宁波市政府、口岸办对台塑工业（宁波）一期码头对外启用前的验收会议。邵志华副主任参加会议并讲话。

1 月 12 日

杭州萧山国际机场货运站 MASKargo 杭州仓库落成典及召开新闻发布会，马来西亚交通部副长、浙江省政府王小玲副秘书长出席会议并讲话，浙江省打击走私与海防口岸办邵副主任等 3 人参加仪式。

1 月 13 日

向交通部上报《关于要求宁波港口岸北仑港区四期集装箱码头 4# 泊位临时接靠外国籍船舶的请示》（浙口办〔2005〕1 号）。

1 月 28—29 日

召开浙江省打击走私与海防口岸管理工作会议，钟山副省长到会并讲话，楼小东主任作《着力做好打击走私与海防口岸管理工作，努力创建开放型经济发展的良好环境》的工作报告。

3 月 14—16 日

陈智伟副主任带队一行 7 人赴上海、江苏考察“大通关”建设和公共信平台建设及探讨长三角“通关一体化”模式。

3月22日

陈智伟副主任带队一行4人赴宁波调研“大通关”建设和公共信息平台建设。

3月23—26日

陈智伟副主任带队一行5人赴福建省学习考察“大通关”建设和公共信息平台建设情况。

3月29日

陈智伟副主任带队一行4人赴杭州萧山国际机场公司调研“大通关”建设和公共信息平台建设情况。

4月4日

舟山市政府竺园副市长和口岸办陈五星主任等一行4人来浙江省打击走私与海防口岸办接洽工作，陈智伟副主任及口岸处全体同志参加。

4月5日

陈智伟副主任带队一行4人赴浙江出入境检验检疫局调研“大通关”建设和CIQ2000网络建设、公共信息平台建设情况。

4月19日

浙江省打私与海防口岸办与杭州市打私与口岸办在杭州联合召开杭州航空口岸共建活动座谈会，浙江省政府楼小东副秘书长、杭州市政府金胜山副市长出席会议并讲话。会议还表彰奖励了2004年度杭州航空口岸共建活动达标单位。

4月20日

中国口岸协会郭燕民秘书长一行2人来浙江省打击走私与海防口岸办商洽培训、信息和年鉴编辑等工作。

曼谷航空公司开通杭州—曼谷航线。

4月26日

宁波港务集团王嘉民副总裁等人来浙江省打击走私与海防口岸办，商洽宁波港镇海港区12、13、18号泊位的对外启用问题。

5月8日

浙江检验检疫局李法忠副局长来浙江省打击走私与海防口岸办商洽宁波口岸进口废纸在富阳实施检验检疫试点工作。

5月9日

下发《关于做好宁波口岸进口废纸在富阳实施检验检疫试点工作的通知》（浙打防岸函〔2005〕35号)。

5月30日

国家质检总局党组成员夏红民、检验监管司副司长袁长祥、检验监管司处长刘世远一行3人来浙江省富阳、义乌、宁波调研进出口货物检验检疫工作。

6月1—2日

浙江省口岸办组织浙江省级查验单位对舟山港口岸沈家门港区浙江石油普陀储运公司油库码头和定海港区中化兴中石油转运有限公司岙山基地2号、3号泊位对外启用验收会议。

6月24日

浙江省钟山副省长召开省大通关领导小组部分成员会议，听取浙江省打击走私与海防口岸办关于公共信息平台建设的汇报，楼小东副秘书长参加会议，陈智伟副主任作汇报。

7月7日

浙江省打私与海防口岸办在宁波召开宁波航空口岸扩大对外国籍飞机开放筹备工作预验收会议。

7月19日

浙江省政府批复台州市政府关于划定海门港口岸对外开放范围（浙政发函〔2005〕49号）。

7月26—27日

浙江省打私与海防口岸办在宁波召开宁波港口岸镇海港区12#13#18#泊位和青峙化工码头的对外启用验收会议。

7月26日

陈智伟副主任召开宁波口岸进口废纸在富阳实施检验检疫试点工作的座谈会。宁波海关、宁波检验检疫局、宁波市口岸办、宁波港集团公司的领导参加会议。

8月11日

钟山副省长召开会议，听取浙江省打击走私与海防口岸办陈智伟副主任汇报浙江省电子口岸建设方案。

8月23日

楼小东副秘书长召集杭州海关、浙江出入境检验检疫局、浙江省边防总队、浙江海事局、浙江省财政厅、浙江省编制办、信息产业厅和杭州市政府，征求对《浙江电子口岸建设方案》的意见。

8月24日

浙江省政府批复同意宁波港口岸北仑港区青峙化工码头对外启用（浙政函〔2005〕40号）。

浙江省政府批复同意宁波港口岸镇海港区12#13#18#泊位对外启用（浙政函〔2005〕41号）。

8月26日

召开浙江省口岸工作座谈会。浙江省有关市、县市（区）口岸办主任参加会议并汇报了口岸工作，浙江省打击走私与海防口岸办陈智伟副主任到会并讲话。

9月1日

浙江省打击走私与海防口岸办组织召开台州港口岸国营海东造船厂等三家企业开展外国籍船舶航修业务验收会议。国营海东造船厂、台州黄岩吉祥船舶修造有限公司和台州市五洲船业有限公司等三家企业通过了验收。

9月2日

海关总署组织国家有关部门在宁波召开宁波航空口岸扩大对外国籍飞机开放国家验收会议。

9月8日

陈智伟副主任一行11人赴北京，向海关总署、中编办汇报浙江省口岸“十一五”发展规划和要求增加查验人员编制的情况。

9月20日

浙江省政府收到海关总署关于印送《关于宁波航空口岸对外国藉飞机开放前准备工作的验收纪要》的函（署岸函〔2005〕344号）。

9月28日

浙江省政府楼小东副秘书长主持召开《浙江电子口岸建设方案》征求专家意见会议。杭州海关、浙江省政府办公厅信息中心的代表及4位专家对方案提出了修改意见。

10月31日

吕祖善省长召开省长办公会议，专题听取《浙江电子口岸建设方案》汇报，楼小东副秘书长汇报。

11月8日

浙江省打击走私与海防口岸办组织召开宁波港口岸大榭港区招商国际集装箱码头4#泊位对外启用准备工作验收会议。

11月21日

国务院吴仪副总理在国家质检总局李长江局长、葛志荣副局长和浙江省委习近平书记、浙江省吕祖善省长等领导的陪同下，视察宁波口岸、宁波检验检疫局，并作重要指示。

11月22日

全国电子口岸建设现场会议在宁波召开，吴仪副总理出席会议并作重要讲话。

11月22日—29日

陈智伟副主任陪同中编办二司领导调研浙江省查验单位人员编制问题。

11月23日

浙江省政府批复同意宁波港口岸大榭港区招商国际集装箱码头4#泊位对外启用（浙政函〔2005〕67号）。

12月13日

浙江省打击走私与海防口岸办组织浙江省级查验单位对台州港口岸海门港区4号码头对外启用前的筹备工作进行验收。

12月15日

浙江省打击走私与海防口岸办组织浙江省级查验单位对舟山港口岸15家修造船企业的码头船坞的对外启用前的筹备工作进行验收。

12月31日

浙江省政府原则同意《浙江电子口岸建设方案》，并要求在实施中不断完善提高。

2005年浙江海事局业务情况统计表

序　　号	数据名称	数据量
1	组织巡航次数(次)	11714
2	巡航里程(海里)	216012
3	审核并发放水上水下施工作业许可证(份)	528
4	发布航行通告(次)	643
5	无线电航行警告(次)	323
6	组织协调海上搜救行动(次)	327
7	出动海事巡逻艇(艘次)	200
8	协调出动专业救助船艇(艘次)	50
9	部队舰艇(艘次)	21
10	救助遇险人员(人次)	2258
11	获救船舶(艘次)	299
12	办理国内航行船舶进出港签证(万艘次)	296.2
13	外轮进出口岸审批手续(艘次)	20851
14	实施港口国监督检查(PSC 检查)(艘次)	409
15	PSC 滞留(艘次)	31
16	实施船旗国监督检查(FSC 检查)(艘次)	4837
17	FSC 滞留(艘次)	105
18	在册登记运输船舶(海船)(艘)	4598
19	在册登记非运输船舶(海船)(艘)	520
20	组织各类船员培训(期)	394
21	办理各类船员证件(本)	47172
22	组织全国海船船员考试(期)(人)	2期3154人
23	全省丁类海船船员考试(期)(人)	2期4160人
24	办理危险货物进出口申报审批(艘次)	29716
25	危险货物吞吐量(万吨)	10907

安徽口岸工作综述

2005年安徽口岸工作在省政府和商务厅党组领导下,在口岸各相关单位大力支持下,口岸运行保持了持续、高效、快速发展的良好态势,全面完成了口岸各项工作目标，有利促进对外开放和外向型经济发展。

【口岸开放取得突破性进展】 合肥航空口岸、池州水运口岸分别于4月1日、7月4日获得国家批准正式对外开放。目前正积极协调有关部门抓紧做好合肥航空口岸对外籍飞机开放验收工作，协助池州市做好池州口岸检查检验单位办公设施的建设工作。此外，马鞍山对外籍船舶开放也取得快速进展，按照国家新的规定，抓紧与马鞍山市和口岸海事部门确定开放水域、岸线以及海轮锚地，并由省政府行文会商南京军区。与此同时，密切跟踪申请报告的审批进程，目前海关总署、交通部、公安部、质检总局已经会签，送达国务院审批。据了解，国家“十五”口岸开放规划共49个项目，至2005年10月，完成20个（5个新开、15个升级）占计划41%，而安徽省三个项目已完成2个、占计划的67%。目前，全省口岸已初步形成以长江水运口岸群的“一线”和合肥、黄山航空口岸“两点”为重点，以京沪、京九铁路及蚌埠、阜阳、合肥、芜湖等枢纽路站为辅助的对外运输网络。

【口岸客货运量稳定增长】 水运口岸进出口运量保持稳定增长。全年口岸进出口货运量达260万吨，比上年增长13%以上。口岸运量在保持资源性商品稳定增长的同时，马鞍山、芜湖、安庆口岸国际集装箱运量也有较大幅度增长，全年集装箱量达6万标箱，为历史最好水平，反映本省口岸商品结构进一步优化。其原因，一是口岸硬件进一步优化，装卸、仓储、监管条件有显著改善；二是口岸各部门通力协作，工作效率得到提高。由此吸引更多货源从本省口岸通过。航空口岸进出境旅客、境外旅游、商务专机大幅增多。全年通过全省口岸进出境旅客可达4.2万人次，比上年增长12.5%。申报数十起临时旅游包机、境外商务专机进出安徽省口岸，受到有关市政府的好评。此外，还积极主动地做好徽商大会重要客商进出合肥机场的礼遇工作。

【口岸管理职能得到加强】 在商务厅党组和省各部门支持下，口岸综合管理和协调力度得到加强。经安徽省机构编制委员会正式批复同意，在口岸处加挂“安徽省人民政府口岸办公室”牌子，加大协调力度。完成《安徽省口岸管理办法（草案)》（以下简称《办法》）拟订工作。为加强口岸综合管理，进一步推进口岸法制建设，提高口岸运行效率，发挥口岸在对外经济贸易、对外友好往来和国际旅游事业发展中的积极作用，根据国务院《关于口岸开放的若干规定》等有关规定，结合具体实际和兄弟省市经验，代省政府草拟了《办法（草案)》。为使《办法》具有可操作性，将《办法（草案)》印发省交通厅、合肥海关、省出入境检验检疫局、省边防局、各市口岸委（办)、省民航机场集团公司、东方航空公司安徽公司等单位征求意见。各单位均进行了认真研究讨论，一致认为该《办法》全面细致地规范了全省的口岸管理工作，对进一步推进口岸法制建设，提高口岸运行效率，发挥口岸作用有着极其重要的意义，并对若干条款提出修改意见。省、市口岸管理体制基本理顺。目前除铜陵市口岸管理体制尚未确定、芜湖市口岸属市政府独立部门外，其余7个市口岸管理职能均划归商务主管部门，多数定为副处级机构。基本形成了上下体制一致、畅通的行政隶属关系。

【编制并上报《"十一五"口岸发展规划》】 依据全省经济和社会发展总体目标，以及全省口岸布局，在做好厅十一五相关规划的同时，向国家提出《"十一五"口岸发展规划》，并以省政府文件上报海关总署。"十一五"期间，全省口岸将围绕"深化口岸开放、完善口岸设施、发挥口岸功能"三个方面开展工作。具体申报的两个项目是，黄山航空口岸由对港澳地区开放升级为对外国籍飞机开放；扩大芜湖港开放范围，将获港造船厂码头升级为对外国籍船舶开放。

【承办全国口岸信息工作座谈会】 2005年5月10—12日，全国口岸信息工作座谈会在合肥召开。中国口岸协会会长、海关总署党组成员叶剑以及省政府和商务厅有关领导出席会议讲话。福宏厅长宴请了中国口岸协会领导。这次会议对2004年度口岸信息工作先进集体和优秀信息员进行了表彰，口岸办荣获2004年度"全国口岸信息工作先进集体"三等奖。中国口岸协会及与会代表对周到的服务和接待工作给予了很好的评价。

【加快口岸基础设施建设】 会同有关单位提出规划、建设合肥航空口岸物流中心方案，以适应合肥航空口岸升级后空运进出口货物增长的需要；督促芜湖、铜陵、安庆、池州、马鞍山口岸加强基础建设，完成港口前沿监管、电子监控工程；进一步充实完善《安徽省长江港口资料库》，为领导决策和对外招商提供依据。

【开展调查研究】 组织口岸有关单位开展了长江岸线、口岸开放、口岸通关等专题调研，并写出了调研报告，这些报告均受到领导和口岸有关单位的重视。此外，为加强与口岸各联检单位的联系与协调，"八一"前夕组织对边防部队慰问活动，组织相关单位开展了三起境外口岸考察，取得一定成效并受到各方好评。

安徽口岸查验单位工作综述

合肥海关

合肥海关结合关区实际，认真贯彻海关工作十六字方针和队伍建设十二字要求，与时俱进，开拓创新，迎难而上，较好地履行了各项职责，顺利完成了全年各项工作任务。

【税收征管】 2005年，合肥海关以税收征管质量入手，努力构建综合治税体系，确立了"三管齐下"的治税思路。即以管理促税，从税收征管质量入手，横向结合防止漏税，推进联网监管改革和强化培训提高水平；从源头抓税，针对汽车配件、铜精矿和铁矿砂等重点税源商品加强转关力度，将外流税源引回合肥关区；用服务留税，积极配合推行通关一体化改革，改善通关环境，尽快实施税收担保放行改革，提高效率。一是建立权责明晰的两级税收征管领导机制，明确职责，责任到人；二是进一步提升专业化审单水平，对关区进口的大宗、特殊、重点、敏感商品一律纳入红色通道管理，进一步改进减免税审批管理方式；三是应用风险管理平台加强涉税分析监控；四是始终保持打私高压态势坚持“以打促税”；五是努力营造和谐健康的口岸环境。加强与口岸海关和企业的联系沟通，进一步加大转关运输力度。在保持共产党员先进性教育期间，推出《合肥海关支持安徽奋力崛起发展外向型经济八条措施》，以优质服务促进安徽省外向型经济健康发展。2005 年全年税收入库达 10.49 亿元，其中关税 1.99 亿元，进口环节税 8.5 亿元。此外，全年审价补税 1140 万元，比上年（下同）增长 4.1 倍；归类纠错补征税款 69.8 万元，增长 5%。

【监管通关】 2005 年，合肥海关在建设特色海关的工作思路指导下，一是以整合通关、监管和集中审单部门职能机构、健全综合监管新机制为契机，积极探索海关区域通关改革建设，在内陆海关率先试行具有关区特色的“属地报关，口岸验放”进口通关模式，方便省内企业在本地口岸报关；二是加工贸易联网改革试点初步成功，目前，联网监管企业在关区内可实现“取消纸质手册，本地联网申报，口岸实际验放”，极大地方便联网企业手册通关；三是开展安徽省首家企业（安徽丰原生化股份有限公司）的电子通关测试和试点工作，顺利通过 59 票，运行状况良好，从申报到放行的平均时间由原来的 3 个小时缩减至 20 分钟，通关效率大幅提高；四是部署完成关区进出境旅客申报单制度改革工作。启用 H2000 查验自动派单系统，提高查验工作针对性和有效性。进一步规范关区港口、码头、仓库、堆场等监管场所和运输工具、驾驶人员的管理，有关审批手续得到进一步简化。2005 年全年共监管进出口货物 290.2 万吨，总货值达 16.05 亿美元，分别增长 25.2%和 5.9%。共备案合同 1554 份，备案金额 9.7 亿美元，分别增加 1.8%和 67.9%。关区进出口货物通关效率在华东地区名列前茅。

【打击走私与风险管理】 2005 年，合肥海关继续保持打私高压态势，以行政执法为先导、刑事执法为后盾，以打促税，配合海关正面监管，开展了打击偷逃税的反走私专项斗争和联合行动。一是积极开展反走私综合治理调研。牵头组织相关单位进行实地调查研究，深入了解安徽省反走私工作总体形势和反走私综合治理工作现状，准确掌握关区打私工作着力点；二是认真做好查私办案职能调整工作。妥善处理调查与缉私部门案件移交工作，做好原调查部门人员接收转警和培训。结合实际，修订关区行政违规案件处理联系配合暂行办法，确保打私工作连续性；三是积极开展查缉专项行动。先后开展打击加工贸易渠道走私违法活动专项行动、打击光盘及生产线走私专项行动等，加大案件查处力度，组织开展“百日稽查行动”专项稽查；四是严格规范稽查和刑事行政执法。对关区申请实施 A 类管理的企业实施完善“要升级、必稽查”模式，形成配套制度和程序，切实规范稽查行为。组织开展执法检查，严格规范刑事行政案件办理，努力实现办“精品”案件；五是积极发挥风险管理平台效能。依托风险管理平台等系统，加强数据的整理、分析与核查，及时捕捉目标，准确确立稽查重点；六是建立健全打私协作机制，强化打私整体合力。主动加强与工商、税务、公检法等相关职能管理部门的联系配合，争取支持；注重整体联动，确保案件侦办工作合理衔接；七是规范企业经营行为。坚持查处走私与规范教育相结合，注重规范企业行为，引导企业守法自律，指导企业完善管理制度，规范经营管理，与企业签订 MOU3 份。全年共刑事立案 3 起，案值 2102.16 万元，涉税 424.32 万元，其中移送检察机关 1 起；采取强制措施 8 人次，其中 3 人执行逮捕；行政立案 23 起，案值 5932.8 万元，涉税 792.51 万元。结案 23 起，案值 3341.39 万元，涉税 1400.04 万元。合肥海关坚持打防结合的工作方针，全年共稽查企业 105 家，查获各类违法违规问题 17 起，货值 2.04 亿元，涉税 4790.27 万元，补税 923.32 万元。

2005年合肥海关完成调查职能调整，成立风险管理部门。以风险管理为“龙头”，围绕关区税收进度、税收结构、变化趋势等开展税收风险分析，积极开展风险分析、风险布控、风险处置“三位一体”的风险防控机制建设，在风险预警、布控处置、移交线索等方面，充分发挥了风险信息的预警指导作用，发挥风险管理对各级领导科学决策、各业务领域提升把关服务水平的“耳目”作用。

【安徽电子口岸】 2005年，中国电子口岸合肥数据分中心共办理省内电子口岸新入网企业628家，推出电子口岸VIP服务协议业务，签订VIP协议用户达20余家。实行“首问负责制”，开通热线电话，主动协调联系工商、税务、外管等部门，加快审批效率。完成报关行版预申报系统的搭建和运行工作，开通芜湖出口加工区电子版报关系统，完成合肥地区进出口领域企业基础信息交换的试点工作，完成关区加工贸易联网监管和“多点报关、口岸验放”以及电子报关的试点工作。2005年9月，海关总署与安徽省人民政府在北京签署了《安徽电子口岸建设合作备忘录》，安徽电子口岸虚拟平台正式开通，进入到实质性建设阶段。

【促进地方经济发展】 合肥海关以“促发展”为工作主线，坚持以人为本，促进海关精神文明建设水平提升，不断强化把关服务能力，争创金牌服务，将单一的服务举措扩展为系统化的服务体系，不断扩大合肥海关的社会影响，促进地方外向型经济的快速发展。一是加强行风建设，深入开展“创三优文明机关（单位）”活动，加大文明窗口创建力度和关务公开力度，进一步改进机关作风，严格执行《行政许可法》有关要求，落实“首问负责制”、“否定报备制”等制度，确保关员文明依法行政；二是在总结推广“多点报关、口岸验放”和电子通关改革试点经验的基础上，探索融合各种便利通关模式，实现海关监管时空的前伸、外置及后移。努力营造和谐健康的通关环境，以优质服务促进安徽省外向型经济健康发展；三是加强与口岸海关和企业的联系沟通，进一步加大转关运输力度；四是合肥海关开通互联网门户网站，对外及时公布海关公告和各类信息，加大关务公开力度。组建安徽报关协会（筹），积极筹化准备池州海关和驻机场办事处的开设工作。2005年全年为安徽省办理减免税申请2315份，为地方企业减免两税合计14.3亿元。

安徽省公安边防总队

【基本概况】 2005年，在总队党委的领导和上级业务部门的具体指导下，以部局开展的“争创执法为民窗口，争当执法为民标兵”活动和边防检查执勤现场规范化建设达标活动为载体，坚持以边防执勤为中心，以边防查控和反偷渡工作为重点，积极推行规范化执勤，进一步提高检查员队伍的整体素质，着力提高边防检查工作的质量、效率和依法文明执勤的水平，圆满完成了边防检查任务。全年各边检站共检查出入境人员47729人次，其中旅客38217人次，员工9512人次，检查出入境交通运输工具760架艘次，其中飞机456架次，船舶304艘次，查获偷渡案件1起1人，查获各类违法违规案件12起12人，无复议、诉讼案件，为维护社会稳定和口岸正常的出入境秩序，促进安徽省改革开放和经济建设做出了积极贡献。

【采取多种措施,充实执勤一线警力】 长期以来，“人员少”一直是困扰安徽省边防检查工作的严重问题，具体表现就是总队的编制少，不能适应整体任务的需要；现有在编干部少，满足不了应编检查员队伍的需要；一线实际执勤人员少，远离边检中心工作的需要。针对这一影响边检任务完成的突出问题，在认真学习贯彻“三个代表”、“十六大”、“二十公”精神的基础上，结合“全面建小康，边防怎么办”大讨论活动的开展，坚持以人为本，认真研究探讨扩壮边检队伍的思路和机制。采取了三条措施：一是积极主动向地方政府汇报编制和工作情况，争取理解和支持。抓住芜湖增加边检执勤码头、黄山增加旅检任务、合肥机场准备向外籍飞机开放等契机，请求省政府向国家申报增加边检编制；二是从省内各高校接收部分应届学生，连同边防部队院校毕业生一起，经过严格的入警和边检业务岗前培训，补充到检查员队伍中；三是本着“压缩机关充实一线”的原则，在执勤岗位上优先编配使用干部，做到随缺随补。同时，总队还明确规定了“三个必须”，即所有新入警地方大学生及部队院校毕业生首次提干必须先从检查员干起；必须通过总队检查员岗前培训后方可上岗；必须在检查员岗位上工作一年后方可委以他任。年内，总队将新接收的 15 名地方大学生和 11 名部队院校毕业生全部投入了执勤一线，使一线检查员占干部总数的比例由 2000 年的 20.79%增长到 44.14%，检查员总人数绝对值增长 204.8%，各边检站执勤业务科按编制基本配齐。这样，不仅保证了一线执勤力量充裕，基本解决了“人员少”的问题，而且有利于业务干部的培养、发展和储备，使今后可能从事其他工作的各种类型的干部懂得业务，方便工作开展。

【加强培训，提高业务素质】 为了确保检查员能够提供优质服务和进行公正执法，把执勤人员的业务素质当作业务建设的重点来抓。从教育训练入手，具体做了五个方面的工作：一是积极开展“双争”活动。引导官兵牢固树立立警为公、执法为民的思想，立足本职，争创“执法为民窗口”，争当“执法为民标兵”，严格执法把好关，热情服务进出门，以实际行动为地方的经济建设多做贡献。为了打造文明、方便、快捷的通关环境，推出了九项便民利民措施，开展“四项清理”工作，即对不合理收费和“土政策”以及不规范的执勤点、留置室等进行彻底清理，全部撤除。同时还广聘执法监督员，广泛征求被服务单位的意见，自觉将执勤质量置于社会各界的监督之下。二是全警进行大练兵。按照部局颁发的训练纲要和年度训练计划，本着“执勤需要什么就训什么”的原则，进行了共同科目、专业科目和技术战术科目的普训，不断提高军事、业务素质。不仅如此，还出台落实了《安徽省公安边防总队边检业务培训实施细则》。举办了为期 45 天的边检业务基础培训班，共训练初级检查员 27 人，着力把好检查员的入门关；自己组织，广聘教员，集中站长、科长、检查员三级执勤执法人员进行法制的学习和辅导。年内，总队共举办各类边检业务培训班 11 次，边检业务轮训班 6 次，识别伪假护照、签证及海员证能力强化班 1 次，执法培训班 4 次，参训人员达 400 余人次。在实际工作中，还采取跟班调研，集中讨论，收集意见，集中撰写的方法，从工作细节入手，深入剖析边检执勤每个环节，进一步修改完善了适合边检业务特点的一本培训教材和两个执勤规范（旅检规范、港口业务规范）手册，既有较好的指导性，又有较强的操作性。9 月，在部局组织的大练兵汇报演练中，总队取得了内陆总队团体第一名，执勤业务科类全国第六名和个人全能全国第六名的优异成绩，充分展示了总队开展大练兵的丰硕成果。三是实施“走出去，请进来”的学习考察措施。派出人员先后到上海、杭州、西安、成都、南京、长沙等地学习考察，积极借鉴，取长补短；先后选送 3 人赴参加部局委托武警学院举办的英语口语强化培训；鼓励支持官兵参加部局组织的法律自学考试，去有关机构进行计算机等级考试；请澳大利亚、加拿大驻上海领事馆有关人员来皖交流、讲学，传授伪假证件识别办法等；《中华人民共和国行政许可法》和《公安机关办理行政案件程序规定》颁发实行后，又及时请地方专家学者到部队专门讲解、授课，解难答疑。四是不断考评队伍和执勤执法情况。对初级检查员进行了等级考试和评定，考评52人，49人通过，取得了初级检查员资格；结合干部量化考评，每年对业务站长、业务科长和检查员三级用微机操作形式进行业务考核，考核成绩作为量化重要内容计分。制定执法考评办法，对部队整体执法水平进行年度考评。五是编办了边检动态季度刊。把它作为一块业务园地和窗口，研究动态，交流经验，通报情况，讲评工作。同时，还逐步完善了党委议勤、业务例会等制度，切实加强了对业务工作的指导和领导，统一、规范了边防检查业务，有效杜绝了各类事故和案件的发生。

【加大投入，改善查验现场条件】 前些年，由于历史遗留问题，总队一直存在“条件差”的问题，具体表现所属各边防检查站检查现场设施差，距离公安部规定的建设标准较大；用于查验的各种装备不仅很少，而且还较为落后，影响口岸开放乃至国家的形象；整体上边防检查的科技含量偏低，不能适应现代条件下执勤的需要。存在这些问题的主要原因是安徽省整体经济状况欠发达，地方政府重视边检的程度需要进一步提升和本来的建设基础就很薄弱。面对该“瓶颈”，一是加大自建力度。认真落实公安部制定的“国家对外开放口岸边防检查现场设施建设标准”和“公安机关窗口单位服务规定”，按照部局要求，积极开展为期两年的“边防检查现场规范化建设”达标活动。二是争取地方支持。主动接受地方党委政府和公安机关的领导，积极汇报各项工作，求得理解和重视。省政府分管省长、省公安厅分管厅长不仅在全省边防工作会议上提要求，而且还代表省政府分别4次赴各市检查协调落实达标工作。到目前为止，省市政府已相继投资200多万，对边检现场基础设施进行改造和建设。合肥、黄山两空港站分别增加了候检面积、通道和执勤用房，更新了各种标牌和相关设施，改善了封闭条件；芜湖、铜陵、安庆三港口站也分别添置了监控等相关设施和执勤用房、标牌等。三是实施科技强警。总队先后投入300多万元经费，进行证件研究系统、边检信息网络、视频会议系统、通信机要、多媒体教学、指挥中心、防雷监控等技术项目现代化建设，装备了先进的检查检验设备，改善了指挥手段和办公条件以及查验技术落后的状况，提高了边检质量、效率和服务水平，促进了查验现场规范化现代化建设。

【全面加强反偷渡工作】 密切注意偷渡犯罪由沿边沿海向内陆内河转移的趋势，增强防范意识，加强业务培训，进一步提高了业务人员识别伪假证件、集装箱检查等反偷渡能力。合肥、黄山等空港边检站先后举办了12期识别伪假证件培训班，同时加强与上海浦东、虹桥等边检站联系交流，先后投资24万元，建立了后台证件鉴别室。芜湖、铜陵、安庆等港口边检站参照部局下发的重点船舶名单对执勤船舶认真梳理，先后发现可疑船舶35艘次并进行了深入仔细的侦查。为了增强人员反偷渡实际操作能力，总队还于2004年3月在芜湖朱家桥码头举办了空港和长江港口反偷渡大演练，有效提高了官兵打击偷渡的应变能力和快速反应能力。中央和省级报纸、电视台等共9家新闻单位，全国100多家网站报道或转载了演练情况，既取得了练兵效果，又扩大了影响，树立了形象。2003年10月至2004年3月，总队还承担了全省反偷渡专项行动办公室工作，先后协调各市公安机关查获“三非”外国人25人，破获重大跨国跨地区拐卖案件2起，受到了公安部多次通报表扬。

【立警为公、执法为民，加强法制建设】 总队把法制工作作为关乎部队执法水平、关乎部队长远建设和发展的大事来抓，先后下发《关于进一步加强法制工作的通知》、《关于加强行政复议工作的通知》等文件，要求各边检站加强法制教育，注重培训法制专业人才，全面启动总队法制工作。先后召开法制工作研讨会6次，举办了5次法制专项教育；总队与各边检站分别明确了专职法制参谋，做到每案必核，确保执法公正；各边检站还加强了警务公开，定期走访口岸联检单位及旅行社，并聘请了3—4名执法监督员，广泛征求社会各界意见，取得良好效果。

安徽出入境检验检疫局

【检验检疫工作成绩显著】 全系统共检验检疫出入境货物6.4万批次，货值26.16亿美元，同比增加7.7%和25.4%。其中出境5.96万批次，17.22亿美元，增长7.1%和21.7%；入境4428批次,8.94亿美元，增长15.4和33%。实施出入境人员健康检查1.06万人次，发现病例数1506人次，预防接种8901人次，增长12.9%、44%和27.4%。检疫轮船392艘、飞机452架次、集装箱2.45万标箱。签发各类检验检疫证单13.62万份，增长9.49%。其中检验检疫证书2.56万份，增长8.93%；签发换证凭单5.7万份；通关单7564份；普惠制产地证3.28万份，签证金额10.03亿美元，增长15.73%和36.10%；一般产地9776份，签证金额3.17亿美元。检出不合格商品152批次，货值3973万美元，增长53.5%和383.5%。其中，检出不合格入境货物110批，货值3902万美元，增长83.3%和464.1%。出具对外索赔证书210余份，索赔额344.67万美元，已理赔137.4万美元。监测体检中检出艾滋病病毒感染者1例、梅毒病毒感染者8例、肺结核感染者19例，丙型肝炎病毒携带者4例。机场截留旅客携带禁止进境物24批次。一是加大企业申报环节上的基本项目审核力度，规范了检验秩序，杜绝了随意性；二是严格执行新的收费范围和标准；三是强化放行环节中证稿基本项目和随附单据的审核把关，对于厂检单、原始记录单据不全或审核签字手续不完善的，坚决不予放行，降低了风险隐患；四是签证差错率控制在了0.1%以内。深入开展打击逃漏检和反欺诈工作，充分利用业务广域网络，并结合与地方外贸管理部门信息共享等方式，重点从入境电子转单和流向单着手防范逃漏检行为。共计查获7批次进口钢材和进口设备，货值648万美元，追缴检验收费约77000元。

【改进监管模式】 积极探索和实践检验检疫监管新模式，逐步由强调事后监管转变为注重源头控制，强化全过程监管；由过去只重视检验检疫监督执法转变为服务引导企业建立、完善质量管理、控制体系，加强自律。强化报检员队伍管理，共组织2期报检员业务培训，完成2次全国报检员资格考试工作。目前，全省593人经考核取得报检员资格证书。

动物检疫监管。切实把好进出境动物和动物产品检验检疫关。从巴西进境的一批26.01吨冻鸡副产品中检出致泻性大肠埃希氏菌，该批产品已做热熟制处理；首次从巴西进口的鸡翅中检出人畜共患病的病原菌“单核细胞增生李斯特氏菌”。安徽局高度重视，第一时间将情况反馈相关分支局和进口企业。在严密监管下，对该批货物做了消毒灭菌处理。

植物检疫监管。强化进出境货物木质包装的检疫工作。查处瞒报、伪报及错报木质包装等违规现象4批次，对298个木托盘及松木包装箱进行了集中焚烧处理。从木质包装中检出滑刃线虫活体；从携带进口废瓦楞纸箱的集装箱中检出活体黄胸鼠1只。

强化进口大宗及敏感商品检验监管力度。一是做好全省进口食品、农产品、化妆品检验监管工作。积极开展食品领域专项整治行动，主动与省质量技术监督部门联系，对全省范围内冻肉、进口奶粉、洋酒等实施专项执法检查。二是加大进口机电、轻纺等大宗商品监管力度。在进口机电商品中检出不合格84批，索赔金额约64.88万美元。对进口旧机电产品按照规定实行登记备案，出具工作联系单39份，出具装运前预检验证书62份，实施装运前预检验1起。三是强化危险品检验监管。对安徽省现有危险货物35家出口企业、8家危险货物包装生产企业，涉及的氰化钠、电雷管、水胶炸药等68种危险货物和开口钢桶、闭口钢桶、集装袋等8类包装容器，开展全面普查，基本摸清了安徽省出口危险品及包装企业的生产、管理情况。

【进一步强化源头监控管理工作】 认证认可监管。加大全省进出口食品、农产品企业卫生注册宣传工作力度同时，积极帮助更多符合条件的企业获证。2004年实施卫生注册评审53家，发证48家；监督检查35家；取消了42家到期未申请企业，淘汰率15%；累计获证企达240家。对外卫生注册推荐24家次，同比增长100%。其中，对欧盟注册12家，韩国11家，新加坡1家。发放出口产品质量许可证63份。

质量体系认证。帮助企业建立完善的质量管理体系。全年与企业签定ISO9000、ISO14000等质量管理体系合约184份，完成审核126家；完成体系复审31家;完成304家企业监督审核。累计评审认证企业650家。

出口基地建设。全年累计受理农产品出口种植基地申请19家，考核16家，发证10家，面积约1.5万亩，涉及种养品种30多个。出口水产养殖基地登记备案企业也由12家，36万亩水面，扩大到17家，65万亩水面。

隔离检疫场建设。为支持合肥天骄畜牧工程有限公司从澳大利亚等畜牧业发达国家引进优良品种，派专人赴南京局学习大中动物进境隔离检疫场建设的有关技术标准和要求，经过半年多努力，安徽省第一个大中动物进境隔离检疫场建设已获国家质检总局批准。

加强药残监测。组织编发12万字的“出口水产品检验检疫规章汇编”。对全省出口水产品加工企业29个捕捞点进行药残检测，发放了安全捕捞证书。分4次对供港活牛育肥注册场和供港动物产品来源地活动抽取尿样进行“7+37”（7种禁用药和37种限用药）残留监测，共检测360多个药物残留指标。供港活畜连续5年没有发生一起疫病及药残问题。

【服务地方经济建设有新突破】 绿色通道建设。积极推荐符合条件出口企业进入“绿色通道”，完成6家企业的初核工作，目前6家企业已获得国家质检总局审核通过。全省累计31家企业成为“绿色通道”企业。对工业产品生产企业实施一类管理企业达30家、核准二类管理企业74家。

加强协作配合。充分发挥长三角经济区检验检疫协作组织的作用。通过召开“南京、安徽检验检疫局业务协作座谈会”，进一步与近邻南京局加强业务协作与沟通。双方就电子转单、绿色通道企业免检快速通关、建设动物隔离场技术支持等达成协作意向；在实现信息资源共享，进一步扩大检验检疫监管合作的深度和广度等形成共识，确立了两省今后长期业务交流合作的新机制。

扶持地方特色产品出口。积极扶持地方特色产品打入国际市场。通过帮助企业建立卫生质量体系、指导企业把好原料采购关等四项积极措施，使丰原集团39吨浓缩梨汁顺利出口美国，实现了安徽省果汁出口“零”的突破。主动为安徽六安绿宇果树花卉研究中心提供日本苗木进口方面的信息，并对公司技术人员讲授花卉苗木在出口方面检疫知识。经过多方努力，该公司石榴、枣、猕猴桃、柿子4个品种，5万多株果树种苗顺利通关进入日本市场，这是安徽省首次较大批量果树苗木对日出口。先后2次向黄山市政府提交调研报告，建议得到市政府的高度重视和采纳。经过不懈努力，2004年黄山茶叶出口突破1000万美元、出口创汇列黄山市第一、出口额占全省茶叶出口额的50%。检验检疫的工作受到了黄山市政府、出口企业和茶农的高度赞扬与肯定。

促进农产品扩大出口。一是出台《促进安徽农产品出口六项措施》，受到安徽省政府文海英副省长高度评价，并向全省转发，为加快促进安徽农产品出口优化了环境；二是深入开展农产品出口情况调研。先后与10个市的政府领导和农业、外经贸部门以及出口生产、加工企业召开了座谈会，实地走访了全省优势农产品主要区域和近30家出口龙头企业、省级外贸公司，了解情况、征求意见，帮助解决外贸出口方面存在的问题。摸清了安徽农产品生产、加工、资源、基地等基本情况；三是积极贯彻落实总局与安徽省政府签定的《关于加强农业标准化，推进农业产业化，共同促进安徽省主导农产品出口工作备忘录》，向省委省政府专题汇报了安徽农产品出口的现状、存在的问题以及促进出口的措施建议；四是做好宣传和基地考核备案工作。与省商务厅就出口基地建设召开“全省出口基地建设工作会议”。通过各种渠道大力宣传农产品出口基地备案条件、程序和要求；鼓励出口企业建立自有种植、养殖基地，开展农产品和食品认证，按进口市场要求获得有机产品认证或其他国际认证，提高出口竞争力；把原料基地当成第一车间进行管理，严格按照国际标准组织生产，建立生产技术操作规程和质量安全管理制度，统一生产管理，统一农药管理，减少污染，产品优质无害，提高农业生产效益，确保出口食品原料的安全。据统计，10家备案基地的农产品全部或80%以上供出口，出口创汇达1000多万美元。

防止禽流感蔓延。年初部分地区出现禽流感疫情，根据疫情流行态势，加强出入境检验检疫，把好国门，严防禽流感传入传出。一是起草并实施《高致病禽流感紧急预案》；二是暂停来自禽流感疫区禽类及其制品的进口报检，到岸的禽类及其制品作退回、销毁或无害化处理；三是加大对进口货物的抽查比例；四是加强对辖区内禽类生产企业的监管工作，要求出口企业暂停生产，产品暂时封存；五是坚持零报告制度；六是加强对来自禽流感疫区船舶和集装箱的检验检疫。通过有效措施，安徽省出口禽类养殖生产企业未出现一例疫情。未使一例问题家禽出入境，有力维护了人民健康安全。

【检验检疫科技与实验室建设有新亮点】 加强标准化信息管理。制定了《安徽出入境检验检疫局标准化工作管理办法》，初步建立起系统标准化体系。由安徽局主持制定的《出口山蜇菜检验规程》、《出口鲜竹笋检验规程》行业标准已批准公布；承担起草的《化学品分类和标签安全规范 皮肤腐蚀/刺激》、《化学品分类和标签安全规范 严重眼睛损伤/眼睛刺激性》和《化学品警示标签和警示性说明编写规定 严重眼睛损伤/眼睛刺激性和呼吸或皮肤过敏》三项国家强制性标准，通过了国家级审定。

实验室建设。适时调整系统实验室规划布局，以此构筑支持安徽省农产品、食品出口的技术保障体系，逐步在安徽建立具有执法性和权威性的农产品、食品检测研发中心。年内实验室开检新检测项目95个。其中，开发的动物源产品硝基呋喃代谢物检测，已报国家质检总局登记注册，填补了安徽局的空白；开发的液相色谱检测蜂蜜中四环素族残留、磺胺药残项目，对日食品甜蜜素的检测可精确到日本要求的0.2PPM。化学实验室参加并通过了国家认监委组织的蔬菜中3种农药残留量的水平测试。铜原料及产品实验室参加了澳大利亚公司组织的水平测试，所有结果全部合格。

安庆海事局

【基本概况】 中华人民共和国安庆海事局是中华人民共和国长江海事局的分支机构,直属于长江海事局。2005年6月1日，长江干线安徽段水监体制改革顺利完成，长江干线水上安全监督工作统一由长江海事机构负责管理。安庆海事局目前下属六个海事处，分别为：安庆华阳海事处、安庆东流海事处、安庆港区海事处、安庆牛头山海事处、安庆枞阳海事处和安庆池州海事处。安庆海事局管辖范围上界：北岸马当嘴过河标（长江下游里程717公里）与南岸马当山罐形岸标（长江下游里程716公里）的联线；下界：北岸老洲头白灯船（长江下游里程559.5公里）与南岸五步沟（长江下游里程559.5公里）的联线。全长：北岸157.5公里，南岸156.5公里，跨江西、安徽二省的彭泽、东至、望江、怀宁、枞阳五县（区）和安庆、池州两市。近年来，不断加强方针目标管理力度，内强基础、外树形象，各项工作取得了明显成就，局机关连续多年被评为安庆市文明标兵单位。

【主要工作成绩】 强化和延伸了海事管理工作。重点加强了一桥、二区（油区、港区）、三段（太子矶、东流、马当）现场监管力度，进一步优化通航环境，实现油区、桥区、池州管区无等级事故，确保了辖区安全形势的稳定。

分级负责、分片包干，渡船平安行动取得成效。根据长江局的部署，认真组织了渡船平安行动工作，以分级负责、分片包干的形式，落实了渡船安全监管的责任，制定了《安庆海事局渡船安全巡查管理办法》，并按照上级要求实施了渡船116工程，即：建立了渡船基本资料数据库、渡船乡管员联系网以及《安庆海事局客渡船定期巡查和检查制度》、《安庆海事局客渡船员安全和业务知识培训教育制度》、《安庆海事局客渡船限航制度》、《安庆海事局客渡船安全定期通报及联系制度》、《安庆海事局客渡船安全年度评先激励制度》和《安庆海事局客渡船监管责任及过错追究制度》。

港区处建立的重点渡船的动态报告制度，加大渡船安全管理的宣传工作。一是和汽车轮渡所开展了安全文明共建活动；二是与港口、地方海事解决了客渡船在池州港口的安全靠泊问题；三是召开乡镇政府领导及乡管员会议，并第一个制定了客渡船的限航制度通过以上几个方面的措施，及时打击私渡船，对发现非法载客情况及时通报给地方政府，引起政府领导的重视和支持。通过深化渡船平安行动，目前，辖区内90%以上的渡口已经通过政府批准，全年客渡船安全状况良好。

航路调整工作获得成果。按照长江海事局的统一部署，认真开展了“学习通告、规范航路”百日统一执法行动，在局领导重视及通保科的精心组织下，经过全体职工的努力，圆满地完成了辖区航路调整的任务，辖区船舶航行有序。自航路变更正式实施以来，未发生等级以上的事故，通航环境得到了明显地改善，对加强长江下游水上交通安全管理，促进长江安徽段安全形势的稳定起了积极地促进作用。航路调整以来，出动船艇1800余艘次、出动执法人员4500余人次，巡航时间4500余小时，发放宣传资料15000多份，宣传船员13000余人，现场培训船员1000多人次，纠正错走航路船舶3300艘次，重点水域驻守2800余小时。

严格执法、文明执法，突出违法行为得到整治。针对辖区船舶流量大、违法行为突出、事故多发的情况，认真落实长江局在芜湖召开的“加强长江安徽段现场管理措施的研讨会”精神，强化现场，严格执法，加大打击辖区突出违法行为。一是建立了反超载的长效管理机制，以船舶整顿基地为主线，上下联动，纠正违章，消除隐患。全年，现场纠正违法行为17814次，实施行政处罚11516起（其中一般程序252起、简易程序11264起）；罚款770.8万元；违法记分1025件，共计1104分；二是加强巡航，特别加强了夜间巡航，制定了《安庆海事局夜间巡航工作制度》，各级领导带头，参加夜航，实施了对船舶流的强行调节，使夜间的事故和险情得到一定的遏止。全年出动巡逻艇7930艘次，累计出动人员37300人次，巡航时间18597小时，完成巡航任务79857次（其中局组织全航段巡航4次），共检查船舶29759艘次，检查渡口区14175道次，检查油区2200次，实现了巡航执行率高于95%的目标；三是加强了安全宣传和文明服务工作，充分体现文明执法、执法为民的理念。发布信息联播、航行通（警）告30次，发布辖区通航环境公示12次，同时大桥站及各艇在能见度不良的情况下及时用高频提醒过往船舶受到了船员的欢迎；与南京长江油运公司开展了安全文明共建，为大型船舶（队）通过复杂航段提供安全维护服务，取得了较好成效，受到了船公司的好评。

规范管理、有效管理，海事管理水平不断提升。一是完成了海事管理体系、《安庆海事局基础资料》、《安庆油港油污应急计划》等业务文件的编写工作，并认真组织了体系文件的宣贯，进行了海事管理规则和体系文件的问卷测试，建立了体系运转的组织机构；二是进一步建立健全了有关制度和程序，加强了对基层的业务规范和指导，先后在客渡船管理、巡航、船员违法记分、行政处罚、危险货物管理等方面建立和完善了制度和指导意见，使整体业务水平有较明显的提升；三是完成了PSC检查的授权验收工作，并已经取得授权。同时积极筹建了安庆长江船员培训中心和筹备了船员考试的授权工作，使海事管理工作得到拓展。在全面完成了上级下达的业务指标。对内河船舶实施安检640艘次（完成指标的116%），单船缺陷率为7.5，海船安全检查156艘次（完成指标的120%），单船缺陷率为8.4，中国籍国际航行船舶开航前检查52艘次（开航前检查率100%），缺陷总数为86，单船缺陷率为7.2。办理国际航行船舶手续79艘次，其中中国籍国际航行船舶52艘次，方便旗船舶27艘次。开航前检查船舶在国外滞留率为0，船舶登记差错率为0；船舶签证4772艘次（其中国际航行船舶156艘次、危险品船舶918艘次）；未发生重特大险情漏报、瞒报或超时限报告事件；未发生行政诉讼、败诉或由复议机关改变或撤销的行政案件、未发生因海事责任而导致国家赔偿的案件。

【探索建立行之有效的激励机制】 推进改革，探索建立行之有效的激励机制。组织业务部门和处站领导到江苏学习，开拓视野，并在港区处进行了海事管理动静适度分离的试点。为了促进政务公开和规范办事程序，充分体现为船舶单位服务的宗旨，推行海事管理业务受理与审批分离，根据长江海事局《长江海事系统设置海事管理政务大厅（办公室）指导意见》的要求，于4月1日启动安庆海事局海事政务受理中心，并在有条件的处站建立政务受理窗口（共五个），基本实现政务受理一个窗口对外。更新了电脑触摸屏软件查询系统，公布了服务承诺、投诉和举报电话、政务指南和办事流程，布置和建立了外来人员申请办事和休息的设备，为统一受理建立了良好的工作环境，认真开展政务受理工作，落实了交通部和长江局便民措施。

【落实人才培养措施，加大培训力度】 2005年全年举办各类培训班14期，包括外派参加培训人员共计336人/次，提高了干部职工的政治业务素质。完成2名计算机网络专业人员和1名船员管理人员的配备；机关干部和执法人员（51人）计算机水平达国家一级以上达标率超过90%；45岁以下执法人员（11人）英语达国家四级以上水平达标率为26%。

【加大投入，奠定了可持续发展的基础】 为了逐步实现长江海事局提出的“四化三步走”的战略目标，安庆局加大资金投入，努力推进“四化”进程。建立了安庆海事局网络系统，信息化工作得到有效推进。按照长江局信息化建设二期工程的统一布置，局中心机房进行了改造，并于6月底建成了本单位局域网，6月20日开通了本单位内、外网站，电子签证工作正常，中创公司船舶动态管理系统于11月20日开始在各基层处站试运行，目前运行情况良好，为该系统在全线应用做了十分有益的尝试和探索，收费机打票据工作按长江局要求推进。调整布局、整合资源，努力实现反应快速化。为了满足“1540”的快速反应要求，调整了基层处站布局，将原池洲处的管段按照“就近监管”的思路进行重新划定，将原安庆大桥站和五里庙站按照“整合资源”的思路进行合并组建安庆港区处，在东流镇成立了华阳站东流工作点。同时，为了加强现场管理，解决基层站点无办公场所的现状，购置水泥趸船2艘、执法车2辆、执法摩托车6辆，并将海巡艇进行了重新分布，基本实现反应快速化。为了加强现场搜救工作，健全搜救网络和机制，在安庆市政府的关心和支持下，“安庆长江水上搜救中心”于2004年11月正式挂牌，使长江安徽段的搜救网络得以健全。同时，加强内部管理，使之适应执法规范化在业务上积极组织编写海事管理体系文件，进一步从制度、程序、监控等方面加强执法规范化建设的同时，继续坚持“站管艇、艇管趸”的管理模式等积极有效的措施，局属处（站）、科（室）相互合作，协调一致地做好各项内部管理工作。船艇完好率为92%以上，船艇可用率为90%以上，一级船艇达标率为30%以上，全年修船计划完成率为100%，海巡艇累计航行时间达18177小时，无一般以上责任事故发生；对建局以前的各类档案进行了整理归档，建局以来各类档案的归档率和完整率为100%；单位内部未发生重大安全责任事故。

福建口岸工作综述

2005年福建省海港口岸外贸货运量6773.13万吨，与上年比增（下同）20.03%，其中进口2592.15万吨，出口4180.98万吨，同比分别增长8.17%和28.79%。全省海运集装箱吞吐量381.96万标箱，比增14.53%，两岸试点直航累计双向航行2021航次,运载箱量55.61万标箱，与2004年基本持平。全省口岸出入境旅客238.08万人次，比增10.66%，其中空港口岸出入境旅客180.87万人次，比增6.12%，海港口岸客运累计完成57.21万人次，比增28.79%。两岸直接往来旅客55.46万人次，比增29.44%。

【口岸开放、临时开放和口岸管理】 一是宁德城澳港口岸对外开放通过国家级验收，并获国务院批准更名为宁德港口岸；二是福州港马尾客运站改造工程工作顺利完成；三是启动福州邮检口岸工作，成立福州邮检口岸邮寄物突发事件应对领导小组，组织邮检口岸反恐突发事件演习，并协调解决福建检验检疫局邮办办公用房问题；四是邀请并参与国家部委联合调研组就港口非开放水域临时进靠外轮申报工作对我省部分沿海港口开展调研；五是参加了国家口岸规划办召开的《港口口岸开放范围确认方案》座谈会和关于“十一五”口岸开放规划审理原则研讨会；六是国际航行船舶临时进靠泉州港深沪港区和福州港罗源港区狮岐3万吨级码头作业、延长国际航行船舶临时进靠连江文湾船厂获交通部批复；七是落实了罗源淡头二类口岸开展毛角石对台货运业务；八是向国家交通部申请批准漳州石码、冬古和福州金井等二类口岸临时进靠外国籍船舶作业；九是积极协调并落实了晋江机场延长临时对外开放，晋江机场正式对外开放事宜已由省政府行文上报国务院；十是向省政府报送了全省清理整顿后保留的原二类口岸处理方案和漳州港口岸石码港区、福州松下港口岸牛头湾作业区扩大对外开放的处理意见；十一是对全省开放水域内一批新增作业点组织了省级验收；十二是结合新情况召开了全省空港口岸工作座谈会，出台了《促进全省空港口岸出入境客货运输发展的若干措施》；十三是召开了2005年度全省口岸统计工作会议；十四是协调口岸查验部门认真做好空港口岸要客接待，既严格把关，又提供便利。

【口岸大通关】 一是省政府出台了《关于加快推进口岸大通关建设的若干意见》（闽政[2005]11号)，成为我省今后一段时期推进口岸大通关建设的指导性文件。省口岸大通关协调领导小组办公室成员召开了专题会议，研究贯彻落实、分解《若干意见》的具体工作任务；二是福建电子口岸平台建设取得实质性进展。《中华人民共和国海关总署 福建省人民政府关于建设福建电子口岸的合作备忘录》于9月23日顺利签署。编写了福建电子口岸平台建设规划、2005-2006年工作方案和技术方案。提出了对现有业务系统的整合方案和运营实体组建方案；三是协调省内口岸查验主管部门落实省政府关于在部分繁忙口岸试行7天工作制的要求。会同省政府新闻办召开新闻发布会，向全社会公布从2005年10月9日开始在福建省部分繁忙口岸试行7天工作制和省政府出台的《关于加快推进口岸大通关建设的若干意见》，收到很好效果。组织跟踪落实，并组织省内中介代理公司、船务公司召开座谈会宣传推广7天工作制。

【口岸综合管理立法】 一是加强宣传，努力推动口岸综合管理立法。撰写了《推进福建口岸综合管理地方性立法工作，为海峡西岸经济区构建良好的口岸环境》的研讨论文。在福建省人大《人民政坛》杂志发表采访文章《口岸兴，福建兴；口岸旺，福建旺》。协助一些人大代表和政协委员提交有关口岸综合管理立法的议案；二是做好立法调研。将《福建省口岸综合管理条例》草稿送交驻闽口岸查验部门、生产运输部门和中介服务部门征求意见。组织人员先后到福州海关等6家查验主管部门进行调研，取得了各单位对福建省口岸综合管理立法的支持；三是在立法调研的基础上，理清了思路，对法规进行重新编写，并正式行文上报；四是根据黄小晶省长的指示精神和省政府专题会议纪要要求，起草了《福建省口岸综合管理规定》及说明报送省政府。省政府法制办按规章制定程序进入征求意见和修改阶段，争取2006年先出台省政府规章，并继续列入2006年省人大立法调研项目。

【口岸严防高致病性禽流感】 制定了“福建口岸防控高致病性禽流感具体措施”发口岸各有关单位贯彻落实。福州空港口岸组织了防控禽流感工作预案演练，认真落实防控各项具体措施。各地口岸也都认真做好口岸防控禽流感工作，确保口岸畅通安全。

【强化反走私综合治理责任工作】 一是认真抓好《福建省反走私综合治理工作领导责任制》的贯彻落实。2005年初，副省长叶双瑜和省打私办先后带领有关部门领导对沿海6个设区市、8个重点县(市）反走私责任制落实情况进行督促检查，推动落实。同时，省委综治委确定把反走私综合治理工作纳入社会治安综合治理的年度考核内容，作为省委、省政府与各设区市委、市政府党政一把手签订责任状考核政绩的依据；二是加强协调，认真落实反走私综合治理整治试点工作。学习广东省湛江市“十百千”反走私综合治理经验，在石狮市和连江县主要村镇开展此项活动。

（福建省口岸海防办）

2005年福建海港口岸客运累计统计表

单位：人次

项目 / 出入境	出入境旅客							
	全年合计	与上年同比增长%	内地	香港	澳门	台湾	华侨	外国籍
出入境人次	1808666	6.12	671547	168318	11174	317386	–	640241
出境	920024	6.30	349053	86805	5582	157432	–	321152
入境	908642	5.93	322494	81513	5592	159954	–	339089

全年出入境货运量100210.00吨,与上年同比增长56.99%,其中出境61939.00吨,入境38271.00吨,转关7703.00吨。

全年出入境飞机19273架次,其中出境9476架次,入境9797架次。

2005年福建省口岸外贸海运统计表

单位：（货物吞吐量）万吨、（集装箱量）标箱、（人员入出境）人次

项目 口岸	类别	全年完成量	与上年同比增长%	进口或入境合计	与上年同比增长%	出口或出境合计	与上年同比增长%
福州口岸	货物吞吐量	2435.4121	33.67	311.1234	7.00	2124.2887	38.74
	国际集装箱	695987	10.48	337629	10.13	358358	10.80
	入出境旅客	36173	66.95	17562	71.20	18611	63.13
厦门口岸	货物吞吐量	3245.2647	13.93	1466.0292	13.00	1779.2353	14.71
	国际集装箱	3083184	16.11	1508589	18.50	1574595	13.90
	入出境旅客	535974	26.84	269343	26.70	266631	26.98
漳州口岸	货物吞吐量	253.6257	-10.09	154.7838	-25.10	98.8421	31.05
	国际集装箱	—	—	—	—	—	—
	入出境旅客	—	—	—	—	—	—
泉州口岸	货物吞吐量	637.5824	7.23	568.9966	6.63	68.5858	12.45
	国际集装箱	29852	-21.02	21891	-20.63	7961	-22.07
	入出境旅客	—	—	—	—	—	—
莆田口岸	货物吞吐量	103.9610	46.09	89.2392	35.05	14.7218	189.59
	国际集装箱	10531	21.39	5867	9.97	4664	39.64
	入出境旅客	—	—	—	—	—	—
宁德口岸	货物吞吐量	97.2825	299.08	1.9792	5.12	95.3033	323.66
	国际集装箱	—	—	—	—	—	—
	入出境旅客	—	—	—	—	—	—
总计	货物吞吐量	6773.1284	20.03	2592.1514	8.17	4180.9770	28.79
	国际集装箱	3819554	14.53	1873976	16.14	1945578	13.01
	入出境旅客	572147	28.79	286905	28.75	285242	28.84

2005年福建各航空口岸客货运情况表

单位：（出入境旅客）人次、（进出口货物）吨

项目 / 口岸	类别	全年合计	与上年同比增长%	进口或入境合计	与上年同比增长%	出口或出境合计	与上年同比增长%
福州口岸	入出境旅客	492234	7.77	243183	5.15	249051	10.46
	进出口货量	9338.00	2.72	6246	14.75	3092.00	–15.21
厦门口岸	入出境旅客	1273392	4.81	625730	5.57	647662	4.09
	进出口货量	90872.00	66.00	32025	100.35	58847.00	51.83
武夷山口岸	入出境旅客	16247	–26.11	7930	–25.20	8317	–26.96
	进出口货量	—	—	—	—	—	—
总计	入出境旅客	1808676	6.12	888652	5.93	920024	6.30
	进出口货量	100210.00	56.99	38271	78.61	61939.00	46.07

2005年福建海港口岸客运累计统计表

单位：(出入境旅客) 人次

项目 / 口岸(出入境)		各地累计	与上年同比增长%	内地	香港	澳门	台湾	华侨	外国籍
福州口岸	入境	17562	71.20	—	—	—	17562	—	—
	出境	18611	63.13	—	—	—	18611	—	—
	合计	36173	66.95	—	—	—	36173	—	—
厦门口岸	入境	269343	26.70	1773	5283	10	260216	—	2061
	出境	266631	26.98	1097	5287	11	258237	—	1999
	合计	535974	26.84	2870	10570	21	518453	—	4060
总计	入境	286905	28.75	1773	5283	10	277778	—	2061
	出境	285242	28.84	1097	5287	11	276848	—	1999
	合计	572147	28.79	2870	10570	21	554626	—	4060

2005 年福建省两岸试点直航货运统计表

单位：（航行数量）航次、（运载量）标箱

项目 / 口岸		全年累计双向航行航次	与上年同比增%	全年累计进港航行航次	全年累计出港航行航次	全年累计进出口运载量(标箱)	与上年同比增%	全年累计进口运载量(标箱)	全年累计出口运载量(标箱)
福州口岸		873	9.39	427	446	262098	7.53	118397	140701
其中	闽方	349	4.49	176	173	119176	1.89	55187	60989
	台方	524	12.93	251	273	142922	12.73	63210	79712
厦门口岸		971	–16.72	478	493	29400	–12.77	138279	155721
其中	闽方	428	–35.92	206	222	92294	–42.43	35869	56425
	台方	543	9.03	272	271	201706	14.14	102410	99296
漳州口岸		177	149.29	70	107	—	—	—	—
其中	闽方	139	95.77	70	69	—	—	—	—
	台方	38	—	—	38	—	—	—	—
总计		2021	–0.68	975	1046	556098	–4.60	256676	296422
其中	闽方	916	–14.63	452	464	211470	–24.32	91056	117414
	台方	1105	14.86	523	582	344628	13.55	165620	179008

福建口岸查验单位工作综述

福州海关

2005 年，福州关区共监管进出口货物 2497.74 万吨，其中进口 359.40 万吨，出口 2090.34 万吨，分别比上年增长（下同）33.23%、11.14%、37.94%；进出口货物总值 118.26 亿美元，增长 3.55%（其中进口 51.81 亿美元，下降 4.61%；出口 66.45 亿美元，增长 10.95%）。监管集装箱 63.30 万标箱，增长 8.56%；监管运输工具 12564 艘（辆、架）次（其中进出境飞机 3701 架次，增长 0.73%；进出境船舶 8863 艘次，增长 25.38%）；监管出入境人员 76.98 万人次，增长 10.84%；监管进出境邮递快件 49.49 万件，增长 32.86%；征收关税和进口环节增值税共 34.09 亿元。办理加工贸易合同备案 5403 份，进口料件备案金额 29.30 亿美元。全年刑事立案 22 起，下降 29.03%；案值 2122.47

万元，下降40.63%；抓获走私犯罪嫌疑人79人。受理走私行为案件30起，案值688.5万元，下降43.40%；受理违规案件213起，增长47.92%；案值16439.05万元，增长672.13%；全年共查获涉嫌侵权案件121起，增长132.70%；案值801万元，增长192.30%。

【深化业务改革，不断增强把关服务能力，积极为福建省经济发展营造良好的投资环境】 年内，全力以赴配合福建省、福州市政府推动福清、马尾出口加工区、福州保税区“区港联动”项目、江阴保税物流中心（B型）项目的申请和建设。5月18日“海交会”期间，为推动台湾农产品首次以免税直航的方式进入大陆市场，专门为免税通关的43吨台湾参展水果“量身定做”通关方案，采取了优先报关、上门查验等6项便捷通关措施，做到了“零关税”、“零滞港”、“零损耗”。整个通关操作过程对台湾农产品进入大陆产生了示范效应，并将6项通关便利措施制度化，有力地推动了闽台农产品贸易和合作。10月初“龙王”台风后，立即派出工作组赴受灾企业实地调研，并制订出台“4条应急措施”，支持企业尽快恢复生产。加快加工贸易联网监管和出口加工区建设步伐。与冠捷、华映等21家企业实现了加工贸易联网监管，联网企业的进出口额占福州关区加工贸易进出口额的63%。贯彻国务院出口加工区工作会议精神，与福州市政府密切配合，做好2个新增出口加工区迎接综合验收的准备。改革通关模式，不断提高通关效率。在马尾港、福清江阴港试点的基础上，与厦门海关签署了“多点报关、口岸验放”通关模式合作协议，9月20日，冠捷（福建）电子有限公司出口货物在马尾海关申报、厦门口岸验放成功，首次实现了福厦两关之间跨关区的“多点报关、口岸验放”。12月23日，实现了泛珠三角区域合作“多点报关、口岸验放”出口货物顺利通关。根据统计，全年该通关模式报关单量达14521票。推行“网上支付税费”，240家企业与海关签订了《网上支付税费服务协议书》，网上付税额超过3亿元。充分利用鹰厦铁路，推行“铁海联运”通关模式，建立关区内陆隶属关与厦门港进出口货物联运体系。贯彻落实7天工作制。从10月9日起，在业务繁忙的马尾海关通关业务现场实行“7天工作制”，做到每周7天全天候通关。在工作中，认真做好人力调配、技术保障，并加强与各口岸部门的密切配合，至年底，周末累计参加值班关员达2244人次，审核报关单3722份，企业反映良好，推动了电子口岸建设。与福建省、福州市政府及有关部门密切沟通，推动海关总署与省政府在9月底共同签署合作备忘录。通过狠抓“大通关”建设，整体通关效率有了明显提高，福州口岸进口货物从接受电子申报到放行的海关作业平均时间提速到17.5小时，出口货物从接受电子申报到放行的海关作业平均时间递减为1.68小时。对列入行政许可事项的加工贸易合同备案，1天内办结的达70%，3天内办结的达95%以上。

【探索反走私长效机制，继续保持关区打私高压态势】 以反走私长效机制建设为突破口，不断提升缉私能力，有力地遏制了关区走私势头，有效地维护了关区正常的进出口贸易秩序。一是深入开展反走私专项行动。通过情报自侦、阵地控制和关警协作，在3个打私重点领域实现了新的突破；开展专项行动，破获了一般贸易渠道和海上偷运渠道走私船舶犯罪案件6起，抓获犯罪嫌疑人18名，在闽东沿海地区产生了较大社会反响；以旅检渠道为重点，强化旅检现场关员的责任意识，建立海关内部联合查缉工作机制，积极开展与新加坡等东南亚国家的国际禁毒协作，查缉毒品走私取得了历史最好成绩，共查获千克以上走私毒品大案5起，缴获氯胺酮14007克、可卡因2990克，抓获5人，在社会上也产生了巨大反响；以“打现行，摧团伙，破大案”为主攻方向，打击海上成品油走私，8月25日在福州、平潭、石狮三地同时展开行动，一举摧毁了3个“一条龙”成品油走私团伙，抓获19人，初步查实走私成品油4000余吨，总案值近2000万元，涉嫌偷逃税额380多万元。二是扎实推进关区反走私长效机制试点建设。进一步明确了各单位、各部门反走私职责，探索和实践打私责任机制、指挥协作机制、打私保障机制、情报预警机制和综合治理机制等五大机制30项具体任务。积极参与连江县等重点沿海地区反走私综合整治试点工作，与边防海警部门建立打私联动机制，不断深化反走私综合治理工作内涵。三是加大规范企业行为力度。从企业信用信息和档案数据管理等方面入手，不断完善企业诚信机制建设，开展了企业数据库管理、企业类别动态调整、报关行为规范、“红黑名单”企业评定，促进企业诚信守法。关区进出口企业中被海关总署评为“红名单”企业6家，“黑名单”企业1家；54家企业取得AA类企业管理资格，186家取得A类企业管理资格。加强报关市场整顿和报关员管理，完成关区内45家报关企业的年审工作，培训报关员1000人次，并对890名报关员资格证真伪进行核对。四是加强知识产权海关保护工作。全年共查获涉嫌侵权案件121起，共查扣汽配、服装鞋帽、箱包、汽油发电机组、箱包、光盘等侵权物品38万件，有力地打击了进出口侵权行为，得到了福建省整规办的充分肯定，被评为福建省和全国“保护知识产权宣传周”先进单位。

【强化综合治税，提高税收征管质量】　2005年，关区一般贸易进口尤其是应税货物进口下降，综合税率下调，重点纳税企业进口大幅减少等多种因素影响，关税征管工作面临前所未有的严峻形势。海关采取了一系列针对性措施：一是多管齐下，努力构建综合治税大格局。先后6次召开税收形势分析会，适时研究对策，及时将11项综合治税工作任务分解落实。实行日报制度，对关区税收情况进行全方位跟踪监控。创新业务管理模式和工作制度，落实各部门之间的联系配合办法，发挥风险管理作用，通过数据综合分析发现问题，及时堵塞漏洞，切实推动以3个渠道为重点，3级事权、3支力量、2大平台和各个部门良性互动的综合治税格局的初步形成。逐家走访重点企业，实地解决企业困难，全年实际减免税款8.94亿元。及时解决审价等一些“瓶颈”问题，支持和促进企业扩大进口。二是深挖“存量”，提高税收质量。在税收“增量”不足的情况下，重点在深挖“存量”上下功夫，不断提高征管质量。开展了重点商品调研，逐步建立起关区重点、敏感商品价格库，并与厦门海关签订了《审价联盟配合联系办法》，全年关区价格水平为0.9958，始终保持在“绿色区域”。狠抓审价补税，全年审价补税2793万元。大力整治同名商品归类差异问题，至11月份差异率降至零，在全国排名第4位。加强关区加工贸易内销补税力度，企业主动申请补税和海关核查补税金额超过2000万元。加大稽查补税力度，共稽查、核查企业177家，补税入库5760.6万元，同比增长137%，罚没缴库922万元。开展打击加工贸易渠道走私等专项行动，破获刑事案件2起，查处行政案件34起。上述措施促进了监管效能，防止了“跑冒滴漏”，有效地提高了税收质量。全年共征收关税和进口环节增值税34.09亿元。

【推进海关队伍建设】　一是开展保持共产党员先进性教育活动。52个基层党组织、821名党员参加了保持共产党员先进性教育活动，教育活动得到了中央第8督导组和福建省委分管领导的肯定，并作为福建省4个典型单位之一，在全省先进性教育工作座谈会上介绍了经验。二是抓好准军事化纪律部队建设试点工作。作为全国海关系统准军事化纪律部队建设试点单位之一，着力在深化内涵、狠抓日常养成上下功夫，采取试点先行、全面铺开的办法，在强化指挥协调机制、业务运行机制、教育养成机制、内务管理机制等4个方面进行了有益探索。11月，海关总署在福州海关召开了全国海关系统准军事化建设试点工作总结交流会，充分肯定了试点经验。三是推进干部人事制度改革，完成职能调整。7月份，完成了调查职能调整工作。11月份，又顺利完成了通关、监管部门的机构撤并和职能调整工作。采取竞争上岗和组织考核“两条腿走路”的办法，全年选拔任用处科级行政领导81名，非行政领导职务20人。重新修订了《干部交流实施办法》，交流干部278名（含缉私局74人）。抓好“海关人员6项禁令”、“红包”公布制度的贯彻执行，严肃查处违法违纪行为。全年查处违法违纪4起15人，其中开除1人，辞退1人，撤职3人，其他党政纪处分10人。

（李与天）

厦门海关

【概况】 2005年，厦门海关确立“争创一流海关、构建和谐海关”的奋斗目标，全面提高海关税收征管、打击走私、通关监管、保税监管、统计监测等5种能力，高质量履行海关各项职能，促进海峡西岸经济区对外贸易健康、快速发展。关区全年报关单总数1489283张，与上年相比（下同）增长11.77 %；进出口总值首次突破400亿美元，达425.6亿美元，增长17.5 %；进出口货运量3601.23万吨，增长9.46%；进出口集装箱290.97万箱次，增长12.63%；监管进出境人员221.19万人次，增长12.39 %；综合治税，应收尽收，共征收关税和进口环节增值税合计入库达134.23亿元，增长10.54 %，同时，审批减免关税和进口环节增值税18.94亿元。全年刑事受案共90起，下降10 %；立案63起，案值人民币14853.9万元，涉嫌偷逃税款人民币3484.7万元，分别增长8.62 %、72.94 %和72.77 %；抓获犯罪嫌疑人182人，刑事拘留98人，逮捕63人，移送起诉47起87人。行政立案938起，案值人民币30288.18万元。

【加快推进口岸大通关建设】 根据福建省政府统一部署，从10月9日起，厦门海关克服人力资源严重紧缺的实际困难，在全关各业务现场实行的“5+1”预约加班制的基础上，在业务最繁忙的东渡海关和高崎机场海关试行每周7天工作制，即在周六、周日按照平时周一至周五的工作模式，按照同样的操作规程、同样的工作标准，办理所有的通关业务，以适应现代物流的发展要求，提高贸易效率，降低企业成本，为广大进出口企业提供高效便捷的通关环境。2005年，厦门关区进口货物当天放行率达54.51%；出口货物当天放行率达82.42 %；分别增长10 %与4.1 %。海关工作得到社会各界的支持和肯定。

【促进关区加工贸易转型升级】 全面推进保税加工及保税物流监管制度改革，促进关区加工贸易快速发展，关区全年加工贸易备案金额109.82亿美元。在健全、完善保税加工和保税物流监管操作规程的同时，积极推行加工贸易联网监管改革，实现审批、备案、进出口报关、报核的全程网络化管理，其便捷的监管模式，节省时间、费用，成为厦门特区企业尤其是大型企业提高运作效率和竞争能力的一大途径，纷纷向海关提出实行联网监管的要求，目前，关区加工贸易联网监管企业已达101家，其中2005年新增联网企业77家，联网监管企业的进出口值占关区加工贸易进出口总值的70 %。

【以全程电子智能化力保厦门保税物流园区货物24小时直通】 厦门象屿保税物流园区于12月

2005年福州海关主要业务统计表

单位:见表内列出

<table>
<tr><th colspan="3">项　目</th><th>2005年</th><th>2004年</th><th>增减(%)</th></tr>
<tr><td rowspan="3">进出口货值
(万美元)</td><td colspan="2">合　计</td><td>1182596</td><td>1142066</td><td>3.55</td></tr>
<tr><td colspan="2">进　口</td><td>518139</td><td>543177</td><td>-4.61</td></tr>
<tr><td colspan="2">出　口</td><td>664457</td><td>598889</td><td>10.95</td></tr>
<tr><td rowspan="3">进出口货运量(吨)</td><td colspan="2">合　计</td><td>24497366</td><td>18387731</td><td>33.23</td></tr>
<tr><td colspan="2">进　口</td><td>3593971</td><td>3233831</td><td>11.14</td></tr>
<tr><td colspan="2">出　口</td><td>20903395</td><td>15153900</td><td>37.94</td></tr>
<tr><td rowspan="2">集装箱</td><td colspan="2">集装箱总数(标准箱次)</td><td>633001</td><td>583065</td><td>8.56</td></tr>
<tr><td colspan="2">箱载货量(吨)</td><td>4605580</td><td>3890348</td><td>18.38</td></tr>
<tr><td rowspan="3">监管运输工具</td><td colspan="2">监管进出境总数(辆艘)</td><td>12564</td><td>10744</td><td>16.94</td></tr>
<tr><td rowspan="2">其中</td><td>进出境飞机(架)</td><td>3701</td><td>3674</td><td>0.73</td></tr>
<tr><td>进出境船舶(艘)</td><td>8863</td><td>7069</td><td>25.38</td></tr>
<tr><td rowspan="5">行邮</td><td colspan="2">出入境人员(人次)</td><td>769841</td><td>694530</td><td>10.84</td></tr>
<tr><td rowspan="2">其中</td><td>旅客(人次)</td><td>522073</td><td>482049</td><td>8.30</td></tr>
<tr><td>运输工具服务人员(人次)</td><td>247768</td><td>212481</td><td>16.61</td></tr>
<tr><td colspan="2">进出邮政、快(递)件</td><td>494906</td><td>372497</td><td>32.86</td></tr>
<tr><td colspan="2">其中:印刷品进、出口(件)</td><td>488420</td><td>549297</td><td>-11.08</td></tr>
<tr><td rowspan="4">加工贸易</td><td colspan="2">加工贸易企业备案数(家)</td><td>640</td><td>653</td><td>-1.99</td></tr>
<tr><td colspan="2">进口料件备案额(万美元)</td><td>293090.10</td><td>309671.61</td><td>-5.35</td></tr>
<tr><td colspan="2">备案合同数(份)</td><td>5403</td><td>5969</td><td>-9.48</td></tr>
<tr><td colspan="2">核销合同数(份)</td><td>5501</td><td>6675</td><td>-17.6</td></tr>
<tr><td rowspan="3">企业注册(家)</td><td colspan="2">注册总数</td><td>4154</td><td>4011</td><td>3.57</td></tr>
<tr><td rowspan="2">其中</td><td>自理企业</td><td>4107</td><td>3713</td><td>10.6</td></tr>
<tr><td>报关企业</td><td>47</td><td>21</td><td>123.81</td></tr>
<tr><td rowspan="3">税　收(亿元)</td><td colspan="2">关税入库</td><td>6.51</td><td>8.08</td><td>-19.43</td></tr>
<tr><td colspan="2">进口环节税入库</td><td>27.58</td><td>26.44</td><td>4.31</td></tr>
<tr><td colspan="2">两税合计</td><td>34.09</td><td>34.52</td><td>-1.25</td></tr>
</table>

21日顺利通过海关总署等国家部委验收，厦门海关按中央指示要求，对进出园区的货物通过电子闸门、电子地磅、电子车牌识别、集装箱号识别、IC卡识别、监控室监控、GPS监控等监管设施联动，自动采集核对有关数据，严密完善的人工监控措施和规范严格的业务操作流程，保证严密监管。同时，对园区企业实行无纸化通关，仓储企业账册电子化管理，仓储货物园区内自由转让，区港间货物24小时直通，园区货物到港后船边提货直接入区，货物可分批进入园区集中报关等管理形式，从而实现高效运作。2005年，保税区一线进出口货物34.14万吨，货值23.77亿美元，分别增长55.61%和35.91%；出口加工区进出口货物5.19万吨，货值2.86亿美元，分别增长83%和105%。

【依托“五缘”促进对台交流】 发挥厦门的区域优势，积极做好海关对台各项工作。主动开辟快速通道，确保台湾农产品、水果通关顺畅，共办理51批次台湾水果通关手续，验放台湾水果269吨，价值28.5万美元。大力推动厦金直航健康快速发展，实行“一三五分钟”的“无障碍通关”方式。即：对无携带需申报物品的旅客，平均每人一分钟完成通关；对携带须申报物品的旅客，平均每人三分钟内通关；对须办理征税手续的，平均五分钟内办理完毕。年内共监管厦金航线客运进出境船舶3740航次，进出境旅客51.84万人次，分别增长20.8 %、27.78%；两岸试点直航货运量236万吨，增长34.09 %。促进大嶝对台小额商品交易市场健康发展，大嶝市场进口货值790.35万美元，创历史新高。尤其是针对连宋访问大陆后的新局面，认真分析存在的问题，提出了一系列对策建议，其中《对台小额贸易若干政策建议》和《金门游热点不“热”，诸多问题亟待解决》等调研文章引起国台办、福建省台办和厦门市台办的重视，《金门游热点不“热”，诸多问题亟待解决》被《经济日报》内参采用，诸多对策建议得到相关部门的采纳，为促进台海两岸交流做出应有贡献。

【“综合治税”初显成效】 “综合治税”是2005年海关总署确定的重点工作之一，是贯彻落实海关工作方针，从国家经济发展的宏观和长远着眼，从海关税收工作规律出发，通过改革体制机制、整合资源配置、合理界定事权、明确职责任务、增强联系配合、发挥整体效能，从根本上提高税收征管质量、保障海关税收应收尽收的一项重大改革举措。年内，厦门海关各职能部门强化“责任意识”、“危机意识”、“大局意识”和“超前意识”，以税收工作为“轴心”，明确责任，建立联系配合机制，形成合力。关税部门积极发挥职能作用，切实加强与通关监管、加工贸易和保税监管、后续管理、打击走私等有关部门的密切合作，基本形成厦门海关综合治税大格局，综合治税效果逐步显现，顺利完成税收任务。关区全年共征收关税和进口环节增值税合计入库达134.23亿元，增长10.54 %，同时，审批减免关税和进口环节增值税 18.94亿元。

【强化海关刑事、行政执法综合打击效能】 一是坚持“破大案、打团伙、摧网络”，强化刑事、行政执法手段，摧毁了汽车、冻海产品、数控铣床等3个走私团伙，起到较大的震慑作用；二是组织打击走私成品油、香烟、台（杂）货、冻品、非法出版物等专项行动取得丰硕战果；三是全面深化缉私工作与海关业务工作的融合，以打私服务海关税收与监管，缉私部门与海关业务现场建立起较为完备的业务联系长效机制；四是在海关系统率先开展“网上缉私”试点，运用各种技术资源，对货运渠道的远洋船舶跨关区走私进行全程跟踪，成功侦破一起集加工贸易、转口贸易、海上偷运走私为一体的团伙犯罪案件，摧毁长期活动在闽粤两地的重要走私通道，为在全国海关推广“网上缉私"积累了经验；五是推进反走私综合治理取得实效，"科镇挂钩"工作由"科到镇"推进至"人到村"，建立反走私综合治理工作站，开展反走私法制宣传，形成反走私整体联动、齐抓共管格局。

【打击毒品走私成绩斐然】 在深入分析当前毒品走私形势的基础上，拓宽缉毒思路，调整工作布局。海关各部门间初步形成"信息共享、快速反应、互相协调、整体联动"的缉毒运行机制；充分发挥信息先导作用，分析、提炼风险要素，加大对重点航班、重点旅客的查缉力度；推广"一看二问三查"工作法，提高现场关员的观察能力和风险识别能力。2005 年，厦门海关在遏制境外毒源、截断毒品通道、查缉毒品走私上取得显著战果，全年共破获 7 起重、特大走私毒品案，同比增长 3 倍，查缴毒品 23217.31 克（其中海洛因 188.39 克），共抓获犯罪嫌疑人 19 名，其中台湾籍犯罪嫌疑人 4 名，查扣毒资近 30 万元，摧毁犯罪团伙 2 个，得到总署嘉奖。

【不断推进口岸多边合作】 积极落实《海关支持和推动"泛珠三角"区域合作的十项措施》，推进"泛珠三角"区域海关合作；建立福厦两关打私联盟、关税联盟等合作机制，福建省内海关合作迈出新步伐；逐步推进"属地报关，口岸验放"，关区内"多点报关，口岸验放"正式启动，厦门、福州两关间的"属地报关，口岸验放"开始试点。大力推动"海铁联运"、"陆空联运"等"多联式"监管模式，实现与三明海关、赣州海关、南昌海关的海铁联运连接，成效初显；福厦两地空港出口陆空联运正式运行，海关内外反映良好；推动关检合作，与福建、厦门国检局分别签订合作备忘录，进一步拓展协作内容、丰富协作形式，营造"客乐其行、物畅其流"的通关环境，在服务海峡西岸经济区建设大局中发挥了较大作用。

【着力提高海关执法的社会效益】 2005 年，厦门海关顺应形势的变化，主动参谋、主动工作，从建立合作伙伴关系的立场出发，高度重视与企业的沟通，加强"关企合作"。关领导多次带领有关职能部门领导，深入外贸企业现场办公，与企业面对面对话交流，为企业释疑排忧；举办加工贸易企业和贸易企业等座谈会，倾听企业心声。通过调研和座谈，既宣传海关政策，又帮助企业用好、用足海关新政策、新举措。以换位思考的方式，切实解决企业的困难，满足企业的要求，促进企业的发展壮大，在构建"关企和谐"中赢得企业的尊重与信赖。

【成功举办海关开放日】 11 月 30 日，厦门海关举办开放日活动，市民代表、行风评议代表、新闻媒体记者等踊跃参加。海关向各界代表介绍为支持厦门口岸经济发展采取的一系列便捷措施，热情宣传讲解相关海关法律、政策，热心解答海关业务和法律问题咨询，各界代表在参观海关 H986 集装箱检查系统和东渡海关物流监控中心之后，还观看了海关缉私警察现场指挥缉毒犬搜毒演示。举办海关开放日，为社会各界提供认识海关的机会，让社会各界更加了解海关工作，支持海关事业，有利于促进双方的沟通交流与协作互助。

【实行厦门海关新闻发布会制度】 2005 年，厦门海关不定期召开常规性、公告性和专题性的新闻发布会，有关领导、相关职能部门领导向新闻媒体通报和介绍海关工作情况，并回答记者的提问。人民日报、中央人民广播电台、光明日报，以及福建日报和厦门日报等中央、省、市近 20 家新闻媒体记者参加。年内，厦门海关先后 5 次分别就海关年度重点工作部署，地方外经贸运行情况，海关推进口岸大通关、支持泛珠三角区域经济一体化改革的具体措施，改革航空口岸旅客申报制度，向社会曝光加工贸易渠道走私违规案件，海关取消"征税货物信任放行"管理办法等召开新闻发布会。举行新闻发布会，是厦门海关推动关务公开、警务公开，树立海关形象而采取的一项新措施。

【廉政建设、行风建设长抓不懈】 严格执行“海关人员6项禁令”，坚持有案必查、查办案件动真格，严肃查处违纪违法案件，并认真进行责任分析和责任追究。制定《厦门海关关于贯彻落实〈海关总署对送收“红包”行为予以公布的暂行办法〉的实施细则》。在开展“红包”专项治理的同时，坚决查处少数关员变相捞好处现象，针对一些部门存在的效率低下、办事推诿、刁难卡压等损害工作对象利益的突出问题开展专项监察，进一步增强行政执法透明度，尊重和保护群众的知情权，促进海关单位及其工作人员廉洁从政、公正执法。年内，海关纠风工作得到地方政府的充分肯定。

(吴建华)

福建省公安边防总队

【维护口岸安全稳定】 全省9个现役制边防检查站担负着9个一类口岸（空港2个、海港7个）、21个二类口岸出入境人员、交通运输工具及其携带、载运的行李物品、货物的边防检查、监护和管理任务。一年来，各边检站始终将口岸安全与稳定摆在工作首位，坚持严格检查、严格管理，不断强化各项口岸管防措施。一是严密口岸管防。积极推进重点口岸、重点港区的远程监控系统建设，在福州、泉州、宁德边检站建成和完善远程闭路电视监控系统指挥中心，在全省海港口岸全面推行以巡视巡查、卡口监护与闭路电视监控相结合的立体监管模式，并组织在福州边检站研制开发“港区限定区域管理系统”，开展海港口岸限定区域管理试点工作，进一步提高了口岸管理科技含量，增强了口岸管控能力。2005年共查获口岸非法出入境人员146人次，查处违法违规行为724人次，有力维护了口岸安全与稳定。二是强化协作配合。空港边检站充分发挥出境值机台、验证台、后台、登机台“四位一体”旅客信息管理系统的优势，主动加强与地方公安机关的协作关系、与口岸单位和重点企业的协调关系、与境外移民管理机构的沟通关系，有效防范了持用伪假证件非法出入境活动。海港边检站注重加强与口岸相关部门的横向联系与合作，与边防、海警支队建立联勤联动机制，与海事、海关等部门签订联合执法协议，与集装箱堆场、船公司、代理、码头业主签订反偷渡责任状，完善边检协管员队伍建设，建立健全口岸联勤联动和群防群治机制，有效遏制了藏匿国际航行船舶和利用出境集装箱偷渡活动，实现了连续三年零发案。三是严格口岸查控。严密查控工作程序，认真督促落实口岸查控工作规范，加强处置突发事件演练，圆满完成了“两会”期间等重点、敏感时期的口岸查控任务。同时，认真对照查控工作规范要求，总队每半年组织对查控报文进行整理归档，并将查控收文资料整理下发各边检站进行核对，确保了查控工作万无一失。共查获在控对象56人次，未发生漏控、错控现象。

【优化口岸通关环境】 全省各边检站认真贯彻落实省政府《关于加快推进口岸大通关建设的若干意见》，以开展“争创执法为民窗口、争当执法为民标兵”活动为载体，不断加强执法为民窗口建设，强化窗口服务措施，营造了高效、快捷、便利、文明的口岸通关环境，为海峡西岸经济区建设提供了良好的服务保障。一是深化推进执法为民工作。总队专门召开边防检查执法为民专题研讨会，总结2004年“双争”活动经验，研究边防检查执法为民窗口建设，深入部署开展边防检查

"双争"活动，明确将"人性化执法、感情化服务、责任化把关和规范化管理"作为边防检查站深化执法为民的基本内涵和总体要求。年内，全省各边检站共救助地方遇险船只20余艘次，为受伤、患病等特殊人员提供出入境便利通道60多人次。特别是7月份台风"海棠"来袭期间，福州边检站成功营救出被困江中的9艘渔船及船上的18名渔民，经中央电视台等多家主流媒体报道后，引起社会各界广泛好评。二是健全规范窗口服务机制。大力推行警务公开制度，规范执勤人员言行，自觉接受群众监督；建立和落实领导现场督导制和执勤纪律责任追究制，实行每周科讲评、每月站通报，落实奖惩内容，提高检查员责任意识，做到文明、规范执勤；推行全天候无假日服务制、首问责任制、信访反馈制，极大方便了服务对象办理边防检查有关手续；以推广新出入境边防检查综合信息系统为契机，积极筹措资金更新各边检站一线执勤微机、服务器等装备，升级、完善三级网络，增强信息资源共享和实时联动能力，确保处理手续不符等一般问题不超过30分钟，进一步规范了勤务问题处理。三是细化落实便民利民措施。明确规定入境客运飞机、船舶抵港后无特殊情况即可下客，各边检站按照每30名出入境旅客至少开设1个验证台的比例，开足查验通道，提高查验速度，确保了每名出入境旅客在边检部门候检时间通常不超过30分钟。继续推行出入境船舶网上报检，建立以驻点执勤、港区巡查、远程监控相结合的船舶动态监管模式，实行出入境船舶分类管理和预检制度，实现全省90%以上船舶通过网络报检，有效提高了出入境船舶查验效率。严格贯彻落实省政府决定，在福州港等部分繁忙口岸实行每周七天工作日制度，漳州、泉州、福清边检站先后调整警力进驻报检大厅及执勤点，实现"零距离"服务，进一步便利了船舶出入境。四是主动服务地方经济建设。自觉服从服务于地方经济发展大局，响应省委政府提出的厦门港一体化规划，专门出台了前移执勤警力、构建网络报检、推行船舶预检等五项措施，积极推进厦门港港口查验管理一体化建设。全省各边检站全年共检查出入境交通运输工具18018艘（架）次、旅客员工776153人次，与上年同期相比分别增加17.45%和13.65%，较好地维护了正常的出入境秩序；圆满完成了"两马"直航船舶555航次、旅客36590人次，以及金门直航莆田湄洲"东方之星"轮的边防检查任务，进一步方便了两岸往来；先后为来闽参加"5.18"海交会、"6.18"招商会、"9.8"贸洽会、"中国武夷山彭祖文化节"以及出席福建炼油化工一体化项目开工仪式的沙特石油部长等10多个重要代表团、60多名重要宾客提供出入境礼遇，赢得了地方党委政府和广大出入境旅客的高度赞誉。

（福建省公安边防总队）

厦门出入境边防检查总站

2005年，在公安部、部出入境管理局党委的正确领导和地方党委政府的关心支持下，厦门边检总站（以下简称总站）以"三个代表"重要思想、十六届五中全会精神为指针，紧紧围绕公安中心工作，忠实履行把关与服务职责，认真落实国务院、福建省"大通关"战略，坚持业务工作、队伍建设和勤务保障一起抓，大力加强队伍正规化建设，提高队伍整体素质；强化口岸综合管理控制，确保安全稳定；积极推行便民利民措施，不断优化口岸通关环境，努力提升通关服务质量和执法水平，圆满完成了各项出入境边防检查工作任务。全年共检查出入境旅客员工2114250人次，出入境飞机船舶 23934 艘/架次，分别比上年度增长 15.6%和 7%，其中查验厦金客运直航出入境旅客 518386 人次，首次突破 50 万，创历史新高；查获偷渡人员 259 人，接收处理境外遣返人员 4205 人，查处违反出入境管理法规人员 1250 人次、交通运输工具 8 艘/架次，确保了口岸的安全、稳定、畅通，为厦门在海峡西岸经济区建设中发挥龙头作用，促进祖国和平统一大业做出了积极贡献。

【严厉打击违法犯罪活动，全力确保口岸安全稳定】 为切实维护厦门口岸的安全稳定，更好地服务特区经济社会发展，总站积极采取措施，规范口岸管理，严防各类违法犯罪分子从口岸潜入潜出。一是加强勤务组织，明确岗位职责，落实规章制度，切实把好证件查验和审核关，加大打击力度，有效提高综合管理控制能力，相继完成了台湾亲民党主席宋楚瑜访华、“台交会”、“九八贸洽会”、“厦门国际马拉松赛”等重大活动的出入境边防检查和安全保卫任务。2005 年先后查获涉嫌重大犯罪案件的犯罪嫌疑人 25 人，涉案金额 3515 万元。二是扎实做好处置突发事件准备，修订完善了各类工作预案，适时组织演练，并进行了相关的技能训练，使民警熟练掌握处置突发事件的方法，增强临机应对能力。三是严厉打击非法出入境行为，大力加强证件研究和查验业务培训，努力提高一线检查员识别能力及证件核审水平。同时，加大对有组织偷渡活动的打击力度、深挖“蛇头”、犯罪团伙，与福建省公安厅出入境管理处签订《反偷渡工作协作机制》，建立起办案协作机制，形成打击合力，有效提高反偷渡工作效能。全年，共查获各类伪假出入境证照 227 本，查获持用他人出入境证件 118 人，向地方公安机关移交偷渡案件 68 起 110 人，通报违规办证信息 118 条，已有 7 名犯罪分子被追究刑事责任。

【积极推行便民利民举措，忠实服务地方经济建设】 围绕口岸大通关和海峡西岸经济区建设，总站牢固树立执法为民思想，主动融入地方经济建设发展。立足实际，认真执行“5+2”周工作制等

2005 年福建口岸出入境旅客统计表

单位：人次

国籍 \ 人数 \ 出入境		出入境旅客		合　计
		入境	出境	
中国籍	因公	3302	3249	6551
	因私	89114	103227	192341
	香港	34664	36457	71121
	澳门	1201	957	2158
	台湾	79718	82552	162270
外国籍		51815	50784	102599
华　侨		3146	18405	21551
合 计		259814	277226	537040

2005年福建口岸出入境员工统计表

单位：人次

国籍＼人数＼出入境		入境方式			出境方式			合计
		船舶	飞机	小计	船舶	飞机	小计	
中国籍	因公	76396	21561	97957	75371	21588	96959	194916
	因私	1602	3	1605	1605	3	1608	3213
	香港	66	1716	1782	65	1727	1792	3574
	澳门	0	0	0	0	0	0	0
	台湾	2208	1	2209	2230	0	2230	4439
外国籍		14403	1632	16035	15289	1647	16936	32971
合　计		94675	24913	119588	94560	24965	119525	239113

2005年福建口岸出入境交通运输工具统计表

单位：（飞机）架次、（船舶）艘次

国籍＼艘（架）次＼出入境		入境方式			出境方式			合计
		船舶	飞机	小计	船舶	飞机	小计	
中国籍	内地	2768	2796	5564	2582	2810	5392	10956
	香港	451	223	674	470	221	691	1365
	澳门	0	1	1	0	1	1	2
	台湾	204	0	204	209	0	209	413
外国籍		2493	102	2595	2586	101	2687	5282
合　计		5916	3122	9038	5847	3133	8980	18018

便民措施，积极推出便利通关的新举措。组织开发了出口集装箱网上申报系统，在两个海港边检站试点推行出口集装箱安全自查“网上申报”，实现出口集装箱边防检查业务流程电子化、信息化，既规范了管理、提高了效率，又简化了环节、方便了企业，受到参与试点船代公司的一致好评。同时，继续致力于边检电子报关平台建设完善，改进相关功能模块，扩大应用范围，已经基本形成以船舶检查为主体，涵盖集装箱安全自查、旅游团队申报、机组联检等内容的网上报检体系。工作中，各单位注意加强与服务对象的沟通联系，以纪念“两法”颁布20周年之机，广泛开展法制宣传活动，与服务对象座谈沟通、倾听意见建议，并充分利用各种媒体，积极拓展便民利民服务范围，高崎边检站在厦门日报开设的“边检服务台”、东渡边检站在厦门广播电台播出的“厦金之声”等专题栏目，在社会上产生了良好反响。

【坚持文明规范执法执勤，树立文明国家窗口形象】 在严把国门、维护稳定的同时，总站以贯彻落实新勤务规范为契机，紧密结合基层科队正规化建设达标活动，着力加强文明规范执勤教育管理，努力提高执法执勤水平。一是加强文明规范执勤管理，严格按照新规范的要求，对相关规定和勤务操作流程逐项进行梳理和调整，从接证还证等细节抓起、从列队上下勤等小处着眼，规范服务程序、统一各项标准，加强教育引导、促进日常养成，努力提高勤务规范化水平。二是规范执法工作，修订完善实施细则，实行警务公开，严格内部监督，每季度开展一次执法质量考核评议，严把案件审核关，加大执法检查和督察力度，抓好行政许可、取证、权限、审批等环节，进一步规范执法办案程序，有效提高执法工作规范化水平。各边检站组织所属人员逐级逐人签订了文明规范执勤工作责任状，严格落实“六不准”规定，严密现场勤务管理，加强对证件查验、行政处罚和遣返审查等执法执勤重点环节的检查和督查，有效防止了不文明、不规范执法行为的发生，并以文明窗口建设为重点，结合创建“巾帼文明岗”、“青年文明号”，加强东渡边检站旅检九队等基层窗口单位建设，着力塑造边检机关文明国家窗口形象，涌现出了一批先进集体和个人，东渡边检站旅检九队被公安部出入境管理局授予“文明窗口单位”称号，高崎边检站旅检一队被厦门市评为“外事系统先进集体”，高崎边检站二度维和民警赵雷同志被联合国驻利比里亚派遣团授予“维和勋章”，被公安部授予“维和勋章”，荣立个人二等功一次，并被评为“2005感动厦门十大年度人物”。

【大力加强正规化建设，促进队伍全面协调发展】 按照公安部出入境管理局党委的统一部署，2005年，总站把深入开展基层科队正规化建设达标活动作为夯实基础，增强发展后劲的重要举措，作为推动队伍建设全面协调发展的“重中之重”，严密组织、加强领导，统一规划，分步实施，合理统筹、稳定推进，大力加强基层基础建设和执勤规范化建设。通过一年的努力，正规化建设达标活动取得了阶段性成果，基层科队面貌发生可喜的变化，执法水平、服务水平和工作规范化程度明显提高，先后有15个基层科队通过总站考核，8个基层警队通过了部局组织的考核验收。2月13日，在中共中央政治局常委、国务院副总理黄菊莅临视察时，东渡边检站巡查五队以规范娴熟的业务技能、高效灵敏的勤务组织向首长汇报了基层警队规范化建设的初步成果，展示了边检民警昂扬向上的精神面貌，赢得中央首长和在场省市领导的肯定。

【加快信息化建设步伐，不断提高科技应用水平】 2005年，总站紧紧围绕出入境边防检查中心工作，集中有限的财力物力，加快信息化建设步伐，坚持向科技要警力，向科技要效率，努力提高工作的科技含量。总站以指挥信息中心建设为重点，完成了二次装修及光纤网络、服务器、监控系统、强弱电工程等项目建设，具备了网络化业务综合处理、网上可视对讲、实时监控、指挥调度等功能，对实现集中统一指挥，促进边检工作信息化、现代化水平的提高起到重要作用。同时，为完善信息网络建设，改善一线执勤装备，完成了高崎国际机场监控系统三期工程建设，扩大了监控范围，增加了保存时限；建设了东渡边检站和平码头及海沧边检站港区监控系统，初步建成覆盖各港区、执勤点的监控网络；完成了总站范围内的光纤网络改造，实现了千兆网络互联互通，进一步提高了科技应用水平，保障了各项工作的顺利完成。

（厦门出入境边防检查总站）

2005年厦门口岸出入境旅客统计表

单位：人次

国籍 \ 人数 \ 出入境		出入境旅客 入境	出入境旅客 出境	合计
中国籍	因公	12444	12530	24974
	因私	220593	239581	460174
	香港	50033	53843	103876
	澳门	4561	4786	9347
	台湾	337523	330720	668246
外国籍		266728	270225	536953
华侨		2810	11246	14056
合计		894692	922931	1817623

2005年厦门口岸出入境旅客统计表

单位：人次

国籍 \ 人数 \ 出入境		入境方式 船舶	入境方式 飞机	入境方式 小计	出境方式 船舶	出境方式 飞机	出境方式 小计	合计
中国籍	因公	50941	25739	76680	56042	26468	82510	159190
	因私	1	1934	1935	1	1939	1940	3875
	香港	16	4473	4489	70	4478	4548	9037
	澳门	3	564	567	4	563	567	1134
	台湾	5996	132	6128	5901	133	6034	12162
外国籍		31959	20755	52714	38408	20007	58415	111129
合计		88916	53597	142513	100426	53588	154014	296527

福建出入境检验检疫局

【概述】 2005年，福建检验检疫局以“三个代表”重要思想为指导，认真贯彻落实国家质检总局和福建省委省政府的各项部署，全面落实科学发展观，深化“四个体系三个机制”建设，强化制度和科技创新，强化人才和科技保障，提升把关服务的能力和有效性。全年共检验检疫出入境货物56.94万批、190.05亿美元，与上年同比（下同）增长14.1%和10.1%，其中出境货物52.27万批、136.42亿美元，比增17.6%和16.2%；入境货物4.67万批、53.63亿美元，比增-14.4%和-3%；检出不合格出口货物1564批、4142万美元，不合格进口货物686批、31549万美元。检疫进出境集装箱79.87万标箱，比增18.7%；交通工具19212艘（架）次，比增20.5%；健康体检39276人次，比增-1.5%，艾滋病监测41047人次，比增5.3%；发现各类疾病和病毒携带者10356例，比增12.6%；其中艾滋病携带者7例。出入境人员检疫78.13万人次，比增15.5%；签发普惠制产地证140340份、27.96亿美元，比增5.4%和11.6%；签发一般原产地证41513份、10.08亿美元，比增1.4%和6.6%。

【执法把关工作】 强化口岸卫生检疫。在福州空港试行航空器电讯卫生检疫；排除1例福州机场入境的霍乱疑似病例，卫生部根据福建检验检疫局所报疫情信息及时通报澳门当局；跟踪3批14例登革热抗体阳性入境者。特别是妥善处置涉嫌走私可能染有H5N1禽流感禽鸟的巴拿马籍“大佶”轮入境检疫工作，对全部24名船员进行采样送检，排除染疫可能。

严防动植物疫情疫病。重点加强高致病性禽流感疫情的防控，有效应对，严防死守。加强供港活猪的猪链球菌Ⅱ型检测，密切关注并做好从国内疫区调进猪肉的猪链球菌病防控。疫情检出率比上一年有大幅度提高。在进境空箱中首次截获一类危险性害虫咖啡果小蠹和二类危险性害虫双钩异翅长蠹。

严把重点敏感商品关。严格实施进口废料供应商注册和装运前检验制度，强化到货检验把关，严把进出口食品检验检疫关，妥善处理输欧茶叶S-421超标、福清对虾药残超标等出口食品质量安全问题，严查含苏丹红食品、有毒保鲜膜等危及群众生命健康的不合格产品。

应对烤鳗孔雀石绿危机。根据省政府和国家质检总局部署，与相关部门、企业、行业协会共同努力，全力以赴开展鳗业整顿和恢复出口工作。派出1000多人次逐家、逐池普查414家养鳗场；派出14个考核组考核评估烤鳗企业26家及其配套的养鳗场，抽取并检测样本4147份。举办3期出口烤鳗企业孔雀石绿检测技术培训班，受训人员近200人次，取得企业、鳗农的理解与支持。在较短时间里使烤鳗出口走出低谷，步入常态。

【服务发展】 落实合作备忘录内容。深入贯彻国家质检总局与福建省政府合作“备忘录”，新签条块协议7个，增加协作内容13项，新出台2个具体工作方案，大力服务项目带动、产业聚集、县域经济等地方发展战略。服务重点项目建设，重点帮扶的中华映管、灿坤家电、东南汽车新项目已完工，扩大了出口能力；加强福炼一体化、LNG（莆田液化天然气项目）、LNG、全省重点地区风力发电等项目进口设备的检验监管，确保工程进度和质量。服务区域性经济发展，国办调研组赴漳州市调研农产品出口情况时，充分肯定福建检验检疫局“在农产品出口中发挥了主导作用”。

加强源头治理。在出口水产品、禽肉、渔船、茶叶、蔬菜企业中全面推行养殖场、种植场备案制度，大力推进“公司+基地”建设，已备案禽类饲养场40家、鳗鱼养殖场580家（其中在孔雀石绿事件后，被推荐对日恢复出口的养殖场270家）、水产品养殖场115家、渔船2条、蔬菜基地413个23万多亩、茶叶基地140个11.44万亩。加强输日荔枝的指导把关，提高了输日荔枝的源头管理水平，为对日交涉提供有力证据，促成日方解除对我输日保鲜荔枝的命令检查。

帮扶企业获取国际市场通行证。帮扶51家出口食品企业对外注册，其中7家出口水产企业一次性通过检查获欧盟注册，填补了福建省烤鳗、对虾等优势产品对欧盟出口的空白。全力帮扶圣农公司获得对美出口禽肉注册，使之成为全国首次对美推荐的10家禽肉企业之一。2005年19家蔬菜企业恢复对日出口未成熟豆类，3家菠菜企业恢复对日出口，1家水产品企业对韩恢复出口，1家肉类出口企业顺利通过日方检查。

【综合业务改革与大通关建设】 深化检验检疫监管模式转变。出台了“深化综合业务改革九条措施”、“优化服务推进大通关建设十条举措”和“促进福州外经贸发展的十二条举措”；试点推行“无纸化”报检和“一单两报”，全面实施动态抽检率和“零占时”的集装箱管理模式等措施，自10月8日起在马尾口岸实行每周7天工作制。圆满完成国家质检总局和福建省交给的配合中编办联合调研组来闽调研任务。口岸查验模式进一步改进，在福州机场旅检通道5月13日开始实施X光机“一机两屏”查验新模式，对旅客携带物实现“人、机、犬”综合查验监管模式，在查验率由原来30%下降至10–15%的情况下，检出率却增长60%以上，查验时间也由原来5分钟缩短到3分钟。

深化电子检验检疫体系建设。全面启动福建国检数据中心建设，集中实现“福建进出口企业检验检疫信息服务系统对外平台”和“内部人员信息服务系统对内平台”；完成“督查与反馈系统”、“企业信用信息共享平台”、“科技人才管理系统”、“WTO信息交流平台”研发。新申报绿色通道企业45家，对259家符合条件的企业的69824批出口货物实施快速核放；及时出台电子监管推广应用工作方案，对辖区4种出口产品（蔬菜、电池、木质包装、鞋类）的9家诚信度高、质量体系较好、计算机网络设施齐全的企业开展电子监管系统应用试点。实行网上注册、网上检疫审批，网上咨询等电子政务。

深化企业信用体系建设。出台《进出口企业检验检疫信用等级评定管理办法（试行）》，以及动植食产品化妆品、出口工业品生产企业及集装箱场站、口岸从业单位等检验检疫信用等级评定管理工作规范，完成423家进出口企业的检验检疫信用等级评定工作。

深化关检、检检协作。落实海关总署与国家质检总局“合作备忘录”，与厦门海关签署“全面贯彻落实关检合作备忘录实施意见”，加强信息资源共享，推进通关流程的优化、简化。加强与福州海关协作配合，在马尾口岸开展电子通关试点工作，有效提高了通关速度。与厦门局就协同把关、实现检测资源共享、加快进出境货物“通关”速度、推进厦门港口岸查验管理一体化等进行协调协作。

【涉台检验检疫】 积极参与福建省政府与国家质检总局沟通协调临时下放台湾进境水果检疫审批权、减免规费等政策支持。制定《海交会进境动植物及其产品检验检疫监管方案》、《台湾进境水果快速检验检疫监管要求》、《台湾输闽鲜活农产品快捷便利检验检疫8条举措》，促进福建成为台湾水果等农产品的登陆点和中转站、集散地，累计检验检疫台湾水果等农产品191吨。11月中旬，农交会台湾参展团专门送来“细微之处见真情、两岸兄弟一家亲”的锦旗。同时，在“两马”直航旅检现场实行旅检岗位练兵和“人等船”等措施，大大缩短“两马”直航旅客通关时间。进一步探索涉台出入境船舶、货物检验检疫新模式。

【强化预警应急机制】 强化口岸公共卫生预警应急机制。认真宣贯新《国际卫生条例》，完善口岸突发卫生事件预警应急机制，增强妥善处理突发卫生事件，确保口岸安全畅通。针对福建气候和地理特点制定年度监测方案，将登革热、鼠疫、出血热等媒传疾病作为口岸突发卫生事件监测重点之一。先后从入境船舶、集装箱中截获医学媒介生物156826只。福建局保健中心（以下称保健中心）一次性通过ISO9001和IEC17025质量体系认证。保健中心及10个分中心均首批通过国家质检总局核查。新建、扩建媒介监测实验室6个，改建隔离留验室3个。牵头与福建省外经贸厅和厦门局建立输出劳务人员协作制度，加强对劳务人员的传染病监测。与福建省公安厅协作，成功监护1例境外艾滋病病毒携带者出境。

防控高致病性禽流感疫情。面对严峻的疫情形势，福建检验检疫局迅速启动应急机制，履行好口岸检疫和交通检疫双重防控职责。牵头开展全省防控高致病性禽流感交通检疫工作，研究制订交通检疫组工作方案。先后在马尾港、漳州招银港、福州机场口岸举行防控高致病性禽流感应急处置演练，达到了提高处理突发事件的实战能力并积累经验的预期目的。对来自疫区的货物、运输工具、旅客携带物、邮寄物品严加查验，截获入境旅客携带、邮寄的禽类产品88批次，均予以销毁处理；封存来自疫区的船舶等运输工具上的禽类及其产品906批、3470公斤，并做好运输工具的防疫消毒。

【认证认可和标准化工作】 能力促进工作。出台《出口食品生产企业安全卫生自控能力促进计划》和《出口食品卫生注册评审员能力促进计划》，建立官方评审人员和企业自控人员专业能力分级和评价制度。采用分专业、分级别的能力促进方式，持续提高官方评审员和企业自控人员专业能力。已对260多家1232名“六大类”出口食品企业HACCP小组以及实验室人员的技术能力状况进行了动态备案，监管评审人员和企业安全卫生自控体系管理人员达到320人次。

各项认证。辖区260多家“六大类”出口食品企业建立了SSOP、GMP、HACCP基础平台。积极引入良好农业规范（GAP）认证，使福建成为全国6个GAP认证试点省份之一，建立了果蔬、水产、肉类认证试点，导入了农药、兽药、微生物等安全卫生控制技术标准和技术法规。积极跟踪研究国际标准，促进出口工业产品企业按照进口国要求组织生产。

【科技兴检工作】 实验室建设。本年度新增检测设备290多台（套）、1700多万元；开验23类新产品、87个新项目；开发引进多种初筛检测方法，大大提高兽药残留的检测效率；加强检测周期管理，检测周期总体缩短了15%。2005年，福建国检局技术中心成为国家质检总局首批向社会推荐的18家“可承担电子电气设备六种有害物质检测的实验室”之一，也是CQC生态纺织品认证检测实验室。受认监委委托，技术中心还承担全国97家食品实验室孔雀石绿能力验证活动的项目协调与具体实施工作。建立健全学科带头人及其培养对象后备人才科技骨干队伍、组建新一届科技委和专业委，成立仪器设备管理和技术专家队伍，建立WTO专家队伍和7个专业应对小组。

科研制标工作。有2项课题被列入科技部食品安全专项，2项课题列入“十五”国家重大科技专项《重要技术标准研究》计划，5项课题列入国家质检总局2005年度计划，18项检验检疫行业标准制修订项目列入国家认监委2005年度计划，6项科研课题入选省科技厅重点项目、福建省自然科学基金计划自由申报项目。“中国型冬青油国际标准”正式发布实施。深化“检学研”科技合作。积极开展与美国食品科学技术联盟（IFT）、美国GEOGIA大学、新西兰皇家科学院、中科院、检科院、省科技厅、福建师范大学等国内外科研单位、院校的科技合作与交流，派人到IFT实验室开展学术交流和实验研究。邀请中科院副院长来福建检验检疫局视察指导，与省科技厅签署科技共建协议书，获准筹建“福建省外来有害生物预警与控制工程技术研究中心”。

（撰稿：陈 宇 审稿：王志民）

厦门出入境检验检疫局

【概况】 2005年，厦门出入境检验检疫局共受理报检/申报出入境货物64.3万批，货值211.3亿美元，与上年同比（下同）分别增长13.3%和17.8%；实施货物检验检疫24.2万批，货值102.2亿美元，同比分别增长11.8%和15.6%。实施轮船检疫1.13万艘次，飞机检疫1.28万架次，集装箱检疫291.4万标箱，快件检疫89.5万件，邮包检疫36.4万件；完成外商投资财产价值鉴定903批，总报价1.2亿美元；完成出口商品包装鉴定5030批，8149.6万件。在鉴定业务中衡器计重、水尺计重、容量计重536.2万吨，出境集装箱适载检验10.2万标箱。完成出入境人员检疫196.3万人次，出入境人员健康检查7064人次，艾滋病监测15550人次，预防接种4289人次，发放国际旅行健康证4812份。新发、换发出口商品质量许可证34家，新增卫生注册登记企业63家，签发706份免办证明，新评审和复审ISO9000等管理体系企业198家。共签发普惠制原产地证书11.7万份，货值25.1亿美元。通过检验检疫，检出不合格商品1817批，货值2.02亿美元；截获各类动植物疫情221种3818种次。在出入境人员健康检查中共发现病例656人次，其中艾滋病毒感染者6例、性病12例。

【积极应对国际间出现的疫情疫病】 针对2005年3月初的“苏丹红”事件，一方面立即从进口、出口、市场流通三个领域全面加强对食品的卫生监管和检测力度，严查食品中的“苏丹红”；另一方面组织技术力量紧急攻关，在很短的时间内研制出了可同时定性定量检测“苏丹红Ⅰ、Ⅱ、Ⅲ、Ⅳ号”的新型检测方法——“高效液相色谱检测方法”及“色谱-质谱联用确证法”，确保了广大人民的生命健康安全。2005年初针对香港、广东等地相继发生的“红火蚁”疫情，立即采取了加大疫情监测、实施重点监控、加强科普宣传和防控知识培训等有效防制措施。2005年3月底，接到总局关于危险性植物加拿大一枝黄花的预警通报后，立即会同厦门市农业局对厦门种植加拿大一枝黄花的情况展开实地调查，用一个月的时间对厦门市发现的一枝黄花进行了全面铲除。2005年9月，根据总局预警，与厦门市农业局联手首次查出刺桐树上的刺桐姬小蜂疫情，通报给市政府，引起高度重视，厦门电视台“十分关注”节目作了专题报道。针对境外禽流感疫情不断蔓延，形势严峻的情况，严格按照总局部署，加强疫情动态监控，完善口岸疫情预警机制；加大口岸查验与监测力度；加强对入境人员的体温检测和现场医学巡查；密切与海关、边检等部门的沟通配合，坚决防止禽流感疫情从厦门口岸传入。同时于11月21日在和平码头开展了一场口岸人员感染高致病性禽流感应急处理防控演习，增强了检验检疫人员防控禽流感的实战经验。

【大力加强源头管理】 同厦门市贸发局等9部门建立了食品安全工作联席会议制度，定期研究解决厦门出口食品源头管理的有关问题。对出口蔬菜企业大力推行“公司+基地+标准化”的出口生产管理模式，认真实施出口生产基地备案管理制度，帮助企业提升自检自控能力，努力解决农残药残问题。帮助厦门口岸重点茶叶出口企业启动茶叶基地建设，在全省率先开展出口茶叶种植基地备案，目前已完成3万多亩出口茶叶种植基地的备案。认真落实出口水产品养殖场登记备案制度，同时加强对出口水产品有害物质残留检测，把好源头。开展了对养鳗场使用孔雀石绿违禁药物的专项调查。

【帮助企业有效应对国外技术壁垒】 由于受四川资阳地区猪链球菌疫情的影响，2005年8月厦门口岸猪肉罐头的主要输入国马来西亚等东南亚国家一度中止从中国进口猪肉罐头，厦门罐头厂这个厦门口岸唯一生产出口肉类罐头的企业面临着严重的困难，对此厦门检验检疫局从源头质量把关等方面给予全力的帮助，终于使其冲破“猪链”壁垒，重返国际市场。针对欧盟“两指令”及日本“肯定列表制度”等日益严格的国外技术壁垒，则通过召开专题宣贯大会，在局外部网站增设“检企互动”栏目等多种方式，及时解决企业在出口过程中遇到的难点问题。

【构建关检、贸检、检检大协作体系】 为认真落实总局和福建省政府签署的合作备忘录，4月20日与福建省外经贸厅、福建检验检疫局共同签订了《贸检协作工作备忘录》；为推动与海关的立体式合作关系，6月12日与厦门海关联合召开“2005年度厦门关检合作联席会议”，共同签署了《厦门关检全面贯彻落实海关总署和国家质检总局<关于建立关检合作机制的备忘录>的合作协议》；为进一步方便江西省外贸货物在厦门口岸的进出，4月29日与江西检验检疫局签署了《海铁联运检验检疫工作合作备忘录》和《关于促进江西柑桔出口的合作协议》。此外还与厦门市贸易发展局共同建立了WTO/SPS—TBT厦门工作站，为帮助企业有效应对国外技术壁垒打下良好基础。通过加强与有关单位的协作配合，形成了关检、贸检、检检协作的大协作体系。

【全力打造电子检验检疫】 召开厦门检验检疫局首次信息化工作会议，提出要把信息化工程打造成“特色工程”、“亮点工程”，目前已完成较为完善的网络系统，推广应用了入境快件查验系统、出境电子监管系统、出口快速核放系统、报检单位诚信管理系统、产地证综合业务管理系统、办公自动化系统、局公共信息网络系统等，建设了一支素质较高的信息化工作队伍。2005年1月在全国率先推出了手机短信电子转单报检业务，实现内地出口企业24小时远程申报，随时随地获知出口货物的报检信息，彻底改变了窗口报检模式。继续推广出口货物快速核放系统，共对65家企业实行出口产品快速核放系统管理。海港快速查验系统已在检务处、东渡办试点上线运行。电子监管试点工作取得初步成效，共有23家企业成功运行，产品涉及机电、轻化、食品、动植物及其产品等30多种。

【深化检验检疫监管模式改革】 一是全面推进出口企业分类管理，加强风险分析和风险评估，根据不同企业的情况采取不同的监管方式；二是于6月15日在厦门国际机场启用两只检疫犬对入境旅客携带物进行现场查验，形成了“人、机、犬”全方位立体查验模式，提高了机场出入境旅客携带物的检验检疫速度，增强了旅检通道检验检疫的有效性；三是对在海天码头的进境非法检货物木

2005年福建出入境检验检疫局业务概况表

单位：见表内列出

项目/数量/出入境		货物检验检疫				交通工具				集装箱（标准箱）		发现动植物疫情		货物通关		出入境人员查验（人次）	健康检查及预防接种（人次）			
		批次	金额	检验检疫不合格		船舶（艘）	飞机（架）	火车（节）	汽车（辆）	合计	检出问题	种类数	种次	批次	金额		健康检查	艾滋病监测	发现病例	预防接种
				批次	金额															
全年累计		569396	1900466	2250	35691	12897	6315	—	—	798654	821	333	3135	205317	974165	781287	39276	41047	10356	65007
其中	出境	522678	1364201	1564	4142	6451	3159	—	—	502906	—	30	42	164690	462927	401073	37289	36132	9823	64953
	入境	46718	536265	686	31549	6446	3156	—	—	295748	817	327	3093	40627	511238	380214	1987	4915	533	54
上年同期累计		499132	1726825	1528	30876	9928	6009	—	—	672573	980	312	1732	196501	961552	676213	39854	38982	9200	54970
其中	出境	444552	1174261	908	1796	4964	3006	—	—	390810	92	30	47	147835	438016	339802	37450	36569	8706	54884
	入境	54580	552564	620	29079	4964	3003	—	—	281763	888	307	1685	48666	523536	336411	2404	2413	494	86
比上年同期增减%		14.1	10.1	47.3	15.6	29.9	5.1	—	—	18.7	-16.2	6.7	81.0	4.5	1.3	15.5	-1.5	5.3	12.6	18.3
其中	出境	17.6	16.2	72.3	130.6	30.0	5.1	—	—	28.7	-95.7	0.0	-10.6	11.4	5.7	18.0	-0.4	-1.2	12.8	18.3
	入境	-14.4	-3.0	10.7	8.5	29.9	5.1	—	—	5.0	-8.0	6.5	83.6	-16.5	-2.4	13.0	-17.3	103.7	7.9	-37.2

质包装确定了“港区查验为主、周边堆场查验为辅，积极推进集中查验”的业务管理思路，变分散查验为集中查验，大大提高了查验效率；四是积极响应省政府的号召，从2005年10月9日起，在东渡港区和航空港货运联检报关中心实行每周“5+2”工作制度，实行双休日加班，进一步方便了外经贸企业。

【积极开展厦金航线“平安无障碍通道”活动】 通过在和平码头查验现场增加旅客查验通道，增设宣传灯箱、服务台、快速体温检测仪器等设施，对台胞提供热情服务和帮助，进一步加快通关速度。会同厦门市台办、红十字会、相关医疗单位就厦金航线危急病人的救助和运输进行研究，建立了台胞救助绿色通道，方便危急病人的进出。2005年共检疫厦金航线班轮3728艘次，出入境旅客和船员高达56万人次，占全省两岸客运直航的93.4%；通过检验检疫，共截获禁止入境携带物品1192批次，检出二类危险性害虫10批次。

【顺利完成进口台湾水果检验检疫工作】 为确保台湾水果顺利输入厦门，厦门检验检疫局全面落实以“快速审批、快速查验、快速放行、快速反应”为核心内容的进口台湾水果绿色通关规程，确立了“一个提前”、“三个立即”、“一个确保”的工作要点，努力营造快速安全的通关环境。“一个提前”，就是在台湾水果运抵厦门口岸前，提前做好检验检疫人员、技术和实验室的准备，做到24小时等待、全天候服务；“三个立即”，就是装载台湾水果的船舶一经靠岸，立即卸往进境水果检验检疫专用仓库，检验检疫人员立即实施现场检验检疫，检验检疫合格的水果立即放行；“一个确保”，就是加强与口岸各部门的协作，确保进口台湾水果的正常贸易。自2005年5月28日首批台湾水果进入厦门以来，截至2005年年底，共检疫进口台湾水果31批、计有菠萝、芒果、莲雾、木瓜等11个品种，近2万箱、202吨，约占2005年全国进口总值的13%。

【实验室建设取得新成效】 一是严格按照实验室管理体系要求规范实验室的管理，所有的实验室均通过CNAL（中国实验室国家认可委员会）监督评审。HIV确认实验室通过了2004年度卫生部参比实验室质量考评并获得优秀，在卫生部血液检验室间质评活动中各项参评项目均获满分；二是提高实验室检测水平，拓展实验室检测项目，在较短的时间内开展了食品中苏丹红、对位红，水产品中孔雀石绿、无色孔雀石绿、结晶紫等新项目的检测；三是针对突发疫情疫病开展科研攻关，如针对水产品中残留孔雀石绿事件，2005年7月研制了高效液相色谱法（HPLC）及色谱-质谱联用法（LC-MS-MS），可同时检测孔雀石绿和结晶紫，已颁布的国家标准《水产品中孔雀石绿和结晶紫检测方法》的第一法，即采用此方法。

（吴琼）

福建海事局

【概况】 2005年，福建辖区共发生一般以上水上交通事故34起，与上年同比（下同）下降15%；死亡或失踪28人，同比减少17.65%；沉船15艘，同比下降46.43%；直接经济损失4331.5万元，同比下降31.35%。全年共办理船舶进出口签证275355艘次，国际航行船舶进出口岸手续14600艘次，实施港口国监督检查238艘次，滞留17艘次。危险品船舶进出港3638艘次。船舶登记数量

1991艘次，其中国际和港澳船舶115艘次。全年辖区共组织全国船员统考2期，乙丙类船员考试6期，丁类考试3期；签发乙类船员证书1750本，丙类船员证书1517本，丁类船员证书603本，签发船员出境证明1775份。2005年福建省海上搜救中心值班室（含各分中心值班室）接到报警173起，协调专业救助船舶32艘次、海事系统船艇51艘次、军队舰船60艘次，渔船56艘次，其他社会船舶47艘次，飞机10架次。遇险人数957人，获救922人，成功率96.34%；遇险船舶86艘次，获救60艘次，成功率69.77%。2005年，福建海事局以科学发展观统揽全局，以开展“保持共产党员先进性”教育活动为契机，以确保辖区“船舶适航、船员适任、安全畅通、有效监管、优质服务”为根本出发点，以维护辖区水上交通安全和人命安全为第一要务，凝神聚力，不断加强海事执政能力建设，规范管理，全面提高海事执法和监管水平，各项工作扎实有序推进，为建设海峡西岸经济区做出了应有的贡献。

【围绕中心，抓住重点，各项专项工作取得明显成效】 2005年，福建海事局组织开展了雾航专项整治活动，船舶载运危险货物专项整治、PSC操作性检查大会战、低质量船舶专项治理活动和黄金周安全大检查等专项治理活动。在各项专项治理活动中，都精心制定了活动方案，出台了一系列的安全监管措施。为了保证专项治理活动能够取得实效，福建局多次派出督查组赴各地检查，重点检查各项监管措施是否落到实处，整治活动中发现的问题是否整改到位，同时针对专项整治暴露出来的那些带有普遍性、倾向性和规律性的问题，研究探讨治本的措施和管理办法，以巩固整治成果。通过各项专项整治活动开展，消除了许多安全隐患，有力维护了辖区水上交通安全形势稳定。

【做好季节性安全防范工作】 2005年，多个台风袭击福建辖区，尤以“泰利”“龙王”为最。在防抗台风的过程中，福建局始终注重一个“早”字，做到“早准备、早部署、早落实”，防之于未有，防之于未来。明确了重点区域重点防范、重点时段重点防御、重点对象重点监控的防抗措施，加强了与涉海各业务主管部门的联系，严格执行防台应急预案，及时发布台风安全信息，指导、警示在航船舶掌握台风动态，加强了在港船舶的监督检查和现场巡查，充分发挥了搜救监管指挥系统的功效。在防抗19号强台风“龙王”（中心风力达15级）中确保了辖区未发生重大险情、事故和人员伤亡，实现了“不死人，少损失”的工作目标，防抗台工作取得了较为显著的成效，也得到了交通部和福建省政府的高度肯定和评价。

【提高搜救手段，做好应急搜救工作】 在应急搜救工作方面，福建局和福建省安监局联合对全省海上应急搜救预案进行了修订并上报福建省政府，由省政府对外公布实施。为保障“两门”、“两马”海上直航安全，厦门、福州海事局也建立“两门”、“两马”航线海上突发事件应急处置工作预案。在“3.12”“东湖10轮”搁浅事故中，协调东海第二飞行队派救助飞机参加搜救，实现了福州辖区首次的立体海上救助；在“10.28”渔船沉没事故中，指挥得当，搜救有力，7个小时内将29名落水人员全部解救上岸，避免了一起重特大事故的发生。

【强化监管，加强执法能力建设】 2005年福建局以水上巡航工作为平台，以打造“安全、畅通文明航区（航线）”为主线，不断强化通航管理，积极探索建立水上安全长效管理机制。充分运用现有巡航力量，突出重点、注重实效，以巡航带动海上现场执法。开展了福建海事系统冬季联合巡航、综合执法活动，纠正、打击了航经水域的各种违章行为，有效整治了通航环境。全年累计完成海区巡航261次，共578.77小时，航程8270.4海里，出动船艇297艘次，出动人员1705人次；累计完成港区巡航 6474 次，共 15857.4 小时，航程 136613.25 海里，出动船艇 6516 艘次，出动人员 26465 人次。

【加快基础设施和信息化建设步伐，推进管理现代化】 2005 年，福建海事系统吨位最大、装备最为精良的海巡 131 号在福州投入使用，进一步增强了监管手段，提升了搜救指挥能力和巡航监管能力；船员考试中心和福建海事局监管指挥中心工程等项目相继投入建设；船员无纸化考试系统已通过多次的测试和模拟考试并投入使用；湄洲湾 VTS 系统、泉州海巡基地、漳州局工作船码头三个项目的工可审查工作已经完成。

【深入开展先进性教育活动】 福建局从 2 月到 6 月，深入开展了以学习实践“三个代表”重要思想为主要内容的保持共产党员先进性教育活动。认真解决党组织和党员存在的主要问题，解决影响改革发展稳定的突出问题，解决涉及群众切身利益的重点问题，使广大党员素质有了新的提高，党员意识、发展意识、责任意识和先进性意识得到增强，党组织的创造力、凝聚力和战斗力进一步提高。此外，2005 年福建局正式挂牌成立了船舶检验处，各检验机构均已按新的机构名称、业务印章、层级关系和业务分工开展各项检验工作；审图中心业已正式对外受理、开展审图工作。2005 年，福建局各项管理推进有力，取得了安全形势稳中趋好、海事执政能力逐步提高、内部综合管理水平显著提高的阶段性成绩，为建设海峡西岸经济区做出了应有的贡献。

（林晨）

福建口岸大事记

1 月 18 日

全省口岸海防打私系统成立“巾帼文明岗”共建领导小组及办公室（闽口海〔2005〕20 号）。

1 月 21 日

省政府叶双瑜副省长主持召开专题会议研究全省大通关电子口岸建设事宜，确定厦门电子商务中心作为省大通关电子口岸建设依托单位，并确定省大通关电子口岸建设组织架构、建设原则、建设内容等若干事项。

1 月 31 日

发出省政府专题会议纪要（〔2005〕9 号）。

1 月 24 日

省口岸海防办派员参加省发改委召开的关于理顺厦门湾港口管理体制问题征求意见会，就开放水域划定及查验机构的设置和分工等问题提出意见。

1 月 26 日

省口岸海防办同意福州海事局将省级示范窗口的名称由原船舶报检中心更名为福州海事局政务中心。

1月27日

李川副省长到马尾客运站检查对台春运工作，现场查看了马尾客运站联检大厅改造工程的完成情况。

1月28日

向福、厦关区查验主管单位和各设区市口岸海防办（口岸办）转发福州海关2004年七大举措促进通关提速，供学习借鉴。

2月1日

转发海关总署（署办函〔2005〕28号）同意晋江机场继续临时对外开放的批复，时间延长至2005年7月31日（闽口海〔2005〕30号）。

省口岸海防办召开2005年驻闽三军新春座谈会，通报2004年全省口岸工作情况及2005年口岸工作思路。省军区、海军福建保障基地、空军福州指挥所的首长和作战（训）处负责人应邀参加。

2月2日

根据省政府〔2005〕9号专题会议纪要精神，拟定福建电子口岸建设工作方案报省政府。

2月3日

福州港罗源港区狮岐码头申请临时进靠外轮作业的进港航路指南报南京军区。

2月17日

省口岸海防办召开2005年度全省共建文明口岸领导小组成员会议，总结2004年本系统精神文明建设工作，部署2005年工作；下发《关于打造“诚信口岸”，在全省口岸海防打私系统实施诚信建设的方案》（征求意见稿），在全系统启动“诚信口岸”建设。省口岸海防办会同省台办、省运管局赴罗源县现场调研罗源淡头辟为出口马祖的毛角石装运作业点问题。

2月21日

省政府叶双瑜副省长主持召开落实推进厦门港口管理体制一体化有关口岸大通关的专题会议。

2月23日

草拟《海关总署 福建省人民政府 关于建设福建电子口岸的合作备忘录》文本，以闽口海〔2005〕37号文向福州、厦门市人民政府，福、厦海关等有关部门和单位征求意见。

2月28日

推进厦门港口岸管理体制一体化大通关调研组赴厦门调研。转发国家交通部（交函海〔2005〕49号）同意泉州港深沪港区继续临时对外开放的批复，时间延长至2005年6月30日（闽口海〔2005〕40号）。

3月7日—12日

省口岸海防办陈松青副主任带领推进厦门港口岸管理体制一体化大通关调研组在龙岩、漳州开展调研。

3月8日

召开省口岸海防打私网站联络员会议，研究分析问题，提出整改措施，强调联络员职责，对先进单位和个人进行表彰。

3月9—11日

省口岸海防办派员参加福清核电项目初步可行性评估会，并提出建设性意见。

3月21日

根据省内有关部门和单位对省口岸海防办3月23日起草的海关总署与福建省人民政府合作备忘录文本的反馈意见，以闽口海〔2005〕52号文将修改补充后的文本报省政府。公布福州港口岸开放水域非A类新增作业点清理结果（闽口海〔2005〕53号）。

3月30日

转发国家交通部（交函海〔2005〕89号）同意延长国际航行船舶临时进靠瀚海船业文湾船厂的批复（闽口海〔2005〕58号）。向省政府呈报《厦门港口岸查验管理一体化问题的调研报告》（闽口海〔2005〕59号）和《提高厦门港口岸通关效率的具体措施》（闽口海〔2005〕60号）。

4月14日

省口岸海防办派员参加发改委、交通厅主持的沿海港口建设规划征求意见会，并提出修改意见。

4月17日、6月7日、8月10日

省口岸海防办先后三次专程赴京与海关总署办公厅、中国电子口岸数据中心就合作备忘录文本内容、签署具体事项等进行沟通，为合作备忘录的顺利签署奠定了基础。

4月18日

省口岸海防办青年文明号创建办对口岸海防打私系统14家省级青年文明号和4家推荐创建青年文明号集体进行检查考评，历时两周。

4月25-30日

省口岸海防办配合交通部海事局牵头组成联合调研组来闽，就非开放水域临时进靠外轮申报工作对福建省罗源、可门、牛头湾、金井、文湾船厂、国安船厂、晋江深沪等进行调研。

4月28日

推荐福建出入境检验检疫局、厦门国际航空港集团有限公司为全国精神文明建设工作先进单位。

5月19日

省口岸海防办发出《关于协助做好全省口岸海防打私系统精神文明建设DVD片拍摄工作的通知》（闽口海〔2005〕88号）。

5月24日

根据海关总署口岸规划办的部署，对《国家十一五口岸发展规划要点》提出修改意见。

5月27日

应福州市口岸海防办请求，组织福建海事局、福州市口岸海防办、罗源县口岸办等单位召开专题会，研究福州港口岸罗源港区临时进靠外轮及正式扩大对外开放申报工作。

5月31日

发出《福建省口岸综合管理条例》调研方案，着手就福建省口岸综合管理地方性法规立法对全省七家查验主管部门进行调研。

6月2日

省口岸海防办与深圳市口岸办、皇岗海关协调解决福建省货物周六从深圳皇岗转关接驳通关事宜。参加省编办牵头组织的关于福建民航管理体制专题调研活动，并于6月16日参加省编办召开的相关汇报会。

6月4日

省口岸海防办陪同海军福建保障基地相关领导，前往长乐牛头湾码头和连江可门火电厂码头进行调研。

6月6日

省口岸海防办推荐厦门国际航空港集团有限公司为全国精神文明建设工作先进单位。

6月7日

福建省政府出台《关于加快推进口岸大通关建设的若干意见》（闽政〔2005〕11号）。

6月21—22日

召开福建省空港口岸工作座谈会。

6月29日—7月1日

省口岸海防办配合做好中编办调研组在闽调研工作，并于7月4日向省政府领导汇报中编办调研组在闽调研的情况。

7月1日

省口岸海防办印发《促进全省空港口岸出入境客货运输发展的若干措施》（闽口海〔2005〕118号)。

7月5日

省口岸海防办在福州召开沿海六设区市口岸海防办（口岸办）主任联席会议，研究讨论我省海港二类口岸处理意见。

7月11日

转发交通部（交函海〔2005〕150）《同意国际航行船舶临时进靠福州港口岸罗源港区狮岐3万吨级码头的批复》（闽口海〔2005〕128号)。

7月12—14日

国家验收组来闽对宁德城澳港口岸对外开放进行验收，并顺利通过国家级验收。

7月15—19日

省口岸海防办陪同海关总署口岸规划办赴罗源港区、晋江围头深沪港区、晋江机场口岸和漳州港石码港区调研。

7月20日

为适应福建电子口岸平台建设需要，厦门电子商务中心成立福州办事处。

7月22日

省人大法制工作委员会为起草《福建省促进台湾同胞投资条例》召开台资企业货物通关座谈

会，省口岸海防办派员参加。省口岸海防办召开协调会，与漳州市口岸海防办、海军福建保障基地和福建海事局等单位研究漳州港石码港区开放水域事。

7月25日

向省政府办公厅报送关于改变厦门港一港两检局面问题的处理意见。

8月1日

省口岸海防办在莆田市召开全省口岸大通关协调领导小组办公室成员会议，贯彻落实省政府出台的《关于加快推进口岸大通关建设的若干意见》，回顾总结上半年口岸大通关工作情况和安排下半年主要工作。

8月12日

由省口岸海防办牵头，成立厦门港口岸查验协调小组，负责协调厦门港口岸查验管理一体化工作（闽口海〔2005〕144号）。

8月15日

厦门港口岸查验协调小组成员会议讨论通过《提高厦门港口岸通关效率的具体措施》（闽口海〔2005〕149号）。

8月31日

黄小晶省长莅临省口岸海防办调研，对口岸工作和大通关建设提出要求。

9月7日

根据上海等省外口岸办、省内查验主管单位提供的材料，整理出福建省与省外部分口岸大通关分析比较情况通报并予印发（闽口海〔2005〕171号）。

9月8日

组织对福州港口岸新增作业点台泥码头、顺利建材码头的省级验收。

9月13日

省口岸海防办与省妇联联合发文授予厦门出入境检验检疫局财务处和机场办事处省级“巾帼文明岗”称号，并于10月4日现场授牌。

9月15–17日和26日

省口岸海防办赴泉州、南安、惠安、厦门开展石材进出口情况专项调研，与当地石材进出口企业座谈，了解石材进出口通关情况。

9月23日

《海关总署、福建省人民政府关于建设福建电子口岸的合作备忘录》在福州签署。

9月27日

省政府办公厅发出《关于口岸查验部门在繁忙海空港货运口岸试行每周7天工作制的通知》（闽政办〔2005〕166号）。

9月29日

省口岸海防办会同省新闻办召开新闻发布会，向全社会公布在福建省部分繁忙口岸试行7天工作制和省政府出台的《关于加快推进口岸大通关建设的若干意见》，福建电视台、福建日报等国内、省内、港澳媒体广泛给予报道。

10月9日

今日起福建口岸查验部门在部分繁忙海、空货运口岸试行每周7天工作制，试行期1年。针对在全球范围陆续出现禽流感疫情的情况，省口岸海防办发出通知要求切实做好防控高致病性禽流感工作（闽口海〔2005〕195号）。

10月13日

完成福建省口岸综合管理地方性法规修改和立法说明的起草工作，以闽口海〔2005〕203号文报送省政府办公厅。

10月17日

以闽口海〔2005〕208号文将《福建省口岸综合管理条例》修改稿和立法说明报送省政府法制办和省人大财经委，要求列入2006年地方性法规立法项目。

10月20日

省人大财经委召开地方财经立法工作会议，省口岸海防办提交《推进我省口岸综合管理地方性立法工作，为海峡西岸经济区构建良好的口岸环境》的研讨论文。

10月23日

省口岸海防办跟踪落实7天工作制试行情况，积极与省人行、中行进行协调沟通，解决了中行马江行双休日开展对公业务事宜。

10月24日

向省政府办公厅报送《关于进一步加强对台口岸通关工作的具体措施和建议》（闽口海〔2005〕213号）。向省政府办公厅报送《关于当前制约漳州等地花卉出口企业发展的主要因素和对策建议》的调研报告（闽口海〔2005〕215号）。

10月31日

福建省口岸大通关协调领导小组印发落实黄小晶省长在口岸单位调研期间对推进口岸工作和大通关建设提出要求的任务分解表。以闽口海〔2005〕224号文向省政府办公厅报道《福建省口岸综合管理规定》（送审稿）。

11月2日

省口岸海防办召开福建省港口口岸开放范围确认工作座谈会，传达了海关总署等五部委署（岸发〔2005〕349号文）《关于印发〈关于确认港口口岸开放范围的办法〉的通知》和省政府领导的批示精神，对做好我省港口口岸开放范围确认工作进行了认真研究和部署，确定了确认工作时间表等相关事项。

11月7日

向省政府办公厅报送《关于全省石材进出口情况的调研报告》（闽口海〔2005〕235号）。

11月15—17日

省口岸海防办在宁德举办第二届全省口岸海防打私系统乒乓球比赛。

11月21日

省政府办公厅发出《关于成立福建电子口岸建设协调小组的通知》（闽政办〔2005〕198号）。

省口岸海防办派员参加在宁波召开的全国地方电子口岸建设现场会。

11月22日

召开福建省口岸海防办（口岸办）主任会议，对福建口岸综合管理地方性立法工作进程进行通报说明，研究部署第九届省级文明单位评选工作。

12月7日

成立福建电子口岸建设协调小组专家咨询组（闽口海〔2005〕282号）和福建电子口岸建设协调小组办公室（闽口海〔2005〕278号）。

12月7—9日

中编办赴福建检验检疫局、省边防总队、厦门海关、泉州围头专项调研对台查验人员增编问题。

12月16日

部署口岸系统第四届（2003—2005年）创建文明行业工作先进单位、先进个人及第九届（2003-2005年）省级文明单位考评推荐的有关工作。

12月28—30日

省口岸海防办与省口岸协会联合举办全省港口口岸开放范围确认工作研讨班。

12月31日

成立省口岸海防办推行行政执法责任制工作领导小组及办公室，并对省口岸海防办有关行政执法依据进行梳理。

（综合口岸处 宣规处 档案室材料）

2005 年厦门出入境检验检疫局业务概况表

金额单位:万美元

项目		批次	与上年同比 ±%	金额	与上年同比 ±%
受理报检		642987	13.28	2113102.25	17.77
其中	出境	448784	16.58	1206450.93	26.49
	入境	194203	6.33	906651.32	7.86
货物检验检疫		241688	11.77	1021781.47	15.58
其中	出境	138938	25.00	384656.81	35.24
	入境	102750	−2.22	637124.66	6.25
货物检验检疫不合格		1817	3.41	20178.11	45.40
其中	出境不合格	137	−11.04	406.92	92.58
	入境不合格	1680	4.8	19771.19	44.67
货物通关		590681	15.25	1915734.55	18.23
出入境轮船检疫(艘次)		11291	8.69	—	—
出入境飞机检疫(架次)		12815	6.76	—	—
出入境集装箱报检(万标箱)		291.42	—	—	—
普惠制产地证(份)		116836	4.35	251144.06	17.09
一般产地证(份)		33622	24.48	80567.07	35.22

2005 年福建口岸对外开放港口外贸进出港船舶统计表

单位：见表内列出

港口	进港船舶							出港船舶						
	艘数(艘)	总吨(吨位)	总载重量(吨)	载客量(客位)	船员人数(人次)	货物到达量(吨)	旅客到达量(人)	艘数(艘)	总吨(吨位)	总载重量(吨))	载客量(客位)	船员人数(人次)	货物发送量(吨)	旅客发送量(人)
甲	1	2	3	4	5	6	7	8	9	10	11	12	13	14
福州港	1926	2105915	3050767	0	24913	606346	0	1905	2211094	2381326	0	24963	2,598809	0
宁德港	146	147818	237701	0	1424	10888	0	137	128313	207846	0	1294	194485	0
莆田港	78	178452	277848	0	440	147442	0	63	131028	204583	0	351	11456	0
泉州港	285	994086	1560533	0	4344	787520	0	285	994086	1560533	0	4344	221707	0
厦门港	3395	8943672	8903274	514272	43786	1512046	260351	3396	9021793	8991525	513972	43769	1924019	256633
漳州港	290	440945	586106	6538	1571	130681	3058	276	758032	1080413	0	2006	329847	0

江西口岸工作综述

【概述】 2005年，是“十五”计划的最后一年，也是江西口岸工作建设、发展的关键一年。在省委、省政府的正确领导下，以保持共产党员先进性教育活动为动力，认真学习、实践“三个代表”重要思想，贯彻落实党的十六届三中、四中、五中全会精神，团结拼搏，开拓奋进，以推进“大通关”建设为中心，全面推进水、陆、空口岸建设，对外开放的口岸立体平台初步形成，有效地促进了江西开放型经济的进一步发展。

【口岸客货运输】 2005年，共完成进出口货物运量46.2449万吨，完成国际集装箱37335重标箱，分别比上年同期增长86.57%和107.98%；其中：九江港水运口岸完成进出口货运量28.9490万吨，国际集装箱24961重标箱，分别比上年同期增长88.55%和114.13%；外国籍船舶直航3艘次；赣州陆运口岸完成进出口货运量0.8780万吨，国际集装箱877重标箱，分别比上年同期减少10.82%和10.24%；南昌货运口岸完成进出口货运量16.3873万吨，国际集装箱11497重标箱，分别比上年同期增长94.63%和116.23%；南昌航空口岸共完成出入境旅客员工查验任务36090人次，出入境飞机433架次，分别比上年同期增长16.17%和2.36%；其中外国籍飞机出入境2架次；通过共享航班号的方式运送旅客1290人次。

【口岸开放平台】 2005年，口岸工作围绕服务江西开放型经济发展，重点做好口岸开放平台建设，对外开放立体格局初步形成。

努力拓展对外开放的空中平台。在南航股份有限公司、广州海关、南昌海关及省机场集团公司的大力配合下，2005年6月，南昌航空口岸以共享航班号的方式正式开通了南昌-广州-新加坡、吉隆坡国际航班，形成了从南昌飞往东南亚的国际航线网络，拓宽了江西对外开放的空中平台。

创造条件发挥水运平台的功能。2005年，在九江市政府的高度重视下，经过口岸各部门的共同努力，引进了伯利兹籍 “东惠丸号”、“世纪弘程号”和柬埔寨籍“东泰”三艘外国籍货轮直航九江水运口岸。

积极创建对外开放陆路平台。2005年，在南昌市政府、南昌海关、江西出入境检验检疫局、南昌铁路局等单位及厦门、深圳有关部门的大力配合下，6月，南昌—厦门海铁联运班列正式开行；11月，经过近一年试运行的南昌-深圳海铁联运班列也正式开通。这两条海铁联运班列的开通，打通了江西的出海通道，改变了江西无出海口的局面。把江西和珠三角、闽三角经济区更为紧密地联系在一起，促进了三地的物流发展和经济合作。

【口岸建设】 2005年，根据江西开放型经济发展的总趋势，不失时机地推进了口岸机构建设、口岸基础设施建设和设区市口岸建设。景德镇海关、南昌海关驻龙南和南昌高新技术开发区办事处顺利开关。新余海关、江西出入境检验检疫局驻新余、龙南和南昌高新技术开发区办事处等已开工建设。6月3日，经国务院批准，国务院办公厅以国办函［2005］53号文正式复函海关总署，同意增设江西九江出口加工区。九江出口加工区总体规划面积2.81平方公里，四至范围是：东至白马岭，西至昌九高速公路，南至双瑞路，北至彭塘湾。首期开发面积为0.983平方公里，投资金额1.8亿元。南昌、赣州出口加工区已经省政府同意向国家申报，南昌保税物流中心（B型）正在积极建设中。南昌港国际集装箱码头、赣州公路货柜车查验场、赣州公共保税仓库等顺利通过验收并投入运行。

各设区市口岸发展迅速，九江港水运口岸投入资金超过1200万元，用于外贸码头港区设施和口岸查验配套设施的建设和改造。外贸码头通过扩能改建、拆库建场，改造成九江国际水运中心，港口集装箱通过能力在短期内由原来设计的每年2.65万标准箱达到现在10万标准箱。赣州公路口岸作业区完成了各项基础设施建设，顺利通过验收；龙南口岸作业区施工进展顺利；赣州铁路东站国际集装箱货场已做好开工建设的各项准备工作。吉安口岸办对在吉安铁路南站建设口岸作业区进行了可行性论证和初步的规划，并提出了在吉安设立铁路集装箱办理站，争取“铁海联运”班列停靠吉安的建议。南昌市政府顺应形势，成立了南昌市口岸办公室。

【口岸调研】 2005年，围绕口岸中心工作，开展了富有成效的调研活动。围绕降低江西进出口货物运输成本，先后形成了《沿京九线货源情况调查报告》、《关于建设南昌进出口物流园服务区的调研报告》、《江西水运市场调查及策略分析报告》、《关于开展南昌至深圳海铁联运可行性分析报告》、《关于开行南昌至深圳海铁联运货运“五定班列”货源情况的分析报告》、《厦赣海铁联运江西调查报告》、《口岸网络化建设的构想》等。九江市口岸办和九江边防检查站分别从不同角度分析了九江口岸的建设和发展态势以及国际货运直航逐年萎缩的原因，撰写了《关于降低长江航行国际航线船舶规费的建议和思考》、《九江港货运直航业务情况的调查报告》。赣州市口岸办围绕探索降低赣州市进出口企业运输成本的对策，加快赣州市口岸物流的发展，撰写了《关于降低我市进出口企业运输成本的调研报告》。

【推进大通关】 落实服务措施，推进大通关建设，服务开放型经济发展。南昌海关在支持扩大出口、发展加工贸易、拓建开放平台、加强区域海关合作和坚持依法文明把关等方面，制订了24条支持服务措施。通过推行风险管理机制，整合创新通关监管职能，利用风险管理和信息技术手段，提升海关监管整体效能，实现监管效能和通关速度双提升；规范对监管场所管理，加强对转关运输货物、加工贸易的实际监管和高效通关；改革查验机制，提高查验的准确性和实效性，最大限度降低企业贸易成本。江西出入境检验检疫局进一步推进检验检疫监管模式改革。进一步修订完善检验检疫监管模式体系文件，形成“1+10+N”的新体系，包括1个《检验检疫监管模式体系转换实施细则》、10个配套通用工作规范、56个商品检验作业指导书，促进了检验业务工作规范化管理，目前新模式已进入全面运行阶段。江西省边防总队进一步修订完善22条便民利民措施，积极开展岗位大练兵和“三访四见”活动，提升了执勤执法服务水平，提高了官兵综合素质，完善了各项管理制度和工作程序，圆满完成了以边检执勤为中心的各项工作任务。同时，紧紧围绕服务江西开放型经济发展，开设了“旅游团体专用通道”和“经贸投资绿色通道”等，为重要客商推行优检卡和旅游团预检等各项服务措施。

【电子口岸建设】 建设江西电子口岸是省委省政府作出的重大决策，是改善江西通关环境、降低进出口货物运输成本、提高政府行政执法效能的重要举措。它将进一步缩短江西与沿海地区的距离；进一步简化通关手续，促进通关便利化；进一步减少办事“窗口”，实现“一站式”服务；进一步互联互通，实现各部门信息共享；进一步提高科学监管，有效执法，从根本上改善江西投资环境，提高对外开放水平，促进开放型经济发展。12月30日，省政府召开了电子口岸专题会议，进一步统一了各有关部门的认识，并对《江西电子口岸建设方案》（修改稿）进行了深入讨论、提出了修改意见，提出了在省信息化工作领导小组下成立江西电子口岸建设工作推进小组，明确了由省财政对电子口岸建设给予必要的资金支持，明确了成立江西电子口岸服务中心负责电子口岸的建设和运营。

【口岸精神文明建设】 2005年，口岸系统共有14个青年文明号窗口通过了省创建青年文明号活动组委会的认定，继续保留省级青年文明号荣誉，其中南昌海关机场办事处、南昌边防检查站执勤业务一科被评为全国青年文明号集体，吉安海关报关厅、九江海事局港监科顺利通过了国家青年文明号集体的复核。江西出入境检验检疫局、赣州出入境检验检疫局被评为“全国文明单位”，宜春出入境检验检疫局被评为“全国精神文明创建工作先进单位”。这些先进集体，正在各自的口岸工作岗位上发挥着带头作用，为口岸的严格执法、文明服务树立了良好的窗口形象。

（罗莎　詹瑞明）

2005年江西省口岸运行情况

项　目	单 位	数 量	同 比%
出入境人员	人次	36090	16.17
进出口货物	万吨	46.2449	86.57
集装箱吞吐量	万重标箱	3.7335	107.98

2005年江西省口岸客运情况表

项目 出入境		出入境旅客（人次）					
		全年合计	同比%	内地	港澳	台湾	外国籍
出入境人次		32299	15.92	6772	5233	17608	2686
其中	出境	15790	22.49	4429	2328	8050	983
	入境	16509	10.26	2343	2905	9558	1703

备注：2005年6月，南昌航空口岸通过国际航班国内段的方式，开通了南昌—广州—新加坡、吉隆坡航班，并累计运送出入境旅客1290人次，其中出境640人次，入境650人次。

2005 年江西省口岸货运量情况表

项目 口岸	货运量（万吨）					
	进出口累计	同比%	进口累计	同比%	出口累计	同比%
水运口岸	45.3314	92.10	17.9427	184.49	27.3887	58.40
陆运口岸	0.8829	–23.87	0.0283	–73.20	0.8456	–18.93
航空口岸	0.0306	3.73	0.0209	–7.11	0.0097	38.57
合　计	46.2449	86.57	17.9919	179.59	28.2530	53.95

2005 年江西省口岸集装箱运量情况表

单位:重标箱

项目 口岸	进出口累计	同比%	进口累计	同比%	出口累计	同比%
水运口岸	36453	115.19	16433	201.19	20020	74.33
陆运口岸	882	–12.76	49	–59.50	833	–7.34
合　计	37335	107.98	16482	196.01	20853	68.40

江西口岸查验单位工作综述

南昌海关

【概述】 2005 年，在总署党组的正确领导和地方党政的关心支持下，在上海特派办的指导帮助下，南昌海关以邓小平理论、“三个代表”重要思想和科学发展观为指导，认真贯彻党的十六届三中、四中、五中全会和全国海关关长会议精神，全面落实海关工作 16 字方针和队伍建设 12 字要求，以实现现代海关制度第二步发展战略和创建内陆一流海关为目标，继续以综合治税为轴心，在依法强化监管的同时，提高通关效率，努力服务江西崛起，深入开展保持共产党员先进性教育活动，大力开展创建内陆一流海关活动，队伍建设和各项业务工作取得新进展。

【综合治税，税收征管量质并举】 南昌海关积极构建综合治税大格局，关税职能部门加强税收征管的职能管理、指导和监控，通关、监管、现场部门加强对大宗、特殊、敏感重点商品的审单、审价、归类和查验工作，加贸部门强化加工贸易合同核销征税，稽查部门开展减免税和加工贸易专项稽查，缉私部门加大打击走私力度以打促税，财务部门加强税款核销入库监控，督审部门加强税收工作的监督，初步形成了综合治税合力。2005年关区征税6.38亿元，比上年增长57.76%，提前两个月完成年度税收计划，创建关以来的历史最高水平。

【积极构建开放型经济服务平台，参与并推动区域海关合作】 南昌海关采取一系列措施维护创业进出口秩序和优化创业环境，制订并实施了24条服务措施，策应江西省委省政府“和谐创业、富民兴赣”的决策部署，积极配合地方做好海关机构、出口加工区和保税物流中心的申报、设立和筹建等工作。积极与地方政府密切配合，景德镇海关、驻南昌高新区办事处、驻龙南办事处顺利开关。南昌国际集装箱码头海关监管点启用运行。新余海关的筹建工作基本完成。南昌海关协助地方政府申报设立九江出口加工区获得国家批准，并积极配合做好筹建工作和南昌出口加工区的申报工作。2005年南昌海关与广州海关共同推行“属地报关、口岸验放”监管新模式，与深圳海关签订开通南昌-深圳“五定班列”监管协议，与厦门海关签订铁海联运联系配合办法，简化转关运输手续，拓宽物流平台。2005年，关区监管进出口货物总值11.62亿美元，同比增长28.92%；监管进出口货物总量74.04万吨，同比增长71.78%。

【加强缉私与海关业务的融合，继续保持打击走私的高压态势】 按照总署统一部署，完善缉私体制，把缉私行政执法职能调整到缉私局统一承担。积极推进缉私工作与海关其他业务工作的深度融合，完善联系配合机制，促进关警融合。既充分发挥缉私部门打私主力军作用，又充分发挥海关各业务部门的防范和打击走私的基础作用，提升了反走私整体效能。全年组织开展了打击加工贸易渠道走私、走私摊铺机、卷筒纸胶印机减免税进口走私等打私专项行动。关区2005年立案查处走私案件3起，案值1694.3万元；查处行政案件10起，案值936.92万元；协助兄弟海关侦办案件94起，案值8506万元。同时反走私综合治理工作有序开展，以打私办为平台，密切与地方党政和其他成员单位的协作配合，加强情报共享和执法联动，在协助地方规范市场经济秩序、“扫黄打非”、知识产权保护等方面也取得新成效。

【推行职能整合创新，业务运行进一步顺畅】 一是积极稳妥地做好调查职能整合工作，对关区调查职能、机构、人员等及时调整，并以此为契机，加大风险管理、企业稽查和贸易调查力度，完善企业分类管理和信用管理，进一步规范企业进出口行为。二是稳步推进风险管理工作。健全风险管理组织架构，推进风险分析监控中心建设，推广应用风险管理平台，并依托风险管理平台，开展了税收、减免税和高风险商品的专项数据分析工作，风险管理的分析监控作用得到初步发挥。三是着手推进监管通关、审单机构和职能调整。四是结合新设隶属海关机构的情况，对隶属海关（办事处）、现场业务处的业务职能进行整合，职能管理作用进一步发挥，业务运行机制和人力资源配置进一步优化。

【进一步发挥统计预警监测分析作用】 一是通过加强参数检控、数据审核、数据差错分析，强化统计基础工作，确保海关统计数据质量，全年上报总署数据“零差错”。二是加强执法评估和统计监督工作，及时揭示执法中的倾向性、苗头性问题，统计预警监测能力有所提高。三是加强统计分析，及时提供进出口预警监测信息，服务领导决策和地方经济发展。完成统计分析报告15篇。积极推进海关统计数据、信息的社会化服务，全年接受外界统计咨询服务150余人次。

【以开展保持共产党员先进性教育活动为契机，队伍综合素质和能力进一步提高】 2005年，南昌海关扎实开展了保持共产党员先进性教育活动，加强学习教育，严格分析评议，积极落实整改，探索建立保持共产党员先进性建设长效机制，全面完成3个阶段、13个环节的教育任务，各级党组织和党员领导干部认真履行职责，始终坚持“五个带头”，达到了加强组织建设，提高党员素质，密切党群、干群关系，促进各项工作的目的。大力开展“弘扬红其拉甫海关艰苦奋斗精神”教育活动，深入推进关区精神文明建设和文化建设，积极开展准军事化纪律部队建设，努力建设和谐海关。为了全面落实党风廉政建设各项规定，继续保持惩治腐败、纠正行业不正之风的高压态势，促进队伍廉政勤政，加强教育，学习贯彻《违反海关执法规定和廉政纪律行政处分办法》，结合总署通报的违纪案例和关区所发生的案件开展警示教育，提高关员拒腐防变、抵御风险的能力。强化党风廉政建设责任制的落实。认真分析关区党风廉政建设形势，层层签订党风廉政建设责任状。开展了基层单位落实党风廉政建设责任制试点工作。认真执行海关人员“6项禁令”，巩固“6项禁令”成果。在上年开展收受“红包”专项治理活动的基础上，建立送收“红包”登记报告制度，向企业广泛宣传并接受监督。加强督察审计工作，积极探索督察审计监督制约长效机制的建设。

（陈　斌）

南昌海关2005年业务统计表

项目		单位	数量	增幅%
全省进出口		万美元	405939	14.93
全省出口		万美元	244005	22.28
全省进口		万美元	161934	5.39
监管进出口货物总值		万美元	116168	28.92
其中	进口	万美元	66934	17.50
	出口	万美元	49234	48.55
监管进出口货物总量		吨	740434	71.78
其中	进口	吨	489572	82.34
	出口	吨	250862	54.34
报关单		份	14858	38.45
其中	进口	份	5480	50.55
	出口	份	9378	32.23
关税征收入库		万元	11465	30.12
进口 增值税		万元	52290	65.46
环节 消费税		万元	0	0
税　合计		万元	52290	65.46

（续表）

项 目	单 位	数 量	增幅%
税收入库总计	万元	63755	57.76
审批减免税	万元	115871	2.16
注册三资企业	个	189	–14.86
注册资本	万美元	54737	–8.63
投资总额	万美元	79761	–8.70
备案保税合同	份	917	7.76
备案合同金额	万美元	83169	110.67
核销结案合同	份	770	8.91
进出境飞机	架次	1201	106.00
进出境人员	人次	37438	10.83
集装箱	个	33575	90.57
查处案件	起	13	–18.75
查处案值	万元	2631	–18.18
罚没收入	万元	23	–43.90

江西省公安边防总队

【概述】 2005 年度江西公安边防总队边防检查工作在总队党委的正确领导和部局业务部门的大力指导下，以“三个代表”重要思想为指引，以“二十公”精神和“三个第一”要求为统领，紧紧围绕年初部局、总队两级党委扩大会议精神和部局业务部门工作意见，全面开展了岗位大练兵和“三访四见”活动，进一步提升了执勤执法服务水平，推进了部队正规化管理和建设，提高了官兵综合素质，完善了各项管理制度和工作程序，圆满完成了以边检执勤为中心的各项工作任务。2005 年度共检查出入境人员 36124 人次，其中旅客 32299 人次，员工 3825 人次，飞机 433 架次，船舶 3 艘次，无一起执勤责任事故，无一例投诉案件。

【落实勤务规范，创建“文明窗口”】 江西公安边防总队司令部立足部队建设和江西口岸实际，认真贯彻“满洲里会议”精神，以贯彻新勤务规范为契机，进一步深化“双争”主旨，紧密结合“三访四见”活动，狠抓勤务规范化建设，着力提升服务水平。一是强基固本，在规范服务上下功夫。司令部结合新《勤务规范》，制定出台了《江西边防总队加强边防检查业务工作实施办法》，对建立和完善勤务、执勤、培训、服务等机制，加强和改进边检工作做出了明确规定，并于 10 月底举办了勤务演练现场会，规范勤务组织，细化勤务环节，部队规范化执法水平明显提高。南昌边防检查站结合部局下发的《出入境边防检查勤务规范示范片》，采取视频教学与专题培训、集中学习与分组讨论相结合的形式，抓好新勤务规范的学习贯彻；修订完善了“执勤文明用语”、“检查员行为规范”、“检查员现场执勤十不准”等一系列规章制度，在执勤现场实行“五公开”，即：公开对旅客服务承诺、公开边检法律法规、公开检查程序和标准、公开检查员照片和姓名、公开三级投诉电话，在实际工作中将承诺变成规范的执法行为。二是提升层次，在文明服务上下功夫。江西公安边防总队进一步修订完善 22 条便民利民措施，积极开展创建“和谐平安江西口岸”活动。南昌边防检查站开通了 24 小时语音咨询服务热线，免费为群众提供出入境信息咨询 60 人次；举办出入境边检法律知识讲座 4 场 9 人次，免费对有关涉外部门和企业提供边检法律法规培训，听课人数近 300 人次；积极推行勤务改革，深入开展“执法文明之星”评比活动，先后有两名检查员当选，提高了检查员工作积极性、主动性，形成争先创优的良好氛围；紧紧围绕“中部崛起”战略，为重要客商推行优检卡服务和旅游团预检服务，开设了“旅游团体专用通道”和“经贸投资绿色通道”等，圆满完成了江西省委书记孟建柱、中国台商发展协会理事长蒋孝严、联合国可持续发展司长迪萨诺、福特公司总裁吉姆帕蒂拉等贵宾的礼检任务，并为参加赣台经贸洽谈会、中国“五会”（南昌）经贸恳谈会等会议的代表及客商提供礼遇 90 起 865 人次，发放优检卡 86 张。三是拓展内涵，在主动服务上下功夫。南昌边防检查站建立了重要客商资料信息库，并在每季度为市政府及有关单位提供口岸出入境信息分析报告，为其决策提供参考。九江边防检查站为推动口岸复航工作，结合九江正在开展的“新阶段、新发展”大讨论活动，组织专人用一个月的时间走访了口岸管理、查验、代理及生产部门和单位，从九江口岸的建设和发展态势以及国际货运直航逐年萎缩的原因入手，对九江口岸建设和发展进行了深入调研，提出了促进九江口岸直航业务开展的四条建议，得到省市领导及有关单位的高度肯定。省口岸办以专刊报道了九江站的做法和建议，并号召全体口岸联检、服务单位向该站学习。

“双争”活动及规范化建设的深入开展，推动部队执勤执法工作上了一个新台阶，各项执勤规章制度得到进一步完善，部队内外关系得到进一步融洽。南昌边防检查站执勤业务一科评为全国“青年文明号”，黄武胜同志评为“全国优秀人民警察”。南昌市委、市政府联合为南昌边防检查站颁发了“招商引资服务奖”。九江边防检查站则连续 14 年被评为口岸精神文明先进单位。

【强化工作举措，打造“平安口岸”】 根据当前偷渡活动的形势、特点和规律，总队结合口岸实际，采取有效措施，切实加大了反偷渡工作力度。一是严密查控工作。严格落实查控工作有关制度，加强对查控资料的核查，确保布控、撤控准确无误。实行查控工作“一把手”负责制，明确各级抓查控工作的职责和任务，强化查控工作人员的责任心，实行业务值班主、副班制，保证边控文件当日处理完毕。全年共查处违法违规人员 37 起 43 人次，处理在控怀疑对象 680 起，其中布控 4147 人次、撤控 2575 人次、吊销证件 132906 人次，有力地维护了口岸安全稳定。二是打击违法违规。以边检法律法规为准绳，严格按照《公安机关办理行政案件程序规定》处理违法违规事件。8 月 16 日，在执行 MU5018 次航班的入境检查任务中，南昌边防检查站业务一科检查员谢冰成功查获了一起持用他人护照企图骗盖入境验讫章的偷渡案，该案系江西公安边防总队查获的首例入境偷渡案件。2005 年以来，江西公安边防总队先后协助省安全厅处理法轮功骨干分子闯关案一起，阻止入境事件三起，协助南昌市公安局出入境管理处遣送非籍人员出境 3 名，同时还协助地方有关单位核查布控人员 27 起 103 人次，有力地维护了口岸的安全稳定，受到了公安厅执法检查组的好评。

三是加强处突演练。针对口岸形势和各类社会不安定因素呈突出、反弹之势，为应对口岸可能发生的各种突发事件，江西公安边防总队修订完善了《处突方案》，并在南昌边防检查站成立了处突分队，逢节假日和重点时期组织实地演练，强化了官兵处突意识，提高了一线处突能力。

【规范法制建设，争当“执法标兵”】 一是加强法制教育。各站根据执法实际情况纷纷采取走出去、请进来等多种方式开展法制培训活动，有效地增强了官兵法律意识，逐步建立了法制教育长效机制。二是规范执法考评。根据省政府、公安厅的通知要求，总队认真贯彻省厅《关于贯彻执行行政许可法监督检查实施方案》，对部队的行政许可项目进行认真的清理，共清理出10项中央事权的行政许可项目，并根据省厅法制处的要求，对设定依据、申请人所需材料、时限、收费项目等内容进行了清理。同时，于5月份及时对《江西省公安边防总队行政执法质量考核评议实施方案》进行了修改完善。南昌边防检查站通过走访公安厅法制处、出入境管理处、人大代表、政协委员和出入境旅客，了解掌握对执法情况的反馈，并结合有关法律法规和文件要求，出台了《南昌边防检查站执法责任制》、《执法过错责任追究办法》、《行政执法办案流程图》、《案件审核流程图》、《听证办理流程图》等，使法制工作逐步走上程序化、规范化和正规化的轨道。三是强化执法监督。南昌边防检查站发挥群众监督作用，先后聘请4名地方政府领导、知名人士为执法监督员，并每月召开一次监督员座谈会，了解并及时解决执勤执法中带倾向性的问题；站业务科每月还组织业务人员对办结的案件进行互审互评，对存在的问题，提出整改意见，从而有效的防止了错案、违规办案的发生，全年无一起投诉、复议、诉讼案件。九江边防检查站将边检办事程序、对外服务承诺、监督电话、便民措施等在九江信息网上公布，并通过发放《征求意见卡》等形式，由服务对象来评判边检工作。

【“满意在边防”，树边防新形象】 南昌边防检查站开通出入境“老弱病残孕绿色通道”，并在执勤现场成立了党（团）员服务小分队，主动协助旅客办理查验手续，并在执勤工作中坚持做到“五心”：为旅客解疑答难耐心、帮助旅客主动热心、检查验证认真细心、对老幼病残旅客关心、让旅客满意称心。九江站在“世纪弘程”号外轮淡水耗尽的情况下，主动与消防支队联系，及时解决30吨淡水补给困难，得到船方、货方及代理方的一致好评。

据不完全统计，“三访四见”活动中，官兵共为旅客做好事100余件，拾金不昧2.5万余元，送还旅客遗失的护照（证件）、行李20余次，帮助残疾人、老人和妇孺办理通关手续并护送登机100余人次，部队先后收到锦旗、牌匾、表扬信和感谢信10面（件）。

【建设新边检系统，提高部队科技强警水平】 按照部局的统一部署，紧紧围绕新形势下的边防业务工作，以“梅沙系统”推广应用和机要涉密网络建设规划为突破，全面加强技术通信工作，着力提高部队科技强警水平。一方面是加快新边检系统建设步伐：总队司令部坚持多管齐下，稳步推进，加大新出入境边检系统的建设力度。一是完善方案规划。结合总队实际情况制定了《江西边防总队新出入境边检系统建设方案》和《新出入境边检系统建设任务书》。二是加强学习培训。针对“梅沙系统”科技含量高、应用技能强的特点，总队在选派人员参加深圳“梅沙系统”培训班的基础上，举办了新边检系统推广应用培训班，共授课20课时，培训业务、技术人员18名。三是争取多方支持。为解决硬件、网络建设经费缺口和电力保障问题，总队坚持“两条腿走路”的方法，在统筹各类资金的使用，尽量调剂出更多的资金用于建设的同时，在部局技装处大力支持的基础上，主动向地方政府、有关厅局汇报工作，积极争取地方财政支持。另一方面加大总队信息化建设力度：一是谋篇布局。认真贯彻部局信息化建设的要求，立足实际，制定总队 2005-2007 信息化三年建设规划，树立目标，细化步骤。二是建设软件。2005 年总队信息化建设目标和重点是以网络为平台深化应用。完成总队、边检站视频会议音响系统、软件备用系统的的调试建设工作；升级了车辆装备系统，布置了营房管理系统，改造了营院草坪音响系统；调整了防火墙系统、网络入侵检测设备和“一机两用”监控系统，完善了总队网站，增加了值班管理系统、内部信息等模块，建立了检查员考试系统模块。三是保障硬件。严格执行《装备条例》和《技术装备管理规定》，加强对基层单位技术装备和车辆装备的配备和管理。共为南昌、九江站配发对讲机、电脑、PC 专用服务器、投影仪等各类技术装备器材 85 台次，并初步建立由计算机查验、电子监控系统、文检仪、防伪验讫章等构成的边检查验和证件鉴别体系。

【开展“大练兵活动”，提高官兵业务素质】 突出岗位练兵，提高业务水平。司令部在组织共同科目的基础上，依照岗位类别，侧重抓好专业培训。各级检查员强化对“英语口语、法律常识、计算机录入、边检业务知识应用”等四个基础科目的学习和训练，机关工作人员重点抓好公文写作、计算机办公应用及岗位专业知识的学习培训，并在半年和年终考核时区分进行，干部履职能力得到进一步提高。全年共开展机要、船艇、英语、计算机等业务培训 80 余次，人员 300 余人次，训练时间 400 课时，培养业务骨干 10 名。南昌站成立了边检证件研究小组，在公安部六局《证件研究》网站发表研讨文章 55 篇。九江站针对业务量少、人员相对易集中的特点，依托社会教学资源，利用暑期组织开展了干部四项素质培训班，提高了机关干部综合素质。

（周琮芬）

2005 年江西口岸出入境旅客统计表

项目		出入境旅客		合计
		入境	出境	
中国籍	因公	166	442	608
	因私	2177	3987	6164
	香港	2883	2305	5188
	澳门	22	23	45
	台湾	9558	8050	17608
外国籍		1703	983	2686
合计		16509	15790	32299

2005年江西口岸出入境员工统计表

<table>
<tr><th colspan="2" rowspan="2">项目</th><th colspan="2">入境</th><th colspan="2">出境</th><th rowspan="2">合计</th></tr>
<tr><th>船舶</th><th>飞机</th><th>船舶</th><th>飞机</th></tr>
<tr><td rowspan="5">中国籍</td><td>因公</td><td>9</td><td>1890</td><td>15</td><td>1880</td><td>3794</td></tr>
<tr><td>因私</td><td>10</td><td>0</td><td>0</td><td>0</td><td>10</td></tr>
<tr><td>香港</td><td>0</td><td>0</td><td>0</td><td>0</td><td>0</td></tr>
<tr><td>澳门</td><td>0</td><td>1</td><td>0</td><td>1</td><td>2</td></tr>
<tr><td>台湾</td><td>0</td><td>0</td><td>0</td><td>0</td><td>0</td></tr>
<tr><td colspan="2">外国籍</td><td>0</td><td>12</td><td>0</td><td>7</td><td>19</td></tr>
<tr><td colspan="2">合计</td><td>19</td><td>1903</td><td>15</td><td>1888</td><td>3825</td></tr>
</table>

江西出入境检验检疫局

【概述】 2005年，在国家质检总局和江西省委、省政府的正确领导下，江西出入境检验检疫局坚持以“三个代表”重要思想为指导，认真落实科学发展观，深入贯彻党的十六届三中、四中和五中全会精神，认真履行职责，做好各项工作，为促进开放型经济的发展作出了积极贡献。全年共检验检疫出入境货物53530批25.3亿美元，批次和货值分别增长84.4%和56.7%；检疫出入境飞机433架次，出境火车车皮211节；检疫查验出入境集装箱31236标箱，增长167.8%；检疫查验出入境人员37326人次，增长21%；完成出入境人员健康体检6138人次、艾滋病监测5881人次、预防接种5352人次；检疫审批特殊物品31批次；签发普惠制证书8750份，签证金额4.28亿美元，同比增长68%。

【防控禽流感疫情】 面对严峻的高致病性禽流感疫情，江西出入境检验检疫局及时调整充实工作领导小组，明确工作责任和工作要求，立即恢复24小时值班制度，实行进出境人员日报告和零报告制度，机场口岸恢复对出入境人员的体温测试。加强技术培训、从业人员卫生防护和物资储备。加强对来自禽流感疫区人员的卫生检疫，严格执行口岸卫生检疫八项制度，做到“五个及时”，防止人间禽流感的传入传出。严禁发生禽流感疫情国家和地区的禽类及其产品入境，加强了对出入境旅客携带物、境外邮寄物的检疫查验。加强对各口岸的进出境货物、运输工具及货场、仓库的检疫和防疫消毒。加强对禽类产品出口注册加工厂、备案养殖场的监管，帮助健全防疫检疫体系，指导和监督规范正确地保存和使用疫苗，确保免疫效果。对出口禽类及其产品严格检疫程序，确保安全卫生。保持与农业部门的沟通，及时了解省内疫情和工作动态。配合江西省人民政府开展环鄱阳湖地区高致病性禽流感防控工作，成立“江西出入境检验检疫局防治高致病性禽流感共青开发区督查工作小组”，并开展对共青开发区防控禽流感工作情况的全面督查。

【落实省部合作协议】 为全面履行国家质检总局与江西省政府签订的《关于加强质量监督检验检疫工作为实现江西在中部地区崛起做好全面服务的合作协议》，按照狠抓落实的要求，成立推进领导小组，制定全面落实协议的实施方案，将各项工作细化分解成17项具体任务，做到工作目标、责任部门、具体责任人、时间进度和工作绩效“五落实”，并列入目标管理予以考核。局领导按职责分工，分别是各项任务的领导责任人，各主办部门主要负责人是第一责任人。实施方案得到江西省政府的充分肯定，省委副书记、常务副省长吴新雄对此作出批示：“制订的工作方案很详细、实在，望在实际工作中，紧紧围绕全民创业、扩大开放、促进崛起的具体目标任务，开创新局面，作出新贡献，取得新经验。”根据实施方案，坚持远期目标和近期任务相结合，确定了2005年需完成的工作，并加强督促，抓好落实，多项工作已取得初步成效。结合地方产业特色和区域特点，就出口农产品、水产、食品、电瓷等有关专项工作，与有关政府部门签订了加强合作、促进扩大出口的合作备忘录，切实把协议的工作要求落到实处，提高检验检疫工作对经济社会发展的贡献率和有效性。

【卫生检疫监管】 强化卫生检疫职能，不断加强检疫查验、传染病监测、卫生监督、卫生处理和口岸反恐工作，有效防止各种疫病和有毒有害物质从口岸传入传出。完善应对口岸突发公共卫生事件应急指挥体系、应急预案和物资储备，开展口岸模拟应急演练取得预期效果；组织召开口岸应对突发公共卫生事件研讨会，加强与口岸相关部门的协调合作。完善南昌航空口岸风险预警机制、口岸监测传染病的疫情处理预案；持续开展口岸医学媒介本体调查工作，在交通工具、集装箱、货物、口岸等截获八种医学媒介生物1363只；开展对昌北机场口岸食品的专项检查；加强微小气候及空气卫生质量监测工作，做到“四个统一”和“四个定期”；实施卫生监督分级管理模式，按照卫生监督不同管理对象，确定风险程度，划分分类级别和监督频率。开展出入境货物储存场地卫生行政许可场站注册工作，通过审核，为2家口岸存储场站颁发了卫生许可证。

【进出境动植物检疫监管】 进一步加强对出口动植物及其产品源头管理的针对性、科学性，有效地保证出口产品安全卫生和质量。定期或不定期对供港猪注册场的引种、防疫免疫、饲料药物使用情况、生猪健康状况等进行监督检查和指导，开展现场监装。组织制定并实施出口动物及动物源性食品残留物质监控、动物及动物产品疫情监测、供港食用动物药物残留检验，对供港活猪检疫注册饲养场分别就猪口蹄疫、猪瘟、篮耳病、伪狂犬病等共监测猪血清三次700多头份，获得3000余个检测数据。开展供港活猪“7+37”种化学物质残留监测四次，158头份尿样。对盐渍猪肠衣、蜂蜜、小龙虾、鳗鱼等出口动物源性食品残留物质进行采样监控。对全省54家鳗鱼养殖场开展孔雀石绿普查，吊销9家违规企业的备案资格。加强出口食品生产企业的卫生注册管理，对33家注册企业实施监督审核，注销6家质量管理存在突出问题、达不到审核要求的企业的卫生注册登记证书。

【进出口商品检验监管】 会同江西省药监局、卫生厅召开全省卫生医疗器械工作会，统一了进口医疗器械的监管；开展对进口旧医疗器具、原韩国大宇重工机械生产进口机床情况的调查；对全省进口五十铃底盘车统一进行监督整改；发现一起德国普茨迈斯特混凝土泵车采用日本五十铃汽车公司属于应改进范围底盘的情况，及时报告国家质检总局，总局为此向全国发了预警通告。加强对进口旧机电产品的日常管理工作，共办理进口旧机电产品备案25批，备案金额为666万美元，同比增长84%，其中实施装运前预检验3批，货值437万美元；检出进口棉花短重问题7批，占总批次的100%，短重率1.28%，出证索赔35633美元，索赔成功率100%；检出放射性剂量均超过豁免水平的进口钽铌矿和锆英砂23批，及时通报并移交环境保护部门依法处置。

【认证认可工作】 加强出口食品生产企业卫生注册和HACCP验证工作，指导企业完善卫生质量管理体系，抓好对国外注册的推荐工作。颁发出口食品卫生注册登记证书22份；签发对美水产品HACCP官方验证证书3份，实施定期监督检查68家次；组织对28家申请质量许可证的企业实施了认证、考核及发证工作；完成63家出口加工用备案养鳗场年审工作；对10家猪场实施了换证审核，2家实施了年度审核；注销了6家企业的卫生注册登记证书；组织对13家注册企业实施了输美日用陶瓷企业监督检查，取消4家企业资格，暂停2家。办理《3C免办证明》23份。现场评审10余家企业，为符合69号令要求的3家企业颁发了《卫生除害处理标识加施资质证书》。帮助江西煌上煌、乔家栅、英雄乳业和汪氏蜜蜂园等省内重点食品加工企业，推行HACCP和有机食品认证，完善了企业食品安全保障体系。协助配合中组部和省委组织部，帮助萍乡矿业集团等以ISO9000体系为平台，用先进的管理科学促进党的先进性建设和执政能力建设，既为ISO9000体系注入了新的内容，又为党的先进性建设和执政能力建设引入科学的方法。开拓全国第一家精神文明建设质量管理体系认证，开拓全国第一家乡镇党委党建质量管理体系认证。

【执法稽查】 通过开展调研，在全面掌握江西进出口商品品种、数量、结构和分布情况的基础上，以江西南城外贸有限公司出口逃漏检为突破口，克服调查难度大，工作面广等困难，及时协调口岸检验检疫部门、地方政府、国税等部门，对逃漏检违法行为进行重点打击，收到良好效果。有力打击进口医疗设备逃检行为，开展专项调查，举行首次听证会，并召集行政执法骨干人员现场观摩。以此为突破口，带动行政处罚工作的全面开展，全年共立案查处各类违法案件20起，其中已结案14起，另有6起案件正在调查审理中。

【法制基础建设】 紧紧抓住依法行政不放松，制定法制工作要点，明确总体目标、工作重点、具体任务和要求。制定《行政处罚程序规定》，理顺行政执法工作程序。成立执法稽查科和执法稽查大队，建立执法稽查骨干队伍。加强法制培训和工作交流，组织执法骨干座谈会、执法案例现场观摩研讨会、依法行政主题报告会、行政执法证资格培训、法学专家讲课等，树立依法行政和法律至上的理念，提高执法稽查队伍素质和执法水平。制定《商检法实施条例》具体实施方案，召开宣贯会议，选派骨干参加总局举办的《商检法实施条例》培训班，取得良好成效。全面落实目标管理责任制和“一把手”责任制，层层落实行政和执法工作责任，完善执法责任和执法过错的责任追究制度，建立落实工作责任和保证工作质量的长效机制。进一步修订完善目标管理责任制，业务部门和分支机构突出依法施检、严格把关和服务质量，综合管理部门突出基本职能的履行、综合协调与管理、执行效能，并制定各要素考核评分办法，由各相关管理部门负责考核评分，使考核更加科学、细致，并更具操作性。

【大通关建设】 认真开展电子监管系统的调研和需求分析，选择28家企业18种出口商品作为首批试点单位，上报国家质检总局实施电子监管推广工作。积极推广植物产品检疫除害热处理可视化远程监视系统，在12家企业安装了监控系统，提升了植物检疫卫生除害的监控能力和技术水平。

积极扶持重点出口企业申请进入检验检疫“绿色通道”，在原有5家出口企业的基础上，根据江西外贸发展的具体情况，选择重点出口企业，新推荐上报10家符合条件的企业，申请进入检验检疫“绿色通道”。加强与上海、深圳等沿海口岸检验检疫机构的协调，与深圳、厦门建立了海铁联运检验检疫合作机制，与厦门检验检疫局建立了江西柑桔出口协作机制。

【水果、蔬菜种植基地建设】 以积极扶持柑橘产业做大做强为重点，大力推进出口农产品基地建设，推广“公司+基地”模式，经过严格考核，增建了16个脐橙出口种植基地、6个蜜橘出口种植基地、1个椪柑出口种植基地和10个出口加工厂，使江西省出口柑橘种植基地总数达到27个，面积9万亩，总产量约12万吨。帮助江西（安义）现代农业科技园建立农残监控体系，完善基地备案和卫生登记工作，使江西新鲜蔬菜得以首次直接出口香港，柑橘和新鲜蔬菜的出口已成为江西省外贸发展新的增长点。

【科研与制标工作】 组织向国家质检总局申报科研课题16项，向国家认监委申报行业标准制修订计划26项，组织20项检验检疫行业标准进行函审。有5项科技项目通过了国家质检总局组织的鉴定，4项行业标准通过了国家认监委组织的审定，1项科技项目通过了江西省组织的鉴定。向江西省科技厅推荐《烟花爆竹禁限用药物检验方法研究》为“科技进步奖”、向国家质检总局推荐《烟花爆竹产品检疫风险预警研究》等7项为“科技兴检奖”、向国家专利局推荐《烟花爆竹制品跌落试验安全装置研究》等3项为“检验检疫专利奖”评定项目。《振动台实验通用夹具》申请专利已被国家知识产权局受理。与大型烟花生产企业李渡集团达成协议，建立了国家级烟花爆竹检测重点实验室（江西李渡站），为开展大型烟花分类定级实验和研究提供了安全的场所和条件。

【检验检疫监管模式改革】 借鉴新的、科学的检验监管方式，将监管模式转换工作继续引向深入，实现检验检疫执法把关工作向安全、卫生、健康、环保和反欺诈的重点转移。进一步修订完善检验检疫监管模式体系文件，形成“1+10+N”的新体系，包括1个实施细则、10个工作规范、56个检验作业指导书，进一步促进了检验业务工作规范化管理。为配合新模式的施行，再次为企业培训合格备案检验人员195人次；组织开展各类商品的风险分析和评估，完成检管模式转换企业分类工作，对625家企业进行了分类管理，评定出一类企业54家、二类93家、三类314家，其它产品风险高不适宜分类管理的企业162家。同时，全面建立应检项目目录，根据商品风险程度和国家强制性要求，科学确定检测方式、项目、手段和重点，改变原先按标准进行全项目检测的单一检测方式。通过多种检测方式的合理运用，对中低风险产品普遍采用“型式试验/专项检测+抽批检验+日常监督”检验监管模式，大大缩短了检验周期，提高了应检项目的检测能力和效率。

【精神文明建设】 江西出入境检验检疫局机关、赣州检验检疫局被评为“全国文明单位”，宜春检验检疫局被评为“全国精神文明创建工作先进单位”，江西出入境检验检疫局被省政府授予“江西省开放型经济工作先进单位”光荣称号。

（段利平　刘槟宾）

江西出入境检验检疫业务统计表

<table>
<tr><th colspan="3">项目</th><th>出境</th><th>入境</th><th>合计</th></tr>
<tr><td rowspan="4">货物</td><td rowspan="2">报检</td><td>批次(批)</td><td>54146</td><td>5330</td><td>59476</td></tr>
<tr><td>货值（万美元）</td><td>160599</td><td>90396</td><td>250995</td></tr>
<tr><td rowspan="2">完成检验检疫</td><td>批次(批)</td><td>49099</td><td>4431</td><td>53530</td></tr>
<tr><td>货值（万美元）</td><td>158530</td><td>94487</td><td>253017</td></tr>
<tr><td rowspan="5">把关</td><td rowspan="2">不合格</td><td>批次(批)</td><td>323</td><td>176</td><td>499</td></tr>
<tr><td>金额（万美元）</td><td>566</td><td>864</td><td>1430</td></tr>
<tr><td rowspan="3">截获有害生物</td><td>旅检</td><td>53 批 81 种次</td><td>53 批 81 种次</td><td>53 批 81 种次</td></tr>
<tr><td>木质包装</td><td>15 批 23 种次</td><td>15 批 23 种次</td><td>15 批 23 种次</td></tr>
<tr><td>货物</td><td>9 批 19 种次</td><td>9 批 19 种次</td><td>9 批 19 种次</td></tr>
<tr><td colspan="2" rowspan="3">交通工具检疫</td><td>飞机（架）</td><td>215</td><td>218</td><td>433</td></tr>
<tr><td>火车（节）</td><td>211</td><td>—</td><td>211</td></tr>
<tr><td>船舶（艘）</td><td>1</td><td>2</td><td>3</td></tr>
<tr><td colspan="3" rowspan="2">集装箱检疫（标箱）</td><td>12687</td><td>18549</td><td>31236</td></tr>
<tr><td colspan="3">检出问题：21 标箱</td></tr>
<tr><td colspan="3" rowspan="2">出入境人员查验（人次）</td><td>18228</td><td>19098</td><td>37326</td></tr>
<tr><td colspan="3">查出违规 43 人次 80 批</td></tr>
<tr><td colspan="3" rowspan="2">监测体检（人次）</td><td>—</td><td>—</td><td>6138</td></tr>
<tr><td colspan="3">发现病例：574 人次</td></tr>
<tr><td colspan="3">艾滋病监测（人次）</td><td>—</td><td>—</td><td>5881</td></tr>
<tr><td colspan="3">预防接种（人次）</td><td>—</td><td>—</td><td>5352</td></tr>
<tr><td colspan="2" rowspan="2">一般房地产签证</td><td>份数</td><td>—</td><td>—</td><td>3495</td></tr>
<tr><td>金额（万美元）</td><td>—</td><td>—</td><td>14965</td></tr>
<tr><td colspan="2" rowspan="2">普惠制签证</td><td>份数</td><td>—</td><td>—</td><td>8750</td></tr>
<tr><td>金额（万美元）</td><td>—</td><td>—</td><td>42846</td></tr>
<tr><td colspan="2" rowspan="2">鉴定业务</td><td>普包（批）</td><td>—</td><td>—</td><td>9919</td></tr>
<tr><td>外商投资财产（批）</td><td>—</td><td>—</td><td>24</td></tr>
</table>

九 江 海 事 局

【概述】 2005年，九江海事局在长江海事局和地方政府的正确领导下，坚持以水上安全管理为中心，稳步实施水上安全监管，辖区通航秩序得到改善；按上级部署圆满完成了水监体制改革，平稳进行了内部改革，理顺关系，明确了责任，建立了水上安全监督管理的新机制；全面推进“四化”(管理信息化、反应快速化、执法规范化、监管现代化）进程，各项建设取得了较快的发展；精神文明建设取得新的成果，荣获江西省第二届“文明行业”称号。

【稳妥推进改革，建立海事管理新体制】 按照上级统一部署，九江海事局分三个时段完成了湖北、安徽、江西三省的水监体制改革交接工作，6月18日，九江海事局两监合并工作的圆满完成，144名地方海事人员融入了长江海事队伍。组织进行了对划转人员的集中培训，使他们较快地适应工作，投入到新的岗位工作中。体制改革的完成，使水上安全监督管理统一了政令、统一了布局，实现了统一监督管理。

11月28日，按长江海事局统一部署，九江海事局完成了海事管理模式、用工制度、分配制度的内部综合改革，初步建立了动态与静态相对分离、受理与审批岗位分离、执法与监督职能分离的监管机制，全局265人通过竞聘，走上主体岗位，合理整合人力资源，全局执法岗位237个，占职工总数的89.5%；基层海事处执法人员达96%。

九江海事局大力推行海事管理规则，进一步规范执法人员的行为，完善执法机制；完成了政务受理大厅建设，五个海事处和部分办事处设置了集中受理窗口，政务公开制度和便民利民措施基本得到落实。

【加强源头管理，确保船舶安全适航】 2005年，九江海事局加强船舶源头管理，对新登记和转档船舶严格把好登记关，运行船舶登记新系统软件，办理各类船舶登记347艘次、船舶最低配员证书证件142本，体制改革后接收划转船舶档案378份都一一进行了清理，确保了船舶登记的严谨规范；实施“一卡通”工程，为船舶办理IC卡180张，实行电子签证，通过船舶动态管理系统加强监管，船舶签证内河112978艘次、海船1023艘次，通过强化源头管理，确保船舶适航。

【完善船员管理体系，确保船员适任】 2005年，九江海事局初步运行《船员考试、评估和发证质量体系》，审核参加船员理论统考84人次，培训船员326人次，发放各类船员证书243本；对辖区渡船船员全面开展安全教育培训，培训面达100%；组织开展安徽段定线制的宣传力度，共培训考核发证298人；开展船员证件专项检查活动，查处假证书和违规发证行为，检查证书4835本，收缴假证61本；加大船员违法记分力度，共1166分。

【完善管理体系，增强船公司安全自律意识】 九江海事局加强船公司的管理，协助长江海事局对管辖的船公司进行年度审核和跟踪审核，开展船公司DOC证书和SMC证书的检查；组织召开了辖区船东大会，宣传新的法规、新的动态，增强了船公司的安全自律意识。

【落实渡船“116”机制，防止群死群伤事故】 2005年，九江海事局认真探索安全监管规律，掌握安全管理的主动权，突出渡船管理这一监管重点，全面贯彻落实渡船“116”长效管理机制，大力推行客渡船限航制度，大风大雾等恶劣气候发布限航通告，抓好预防预控，取得成效。

【加强通航秩序管理，保障航道安全畅通】 2005年，九江海事局积极探索辖区安全监管规律，分析辖区安全管理特点，编制了《九江海事局现场监管基本规律》；通过对辖区安全管理规律的分析，有针对性地开展了“三防一禁”、战枯防汛、“两防两打”、打击非法采砂碍航等专项活动，有力打击了突出违法行为。针对小型吸砂船非法采砂碍航现象，加强与地方政府和水利部门的联系，配合九江市政府进行了为期一个月的打击小型吸砂船非法采砂碍航行为专项整治活动，拆除“三无”采砂船吸砂设备380余艘次，驱赶碍航小型吸砂船800余艘次；针对辖区四个采区碍航问题，及时采取整顿措施，派出海巡艇现场24小时驻守，确保了航道畅通；针对出湖船舶超载、集结冲关的现象，进行了重点打击整顿，加大对超载运砂船的检查力度，对严重超载船舶实行强制卸载，全天候打击突出违法行为。通过努力，有效遏止突出违法现象，净化了通航环境，未发生4小时以上的阻航事件，长效管理与专项活动相结合的管理机制正在逐步形成。

【推进危管防污工作，保障公共安全】 开展船舶装载危险货物安全专项整治活动，及时发现和纠正船舶载运危险货物运输中的重大缺陷和潜在的事故隐患，重点对液化气船、散装化学品船和油船进行检查，共检查危险品码头1264次，液货船120艘次，纠正违法船舶46艘次；进一步规范加油站（船）安全管理，对辖区13个加油站进行了一次全面安全检查，对存在的缺陷限期整改或令其停止作业，保障了公共安全。

【加强事故预防预控和应急快速反应建设，增强保障能力】 制定了《九江港口油区溢油应急计划》，经九江市政府批准实施。以网络、媒体和高频电台为主要渠道，及时发布安全信息，全年共发布安全信息206次；完成了局政务大厅的建设，通过电子触摸屏和公示栏，为管理相对人提供安全信息咨询服务，做好事故预防预控。

为规范搜救，九江海事局结合综合改革合理调整了站点布局和船艇配备，增设城子镇、红光等执法大队，车船结合实现辖段1540的快速反应标准（港区内15分钟、港区外40分钟到达现场）；继武穴、彭泽成立搜救分中心后，又成立了湖口搜救分中心；完成了无线网桥建设，全局100%的海事处、办事处及值班海巡艇全部安装了无线网桥，实现了执法现场的图象直接传输，保障了信息畅通，增强快速反应能力；加大12395水上搜救电话的宣传力度，并开展“消防、救生、溢油”水上综合应急演练活动，确保“1540”快速反应机制的正常有效运转。全年组织水上搜救25次，获救船舶34艘，获救人员272人，人命救助成功率94%。

【实践便民承诺，提高通关效率】 2005年，按照九江市政府的要求，本着“便利、快捷、优惠”的宗旨，实行服务和把关相结合，九江海事局共审批三艘外籍船舶进九江港。其中第一艘进港时正值正月初六，全局积极应对，相关人员取消休假，为其办理了进口手续，并派海巡艇在浅险航道、港区、桥区为其全程维护。培训外贸危险品管理人员近40人次，提高其管理水平和技术操作能力；督促指导代理部门做好外贸危险品申报，结合其申报工作对载运危险品集装箱进行检查，及时查处了4个违反包装危险货物标志规定的集装箱使其及时整改，提高了监管效能。积极参与口岸建设，参与口岸大发展讨论，协助完成涉外工作程序调研。

【弘扬海事精神，深化文明创建】 2005年，九江海事局坚持贯彻民主集中制，认真执行五项重要会议制度和《党委工作规则》，配足配强基层海事处领导班子，调整充实中层干部队伍，增强了两级领导班子的战斗力、凝聚力和感召力。逐步建立健全教育、制度、监督并重的惩治腐败体系，以身边的违纪人员和事例教育职工，增强职工免疫力。以海事文化建设为主线，牢固树立“负责任”的理念，发扬“人和、忧乐、坚韧”的长江海事精神，认真落实部局的八项便民措施和长江海事局五项便民措施，兑现执法为民、服务社会的各项承诺，开辟地震救灾物资运输及煤炭运输绿色通道，受到社会肯定。2005 年，九江海事局荣获江西省第二届“文明行业”称号，港区、武穴、彭泽三个海事处被评为“八个一”标准化处站，武穴海事处被黄冈市授予最佳文明单位称号。

（刘小梅）

2005 年海事业务工作数据表

项目	数据名称	数据量
搜救管理	搜救次数（次）	25
	获救船舶（艘）	34
	获救人员（人次）	272
船舶监督管理	办理内河船舶进出港签证（艘次）	112978
	办理海船进出港签证（艘次）	1023
	安全检查（艘次）	983
	船舶登记（艘）	347
	渡船检查（艘次）	3582
通航管理	发布航行通（警）告次数（次）	2
	水上水下施工作业审批（项）	9
船员管理	办理船员证书（本）	243
	船员违法记分（/件分值）	1125/1151
日常巡航	巡航时间（小时）	13732.83
	巡航次数（航次）	5063
	检查船舶(艘次)	32977
	纠正违章(艘次)	9212
危险品管理	船舶载运危险货物申报签证(艘次)	1467

江西口岸大事记

1月20日

海关总署批准同意《上海海关、南昌海关与东方航空股份有限公司关于南昌经上海前往洛杉矶、汉城国际航班的监管联系配合办法》。

1月28日

《上海海关、南昌海关与东方航空股份有限公司关于由南昌经上海前往洛杉矶、汉城的国际航班监管联系配合办法》在江西南昌签字。省委副书记、常务副省长吴新雄出席了签字仪式并讲话，上海海关、南昌海关与东方航空股份有限公司的领导以及省内各有关部门的领导出席了签字仪式。

2月10日

省外经贸厅厅长杨洪基、副厅长王中阳、省口岸办主任余玉贵一行前往南昌航空口岸现场，看望了节日期间坚守岗位的南昌航空口岸现场查验工作人员。杨厅长一行代表省外经贸厅、省口岸办对各查验单位对外贸、口岸工作的支持表示感谢，并向他们致以新春的问候，同时征求了2006年口岸工作的意见和建议。

2月14日

九江港水运口岸迎来了第一艘外国籍轮船——伯利兹籍“GOUEI MARU”（“东惠丸号”）远洋货轮，该轮船是由韩国仁川港直航九江港的，载着昌河进口生产线设备。

3月10日

海关总署党组副书记、海关总署副署长盛光祖会见了江西省委副书记、常务副省长吴新雄率领的江西省口岸工作汇报团。

3月10日

国家民航总局以总局内许[2005] 8号批复，批准同意以内部代码共享方式开通南昌-广州-新加坡、吉隆坡航班。

4月21日

省口岸办在南昌主持召开了口岸工作座谈会。设区市口岸办、口岸查验单位、口岸运输及代理企业共十七家单位的部门领导参加了会议，省政府办公厅涉外处派员到会指导，省外经贸厅副厅长王中阳到会并作重要讲话。

4月26日

厦门海关、南昌海关海铁联运转关货物监管联系配合办法签字仪式在厦门举行。

4月29日

南昌-厦门海铁联运检验检疫合作备忘录签字仪式在南昌市政府举行。

5月11日

省委副书记、副省长吴新雄在南昌会见了来赣调研的东方航空股份有限公司副总经理张建中一行，省口岸工作协调领导小组组长谭晓林、常务副组织王中阳与张建中一行就共同做好南昌昌北机场飞往国内各地和有关国际航班的工作问题进行了友好商谈，并初步达成了五点共识。

5 月 11 日—12 日

中国口岸协会 2005 年信息工作座谈会在安徽合肥召开，我办罗莎、詹瑞明及九江口岸办习晓灵参加了会议。会上，江西省口岸办被评为 2004 年信息工作集体二等奖，九江口岸办获集体特别奖，黄四方、习晓灵同志同获优秀稿件二等奖。

5 月 12 日

江西省首座现代化集装箱专用码头—南昌港白水湖国际集装箱码头，经过两年的紧张施工，正式竣工并投入使用。省委副书记、常务副省长吴新雄出席竣工典礼并讲话，副省长凌成兴主持竣工仪式。

5 月 20 日

国家发改委外资司副司长王东率领国家出口加工区调研组抵九江考察调研九江申报国家级出口加工区情况。此前，省委副书记、常务副省长吴新雄在南昌期会见了调研组一行。

5 月 23 日

海关总署监管司以监管函 [2005] 95 号批复南昌海关、广州海关在南昌–广州–新加坡、吉隆坡国际航班国内段开展客货运输业务。

6 月 1 日

江西检验检疫局派员对江西一家大型纺织公司从国外进口的 300 吨棉花实施检验，结束了江西不能检验进口棉花的历史。

6 月 3 日

国务院办公厅以国办函 [2005] 53 号《国务院办公厅关于增设上海嘉定等出口加工区的复函》，批复同意设立江西九江出口加工区。

6 月 6 日

南昌—广州—新加坡、吉隆坡国际航班正式开通。

6 月 8 日

经江西检验检疫局检验合格，江西现代农业（安义）示范园生产的 15 吨新鲜蔬菜运往香港，江西新鲜蔬菜首次出口。

6 月 10 日

交通部徐祖远副部长与江西省凌成兴副省长签订关于长江干线江西段水监体制改革协议，长江海事局袁宗祥局长同江西省交通厅蒲日新厅长签订了人、财、水域划分协议。两个协议的签订标志着全国水监体改工作全面完成。

6 月 16 日

南昌海关驻高新技术开发区办事处举行开关仪式，江西检验检疫局南昌高新区办事处开工奠基仪式隆重举行。

6 月 18 日

长江干线江西段水监体改交接签字仪式在九江举行，长江海事局局长袁宗祥、副局长李玉华、江西省交通厅副厅长万明、九江市副市长陈立国、江西省航务局局长李天碧、党委书记王凯林参加交接签字仪式。九江海事局自7月1日零时起全面履行长江干线江西段水上安全监督管理职责。这也标志着交通部历时七年的水监体制改革工作划上了圆满的句号。此前，长江干线武穴、黄梅段的水上监督工作自5月1日零时起正式由九江海事局接管。

6月19日

景德镇海关举行开关仪式。

6月24日

柬埔寨籍“东泰”号货轮首航九江港口岸，该轮装载1800吨花岗石出口台湾花莲。这是近几年来九江外贸码头首次作外籍装卸出口。

6月27日

“赣州至厦门”国际集装箱铁海联运成功进行试运行。

7月1日

南昌航空口岸实行海关出入境旅客、行李物品申报制度。

7月7日

南昌海关驻龙南办事处正式开关。

7月13日

江西口岸信息工作座谈会在南昌召开。会议总结了2004年口岸信息工作，对今后的信息工作提出了要求，并对信息工作突出的信息员及好信息进行了表彰。口岸各查验单位、各设区市口岸管理部门及有关企业的信息员参加了会议。

7月17日

江西省委书记孟建柱、副省长凌成兴一行视察南昌港国际集装箱码头。

7月18日

国家质检总局和江西省人民政府在南昌共同签署了《关于加强质量监督检验检疫工作，为实现江西在中部地区崛起做好全面服务的合作协议》。国家质检总局党组书记李传卿、副局长蒲长城，江西省省长黄智权、常务副省长吴新雄、凌成兴出席了签字仪式。

7月18—20日

国家质检总局党组书记李传卿在江西考察工作。李传卿书记一行先后看望了江西检验检疫局和江西省质监局工作人员，考察了江西煌上煌食品集团公司、南昌统一企业有限公司、庐山茶叶科学研究所、庐山云雾茶基地和九江汇源果汁集团公司，视察了九江检验检疫局和九江市质监局。

8月18日

外国及港台地区航空公司中国区总经理组团来赣考察，省委副书记、常务副省长吴新雄会见了考察团一行，省政府副秘书长谭晓林、省外经贸厅厅长杨洪基及其他有关部门领导参加了会见。会见前，省政府副秘书长谭晓林、省外经贸厅副厅长伍再谦及其他相关部门领导与考察团进行了座谈。

8月25日

赣州市口岸服务体系论坛在赣州市政府会议中心二号会议室举行，论坛由赣州市外经贸局、龙南县委县政府、赣州经济技术开发区共同举办。论坛就口岸“大通关”，口岸物流企业、口岸信息化降低口岸物流成本，改善出口商品结构等方面进行了交流和探讨。

8月30日

南昌海关互联网站建成。

9月2日

江西口岸应对突发公共卫生事件座谈会在南昌召开。省口岸办、公安厅、卫生厅、边防总队、南昌铁路局、南昌海关及昌北机场现场指挥中心等单位分管领导和相关人员参加了会议。

9月6日

海关总署副署长盛光祖一行在江西省委副书记、常务副省长吴新雄，省委常委、南昌市委书记余欣荣以及相关部门领导的陪同下视察了南昌货运口岸南昌港国际集装箱码头。

9月7日

海关总署副署长盛光祖在江西省政府副省长、九江市委书记赵智勇的陪同下，抵九江出口加工区实地考察，详细了解了九江出口加工区的规划、总体设计、征地、工程招标等情况，听取了九江市委市政府的有关建设进展情况汇报。

9月12日—14日

牟新生署长陪同吴仪副总理出席2005年赣台（九江·庐山）经贸合作研讨会并在南昌市考察工作。

9月14日

江西省发展和改革委员会以赣发改交运字［2005］1042号文批复同意将湖口金砂湾50万标箱集装箱码头建设项目，列入我省“十一五”期间的重点建设项目。

9月26日

中国口岸协会会长、海关总署党组成员叶剑同志视察九江海关。

9月29日

省人大常委会副主任蒋仲平一行在省市有关部门领导的陪同下，视察、参观了南昌货运口岸南昌港国际集装箱码头并慰问了一线工人。

10月8日

江西出入境检验检疫局向赣州进出口货物查验场的经营企业“赣州通宝工贸有限公司”颁发了中华人民共和国国境口岸储存场地卫生许可证（检验检疫证字第006号）。

10月19日

南昌海关洪关监［2005］7号文正式批复了赣州进出口货物查验场为海关监管点，由赣州海关负责监管。

美国福特汽车公司总裁公务机在南昌航空口岸入境。

10月24日

南昌海关以洪关税［2005］17号文正式批复同意赣州公共保税仓库通过海关验收，开展保税仓库业务。

11月3日

南昌至深圳海铁联运正式开通。

11月9日

南昌海关、广州海关在南昌举行了“多点报关，口岸验放”通关监管模式启动仪式。南昌海关关长陈华山、广州海关关长郗治安出席启动仪式并讲话。江西省外经贸厅助理巡视员水达利、海关总署广东分署、广州海关、江西省口岸办的有关领导出席启动仪式。

11月11日

省政府召开江西电子口岸建设专题会议。省委副书记、常务副省长吴新雄出席会议并讲话，省政府副秘书长谭晓林主持会议，省外经贸厅厅长杨洪基、副厅长王中阳及有关厅局领导出席了会议。会上，王中阳副厅长汇报了江西电子口岸建设方案。

11月14日

江西省委常委、赣州市委书记潘逸阳一行赴总署，就赣州市设立出口加工区的相关事宜与盛光组副署长、加贸司领导进行会谈。

11月16日

“九江口岸网”（www.jjka.gov.cn）正式开通。

11月22日

根据国家质检总局《关于加强口岸防控人禽流感卫生检疫工作的紧急通知》，为做好我省口岸防控禽流感工作，加大口岸人禽流感防控工作力度，江西出入境检验检疫局在南昌航空口岸恢复出入境健康申报制度。凡是从南昌航空口岸出入境的旅客，均需填写健康检疫申明卡。

11月22日

经国务院批准，海关总署等12个部委在浙江宁波联合召开了“全国地方电子口岸建设现场会”。常务副省长吴新雄率省外经贸厅厅长杨洪基、南昌海关关长陈华山及相关工作人员参加了会议。

12月9日

省政府召开出口加工区工作会议，省委副书记、常务副省长吴新雄出席会议并作重要讲话。

12月30日

省政府组织有关部门召开了电子口岸建设专题会议，进一步统一了认识，对《江西电子口岸建设方案》（修改稿）进行了深入讨论并提出了修改意见，提出了在省信息化工作领导小组下成立江西电子口岸建设工作推进小组，明确了由省财政对电子口岸建设给予必要的资金支持，明确了成立江西电子口岸服务中心负责电子口岸的建设和运营。会议形成了纪要。

山东口岸工作综述

【综述】 “十五”时期，山东口岸各项工作都取得巨大成就，外贸运输一年一个大台阶。2000年口岸外贸进出口货物完成8405.5万吨，国际集装箱234.02万标箱，出入境旅客86.63万人次；到2005年底分别达到2.34亿吨、731.27万标箱和214.2万人次，增幅分别为1.78倍、2.12倍和1.47倍。“十五”期间，空港口岸开通国际及地区客、货运国际航线27条；海港口岸新开客货运国际集装箱班轮航线6条。各口岸牢固树立科学发展观，不断加大口岸建设力度，扩大开放了烟台港口岸二、三期工程12个深水泊位、蓬莱港栾家口作业区和原油码头、威海港口岸崮山货主专用码头，实现了青岛港战略西移。同时，日照港木片专用码头、龙口港粮食专用码头、青岛港油码头、岚山港液体化工码头等一批有特色的口岸基础设施和部分修造船厂相继对外投入使用，增强了口岸功能，促进了山东半岛制造业基地的建设。“十五”时期，山东口岸各项业务指标和口岸的建设、发展均实现了历史性跨越，对全省经济和社会发展产生了重要影响。五年来航空口岸的突出作用越来越受到各级政府的高度重视，4个空港口岸都不同程度地加大了投资改扩建的力度，济南遥墙机场累计投资15.7亿元建成8万平方米的新航站楼，青岛机场完成改扩建后，国际候机厅环境有了较大改观，出入境通关效率明显提高。“十五”期间，全省空港口岸开通的27条国际客、货航线主要是对韩、日，另有青岛经上海至巴黎、经北京至欧洲七国国际航线，其他是至香港、曼谷、新加坡、澳门、俄罗斯的国际及地区航线。“十五”时期全省各级口岸办都加强了办公自动化建设，口岸主要业务指标统计全部由计算机完成，相关资料、信息、文件均实现网上传送，提高了工作效率。

【全省口岸外贸运输】 2005年，全省海港口岸外贸进出口货物运输量突破2.3亿吨，再创历史最高纪录。全省港口货物吞吐量完成3.44亿吨，比上年增长20.93%；外贸进出口货运量达到23437.51万吨，增长30.13%，其中进口完成16806.11万吨，增长35.37%；出口完成6631.40万吨，增长18.5%；国际集装箱吞吐量在去年突破570万个标箱的基础上又突破了700万大关，实际完成731.27万个标箱，增长27.89%；由于加大了国际航线开辟力度，增加了国际航线、航班，以及威海航空口岸的开放和运营，使经山东口岸入出境旅客人数由2005年的177.79万人次上升到214.20万人次，增长了20.48%；全年口岸外贸进出港船舶20632艘次，增长14.1%；国际航线进出空港飞机14474架次，增长25.3%；口岸各项指标均创历史最好成绩。通过实施“大通关”工程，山东各口岸外贸运输量在各大港口竞争激烈的形势下依然保持持续上升的态势，其中青岛港外贸运量完成14192.8万吨，增长17.66%，仅次于上海口岸列全国第二位。烟台港完成1809.7万吨，增长18.15%；日照港完成4229.54万吨，增长66%；威海港完成655.8万吨，增长26.15%；龙口港完成706.8万吨，增长92.1%。

从外贸出口的货种看，货运量较大的是水泥、钢铁，分别增长150%和63.44%；进口运量较大的有非金属矿、成品油和铁矿石，分别增长143%、92.38%和49.39%。

空港口岸旅客入出境方面，全年4个航空口岸旅客入出境达到150.98万人次，其中，青岛空港为112.36万人次；烟台空港为21.03万人次；济南空港为9.74万人次；威海空港2005年3月27日首航，至年底完成7.86万人次。

2005年山东口岸运行情况

名称＼项目		单位	2005年	2004年	同比增长
进出口外贸货值		亿美元	938.54	608	29.4%
海港口岸	进出口货物	亿吨	2.345	1.801	30.13%
	国际集装箱	万TEU	731.27	571.82	27.89%
	出入境船舶	艘次	20632	18075	14.1%
	出入境旅客	万人次	63.22	51.7187	22.24%
航空口岸	进出口货物	万吨	8.1384	6.2282	30.67%
	出入境飞机	架次	14474	11547	25.35%
	出入境旅客	万人次	150.9827	126.0726	19.76%

山东口岸2005年出入境旅客统计表

单位:人次

项目＼口岸	青岛空港	烟台空港	济南空港	青岛海港	烟台海港	威海海港	石岛海港	日照海港	龙眼海港	合计
累计	1123584	210283	97384	138750	106271	125468	104294	65032	92386	2142028
同比%	18.96	-12.06	26.24	93.91	3.19	5.58	54.61	-11.25	11.22	20.48
入境	559348	103407	48285	72506	54672	65846	53560	32555	47270	1075971
出境	564236	106876	49099	66244	51599	59622	50734	32477	45166	1066057

山东海港一类口岸2005年外贸运输统计表

口岸 \ 项目	外贸进出口(万吨)		进口(万吨)	出口(万吨)	国际集装箱(TEU)	
	累计	同比%	累计	累计	累计	同比%
青岛港	14192.8	17.66	10183.1	4009.7	6307016	22.71
烟台港	1809.7	18.17	1387.9	421.8	601500	106.71
日照港	4229.54	65.98	2915.99	1313.55	51869	51.66
威海港	655.8	26.09	317.4	338.4	164714	26.32
龙口港	706.8	92.33	419.1	287.7	97376	16.34
岚山港	1631.26	99.8	1415.41	215.85	248	
石岛港	48.8	28.08	26.3	22.5	75133	233.15
龙眼港	36.14	152.72	19.58	16.56	15120	–8.82
蓬莱港	87.085	113.65	81.95	5.135		
莱州港	39.6	–44.69	39.4	0.2		
东营港						
合计	23437.51	30.13	16806.11	6631.4	7312728	27.89

【大通关】 围绕“实施大通关、服务大外贸、构筑大平台、建设大口岸”的工作目标，以及“口岸软硬环境有明显改善，通关时间有明显缩短，综合费用有明显下降，直通运输有明显加快，口岸综合管理水平有明显提高”的工作标准，各口岸在省口岸办的部署下，制定了工作方案，重点抓了提高通关速度、规范港航后勤服务秩序、降低通关综合费用三个方面的工作，并开展了口岸信息网络和工作平台建设工作。在取得初步成果的基础上，省口岸办又及时提出将大通关工程向两头延伸，抓好口岸通关环节与前后各相关作业之间的配合联动，促进口岸各个环节作业效率的提速，推动“大通关”全过程整体效率的提高。同时强调要整合并逐步完善口岸网络信息系统，推行一个电子平台运作。青岛率先在全国实行了港口“零待时”作业方式。到2005年底，我省龙头口岸青岛港国际集装箱出口通关时间平均为16.14小时，比大通关开始前缩短了37个小时；青岛前湾港区出口集装箱平均通关时间由2003年外贸集装箱航线西移时的61个小时，缩短到实行“提前报关，口岸验放”的新的通关模式前的27个小时；空港进口IT类相关产品4小时送达率由大通关开始前的20%提高到实行新的通关模式前的84.63%。日照、威海、烟台和各航空口岸的通关效率也都有了很大提高。海关、出入境检验检疫、边防检查、海事等查验单位通过采取“5+2”不间断通关、属地报关、无纸通关、网上付税、口岸直通、三电工程、诚信船舶、绿色通道、电视监控等一系列通关新举措，主要口岸通关时间明显加快，通关环节更加简化，口岸吸引力越来越大，口岸综合管理水平明显提高。

【电子口岸建设】 “十五”期间，我省对口岸信息资源进行了初步整合，海关、检验检疫、海事、港口集团互联互通的虚拟平台渐露端倪。自2003年以来，山东电子口岸经历了山东关贸网、青岛电子口岸、山东电子口岸虚拟平台三个发展阶段，现已有2.6万家入网企业、5.3万持卡人，日数据交换量达到8万多条。中央驻鲁检查检验单位为加快山东口岸发展给予了很大的支持。青岛海关实行“属地报关、口岸验放”模式，使内陆地区通关时间由3天缩短到半天，申领出口退税证明联等由7天缩减为1天。又于2005年推行了诚信企业贸易守法管理新模式，50家青岛地区的大型生产企业享受“即报即放、先放后税”的简易通关模式，进出口通关时间比关区平均通关时间缩短35%，无纸通关企业增长50%，网上付税额达176亿元，同比增长近1倍。山东出入境检验检疫局推出《关于全面推进检验检疫电子执法工程的建设方案》，实施电子监管的进出口企业数量达到150家；与青岛海关签署了《关于建立关检合作机制的备忘录》，对全省2386个商品编码目录实行属地报检，口岸放行；对一、二类企业出口产品全部实施电子审单快速核放和绿色通道制度，全省一类企业数量达到81家，同比增长80%。省边防总队结合我省边检业务实际，积极推广应用新出入境边防检查信息系统，指导试点单位做好新系统试运行的各项准备。山东海事局建成了具有一流先进水平的海上交通监控与应急指挥系统，进行了海事执法模式的改革，实行了静态业务受理和动态现场执法相分离，部分行政许可项目实现了网上受理。2005年11月国务院在宁波召开全国地方电子口岸建设现场会以后，山东省政府高度重视，12月26日省政府第61次常务会议听取了省口岸办的汇报。会议强调，山东是沿海经济大省、口岸大省，随着外贸进出口的快速增长，进一步加快山东电子口岸建设势在必行。各级各有关部门要充分认识建设电子口岸的重要意义，按照全国会议的要求，进一步加强领导，密切配合，加大支持力度，尽快把山东电子口岸建设成为大通关统一信息平台。会议原则同意省口岸办汇报意见，确定：1. 同意成立山东电子口岸建设领导小组，负责全省电子口岸建设的统一领导、总体规划、资源配置和组织协调等工作。分管副省长孙守璞同志任组长，办公室设在省口岸办。2. 同意在青岛东方口岸科技有限责任公司的基础上，组建一家股份制公司，作为山东电子口岸建设运营主体。省财政支持资金以入股形式投入。2006年2月9日，山东电子口岸建设领导小组及办公室成立，并抓紧开展工作，山东电子口岸建设方案和山东电子口岸开发运营公司组建方案亦已拟出，进入论证阶段。

【口岸开放与航线开通】 第一，调整口岸工作思路，优化口岸资源配置。自2001年以来，省口岸办更加注重口岸结构调整，提出了重点发展对全省经济有重大影响的枢纽型口岸，积极扶持对区域经济发展有显著促进作用的特色、专业型口岸，储存后备一般贸易疏运型口岸，暂时性关闭长期不能发挥作用的闲置型口岸的“十五”口岸工作思路，力求使我省口岸的发展由量的扩张逐步向质的提高和规模的扩大转变。根据各自实际，各市地把优化口岸资源配置，调整功能结构的重点，放在口岸环境创新上和适应区域经济结构优化，促进临港工业建设上，形成各具特色的口岸发展模式。

第二，加快口岸建设步伐，扩大口岸对外开放。在国家有关部门、军队和中央驻鲁查验单位的大力支持下，“十五”期间先后对外开放了威海空港口岸和24个港口泊位，对威海船厂等17个正式停靠外轮项目进行了验收。口岸对外开放步伐加快，多元化、国际化程度较高的大口岸格局基本形成。烟台港口岸二、三期工程12个深水泊位的开放，大大增强了烟台港的疏运能力；蓬莱栾家口作业区和原油码头的开放，为蓬莱临港工业园区引进石化、热电、造船等一批重大项目创造了条件；威海港口岸崮山货主专用码头的开放，解除了外资企业在威海发展的后顾之忧；青岛老港区的国际集装箱航线西移前湾港区作业，提高了青岛港的国际竞争能力；日照木片专用码头、龙口粮食专用码头、青岛港油码头、岚山港液体化工码头等一批有特色的口岸基础设施和部分修造船厂对外投入使用，进一步完善了口岸功能。

第三，开辟新的航线，方便对外交流。"十五"期间，济南、青岛、烟台、威海四个空港口岸开辟了17条至韩国仁川、釜山、大邱等国际航线，7条至日本东京、大阪、福冈国际航线，11条至澳门、曼谷、新加坡、香港国际及地区航线。同时，加大了开通至欧洲空中航线的力度，先后开辟了青岛经上海至巴黎、青岛经北京至欧洲七国2条空中航线，以及济南至俄罗斯等5条国际货运航线。海港方面，青岛、日照、石岛、龙眼港口岸新增了至韩国群山、平泽、仁川海上客货班轮航线6条，青岛、烟台、威海、日照等海港口岸还开通了一批至日本、韩国、欧洲、美洲等国家和地区的国际集装箱班轮航线。2005年，全省入出境旅客人数突破215万人次；青岛空港口岸被国家民航总局批准为我省第一家国际机场。截止目前，全省国际及地区空中航线达42条，海上每月航班多达500多个，通达130多个国家和地区。

【口岸共建工作】 山东口岸系统坚持开展口岸文明共建活动已有19年，每两年进行一次口岸共建评比表彰，迄今共表彰了8次。近几年，文明共建活动逐步深入。各口岸根据全省口岸文明共建指导意见和口岸中心工作，把活动主题集中放在改善通关环境、提高工作效率和服务质量、加强团结协作及群众最关心、社会影响最大的问题上。通过结对结片观摩考察，开展形式多样、内容丰富的文体活动和行风评议，创建文明口岸、文明单位、文明窗口，争做文明个人，学先进、赶先进蔚然成风。在第八次共建活动中，青岛口岸等10个文明口岸、青岛海事局等87个共建先进单位、26个先进集体和丛忠信、赵理民等60名先进个人以及17个文明示范窗口受到了省口岸办、文明办、纠风办的联合表彰。口岸共建活动的开展，使口岸单位、部门之间团结协作更加紧密，有效地提升了口岸形象，提高了凝聚力和向心力，口岸服务更加规范。

【口岸综合管理】 （一）省口岸办机构进行了调整。山东省口岸办成立于1985年7月，6人编制，为省经贸委的一个职能处室。2005年1月，省编委会议研究确定，将省经贸委内设的省口岸办公室划入省政府办公厅，副厅级建制。同年6月24日，省编委下发《关于调整省口岸办公室机构编制的通知》，确定将省经贸委内设的省口岸办公室划入省政府办公厅，为办公厅内设机构，副厅级建制，行政编制6名，配备主任1名，副主任1名。划定主要职责是：研究拟定全省口岸工作的政策、法规，组织编制口岸开放规划；负责口岸开放与关闭的申报，参与口岸重大建设项目的审查论证和验收；组织协调有关部门开辟国际客运、货运航线；平衡口岸外贸运输年度计划，协调外贸货运工作；协调处理全省口岸工作的有关问题。

（二）以先进性教育活动带动口岸工作。按照山东省省直机关党工委的部署，省口岸办全体同志认真开展了保持共产党员先进性教育活动。经过半年的集中教育，党支部班子和每一个党员普遍受到一次马克思主义理想、信念、世界观的教育，党员先进性意识和党性觉悟有了很大提高，"三个代表"重要思想和执政为民意识得到进一步加强，带动了支部党员做好口岸工作，全心全意为经济建设服务，为基层服务，为驻鲁检查检验单位服务的工作热情。为改进全省口岸工作，省口岸办专门下发了征求意见函，在全省口岸范围广泛征求意见。同时，加强了工作调度，完善了业务资料统计，并通过召开主要口岸工作座谈会，深入一线调查研究的方式，切实解决口岸工作中的实际问题，使先进性教育真正落到实处。

（三）口岸重大疫情防控机制进一步完善。为及时应对山东口岸可能出现的重大传染病疫情、群体不明原因疾病等公共卫生事件，我省及时成立了领导机构，建立健全了工作机制，各口岸都制定了应对突发疫情预案，加大了对来自疫区的飞机、船舶、人员、货物等检查力度，采取严格的卫生检疫和防范措施，确保了山东口岸安全畅通。

（四）口岸偷渡态势得到有效遏制。针对前些年利用我省口岸偷渡韩国、日本现象增多的苗头，我省成立了各级口岸反偷渡领导机构，按照“源头管理、打防并举、过程控制、综合治理”的原则，进一步完善了反偷渡防范机制，使不法分子利用口岸进行偷渡的势头得到有效遏制。公安部边防局转发了我省口岸反偷渡工作的经验。

（五）积极争取国家有关部委的支持。“十五”期间，我省向国务院报请口岸增编10余次，为6个口岸新增编制200余人。从国家争取项目24个，资金累计2351万元；省里安排项目24个，资金累计1000余万元。各级口岸办充分发挥综合协调作用，在向国家为口岸争取查验编制、项目、资金等方面做了大量工作。

（六）为我省重大外事活动提供优质的口岸通关服务。2005年我省口岸外事接待任务十分繁重。对省委、省政府安排的重要接待任务，省口岸办组织有关部门，认真研究口岸通关接待方案，并到现场协调，尽量给予高规格礼遇。先后协调接待马来西亚前首相马哈蒂尔，日本和歌山县友协山崎利雄会长一行，新加坡教育政务部长、新加坡-山东经贸理事会联合主席曾士生率领的企业家代表团、教育代表团，马来西亚沙捞越州政府首席部长、马来西亚初级资源部部长及CMS公司代表团，韩国贸易协会会长金在哲率领的韩国贸易采购团，日本关西经济联合会渤海经济圈访问团，“日本关西经济界山东访问团”的成员158人，菲律宾北伊洛戈省省长费尔迪南德·马科斯一行访鲁代表团，以及卡特比勒集团副总裁一行，德国德固赛股份公司董事长费溪德先生，香港嘉里集团董事长郭鹤年，香港金利来集团有限公司董事局主席曾宪梓等国际知名企业。同时，还为省委、省政府领导由山东空港口岸出、入境提供良好的服务。

（七）成功举办第六届全国口岸办主任联席会议。2005年10月，省口岸办在济南举办了第六届全国口岸办主任联席会议。孙守璞副省长参加会议并致欢迎词。海关总署口岸规划办、中口协领导到会并讲话。会议进行了经验交流，山东、上海、福建等省市在会上发了言。会议期间，与会代表到泰山、曲阜、青岛、烟台、威海等地进行了实地考察。这次会议举办得圆满成功，受到与会代表的高度评价。

（八）做好口岸对外宣传工作。及时总结报道口岸大通关、信息平台建设、口岸外贸运输形势分析、航线及航班增加、口岸动态及其他方面工作的进展情况，以《山东口岸》简报为对外窗口，并通过报纸、电台、电视台等新闻单位和《中国口岸通讯》进行对外宣传。及时向省政府领导汇报口岸工作动态，为领导决策当好参谋。同时，我省还与各省市、部门以及国家口岸协会保持经常性信息交流，中国口岸网站采用了大量山东口岸的信息。

（徐毓良）

山东口岸查验单位工作综述

青岛海关

【综述】 2005年，青岛海关坚持以科学发展观统领海关改革建设全局，认真贯彻海关工作“依法行政，为国把关，服务经济，促进发展”的方针和队伍建设“政治坚强，业务过硬，值得信赖。”的要求，业务工作质量并进，主要指标不断攀升，改革效能日益显现，内控建设成效显著，圆满完成了各项工作任务。年内，在山东各口岸共监管进出口货物2亿吨，增长20.1%，进出口总值938.54亿美元，增长29.3%，其中进口总值445.02亿美元，增长27.1%，出口总值493.52亿美元，增长31.4%；进出集装箱487.0万箱，增长25.4%；进出境飞机15411架次，增长38.4%；进出境船舶20921艘次，增长20.2%；运输工具服务人员65.9万人次，增长19.9%；进出境旅客206.6万人次，增长22.4%；进出境行邮物品149.4万件，邮政和非邮政快件156.5万件，增长16.5%；征收税款378.12亿元，增长18.8%，其中关税52.07亿元，增长16.1%，进口环节税326.04亿元，增长19.2%；罚没收入1.01亿元；立案走私行为案件74起；备案加工合同67870万份，增长2.7%，备案合同金额145.93亿美元，增长0.5%；审核货物报关单243.6万份，增长17.0%，其中进口报关单64.7万份，增长12.1%，出口报关单176.9万份，增长18.8%。

【税收征管】 围绕税收轴心，强化监控力度，深化税收分析，关注征管质量。建立税收进度日报告制度，及时掌握税收日开征、日入库金情况；增加对主要税源商品进口量、价格变化情况及其对税收影响的分析；定期分析开征保证金数量、原因及转税情况，准确把握税收进度；及时发布各单位税款入库情况。以22种“大宗、特殊、敏感”商品为重点，定期进行逐票审核，分析价格偏低的原因，组织开展核查。结合“合约定价”商品的贸易特点、定价方式等，有针对性地加强审价。加强归类质量监控，提高归类的正确性和统一性。进一步下放减免税审批权限，修订《减免税审批规范》，将职能管理重点转移到加强监督、指导上。贯彻、完善减免税业务质疑、通报制度，将日常监控制度化、规范化。加强部门间的协作配合，推动综合治税，形成反价格瞒骗合力。整合加贸内销审价职能，提高加贸内销审价工作质量。强化减免税货物后续管理，建立与减免税项目审批部门的沟通协调机制。年内，在山东口岸税收入库378.12亿元，增长18.8%，增收59.8亿元，居全国第6位。一般贸易价格水平始终保持在合理区间，归类差异率降至0.033%，降幅达93%；减免税审批差错率降至0.44%，降幅达54.2%；税收入库及时率达99.44%；审价补税2.92亿元，居全国第5位，增长25%；归类补税3662万元，居全国第6位，增长61%；稽查补税3.04亿元，居全国第3位，增长49.2%；加工贸易内销补税9.31亿元，居全国第8位，增长7.55%。

【查缉走私】 围绕综合治税大格局，坚持“以打促税”，实行专案专办、挂牌督办，精心组织“破案会战”，等专项斗争和联合行动，查处了一批大要案。侦办涉税100万元以上的重大案件13起，涉税千万元以上的特大案件4起。其中破获的“1.18”走私车用零部件案，案值2.8亿元，涉税4500万元，是青岛海关缉私局建立以来侦办的最大涉税案件；“3.23”走私水产品案，案值3560

万元，涉税1223万元；成功将破获的“3.21”走私固体废物案涉案，废物4622.5吨全部退运出境，这是中国海关历史上首次将已报关入境的固体废物大规模退运，维护了正常进出口秩序。年内，共立案查办走私案件110起，案值12亿元，涉嫌偷逃税1.44亿元。其中，走私犯罪案件36起，案值8.8亿元，涉税1.19亿元，案值及涉税额分别增长76%、68%，抓获走私犯罪嫌疑人94名，移送起诉41人，查办涉税千万元以上特大案件5起。查处违规案件1229起，案值6.5亿元，涉税3217万元。罚没入库1.01亿元。

【通关监管】 完善风险式审单模式，细化重点商品和主要税源商品申报要求，通关作业日趋规范。组织专项查验行动，开展同船运输试点，推行空港旅客申报改革，监管效能得到提升，非贸监管工作进一步加强。

年内，在山东各口岸共监管进出境货物2亿吨，增长20.1%，居全国第2位。监管进出境集装箱487万箱，增长25.4%；审核报关单243.6万票，增长17%；查验进出口货物4.5万票，移交案件线索890票，查获率由上年的8.4%提高到13.3%，高出全国平均水平6.8个百分点。

在青岛口岸海运通关监管改革取得实效。实行“提前申报、电子放行、闸口验放”的作业模式，通关效率得到提升，口岸监管更趋严密。78.8万票出口货物实现提前报关，监管进出闸车辆132.8万辆，监管进出闸集装箱169.6万箱；闸口自动提查2335票，查获803票，查获率34.4%，案值2.77亿元，增长45.8%。

属地报关口岸验放改革成效显著，青岛关区13个内陆海关1835家企业，54298票报关单采用此模式通关，增长3.5倍，报关单量占其同期总量的80%。制定了《青岛海关属地报关、口岸验放实施方案》、《青岛海关属地报关、口岸验放操作规程》，对进出口作业流程、口岸及属地海关职责划分、联系配合等进行了规范，统一了执法尺度。举办了“属地报关，口岸验放暨第四批便捷通关企业”推介会，引起社会各界的强烈反响。黄岛现场约7.7%的进出口业务分流到内陆隶属海关，实现了口岸、属地海关的优势互补，方便了山东内陆企业通关。

无纸通关改革程序、流程更趋完善，网上付税实现突破性进展，完成了税费缴纳主流模式由柜台支付向网上支付的转变。青岛关区21个隶属单位33个业务现场开展了网上付税业务，付税额181.5亿元，增长1倍，占关区税收总额的48%，占全国网上付税总额的40%，连续3年居全国第1位。无纸通关不断扩大，2197家企业采用无纸通关，涉及28个业务现场，单量达18.7万票，居全国第2位，增长51%，占青岛关区出口单量的10.5%。

贸易守法管理稳步推进。制定7项管理制度，完成海尔、海信、中化国际等50家企业的信用档案、稽查评估、监管计划书制定和风险测量工作，实施了贸易守法管理模式，被列为2005年“诚信青岛”建设十件大事之一。

【加工贸易及保税监管】 开发了“加工贸易联网监管业务信息网”和“加工贸易联网监管推广协作系统”，修订下发了《联网监管推广工作手册》等文件，保障了联网监管的规范化运作。主动与山东省国税局共同研究并下发了加工贸易联网监管企业出口退税办法，解决了联网监管企业退税难的问题。明确了联网企业进出口报关模式，编写了联网企业报关操作指南，实现了加工贸易联网监管、无纸通关、属地报关这3项重大业务改革的相互衔接。青岛关区联网监管企业已达192家，新增141家，居全国海关第4位；联网企业加工贸易进出口总值达160.7亿美元，联网监管覆盖率达

41%。

制定下发了《青岛海关加工贸易二级单耗标准格式规范》、《青岛海关加工贸易二级单耗标准格式说明》和《青岛海关加工贸易三级单耗信息格式规范》，实行三级单耗信息半年报备制度，统一关区二、三级单耗标准制定格式及备案格式，单耗管理逐步制度化、规范化。

保税监管质量稳步提高。严格单耗管理，加强报核催核工作，加大实际核查力度，开展保税仓库清理，实行电子账册管理，加工贸易归类审价试点顺利开展，保税监管质量得到提升。年内，在山东口岸共备案加工贸易合同 6.79 万份，增长 2.7%，居全国第 2 位；合同备案总值 146 亿美元，居全国第 7 位。核销结案率由上年的 99.8%提高到 99.9%。

【风险管理和后续管理】 顺利完成海关调查职能调整，管理资源进一步优化。调整风险管理办公室组成和职能，组建风险防控中心，风险管理工作机制和组织体系进一步完善。推行贸易守法管理，推广风险识别单系统，开展绩效评估，共发布风险信息 1173 条；制发风险识别单 4036 份，有效识别 849 份，处置有效率 24.5%；通过风险平台查获案件 527 起，案值 2.18 亿元。以风险分析为先导，大力开展三个涉税渠道的常规稽查和专项稽查，积极规范企业进出口行为。年内，共稽查企业 1548 家，增长 68.4%；查发各类情事 614 起，查获率 39.7%，移交涉嫌走私违规情事 188 起，增长 2.76 倍。

【法制建设】 执法水平进一步提升。完善行政执法责任制，起草《青岛海关行政执法过错责任追究暂行办法》，健全责任追究机制。开展行政许可法实施情况监督检查和“四五”普法检查验收，做好复议应诉工作和知识产权保护工作，年内，青岛关区共查处侵权案件 40 起，案值 925 万元，增长 51.6%。

签订海关与诚信企业间的《共同推进贸易守法管理合作备忘录》和《青岛海关诚信企业管理办法》，编制《贸易管制海关实务指引》，强化了贸易管制规定的梳理、细化和提示。

【统计和科技】 统计数据质量不断提高，预警监测和决策辅助作用有效发挥，56 篇统计信息及分析报告被海关总署、中共中央办公厅和国务院办公厅采用，278 篇信息被山东省、青岛市各级地方政府采用。做好 H2000 系统运行维护和容灾切换，紧密配合属地报关等改革项目，技术开发与服务到位。年内，开发完成科技应用项目 22 项，荣获省部级优秀科技项目奖 8 项。信息安全管理得到加强。电子口岸建设稳步推进，上线用户数已达 2.6 万余家。

【职能管理】 提出职能管理方式实现“四个转变”：从审批型向控制服务型转变、从分散型向集约型转变、从封闭型向开放型转变、由就事论事型向普遍规范型转变。以青岛海关网站为载体，充分发挥网上“职能管理系统”数字化、集约化、透明化的职能管理平台作用，对 11 个重点业务领域的 72 项重点工作，实施即时性的网上监控，建立起网上质疑、反馈、核查、评估环环相扣的工作机制。纠正错征、漏征税款情事，挽回税款损失 515.5 万元；纠正不规范通关业务操作，涉及报关单 1 万余票；清理超期未核舱单 432 票。

在青岛关区全面推广以业务单证审计复核为重点，以风险平台等信息化手段为支撑，对高风险单证进行重点复核的基层海关内控制度，并提出了具体的量化指标，根据基层海关业务量情况设定不同的单证抽审复核率，且规定复核人对复核过的单证要签字，承担责任。共审计复核单据 25 万余份，纠正问题 2000 余个。

【支持地方经济发展】 深入贯彻“四个转变”的服务指导理念，主动配合地方经济发展战略，出台《支持山东省经济发展的十条措施》、《支持青岛发挥龙头带动作用的九项措施》。会同山东检验检疫局到威海、烟台开展现场办公，采取“广泛征集、统一答复”的办法，先由地方政府和相关组织收集企业的问题和意见集中向海关反映，经反复研究后，在现场办公会上给予明确答复，会后针对企业现场反映的问题再给予正式书面答复，并公布联系人、联系电话，全程跟踪落实，解决企业反映比较集中的问题 47 个，受到当地政府的高度评价和进出口企业的欢迎。整合各项优惠措施，推出属地报关、贸易守法管理等各项改革措施，有效支持了地方经济发展。强化服务理念，采取主动送政策上门、关务公开、加强节假日值班、文明服务等措施，大大提高了通关效率。青岛地区通关现场全面实行“5+2”工作制，方便进出口货物快速通关、即时装卸。支持外经贸发展的一系列措施，得到社会各界的广泛认可，受到中共山东省委、山东省政府的高度评价。

青岛海关驻莱芜办事处 5 月 26 日正式对外开办业务，为支持山东内陆地区的经济发展又建立了一个派出机构。

【内部建设】 通过青岛海关网站网上调查、关员论坛等多种形式，深化“三珍惜、三热爱”教育，举行“五四”、“七一”表彰和事迹报告会，组织开展学习红其拉甫海关艰苦奋斗精神系列活动。成功举办中国共产党领导下的第一个人民海关—烟台海关成立 60 周年庆祝活动，展示了新中国海关的发展历程和青岛海关队伍、管理的优秀成果。举办第六届关区体育运动会，展现了关员的良好精神风貌。深化竞争择岗、以干代训，出台了《青岛海关处科级领导干部任职最高年龄规定（试行)》，完成调查职能调整和机构设置工作。构建教育、制度、监督并重的惩治和预防腐败体系，狠抓源头预防和治理腐败工作，反腐倡廉能力得到进一步提高。落实《海关基层建设纲要》和《青岛关区海关岗位操作手册》，夯实基层基础。狠抓《青岛海关转变机关作风服务基层 28 条》的落实，改进和加强机关作风建设。

创新干部年度考核形式，在青岛海关网站推行网上考核，网上述职、网上测评、网上评议，扩大和提高了群众参政议政的积极性，提高了干部考核的客观性和准确性，提高了考核效率，强化了考核效能。

首次获“山东省省级文明机关”称号，2 个单位被评为全国精神文明创建先进单位，1 个单位被评为“全国青年文明号”，39 个单位和 42 名个人受到省部级以上表彰，78 个单位和 141 名个人受到地市级表彰。

（赵 猛）

2005 年山东口岸海关主要业务统计表

指 标		单 位	数 量	同比 ± %
进出口货运量		万吨	20022	20.1
其中	进口	万吨	14660	22.7
	其中：转关运输	万吨	215	–26.2
	出口	万吨	5362	13.6

（续表）

指 标			单 位	数 量	同比±%
其中	转关运输		万吨	129	252.2
进出口总值			亿美元	938.54	29.3
其中	进口		亿美元	445.02	27.1
	其中	一般贸易	亿美元	247.96	20.9
		加工贸易	亿美元	139.78	27.4
	出口		亿美元	493.52	31.4
	其中	一般贸易	亿美元	253.52	30.2
		加工贸易	亿美元	234.75	33.3
集装箱总数（标箱）			万箱	487.0	25.4
监管进出境运输工具总数			艘架次	36332	26.6
其中	进出境飞机		架次	15411	36.4
	进出境船舶		艘次	20921	20.2
运输工具服务人员			万人次	65.9	19.9
进出境旅客			万人次	206.6	22.4
进出口货物报关单			万份	243.6	17.0
其中	进口		万份	64.7	12.1
	出口		万份	178.9	18.8
	其中：无纸通关		万份	18.7	51.0
接受转关货物申报单			万份	13.4	38.4
进出口查验数			份	45398	–9.0
进出口人均查验数			份／人	280.2	–3.4
进出口查验率			%	1.8	–27.5
进出口查获数			份	6052	45.1
进出口人均查获数			份／人	37.4	54.1
进出口查获率			%	13.3	59.4
备案加工合同			份	67870	2.7
合同备案金额			亿美元	145.93	0.5
内销征税			亿元	8.89	16.2
保税仓库货物出库征税			亿元	23.94	86.1
征收税款			亿元	378.12	18.8
关税			亿元	52.07	16.1
进口环节税			亿元	326.04	19.2
其中：网上付税			亿元	181.50	92.1
罚没收入			万元	10144	0.2
立案走私犯罪嫌疑案件			起	36	–21.7
立案走私行为案件			起	74	–42.6
进出境行邮物品			万件	149.4	1.9
邮政和非邮政快件			万件	156.5	16.5
行邮渠道扣、退物品			件	30,697	–50.3

2005年青岛关区各海关、办事处监管进出口总值、货运量统计表

金额单位：万美元　　数量单位：千吨

单位	进出口总值	同比±(%)	进出口货运量	同比±(%)
黄岛海关	5829632	22.8	95803.8	3.2
日照海关	556263	51.8	55922.1	63.5
烟台海关	760891	42.2	17002.3	-2.2
大港海关	709390	18.2	12853.2	9.0
龙口海关	106109	29.1	6858.8	78.4
济南海关	75577	84.2	2440.5	35.7
淄博海关	65128	145.5	1855.5	1842.2
威海海关	428687	50.9	1598.1	11.1
莱州海关	22367	23.6	1165.1	3.5
蓬莱海关	16613	37.8	1086.7	111.3
潍坊海关	83727	202.0	971.3	209.5
荣成海关	142749	21.9	631.2	20.3
东营海关	28058	184.6	501.2	115.0
青聊城办	9383	118.8	364.7	836.3
济宁海关	43320	60.0	295.8	140.3
泰安海关	13171	52.6	270.3	-24.1
青滨州办	58922	3157.3	209.5	16162.0
临沂海关	20827	550.7	181.5	831.6
青机场关	376852	19.4	84.5	42.1
德州海关	12077	49.1	54.7	44.4
青枣庄办	5535	60.5	41.4	4329.3
青菏泽办	1984	71.0	21.9	283.7
青莱芜办	1065	-	5.5	—
青关邮办	17070	32.2	4.0	43.3
合　计	9385397	29.3	200223.6	20.1

山东省公安边防总队

【概况】 2005年，山东省边防总队认真贯彻部局、总队两级党委扩大会议及满洲里会议精神，进一步深入改革，大胆实践，执勤执法水平和口岸综管控能力都有了新的提高，为口岸开放和地方经济建设做出了积极贡献。全年共检查出入境旅客2068837人次，同比增加22.4%；员工597856人次，增加15.6%；船舶20632艘次，增加14.1%；飞机14474架次，增加25.3%。

【执勤与服务】 部局深化“双争”活动暨落实勤务规范化研讨会在满洲里召开后，山东边防总队党委高度重视，立即在日照边检站召开全省边防检查深化“双争”暨落实勤务规范现场会进行学习研究，统一思想，周密部署。全省各边检站在总队的统一领导下，在齐焕祥副局长“三个坚持、四个不能出现、两个满意”总要求的指导下，迅速行动，采取多种措施，保证了执法和服务“两手抓、两手硬”，边检整体工作又上新台阶。

结合“三访四见”活动，积极推出各项便民利民措施，不断推进“双争”活动深入开展。为更好的服务地方经济发展，山东省各边检站结合当前正在开展的“三访四见”活动，不断推出各项便民利民措施，服务口岸开放，优化通关环境。8月18日—25日，“和平使命”中俄军事演习在山东半岛举行，为了做好军演的出入境边防检查工作，青岛机场和青岛边检站克服人员紧张、执勤设备不足、检查时间不固定等多重困难，圆满地完成了参演人员在青岛和潍坊两地出入境的边防检查任务，受到了国防部外事办和省委、省政府的充分肯定，国防部外事办专门致信部边防局，对山东边防总队在军演中所做的大量工作表示感谢。10月16日晚，山东省政府在济南机场隆重举行了巴基斯坦绑架事件遇难者王鹏同志灵柩的迎接仪式。济南机场边检站在时间紧、任务重的情况下，顾全大局，行动迅速，配合密切，周密部署，保证了迎接仪式的顺利进行。10月17日上午，济南边检站以其快捷通关和优质服务，圆满地完成了日本关西经济界山东访问团一行148名旅客的入境检查任务，赢得了省市领导的高度赞扬。

以落实《出入境边防检查勤务规范》为契机，全面推进勤务规范化建设。《出入境边防检查勤务规范》出台后，山东边防总队立即组织人员对《规范》进行认真的学习和研究，明确《规范》中现场各项查验工作的新要求、新做法，找出现行勤务工作做法和《规范》规定之间的差异之处，指导各边检站做好贯彻和落实。各边检站在总队的统一指导下，积极行动，采取集中学习、分类指导、定期考试、明确奖惩等措施，并专门成立领导小组负责具体落实，使《出入境边防检查勤务规范》在全省边检站得到了迅速的贯彻执行。8月份，从总队对各边检站落实情况的检查来看，全省各边检站一线检查人员对《规范》的掌握达到100%。10月14—25日，按照部局要求，对各边检站参加现场带班的领导进行了一次以《规范》为主要内容的考试，进一步促进了《规范》的落实。

【勤务改革】 加大科技投入力度，简化监护程序，积极稳妥推进勤务改革。主动走出去，学习兄弟总队的先进经验；及时发现问题，制定符合自身特点的改革措施；加大科技投入，大胆尝试口岸有效监管的新方法。全省各边检站在总队的统一部署下，经过一年的不懈努力，监护勤务改革已经取得明显成效。全省11个海港边检站在有条件的港口，实行了以闭路电视监控为主，巡视巡查、卡口监护、快速出警等几方面相结合的新的监护勤务模式。各边检站还结合自身特点，制定符合口岸实际的监护措施，青岛、烟台、石岛边检站根据港区封闭条件差的现状和警力有限的实际，提出了“警民联防”的工作思路，和企业一起成立了“护船队”；日照、岚山、龙口边检站为了方便船舶公司进行申报，建设了网络报检系统；烟台边检站针对船舶公司办理各类证件需要经过多个部门审批的情况，建立了办证大厅，集中办理证件,提高了工作效率，方便了服务单位。此外，青岛、烟台、济南机场站、威海边检站机场旅检现场也都安装了闭路电视监控系统，实现了站指挥中心对执勤现场实时远程监控和动态控制。

【反偷渡】 针对口岸反偷渡工作出现的新动向、新问题，总队及时制定反偷渡工作方案，对口岸的偷渡活动进行了严厉打击。全年，山东省口岸共查获偷渡分子367人，有力地维护了口岸的出入境秩序。

加大证件研究力度，全面提高一线检查人员识假辨假能力。3月25日，山东边防总队在青岛机场边检站成立了“山东省公安边防总队证件研究中心”。为使证件研究中心的研究成果发挥为口岸现实斗争服务的作用，5月16日—23日，组织证件研究中心成员在全省边检站开展“识别伪假证件”巡回讲座，从而大大提高了一线检查人员甄别伪假证件的能力。9月份，“证件研究中心”为青岛边防支队查获的5本外国护照进行了鉴定，出具了伪假证件鉴定书，有力的支持了法律诉讼。11月份，在青岛机场边检站举办了证件鉴别培训班，对各边检站证件研究人员进行了统一培训，全面提升了证件鉴别人员的整体水平。为了能使“证件研究中心”对口岸查验工作提供更强有力的信息支持，总队定期派出调研小组深入基层，发现问题，指出不足，完善各项工作制度。

加强“三重点”管理，切实把反偷渡工作落到实处。一是加强对重点船舶的检查管理，各边检站把中远船舶和挂方便旗船舶作为重点船舶加强检查管理，对开往偷渡重点国家的船舶做到百分之百的开航前安全检查。二是加强对登轮人员和港区作业人员的管理教育工作。严把办证审查关，彻底杜绝无证人员上下国际航行船舶。三是加强对重点执勤区域的管理，把泊位附近区域及作业区作为重点管理区域，对进入这些区域的人员、车辆进行严格检查；把锚地作为重点海域，防止无证搭靠和非法搭靠国际航行船舶，切实提高防范和打击偷渡活动的能力。

与口岸查验单位和港口各企业密切协作，积极防范打击偷渡活动。在与海关、检验检疫、海事等口岸查验单位建立反偷渡协作机制的基础上，各边检站积极与各港口公司、船代、货代、船舶公司、修船厂等单位进行沟通联系，争取支持，建立反偷渡协作关系。在加强与港务公安机关协调配合的基础上，强化了对港口单位内部人员、港区作业点的监督管理，并积极督促船方加强自管。通过多方面的协作，在口岸营造了“综合治理，齐抓共管，共同打击”的良好格局。

不断完善管理措施，认真做好集装箱反偷渡工作。针对藏匿集装箱偷渡案件有所增加的情况，山东边防总队将打击集装箱偷渡活动作为反偷渡工作的一个重点，专门组织人员对各口岸集装箱管理情况进行了全面的调研，及时查找漏洞，认真进行整改。目前，山东边防总队在推行集装箱管理“客户、码头、船舶和边防检查站”的“四方负责制”的基础上，进一步加强了对货代、运输车队等中间环节的管理力度，完善了集装箱申报、检查制度，加大了对出口集装箱抽查的力度，实现了对集装箱的全方位、立体式管理，切实提高了打击和防范利用集装箱进行偷渡的能力。

实施奖励措施，调动出入境船舶、集装箱出口企业和船舶代理公司自管自查的主动性，扩大打击偷渡的协作面。各边检站为自我管理严格、信誉好、未发生责任事故的船舶、出口集装箱场站颁发“信得过船舶”、“信得过单位”荣誉证书，使其享受“优先靠泊”、“优先通关”等一系列优惠政策。烟台边检站开展了《致船长的一封信》活动，以书信的形式，向船长宣传相关的法律法规和反偷渡方面的政策，切实提高了船方自管、自纠、自查的主动性。黄岛边检站对诚信度好的船舶实行“零待时”优惠政策，缩短船舶的出入境检查时间。各项奖励措施的施行，有力的调动了企业、公司的主动性和自觉性，扩大了打击偷渡的协作面，取得了良好的效果。

加强情报调研，掌握打击各类非法出入境活动的主动权，积极为现实斗争服务。各边防检查站根据辖区、驻地的实际情况，结合当前开展的“三访四见”活动，深入到港口公司、装箱企业、运输车队、出入境旅客、员工、码头工人当中，在征求意见、改进工作、提高服务质量的同时，积极收集各类情报，布建秘密力量，及时掌握各种预警性、内幕性信息。加强和公安机关、国家安全机关的联系，扩大情报信息来源，掌握打击各类非法出入境活动的主动权。

【大练兵】 根据部局开展“大练兵”活动要求，山东边防总队党委高度重视，在认真学习上级指示精神的基础上，以“大练兵”活动为平台，结合边防检查工作特点，深入扎实地开展边检业务“大练兵”活动。总队年初根据全省边检工作的实际情况，制定下发了《山东省公安边防总队边检业务大练兵配档》，明确了练兵内容，细化考核标准。各边检站根据总队深入开展“大练兵”活动的要求，采取个人自学、骨干集训、专家辅导、理论竞赛、定期考试等多种形式，扎实有效地开展边检业务练兵活动，使检查人员的整体业务水平得到了明显的提高。2005 年，山东总队已有高级检查人员 1 名，通过中级检查员考试人员 10 名，形成了学习业务、钻研业务的良好氛围。出入境边防检查信息系统的推广应用是全国边检系统的一项重要工作，山东总队积极组织人员制定推广方案，下发业务技术建设规划和新系统培训计划，2005 年共有 33 名业务技术人员参加了部局组织的“梅沙”系统业务技术培训，并以点带面逐步完成了全省 15 个边检站的业务技术人员培训，为新系统的推广应用打下了良好的基础。

山东出入境检验检疫局

【综述】 2005 年，山东检验检疫局共检验检疫出入境货物 819965 批，584.0789 亿美元，同比分别增长 15.59%和 30.32%。其中，出境 677809 批，252.4902 亿美元，分别增长 17.58%和 28.13%；入境 142156 批，331.5887 亿美元，分别增长 6.95%和 32.03%。发现不合格 7298 批，53.8607 亿美元，分别增长 29.5%和 29.4%。其中，出境不合格 1665 批，2.1642 亿美元；入境不合格 5633 批，51.6965 亿美元。

检验检疫出入境动植物及其产品 231171 批，122.2351 亿美元，分别增长 17.34%和 13.63%。其中，出境 197147 批，53.5545 亿美元，分别增长 17.33%和 23.15%；入境 34024 批，68.6806 亿美元，分别增长 17.38%和 7.17%。经检疫，共从 1221 批动植物及产品中检出疫情，疫病疫情检出率为 3.59%。其中，检出一类疫情 1 批，二类疫情 136 批，三类疫情 260 批，各种致病菌 11 批，一般性疫情 1423 批。共对 42373 个报检批次进口货物的木质包装实施了检疫监管，从 1668 批木质包装中检出检疫危险性害虫和一般性害虫。

检验检疫进出口食品及化妆品 145970 批，37.0403 亿美元，分别增长 13.37%和 22.43%。其中，出口 137291 批，33.673 亿美元，分别增长 14.24%和 22.37%；进口 8679 批，3.3672 亿美元，分别增长 1.24%和 23.06%。发现问题 363 批，1201 万美元。其中，出口发现问题 284 批，498 万美元；进口发现问题 79 批，703 万美元。

检验检疫进出口农副产品 377141 批，159.2753 亿美元，分别增长 15.77%和 15.56%。其中，出口 334438 批，87.2275 亿美元，分别增长 16.04%和 22.85%；进口 42703 批，72.0478 亿美元，分别增长 13.7%和 7.82%。

检疫出入境船舶 19920 艘次，飞机 14410 架次，分别增长 14.47%和 25.75%。经检疫，从 2273 艘入境船舶中检出检疫危险性害虫、一般性害虫和病媒昆虫。检疫集装箱 4288417 标箱，增长 23.4%。其中卫生除害处理 707757 标箱，增长 68.32%。完成衡器鉴重 2062191 吨，减少 29.6%；水尺计重 3047 船次，151302045 吨，分别增长 22.17%和 77.62%；容量计重 862 船次，26331969 吨，分别增长 81.86%和 45.01%。

完成外商投资财产价值鉴定 498 批，外商总报价 10210 万美元，鉴定后价值为 10091 万美元。对价值进行调整的有 24 批，其中属高价低报的有 3 批，鉴定后升值 14 万美元；属低价高报的有 21 批，鉴定后降值 133 万美元。

签发出入境检验检疫证书 356237 份，增长 18.13%。签发出入境通关单 876882 份，增长 16.97%。签发出境换证凭单 48529 份，增长 21.23%。签发普惠制原产地证书 254244 份、65.6404 亿美元，分别增长 5.31%和 14.01%；一般原产地证书 100952 份、31.8173 亿美元，分别增长 26.41%和 29.27%。

进行传染病监测体检 77974 人次,增长 2.46%；体检中共发现各种病例 21892 例，增长 112.65%，其中，艾滋病 9 例，性病、肺结核、澳抗阳性、肝炎等 21883 例。

【禽流感疫情防控取得阶段胜利】 针对下半年国内外禽流感疫情日益严峻的形势，迅速传达上级指示精神，采取应对措施，修订完善应急预案，重点抓好口岸检疫防控、进口禽产品的检疫查验、出口禽类产品的疫情防控，特别是作为山东省防控禽流感指挥部成员单位，积极配合地方政府加强禽流感防控，加强督导检查，提出了很多建设性意见。全年没有禽流感疫情通过山东口岸传入传出，山东省所有注册备案养禽场连续 3 年没有发生疫情。同时，制订出台了帮扶禽类企业促进出口的 8 项措施，禽类产品出口保持较快发展势头，全年共出口禽肉 15.7 万吨，3.87 亿美元，增长 33.6%和 34%。

【重点敏感进口商品、动植物及产品检出率大幅度提高】 严格备案管理、装运前预检验、批批现场检验及后续监管，突出检验把关有效性，共检出不合格旧机电 724 批，货值 5428 万美元，增长 154%和 258%；不合格废物原料 5.4 万吨，821 万美元，增长 336%和 233%，成功将 2004 年从日本进口的 4600 多吨不合格废塑料退运出境；不合格进口棉花 1922 批，增长 22%，成功索赔 1699 万美元。进一步加强对进境长线动植物产品检验检疫监管，从 137 批动植物及产品中检出菜豆象等一、二类疫情，疫病疫情及致病菌检出率为 3.59%,提高 0.12 个百分点，其中从 1 船进口美国的 10500 吨小麦中检出 TCK；从 1668 批木质包装中检出检疫危险性害虫和一般性害虫，增长 31%。

【促进食品、农产品出口实现新突破】 共检验检疫出口食品、农产品87.2亿美元，增长22.9%，拉动GDP增长2个百分点，解决农村劳动力就业1400万人。一是加强备案基地建设。制订各类基地备案标准，加快推进标准化建设，加快出口企业自属基地建设，全省对出口敏感商品和敏感国家的种植、养殖基地全部实行了备案管理，其中出口禽肉、兔肉、猪牛羊等原料备案养殖场559家，备案蔬菜基地面积125万亩，国外注册水果基地62万亩。二是积极应对突发食品安全事件。针对去年国内发生的孔雀石绿、苏丹红、猪链球菌、甲醛啤酒、输韩泡菜等一系列突发食品安全事件，完善预警应对机制，加强检验检测，积极有效应对，未发生孔雀石绿、苏丹红等质量问题，成功解决了输韩泡菜事件。三是积极抓好重点敏感食品出口。对出口水产品实施溯源、验货和批批核销制度，有效解决了输韩水产品质量等问题。兔肉、蜂产品重返欧盟市场，1675吨兔肉、85.1吨蜂蜜顺利通关。继续做好输日冷冻菠菜出口工作，在日本加严检验的前提下，出口9605吨冷冻菠菜没有出现质量问题。对此总局在山东召开了输日冷冻菠菜现场会，全面推广山东局管理经验。对花生出口生产基地、加工储存、实验室管理等环节严密监管，使输欧盟花生黄曲霉毒素超标被预警的比例由年初的1%降为0.11%。四是积极做好国外迎检工作。顺利通过了美国、日本、韩国、加拿大、巴西、欧盟等14个国家和地区对我省肉类、水产品、水果等产品生产企业22批次检查，国外对山东出口产品相继开禁，冰鲜牛肉首次出口中东，冬枣首次出口泰国，鸭梨恢复对加拿大出口，苹果首次出口秘鲁、阿根廷、墨西哥和毛里求斯。

【实施“以质取胜”战略取得新成效】 一是突出从源头抓质量。严格认证认可程序，全面落实产品质量准入制度，新颁质量许可证企业122家，累计740家；新办出口卫生登记注册企业473家，累计2621家。完成ISO9000、HACCP等体系认证694家，增长8.5%；积极开拓认证新领域，完成生态纺织品等自愿性产品认证42家。在10家食品出口企业试点“良好企业名单”制度，与502家出口企业签订企业诚信承诺书。二是突出实施名牌战略。全省72家出口企业被评为全国名牌，23家企业（全国190家）入选商务部公布的“重点培育和发展的出口名牌”名单，数量位居全国第三；刚评出的3个我国世界品牌中，山东有海尔电冰箱、洗衣机2个。稳步推进出口商品免验，继续保持在全国的领先地位。

【推出新举措服务经济发展】 做好全省经济发展重点和重大战略部署与检验检疫工作实际结合的文章，制定出台了《促进山东外经贸发展十条措施》、《突出青岛龙头带动作用的十二条措施》等63项工作措施，其中，省局与菏泽市政府建立了促进农副产品出口工作紧密合作机制，继续落实与潍坊市政府促进农副产品出口的联席会议制度；与省经贸委签署了促进机电产品出口合作备忘录，积极推进“制造业强省”战略的实施。围绕青岛钢铁、魏桥纺织等30多个重点项目和青岛前湾港等10多项重点建设工程，全过程跟踪服务，鼎力支持其顺利推进。积极帮助企业利用普惠制、原产地政策，共签发普惠制证书25.4万份，65.6亿美元，增长5.3%和14%，签发《曼谷协定》优惠原产地证书7113份，1.01亿美元，签证数量和金额位居全国第一，签发《中国-东盟自由贸易区》原产地证书6736份，8414万美元，签证数量和金额位居全国第二。举办20多个培训班、知识讲座，1000多家外经贸企业、8000多人次参加认证、食品安全等培训；深入14个市进行调研，认真征求了地方政府、有关部门和广大外经贸企业对检验检疫工作的193条意见和建议，全部进行了现场解决和会后书面答复。

【努力提高口岸通关效率】　一是科学整合信息化资源，全面推行电子执法工程建设。构建“一个中心、一个网络、突出三个重点、推广六大系统”的总体框架，对进口货物、口岸业务的全面监管以及对出口产品生产全过程的监管，实施电子监管的进出口企业数量达150家。二是关检协作机制更加紧密。与青岛海关签署了《关于建立关检合作机制的备忘录》，确定10项合作内容，建立3个层面的联络协商机制，共同推进“大通关”建设。在全国率先联合实施了“全省一个大通关地”改革模式，年减少企业通关成本5000万元；率先联合实施了“大口岸”制度改革，对2386个商品编码目录、431家企业实行属地报检，口岸放行；率先对进口废物原料等敏感货物在第一到货口岸实施联合查验，加快了货物疏港速度，年减少企业工时12万小时、查验费1000万元。三是检验监管针对性更加突出。在对出口工业产品全面实施过程检验、型式试验、抽批检验等新的检验监管模式的基础上，扩大分类管理的规模和范围，对一、二类企业出口产品全部实施电子审单快速核放和绿色通道制度，将检验监管重点转向三类企业。全省一类企业数量达到81家，增长80%。

【不断提高检验检疫工作质量】　制订出台了《关于建立山东检验检疫工作质量长效机制的意见》，重点健全十项制度，突出四个重点，强化四项保障，建立责权明确、行为规范、监督有效、保障有力的检验检疫工作质量长效机制。加强工作质量稽查，先后组织了6种重点敏感工业产品质量督查、8类注册企业专项稽查、非法夹带出口等19次业务检查，对查出的645项问题和隐患进行通报，吊销246家企业卫生注册登记资格，各单位制订整改措施540项，完善470余项规章制度、工作规范。从国外进口商品中检出皮革偶氮超标、水产品李斯特菌超标等严重质量问题，总局为此向全国系统下发预警通报8份。

【逐步提高科技检测实力】　大力开展科研攻关和标准化工作。共评出山东局科技进步奖63项；在总局2005年度“科技兴检奖”评比中，获奖等次和数量继续位居全国直属局前列，其中《出口禽肉产品的关键技术研究与应用》获一等奖。牵头制订的4项轮胎系列行业标准，填补了全国出口轮胎无行业标准的空白；牵头完成的《动物源产品中氯霉素残留量的测定》等6项标准作为国家标准发布实施。加强实验室建设和管理，积极对全省实验室进行优化整合，组建了山东检验检疫技术中心，投入6000多万元购置仪器设备，提升实验室整体档次，14个实验室通过CNAL认可认证。8个重点农产品实验室参加了FAPAS、FEPAS、CNCA、CNAL等组织的黄曲霉毒素、蔬菜农残检测能力验证活动，在全国系统率先在所有重点技术中心全面运行实验室资源计算机管理系统(LRP2000)。

【强化依法行政工作】　一是切实加强法制建设。以《行政许可法》、《商检法实施条例》宣贯为契机，进一步加强法制教育，规范制度，共出台30个规范性文件，清理废止21个文件。二是切实加强行政处罚工作。严格执法监督，加大违法案件查处力度，全年结案1227起，处罚金额251.5万元，增长86.8%和80.9%。三是切实加强行政许可后续监管。进一步完善行政许可公示制度、“一个窗口”制度、便民制度、监督制度和责任追究制度，顺利通过总局的检查。

【精神文明建设成效显著】　获得全国青年文明号4个、省市级青年文明号43个；22个分支局全部跨入市级以上文明单位行列，其中12个分支局跨入省级文明单位行列，山东局获得2004年度“省级文明机关”荣誉称号，这在山东检验检疫史上是第一次。在全省第8次口岸共建精神文明评比中，获得18个先进单位、12个先进集体，实现口岸精神文明建设“一片红”。全省系统共获市级以上各类先进集体 256 个、先进个人 216 人次。

【圆满解决输韩泡菜事件】 山东共有泡菜出口企业 60 家，其中近半数为韩资企业，出口量约占全国的 89%。10 月 21 日、10 月 26 日，韩国食品药品安全厅分别公布在韩国市场的中国泡菜中检测出寄生虫虫卵。输韩泡菜寄生虫卵问题发生后，山东检验检疫局以高度责任意识和危机意识，研究制定具体措施和方案，全面加强对出口泡菜等产品的检验监管，进一步健全完善企业各项安全管理体系，并开展清理整顿，全面提升企业生产加工全过程卫生管理档次。10 月 30 日，山东检验检疫局从韩国生产的中加吉等 7 个品牌的泡菜、太阳草等 2 个品牌的辣椒酱和清净园 1 个品牌的烤肉酱产品中检出寄生虫卵。10 月 31 日，国家质检总局发布公告，从即日起，停止上述韩国品牌的泡菜、辣椒酱、烤肉酱及相关产品的进口入境。国家质检总局掌握了对外谈判、解决问题的主动权，迅速扭转了韩国舆论，维护了国家的形象和利益。

【成功处置山东口岸首起突发公共卫生事件】 7 月 2 日晚，接到国家质检总局通知，巴拿马籍“阳雪”号货轮在从所罗门群岛开往山东省岚山港的途中，轮机长因发热、腹泻突然死亡；另一名船员也出现相似症状，经紧急送往菲律宾进行抢救治疗，诊断为恶性疟。山东检验检疫局紧急启动口岸突发公共卫生事件应急预案，成立疫情处置领导小组和工作小组，紧急赶赴岚山港。7 月 5 日 22 时，货轮停靠岚山港锚地。工作组迅速应急处理措施：对所有船员实行隔离观察；对死亡病人、下地治疗病人和船上所有船员开展流行病学调查，发放流行病学调查表；对所有船员进行体温检测、采血涂片疟原虫和抗体检查，并发放抗疟药；对船舶等实施严格的灭蚊和消毒处理。经过及时、科学的处理，保证了 20 名船员的身体健康，经实验室抗体和疟原虫检查未发现疟疾。

山东海事局

【综述】 2005 年，山东海事局按照以“抓班子、带队伍、强素质、促和谐、树形象，抓管理、搞改革、谋发展、保中心、上水平”为基本着力点的工作思路，认真贯彻落实科学发展观，全面履行海事职责，主动服务地方经济社会发展，促进了水上交通安全形势的持续稳定。全年监管进出港船舶 304637 艘次，开展国轮安全检查 2334 艘次，港口国监督检查 417 艘次，滞留 33 艘次；组织船员适任考试 7365 人次，适任评估 8353 人次签发船员适任证书 5204 本，签发海员证 19519 本；开展海区巡航 2280 次，巡航里程 74670 海里。2005 年山东海事局获得“山东省安全生产先进单位”称号，局机关获得“山东省省直机关文明单”位称号，省局领导班子获得交通部直属海事系统 2005 年度“五好班子”称号。

【探索长效机制加大监管力度】 重点水域、重点船舶和重点时段的监管工作得到切实加强。客滚船安全监管规律 11 个项目的研究有序开展，滚动式安全隐患排查机制全面建立并得到有效运行。组建了烟台客滚船执法大队，客滚船的现场执法得到加强。恶劣天气海况预警制度在全局范围初步实施，应急待命机制得到实施，成功应对了十余次强风天气，得到了交通部和省政府的表彰。

航运公司与船舶安全管理秩序进一步规范。按计划完成了辖区 31 家航运公司安全管理体系的审核工作，对两家公司实施了跟踪审核，对客滚船公司安全管理体系运行实施了跟踪监控。强化船舶安全检查，巩固了船舶脱黑降滞工作成效，经山东海事局开航前检查的船舶无在国外被滞留的记录。按照交通部和省政府的统一部署和要求，认真组织开展了沿海散杂货船专项检查、低质量船专项治理、渡口渡船专项检查和亚太地区港口国监督操作性检查集中检查会战等活动。在低质量船专项检查期间，共检查船舶95艘次，查处各种缺陷796项，督促船舶申请附加检验74艘次，滞留船舶7艘次。

建立了统一的船员考试、评估和发证质量体系,并在全国海事系统内率先实现局域网上运行。完成了“非统考海船船员考试管理系统”的开发和调试工作，通过了中国海事局组织的评审验收。加强对船员教育和培训机构的监督管理，建立完善船员闭环管理机制,圆满完成3次全国船员适任统考。

依据《山东省海洋环境保护条例》的规定，制定了《船舶油污水排放系统铅封程序规定》，在我国沿海13个省市中率先实现了全省范围内的船舶铅封制度。严格执行国际公约规定，依法禁止十余艘单壳油轮进入辖区水域，从源头上降低了船舶溢油污染事故风险。制订了《客滚船查堵危险货物现场检查程序》，成功查堵了多起非法载运危险货物的车辆。积极开展船舶载运危险货物安全专项整治活动，共检查载运危险货物船舶4153艘次，查处和纠正各类违章479起，比去年增长62.5%，查处船舶涉嫌违反防污染管理规定行为408起。

【完善海上搜救协调机制提高应急反应能力】 随着威海市海上搜救中心的挂牌运行，全省沿海七地市均已成立由市政府领导、当地各有关部门和单位参加并以海事机构为依托的市级海上搜救中心。组织编写了《山东省海上搜救预案》和《山东沿海船舶污染事故应急预案》，并已提交省政府审议。制定了《山东海上搜救中心办公室海上险情指导方案》，编制了船舶载运危险货物事故应急体系建设规划，初步总结了辖区海上搜救的特点和规律，建立健全了海上搜救预警机制，加强了与有关方面的协调配合，海上搜救能力得到全面提高。

充分发挥省海上搜救中心办公室和各市海上搜救中心的作用，及时、有效地开展了海上应急救援工作。成功防抗了9号台风“麦莎”、15号台风“卡努”和多次寒潮大风天气，尤其是成功组织了冬季第一场寒潮袭击。成功处置了“通力”轮、“泰坦巨人”轮原油入海以及“金旺油2”号轮汽油漏入泵舱等重大事故险情。成功组织了“明州11”轮21人遇险、“勤丰75”轮15人遇险等搜救行动。全年组织搜救行动109次，救助遇险人员1467人，获救人员1367人，遇险人员救助成功率达到93.2%，挽回经济损失59000多万元。

【加强法制建设全面推进依法行政】 认真贯彻国务院办公厅《关于推行行政执法责任制的若干意见》，结合实际制订了《山东海事局推行行政执法责任制实施意见》，并对所有海事行政执法依据进行梳理，初步形成了推行行政执法责任制的体系框架。

《山东省游艇管理办法》立法计划上报省人大、省政府法制办审议。深入开展海上涉嫌刑事犯罪案件移送、海事行政强制打捞令执行等问题的研究，提出了规范涉嫌刑事犯罪案件移交工作有关工作程序的建议。通过省公安厅协调，向烟台市公安局成功移交了一起伪造船员证书案件，犯罪嫌疑人已被抓获。

2005年，全局未发生行政复议或者行政诉讼案件，并被交通部推荐为全国法制宣传教育先进单位。自主开发的海事行政处罚管理系统荣获中国航海学会颁发的科技进步三等奖。

【充分发挥职能优势服务经济社会发展】 加强了与各级地方政府和有关部门的沟通协调。联合省交通厅、安监局制定下发了《山东省渡口渡船安全管理专项整治实施方案》。积极参与地方发展规划，在海洋规划、港口选址、锚地设计、码头布局、通航能力等方面，充分发挥海事专业优势，以实际行动促进地方经济发展。

联合交通部北海救助局、海军青岛潜艇学院和山东航海学会等 8 家单位共同组织了我省纪念全国首届“航海日”暨“世界海事日”大型宣传庆祝活动，增强了公众的海洋意识、航海意识和爱国意识。

成功组织了日照世界帆船赛的海事保障工作；全力开展了青岛奥帆赛的海事保障准备工作，先后提出了交通指挥、海上保安、抢险应急、事故预防、防台抗台等多个专家级的专项预案，协助青岛奥帆委划定了“奥帆赛水上比赛水域范围”，并适应奥帆赛的需要，颁布实施了全国第一个《非营业游艇驾驶员适任培训、考试、评估和发证管理办法》，并依据该办法完成三批游艇驾驶员适任培训、考试工作。

顺应鲜销船管理体制改革,受中国海事局委托组织起草了《鲜销船船员考试、评估和发证办法》、《鲜销船船员知识更新培训纲要》，组织并完成了鲜销船船员培训考试教材的编写工作，完成了辖区鲜销船船员的培训考试换证工作。

出色完成了“和平使命-2005”中俄联合军事演习的安全保障任务,受到了省委、省政府和军方的充分肯定和高度赞扬。

深入开展“大通关”活动。牵头组织开展了烟台-大连和蓬莱—长岛两个“安全畅通文明”航线创建活动，建立了相关单位共同参与的协调机制，使执法各环节更加衔接有序，提高了审批效率，缩短了船舶在港停时。认真落实海事系统“八项便民”措施，并在开航前检查、安全检查等工作中推行了预约检查，方便了相对人统筹安排港口作业活动。与青岛港、日照港等相关单位实现了 CCTV 信号、危险品配载信息、船舶 AIS 信息等数据交流与共享，利用 EDI 平台和移动办公平台在全国率先实现了全辖区船舶载运危险货物进出港网上申报审批。

【坚持科学发展观推进改革与发展】 围绕建立“监管立体化、反应快速化、执法规范化、管理信息化”的现代化海事管理体系，更好地服务“海上山东”、“平安山东”、“和谐山东”和“生态省”建设，组织编制了山东海事局 “十一五”发展规划。

加强基础设施、执法装备和信息化建设。建成了在全国海事系统具有先进水平的海上交通监控与应急指挥系统。完成北方海区千吨级巡视船前期论证和初步设计工作。VHF 安全通信系统、海事应急辅助指挥系统、移动执法力量调度指挥系统、CCTV 系统、青岛、烟台、成山头 VTS 改扩建工程和日照 VTS 系统建设等各项工作稳步推进。

以提高管理服务水平、优化资源配置、改善运作方式、理顺层级关系、建立长效机制为重点，深入开展了海事执法监管模式改革。改革中，组建了政务受理中心，改进了政务受理工作；新组建了“中国海事局烟台溢油应急技术中心”、“山东海事局成山头船舶交通管理中心”两个局直属机构；撤并了 37 个办事处，保留的海事处普遍建立动静相对分离的监管体系和主管负责制，现场普遍推行流动执法和综合执法机制。通过改革，海事监管效能和服务水平进一步提高。

山东口岸大事记

1月20—23日

省口岸办王啸冬副主任与山东省边防总队领导带领8个边检站主要领导到山东魏桥、潍柴、龙大、张裕、海尔等省内大型企业参观调研，了解经济发展情况和企业通关要求，改进口岸边防检查工作。

1月24—25日

国家民航总局组织为期两天的济南机场改扩建工程预验收。省口岸办徐毓良副主任参加验收会，并代表查验单位对国际联检厅有关事项提出预验收意见。

1月31日

省委副书记、省长、省编委主任韩寓群主持召开省机构编制委员会全体会议。会议确定，将省经贸委内设的省口岸办公室划归省政府办公厅，副厅级建制。

2月1日

威海机场顺利通过国家对外开放验收。海关总署、公安部、国家质检总局、总参、民航总局和省政府参加验收。

2月25日

青岛港前湾港区三期集装箱码头全线投产，这是全世界规模最大、水位最深的码头。

3月1日

东方航空公司山东分公司开通青岛经宁波至香港的全货机航线，航班号为MU5081，机型为A300全货机，最大运载量为44吨，每周2、4、6共执行3班。

3月15日

孙守璞副省长会见韩国大宇造船崔圣洛专务一行，会谈在威海马兰湾合资建设造船厂的相关事宜。会上确定成立由孙守璞副省长任组长的工作协调小组，省口岸办等有关部门为成员单位。

3月16日

济南国际机场航站区扩建工程竣工，并通过国家验收。省口岸办副主任徐毓良参加验收。

3月16—17日

苗俊礼主任、王啸冬副主任走访青岛海关、山东检验检疫局、山东海事局，征求对烟台港二三期、青岛港油码头、龙口通用、粮食等泊位开放意见。并与青岛海关就省内造船企业承修外轮工作进行专题商谈。

3月23日

黄岛海关通过保税油库实时监控系统，成功对辖区内青岛益佳阳鸿燃料油有限公司首次保税仓储的6.3万吨进口燃料油实施了全程入库监管，这是山东口岸首次运用这一系统监管货物入库。

3月27日

威海至汉城航班开通。省委书记、省人大常委会主任张高丽，省委副书记、省长韩寓群致信祝贺。韩国驻青岛总领事辛亨根、民航总局副局长杨国庆、副省长孙守璞出席首航仪式。这是威海机场正式对外开放后的第一条国际航线，由中国国际航空公司、山东航空公司，韩国大韩航空公司、韩亚航空公司四家航空公司执飞，每星期共12个航班。

3月28日

济南国际机场新航站区隆重举行启用庆典仪式。国家民航总局局长杨元元，济南军区司令员范长龙，省委书记、省人大常委会主任张高丽，省委副书记、省长韩寓群，省政协主席孙淑义等领导出席庆典仪式。省口岸办主任苗俊礼应邀参加了庆典仪式。

3月31—4月1日

全省海防管理工作会议在东营召开。会议由副省长谢玉堂主持，省委副书记高新亭到会并讲话，省长助理曲植凡作加强海防管理工作报告。省口岸办主任苗俊礼参加会议。

4月12日

韩亚航空公司开通青岛至韩国首尔（汉城）的全货机航班，机型为B-767F，最大运载量为51吨，每周一班，周二08：30从首尔起飞，10：30从青岛返回。

5月8日

青岛口岸启用新海运通关监管模式，实现海关对货物的“过程中”监管。

5月18日

省口岸办组织驻省查验部门和省港航局，对龙口口岸新建两个5万吨通用泊位和一个5万吨粮食泊位进行开放验收。验收获得一致通过。

5月19日

烟台港二、三期工程12个（其中散杂货7个、多用途2个、集装箱3个）深水泊位顺利通过由省口岸办组织，中央驻鲁查验单位参加的对外开放验收。

6月21日

青岛港集团和中石化集团在青岛举行青岛实华原油码头有限公司合资合同、公司章程签字仪式。公司投资总额约7亿元。

6月24日

省编委下发《关于调整省口岸办公室机构编制的通知》，确定将省经贸委内设的省口岸办公室划入省政府办公厅，为办公厅内设机构，副厅级建制，行政编制6名，配备主任1名，副主任1名。划定主要职责是：研究拟定全省口岸工作的政策、法规，组织编制口岸开放规划；负责口岸开放与关闭的申报，参与口岸重大建设项目的审查论证和验收；组织协调有关部门开辟国际客运、货运航线；平衡口岸外贸运输年度计划，协调外贸货运工作；协调处理全省口岸工作的有关问题。

7月5日

海关系统全国“青年文明号”揭牌仪式在青岛海关举行。黄岛海关通关处等30个海关系统青年集体被海关总署和共青团中央命名为2004年度全国“青年文明号”荣誉称号。黄岛海关通关处被授予全国“青年文明号”荣誉称号，是青岛海关首次获此殊荣。

7月9日

青岛至日本下关航线增船增班，由日本奥林汽船株式会社麾下的“理想之国”和“理想之国二号”共同参与运营，每周 3 个航班。青岛海港口岸现已有 3 条海上国际客货班轮航线，每周 9 个航班。

7 月 13 日

大宇造船海洋（山东）有限公司投资合同签字仪式在烟台举行。韩寓群省长，孙守璞副省长，以及省口岸办主任苗俊礼等省有关部门负责人参加了签字仪式。

7 月 25 日

UPS 开通青岛直航服务。UPS 货机每周五个航班飞往青岛提供货件进出口服务。

7 月 27 日

中国口岸协会在青岛举办信息员培训班，叶剑会长出席并讲话。省口岸办主任苗俊礼参加了开班仪式。

7 月 28 日

济南机场边检站举行新办公楼落成典礼。苗俊礼主任、徐毓良副主任到场祝贺，并借“八一”来临之际，向机场边检站赠送了一批图书。

7 月 30 日

省政府决定（省政任 [2005] 28 号文），任命于春生同志为山东省人民政府口岸办公室主任。

8 月 14—16 日

省政府在日照召开全省沿海港口工作会议，赵克志副省长到会并讲话。省口岸办主任于春生参加会议。会后，于春生主任到岚山港、东营港及华泰国际集装箱场站进行调研。

8 月 24 日

中国共产党领导下的第一个人民海关——烟台海关建关 60 周年庆祝大会在烟台举行。中共中央政治局委员、国务院副总理吴仪，省委书记、省人大常委会主任张高丽分别致信祝贺。海关总署党组书记、署长牟新生，省委副书记、省长韩寓群，省委常委、烟台市委书记阎荣竹，副省长孙守璞等出席庆祝大会。

9 月 7 日

全省边防检查工作会议在日照召开。省口岸办于春生主任出席了会议。

9 月 8 日

省政府办公厅任命苗俊礼同志为省口岸办公室副主任。

省口岸办组织中央驻鲁检查检验单位对青岛港液体化工码头对外启用进行验收。这是青岛海港口岸在明确开放水域后建成的第一个外贸码头，标志着液体化工码头将迅速投入正式启用。验收获得一致通过。

2004 年 10 月建成的青岛港液体化工码头位于胶州湾内，东临中石化黄岛油库，西临 LG 码头，陆域面积 29 万平方米。码头长度 674.4 米，其中引桥长 354.7 米；泊位长 319.7 米，水深 14.50 米，年通过能力 300 万吨，项目投资 3.8 亿元。该项目的建成填补了青岛口岸没有专用液体化工码头的空白。

9 月 8—9 日

于春生主任带领省口岸办部分同志到青岛海关、山东出入境检验检疫局、山东海事局等部门走访，并参观青岛航空口岸、黄岛边检站等口岸现场。

9月12日

省口岸办徐毓良与日本和歌山县代表团洽谈关于开通济南至日本关西航线的有关事宜。

青岛港成功完成了丽东项目超大型设备的接卸，其中最大件货物重量达603.8吨，高度为8.84米，长度为68.22米，为山东口岸有史以来接卸的最大单件货。

9月28日

青岛经北京至法兰克福、巴黎、洛杉矶国际航线开通。

10月12日

省口岸办于春生主任、苗俊礼副主任到青岛进行口岸信息化调研。同时召开座谈会，研究山东电子口岸建设有关问题。参加座谈会的单位有：青岛海关、山东检验检疫局、山东海事局、青岛港、海关青岛数据分中心、青岛市口岸办。

10月18—19日

山东省口岸办与中国口岸协会、青岛市口岸办联合举办的第六届全国口岸办主任联席会议在济南召开。孙守璞副省长、马越男副秘书长到会祝贺。孙省长在会上致欢迎词。海关总署口岸规划办、中口协领导到会并讲话。全国除广西、西藏、天津、甘肃口岸办请假外，共计130余人参加了会议。山东、上海、福建等省市在会上作了发言，广东、大连等省市作了书面发言。会后通过了会议纪要。会后，会议代表参观考察了济南泉水、东部沿海口岸和齐鲁文化等项目。这次会议的组织、内容、会务等各方面得到与会代表的一致好评。

10月25—28日

省口岸办于春生主任到烟台、蓬莱、龙口、威海、石岛、龙眼等口岸进行工作调研。

11月2—11日

按照孙守璞副省长的意见，省口岸办于春生主任带队到广东、福建、上海、深圳、珠海等省市的8个口岸考察学习。通过考察，进一步解放了思想，更新了观念，增强了加快山东口岸发展的责任感和紧迫感。

11月15日

青岛空港口岸出入境旅客达到100万人次。

11月22—23日

海关总署等12部委在宁波联合召开全国地方电子口岸建设现场会，孙守璞副省长参加会议并在大会上发言。省口岸办于春生主任同时参会。

12月9日

省政府办公厅、省经贸委就省口岸办公室划归办公厅召开交接会议。省政府副秘书长、省政府办公厅党组副书记、办公厅主任王庆新主持会议。省政府秘书长、省政府办公厅党组书记刘宗元、省经贸委主任李书绅出席交接会议并讲话。即日起，省口岸办公室人、财、物整建制划归办公厅。

12月20日

第八次全省口岸共建评比小组会议在济南珍珠泉宾馆召开。省口岸办、文明办、纠风办和青岛海关、山东检验检疫、省边防总队、山东海事局等考评小组成员单位参加了会议。会议按照“条块结合”的原则，对各口岸推荐上报的文明口岸、口岸共建先进单位、集体、个人和文明示范窗口名单进行了评审。最后确定文明口岸 10 个，先进单位 87 个，先进集体 26 个，先进个人 60 名，文明示范窗口 17 个。由省口岸办、文明办、纠风办联合进行表彰。

12 月 26 日

韩寓群省长主持召开第 61 次省政府常务会议，听取了省口岸办关于全国地方电子口岸建设现场会精神及山东省贯彻意见的汇报。会议强调，山东是沿海经济大省、口岸大省，随着外贸进出口的快速增长，进一步加快山东电子口岸建设势在必行。各级各有关部门要充分认识建设电子口岸的重要意义，按照全国会议的要求，进一步加强领导，密切配合，加大支持力度，尽快把山东电子口岸建设成为大通关统一信息平台。会议原则同意省口岸办汇报意见，确定：1. 同意成立山东电子口岸建设领导小组，负责全省电子口岸建设的统一领导、总体规划、资源配置和组织协调等工作。分管副省长孙守璞同志任组长，办公室设在省口岸办。2. 同意在青岛东方口岸科技有限责任公司的基础上，组建一家股份制公司，作为山东电子口岸建设运营主体。省财政支持资金以入股形式投入。

青岛港累计完成货物吞吐量 1.8 亿吨，集装箱突破 600 万标准箱。

河南口岸工作综述

【口岸工作概况】 2005年，河南省空港口岸共验放出入境飞机1026架次，其中客运飞机710架次，货运飞机316架次；验放出入境人员67194人次。口岸办会同口岸查验部门认真贯彻省领导关于加快口岸大通关建设，搭建河南省开放型经济发展的平台，打通河南省人员、货物进出境通道的指示精神，紧紧围绕省政府整体工作部署，抓住机遇，务实创新，扎实工作，使河南省口岸工作取得了新的进展。全省进出口贸易总额77.4亿美元，与上年同比增长17%；郑州海关监管全省进出口货物116万吨，监管进出口货物总值15.2亿美元、同比增长25.9%；增收“两税”8.9亿元人民币，其中关税3.1亿元人民币、代增税5.8亿元人民币；监管出入境邮递物品32.46万件。河南出入境检验检疫局检验检疫出入境货物5.1万批，货物总值39.2亿美元，同比分别增长12.8%和19.5%；检验检疫出入境动植物及其产品1.21万批，截获各类疫情疫病和有害生物25批次。河南武警边防总队坚持文明值勤，实行微笑服务，实现全年值勤无事故。郑州东站铁路货运一类口岸通关业务量逐年增多。

【口岸大通关建设取得成效】 省政府口岸办与北京、天津、河北、山西、陕西、四川、甘肃、新疆、内蒙等10个省区的有关单位签订了区域性合作意向书；11月14日郑州海关与天津海关在郑州签订了《海运区域通关改革试点业务合作备忘录》，河南省副省长史济春出席签字仪式并作了讲话，口岸办薛云伟主任及河南省60多家大中型企业代表等人参加了签字仪式。备忘录的签订，将使河南省进出口企业可以在本地就近办理在天津港进出口货物的报关手续，方便了企业，降低了企业成本；12月8日郑州海关与首都机场海关签署了《空运国际直单进出口转关货物联系配合办法》；河南出入境检验检疫局积极申请，使郑州获得批准成为鲜活海产品（龙虾、螃蟹）进口口岸；郑州海关、河南出入境检验检疫局联合签署了《关于建立管检合作机制实施意见》，实施了“一单两报”、“一机两屏”等新的通关模式；口岸联检单位实施24小时通关制度，为出入境旅客和进出口企业提供方便。河南武警边防总队简化通关手续，完善通关措施，方便旅客进出郑州口岸。

【开辟国际客运航线实现零的突破】 全年新开辟国际航线5条。截至目前除郑州-香港每周6班外，4月19日开通了由泰国曼谷航空公司执行的曼谷至郑州国际直飞航线，每周一班；9月20日开通了由中国南方航空公司执行的郑州-广州-新加坡、郑州-广州-悉尼的2条国际串飞航线，每周6班；9月28日开通了由中国国际航空公司执行的郑州-北京-法兰克福、郑州-北京-洛杉矶的2条国际串飞航线，每周6班。客运国际航班的开通，为河南省人员出入境架起了新的空中桥梁，河南省旅客可在郑州机场乘机往返世界主要地区。

【郑州机场全年新开辟6条国际货运航线】 郑州机场成为我国空运货物通往印度、中东、非洲区域的主要通道和主要机场之一，全年新开辟国际货运航线6条。自4月17日以来，英国MK航空公司、乌干达DAS航空公司、阿联酋联合航空公司、约旦皇家航空公司等国际航空公司先后在郑州新郑国际机场开通国际货运航班。4月17日开通了郑州-印度的德里-阿联酋的阿布扎比、郑州-

印度的孟买–阿联酋的迪拜的航线；5月18日开通了郑州–哈萨克斯坦的阿拉木图–卢森堡、郑州–阿联酋的迪拜–尼日利亚的拉各斯航线；5月27日开通郑州–印度加尔各答–约旦安曼；6月10日开通了郑州–印度的马德拉斯–阿联酋的阿布扎比、郑州–印度的马德拉斯–意大利米兰航线。货物有：移动通讯基站设备、机电设备、石油管件、摩托车整车及其配件、纺织品、日用品等货物。

【航空国际货运业务实现较快发展】 2005年郑州新郑国际机场全年共操作国际货运航班316架次，出口货物总量1.04万吨，出口货物总价值逾5亿美元。其中，在郑州出口报关的总价值近3亿美元。国际航空出口货运量在国内机场的排名为第七位（全国排名上海、广州、北京、南京、天津、郑州）。国际货运航班的开通，使得上海、北京、天津、浙江、江苏、陕西等全国十余省的国际货物在郑州集结疏散，不少国内外企业开始将郑州指定为出口交货口岸。国际货运的开通，带动了河南省相关物流产业的发展，对全省开放型经济发展起到了积极地促进作用。

【郑州东站一类货运口岸货运渠道进一步拓宽】 郑州东站铁路口岸全年共监管进出口货物量28万吨，其中进口货运量25.9万吨、出口货运量2.5万吨；监管进出口集装箱11502个，其中进口箱10113个、出口箱1389个。为使郑州东站一类货运口岸货运渠道进一步拓宽，经与青岛、连云港等方面磋商，经铁道部批准，于2005年6月24日开通了郑州至青岛、郑州至连云港的“五定”班列，每周两班。“五定”为：定时、定点、定线、定车次、定发到站；郑州东站一类货运口岸海关监管区引进安装了青岛港口码头管理先进的计算机软件，实现了排箱、调箱立体化、电子化管理，提高了监管区的使用率，对进口河南的大宗商品实现了到达地口岸验放，为进出口企业提供了方便，提高了通关效率，降低了企业成本。

【召开南阳口岸工作座谈会】 5月10日，南阳市政府在南阳召开了南阳口岸工作座谈会。会议总结了近年来南阳的口岸工作，并针对南阳的具体情况，分析讨论安排了下一步的工作。与会人员认为，加强各部门的沟通与协作，构建国际物流平台是推动南阳对外开放步伐的有效途径。省口岸办、河南公路港务局、南阳市政府、南阳海关等有关负责同志及南阳市23家重点进出口企业负责同志参加了会议。

【电子口岸筹建工作】 12月30日，李成玉省长主持召开常务会议，在会上，李成玉省长和有关省领导听取了省口岸办关于宁波全国地方电子口岸建设现场会议精神及河南省贯彻意见的汇报。会议对建设电子口岸，提高通关效率、加强海关监管、促进对外贸易给予了充分肯定，并研究确定了河南省电子口岸的发展方向及省财政支持的决定。

（孙庆慧）

河南口岸查验单位工作综述

郑州海关

【概述】 2005年，在海关总署和河南省委、省政府的正确领导和大力支持下，郑州海关以邓小平理论和“三个代表”重要思想为指导，树立和落实科学发展观，认真贯彻十六大和十六届三中、四中、五中全会精神，按照海关工作16字方针和队伍建设12字要求，以人为本，大力加强海关队伍建设，进一步深化业务改革，实施科技强关和管理创新，切实提高海关管理水平和通关效率，为维护进出口秩序、促进河南的对外开放和外向型经济发展作出了积极贡献。

【海关监管】 2005年，郑州海关创新监管手段，增强海关监管的针对性。紧密围绕“更新监管理念，创新查验机制，夯实业务基础，强化职能管理”的思路，创造性地开展工作。据海关统计，2005年，河南省实现进出口总值77.37亿美元，与上年相比（下同）增长17.0%，再创新的历史纪录。其中，进口值26.35亿美元，增长8.1%；出口值51.02亿美元，增长22.2%。河南口岸进出口货运量116.2万吨，增长23.3%。其中进口101.2万吨，增长6.1%，出口15万吨，增长56.7%。进出口货运量总值15.2亿美元，增长25.9%，其中进口10亿美元，增长1.1%，出口5.2亿美元，增长138.9%。河南口岸进出境航班1005架次，增长53.9%，进出境人员6.74万人次，增长5.5%。

【税收征管】 2005年，郑州海关坚持依法治税、综合治税，采取有力措施，狠抓税收征管工作，不断提高税收征管水平：开展年初税收调研、年中税源回访和年底税收检查，准确、及时掌握关区税收动态；进一步划清海关归类、审价的部门职责分工，加强海关估价、归类、原产地和减免税管理；完善归类、审价、化验等规章制度，使税收征管工作有章可循；加强对调研商品的分析、监控，加大对各分关、办事处的业务指导。全年关区税收实际入库8.88亿元，完成全年税收计划的114%，增长30.4%，其中关税3.11亿元，增长42%；代征税5.76亿元，增长25%。认真执行国家政策，办理减免税业务，共审批减免税款13.30亿元。

【海关缉私】 2005年，郑州海关坚持“以打促税”的工作方针，重点打击价格瞒骗走私、货运渠道走私、加工贸易渠道走私案件，利用“6·26世界禁毒日”布展宣传，积极开展毒品及其他非涉税案件的侦查，开展打击光盘、毒品走私专项行动。6月2日，河南省打击走私综合治理工作会议在郑州召开，省政府副秘书长、打私办主任王春生作了题为《理清思路，强化基础，突出重点，全面推进我省打击走私综合治理工作》的会议主题报告。年内，郑州海关共立案走私普通货物犯罪案件3起、案值3296万元，立案走私文物案件1起，立案违规案件37起、案值53093万元；办理结案32起，案值12597万元，罚款执行入库94万元；协助兄弟海关办理案件69起，抓获犯罪嫌疑人2名，查扣涉嫌汽车4辆。

【海关统计】 2005年，郑州海关加强统计分析，拓展统计服务领域，以加强业务基础建设、提升统计预警监测能力为重点，采取措施，大力提高统计服务能力。落实岗位责任制，实施量化管理；狠抓数据质量与安全，确保上报数据零差错；重点开展专题分析，提高服务水平；强化风险意识，稳步推进统计咨询。在H2000向H883切换中，专门编制程序，提前介入切换，取得了准确可靠数据。开展统计执法评估，对海关主要行政执法活动进行动态监测分析，查找各项业务环节潜在风险。与地方政府部门建立定期联席会议制度，拓宽信息沟通渠道；实施跨部门、跨关区联合调研。年内审核报关单近2万张，撰写统计分析、统计信息100多条，较好服务领导决策，受到广泛好评。

【加工贸易及保税监管】 2005年，郑州海关加强加工贸易和保税监管，积极引导关区加工贸易转型升级。以内销补税审价职能调整为契机，认真贯彻落实全国海关综合治税会议精神，在实现对加工贸易的监管由合同管理为主向企业管理为主、由纸质手册管理为主向电子账册管理为主转变的同时，大力推进加工贸易管理模式改革，在河南省商务厅、省国税局等有关部门的大力配合下，本着“成熟一个，发展一个”的原则，积极推行加工贸易联网监管试点工作，扩大联网监管企业范围，经上报海关总署批准同意，对风神轮胎股份有限公司、南阳利达光电有限责任公司和洛阳铜加工集团有限公司3家企业实施联网监管试点，于2006年1月1日正式实施，关区内联网监管企业达5家。2005年郑州海关备案的加工贸易按期报核率、核销结案率达到100%，关区加工贸易管理跨入了全国海关先进行列。

【积极联系做好开辟国际客、货运航线工作】 2005年，郑州海关认真贯彻落实省长办公会关于开辟国际客、货运航线，加快发展航空物流园区建设的有关精神，积极主动，协调白云机场海关、首都机场海关和南航、国航等部门，以航班代码共享方式，开通了郑州—广州—新加坡、郑州—广州—悉尼、郑州—北京—法兰克福、郑州—北京—洛杉矶4条串飞航线，使河南第一次拥有了以航班代码共享方式的国际航班。

【货运包机业务顺利开展】 自4月17日，林德国际运输有限公司在郑州新郑机场正式开通国际货运出口包机业务以来，该公司共执行出口货物包机158架次，搭载出口货物22.324万件，10877.73吨，货值5.883亿美元。出口包机工作的顺利开展，充分体现出河南口岸交通便利、服务质量高等特点。纵观货运包机的发展情况，包机货物在机场口岸的货运量以每月15%的速度递增，货物的价值每月都会出现新的高峰，先从4月份的服装类货物，逐渐向11、12月份的高新尖端产品、IT产品发展，这说明郑州新郑国际机场正逐渐向高新尖端产品的货运口岸迈进，提升了郑州新郑国际机场的品位及地位，为郑州新郑国际机场成为全国IT产品物流集散地奠定了基础，有效的支持了郑州新郑国际机场的航空物流园区的发展。

【风险管理工作】 全面推进以建立健全风险管理机制为中心环节的现代海关制度第二步发展战略，认真整合信息、科技、人力、财力资源，提高关区管理的科学化、集约化水平。全面实施风险管理，努力建立“层层职责明确、业务配合协调、信息数据共享、判别处置有效”的风险管理运作模式和有统一数据库、统一管理平台、若干分析系统构成的风险管理大系统；以风险平台为依托，以信息为先导，建立健全风险管理组织机构，修订制度，加强联系配合，完善运行机制，做好平台升级及数据监控；围绕综合治税，做好专题分析，加强预定式和预警式风险布控，提高了通关时效，降低了查验率，增强了监管的针对性和有效性。

【加强电子口岸建设，完善快速通关机制】 2005年，郑州海关认真贯彻吴仪副总理就电子口岸建设作出的重要批示，高度重视地方电子口岸建设工作，把推动地方电子口岸建设作为海关工作的一项重点。坚持“以服务为宗旨、以促进为目的、以需求为导向、以合作促发展”的指导思想，坚持“不牟利，不封闭，不干预”的“三不”原则，实行“一把手”负责制，明确职能部门，做到组织到位、责任到人，确保推动电子口岸建设的各项工作落到实处。主要做好了在电子口岸平台上实施网上税费支付系统、加工贸易联网监管系统、QUICKPASS通关系统和河南电子口岸虚拟系统等4个项目的推广应用工作。

截至12月31日，中国电子口岸数据中心、郑州海关已相继与河南地区的7家银行、24家进出口企业签署了网上支付协议。2005 年全年，郑州海关通过电子口岸“网上支付”系统共征收税款 4569 笔，合计 2.8 亿元，占关区同期人库税款的 32%。

(周首义　彭凌冬　李小伟)

2005 年郑州关区主要业务统计

业务指标		计量单位	2005 年	2004 年	同比 ± %
货运量		万吨	116.2	105.0	10.7
其中	进口	万吨	101.2	95.5	6.1
	出口	万吨	15.0	9.5	56.7
货值		万美元	151993	120734	25.9
其中	进口	万美元	100049	98994	1.1
	出口	万美元	51944	21740	138.9
海关税收		万元	88764	68054	30.4
其中	关税	万元	31137	21964	41.8
	代征税	万元	57627	46090	25.0
审批减免税		万元	133019	165815	–19.8
统计报关单		份	18701	14652	27.6
监管集装箱		箱次	16347	14398	13.5
集装箱载货量		万吨	24.4	22.1	10.6
监管火车		节	6130	5686	7.8
监管飞机		架次	1005	653	53.9
监管进出境人员		人次	67379	63841	5.5
备案加工贸易合同数		份	1185	1125	5.3
加工合同备案金额		万美元	144922	109207	32.7

（续表）

业务指标	计量单位	2005 年	2004 年	同比 ± %
缉私局立案走私罪案件	件	3	3	0.0
缉私局立案走私罪案值	万元	3296	4391	–24.9
缉私局结案走私罪案件	件	5	2	150.0
缉私局结案走私罪案值	万元	6154	1552	296.5
缉私局立案违规案件	件	37	11	236.4
缉私局立案违规案值	万元	53093	2797	1798.2
缉私局结案违规案件	件	27	14	92.9
缉私局结案违规案值	万元	6443	3542	81.9
罚没收入	万元	94	247	–61.9
内销补税	万元	5762	1348	327.4

河南省公安边防总队

2005 年，河南省边防总队坚持以开展争创“执法为民窗口”、争当“执法为民标兵”（以下简称“双争”）活动为契机，服务经济建设，规范文明执勤，严格公正执法，共检查出入境人员 67194 人次，检查飞机 1026 架次，查获在控对象 1 人，查处手续不符 28 人次，圆满地完成了出入境边防检查任务。

【强化大局意识，文明热情服务】 总队始终把服务地方经济建设和河南对外开放放在首位，坚持为出入境旅客提供便捷服务，为地方经济建设提供优先服务，为旅游发展提供主动服务，为口岸建设提供信息服务。积极开展了执法为民专题教育，正确处理了管理与服务的关系，强化了官兵的大局意识、服务意识和主动作为意识，使执法为民思想进一步转化为官兵的自觉行动。注重在丰富服务内容、拓展服务层次上下功夫，在执勤现场设立了“咨询服务台”，成立了流动服务小组，设立了温馨提示牌，为老弱病残旅客提供便捷服务。定期向旅游部门宣传新的边防检查政策规定，对旅游团队实行了预报预检制度，开设团队专用通道，加快了旅游团队的验放速度。在省内组织大型经贸活动时，总队坚持主动上门，提前部署，简化查验程序，提供一站式的优质高效服务。执勤工作中做到了“四情、五心”，即对待旅客用“四情”：亲情，友情，热情，感情；服务旅客用“五心”：对待旅客用爱心、帮助旅客用真心、解疑答惑用耐心、主动服务用热心、便民利民用诚心，使出入境旅客切实感到老有所优、病有所顾、残有所助、难有所帮，增进了与旅客的感情，取得群众的充分信任。尤其是全力支持了郑州国际空港口岸货运包机发展业务，实行了 24 小时值班备勤、预约式和全天候服务，保证了货运包机随到随检，通关方便快捷，服务优质高效。史济春副省长批示：

"省边防总队上半年工作表现出色，特别是在货运国际航线开通，任务大幅度增加的情况下，做到随报随到随检，做到严格执法，文明执勤，严把国门，为河南省对外开放做出了突出贡献。望继续努力做好工作，为打造郑州货运国际空港做出新的贡献。"

【扎实开展"双争"活动，擦亮中原改革开放的窗口】 总队深入贯彻"双争"活动精神，立足河南实际，及时调整工作重心，确立了主动服务于地方经济建设，在服务大局上找地位、在优质高效上树形象的工作思路。坚持从规范文明执勤、主动热情服务、提高通关速度和增进与群众的感情等方面着手，完善了《河南边防总队文明服务二十条措施》，拓宽了服务层次渠道，落实了亲民、便民、为民服务措施。通过" 走出去访问，请进来座谈，现场问卷调查，上街宣传咨询、完善接访机制"等形式，主动征求了地方政府、企业和出入境旅客对边防检查工作的建议和意见，并及时进行了整改完善。执勤官兵精神饱满、姿态端正、行为规范、语言文明、执法公正、服务热情，受到了地方党委、政府和出入境旅客的一致好评，以实际行动擦亮了中原改革开放的"窗口"。

【加强查控工作，确保口岸安全稳定】 总队坚持安全形势教育分析，认真落实了《查控工作规范》，严格了工作程序。加强了查控档案资料管理，对查控文件管理做到了专人、专车、专管。认真坚持了查控名单定期核查制度，加强了出入境卡片填写培训和录入核对，提高了查控工作的准确性。完善了《处置口岸突发公共安全事件预案》，并进行了有针对性的演练，确保了查控工作安全、准确、及时，确保了河南口岸安全稳定。

【认真落实《勤务检查规范》，确保执勤规范文明】 为贯彻落实新《出入境边防检查勤务规范》，总队组织开展了规范化执勤执法研讨会，编撰了《现场执勤执法工作资料片》，现场示范教学，分析形势，查摆问题，增强了落实《规范》的自觉性。在执勤工作中坚持以《规范》为标尺，严密勤务组织，规范文明执勤，做到了"十个坚持"，即：坚持列队上下勤；坚持勤前警容风纪检查；坚持提前 30 分钟到达现场；坚持处理一般勤务问题不超过 30 分钟；坚持每名旅客检查时间不超过 45 秒；坚持电脑排班；坚持勤前布置、勤后讲评；坚持统一验盖验讫章；坚持集体出入验证台；坚持佩证上岗，创造了畅通有序的通关环境，受到了出入境旅客的一致好评。

【加强法制建设，确保执法公正文明】 总队开展了"规范执法行为，促进执法公正"专项整顿活动，重点查摆了执勤执法工作中存在的指导思想不端正、政治敏锐性不强、工作责任感不强等问题，结合自身实际和兄弟单位的执法情况，加强了行政执法培训和法制研究，注重在行政法律文书的规范化应用上下功夫，为执法办案做到"三个准确"、"四个规范"，打下了坚实基础。

【狠抓业务培训，提高官兵的综合素质】 制发了《业务学习计划》，明确了培训重点和责任目标，坚持分类施教、整体推进，在培养业务尖子和执法骨干培训上取得了一定突破。坚持走出去、请进来，通过开展岗位练兵、实用执勤技能培训和伪假证件讲座等形式，提高了一线人员的执勤执法水平能力。邀请省旅游集团对检查员进行了国外地理知识、风土人情讲座，举办了团队旅游检查程序研讨，提高了一线检查人员的综合业务素质。为基层配备了取证设备，使其在样本采集、证件鉴别、调查取证等方面充分发挥了效能，提高了打击非法出入境活动的力度。

（姜海峰）

河南出入境检验检疫局

【概况】 2005年，河南出入境检验检疫局围绕“促进中部地区崛起”的战略目标，进一步落实国家质检总局和河南省人民政府签署的《关于促进河南重点农产品出口合作备忘录》的要求，在维护国家经济安全，应对突发事件，保护人民生命健康，实施大通关工程，促进河南扩大出口，严格进出口商品质量把关以及实施科技兴检等方面做了卓有成效的工作。

全年共检验检疫出入境货物50764批次，货值391882万美元，分别比上年增长12.75%和23.23%，其中出境货物41682批次，货值275821万美元，分别增长13.93%和33.68%；入境货物9082批次，货值116062万美元，分别增长7.063%和3.93%。全年检出进出口商品不合格商品354批，增加20.82%，批次不合格率为0.69%，不合格商品货值1665万元，减少8.97%，货值不合格率为0.42%；监测体检出入境人员12885人次，增长2.19%，其中：出境人员11633人次；入境人员1252人次。监测体检中发现病例2752人次，其中出境人员2476人次；入境人员276人次。对出入境人员实施艾滋病监测12749人次，增长13.08%。其中：出境人员11537人次；入境人员1212人次。对出境人员实施预防接种27820人次，减少2.51%。检疫出入境飞机1028架，其中出境514架；入境514架。进行卫生除害处理415架。检疫出境火车275节。检疫出入境集装箱11580标箱，其中出境42标箱；入境11538标箱。全省出口商品包装鉴定3103批，数量887万件，比上年同期减少28.02%和34.3%，其中一般包装性能鉴定772批次，数量590万件；危险货物包装性能鉴定1106批次，数量216万件；危险货物包装使用鉴定1225批次，数量81万件。出境货物木质包装监督5082批次，数量43.4万件。进境货物木质包装监督4282批次，数量21.2万件，涉及货值50923万美元。在植物检疫、进境木质包装检疫方面，共截获植物危险性有害生物19种，总截获次数达25次 (其中货检18次、旅检7次)，截获疫情的货物23批次。

【进境商品监管】 2005年，河南出入境检验检疫局针对复杂高危的疫情疫病态势和频繁出现的国外技术性贸易壁垒和总局频发风险警示通报的形势，切实加强了重点、难点和敏感业务的执法把关工作，提高了问题检出率。全年共检出不合格进口商品197批次、货值929万美元。截获各类疫情398批次，其中传染病疫情375批次、植物疫情23批次。截获国家二类检疫对象3种，检出HIV携带者2例。在检疫查验出入境飞机1028架次中发现和检出问题16架次。对河南某航空食品有限公司航空配餐多次检出微生物项目超标情况进行了通报批评并监督其完成整改。禁止6批次、175万美元的不合格进口旧机电产品进入国门。查出GE公司生产的B超存在安全隐患，及时报告总局，对该公司B超在全国采取了风险预警措施，迫使GE公司对全国所有存在问题的B超进行技术整改。会同技术监督部门开展了进口肉类产品清理和肉品冷库专项检查，对400千克非法进口肉类予以销毁处理。严格进境商品监管处罚力度。对新乡某皮革有限公司违法进口羊皮、某物流有限公对河南某运动器材有限公司逃检行为处以5000元罚款。检出白马集团进口美国的27包、2000千克严重霉变棉花。突出抓了安钢、安玻、中铝国际有限公司70万吨氧化铝扩建项目等重点进口项目的检验监管和服务工作，实施全程跟踪，有效把关，对外出证索赔300多万美元。

司私自套印、变造《入境货物通关单》进行了立案调查，分别给予罚款5000-10000的行政处罚。

【出口商品监管】 2005年，河南出入境检验检疫局共检出出境不合格商品157批，货值736万美元；检出有问题的出境食品39批次，货值63万美元。把住了出口质量关，维护了河南出口商品质量信誉。

重点是从源头抓质量，落实产品质量准入制度。对全省卫生注册登记企业清理整顿，取消18家企业注册资格，责令20多家企业限期整改。注销了不符合要求的20家猪、牛场供港资格。开展了出口日用陶瓷质量许可及输美日用陶瓷认证企业“拉网检查”，暂停了5家企业出口报检，注销3个企业许可证。对全省进境皮张定点加工企业进行了集中检查，注销了3家未达标企业定点加工资格。

【加大实施大通关工程的力度】 2005年，大通关工作取得了显著成效：一是促使新飞出口家用电冰箱、北方易初出口摩托车一次通过国家质检总局的免检审查，使上述两家企业顺利获得“出口免验”称号，位居中西部省份首位，大大提高了企业通关速度，降低了企业出口成本；二是积极筹备开展电子监管工作，确定了首批28家实行电子监管的试点企业，监管商品类别涵盖了出口活动物、肉类、罐头、蜂蜜、家电、汽车、磨料、陶瓷等六大类20个品种。积极推进“三电工程”，2005年，全省有250家企业安装了电子报检、产地证签证企业端软件，800多家企业安装了电子密钥，为711家企业新开通了自助报检业务系统，电子转单率90%，局本部电子申报率100%；三是加强了关检协作。积极落实《关检合作备忘录》，双方签订了建立关检合作机制实施意见，在推进口岸电子执法系统建设、建立关检协同执法机制、信息沟通等方面相互支持配合。2005年，在郑州空港国际通道上，关检“一机两屏’’正式启动，双方现场查验时互通信息，互相交流，加快了口岸通关速度；四是创新检验监管模式，积极推行风险分析和分类管理。实施分类管理企业共219家，其中一类61家，二类158家。13家企业获准实施检验检疫绿色通道制度。全省出口食品企业全部实行了质量承诺制，建立了“优良企业名单”和“黑名单”制度。

【为扩大河南出口服务】 2005年，河南检出入境检验检疫局重点抓紧抓好《促进河南重点农产品出口合作备忘录》的贯彻落实工作。全年全省共出口农产品11000批，货值4.51亿美元。

在促进河南农产品出口方面，一是积极发现和培育农产品生产加工龙头企业，先后指导帮助淇县众发肉羊、信阳卢氏茶叶等21家农产品加工企业通过出口食品卫生注册，使河南省出口食品卫生注册企业达到215家。加大服务力度，使河南三黄鸡、羊肉等多种农产品实现了出口零的突破；漯河出入境检验检疫局在猪链球菌疫情爆发后，及时向市政府汇报争取支持，加强防疫工作，顺利出口猪肉1275吨，巩固了“漯河冻肉”在港澳市场的地位。二是积极开展对外注册，向美国、加拿大、欧盟等国家和地区推荐对外注册企业18家次，新增11家次，全省对外注册企业达到了69家，居中西部省份首位。帮助华英、大用、永达企业全部通过韩国热加工禽肉注册。三是继续建立健全疫病防治体系、药物残留监控体系和卫生质量体系和企业“三级兽医体系”，加强了企业实验室人员的培训，提高了企业自检能力。四是加强了基地备案建设。对11家供宰动物饲养场进行了考核备案。2005年，河南出入境检验检疫局共备案各类供宰动物养殖场516家，保证了河南出口肉类及其产品的原料需求。备案蔬菜基地5万亩，国外注册水果基地1.5万亩。

在促进河南机电产品出口方面，一是加强了标准化建设。继续抓紧建立健全标准题录管理系统和标准数据库，使可查询标准题录近40万条。及时把搜集到的美国、欧盟、日本和一些新兴市场的技术法规、标准信息提供给机电产品出口企业，促进、帮扶大阳摩托车发动机首次批量出口日本、宇通客车稳占古巴市场，首次实现出口美国等等。2005年，汽车已经成为全省第一大出口机电产品，全年出口汽车109批、9417万美元，同比增长12倍。二是积极开展原产地标记保护、普惠制、质量认证等扶优扶强工作。截至2005年，全省有45个地理标志产品，15个原产国标记产品，共计60个原产地标记产品获准注册保护，位居全国第二。推荐10个地理标志产品加入了国际地理标志网络组织，占全国的1/3。全年共签发普惠制原产地证书19139份，同比增长11%；签发区域性优惠原产地证书977份。两类证书签证金额达12.4亿美元，为全省企业减免关税约1亿美元。发挥信息、技术、人才等优势，帮助企业开辟出口新领域。据不完全统计，全年新开验商品近百种。全年完成IS09000、ISO14000、HACCP等认证262家，2005年的认证总数达到1469家。

【积极应对突发事件】 2005年，面对国内外市场上发生的高致病性禽流感、猪链球菌、苏丹红等一系列突发事件，河南出入境检验检疫局迅速掌握事件动态，全面强化应对措施，对辖区内的敏感商品加强了检验检疫，保证了全省食品实现安全出口。在高致病性禽流感严峻的防控形势下，河南出入境检验检疫局在全国质检系统第一个出具了得到日本官方认可的“输日熟制禽肉产品苏丹红合格证明”，为河南省出口熟制禽肉提供了技术保障，2005年，全省出口熟制禽肉1.7万吨，4741万美元，同比增长分别为50%和75%。积极稳妥处理了河南省猪肉供港遭禁事件。2004年7月，由于深、港媒体有关河南内销深圳的活猪可能感染猪链球菌病的不实报道，导致香港政府停止了河南冻猪肉供港，以至引起很大的反响和震动。河南出入境检验检疫局闻讯后，迅速摸清事实、把握事态，商请国家质检总局与香港政府进行磋商和交涉，在较短时间内实现了河南猪肉恢复供港，省政府，史济春副省长专门作出批示：“河南检验检疫局维护了河南形象，减少了经济损失，为河南经济发展做出了新的贡献。”

【科技兴检】 2005年，河南出入境检验检疫局科技兴检力度进一步加大，科技管理工作更加制度化、规范化、程度化。一是科研项目取得新突破。共申报科研项目13项，“进出口棉花贸易中关键检测指标的研究”等外项课题获得国家质检总局立项，1项获得国家认监委立项，2项获得省科技厅立项；二是加大了省局技术中心、国际旅行卫生保健中心的仪器设备投入，提高了重点实验室的装备水平。技术中心、国际旅行卫生保健中心实验室顺利通过CNAL认证、计量认证和IS09000“三证”审核，实验室管理检测水平明显提高；三是加强了省局与分支局实验室的配合联动，整合了资源、更新设备集中招标采购微机和调节器配计算机294台，满足了省局所属分支机构的检验检疫业务工作需要；四是加强了信息化建设。完成了全省检验检疫系统广域网的优化改造任务，广域网的带宽、效率、业务、安全性等多方面得到提升。使各分支局到省局的网络宽带由原来的1M提高到3M，省局到总局的线路连接由原来的128K提高到2M主干线路+128K备份，推进新版OA系统河南出入境检验检疫局办公自动化水平迅速提升，成为全国检验检疫系统率先实现省局与分支局同步启用新版OA的直属局之一，2005年河南出入境检验检疫局收发文基本实现了无纸化运作。

【信息宣传工作】 全年上报的信息有23条被国家质检总局和有10条被省政府《河南省政府工作快报》采用。局政务信息受到了国家质检总局和省政府领导的高度重视。河南出入境检验检疫局报送的《河南检验检疫局严肃查处输欧花生质量问题有关责任人员》的政务信息，引起国家质检总局领导和食品安全局的高度重视。国家质检总局局长李长江、党组书记李传卿、纪检组长郭汝斌分别圈阅。葛志荣副局长作出重要批示："河南局抓执法工作质量动真的、来实的，从严治检。请食品局、监察局阅研"。

史济春副省长在省政府《重要情况专报》刊登的政务信息《我省猪肉今日恢复供港，河南检验检疫局全力确保河南输港猪肉安全无疫》上作出重要批示："建安局长：领导重视，信息灵通，沟通及时，争取支持，措施得力，效果理想，维护了河南形象，减少了经济损失，检验检疫局的全体职工为此而付出了大量心血，我衷心的感谢你们，望继续努力，为我省经济发展做出新的贡献"。

（胡清俊）

河南口岸大事记

1月11日

河南省郑州新郑国际机场管理有限公司与泰国曼谷航空公司签订合作协议。就开辟曼谷-郑州-西安-曼谷正班航线相关事宜达成共识。

3月15日

省政府豫政文〔2005〕25号文批准建立焦作铁路公路（二类）口岸。

4月17日

郑州—印度的德里—阿联酋的阿布扎比、郑州—印度的孟买—阿联酋的迪拜的货运航线开通。

4月19日

由泰国曼谷航空公司执行的曼谷至郑州国际直飞客运航线开通、每周一班。

4月26日

省政府口岸办召集郑州市政府、郑州海关、河南检验检疫局、河南公安边防总队、省商务厅、新郑机场管理公司等单位负责人，就大力发展郑州航空口岸国际货运、构建郑州国际航空物流园区进行了讨论。与会人员认为：通过开通国际货运航班，进而搭建郑州国际航空物流园，将逐步使郑州成为连接国际、沟通国内、辐射周边的物资交换平台。

5月10日

南阳市政府在南阳召开了南阳口岸工作座谈会。会议总结了近年来南阳的口岸工作，并针对南阳的具体情况，分析讨论南阳口岸发展工作。与会人员认为，加强各部门的沟通与协作，构建国际物流平台是推动南阳对外开放步伐的有效途径。省口岸办、河南公路港务局、南阳市政府有关负责同志及南阳市23家重点进出口企业负责同志参加了会议。

5月18日

郑州—哈萨克斯坦的阿拉木图—卢森堡、郑州—阿联酋的迪拜—尼日利亚的拉各斯的货运航线开通。

5月27日

郑州—印度加尔各答、郑州—约旦安曼的货运航线开通。

6月10日

郑州—印度的马德拉斯—阿联酋的阿布扎比、郑州-印度的德里的航线、郑州-意大利米兰的货运航线开通。国际货运货物有：移动通讯基站设备、机电设备、石油管件、摩托车整车及其配件、纺织品、日用品等货物。货运目的地分别是印度的马德拉斯、德里、孟买，阿联酋的阿布扎比、迪拜，哈萨克斯坦的阿拉木图，尼日利亚的拉各斯，以及卢森堡、米兰等国家与地区。

6月15日—17日

北京林德国际运输代理有限公司在河南注册的第一家企业法人公司-东方中天（河南）航空服务有限公司成立，国际货运航班业务开始在本地纳税，并已在郑州招募新员工130余人。

6月24日

召开郑州至青岛、连云港国际集装箱班列新闻发布会。会上对班列开通和各项通关政策、便捷措施、运输计划安排费用、收费标准、服务承诺进行了公布。口岸联检有关单位负责人及有关企业、新闻单位等50多人参加了会议。

6月28日

以省口岸办副主任张宝元为团长、口岸查验单位、省有关新闻单位等一行20多人对泰国航空业、旅游业进行了为期6天的考察。

6月29日

史济春副省长会见达时航空公司董事长。乌干达达时航空公司董事长JOE ROY一行三人对郑州进行了考察，了解河南省国际航空物流发展情况，共同研究“将郑州建设成为中国乃至亚洲的西行航线门户站点”项目。

8月10日

薛云伟主任与省旅游局、郑州新郑国际机场公司等一行4人赴香港、新加坡等地与香港港龙航空公司、新加坡航空公司协商开通航线事宜。

8月25—28日

应李成玉省长邀请，尼日利亚商务部部长伊德里斯.瓦齐里及尼日利亚驻华大使等一行14人来豫进行了为期4天的访问。期间与河南郑州出口加工区签订了加强合作建立尼日利亚加工园协议、与河南省政府签订了加强合作的备忘录等多项合作协议。口岸办负责接待。李成玉省长、史济春副省长会见并宴请了代表团全体成员，薛云伟主任全体陪同代表团在豫期间考察活动。

9月5日

史济春副省长主持召开省长办公会，专题研究郑州航空口岸国际货运包机运营问题。省政府口岸办、郑州海关、河南出入境检验检疫局、河南公安边防总队、河南省郑州新政国际机场管理有限公司、中国民航郑州空中交通管理中心、华南蓝天航空油料公司河南分公司，郑州市政府等单位负责同志参加了会议。史济春副省长对开通国际货运航班进展工作做了充分肯定，并对下一步工作进行了安排和部署。

9月6日

省长李成玉、副省长王菊梅带领省发改委、商务厅、财政厅、信息产业厅、卫生厅、省政府发展研究中心等省直有关厅局到河南省出口加工区检查工作，并主持召开省长办公会议，研究加工区发展问题。郑州市市长王文超等市有关领导、局委参加了会议。

9月12日

德国帕希姆机场总裁斯密特先生访问郑州新郑国际机场，谋求同河南省发展互利合作关系，培育双向对飞货运航线。省口岸办、旅游局、机场公司、郑州市政府有关负责人陪同考察介绍情况，并初步达成合作意向。

9月20日

由中国南方航空公司执行的郑州—广州—新加坡、郑州—广州—悉尼的2条国际串飞客运航线开通、每周6班。

9月28日

由中国国际航空公司执行的郑州—北京—法兰克福、郑州—北京—洛杉矶的2条国际串飞客运航线开通，每周6班。客运国际航班的开通，为河南省人员出入境架起了新的空中桥梁，河南省旅客可在郑州机场乘机往返世界主要地区。

10月14日

贾连朝副省长主持召开发展国际航线座谈会，口岸查验单位、省直有关厅局、有关航空公司、各市旅游局、国际旅行社负责同志参加了会议。贾连朝副省长充分肯定了开辟国际航线的成绩，并指出河南的国际航线必将为河南的中原崛起发挥应有的作用。

10月29日

安东诺夫航空公司AN-124全货机抵达郑州新郑国机场，成为由郑州至德国的第一架直达全货机。此机载货重量为120吨，机舱容量800立方，弥补了中小型货机对货物尺寸限制的不足。郑州新郑国机场由此成为具备全球最大型货机操作能力和操作经验的国际机场之一。

11月14日

天津海关与郑州海关在郑州签订了《海运区域通关改革试点业务合作备忘录》，并与天津市口岸办、天津港一起联合举行了天津口岸通关便捷政策宣讲会。备忘录的签订，将使河南省进出口企业可以在本地就近办理在天津港进出口货物的报关手续，降低企业成本。使企业更好地利用天津港，更好地融入环渤海湾经济板块，对拉动河南省外向型经济的快速发展起着积极作用。河南省副省长史济春出席签字仪式并作了讲话，口岸办薛云伟主任及河南省60多家大中型企业代表等人参加了签字仪式。

12月6日—8日

香港港龙航空公司、香港机场起 货站有限公司、中国国际航空公司联合考察河南省航空市场。在豫期间与口岸办、郑州机场公司等单位进行了座谈，了解河南省航空市场相关资料、数据等情况，为下一步参与郑州至香港航线进行实地考察。

12月8日

郑州海关与首都机场海关签署了《空运国际直单进出口转关货物联系配合办法》。采取当地报关、异地验放。此关务运作模式可使京豫两地空运进出口货物实现便捷、快速通关。

12月30日

李成玉省长主持召开政府常务会议，专题研究河南电子口岸建设问题。 （孙庆慧）

湖北口岸工作综述

2005年，湖北口岸工作围绕全省扩大对外开放和外贸发展目标，坚持为外经贸服务的宗旨，充分发挥湖北区位优势，交通优势，进一步完善口岸布局，实现更高层次的全方位对外开放的口岸格局；加快口岸建设，改善口岸环境，进一步提高通关效率；拓展口岸功能，增强口岸幅射能力，提高口岸运行效益；适应现代物流发展趋势，推进口岸物流建设，构筑口岸物流平台；加强口岸精神文明建设，构建依法行政、公平公正、文明服务、诚信守诺、管理规范、充满活力的和谐口岸环境，使之更好地、更加有效地为湖北外经贸发展服务。

【口岸基本情况及效益】 2005年全年，湖北省使用外资26.50亿美元，同比增长28.99%；外贸进出口90.92亿美元，较上年增长34.3%；全省口岸完成外贸货运量305.2万吨，同比增长25.1%；国际集装箱运量13.02万标箱，比上年增长37.2%。

武汉港水运口岸。1980年经国务院批准对国轮开放，1992年对外轮开放。武汉港是长江中上游最大航运枢纽，位于港区内的青山、白浒山外贸码头、杨泗港国际集装箱码头和阳逻港国际集装箱转运中心为对外开放码头，设计年吞吐能力达300多万吨。2005年，口岸外贸运量206万吨，同比增长3.5%。

黄石港水运口岸。1980年经国务院批准对国轮开放，1993年对外轮开放。黄石港外贸码头设计年吞吐能力为100万吨。2005年口岸外贸运量34.9万吨，同比增长56.1%。

武汉航空口岸。1987年经国务院批准对飞行香港的中国籍飞机开放，1997年对外国籍飞机开放。口岸开放以来，先后开通了武汉至香港、澳门地区航线，武汉至泰国曼谷、日本福冈、大阪和韩国汉城国际航线。香港港龙航空公司、澳门航空公司、大韩航空公司相继进入武汉航空市场。目前，武汉航空口岸开通有6条国际（地区）航线，每周出入境航班32班次，随着航线增多，口岸出入境旅客人数逐年增加。2001年首次突破10万人次，2002年达到16.1万人次，在全国所开放航空口岸中排名第20位。2005年出入境旅客人数11.15万人次，同比下降10.1%。

宜昌港、荆州港、襄樊、十堰和江岸车站等二类口岸自开放以来，为当地外贸进出口货物提供就地报关，就地发运，方便了外贸进出口。2005年，宜昌港口岸完成外贸运量19.81万吨，同比增长2.8%；荆州港口岸完成外贸运量20.71万吨，同比增长149.6%；襄樊铁路口岸完成外贸运量10.79万吨，同比增长58.9%；十堰铁路口岸完成外贸运量8.32万吨，增长182.8%；江岸铁路口岸完成外贸运量4.29万吨，下降20.0%。

【宜昌三峡机场对外开放获国务院批准】 三峡机场对外开放是湖北省口岸开放工作的一件大事，省领导非常重视。历时数年，省里及宜昌市政府为争取三峡机场能实现对外开放，做了大量艰苦细致的工作。2005年，三峡机场开放审理工作中编办核准口岸查验单位编制后，国家发改委根据编制数核准了口岸查验单位补贴经费，6月初海关总署上报国务院审批，7月4日国务院国函[2005]62号批准三峡机场对外开放。目前，宜昌市政府正在积极做好开放前的各项准备工作。

【积极筹备开通国际货运包机航线】 根据罗清泉省长、韩忠学副省长关于尽快开通武汉航空口岸国际货运航线的指示精神，对湖北省航空货运市场及货源情况进行了深入调研，专程赴河南、江西考察学习开行国际航空货运航线经验，提出了开通武汉——香港全货机运输航班的意见，并与东航武汉公司进行了协商，拟定了具体工作方案。10月份，东航总部领导来汉进行考察，12月初召开了部分代理业主座谈会，初步确定于2006年开通武汉——香港全货机运输航班。

【积极争取设立湖北武汉保税物流中心（B型）】 设立保税物流中心（B型），是国家继在内地设立经济开发区、开放沿江城市以及设立出口加工区之后，鼓励开放的又一重大举措，对于内陆省份来说，是一次难得的发展机遇。省政府领导高度重视争取海关总署批准在武汉东西湖区设立保税物流中心的申报工作，罗清泉省长、韩忠学副省长多次做出重要批示，省及武汉市相关部门做了大量的争取工作。商务厅根据韩省长的批示，组织武汉海关、武汉外经贸局和东西湖区等单位赴上海外高桥保税物流园区、江苏工业园保税物流中心考察学习，参加商务部举办的保税物流中心业务培训，完成设立湖北武汉保税物流中心可行性论证，并确定了具体工作方案，向海关总署进行申报。2005年，韩省长及武汉市主要领导亲自去海关总署做争取工作。罗省长亲自给吴仪副总理写信，请求支持。武汉保税物流中心（B型）规划建设面积2.6平方公里（4000亩）左右，一期建设面积740亩，其中海关监管区域占地180亩，总建筑面积5万平方米。8月份，东西湖区按海关总署要求，完成了选址、环境影响评估、地质初勘、规划方案等工作。10月24日市政工程部门（含道路、堆场、室外给热电厂水、室外电气工程）的施工单位和监理单位正式进入现场施工。土建工程部分（含1号仓库、2号仓库、检查仓库）和围网、卡口及附属工程11月份动工，计划2006年上半年，完成海关监管区域建设项目，争取第一批通过国家验收。

【积极抓好公路口岸开放】 按照罗清泉省长关于加快公路口岸建设的指示，2004年省政府批准了襄樊公路口岸对外开放，经过近一年的建设，2005年12月25日，通过验收，省政府宣布襄樊公路口岸正式对外开放。关于开放武汉公路口岸的工作，进行了大量的调查论证工作，初步确定在东西湖区与保税物流中心（B型）同步建设。

【积极推进口岸基础设施建设】 湖北口岸大都依托原有交通基础设施进行开放，设备老化、设施不配套的情况比较严重，已经不适应湖北外经贸发展的需要。近几年来，全省各口岸下大力气抓口岸基础设施建设，抓口岸规范管理，面貌有了根本性突破。2001年，江岸铁路口岸投资300万元新建外贸监管库和口岸联检楼；2003年，武汉杨泗港投资6000万元，新建口岸联检楼、扩建集装箱堆场、添置装卸设备等，使港口年吞吐能力由5万标箱提升到20–25万标箱；2004年，总投资8360万元的宜昌老港区下半段改造工程完工并通过口岸验收，集装箱年吞吐能力达到2万标箱；2004年阳逻港第一个5000吨级集装箱专用泊位建成，当年投入运营后集装箱吞吐量突破2万标箱，2005年完成8标箱。

【积极推进口岸大通关建设】 改善口岸通关环境，提高口岸通关速度和工作效率，是口岸大通关建设的根本要求。近年来，湖北口岸通过进一步健全和完善大通关工作机制，落实相关措施，及时解决影响口岸通关效率的突出问题，全力打造“文明、快捷、高效、便利”的通关环境。海关、检验检疫、边防、海事等部门服务质量和服务水平有了较大改善，省国税、外管等部门加大工作力度，推进贸易和投资的便利化，极大地提高了工作效率。目前，湖北口岸进出口货物报关报检平均作业时间，进口控制在两个工作日以内，出口在一个工作日以内，出口退税力争做到“老帐要还，新账不欠”，大通关建设取得明显成效。

【积极推进电子口岸建设】 为贯彻落实国家以信息化带动工业化和现代化的战略部署，推动现代物流业的规范发展，海关总署根据国务院《关于进一步提高口岸工作效率的通知》等文件精神，在全国推进电子口岸建设。2005 年 10 月 21 日，韩忠学副省长代表省政府同海关总署签订了《关于建设湖北电子口岸的合作备记录》，省政府成立了湖北省电子口岸建设领导小组，制定了《湖北电子口岸平台建设实施方案》，11 月 14 日召开了电子口岸建设领导小组办公室成员会议，研究下一步具体工作措施。湖北电子口岸虚拟平台已于 2005 年 12 月初搭建成功，并已上线运作。

【加强口岸精神文明建设】 2005 年是口岸精神文明建设评比年，一年来，湖北口岸精神文明建设，以邓小平理论和“三个代表”重要思想为指导，围绕新时期、新阶段对口岸工作的新要求、新任务，赋予共建活动新的内容。按照全省口岸系统共建工作总的部署，拟定了 2005 年全省口岸共建工作意见，在口岸系统开展创建“文明口岸”、“口岸文明单位”和争当“口岸先进工作者”活动。各口岸、各口岸单位加强领导和宣传，把精神文明共建贯穿到口岸各项工作之中，促进共建工作深放开展。口岸系统结合全党开展的保持共产党员先进性教育活动，切实解决本部门、本单位在党风、政风、行风方面存在的突出问题，使口岸工作切实做到为全省扩大开放服务，为全省经济发展服务。

湖北口岸查验单位工作综述

武汉海关

2005 年，武汉海关坚持以邓小平理论、“三个代表”重要思想为指导，认真贯彻党的十六大、十六届五中全会精神，全面落实“依法行政，为国把关，服务经济，促进发展”海关工作方针和“政治坚强、业务过硬、值得信赖”队伍建设要求，以推进现代海关制度第二步发展战略为目标，以保持共产党员先进性教育活动为契机，以“五型”海关建设为总揽，以班子、队伍建设为重点，求真务实，锐意进取，改革创新，圆满完成了各项工作任务，取得了令人可喜的成绩。

【货运监管】 开展出口“多点报关、口岸验放”通关模式的试点工作，推行提前报关和担保验放。加强监管场所和转关运输管理，开展内外贸集装箱同船运输监管试点。按照总署统一部署，顺利推行了航空口岸进出境旅客申报制度改革。推广应用了快件通关管理系统（2.0 版）。不断加快价格咨询、价格专业认定、通关归类工作时效，加大预归类工作力度，提高了工作效率。积极推进加工贸易监管改革，作为全国海关首批 3 个试点单位之一，率先在 H2000 正式运行环境成功审批备案了全国第一份加工贸易电子手册，圆满完成了加工贸易电子手册试点工作。稳步扩大联网监管试点范围，新增联网企业 3 家。全年关区共受理进出口报关单 7.54 万份，同比增长 15.6%；监管进出口货运量首次突破 300 万吨，达到 305.2 万吨，同比增长 25.1%；监管进出口货运值 66.9 亿美元，同比增长 50.1%；监管进出境人员 11.67 万人次，监管行邮物品、快件 99.2 万件，同比增长 31.8%；全年备案加工贸易合同3171份，金额13.6亿美元，同比增长126%；内销征税1.46亿元，同比增长了2.8倍。

【税收征管】 认真贯彻落实总署构筑综合治税大格局的要求，制订实施《武汉海关进一步加强综合治税工作方案》。加强了对关区前20位重点税源商品和前20位重点纳税企业进口动态的调研、分析和监控，有效地防止了税收“跑、冒、滴、漏”。组织开展了价格水平专项治理活动。加大了对报关单申报品名、规格、数量、重量的审核力度，杜绝模糊申报。全年税款入库47.79亿元，同比增长35.19%，列全国海关第16位，比2004年提前了1位，再创历史新高。

【查缉走私】 顺利实施了调查职能调整，优化了打私力量配置。制定下发了《武汉海关走私、违规案件及线索移交配合办法》，规范了关区打私工作。积极开展反走私综合治理，组织了“扫黄打非”、“反假币”等多个专项行动，查获非法出版物1872份。刑事执法坚持“破大案、打团伙、摧网络”的工作思路，做到依法快侦、快破、快结、快移诉。行政执法以减免税设备及加工贸易类走私违规案件为重点，开展了打击关区加工贸易渠道走私违法活动专项行动。稽查工作按照总署规范企业“三步走”战略回头看的要求，突出重点企业和重点商品两条主线，成效显著。制定了《武汉海关对报关员和企业的记分考核管理办法》，关区报关单差错率大大降低。探索建立企业信用管理体系，实行“红、黑名单”和合作备忘录制度，整顿了关区报关市场。

全年受理走私犯罪案件5起，立案5起，案值7114.7万元，涉税1773.3万元，侦查终结4起，移送起诉2起5人。行政案件立案110起，案值3.4亿元，涉税4800.9万元，结案99起，罚款2261万元，追征税款1375万元。关区共上缴罚没收入2259.83万元。稽查企业88家，查获有违法嫌疑企业36家，查获率41%，涉及货值50028万元，涉税11467万元。

【海关统计】 统计基础工作不断加强，业务统计全年无差错。充实了基层统计工作力量，初步建立起一支关区特邀统计分析和预警监测队伍。统计分析取得显著成绩，全年发布统计分析和风险预

2005年湖北省口岸运量统计表

运量 方式	进出口总运量（吨）					
	合计	同比±%	其中			
			进口	同比±%	出口	同比±%
总计	3051693	25.1	1430924	20.8	1620767	29.2
水运	3006272	26.2	1423832	21.0	1582438	31.2
铁路	40320	-21.4	4021	-14.7	36299	-22.1
公路	696	10.0	470	288.4	226	-58.1
空运	4362	2.9	2580	-8.9	1782	26.8
邮运	43	-6.5	21	-25.0	22	22.2

2005 年湖北口岸国际集装箱运量统计表

运量 方式	进出口总运量（吨）					
	合计	同比±%	其中			
			进口	同比±%	出口	同比±%
总计	130208	37.2	64578	39.9	65630	34.8
水运	128005	39.7	63250	41.6	64755	37.8
铁路	2089	-35.0	1216	-19.3	873	-48.9
公路	114	—	112	—	2	—
空运	—	—	—	—	—	—
邮运	—	—	—	—	—	—

2005 年湖北省各口岸进出口货物运量统计表

单位：吨

项目 口岸 名称	本月完成	进出口累计	同比±%	进口		出口	
				月累计	同比±%	月累计	同比±%
合计	211794	3051693	25.1	1430924	20.8	1620769	29.2
武汉港	163773	2058818	15.3	697332	-1.0	1361486	26.0
黄石港	2964	348534	56.1	314380	51.7	34154	113.9
荆州港	6283	207110	149.6	132088	376.5	75022	35.8
宜昌港	23652	198070	2.8	132701	-8.3	65369	36.6
江岸车站	6750	42879	-20.0	3999	-50.1	38880	-14.7
十堰车站	2200	83234	182.8	40461	73.6	42773	599.1
襄樊车站	5734	107947	58.9	106892	61.1	1055	-33.2
麻城车站	—	—	—	—	—	—	—
武汉机场	396	4362	2.9	2580	-8.9	1782	26.8
公路	39	696	10.0	470	288.4	226	-58.1
邮运	3	43	-6.5	21	-25.0	22	22.2

2005年武汉航空口岸出入境人数统计表

单位：人次

航班 \ 运量	出入境人数		其中	
	合计	同比±%	出境	入境
总计	111523	-10.1	55526	55997
武汉—香港航班	65519	—	33455	32064
香港—武汉航班	14857	—	7389	7468
武汉—福冈航班	2212	—	1090	1122
武汉—大阪航班	117	—	24	93
武汉—汉城航班	1874	—	916	958
汉城—武汉航班	19834	—	9722	10112
临时包（专）机	7110	—	2930	4180

警分析文章100余篇，其中，被中央、国务院领导批示5篇次，被湖北省领导批示9篇次，被总署《海关要情》采用4篇，为国家和湖北省的宏观经济调控提供了强有力的数据支持。

【业务基础建设和业务改革】 积极推进建立风险管理建设。完善了组织推进机制，组建了武汉海关风险分析监控中心，增设了风险管理常务委员会机构，形成了“一个委员会”、“一个风险办”和“一个中心”的组织架构。顺利完成了风险管理平台2.0版程序的移植和与H2000接口程序的安装，完善了H2000数据分发方案，风险平台数据准确率和完整性得到提高。

强化科技建设。科技应用加大了自主开发力度。组织开发了企业报关员记分管理系统，启动了综合治税、综合业务信息、后续管理、打击走私、综合统计等5大平台的开发建设。首次牵头协调湖北省及中央在汉机构10多个单位共同建设湖北电子口岸，促成湖北省政府成立了湖北电子口岸建设领导小组和办公室，制定了《湖北电子口岸建设总体方案》。协调总署同湖北省政府签署了合作建设“湖北电子口岸”备忘录。11月17日，湖北电子口岸虚拟平台门户网站开通并上线运行，标志着湖北电子口岸信息平台建设全面启动。积极应用平台项目，81家企业可以通过网上缴纳税款，全年企业通过网上支付系统缴纳税费大幅增长，达到1.29亿元。

【服务支持地方经济发展】 年初，制订出台了《武汉海关服务和支持中部崛起，促进湖北省外向型经济发展的措施》，受到了湖北省委、省政府的充分肯定，省政府专门举行了新闻发布会。武汉海关的文件以省政府新闻发布会的形式公布，这在海关历史上还是第一次。

加强了与企业的联系沟通，多次召开重点企业座谈会，宣传海关政策，听取企业的意见建议。多次到“唯冠”、“冠捷”、“百威”等大型企业进行调研，妥善解决企业通关中出现的问题。积极协助省政府开展招商引资工作，关领导亲自带队到深圳“富士康”进行调研，调研报告受到省委、省政府主要领导的高度评价。大力支持技术改造和新项目建设，认真落实国家税收优惠政策，全年为湖北省企业办理减免税26.38亿元，同比增长66%。

创办了武汉海关《政务信息专报》和《通关沿线》，积极为地方政府决策提供信息支持。2005年共向湖北省和武汉市的领导报送100期《政务信息专报》，受到地方领导的高度重视，有的在专报上作了批示，并根据专报内容调整了政策。《通关沿线》在海关与省市党政部门、省内企业之间建立起交流平台，起到了为政府提供决策参考、为企业提供发展指导、为报关员解疑释惑的作用。

【加强海关准军事化纪律部队建设】 根据中央的统一部署，在湖北省委和总署党组的领导、指导下，用5个月的时间，开展了以实践“三个代表”重要思想为主要内容，以“居安思危，永不懈怠，把好国门”为主题的保持共产党员先进性教育活动。全关2个党总支、31个党支部和307名共产党员参加了教育活动全过程，圆满完成了“学习动员、分析评议、整改提高”三个阶段的各项任务。

组织开发了“业务学习多媒体教学系统”，编写了《武汉海关岗位知识手册》，引导关员树立“岗位成才，终身学习”的理念。针对关区监管重点，举办了第2期汽车机电监管培训班，40名关员集中封闭培训2个月，取得了较好效果。开展了以“学习实践红其拉甫海关艰苦奋斗精神，做祖国忠诚卫士”为主题的教育活动，组织了专题教育讲座。加大了对扶贫点的支持力度，组织干部职工捐款捐物，积极开展扶贫帮困活动。开展了“反腐倡廉主题教育月”和“行风专项治理”活动，认真落实“红包”公布制度，通过教育和治理，全体关员的廉洁自律意识进一步增强，涌现出了拒收“红包”和礼品的廉政先进典型。2005年，武汉海关再次被湖北省委、省政府授予“2003-2004年度文明单位”称号。隶属荆州海关在“省级最佳文明单位”的基础上更进一步，获得了“全国精神文明创建工作先进单位”称号；江汉办事处通关科被共青团中央、海关总署联合授予“青年文明号”；开发区海关和襄樊海关首次荣获“省级文明单位”称号；江汉办事处、宜昌海关获得了“省级创建文明行业工作先进单位”称号；艾飞、王先正同志被授予第四届“湖北省杰出（优秀）青年卫士”称号。

湖北省公安边防总队

2005年，湖北省公安边防总队在公安部边防管理局和省公安厅党委的正确领导下，深入学习贯彻部领导系列指示精神和部局党委扩大会议精神，围绕“振奋精神，积极作为，队荣我荣”的工作思路和“打牢基础、重点突破”的工作目标，部队各项工作取得较大进展，官兵精神面貌焕然一新。2005年，总队被评为驻鄂部队唯一一个省级“最佳文明单位”，被武汉市评为“对外开放优质服务单位”，三个边检站全部被评为市级“文明单位”。在公安边防部队第二届机要专业技术竞赛中取得了团体总分内陆第二名。武汉站执勤业务一科连续第三年被认定为全国“青年文明号”。

【围绕“边防主业”，圆满完成各项边防保卫任务】 总队把维护口岸稳定作为首要任务，认真落实满洲里边检会议精神，研究制定了《进一步加强总队边防检查工作的若干意见》，举办了一期学习贯彻新《出入境边防检查勤务规范》培训班，组织各边检站科（队）以上领导进行了集中培训，并明确了新规范中岗位职责、勤务组织流程等内容。加大研究力度，加深了对业务工作规律性的认识，在业务量大的空港边检站成立证件研究小组，认真做好证件样本搜集和特征比对工作，编辑成册，定期更新，供检查员学习使用;在坚持“一案一评”、“典型案例通报”制度的基础上，每周由执勤业务骨干对业务对勤务中发现的问题进行专题讲座，以点带面，形成了浓厚的业务研讨氛围。业务量较少的港口边检站积极组织检查员到沿海总队业务量大、水平高的港口站跟班作业，熟悉掌握港口业务工作流程。全年共检查出入境人员 111577 人次，飞机 1241 架次，船舶 4 艘次，偷渡案件 3 起 3 人次，违法违规人员 4 人次，协助云南边防总队抓获毒贩 5 名，毒资 107. 5 万元，赃车 1 辆，协助江苏边防总队抓获偷渡组织者 1 人次，无行政复议、行政诉讼案件，实现了执勤执法“零投诉”，圆满完成了各项边防保卫任务。

【大力践行“三访四见”活动，营造口岸和驻地平安和谐环境】 完善“四个机制”，服务地方经济建设。总队在总结过去做法的墓础上，建立完善了服务地方经济建设的“四项机制”。一是上门走访机制，变“在家接访”为“上门走访”。为了解政府、企业和出入境人员对边检工作的需求，总队及各边检站多次上门走访市政府、口岸办、外经局和航空公司、船舶公司、外轮代理公司、旅行社等边检服务对象，征集意见建议，不断改进边检工作，提高服务针对性。二是服务展会机制，变“受领任务”为“主动服务”。针对武汉市加大招商引资力度，大办各类节会展、打“白云、黄鹤、知音”旅游牌等动作，总队主动跟进，提前介入组委会的筹备工作，前移服务关口，简化手续，抽调精干力量，设立专门通道，圆满完成了国际医博会、机博会、香港周、台湾周等活动期间的出入境边防检查任务.三是政策宣传机制，变“个别解答”为“广泛宣传”。总队在武汉市电视台开播了“都市里的边防线”专题节目，连续播放 5 期，宣传边检政策法规常识，公布服务承诺.四是信息报送机制，变“要我报”为“我要报”。总队坚持对出入境旅客、交通运输工具数据中蕴含的旅客分类、旅行目的等大量信息进行科学分析，为地方党委政府增开国际航线、制定口岸发展规划、申办“落地签证权”等提供参考依据，每半年或重要时期向省市政府提供口岸数据分析报告，受到省市主要领导高度赞扬。

倾注“三个感情”，服务驻地群众。“三访四见”为部队双拥共建活动注入了时代活力。总队驻扎一方，造福一方，捐助贫困人员，投身公益事业，积极见义勇为等多次受到地方新闻媒体的宣传，在社会上引起了良好反响：一是对困难群众的真情。总队机关及各边检站分别与驻地 4 个社区建成了共建单位，帮扶困难群众，先后捐款 6 万余元，捐资修路一条。黄石边检站连续三年资助的贫困学生考上大学后，该站继续对其进行资助，并帮其争取了助学金和勤工俭学的机会。武汉边检站与常二社区共建“警民爱心超市”，解决了 5 名贫困人员的就业问题。二是对公益事业的热情。总队及各边检站积极参加地方组织的义务献血、植树造林、“创卫”、抢险救灾等社会公益事业。3 月，总队机关一名干部义救急病休克老人；8 月，汉口边检站官兵成功救起一名落入长江的少女，均在人民群众中传为佳话。三是对共建单位的友情。总队给共建学校和企业军训人员 120 余人，通过共驻共建活动，增进了与友邻单位的接触和沟通，融洽了警地关系，为部队发展营造出了和谐的外部环境。

办好“九件实事”，服务基层官兵。一是解决基层营房建设和维修问题。总队共拿出 30 余万元支援汉口边检站阳逻中队新营房建设、武汉边检站综合楼及单身干部宿舍楼维修和黄石边检站基层中队营房建设。二是出台了《关于进一步加强基层中队管理教育工作的若干意见》。充实基层干部，提高基层干部福利，比同职级机关干部福利高 10%，新生长干部一律安排到基层工作、当兵不少于一年。配强班长骨干，严格了士官选取标准。三是精简机关人员，充实基层警力。总队机关干部已实现控编 85%，富余人员全部充实到了基层和执勤一线。四是解决基层干部休假问题。机关干部下基层代职，保证基层干部探亲、休假的落实。五是优先解决了基层已婚干部公寓住房问题。六是提高了基层官兵服装适体率和足额率。七是解决基层看病问题。每年组织全体官兵体检 1 次。八是解决基层防暑降温和冬季取暖问题，为所有基层中队战士宿舍安装了空调。九是改善基层官兵学习生活条件。累计投资 10 万余元为基层中队购置配备了计算机、空调、热水器、饮水机等物品，保证每个基层中队有电脑学习室。建成了塑胶篮球场一个，建室内外羽毛球场 2 个。举办计算机应用技能培训班，11 名战士取得国家计算机一级证书。

【开展保持先进性教育，着眼实际狠抓练兵，部队正规化建设整体推进】 总队认真开展先进性教育活动，实现了“精神状态见振奋、能力素质见增强、工作质量见提高、服务经济见成效、奉献社会见真情”的目标。教育活动中，总队先后向官兵发放并回收 136 份调查答卷，向公安部边防管理局和省公安厅发送了 48 份《征求意见问卷》，走访驻地党委政府、口岸办等共 9 个单位和部门，将征求到的意见整理为 5 个方面 26 条，根据轻重缓急，制定近期目标和中长期计划安排，并向基层和群众通报整改情况，使整改提高阶段工作取得了较好的成效。

着眼实际狠抓练兵。总队认真贯彻落实部局《关于全面推进公安边防部队大练兵的意见》，重点抓了团以上领导、科队长、班长骨干三个层次的集中培训。3 月，总队组织了团以上领导干部集训和基层单位军事骨干集训，在武汉站组织了科（队）长集训，8 月至 10 月，组织 13 名军事骨干和新入警大学生集训。10 月至 11 月，举办了总队首届军事业务比武暨体育运动会，进行了计算机汉字录入、公文基础知识、教学法、体能、擒敌拳、队列、车辆驾驶理论和驾驶技能、炊事员技能等八个军事业务项目的比武。比赛参与面广，提高了官兵的军事业务技能，涌现出了一批军事业务尖子。总队还先后举办信息网络技术培训班、党支部书记暨管理教育培训班、《出入境边防检查勤务规范》、财务规范等专题培训班，提高了各级干部履行岗位职责的能力。

文化育警，科技强警，产生辐射力和战斗力。总队以武汉边检站被公安部部边防局确定为基层文化建设示范点为动力，提出“在普及群众性文化活动的基础上，多出精品节目，多出尖子骨干，提升文化育警档次”的目标。总队首届军事业务运动会暨文体比赛中，设置了篮球、羽毛球、拔河等群众参与性强的比赛项目，官兵们积极参与、既锻炼了身体，又增强了部队凝聚力。被总队官兵誉为“文化大餐”的“春晚”推陈出新，让观众大饱眼福，多个节目被公安厅和社区邀请演出。总队乒乓球队不畏强手、敢打敢拼，在部局“边防卫士杯”乒乓球赛获得团体第二，45 岁以下男子组单打冠军，创造了内陆总队参加全国比赛的最好成绩。总队警官合唱团与湖北省警官学院合作，接纳新队员，排练新曲目，还应邀参加省警官学院迎接公安部院校调研组的文艺汇演获得成功，受到公安部领导的高度评价。总队全面规划总队网络信息体系结构，制订了《2005-2007 年总队信息化发展三年规划》，召开了总队信息化工作会议，部署部队信息网络工作，促进部队信息化建设可持续发展。总队机关至武汉边检站网络带宽已顺利扩容至 4M，总队积极争取省厅技术部门支持，免费开通了省公安厅至总队、省公安厅至武汉边检站 2 条各 lom 的数字电路，完成了总队软件视频会议备份系统、机关大院家属区办公区监控系统、计算机广域网络改造、机关边检网络系统等项目的建设与管理任务。

湖北出入境检验检疫局

2005 年，共完成出入境货物检验检疫 51174 批，货值 359728.1 万美元，同比分别增加 43.9%和 34.2%，其中，出境货物检验检疫 41250 批，货值 173222.2 万美元，分别增加 48.3%和 52.3%。入境货物检验检疫 9924 批，货值 186505.9 万美元，分别增加 28.2%和 20.3%。检出不合格批次 477 批，不合格货值 6095.7 万美元，其中出境检验检疫不合格 83 批，货值 604.3 万美元，不合格率分别为 0.21%和 0.36%；入境检验检疫不合格 394 批，5491.4 万美元，不合格率分别为 3.43%和 1.94%。在入境动植物及其产品中共截获各类有害生物 87 种次。

共完成出入境人员查验 107454 人次，出入境人员传染病监测体检 12791 人次，发现病例数 2723 例，其中艾滋病 1 例，肝炎 479 例，性病 45 例,肺结核 1 例，其他传染病 33 例；艾滋病监测数 12785 人；预防接种数 17982 人次，发放国际旅行健康证 10153 份；检疫出入境飞机 1229 架次；检疫集装箱 78148 标箱。

共签普惠制签证 20153 份，签证金额 67836.1 万美元，分别增加 28.7%和 24.9%；一般原产地签证 13308 份，签证金额 15154 万美元，分别增加 53.3%和 69.3%。

【加强口岸卫生检疫监管】 重点对口岸疾病、媒介、食品、特殊物品进行严查，落实湖北口岸卫生检疫查验和监管工作，积极做好湖北口岸媒介生物调查，认真履行口岸食物监管工作职能。

一是严把口岸疾病检测关、媒介检测关、食品卫生安全关和特殊物品检验检疫关。对武汉机场 2 家航空食品厂进行了卫生许可证复审，对 2 家国际快件经营公司进行了进出境快件运营核准审批，对 22 家进出境货物、集装箱储存场地进行了卫生许可复查或审核。在天河机场设立传染病监测点，加强对航空口岸出入境人员艾滋病等传染病的监测、防治、流行病学调查和国际旅行卫生保健咨询。2005 年在出入境人员中查获各类病例 2116 例，其中艾滋病 1 例，性病 45 例，肺结核 1 例。检疫发现不合格集装箱 118 标箱。

二是严把出入境动植物检验检疫关。强化对出入境动植物及产品、木质包装的检验检疫，检出率显著增长：1—10 月，共截获疫情 96 种 52 批次，是上年截获疫情种类的 2 倍，其中二类检疫性有害生物 3 种 6 批次，三类有害生物 15 种 17 批次，其他有害生物 75 种 29 批次，新截获检疫性有害生物 57 种，首次检出木包装中甲醛等有毒有害物质超标 3 批次。对全省 39 家供港活畜注册饲养场实施每月不少于 2 次监管，共监测尿样 1110 份，检出阳性尿样 10 份。针对猪尿样检测阳性问题，多次深入现场进行调查，提出监管整改意见，加大日常监管和跟踪检查力度，对 6 家年审不合格供港活猪注册场取消供港澳注册资格，消除供港活猪安全卫生隐患。

三是严把出入境商品安全质量关。认真贯彻落实各项检验监管规定，查处了进口棉花不合格案、美国捐赠不合格医疗器械案、进口比利时巧克力铜超标案等一系列案件，履行职责取得明显成效。1—10 月湖北地区共进口棉花 151 批次、30135 吨，货值 4894 万美元，经湖北检验检疫局检验批次不合格率为 100%，其中品质批次不合格率达 88.1%，为企业成功索赔 105.3 万美元。检验发现美国 AGAPE 基金会多次以捐赠的名义向我国转移不合格医疗器械，甚至医疗垃圾，存在重大的安全、健康隐患。共查出该基金会捐赠入境过期医疗器械、试剂 3 批约 15 万件，涉案金额达 35 万美元，已依法作销毁和退运处理。针对水产品出口高峰期 2 家企业 13 批出口小龙虾仁氯霉素超标的问题，迅速采取应急措施，暂停两家企业出口报检，组织力量深入企业调查，帮助企业采取措施，强化对原辅料的监测和生产过程的管理，消除了小龙虾加工出口的安全卫生隐患。

【提高应对突发事件的能力】 成立突发事件处置专班，加强领导，明确责任，以制度建设为基础，及时建立、完善《湖北口岸应对突发公共卫生事件及核于辐射恐怖事件处置预案》、《进出境重大动物疫情应急处理预案》、《京九直通车运营途中湖北段突发公共卫生事件处置预案》、《湖北口岸应对流感大流行应急技术方案》等各种突发事件应急预案，突发事件应对和处置工作得到总局和省委省政府的充分肯定。

一是快速响应苏丹红、猪链球菌等突发事件。通过电子网络，将国家质检总局工作要求迅速传

2005 年湖北开放口岸边防检查主要数据统计表

<table>
<tr><th colspan="5">项　目</th><th>合计</th><th>入境</th><th>出境</th></tr>
<tr><td rowspan="12">出入境人员（人次）</td><td colspan="4">总计</td><td>111577</td><td>56024</td><td>55553</td></tr>
<tr><td colspan="4">出入境员工（人次）</td><td>10326</td><td>5172</td><td>5154</td></tr>
<tr><td rowspan="10">出入境旅客（人次）</td><td colspan="3">总计</td><td>101251</td><td>50852</td><td>50399</td></tr>
<tr><td rowspan="8">中国籍（人次）</td><td colspan="2">合计</td><td>70017</td><td>36129</td><td>33888</td></tr>
<tr><td rowspan="3">大陆公民（人次）</td><td>小　计</td><td>23454</td><td>10484</td><td>12970</td></tr>
<tr><td>大陆因公</td><td>3829</td><td>1704</td><td>2125</td></tr>
<tr><td>大陆因私</td><td>19625</td><td>8780</td><td>10845</td></tr>
<tr><td colspan="2">港澳居民（人次）</td><td>16690</td><td>9657</td><td>7033</td></tr>
<tr><td colspan="2">台湾同胞（人次）</td><td>29873</td><td>15988</td><td>13885</td></tr>
<tr><td colspan="2">华侨（人次）</td><td>332</td><td>42</td><td>290</td></tr>
<tr><td colspan="3">外国籍（人次）</td><td>31234</td><td>14723</td><td>16511</td></tr>
<tr><td colspan="5">入出境飞机（架次）</td><td>1241</td><td>622</td><td>619</td></tr>
<tr><td colspan="5">入出境船舶（艘次）</td><td>4</td><td>2</td><td>2</td></tr>
<tr><td colspan="5">查获违法违规</td><td colspan="3">4 起 4 人</td></tr>
<tr><td colspan="5">查获偷渡</td><td colspan="3">3 起 3 人</td></tr>
</table>

注:大陆因私旅客人数中含华侨人数。

达到各分支机构，开展专项清查。在“苏丹红一号”专项清查中检查食品品种超过了1000种，数量超过20000件；在猪链球菌疫情防控过程中，对全省注册猪场供港活猪抽取923份血样进行检测，确保湖北进出口食品安全不受苏丹红、猪链球菌等突发事件影响。

二是妥善处置孔雀石绿事件。对全省所有养殖鮰鱼进行孔雀石绿含量普查，检出率约10%。召开了水产加工企业、养殖户紧急会议和长江流域四省出口水产品协检会，从宣传总局文件精神，到对加工厂和养殖户的监管，再到区域协调，一环扣一环，共同加强鱼病防治用药的管理。1~10月，全省共出口鮰鱼片近800吨，未发现一例阳性。

三是积极应对高致病性禽流感疫情。按照总局、省委省政府统一部署，及时成立防治高致病性禽流感工作领导小组及办公室，与省畜牧局一起组成督查组，赴鄂州、黄石等地监督检查禽流感的防控工作。制定五项具体防治措施，在人员、设备、防护设施用具、应急处理方案、健康宣传教育等方面周密布置，严阵以待。

【推进大通关建设，改善出口软环境】 进一步深化口岸“大通关”建设，积极推进电子检验检疫建设进程，实施快速核放、绿色通道等制度，提高口岸通关速度和效率。加大网络建设和系统优化升级的投入，积极开展电子检验检疫监管试点，目前已完成了出口危险货物包装使用鉴定视频监控工作，对洪湖德炎水产品加工厂和武汉力兴（火炬）有限公司2家企业进行电子监管试点，对9家企业实施快速核放，对17家企业实施“绿色通道”。机场办事处与相关部门密切配合，实施“一机两屏”等关检协作项目，进一步改善服务，营造口岸通关的良好环境。对神龙汽车公司实施“终点施检查验模式”，实现一次报检，一次查验，一次出证，一次放行，降低企业物流成本。8月实施新的业务运行模式后，集装箱月检验检疫量突破10000标箱，比改革前月平均检验检疫箱量增加147%。

【支持和扩大农产品出口】 站在解决三农问题的高度，充分发挥职能作用，主动创造条件，积极支持和扩大农产品出口。

一是发挥省出口农产品工作协调领导小组办公室的作用，组织召开全省促进农产品出口现场会、全省促进水产品出口工作现场会，分析湖北省当前农产品出口中遇到的新情况、新问题，总结交流农产品出口工作经验，明确思路，制定措施，促进农产品出口。

二是发挥省出口农产品安全卫生监控中心的作用，在推进全省动植物疫病疫情防治体系、农兽药残留监控体系、企业安全卫生质量保证体系建设、提高企业出口农产品安全卫生质量、加强出口企业技术培训、加快农产品加工出口等方面狠抓落实。

三是狠抓出口企业卫生注册，帮助企业建立质量保证体系。从工厂选址、改扩建方案、卫生规范、质量体系、管理模式等实行全方位的指导，年内对24家新建、扩建、改建的卫生注册企业的设计图纸进行了审查，提出符合卫生注册要求的建议，帮助企业尽快达到出口对外注册要求。目前，全省已有256家农产品、食品加工企业通过卫生注册，15家企业通过欧盟、美国等国外注册。许多客户了解到湖北省控制出口农产品安全卫生质量的措施后，增加订单，扩大采购。湖北省主要出口农产品如水产品、食用菌、畜牧产品、蜂产品、茶叶、果蔬类罐头、蔬菜等大幅增长，1—10月全省农产品出口2.4亿美元，增长12.5%。其中香菇出口额4989.3万美元，增长130.3%；蜂产品出口额1822.2万美元，继续保持全国第一；淡水产品出口跃上一个新台阶，首次实现年出口量过万吨，货值超5000万美元，预计全省全年的水产品出口量将达12000吨，货值在6000万美元以上。

【加强调查研究，积极应对TBT】 为加强“后过渡期”WTO应对工作，湖北检验检疫局成立了WTO工作小组，制定了《湖北局WTO“后过渡期”应对工作计划》，开展WTO有关规则和对策的研究，积极筹建国家TBT和SPS咨询中心湖北分中心，2005年在WTO研究领域立项10个，有3人成为总局WTO/TBT通报评议组成员，2人为总局WTO/SPS通报评议组成员，共完成6项通报评议工作。与商务厅共同举办近100家企业参加的WEEE和ROHS指令宣贯和培训会议，取得积极效果。

【强化认证认可工作，提升出口企业国际竞争力】 组建认证监管处，明确工作职责，认真落实《认证认可条例》，积极推进强制性产品认证制度，严格执行进口强制认证产品和民用商品入境验证管理，加强强制性产品认证的执法监督、执法检查，提高认证工作质量和有效性，进一步推动湖北省HACCP、ISO9000、QS9000、ISO14000、ISO18000等体系认证和CE、UL等产品认证，帮助企业提高质量管理水平，获得国际市场通行证。目前，湖北检验检疫局已帮助893家出口企业获ISO9000证书，45家获ISO14000证书，31家获OHSAS18000证书，7家获QS9000证书；26家企业通过HACCP认证和验证；38个产品获CE标志认证，42个产品获UL标志认证；CCC强制性产品认证企业已达2567家。

【实施科技兴检战略，科技实力明显增强】 除继续加强检测方法、农产品标准、有毒有害物质检测等自然科学研究外，还积极加强软科学研究，鼓励和组织全局员工开展检验检疫理论政策、检管模式改革、管理科学、国外技术法规动向的研究。全局共申报各类科研项目112项，向总局申报课题18项，向认监委申报科研项目3项、行业标准项目12项，向国家自然科学基金推荐科研项目4项，认监委SN投标项目1项，向标准委申报国家标准1项，向省商务厅申报项目3项。湖北局自行立项29项，其中自然科学课题14项，软科学及WTO研究方面立项15项。2005年共组织鉴定并完成登记的科技成果10项、发布新标准2项、通过审定的国家标准2项；通过鉴定的科技成果1项。2005年新购仪器设备共计26台套，价值343万元。完成了苏丹红计量认证扩项及实验室认可和计量认证工作，技术中心实验室通过CNAL现场评审，保健中心实验室通过ISO17025实验室认可评审，增强了检验检疫技术实力。

武汉海事局

2005年是武汉海事局全面推进“四化三步走”战略目标的发展年。一年来，他们坚持以“三个代表”重要思想和科学发展观为指导，不断发扬“人和、忧乐、坚韧”的长江海事精神，牢固树立依法行政、服务社会的宗旨，通过全体干部职工的艰苦努力，圆满完成年度各项工作任务，基本实现了“四化三步走”第一步战略目标。

【辖区安全形势基本稳定】 加强了快速反应和值班搜救工作。共组织救助行动32次，出动各类船舶96艘次，出动海事人员638人次，搜救总航时410小时，成功救助船舶56艘、遇险人员507人次，人命救助成功率96.55%，查获肇事逃逸船舶2艘。加强了与110联动配合，共接到转警52

起，出动海巡艇现场搜救52次，有效救助19次，共救起遇险人员32人次，“153040”船艇覆盖率达到93.7%。与客（汽）渡船公司组织了5次有针对性的专项演习；与武汉长航公安在武汉港水域举行了以“关爱生命、关注安全、共建和谐长江”为主题，以水上搜救、反恐及消防为主要内容的大型综合演习。随着咸宁搜救分中心的成立，标志着武汉海事局搜救网络已经形成。

加强了船舶管理。全年共受理船舶登记1584艘次，差错率为零。加强了船舶登记新系统基本数据的录入，制作发放船舶IC卡621张，自查清理了1700多艘船舶登记档案，为武汉海事局顺利实施“长三角”地区船舶一卡通工程打下了基础。

加强了船舶安全检查和签证工作。2005年共检查内河船舶2047艘次，海船32艘次,完成全年任务的106%，查处缺陷12974项，滞留船舶57艘次。共办理船舶进港签证21355艘次，出港签证20361艘次。

强化了船公司管理。完成了9家国内船公司的年度审核，3家国际航运公司换证、年度审核;组织了武汉地区船公司推行安全管理体系高级培训班及海船公司高层管理人员《国内安全管理规则》培训班;对辖区持有“符合证明”的船公司安全管理体系运行情况进行了走访和调研。

加强了船员考试和证件管理。一年来，完成了长江干线船员理论统考2期计729人次。顺利通过了部海事局对武汉海事局船员考试、评估、发证质量体系的审核及船员适任考试的授权。

加大了行政处罚力度。推行了“海事行政处罚软件”系统，全年共进行行政处罚540例，处以罚金53万元。实施船员违法记分1058起，共记1165分。严格执行了“两人亮证执法”、“立案呈批”、“法制审核”、“管理者审批”、“按法处罚”的层级审核制度，未发生行政执法错案和行政复议案件。

落实了渡船管理116机制。及时更新客渡船、渡口、船员数据库；建立了联络网、明确了责任人、细化了限航要求；主动走访地方政府及主管部门，通报渡口渡船管理中存在的问题和安全隐患；坚持了每两个月一次的安全检查制度，并在五一、十一、春节期间对上线客渡船进行了专项检查；筹措经费对渡船进行帮扶活动，赠送了一批救生衣、救生圈及甚高频电话；免费对辖区渡船船员进行了两次培训。针对武汉轮渡公司和牌洲轮渡公司所属渡船出现的事故险情，及时组织召开了现场会，督促公司和船舶严格落实各项安全措施，保证了辖区渡船的渡运安全。

加强了危险品运输和水上防污染管理。积极组织开展了交通部11号令的宣贯工作；组织开展了船舶载运危险货物安全专项整治活动，活动期间共发放宣传资料6700余份，走访地方政府及有关单位30多次，检查危险品船舶3898艘次；针对青山夹水道成品油船无序靠泊的现状，设置了天兴洲成品油船临时系泊点，改善了通航环境。

组织了各类专项活动和季节性安全管理。枯水期，大力开展“三防一禁”活动，严厉打击了各类违法行为；洪水期，认真落实局防汛工作预案，保障了汛期船舶锚泊、停泊及航行安全。加强了“两期三假”、“圣诞节零点航班”等客流量高峰期间的现场驻守；针对汉江一桥三个月封桥维修期间港区内客流量、汽渡流量增大的特点，将该时期作为特殊时段进行管理，做到轮渡、汽渡不收班，海巡艇夜巡不结束。还积极开展了“两打两治”、“一战三保”等专项活动；开展了“长江干线整治船员持假证上船任职统一执法行动”，查获假证33本，配合公安机关捣毁假证窝点一个。开展了辖区海事管理规律的研究，为不断提升海事管理水平奠定了基础。

2005 年湖北出入境检验检疫局情况统计表

	总数(批)	货植（万美元）		不合格（批次）	货值（万美元）	发现疫情
进出口商品检验检疫	51174	359728.1		—	—	—
出口商品检验检疫	41250	173222.2		83	604.3	87 种(次)
进口商品检验检疫	9924	186505.9		394	5491.4	—
签发普惠制产地证	20153	签证	67836.1	—	—	—
签发一般产地证	13308	金额	15154	—	—	—
进境食品卫生检验	229	624.4		5	1.5	—
进境动物及其产品检疫	25	102.8		—	—	—
出境动物及其产品检疫	2763	10622.1		49	517.7	123 种(次)
进境植物及其产品检疫	729	8098.6		210	1838.3	—
出境植物及其产品检疫	1272	3713.5		1	0.8	—
进境木质包装检疫	5033	—		—	—	—
出境木质包装检疫	5068	–	–	—	—	—
进出境运输工具卫生检疫	船舶	进境	2	—	—	—
		出境	2	—	—	—
	飞机	进境	612	—	—	—
		出境	617	–	–	—
	集装箱(标箱)	进境	48533	—	—	—
		出境	29615	–	–	—
	汽车	进境	60	–	—	—
		出境	60	–	—	—
出入境旅检(人次)	107454	发现问题	2723 例	–	12791	—
预防接种(人次)	17982	艾滋病监测		12785	—	—

积极为地方经济建设服务，圆满完成了各项大型活动的水上现场维护工作。2005 年共进行水上水下工程可行性研究 42 件，水工审核、审批 9 件，各类施工审批 28 件；发布航行通告 29 期。支持和配合湖北省口岸大通关工作，为 20 多万标箱集装箱进出港提供了优质服务；完成了天兴洲大桥施工及大型水上设施拖带、阳逻大桥先导索过江施工的现场维护任务；完成了武汉市第 34 届渡江活动和中秋晚会水上禁航维护任务；组织完成了武船出口军品 M13 快艇的试航维护任务；实施了武钢矿石进口 1500 万吨和武石化 420 万吨原油进口的现场维护；做好了武钢工业港 1、2 号码头改造施工、武汉石化 80 万吨/年乙烯项目配套码头、取水设施工程、潜江–咸宁 500 千伏输电线路长江大跨越工程施工的审核、审批和现场维护工作。

【水监体制改革和海事管理综合改革顺利完成】 一是完成了武汉海事局管辖段水上交通安全监督管理体制改革中有关人员、资产、业务划转工作，划转人员 177 人次、资产 301 万元，接收船员档案 112 份、船舶档案 930 份；组织划转人员进行了集中培训，使这部分同志很快地适应了工作。完成了局属六个监督站向七个海事处的转变，设置了 26 个一、二类办事处，为其配备了必需的办公设备和生活设施，保证了改革期间安全管理工作的不断不乱。

二是按照长江海事局综合改革原则及工作要求，完成了武汉海事局的综合改革。全局共有 377 人参加了九轮次的竞争并上岗，其中有 37 个科职岗位，77 个主管岗位，263 个主办及执行岗位。通过综合改革，局机关人员由 113 人次减少至 66 人次，精简比例达到 42%，机关执法人员占主体岗位比例为 57%，基层海事处达 96%，新型海事管理模式初步形成。

三是平稳完成了江安公司改组改制的收尾工作及遗留问题的处理。

【信息化建设工作取得成效】 完成了海事信息二期工程建设，优化了网络系统结构。建设了无线网桥联网工程，按新增站点的布局情况和业务特点，实现对现有办公地点光纤、无线网桥和无线网卡的全方位覆盖；完成了新建站房青山海事处、港区海事处中心区趸船网络布线及 IPOA 光纤移机，提高了网络安全性与实效性。在长江海事局指导下建设了视频会议系统和 IP 电话系统，并投入使用。

提高了计算机网络终端和硬件设备的配置率。目前机关计算机配置率按体改完成后的人数统计已达到 116%，基层按执法岗位配置率达到 100%，确保了推行业务软件系统对硬件设施的要求。

加强了各项软件的推广和应用。完成了 OA 办公自动化系统、档案管理系统、船舶动态系统、行政处罚软件、一卡通和用友财务管理等软件的安装、制作、培训、推广、使用、升级等工作。

继续开展了各类各层次的信息化培训。组织业务人员进行了应用软件操作和简单的维护培训；各海事处已配备了 1—2 名兼职信息管理员，机关每个部门至少也培养了一名兼职信息管理员。并多次组织信息管理员进行了相关知识的培训，保证了两级网络系统和各项业务软件的正常运行。

职工计算机应用水平得到提高。局机关人员计算机国家一级达标率为 84.3%，基层海事处 50 岁以下执法人员达标率为 77.5%。

【基本建设力度不断加大】 加大了前期工作力度。提出了水上搜救监管一体化建设的规划；开展了新设海事处办公用房和阳逻、咸宁水上搜救基地等项目建设的选址工作；开展了阳逻码头加固工程的勘探和设计；完成了危管防污工程的工作、初设和设备选型工作。

在建工程严格按照基建程序进行管理和施工。完成了交管工程设备招标工作并签订购置合同、交管工程二桥雷达站的改造工程及交管中心、大桥雷达站土建改造工程，并通过交工验收。办理了局及交管工程业务用房“两证”。

根据上级要求完成了GPS监控系统的安装，目前共有12艘海巡艇、1辆执法车、34条客汽渡船安装了GPS设备；完成了牧鹅洲水道猴子矶水域紊流标志的制作和安装工程；完成了汉口搜救基地的梯级通道和趸船定位地牛的建设。

【精神文明建设与党风廉政建设】 积极参加了第一批党员先进性教育活动，扎实推进各阶段工作，全体党员参加了活动。田祖春同志英勇救人的事迹还参加了长航局先进性教育巡回报告团演讲。认真开展了先进性教育“回头看”工作。武汉局被长航局、长江海事局评为先进性教育活动先进单位。

文明单位创建工作成效显著。局获得“湖北省最佳文明单位”和“全国职工职业道德建设先进单位”称号；青山海事处已接受武汉市级2004—2005年度文明单位检查验收；继续深化“安全畅通文明航区”创建工作。积极开展了第九届“文明窗口月”活动。在长江海事局书画摄影展中，武汉局获得1个一等奖、2个二等奖和1个三等奖。

重点抓好党风廉政建设及行风建设。狠抓了领导干部廉政建设三项制度的落实，副处级以上领导干部认真填写了《领导干部廉政登记表》，签订了廉政承诺书，班子成员廉洁自律面达100%。重点抓好了招投标、材料采购、设计变更、大宗货物采购等重点环节的监察。加强了对干部选拔任用各个环节的监督，把好任前公示监督关。全年共走访船舶单位（船舶）246家，征求意见和建议25条，拒收礼金23510元、礼品39件，拒吃请155次，收到锦旗、奖牌、表扬信共21件，实现了“两个为零”的目标。信访办结率、核查率达100%。武汉海事局被长航局授予2005年度纪检监察工作先进单位称号。

湖北口岸大事记

5月10日

湖北省人民政府举行新闻发布会，介绍武汉海关服务和支持中部崛起，促进湖北省外向型经济发展的12项措施。部分中央、省、市新闻媒体参加了发布会。

7月13日

武汉海关被湖北省委、省政府评为“2003—2004年度省级文明单位”。

8月1日

武汉海关被武汉市委、市政府评为“2004年度口岸工作先进单位”。

9月20日

湖北省人民政府成立“湖北省电子口岸建设领导小组”，韩忠学副省长任领导小组组长，武汉海关何署坤关长任领导小组副组长，武汉海关郭山副关长任领导小组成员并兼任领导小组办公室副主任。

10 月 21 日

海关总署李克农副署长代表海关总署与湖北省政府在武汉签署《海关总署 湖北省人民政府建设湖北电子口岸合作备忘录》。

11 月 24 日

武汉海关与湖北出入境检验检疫局签署《武汉海关与湖北出入境检验检疫局关于建立关检业务合作机制的协定》。

湖南口岸工作综述

2005年，全省口岸系统广大干部职工深入贯彻落实党的十六大和十六届四中、五中全会精神，牢固树立科学发展观，按照省委、省政府全面提升对外开放水平的要求，务实进取，开拓创新，努力克服禽流感带来的严重负面影响，口岸各项工作呈现良好的发展势头。

【口岸客、货运量】 全省航空口岸全年进出境航班达1108个，进出境人员90010人次，同比分别增长20%和12%。长沙航空口岸直达货物运输615吨，同比增长12%；监管货物2631吨，同比增长5%。城陵矶内河口岸完成外贸货物运输170万吨，同比增长21%。

【国际航线开拓】 全省口岸开放15年来，虽然取得了很多成绩，但还没有一条真正意义上的国际航线，年出入境人数在8万人次徘徊。为从根本上扭转这种局面，全省口岸各单位把开拓国际航线作为全年工作重点来抓，取得了明显效果。

多次前往国家有关部门请示汇报。3月份开始，省政府刘明欣副秘书长多次带领省口岸办、省机场管理集团公司、南航湖南公司负责同志，前往国家民航总局专题汇报全省拟开通“长沙—韩国”、“张家界—韩国”定期航班事宜。省口岸办也先后12次前往民航总局、海关总署、总参、南航集团公司做工作，使国家各有关部门加深了对湖南省开放性经济和出入境旅游形势的了解，并表示将大力支持湖南省拓展国际航线航班，促进口岸出入境旅游事业的发展。

成功协办中韩民航高峰论坛。为解决长沙和张家界航空口岸飞行韩国的问题，刘明欣副秘书长带领省口岸办前往国家民航总局，邀请中韩两国民航部长级的高层会议来湖南举行。8月25日—31日，中国民航总局与韩国建设交通部民航合作会议在张家界市成功举办，与会代表对湖南省市政府及相关单位的热情接待、周到安排、优质服务感到非常满意。特别是韩国民航官员在张家界随处可见韩国客人时，感触很深。这次会议为湖南开通国际航线取得了三项成果：一是中韩民航部门同意将长沙与汉城等城市列为对等飞行城市；二是张家界航空口岸可用中国籍飞机飞行除汉城之外的韩国其他城市；三是支持湖南口岸通过代码共享的形式飞行多条欧美航线。

适时组织联检单位学习考察。为顺利开通新的国际航线航班，省口岸办于3月份先后两次分别组织联检各单位业务骨干，学习考察了宁波航空口岸“大连—宁波—新加坡”航线的监管经验，到长春、延边等口岸学习考察了口岸基础设施及管理服务做法，使联检各家进一步统一了思想，增强服务意识。

新辟多条稳定国际（地区）航线。经口岸各单位共同努力，湖南口岸5月份开通了“长春—长沙—香港”定期航班（每周二、六），8月份开通了“张家界—釜山”定期包机航班（每周一、五），11月份开能了“长沙—汉城”定期航班（每周一、五），从而结束了口岸开放十五年来没有真正意义的国际航线的历史。此外，湖南口岸还分别于4月份、8月份相继开通了“长沙—吉隆坡”、“长沙—清州”临时包机航线航班。

【口岸平台建设】 由于湖南口岸建设起步晚、起点低，电子口岸建设滞后，口岸布局不尽合理等问题十分突出。因此，构建完善口岸平台成为全省开放型经济发展的必然要求和紧迫任务，也是全省口岸各单位一项刻不容缓的工作。

大力推动湖南电子口岸建设。10月份，贺同新副省长与海关总署副署长李克农在北京签署了《中华人民共和国海关总署和湖南省人民政府建设湖南电子口岸合作备忘录》，标志着湖南电子口岸建设正式启动。省政府办公厅副主任王光明带领导省口岸办与长沙海关多次研究审定了《湖南电子口岸建设总体规划》和《湖南电子口岸虚拟平台实施方案》。湖南电子口岸虚拟平台已构建成功，门户网站顺利开通，已有2220多家省内企业成为网上用户。11月份，贺同新副省长参加全国电子口岸现场会议，向国务院系统汇报湖南电子口岸建设情况及下一步工作思路。

努力实现我省二类口岸建设零的突破。针对全省有一类口岸无二类口岸的现状，省口岸办多次与长沙海关、湖南出入境检验检疫局主要领导沟通，陈述建设二类口岸的重要性和可行性，请求支持完善全省口岸布局，得到积极回应。11月2日，经省政府第69次常务会议研究决定，同意开放全省第一个二类口岸——郴州公路口岸，实现了全省二类口岸零的突破。

积极参与郴州出口加工区建设。按照省政府领导“积极参与”、跟踪督促的指示，10月份，省口岸办作为省政府赴郴州出口加工区考察组主要成员，听取了市委、市政府有关情况汇报，参与起草了向省政府常务会考察汇报材料，省政府常务会议基本采纳了考察汇报材料中提出的意见和建议。

【张家界航空口岸扩大开放】 张家界旅游景区是湖南旅游发展的龙头，也是湖南对外开放的窗口和湘西北、鄂西、渝东、黔东北的物资流通集疏地，每年接待90余万人次境外游客。但是由于张家界航空口岸仅限中国籍飞机飞港澳地区，严重制约了张家界境外旅游业的发展。针对这种局面，全省口岸各单位抓住国家实施“西部大开发”和“中部崛起”战略的大好时机，认真进行了张家界航空口岸扩大开放的各项准备工作。

精心组织国际航班首航。2月17日（正月初九），经省、市口岸办及口岸单位的认真准备，张家界航空口岸首次迎来第一架国际航班，实现了开门红。中央电视台报道了这一新闻。8月14日，釜山—张家界国际航班也进行了首航，民航总局领导专程前来参加剪彩仪式。省政府专门就此发了贺电，充分肯定了口岸各单位为全省对个开放和经济发展所作出的积极贡献。

持续申报韩国包机航线航班。为配合湖南与韩国进行的一系列文化、经贸交流活动，省口岸办从3月份起连续三次向海关总署及国家有关部门申报韩国包机航线航班，并多次前往北京向口岸规划办领导汇报。海关总署同意按规定三个月一报批中国籍飞机飞行张家界到韩国定期包机并在张家界航空口岸出入境。张家界直飞韩国包机的成功运行，对拓展韩国客源市场产生了十分积极的影响。

大力协调港龙公司开通“香港—张家界”航线事宜。4月份，刘明欣副秘书长主持召开了港龙公司开通“香港—张家界”航线协调会，空十八师及省机场管理集团公司等单位均表示积极支持、全力配合。9月份，刘明欣副秘书长又率省口岸办专程前往广州军区做工作，终于使军方同意为港龙公司飞行“香港—张家界”航班开辟一条专用航线。之后，省口岸办多次前往总参汇报争取支持。至此，港龙公司飞行“香港—张家界”航线的问题已经基本解决。

形成省政府《关于张家界航空口岸扩大开放有关问题的会议纪要》。10月28日，王光明副主任代表贺同新副省长召集省发改委、省财政厅、省人事厅、省旅游局、省外侨办、省商务厅、省机场管理集团、长沙海关、湖南出入境检验检疫局、省边防总队、空十八师及张家界市政府、市口岸办等单位负责人会议，专题研究了张家界航空口岸扩大开放的有关问题，就张家界航空口岸扩大开放的申报、建设及各部门的职责达成了广泛共识，形成了《会议纪要》。

积极争取各有关方面支持。10月份，省政府致函海关总署请求海关总署和国家中编办及11个相关部、委、局，进一步扩大张家界航空口岸开放范围，允许外国籍飞机飞行张家界航空口岸，并列入全国口岸“十一五”规划。同时，省政府致函广州军区申请张家界航空口岸对外国籍飞机开放。11月份，向国务院请示请求批准张家界口岸对外籍飞机开入。国务院已责成海关总署等部门抓紧办理。12月份，全省口岸各相关单位分别向对口中央主管部门汇报情况，请求将支持张家界航空口岸扩大开放意见尽快汇总到海关总署。

【口岸监管服务】 口岸各单位充分履行职能作用，严格监管，热情服务，为全省开放型经济发展营造了良好的通关环境。

依法进行查验工作。全省口岸各联检单位对所有进出口岸的旅客、服务员工和交通工具依法实施了检查、检验和检疫工作。省边防总队共依法查处违反出入境法规人员144人次，查获在控对象27人次，未发生执勤事故和案件。长沙海关机场办从7月1日开始实行旅客书面申报制度，全年查获各类违禁印刷品及音像制品1845件，监管免税店销售额为205898美元，受理进出口报关单11929份，签发证明联13609份次，入库税款10510万元。湖南出入境检验检疫局机场办查获旅客禁止进境携带物784批，截获有害生物13批次，卫生监督73人次，对2236名出入境旅客进行了传染病监测登记，检疫入境货物4744批次、1209.4吨，查验木质包装967批次、4139件，受理报检3745批次，入境电子流向检验货值1732万元，3C认证58批次，出口退运货物15批次。黄花机场公司安检护卫部严格履行安检程序，严格检查标准，加大国际货物监管力度和国际厅设备设施巡查力度，坚决拒收危险物品，确保了空防安全。

及时开展禽流感防治工作。10月份，根据高致病性禽流感疫情严峻形势，全省口岸联检单位迅速启动防治预案，并以湖南出入境检验检疫局机场办为主采取了一系列措施。一是认真贯彻落实“八项制度”，即出入境健康申报制度，出入境体温检测制度、医学巡查制度、病人控制制度、通风消毒制度、疫情报告制度、自身防护制度、宣传教育制度；二是切实做到“五个及时”、“五个到位”，即做到及时发现、及时报告、及时控制、及时消毒、及时预警，确保关键时刻领导到位、检疫查验人员到位、各项工作制度到位、技术物质保障到位、工作措施落实到位；三是加强口岸公共卫生监督工作，抓好采购、储存、加工、运输、销售五个关口。至12月底，全省口岸尚无一人感染禽流感。

注重做好文明创建工作。从4月份开始，由省边防总队长沙边检站牵头、各单位积极配合共同实施了“舒畅工程”，建立了“共产党员示范岗”，开设“一站式通道”和“爱心通道”，推出“正点行动”和“共建口岸大家庭”活动，组织“口岸通培训”，有效整合了口岸联检单位资源，为出入境人员和交通工具的通行提供了更大的便利。6月份，长沙海关和湖南出入境检验检疫局签署了《关检合作备忘录》，大大推进了全省“大通关”工作，提高了口岸工作效率。长沙海关还实现了送收“红包”公布制，签订了《关企共建廉洁海关备忘录》。省边防总队举办了韩国检查业务培训班，南航湖南公司、省机场管理集团荷花机场公司均举办了韩语培训班，为开通“长沙—汉城”航班进行了认真准备。“长沙—汉城”航线开通后，长沙航空口岸各单位克服人员编制严重不足的困难，加班加点工作。国际厅工作人员每周一和周五要工作到凌晨3点多钟才能下班，白天照常坚持上班。

【礼遇通关接待】 全年省委、省政府领导出访较为繁忙，招商引资活动高潮迭起，港台政要来湘访问交流不断，全省口岸通关接待任务呈现快速增长之势。全省口岸单位牢固树立服务意识，加强联系配合，力求各方面满意。

研究制定礼遇通关工作规范。根据部分港澳政协委员的意见和省政府领导的指示，省口岸办和联检各单位对近几年的礼遇通关进行了认真的总结，提出了加强和改进礼遇通关工作的工作措施。一是建立健全主动与省委、省政府、省人大、省政协办公厅接待办及省台办、外办等单位的内部沟通机制，及时获得国内外、港澳台贵宾进出入口岸的信息，督促各单位做好礼遇通关的准备工作；二是联检各单位进一步转变工作作风，严肃查取渎职行为，巩固文明创建成果；三是黄花机场公司、南航湖南公司、港龙公司主动为出入境贵宾预留座位，并邀请其到贵宾室休息、候机；四是特制少量VIP临时通行牌，供进出国际厅迎送贵宾的领导和工作人员使用，以保证接待规格和通关秩序。

认真做好宋楚瑜等贵宾访湘接待工作。5月7日，亲民党主席宋楚瑜母亲率亲友团先行到达黄花机场，国台办主任陈云林、省委书记杨正午前往机场探望，长沙航空口岸各单位为宋母提供了高规格礼遇。5月8—10日，宋楚瑜主席率代表团来湘进行了为期2天的参观、访问和省亲、祭祖活动。遵照中央和省委关于“热情、庄重、适度”的接待方针，省机场集团公司和口岸各单位精心安排礼遇通关活动，出色完成了省委交办的任务，取得了很好的效果。9月28日，各单位按省台办要求，给马英九母亲回湘参加母校周南中学100年校庆提供了优质服务。省台办对上述工作十分满意，并专门致了感谢函。

积极参与重大招商引资接待服务工作。按省政府领导的指示，2005全省各单位直接参与几次重大招商引资活动的接待服务工作。9月份，为办好第二届中国芷江国际和平文化节，省口岸办既负责省直各单位的总体协调工作，又具体指导芷江驻长工作小组，研究制定了五架包机接待500余名中外贵宾在黄花机场的转机方案。省机场集团公司和黄花机场公司领导亲自抓芷江机场航路、航权及中转接待工作。南航湖南公司领导亲自抓试飞等飞行工作。10月份，湘台经贸交流与合作高峰论坛在望城举办，各单位细心安排了200余名台商过往口岸事宜，台商十分满意，为论坛成功举办作出了应有贡献。

扎实进行日常礼遇通关工作。全年全省口岸各单位安排礼遇通关共35批次、850余人次，较上年翻一番。主要有：英国米塔尔钢铁公司董事局主席、莱索托财政与发展大臣、澳大利亚外交贸易部秘书长、美国霍尼韦尔国际特殊材料集团总裁等国际友人，台湾国产实业考察团、香港特区政府考察团、台湾威胜电子集团考察团、南非北开普省长及其政府考察团等知名企业和政府团队。

湖南口岸查验单位工作综述

长沙海关

2005年来，在总署党组的正确领导和湖南省委、省政府的亲切关怀下，长沙海关坚持以邓小平理论和“三个代表”重要思想为指导，树立和落实科学发展观，认真贯彻海关工作16字方针和全国海关关长会议精神，深化改革，整合创新，不断提高把关服务能力，全面推进风险管理，大力加强基层、基础建设和准军事化海关纪律部队建设，经过全关不懈努力，圆满地完成了全年的各项工作任务。

【概况】 全关统计报关单数2.9万份，商品记录条数6万条，监管货运量366.9万吨，货值20.6亿美元，分别同比增长5.8%、9.3%、76.4%、10.6%；征收税款15.4亿美元，同比增长6.4%；减免税款9.2亿元；加工贸易合同备案321份，合同备案金额2.5亿美元；监管进出境运输工具8341辆(艘、架）次、进出境人员8.3万人次、邮递、快递物品33.7万件；刑事立案5起，案值6509万元，行政立案36起，案值12.74亿元，追缴税款811万元，罚没入库3685万元（含原调查局1248万元)。全年有20人次受到总署和省级表彰奖励，有12个单位、21人次受到市（州）级表彰奖励。

【综合治税】 关党组始终把推进综合治税，完成全年16.5亿元税收任务作为轴心工作来抓。

强化领导，坚定决心，落实责任。2月份成立了关区综合治税领导小组，提出了综合治税5项措施；5月份和8月份，先后两次召开关区综合治税会议，认真贯彻全国海关综合治税会议精神，研究制定了我关综合治税总体思路和10项措施；按照总署统一部署，撤销调查局，调整调查职能，突出风险管理的综合带动作用和稽查的后续管理作用，进一步整合优化了综合治税资源；加强对策研究，全年召开税收形势分析会10余次；狠抓《综合治税工作责任制度》落实，做到了机制健全，责任明确，征管到位，良性互动。到12月20日止，关区入库税收达到16.59亿元，提前11天完成16.5亿元的税收任务。

狠抓转关运输，涵养、发展增量税源。关区抓住“泛珠三角”区域海关合作和“长三角”通关一体化的有利时机，狠抓转关运输的通畅与快捷，拓展增量税源。党组成员5次带队跑总署和口岸海关，为长丰、湘钢等13家税源大户疏通了应税进口商品转关渠道，协调解决了三一重工和中联重科汽车底盘转关和上牌等问题；职能部门与各业务现场主动配合，全年组织协调转关事宜10余次，积极疏通了长丰V73SKD件、铁矿砂、钢坯、纸浆、废纸、白卡纸、锌精矿等大宗税源商品的转关渠道。经过努力，关区企业进口属地报关率达到60%，较上年提高近12个百分点。

实施10项综合治税联合专项行动，重点挖掘存量税源。在确保税收增量应收尽收基础上，着眼于挖掘存量税源，重点组织了10项综合治税专项行动。充分发挥稽查职能作用，以特许使用费、无代价低偿进口和低瞒报价格等为重点，突出了稽查的有效性和针对性，先后开展了一般贸易税后稽查、加工贸易专项稽查和减免税专项稽查等工作。共对97家企业进行了稽查和贸易调查，稽查

2005年度湖南航空口岸出入境人员、航班统计资料

项目		年累计（人次）	长沙航空口岸（人次）	张家界航空口岸（人次）
合计		90010	83525	6485
中国籍	小计	65698	63137	2561
	因公	2726	2726	0
	因私	11039	11020	19
	港澳	16121	14325	1796
	台湾	35812	35066	746
外国籍		15785	12651	3134
服务员工		8527	7737	790
航班数（个）		1108	1032	88

2005年度长沙航空口岸国际（地区）直达货运综合统计资料

单位：吨

单位项目	年累计	与去年同期累计比较		南航湖南公司	黄花机场公司
		增减量	增减（%）	年累计	年累计
合计	615.14	67.304	12.28	238.50	376.64
出口	291.12	35.739	13.99	80.40	210.720
进口	324.02	31.565	10.79	158.10	165.920

补税入库1287.6万元，发现各类线索31起，案值13.4亿元；严格应税货物的归类、审价，共归类补税352宗，补税495.1万元，审价补税172宗，补税339.4万元；加强加工贸易边角余料、残次品及包装物料核销补税和单耗核定工作，关区加工贸易内销自查补税共1.32亿元，同比增长210%；严格减免税审批和后续管理，核查出岳阳林纸、旺旺医院等5个不符合减免税政策的项目，减免税设备共补税73万元。

【打击走私】 关区认真贯彻国家打私工作方针，充分运用刑事和行政执法手段，努力形成打击走私整体合力。

加大查案办案力度，开展打私专项行动。组织开展了打击加工贸易渠道走私、外贸进出口领域商业欺诈、进口卷筒胶印走私等专项行动；成立专门机构，进行了案件集中处理；以省打私办的名义，牵头组织了全省特定减免税货物后续管理重点整治专项行动。全年，刑事立案5起，案值6509

万元，涉嫌偷逃税额1511万元；侦查终结6起，案值1.61亿元，涉嫌偷逃税额594万元；抓获犯罪嫌疑人14人次，采取强制措施24人次；行政立案36起，案值12.74亿元；协查案件99起；追缴存量税款811万元，罚没入库2342万元。

深入开展关区“禁毒人民战争”，查处非涉税走私案件取得新突破。密切与省禁毒委、省扫黄打非办的联系配合，成功侦办了“9·15”涉嫌走私毒品案，查获疑似毒品硝甲西泮216粒，抓获走私犯罪分子2名，实现了关区现场查毒零的突破；成功查办了“8·11”淫秽物品走私案，抓获犯罪嫌疑人5名，扣押盗版淫秽光盘25箱计2.6万张，打掉了一个运、供、销一条龙的走私犯罪团伙。关区扫黄打非工作得到了省委省政府有关部门的充分肯定。

反走私综合治理有序开展。以省打私办为平台，密切与地方党政和其他成员单位的协作配合，加强情报共享和执法联动，制定了《打击走私重大案情及时通报制度》，组织召开了两次成员单位联络员会议，编发《湖南打私》、《打私要情通报》11期，全社会联合缉私的意识和行动有了加强。加入了泛珠三角反走私合作组织，高质量承办了全国沿海打私办主任会议。

【统计工作】 统计工作紧紧围绕关区综合治税、通关监管核查等中心工作展开，较好地发挥了职能作用。

加强统计数据质量管理。通过到兄弟海关学习数据审核经验、抽调基层人员到总关跟班学习、到企业了解商品归类问题等办法，提高了数据审核技能；通过严格奖惩制度、完善数据检控参数、开发审核对比程序、实行多人审核等措施，落实了数据审核责任。共审核商品记录条数6万余条，核查疑问数据6000余条，纠正差错近1000条，统计数据准确率达到100%。组织了报关单数据使用安全大检查，确保了报关单数据使用的安全性。

认真做好执法评估和预警监测。围绕综合治税和通关监管核查，完成综合执法评估报告2篇，专题执法评估报告6篇；圆满完成了预警监测系统安装、试运行和数据准备，报送预警监测论文3篇。

加大统计分析力度，提高统计服务质量。聘请了30名特邀统计分析员；深入各市州调研，把握进出口贸易动态；紧贴湖南外贸发展实际，增强统计分析和统计服务针对性。编写统计分析报告51篇，中办、国办采用4篇，《海关要情》采用5篇，《统计工作与研究》采用3篇。向湖南省委、省政府报送统计信息119篇，被采用77篇，省领导批示2篇。向地方政府及企业提供统计咨询服务100余次，多次受到好评。

【大通关工作】 推动湖南融入泛珠三角区域经济合作。加强了与口岸海关配合，开辟了湛江、广州南沙港等新的转关渠道；率先开通了黄花机场与新白云机场“多点报关，机场验放”便捷通关新模式，方便了企业就地报关。

推动湖南大通关建设。建立了关检合作机制，顺利实施了出入境旅客申报单制度；协助省政府与总署签署了湖南电子口岸建设合作备忘录；开通了湖南电子口岸门户网站，9个联网应用项目运行正常，上网企业已达2272家。

继续推行便捷通关措施。全年适用便捷通关企业达到24家，22家企业签订了税费网上支付协议，已网上支付税款1.49亿元，同比增长380.6%，LG曙光、株冶火炬等3家企业实施了加工贸易联网监管。

深入开展文明窗口创建活动。规范统一了文明用语，推行微笑服务；完善了7个业务现场关务公开硬件设施，促进了关务、警务公开；开通了长沙海关互联网门户网站；认真落实值班和节假日预约通关制度，提高了办事效率；在党政机关和企业聘请10名形象监督员，主动接受社会监督。

【党风廉政建设】 狠抓党风廉政建设责任制落实。对上年度落实责任制的情况进行了认真考核，有19个单位达标，1个单位不达标；选定现场业务处开展基层党风廉政建设责任制试点，收到初步成效；制定了《领导干部抓廉政全程问责实施办法》借助风险管理平台，努力探索廉政洞察机制，形成了风险管理廉政监督量化评估指标体系初步方案；利用通关监管核查摸清了执法和廉政高风险的岗位、环节和自由裁量权，并开展了廉政隐患和存在问题的调查分析，加大了各级领导抓廉政的责任。

贯彻落实“6项禁令”、“5条禁令”和送收“红包”公布制度。开展了贯彻“6项禁令”、“5条禁令”的自查；与合肥海关进行了行风交叉暗访，收到良好的纠风、整顿效果；制定执行了对送收“红包”礼品行为予以公布的实施办法，开发了拒、退、交“红包”礼金网络系统，召开了送收“红包”公布制度情况通报会，并与全省23家重点进出口企业签订了共建廉洁海关备忘录。

加强督察审计。修改完善了《长沙海关内部审计实施细则》等6个内部审计制度；选定韶山海关开展督察审计内控长效机制试点，达到规范操作、堵塞漏洞的目的；先后对2004年税款缴库情况等开展了专项督察，对株洲、韶山、常德3个隶属海关进行了关长任期审计，并完成了审计整改；进行了基建工程审计，审结项目10个、合同金额837.7万元，审减金额共计173万元，审减率20.1%。

湖南省公安边防总队

2005年总队边检业务工作紧紧围绕年初部局、总队两级党委扩大会议的部署，狠抓勤务规范华建设，以贯彻“满洲里会议”精神为契机，结合“三访四见”活动深入开展边检“双争”活动，努力创新勤务机制，不断规范窗口建设，有效地提升了执法为民和边防检查工作水平，确保了口岸的高效畅通和安全稳定。

【概况】 全年共检查出入境人员90010人次，飞机1108架次，查处违反出入境法规人员114人次，查获在控对象27人次，未发生执勤事故和案件，未出现旅客投诉、诉讼等执勤执法问题，圆满地完成了以边防检查工作为中心的各项任务。

【查控与反偷渡工作】 2005年时逢“六·四”16个年头、取缔“法轮功”邪教组织6周年，境内外“民运”、“民分”和“抗议”活动十分活跃，查控工作面临着新的考验。为此，总队在努力增强一线执勤人员敏锐性和责任感上下功夫，不断严密各项工作措施，规范工作程序，圆满完成了查缉查堵任务。

不断改进查控工作手段，提高查控工作质量。在严格落实《查控工作规范》的基础上，完善了查控名单的周复核和月抽查制度，加强对录入、校对、增删改以及复核等各环节的管理，进一步提高查控数据质量。

进一步完善、加强处置突发事件预案的制定、演练工作。加强同省厅国保、技侦、出入境等部门的协同配合，根据新形势、新任务的要求，从组织指挥、职责任务、预警应急、处置原则、工作方法和要求等方面，指导边检站进一步适时完善处置突发事件预案，并坚持在重点、敏感时期开展实兵演练活动，提高了口岸管控能力，有力地维护了口岸的安全稳定。

以“证件研究网”和口岸边防检查为依托，提高检查员鉴别伪假证能力。自2003年底部局正式开通“证件研究网”以来，及时组织学习伪假证件的制作手法和识别方法，并以口岸正常检查为手段搜集整理各类护照签证式样，通过学习培训使检查识别伪证假出入境证件的能力不断增强。

【勤务规范化建设】 新的《规范》下发后，总队党委高度重视，将落实《规范》和加强勤务规范化建设作为一项重要而紧迫的任务抓紧、抓实。

精心组织，认真抓好《规范》的学习和培训工作。今年6月，总队派员赴长沙、张家界站对《规范》的学习贯彻进行了宣讲，指导边检站开展学习和培训活动。各站采取了形式多样的学习活动，站领导带头参加学习，并加强了检查考核力度，保证了学习效果，使各级领导和一线执勤人员熟练掌握了《规范》规定，为勤务规范化建设打牢了坚实基础。

对照《规范》抓落实，找准切入点准确执行。各站认真对照新旧规范，对各执勤工作环节，特别是对《规范》修改、补充、删改的内容进行了认真的对照检查，按照《规范》修订新的勤务组织方案和规章，保证新《规范》得到准确执行。

加强检查，常抓不懈。总队采取多样形式适时对各站贯彻落实《规范》情况进行检查指导，把贯彻落实《规范》作为督察工作的一个重点，及时修改边检站执行中存在的问题和不足，确保工作得到及时的改进和加强，有效地提高了工作效率和质量。通过狠抓新《规范》的落实，一线执勤科的办公、学习、执勤设施逐步更新完善，工作秩序、工作作风、队伍管理等得到了进一步改善，勤务规范化建设水平稳步提升。

【边防检查工作】 9月1日，总队召开专题会议认真贯彻落实部局“满洲里会议”精神，原原本本地组织学习了齐焕祥副局长、李贤坤副参谋长的讲话，观看了空港边检站勤务规范示范片，了解了将要启用的新的边检信息管理系统，并针对进一步加强业务改革创新的举措进行了研究和部署。

明确了今后一段时期总队边防检查工作的总要求。即紧紧围绕党和国家维护国家重要战略机遇期社会稳定和全面建设小康社会的战略目标，进一步突出边防检查工作的中心地位，切实提高执勤执法能力和水平，坚持立警为公，执法为民，做到“三个坚持”、“四个不能出现”、“两个满意”，努力为维护国家安全稳定和经济发展作出新的贡献。

狠抓“七个必须”确保边防检查任务的圆满完成。“七个必须”是必须把维护安全稳定和口岸秩序始终放在第一位，确保万无一失；必须狠抓执勤执法工作的规范化建设，坚决克服随意性、盲目性，依法执勤，规范服务；必须坚持不懈地抓好边检队伍能力素质建设，不断适应新形势、新任务的要求；必须进一步改革创新业务工作，以科技强警为依托，不断提升边防检查工作质量；必须进一步转变执法观念，更好地在文明服务、优质服务中实现管理要求，把“执法为民”的要求落到实处；必须牢固树立边检工作的中心地位，进一步体现基层第一、前方第一思想，努力为一线执勤人员创造更好的工作、学习、生活条件；必须努力争取党委政府和相关单位、部门对边检工作的支持、帮助和理解，以确保更好地完成以边检工作为中心的各项任务，不断推进部队的各项建设向前发展。

结合实际改革和加强边检业务基础建设，进一步提高把关和服务水平。针对执勤力量紧张，为实现执法“查处分离”的原则，在边检站成立法制技术保障组，科学调配和使用警力，进一步加强内部监督的勤务保障，提高了执勤工作效率和质量。针对边检勤务问题的处置，研究出台《出入境边防检查勤务问题处置权限及程序暂行规定》，按照程序明确、环节严密、各司其职、逐级负责、依法处置和相互制约的要求，确保依法、快速、准确、安全地处理勤务问题。针对口岸限定区域管理难的问题，进一步完善管理措施，组织勤务中队战士参与现场执勤，提高执勤现场管控能力，确保口岸正常出入境秩序。针对业务学习、研讨缺乏长效机制、出台《边检业务学习、研讨制度》，加强对边检业务理论、技能的学习和研究，探索建立边检业务学习、研讨的长效机制。此外，总队还取缔了以前的一些旧规定，确保一线执勤人员集中精力完成好边防检查工作任务。

【“三访四见”活动】 主动深入走访，广泛征求意见。总队领导率队走访了省口岸办、省厅出入境管理处、机场管理集团公司、南航湖南分公司、新华社湖南分社、张家界、岳阳市政府口岸办、口岸相关生产企业等16家单位，边检站组织人员走访了驻地台办、旅游局、民航、南航、台资企业、远大集团、巴陵石化、泰格林纸集团等单位。走访中介绍了部队开展“三访四见”工作的情况，征求对边防检查工作的意见和建议，并就繁荣口岸事业进行了深入的探讨和交流，在开辟新航线、推进口岸建设发展方面取得了积极成果，促成张家界口岸每周执行4班往返韩国的航班。同时在执勤现场开展了一次出入境旅客问卷调查活动，随机向150名旅客发放了调查表，收集对边检工作的意见和建议，及时进行了整改，深受社会各界的欢迎和称赞。

拓宽服务渠道，不断提升执法为民的水平。各单位在“三访四见”的活动中，走出三尺验证台，上站服务，较好地改善了公安边防执法者的形象。长沙边检站积极延伸服务范围，主动到港龙航空公司长沙办事处“把脉问诊”，赠送《边防检查执法寄语》。主动向南航吉林分公司寄发了《执法建议书》，促进航空公司提高服务质量。在省台办召开的服务台商座谈会上，主动宣讲边检法规，发放“边检执法服务联系卡，得到了与会台商的广泛好评。张家界边检站结合实际制定了落实“三访四见”活动十项措施，为践行“立警为公、执法为民”提供了保证。

推出便民利民措施，尽力为群众、企业和政府办实事、做好事、解难事。“帮群众之所需，急企业之所急，想政府之所想”。总队在简化手续、规范程序、主动热情服务上下功夫，积极推出便民措施，使公安边防执法工作更加“人性化”。一是开辟了“绿色通道”，对招商引资、技术合作、经贸洽谈、科技交流的境内外大企业、大财团的入出境团组给予礼遇、集中验放等便利。开设“需扶助人员通道”，在旅客检查通道加装指示牌，帮扶老、弱、病、残、幼上下交通运输工具，优先办理出入境检查手续。二是建立了“首问责任制”和“数据分析运用制度”，定期对口岸出入境航线、人员变化规律、特点、动态进行分析研究，为口岸建设、经济发展和旅游开展提供参考数据。三是推行了“旅行团预报预检制度”，旅行社提前申报旅游团队名单，边检站及时实施预检，并开设团队专用通道，加快旅游团队的通关速度。四是实行了“24小时值班备勤制度”，向社会公开联系电话，方便企业和出入境人员的通行便利，对非正点（定期）的航班做到即到即办。五是设立了执勤现场“服务公告”。对于已符合我国出入境边防检查政策规定，但后续旅行可能存在问题的“五类”旅客，及时提醒，同时各边检站聘请执法监督员，公布姓名、单位和联系方式，增强边防检查执法的社会监督。

湖南出入境检验检疫局

2005年，湖南出入境检验检疫局认真贯彻国家质检总局和省委、省政府的工作部署，落实科学发展观，紧贴湖南经济社会发展战略，找准工作切入点和着力点，加强检验检疫能力建设，全面提升把关服务的有效性，较好地履行了检验检疫工作职责，实现了检验检疫工作与湖南经济社会相互促进、同步发展。

【概况】 全省出入境检验检疫系统共完成出入境货检68539批次，货值32.12亿美元，同时增加13.95%和17.04%；检出不合格货物448批次，4177万美元，同比批次减少10.22%，货值增加48.88%。出入境人员检验、体检，交通工具、集装箱检疫，旅检、邮检、木质包装监督检疫、出境货物包装鉴定、单证签发等工作全面加强。

【防控疫情病传入传出】 有效抗击了高致病性禽流感疫情。2005年，禽流感疫情在世界多国蔓延。10月，湖南省湘潭发生禽流感疫情，并发生1例人感染病例。在国家质检总局和湖南省统一指挥下，迅速启动了应急预案，加强口岸检验检疫把关，对疫区周边企业进行了重点排查和防控。加强口岸检疫查验和健康体验，恢复出入境人员体温监测措施。全省口岸和出口企业没有发生禽流感疫情事件。

从源头加强监测，有效防控猪链球菌等动物疫病。四川发生猪链球菌疫情后，在全省供港澳活猪注册饲养场开展了猪链球菌2型监测，增加了5种疫情监测的疫病种类，确保供港澳活猪的安全。9月13日，香港凤凰卫视、大公报记者到湖南省供港活猪养殖场、种猪场、饲料场采访后报道称“湖南活猪质量一流”，消除了香港市民的恐慌心理，保证了湖南省供港澳活动物质量安全的良好形象。

有效应对突发公共卫生事件和防堵口岸疫病疫情进出。完善京九、沪九公共卫生事件处理协作机制，妥善处理了沪九国际直通列车外籍人员突发公共卫生事件2起，以及赴巴基斯坦回国劳务人员急性疟疾事件。全年共完成出入境人员健康检查5392人次，发现传染病27例，实施出入境人员预防接种8935人次。处理外籍人员感染传染病并提请提前出境3例。

有效防止外来有毒有害生物入侵。全年截获入境植物及其产品疫情、其它有害生物66种1584种次，种类同比增加69%。对张家界的一枝黄花、常德的红火蚁等侵入点进行了检疫处理。检出放射性严重超标进口金属矿产品一批，向湖南省环保部门提出处理意见，防止了重大事故隐患。

【出入境商品检验监管】 积极配合中央实施中部崛起战略和湖南开放型经济发展战略，认真落实《湖南出入境检验检疫局促进湖南开放型经济发展的十项措施》，扩大促进地方经济发展的成效，增强检验检疫有效性，全力服务湖南省进出口结构的优化和外贸质量效益的提升。

狠抓进出口食品农产品安全质量，扩大传统产品出口。坚持把食品农产品安全工作放在突出重要位置。妥善应对了苏丹红、孔雀石绿、啤酒甲醛事件，对全省进出口食品进行了苏丹红突击检查，及时向国家质检总局和国外通报了湖南省合格食品生产企业。

积极扩大传统产品外贸出口。局领导带队开展全省性调研，制定促进重点农产品出口工作方案。成功安排毛里求斯检疫代表团来湘考察，帮助湖南省柑桔打入非洲市场。杂交稻种、竹制品植物检疫措施课题取得突破性进展。杂交稻种出口量、出口国别比去年明显攀升；负责起草的一次性竹筷国家强制性标准颁布实行。帮助岳阳加华成功通过马来西亚和伊斯兰注册，累计国外企业注册14家。加强原产地标志保护和普惠制工作，签证企业享受到了2429万美元的关税优惠。充分利用纺织品配额取消的机遇，帮助企业解决输欧盟纺织品偶氮、甲醛残留问题，全年服装出口货值上升76%。积极帮助湖南省钢铁制造业克服国内宏观调控和原料大幅涨价的困难，对湘钢、锡矿山等8家大型企业全面采取过程检验模式，检验出证周期由7天缩短为半天，降低了出口成本，促进企业近50万吨产品的顺利出口。

大力支持支柱产业、新兴产业发展，促进优势产业链的构建和优化。围绕湖南省十大产业发展战略，采取分类指导、重点跟踪等多种方式，加强对现代装备制造业、电子信息等支柱产业、新兴产业领域的重点企业的把关服务。争取总局支持，将进口汽车由口岸检验改为到货地检验，大大降低了中联重科、三一重工进口底盘车的通关成本。针对汽车部件出口旺盛的势头，及时调整检验监管模式，提高了长汽福田的出口汽车部件的检验通关和物流模式，提高了长汽福田的出口汽车部件的检验通关和物流效率，实现出口12000套。严格把关，为企业挽回重大经济损失。检出三一重大进口558台五十铃底盘车的严重安全问题，通过对外交涉，责令日本五十铃公司召回整修，引起了省政府和国家质检总局的高度关注。全年成功对外索赔20多起，索赔金额达2725.45万美元。

加快检验检疫大通关实施步伐，提升对外开放口岸建设水平。积极开展以电子监管为重点的电子检验检疫二期建设。为45家企业安装了企业端软件（全省总计达到615家），实现了电子申报、电子签证两个百分百，符合条件的全部进行电子转单。对湖南熙可等2家企业进行了电子监管试点，实现了由产品检验向生产过程的延伸。积极参与“一区两园”建设。局领导带险赴苏州等地开展出口加工区建设调研，提出了郴州出口加工区、长沙保税物流中心口岸检验检疫设施建设方案，为完善一区两园建设提供了决策依据。加强关检协作，与长沙海关共同签署了关检合作备忘录，建立了关检定期磋商制度，对口岸货物实行“一次录入、一次移箱、一次查验”，有效提高了口岸通关效率。

【签署《合作备忘录》】 6月17日，局长龙新平与长沙海关关长靳晨光签署了《长沙海关与湖南出入境检验检疫局关于关检合用机制备忘录》。湖南省政府副省长贺同新参加签字仪式并发表讲话。合作机制备忘录主要包括4个方面内容：一是积极支持和推进口岸电子执法系统建设，应用推广电子通关（通关单电脑联网核查）、原产地证“一单两报”（一次录入，分别申报）、物流信息、统计信息等信息交换，实现信息共享。二是建立关检协同执法机制，在旅检通道X光机“一机两屏”模式、商品分类鉴定、进境货物联合查验、打击走私、防止逃漏检、应对重大疫病疫情突发事件等方面，实现优势互补、全面合作。三是建立保税物流园区、出口加工区等海关特殊监管区域和场所关检合作模式。四是加强业务交流与合作，建立重大政务信息相互沟通联系机制。同时，建立联席会议制度。联席会议一般每半年召开一次，成员由双分管关局领导和各业务部门的主要负责人参加，研究部署关检合作重大事项。

【动物检疫监管】 加强把关服务能力，从容应对猪链球菌病2型、孔雀石绿事件和高致病性禽流感疫情等严峻挑战，确保了敏感商品未发生影响全局的质量问题，促进了湖南动物和动物产品出口。

严格把关，严防境外有害生物入侵和有毒有害物质传入。成立局重大动物疫病防治工作领导小组，修订湖南进出境动物口蹄疫防控方案。加强对进境动物和动物产品检疫审批的网上初审工作和进境动物临时隔离场的审核。

落实“源头”管理，确保敏感商品不发生影响全局的质量问题。针对省内一段时间内出口肉类产品潜在的药残问题，召开有省人大农业与农村委员会和湘潭、邵阳等5个市副市长、洞口等7个县副县长和畜牧局长参加的“湖南出口肉类产品安全情况通报会”。发布《湖南供港澳活猪检验检疫实施方案》。进一步完善疫情监测、常规尿检、药残监测、饲料监管、针印管理、人员管理等全过程管理制度。对全省72个供港澳活猪、牛注册饲养场进行年审，对新申请的6家进行了注册考核，取消7个企业注册资格。增补5个企业注册。全年供港澳活猪未出现药残问题。

【植物检疫监管】 认真贯彻落实国务院办公厅《关于加强防范外来有害生物传入工作的意见》，加强与农林部门、大专院校、科研院所沟通，研究建立防止红火蚁、松材线虫、加拿大一枝黄花等外来有害生物的传入的协作机制，加大对外来有害生物的监测；加强检疫监管，对进境的小麦、大豆、烟叶、豌豆等植物产品进行后续监管。继续开展疫情监测工作。深入监测点进行巡回检查，指导监测技术，完成全国实蝇重点实验室布置的专题调查报告。举办红火蚁检疫技术培训，制定湖南省的红火蚁调查报告。举办红火蚁检疫技术培训，制定湖南省的红火蚁调查方案，确定监测工作联络员，明确工作职责、监测范围、监测方法。经过半年的监测，采集到了实验标本，完成了监测报告，全省范围内红火蚁疫情得到控制。

【卫生检疫监管】 加强全省卫生检疫工作调研。深入全省检验检疫系统11个分支机构以及省卫生厅、商务厅、公安厅、口岸办等部门，听取和收集意见。在此基础上，进一步规范和指导全省卫检工作全面开展。组织力量编写了20余万字的《湖南出入境卫生检疫程序文件及作业指导书》；为达到突发事件处置常备化的目标，及时有效地处置突发公共卫生事件，建立了突发公共卫生事件处置工作室和病媒实验室。针对卫检工作突发性、联动性的特点。加强与省卫生厅、商务厅、公安厅、口岸办等相关部门的联系与沟通，建立长效联络机制和情况通报机制，有效地保证了执法效果和业务新领域的开拓。大力开展传染病的监测工作。对查出的HIV阳性外国人进行了个案调查，配合公安机关做好遣送出境工作。

及时处理发生在沪九国际直通列车上的突发公共卫生事件。落实《京九沪九直通车湖南运行途中突发公共卫生事件处置预案》，完善联系制度，按预案要求购置了应急物资。

岳阳海事局

2005年，是长江海事局十五发展目标的最后一年和实现“四化三步走”第一步战略的关键一年，也是岳阳海事局实现三年建局目标、赶上长江海事发展整体步伐的“争先年”。全局在长江海事局正确领导下，紧紧围绕长江海事“四化三步走”战略，努力实施安全主动管理，牢牢牵住客渡船“牛鼻子”，大力推进“四化”建设，积极开展综合改革，深入进行海事文化建设，圆满地完成了长江海事局各项目标任务，取得了交通部海事局“文明执法标兵单位”称号，比较圆满地实现了三年建局任务。

【安全监督管理】 全局紧紧把握辖区安全监管规律，牢牢牵住客渡船管理“牛鼻子”，科学运行海事管理模式，强化“三重点一环节”管理，安全监督管理针对性有所提高，重点航段、重点油区、重点船舶监管力度明显加大，保持了辖区水上安全形势基本稳定。辖区发生一般以上水上交通事故2起，死亡（失踪）6人次，水上交通事故五项指标与上年相比“升降”，事故件数、死亡人数、经济损失下降明显。辖区安全评估指导数105。

牢牢把握安全监管规律，主动管理能力明显提高。全局以辖区三大航段、三大油区、三大渡口为重点，开展了全方位的安全监督管理规律调查，按照“三重点一环节”，编制了岳阳海事局及各海事处现场监管规律手册，并入海事管理体系，并对辖区时段水位、水情变化情况，各海事处对辖区安全监管规律进行了进一步细化，制定和实施了相应的安全监管措施。在窑监战枯水期，监利海事处把握禁航查船、开航维护和应急救助三个环节，确保了长江黄金水道畅通有序；在洪枯水位交替期，华容、洪湖海事处针对反咀、界牌水道船舶易走错航路搁浅的问题，在其地进行了现场驻守，有效遏制了搁浅事故的发生；在三峡泄洪期，城陵矶海事处严格控制超载船舶上行，确保了洪水期安全；在渡船管理上，临湘海事处重点对杨林山渡口、忠防大坝学生渡口、节假期高峰段现场驻防，确保了高峰期渡运安全有序；在油区管理上，深入贯彻“114”机制，重点加强船岸联系和电打鱼船的联合整治，取得了较好的效果。安全监管规律的科学运用，提高了海事监管主动性和科学性，主动管理能力得到了明显的提高。

深化运行现场管理模式，通航管理能力得到加强。以海事监管中心统一调度为平台，按月布置现场监管目标任务。促进航段巡航、油区检查和渡口巡查各项监管指标的完成；对窑监战枯水、荆岳大桥钻探施工维护等重点工作实施项目管理，有力保证了各项重点工作的顺利进行；认真组织开展了船舶载运危险货物安全专项整治、内河船舶船员证件专项检查、“安全生产月”、专项性整治活动，科学开展长效管理。2005年，全局共出动海巡艇巡航10018艘次，巡航时间15913.13小时，单艇日均航行时间9.07小时；检查船舶21116艘次，单艇查船11.6艘，纠正违章7037次，纠违率100%；检查船员证书7445本、查出假证7本，查出船员假档案36份，走访县乡政府和船舶单位70余次，宣传船舶17600艘次、发放宣传资料2万余份。

积极落实政务服务机制，“三船”监管力度不断加大。全年共组织审核岳阳市水运、岳阳金岳船务、岳阳天顺船务3家船公司进行了NSM审核，其中通过审核3家。办理船舶进出港口签证18065艘次，船舶动态系统登录率63.2%，危险货物申报4300艘次；完成船舶安检878艘，滞留船舶38艘，滞留率3.4%；完成船舶登记29艘次（其中，所有权登记8艘、核发国籍证书6份、办理注销登记1份、办理变更登记14艘），核发最低安全配员证书19份；清理湖北省荆州市地方海事移交船舶登记档案56份。组织船员培训考试22期，培训发证133人；建立和运行船员培训发证体系，取得了交通部船员培训发证体系外审通过；实施行政处罚551件，船员违法记分305人，共记602人。

牢牢牵住“牛鼻子”，继续保持渡口事故为零目标。重点实施客渡船管理“牛鼻子”工程，认真落实了长江海事局渡船管理规范，推行了客渡船“三基”管理和“116”长效监管机制。全年督促政府审批或重新确认了129个渡口；辖区长江干线56个渡口、73艘渡船的数据库已在内网登录完毕，协议水域194个渡口、270艘船、373名渡工数据库建立也全面完成；分发了渡口渡船“四必须”、“八不准”安全宣传单2000份；对城陵矶至观音洲等渡口客流量大的渡口进行了预警限航监管，在“五一”、“十一”长假期间，对忠防大坝等学生渡口，学生放假渡运高峰期进行了驻点维护；完成了辖区支流水库客渡船船员298人的免费培训和发证；投入渡船宣传经费30万元，树立安全警示牌56块；为鱼须、忠防大坝学生渡口免费发放救生衣80件；12月下旬，召开岳阳、荆州两市七县、市、区交通局、安监局、海事局及部分乡镇渡口、渡工联席会议，共商牵住“牛鼻子”的工作措施，表彰了一批优秀渡口渡船监督员、船管员优秀渡船，使渡船“三差两难”情况得到了一定改善，并对重点客渡船安装了5台GPS，实施了有效监控，继续保持了渡船事故为零目标。

【“四化”建设】 全局依靠长江海事局的大力支持，自身多想办法筹措资金，增加四化建设基础投入，强化队伍作风训练，强势推行海事管理体系，基本实现管理信息化、反应快速化和执法规范化，如期完成了长江海事“四化”建设第一步的目标任务。

多方筹措资金，加快软硬件建设，基本实现管理信息化。通过争取长江海事局专项拨款和局内自筹资金，全年完成了监利海事处艇、囤和华容海事处囤等3个无线网桥基站建设，实现了5个海事处、6个办事处与局内网连接，海事处与局内网连接率达100%、办事处达86%；新配备20台计算机，至12月底，全局共有计算机95台，机关工作人员和海事处执法岗位计算机配置率达100%；按照长江海事局的统一部署，推广了船舶动态管理、船舶登记管理、行政处罚管理、办公室自动化与档案管理、人力资源管理系统等应用软件；按局2名专职、海事处2名兼职、部门1-2名兼职计算管理人员的标准，完成了18名专兼职计算机管理人员配备；全局共有111人计算机一级考试合格，占机关岗位和执法人员岗位人数的84.3%（其中，原岳阳海事局机关工作人员35人，达标率100%；基层执法人员57人，达标率90%）；内网网站共发布信息2920条，外网网站发布政务信息115条，分别较去年同期增加1020条、25条。以主干网光纤连接、海事处、办事处无线网桥连接的高效网络平台已经建立；以船舶动态管理系统、办公自动化系统和用友财管管理系统为代表的涵盖海事业务、内部管理、财务管理的软件应用系统已得到推广应用；以职工计算机一级达标和专兼职计算机管理人员为基础的信息化队伍基本形成。

完善搜救体系机制，强化队伍作风，基本实现反应快速化。按“153040”快速反应要求，将华容海事处本部由内水迁至长江，并划定了长江干线管辖范围，完成了海事处管段调整；初步建设了监利、华容、洪湖搜救基地建设，增加配置3艘快速海巡艇，辖区船艇航段153040覆盖率达91%；增加配备海巡艇雷达4台、望远镜2台，开展了夜航雾航演；完成了岳阳港溢油计划、化学品应急预案编写，组建成了监利、洪湖两个水上搜救分中心；制订了岳阳海事局快速反应时间表，开展不定期演练，人员演练快速反应达标率100%。以长江岳阳水上搜救中心、岳阳港溢油应急指挥部和搜救分中心为组织形式的政府、海事、社会各方参加的应急搜救机制基本建立；以海事处为依托建设搜救基地、搜救点；以开展反应快速化演练、夜航、雾航训练为方式，具备一定全天候快速反应能力的搜救队伍基本建成。

强势推进海事管理体系，规范现场留痕，基本实现执法规范化。抓好“三个切入点”，即寻找规律、规范记录和强化意识，强势推进海事管理体系实施，新增加了具有岳阳特色的《岳阳海事局现场监管规律指导手册》，得到了长江海事局的全线推广；组织了海事管理体系文件修订，调整了部分机构、岗位职责，进一步规范理顺了工作程序；清理规范了海事管理体系各项记录，统一规范和印制了15类现场工作台帐和现场执法工作记录和执法文书、记录填写范本；为现场配备了多功能“海事执法包”；开展了执法文书和票据填写比赛，举行了“三类”职责考试和岗位练兵。6月，该局组织对全局体系运行情况进行了内审；9月通过了长江海事局文件预审；11月接受了长江海事局组织的活动初次审核，12月，开展了海事管理体系文件的修订和改版工作。

湖南口岸大事记

1月10日

湖南省人民政府副省长郑茂清主持召开会议，专题研究实施长沙黄花国际机场总体规划有关问题，省市相关单位参加了会议。

1月27日

省政府口岸办召开2004年度全省口岸系统总结表彰大会，表彰了长沙海关机场办旅检科等13个先进单位和陈岚等49名先进工作者。

2月8日

省政府经济顾问邹育文率省政府口岸办等部门同志，到长沙航空口岸国际厅现场慰问节日值班的海关、检验检疫、边防等口岸单位一线干部职工。

2月17日

张家界荷花机场接待了从韩国汉城起飞直达张家界的航班，张家界航空口岸由此迎来了首架国际航班。

3月11日

省政府副秘书长刘明欣带领省政府口岸办、省机场管理集团公司南航湖南公司的负责同志一行5人，前往国家民航总局汇报湖南省开通至韩国定期航线航班事宜。

3月25日

省口岸办和口岸联检单位与吉林省口岸办、长春市口岸办及口岸联检单位，签署了“长春—长沙—香港”定期航班《合作协定》。

4月6—8日

长沙黄花机场顺利完成中共中央政治局常委、中央书记处书记、国家副主席曾庆红的专机保障任务。

4月16日

省建设厅、省发展和改革委员会以湘建 [2005] 111号文，将长沙黄花国际机场扩建工程纳入湖南省2005年重点建设项目。

4月22日

长沙航空口岸开通“长沙—吉隆坡”包机航班，航班班期为每周五、周六两班。包机方为马来西亚吉隆坡国华旅游有限公司。

5月3日

“长春—长沙—香港”定期国际航班正式开通，航班班期为每周二、周六各一班。

5月7日

中共中央台湾工作办公室主任陈云林，中共湖南省委书记杨正午在长沙航空口岸迎接亲民党主席宋楚瑜的母亲宋胡宛容一行9人。

5月8—10日

亲民党主席宋楚瑜率代表团来湘进行了为期2天的参观访问和省亲、祭祖活动，省机场集团公司和口岸各单位精心安排了礼遇通关活动。

5月15日

公安部边防局副局长齐焕祥将军在省边防总队政委郭群和岳阳市委副书记孔根红等领导陪同下，到岳阳口岸检查指导工作。

5月27日

岳阳市人大常委会副主任胡罗涛、卢良才、戴绪军、罗美安，秘书长包忠清等部分常委会组成人员到岳阳港区和城陵矶港考察，全面了解港口建设和口岸发展情况。

6月2日

岳阳市委书记易炼红，市委常委、市委秘书长曾文献，市委常委、市总工会主席赖社先以及副市长郭振斌等领导深入城陵矶码头、松阳湖港区及洪源机械厂等地考察，详细了解港口扩建改造规划，现场研究港口扩建改造工作。

6月3日

国务院正式批准设立郴州出口加工区。郴州出口加工区是湖南省唯一被批准设立的国家级出口加工区。

6月17日

长沙海关靳晨光关长和湖南出入境检验检疫局龙新平局长分别代表双方签署《长沙海关、湖南出入境检验检疫局关于建立关检合作机制备忘录》，湖南省副省长贺同新等省领导参加了签字仪式。

6月29日

省政府办公厅副主任、省打私办主任王光明代表湖南省打击走私工作领导小组签署《珠江三角区域反走私合作协议》，标志湖南正式加入泛珠三角区域反走私合作机制。

7月6日

湖南出入境检验检疫局局长龙新平到岳阳口岸调研，市委副书记、市长罗碧升等市党政领导陪同。龙局长表示积极支持岳阳松阳湖新港建设以及申报“进口水果定点口岸”和“废物原料定点口岸”。

7 月 7—9 日

省打私办协助全国打击走私综合治理办公室在张家界市组织召开 17 个沿海、沿边省（区、市）打私办主任会议。

7 月 15 日

南航向欧洲空中客车工业公司购买的第一架全新空客 A320 飞机落户黄花机场。南航湖南分公司全年将引进 4 架 A320 飞机。

7 月 25 日

民航中南地区管理局在长沙召开张家界机场总体规划审查会。

8 月 8 日

南航湖南分公司一架载着 79 名旅客的 B738CZ3065 航班进行了“长沙—韩国清州”的首飞。

8 月 11 日

长沙黄花机场分公司运输候管部空港芙蓉 QC 小组荣获中国质量协会颁发的“全国优秀质量管理小组”称号。

8 月 12—14 日

长沙黄花机场顺利完成中共中央政治局常委、国务院总理温家宝的专机保障任务。

8 月 14 日

韩国釜山—张家界国际航班进行了首航，民航总局领导专程前往剪彩，省政府专门就此给了张家界市政府发贺电。

8 月 15 日

湖南省人民政府办公厅以湘政办函 [2005] 109 号文，成立湖南省机场扩建工作领导小组，领导小组办公室设集团公司，集团公司总经理、党委书记赵龙江担任小组副组长，集团公司副总经理刘志仁任小组成员兼领导小组办公室主任。领导小组下设湖南省机场扩建工程建设指挥部。

8 月 25—31 日

中国民航总局与韩国建设交通部民航合作会议在张家界举行。此次会议，中韩民航部门同意将长沙与汉城等城市列为对等飞行城市，张家界航空口岸可用中国籍飞机飞行除汉城之外的韩国其他城市。

8 月 30 日

民航总局杨国庆副局长一行前往黄花机场对行业系统内开展保持共产党员先进性教育工作进行调研，并将黄花机场现场运行指挥中心确定为定点联系点。

9 月 7—9 日

长沙黄花机场顺利完成中共中央政治局常委、国务院副总理黄菊的专机保障任务。

9 月 9 日

成立湖南省电子口岸建设领导小组，负责组织和推进湖南电子口岸建设。

9 月 12 日

省国土资源厅核发编号为（湘）国土预审字 [2005] 48 号《建设用地预审报告书》，批准了长沙黄花国际机场航站楼、站坪扩建工程用地计划。

10月17日

贺同新副省长与海关总署副署长李克龙在北京签署了《中华人民共和国海关总署和湖南省人民政府建设湖南电子口岸合作备忘录》，标志着湖南电子口岸建设正式启动。

10月24日

张家界荷花机场圆满完成国民党荣誉主席连战内地参访所乘航班保障任务。

10月28日

省政府办公厅副主任王光明代表贺同新副省长召集省直各有关部门、中央驻湘各有关单位及张家界市政府、市口岸办等单位负责人会议，专题研究张家界航空口岸扩大开放问题，形成了《湖南省人民政府关于张家界航空口岸进一步扩大开放有关问题的会议纪要》。

10月28—30日

长沙黄花机场顺利完成中共中央政治局常委、全国人大常委会委员长吴邦国的专机保障任务。

11月4日

南航湖南分公司开通“长沙—汉城”定期航班，航班班期为每周一、周五各一班，结束了湖南口岸没有一条真正意义的国际定期航线航班的历史。

12月8日

民航中南地区管理局在长沙召开长沙黄花国际机场停机坪扩建工程的初步设计审查会。

12月12日

民航中南地区管理局以民航中南局[2005] 66号文批复同意黄花机场停机坪扩建工程初步设计。

12月22日

南航湖南分公司召开出勤楼工程竣工验收会议，来自南航集团公司、长沙市规划设计院、勘察院等单位的领导和专家进行了全面细致的检查验收。

12月23日

中国人民解放军驻长沙黄花国际机场军代处正式挂牌成立。

12月31日

长沙黄花机场完成旅客吞吐量441.6万人次，张家界荷花机场完成旅客吞吐量155.4万人次。

省政府批准开放郴州公路口岸，并要求郴州公路口岸具备海关、检验检疫、银行税务、保险、外汇管理、货代、运输等检查检验和服务功能，形成“一站式”、“一条龙”服务的快速大通关平台。

南航湖南分公司飞行部实现了连续64个月无差错，飞机维修厂创下了131个月无维修差错的纪录。

广东口岸工作综述

【概况】 2005 年，广东省口岸工作紧紧围绕确保安全畅通、改善通关环境、促进外经贸发展的目标，积极推进口岸查验监管模式的科技创新，认真抓好粤港、粤澳口岸合作项目的跟进落实，扎实推进口岸基础设施建设和布局调整，口岸大通关建设呈现新的局面，口岸运作实现安全畅通，客、货和交通工具流量保持稳定增长，通关环境明显改善。

【工作亮点】

（一）口岸主要通关指标在全国继续领先，并占有较大比重。据统计，2005 年经全省口岸入出境旅客 2.5 亿人次，同比增长 14%，约占全国的 82%；入出境交通工具 1761 万辆（艘、列、架）次，增长 33%，约占全国的 87%；进出口货运量 2.8 亿吨，增长 11%，约占全国的 30%；港口进出口集装箱 2095 万标箱，增长 3%，约占全国的 28%。

（二）口岸查验监管技术手段科技创新取得突破性进展。全国首创的“一站式”电子验放系统和港澳旅客自助查验系统在珠海拱北、深圳罗湖口岸顺利投入运行；继皇岗口岸之后，边检“快捷通”系统和海关“电子自动核放系统”推广应用到文锦渡、沙头角口岸，深圳公路口岸入境车辆通关全部实现电子验放；省口岸广域网实现与驻粤边检的通关数据联网，功能作用进一步发挥。

（三）口岸基础设施建设和布局高速成效显著。全省全年共有 20 多个口岸新建、扩建、搬迁项目建成通过验收并对外开放投入使用；对全省清理整顿后保留的 84 个二类口岸，已经研究提出整合方案并得到国家主管部门的基本认可。

（四）粤港、粤澳口岸合作进展顺利。深圳罗湖人行桥改造工程、皇岗、沙头角口岸加建跨境公路桥工程顺利竣工启用；深圳福田口岸、深圳湾口岸和珠澳跨境工业区口岸的建设按计划推进；东莞至香港直通货运列车、香港至江门直升机航线等项目的协调工作已取得实质性进展；港珠澳大桥口岸设置模式完成省内的前期论证工作。

【逐步建立、完善口岸“大通关”建设各项工作机制】 为有效解决广东省口岸业务量在大基数基础上持续快速增长、口岸建设任务重、协调难度大的问题，年内进一步加强了对各级口岸管理部门的检查、督促和指导，主动拜访有关口岸查验单位主管部门，使“大通关”建设问题越来越得到各级政府和口岸各查验部门的重视。目前，各地、各部门已按照省政府的要求，结合实际情况，逐步建立、完善了口岸“大通关”建设的协调机制、督察机制和突发事件处理机制，使“大通关”建设工作逐步走上制度化、规范化轨道。

（一）加大协调力度，跟进落实珠海拱北口岸客车通道“一站式”电子验放系统的建设和投入运行。省口岸办会同珠海市政府、驻珠海口岸各查验单位多次在拱北口岸召开协调会议，研究解决该系统建设和验收启用的有关问题，确保该系统于 3 月 15 日开始试运行，8 月 31 日通过正式验收，在全国首次实现边检、海关、检验检疫三家查验单位统一平台、统一确认、统一放行。目前系统总体运作情况正常，日均验放车辆 4000 多辆次，车辆通关最快可达 8 秒，平均通关时间为 20 多秒，比人工验放提速10倍，电子车牌与指纹识别率平均在98%以上。现已办理车卡7500多张，司机卡8300多张，验放的车辆达115万辆次，社会各界对此反映良好。

（二）积极支持边检部门在珠海拱北、深圳罗湖口岸旅检通道实施港澳旅客自助查验通关。在边检部门研制开发港澳居民“自助式检查通道”过程中，省口岸办和深圳、珠海口岸管理部门给予了大力的支持配合，并积极争取各级政府在经费上的支持，使全国首创的港澳居民“自助式检查通道”于3月和6月分别在珠海拱北口岸和深圳罗湖口岸建成投入使用，在国内首次实现旅客“自助式”通关，港澳居民凭个人IC卡和指纹确认就可以在自助检查通道自行办理通关手续，正常通关时间只需8秒。拱北口岸建成2条自助检查通道（春节前又建成启用24条），至年底共验放旅客约250万人次；罗湖口岸建成43条自助检查通道，共验放旅客1300万人次。

（三）积极推进深圳公路口岸全面实行出入境车辆电子验放。自边检和海关分别在皇岗口岸实行了“出入境车辆自动检查系统”（简称“快捷通”）和“电子自动核放系统”后，深圳市政府和有关部门加大资金投入，将该两套系统推广应用到文锦渡和沙头角口岸，至此，深港间出入境车辆通关全部实现电子验放。

（四）稳步推进以中国电子口岸平台为基础的地方电子口岸建设。自2002年上海大通关现场会以来，与中国电子口岸对接的省地方电子口岸建设呈现出良好发展势头。目前，广州、深圳、佛山、湛江、江门及粤东等地的市政府已与海关总署签署了“地方电子口岸”建设合作协议或备忘录，拟建设的电子口岸覆盖了深圳、广州、湛江、江门、阳江、汕头、梅州、汕尾、潮州、揭阳等10个地级以上市，其他地区的政府也有共建“地方电子口岸”的合作意向。其中，广州市和深圳市的电子口岸建设已取得初步成效，得到了国家有关部门的肯定。

（五）正式启动省口岸广域网与查验单位的信息联网工作。在公安部、驻粤边检部门的大力支持下，广东省口岸办以广东省口岸指挥中心的广东口岸广域网为载体，协调解决了与驻粤各边检通关数据联网工作，使口岸广域网的功能作用进一步发挥，为领导及时掌握口岸动态、进行科学决策提供准确依据。

【加强口岸基础设施建设，调整优化口岸布局】

（一）一类港口口岸。在国家有关部门的大力支持下，广东省成功组织了对广州、深圳、汕头、佛山、珠海、惠州、茂名、阳江等8市16个一类港口口岸码头泊位新建、扩建、搬迁项目对外开放的验收，使港口设施充分发挥作用，吞吐能力增强。

（二）陆路、公路口岸。深圳罗湖人行桥改造工程、皇岗、沙头角口岸加建跨境公路桥三大粤港跨境基础设施建设工程顺利竣工启用，消除了过境车辆的通关瓶颈问题；为彻底解决横琴口岸临时联检楼存在的严重安全隐患问题，经请示国务院有关部门批准，横琴口岸旅检通道于9月17日临时关闭，新联检大楼建设工程于12月8日正式动工，预计将在年内竣工投入使用。

（三）航空、铁路口岸。广州白云国际机场二期工程即国际厅工程项目已正式启动，广州天河铁路客运口岸查验大厅顺利搬迁，并在1月18日开始模拟运行，拟于2006年组织正式验收。

（四）水运二类口岸。根据广东省上报的清理整顿后保留的84个二类口岸的处理意见，国家主管部门对广东省提出的调整和整合方案基本认可，为广东省原二类口岸的健康有序发展争取到了极为有利的政策。

（五）进出境货运车辆检查场。潮州车检场正式通过验收并启用；梅州、增城江龙车检场迁建工作基本完成，拟于2006年组织正式验收；东莞、惠州、清远、顺德陈村等车检场迁建工作也按计划推进。

【积极跟进落实粤港、粤澳口岸合作事项】

（一）粤港三大跨境基础设施建设工程顺利竣工。深圳罗湖人行桥改造工程、皇岗、沙头角口岸加建跨境公路桥工程于1月19日顺利竣工启用，为粤港两地的人流、物流提供了更为畅顺的通关环境。

（二）深圳福田口岸（皇岗地铁口岸）、深圳湾口岸（深港西部通道口岸）和珠澳跨境工业区口岸的建设按计划进行。三个项目口岸对外开放问题均已由省政府上报国务院审批。福田口岸连接深港两地联检楼的人行通道桥主体工程建设已完工，现正进行机电设备及大型玻璃幕墙的安装工程，深圳方联检楼主体工程于12月底封顶；深圳湾口岸，目前大桥建设已具雏形，深方联检大楼桩基工程施工已完工；珠澳跨境工业区口岸建设目前已基本完工，待国家批准后即可组织验收投入使用。

（三）协调落实香港迪士尼乐园开放后有关过境交通服务问题。为配合提供香港迪士尼乐园开放后有关过境交通服务，应港方要求，口岸办在上半年先后四次组织有关单位与香港环境运输及工务局牵头的港方有关部门召开过境班次会谈专家组会议，就香港迪士尼乐园开放后过境交通服务问题进行磋商，并已于6月底顺利完成了广东至香港迪士尼乐园的专线过境巴士班次配额安排工作，经省政府批准后实施。

（四）东莞至香港直通货运列车问题的协调工作取得实质性进展。目前省内各有关部门已就东莞铁路口岸增加货运功能并开通东莞至香港货运直通列车问题达成了共识，形成了初步方案。

（五）开通香港至江门直升机航线问题正在积极推进。江门市政府已与港方直升机营运公司初步确定了合作方式，并草拟了合作意向书；驻粤军事和民航部门均表示给予大力支持配合；目前正抓紧进行前期相关手续的办理工作。

（六）粤澳口岸合作专责小组正式开始运作。根据粤澳合作联席会议精神，澳门特区政府于年初正式成立了由保安司牵头组织的澳方口岸专责小组，双方经多次会议友好磋商，协调解决了拱北口岸客车通道实施“一站式”电子验放后鲜活产品运输车辆进出口岸的问题，并完成了对《粤澳陆路口岸突发事件通报处理机制》的修订，该《机制》经报双方政府同意后确定从2005年5月1日起正式实施。

（七）完成港珠澳大桥口岸设置模式问题的前期论证工作。

【加强口岸综合管理，提高服务水平】

（一）积极推进口岸管理法规建设。在大量调查研究的基础上，当年完成了《港澳籍小型船舶进出广东沿海挖沙采石作业点行政许可规定》的起草工作，并组织有关单位进行论证，使其在省政府常务会、省人大常委会顺利获得通过。

（二）针对当前制约广东省经济发展的电煤油运问题，加大协调力度，确保广东省各主要电厂专用码头进口煤、油正常通关。重点协调解决了广州港口岸南沙港区、粤电集团属下东莞沙角A、C厂、珠海电厂、湛江电厂煤码头临时对外开放以及惠州大亚湾石化项目重件码头、石化码头和

LNG电厂重件码头的临时使用问题，确保了广东省紧缺物资和重点建设项目货物的顺利通关，受到有关企业和厅领导的通报表扬。

（三）认真做好《广东省2006-2010年口岸发展规划》综合、编制工作。认真组织全省各级口岸管理部门和驻粤口岸各查验单位，完成了《广东省2006-2010年口岸发展规划》的编制工作，同时积极跟进落实已上报国家的“十一五”的口岸项目纳入国家规划，获得较好的成果（上报14项、获准7项）。

（四）积极开展共建文明口岸活动，努力营造口岸工作和谐氛围。广州、深圳、珠海、东莞、江门、惠州等地结合开展保持共产党员先进性教育活动和“理想、责任、能力、形象”教育活动，通过形式多样的文体活动、现场结对子等形式积极开展文明口岸、文明窗口、文明岗位创建活动，进一步密切了口岸各单位之间的联系和沟通，增进了相互之间的理解和支持，树立了口岸系统的良好形象，共同营造口岸大通关建设的和谐氛围。

2005年全省口岸主要通关数据统计表

项目		2005年	同比%
进出口货运总量（万吨）		28114	11
其中	进口货物	17046	9
	出口货物	11086	14
水路进出口货运总量（万吨）		23683	15
水路进出口集装箱（标箱）		2095	3
其中	进口集装箱（标箱）	1183	35%
	出口集装箱（标箱）	912	-21%
海关税收（亿元）		1185.2	9%
入出境人员（万人次）		24948	9%
交通工具（万艘、列、架次）		1761	33%
其中	车（万辆次）	1694	32%

深圳口岸工作综述

【概况】 2005年，深圳口岸出入境人员1.59亿人次，日均43.7万人次，比上年增长6.1%，占全国的53%。其中：罗湖口岸9074.9万人次，日均24.8万人次，增长1.2%；皇岗口岸4758.6万人次，日均13万人次，增长17%；文锦渡口岸328万人次，日均8997人次，增长3.4%；沙头角口岸

256.4 万人次，日均 7025 人次，增长 10.6%。全年经深圳口岸出入境车辆 1482.7 万辆次，日均 4.06 万辆次，增长 3%，占全国的 74%。其中：皇岗口岸 1124.6 万辆次，日均 3.08 万辆次，增长 3.9%；文锦渡口岸 272.2 万辆次，日均 7460 辆次，减少 1.3%；沙头角口岸 85.8 万辆次，日均 2352 辆次，增长 5.5%。深圳港集装箱吞吐量 1619 万标箱，增长 18.61%；进出口货物 15348 万吨,增长 13.49%。深圳机场出入境旅客 44.9 万人次，增长 91.1%；国际空运货物 6.3 万吨，增长 7.4%；国际航空快件 17.1 万吨，增长 15.55%；经二线各检查站进入特区人员 3.97 亿人次，增长 5.02%；进入特区车辆 1.25 亿辆次，增长 13.6%。

【口岸通关】 面对超负荷的通关压力，市口岸办切实加大各项工作的力度，及时做好通关疏导工作。一是加强与口岸查验单位的协调配合。先后召开了深圳市口岸管理委员会全体会议和口岸单位联席会议，对全年口岸重点工作做了安排和协调。同时针对口岸和二线管理出现的新情况和新问题，及时与口岸各单位和二线武警部队协调沟通，把问题解决在现场，确保了口岸和关口通关的顺畅。面对禽流感的严峻形势，把口岸防控工作作为一件大事来抓，密切配合国检局，组织各口岸定期卫生消毒、设置货检通道检疫工作间以及旅检场地设施、恢复体温检测等，确保了各项防控措施的到位。二是积极同港方加强联络和沟通。为配合香港迪士尼乐园的开放，在皇岗口岸超负荷运转的条件下，通过多次协调，专门在口岸区域内设置了临时站点，保证了迪士尼乐园专线按时开通。深圳市口岸办还积极配合粤港口岸部门，进一步规范文锦渡、沙头角口岸的客运车辆班次管理，协调落实各口岸的安排和措施，使口岸的客运环境实现了规范管理。在重要节假日期间，注重加强与港方口岸单位在通关方面的协调配合，如及时召开节日过境协调小组会议，分析动态，制定节日疏导措施；坚持联络官制度和桥头会晤制度，及时沟通情况，调整安排，提高对人、车流量高峰期预测的科学性和准确性。三是努力提高口岸通关效率。先后推进完成了文锦渡口岸、沙头角口岸的“快捷通”和“自动核放系统”建设，继皇岗口岸之后，深圳三个公路口岸已全部实施“快捷通”和“自动核放系统”，全面提高了通关效率。同时，积极协同与推动边检“自助式检查通道”的试运行，截止到 2005 年底，在罗湖、文锦渡和沙头角三个口岸安装了自助通道 51 条，验放旅客已达 1200 多万人次。启用出入境边防检查综合管理系统后，非港澳旅客（外国人、华侨、台胞、内地旅客）的平均验放速度由每人 40-45 秒减少至 15-20 秒。四是建立健全了口岸反恐预案和处置突发公共事件预案。深圳市口岸办结合深圳口岸实际，制定了《深圳口岸（检查站）反恐怖工作预案》和《深圳口岸突发公共事件总体应急预案》，明确了指挥体系，理顺了协同关系，提高了预防和处理口岸突发事件的能力，从而确保了口岸的安全畅通。

【跨境工程和老口岸改造】 首先是积极推进福田口岸和深圳湾口岸的建设工作。在福田口岸人行通道桥施工过程中，周密计划，精心组织，科学管理，于 2005 年 11 月顺利完成主体结构工程。同时，加强与西部通道工程建设办公室和建筑工务署的协同，2005 年 12 月 26 日，福田口岸联检大楼主体工程项目封顶。其次是继续抓好皇岗—落马洲口岸第二公路桥、沙头角口岸第二公路桥和罗湖口岸改造竣工后的配套工程。皇岗—落马洲口岸第二公路桥、沙头角口岸第二公路桥和罗湖口岸人行通道桥于 2005 年 1 月 28 日开通竣工后，继续抓好绿化、电子监控、给排水、空调等配套工程。同时，抓紧推进皇岗口岸旅检场地和客车通道的改造以及文锦渡口岸旅检场地的改造工程，皇岗口岸旅检场地改造项目的设计招标工作已经完成，正进行改造方案的优化设计，并完成了改造项目建

2005 年全省各市口岸通关情况统计表

单位	出入境人员(万人次)		出入境交通工具(万辆／艘架／列)		进出口货物(万吨)						进出口集装箱(万 TEU)					
					数量	增幅%	其中进口		其中出口		数量	增幅%	其中进口		其中出口	
	数量	增幅%	数量	增幅%			数量	增幅%	数量	增幅%			数量	增幅%	数量	增幅%
广州	755	6.4%	9.2	6.1%	6299.2	6.6%	4277	5%	2022.2	9.9%	181	20.7%	—		—	—
深圳	15932	6.1%	1494	3%	8861.7	7.3%	4349.3	-3%	4512.4	19.4%	1911.9	18.6	933.7	18.3%	978.2	18.9%
珠海	7700	16.5%	238.03	2.82%	1177	10.5%	698.7	-3.5%	478.3	37.82%	28.94	-8.45%	8.44	-18.25%	20.5	-3.7%
汕头	15.78	-5%	8.2	7%	353.8	7.6%	176.36	1%	177.45	1.5%	33.17	12%	10.67	1.7%	22.5	10.3%
佛山	234	1%	5.89	—	1542	4%	733.3	1%	808.9	7%	184.87	—	72.21	—	112.66	—
韶关	—	—	3.7	-21.6%	247.7	-15.5%	243.5	-15.5%	4.2	-16.7%	0.4	5.2%	0.16	-3%	0.23	11.8%
河源	—	—	1.5	22%	14	9%	4.36	-10%	9.79	20%	—	—	—	—	—	—
梅州	0.648	-24%	0.02	-2.4%	1.39	15.8%	0.67	-6.7%	0.72	49.5%	0.18	24%	0.06	2.5%	0.12	39%
惠州	40	-14.4%	34.9	-14.4%	1160	-6.3%	977	-7.1%	183	-1.65	—	—	—	—	=	=
汕尾	—	—	2.2	14.4%	48.8	12.6%	24.48	11.8%	24.35	12.3%	—	—	—	—	—	—
东莞	91	5.8%	242	-5.7%	2199	-11.1%	1048	-17.5%	1150	-4.4%	20	-16.6%	12	-14.3%	8	-20%

2005 年全省各市口岸通关情况统计表

单位	出入境人员(万人次)		出入境交通工具(万辆／艘架／列)		进出口货物(万吨)						进出口集装箱(万 TEU)					
					数量	增幅%	其中进口		其中出口		数量	增幅%	其中进口		其中出口	
	数量	增幅%	数量	增幅%			数量	增幅%	数量	增幅%			数量	增幅%	数量	增幅%
中山	136.36	0.82%	2.72	3.5%	578.96	4.1%	240.06	0.4%	338.9	7%	107.99	7.4%	42.85	4.5%	65.14	9.98%
江门	59.3	1.4%	10.8	—	486.2	1.6%	212.9	-10.9%	273.3	14.2%	44.3	-1.6%	21.2	2.3%	23.1	4.9%
阳江	0.74	25.7%	0.4	—	181.97	62.5%	172.21	68.09%	9.76	2.86%	0.67	-42.8%	0.02	32.77%	0.66	-43.52%
湛江	6	25%	0.3	3%	3205	22%	2704	—	501	—	8	-7%	4	—	4	–
茂名	1.9	-8%	0.12	-3%	1072	-9.7%	991	-10%	81	-5.8%	2.33	9%	1.23	12.2%	1.1	5.5%
肇庆	6.3	-24%	4	22%	131.5	45%	90.8	73%	40.7	6%	18	94%	9.32	100%	8.68	88%
清远	—	—	2.2	45.59%	24.17	23.71%	11	20.45%	13.17	26.57%	0.07	-20.3%	0.04	-26.61%	0.03	-12.08%
潮州	—	—	5.3	8.2%	135.3	10%	69	11.6%	66.3	10%	10.6	8%	10	7%	9.6	8.9%
揭阳	—	—	1.9	6%	26	-1%	8.5	-15%	17.7	7%	—	—	—	—	–	–
云浮	—	—	1.25	7.42%	68.88	30%	35.34	2.39%	33.54	81.68%	4	5%	2	5.3%	2	5.3%
总计	24979.03	—	2068.63	—	27814.57	—	17067.48	—	10746.68	—	2556.42	—	1127.9	—	1256.52	–

注：以上根据各市管理部门提供的数据统计，与边检、海关统计的数据稍有出入。

议书的编制和评审工作，力争 2006 年 6 月底前动工。在抓紧口岸基础设施建设的同时，还认真抓了新建口岸和检查站开通前的各项准备工作，组织审核并上报查验单位的机构及人员编制工作，协调解决口岸和检查站开通前的各类矛盾和问题。认真周密开展了“十一五”口岸规划工作，及时上报了规划建议。

【“海空港”口岸开放】 一是组织开展海港口岸开放与管理的全面调研工作。市委市政府将这一重大调研课题作为一项重要工作来抓，市口岸办会同市委政研室组织力量展开了调研。通过前后数月的全面调研，摸清了海港口岸的基本情况和特点，找出了海港口岸建设与管理中存在的主要问题及原因，提出了加强海港口岸建设与管理的对策，完成了调研报告的起草和相关配套文件的起草，对今后如何加强海港口岸对外开放与管理提出了系统的意见。二是积极做好海港口岸对外开放的组织协调工作。为落实大鹏液化天然气专用码头、大铲湾口岸设施建设工作，多次征求各查验单位的意见，组织口岸各相关单位进行研究论证，实现了大铲湾港区码头建设与口岸查验设施建设同步推进。2005 年，是深圳市港口泊位建设竣工投入使用最多的一年，盐田、蛇口、妈湾和赤湾集装箱码头多个泊位顺利地进行了生产性试运行，缓解了深圳港泊位紧张局面。三是加大对空港口岸的协调与开放工作。随着空港口岸国际客货运业务量的迅猛发展，积极做好协调工作，延长了国际旅检通关时间，满足了 7 家中外航空公司新开、增开国际客运航班每周 80 班的需求。

【口岸环境】 按照深圳市“净畅宁工程”和争创全国文明城市的要求，切实加大管理力度，在巩固 2004 年“梳理行动”成果的基础上，进一步健全和加强口岸的环境管理。重点抓了罗湖口岸的环境治理和梅林检查站内临时建筑物的清理工作，对一线口岸和二线检查站的环境工作进行适时的检查和监督，发现问题，及时解决。取消了对进入罗湖口岸交通楼出租小汽车的收费，整治和规范了一批口岸和关口广告，进一步净化、优化了口岸环境。

广东口岸查验单位工作综述

海关总署广东分署

2005 年，广东海关在海关总署党组的正确领导下，在广东省委、省政府的指导帮助下，按照总署的各项工作部署以及张德江书记关于“建设一流海关、提供一流服务”、“争当排头兵”的要求，进一步强化服务意识，不断提高把关服务整体水平，在提高通关效率、促进物流发展、改善投资环境等方面做了大量卓有成效的工作，受到了企业和社会各界的一致好评。

【积极推进泛珠三角区域海关合作，不断提高通关效率，大力促进广东外经贸发展】

一是积极开展“多点报关、机场验放”试点工作。年内，“多点报关、机场验放”模式在泛珠三角区域内的广州、成都、南宁、长沙、贵阳、昆明、南昌、海口 8 个省会城市及黄埔海关顺利启动，受到社会各界的好评。这种以广州新白云机场为航空枢纽、联结泛珠区域省会城市的新型通关模式，进一步提升了以新白云机场为航空枢纽中心的航空物流辐射能力，降低了企业通关成本和物流成本，促进了广东进出口货物的跨省区快速流转。

二是“来往港澳小型船舶快速通关系统”继续扩大应用范围，为内地与港澳水路物流提速。2005年6月，广东海关全面推广应用小型船舶快速通关系统，全省有1335艘次小型船舶安装了船载GPS收发信装置，占广东省港澳航线船舶总数的近70%，试点单位覆盖了广东60余个码头，内地与港澳水运通关速度进一步提高。

三是粤港澳快速通关模式建设取得新进展。2005年正式启用粤港统一的陆路进出境载货清单，统一载货清单在香港的使用率已达到85%以上，简化了填报手续，有效解决了以往运输车辆的司机、拖头、拖架、集装箱进出境难题；正式启动粤港海关X光检查结果参考互认，大大减少了两地边境口岸重复查验。同时，车载GPS监控系统、电子关锁、电子地磅和卡口控制等各项技术的应用，也极大地促进了粤港跨境货物在口岸海关的无障碍通关。此外，广东分署组织深圳、拱北海关积极研究制定粤澳过境货物监管操作规程，广东海关对澳门地区“过境货物”监管试运作成功，为推进粤澳两地物流业的快速发展提供了新的合作平台。

四是认真落实CEPA，促进粤港澳贸易便利化。省内各关认真落实CEPA第二阶段协议，加大CEPA政策宣传和培训力度，保障零关税货物合法顺利通关。在旅检口岸顺利试运行“中国海关旅客通关风险管理系统”，按照总署统一部署顺利实施航空旅客申报制度改革，为广大进出境旅客提供了优质、高效的通关服务。在CEPA实施700天之际，由海关总署与商务部共同主办，海关广东分署和省外经贸厅具体承办的“CEPA通关及贸易便利化论坛”在广州成功举办，进一步扩大了CEPA政策的正面影响。

五是泛珠三角海关合作取得积极成效。将《海关积极参与和推动泛珠三角区域合作的10项措施》分解为21项具体工作，泛珠三角区域关长联席例会制度、联络员联系协调工作机制及泛珠三角区域海关情况通报制度等“三大合作平台”顺利实施，区域通关便利化取得实效。

上述一系列的措施有效提高了海关监管效能，营造了守法便利的通关环境，促进了进出境物流的快速发展。据统计，全年广东海关监管进出口商品总值4595亿美元，大幅增长20.4%；监管进出口货运量11亿吨，占全国的52.5%；监管进出境运输工具1732万辆（艘）次，比上年（下同）增长31%，占全国的83.6%；监管进出境人员2.55亿人次，增长10%，占全国的81.9%。

【规范加工贸易管理，优化营商环境，积极推动广东加工贸易的产业升级】

一是深化加工贸易联网监管改革，推动公共ERP管理平台联网监管工作。年内继续推进联网监管，和省外经贸厅密切合作，共同做好“广东省加工贸易联网监管公共平台”的建设和试点工作。截至2005年底，广东海关已对省内1514家加工贸易企业实施联网监管。通过公共ERP管理系统，提高企业内部信息化管理的水平，实现海关对企业的动态监控，提高监管效能和通关效率，为广东省中小型加工贸易企业做大做强创造了有利条件。

二是完善海关支持民营经济发展的措施，积极服务广东非公有制企业外向型经济发展。广东海关认真落实国家鼓励、支持和引导非公有制经济发展的有关政策精神，年内出台了《广东海关支持非公有制经济发展十项措施》，从实行国民待遇、简化通关手续、提高服务水平、创造公平贸易环境等十个方面为非公有制企业的发展提供通关便利。

年内广东分署还全力支持珠澳跨境工业区建设，简化泛珠区域内企业搬迁和设备结转手续，为区域内产业转移和调整提供便捷服务。

【以税收工作为轴心，确保海关税收科学征管、应收尽收】 2005年，由于受全国进口应税货值增幅大幅下降、税率下调等因素影响，全国海关税收工作面临诸多不利因素，广东的形势尤为严峻，缺口一度达到近30亿元。为此，广东海关按照国务院的要求和海关总署的统一部署，切实加强把关服务能力建设，从年初开始，努力构筑综合治税大格局，加大了税收征管及核销补税力度，开展税收稽查、打击偷逃税走私等多种形式的专项行动，促进了广东关区税收征管工作。在省内海关全体干部职工的共同努力下，广东关区税收的质、量上了一个台阶。2005年，广东海关税收入库1185.2亿元，增长8.8%，占全国的22.5%，圆满完成海关总署下达的税收任务。

【打击走私工作取得积极成效】 2005年以来，广东海关认真贯彻张德江同志关于“始终要保持打击走私的高压态势，坚决打击，绝不留情”、“绝对不能让走私在广东成气候”的指示精神，始终保持反走私高压态势。2005年，广东海关共立走私案件6452起，案值54.3亿元；立违规案件16458起，案值57.9亿元，增长86.8%。积极推动广东关区禁毒人民战争的开展，立案毒品案件82起，增长64%。查获侵犯涉嫌知识产权案件521宗，增长13.51%，案值3798万元。

【大力开展保持共产党员先进性教育，队伍的政治素质、业务水平和服务意识不断提高】 根据中央和省委的统一部署，在省委和海关总署的领导下，从2005年1月中旬开始，广东分署和省内各直属海关深入开展了保持共产党员先进性教育活动。结合海关的行业特点和机关党建情况，广东海关先进性教育活动扎实推进，取得了较好的教育成效。在先进性教育活动“群众满意度”测评中，广东分署和省内海关的满意率均达到99%，个别单位还达100%。通过教育，党支部的凝聚力、战斗力和战斗堡垒作用得到了进一步加强；关员的主动服务意识进一步增强；高质量完成海关各项工作的能力明显提高。广东海关先进性教育活动的做法和成果获得省委刘玉浦副书记和中央与省委两级督导组的充分肯定。此外，还深入学习实践红其拉甫海关艰苦奋斗精神，激发了广大干部职工艰苦奋斗、爱岗敬业、无私奉献的热情。

广州海关

2005年，广州海关按照党中央、国务院和海关总署的部署，紧密结合关区实际，以科学发展观统领全局，全面贯彻“依法行政、为国把关、服务经济、促进发展”海关工作方针，坚持发展和自主创新，加强队伍建设，深化业务改革，提高整体素质、执法能力和行政管理水平，全面、高质量地完成了各项工作任务。

【税收再创历史新高】 坚持以发展促税收，加强综合治税，做到了量质并举，应收尽收。全年税收入库194.32亿元，增长6.5%，多收了11.8亿元。其中，关税46.67亿元，增长3.5%；进口环节税147.65亿元，增长7.4%。广州海关超额完成了税收任务，再创历史新高。

【打击走私违法活动成效明显】 坚持以打促税，缉私部门与监管、后续管理部门的紧密衔接和快速联动的功效明显增强。坚持打团伙、破大案，组织开展专项行动，立案查处了彩扩机、高档小汽车、传感器以及毒品走私等大案。全年走私案件立案311宗，案值12.9亿元；违规案件立案541

宗，案值2.9亿元。查获毒品走私案件11宗，缴获氯胺酮等各类毒品41.2公斤。刑事拘留149人次，逮捕97人次，移送起诉案件43宗89人次。

【通关监管改革取得新成绩】 紧紧围绕税收这一“轴心”工作，提高了审单质量和通关效率。积极推广“多点报关、机场验放”通关模式，制定国际中转货物监管办法，支持了联邦快递亚太转运中心在广州落户。制定八项服务措施，促进了广州国际会展业的发展。推进了行邮监管正规化和信息化建设，非贸监管信息化监控系统建成使用，航空口岸恢复旅客申报制度顺利实施，出境旅客行李托运监管流程的改革顺利完成。全年监管进出口货物3254万吨，增长4.7%，商品总值569亿美元，增长14%。监管进出境人员913万人次，增长6.4%；监管进出境邮递物品和快件4077万件，增长4.2%；查扣违禁物品28.51万件（宗）；移交案件578宗。

【业务改革取得积极进展】 不断完善风险管理的运行机制，提高风险管理的运用水平，促进了稽查、企业管理在正面监管、后续管理以及加工贸易管理等方面发挥较好的职能作用，推进了综合治税工作的全面开展。加工贸易进一步简化了审批程序、环节和权限，扩大了联网监管，提高了监管的效能。联网企业由2004年的295家增加到413家；内销征税6.3亿元，同比增长69.7%；移交案件线索71条。积极发挥了保税业务的作用，主动参与推进保税园区的建设，解决了保税业务工作存在的难点和实际问题，保税业务的优势在服务促进区域经济发展中得到了充分发挥。

【区域海关合作取得新成效】 积极参与泛珠三角区域海关合作，推进属地申报、口岸验放通关模式的落实，提高了区域通关和转关的效能。建立了泛珠三角区域进出口贸易统计季报制度，为政府提供了数据信息服务。推进来往港澳小型船舶联网监管工作，与广西、海南等实现了跨省区联网监管。积极主动与满洲里海关协调配合，促进了佛山至俄罗斯铁路运输物流的启动。大力支持配合广州市推动电子口岸建设，取得了成效。

此外，广州海关通过加强机关部门的自身建设，畅顺行政管理和执法运行机制，提高了整体效能。加强思想政治工作，推进党风廉政建设和反腐败工作，坚持以队伍建设为第一要务，为完成各项工作任务提供动力和保障。加强法律指引，进一步规范执法，全面提高知识产权保护水平，积极推进法制建设。适应区域经济社会发展的客观要求，坚持和深化“企业为本，物流为源”的工作理念，提高服务促进的水平。进一步提高海关关务公开水平，着力构建有利于企业发展的环境，促进了和谐海关、和谐社会的建设。

广州海关 2005 年业务量统计表

项目		单位	合计	比上年增长(%)	进口	比上年增长(%)	出口	比上年增长(%)
进出口货物总量		万吨	3254	4.7	1902	-1.5	1351	14.9
		万美元	5689364	13.9	2571689	11.0	3117675	16.5
进出境运输工具	船舶	艘次	9954	-0.6	50614	-2.8	48931	1.8
	汽车	辆次	732574	3.1	117319	-6.3	615255	5.1
	火车	卡次	144808	-5.4	88938	-9.5	55870	2.1
	飞机	架次	33001	53.7	16448	52.7	16553	54.6
进出境集装箱		箱次	2936905	9.4	1116748	10.9	1820157	8.5
进出境人员		人次	9134284	6.4	4396682	6.3	4737602	6.5
邮递物品		件	32576794	-0.4	23486402	-4.6	9090392	12.3
快递物品		件	8190121	27.5	3208633	36.0	4981488	22.6
其中	邮政快递	件	2005408	58.2	633907	35.3	1371501	71.6
	非邮政快递	件	6184713	20.0	2574726	36.1	3609987	10.6
征收税款		万元	1943214	6.5	—	—	—	—
其中	关税	万元	466744	3.5	—	—	—	—
	进口环节税	万元	1476470	7.4	—	—	—	—
查获违规案件宗数		宗	541	-41.8	—	—	—	—
查获违规案件案值		万元	29140	25.5	—	—	—	—
查获走私案件宗数		宗	311	-52.2	—	—	—	—
查获走私案件案值		万元	129196	176.2	—	—	—	—
走私犯罪立案案数		宗	52	-30.7	—	—	—	—
走私犯罪立案案值		万元	58851	76.7	—	—	—	—
罚没收入(已入库)		万元	14805	-45.0	—	—	—	—

深圳海关

【概况】 2005年，深圳海关全体员工奋力拼搏，圆满完成了各项任务。全年，关区共监管进出口货物8861.7万吨，货值2282.1亿美元，比上一年度（下同）增长24.6%；审核进出口报关单544.3万份，增长3.8%；监管运输工具1471.1万辆（卡、艘），增长2.5%；监管行邮快件3142.9万件，增长34.6%；监管进出境人员行李物品1.64亿人次，增长7.6%；征收税款入库456.5亿元，增长7.8%，超额完成了税收计划；查获走私案件4057宗，案值31.4亿元。

【征收税款】 征收税款占全国海关税收的8.65%，平均每工作日征收税款1.83亿元。皇岗海关实现历史性突破，征收税款146.64亿元，居深圳海关所有下属单位之首。在征税工作中，深圳海关出台《深圳海关进口货物快捷征税通关管理办法》和《对申请征税业务快捷通关企业的归类审评办法》，完善征税业务快捷通关制度。年内已实施快捷征税管理企业68家，纳税114.91亿元；积极拓展网上支付业务，全年新增签约网上支付企业240家，同比增长48.15%，网上支付税款18.28亿元。同时，加强了税收后续管理。对加工贸易企业的消耗性物料开展专项分析，补税入库500多万元；对主要税源商品进行动态分析，累计监控追补税款入库2800多万元；制定季度《易模糊伪瞒报商品一览表》；运用风险分析的方法确立稽查重点，对高风险企业、商品进行重点稽查。在专项稽查行动中，稽核查和自查补税涉税额合计47308万元，入库共35384万元。年底，组织关区减免税大检查，共补税520多万元，并加强审价管理力度，共审价补税2.78亿元。

【缉私工作】 2005年深圳关区走私活动的特点为：加贸渠道大要案频发，团伙走私明显，氨纶丝、高档布料、水貂皮、异氰酸酯与高档海绵等关税高的料件成为走私热门商品；货运渠道走私以一般贸易货物进口价格瞒骗为主，出口方面因配额管理取消，针织品伪报情况增多，假冒品牌香烟通过海运伪报出口活动也有所抬头，仅第一季度海关就查获假冒品牌香烟27.9万条；海上及非设关地偷运走私仍比较活跃，冻品走私相对突出；旅检渠道则因关税下调，市场热销的电子产品已调整为零关税，压缩了走私利润空间，案件总数下降明显。2005年深圳海关继续保持打击走私活动的高压势态，成效显著。一是狠抓大要案查处，重点打击团伙走私犯罪。全年立案侦查案值千万元以上的走私犯罪案件26宗、案值27.6亿元、涉税5.58亿元，分别比上年上升30%、70%、56%。缉私局相继侦破了案值2.3亿元的系列海绵走私案、案值6.4亿元的走私皮革案、案值8.1亿元的“7·25”走私案、9.267公斤毒品走私案等一批重特大案件。二是开展专项打击行动。共开展打击走私光碟、冻品、毒品等专项行动12次，其中仅打击冻品走私专项行动就查获走私案件228宗，查扣各类禽畜冻品6828吨，为2004年的1.8倍。三是以打击加工贸易渠道走私为重点，继续开展专项打击行动“以打促税”。全年刑事立案加工贸易渠道走私犯罪案件37宗，案值10.58亿元，行政立案查处加工贸易渠道走私违规案件1444宗，案值7.4亿元。四是积极推进反走私综合治理，健全了与公安、工商、边防等打私部门以及市、区两级打私办和香港海关、水警等单位的日常协作工作机制。沙头角海关和大鹏分局加强对“中英街”的监管和打私力度，中英街 “蚂蚁搬家”式走私继续得到有效遏制。首次在流通领域开展缉私行动，与工商部门配合，到深圳进口商集中的电子产品市场开展调研和打私行动，初战告捷，查获手机、手提电脑等涉嫌走私货物一批，案值3420余万元；联合市打私办等部门两次炸掉南澳等地共11个非法私建码头。

【通关管理】 各项监管业务稳定增长，在全国海关业务总量中继续占有较大比重。其中，监管进出口货物总值占16.05%，监管进出境运输工具占70.98%，监管进出境行邮快件占36.35%，监管进出境人员行李物品占52.75%。2005年开发应用了“进出境货运查验管理系统”和“综合监管信息系统”，将现场作业所需的数据库和信息资料整合到统一的平台上，为现场关员提供强有力的信息支持，增强查验的有效性。进一步完善了查验作业相关的配套设施，增配查验设备和工具，提高查验的效率。年内，全关查验率为3.49%，比上一年下降15%，查获成案率为1.72%，同比上升29.3%。通过现场查获的各类走私违规案件1.45万宗，案值7.8亿元。完善公路口岸通关应急处理机制，加强与跨境运输业界的协作，确保口岸通关顺畅、监管有序。从维护香港稳定的大局出发，采取果断措施，平息了由香港某些组织策动的口岸罢驶事件，受到海关总署和中联办领导的高度评价。在深圳6个旅检口岸推广应用“中国海关旅客通关风险管理系统”，实现了旅检业务操作的电脑化和岗位流转的信息化。据罗湖海关统计，该关征税业务的平均流转时间从原来的14分钟缩短为1分钟；案件计税由原来的7天缩短为1天；退运由原来的14分钟缩短为8分钟。

【加工贸易监管】 截至2005年12月14日，在深圳海关注册登记的企业有37477家，其中有加工贸易业务的企业16000多家，全年进出口总值为1491.4亿美元，比上年增长26.7%。深圳海关加强监管的措施有：一是规范加工贸易货物前期备案管理，将经营单位负责向海关办理业务手续、担保等规定落到实处。累计收实收保证金1592份，金额3.85亿人民币，银行保函68份，0.92亿人民币；分三批制定三级单耗标准共149个；采取按不同行业分类进行备案审核的作业模式，明确合同备案审核的内容、标准以及岗位职责。二是联合地方政府商务主管部门构建加工贸易业务综合管理信息平台，以有效解决加贸合同规范化备案问题，实现海关内部之间、海关与经贸管理部门之间信息流、数据的沟通和共享。该系统已在沙湾海关投入试运行。三是不断完善联网监管制度。试点推广总署第二代标准版联网监管系统以及广东省中小型加工贸易企业公共ERP管理平台联网监管模式；开通广东省中小型加工贸易企业公共ERP管理平台联网监管模式账册实际运作。正式实施联网企业639家，联网监管企业进出口总值1001.26亿美元，占关区加工贸易企业进出口总值的71.1%，同比增长37.2%。四是推动“区港联动”工作。盐田港保税物流中心于12月30日通过国家验收；向总署上报申请保税物流中心B型试点3家，保税物流中心A型试点3家；开展出口监管仓库“货物入仓即予退税”试点工作。

【统计工作】 统计进出口报关单份数和报关单数据质量在全国海关排名第一。2005年，完成执法评估工作系统升级工作，33个关（处）安装运行了执法评估系统，运行点达到70多个。全年共撰写执法评估报告20篇，累计追补税款近7295万元。组织撰写各类统计分析报告、执法评估专报和监测预警专报200余篇，其中近50篇次被总署、中办和国办采用，1篇得到中央领导的批示，60余篇被深圳市委、市政府《信息快报》采用。

【业务改革】 一是推进粤港跨境快速通关。启用《内地与香港海关陆路/出境载货清单》，实现进出境车辆的“一次申报、两地验放”；启用绿色关锁，逐步实现两地海关查验结果互认；启用深圳机场航空物流园周转站业务，开通“空港物流快线”；推进深港进出境物流“绿色通道”项目建设，促进香港货运码头和内地物流园区的联动发展。二是推进泛珠区域海关管理一体化改革。启动深圳海关与广州海关之间的"属地申报、口岸验放"试点工作；协助内陆省区开通外贸货物便捷出海通道，改革海铁联运的传统作业模式，实现"整体转关、整体核销"；开展粤澳过境货物监管试点，首批货物顺利由深圳口岸验放离境。三是深化海运口岸通关作业改革。下属大鹏海关实行了集中查验，并将查验工作时间由6.5小时调整为两班连续作业11小时，日均查验量增长80%，查验当天办结率提高到92%；对进口货物实行"提前申报，货到验放"的通关模式，对守法状况良好的纳税大户企业实行"货到前完税、货到后查验放行"的操作模式，减少进口货物的滞港时间；实行"提前申报、到岸放行、事后核销"的通关模式，实现了国际转运货物的24小时申报及无查验指令情况下的落地放行、即卸即转。四是推行"客户协调员"制度。委派海关专家型人员为客户协调员，协调解决企业通关疑难问题，引导企业守法经营和规范管理。共解决通关疑难问题56宗，发出《客户协调服务建议书》61份，走访企业100余家次，接待企业来访60多家次，接受试点企业政策法规、业务咨询近200宗。五是全力推进"大通关"建设。2005年深圳电子口岸有入网企业2.9万家，居全国首位，应用项目22个，为推动地方经济发展发挥了积极作用；推行网上支付、联网报关、上门验放、担保放行等多项优惠措施，实现企业通关电子化，提高通关效率。

【职能调整】 7月26日，撤销调查局（副厅局级机构），设立风险管理处、稽查处、企业管理处，该局157名干部、隶属关处的51名查私办案人员调整到新的工作岗位。调整后，新设机构充分发挥了职能作用。风险管理处进一步完善风险管理机制，积极开展绩效评估工作，2005年深圳海关风险信息积分1465分，列全国海关第二位。稽查处深入开展综合治税专项稽查行动，共稽核企业276家，发现有问题企业116家，稽查补税8462.78万元。企管处积极推进企业分类管理、信用管理，为通关监管和后续管理部门提供良好服务。

【法制工作】 4月28日，成立深圳海关案件审理委员会。年内共办理复议案件110宗（约占全国的30%、广东省的45%），办理诉讼案件14宗（约占全国的30%、广东省的44%）。知识产权保护工作取得明显成效，主要有：查获侵权案件220宗；完善与香港海关的协作机制，组织5次粤港联合行动；参与编撰深圳市知识产权白皮书、参与起草《深圳市知识产权战略》；出席"中美（深圳）知识产权论坛"等国际性知识产权会议。

【队伍建设】 深入开展"保持共产党员先进性教育活动"，通过精心组织，狠抓落实，使全关党员干部受到一次思想教育。对干部队伍进行了调整：选拔任用处级领导23人，科级领导66人；选拔调研员、副调研员44人，主任科员、副主任科员1428人；对265名领导干部进行了关区内交流；推行《领导干部任职最高年龄限制制度》，办理达到规定年龄领导平级转任8人。以内务督察、组织试点和开展考核为重点，全面推进准军事化纪律部队建设，于下半年组织考核，有49个所属单位、1600名关员参加了队列考核。加强行风建设，开发启用"拒退'红包'管理系统"，并下发《对收送"红包"行为进行公布的实施办法》，全关共拒退"红包"64人次，合计金额10.2万元，对外公布收送"红包"行为5宗。建立"按绩施奖"的有效激励机制，对在工作中表现突出的集体和个人及时实施奖励。年内，共有1454人（次）和282个处、科级集体受到关级以上表彰奖励。2005年深圳海关被深圳市评为创建文明城市先进单位，下属罗湖海关被评为全国文明单位。

【对外交往】 6月份，深圳海关协助海关总署在深圳市举办“中亚区域海关风险管理与后续稽查”研讨会。同月，中美CSI合作在深圳启动实施。11月份，协助总署在深圳举办中国海关国际问题研究中心第一次研究课题报告评审会。此外，还开展与香港海关的合作，双方海关高层互访6次，双方联络员会晤12次，各级别人员交流21次、205人次，互致函件908份，开展即时通报联合缉私行动14次。

（吴云）

深圳海关2005年业务量统计表

项目		单位	2005年数量	2004年数量	增减（%）
进出口货物总值		亿美元	2282.1	1832.1	+24.6
	进口	亿美元	978.3	836.0	+17.1
	出口	亿美元	1303.8	996.1	+30.9
进出口货物总量		万吨	8861.7	8261.4	+7.3
进出境运输工具		万（艘卡架）次	1471.1	1435.2	+2.5
	船舶	万艘次	8.7	8.5	+2.3
	汽车	万辆次	1460.1	1423.7	+2.6
	火车	万卡次	1.4	2.1	–33.3
	飞机	万架次	1.0	1.0	–0.3
海运进出境集装箱		万箱次	1613.4	1349.4	+19.6
进出境人员		万人次	16412.1	15257.7	+7.6
其中	港澳旅客	万人次	11889.6	11227.5	+5.9
进出口印刷品		万件	356.2	183.3	+94.3
进出口快递物品		万件	3142.9	2334.5	+34.6
其中	邮政快递	万件	643.8	518.1	+24.3
	非邮政快递	万件	2499.1	1816.3	+37.6
征收税款		亿元	456.5	423.6	+7.8
其中	关税	亿元	77.0	72.7	+6.0
	进口环节税	亿元	379.5	350.9	+8.1
实际进口减免税		亿元	59.8	41.8	+43.2
备案加工合同		万份	2.4	3.0	–20.6
备案金额		亿美元	372.2	473.6	–21.4
查获违规案件宗数		宗	9551	9847	–3.0

(续表)

项　　目	单位	2005 年数量	2004 年数量	增减（%）
查获违规案件案值	万元	173215.1	128144.1	+35.2
查获走私案件宗数	宗	4057	10400	−61.0
查获走私案件案值	万元	314194.9	97308.4	+222.9
查扣违禁进口宣传品	万件	45.1	77.4	−41.7
立案知识产权案件	宗	202	179	+12.8
查获走私犯罪案件宗数	宗	251	270	−7.0
侦查执行逮捕人数	人	428	469	−8.7
海关罚没收入	亿元	3.1	3.1	−0.2
统计报关单	万份	544.3	524.3	+3.8
统计报关单记录	万条	1616.2	1464.7	+10.3

拱北海关

2005 年，拱北海关在海关总署及广东分署的正确领导下，在地方党政和有关部门的大力支持下，以邓小平理论和“三个代表”重要思想为指导，认真贯彻落实党的十六届四中、五中全会和全国海关关长会议精神，以海关工作 16 字方针和队伍建设 12 字要求统揽全局，深化队伍建设，夯实业务基础，推进各项改革，切实履行把关和服务双重职能，全面地完成了年内各项工作任务。

【努力构建综合治税大格局，坚持依法征管、科学征管，确保应收尽收】 一是进一步树立“全关一盘棋”思想，健全税收征管评比考核办法，建立每月综合治税形势分析例会制度，形成各部门积极参与的综合治税格局；二是坚持量质并举，加强税源分析和监控，加强对“大宗、特殊、敏感”重点商品的审单、审价、查验、归类工作；三是加强对基层税收工作的指导，建立“关税业务 110 制度”，成立估价、归类、减免税、计核偷逃税、原产地管理技术小组和归类、审价机动小组，提高关区税收征管整体水平；四是全力开展综合治税联合专项行动，开展对重点企业、重点行业和重点商品的查核，查获一批涉税案件。全年拱北海关共征收“两税”75.52 亿元，超额完成全年税收计划，再创历史新高；关区价格水平均保持在合理稳定的区间。

【突出重点，健全机制，始终保持反走私高压态势】 一是进一步加强关党组对缉私工作的领导，落实反走私责任制，整合缉私资源，提高关区打私整体效能；二是积极推进缉私与一线执法的深度融合，缉私部门主动贴近业务一线，建立案件线索提前介入调查制度；三是积极推进“治理走私源头”工作，以打团伙、破大案为主线，深入开展打击“水客”、“两油”、冻品、废品、粤澳直通车走私等多个专项斗争和联合行动；四是紧密依靠地方党政，积极推进反走私社会综合治理。年内，拱北海关共立案查办各类走私案件1744宗，案值4.3亿元，上缴罚没收入1.4亿元；抓获走私犯罪嫌疑人218名，移送起诉74起106人，法院判决78起136人。年内，该关还于9月开展了全国最大规模的切割车销毁活动，销毁切割车450辆，有力地震慑了走私分子。

【积极稳妥做好调查职能调整，全面提高海关后续管理水平和风险防控能力】 根据总署的统一部署，该关于2005年7月底前顺利完成调查职能调整工作，并进一步采取措施加强了稽查、风险管理、企业管理工作。在稽查工作方面，建立稽查岗位准入机制，加强稽查情报和风险分析工作，突出重点加大常规稽查、专项稽查力度；在风险管理方面，进一步明确两级风险管理机构的职责，形成分层监控、配合密切、互为支持的立体风险防控网，完善风险分析机制，有效提高关区风险管理的集约化水平；在企业管理方面，努力构建关区企管工作网络，深入开展规范企业进出口行为工作，探索建立企业进出口诚信守法体系，不断促进企业守法自律。

【坚持改革创新，推动关区加工贸易持续发展和转型升级】 一是全面提高保税加工及保税物流实际监管水平，通过专项行动确保内销征税应收尽收、能补则补，加强单耗管理，在上年专项行动的基础上，对尚存的58份历史逾期手册全部核销结案；二是密切加工贸易部门与稽查、关税、监管、通关、风险、缉私等部门的联系配合，形成保税加工及保税物流综合管理的工作合力；三是全面推进联网监管改革，积极促使联网监管成为保税加工常态监管模式，目前，该关辖区联网监管企业已达到122家；四是加快内外勤分离作业改革，为分步实施内外勤分离作业做好了相关准备工作。

【扎实推进通关监管作业改革，构建运作有序、管理有效的通关管理体系】 一是进一步健全H2000系统运行维护机制，配合总署顺利完成了H2000系统容灾切换及数据库迁移工作；二是深化通关作业改革，开展粤澳过境货物、粤澳空陆联运货物监管业务，探索试行“多点报关，口岸放行”、“属地申报，口岸验放”通关模式，稳步推进区域通关改革；三是深化创新查验工作机制，开发应用选择查验监控分析系统、粤澳直通客车通关管理系统等，试行“分类监管、专业查验”，规范查验制度及流程管理；四是推进行邮现场的标准化建设，规范快件监管；五是积极开展关警“三共”建设，探索建立借调武警长效工作机制。

【加强法制基础建设，提高依法行政水平】 一是深入推进“四五”普法工作和贯彻实施行政许可法工作，在总署及省、市检查组的检查考核中，多次受到肯定和好评；二是狠抓防范和减少行政赔偿风险工作，积极落实行政执法责任制，在海关系统内部率先实施违法、不当具体行政行为纠正制度和行政执法过错责任追究制度，并探索建立本关区的行政执法责任评议机制；三是加大执法监督力度，通过行政复议、应诉等渠道发现执法中存在的问题，及时提出改进建议并督促落实；四是努力发挥法制部门为海关业务服务的职能，加大知识产权海关保护工作力度，进一步发挥贸管作用。

【加大统计工作力度，发挥辅助决策和预警监测作用】 一是进一步加强统计业务基础建设，完善贸易统计、业务统计、数据管理及单证管理的作业流程与操作规范，提高数据审核管理工作水平；二是加强统计分析和统计执法评估工作，有效组织实施进出口预警监测；三是进一步提高海关统计数据信息社会化程度，加大海关统计为地方政府决策参考提供服务的力度，扩大统计咨询服务的范围。

此外，拱北海关还努力加强各项业务基础建设。一是发挥督察审计的执法监督作用，积极配合总署开展管理审计试点工作，并以此为契机，认真查找执法薄弱环节，开展常规督察、专项督察和对部分隶属海关关长任期经济责任审计；二是充分发挥信息和宣传工作对海关工作的促进作用，年内，共编发信息 8913 篇，其中被总署、分署采用 3060 篇，在各新闻媒体共刊播宣传稿件 2208 条(篇)，信息宣传工作取得良好成绩；三是进一步健全业务内控机制，提高化解风险的整体效能，有效降低执法风险，堵塞管理漏洞；四是不断推进政务信息化建设，作为全国海关首批试点单位全面推广应用 HB2004 海关政务办公系统，并积极推进拱北海关互联网门户网站建设工作。

【不断促进业务科技一体化，实现通关便利化】 一是加大业务科技一体化，合理配置和整合科技资源，加快信息化建设步伐，全面提升信息系统安全保障能力，信息化建设取得新的成效。地方电子口岸建设取得突破性进展，推动总署与珠海、中山两市签署合作建设拱北电子口岸合作备忘录。二是进一步扩大关税网上支付业务，首次实现年度网上征收关税突破亿元大关。三是全面推广应用“广东海关旅客通关系统”，参与研发并在拱北口岸推广运用全国首个客车通道“一站式”车辆电子验放系统。四是全面推行“来往香港、澳门小型船舶 GPS 快通系统”，对关区内来往港澳小型船舶实行分类管理，建全完善相关的监管流程和操作办法。

【积极参与地方经济建设，发挥海关促进和服务职能】 一是大力推进珠澳跨境工业区建设，受总署委托草拟《中华人民共和国海关对珠澳跨境工业区监管的暂行办法（建议稿)》，积极配合地方政府做好珠澳跨境工业区开关运作前的各项准备工作；二是积极参与泛珠三角横琴经济合作区论证工作，为地方政府做好开发定位、功能设置工作和实施特殊区域管理综合政策等提出建设性意见，并得到广东省政府的高度重视；三是全力支持关区内保税物流产业发展，积极向总署申请将珠海保税区作为全国保税区扩区工作和实施多种特殊区域综合政策改革试点对象；四是对港珠澳大桥的口岸建设及监管模式进行认真研究，提出相关建议和意见，并协助地方政府推进口岸规划建设工作。

【强化服务意识，不断提高服务水平】 一是大力推进关务公开工作，制定出台《拱北海关关务公开管理办法》，开展关务公开检查，努力建设“阳光海关”。二是以实施《信访条例》为契机，制定出台《拱北海关信访工作管理办法》，对关长信箱、人民来信等反映的信访事项进行认真调查核实，提高信访工作水平。三是切实落实港澳 CEPA 及各项优惠措施，提高货物通关效率。全年共验放 CEPA 货物 709 票，货值 6487.6 万美元，减免关税 2558.2 万元。四是加强机关作风建设，积极为“2005 FIA GT 世界超级跑车锦标赛——中国站”、国际潮团、第四届东亚运动会、2005 年广东国际旅游文化节等地方大型涉外活动提供高效通关服务。

拱北海关 2005 年业务量统计表

项目		2005 年度数据	与 2004 年度相比 ± %
进出口总值		391 亿美元	15.92
其中	进口	169 亿美元	11.95
	出口	222 亿美元	19.13
进出口货运量		8408 万吨	5.14
其中	进口	939 万吨	-2.52
	出口	7469 万吨	6.19
集装(标准)箱数量		155 万箱次	4.62
进出境运输工具		241.7 万辆次	2.83
其中	汽车	234.3 万辆次	2.85
	船舶	6.4 万辆次	2.08
全年税收实际入库		75.5 亿元	1.85
其中	关税	17.6 亿元	0.06
	代征税	57.9 亿元	2.4l
进出境旅客		7660 万人次	17.92
查获走私案件		1744 宗，4.3 亿元	-27.8，31.5
违规案件		1204 宗，3.7 亿元	6.55，2.45
实际罚没总值		1.4 亿元	-3.3
受理走私犯罪案件		147 宗，3.7 亿元	-11.68，64.69

汕头海关

【简况】 汕头海关关区范围包括粤东的汕头（含汕头经济特区）、梅州、汕尾、潮州和揭阳五个地级市及其所属县（市、区），关区面积约 3.1 万平方公里，关区内有一类海运口岸 5 个（汕头港、汕尾港、南澳港、潮阳港、潮州港），航空口岸 2 个（汕头外砂机场、梅州机场）；二类水运口岸 5 个（内有码头及泊位 6 个），陆运货检场 14 个，保税区专用码头（广澳深水港码头）1 个，对台小额贸易口岸 6 个，临时监管点 2 个。

【坚持综合治税】 多管齐下，综合治税，科学征管，归类差异率列全国海关最好的前三位。一是成立综合治税领导小组，充分运用现场监管、后续管理和打击走私 3 支力量，发挥各业务职能部门的作用，初步构建“各司其职、齐抓共管、良性互动、有机统一”的综合治税大格局。二是深入开展综合治税专项行动。集中力量加强对一般贸易、加工贸易和减免税货物的实际监管，严厉打击伪报瞒报行为；加大后续稽征力度，落实“纳税人管理制度”，提高应税货物通关服务水平。三是加强税收监控分析，深化验估机制改革，综合运用归类、审价、原产地管理和减免税等手段，构建价格监控、核查联动机制。

【有效遏制走私】 坚持将打击走私作为全关工作的重中之重，查获走私违规案件及案值呈良性下降趋势，继续有效遏制关区走私势头。一是先后组织打私联合行动和专项斗争10次，坚持不懈地打击重点地区、海域、渠道和敏感商品的走私活动。二是以“破大案、打团伙、摧网络”为目标，精心组织查缉，查获利用加工贸易渠道走私保税进口鱼翅大案，缴获鱼翅29.5吨，案值约3000万元。三是完成打私职能调整，科学整合缉私力量，增强刑事执法和行政执法的综合威力。四是以情报工作为着力点，深入推进“治理走私源头”工作，取得初步成效。五是积极推进综合治理，逐步构建反走私长效机制。进一步加强与地方党政及相关执法部门的联系沟通，落实缉私配合办法，增强打私合力。

【促进加工贸易转型升级】 一是推行单耗申报制度，加强单耗验核，充实单耗数据库，三级单耗标准覆盖率从2004年的39.5%提高到77.5%。二是大力推广联网监管。新增联网监管企业35家(总数达63家)，联网企业进出口总值占加工贸易进出口总值的60%；公共ERP平台试点工作稳步推广，联网核查系统顺利启动。三是加强和规范中期核查和后续监管，各项业务指标均处于良好稳定状态。四是积极稳妥清理遗留问题。清理历史遗留的加工贸易逾期未核销手册98份，清理幅度达99.8%。

【强化实际监管】 一是修订完善通关监管业务操作规程11项，涉及审单、查验、船舶监管等内容。二是加强监管场所管理。完成监管场所备案系统试点应用工作，“卡口控制与联网系统”实现技术联调。协助地方加强口岸管理，潮阳港通过海关总署国家一类口岸验收并经交通部批准对外开放，汕尾港对外开放水域进一步扩大。三是深化创新查验机制改革。优化查验作业流程，初步建立选择查验与实施查验完全分离的新型通关监管模式；科学调整查验率，充分利用H986、电子地磅等现代化非侵入式检查设备。四是加强行邮监管，查获非法出版物911件。五是切实做好武警协助海关监管长效机制准备工作，关警“三共”活动富有成效。

【加强风险管理和后续监管】 一是顺利完成风险平台2.0版本的推广应用，实现风险平台与H2000系统的对接；成立风险分析监控中心，健全风险信息整合和综合分析处置管理机制，实现风险信息分析、判断，处置指令下达和指令执行跟踪的“三统一”；围绕重点敏感商品、重点企业开展常规或专项分析监控。二是整合稽查和企业管理资源，开展以税收征管为重点的专项稽查行动，全年稽查企业241家，稽查补税2809万元。三是实施关区进出口企业“红、黑名单”评定和公布制度；全面实施报关员IC卡记分管理和A类企业评定网上审批工作。成立广东汕头报关协会，促进报关行业自律。

【法制、统计工作成效显著】 一是大抓法制宣传教育，开展“以案说法”活动，举行法律知识竞赛，汕头海关及属下潮州、榕城海关被推荐为广东省“四五”普法先进单位。二是深入开展“法制在基层”活动，制订完善业务执法指引3项，清理规范性文件213份，废止13份，修订41份，提高执法统一性和规范性。三是加大知识产权保护力度，查获侵权案件8宗，捐赠、销毁侵权货物3批。四是编发《统计监督和业务指引》，加强统计基础数据管理和数据质量监控，上报总署数据连续51个月“零差错”。五是强化统计分析和预警监测作用，发挥辅助决策作用。撰写统计分析文章339篇，被海关总署、广东分署采用153篇。六是开展2004年执法评估核查工作，完成综合执法评估报告3篇，专题评估报告3篇。

【促进经济发展】 一是启动粤东电子口岸，推进“大通关”建设。积极发挥牵头推动作用，促成粤东五市共同与海关总署签署建设粤东电子口岸的合作备忘录，并成功启动粤东电子口岸，搭建虚拟平台，整合口岸资源，极大地推动了粤东地区“大通关”建设。二是改革监管模式，简化通关手续。启动“多点报关、口岸验放”通关改革试点，推动“泛珠三角”区域通关合作；顺利实施来往港澳小型船舶快速通关改革，正常运作的全部40艘小型船舶安装了GPS船载收发信装置，取消中途接受检查；推广“网上支付”模式，共有42家企业通过网上付税；扩大“联网报关”改革试点范围，新增63家企业，企业足不出户即可完成报关手续，仅报关费用就节约53万元；加强了“F通道”（快速通道）企业的动态管理，新增159家，撤销34家违规企业的“F通道”资格。三是落实便捷通关措施，提高通关效率。落实24小时预约监管、预归类、预审价、“F通道”等便捷通关措施，坚持节假日和双休日正常值班制度以及业务现场科长带班和处长值班制度，及时处置各类应急通关事务，确保高效通关。四是提升关务公开水平，构建关企良性互动机制。明确将执法依据、收费项目、办事程序、工作时限以及廉政纪律等列入公开范围；通过海关开放日活动、政策宣讲、热线电话、门户网站等多种方式，全方位、多角度拓展关务公开渠道；开展关企“零距离面对面”活动，构建良性互动机制；定期向地方党政通报外贸进出口情况，公布关区月度进出口数据，服务地方政府重大经济决策。

【建设准军事化纪律部队】 一是扎实开展保持共产党员先进性教育活动。二是加强领导班子建设，加大干部人事制度改革力度。加大处科领导干部调整力度，优化处科级班子的人才、知识、年龄结构，积极稳妥选拔任用非领导职务干部；落实任前谈话、任中谈心制度，切实加强对新提拔的处科领导干部的教育管理和监督。三是汇编《基层建设工作规范》，辑录126个基层业务管理和队伍管理的工作规范；全面推广“阳光工程”和“监督制约长效内控机制”；扎实开展审单中心的准军事化管理试点工作，组织开展全员“军训周”活动；总结基层建设三年规划成果，推广经验，形成长效机制。四是开展“培训年”活动举办培训班47个，培训2896人次。五是加强思想政治工作。唱响主旋律，扎实开展学习实践红其拉甫海关艰苦奋斗精神主题教育活动，加大思想教育力度。表彰奖励先进集体38个（次）、先进个人326人（次），表彰奖励面超过了60%。开展“先进性在海关”征文活动，刊发征文36篇，用身边的先进事迹教育身边人。六是积极开展精神文明创建活动。汕头海关和汕尾海关首次被评为广东省文明单位；外砂海关荣获“全国精神文明建设先进单位”称号，港口办被评为全国“青年文明号”，汕尾海关缉私分局被评为全国优秀公安基层单位。有28个单位和29个个人受到地市以上表彰奖励或授予荣誉称号。确定4个省级和3个市级“青年文明号”创建集体，创建10个地市级“青年文明号”。组建摄影、音乐、球类、文学等9个业余协会，开展丰富多彩的文体活动，营造了和谐文明的人文环境。

【狠抓党风廉政建设】 一是狠抓反腐倡廉宣传教育。编印《廉政教育系列读本（法规篇）》，开展纪律学习月活动。二是狠抓监督制约，落实各项廉政措施。签订《党风廉政建设责任书》；将全年反腐倡廉工作分解成10大项52小项，逐项抓落实。三是修订完善并严格执行"红包"公布办法。汕尾缉私分局3位干警连续拒贿拒礼，牟新生署长批示予以高度赞扬，总署政治部予以通报表扬。开展"6项禁令"学习周活动，推广"外勤管理系统"，组织专项检查，确保"6项禁令"落到实处；明确基层单位落实党风廉政建设责任制挂钩点5个，重点帮扶；制定《领导干部报告个人重大事项实施办法（试行）》，将管理对象扩大到科级领导干部。

【强化内务管理】 一是制订并执行关领导深入基层及巡视工作制度，建立业务协调工作规程和协调会议制度，及时协调解决基层遇到的业务综合性和结合部问题。二是成功实施HB2004系统，实现公文处理无纸化，提高了政务工作质量和效率；在人事、政工、后勤等领域广泛应用信息网络技术，全面提升政务信息化水平；开通门户网站，建立新闻发布制度，定期发布最新海关工作动态；建立突发公共事件应急处理机制；做好联络协调工作，与地方党政建立起"沟通顺畅、联系密切、相互支持、共促发展"的健康良好关系，形成重大问题互相通报的联络机制和畅通渠道。三是建设"节约型"海关，加强办公大楼水电、绿化、车辆管理，改进政府采购；开展固定资产专项清查；加强基建管理，建成单身员工公寓，开展楼院修缮，提高管理档次，关容关貌明显改观。

黄埔海关

2005年年初，黄埔海关党组确立了"振奋精神，完善机制，努力塑造黄埔海关新形象"的工作主题，提出了"管得住、通得快"的工作要求和"以人为本、严管厚爱"的治关理念，并以目标管理和过程管理为手段,狠抓落实。一年来，紧紧依靠总署的正确领导，牢牢抓住工作主题不放，经受了通关监管巨大压力、税收形势异常严峻、综合治税任务艰巨、自查补税遭遇阻力等重大考验，实现了既定目标。全年税收入库309.74亿元。全年审核报关单564.5万份，记录条数1346万条，进出口商品总值1066亿美元，分别位居全国第二、三、四位。在列入全国海关统计的主要指标中，大部分比上年得到提升或优化，继续位居全国海关前列。

【综合治税大格局初步形成】 始终以税收作为业务工作的"轴心"，积极开展综合治税。成立了综合治税领导小组、便利通关协调小组以及通关应急中心，加强综合协调。分解税收任务,把完成税收情况作为领导班子业务考核的首要标准。修订十多个规章制度，夯实税收征管基础。主动与税源大户沟通，稳定和拓展税源。组建税收征管机动小组，在定期开展执法检查的同时，加强对税收征管特别是通关环节工作的检查落实，及时指导解决疑难问题。强化对价格水平、征管质量的监控分析，完善反价格瞒骗机制，有力打击低瞒报价格偷逃税行为。加强与银行、金库联系沟通，确保税款及时足额入库。按照总署的统一部署，开展联合专项行动，将总署综合治税10项措施分解为28项工作，同时明确责任，强化检查、督办和考核。充分挖掘加工贸易税收潜力，按照"法治、合理、公平、信任"原则，抽调200多名干部，以东莞地区和广州经济技术开发区为主战场，重点开展加工贸易自查补税和综合治税专项稽查。经过一年的艰苦努力，综合治税大格局初步形成，基本实现了税收工作"量质并举"的双赢目标。税收入库列全国海关第七位、广东省内海关第二位；审价补税5.06亿元，增长74.3%，列全国第一位；全年价格水平0.9714，稳定在绿色区域。同名商品归类差异率由1月的0.662%下降到12月的0.097%，归类的统一性得到较好改善。自查补税也取得了明显效果，共有12570家企业主动自查自报，占关区加工贸易企业总数的80%以上，申报税额为10.36亿元。

【"管得住、通得快"的机制初步确立】 大力实施"守法便利通关程序"、"5+2"工作制及24小时预约通关。全年共和39家企业签订守法便利通关程序协议，累计进出口货值596.6亿元，缴税73亿元，占税款入库数的23%。推出"F通道"、"海关110"、"多点报关，现场验放"、网上支付、电子叫号等多项改革措施。积极推行"属地申报、口岸验放"模式，参与泛珠三角区域合作。取消29个不必要的通关环节，幅度达22.5%，打通了通关瓶颈。全面评估和及时通报通关效能指标，通关效率大幅度提高。实行"当天接单、当天查验、当天放行"作业模式，海运进口货物平均通关时间不足上年的四分之一；海运进口当天放行率为75.46%，出口为97.33%，陆运进口和出口都达到了95%以上。实施低风险简易通关程序，出口报关单当天放行率比实施前提高了16.6%。启动监管集约化管理试点工作。对加工贸易企业出口货物实施重点查验。在监管场所推行卡口控制与联网管理、闭路电视、电子关锁和查验标准化信息管理系统等科技手段，促进了"管得住"与"通得快"的有机结合。积极推进借调武警长效机制建设，并在全国海关监管工作会议上作了经验交流。全年监管进出口货物7155万吨；监管进出境快件613.29万件，进出口标箱423万箱次，同比增长11.91%和5.03%；监管进出境运输工具183万辆艘次，同比增长5.12%；在查验率同比下降25%的情况下，查获率提高了7%，查验效能有所提高；共移交违规走私嫌疑案件5149起。

【合力打私的局面得到发展】 按照海关总署的部署，顺利完成了调查职能调整，进一步理顺了缉私体制。以提高打私整体效能为重点，建立和完善了打私责任制和各部门联系配合、绩效评估、分析预警等机制。坚持以打促税，开展打击加工贸易走私专项行动和治理走私源头工作。全年查处违规行为案件4382起，案值21.1亿元，列全国第一位；立案侦查走私犯罪案件105宗，案值6.76亿元，抓获犯罪嫌疑人263人次，将45个单位、186人移交检察机关审查起诉，均列全国第二位；罚没收入2.6亿元，列全国第三位。围绕综合治税开展常规稽查和专项稽查，稽查补税3.15亿元，居全国第一位；稽查企业527家，同比增长48%；风险管理机制建设取得积极进展，风险分析与监控工作进一步加强，布控有效率达25%，同比提高了10%；围绕综合治税确定1140家风险企业，其中存在偷漏税行为的企业占74%，为"两查"行动提供了有力支持。年审企业8242家，评审企业管理类别277家，11家企业进入全国"红名单"，居全国第四位。

【加工贸易监管新模式正在建立】 按照创新监管机制、加强实际监管的要求，通过制定《黄埔海关贯彻〈加工贸易和保税监管改革指导方案〉的实施意见》，对关区未来几年加工贸易及保税监管工作进行了初步的规划、部署和安排。同时，完善了监管业务操作实施细则，出台了全面绩效评估考核管理办法。审价归类职能调整顺利完成，内外勤分离试点取得实质性进展，东莞地区监管布局调整开始起步。大型企业联网监管的力度加大，纳入企业227家，超过预定计划。合同备案3.78万份，备案金额599亿美元。对1350家超过4年未下厂企业开展了专项核查。内销补税14亿元，增长171.8%。

【干部激励机制建设成效明显】 一年来，在非领导职务晋升、领导干部选拔任用、完善干部职工管理、规范公务员招录、改进年度考核等方面进行了积极探索。共调整非领导职务1604人，超过干部总数的50%，有效解决了“历史欠账”。坚持“两条腿走路”，通过竞争上岗和推荐选拔，选拔了227名干部担任领导职务。调整处级领导班子27个，交流处科级领导298人次。坚持就近、便利、解决后顾之忧的原则，交流科级以下非领导职务干部377人次，其中73%返回原居住地工作。规范统一关区津补贴，保证了干部职工福利待遇的平稳过渡。规范了非在编合同工的管理。年内干部人事制度的改革和探索，是历史上力度最大的一次，使干部人事工作开始走上制度化、规范化轨道，初步形成了富有活力的激励机制。

【惩防并举的反腐倡廉机制开始发挥作用】 经历“2·17”风暴洗礼之后，着力加大了反腐倡廉力度。认真贯彻“惩防结合、以防为主”方针，提出建立教育、制度、监督并重的长效机制的初步设想。制订考核办法，推动科级领导干部“6项责任”的落实。建立行风综合指标评价体系，纠风工作向日常化、规范化发展。加大排查工作力度，贴近业务开展11次效能监察，较好地起到了堵塞漏洞、防范风险的作用。围绕“两查”行动，出台7项措施加强廉政防范。全年查处案件14起，给予处分15人次，对4起效率低下、执法随意情事进行了通报。反映领导干部存在不廉洁行为的人数下降了64%，新发重大案件下降了88%，廉政形势有所好转。

【保障机制建设取得新进展】 推广HB2004办公系统，公文处理效率大大提高；顺利开通门户网站；建立新闻发言人制度并召开了两次新闻发布会。知识产权保护受到国务院督察组的好评，荣获“保护知识产权宣传周先进单位”。在2005年度全国海关统计工作综合评比中获一等奖，6项工作均居全国海关前列；围绕综合治税加强统计监控分析，撰写分析文章440篇。5个技术项目获得海关优秀科技项目奖。举办各类培训班143期，为中心工作提供了智力保障。协助总署完成了前任关长离任审计，长效内控机制试点得到总署充分肯定。财装工作荣获“全国海关财务装备工作先进集体”称号。对后勤管理体制进行了全面改革，解决了“关企不分”的现象，服务水平和经济效益较快提高。基建工程按计划进度加紧建设。报关协会正式成立并积极开展工作，海关学会初步完成了“长效机制建设”等课题的研究，其作用进一步发挥。

【内外形象显著改善】 一年来，黄埔海关关员付出了超乎寻常的艰辛，使黄埔海关的形象发生了可喜的变化。年内，海关总署牟新生署长四次对该关工作做出重要批示，充分肯定工作成效。在总署召开的多个会议上，黄埔海关介绍了加强和改进思想政治工作、关警长效机制建设、罚没财务管理等工作经验。一年来，涌现出一大批受到省部级以上表彰和立功的先进集体、先进个人，该关缉私局被评为“全国优秀公安局”，是全国海关唯一获此殊荣的单位。《人民日报》等媒体对“守法便利通关程序”等一系列改革和成就做了大量报道。随着形象的不断改善，广大进出口企业对该关的信任感逐渐增强，为各项改革措施的推行创造了良好条件。

（李志军）

黄埔海关2005年主要业务统计表

项目			单位	2005年	同比增减
进出口报关单总数			万份	564.5	4.47%
进出口记录条总数			万条	1346	10.29%
进出口总值	合计		亿美元	1066	17.17%
	其中	进口	亿美元	507.5	14.4%
		出口	亿美元	558.6	19.8%
进出口货运量	合计		万吨	7155	-2.5%
	其中	进口	万吨	4425	-1%
		出口	万吨	2730	-4.9%
集装箱总数			箱次	423	5.03%
监管运输工具			艘次	183	5.12%
查验货物			万票	14.94	-20%
行邮	出入境人员		万人次	142.75	-1.26%
	快件		万件	613.29	11.91%
加工贸易	备案加工合同(纸质手册)		万份	3.78	0.05%
	合同备案金额(纸质手册)		万美元	5990000	4.57%
	经批准内销补税		万元	140000	172%
行政案件立案	查获宗数		起	4918	-8.5%
	全案案值		万元	345800	179.4%

黄埔海关 2005 年主要业务统计表

<table>
<tr><th colspan="3">项　　目</th><th>单位</th><th>2005 年</th><th>同比增减</th></tr>
<tr><td rowspan="2">行政案件审结</td><td colspan="2">查获宗数</td><td>起</td><td>4849</td><td>–17.4%</td></tr>
<tr><td colspan="2">案件案值</td><td>万元</td><td>214500</td><td>124.8%</td></tr>
<tr><td rowspan="9">走私犯罪侦查</td><td rowspan="3">立案</td><td>案 数</td><td>起</td><td>105</td><td>23.5%</td></tr>
<tr><td>案 值</td><td>万元</td><td>67600</td><td>–70.2%</td></tr>
<tr><td>偷逃税额</td><td>万元</td><td>12300</td><td>73.3%</td></tr>
<tr><td rowspan="4">结案</td><td>案 数</td><td>起</td><td>135</td><td>117.74%</td></tr>
<tr><td>案 值</td><td>万元</td><td>129500</td><td>–35.24%</td></tr>
<tr><td>偷逃税额</td><td>万元</td><td>27500</td><td>–29.16%</td></tr>
<tr><td>抓获犯罪嫌疑人</td><td>人</td><td>263</td><td>311%</td></tr>
<tr><td rowspan="2">其中</td><td>采取强制性措施</td><td>人</td><td>489</td><td>570%</td></tr>
<tr><td>批准逮捕</td><td>人</td><td>169</td><td>145%</td></tr>
<tr><td colspan="3">罚没收入</td><td>万元</td><td>26000</td><td>—</td></tr>
<tr><td rowspan="5">税收</td><td colspan="2">关税入库</td><td>万元</td><td>843955</td><td>–2%</td></tr>
<tr><td colspan="2">环节税入库</td><td>万元</td><td>2253447</td><td>12%</td></tr>
<tr><td colspan="2">两税合计</td><td>万元</td><td>3097401</td><td>7.8%</td></tr>
<tr><td rowspan="2">其中</td><td>审价补税宗数</td><td>宗</td><td>113084</td><td>39.07%</td></tr>
<tr><td>审价补税税额</td><td>万元</td><td>50600</td><td>74.3%</td></tr>
<tr><td rowspan="3">减免税(审批)</td><td colspan="2">减免关税</td><td>万元</td><td>102600</td><td>8%</td></tr>
<tr><td colspan="2">减免环节税</td><td>万元</td><td>330200</td><td>2%</td></tr>
<tr><td colspan="2">合 计</td><td>万元</td><td>432800</td><td>3%</td></tr>
</table>

江门海关

2005年，在海关总署和广东分署的正确领导下，江门海关以邓小平理论和“三个代表”重要思想为指导，全面落实海关工作16字方针和队伍建设12字要求，深入贯彻温家宝总理视察天津海关时的重要讲话精神，以“提高能力、夯实基础、深化整合、健全机制”为总体工作思路，突出抓好四项重点工作，努力完成四项任务，做到四个加强，即抓好风险管理、加工贸易及保税制度改革、通关监管作业改革、基层基础建设；努力完成税收征管、打击走私、统计及监管任务；加强班子及干部队伍建设、党风廉政建设、科学管理能力建设和先进性教育。全年监管进出口货物613.1万吨，比2004年（下同）增加6.52%；进出口货值92.7亿美元，增加13.2%；进出境船舶26905艘次，减少4.99%；进出境运输车辆91618辆次，增加2.46%；进出口集装箱53.9万箱次，增加5.8%；进出境旅客57.8万人次，增加0.14%；征收关税及进口环节税20亿元，增加10.78%。至2005年末，江门海关共设正处级机构26个，副处级机构11个，正科级机构147个，干部职工1269人。

【构建综合治税管理新模式，强化税收征管工作】 2005年，江门海关积极探索综合治税大格局的实现方式，建立综合治税管理新模式，提出建立以“风险管理为主线，前台管理为基础，后场管理为重点”的“前中后”三位一体综合治税管理模式。在关区主要税源商品进口出现较大幅度收缩、综合税率下调等不利因素下，该关税收工作取得了历史以来的最好成绩，税收净入库20.08亿元，增长10.78%，完成全年19亿元税收计划的105.69%，比前年多收1.95亿元，税收入库同比增幅居全省海关第二位，高于省内海关平均增幅1.93个百分点。其中关税5.20亿元，与前年基本持平；进出口环节税14.88亿元，增长15.71%。

【坚持“既促进，又管住”，加大加工贸易改革和管理力度】 2005年，江门海关深化加工贸易和保税监管制度改革，大力推广加工贸易企业计算机联网监管制度，积极引导企业建立公用型保税仓库和保税物流中心，建立风险式内外勤分离作业制度，加强对加工贸易重点企业和重点商品的监管。2005年江门关区共有49家企业申请开展联网监管，联网企业总数已达64家，完成了年初拟定的对关区内所有进出口超千万美元以上的A类加工企业实施联网监管的计划，联网监管企业进出口总值占关区加工贸易进出口总值的47%。

【积极参与区域通关改革，整合深化通关作业模式】 认真落实《海关支持和推动“泛珠三角”区域合作的十项措施》，推动区域通关改革。对诚信企业试行“提前申报、卡口验放”，取消出口货物凭有货信息申报的限制，实施卡口“一站式”验放。2005年批准14家企业实施该作业模式，共审核报关单243份，货值2574万美元。推广“属地报关，车场验放”作业模式，便利非正常工作时段企业进出口快速通关，减少企业迂回运输，节省通关成本。制订实施《江门海关扶持进出口物流发展八项措施》，全面实施“无假日通关”服务，建立“海关事务协调员”制度，扶持进出口物流发展。2005年该关进出口报关单当天放行率为93.49%，在省内海关排名第二；涉税报关单当天放行率达35.05%，同比增长近一倍。制定《江门电子口岸建设总体规划》和《江门电子口岸建设实施方案》，落实总署与地方政府签订的合作备忘录，电子口岸建设进入实质性建设阶段，截至2005年底，电子口岸入网企业已达2300多家，制发操作员IC卡5000多张。

【以打促税，保持打私高压态势】 加大从源头上治理走私的力度，加强业务现场的正面监管和海上走私的查缉。建立关区走私动态分析预警工作机制，加强对走私情报信息的筛选和综合分析评估。进一步加强对重点海域、重点船只、重点商品、非设关地走私的查缉，严厉打击海上走私活动。2005年该关共立案走私案件41宗，案值3334万元，查处违规案件175宗，案值5490万元，分别同比增长25.89%和97.06%。

【围绕提高基层执法能力，促进外经贸发展】 建立基层建设考评机制，开展基层建设达标评估活动，结合创建“文明窗口”活动，在现场海关开展创建“文明窗口示范单位”活动，推动基层文明执法。通过加强基层基础建设，涌现了不少先进基层单位和先进人物，所属的新会海关被评为江门市标兵文明单位，各现场海关全年共为企业加班加点3万5千多人次，超时工作近2万小时，收到企业送来的感谢信、牌匾和锦旗21件。下发《江门海关关于进一步加强关区法制工作的意见》，建设“主动学法、自觉守法、执法规范、制度健全”的“法制型”基层单位。继续抓好行政许可法的实施工作，开展规章制度和自定行政审批项目的清理完善工作，建立完善规章制度119份，清理16份。加大知识产权海关保护力度，全年共处理查获知识产权侵权案件13宗，案值498.8万元，同比分别上升62.5%和39.4%，创历年新高。9月和10月，广东省和海关总署“四五”普法检查组分别对该关普法工作进行了检查验收，取得江门市普法验收工作第一名，被江门市推荐为广东省普法先进单位，2005年11月被海关总署推荐为全国普法先进单位。2005年7月开通海关咨询服务热线(3263333)，截至2005年底共受理社会各界寻求服务的电话1947件，其中技术报障1051件、业务咨询741件、电话查询155件，当日联系办结816件（除技术报障外），受到企业和市民的广泛好评。

【开展教育培训，大力加强队伍建设】 进一步推进海关“百、千、万”人才工程，总结“岗位能手”评选活动经验，开展业务尖子评比活动，培养发掘出一批专业过硬、爱岗敬业、成绩突出的单位和个人，其中技术处科长李成被评为全国先进工作者，缉私局海缉处副处长温锡恒被评为江门市先进工作者，缉私局马学忠同志被海关总署缉私局荣记二等功。制定《江门海关贯彻实施〈2004–2010年准军事化海关纪律部队建设指导方案〉的意见》，在全关区范围内开展学习建设准军事化海关纪律部队相关的法律法规和规章制度的活动。修订明确考勤工作制度、奖惩制度和内务管理制度，加强检查督促，定期和不定期对各单位的内务规范执行情况进行抽查，使关员自觉养成遵章守纪的良好习惯。加强党风廉政建设，确保廉洁执法，着手建立健全惩治和预防腐败体系，邀请市检察院领导前来举办预防职务犯罪专题讲座；制订治理“红包”问题实施办法，建立“红包”公布制度。自海关总署颁布“6项禁令”以来，该关共拒收红包245个、宴请716人次、礼品34件、礼券66张。

江门海关2005年主要业务量统计表

项目			2005年	2004年	比2004年增减（%）
进出口货物（万美元）		合 计	927154	819096	13.2
	其中	进 口	299151	290040	3.1
		出 口	628003	529056	18.7
进出口货运量（吨）		合 计	6131304	5756225	6.52
	其中	进 口	3495952	3185343	9.75
		出 口	2635352	2570882	2.51
集装箱	集装箱总数(箱次)		539327	509762	5.8
	箱载货物（吨）		3037359	2887227	5.2
监管运输工具	合 计（辆艘）		118523	117738	0.67
	汽 车（辆次）		91618	89420	2.46
	船 舶（艘次）		26905	28318	–4.99
税收（万元）		合 计	200816	181273	10.78
	其中	关 税	52018	52666	–1.23
		进口环节税	148798	128607	15.7
行邮	出入境人员（人次）		797675	789331	1.1
	其中	旅客（人次）	577751	576925	0.14
	进出邮、快递（件）		348445	204365	70.5
报关单数(份)			404287	394121	2.6
相关单数（份）查私	立案案件（起）		41	55	–25.45
	私货总值（万元）		3334	4006	–16.77
查处违规	违规案件（起）		175	139	25.89
	案件货值（万元）		5490	2786	97.06
上缴罚没(万元)			1646	1759	–6.42
上缴罚没(万元) 保税	备案合同（份）		2798	3183	–12.1
	核销合同（份）		3237	3040	6.4
减免税(万元)		合 计	40616	51501	–21.14
	其中	减免关税	12138	15461	–21.49
		减免进口环节税	28478	36040	–20.10

湛江海关

2005年，湛江海关认真贯彻落实“依法行政，为国把关，服务经济，促进发展”的海关工作方针，深化业务改革，提高管理效能，进一步加大监管通关、税收和打击走私力度，严格履行海关职责，促进地方经济发展，较好地完成了全年各项工作任务。

【监管通关】 全年共监管进出口货运量4276.90万吨，比上年增长了12.1%，货值110.66亿美元，增长了30.3%；监管进出境船舶10956艘（辆、架）次，增长了4.4%；监管进出境集装箱10.87万标箱；报关单量36114份，增长了1.0%。

积极推进关区加工贸易联网监管改革，实现了加工贸易联网监管“零”的突破，推广应用H2000保税仓库电子账册系统。大力加强归类审价，补税225宗，补税金额1726万元。积极完善查验工作制度，出台了查验操作规程等一系列制度。进一步完善水路转关监管业务，拓展了“湛江—盐田港”水路转关业务，促成了广州白云机场到湛江的“快车航班”业务，推广应用GPS小船快速通关系统。继续规范监管场所管理，茂石化港口公司码头海关查验平台建成并投入使用，湛江港监管场所清理工作取得初步成效，监管场所的管理逐步走向规范化。出色完成H2000系统容灾切换，“多点报关、口岸验放”通关模式试点成功。采取有效措施，防范固体废物伪报进境，对不符合环保要求的货物进行了退运处理，确保进口货物环保安全。

【税收征管】 充分发挥关税、监管通关、法规等职能部门作用，积极探索税收征管工作新模式，着力提高税收征管水平；依法治税，加大综合治税力度，力求应收尽收。关税征收首次突破百亿大关，达100.18亿元，比上年增长31.1%，超额完成全年税收任务。

【打击走私】 全年刑事结案5宗，案值1.15亿元，偷逃税款5400万元，抓获犯罪嫌疑人54人；移送检察院起诉3宗，案值1.05亿元，偷逃税款5055万元，涉案人员34人，法院判决2宗5人。行政案件共立案41宗，案值2817万元，偷逃税款785万元；结案40宗，案值1.65亿元。

1月31日，湛江海关部署开展了“春雷行动”，一举摧毁了3个长期盘踞在粤西北部湾、珠三角地区的走私香烟集团，共抓获犯罪嫌疑人46人。经过长达半年的艰苦细致的侦查工作，成功侦破“1·31”专案，执行逮捕并移送检察院审查起诉26人，查实3个团伙走私香烟3.5万多箱，案值近1亿元人民币，偷逃税款近5000万元。加大海上打私力度，全年共查获“大飞”5艘，并首次抓获1艘装备8台发动机、时速达60节的走私“大飞”。

【促进地方经济发展】 推进地方电子口岸建设。该项工作是一项庞大的系统工程，涉及湛江、茂名两地政府以及16个口岸管理部门。在地方政府的充分理解和支持下，湛江海关积极协调、组织，促成海关总署分别与两市政府签订了合作建设备忘录，其中李克农副署长7月5日亲临湛江，与湛江市政府签订了备忘录。

积极支持区域物流发展。落实《海关支持和推动泛珠三角区域合作的十项措施》，主动参与和支持区域合作。年内，关领导多次带队到西南等地海关和企业调研，增强区域内海关与海关、海关与企业之间的沟通和了解。结合湛江市“工业立市、以港兴市”的发展战略，以促进湛江港建设区域性物流基地为重点，积极开展“关港合作”，于 2005 年 7 月与湛江港集团签定了《促进区域现代物流发展合作框架备忘录》，从适应和促进物流发展的角度出发，批准其基本具备条件的 2 个新建码头正式开放。在服务企业方面，实施提前介入、特事特办、通道设置等措施，为中石化西南管道、珠三角管道、茂名乙烯改扩建、奥里油电厂等重点工程进口设备提供通关便利。

湛江海关 2005 年主要业务统计表

项目		单位	数量	与上年比
监管进出口货物总值		千美元	11065680	30.3%
其中	进口	千美元	8973532	34.0%
	出口	千美元	2092147	16.5%
监管进出口货运量		万吨	4277	12.1%
其中	进口	万吨	3695	12.9%
	出口	万吨	582	7.1%
征收税款		万元	1001813	31.1%
其中	关税	万元	48520	–1.3%
	代征税	万元	953292	33.3%
进出口货物减免税		万元	69100	11.87%
监管飞机	进境	架次	80	1.2%
	出境	架次	81	
监管船舶	进境	艘次	2369	0.7%
	出境	艘次	2216	
监管汽车	来自境内	辆次	1546	4.2%
	去往境外	辆次	3070	

项目		单位	数量	与上年比
进出境运输工具服务人员	进境	人次	43970	4.7%
	出境	人次	42367	2.1%
进出境旅客	进境	人次	2233	174.7%
	出境	人次	1941	78.4%
查获走私案件		宗	16	–48.4%
查获走私案值		万元	19782	28%
查获违规案件		宗	37	54.2%
查获违规案值		万元	3645	582%
登记备案合同		个	266	–14.5%
核销合同		个	540	3.1%
报关单		张	36114	1.0%
其中	进口	张	13134	–0.9%
	出口	张	22980	2.2%

广东省公安边防总队

2005年，广东省公安边防总队边防检查工作在上级党委的领导下和业务部门的具体指导下，以“三个代表”重要思想和科学发展观为指导，认真贯彻党的十六届五中全会和全国公安厅局长会议精神，结合保持共产党员先进性教育，深入开展“三访四见”和“双争”活动，落实执法为民；积极探索勤务改进措施，规范执法执勤，提高执法执勤能力；加强队伍管理和基础建设，推进业务工作发展；严格措施，确保口岸安全，较好地完成了边防检查工作任务。2005年，共检查入出境人员4803112人次，比上年减少1.33%，其中旅客3690850人次，减少0.63%，员工1112262人次，减少3.58%；检查交通运输工具132389艘（列、架）次，减少2.73%。

【结合“三访四见”活动，认真落实公安部边防局满洲里会议精神，深化“双争”工作】 部局满洲里会议召开之后，广东省公安边防总队结合开展“三访四见”活动，认真研究了贯彻会议的意见和具体措施，召开了全省边检站电视电话会议，传达了满洲里会议精神，对贯彻部局会议精神做了全面部署。一是落实“三访四见”，广泛征求意见。按照“三访四见”工作部署，各站走访口岸相关单位，征求、整合、梳理对边检工作的意见。落实领导到基层科、队当兵，参加执勤现场各岗位工作。通过“三访四见”活动，增进与服务对象的沟通和了解，加强互动和配合，深化“双争”活动。二是落实“双争”措施，服务地方经济建设。克服困难，支持东莞沙角电厂、惠州港石化码头、南海三山港、湛江电厂、茂名石化码头对外开放；改进勤务措施，提高执勤效率，积极承担口岸以外临时性边防检查任务；主动协助地方党政机关做好“广东国际旅游文化节”、“亚洲文化艺术节”等各大型经贸文化活动出入境边防检查和接待服务工作，设立服务小组，开设专用通道，创造便利通关环境。在上述两项活动中，总队被省政府通报表彰。东莞站深化“双争”，努力建设“五型”（学习型、服务型、规范型、效率型、廉洁型）边检站。中山、南海、阳江、台山站多次派出警力救助危困船舶，提供出入境便利，挽回巨额经济损失。三是加强队伍管理，确保安全稳定。结合“大讨论”活动、“双让”主题教育，深入开展以执法为民、预防职务犯罪为主题的思想教育，组织官兵观看《塌方后的反思》、《贪婪人生不归路》等警示教育片，邀请地方法院、检察院专家举行法制和预防职务犯罪专题讲座，进一步增强法纪观念，端正执法思想，转变执法观念，提高依法执勤、履行职责、主动服务的自觉性。坚持以条令条例为依据，按照部队正规化管理要求，严格落实各项规章制度，规范部队“四个秩序”，始终保持现役制部队应有的思想、工作、生活作风，保持边检队伍廉政纯洁、政治合格。

【大力加强勤务规范化建设，执法执勤质量进一步提高】 新的《出入境边防检查勤务规范》下发执行后，广东边防总队高度重视，把落实勤务规范作为重点工作来抓。一是抓规范学习，增强落实规范的自觉性。开展了“规范学习月”活动，制定活动方案。通过办班培训、岗前岗后学习、考核测试，使每位检查员熟悉规范，掌握规范，会用规范，自觉落实规范。年底，结合年终考核，对参加现场值班的站领导进行以“规范”为主要内容的资格考核。指导所属各站对照新规范，认真检查落实，全面纠正执勤中不规范的行为。树立长抓不懈的思想，将落实“规范”与开展“双争”活动、检查员量化考核、等级评定和年度评先创优工作有机结合起来，抓落实，抓养成，使落实勤务规范成为全体检查员自觉的行动。二是抓规范试点，以点带面。5月，结合广东省公安厅在中山开展的深化警务规范化试点和广东总队在中山边防部队的“三化”（执法执勤规范化、部队管理正规化、基层建设纲要化）建设试点，在中山站开展勤务规范化试点工作。按照“上下勤队列化、勤务组织规范化、言行举止文明化”以及新规范的要求，重点规范了勤务组织和现场设施，统一了上、下勤动作、验证程序、业务处理程序、现场设施设置及台内、室内物品摆放等，制定了《边防检查旅检现场勤务动作规范》和《广东省边防总队边防检查现场设施建设标准》，开发了《边防检查执勤登记信息管理系统》，拍摄了出入境边防检查勤务规范示范片。三是抓检查督导，全面落实规范。1月、7月，总队派出工作组对全省边检站执法执勤规范化工作进行专项检查和调研，指导边检站落实规范。把落实新规范列入检验先进性教育成果的重要内容，作为开展“双争”活动的重要措施进行检查评比，全省排名，通报点评，督促落实。针对检查中发现的问题，总队司令部多次召集业务部门专题研讨落实新规范具体措施，并针对查控、旅客检查、交通运输工具检查、反偷渡、执法、业务培训、责任追究、设施设备建设、收费等九个方面的工作，研究拟定了《关于进一步加强边检业务工作的意见》，进一步推进边检工作。

【深入开展“大练兵”，提高检查员队伍综合业务素质】 认真贯彻公安部、部边防局“大练兵”工作部署，坚持全警练兵，重在基层，立足岗位，注重实效。一是加强检查员业务培训。重点训练边防检查业务、计算机、外语、法律等知识技能。全年所属各边检站共举办业务培训班102期3078人次。中山、东莞、江门站定期举办业务竞赛、反偷渡培训班和业务研讨会；顺德、南海、高明站多次邀请检察院检察官、法院院长、法律专家、党校教授开展法律讲座；江门、新会、三埠站依托地方院校，对全站干部进行计算机、英语培训，取得了良好效果。总队组织了半年、全年军事业务考核，推动了全省边检业务培训工作，促进了检查员业务素质的提高。二是落实检查员等级评定工作。把检查员等级评定考前培训与“大练兵”、业务培训结合起来，积极开展岗位练兵；组织和鼓励检查员积极参加自学考试、成人高考；充分利用驻地地方院校、培训机构的教育资源，组织干部参加外语、计算机等级培训，不断使检查员队伍整体素质和业务水平与等级评定标准条件相适应。年内，总队已有205人参加初级检查员等级资格考试，195人通过了考试，通过率95%。三是抓好新边检信息系统启用前培训工作。该总队把新系统操作使用、安装维护培训工作作为新系统推广应用的首要工作来抓。在组织18个边检站业务、技术骨干参加部局首期培训班之后，又增派6名技术骨干参加部局培训，着力为各站培养新系统应用与维护的业务和技术骨干。11月、12月，该总队在东莞站开展新系统应用试点，分三期轮训东莞站所有执勤人员，同时制定了《新边检信息系统培训考核实施办法》。在抓好试点工作的同时，指导全省各站利用现有的条件，开展新系统启用前的培训工作，目前，该总队的新系统前期准备工作已经基本就绪，并有多个站顺利启用了新边检系统。

【改进勤务，提高执勤效率】 一是改进查验措施，便利出入境。简化对往来港澳小型船舶员工的查验手续，将原来以《查验薄》上的员工名单为准，改为以船舶当次出入境的《船长报告书》上的员工名单为准，方便船方员工出入境；对“三固定”船舶实行信誉通行，实行船方签订安全责任书制度；对往来港澳小型船舶出入境时间不超过8小时的，出入境检查手续一次同时办理。二是推行网络报检。结合上半年省公安厅在惠州开展的警务规范化试点，广东边防总队开发了“船舶网上报检系统”，预建全省边检站船舶备案资料库，在东莞、南海、顺德、江门、惠州站试行。各试行单位组织船舶经营单位报检员举办网络报检业务培训班，宣讲网络报检便利措施，理顺业务工作关系。三是改进执勤登记报告制度。应用现有技术条件，开发了“边防检查执勤登记信息管理系统”，在中山、顺德、江门站等单位试行，逐步取消手工登记，实现电脑登记，提高执勤登记工作效率和规范性。

【加强硬件建设，夯实业务基础】 广东省公安边防总队党委高度重视边检站基层基础建设，从人、财、物、政策等各方面向边检站倾斜，夯实基础，为边检站后续发展提供各方面条件。一是改善执勤条件。广东边防总队坚持基层第一的思想，积极创造条件，为各边检站配发了一批执勤设施设备。配发各站执勤专用台式电脑568台、服务器94台、手提电脑68台、OCR证件阅读机20台、数码相机40台、摄像机36台、激光多动能一体机85台、扫描仪35台、数字录音机35台；下拨业务、技术（176万）装备专用经费400多万元；配发执勤车辆11台；投入执勤设施设备建设资金共112万元。二是改善生活、工作条件。总队共投入边检站营房建设资金300万元，营造一个栓心留人的工作、生活环境。三埠站投入300万元，拆建、维修公寓楼，干部住房条件得到明显改善；江门站投入40多万元，建成了多媒体学习室、档案室、机关文体活动室、分站学习室、中队棋牌室，安装太阳能热水器，官兵工作学习生活的环境有了新的改观；高明站投入8万元布置营区绿化，全力打造花园式营区；东莞站投入469.08万元建设干部宿舍楼。

广州出入境边防检查总站

2005年，广州边检总站在公安部出入境管理局党委的领导下，坚持以“三个代表”重要思想为指导，深入贯彻落实《中共中央关于进一步加强和改进公安工作的决定》和第二十次全国公安工作会议精神，认真抓好文明规范执勤和基础业务建设，积极开展基层科队正规化建设达标活动，狠抓队伍教育管理和勤务规范的落实，全面提高队伍的整体素质和执勤执法水平，圆满完成了边防检查各项工作任务。

【认真履行职责，提高口岸管控能力，严厉打击口岸非法出入境活动】 作为守卫国土的第一道关口和最后一道防线，边检机关肩负着防范境内外敌对势力渗透破坏和打击出入境违法犯罪活动的历史重任。广州总站各级领导和广大民警牢固树立为维护稳定大局服务的思想，进一步加强政治敏感性，增强工作的主动性，不断提高打击非法出入境活动的能力。

加强处突预案演练，严密做好口岸处置突发事件工作。广州总站坚持未雨绸缪、防患于未然的指导思想，注重加强应急突发事件预案的演练，组织一线执勤人员对不同类型口岸的突发事件预案进行逐项演练，切实提高全体民警处置突发事件的思想意识、整体协作水平、个人应对能力，通过不断演练，达到逐步提高的目的。针对重大节假日和重要敏感时期的特殊情况，广州总站及时地、有针对性地对原有处突预案进行了补充和完善。各单位尤其是旅客检查任务较重的白云、天河、番禺站多次实施了模拟实战演练，使全体执勤民警熟悉掌握了处置突发事件的具体措施，进一步提升了处突意识和警惕性。

不断提高打击口岸非法出入境活动的水平。近年来，外国人非法出入境的情况有所上升。广州总站认真贯彻落实公安部出入境管理局的工作部署，紧密结合口岸工作的实际情况，以开展打击外国人非法入出境专项行动为突破口，深入分析研究口岸敌社情和非法出入境活动的规律及特点，制定具体工作措施，有效地遏制了广州地区口岸的偷渡活动。2005 年 8 月，广州总站召开了打击外国人非法入出境工作研讨会，将打击外国人非法入出境活动作为当前的工作重点，牢固树立“一盘棋”思想，形成打击外国人非法入出境的合力。一是加强口岸情报调研工作，总结规律特点，及时推广经验。加大对遣返外国人的审查力度，对幕后组织者深挖细查，扩大线索，获取情报；对涉及外国人非法出入境的信息深入分析研究，力争准确掌握外国人偷渡的规律和特点，从而有针对性的制定对策，及时在总站范围内通报，推广好的经验和做法。二是加强证件研究工作，打牢识伪辨假的基本功。加强对外国护照的鉴别与研究工作，充分发挥证件研究室的作用，对在工作中搜集到的各国护照证件及签证样本，即时分析整理并存档备查，及时总结有关伪假证件的特征，制作相关资料供一线执勤民警参考。三是加强协作配合，建立长效机制。加强与口岸联检单位、重点航班所属的航空公司以及铁路运营部门的沟通与协调，明确相互间的协作与分工；加强与地方公安机关的联系，遇有不能确定真实身份的外国人或有重大线索的案件，主动与公安外管部门联系移交，尽可能协商建立防范和打击外国人偷渡活动的协作机制。

充分发挥总站遣返审查所的作用，深挖线索，查破大案要案。2005 年，广州总站调整了遣返审查所职能作用，坚持依法深挖细查的办案原则和“抓蛇头、打团伙、端窝点”的工作目标，克服困难，立足本职，积极开展工作，取得了显著的战果，为维护国家安全稳定和正常的出入境秩序做出了积极的贡献，探索出边检机关查办出入境违法案件的新路，得到了公安部、公安部出入境管理局领导的肯定和表扬，并荣立集体二等功一次。

【全面贯彻落实勤务规范，认真开展基层科队正规化建设达标活动，努力提高文明规范执勤水平】

全面贯彻落实勤务规范既是基层科队正规化建设的主要内容，也是检验执勤工作质量的重要依据和标准。充分利用开展基层科队正规化建设达标活动这个平台，狠抓勤务规范的全面落实，有利于解决在业务建设中存在的突出问题和薄弱环节，有利于提高队伍的战斗力和凝聚力。因此，广州总站统筹安排，突出重点，一手抓勤务规范的全面贯彻落实，一手抓基层科队的正规化建设达标，切实做到“两手抓两手都要硬”，以此推动边检队伍朝着良性健康的轨道发展。

以贯彻落实勤务规范推动队伍正规化建设，通过抓正规化建设达标活动将勤务规范落到实处。公安部出入境管理局新的勤务规范下发后，广州总站迅速将贯彻落实勤务规范列入基层科队正规化建设达标活动的主要内容，作为当前及今后的一项重要工作抓实抓好。总站基层科队正规化建设达标活动领导小组下设贯彻落实勤务规范办公室，分管业务工作的解德学副总站长亲自主抓，总站业务处具体抓落实。首先，加强了勤务规范的学习，解决好认识上的问题。业务处专门举办了业务领导和骨干参加的培训班，原原本本学习条文、研讨条文、理解条文；各站和基层科队结合工作实际，组织执勤民警利用平时休息和执勤间隙学习规范，做到集中学习与个人自学相结合，开展了“一对一、老对新”的互帮互学。其次，严格按照规范开展勤务工作。各基层科队严格落实勤务规范和《出入境边防检查总站现场执勤六不准》、总站执勤现场纪律规定“十项禁止”等勤务管理规定；旅客检查勤务严把人证资料对照、卡片资料与证件资料对照、证件资料与电脑资料对照等关键环节，确保了旅客资料信息录入的准确；出入境船舶检查勤务严格按照预、确报程序办理手续，坚持24小时报检和口岸巡查制度，严格登陆证、登轮证的审批、签发和上下外轮人员的管理制度；强化各类执勤登记本、表的填写质量和业务档案资料的管理，提高了勤务工作质量和管理水平。第三，细化业务问题处理规则，严格依法办案。各基层科队严格依照出入境管理法律法规办理行政案件，规范填写《发现问题处理登记表》，杜绝了狠抓港口勤务规范化管理工作。一是加强检查督导。总站业务处每月组织对港口业务工作进行一次交叉检查，开展一次交流研讨，并根据不同时期，组织人员深入各站召开民警座谈会，认真听取基层执勤人员的意见和建议；各站定期或不定期地派出人员主动走访港区码头、船舶公司和船舶代理等相关单位，以发放问卷调查表、召开座谈会、走访等多种形式征询口岸、港务、船舶运输、外轮代理、港口服务、理货和船舶维修等单位的意见，密切与港口经营单位、港务公安局以及其他查验单位的联系，争取支持和配合，探索构建严密的防控网络。二是强化登轮检查、船体检查和监护等工作，落实量化规定。担负港口勤务的检查队对重点航线、重点船舶视情况加大船体检查比例。同时，认真落实梯口、驻船和巡查监护工作，把所有的出入境船舶都纳入监管视线，确保对上下船舶的人员和搭靠外轮船舶实施有效监管。三是加大调研力度，严防藏匿集装箱偷渡案件发生。针对国际上以及国内个别地方近年来发生的利用集装箱进行群体性偷渡事件频发的新情况，各港口站对本站管辖范围内有可能藏匿集装箱偷渡的情况进行了调查摸底，加大了对出境船舶的检查监管力度。同时，不断地借鉴相关边检站的成功经验，积极探索对出境集装箱施加“反偷渡封志”的做法。深入开展执勤教育整顿活动，进一步强化勤务检查和执法监督的力度。2005年7月，广州总站在队伍中深入开展了以“尽责敬业、恪守规范、严防事故”为主题的执勤教育整顿活动，处理问题不填表或者先处理问题后填表的现象。在办理执法案件中，做到事实清楚、证据确凿、程序合法、手续完备；执勤民警牢记执法为民的思想，在工作中警容警姿严整，言行举止文明，坚决维护出入境人员的合法权益。在2005年度总站的执法质量考评中，黄埔站等5个单位被评为优秀；天河站等5个单位被评为达标。第四，加大投入，强化勤务保障。广州总站先后投入240万元专项经费，为各基层科队调整、改造和装修了一批执勤、办公用房；配备了一批防滑鞋、安全帽、警棍、警绳、强光手电等执勤用具；装备了一批计算机、复印机、打印机、传真机、照相机等技术设备；规范统一了基层科队执勤办公用房内墙上悬挂的物品和门牌标识，使基层科队的办公环境明显改善，勤务工作设施设备基本配齐，队伍管理和勤务工作制度实现了规范统一，各基层科队的硬件建设上了一个新台阶。

狠抓港口勤务规范化管理，加强港口出入境边防检查工作。2005年8月，广州总站召开了港口边检业务工作座谈会，分析了港口业务工作的薄弱环节，结合所辖港口条件和勤务实际，重点解决队伍中存在的工作责任心不强和规章制度不落实的问题。全总站深入进行了“四个学习”、“四个反思”， 落实了“十对照、十查找”的整顿措施。通过开展教育整顿活动，打牢了广大民警的思想基础，增强了事业心和责任感，完善了各种执勤管理制度，建立了杜绝执勤事故的长效机制，巩固了保持共产党员先进性教育活动的成果。

【认真做好新建口岸建设和现场搬迁工作，确保口岸的正常运作】 2005年1月18日零时，广州

广州边检总站2005年边防检查业务统计表

口岸	旅客（人次）	员工（人次）	交通工具（辆、架、艘次）
天河	2355935	153837	8013
白云	3353186	286566	25425
番禺	657247	121839	14169
莲花山	222003	23224	2352
广州开发区	—	17072	2483
新塘	—	8493	1345
黄埔	4905	191408	19746
洲头嘴	3	60553	9112
新港	1	80771	9550
新沙	—	14906	1042
合计	6593280	958669	93237

天河直通车口岸现场由西大厅搬迁至东大厅，4月28日番禺南沙客运口岸现场由旧址搬迁至新址，两口岸搬迁后正式启用，旧口岸同时关闭并停止使用。为切实做好新建口岸建设和口岸现场的搬迁工作，一是天河、番禺站均成立了口岸搬迁领导小组，由站领导亲自挂帅，下设了业务执勤、设备搬迁、后勤保障等若干个工作小组，加强了对搬迁工作的组织领导；同时制订了转场工作方案，明确了转场工作中的具体组织指挥以及人员分工。二是认真落实了口岸搬迁前的演练工作，为使各级人员尽早熟悉新口岸现场的检查设施和旅客检查流程，全面检测并掌握边检设施、设备的性能，两站在口岸搬迁启用前，组织各级人员在新口岸现场进行了试运营演练，通过演练，及时发现并完善了新口岸现场勤务运行中存在的问题。三是顺利完成转场搬迁工作，天河、番禺站分别于1月17日和4月17日当天勤务结束后，立即按照转场工作方案，组织全站人员对旧口岸现场的执勤设施、设备以及业务执勤用品、用具、档案资料搬迁至新口岸现场，当晚完成了边防检查统计数据的倒装和维护，并对新口岸现场的边防检查信息管理系统进行了最后的测试。次日，天河、番禺站正式在新口岸现场开展业务执勤工作，各项工作正常开展，实现了无缝式搬迁转场。四是配合南沙港区二期工程，争取完善边检勤务配套建设。

深圳出入境边防检查总站

【概况】 2005年，深圳出入境边防检查总站认真贯彻落实公安部、公安部出入境管理局党委和深圳市委市政府的决策部署，以高度的政治责任感和务实进取的精神，迎难而上，扎实工作，各项工作取得显著成绩。全年共检查出入境人员159331768人次，同比增长6.06%，占全国出入境人员总量的52.75%；检查汽车14827231辆次，增长2.98%，占全国出入境汽车总量的77.16%；检查船舶98461艘次，增长23.05%，占全国出入境船舶总量的20.28%；检查飞机9479架次，增长26.79%，占全国出入境飞机总量的2.93%；检查列车1778列次，减少19.77%,占全国出入境列车总量的3.55%。

【打击非法出入境活动】 2005年，深圳出入境边防检查总站在认真总结工作经验的基础上，进一步严密工作措施，改进和完善管理手段，有力提高了口岸综合管理控制能力。全年共查获各类涉案人员XXXXX名，查获各类违法违规人员XXXXX人，查获违法违规交通运输工具（船舶）X艘，涉案金额人民币107亿元。5月29日，总站密切配合广东省刑侦部门成功抓获涉嫌碎尸杀人犯罪嫌疑人罗某，受到了上级有关部门的表扬。进一步加强口岸“处突”工作，根据形势和任务的发展变化，不断调整、完善总站和各边检站“处突”应急预案，组织开展了23次“处突”实战演练，成功挫败了多起“民运”分子、“法轮功”骨干分子企图闯关闹事的图谋；成功处置了一不明身份男子以持有爆炸物相威胁，企图强行闯关赴港事件。坚持打防并举的方针，不断加大打击偷渡活动的力度，先后举办了14期证件研究培训班和研讨会；采集各国真伪证件样式XXXX份，进一步完善了以总站证件研究室为依托的证件研究鉴别体系；加强口岸情报调研工作，拓宽情报信息来源，向社会公布了24小时反偷渡举报热线电话；加强与地方公安机关、香港入境事务处和口岸联检单位的协调和配合，建立完善了良好的工作协作机制；不断加大反偷渡工作的科技含量，针对藏匿集装箱、货柜车车底等偷渡活动情况，为所属边检站配备了二氧化碳生命探测仪等一批高科技检查设备；集中开展了防范与打击利用集装箱、爬卧车底和持用他人出入境证件偷渡等非法出入境活动专项行动，成功查获了X名巴基斯坦居民持用伪假外国护照非法出入境、X名内地居民企图藏匿火车非法出境和多宗蒙古、加纳、巴基斯坦等国居民持假证借道我国企图偷渡第三国等一批非法出入境案件。全年共查获非法出入境人员XXXX人，有力打击了各种形式的非法出入境活动。

【文明规范执勤工作】 2005年，深圳出入境边防检查总站认真贯彻落实公安部周永康部长关于“建设文明国家的窗口”的指示精神，积极采取各种有效形式，在民警队伍中深入开展执法为民思想教育，不断强化民警的宗旨意识、责任意识和进取奉献精神。进一步提高工作标准，强化工作措施，充分利用执勤现场电子监控系统监控、现场值班室随机抽查、督察部门随警督察、执法质量考核评议、开通24小时监督服务电话等方式，扎实抓好《出入境边防检查总站现场执勤六不准》和《出入境边防检查勤务规范》的落实。根据口岸出入境旅客流量的变化情况，严密各项勤务组织，及时调整勤务部署，开足验证通道，并通过深圳广播电台即时播报深圳各口岸出入境旅客通关信息，引导旅客选择口岸通行等措施，有力推动了队伍文明规范执勤工作，确保了口岸的和谐、文明、畅通。4月和5月，中央政治局常委、中央纪委书记吴官正、中央政治局常委、政法委书记罗干同志到口岸视察工作时，对总站执勤民警高昂热情的工作姿态、文明高效的工作质量给予了高度评价。

【信息化建设】 2005年，深圳出入境边防检查总站坚持走科技强警之路，大力推进科技创新，边检工作的信息化建设取得了新的成果。6月16日，“旅客自助查验系统”在罗湖口岸试运行成功，年内在罗湖、文锦渡和沙头角三个口岸共安装了51条旅客自助查验通道，验放出入境旅客1200多万人次。“旅客自助查验系统”的成功研发和启用，有效地提高了执勤工作效率和质量，减轻了执勤民警的工作压力，加快了通关速度，增强了服务经济社会发展的能力。扎实推进技术基础工作，基本完成了覆盖全总站各执勤点的边检执勤监控系统建设，形成了总站、边检站、分站（队）三级监控模式；进一步完善了总站和各边检站视频会议系统，实现了 MCU 与公安部出入境管理局的连接；完善了总站畅通网网站系统运行平台、数据库、网络结构设置、网站功能选定、栏目设置和版面设计；改善了全总站远程机房环境，实现了对机房环境和动力运行情况的全面监控，为各项工作的顺利开展提供了良好的技术基础和保障。

【基层科队正规化建设】 2005 年，深圳出入境边防检查总站按照公安部出入境管理局的部署和要求，深入扎实地开展了基层科队正规化建设达标活动。针对基层科队担负不同的工作任务和民警的岗位特点，探索建立了以检查员验放量、差错率、查获量以及民主评议、旅客评价为基本依据，体现检查员执法服务水平的绩效管理考评体系。通过经验介绍、观看视频资料、现场观摩等方式，进一步规范和统一了全总站基层科队的执勤管理制度、执勤设备配备标准与管理责任、执勤动作与程序规定。按照“重心下移、警力下沉、保障下倾”的要求，先后两次精简分流总站和各边检站两级机关人员 121 人，精简总站机关各类车辆 41 辆，充实保障基层和执勤一线工作。积极采取有力措施，严格控制机关办公、接待、车辆运行等经费开支，加大对基层和执勤一线经费保障力度，2005 年总站下拨公用经费与 2004 年同比增加 55%，下拨重要项目经费与 2004 年同比增加 21.9%。按照基层科队正规化建设达标活动硬件建设的标准要求，全总站共投入 740 万元为基层科队配备了巡查、押解车辆和复印机、传真机等一大批执勤设备，同时对各边检站民警值班室、备勤室、学习室进行了装修改造，改善了一线执勤民警的工作、学习和休息条件，有效地提高了基层科队正规化建设水平，推动了各项工作任务的完成。

【警营文化建设】 2005 年，深圳出入境边防检查总站紧密结合队伍建设实际，扎实推进边检警营文化建设。加强对先进典型的培养和学习，涌现出了被国务院授予“模范边防检查队”荣誉称号的罗湖边检站五队等一批先进典型，深入开展了向罗湖边检站五队等先进典型学习和“十佳警队”、“十佳民警”评选活动，年内，有 13 个党支部被评为先进党支部，76 名党员被评为优秀党员，13 名党员被评为优秀党务工作者。组建了总站警官俱乐部和男子篮球队等文艺活动团体，总站选送的文艺节目和书画作品，在深圳市“第七届鹏城金秋社区文化艺术节”活动中获得一个金奖、两个银奖和一个铜奖；男子篮球队在 2005 年广东省公安系统甲级篮球联赛中获得了冠军。结合“两法”颁布实施 20 周年纪念活动，开展了以“边检文明执法大检阅”为主题的警察开放日活动，邀请了由深圳市副市长陈应春和市人大、政协委员以及社会各界人士 20 人组成的检阅团，对总站机关和罗湖、皇岗边检站执勤工作情况进行了全方位的检查，检阅团对总站执勤能力、科技强警、文明风貌给予了充分肯定。年内，总站还结合队伍思想和工作实际，组织举办了以文明服务、时事政治、婚姻家庭、心理健康为主题的专题辅导讲座，丰富和活跃了警营文化生活，推动了队伍精神文明建设。深圳边检总站被深圳市委市政府评为创建文明城市先进单位。

【党风廉政建设】 2005 年，深圳出入境边防检查总站坚决贯彻依法从严治警方针，严格落实党风廉政建设各项制度规定，队伍党风廉政建设取得了新的进步。总站纪委组织对总站近年来发生的违法违纪案件进行了深入剖析，并汇编成册，在民警队伍中开展了警示教育。不断强化各级领导在队伍党风廉政建设中的责任，总站、各边检站、科队（分站）三级主要领导签定了《党风廉政建设和预防案件事故责任书》，进一步明确了各级领导在队伍党风廉政建设和预防案件事故中的责任，增强了各级领导的事业心和责任感。以端正队伍风气为切入点和突破口，在民警队伍中集中开展了以治理“思想松懈、纪律松弛、作风松散”为主要内容的纪律作风整肃活动，采取组织措施，对个别精神不振、责任心不强、工作懈怠的民警进行了离岗培训。按照公安部出入境管理局纪委的统一部署和要求，在队伍中集中开展了查办违法违纪和百日安全无事故专项教育整顿活动，组织对执勤工作中可能引发案件事故的苗头、隐患进行了深入的摸底排查，有针对性地做好案件核查处理和对重点人员的跟踪教育管理工作。在专项活动中，总站对外公布举报电话 18 个，设置举报信箱 96 个，编排宣传墙报 11 个，成立专访小组 9 个，走访地方政府、口岸联检单位及友邻单位 473 家，向出入境旅客发放调查问卷 3260 人次。认真开展了常规性定期审计、领导干部经济责任审计和违法违纪审计调查工作，审计金额 2371 万元，提出审计意见、建议 21 条。全年没有发生一起重大违法违纪案件，为边检执勤任务的完成和各项工作的顺利开展提供了良好的纪律保障。

深圳边检总站 2005 年边防检查业务统计表

项 目	出境	入境	小计	同比增减	占全国百分比	全国排名
出入境人员（人次）	80192509	79139259	159331768	6.06%	52.75%	1
出入境车辆（辆次）	7406823	7420408	14827231	2.98%	77.16%	1
出入境船舶（艘次）	51216	47245	98461	23.05%	20.28%	4
出入境飞机（架次）	4711	4768	9479	26.79%	2.93%	8
出入境列车（列次）	991	787	1778	–19.77%	3.55%	6

珠海出入境边防检查总站

【概况】 2005 年，珠海出入境边防检查总站共检查入出境旅客、员工 7729.3 万人次，同比增长 15.65%；检查出入境交通运输工具 245.2 万辆（艘）次，同比增长 3.23%。全年全总站共有 4 个单位荣立集体三等功，13 个单位受到集体嘉奖，1 个科队被公安部六局评为文明窗口单位，1 名民警荣记个人二等功，26 名民警荣立个人三等功，167 名民警、工人受到各级嘉奖。

【班子建设】 以提高能力、改进作风、增强班子核心领导作用为重点，不断加强领导班子自身建设。进一步加强理论学习。2005 年，总站党委着重健全四项学习制度，即中心组学习制度，集中学习、个人自学与高校联合举办讲座的学习机制，领导干部下基层调查研究制度和各项学习考核制度。进一步提高学习的计划性和系统性，提高学习效果。严格按照“十六字方针”规范党委工作，不断提高领导班子的领导效能。总站党委坚持把贯彻民主集中制作为加强班子自身建设的关键来抓，不断深化民主集中制学习教育，严格用“集体领导、民主集中、个别酝酿、会议决定”十六字方针规范党委工作，保证民主集中制各项制度的贯彻执行。2005年，按照先进性教育活动的部署，总站班子成员分别参加了各站班子民主生活会，指导各站班子开展批评和自我批评。深化领导干部作风建设，大力弘扬求真务实、真抓实干的作风。总站党委坚持边学、边查、边改的方针，结合先进性教育活动，组织各级领导干部对照 “八个坚持、八个反对”和中纪委“五不准”的要求，紧密联系思想和工作实际，开展反思对照查摆。在广泛征求各单位和基层民警意见的基础上，总站党委深入开展民主评议和谈心活动，并针对发现的问题，认真抓好整改措施的落实。在群众满意度测评中，总站和各站党委的群众满意率均达到95%以上。

【基层正规化建设】 2005年初，总站根据公安部六局“厦门工作会议”部署，把正规化建设达标活动作为2005年的重要任务来抓，努力提高基层正规化建设水平。加大投入，大力改善基层条件。一是科学制定基层硬件建设方案。总站在深入调研的基础上，对各站建设方案进行论证，确定申请达标科队硬件配置标准以及办公、学习、备勤“三室”建设方案。二是因地制宜开展硬件建设。总站要求各科队原有设施可留用的尽量留用，并灵活采取一室多科队共用等办法解决口岸用房不足等问题。三是加大对执勤一线的保障力度。为保障执勤需要，总站购买10辆业务用车用于改善执勤和执法装备，并为各站旅检队配置了传真机、扫描仪、文检仪、防爆毯等执勤设备，为车辆、船舶检查队和监护队相应配置了检查镜、对讲机、电击枪、电警棍等执勤用具。落实勤务规范，严格规范验证程序，进一步提高文明规范执勤水平。

总站结合勤务规范的实施，以规范验证程序为重点，加大奖惩力度，狠抓新规范的落实。一是加强落实规范的学习教育。各站结合开展多种形式的培训学习，定期对民警进行相关业务知识考核。总站通过开展百本证件录入和百本证件伪假识别比赛，集中组织开展岗位练兵，促进民警业务水平的提高。二是加强执勤管理。各站均采取措施加大对不落实勤务规范造成业务差错的惩处力度，还根据达标要求，对原有的日常管理和考评制度进行修订，进一步加强勤务管理。三是推出各项新举措，进一步提高文明规范执勤水平。拱北站将早上开关时间提前到7时10分，与澳方关闸开放时间保持同步，为旅客及早进入大厅排队提供便利；九洲站进一步细化三个“必须”规定，规范接还证动作和执勤文明用语；湾仔站要求执勤民警做到三个“主动”：主动为旅客提供咨询、主动扶助旅客、处理问题时主动加强解释。

加强制度创新，积极探索适应队伍实际的管理机制。总站根据公安部六局基层正规化建设达标标准的要求，从完善机制入手，进一步提高队伍管理的科学性和规范性。一是进一步健全和规范各项管理制度，提高基层管理水平。先后规范了“三会一课”等支部工作制度，要求各支部进一步强化对党员的教育管理。二是积极探索创新，改进基层组织建设和思想政治工作方法。总站把加强信息化作为推动队伍管理正规化的重要手段，研发了3套基层队伍管理软件，为基层领导对民警进行动态跟踪管理提供了有力的信息支持，推进基层管理工作由经验型向科学型转变。

【业务执勤】 为完成日益繁重的执勤任务，总站努力加大科技投入，改进查验手段，进一步提高执勤工作效率。2005年，总站进一步加快拱北口岸旅客自助查验系统、车辆一站式通关系统的建设。3月，完成旅客出入境自助查验系统的研发工作，在拱北口岸开通2条试运行通道，截至年底共查验旅客248万多人次，在取得经验的基础上，进一步推广自助查验通道建设，于年底分别在拱北口岸出、入境大厅各建设12条自助查验通道；同时，积极完成拱北口岸一站式系统的开发建设工作，于3月15日投入试运行，8月31日通过验收并正式开通，从而有效加快了出入境旅客和客车的验放速度，降低了民警的工作强度，提高了执勤效率。同时，总站积极推进信息化建设、技术通信保障及培训工作。总站下拨专项经费建设和改造各站新系统机房；8月底，总站研发一系列数据备份程序，完善各站信息系统应急方案，并加强对核心设备、系统以及供电设备的重点检修，有效提升了执勤工作的技术含量和口岸应急能力。此外，总站圆满完成了东亚运动会，温家宝、罗干同志视察珠海以及国民党副主席吴伯雄入出境等多项边防检查和安全保卫任务。

【培训工作】 2005年，总站以实施分类培训和实战训练为重点，进一步加大培训力度，提高培训实效。健全统一高效的领导机制，加强对培训工作的集中管理。总站明确培训工作由政工部门负责，加强对培训工作的集中统一领导，并借助培训管理系统软件，健全民警培训电子档案，及时对民警培训情况和考核成绩进行登记，实行跟踪管理。优化培训内容，加强师资力量建设，提高培训质量。总站在内部挖潜的基础上，充分利用驻地高校智力资源，以校站互动的形式，构建内外结合的师资队伍。一方面，在具有边检特色、专业型强的业务领域，立足在民警中建立培养专业化教员队伍，大胆起用业务能手作教员，并结合总站的工作特点，组织编写业务培训教材。另一方面，主动与驻地高校保持紧密的合作关系，建立经常性沟通交流机制，使专家教授更深入地了解边检队伍的特点，有针对性地进行相关课题的研究和备课，增强授课内容的针对性。积极创新教育形式，着力抓好科队领导能力的提高。2005年，总站组织科队领导进行了普遍轮训，将基层管理中的热点、难点问题提炼成个案或观点，组织学员进行辩论和无领导小组讨论，改变以往一贯机械式说教的方式，借助典型案例启发讨论，实现由灌输教学到引导教学的转变，加强教学互动。同时，加强思维能力训练，专门开设思维创新课程，利用辩论赛和即兴演讲训练，进一步促进思维创新。此外，积极拓展培训内容，开设政务礼仪、警察公共关系学、警察心理调适等课程，进一步增强领导干部开展心理辅导工作和抓文明规范服务的意识和能力。

【后勤保障】 总站把服务保障一线作为后勤工作的出发点和落脚点，把2005年上级下拨的边检专项经费全部用于执勤一线。一是加大办公场所改造力度，努力改善基层工作环境。2005年，总站投入资金对各站的营区进行全面改造，完善了横琴站警戒楼、高栏站监护楼的装修及配套设施建设；对湾仔、万山站营区、生活区进行改造，并着手为万山站兴建监护宿舍楼。同时，积极向有关部门反映横琴站口岸地基下沉，联检大厅严重倾斜的情况。二是开源节流，保证民警福利待遇得到落实。2005年，总站根据属地管理原则，参照珠海市政府文件规定，提高民警、工人岗位津贴标准；增设“执勤加班补贴”项目，并按照“执勤任务重的站高于执勤任务轻的站、基层高于机关”的原则发放，充分体现津补贴待遇向一线倾斜的原则。三是积极做好基层民警的生活保障。为保障基层民警、工人身体健康，总站坚持年体检制度，积极抓好医疗保健工作。统一组织全体民警进行体检，为210名民警、工人注射了乙肝疫苗，为300多名民警、工人注射了流感疫苗，并根据民警、工人的建议，不断提高伙食质量。此外，总站通过努力，争取到3万平米的经济适用房指标，并迅速展开报建工作。

（李远航）

珠海出入境边防检查总站 2005 年业务统计表

查验 类别	单位	出入境人员（万人次）	出入境交通运输工具（万辆、艘次）	同比增长（%）
全总站	7729.3	15.7	245.2	3.2
拱北站	7322.5	16.9	179	3.8
九洲站	174	3.15	1.7	–11
横琴站	192.5	–10	62.7	2.1
湾仔站	25.7	36.9	0.9	15.8
高栏站	2.2	–6.6	0.12	–13
斗门站	10.5	–13	0.16	–3.2
万山站	1.9	2.28	0.6	–8.6

汕头出入境边防检查总站

【概 况】 2005 年，汕头出入境边防检查总站在公安部出入境管理局党委的正确领导和地方党委政府的大力关怀支持下，坚持以邓小平理论和“三个代表”重要思想为指导，认真贯彻落实党的十六届四中、五中全会和第二十次全国公安会议精神。紧密结合自身实际，扎实开展保持共产党员先进性教育活动，加快人事制度改革步伐，积极推进以基层科队达标为重点的队伍正规化建设，着力提高队伍的综合素质和执法水平。做好基层基础工作，充分发挥边检机关职能作用，保持了队伍总体上的健康稳定，圆满地完成了以边检执勤为中心的各项工作任务和各个特殊、敏感时期的安全保卫工作，保证了口岸的安全畅通，有效地维护了粤东口岸的出入境秩序，得到了地方政府领导和广大出入境旅客和服务员工及口岸单位的好评，为粤东经济发展、口岸“大通关”环境的建设做出了积极的贡献。全年共检查出入境旅客 112617 人次、员工 45209 人次，检查出入境飞机 1200 架次、船舶 2479 艘次，查处违反出入境管理法律法规的人员 144 人次。

【开展基层科队正规化建设达标活动】 4 月份，公安部出入境管理局下发了《关于开展基层科队正规化建设达标活动的通知》，汕头总站本着“分工协作、分步实施、软硬并举、整体推进”的工作思路，成立了总站基层科队正规化建设达标活动领导小组，建立了党委统一领导、分管领导主抓、各部门分工协作的工作机制，相继出台了《基层科队正规化建设达标活动实施方案》和《考核标准》。进一步统一规范业务档案、培训档案、勤务制度、勤务登记等内容。通过不断完善培训考核机制、分类施训和业务培训档案的建设，将全总站的基层民警培训工作逐步纳入规范化的管理轨道，为各级领导和广大民警边检业务知识学习提供较为系统的学习资料。组织开展了警务训练活动，使民警的警容、警风、警务礼仪水平有了较大幅度的提高。为深入开展基层科队正规化建设，总站分别举办了“勤务规范培训班”和“识别伪假证件培训班”，使民警对勤务规范有了更加全面、深入的理解，提高了民警依法执勤、规范执勤和鉴别伪假证件的能力和水平。从保障基层勤务需要入手，配齐硬件设施，确保达到正规化建设验收标准。先后共投资100多万元为所属各边检站执勤一线配备执勤器材，建立功能齐全的配套设施，改善基层民警办公、学习和生活环境。12月底，总站5个参加考核验收的基层科队全部通过了公安部出入境管理局的达标考核验收。

【口岸防控能力】 汕头总站按照出入境边防检查工作的要求，继续严格执行各项业务工作规范，严格执法，热情服务，促进了旅检业务、海港业务等多项工作的进步和发展。通过规范工作程序、完善基础设施、强化职能发挥等多项工作，努力强化边检机关的口岸防控能力，确保粤东口岸的安全、稳定和正常出入境秩序。以强化时限性和准确性为重点，严格落实边检站站长、一线队队长、专职民警三级责任制度。为了更加方便船舶办理入出境手续，按照汕头市人民政府的统一部署，积极进驻汕头港物流中心，设置了统一规范的边防检查窗口，实现了汕头港入出境船舶手续一站式服务，“文明国家的窗口”形象得到进一步巩固和加强，受到社会各方面的一致好评。

【口岸反偷渡工作】 2005年，汕头总站始终将打击偷渡违法犯罪活动作为检查工作的重点，以建立完善反偷渡工作体制和运作机制为突破口，切实加大打击、防范和管理、教育等各项工作力度，把重点放在伪假证件的发现及识别、打击利用集装箱偷渡和爬船偷渡方面，在打击团伙性偷渡上下功夫，深挖“蛇头”组织。以基层科队正规化建设为契机，继续做好一线执勤人员的培训工作。不断加大与地方公安机关的协作配合，使汕头口岸的偷渡活动得到有效遏制。继“捕蛇”、“秋风”、“春雷”等系列专项行动开展以来，汕头口岸的反偷渡工作呈现良好的发展态势，连续数年来没有发生大规模偷渡得逞案件。

【科技强警工作】 2005年，汕头总站不断加强科技建设，坚持贯彻科技强警战略，努力扩大科技应用范围，提高科技应用水平，用科技建设的实际成果为出入境边防检查工作提供有力保障。

按照公安部的要求，总站成立边防检查新系统工作组，并按照分步实施、逐级培训、外培自培相结合的原则对总站及各检查站技术骨干和一线检查员进行网络操作系统及数据库的技术培训。顺利完成了公安部出入境管理局配发设备的接收工作，顺利完成了对总站网络的改造，为下一步安装总站新一代边防检查信息系统做好了充分的准备。

【纪检督察工作】 2005年，汕头总站认真抓好党和国家方针政策的学习，抓好忠诚教育和纪律教育，组织民警深入学习党的十六大和十六届五中全会、中纪委五次全会精神以及周永康部长的重要讲话精神，进一步解决好转变执法观念，端正执法思想以及为谁掌权、为谁执法、为谁服务和理想信念等问题。将党风廉政建设作为一项长期的任务，建立健全了教育、制度、监督并重的惩治和预防腐败体系，抓好党规党纪、国家法律及有关规定的学习教育，认真组织党员、民警重点开展了《党章》和《中国共产党纪律处分条例》、《中国共产党党内监督条例（试行）》、《中国共产党党员权利保障条例》等法规的学习教育，开展了以学习“两个纲要”为主要内容的教育活动。出台了总站《党风廉政建设及预防案件事故奖惩办法》，重新签订了廉政建设责任书，进一步提高了领导干部廉洁从政的意识。加强和促进纪律作风建设，狠抓"五条禁令"和"现场执勤六不准"的落实，增强广大民警的工作责任心和事业感，有效防范了违反禁令问题的发生。全年没有发现不廉洁问题和买关卖关等职务性违法行为。

【队伍建设工作】 2005年，汕头总站始终坚持把党委班子自身建设放在第一位，为实现"队伍、工作双过硬"提供了先决条件和重要保证。认真落实党委中心组学习制度，着力提高"一班人"的政治素质和理论水平，始终与上级党委保持高度一致，自觉用科学的理论指导实践、推动工作，坚持以班子建设挂帅队伍建设，按照统揽全局、协调各方、突出重点、全面发展的思路，在领会上情、掌握下情、做好结合上下功夫，在建章立制、落实责任、奖优罚劣上下功夫，在振奋精神、转变观念、改革创新上下功夫，不断提高班子的集体领导能力。

总站按照"全面加强基层基础工作，全面推进队伍正规化建设"的指导思想，坚持从严治警，深入分析队伍形势，认真抓好队伍正规化建设，进一步打牢队伍的思想基础，增强建设文明国家窗口的政治责任感和工作紧迫感。深化权力观和执法观教育，激发队伍爱岗敬业的责任感和使命感。不断深化人事制度改革，加大领导干部考核、交流的调整力度，为基层班子注入了新的生机和活力，形成了良好的选人用人导向。

【警务保障工作】 2005年，汕头总站根据年度工作计划，在认真研究经费需求、充分进行市场调研的基础上，科学合理地编报了2005年部门预算，给各项工作的顺利开展提供了坚实保障。为提高总站民警的福利待遇，缩小与其他口岸联检单位、当地公安机关人员的收入差距，积极向地方政府及相关单位申请和筹措资金，有效补充了总站的经费保障。开展创建节约型边检机关活动，大到加强政府采购、汽车维修使用，小到打印纸双面使用，通过制定、落实具体的节约措施，加强政府采购、车辆和医疗费用管理等手段，为总站节约了大量的经费。总站以"后勤保障向一线倾斜"为原则，不断加强服务意识，确保各项执勤工作的圆满完成。

广东出入境检验检疫局

【概述】 2005年，广东检验检疫局共检验检疫出入境货物492.93万批，货值1565.46亿美元，同比分别增长10.7%和18.7%；检出不合格出入境货物14310批次，货值25.44亿美元，分别增长22%和9.7%。其中出境货物332.23批次，货值753.44亿美元，发现不合格的2190批次，货值3608.7万美元；入境货物160.7万批次，货值812.01亿美元，发现不合格的12120批次，货值25.08亿美元。监测体检出入境人员10.13万人次，发现病例2.49万人次，增长12.3%；预防接种14.08万人次（含口岸从业人员和交通员工）；艾滋病监测7.62万人次。检疫出入境交通工具共计62.31万架（辆、艘）次，其中出境38.73万架（辆、艘）次，入境23.58万架（辆、艘）次。检疫集装箱761.2万个标箱，检出问题的18000标箱，分别增长10.4%和22.1%。其中出境444.46万个，入境316.74万个。检疫出入境动植物及其产品30.7万批，货值79.92亿美元，分别增长2.3%和13.6%；其中检出不合格货物6689批次，14.6亿美元，分别增长29.4%和36.8%。签发普惠制产地证 80.7 万份，下降 8.3%；签证商品金额 181.85 亿美元，下降 27.8%；签发一般产地证 42 万份，增长 13.6%；签证商品金额 115.27 亿美元，增长 10.6%。完成外商投资财产鉴定 906 批次，查出高价低报 108 批次，升值率为 31.98%；查出低价高报 70 批，降值率为 16.27%，挽回直接经济损失 350 万美元。

【检验检疫与监督管理电子化】 完成了 150 家出口食品、活动物、木质包装和家电产品企业“两个认可”工作。扩大了电子监管试点和推广范围，在广州、湛江、东莞 3 个试点局近 20 个业务部门、办事处、实验室和 48 家出口生产企业开展试点，涵盖了出口水产品、食品、活动物、木包装、机电产品、纺织品、陶瓷等主要商品类别。电子监管系统管理的生产批 36334 批，报检批 16364 批。推广电子监管的企业达 410 多家。口岸视频监控在 35 个口岸实施，取得良好的效果。

【检验检疫工作质量长效机制】 一是建立和健全科学、规范、有效的检验检疫工作质量管理制度。共审查业务管理项目 98 个，业务管理规范性文件 1176 个，提出清理意见的 121 个，建议增加的规范性文件 196 个。二是积极推行检验检疫把关新机制。对进口敏感商品实行定点口岸集中检验检疫和监督管理；完善“人—机—犬”立体查验模式；全面启动口岸视频监控系统；建立健全了进口不合格产品的退货和后续管理制度；建立起风险预警运行机制；完善联查联治协作机制；开展口岸查验模式改革研讨；推行口岸卫生检疫电子监管。三是构建执法稽查机制。经过一年多的探索和实践，执法稽查机制初步建立，情报信息系统和电子监控系统逐步发挥作用，进出境大宗重点敏感商品执法稽查力度不断加大，执法稽查工作有序开展。全年先后组织并实施了 6 次较大规模的专项执法稽查行动，查处案件涉案货值超过 5 亿元人民币，其中查出不合格进境废料近 150 个货柜，在打击非法入境冻品的专项稽查中，检查各类冷库共 162 个，查获和处理非法入境冻品 3000 多吨，产生了较大的震慑力。四是坚持检验检疫工作质量检查制度。在明察暗访的基础上，开展全面工作质量检查，检查情况在全省通报。

【口岸卫生检疫】 加大口岸旅检力度，防止了禽流感、登革热等传染病的传入传出。健全和完善疾病监测体系，提高疾病监测能力和检出率，监测体检出入境人员发现病例 2 万多人次，同比增长 7.0%，检出 HIV 阳性 22 例。做好保健中心考核验收工作，天河局等 12 个分支局保健中心顺利通过总局考核小组验收。P3 实验室完成了基础建设；强化区域性热带病卫生检疫联防工作；制定了 7 个行政许可项目的工作规程。国家质检总局、铁道部等五部委 “京九/沪九直通车运行途中突发公共卫生事件处置演习”，在东莞局的积极参与和大力配合下，取得了圆满成功。积极推动白云国际机场创建“国际卫生机场”工作。

【动植物及其产品的检验检疫】 一是积极采取有效措施，努力提高检出率。1–11 月份，从进境动植物及其产品中截获有害生物和有毒有害物质 1486 种 43169 次，约占全系统总截获次数的 40%。旅客携带物检出率也大幅度提高。1–11 月份，共截获旅客携带动植物产品 2458 批，检出一、二类动植物疫情 445 批次。二是切实做好高致病性禽流感防控工作。与供港澳家禽注册场签订责任状，推行一把手负责制，加强家禽注册场的日常监管巡查，提高检验检疫比例；严格口岸查验，连续从越南航班旅客携带的禽蛋中检出 H5 型禽流感病毒，在进口非动物产品中 3 次发现死禽，都及时作出处理。加强培训、防护和监督检查，确保禽流感防控工作的落实。三是积极应对红火蚁疫情。2004 年底，发生红火蚁疫情，广东检验检疫局对疫情监测工作及时做出紧急部署，采取有效措施严防疫情传出传入，局领导专程赴港协商，保证春节花卉顺利供港。先后在进口澳大利亚、美国、英国的废纸和来自台湾的木质包装、德国的原木等货物中截获红火蚁 14 次。四是严把进境种用动物质量关。全年从广东口岸进口的大中种用动物 9 批 7922 头，检出动物传染病（或病原）阳性动物 175 头、只，检出率占进口量的 2.21%。五是加强进境粮谷检疫监管。从进口大豆截获疫情 2346 次，从进口小麦中截获疫情 602 次，对 1 船美国小麦严重的水湿、结块和霉变等问题对外出证索赔 900 多万元。从进口大麦中共截获有害生物 1089 次，疫情检出批次大幅度增加。六是强化进境水果管理。完善口岸检验检疫及监管机制，联合有关部门从严整治批发市场。从进境水果中截获有害生物 6084 次。

【进出口食品安全管理】 一是突出抓源头抓重点，对 684 家加工食品用原料基地实行备案管理，定期进行药物残留等重点项目抽样监测；积极稳妥地推进“公司+基地”制度建设，完善“供货证明”使用规定；健全原料基地异地审核和处罚制度，取消了 34 家鳗鱼养殖场和 13 家水禽养殖场的备案资格。对出口原料捕捞渔船也实施全面登记备案管理。对供港冰鲜鹅、鸭肉和鱼肉实施“两地一检”新模式。完善供港冰鲜猪肉质量体系，8 家猪肉加工厂获得出口卫生注册资格。建立出口养殖虾“三省一区”检验检疫协调机制，完善跨辖区食品原料源头监管措施。二是加强进出口植物源性食品检验监管。全年从进口咖啡豆中截获一类有害生物咖啡果小蠹 130 批次，约占截获一类疫情总批次的 70%，在黄埔口岸查处 4 批次进口曾装载过有毒有害物质的 5 个集装箱装载大米问题；严格落实 145 个出口蔬菜菜场、收购站的考核和年审制度，完成了 10 万余亩出口蔬菜菜场土壤、灌溉水环境质量分析工作，澄清了媒体不公报道，培训 140 个菜场技术人员 200 多名，提高了出口蔬菜的管理水平。三是建立深加工食品添加剂使用情况登记制度，加强对苏丹红的检测。全面调查出口食品生产企业添加剂的使用情况；对食品添加剂的使用情况实行动态备案管理。加强对进出口含有辣椒成份的原料及其产品的检验监管，加强了进出口食品苏丹红一号的检测，举办了检测技术培训班，与重点企业签署了“产品质量保证书”。四是化解出口水产品“孔雀石绿”危机。与地方政府建立了有效的通报制度，建立了粤港两地合作机制，及时部署孔雀石绿的检测与药品管理，清理整顿供港澳食用水生动物注册养殖场，确保供港食用水生动物安全质量。顺德、清远、江门、汕头、广州等局加强管理，确保了出口鳗鱼的安全质量，广东成为全国唯一的活鳗出口口岸。五是加大非法进口冻品的打击力度。加强与香港中检公司的沟通与合作，完善经香港转口冻品预检规范；大力推进进境肉类直航模式，从源头杜绝假冒情况；在进口量大幅下降的情况下，仍检出 31 批不合格肉类产品；参与处理冻品 4888.6 吨。

【安全卫生环保反欺诈对象检验把关】 一是严把进口废物原料关。共检验检疫进口废物原料 5.15 万批，833 万多吨，货值 28 亿多美元，同比分别增加 2%、16%和 12%。由于实行了视频监控等强有力把关手段，供应商行为受到有效约束，不合格货物大幅度减少。在进口废纸中查获了夹带的大量生活垃圾和医疗垃圾。二是严格进口旧机电备案管理。共受理进口旧机电备案出证 6590 份，实施装运前预检验 188 批,不予备案 17 批。三是积极应对欧盟环保指令。组成实验室梯队，建立多层次检测架构；对 1271 家企业实行“一免费三统一”，即免费发放资料、统一组织安排、统一专家队伍、统一培训、确保检测与出口。四是积极推进出口机电产品检验监管工作。逐步推广以“型式试验”模式取代批批检验方式，制定了出口小家电产品检验监管实施办法，解决了型式试验的抽封样及其所涵盖的产品范围问题；落实了出口小家电产品的凭证报检工作，规范了抽批检验和质量体系监管。五是加强重点工程项目的把关与服务。在广州新机场、“中海石化”以及“三广”（三峡至广东）直流输变电工程等大项目建设中，从项目立项到合同的签订等环节与进口单位加强沟通，密切合作。通过统一管理、统一调配检验技术人员，解决了大型设备进口检验的管理和技术问题。六是严把进出口轻纺产品质量关。落实出口玩具安全项目型式试验检测，承办了总局中欧、中美玩具安全技术研讨会；加强出口木制品有害物质检测，积极督促和帮助出口企业解决人造板及其制品的甲醛释放量问题，木制品不合格率从2004年的28%下降到2005年的10%。七是危险品包装行政许可工作和口岸鉴定工作加快发展。制定了《出口危险货物包装容器生产企业质量许可工作程序》，进一步规范出口危险货物包装容器质量许可证的申请、考核、发放等环节的工作流程和后续管理工作，对原获证的80多家企业进行督促和指导。完成残损鉴定41批次，对外索赔273万美元。八是“进出口商品检验鉴定风险预警系统”正式投入运行，确保及时预警有关质量信息和疫情。

【检疫检验法制建设】 大力加强《进出口商品检验法实施条例》宣传培训。印制发放商检法与实施条例合订本16000多册，条例释义3000多册；承办了全国检验检疫系统学习贯彻实施条例骨干学习班。广东省组织“四五”普法检查组对全局普法工作进行全面检查并给予了高度评价。继续贯彻落实行政许可法，制定了《广东检验检疫局行政许可文书和印章管理使用规定》，拟制和完善了相应的行政许可文书和范本，组织制定3项行政许可的具体操作规程。进一步加强行政执法管理。开展了以三大类17项内容为重点的调查研究，备案审查行政处罚案件380宗，案值1.6亿多元，处罚金额475万元。

【认证认可工作】 评审生产企业近1600家次；审批发放各类证书6209份，其中卫生注册登记证书486份，HACCP验证证书101份，出口质量许可证书670份，强制性产品认证免办证明4952份(较前年同期增加54%)；向国家认监委推荐对外注册备案93家，其中获FDA备案输美陶瓷企业46家，对外卫生注册企业47家；对978家卫生注册企业、422家卫生登记企业进行拉网式检查，并取消了297家不符合条件的企业的注册登记资格。积极应对国外官方检查。年内，欧盟、日本、马来西亚、美国官方检查团陆续对广东出口食品加工企业进行检查，圆满完成了迎检任务，广东成为欧盟来华检查的唯一没有出现严重问题的地区。做好强制性认证执法与认证市场监管工作。配合国家认监委监管认证市场，通过对20家获得认证的食品企业进行体系运作情况现场检查，实现对所涉及的20家认证机构的认证有效性进行检查；对广东3家认证机构进行认证档案专项稽查；加强出口检验鉴定机构及人员管理，对3家机构的设立申请进行初审；完成强制性认证免办证明的审批发证。推进实验室国家认可和计量认证工作。获得认可的实验室已达到24家，8家实验室通过了实验室国家认可委员会的监督审核；19个实验室接受了国家计量认证监督审核评审。贯彻执行出口质量许可制度，组织实施输美陶瓷认证，起草并修订相关工作程序；目前广东检验检疫局辖区获FDA备案的输美陶瓷生产企业共257家，占全国获备案总数的55%。质量管理体系认证注册审核企业356家，年度审核企业1178家。

【科技兴检工作】 一是积极推进实验室改革。经报请国家质检总局同意和中编办批复，将广东检验检疫局各级实验室实行统一管理，建立广东检验检疫技术中心。积极推进技术中心内部建设和制度、机制改革，努力做好实验室的统一规划和管理，集中资源，形成整体优势，切实增强实验室的检测能力、科研能力、核心竞争力，积极参与国际国内市场竞争。二是加强检验检疫科学研究和标准化工作。获国家质检总局 2006 年科技立项 11 个，重大科研项目 1 个；获 2005 年度广东省科技计划立项 5 个；获国家认监委科技项目 12 项；获国家自然基金项目 2 项；在 2005 年度检验检疫行业标准制（修）订项目计划中，广东局作为第一完成单位的有 31 项，报批 2005 年推荐性国家标准 3 项。参与的国家重大攻关项目“高致病性禽流感防治科技专项”和“粤港食品安全关键技术项目研究”均已中标。《广东检验检疫监督管理电子化模式的研究与应用（“2211”工程）》获“广东省科技进步一等奖”和广东省科技推广计划项目立项，被列入 2005 年国家科技成果重点推广计划。开发运用的“信息网络快车”、“仪器设备管理系统”及“电子阅览室”均在全国检验检疫系统推广应用。全面开展实验室比对能力验证工作，“食品中恶喹酸检测比对实验”和“橘小实蝇鉴定比对实验”被国家认可委列为国家能力验证计划项目。

（綦小衡）

2005 年汕头口岸出入境旅客统计表

单位:人次

项目	入境	出境	合计	备注
中国籍	34690	31028	65718	
外国籍	23384	23515	46899	
合计	58074	54543	112617	

2005 年汕头口岸出入境交通工具统计表

项目	船舶（艘次）	飞机（架次）	合计	备注
出境	1196	600	1796	
入境	1283	600	1883	
合计	2479	1200	3679	

深圳出入境检验检疫局

【概况】 2005 年，深圳检验检疫局以“聚精会神抓业务，一心一意谋发展”为宗旨，大力加强执法把关的有效性，深入开展保持共产党员先进性教育活动，积极应对，妥善处理各种突发应急事件，规范业务管理，加强科技建设，加强队伍建设，提高服务水平，较好地完成了深圳口岸的检验检疫工作。全年共检验检疫出入境货物 134.19 万批，同比增加 7.62%，货值 669.84 亿美元。检出不合格商品 3154 批，涉及货值 9.00 亿美元。检验监管进出口食品 6.55 万批，货值 15.86 亿美元；检出不合格进出口食品 247 批，货值 1125 万美元。检疫监管出入境人员 14713 万人次，发现传染病病例5713人次。检疫进出境动植物及其产品32.67万批。检疫出入境交通工具1493.69万次，检疫出入境航空器9344架次，检验检疫出入境邮政快件2852万件，查验集装箱1849万标箱。

【防治疫情疫病】 妥善处理突发应急事件的能力显著增强。年初，迅速应对外来红火蚁疫情，出动500人次深入全市近200个花木种植场，采取应急检疫措施，共检疫放行供港年花年桔近70万盆，没有一盆检出红火蚁，受到国家质检总局、广东省政府、深圳市政府的充分肯定和表扬。面对苏丹红事件引发的食品安全风波，率先从进口食品中检出苏丹红，国家质检总局据此下发紧急通知，在全国开展了进出口食品中苏丹红的专项整治活动。针对国内孔雀石绿、猪链球菌等疫情疫病的发生，采取紧急检验检疫监管措施，确保供港畜禽和水产品万无一失，并协助市政府对猪链球菌疑似样品进行复核，正确引导新闻媒体，成功化解了深圳市疫情疫病危机。8月，在疫情监测工作中发现了新的外来有害生物刺桐姬小蜂，受到国家质检总局和国家林业局、深圳市政府的高度重视，国家农业部、林业局和国家质检总局据此联合发布公告，拉开了全国防治和扑灭刺桐姬小蜂工作的序幕，为国家防范外来有害生物工作做出了突出的贡献。年底，针对全球范围内高致病性禽流感的严峻形势，立即启动《深圳检验检疫局防治重大动物疫病应急预案》，采取有力措施，层层布控，群防群控，高致病性禽流感和人间禽流感防控工作取得了突出成效。全年共确认HIV感染11例，梅毒130余例，开放性肺结核可疑病人40余例。

【严格监管与口岸执法把关】 增强忧患意识、服务意识、责任意识和风险意识，进一步落实对进口冻肉、进口旧机电产品、供港活畜禽和蔬菜、进出口食品等敏感商品的检验检疫和监管制度，确保检验检疫工作的严谨、高效，执法工作的有效性不断提高。全年共检出一、二、三类有害生物45种、3435批，一般有害生物953种、7744批，有毒有害物质等不合格货物3192批，有毒有害物质检出率不断提高；共检验进口废物原料35255批，重量408.53万吨，检出不合格废物原料88批，其中不符合环控标准要求的废物11批，涉及重量811吨，全年没有发生任何关于进口废料的工作质量事故；检出不合格进出口机电产品267批，涉及货值2510万美元；检出不合格进出口食品200批，涉及货值843万美元；供港蔬菜连续10年未发生“毒菜”事件，深受香港政府有关部门和广大市民的好评。与此同时，该局还严格检疫审批，积极推动辖区从事冻品经营的企业成立“深圳进口冷冻食品经营者协会”，净化经营环境，通过这些改革措施，直航到深圳港的进口冻肉数量稳步上升，质量显著提高，检验检疫的管理环境得到了明显的改善。此外，该局全年还办理了行政处罚案件2860宗，罚款金额967.04万元人民币。

【建章立制与规范化业务管理】 认真开展工作质量大检查，有重点、有针对性地开展工作调研，协调解决业务分工中存在的问题，修订了《深圳检验检疫局业务分工管理规定》，进一步理顺了业务关系；在全局范围内开展了行政许可法执法检查活动；制定了《深圳检验检疫局协检员管理办法》，探索实施协检员制度，业务关系管理更加协调有序。与此同时，继续加大建章立制工作力度，完善业务操作规程，对原来的检验规程和规章制度进行了清理、补充、修订和完善，并汇编成册，共16大部分，212项；对新近出台的一些管理规定制定实施细则，增强可操作性和针对性，加强规范管理和监督检查，全年共发布业务规定23项，业务管理工作日趋规范。为强化内部稽查机制，于9月正式成立了稽查处，以内部稽查为主，确保各项规章制度在日常业务工作中落到实处。

【信息“大集中”与大通关建设】 进一步加大信息化建设的力度，在继续完善陆路、海港和工业品等三大快速查验系统的基础上，自主创新研制开发了九大应用系统。一是铺设长达200公里的光纤网络，覆盖52个现场业务工作点的“大集中”光纤网络系统全面完成。二是在总局开发的海港版快速查验系统应用的基础上，进一步扩展系统功能，建立了全流程电子化管理的海港电子检验检疫系统。三是以目前在建的通道电子导引为基础，开发了陆路口岸智能化快速通关系统。四是开发了自助申报换证系统，办理一单验证放行仅需30秒，提速达10多倍。五是开发应用了罗湖口岸体温视频监控与应急指挥系统，实现了对“面”的监测和对“点”的锁定，确保体温异常人员一个不漏，同时，该系统具有网络化报警功能，实现罗湖现场、深圳检验检疫局和国家质检总局监控中心应急指挥一体化。六是开发建成了视频电子监控系统。七是建立了检验检疫监管手册电子化管理系统。八是应用最新成像光谱技术成功研发了证书光谱快速鉴别系统。九是开发应用了电子排队与单证条码管理系统。此外，该局还推广了刷卡收费系统、原产地证“门到门”服务系统、入境废料电子监管系统、GPS全程监控系统等。

【实验室建设与科技研发】 继续加大科研投入，加强管理力度，完善激励机制，努力提高检测能力、技术水平和科研能力，为检验检疫执法提供最大的技术支撑，在质检系统实现了多个首次：首次从进口食品中检出苏丹红一号；首次检出新的外来有害生物刺桐姬小蜂；首次制定出应对欧盟RoHS指令的检测电子电气产品中有毒有害物质的行业标准；率先完成了进口铁矿石中有毒有害物质的研究工作，有效地防止了不合格产品流入我国，保护国内消费者的利益，并为国家调控进口、保护民族产业提供了有利的依据。与此同时，还通过自主创新、自行研究以及对外多层次合作的方式，大力发展和提高自身的科研能力。组织专家攻关，确定使用一种名为SYBR的新型染料来替代传统的具强致癌性的荧光染料EB，减少对环境的污染和对实验人员生命安全健康的威胁。积极组织项目申报，挖掘科研潜力，多渠道提高科研水平，全年共承担和参与各类资金渠道来源项目180项，其中国家自然科学基金资助项目1项，参与科技部项目9项。

【诚信体系建设与扶持企业扩大出口】 努力提高服务水平，简化通关手续，千方百计促进企业扩大出口。局领导亲自带队深入赛格日立彩显公司、富士康集团、沃尔玛（中国）有限公司、盐田国际、招商国际等大型企业调研，有针对性地为企业提供各种通关便利措施，为大型企业开辟“绿色通道”；与招商局国际有限公司、盐田国际有限公司签署合作备忘录，使深圳港区通关环境更为完善，检验检疫通关效率更为高效便捷；继续坚持“送政策上门”活动，相继召开深圳市外商协会、台商协会、进出口商会、福建企业协会和深圳保税区检验检疫政策法规宣贯会，及时为企业排忧解难。与此同时，推出了检企诚信体系实施细则，全面推进企业信用体系建设，已与105家企业签订了诚信协议，实现诚信经营的自我约束，加快口岸通关速度。

【机构扩容工作】 2005年，深圳检验检疫局根据发展的需要，配合国家质检总局完成了系统增编的调研工作，做好了机构的调研、升格、设立与撤消工作。设立了分支局党组，完成了福田保税区办事处、驻邮局办事处、出口加工区办事处等三个办事处的升格工作。设立认证监管处、稽查处、基建处、食品检验检疫技术中心；增设了18个科室，进一步明确了部门职能，提高了工作效率。

【产地证工作】 加大管理力度，不断提高产地证签证工作质量。全年共对215个国家签发一般原产地证243361份，签证出口商品金额596206.6万美元，签证份数和金额比上年分别增长17.9%和

14.1%。共对36个国家签发普惠制产地证653753份，签证金额为916637.5万美元，以平均5%的优惠减免幅度计算，深圳市外贸进出口企业可以享受给惠国45831.88万美元减免关税的好处，被誉为“有价证券”普惠制，已成为众多出口企业突破国外关税壁垒和技术壁垒的一张王牌，在增强深圳市出口产品竞争力，推动外经贸事业的健康发展方面起着重要的作用。签发《中国—东盟自由贸易区》原产地证书3503份，涉及泰国、印度尼西亚、马来西亚等10个国家，签证金额为4421.8万美元。签发《曼谷协定》原产地证书389份，涉及韩国、印度、斯里兰卡3个国家，签证金额为1346.47万美元，其中韩国签证份量和签证金额，均居首位。办理使馆认证710份，涉及阿根廷、埃及等12个国家，成为自使馆认证业务开展以来涉及国家最多的一年。

【评选首届“十佳检验检疫员”活动】 制定了《深圳检验检疫局“十佳科长”“十佳检验检疫员”评选方案》，于4月首次在全局范围内开展了首届“十佳检验检疫员”评选活动，表彰在基层平凡的工作岗位上忠于职守、勇于负责、默默奉献的先进典型，激发广大干部职工的工作积极性、创造性，进一步推动 “三个文明”建设。6月29日，举行隆重的庆祝建党84周年暨“十佳检验检疫员”表彰大会，对经层层推荐、群众投票、严格考核和公示评出的10位来自检验检疫一线的“十佳检验检疫员”进行了表彰，并对他们分别给予记功一次。

(王君霞)

珠海出入境检验检疫局

【概述】 2005年，珠海检验检疫进出境货物36.03万批，货值173.81亿美元,同比批次增加0.69%，金额增加12.75%，检出不合格商品236批，货值1987万美元；查验出入境交通工具船舶33867艘次、汽车231.02万（辆）次、集装箱495026个；检验检疫进出境快件1.1万车次，数量180.8万件，重量2.23万吨，货值4.86亿元人民币，进出境邮寄物2.32万件，检出不合格物品136批，重量3.37吨；完成投资财产价值鉴定141批，原报鉴金额3979.73万美元，经鉴定总金额为3933.09万美元；签发普惠制原产地证书23691份，金额12.27亿美元,一般产地证书22065份（同比增长21.88%），签证金额6.02亿美元，中国—东盟优惠原产地证明书52份，签证金额69.75万美元，《曼谷协定》优惠证28份，签证金额19.5万美元，受理申报入境毛坯钻石216批（列全国第四），出具金伯利证书24份。

【加大监管力度】 在进出口食品安全监管方面，重点加大对辖区内进出口食品企业的监督检查力度，清查可能含有苏丹红一号的食品或原料，加强与地方政府有关部门的联动，对60多家出口食品生产企业添加剂和添加物的使用情况进行了全面普查;加大对进出口食品添加剂、兽残、农残等有毒有害物质的检验和监控力度，在风险评估的基础上对进口食品实行分类监管；加大对出口食品生产企业的生产过程的监管力度，推行HACCP管理模式；加大对口岸服务行业、食品生产经营单位、储存场地以及公共场所的卫生监督检查、整改和处罚力度，建立完整的卫生监督档案；加大建立健全检验检疫风险预警和快速反应系统力度,专人负责及时收集、分析、整理与食品检验检疫有关的风险预警信息。在口岸卫生检疫监管方面，在做好日常的口岸卫生检疫监管的同时，进一步完善分支局处卫生监督机构的设置，强化了口岸卫生检疫职能，提高防控口岸传染病和突发公共卫生事件的能力。全年健康体检13344人次，同比增长了30.6%；截获各类媒介生物疫情59批次，检出各种媒介生物1503只。落实口岸防控禽流感措施，2005年11月19日—12月31日，发放健康申明卡1500余万份，收验申明卡441万份，检疫查验发现有症状者2427人次。在出入境动植物及其产品的检验检疫监管方面，积极与澳门民政总署协调，妥善处理了供澳活鸡抗体不达标问题；加大珠海地区输港澳食品检验检疫监管模式的改革力度，对输澳活禽及水产品实行“出口前抽样+基地监测”模式，提高口岸通关效率，确保港澳同胞吃上“放心食品”；及时稳妥地处理红火蚁及刺桐姬小蜂等疫情，确保了供港澳花卉苗木的正常出口。2005年共截获一类植物危险性有害生物82批，首次截获一类害虫菜豆象；完成了3批7422头进口种牛隔离检疫。在进口重点、敏感商品的检验检疫监管工作方面，建立完善促进再生资源回收利用的监管体系；抓好进出口电池备案和汞含量的专项检测工作；积极探索对进口医疗器械检验监管工作的新模式、新途径；探讨对进口金属材料、塑料等大宗商品推行“全数检验+合格保证”的模式。在推进鉴定业务改革方面，探索制定《珠海局检验鉴定机构许可初审专家审核细则》，在全国率先受理检验鉴定机构——通标珠海分公司和上海申宝珠海分公司的行政许可申请，完成对通标珠海分公司的初审工作；探索转变出口商品运输包装检验监管模式，对出口普通货物运输包装（主要为纸箱）采用周期检验的监管模式，简化流程，减轻企业检测费用，加快了检验出证速度；加强往返珠澳液化石油气瓶的监管工作，完善汽车适载检验监管模式。在认证监管工作方面，一是加强认证监督管理，清理珠海地区近300家涉及CCC认证免办备案、出口质量许可证管理、出口食品卫生注册登记、供港澳动植物检疫注册企业的档案资料，做好3C免办企业的后续监管；二是加强卫生注册管理，积极鼓励和帮助企业通过ISO9000、ISO14000、HACCP体系认证，提高管理水平，增强珠海企业出口产品在国际市场上的竞争力；三是完善出口质量许可证管理，为珠海地区机电、玩具、包装和陶瓷类等80多家企业获得出口质量许可证书做好核证工作。

【加强行政执法】 一是开展以“健康、维权”为主题的“3·15”消费者权益保护日活动，宣传检验检疫法律法规和相关知识，展现检验检疫在维权、治劣方面的工作成绩；二是按照行政许可法要求，完善行政许可公示制度和网上审批工作，编印《珠海检验检疫局行政许可事项办理窗口指引》，做到许可项目的“八公开”；三是制定《行政执法监督检查暂行规定》，开展执法程序规范性检查；四是严格依法查处违反检验检疫相关法律法规的行为，全年共办结32宗行政处罚案件，处罚金额255214元人民币；五是参与联合打假打私活动，全年共集中销毁走私冻品4次56批，1611.572吨，共监督销毁走私冻品17次，1287.702吨；六是制定了《进境不合格肉类产品销毁操作规程》等6个规程，有效细化和规范了行政执法工作；七是依法规范检验鉴定工作，努力营造公平竞争的市场秩序和监管有效、诚信有序的检验鉴定市场。2005年贯彻落实行政许可法工作,得到了由全国人大、省人大代表以及市人大常委会领导组成的检查组的肯定。

【科技成效显著】 2005年推荐5个科研项目中有3个项目获得国家质检总局2005年科研立项；全年共有4个科研项目完成鉴定和科技成果登记，《多重荧光PCR检测Ⅱ型猪链球菌方法的建立及应用》等10个研究成果和《磷化铝帐幕熏蒸操作规程》等5个制标项目参加了国家质检总局“科技兴检奖”的评选；成功组织了“第五届珠澳检验检疫学术研讨会”，承办了“2005年粤港深珠卫生检疫、动植物检疫与食品安全控制会议”，推动了粤港澳检验检疫科技交流与合作。此外，检验检疫技术中心通过了中国实验室国家认可委员会（CNAL）的监督评审；化学分析实验室成为国家质检总局推荐的ROHS指令中六种有害物质检测实验室；新开苏丹红、猪链球菌、孔雀石绿、氯霉素等抗生素和啤酒中甲醛检验的检测项目80项；《流感病毒感染哺乳动物模型的建立》和《珠海地区日本脑炎分子流行病学研究》获得了珠海市科技立项及53万元的经费支持。保健中心管理体系通过了CNAL和计量认证二合一的现场评审。利用技术支持，并积极与澳门民政总署等有关部门沟通，妥善应对禽流感、苏丹红、红火蚁和孔雀石绿等系列突发事件，确保了珠海本地水生动物和水产品在中断供应一天后顺利恢复供澳。

【“大通关”有实效】 按照国务院、国家质检总局、广东省政府和珠海市政府的部署和要求，全面推进检验检疫“大通关”建设。一是完成了在PC服务器上实现CIQ2000业务系统数据大集中和新中心机房建设；二是积极开展出口商品电子监管系统的推广应用工作，批准了24家企业的产品实施快速核放，全面实行进境动植物检疫许可证网上申报审批制度，向国家质检总局推荐8家企业申请实施“绿色通道”制度，从2005年8月起“办公自动化系统”试运行；三是产地证签证采取了“集中审核、就近发证”的业务管理模式，对35家直通式报检出口大户，采取了“直通报检、集中审单”模式，简化了工作流程，提高了工作效率；四是完善口岸基础建设，支持珠海口岸“大通关”，筹建了珠澳跨境工业区检验检疫办事机构，发布实施了《珠澳跨境工业区珠海园区检验检疫监督管理办法》，参与完成拱北口岸“一站式”车辆快速验放系统建设，提高了进出境车辆验放速度；五是推进以出口工业品为主导的检验检疫监管模式改革，采取“过程质量监督控制”、“型式试验”、“周期检验”和“合格保证”等4种监管模式对珠海地区出口机电、玩具、鞋类、纺织等100多家企业出口产品的检验检疫监管，将相关工作限定在小时、分钟内完成，为进出口企业、报检单位提供高速、便捷的把关服务通道。

【事业单位改革初见成效】 珠海检验检疫局技术中心、评审中心以及机关服务中心等“四个中心”按照工作部署，进一步深化管理体制改革，完成了“定岗位、定职责、定人员”的工作，实行了中层管理人员竞聘上岗，制定了“基本工资+岗位工资+绩效工资”的三元结构工资制。通过积极稳妥的改革尝试，保护了事业单位干部职工的原有利益，保持了事业单位持续发展和人员思想的相对稳定。

（徐少凡　符维京　邓笑）

广东海事局

【概况】 2005年，广东海事局坚持以“三个代表”重要思想为指导，认真落实科学发展观，明确提出“由大变强”跨越式发展目标，紧紧围绕张德江书记批示的“服务于广东改革发展、争当行业‘排头兵’”的工作思路，坚持深化体制改革，突出水上交通安全监管和口岸海事管理工作重点，全年监督检查进出港船舶281万艘（次），港口货物吞吐量7.48亿吨，运输船舶持证船员15万人，为广东的经济发展作了积极的努力，为广东率先基本实现现代化，乃至华南地区的经济发展发挥了积极作用，得到了交通部、部海事局和各级地方政府的充分肯定，也赢得了社会各界的赞誉。

【高度重视口岸海事管理工作，积极服务广东经济发展】 港口口岸对广东省外贸经济的发展起着举足轻重的作用，广东海事局确立了增进沟通协调、服务发展大局、促进外贸发展、提高通关效率，保障安全畅通的口岸管理工作思路，以“服务于广东改革发展、争当行业‘排头兵’”为工作目标，坚持深化体制改革，突出水上交通安全监管和口岸海事管理工作的重点，为维护国家权益，坚持“航行更安全，海洋更清洁”的宗旨，促进广东经济和水运事业的发展。统计数据显示，2003年至2005年3年间，国际航行船舶（中国籍外贸海船、外国籍船舶）进出口岸查验艘次、进出港船舶货物吞吐量等各项指标均有较大幅度的增长。其中：中国籍外贸海船进出口岸查验艘次2003年至2005年每年分别为42430艘次、52150艘次、54389艘次；外国籍船舶进出口岸查验艘次分别为10327艘次、10408艘次、10824艘次；外国籍船舶货物吞吐量分别为7729万吨、8866万吨、9252万吨。

【加大科技投入，完善监管体系，确保辖区水域安全畅通】 为了确保广东水上交通安全畅通，圆满完成各项任务，为广东经济发展做出更大贡献，积极争取部海事局的大力支持，不断加大基础设施及科技的投入，逐渐完善监管体系。一是开创了直升机巡航监管新方法，建立了直升机、船舶交通管理系统（VTS）和海巡船艇相结合的立体监管新模式，大大提高了海巡的威慑力，提前4年实现了《中国海事发展纲要》提出的目标。二是推进技术创新，针对当今海事发展的趋势，大力促进信息化建设，加快软件系统的推广和应用，提高了辖区监管能力，对珠江水域主航道的航标进行了等间距、同步闪、LED化、夜间标牌显示等综合效能改造，使航标效能有了质的飞跃，海上快速公路的雏形基本形成；进一步推广了世界首创的蓝色光“沿岸通航标志”，并作为中国建议案，向IALA（国际航标协会）提交，引起国际航标界的极大关注；完成了南海海区航标遥测遥控试运行工作，有效地缩短了航标发现故障时间，减少了可能发生的故障，提高了航标可利用率，航标正常率达到99.93%，达到部颁标准；建造了我国第一艘排水量最大、科技含量最高的南海海区3000吨级的巡视执法船，配备了国内第一台光电跟踪取证系统，取证化验室，海事系统第一套船载直升机起降、指挥系统，海事现场指挥信息网络系统等高科技先进设备，该船的投入使用将能更好的履行国际公约，维护南海海区国家权益，辖区内水上安全监管能力有了新的飞跃。通过这一系列的举措，大大完善了水上安全监管体系，有力地保障了水上交通安全、畅通，使得航运更方便、快捷，促进了航运经济的发展。

【服务于广东改革发展大局，为广东的经济建设做贡献】 坚持广东海事为广东经济发展服务，努力为广东海运经济的健康发展保驾护航，为广东率先基本实现现代化做贡献。一是积极出台便民利民措施。按照“三个代表”重要思想的要求，坚持立党为公、执政为民，及时出台切实可行的便民利民措施。年内，认真落实海事系统提出的8项便民措施，进一步简化了海事审批程序，给船舶、船员提供了方便，实现了海事管理由政府型向服务型管理理念的转变，产生了很好的社会效益，受到当地政府、航运界、尤其是广大船员的欢迎，促进了广东航运经济的发展，提高了广东航运的生产力水平。为了规范珠江口水域的通航秩序，实施了“大小船舶分道航行、设立小船专门横越区”的措施，并争取交通部颁布、实施了“珠江口船舶定线制和报告制”，不仅规范了通航秩序，改善了通航环境，减少了水上交通事故，而且使从桂山岛至黄埔港的64公里的航程，由原来的8个小时缩短至5个小时，每年可为航行于珠江口水域的船舶节约成本3000多万元。二是开设水运“绿色通道”。这些年，广东经济在快速发展过程中，每年都遇到一些重大又紧急的任务，事关广东建设发展的大局，必须全力以赴保障好。比如电煤运输任务，直接关系到广东的经济发展，在电煤运输过程中，实行优先安检、优先通航、优先签证、优先靠泊等8项措施，2005年共出动监管人员13133人次，监管车船3939台、艘（次），为6351艘次电煤运输船舶提供了安全保障，有效地缓解了广东电煤水路运输紧张的局面，为广东经济的快速发展做出了积极贡献。三是及时处理事故和险情。5年来，组织搜救732宗，救起2704人，成功处置了“12·24”梧桐山、“12·29”碰撞溢油、“11·24”巴拿马籍液化气船起火、“12·7”珠江口外两艘外籍船舶相碰溢油污染等重大事故，得到了交通部、部海事局和省领导的表扬以及媒体和国际社会的赞誉。

【充分发挥专业优势，全力支持口岸开放工作】 积极配合省政府口岸管理部门，坚持以发展为主题、结构调整为主线、改革开放和科技进步为动力，围绕改善口岸通关环境、提高口岸通关效率的目标，通过口岸的建设、改造挖潜、布局调整等，进一步提高口岸资源的配置效率，为实施“外向带动”战略提供良好的通关环境。

在口岸、码头的开放投入使用、航线的开通过程中，积极与各有关方面协商，初步划定对外开放水域范围、锚地、航路和指南等，形成地方政府向上报送的基本资料；对拟开放水域通航安全方面的问题进行评估，以保障安全配套设施的建设和完善。对口岸开放准备工作中存在的问题，保持与地方政府多沟通、多协调，互相理解和支持。2005年广东局辖区共有茂名水东港4座码头泊位、阳江港粮食码头、惠州中还壳牌东联石化码头、马鞭洲码头、惠州港新增5个泊位、珠海发电厂专用煤码头等13个码头（泊位）通过验收正式对外开放；惠州LNG重件码头临时对外开放使用；南沙新客运港口岸通过验收投入使用；开通顺德港口岸至香港国际机场水上航线；为广州港南沙港区、南海三山港正式对外开放提供合理化建议。上述口岸、码头的开放投入使用、航线的开通，扩大了口岸规模，拓展了口岸功能，有力地支持了广东外向型经济持续、迅猛的发展。

【加强对国际航行船舶临时进出非开放口岸和水域监管，为广东外贸经济的快速发展排忧解难】 面对广东社会经济快速发展对水运需求尤其是外贸运输需求的持续大幅增长，省内现有港口口岸的规模、功能还跟不上外贸货物进出口运输的需要的情况，广东局以改革的眼光，以促进经济发展的理念，以务实的工作方法，在维护国家主权、确保水域安全的前提下，积极配合省口岸主管部门，向上级反映广东口岸的实际情况，取得上级的理解和支持。在当地政府、港口经营人、码头业主提请申报的过渡期，执行“一船一靠一批”的工作程序，与海关等查验部门一起做好这些码头在过渡期间的临时靠泊手续。同时，在对国际航行船舶临时进出非开放口岸和水域监管的工作中，注重规范海事口岸的工作程序，制定了《广东海事局船舶进出口岸监督管理暂行办法》，规范国际航行船舶临时进出非开放码头和水域的工作流程。

通过采取以上措施，为国际航行船舶临时进出非开放码头和水域创造了条件，使得一些重点码头、水域能够为广东外向型经济的持续发展发挥重大作用。年内，仅广州港大屿山、三门岛锚地就接卸油品、化肥、矿石、煤炭、钢材共2275万吨，占整个广州港吞吐总量近十分之一，全年广州港水域驳卸货物过亿吨，占整个广州港生产总量近二分之一，为确立广州港作为华南地区航运枢纽港的地位作出了突出贡献，极大地增强了广东省的区域竞争力。广东省重点工程、辐射粤西发展的广州南沙新港通过临时接靠国际航行船舶，自开始生产，到2005年底就完成100万标箱的生产任务，为提升广东集装箱港口运输打下了扎实的基础。

（彭军阳）

深圳海事局

【概况】 2005年，深圳海事局认真贯彻党的十六届四、五中全会精神，努力实践全国交通工作会议提出的落实科学发展观，加强交通行政能力建设的要求，紧紧围绕年初工作会议确定的工作思路，全面推进“三个海事”（交通海事、数字海事、阳光海事）建设和着力提高“五种能力”（水上交通安全监管能力、服务地方社会和经济发展能力、干部队伍建设能力、内部综合管理能力和党的建设能力），取得明显的成绩。全年，深圳港口货物吞吐量1.53亿吨，集装箱吞吐量1619万标箱，同比增长13.49%和18.61%；辖区船舶交通流量约45万艘次，其中船舶进出口签证25.97万艘次，增长17.9%。辖区发生各类水上交通事故21宗（其中一般等级以上事故3宗），沉船0艘，直接经济损失216万元人民币，死亡及失踪3人；与上年同期相比，分别下降12.5%、100%、90.2%和增加200%，四项安全指标呈“三降一升”的良好态势。组织搜救行动64次，成功救助遇险人员360人，救助成功率达95.7%，成功救助船舶6艘，挽回直接经济损失1560万元。船舶交通事故率约0.08‰，远低于0.4‰的预期控制目标。2005年，荣获“全国交通行业创建文明行业先进单位”、“直属海事系统先进单位”、“全国海事系统文明达标单位”和“深圳市创建文明城市先进单位”称号；该局盐田海事处被评为“全国文明单位”、“全国交通系统先进集体”和“全国交通行业十佳文明示范窗口”；该局南山海事处被评为“直属海事系统先进集体”；该局通航处值班室被评为“全国水上交通安全优秀班组”。

【水上安全监管】 针对辖区船舶交通流量年均递增近20%、水上交通日益复杂的态势，认真总结水上交通安全监管工作的经验和教训，深化对安全监管规律的认识，初步建立起“深圳港西部水域通航安全长效管理机制”并产生了比较明显的监管成效。在盐田海事处启动以“海事管理与国际接轨”为目标的监管模式改革，按照“便利运输，有效监管”的要求，实行内外勤分开、动静适当分离、执法与监督分离，优化运行机制，综合效果明显。组织开展散、杂货船专项检查和低质量船专项整治，确保船舶适航；开展船舶载运危险货物专项整治工作，严厉打击危险品谎报、瞒报行为和危险品积载不符要求的违法行为，进一步规范了船舶载运危险货物的管理；开展整治珠江水系内河船员持假证上船任职的统一执法行动，并建立了有效的证书检查机制，保证船员适任；加强辖区的巡航工作，进一步提高了通航环境和通航秩序的管理成效；注重提高应急体系管理效能，辖区应对海上安全突发事故的应急反应能力得到了加强。在继续促进“盐田港安全文明样板航区”共建活动的同时，下半年有计划地推进构筑“深圳海上安全服务链”的活动，以“安全、畅通、洁净”为共建目标，在辖区构筑一个涉海单位共同参与、各司其责、协助互动的水上交通安全服务链，为进一步提高辖区海上公共安全的管理能力和促进海上运输发展的服务水平营造了和谐发展的环境。

【船舶监督】 继续强化船舶安全监管工作，在规范安检员行为标准、提高船舶安检质量、促进航运公司安全管理水平、解决船舶登记难点问题和加快海事管理课题研究成果转化等方面取得进展。全年共检查船舶970艘，其中国内海船422艘，内河船舶253艘，外国籍船舶295艘；共发现缺陷5632项，其中海船3343项，内河船舶1134项，外国籍船舶1155项，平均单船缺陷分别为海船7.92项、河船4.48项和PSC3.92项；滞留船舶50艘。完成14家国际公司DOC的审核，5家国内公司和6艘船舶的审核发证工作，100%完成全年审核任务。完成船舶所有权登记158艘次；船舶国籍登记158艘次；船舶抵押权登记17艘次；光船租赁登记16艘次；船舶变更登记60艘次；船舶注销登记99艘次；核发船舶最低安全配员证书167艘次；签发《连续概要记录》15艘次。

【危防管理】 开展危险货物专项整治，举办首次危险货物集装箱事故应急演习。规范政府设备库、溢油应急单元管理，推动联防体建设，推进污染应急体系一体化建设。开展LNG监管研究，开展专属经济区原油过驳船舶监管。全年辖区装运危险货物进出港船舶7805艘次，同比增长19%，危险货物1855万吨，与上年基本持平，进出港口危险货物集装箱13435箱，发生污染事故3起，均为小事故。

【船员管理】 举办船员各类考试151期，共计3195人次，签发各类船员适任证书416本，船员服务簿3851本，专业和特殊培训合格证2883张，海员证14241本，海员出境证明3371张。进行船员实操检查877人次，违法记分248人次。《深圳海事局船员适任考试、评估和发证质量体系》通过交通部海事局质量体系审核组的初次审核，船员管理工作逐步从追求发展速度和数量，调整到追求素质和质量的轨道上来。

【法制建设】 积极推动《深圳市海上交通安全条例》的颁布实施。这是继《深圳经济特区海域污染防治条例》实施后，由该局负责起草的又一部海事管理地方性法规。出台《深圳港小型船舶航行指南》、《深圳引航员引领船舶种类、尺度和晋升等级管理办法（试行）》、《深圳休闲船舶船员管理暂行办法》等规范性文件，初步形成了符合深圳特点的海事法规体系，逐步实现了从被动防范向源头管理的转变，促进了依法行政工作。

【海事发展课题研究】 跟踪国内外海事发展的动态，相继开展和完成了“船舶定线制”、“船舶避难地”、“完善深圳海域污染应急体系预防、应急和处置一体化管理机制”、“船舶安全检查的质量船体系和模型设计”、“中国籍船舶质量管理体系”等课题研究。

【信息化建设】 在交通部海事局规划的指导下，编制《关于推进“数字海事”建设的若干意见》，提出未来3年局“数字海事”建设的总体框架和实施步骤；信息技术在海事业务、海上交通和行政综合管理三个方面的应用进一步扩大；结合建设搜救决策辅助系统，全面整合了辖区内的VTS、CCTV、VHF、AIS和GIS等海事管理信息源，统一规划信息监控系统，为建设海事预警、预控体系打下基础。

【队伍建设】 组织中层干部“全员竞争上岗”工作。通过公开、公平、公正选拔干部，使一批德才兼备、得到群众认可的年轻干部走上中层领导干部岗位，在工作中发挥了骨干带头作用。加大干部培训的力度，全年共组织各类业务培训、学习班69批次，参培人数1157人次；按照《关于加强处级领导干部教育培训工作的实施意见》，积极争取多渠道地输送了20名处级干部到各级党校和高等院校学习，送培人数占处级干部的38%。干部队伍的人才结构有了进一步的改善，目前全局干部队伍基本具备了大专以上学历，其中研究生学历人数占总人数的14.8%；拥有各类中、高级专业技术职务的人数占职工总数的57.8%。系统地开展人力资源管理科学的研究工作。相继出台《深圳海事局处级领导干部考核工作试行办法》、《深圳海事局领导干部任职试用期实施办法》，干部管理激励机制正逐步形成，进一步规范了干部管理工作；开展“人力资源优化配置管理模型”和“局工作人员工作绩效考核体系”等课题的研究，为进一步改善干部队伍建设能力作了前期工作。

【廉政建设】 标本兼治、惩防并举，扎实有效地开展党风廉政建设工作。通过制定、出台《深圳海事局建立健全教育、制度、监督并重的惩治和预防腐败体系实施办法》、《深圳海事电子政务管理规定》等规章制度，建立和完善行政审批监控体系，进一步深化了“阳光海事”的创建工作，在局内逐步形成了行为规范、公开透明、高效廉洁的海事执法权力运行和权力制约机制。

海南口岸工作综述

【概述】 2005年，海南省口岸入出境旅客38.17万人次，同比增长19.7%。其中：空港口岸入出境旅客为37.4万人次，增长31.4%；海港口岸入出境旅客为0.7万人次，减少82.7%；入出境飞机4041架次，增长35.70%；航运入出境货物534.6吨，增长42.4%；入出境船舶2682艘次，减少5.7%；入出境货物269.5万吨，增长22.8%。

2005年10月，根据海南省编委［2005］22号文件精神，海南省口岸办与海防、打私办合并组建成“海防与口岸办公室”，归属海南省政府办公厅。

【口岸开放】 一是重视海港口岸建设，海口港区和马村港区的对外开放进展顺利。在海南省口岸办的积极努力下，海口港口岸海口港区和马村港区于6月1日起正式对外开放，马村港口岸于7月18日举行了挂牌仪式，结束了十几年来进外轮需特批的历史。目前马村港区口岸已准备移交澄迈县政府管理。二是积极支持重点项目，洋浦港口岸的扩大开放得到快速推进。为了推进洋浦“大项目”的顺利实施，口岸办积极主动，协助洋浦管理局和协调有关部门做好相关口岸配套工作，帮助做好洋浦港区对外开放水域规划，为向国务院申报洋浦港口岸扩大开放范围做好前期准备工作。

【口岸的规划与发展】 两个一类空港口岸中，海口美兰国际机场二期续建工程于2005年12月22日通过国家行业验收。续建工程完成后，美兰国际机场航站楼总面积达9.93万平方米，新加12间商务贵宾室。站坪总面积38.4万平方米，站坪停机位33个，可停放3架B747型飞机、16架B767以下机型飞机和14架B737机型飞机，可满足年旅客吞吐量930万人次的需要。该工程的投入使用，将进一步改善海南的交通条件和投资硬环境，并极大地提升海南航空业的综合保障能力，完全可满足假日经济和“博鳌亚洲论坛”等大型国际活动的保障要求。这对推进海南航权开放，推动海南旅游业的发展和对外经济文化交流将产生积极作用，为海南民航事业的发展提供了更为广阔的发展空间。三亚凤凰国际机场二期扩建工程截止到2005年底，主体工程施工基本完成。海南三亚港码头客运大楼也正在紧锣密鼓地施工，码头联检大楼已基本竣工，目前正在装修及配套设施工程正加紧推进。

【积极推进开放部分航权试点工作】 2005年是海南开放部分航权试点工作全面开展的第三年，在海南省委、省政府和国家民航总局组成的海南开放部分航权试点工作联合领导小组的领导下，海南省人民政府办公厅印发了“海南开放航权2005年工作要点的通知”（琼府办［2005］45号），使试点工作取得了新的进展。其主要表现在：一是继续推进航路调整，争取早日实现海南“南面开口、北面开放”的航路格局，减少国际航班执飞海南的飞行时间，降低飞行成本，为开放第三、四、五航权试点工作创造基本条件。2005年6月6日，总参谋部在海口召开了调整海南地区航路航线协调会议，达成了四点共识。海南省人民政府于2005年10月22日致函（琼府函［2005］79号）中国人民解放军海军司令部，恳请调整航路，支持海南开放航权试点工作。二是进一步积极推介和落实优惠政策，航权办通过新闻发布会、网上宣传、接受采访等多种形式，广泛宣传优惠政策，于2005年5月份带队赴马来西亚参加2005年亚洲航线会议，9月份带队赴丹麦哥本哈根参加2005年世界航线会议，将海南优美的旅游环境和开放航权向世界展示。2005 年美兰国际机场给国外货运航空公司发函 36 封，国外航空公司发函 42 封，介绍三、四、五航权的进一步开放政策。同时海南省口岸办和海南省三亚市口岸办积极配合省财政厅，落实对 2004 年海南执飞国际航班的航空公司的财政补贴的统计和核对工作，使优惠政策落到实处。三是大力拓展海南国际航空市场，使远航线、洲际航线实现新的突破，2005 年新开辟了三亚—莫斯科、三亚—阿拉木图等 8 条国际航线。四是大力开展宣传促销活动，加强港澳台市场、新马泰市场、日韩市场、俄罗斯市场、澳新市场以及德国和北欧为重点的欧洲和美洲市场等 6 个主要客源市场的促销活动。加强与国内其他城市联系，利用中途分程权政策，有针对性地对外国航空公司和外国旅游公司推介新的旅游路线，广集客、货源。2005 年，海南省接待外国人 23.28 万人次，同比增长 48.37%，其中绝大多数都由空港口岸入出境。

【口岸综合管理】 为进一步适应口岸大通关工作的需要，加强口岸综合管理，提高口岸的工作效率。年内，海南省口岸办认真落实省委、省政府《加强投资环境建设若干问题的决定》，把改善口岸通关环境作为工作重点，努力做好口岸通关服务保障工作。一是做好“春节、五一、国庆”三大节日旅客出入境工作。及时处理发生的问题和特情，做到了运营正常、无投诉和安全畅通。二是积极配合检验检疫部门和机场公司实现了美兰国际机场创建国际卫生机场。1 月份，海口美兰机场通过国际航空卫生组织专家组织的验收，正式成为继北京、上海、深圳之后的“国际卫生机场”。三是圆满完成博鳌亚洲论坛年会及大型国际活动的口岸查验通关的服务保障，同时认真做好广东省经贸代表团一行 250 人的接待工作，受到了省政府的表扬。四是协调机场公司为公安签证增建办证场地和设施。设施建设计划于 10 月 1 日前完成，增加配置办证设备 4 套，改善了入境旅客办落地签证手续时间长的通关“瓶颈”问题。五是积极协调“双鱼星”邮轮复航海口。9 月份接到香港丽星邮轮“双鱼星”号复航海口的报告后，省口岸办立即进行部署，组织口岸查验单位进行认真准备。原计划 10 月 6 日停靠海口港，但海事部门以“双鱼星”号超规范为由，不准停靠码头。经省口岸办反复协调，海事局领导同意在新兴港码头停靠，“双鱼星”号于 10 月 6 日上午顺利靠泊新兴港，1184 名旅客登岸旅游，晚上安全离开。六是做好鱼苗出口的规范管理和报批工作。2005 年共报批 14 艘外籍船舶装运 286 万尾进出全省非开放水域，出口鱼苗价值 253 万美元。七是继续推进大通关和电子口岸建设。进一步加强通关各环节的沟通与衔接，做好预报预约工作，安排工作计划，努力缩短通关流程各环节的作业时差，使更多的环节实现“并联式”作业；坚持实行节假日值班、预约查验等各种便民利民制度和措施，遵循“有效监管、方便快捷”原则，深入探索完善查验监管方式，最大可能地简便通关手续。加快电子口岸建设步伐，争取尽早着手公共信息平台的建设工作，使单证流、信息流快速传递与整合，以增进数据信息共享、各环节作业的时效，提升通关效率。

【共建精神文明】 口岸是对外开放的窗口，2005 年来，海南省口岸办按照《共建精神文明活动实施方案》，在全省口岸系统中，开展精神文明共建活动。上半年，在总结经验、完善方案、修订评比表彰条件的基础上，就口岸精神文明的共建活动做出专门安排，推动了共建活动的深入开展，增进单位内、部门间的联谊与合作，增强了凝聚力，展示了口岸系统良好的精神风貌，提高了战斗力。

海南口岸查验单位工作综述

海口海关

【概述】 2005年，海口海关认真贯彻落实“依法行政，为国把关，服务经济，促进发展”的海关工作方针和“政治坚强，业务过硬，值得信赖”队伍建设12字要求，根据关情，确定了“固本强基、提高能力、和谐发展”的年度工作主体思路。经过一年的努力，队伍建设与业务建设呈和谐发展势头。

【综合治税】 海口海关围绕税收“轴心”，强调重“量”求“质”，倡导“主动、互动、联动”的综合治税意识与理念，总关与基层、上级与下级、职能部门与业务现场之间的协同配合能力有所提高，综合治税初显成效。全年税收净入库15.18亿元，完成年度税收任务的101%。其中，征收关税4.82亿元，进口环节税10.36亿元，通过各种渠道补税928万元。洋浦经济开发区海关、八所海关的税收都历史性地突破亿元大关。

【打私工作】 海口海关缉私部门在综合治税大的格局下，围绕重点税源商品，集中力量打击涉税走私活动，全年共侦破刑事案件10宗，案值3.6亿元，涉税6734万元，对48名走私犯罪嫌疑人依法采取强制措施，移送起诉29人；查获行政案件32宗，案值6043万元，涉税31万元。打私罚没收入1624万元，比上年翻了一番，创缉私罚没收入返还体制改革以来的新高。出重拳，打团伙，侦办的白秀华走私混合植物油案，案值2.4亿元，涉嫌偷逃税5300万元，由于首犯的特殊身份及巨大案值，该案被海南社会广为关注，产生了巨大的震慑作用。

【监管工作】 全年共监管进出口货运量554.09万吨，进出口总值18.16亿美元；监管进出境运输工具7649辆（艘）；监管进出境旅客行李物品482635人次。以海口港口岸扩大开放为契机，加大对海口港、海口新港和马村港区等监管场所的整顿力度；空港旅客申报制度改革顺利进行，暂时进出口和租赁货物后续监管得到强化，禽流感防控工作有效进行。

【统计工作】 贸易统计连续8年无差错，业务统计连续5年无差错，信息分析水平和监测预警能力有所提高；完成了海南省各市县外贸数据查询系统，为海口、琼海等市县有关职能部门提供便利的信息服务；完成了海关业务统计数据在线查询程序开发，方便广大关员了解和掌握海关各业务指标情况和业务动态。

【风险管理】 通过对占关区税源80%的进出口商品开展专项风险分析，抓住风险重点，加强分析监控和信息整合，有效堵塞监管漏洞。风险信息报送工作在全国海关风险管理系统中成绩排名第17位。

【通关环境建设】 2005年，海口海关以主动迎接省委、省政府关于“投资环境建设年”的决策为契机，从内部、外部和行风建设等三个方面切入，向社会、企业承诺“海口海关改善通关环境32条措施”,向省政府报送《通关环境工作建设专报》14期。2005年底，海南省人民政府、海口市人民政府分别发出通报，表彰海口海关在优化通关环境、促进地方经济发展方面所取得的成绩。

电子口岸建设取得突破性进展，促成海南省政府与海关总署于11月签署合作建设备忘录，平台上年12月份提前上线正式运行。电子口岸用户突破1000家，加工贸易联网监管电子账册系统开始应用。

泛珠合作项目进展顺利，“多点报关、机场验放”通关监管模式、“来往港澳小型船舶快速通关系统”已经启用。与海南出入境检验检疫局共同签署了《关于建立关检合作机制备忘录》，在8个领域建立起良性互动的工作关系。做好企业类别管理工作，评定出适用A类管理企业39家，B类管理企业1168家，C类管理企业4家，扎实落实“红、黑名单”企业的管理措施。主动为韩国三星、实华炼化、金海浆纸等重点企业、重点项目提供优质通关服务。举办规范减免税进口货物管理的企业座谈会，宣讲海关政策，引导企业守法自律。建立业务例会制度，共召开18次会议，及时解决关区业务工作的具体问题，统一关区的执法理念和执法尺度。开设“海口海关业务工作专栏”，整合关区各类业务信息、动态、数据和资料，为业务工作提供了一个重要的管理、沟通和交流的平台。治理“结合部”，解决了长期困扰通关环节服务与打击走私工作等近30个衔接事宜；开展业务联合检查，进一步密切业务部门之间的联系配合。开展业务工作政策指引，帮助业务部门和现场提前消化政策，做好政策衔接和执行准备，努力提高依法行政能力。对一起管理相对人投诉业务咨询有关责任人启动责任分析与追究，增强关员的服务和责任意识。

【党风廉政建设】 一是严肃查处“11·30”案件。查处了部分领导和关员在2000年8月至2002年2月间违纪收受工作对象“红包”及向工作对象借款，共收缴违纪金额人民币5.31万元，对4名处级领导和8名一般干部进行了党纪、政纪处分或组织处理，结合此案在全关区开展警示教育。二是稳步推进源头治腐工作。制订《海口海关网上监督评议“一把手”实施办法》，将利用网络对党组班子实施群众监督和舆论监督的有效尝试提升、巩固为制度。强化对非业务职能权力部门的监督，向人教处、财务处等部门派驻纪检监察特派员，开展车辆管理和车辆保险执法监察，完成对机关服务中心及其所属经济实体财务审计。三是深入开展海关行风建设。紧盯海关总署“红包”公布制度实施后关区第一例送收“红包”行为，大力宣传和落实“红包”公布制度，利用海南日报等多家新闻媒体及时宣传报道，在海关内部网、公告栏、触摸屏上公布有关规定，印制宣传单，深入进出口企业和召开前期有送“红包”行为的企业参加的“促廉共建座谈会”，宣讲海关纪律；建立企业送“红包”行为档案，规范海关内部反馈拒、退、上交“红包”情况的做法。据统计，自2005年6月海关总署实施“红包”公布制度以来，海口海关共拒、退、上缴“红包”、购物卡共34人次，金额14450元。

【准军事化纪律部队建设】 组织、指导洋浦经济开发区海关的准军事化纪律部队试点工作，试点工作思路与做法得到海关总署职能部门的肯定。

推动全关区“跟进”工作，提高处级领导干部指挥水平和组训能力，举行了队列会操，初拟了《内务规范》、《队列规范》、《纪律规范》三项规章制度

海口海关 2005 年主要业务情况统计表

类别	指标名称		单位	本年度数	累计增长%
行邮	进出境人员情况		人次	482635	-1.6
	进出境旅客		人次	392955	20.5
	运输工具服务人员		人次	89680	-45.5
	邮递物品		件	12123	6.4
	其中	进口	件	7387	8.3
		出口	件	4736	3.5
税收	税收合计		万元	151828	-14.4
	其中	关税	万元	48267	-23.5
		增值税	万元	103496	-9.4
		消费税	万元	65	-27.5
	罚没收入		万元	1816	71
保税区	境外运入区内货运量		吨	613859	—
	境外运入区内货运值		万美元	14728	—
缉私	缉私结案的走私犯罪嫌疑案件		起	10	-9.1
	案值		万元	36074	162.8
	结案走私行为案件		起	3	-93
	案值		万元	304	32.9
	结案违规案件		起	32	—
	案值		万元	6043	—
	结案其他违法案件		起	3	—
	案值		万元	30	—

海南省公安边防总队

【概述】 2005 年共检查出入境人员 179973 人次，其中旅客 147460 人次，服务员工 32513 人次，与上年相比分别增长 17.8%，25%，-1%；检查出入境交通工具 2926 架（艘次），其中飞机 1538 架次，船舶 1388 艘次，分别增长 23%，34%和 13%。处理违法违规 14 人次。年内，未发生职务性违法违纪案件和执勤事故，无引发行政复议。

【学习新《出入境边防检查勤务规范》】 2005年5月1日，公安部《出入境边防检查勤务规范》(以下简称《规范》)正式颁布实施。总队把抓好新《规范》的落实作为深化边防检查业务建设的一次重要契机，在“学习、应用”上下功夫。一是强化培训、严格考核。各边检站通过举办培训班、召开研讨会、组织知识竞赛、制作学习网页、印发学习小册子等形式，强化对《规范》的学习。据统计，总队、边检站两级组织考试12次，干警达到了熟练掌握的要求。二是强化《规范》的落实。对照新《规范》逐条逐项狠抓落实，改正工作中不正确、不规范之处。同时，总队统一印制7种新表格和4种登记本下发部队使用，确保了新《规范》的有效落实。

【落实“满洲里会议”精神】 2005年8月，公安部边防局在内蒙古满洲里召开了“公安边防部队边防检查深化双争活动暨落实勤务规范研讨会”。会议提出“三个坚持”、“四个不能出现”、“两个满意”的工作要求。总队结合实际、制定措施、严密部署、狠抓落实。一是抓好“双争”活动。该总队制定了《关于深入开展“双争”活动的方案》，本着“抓重点，促全面”的原则，将凤凰站作为“双争”活动试点，并于2005年8月，召开全省范围的现场会，将“双争”活动推向高潮。硬件建设上，该总队统一设置规范、整洁、美观的指示牌、引导牌、公开栏、查验台等设施，科学规划入出境通道。同时，为各边检站下拨了OCR阅读机、数码相机、复印打印机、扫描仪等一批执勤设备。凤凰站投入20多万元改造执勤现场，更新现场通信线路。八所站投入大量资金改造码头勤务室。洋浦站为码头勤务室购置了电脑、空调等。软件建设上，实施项目管理和流程管理的管理模式。将边检业务工作划分为“查控工作”、“旅客检查”、“船舶检查”、“执勤纪律”、“行政处罚”、“口岸限定区管理、警戒”、“情报调研”、“数据统计分析”、“工作评议和监督”、“证件、印章管理”、“台账管理（执勤登记、查控档案、船舶档案、出入境登记卡、行政处罚档案、调研档案)”、“硬件设施”、“科技装备”、“计算机管理”等14个项目，明确各项工作内容、标准、要求。在“流程管理”上，制作流程图，明确各级、各环节人员职责，进一步规范了执勤工作。二是加强业务培训。2005年8月，“总队检查员培训中心”在凤凰边检站成立。该中心依托凤凰站师资力量，组织多层次、多方面的业务培训。首先是对刚入警的大学生进行2期岗前培训，组织伪假证件识别培训班3期。其次是制作学习资料共7期，制作光盘5张，下发各单位学习。再次是邀请加拿大、英国驻广州领事就签证、证件内容进行授课共2期。同时，派出3名检查员到廊坊武警学院参加部局举办的英语培训班。三是加强证件研究。总队证件研究室通过现场采撷、专门网站下载、与兄弟单位交流等多种方式，建立起拥有4000余张原始图片的资料库，供检查员在工作中学习和使用，达到了“干中学、干中练、练中干”的效果。

【扎实开展“三访四见”活动】 2005年，全国公安边防部队开展了以“访贫问苦、访疾问难、访外问弱”、“看见、敢见、愿见、想见”为内容的“三访四见”活动。该总队结合工作实际，做到了三个“抓紧”。一是抓紧走访。三亚、八所、清澜、洋浦边检站走访地方党委政府、出入境旅客、相关企业单位200多人次。凤凰站召开了由三亚市口岸办、海航集团等十多个单位代表参加的“三访四见”座谈会，不断征求对边检服务经济建设、服务旅客群众、执勤执法工作的意见和建设。二是抓紧建立群防群治网络。针对海南省各港口封闭性差、管理不到位的形势，八所、三亚边检站组建了2个以码头作业工人、港务公司员工、驻地群众、联检单位人员组成的联动网络，有效防范和打击了口岸偷渡、走私等不法行为。三是抓紧开展帮扶活动。三亚边检站召开了抗战60周年老兵座谈会；凤凰边检站与驻地回族村建立了联系点。洋浦、清澜边检站开展扶贫帮困、捐款、慰问、共建等活动7次。通过开展活动，干警宗旨意识普遍提高，密切了与群众的关系。

【促进口岸大通关】 落实“大通关”工程部署，积极改革勤务制度，强化通关环境建设。一是实行“提前报检，实物放行”的查验模式，扩大船舶预检比例，使船舶到港即可卸货，提高工作效率。二是警务前移，主动工作。在码头设立“现场执勤室”，船舶到港后，在码头可直接办理有关手续，实现“检查、验放、办证”一条龙服务，确保口岸人员、货物快进快出。三是实行24小时接受报检，旅客、员工、交通工具随到随办理手续。四是加快旅客验放速度。正常情况下验放一名港澳居民不超过15秒，验放其他旅客不超过45秒。五是实行首问负责制，办理证件一次性办妥，一次办不妥的，开具《回执单》，两次办妥。六是主动服务。凤凰站成立青年文明号小组，帮助老幼病残办理出入境手续，提供出入境便利。

海口出入境边防检查总站

【概述】 2005年,海口出入境边防检查总站深入贯彻党的十六届五中全会、“二十公”和九总站工作会议精神，以扎实开展“保持共产党员先进性”教育活动为动力，以基层科队正规化达标为契机，做精做细队伍管理教育工作，大力倡导并开展“人人都是投资环境，人人都是文明窗口，人人都是边检形象”（以下简称“三个人人”）的专题教育活动，圆满地完成了以博鳌亚洲论坛年会为重点的各项出入境边检工作任务。全年共检查出入境人员285122人次，检查出入境交通运输工具6艘（架）次，比上年增长15.2%。

【大力推进口岸大通关和投资环境建设】 海口出入境边防检查总站把积极开展“三个人人”主题实践活动作为保持共产党员先进性教育活动见行动的载体，努力改进和加强出入境边检工作，加快勤务改革创新，落实便民利民措施，优化通关环境，全力支持海南社会经济发展，得到了海南省委、省政府各界和人民群众的普遍赞誉。海南省委、省直工委先进性教育活动领导小组先后编发了13期简报，充分肯定了总站先进性教育的成果。7月，陈成副省长到总站调研，对海口出入境边防检查总站职改7年来连续保持职务零犯罪、边检零事故、群众零投诉以及积极服务海南对外开放，不断优化海南投资环境工作给予了高度评价，专门作出批示：“要在全省范围内树立起海口总站为先进性教育和投资环境建设的典型代表，加以宣传推广。”8月以来，海南广播电视台、《海南日报》、《法制日报》、《人民公安报》等多家新闻媒体在黄金时间和重要版面对海口出入境边防检查总站进行了颇具影响的系列报道。10月，海口出入境边防检查总站美兰站被中央精神文明委员会评为全国精神文明建设先进单位。

【提高队伍整体素质】 海口出入境边防检查总站深入开展“大练兵”活动，为基层科队正规化建设的持续发展提供有力的支持。2005年1月，海口出入境边防检查总站代表队取得了公安部出入境管理局大练兵竞赛二等奖。通过长年不懈的努力，特别是近一年来的有效推进，海口出入境边防检查总站基层科队正规化建设取得了明显成绩。12 月，公安部出入境管理局达标考核组对海口出入境边防检查总站正规化建设水平提高之快留下了深刻的印象，并给予了较高的评价，总站首批呈报的 4 个基层科队全部获准达标。

【圆满完成出入境边检工作任务】 海口出入境边防检查总站党委坚持把严格执行公安部出入境管理局执勤新规范和现场文明执勤“六不准”规定，继续深入开展专项整治活动并与先进性教育、开门接访和队伍正规化建设结合起来，针对容易发生不文明、不规范问题的重点岗位和薄弱环节，集中开展执勤纪律和执勤作风整顿活动，使“六不准”规定成为一条铁的纪律得到了全体民警的自觉执行，执法水平有了新的提高。

口岸查控工作和预警机制得到了有力落实，全年共完成接、布控 7548 人次，查控在控对象 19 人次，组织开展预案演练 9 次。继续加大打击非法出入境活动的力度，开展证件伪假识别与反偷渡工作经验交流，加强证件研究分析，为基层队培养了一批专业骨干人才。全年共组织审查和处理非法出入境案件 9 起 11 人次，有力地维护了社会政治稳定和口岸正常的出入境秩序。

海口出入境边防检查总站克服重重困难，坚持“三个到位，五个强化”，精心组织勤务，积极推出多项便利举措，提高通关效率，圆满地完成了 2005 年博鳌亚洲论坛年会、南山海上观音开光大典、世界小姐竞赛等重大出入境边防检查工作任务。

【技术装备和后勤基础建设】 以基层科队正规化达标为契机，总站继续加强执勤技术装备建设，努力提升科技运用水平。完成了海口出入境边防检查总站至下属检查站网络规划设计与施工，实现了计算机数据百兆共享与访问，初步完成了“梅沙”系统的初步安装调试工作。完成了 5 类共 142 件硬件设备的配发工作，基层科队技术装备档次明显提升。加强了对全体民警进行的分岗位、分层级的计算机应用技术培训，一线执勤民警培训率达到 100%。及时做好技术设备故障排除工作，确保了各项技术系统保持良好的运行状态，为执勤工作提供了有力的保障。

海南省出入境检验检疫局

【概述】 2005 年，海南省出入境检验检疫局共完成出入境货物检验检疫 17230 批，货值 151743 万美元，与上年度相比分别减少 1.40%和 8.55%。其中完成出境货物检验检疫 8580 批，货值 34403 万美元，批次增长 8.3%，货值减少 7.0%；完成入境货物检验检疫 8650 批，货值 117340 万美元，分别减少 13.6%和 18.2%。检验检疫进出境动植物及其产品 44896 批，货值 29369 万美元，分别减少 4.0%和 15.9%。

2005 年，实施出入境船舶检疫 2858 艘，减少 1.85%，其中出境船舶检疫 1416 艘，入境船舶检疫 1442 艘；实施出入境飞机检疫 4070 架，增加 40.25%，其中出境飞机检疫 2029 架，入境飞机检疫 2041 架；出入境集装箱检疫 62788 个，减少 10.3%，其中出境集装箱检疫 35558 个，入境集装箱检疫 27230 个；实施出入境人员查验 432002 人次，减少 9.13%；传染病监测体检 2110 人次,减少 16.96%。

【严防疫病传入】 一是认真贯彻落实农业部《高致病性禽流感疫情处理技术规范（试行)》等有关文件精神，制定一系列的工作实施方案，对出入境人员、交通工具的检疫查验和卫生监督，实施 24 小时值班制度和零报告制度，做到“五个不漏”、“五个及时”、“五个到位”和“横向到边、纵向到底”。二是加强对来自疫区的高风险货物、集装箱、运输工具的前期监督和后续管理，重点加强对出入境木质包装、进出境集装箱、出入境船舶、出入境旅客携带物的检验检疫。三是针对国外及岛外地区发生的红火蚁疫情，根据国家质检总局的警示通报，积极地向省政府提出防范入侵的措施，牵头制定《海南省红火蚁疫情应急预案》。四是制定《2005—2006 年度海南省口岸医学媒介监测及本底调查工作方案》，对 7 个开放口岸开展为期一年的疟疾、登革热传播媒介的监测及本底调查和对 4 个海空港开展为期一年的鼠、蚤和蚊媒的本底调查。由于措施得力、预防有效，2005 年，虽然海南周边国家发生高致病性禽流感和登革热疫情，但无一从口岸传入海南，确保了海南“无疫区、健康岛”的品牌。

【促进食品、农产品扩大出口】 一是认真贯彻国家质检总局促进食品农产品扩大出口山东现场会精神，制定《海南检验检疫局促进食品、农产品扩大出口工作实施方案》，将促进工作的各项任务逐一分解到各有关单位和部门。二是针对食品农产品扩大出口的质量控制要点，认真落实抓源头、抓过程、抓关口和抓检测，加强和完善对农残、病虫害的检验检疫监管工作。三是加强与省有关部门、口岸单位、系统内兄弟局的配合协作，建立互动机制，促进食品、农产品多出、快出。四是严格执行药残监控计划和农兽残重点专项检测，促使海南出口动植物源性食品药残始终处于安全水平。五是积极实施认证认可，做好出口食品卫生注册登记、农产品出口基地备案、质量体系监控管理等,帮助企业获得国际市场准入资格。2005 年，海南口岸水产品出口 5.24 万吨，增长 24.9%，创历史新高；荔枝出口 1900 吨，增长 153.9%，首次突破千吨大关，并直接从海南口岸输出美国；鲜切菊花、冷冻芒果片等 10 多种花卉、农产品首次从海南口岸出口，其中鲜切菊花出口 37 批次/48 万枝、冷冻红辣椒出口 1497 吨、冷冻芒果片出口 45 吨。

【注册认证】 一是 19 家出口食品企业获得卫生注册登记证书，17 家出境动物养殖场、出口食用动物饲料厂获得检疫注册，29 家出口水产品养殖基地获得备案。二是对 14 家不符合条件的企业注销出口食品卫生注册登记证书，从源头加强监管。三是 32 家企业获得质量管理体系认证注册，其中 ISO9001：2000 质量管理体系认证注册 28 家、HACCP 体系认证注册 3 家、ISO14000 环境管理体系认证注册 1 家。四是质量管理体系认证注册监督审核 50 家，其中 ISO9001：2000 质量管理体系监督审核 41 家、HACCP 体系监督审核 9 家。五是质量管理体系认证注册复审换证 9 家，其中 ISO9001：2000 质量管理体系复审换证 8 家、ISO14000 环境管理体系复审换证 1 家。

【关检合作】 2005 年,海口海关和海南出入境检验检疫局共同合作提高口岸把关服务效能,取得明显成效。双方共同签署《关于建立关检合作机制备忘录》、《关检合作课题》等 4 个协议文件。分别在“推进口岸通关电子化建设”、“建立口岸协同把关机制”、“实施口岸旅检现场合作”、“加强关检技术合作”、“建立信息互通协调制度”等 10 个方面加强合作,提高把关服务效能。海南出入境检验检疫局先后与海口海关在海口美兰国际机场、三亚凤凰国际机场的旅检现场实行“一机二屏”。

【信息化建设】 积极参与质检总局出口电子监管系统的研发和推广，完成海南出入境检验检疫局出口电子监管平台建设。加快“大通关”信息系统平台建设中服务器群集系统和存储局域网系统的建设,完成骨干网的建设及分支机构联网专线的全线提速。继续实施“三电工程”,推广应用出口货物快速核放系统,始终保持电子申报率、产地证电子签证和出口货物电子转单率 100%。

【科技兴检】 组织研发 8 个科研项目和 4 个制修订标准项目。获得国家质检总局“科技兴检”二等奖 1 项、海南省“科技进步”三等奖 2 项,其中《海南热带农作物及食品中有毒、有害物质污染状况的研究与监控体系的建立》同时获得国家质检总局“科技兴检”二等奖和海南省“科技进步”三等奖。2个科研项目列入2006年国家质检总局科研项目计划,其中《实验室检测数据自动采集和数据分析系统的研究与应用》课题列入2006年国家质检总局科研项目计划;与中国热带农业研究院合作的《植物芥子酶防御系统研究》课题获得2006年国家开放基金项目立项。《出口种用虾检验检疫规程》、《椰子死亡类病毒检测方法》等5个SN标准获准发布实施。《国境口岸新变异型克雅氏病监测规程》等3个SN标准通过专家审定。新开检11个实验室检测项目,即苏丹红系列Ⅰ-Ⅳ项目检测、结晶紫和孔雀石绿项目检测、食品中无机砷的检验、猪链球菌项目的检疫、钒精矿中五氧化二钒含量的检验、钼精矿中钼含量的检验、镍精矿中镍含量的检验、纺织品禁用偶氮染料、贝类毒素、改进包装材料中甲醛的快速测定、氯霉素检测工作质量不稳定因素的检测等。

【配合开展“质量兴省”活动】 一是配合海南省政府开展“质量兴省”活动,把海南省政府关于开展“质量兴省”的各项措施落到实处,成立海南出入境检验检疫局“质量兴省”工作领导小组和办公室,制定《海南出入境检验检疫局配合落实海南省质量兴省工作方案实施意见》,提出6个总体质量目标、6个重点质量目标和15项具体措施,从建立检验检疫质量监管长效机制、加强源头管理、严把口岸检验检疫关、改善通关环境、提高技术保障水平和建立外部协调合作机制等方面开展工作。二是继续开展“改进服务、重塑形象”专项活动。在全面调查研究和征集服务对象意见建议的基础上,制定22条整改措施,促进海南检验检疫服务形象的大转变。三是认真落实海南省委四届六次全会关于加强投资环境建设的决定要求,结合出入境检验检疫工作的实际提出19条贯彻意见,并向社会公开15项服务承诺。四是加强对中海油东方化工城、中石化洋浦实华炼油厂、洋浦金海纸浆厂、海马汽车厂等大型、重点企业、重点项目的服务力度,建立检企高层联系机制,实施检验检疫全过程跟踪服务,促进大项目快上、优上。

【机构调整和职能改革】 健全机关层级管理体制。在局机关15个处室中设置34个科室;增设认证监管处,强化认证认可监管职能。整合检验检疫一线资源。对洋浦检验检疫局、海口港办事处等重点分支机构的内设科室进行机构职能调整;将马村办事处和海口港办事处合署办公。完成海南检验检疫局机关服务中心、海南国际旅行保健中心、海南检验检疫局技术中心、海南热带植物隔离检疫中心、海南评审中心等5个事业单位的改革方案的制定;完成中检认证集团海南有限公司的股权变更,重新调整公司的经营班子。先后制定干部交流轮岗、领导干部竞争上岗、重要专业岗位准入、工作人员年度绩效考核等4个方面的人事管理办法。

【精神文明建设】 先后组织参观母瑞山革命根据地、红色娘子军陵园、宋庆龄旧居,观看革命先烈的英雄事迹,激励干部职工爱岗敬业、奋发图强,做好本职工作。以开展先进性教育活动为契机,大力推动思想政治工作和精神文明建设的深入开展,以形式多样的扶贫、助学、救灾活动及生动活泼的文体活动为载体,陶冶干部职工的高尚情操。

海南海事局

【概述】 2005年,海南海事局继续以“三个代表”重要思想为指导,认真贯彻落实全国交通工作会议和直属海事系统工作会议精神，围绕海事中心工作，加强水上交通安全监管，推进“三个海事”建设，深入开展党员先进性教育活动，推行各项便民利民措施，确保了辖区水域交通安全形势稳定，发挥了海事服务地方经济的作用，较好地促进了海事事业的发展。

【船舶管理】 全年共完成船舶PSC检查（港口国检查）72艘次，滞留外轮9艘次；签发《船舶所有权证书》34本，《国籍证书》82本，《配员证书》118本，《船舶抵押权登记证书》22本，《光船租赁登记证明书》19本，《注销证明书》69本,签发《船舶连续概要记录》9份。完成国际航运公司初次审核1家/次、年度审核2家/次、换证审核2家/次、跟踪审核1家/次；完成国内航运公司年度审核6家/次、跟踪审核2家/次；完成国内航行船舶中间审核14艘/次。

海南海事局继续加大对琼州海峡客滚船的安全检查力度，严格按照交通部的有关规定，每3个月对海峡客滚船进行一次安全检查，并结合不同的季节特点和琼州海峡客滚船的实际情况，有针对性地开展安全检查，全年共对8000多艘次海峡客滚船实施现场检查和现场签证，出动海事执法人员720人次，纠正船舶存在安全隐患50项，确保了琼州海峡客滚船的航行安全，年内，海峡客滚船没有出现大的水上交通事故。

【认真开展专项治理活动】 一是组织开展“全国安全生产月”活动。活动期间，海南海事局共出动监督人员331人次，车辆42辆次，出动监督船艇24艘次，对船舶安全检查87艘次，海区巡航16次、约1060海里，清理碍航渔网52张；检查危险品作业码头11个次。二是开展低质量船舶专项治理活动。4月13日，交通部、国防科工委、农业部、国家安全生产监督管理总局等四部委联合下发了《关于印发全国低质量船舶专项治理活动方案的通知》，要求在全国范围内开展低质量船舶专项治理活动。期间共治理渔业船舶修造厂（点）29家，对运输船附加检验11艘次，对渔船附加检验48艘次，对重点治理船舶安全检查45艘次，其中滞留4艘次。三是开展乡镇渡船、旅游船的整治活动和开展清理琼州海峡碍航渔网活动。

【海上危险货物运输管理和海域污染防治】 2005年，海南海事局共签发16本油污损害民事责任财务保险或保证证书，审批27本船舶海洋污染应急计划，审批27本船舶垃圾管理计划，核发29本船舶防污文书。

【船员管理】 全年共签发了各类船员证件6589本，其中签发船员适任证书829本、引航员证书2本，签发海员证122本，签发船员服务簿457本，签发各类船员专业培训和特殊培训合格证5179本。

【通航管理】 全年共开展巡航2507次，其中海区巡航299次，港区巡航2028次，内河巡航180次；累计巡航时间6470小时，其中海区巡航时间1727小时，港区巡航时间4376小时，内河巡航时间367小时；累计巡航航程41447海里，其中海区巡航航程13894海里，港区巡航航程25850海里，内河巡航航程1703海里；累计出动船艇2517艘次。辖区发生一般等级以上水上交通事故9起，死亡或失踪14人，沉船或全损艘数为4艘，直接经济损失3723万元，事故四项指标和上年同期相比，事故件数增加了200%，死亡或失踪人数增加了55%，船舶沉没或全损艘数增加了33%，直接经济损失增加了246%。

2005年海南海事局琼州海峡船舶交通管理中心（VTS）共接收船舶报告77059艘次，跟踪船舶175544艘次，交通流量191789艘次，主动提供信息服务7565艘次，主动提供助航服务2654艘次，支持联合行动7次，查处违章船舶135艘次。全年共完成水上水下施工作业审批34件，发布航行通告54份，航行警告83份，发布航行通（警）告准确率达100%。全年共审批外轮过峡3827艘次，其中违规过峡被查扣后补办过峡手续的79艘次。

【海上遇险搜救工作】 海南海事局总值班室共接受海上险情报警123次，组织协调开展75起海上遇险事故救助行动，比上年全年增长了47%；共协调派出救助船舶424艘次，飞机14架次，涉及遇险人员640人，其中外籍人员73人，成功救助602人，死亡4人，失踪34人，救助成功率94.06%；组织救助商船行动21次，救助渔船行动42次，涉及遇险渔民443人，占总遇险人员的69%。

【法规建设】 2005年，组织了10余项立法草案和工作建议的征集活动，主要有《中国海事工作发展纲要（2005-2020年）（讨论稿)》、《中国海事局船检技术法规制定程序管理规定（征求意见稿)》的研究，《海事行政许可条件规定》（草案）、《行政法》（草案）若干问题研究，《内河海事行政处罚规定》、《小型船舶登记规定》、《海事法规体系框架》的工作建议。海南海事局还组织了《海南小海船考试、评估和发证规定》的修订，研究《海南省加强南海安全防范工作协同配合办法》，并将意见反馈海南省公安厅。为加强地方搜救立法，规范辖区海上搜寻救助活动，海南海事局还对《海南省海上搜寻救助规定》草案进行了完善和修改，并报送海南省政府，由省政府审定发布实施，同时负责《海南省地方小型船舶检验规定》的起草，并通过了交通厅共同组织的专家评审，现该规定已通过交通部审查备案。完成了《海南省水上事故应急预案》制订并报省政府。

【基础设施建设】 完成八所海事局业务用房施工；琼州海峡船舶自动识别系统（AIS）工程竣工；完成“海口海事综合基地”工程选址，码头岸线征用；开展“十一五”工程项目“洋浦海事综合基地”的选址、征用土地、委托设计等前期工作；完成“博鳌海事航标中心”修建性详细规划设计。

【安全值班通信】 共完成无线电话13019次，计32969分钟；播发航行警告（8M、VHF）164次916分钟；518KHz警告通告73份1125次38573字；遇险通信（2182KHz）3次49分钟，警告通信（2182KHz）3次9分钟。

【航运安全保障】 共管理各类公用航标155座，其中，目视航标134座，雷达应答器17座，RBN-DGPS台3座，留守台1座，航标作业船5艘。全年共出航130航次，航行4500海里；巡检航标2000座次,抢修各类航标60座次，参加巡检人员为1650人次。全年共完成航标维护总座天数为48910座天，航标正常座天数为48799座天，航标维护正常座天数为48883座天，航标正常率为99.77%，航标维护正常率为99.94%；雷达应答器计划工作时间为148920座时，实际工作时间为148920座时，正常工作时间为148614座时，正常工作率为99.79%；DGPS台的完善性监测率为99.91%，信号可利用率为99.82%。

海南口岸大事记

1月7日

海口美兰机场通过国际航空卫生组织专家组的验收，正式成为继北京、上海、深圳之后的“国际卫生机场”。

海口出入境边防检查总站代表队以总分第三名的成绩荣获公安部全国边检总站大练兵知识竞赛二等奖。

1月12日

海南省委书记汪啸风、省委副书记、省长卫留成、副省长陈成在海口会见海关总署牟新生署长一行。

1月13日

在海南博鳌举行全国海关关长会议及全国海关党风廉政建设和反腐败工作会议。

1月28日—30日

交通部副部长冯正霖率交通部春运安全工作检查组一行8人抵海南，对海南省春运工作进行检查。

2月12日

国务院副总理吴仪及海关总署牟新生署长一行视察海南洋浦经济开发区。

2月24日

加拿大驻广州领事馆苏智翰领事走访海南公安边防总队，并为凤凰、三亚、洋浦、八所、清澜五个边防检查站进行了伪假证件培训。

3月18日

交通部海事局郑和平副局长莅临海南海事局，指导琼州海峡船舶定线制编制工作，同时就粤海铁路航路综合管理做具体指导。

4月22日–24日

博鳌亚洲论坛年会在海南省博鳌举行。

5月2日

公安部孟宏伟副部长视察海口出入境边防检查总站。

5月5日

海口海关侦破一起案值约1.85亿元、涉税3529万元人民币的走私植物油大案，并逮捕了8名犯罪嫌疑人。

5月9日—17日

海南海事局开展首次环岛巡航活动。

7月11日

海南省各港口及船舶举行中国首届“航海日”启动及相关活动。

7月18日

海南省政府在马村口岸综合办公楼现场隆重举行“马村口岸查验单位揭牌仪式”，副省长陈成与口岸各查验单位领导共同为“驻马村工作组”揭牌。

8月

海口海关破获中海（海南）海盛船务股份有限公司涉嫌进口低报价格船舶走私案，依法对4名犯罪嫌疑人执行逮捕，查获旧集装箱船2艘。该案案值约9300万元，涉嫌偷逃税额1000余万元。

8月24日

海口海关与海南出入境检验检疫局签署《关检合作机制备忘录》，进一步推进“大通关”建设，促进海南口岸通关环境的改善。

9月10日—11日

交通部海事局党委书记、副局长梁晓安一行在海南海事局检查指导工作。

9月23日—24日

中纪委驻海关总署纪检组长胡玉敏同志在海口海关隶属的八所海关、三亚海关进行调研。

9月26日

32年来影响海南省最强的台风“达维”登陆，海南海事局群策群力成功防抗，海上人命零死亡。

10月15日

海口出入境边防检查总站美兰站被中央精神文明委员会评为全国精神文明建设先进单位。美兰站成为2005年度全国出入境边防检查机关唯一获此殊荣的单位。

10月27日—30日

第八届香港—三亚国际帆船赛在海南省三亚市举行。来自英国、美国、澳大利亚、香港等12个国家和地区的81名运动员、9艘帆船从三亚入出境。

11月11日

第55届世界小姐总决赛在海南省三亚市举行。

11月25日

共青团中央书记处书记尔肯江·吐拉洪、团中央统战部副部长阳向东在海南海事局检查团工作。

海南省委副书记、省长卫留成、副省长刘琦、省政府秘书长许俊到海南马村口岸进行调研，听取口岸查验单位关于开展“大通关”工作进展情况汇报。

12月8日

“南海海上安全国际研讨会”在海南海口市召开，来自联合国、国际海洋法庭和美国、英国、加拿大、日本等10多个国家和地区的专家学者，和来自外交部、交通部、中国海事局、中国救捞局、国家海洋局等20多个政府部门和院校以及香港、台湾的专家学者总共60多人参加了会议。

12月15日

“广东分署，广州、拱北、海口海关合作推广‘来往港澳小型船舶快速通关系统’暨广州海关、海口海关签订《进出口货物监管联系配合办法》”仪式在海口海关举行。

广西口岸工作综述

2005年是全面实施“十五”规划的最后一年，在自治区党委、政府的正确领导和重视下，广西口岸抓住中国—东盟自由贸易区建设、中国—东盟博览会在南宁永久举办、大湄公河次区域合作以及泛珠三角经济合作区的全面启动等难得的历史机遇，坚持以邓小平理论和“三个代表”重要思想为指导，以保持共产党员先进性教育活动为动力，在有关部门的大力支持和配合下，采取积极措施，不断提高广西的对外开放水平，加快口岸基础设施建设，不断完善口岸通关环境，充分发挥口岸在对外开放工作中的门户作用。2005年，全区口岸过货量2594万吨，同比增长15.82%；口岸进出境旅客437万人次，基本与上年持平；口岸进出境集装箱11万个标箱，同比增长12.97%。

【口岸发展规划】 根据自治区人民政府办公厅《关于组织开展我区“十一五”专项规划编制工作的通知》（桂政办函[2005] 46号）的精神，为了把广西口岸的发展置于建立中国—东盟自由贸易区的大格局中去统筹规划和建设，由自治区口岸办牵头，会同自治区有关部门共同编制了《广西“十一五”口岸发展规划》（以下简称《规划》）。《规划》编制部门自2005年4月初开始进行现场调研和收集资料，5月底完成了规划草案，并将初稿送自治区发改委和征求有关部门的意见，9月底自治区口岸办组织召开了《广西“十一五”口岸发展规划》技术审查会，会议原则通过该规划。会后，自治区口岸办根据会议内容及专家组意见对规划文字和图纸进行了修改、补充和完善，于2005年10月底提交全部规划成果。《规划》根据广西国民经济发展的第十一个五年计划要求，以广西口岸目前对外开放现状为基础，立足于为中国—东盟自由贸易区建设和构筑中越“两廊一圈”合作项目为重点，展望广西未来五年口岸的对外开放、基础设施、电子口岸建设等宏伟蓝图。《规划》分析了广西口岸发展存在的突出问题，提出广西口岸面临的机遇和挑战、发展思路、发展目标、发展主要任务和主要措施，以及口岸发展主要项目建设规划及配套政策措施等。相信《规划》的实施，必将为中国—东盟自由贸易区的建立、中越“两廊一圈”的构筑和中国—东盟博览会发挥重要作用。同时，根据自治区发改委的要求，自治区口岸办负责编写了《直接服务中国—东盟博览会基础设施建设规划（2005-2007年）》中有关口岸基础设施建设规划部分。

【口岸基础设施建设】 2005年获得国家补助广西服务中国—东盟博览会口岸基础设施建设中央预算内资金1650万元，用于友谊关口岸、凭祥铁路口岸、东兴口岸的查验基础设施建设。已开工建设的口岸基础设施项目年内相继竣工，至2005年底，友谊关、爱店口岸联检楼及东兴、水口口岸验货场建设完毕，硕龙口岸和凭祥铁路口岸联检楼、友谊关口岸验货场等项目仍在加紧建设。

【服务中国—东盟博览会】 2005年10月19—22日，第二届“中国—东盟博览会”在广西南宁市举办。此届博览会继续沿用上届博览会的通关模式，在南宁国际会展中心设置海关临时监管点，对参展展品货物实行进境口岸快速转关，南宁国际会展中心集中监管查验的通关模式。自治区口岸办积极做好“中国—东盟博览会”口岸服务工作：一是落实展馆现场通关服务工作经费和展馆现场通关服务办公场所；二是落实展馆现场海关监管仓用房，负责修建了展馆现场检验检疫用薰蒸房、消毒池并协调解决检验检疫用焚烧炉的迁移和建设工作;三是指导和协调各入出境口岸的通关服务工作，保证了参加博览会的境外人员、展品、交通工具便捷、快速通关。据统计，第二届中国—东盟博览会，共接受入境报关、报检来自越南等13个国家和地区的进境展品162票，涉及19类商品，重87.14吨，价值41.33万美元。博览会进境展品票数比上年增加21.8%，价值增加2.4倍，重量增加64.77%。检验检疫部门截获国家禁止进境的二类危险性害虫——双钩异翅长等有害生物13种，对发现有问题的物品已按规定做了相应的处理，其中焚烧木质包装材料4110公斤，焚烧废弃物及果皮2460公斤，监督焚烧67个小时。本届博览会的境外参会人员主要从南宁空港口岸和友谊关口岸出入境。据统计，从10月17日—10月23日，从南宁空港口岸出入境的旅客3830人次，其中国家元首级代表团4个，78人次；总理级代表团2个，66人次；国家部长级代表团10个，83人次；从友谊关口岸出入境的旅客7878人次，其中总理级代表团1个，20人次。

【口岸对外开放审理和上报】 自治区口岸办多次组织海关、检验检疫、边防等查验部门对龙邦口岸升格建设工作进行调研，协调解决龙邦口岸升格准备工作中出现的各种问题。至2005年底，龙邦口岸升格建设工作仍在进行。根据海关总署、中编办、公安部、交通部和国家质检总局等五部门《关于落实对清理整顿后保留的原二类口岸进行处理的意见》的通知，自治区口岸办经商相关部门，将“清理整顿后保留的原二类口岸处理意见报表”上报广西壮族自治区人民政府，意见将平孟、峒中、爱店、硕龙、南宁水运口岸作为新开口岸予以保留；岳圩口岸与龙邦口岸合并、平而口岸与友谊关口岸合并、科甲口岸与水口口岸合并。

【口岸“大通关”工作】 贯彻落实全国地方电子口岸建设现场会议精神，进一步完善《广西电子口岸建设总体规划方案》，积极做好广西电子口岸建设工作。继续加强与海关、检验检疫、边防检查、海事等部门的协调和沟通，共同构建口岸支持体系。开展“大通关”协作工作，抓好口岸服务工作，采取更积极有效的措施，提高口岸的通关效率。

广西口岸查验单位工作综述

南宁海关

【概况】 2005年，南宁海关在海关总署党组的正确领导和广西自治区党委、政府的大力支持下，以邓小平理论和“三个代表”重要思想为指导，坚持海关工作“依法行政，为国把关，服务经济，促进发展”16字方针和队伍建设“政治坚强，业务过硬，值得信赖”12字要求，以科学发展观统领关区工作，以提高把关服务能力为主线，全面实施风险管理，推进现代海关制度第二步发展战略，建立基层建设长效机制，建设准军事化纪律部队。南宁海关立足广西实际，正确履行把关与服务职责，提高关区监管效能和服务经济水平，各项工作取得长足发展。全年关区共监管进出口货物2590万吨，进出口总值55.06亿美元；监管进出境运输工具141208艘（辆、架）；征收税款35.98亿元；审批加工贸易备案合同457份，备案金额6.19亿美元；查获走私案件916起，案值9.8亿

2005年广西各口岸进出口货物量、出入境旅客情况表

项目 名称	货物进出口（万吨）		进口 万吨		出口 万吨		出入境旅客 万人次		入境 万人次		出境 万人次	
	本年累计	同比%	本年累计	同比%	本年累计	同比%	本年累计	同比%	本年累计	同比%	本年累计	同比增长(%)
防城港	1776.57	25.6	1213.59	26.67	562.97	23.35	0	—	0	—	0	—
北海港	228.53	-22.94	72.81	-52.14	155.72	7.81	0.09	-97.65	0.02	-98.65	0.07	-97.02
钦州港	97.42	3.75	85.3	10.19	12.12	-26.5	0	—	0	—	0	—
江山港	116.17	63.11	116.17	63.16	0	-100	0	—	0	—	0	—
石头埠港	18.65	16.05	18.65	16.13	0	-100	0	—	0	—	0	—
企沙港	76.02	42.68	71.39	41.84	4.63	56.95	0	—	0	—	0	—
梧州港	34.27	-30.03	17.79	-43.49	16.48	-5.83	0	—	0	—	0	—
贵港港	38.42	70	6.54	7.04	16.6	0.67	0	—	0	—	0	—
柳州港	9.35	-15	1.38	100	7.97	-22.7	0	—	0	—	0	—
南宁港	3.1	-20.72	0.65	10.17	2.45	-26.2	0	—	0	—	0	—
友谊关公路	50.06	88.91	16.56	24.98	33.5	152.83	57.37	79.73	28.72	79.39	28.65	80.08
东兴公路	18.59	-8.51	11.84	-14.7	6.75	4.81	290.08	-6.28	148.69	-3.79	141.39	-8.76
水口公路	29.67	-18.69	15.32	-14.84	14.35	-22.43	18.1	0.78	9.18	0	8.92	1.59
平孟公路	5.22	-1.32	2.5	-18.83	2.72	23.08	6.05	-17.8	3.02	-17.93	3.03	-17.66
龙邦公路	11.74	-68.53	7.36	-76.04	4.38	-33.43	1.89	-78.86	0.94	-78.97	0.95	-78.75
凭祥铁路	52.45	1.59	8.94	-13.46	43.51	5.35	0.93	43.08	0.53	55.88	0.4	29.03
桂林空港	0.29	-48.21	0.28	12	0.01	-96.77	28.93	-1.13	13.7	-7.18	15.23	5.03
南宁空港	0	0	0	0	0	0	5.95	-4.49	2.84	-8.39	3.11	-0.64
北海空港	0	0	0	0	0	0	0	0	0	0	0	0

元，抓获走私犯罪嫌疑人 209 名，上缴罚没收入 2831.13 万元。

【通关监管】 物流监控。以口岸通关“管得住，通得快”为着眼点，以协调监管为导向，优化通关监管资源配置，不断加大实体监控装备投入，实体监控装备得到了极大改善。积极推进航空口岸旅客申报制度改革和在南宁、桂林航空口岸旅检现场与检验检疫部门实行“一机两屏”管理模式，稳步推进选择查验机制工作，加强知识产权海关保护，不断完善海关武警协作机制，加强了口岸监管，提高了监管水平和通关效率。年内监管进出口货物 2590.02 万吨，货值 55.06 亿美元，同比分别增长 12%和 19.2%。查获各类违禁品 6087 件，禽流感疫区禽类动物 540 只、产品 1.08 吨；查获侵犯知识产权货物 20 批共 82 万元。出动武警兵力 79058 人次，协助海关监管进出境运输工具 209458 辆（艘、架）次，查验集装箱 41618 箱，查获涉嫌走私违规案件 559 宗，案值 0.41 亿元。

边贸管理。合理调配力量，改进监管方式。深入凭祥、水口、龙邦海关辖区，与 8 个市县地方政府和企业的负责人进行座谈，宣讲政策，听取地方对发展边贸的意见和建议，及时解决边贸发展中的困难。根据《中国与东盟全面合作框架协议》早期收获协定税率执行后边贸鲜活商品进口量大增的实际，采取措施优化通关环境，提高边贸物流速度，减少检查环节、简化查验手续，在海关严密监管和企业诚实守信的基础上，推行集中报关、直装直提和海上过驳等便捷通关监管模式，落实“全天候、无假日”24 小时值班和提前报关、预约通关制度，提高边贸进口鲜活商品的通关效率，促进广西边贸的发展。针对煤、矿砂等商品进口需求增大与沿海边地贸口岸航道浅、堆场小、实际载货通关能力不足的矛盾，实施区外监管、直装直提等措施加以解决。经过与地方党政和有关部门的共同努力，广西边贸保持了良好的发展势头。全年广西边贸进出口货物总值 7.01 亿美元，同比增长 26.4%。

加工贸易监管。积极推进加工贸易及保税监管业务改革。制定推广加工贸易联网监管实施方案，联网监管试点工作取得成功。清理整顿保税仓库，推广使用保税仓库电子账册管理。清理加工贸易逾期未核销手册，完善加工贸易及保税监管业务规章制度。加强指导和服务，北海出口加工区运作取得实质性进展，加工区全年进出口总值 0.12 亿美元，成为西部地区首个正式运行当年进出口额超千万美元的出口加工区。年内审批加工贸易备案合同 457 份，备案金额 6.19 亿美元。

行李邮递物品监管。按照有效监管、高效服务的要求，积极开展文明窗口建设活动，严厉查缉反动、淫秽、散发性宗教类等违法印刷品和音像制品，有力维护了国家政治稳定。年内监管进出境人员 362.58 万人次，监管邮、快递物品 29.52 万件，查获各类违禁品 6087 件。

【打击走私】 以建立防（城）东（兴）地区反走私工作长效机制为突破口，进一步加强和规范打击走私工作，遏制走私上升势头，逐步建立关区反走私工作长效机制的工作思路。继续坚持“三结合”的打防策略，加强一线缉私力量，建立北部湾海域、北仑河沿岸及上溯边境一线等缉私联动四道防线，进一步加大了防东地区打击和整治的力度。集中力量打团伙、破大案、摧网络，重拳出击“蚂蚁搬家”走私幕后势力，围绕重点地区、重点渠道、重点商品适时开展打击走私专项斗争和联合行动，沉重打击和震慑走私势力，“蚂蚁搬家”和成品油、香烟、废旧物品等走私活动继续得到有效遏制。加强对打私工作的领导和组织协调，落实关区内部反走私责任制，以风险管理为突破口推动缉私业务与海关业务的深度融合。多次主动向自治区党政领导汇报缉私工作，加强与有关执法单位的联系沟通，自治区党委、政府下发《广西壮族自治区反走私综合治理工作领导责任制》，并在防城港市部署开展为期4个月的“三线两港六村反走私综合治理工程”活动，全国打私办在防城港市召开现场会，综合治理工作取得新进展。年内，南宁关区共侦办走私案件916起，案值9.8亿元；抓获走私犯罪嫌疑人209人，上缴罚没收入2831万元。

【关税征管】 积极构建关区综合治税大格局，坚持以税收为轴心，以质为主、量质并举，加强对综合治税工作的领导，整合管理资源，加强协调配合，制定11项措施开展综合治税联合专项行动，审单中心的通关操作平台和风险中心的分析监控平台功能进一步完善，监管、后续管理和打击走私三支力量得到有效整合和加强，关区综合治税大格局初步建立，税收征管整体效能进一步增强，有力促进了税收增长。全年累计征收税款35.98亿元，同比增长6.26%，超额完成了35.5亿元的全年税收计划，征税排名在全国41个直属海关中列第19位。审批减免税6.47亿元。全年一般贸易价格水平处于绿色合理区间。

【风险管理】 按照现代海关制度第二步发展战略中心环节的标准和要求，风险管理试点顺利推进，后续管理得到加强。作为全国8个建立健全风险管理机制综合性试点海关之一，制定《南宁海关风险管理机制建设综合试点总体方案》，开展风险管理知识全员考试，组建风险分析监控中心，推广应用风险管理平台2.0版，加大对风险信息的整合力度，建立健全风险平台数据常规监控工作机制和绩效评估机制，加大风险管理作业单的应用，加强跨部门的分析协作和处置协调，风险管理技术在各项工作中得到广泛应用，风险识别与监控分析能力有效增强。全年风险部门移交线索66条，查获案件37起，案值1.08亿元。

【服务经济建设】 主动参与和推动泛珠三角区域海关合作，认真落实《海关积极参与和推动泛珠三角区域合作的十项措施》，完成了“多点报关、口岸验放”通关模式和对来往港澳小型船舶快速通关系统的试点推广，方便了企业的进出口报关，提高了进出口效率，降低了进出口成本，受到地方政府和社会各界的好评。加强对中国—东盟自由贸易区、中越“两廊一圈”的研究，积极向各级党政提出意见和建议。深入南宁、梧州、玉林、贵港、柳州、桂林6市开展加工贸易调研，通过走访地方党政、深入企业、举行座谈会等形式，宣讲海关管理政策，听取意见和建议，帮助企业解决问题，并先后制定实施《南宁海关促进广西大力发展加工贸易十项措施》和《南宁海关促进南宁市外向型经济发展十项措施》，促进广西外向型经济发展。加强统计监测和执法评估，积极开展统计咨询服务，全年向地方党委政府提供分析报告133篇，为地方领导和有关部门、企业提供进出口数据1980份。积极支持地方用好国家减免税政策，审批减免税6.47亿元。严格落实对外服务承诺，完善关务公开制度，扩大“便捷通关”、“无纸通关”、“网上支付”的适用范围，实施24小时通关服务、节假日预约报关、上门验放等措施，方便合法进出，降低企业通关成本。广西外贸全年进出口总值累计51.83亿美元，同比增长20.9%，实现贸易顺差5.72亿美元，出口规模居西部12省市（区）第4位。

支持服务第二届中国—东盟博览会。在本届博览会，南宁海关不断完善监管和服务方式，推出了十项便捷通关服务措施,提高海关支持服务博览会的层次。博览会期间，海关共监管来自越南、泰国、柬埔寨、港澳台等13个国家和地区的进境展品162票、货重87.14吨、货值41.33万美元，同比分别增长21.8%、64.77%和2.4倍。共监管进出境航班229架次，其中外国首脑专机6架次，政府包机28架次；监管进境人员37547人次，出境人员41750人次。海关各旅检现场为出入境的各国政要提供了高规格的免检礼遇，包括老挝国家副主席朱马里、柬埔寨首相洪森、缅甸总理梭温、泰国第一副总理颂奇、越南常务副总理阮晋勇等东盟国家领导人。

【基层建设长效机制】 南宁海关把2005年作为“基层建设长效机制工作年”，通过规范基层业务建设、队伍建设和行政管理，着手建立基层建设长效机制。一是开发基层建设管理平台，逐步深化自查自纠、自我完善的机制。在建立健全各项管理制度的基础上，开发“南宁海关基层建设管理平台”，完成平台第一期隶属海关对科级机构管理板块的开发。突出文明创建主线，年内2个单位荣获国家级文明单位称号，7个单位获得自治区级文明单位，10个青年集体分别荣获全国青年文明号和自治区级青年文明号称号。二是加强法制建设，不断提高依法行政水平。以贯彻《全面推进依法行政实施纲要》为契机，认真开展“四五”普法总结验收工作，关区“四五”普法考试参考率和及格率均达100%。三是狠抓进度安排，基础设施不断改善。实行基建项目施工情况督办制度，落实项目领导责任，规范基建管理，落实招投标制度，坚决杜绝盲目攀、超标准和超规模投资，严把项目质量关。边境一线15个建设项目及配套设施陆续竣工投入使用，桂林和北海海关业务技术用房、防城缉私码头工程施工进展顺利，总关新业务技术用房基建项目进入实质性运作阶段。四是进一步加强安全工作。认真落实安全管理责任制，完善各项安全管理制度。积极妥善地处理北海“4·11”特大交通事故。认真汲取沉痛教训，深入开展关区安全工作专项整治，严格执行关区“安全工作八不准”规定。全面清查公私车辆，重新考核确定兼职驾驶员资格，加强日常监督检查。关区安全管理明显加强。

(黄伟文)

南宁海关2005年主要业务数据统计表

项　　目	单　位	业务量	同比增长（%）
进出口货运量	万吨	2590.02	12
其中：进口	万吨	1815.94	18.07
出口	万吨	774.08	–0.06
进出口总值	亿美元	55.06	19.19
其中：进口	亿美元	32.4	15.12
出口	亿美元	22.66	25.52
监管运输工具	辆艘架	141208	–24.12
集装箱（标准）总数	箱次	116891	20.67
进出境人员	万人次	362.58	6.62
邮、快递总数	万件	29.52	2.75
备案加工贸易合同	份	457	6.78
合同备案金额	万美元	61882.34	60.25
查获走私案件	起	916	–19.72
走私案件案值	亿元	9.8	0.09
税收入库	亿元	35.98	6.26
其中：关税	亿元	7.46	7.83
进口环节税	亿元	28.52	5.85
上缴罚没收入	万元	2831.13	–16.12
审批减免税	万元	64688.8	–20.11

广西公安边防总队

2005年，广西公安边防总队坚持走“科技强警”之路，不断加强业务规范化建设，认真履行对出入境人员、交通运输工具实施检查、监护管理和打击偷渡外逃、口岸查控、会谈会晤等职责，努力克服口岸环境复杂、基础设施落后、执勤任务繁重等不利因素，正确处理执法、管理和服务的关系，圆满完成了各项边防检查任务，为维护国家安全和社会稳定做出了突出贡献。年内，全区共检查出入境人员4759409人次，其中，检查持护照及其代用证件出入境2039018人次；检查中越出入境边民2720391人次；检查出入境交通运输工具12351艘（架、列、辆）次。

【坚持以执勤为中心，边检窗口服务内涵不断提升】 坚持把业务规范化建设作为边防检查的一项长期性和经常性的工作来抓，进一步增强规范化建设的针对性和实效性，以提高现实服务的工作能力为切入点，以营造良好的规范化管理环境为着眼点，大力推进基础工作。一是加大投入，努力提高边检实际操作的科技含量。成功研制网上预报检系统，为出入境人员快速通关提供了便利。完成了北海、防城、钦州边检站港区和浦寨通道的视频监控系统建设以及南宁、桂林、友谊关、东兴边检站站部至执勤现场网络建设。开发启用了《边防检查业务文件、签证查询系统》，两个系统的开发和使用填补了全区边检业务建设的一项空白，极大地提高了边检信息化建设水平和工作效率。二是正确处理好“把关”与“服务”的关系，积极探索改进口岸执勤方式，成功推出了一站式通关服务、服务延伸、上船办理入出境手续等等一系列便民利民措施，营造了快捷高效的通关环境，受到了地方党委、政府和群众的广泛好评，为完成中心任务和服务地方经济建设营造了一个和谐的外部环境。三是突出“两个窗口”建设，全面提升窗口建设水平。对照公安部新制定下发的《边防检查勤务规范》，认真组织开展新规范的学习贯彻，进一步完善了各个执勤岗位的设置，抓好勤务环节的落实，切实加强对现场勤务组织的监督检查，确保业务规范、文明执勤执法等工作的落实。同时，将二类口岸的边境检查站窗口建设纳入重点，着力抓好边境检查站官兵执法观念的转变，强化规范查验程序等，有力促进了广西边检窗口建设整体水平的提高。

【以强化素质为切入点，加强检查员队伍建设】 本着“干什么、学什么，缺什么、补什么”的要求，一是突出抓好执法为民的教育，着力解决好官兵在理想信念、宗旨意识和执法服务等方面存在的突出问题和认识偏差，进一步明确“为谁掌权、为谁执法、为谁服务”的问题，不断打造执法为民窗口，树立起良好的形象。二是强化业务培训，提高执勤人员的整体素质。全区边检系统结合实际，采取岗位练兵、分批轮训、集中办班、专题研讨等办法，组织开展了外语、证照识别、基础理论等业务培训。在全区边防检查站、边境检查站组织开展了“口岸通”活动，推动了队伍整体素质的提高。三是广西边防总队充分利用地方资源，在计算机、外语的专业培训中主动与地方培训机构接轨，先后在友谊关边检站设立了全区沿边唯一的全国计算机和公共英语等级考点。积极争取解放军外国语学院的支持，在东兴边检站设立了东兴越语教学点，形成了地方或专业机构统一组织、部队出资协办的专业培训模式。在探索队伍管理长效机制上，强化警务公开、聘请社会监督员、定期走访口岸相关部门、建立完善检查员岗位资格考核和量化考核机制等，实行“阳光作业”，实现了从“以人管人”向“制度管人”的转变，有力推动了队伍建设。全区边检队伍的整体素质有了明显提高，队伍建设呈现出稳定发展的良好势头。

【加大边检执法工作力度，努力打造“平安口岸”】 全区边检机关始终保持高度的政治责任感，针对不同时期的任务特点，及时调整工作部署，狠抓口岸各项反偷渡措施的落实，积极探索建立防范打击机制，制作了真伪证照识别演示光盘，制定了《边防检查证照信息通报办法》和《证件研究信息交流规范》，在打击利用伪假证照进行偷渡活动中取得了显著战果。年内，共查处偷渡案件 10 起 19 人，处理违法违规人员 114 人次。同时，全区各边检站紧紧围绕边防检查工作这一中心，以维护口岸的安全稳定和促进地方经济建设为己任，优质高效地圆满完成澳门特别行政区长官何厚铧、比利时国王阿尔贝二世访华代表团等出入境边防检查任务。尤其是在第二届中国—东盟博览会期间，圆满完成了柬埔寨首相洪森、缅甸总理梭温、老挝国家副主席朱马里、泰国第一副总理宋奇、越南常务副总理阮晋勇等176个与会外国代表团共计11989人次的入出境边防检查任务，营造了安全、文明、高效的通关环境，得到了代表团及地方党委、政府的一致好评。

【充分发挥优势，创建涉外工作的新局面】 作为口岸出入境主管部门之一，广西边防总队积极发挥口岸涉外工作优势，一是积极开展涉外联系，加强对外合作。广西边防总队积极与加拿大、澳大利亚驻广州总领馆、越南驻南宁总领馆取得联系，就反偷渡信息交流建立了协作机制，为进一步加强反偷渡的合作打下良好的基础。二是充分发挥驻边优势，建立会谈会晤制度。各陆地边检站根据本口岸的实际，定期不定期地与越方边检机关开展会谈、会晤和友好活动，就边防检查、遣送(返)人员等进行业务交流，增进了中越双边的联系和配合。年内，全区陆地边检站共与越方进行定期和不定期会晤30次，开展友好活动7次，协助遣送(返)人员45批201人次。

(吕战江)

2005年广西口岸出入境员工、旅客统计表

单位:人次

项目		入境方式					出境方式					合计
		船舶	飞机	火车	汽车	小计	船舶	飞机	火车	汽车	小计	
中国籍	因公	23233	6545	8417	69	38264	24145	6672	8404	71	39292	77556
	因私	0	355	0	419	774	0	372	0	424	796	1570
	香港	11	2335	0	0	2346	12	2332	0	0	2344	4690
	澳门	0	534	0	0	534	0	516	0	0	516	1050
	台湾	29	93	0	0	122	39	93	0	0	132	254
外国籍		13713	5548	27	112	19400	14947	5511	27	112	20597	39997
合计		36986	15410	8444	600	61440	39143	15496	8431	607	63677	125117

项目		出入境旅客		合计
		入境	出境	
中国籍	因公	5986	5275	11261
	因私	753736	682901	1436637
	香港	23372	22677	46049
	澳门	710	753	1463
	台湾	72918	55193	128111
外国籍		130169	160211	290380

广西出入境检验检疫局

【概况】 2005年，广西检验检疫局在突出抓好先进性教育活动的同时，抓好检验检疫把关服务工作。2005年，共检验检疫出入境货物14万批次，货物总值47亿美元，其中检出不合格批次755批，总值9亿美元。从进境植物及植物产品中检出有疫情的74批61种207种次。签发出入境货物证单18.77万份；签发普惠制产地证书1.58万份，金额9.98亿美元；签发一般产地证书1.24万份，金额4.39亿美元。检疫出入境交通工具17.68万多辆（艘、架、节）次；出入境人员311万人次;国际邮件1429件；预防接种6990人次；健康检查2.6万人次，艾滋病检测2.8万人次，检出传染病及病毒携带者2927多例，其中检出艾滋病毒感染者21例；入境集装箱卫生处理6.4万个标准箱。

【疫病疫情监测】 禽流感疫情监测2005年以来，面对邻国越南和周边的湖南、云南省禽流感疫情以及广西资源县发现的人禽流感疫情的内外夹击，广西检验检疫局及时研究部署禽流感防控工作，深入分析研究全球特别是周边国家禽流感疫情的发展态势，认清禽流感疫情防控的严峻形势，克服思想上的松懈和麻痹。认真总结过去防控非典、禽流感的经验和做法，切实在广西口岸构筑了禽流感疫情监测的坚固防线。严格贯彻落实国家质检总局“八个到位”、“五个及时”的要求，认真做好防范工作，加大对来自越南禽流感疫区的入境货物和人员的检验检疫，共检疫查验出入境人员268万多人次，检出4例发烧病人；消毒入境交通工具6万多辆，集装箱1.6万个标准箱；销毁截获来自越南非法入境动物及动物产品190批次、540多吨。坚持实行24小时值班制度和零报告制度，加强禽流感疫情的信息收集和监测工作，提高预防预警能力。加强疫情防控经费、物资、技术和人才等的储备，落实分级督查工作，加强对禽流感的防范工作的督促检查和指导，保证防控工作落到实处。加强与地方、口岸部门的工作配合，建立防控协作机制。实行群防群控，严防死守，年内没有禽流感疫情及人禽流感疑似病例从广西边境口岸传入国内。

建设疫病疫情监控体系，完成了《适应“10+1”我国检验检疫对策研究报告》及部分框架内容并分解到各有关处室和分支机构实施。起草了《中国与东盟10国检验检疫合作机制的研究与建立》和《中国—东盟自由贸易区出入境检验检疫合作研讨会》两份亚洲区域合作项目建议书上报总局，并作为总局的重点项目推荐到了外交部。制订了广西检验检疫局口岸传染病监测与控制体系、进出境动植物疫情疫病及有害生物防控体系建设工作方案的初步版本。

在外来有害生物和流行传染病监测方面，开展了红火蚁调查和红火蚁检疫技术培训，制定了红火蚁防控工作程序，配合总局专家组加强辖区疫情调查，发现1处红火蚁疫区。积极做好口蹄疫亚洲I型、猪链球菌病疫情等重大动物疫情防控工作，确保口蹄疫亚洲I型、猪链球菌病疫情不经口岸传出。抓好重点疫病的监测工作，开展了登革热、疟疾等热带病、媒介监测和出入境人员血清学监测和控制。采取措施抓好陆路边境口岸的艾滋病防控工作。

【服务第二届中国—东盟博览会】 研究并制订了《关于做好第二届中国—东盟博览会服务工作的意见》，成立和完善了检验检疫服务博览会的指挥系统。与南宁海关在博览会现场实行“联合办公，共同查验，一站式服务”的新联合通关模式，在南宁、桂林两个主要空港实施“一机两屏”查验方式。编写和印发了《第二届中国—东盟博览会出入境检验检疫服务指南》，研发了广西检验检疫系统服务博览会专用网站，加强了业务、礼仪培训，圆满地完成了服务博览会的各项工作任务。据统计，本届博览会共对来自东盟各国和日、韩等17个国家和地区、货值40多万美元、共17大类364种参展物品、包装和集装箱进行了现场检验检疫和卫生除害处理、报检、审批和专用标签审核，以及现场监管和展后废弃物处理等把关和服务工作。从68个品种的食品、化妆品中检出5个不符合有关卫生标准的商品；共截获国家禁止进境的二类危险性害虫——双钩异翅长蠹等有害生物11种；在入境旅客中截留禁止入境的动植物产品一批；焚烧处理东盟参展国家的染疫木箱和包装材料及其他废弃物6570公斤。为5个东盟国家的领导人专机和28个礼遇团组等境外参会宾客共计66个航班、近5000人次及其携带物进行了检疫查验。

【检验检疫监管】 加强进出口食品中有毒有害物质的监测,重点加强对含苏丹红进出口食品的清查，共排查134家生产企业和90多家商场，抽查56个样品，未从进口食品中发现有英国公布的618种含苏丹红的食品，发现出口企业中有3家使用或保存含苏丹红的添加剂。技术中心充分发挥技术优势，在8个内销产品样品中检出了苏丹红，成为广西境内第一家开展苏丹红检测的实验室。对全区24家水产品生产加工企业和养殖场进行了孔雀石绿的清查和监测工作，未发现有使用孔雀石绿的情况。加大对出口罐头、茶叶、食品的农残、添加剂、微生物、重金属等20多个卫生安全项目的抽查力度，及时发现和纠正不安全隐患，防范和化解出口风险。重点加强了水产品、乳制品、越南小食品和西兰花、茶叶、辣椒、水产品、罐头等进出口动植物源性食品的残留物质监测。加强进口可用作原料废物和进口旧机电产品检验监管工作,成立了全区系统内进口旧机电产品及进口可作原料废物专家组，制定了进口旧机电产品备案及可作原料废物有关工作管理程序，严格实施备案登记制度，坚持双人检验监管，进一步加强了对进口废物原料、废旧机电、矿产品及放射性元素的检验监管工作。认真做好进口工业品检验检疫工作，为质量缺陷、数量短少及残损等出具索赔证书，索赔金额达410多万美元。加强进口水果检验检疫监管工作，重点加强农残的抽查检测工作，特别是对进境鲜龙眼批批实施SO_2残留等有毒有害物质检测，共检出进境龙眼SO_2残留超标52批次，540多吨。做好进口牛的隔离检疫工作，对从澳大利亚进口的2566头奶牛进行了隔离检疫，隔离检疫期间无重大疫情发生，放行检疫合格牛共2555头。与有关部门共同严厉打击偷运动植物及其产品入境行为，共查处非法入境肉类50批、400多吨，查获并处理了非法入境的偶蹄动物近16000头。

【检验检疫服务】 帮助企业获得进入国际市场的认证资格。加强对出口企业卫生注册登记、质量许可、强制性认证的审批、ISO9000质量体系认证和后续监管工作，不断提高出口企业的质量管理水平。共为100批次、总值5500多万美元的商品办理了免办强制性产品认证证明，为企业出口开设了绿色通道。重点组织对欧盟、美国、韩国出口水产品注册、对加拿大出口低酸性蔬菜罐头注册、对美国出口浓缩果蔬汁注册等对国外注册工作，提高出口企业的竞争能力，促进广西更多的企业和产品走向国际市场。特别是推荐27家水产品生产企业获得欧盟、美国、韩国的注册，使2005年广西水产品出口创历史最好水平，达1.3万多吨、3600万美元，畅销美国、韩国、日本、香港等地，没有发生退货索赔事件。

帮助企业打破和跨越国外技术壁垒。积极收集国外技术壁垒措施的信息，帮助企业满足进口国的技术要求，跨越国外技术壁垒，促进广西产品出口。帮助广西北海市果香园果汁有限公司及时获得美国注册，生产的浓缩菠萝汁冲破了美国 FDA 制定的浓缩果蔬菜汁 PART123 法规的限制,首次打入美国市场。帮助广西荔浦县罐头食品厂、桂林日盛食品有限责任公司获得加拿大注册，生产的马蹄罐头顺利进入加拿大市场,为企业规避了贸易索赔风险。帮助出口陶瓷生产企业解决陶瓷铅、镉溶出量控制等问题，使 9 家企业突破美方提出的输美日用陶瓷必须获得美方认证的技术设限，出口美国市场 6500 多批、1.3 亿美元，居全国第 6 位。加强对出口实验猴养殖场的监督管理，帮助 5 家灵长类实验动物养殖企业通过日本检疫机构的备案考核，使出口到日本等国家的 91 批、9843 只实验猴，检测合格率达到 100%。针对近年来越南不断提高进口水稻种子门坎的实际，积极与越方交涉，到出口水稻种植基地开展有关病虫害的调查和预检，开展水稻一柱香病的调查，制定病虫害防治措施和管理制度，保证了 27 批、2480 吨出口越南水稻种子的安全优质。

帮助广西农产品开拓国际市场。从源头抓产品质量，帮助生产企业建立原料种植、养殖基地，规范农、兽药的使用、管理，帮助指导企业建立法国豆种植基地和对虾、罗非鱼养殖基地，加强对出口水产品养殖场的备案管理，积极推广和建立“公司+基地”的生产模式，共有 14 家水产养殖场取得备案资格，备案面积达 10000 多亩，供出口加工用产品 3 万多吨，促成 6 家输欧美、日韩水产品生产企业建立了“公司+基地”的出口食品生产加工管理模式。实行出口农产品生产基地考核备案登记制度，开展出口水果生产基地考核登记，对 8 家水果生产基地进行了考核，新增出口荔枝、龙眼、香蕉水果生产基地 7 个，促成了广西荔枝、龙眼首次出口加拿大。积极帮助桂林地区柿饼生产企业改善生产条件和生产工艺，提高食品安全、卫生、质量意识和卫生管理水平，解决二氧化硫含量超标等产品质量问题，使桂林出口柿饼加工企业由 2004 年的 5 家增加到 12 家，向韩国、美国、日本等出口柿饼 5000 多吨，货值 4500 万元。加强对供港活猪、羊等饲养场的监督管理，定期进行药物残留监测工作，确保质量安全。全年共出口供港活动物 1250 多批，近 10 万头。

【检验检疫通关管理】 进一步加快了大通关工程建设的步伐，组织完成了“出口货物电子审单快速核放系统”模拟试验，拟定了广西局电子审单快速核放系统的实施方案。制定了广西局电子监管工作总体方案，调查摸底并确定了全区符合条件的 40 多家出口企业为首批开展电子监管的企业。加快广域网和广西检验检疫信息平台的建设，在所有的报检窗口都设置了电子触摸屏。加大分类管理力度，扩大分类管理商品的范围，目前已有包括化工金属矿产品、陶瓷产品、机电产品、食品等 67 家出口企业获一类管理，122 家出口企业获二类管理，20 家出口企业获三类管理。积极探索新的检验检疫监管方式，对机电产品实行从最终产品检验向生产过程的检验监管转变，帮助 2 家企业向越南出口农用运输车，分别比上年同期增长 13%和 85%，为企业赢得了市场和效益。对出口日用陶瓷的铅镉溶出量、对出口服装企业、出口打火机、出口电池和手表等结合不同的情况采取不同的工作规程和检验监管模式，科学有效地开展工作，取得了检企双赢的效果。实施绿色通道工作取得实质性进展，年内向总局推荐 6 家企业为实施绿色通道管理制度的企业。改进工作方式，为企业提供优质、高效的服务。各级检验检疫部门继续坚持为企业提供急事急办、特事特办，实行 24 小时值班和节假日预约报检制度、推行首问责任制等便利措施，想企业之所想、急企业之所急，积极为出口企业排忧解难，为企业扩大出口提供全方位的优质、高效、快捷的服务。

【检验检疫科技工作】 制订了《关于进一步加强科技兴检工作的意见》，提出了“坚持把科技兴检作为一项重大发展战略，抓住建立口岸疫病疫情监控体系和检验检疫监管模式调整 2 项重点，突出人才队伍建设、实验室建设、技术创新的环境建设 3 个加强，达到人员素质和技能、检验检疫技术实力、业务管理水平和应对突发事件的能力 4 个明显提高”科技兴检方案。制定了《广西检验检疫局实验室管理办法》，建成了北海局、贵港局、防城港局 BSL-2 生物安全实验室。完成了龙邦、浦寨、贺州办事处和玉林、防城港局实验室基建改造工作。完成了 4 家实验室的监督评审和 10 个食品实验室专项监督任务。开展了保健中心清理整顿工作，广西局保健中心和 8 个分中心通过了总局的验收。广西局保健中心还通过了 ISO9001 质量体系和 17025 标准的认证评审。积极开展科研制标工作，2005 年共获得总局 3 个科研项目和 5 个行业标准的立项，审定通过了《烟花爆竹烟火药剂中铁含量的测定》等 6 个国家标准和 14 个行业标准，其中由技术中心制订的《诺瓦克病毒的 SN 标准》达到国际领先水平。完成了《广西禽流感病毒调查研究》、《鹅大肠杆菌病的防治研究》。开展了苏丹红、食品中钾、钠、镁等 20 多次能力验证并取得较好的成效。开展第二届“科技兴检奖”和第四届优秀科技论文的评选，共有 32 个科研项目和 48 篇优秀论文获奖。《松节油国际标准》、《烟花爆竹热安定性试验温度自动监测系统的研制》两项成果，还分别获总局科技兴检一、三等奖。认真抓好各项基础设施的建设工作，积极做好广西检验检疫综合检测中心大楼建设前期的各项准备工作，完成了防城港局办公实验楼的改造工作，积极协调地方政府抓好玉林局筹备处、河池办事处、水口局等分支机构基建项目建设和挂牌开检工作。

(谭业军)

2005年广西出入境检验检疫业务情况表

金额单位：万美元

	出入境货物检验检疫																			签发通关单		签发换证凭单		产地证			
	总计				动物及动物产品检疫				植物及植物产品检疫				食品及化妆品				集装箱检疫		签发检验检疫书(份)					普惠制		一般产地证	
	批次	金额	检验检疫不合格		批次	金额	检出不合格		批次	金额	检出疫情		批次	金额	检出问题		合计	检出问题		份数	金额	份数	金额	份数	金额	份数	金额
			批次	金额			批次	金额			批次	金额			批次	金额											
合计	14万	475043	782	98956	12333	19887	21	821	63073	122504	144	61022	24844	39800	64	792	102819	33	40553	89734	–	–	–	–	–	–	–
出境	7.8万	211650	184	1046	2849	12547	4	16	40453	45839	70	36	17503	30681	45	52	38067	14	40073	42233	–	43473	–	15884	99809	12428	43855
入境	6.5万	263393	598	97910	9484	7340	17	805	22620	76664	74	60986	7341	9119	19	740	64752	19	3480	47501	–	–	–	–	–	–	–

广西海事局

2005年，广西海事局坚持邓小平理论和“三个代表”重要思想，全面贯彻落实党的十六大和十六届五中全会精神，落实科学发展观，按照“三精两关键”和“船舶适航、船员适任、安全畅通、有效监管、优质服务”的要求，以改革发展为动力，以长效管理机制为保障，以提高全员素质为根本，加快推进“三支队伍”、“三个海事”建设，确保水上交通安全监管能力和水平明显提高，综合执法实力在广西涉海（水）执法部门中居于前列，奋力跻身全国海事第一方阵，为建设“富裕广西、文化广西、生态广西、平安广西”提供安全、有序、稳定的水上交通安全环境。

【服务经济社会取得突破性进展】 坚持以人为本的执法理念，各级海事机构的管理模式、管理方式从单一执法型向执法服务型转变。深入落实十项便民措施，各直属局统一设立政务中心受理业务，基层海事处统一集中办公，实施“一个窗口对外”、“一站式”办公、“一条龙”和口岸“大通关”服务，简化海事审批程序，大大缩短了受理审批时间,方便了管理相对人。为电煤、原油等重点物资运输船舶开设了进出港签证“绿色通道”，确保了水路重点物资运输的安全畅通。按特事特办的原则，协调受理审批外国籍船舶临时靠泊北海港非对外开放水域煤码头，为北海电厂完成年上网电量约40亿千瓦时提供了支持保障。对长洲水利枢纽、金鸡滩水利枢纽、那吉航运枢纽、防城港10万吨级航道工程等一批水上工程项目进行通航安全维护和防污染指导，投入力量加强现场监督管理，有力支持了国家和自治区重点工程建设。协同地方政府实施了“百里柳江河禁止采砂”、规范船舶进出钦州港勒沟航道、整治邕江通航环境等重点水域的综合治理。港口吞吐量大幅增长(五年来辖区港口吞吐量累计达2.57亿吨，为“九五”期的3.5倍）的情况下，为西南出海大通道提供了良好的海事政务环境和安全保障。

【海事监管水平由局部突破开始向整体提升转变，主要业务与全国沿海发达地区兄弟局看齐】 船舶登记突破1万艘大关，登记工作社会满意率在90%以上。安全检查河船、海船、外轮数量分别超过责任目标数的43.2%、13.8%、2%，内河安全检查船舶数量比上年增加8.86%,查出并督促船舶整改缺陷数增长了33.43%。对公司和船舶安全体系的审核进一步强化，体系内船舶没有发生重大事故，事故率与2004年相比下降了25%。船员考试、评估和发证质量体系以及内河船员档案管理通过了部局审核，广西局机关及南宁、贵港、柳州、梧州局获得部局内河一、二等船舶适任考试发证授权，与广东局、深圳局共同启动实施了珠江水系船员统考，联合开展了整治船员持假证上船任职的统一行动，船员管理创出了新水平。主要通航水域的巡航检查覆盖面达100%，巡航时间、巡航里程、出动船艇和出动人员分别比上年增加了29.8%、51.8%、49.5%和35.5%。应急反应能力建设进一步加强，《广西壮族自治区海上搜救条例》业经自治区人民政府第34次常务会议审议通过，待2006年提交自治区人大常委会审议批准后，可望成为全国首部省级搜救工作法规。制定了三级海事机构的应急预案，形成了全区海（水）上交通安全突发事件的应急反应网络；举行了内河巡航船舶应急反应演练和沿海船舶溢油应急演练；出色完成了国务院统一海上执法调研组出海调研的海上交通组织保障任务；在防城港倡议设立了我国首家海难救助募捐基金。成功应对了“4·4”台湾籍“德成12”渔船在北部湾海域起火遇险等多起突发性重大险情，救助成功率达97.6%。

【与周边海事机构的协作不断加强，“一家人、一盘棋”理念成为海事工作发展的新动力】 贯彻落实部领导调整天生桥库区整治工作协调机制的指示，由广西海事局牵头组织滇、黔、桂三省（区）海事、船检、航务部门合力整治库区水上交通安全已取得阶段性成果；与广东、海南、福建省建立了四省（区）海上搜救协作机制，与海南海事局建立了客滚船舶的安全管理直协调机制，横向联动机制的建立和完善，拓展了海事发展的空间。

【海事基本建设力度进一步加大】 全年完成基建投资比上年增长75%，一批监督船艇和趸排投入使用；完成了一批重点项目的形象进度；制定了《广西海事局十一五发展规划》，初步争取到一批大型项工程项目，为增强广西海事发展后劲奠定了基础。全面开展了船舶“管、用、养、修”专项工作，提高了船舶管理水平，“海巡1981”被评为全国海事系统标兵船。

【海事发展赢得了和谐的内外环境】 交通部领导亲临广西局机关及防城港海事局视察和看望职工；自治区人民政府领导参加的局机关办公大楼奠基仪式等多项重大活动成功举办；各地（市）政府领导节假日登门走访直属局、基层海事处；港局办公楼还得到市政府的无偿划拨；柳州市政府以优惠政策解决了柳州局办公综合楼用地；钦州海事基地及港区海事处用地得到顺利划拨，落实建设用地85.19亩、港口岸线280米，标志着海事发展赢得了和谐的内外环境和发展空间。局内团队建设不断加强，海事文化建设中的群众性文体活动健康发展，干群关系进一步密切，队伍凝聚力明显增强。

【队伍素质和形象建设进一步加强】 深入开展了保持党员先进性教育活动，加强了党组织和党员队伍建设。加强了管理人才、执法专业人才和高层次拔尖人才的“三支队伍”建设，在“十百千人才工程”中培养5名拔尖人才，选送6人参加世界海事大学硕士班学习。出台了《广西海事局〈建立健全教育、制度、监督并重的惩治和预防腐败体系〉实施计划》，反腐倡廉工作向纵深推进，行风评议的社会满意率在口岸单位中居于前列。在梧州等市抗洪救灾中发挥了中坚作用，为政府实现“洪水期间不死一人”的承诺做出了积极贡献。防城港局申报省部级文明单位、4个海事处申报省部级文明执法示范窗口已经部局对外公示；全年涌现出一批先进单位、先进集体和先进个人。

【党风廉政、精神文明建设和海事文化建设取得突破性进展】 进一步建立健全党风廉政建设的领导体制和工作机制，层层落实了党风廉政建设责任制，开展了多形式的廉政教育活动，强化了海事监管、基本建设、财务管理、干部选拔等关键环节的监督制约，行风测评社会满意率均在90%以上。创建文明行业活动取得丰硕成果：国家级先进集体、文明单位的建设实现零突破，贵港海事局荣获“全国交通系统先进集体”、“全国精神文明建设工作先进单位”称号；建成省部级文明单位的分支局由体制改革前只有1个发展到现在的5个；建成地级市文明单位的分支局由1个发展到现在的8个；60%的派出机构建成了地市级文明单位。桂林海事局、钦州海事局先后被评为部直属海事系统先进集体。一批高标准、高质量、影响较大的文明窗口和文明单位初步建成。多项大型活动组织得井井有条，产生了良好的社会影响。

（郑海滨）

2005年广西海事业务数据统计

项　目	数据名称	数据量
搜救管理	搜救次数(次)	33
	搜救时间(小时)	357
	获救船舶(艘)	36
	获救人员（认)	248
船舶监督管理	船舶进出港签证(艘次)	477224
	运输船舶登记证书及船舶最低安全配员工作(艘次)	10994
	船舶安全检查(艘次)	9283
	安全管理体系审核(次)	63
	进、出港口船舶总吨(万吨)	12325
	进、出港口船舶（艘次)	477224
	船舶登记(艘)	10131
	客滚船现场监督管理时间(人次/小时)	1260/1320
通航管理	发布航行通(警)告次数(次)	204
	水上水下施工作业审批(次)	92
	主要航道船舶量（艘次)	10000
	水上水下施工作业现场监督管理(小时)	40128
	乡镇渡口船安全检查次数(次)	5632
	乡镇渡口船安全检查行程(公里)	168960
船员证件	船员考试(人次)	7695
	船员发证量（个)	10338
事故调查	事故调查（起)	113
日常巡航	巡航时间(小时)	65789.3
	巡航次数（次)	14532
	巡航里程(海里)	509920.4
危管防污	危险货物通过量(万吨)	779
	办理船舶装载危险品货物的审核手续(艘次)	10308
	处理船舶污染事故(起)	3
	危管防污处理污染事件(件)	3
	运输危险货物船舶进出港(艘次)	10308
	检查危险货物船舶(艘次)	2793
	危险货物集装箱(标箱)	11646
	辖区防污检查(艘次)	500

广西口岸大事记

1 月 5—6 日

广西检验检疫局召开全系统总结表彰会议。广西区党委常委、自治区副主席李金早参加广西检验检疫系统总结表彰大会。

1 月 12 日

国务院副总理回良玉到东兴口岸视察。

1 月 14 日

全区口岸办主任会议在南宁市召开。自治区商务厅厅长兼口岸办主任刘树森到会作重要讲话。

1 月 26 日

国家质检总局质检工作“十一五”规划调研组到广西检验检疫局进行工作调研。

1 月 27 日

香港特别行政区长官何厚铧率商务考察团视察东兴口岸。

2 月 5 日

交通部继续同意国际航行船舶临时进靠北海电厂煤码头。

3 月 25 日

开放凭祥、东兴、龙邦口岸作为中药材进口通关口岸。

3 月

龙邦口岸监管区竣工并交付使用。

6 月 3 日

广西检验检疫局召开广西进出境动植物检疫工作会议，传达了全国进出境动植物检验检疫工作会议精神，分析了广西进出境动植物检验检疫工作面临的形势，布置进出境动植物检验检疫工作。

6 月 11 日

桂林边防检查站圆满完成了比利时国王阿尔贝二世访华代表团出境边防检查任务。

6 月 16—19 日

以驻总局监察局副局长景建国为组长的国家质检总局行政许可法贯彻情况检查小组一行 4 人，就广西检验检疫局《行政许可法》的贯彻落实情况进行检查。

6 月 17 日

广西检验检疫局与南宁海关举行关检联席会议，就出入境通道“一机两屏”的改造问题达成共识。

6 月 22 日

国家质检总局卫生司检查组到广西局检查工作，先后对北海局、钦州局、桂林局、柳州局、梧州局、贵港局、防城港局、东兴局、凭祥局的保健中心进行了检查。

7月4日

自治区档案局档案定级考核组到广西检验检疫局进行档案定级考评工作，并颁发了等级证书及“自治区一级档案室”牌匾。

7月22日

南宁边防检查站圆满完成了越南国家主席陈德良访华的出境边防检查任务，共为150名代表团成员提供了高效、优质、快捷的礼遇验证，受到各级领导和接待单位的一致赞誉。

9月8日

防城港海事局对泰国籍外轮“KULNATEE”进行港口国监督检查中，发现该轮存在严重安全隐患后对该轮实施滞留，该轮为2005年被广西海事局滞留的12艘外轮之一。

9月17日

广西海上搜求中心成功组织救助巴拿马籍“LONGHAI”轮在防城港遭遇9级大风遇险的14名船员。

9月23日

北海港口岸联检楼落成投入使用。

9月24日

海关总署党组成员叶剑一行10人，在南宁海关、自治区口岸办、崇左市人民政府等有关部门领导的陪同下，到大新县对口岸建设及边境贸易情况进行调研、检查指导工作。

9月29日

巴拿马籍外轮“BEGONIA”载运铁矿货物进入防城港，该轮为2005年进入广西港口的最大外轮。

11月7日—8日

国家质检总局禽流感督察组到广西检查边境禽流感防控工作，广西检验检疫局邓润祯副局长陪同到凭祥局检查工作。

11月17日

自治区口岸办在靖西县主持召开全区二类口岸升格开放工作会议。

中共中央委员、广州军区政委杨德清上将一行在广西军区有关领导的陪同下，视察了友谊关口岸。

12月26日

广西检验检疫局河池办事处正式挂牌对外开展检验检疫业务工作。

水口口岸新建成的验货场在水口举行启用仪式。

12月27日—30日

由自治区口岸办组织的广西口岸考察团一行14人赴深圳口岸进行学习考察，通过考察，加深了对深圳口岸的管理理念和查验方法的了解。

12月28日

玉林检验检疫局正式挂牌对外开展检验检疫业务工作。

四川口岸工作综述

2005 年，四川省口岸系统各部门、企业和有关市（州）口岸办，以邓小平理论和“三个代表”重要思想为指导，坚持科学发展观，贯彻执行党和国家的各项方针、政策，在省委、省政府的领导下，协调配合，较好完成了本年度的工作任务，为四川经济社会发展、对外开放作出了贡献。

【航空口岸】 成都航空口岸全年共验放出入境飞机 8980 架次（其中验放经停国内航点的国际航班 3484 架次），同比增加 53.95 %；共验放、运送出入境旅客 61.7156 万人次（其中验放搭乘经停国内航点的国际航班的国际旅客 4.08 万人次），同比增加 12.8%；共验放航空公司员工 4.91 万人次；验放、运输进出境货物 10147 吨，同比增加 51.04%；办理口岸签证 1236 人/份；为来四川省访问贵宾 2067 人次提供了口岸礼遇和服务保障。边防部队查获偷渡案 12 人、查处违法违规 148 人、查获在控对象 16 人。

【铁路口岸】 全省各铁路口岸全年共查验、运输进出口物资 65.18 万吨，同比+6.52%；国际集装箱 47004 个标箱，同比减少 7.48%。其中成都火车东站口岸为 28.68 万吨，同比增加 1.38%；国际集装箱 14228 个标箱，同比减少 6%。成都青白江口岸为 30.01 万吨，同比增加 34.15%；国际集装箱 27614 个标箱，同比增加 41.46%。绵阳口岸为 4.55 万吨，同比减少 56.46%；国际集装箱 5126 个标箱，同比减少 67.64%。攀枝花口岸为 0.052 万吨，同比减少 23.53%；国际集装箱 15 个标箱，同比减少 53.13%。乐山口岸为 0.016 万吨，国际集装箱 8 个标箱。

【水运口岸】 泸州水运口岸全年共查验、运输进出口物资 27.02 万吨，同比增加 125.54%；国际集装箱 21141 个标箱，同比增加 149.13%；开行班轮 517 个航次，同比增加 163.77%。

【公路口岸】 成都公路口岸全年共查验、运输进出口物资 14.06 万吨，同比增加 13.3%；国际集装箱 7430 个标箱，同比–12.92%。

【国际邮件】 全年共交换、查验国际邮件总包 12.4 万袋，同比增加 2.14%；国际邮件 245.43 万件，同比减少 12.92%。

【有关口岸项目建设情况】 成都双流国际机场新货运站（内含国际货运、查验设施等）于 3 月 25 日通过初设评审，现已开工建设。成都海关驻宜宾办事处海关大楼于 4 月 26 日动工、于 11 月 3 日正式挂牌开关。四川出入境检验检疫局宜宾办事处业务大楼于 9 月 2 日动工、于 12 月 30 日正式挂牌。成都海关驻南充办事处海关大楼已完成规划、设计及项目监理、施工招标等前期工作。省政府分管省长于 11 月在京与海关总署领导签订了《电子口岸合作备忘录》。成都双流国际机场创建国际卫生机场工作经省政府批准于 11 月 16 日正式启动。

【为四川省对外开放、对外经济贸易服务情况】 四川省口岸查验各部门（企业）积极配合省级有关部门，在扩大四川省对外交往、促进外向型经济发展，认真搞好大通关、联检联运、争取开放政策等方面，取得较好的成效。全年，成都海关为全省共验放进出口商品 45.6 万吨、24.5 亿美元，按政策为全省减免关税和增值税等共 18.8 亿元人民币，查结行政处罚案件 4 起、查获走私案件 9 起。

四川出入境检验检疫局为全省检验检疫进出口商品 57303 批次、总货值 31.095 亿美元；出具普惠制证书和一般原产地证书共 14163 份，受惠金额 6.76 亿美元；为全省企业向外索赔 736 万美元；为出入境人员疾病监测和体检 38808 人次。省公安厅出入境管理局牵头会同有关口岸部门，接待了香港特区入境事务处访川团，争取到成都市居民从 11 月 1 日起享受到港澳“自由行”的政策。口岸有关部门配合省港澳办接待了香港特区礼宾处访川团，商定了双方口岸 VIP 通关、接待事宜。省公安厅出入境管理局、省台办、省政府口岸办公室等向来川调研的公安部、国台办工作组积极争取国家同意成都航空口岸开展对台胞签注等涉台政策。省政府口岸办公室和中铁集装箱公司成都分公司领导于 4 月参加了天津口岸委牵头召开的 12 省（区、市）“跨区域口岸合作会议”，并签署《天津议定书》；11 月由省政府分管秘书长带队，口岸、海关、检验检疫部门领导同志参加了天津市政府召开的加强口岸合作促进区域发展座谈会，为全省外贸进出口商品在天津口岸快速通关，创造了便利条件。

全年“中国电子口岸执法系统”（成都分中心）共为 800 家企业新办理电子口岸备案手续，共制卡 1757 张，为 153 家企业做了数据变更，为 1640 家企业做了证书更新。

【支持中外航空公司新开通 21 条国际航线】 省公安边防总队、成都双流机场海关、四川出入境检验检疫局机场处、省机场集团公司及所属企业，积极支持泰国东方航空公司从 4 月 11 日起开通了“曼谷—成都”的国际航班；支持新加坡惠旅航空公司从 4 月 20 日起开通了“新加坡—成都”的国际航班；支持国航西南分公司从 6 月 1 日起开通了“拉萨—成都—香港”的定期航班；支持中国东方航空公司于 7 月 18 日起，开通从成都始发（经停上海浦东机场）至洛杉矶、温哥华、伦敦、德里、巴黎、墨尔本、悉尼的 7 条国际航线；支持中国南方航空公司于 9 月 26 日起，开通从成都始发（经停广州）至雅加达、吉隆坡、槟城、新加坡、巴黎、洛杉矶的 6 条国际航线；支持中国国际航空公司于 9 月 28 日起，开通从成都出发（经停北京）至纽约、旧金山、洛杉矶、温哥华、法兰克福、巴黎、伦敦的 7 条国际航线；支持中国国际货运航空有限公司和德国汉莎航空公司从 12 月 18 日起开通成都（经停北京）至法兰克福的货运航班。迄今为止，成都航空口岸开通的国际（地区）航线已达 29 条，其航班可通达亚洲、西欧、北美、大洋洲的 23 个重要城市，极大地方便了四川同世界各地的往来。

【圆满完成大型涉外活动和来访贵宾的口岸服务保障工作】 1—12 月，全省口岸系统各部门、企业按照省委、省政府交办的任务，圆满完成曾培炎副总理专机从成都出境的口岸服务保障工作；圆满完成 “四川国际友好城市活动周”、“第六届中国西部博览会”、“泛珠三角区域合作与发展论坛及经贸洽谈会”、“《艺海流金》文化交流活动”、“第二届中医药现代化国际科技大会”、“第六届花博会”、“第 20 届客属恳亲会”、“九寨天堂国际环保论坛”、“中日韩文化产业论坛”、“2005（第八届）四川电视节”、“第二届西部农业博览会”等大型涉外活动的口岸服务保障工作。为来川访问的外国政要及世界知名企业家、港澳台地区重要客人共 2067 人及所乘专（包）机，提供了口岸通关礼遇、服务保障。

【搞好宣传工作】 按时完成了《中国口岸年鉴》（2004 年“四川口岸工作综述”）和《四川年鉴》（2004 年“口岸管理”）的编撰任务。在省政府办公厅“政府网”内开设了“四川口岸”网页，宣传四川省口岸工作。通过发送简报、信息等方式，与各兄弟省（区、市）口岸同行交流了经验、加强了联系。

（李 毅 刘礼明）

2005年四川省口岸运行情况

名称	项目	单位	2004年	2005年	同比增长
航空口岸	进出境飞机	架次	5833	8980	53.95%
	进出境人员	人次	546929	617156	12.8%
	进出境货物	吨	6718	10147	51.04%
	落地签证	人次	4613	1236	-373.22%
铁路口岸	进出境货物	吨	611900	651800	6.52%
	国际集装箱	个/标箱	50519	47004	-7.48%
水运口岸	进出境货物	吨	119800	270200	125.54%
	国际集装箱	个/标箱	8486	21141	149.13%
公路口岸	进出境货物	吨	124100	140600	13.3%
	国际集装箱	个	8390	7430	-11.45%
国际邮件	国际邮件	万件	275.73	24543	-12.35%

四川口岸查验单位工作综述

成都海关

2005年，成都海关认真贯彻海关工作16字方针和队伍建设12字要求，全面落实全国海关关长会议作出的各项工作部署，结合地方经济建设的实际创造性地开展工作，圆满完成了各项工作任务，业务指标连创新高，改革发展连连突破，队伍建设连上台阶，在地方的影响也不断扩大。

【深化通关改革，提高监管效能】 “属地报关、口岸验放”通关模式全面推广，区域通关一体化轮廓初现。下半年以来先后完成了泛珠三角区域内与广州海关间的跨省市“属地（成都机场）报关，口岸（广州机场）验放”通关模式，关区内陆路“属地（乐山、绵阳）报关，口岸（双流机场）验放”通关模式，跨关区的水路“多点申报、泸州验放、上海出口”通关模式的试点工作。海关监管效能提高，企业通关更加便捷。

综合治税大格局初步形成，归类、审价、化验、核销、稽查、打私、关税监控系统等项工作在综合治税大格局中发挥了重要作用。全年审价、归类补税共计928万多元，加工贸易内销补税6381万元，稽查补税入库965.6万元。监管通关综合治税专项行动取得明显成效，创新查验机制深入推进。

风险管理机制稳步建立，整合创新、提高效能的作用初步体现。关风险分析监控中心和15个风险监控分析小组组建完成，建立健全相关制度，积极开展现场调研和上门培训，及时发布风险信息预警和进行布控处置，取得好的效果，全年关区各部门通过风险信息提示、风险分析、布控等手段共计补税633.4万元。

旅客申报单制度改革获得成功，海关在旅检口岸的职能作用得到强化。自2005年7月1日海关实施申报制度改革以来至年底，旅检现场监管进出境飞机3889架次；监管国际—国内中转联程航班2974班次；验放进出境人员401778人次。

【抓服务、促发展，支持地方经济建设】 海关机构和特殊监管区域再添“生力军”。上半年国务院正式发文批准设立绵阳出口加工区。目前海关正协助绵阳市加大筹建工作力度，有望在明年初验收封关。同时成都海关驻宜宾办事处已于11月3日挂牌开关，驻南充办事处筹建工作进展顺利。

区域通关进一步便利化。泛珠三角区域跨省市“多点（四川）报关，机场（广州）验放”通关模式，关区内“属地报关，口岸（机场）验放”陆空通关模式和“多点申报、泸州验放、上海出口”水路区域通关新模式的开通运行，使出口货物通关耗时缩短至30分钟左右，四川企业的通关进一步便利化。同时蓉深海铁联运五定班列通关获得“利好”，四川出口货物进入深圳市指定的出口监管仓即予退税正式实施，使出口报关至退税时间提前了7–10天。

支持成都航空口岸扩大对外航线。经争取，海关总署同意国航、东航、南航在共享航班上开展国际航班国内段客货运载业务，三家航空公司在成都开通分别经北京、上海、广州前往伦敦、洛杉矶等国外多个城市的国内—国际联程航线，以及在双流机场开行首个国际货运航班（成都至法兰克福），由此成都开通的国际航线达到34条。目前海关每周监管进出境航班最多时达196架次，共享航班151班次。

做好对重点企业的通关服务。如对英特尔公司的包机设备通关入区和产品出口，配合长虹公司的战略转移协调外通关，帮助启明星公司4558万元巨额入库税款得以退还等，做到了主动服务，排忧解难。

新增3家重点企业享受新的通关便利。经海关推荐，年内海关总署评定广元启明星铝业公司、内江方向液晶显示设备公司、五粮液集团进出口有限公司3家企业为海关系统“红名单”企业，在全国范围办理通关、纳税、加工贸易等业务将享受更多的便利。

推动电子口岸建设取得突破性进展。海关与省商务厅积极做好准备工作，10月25日黄小祥副省长在京与海关总署领导签订了共建电子口岸的合作备忘录。借全国地方电子口岸建设会议的大好形势，四川电子口岸信息平台已在互联网上正式运行。

服务会展经济反响较好。在成都温江举办的第六届中国花卉博览会进境展品建立起快捷、高效的“绿色通道”，确保了花博会境外展区的顺利布展和成功展出，被省政府评为参与承办花博会突出贡献单位。

（金　羽）

成都海关2005年主要业务工作量统计表

类　别	单　位	全年工作量	比上年同期增加
进出口总值	万美元	245091	23%
进出口货运量	吨	456004	10%
入库关税	万元	62887	12.9%
入库代征税	万元	157209	46%
两税合计	万元	220096	6%
审批减免税货物总值	万美元	108644	20.8%
报关单统计	份	63002	15.1%
进出口集装箱	个	26353	−23%
进出境飞机	架次	8980	53.95%
进出境旅客	人次	617156	12.8%

四川省公安边防总队

2005年，四川省公安边防总队紧紧围绕服务四川经济建设这个中心，以维护社会政治稳定为首要任务，牢固树立“立警为公、执法为民”的宗旨意识，大力加强队伍建设和业务建设，深化勤务改革，创新管理模式，拓展服务内涵，不断提高依法行政和规范化管理水平，为维护国家安全、社会稳定和正常的出入境秩序，促进四川改革开放和经济建设做出了积极贡献。全年，共检查出入境航班8980架次（其中验放经停国内航点的国际航班3484架次），比上年增长了53.95%；检查出入境人员617156万人次，增长了12.8%；查获在控对象19人次，查处偷渡案件7起12人，接收处理境外遣返人员74人次；依法查处违反出入境边防法律、法规人员148人次。

【规范勤务建设，提高勤务工作质量】　四川省公安边防总队以贯彻执行《勤务规范》为契机，加强勤务规范化建设，将学习、贯彻执行新的《勤务规范》作为2005年业务工作的一件大事来抓，开展了“勤务规范学习月”活动，通过观摩《出入境边防检查勤务规范》教学示范片、岗位练兵、业务研讨、上岗考核、业务竞赛等形式多样的活动，使各级各类执勤人员全面掌握勤务规范，熟练运用勤务规范。9月份专门组织对站值班领导进行了《勤务规范》考核，并上网公布了成绩。按照规范要求，增设了监控、证件鉴别、行政案件办理等执勤号位，进一步严格了站科两级带班、号位设置、开台的数量、上下勤、备勤、电脑排班、发现问题移交处理、验讫章使用管理、请示报告、督察巡视等勤务制度。通过反复抓，抓反复，使各级执勤人员打牢了严格执行《勤务规范》的基础，养成严格按《勤务规范》执勤的习惯，不断促进了总队各项勤务规范化建设，进一步提高了勤务工作质量。

【加大业务培训力度，提高执法能力】 总队按照部局“大练兵”活动的要求，不断加强执勤人员能力建设，开展了分级、分层次的业务培训和岗位练兵，取得了显著的效果。一是分别举办了数字监控系统操作培训班、文检仪和EDISON系统培训班、二期反偷渡专题研讨会、新一代边检系统培训班等，使执勤人员不断适应变化的边检工作形势，增强口岸管控能力。二是每月举办科长业务研讨会，以会代训，对科长进行业务考核，对近期勤务问题进行收集、研讨，对个案进行讲评，不断强化带班科领导的勤务组织能力、执法能力、处置问题能力和协调能力。三是各执勤科根据大练兵“干什么、练什么、缺什么、补什么”的要求，分别举行了业务、英语、法律、识别真假证件培训班，进一步提高了检查的员综合素质和执勤技能。四是大力开展了以执法为民为主题的“让党放心，让人民满意”活动和“争创执法为民窗口、争当执法为民标兵”活动，进一步转变了官兵执法观念，增强了执法为民的意识。

【强化综合治理，严打口岸偷渡】 2005年，总队始终把查控工作放在重中之重的位置，根据不同时期查控工作的重点，加强分析、研究，不断增强政治敏感性和预见性，不断严密各项措施，强化综合治理，全年未发生一起漏控事件，确保了查控工作万无一失。与省公安厅建立了维稳情报信息定期上报、交流制度，加强了相关情报信息的收集，编辑《外报》和《外报》增刊共22期，为上级部门和领导提供了决策参考。同时，针对双流国际机场国际厅面积大、通道多、国际航班旅客和国际航班国内段旅客可能混杂，易发生漏检、调包等情况，总队一方面增派足够警力加强现场监护和维持秩序，严格号位职责，另一方面取得民航、机场等部门的支持配合，防止了漏查、漏检。加强与公安机关各业务部门、安全、检察、法院以及口岸驻场单位的联系，及时通报情报，密切配合，掌握查控工作的主动权。全年，为国家安全机关、公安、检查、法院系统核查特务、特嫌、犯罪嫌疑人员的出入境记录165人次，并查获了7起12人偷渡案件。

此外，四川省公安边防总队采取有效措施，不断提高发现、查处偷渡的能力。举办了四期业务培训班，对伪假证件的识别和文检仪、EDISON系统的使用等进行了培训。组建证件鉴别室，充分发挥二线队的职能作用，在证件鉴定、业务交流、真伪证件信息反馈等方面发挥了积极作用，在口岸形成了“前台验证，后台鉴定”的工作机制，提高了打击口岸偷渡的准确性。

【延伸服务内涵，拓展服务空间】 四川省公安边防总队以“双争”、“三访四见”活动为主线，不断强化文明窗口和勤务规范化建设，在维护中央事权的基础上，积极转变观念，增强服务意识，延伸服务内涵，拓展服务空间，落实便民利民措施，服务于四川省的跨越式发展和口岸“大通关”，方便了旅客的进出，营造了良好的口岸软环境。全年，总队共走访了省、市政府部门、口岸联检单位、出入境旅客、航空公司、驻地友临单位、企业和商家等13家单位100余人次；慰问下岗职工、敬老院老人和孤残失学儿童10余次，为省内受灾群众捐款31860.3元，捐衣服棉被474件；共为省、市政府派出的出国考察团和邀请的境外重要客人共56批1253人次提供了礼遇，为“第二届泛珠江三角区域合作与发展论坛暨经贸洽谈会”、“9+2”峰会、“第六届西博会”、“四川国际友城合作与发展周”、“第20届世界客属恳亲大会”等重大涉外活动的入出境嘉宾提供专门的检查通道和优质、高效、文明的服务。圆满完成了曾培炎副总理专机、哈撒克斯坦副总理专机、联合国专机等出入境检查任务；先后为中国国民党荣誉主席连战、副主席吴伯雄、香港特首曾荫权、澳门特首何厚铧、香港前任特首董建华、泰国诗琳通公主、国际足联副主席、韩国前总理、新加坡国家发展部长、泰国国防部次长、泰国历届驻华大使、赞比亚国防部长、马来西亚工业部副部长、马来西亚前最高元首、巴基斯坦铁道部部长、八国驻香港总领事、省政协港澳委员等嘉宾提供了通行礼遇和方便；为全省进出口企业，如四川路桥集团有限公司、四川省外经实业公司、四川省机械设备进出口公司、中国水利水电七局、成都飞机工业（集团）公司等外派出国考察、洽谈项目、履行合同、劳务输出等人员共500余人次提供了方便；共接受来人、来电咨询600余人次，热情解答了出入境旅客的疑难问题，方便了旅客出入，树立了边防民警可亲、可敬、可爱的良好形象。四川省公安边防总队执勤业务三科被继续认定为“全国青年文明号”，成都边防检查站被继续评为公安部“执法为民窗口”单位。

【加大投入，科技强警】 四川省公安边防总队高度重视新边检系统的推广应用工作。总队投入了大量的人力、财力和物力，耗时一年进行了新系统启用前的设备购置、系统搭建、技术力量培养、勤务工作模式调整等前期准备工作，成立了技术保障小组，先后举办了技术骨干、检查员、科长、值班站领导培训班，使各级执勤人员熟练掌握各自职责范围内的系统操作流程，并在全国中小口岸中率先投入了试运行，保证了系统运行良好，为今后发挥系统强大的业务功能，提高边防检查工作的信息化、规范化水平打下了坚实的基础。其次，总队为适应口岸反偷渡工作形势的需要，组建了总队证件鉴定室，配备了先进的文检器材，充分发挥出文检仪、EDISON护照证件样本系统设备的作用，形成了“前台验证，后台鉴定”的有效工作机制，在识别伪假证件、打击偷渡方面收到了很好的效果。此外，科技强警意识得到了普遍加强，科技投入力度进一步加大。总队机关和执勤现场实现了监控图像的实时连接和无线对讲，总队领导对执勤现场的情况一目了然，勤务的组织指挥、监督效能大大提高。加强了信息化建设工作，充分发挥了总队局域网和自行开发建设的边防检查前台“边检业务指挥系统”的作用，实现网上指挥、网上查询和学习等功能，进一步提高了边防工作

2005年成都边防检查站出入境旅客统计表

单位:人次

项目		出入境旅客		合计
		入境	出境	
中国籍	因公	15401	14981	30382
	因私	64560	84962	149522
	香港	34888	34214	69102
	澳门	819	843	1662
	台湾	55559	54315	109874
外国籍		127975	128639	256614
华侨		1069	1483	2552
合计		299202	317954	617156

2005年成都边防检查站出入境员工统计表

单位:人次

项目		出入境旅客		合计
		入境	出境	
中国籍	因公	9513	9599	19112
	因私	776	800	1576
	香港	3047	3054	6101
	澳门	239	238	477
	台湾	19	14	33
外国籍		10901	10903	21804
合计		24495	24608	49103

的效率、质量。

（王丽媛）

四川出入境检验检疫局

【基本情况】 2005年,四川出入境检验检疫局（以下简称四川局），共完成检验检疫进出口货物57303批，总货值310795万美元，同比分别增长6.67%和减少1.30%。其中，进口货物13772批，货值112689万美元，分别增长1.38%和减少7.82%；出口货物43531批，货值198106万美元，分别增长8.46%和2.83%。检出不合格货物275批，货值1337万美元，分别减少5.17%和增长56.92%。其中，出口货物130批，货值610万美元，分别增长54.76%和92.43%；进口145批，货值727万美元，分别减少29.61%和增长35.89%。签发各类证单27514份，增长23.9%。其中，签发普惠制证书12105份，受惠金额56782.6万美元，分别增长5%和8%；签发一般原产地证书2058份，受惠金额10826.4万美元，分别增长19%和1%；签发《曼谷协定》证书241份，受惠金额741.2万美元；签发中国—东盟自贸区优惠协定证书27份，受惠金额773.6万美元。加强了国境口岸的卫生监管，监测体检15826人次，同比增长10%；发现病例1246人次；预防接种13920人次，增长2.09%。

【抗击猪链球菌病疫情】 2005年7月，四川地区爆发猪链球菌病疫情后，四川局迅速制定和启动了《进出境重大动物疫情应急处置预案和猪链球菌病应急实施方案》，成立了以局长王吉顺为组长、分管局长任副组长的疫情防治工作领导小组，人、财、物充分保障，四川地区25家出口肉类企业、500多家备案养殖场、1400多名来自疫区的劳务输出人员未出现一例疫病疫情。通过香港食环署检查后，川猪出口恢复。为此，四川省委、省政府领导给国家质检总局写了感谢信，并授予四川局及所属内江局“全省防控猪链球菌病疫情先进集体”称号。

【应对苏丹红 阻击禽流感】 2月初，苏丹红事件爆发，四川局迅速制定了五条紧急措施，连续组织执法人员对成都家乐福、欧尚、王府井等大型超市进行了突击检查，对含辣椒的出口罐头、调味品、泡菜、糖果、方便粉丝等食品采取了批批检测措施，及时召开企业座谈会，迅速做好对苏丹红的检测方法、标准、仪器、人员培训等工作，致使四川辣椒调味品、调味菜一季度出口不但没有受到“涉红”事件影响，反而逆市上扬，比上年同期增长了50%以上。下半年，在国内已有六个省份先后发现了禽流感的严峻形势下，四川局沉着冷静，迅速成立防控高致病性禽流感疫情领导小组，及时制定了《四川检验检疫局高致病性禽流感疫情进出境检验检疫应急处理预案实施办法》（试行），在人、财、物方面进行优化配置，做好应急保障。同时，积极与相关部门密切协作，多次召开专题会议，并严格按照口岸“八项制度”、“五个不漏”、“五个到位”和“五个及时”的工作制度，在车站、航空港、邮局进行严密布控，坚决防堵境外高致病性禽流感疫情传入四川，无一例疫情在四川口岸传入。

【妥善处理国航朝圣包机事件】 2月，四川局在接到国航关于“载有19名机组人员和327名旅客、由卡拉奇—兰州经停成都的国航CA1946朝圣包机飞行途中一名74岁的男性乘客突然死亡，请求检疫部门指示”的报告后，迅速启动应急预案，及时正确地进行了相关处理，受到机场、航空公司等部门的好评。

【完善疫情疫病监测防控体系】 以抓好国际旅行卫生保健工作为突破口，建立联防联控体系，与地方卫生部门合作，在双流国际机场口岸和四川国际旅行卫生保健中心设立与地方卫生行政主管部门和疾控中心联网、可直达卫生部的“疾病监测信息管理报告系统”直报点，首家实现将口岸疫情疫病信息向国家质检总局和卫生部双向报送，完善了疫情疫病监测防控体系。

【推进国际旅行卫生保健工作】 四川局加强保健中心ISO9000质量管理体系和实验室ISO/IEC17025体系运行的管理工作，安装运行“国际旅行卫生保健中心管理系统”，用60多万元购进放射拍片透视一体机，使传染病监测体检工作逐步实现电子化办公。通过大规模的投入和有效管理，HIV抗体确认实验室以满分通过了中国性病艾滋病预防控制中心举行的HIV实验室能力验证，现在出国劳务人员中已检测出3例艾滋病感染者。

【监测控制，预防传染病传播】 办理签发了《国际旅行健康检查证明书》15282份、《艾滋病报告单》1082份、《国际旅行预防接种证明》19601份、《预防接种禁忌证明》269份、《境外人员体格检查记录证明》1676份、为留学人员填制各类专用外文健康体检、预防接种表格403份。配合公安部门依法遣返境外梅毒患者1人。

【防范外来有害生物入侵】 通过强化进口动物产品加工厂的监管，实施进境动植物检疫审批管理制度和网上申请批准制度，推行进口货物木质包装国际检疫标准，提高有害生物的截获和检出率。口岸部门在检疫940批木质包装中就检出不合格产品65批，捕获蚊类成、幼虫3659只；旅检现场共截获332批、1185公斤国家禁止入境的旅客携带物；四川局在进境植物及产品中多次检出包括穿刺短体线虫、根结线虫等国家禁止进境的有害生物。

【严格考核健全管理体系】 四川局严格“两证”考核，加强认证认可体系建设，完善企业自检体系，从源头上促进企业产品质量稳定。到11月，共受理了出口质量许可申请10家，考核发证10

家；接受卫生注册申请 84 家、卫生登记申请 43 家、考核发证 122 家，考核不合格卫生注册登记企业 5 家，取消卫生注册登记企业 29 家。从源头上帮扶企业提高管理水平，提高生产质量。全年共认证评审企业 321 家，其中：ISO9000 认证企业 286 家，ISO14000 认证企业 13 家，OHSMS18000 认证企业 3 家，HACCP 认证企业 8 家，两标一体认证 2 家，三标一体认证 6 家；监审与复审换证企业 1140 家。

【推进基地建设】 关口前移，加大对已建立的生猪养殖基地和蘑菇、芦笋、青刀豆等种植基地的指导和管理，严格实施药兽残和疫情监控，推广和规范种养殖技术，切实加强养殖基地和药兽残留控制“两个体系”建设，重点对各类出口农产品种植基地和养殖基地进行“公司+基地”的标准化管理，从源头上控制了出口农产品的质量。通过总结出口农产品种养植基地备案管理的工作经验，成功开发出了《出口农产品种植基地备案管理系统》、《出口肉用猪饲养场备案管理系统》等软件，实现了对出口农产品种养植基地备案管理统一模式、统一标准，解决了因四川出口农产品种养植基地点多面广与检验检疫监管力量不足的矛盾，提高了检验检疫部门前期备案考核和后期现场监管的到位和时效。

【完善企业药兽残留物监控体系】 加强对出口备案养殖场的监督和技术指导，督促企业完善卫生管理制度，严格落实防疫、消毒、用药用料记录，强化工厂收购环节和屠宰加工过程的监督管理，确保产品质量。经四川局指导的阿坝州红原牦牛乳业公司获得了四川省第一张乳制品类卫生注册证书，成为四川首家有资格生产出口乳制品的生产企业。

【成功破解欧盟蜂产品技术壁垒】 为确保南宝公司的蜂产品能顺利出口欧盟，四川局人员往返数十次到南宝公司，从源头管理、生产过程、产品检测等方面进行全过程技术指导、严格把关，成功破解欧盟蜂产品技术壁垒，使南宝公司成为首家获准恢复向欧盟出口蜂产品的企业。

【轻纺产品顺利出口欧盟】 针对国外丝类轻纺产品技术壁垒越来越严，以及四川丝类轻纺产品出口贸易结构优化调整的严峻形势和挑战，四川局制定了《近期轻纺类产品检验监管工作总体目标和具体安排》，逐步形成了技术力量扎实、竞争力强、服务到位、通关便捷的检验监管模式，有效地推动了四川轻纺产品出口。截至 11 月，全川轻纺产品进出口达 4505 批，货值 19860.68 万美元，归费收入 255.85 万元，与上年同比分别增加 14.5%、21.63%和 20.86%。

【蔬菜罐头食品挺进加拿大市场】 在四川局的严密监管和技术指导下，四川美宁、金鹏、兰田等食品公司生产的出口低酸性蔬菜罐头食品获加拿大注册，成功登陆加拿大市场。由于四川局长期坚持以质取胜的战略，特别是长期坚持对企业的技术指导、帮助和有效监管，在 11 月份，尽管我国部分地区输韩泡菜被检出寄生虫和农残等问题，但四川省出口的这类产品未出现任何质量问题。

【出台十条促进出口措施】 先后组织四次重点出口企业座谈会，倾听企业的呼声，解决其实际困难。通过深入企业调研和与企业的座谈交流，结合检验检疫相关法律、法规、政策依据，制定了“优化服务，缩短审核周期，实施分类管理，加快绿色通道建设，扩大快速核放系统应用，加大执法稽查工作力度”等十条促进出口措施。落实四川省委、省政府“千方百计扩大出口”的指示精神，四川局主动加强与外贸企业、生产厂家的沟通，切实加强“检、贸、企”三方合作。

【为政府出谋划策】 针对四川茶叶、蘑菇等优势产品的出口现状、存在的问题、发展前景以及如何扩大出口等相关问题，对如何多部门协作健全农残、兽残等监控体制等问题，撰写了《关于全省猪肉出口有关情况的紧急报告》等多份具有建设性意见的专题报告，引起了省委、省政府的高度重视，省长张中伟、副书记陶武先、陈文光、副省长黄小祥等多位省领导做了重要批示。通过为政府出谋划策，通过政府相关部门的通力合作，农兽药市场得到有效的清理，动物疫情防控体系和农兽残监控体系得到进一步完善。

【深化监管模式改革提高监管效率】 对39家企业实施了一类管理，对43家企业实行了二类管理，对17家企业实施了绿色通道制度。通过开展大量艰苦细致的工作，四川长虹公司十多个产品获得国家质检总局出口免验证书，填补了西部地区出口免验的空白。加强“大通关”建设，稳步扩大“快速核放系统”的应用。2005年，全省共有43家企业开通了“快速核放”通道，涉及机电、化矿、纺织等200余种商品，占全川一、二类企业的41.4%，位居西南之首，快速核放的签证量也从上年底的65份猛增至1727份。

【加大科技投入组织科研攻关】 抓住科技创新和成果转化两个重点，组织开展对出口产品标准化生产体系的建立和监管模式的研究。共向国家局申报了9项科研和6项制修订标准项目，最终获国家局下达由四川局独立承担的科研及制标项目各1项，合作完成的科研项目1项、制标项目6项；四川局还自行组织下达了科研计划8项，制标计划5项。四川局《四川地区实蝇区系动态监测研究》、《山葵主要病害及其防治技术研究》2项成果获国家质检总局的成果登记，并已完成向国家质检总局2005年度“科技兴检奖”推荐工作。

【提高硬件支持加强实验室建设】 从美国购置了价值320万元的超微量液质仪和价值60万元的液相色谱仪，缓解了四川农产品残留监控和出口检测急需；更新了新型丝检仪器设备24台套，改造了微生物无菌室。为了使实验室更有效地为检验检疫工作服务，四川局对全川的实验室进行了充分调研，着手将纺织、包装以及南充、内江、泸州、绵阳等分支局的各类实验室进行有效的整合，有效地提升四川检验检疫系统的技术保障能力。

（曾海西）

四川口岸大事记

1月4日

省政府口岸办全体同志向印度洋海啸灾区捐款。

1月6日

口岸系统一季度领导同志联席会议在省政府210会议室召开。会议由李毅主任主持。

四川省人民政府黄小祥副省长到省公安边防总队慰问官兵。

2月9日

省政府口岸办公室主任李毅、副主任王建中会同成都海关、四川出入境检验检疫局、省公安边防总队领导同志到成都航空口岸慰问现场工作人员。

2月20日

国务院副总理曾培炎从成都航空口岸出境进行国事访问。

2005年四川出入境检验检疫局业务统计表

	批次	金额（万美元）	检验检疫不合格		种类数	货物通关		出入境人员查验（人员）	健康检查及预防接种（人次）				交通工具			集装箱（个）	
			批次	金额（万美元）		批次	金额（万美元）		健康检查	爱滋病监测	发现病例	预防接种	火车（节）	汽车（辆）	飞机（架）	合计	检出问题
合计	59314	319222	276	1378	5	19010	11975	577100	16014	16241	3417	–	17382	13	5496	9484	47
出境	44641	202244	131	642		3767	20010	286537	14684	14684	3412	–	17382	13	2765	668	19
入境	14673	116979	145	736	5	15243	99765	290563	1330	1557	5	–	—	—	2731	8816	28

2 月 26 日

省政府口岸办公室李毅主任参加韩国驻成都总领事馆开馆仪式。

3 月 17 日

海关总署办公厅副主任罗文金来川与省政府杨志文副省长交换有关九黄机场开设航空口岸意见。

3 月 24 日

成都海关关长裘希、总署加贸司副司长孙群参加由国务委员陈至立在绵阳主持召开的绵阳科技城建设部际协调小组第七次会议。

四川省公安边防总队在公安部边防管理局召开的信息化工作会议上被评为信息化先进单位。

4 月 7 日

二季度口岸系统领导同志联席会议在省政府 210 会议室召开。会议由李毅主任主持。

4 月 12 日

泰国东方航空公司开通曼谷至成都定期航班。

4 月 13 日

四川省公安厅厅长曾省权到省公安边防总队视察并慰问广大官兵。

泰国诗琳通公主从成都航空口岸出境回国。

新加坡发展计划部部长马宝山从成都航空口岸入境对四川进行访问。

4 月 14 日

省政府口岸办公室李毅主任陪同省政府张中伟省长会见新加坡国家发展计划部马宝山部长。

4 月 20 日

四川出入境检验检疫局副局长赵英豪随黄小祥副省长赴遂宁市进行工作调研。

4 月 18—20 日

省政府口岸办公室李毅主任、屈晓华副主任到天津参加由天津市政府口岸管理办公室牵头举办的 12 个省（自治区、直辖市）等领导同志“跨区域口岸合作会”，并签署《天津议定书》。

4 月 28 日

国家质检总局通关司张进良副司长一行来四川局就地理标识工作开展调研，四川局副局长赵英豪陪同。

5 月 25 日

省政府口岸办公室召开东方航空公司、南方航空公司开通成都至境外新的国际航班协调会。会议由李毅主任主持。

5 月 31 日—6 月 2 日

中国—东盟海关风险管理及稽查研讨会在成都成功召开，来自东盟十国和世界海关组织的官员和专家共 40 余人参加会议。

6 月 2 日

省政府口岸办公室李毅主任率口岸查验、机场等部门同志到广州新白云机场考察。

6月11日—15日

马来西亚前最高元首苏丹殿下从成都航空口岸入出境。

6月22日

成都海关在机场海关召开进出境旅客申报制度改革新闻发布会，窦志民副关长出席会议。

6月22—23日

四川出入境检验检疫局局长王吉顺陪同四川省副省长黄小祥赴绵阳进行工作调研。

6月27日

海关总署驻上海特派办在成都主持召开长江流域七海关及企业转关运输调研座谈会。

6月28日

认监委政策与法律事务部袁俊明主任一行四人来川检查工作，四川局副局长赵英豪代表四川局汇报工作。

6月29日

成都海关刘国光副关长代表四川省打私办签署《泛珠三角区域反走私合作协议》。

6月30日

全省口岸办主任会议在成都召开，会议由省政府口岸办公室主任李毅同志主持。

7月4日

三季度口岸系统领导同志联席会议在省政府210会议室召开。会议由李毅主任主持。

7月11日

省政府黄小祥副省长主持召开“如何发挥成都航空口岸枢纽作用、搞好泸州水运口岸建设”的会议。

7月13日

成都海关与广东分署、广州海关、深圳海关联合举办“多点报关、口岸验放”、“海铁联运”项目推介会，肖力副关长出席会议。

7月14日

成都海关首票跨关区“多点报关、口岸验放”货物试点成功。

7月18日

成都航空口岸新开通成都经上海前往洛杉机、温哥华、伦敦、巴黎、墨尔本、德里、悉尼七条航线。

7月24—26日

国家质检总局副局长葛志荣、党组成员夏红民一行6人出席在成都召开第二届泛珠三角区域合作与发展论坛暨经贸合作洽谈会。

7月25日

海关总署副署长、广东分署主任孙松璞出席在成都举行的第二届泛珠三角区域合作与发展论坛。

8月1日

国家质检总局副局长葛志荣、党组成员夏红民一行六人来川赴资阳、内江疫区调研，并与省委常委、省委秘书长郭永祥、副省长黄小祥就猪链球菌病疫情得到有效控制及如何使四川尽快恢复猪肉出口等问题交换意见。四川局局长王吉顺、副局长赵英豪、何俭陪同一同前往。

8月11日

四川省委副书记、省长张中伟，省委常委、省委秘书长郭永祥，副省长黄小祥亲临四川出入境检验检疫局检查指导工作，并代表四川省委、省政府感谢国家质检总局、四川局为促进四川外贸事业发展所做出的积极努力，尤其是在防控猪链球菌病疫情方面所做出的工作。四川局局长王吉顺代表四川局党组作工作汇报，副局长何俭、纪检组长李劲松出席汇报会。

8月16日

根据四川省政府的安排，四川局主持召开了全省出口猪肉重点企业座谈会，黄小祥副省长到会并讲话。受四川省政府的委托，王吉顺局长向重点出口企业提出了有关安全、卫生和质量的要求。会议由四川局副局长何俭主持，13个重点出口企业和疫区政府、卫生厅、畜牧厅、宣传部、成都各大媒体、国家认监委、中国国门时报社共60多人参加了会议。

8月18日

四川出入境检验检疫局副局长张祖昌陪同国家质检总局副局长蒲长城、执法监督司吴清海司长、科技司丁吉柱处长、杜跃军秘书一行4人赴南充、广安考察工作。

8月18—19日

质检系统信息会在成都召开，国家质检总局副局长蒲长城到会并讲话，四川局局长王吉顺、副局长赵英豪参会。

8月19—23日

四川出入境检验检疫局局长王吉顺随省委书记张学忠、省长张中伟等省领导赴山东、辽宁考察。

8月20—21日

国家认证认可监督委员会信息工作会在成都召开，认监委副主任孙大伟到会并讲话。四川出入境检验检疫局局长王吉顺、副局长赵英豪参会。

8月23日

四川局副局长赵英豪会见成都美领馆行政领事张珍妮一行，并应其要求详细讲解了动植物及其产品进出境的相关法律法规要求。

8月25日—26日

全国十大边队卫士、一等功臣获得者——四川省公安边防总队司令部边检处处长张斗在公安部北京隆重召开的全国公安保卫战线英雄模范和立功集体代表大会上光荣地参加会议并受到党和国家领导人的亲切接见。

9月9日

成都海关互联网门户网站正式开通。

9月16日

成都海关关长裘希、副关长窦志民会见美国驻成都总领馆总领事岳雄飞先生。

9月25日—29日

韩国前总理李寿成从成都航空口岸入出境。

9月26日

南方航空公司正式开通从成都始发（经停广州）的6条国际航线。

9月29日

国际航空公司正式开通从成都始发（经停北京）的7条国际航线。

10月8日

成都海关圆满完成第六届中国花卉博览会监管任务。成都海关倪藻副关长陪同黄小祥副省长赴泸州调研水运口岸建设工作。

10月10日

四季度口岸系统领导同志联席会议在省政府210会议室召开。会议由李毅主任主持。

10月19日

泰王国前总理班汉·希巴阿差和该国素攀武里府府尹（省长）史蓬·提玛萨先生代表团从成都航空口岸入境。

10月24日

全国政协副主席董建华及夫人从成都航空口岸入出境回港。

10月25日

李克农副署长代表海关总署、黄小祥副省长代表四川省政府在总署签署《合作建设四川电子口岸备忘录》。

10月26日

国家质检总局党组书记李传卿、党组成员宋明昌一行9人到四川局检查指导工作。工作组与处以上领导干部合影，听取了四川局党组的工作汇报，参加了机关职工大会，李传卿书记作了重要讲话，工作组还详细检查了四川局党风廉政建设责任制落实情况，对四川局的工作给予了充分的肯定和较高的评价。此外，26日下午，李传卿书记一行还出席了“长虹彩电出口免验颁证授牌”仪式，李传卿书记亲自授牌、颁证并讲话，省委常委、副书记甘道明到会致辞。

10月28日

海关总署以署人发［2005］417号文批复宜宾办事处开关，内设办公室、综合业务科、监管科。

10月25日—28日

泰国王姐甘拉娅尼·瓦塔娜从成都航空口岸入出境回国。

10月28日

台湾国民党前主席连战携夫人来川访问后从成都航空口岸出境返回台湾。

11月3日

中共中央委员、中共四川省委书记张学忠同志等在宜宾为成都海关驻宜宾办事处正式挂牌剪彩。

11月4日—6日

中国保税区出口加工区协会会长甄朴在绵阳调研。

11月4日

泰王国副总理颂齐从成都航空口岸入境对四川进行友好访问。

11月10日

省政府黄小祥副省长主持召开成都双流国际机场创建国际卫生机场会议。

11月18日

四川电子口岸平台正式建成并上线运行。

11月22日

省政府口岸办公室主任李毅同志在省政府210会议室召开征求中外航空公司意见座谈会。

11月22—24日

四川出入境检验检疫局副局长何俭随黄小祥副省长赴浙江省出席“川浙生猪产业对接会”。

12月7日

全省口岸办主任会议在成都召开，会议由省政府口岸办公室主任李毅同志主持。

12月22日

省政府口岸办公室李毅主任陪同省政府黄小祥副省长会见大韩航空公司中国区总经理。

12月30日

四川出入境检验检疫局驻宜宾办事处成立，四川省副省长黄小祥等领导同志出席成立暨挂牌仪式。

重庆口岸工作综述

2005 年，重庆市人民政府口岸管理办公室在市委、市政府的领导下，按照“三个代表”重要思想的要求和市委、市政府的工作部署，全面落实科学发展观，开拓进取，锐意创新，切实加强了口岸管理职能和“大通关”建设，积极加快口岸基础设施建设，做好国际航线的扩展及引进航空公司等大量工作，努力改善口岸运行环境，缩短通关时间，降低通关成本，各项工作取得了显著成绩，充分发挥了口岸为对外交往和贸易服务的功能。

【概况】 2005 年，重庆市外向型经济发展继续呈强势增长，口岸出入境人数及进出口货物量较上年大幅攀升。海关监管进出口货物 153.7 万吨，进出口总值达 42.9 亿美元，分别增长 34.9%、11.3%；检验检疫局共检验出入境货物 37452 批，货值 20.4 亿美元，较上年同期批次增长 17.67%，货值增长 17.89%；边防共检查出入境航班 1583 架次，检查出入境人员 144088 人次，分别增长 20.7%和 15.3%，查获在控对象 1 人，处理其他违法违规 26 起 30 人次。重庆江北国际机场进出港人数达 605 万人次，同比增长 14%；进出港货物 11 万吨，同比增长 12%；国际航班出入境人数完成 20 万人次，出入境货物 5800 吨，同比分别增长 11%和 26%。水运口岸全年共运输进出口货物 395 万吨，进出口集装箱 15.3 万标箱，分别同比增长 73%、30%。其中，九龙坡港水运口岸 15.17 万标箱，增长 25.4%；万州港水运口岸 1355 标箱。重庆东站铁路口岸全年运输进出口货物 30 万吨，集装箱 458 标箱。

【加强口岸基础设施建设，口岸通过能力大幅提高】 江北国际机场扩建工程、九龙坡港集装箱码头技改工程、寸滩集装箱码头一期工程、万州港建设工程等重点项目建设完成，江北人和公路口岸、团结村铁路集装箱中心站相继开工。推进海航集团与市地产集团合资组建重庆航空公司。引进马来西亚金鹏货运开通重庆—吉隆坡航班，实现重庆航空货运零的突破。根据长江航道改善的情况和外贸发展的实际，大力发展大型集装箱运输船，增加运力，积极争取国家批准重庆市外贸集装箱在三峡船闸升限改造期间不翻坝。据统计，2005 年新增 31 艘集装箱船，增加箱位 5138 个，平均每艘船 165.74 箱，艘均箱位增加 49%，使口岸通过能力大幅提高。

【口岸信息化建设取得初步成效】 实现了重庆电子口岸开通。一是建立了重庆国际电子数据交换中心，实现了与上海口岸 EDI 数据交换和实时统计分析；二是口岸物流网顺利建成并投入使用；三是海关 H2000 系统和检验检疫 CIQ2000 系统覆盖重庆地区，实现了电子报关、报检和网上支付；四是港口、铁路、航空等口岸业主管理信息系统相继建成并投入使用；五是各口岸单位通关工作的科技含量和现代化水平不断提高，口岸管理能力增强。

【大通关建设稳步推进】 大通关建设取得成效，建立了以例会、联席会、联系会为主，多层次、多种形式的协调协作机制，重庆地区“内通关”建设迈上新台阶。建立健全与沿海、沿边口岸大通关协作机制，与山东青岛、广西凭祥、云南瑞丽、新疆乌鲁木齐建立陆路快速转关机制；与西安、成都、广州、上海建立了航空快速转关机制，区域性“外通关”建设初见成效。深化通关改革，简化转通关手续，全面推行风险管理，建立24小时通关、节假日预约通关、“5+2”工作日等制度以及出入境检验检疫电子申报、电子监管、电子放行“三电工程”全面展开，实现便利通关。

【降低口岸物流成本，拓展物流功能，促进国际货代企业做大做强】 启动《重庆水运收费通报质询制度》，取消九龙坡集装箱码头船舶运输综合货物代理及服务包干费、检验检疫进口空箱熏蒸费，暂停国际集装箱运输船监管保证金。其中仅取消船舶运输综合货物代理及服务包干费一项即减少支出900万元。千方百计开展口岸配套设施建设和完善出口加工区保税物流功能。积极开展“重庆外贸物流集成体系”课题研究，推行国际货代行业以“内联外引”为主要内容的对外开放经营理念，促进国际货代企业做大做强，年内民生、太平洋、美联三家货代企业进入中国国际货代企业百强。

【进一步强化内部管理，认真履行口岸职能，做好服务工作】 2005年重庆市口岸管理工作划入市外经贸委后，机构健全，人员编制增加。口岸办根据业务需要分设了水陆口岸处和航空口岸处，口岸职能得到增强。在市口岸领导小组的统一领导下，口岸管理部门积极发挥职能作用，提高服务质量，强化服务意识，加大协调力度，使口岸通关中的具体困难和问题能及时顺利地得到解决。一是进一步夯实口岸基础工作，扩大了口岸交流；二是进一步提升“关、检、港、贸”合作，扩大了口岸协作平台；三是积极推进“大通道”建设，努力提升重庆水、陆、空口岸的竞争力；四是提高口岸单位现代物流、出入境人员的服务水平、管理水平，进一步促进了口岸经济的发展，为重庆口岸改革进一步深化，创造了良好的环境，为重庆“十一五”口岸发展规划夯实了基础。

（重庆市人民政府口岸管理办公室）

重庆口岸查验单位工作综述

重庆海关

2005，重庆海关在总署党组的正确领导下，坚持以科学发展观统领工作全局，全面贯彻落实海关工作16字方针和队伍建设12字要求，加强把关服务能力建设，大力弘扬渝关文化精神，严管理、求绩效，谋发展、促和谐，圆满完成上台阶之年的各项工作任务，为重庆海关新一轮的建设和发展奠定了更坚实的基础。

【围绕税收“轴心”，综合治税格局初步形成】 积极应对税收工作面临的严峻形势，以提高征管质量水平为目标，转变职能管理方式，强化监控分析指导，狠抓重点涉税渠道，开展综合治税专项行动，提升征管整体合力，不断挖掘潜力，确保了应收尽收。全年税收净入库19.56亿元，比年度计划增收0.49亿元。其中，征收关税6.01亿元、进口环节税13.55亿元；通过归类、审价、稽查、打私等补税1820万元，创历史新高；全年应收尽收率达95.26%，一般贸易价格水平为1.02，税收征管质量保持较好；税费网上支付突破1.5亿元。审批减免关税和进口环节税10.22亿元，办理三峡库区自用物资进口退税622.8万元。

【推进综合治理，查缉走私能力明显增强】 主动适应职能充实调整的要求，充分依托海关业务信息系统，加强关警互动学习交流，提高分析发现案件线索的能力。积极立足调研把握重点，发挥情报先导作用，坚持以打促税，有针对性地部署实施了3次打私专项行动，始终保持打私高压态势，内外协作的综合治理格局进一步健全。全年共查获各类走私案件4起，案值3150万元，依法对走私犯罪嫌疑人采取强制措施15人（次）；查获行政违法案件84起，案值3000多万元。查获反动邪教宣传品3961件，进出口侵权货物案件1起。妥善处理了多年遗留的积案问题，完成了“11·8”案等涉案物资的后续清理及拍卖工作。向重庆中国三峡博物馆移交了被查缉没收的走私文物127件，有力地推动了全市打击三峡库区文物走私工作的开展，获得“文物卫士”的殊荣。

【突出整合创新，通关监管效能进一步加强】 按照“管得住、通得快”的要求，通关监管改革稳步实施，通关监管现场硬件设施条件进一步改善，监管工作的科技含量和现代化水平不断提高，以通关数据监控为基础、以运用风险管理为手段的通关监管运作模式逐步形成，与上海、南京、深圳等口岸海关的转关协作机制进一步完善。加工贸易企业联网监管工作取得突破，保税仓库全部实现电子账册联网核查。航空口岸旅客申报制度改革顺利推进。“关检合作协议”签署实施，实现了旅检现场“一机双屏”作业。调查职能调整顺利完成，规范企业进出口行为的力度加大，后续管理取得实质进展。全年共监管进出口货物153.7万吨，进出口总值达42.9亿美元，分别增长34.9%、11.3%，监管进出境旅客行李物品16.5万人（次）、进出口邮包及快件75.7万件，分别增长13.8%、36.3%；加工贸易备案金额达1.7亿美元，增长66.6%，完成了41份遗留手册的清理上报；发布风险信息36条，下达预定、预警式布控13条；稽查企业67家，查获率达25%，评定7家“红名单”企业和1家“黑名单”企业。

【发挥职能作用，统计分析工作成效突出】 统计工作综合运用执法评估、统计监督两种手段，突出统计分析，充分发挥统计预警监测、决策参考的辅助作用，加强统计工作力量，实行量化绩效管理，围绕口岸特色和重点进出口商品特点开展课题研究。全年编制《统计月刊》12期，向社会各界提供数据服务200多万条，采写统计分析文章104篇，有5篇次被重庆市委、市政府领导批示，获得地方党政领导的高度重视和赞赏。重庆海关被评为2005年度重庆市统计工作先进单位。

【强化科技效能，信息化建设水平明显提升】 科技强关的理念进一步深入人心，科技工作的统筹管理和服务保障能力得到进一步加强，H2000系统、风险管理平台稳定运行，信息系统安全运行管理机制初步建立。政务信息化建设步伐加快，启用了自行开发的辅助办公系统和图文采编系统，组织完成了海关政务办公系统（HB2004）的推广应用，建立了重庆海关互联网门户网站，开通了网上咨询“通关110”，启用了政策法规短信发布平台，为关企互动搭建了便捷的渠道，政务信息化建设走在了前列。大力推进重庆“电子口岸”建设，开通重庆电子口岸网站，集成了口岸信息发布系统，推出了网上支付、出口退税等8个应用项目，入网企业1420家，尤其在长江多式联运及江海互联互通系统建设、外轮理货应用处理系统建设等项目上取得了突破，体现了独有的西部特色。

【注重法律指引，依法行政的能力有新的提高】 围绕贯彻实施《全面推进依法行政实施纲要》，扎实开展关区行政许可及业务执法检查，通过参数维护、复议诉讼、驻点工作等强化法规与业务的融合。监管、税收、风险、统计等部门创办多种业务分类指导载体，进一步加强了规范关区业务执法工作的力度。组织举办了关区法律知识考试、“4·26”知识产权宣传周、“12·4”法制宣传日等系列教育宣传活动，圆满完成了“四五”普法工作，获得了2005年度重庆市政府法制工作先进单位。全年清理规范性文件40个，更新创设通关参数400余条，行政应诉1起。

【统筹政治工作，先进性教育活动获得显著成效】 根据总署的统一部署，开展了以“居安思危、永不懈怠、把好国门”为主题的保持共产党员先进性教育活动，注重把教育活动与推动海关改革建设相结合，与学习红其拉甫海关艰苦奋斗的精神相结合，与弘扬红岩精神“八个一”活动相结合，与转变工作作风相结合，切实加强机关党建。党员干部处处以身作则，自觉参加理论学习，带头查摆问题，提炼出具有时代特征、渝关特色的党员先进性标准，切实将活动成果体现在整改中，落实在行动上，使全关党员干部队伍素质全面提高，领导班子建设得到明显加强。通过社会问卷调查，社会、企业对重庆海关各项工作给予了充分肯定和好评，满意率达98.6%。

【狠抓文明创建，准军事化试点工作取得积极成果】 认真开展以“挖掘内涵、规范管理”为内容的准军事化试点工作，因地制宜地采取典型示范、逐步展开的推进方式，坚持从日常仪表仪容、礼节礼貌、内务卫生等点滴抓起，建立纠察制度，组织全员军训，举行会操表演，不断探索和深化准军事化试点工作的内涵，努力培养全员“统一、规范、严格、高效”的准军事化素养，促进队伍把关服务能力的提高，为创建内陆一流海关提供了坚强的思想、政治和组织保障。大力开展以“爱岗敬业、公正执法、高效服务、文明廉洁”为内容的基层文明创建活动，“青年文明号”的创建工作继续保持亮点，群众性文娱文化生活丰富多彩。经全关上下的共同努力，获得市级“文明单位”和“模范职工之家”荣誉称号。

【加强监督制约，惩治和预防腐败体系开始建立】 进一步完善细化了党风廉政建设责任制，推进基层党风廉政建设试点，突出抓好领导干部廉洁自律，切实做好干部任前廉政核查以及任前谈话、廉政谈话和诫勉谈话。继续深入贯彻执行“海关人员6项禁令”和“重庆海关8项禁令”等廉政规定，将治理送收“红包”作为纠风工作的重点，加大关务公开力度，与企业签订《协作配合共建廉洁海关备忘录》。探索建立基层长效内控机制，推行特派员业务现场巡查制，狠抓督察审计和执法监察，规范基层执法行为，降低廉政风险。全年共收到信访、举报、投诉9起，其中对1起违反财经纪律案件进行了立案调查，并对责任人进行了政纪处理。

【提升服务内涵，促进地方经济发展有新成效】 组织赴老少边穷地区开展促进外向型经济发展等工作调研，重视海关支持西部大开发的前瞻性政研工作。为支持重庆北部新区的建设发展，完成了开发区海关南区北移工作。为支持地方重点项目建设，推行了“1+3”工作协作机制。为确保口岸物流通畅，各口岸监管现场普遍实行了“5+2”工作制和24小时预约通关制。积极争取重庆作为西部地区第一个进口汽车成套散件的定点通关口岸。促成最大的进口散装沥青专用仓库落户三峡库区。全力支持重庆空港采取“经停”方式开通9条国际航线。积极采取措施应对高致病性禽流感等疫情。优质高效地为第五届亚太城市市长峰会等全市重大对外交往活动提供通关便利，充分展示了国门卫士的风采。

重庆海关 2005 年工作量统计表

类别		工作量 2004 年	工作量 2005 年	单位	比上年同期增长（%）
进出口货物		113.9	153.7	万吨	34.9
其中	进口	52.3	75.5	万吨	44.3
	出口	61.6	78.2	万吨	26.9
进出口货物总值		27.4	31.4	亿美元	14.5
其中	进口	15.6	14.9	亿美元	-4.5
	出口	11.8	16.5	亿美元	39.6
进出境旅客		14.5	16.5	万人次	13.8
邮递物品		1.8	2.0	万件	10.3
印刷品和音像制品		42.0	66.8	万件 / 盘	58.8
邮政快件		4.4	6.9	万件	57.1
征税税款		24.6	19.6	亿元	-20.5
其中	征收关税	8.8	6.0	亿元	-31.8
	进口环节税	15.8	13.6	亿元	-13.9
减免税总额		10.6	10.2	亿元	-3.8
加工贸易备案合同数		275	393	个	42.9
加工贸易备案合同金额		10495	17485	万美元	66.6

重庆公安边防总队

2005 年，重庆公安边防总队以“三个代表”重要思想为指导，认真贯彻落实党的十六届五中全会精神和部局党委扩大会议精神，着眼党委班子和队伍建设，抓好保持共产党员先进性教育，围绕“三个第一”思想，扎实开展“两项活动”，不断提高边防工作能力和水平，不断推动部队全面建设向前发展，确保了各项任务的圆满完成和部队的安全稳定。2005 年，共检查出入境航班 1583 架次，检查出入境人员 144088 人次，分别增长 20.7%和 15.3 %；查获在控对象 1 人，处理其他违法违规 26 起 30 人次。

【以先进性教育活动为主线，进一步规范了思想政治教育】 组织广大官兵扎实开展了以实践“三个代表”重要思想为主要内容的保持共产党员先进性教育活动。政治部精心谋划、认真组织了学习动员、分析评议和整改提高各阶段活动，建立了总队先进性教育活动网页，营造教育氛围，扩大教育声势，不断创新丰富教育手段，通过扎实开展先进性教育活动、总队党员的思想认识发生了很大的变化，党员意识明显增强，党组织建设得到进一步加强，有力地促进了以执勤执法为中心的各项公安边防保卫任务的完成。总队先进性教育活动得到了部局督导组的肯定，有关经验材料被部队先进性教育活动简报予以转载。

【以完善机制为重点，着力推进了队伍管理长效机制建设】 不断加强对干部的培训教育，促进干部队伍整体素质和工作能力全面提高。通过民主推荐，党委研究，先后确定并选送了3批7人参加初级培训和正营职干部培训。启动“成才工程”，鼓励干部、士官进行在职学习，不断提高干部队伍的整体素质和核心竞争力，干部的文化结构更趋合理，整体文化层次、综合素质和业务技能进一步提高，工作能力不断加强。继续对干部选拔任用工作进行探索，进一步推行公开选拔、竞争上岗制度，营造出了人尽其才、才尽其用、充满活力的工作氛围。

【以确保部队纯洁稳定为目标，不断加大了党风廉政建设】 深入学习落实《建立健全教育、制度、监督并重的惩治和预防腐败体系实施纲要》，坚持党委统一领导，纪委组织协调，部门各司其职，形成反腐倡廉工作的整体合力。继续深化完善纪检监督力量整合工作，完善有关制度规定，探索行之有效的监督力量运作模式，充分发挥纪检监督的职能作用。加大纪检监督工作力度，抓好重点人、重点环节、重要部位的案件预防和事故预防工作，强化执勤执法工作监督。认真落实“大接访”工作，切实纠正部队信访问题不突出，无事可做的模糊认识，克服畏难、轻视、无所作为等错误思想和消极情绪。通过检查，没有多年积淀下来，未予解决的涉法涉诉案件，没有严重伤害群众感情、侵害群众利益，仍未得到妥善处理的信访问题。

【深入开展“三访四见”活动，实践执法为民新要求】 深入走访市政府、联检单位、航空公司和旅行社，广泛征求对总队的工作意见，共收集旅客、航空公司和旅行社意见200余条。主动建立协调联系沟通机制，积极为航空公司和旅行社等服务企业排忧解难。特别是针对各航空公司提出的公务机检查和旅行社提出的报检审批等问题，迅速提出了解决方案。在机场联检厅设立了“三访四见”服务台，发放“三访四见”活动意见征集表，现场征求旅客对边检工作的意见，为有困难的旅客及时提供出入境帮助，受到了旅客的一致好评。研究推出了服务重庆市对外开放和经济建设的三十条便民利民新举措,为出入境旅客、航空公司、旅行社和政府提供更加全面、优质的服务。目前开通旅游团名单网上预报检系统等便民利民举措正得到全面的落实,受到了社会各界的广泛欢迎。特别是在第五届亚太城市市长峰会召开前，总队超前谋划，主动作为，充分准备，采取多项措施，在执勤现场开设亚太市长峰会代表出入境边防检查通道，制作亚太市长峰会专用通道指示牌，设立“共产党员先锋岗”，抽调业务精、外语水平高、处理问题能力强的检查员担任与会代表的现场引导和边防检查任务。共验放了43批次来自近30个国家和地区的峰会代表及记者315人次，圆满完成了各项工作任务，确保了峰会的安全，受到了重庆市公安局的通令嘉奖。

【努力搞好边检现场改造，大力改善口岸通关环境】 以江北机场国际候机楼边检现场的改造工作为契机，进一步加强各种硬件设施建设,大力改善口岸通关环境。在现场改造过程中，总队积极争取民航西南管理局的大力支持,压缩了其他联检单位的检查场地及办公用房面积，将边检通道由13条增加到24条，出入、过境候检区域由500多平方米扩大为3000多平方米，彻底改变了过去边检通道少、候检区域狭小的状况。同时增加了证研室、值班室、监控室、备勤室等10间执勤用房，弥补了执勤硬件设施存在的诸多功能性不足。经过艰苦细致的沟通协调工作，争取到有关部门无偿为总队提供了多项执勤设施设备，共节约建设经费100余万元。投入30余万元，建设了边检现场远程监控系统，改变了总队边检执勤无监控的历史，实现了总队领导远程勤务监督、研判各种执勤问题、现场调查取证等多项功能。

【积极开展业务练兵，推进业务管理制度化】 在上年大练兵的基础上，继续深入贯彻大练兵的指导思想，进一步狠抓业务培训工作，对业务练兵标准进行了大幅度的修订。分别组织了两期新检查员基础业务培训班，共有14名新检查员参加了培训，集中授课达100小时。目前14名检查员已全部通过培训考核。组织培训了新的《出入境边防检查勤务规范》并进行了考核；特别是针对处以上领导干部进行了新勤务规范的培训，强化了领导干部处理勤务问题的能力。开展业务技能练兵,计算机五笔录入、卡片录入、繁体字识别和伪假证照识别训练经常化,练兵效果明显提高。大力开展业务研讨，每月组织一次由科长参加的小型业务讨论会，对勤务工作中发现的新情况、新问题提出处理意见。结合新的边检信息系统特点，研究制定了新系统推广建设应用方案，同时改革勤务运作模式,整合现有检查力量，提出布查控改革、勤务值班管理和人员配置方案，专门履行证件研究、行政案件处理、现场勤务监控、勤务值班等职能，增强业务管理效能，提高工作效率,为明年新系统的顺利开通使用打下了坚实的基础。

【狠抓了正规化管理和安全防事故工作，部队管理稳步推进】 严格落实了单身干部、士官留营住宿以及单身干部早操、点名和请销假制度，规范了部队的日常生活秩序。开展条令条例学习月活动和“查隐患、堵漏洞、严作风、保安全”的教育整顿，形成了一种人人讲条令、事事用条令的良好氛围。每日派出督察对出入营门人员警容着装、部队内务环境卫生、安全管理等进行检查督察，发现问题立即通报批评，纠正了出入营门人员着装不整、请销假不严格等问题。落实安全防事故各项工作制度和措施。两级安防机构定期分析形势，抓住“五个环节”，查找隐患，堵塞漏洞，杜绝了事故发生。尤其注重抓好“五条禁令”的严格执行，官兵未发生违反“五条禁令”的情况。注重抓执勤制度和执法程序的规范和落实，减少了执勤差错，杜绝了执勤事故。全面落实车、枪、章、弹的使用、保养及管理规定。全年实现了“三无”工作目标。

重庆出入境检验检疫局

在国家质检总局党组的正确领导下，重庆局以邓小平理论和“三个代表”重要思想为指导，认真贯彻党的十六届四中、五中全会精神，将科学发展观贯穿检验检疫工作始终，按照总局的工作部署和要求，坚持以服务经济、促进发展为中心，加强把关服务能力建设，深入开展共产党员先进性教育活动，狠抓基础管理建设和精神文明建设、党风廉政建设，各项工作取得新成绩，为地方经济增长和社会进步做出了新贡献。

【检验检疫行政执法工作取得好成绩】 在各项工作任务十分繁重的情况下，全局干部职工严格执行各项法律法规，较好地完成了检验检疫工作任务。1–12月，全局共检验检疫出入境货物37452批，货值20.4亿美元，较上年同期批次增长17.67%，货值增长17.89%。其中，出境32235批，货值15.4亿美元，进境5217批，货值5亿美元，发现不合格出入境货物58批，货值614万美元。检疫集装箱96329箱，较上年同期增长25.35%；飞机1583架次，较上年同期增长14.71%;进出境邮递快件28391件，较上年同期增长约300%。查验出入境人员142768人次，较上年同期增长17.41%。实施健康检查5014人次，艾滋病监测6218人次，预防接种9467人次，检出3例艾滋病感染者、25例性病感染者、286例乙肝病毒携带者、1例肺结核患者。在进境邮件中截获禁止进境物32批次。在货物和集装箱及木质包装检疫查验中，截获滑刃线虫、活体线虫等多种检疫害虫16种，67种次。通过卓有成效的检验检疫工作，切实维护了重庆的经济安全、动植物安全和人民健康。

【严守职责，确保国门安全成效明显】 积极应对苏丹红（一号）事件。对已报验的进口食品和进口食品原始检验记录进行排查，联合重庆市有关部门进行市场检查，加大技术攻关力度，开展出口食品生产企业添加剂和添加物使用情况的普查工作，未让一批问题产品走出国门。重庆局还以此为契机，加强和完善食品安全检验检疫管理体系，成立了食品安全监管工作领导小组，从抓好食品生产源头管理、严格食品出口生产企业的注册和监督管理、制定食品安全监管实施方案等方面，为建立健全食品安全工作的长效机制打下了基础。妥善处理猪链球菌病感染事件。采取加强对辖区出口肉类屠宰企业的监督管理，严格实施出口猪肉的驻厂兽医监管检验检疫制度，加强同地方兽医行政主管部门的协调配合，密切跟踪疫情动态等措施，加强防控猪链球菌II型病工作，在周边疫情十分危急的情况下，保证了重庆出口猪肉的卫生安全质量。全力做好高致病性禽流感防控工作。成立了高致病性禽流感防控工作领导小组，以高度的责任感和使命感投入工作。领导小组连续召开工作会议，部署落实重庆局的防控工作，制定了九项防控措施，提出了“5个到位”的工作要求。局领导到各分支机构、有关企业对防控的工作落实情况进行了检查。重庆市部分启动应急预案以来，严格按日报制度要求，每日向总局和市政府报告重庆局防控工作情况。目前重庆局的防控工作正紧张有序地进行。

【加强执法管理，依法行政水平进一步提高】 加强法制培训和宣传。以“四五”普法验收和新的《商检法实施条例》颁布实施为契机，加大法制宣传和培训力度。制定了全年法制培训学习计划，重点抓好行政许可法、公务员法、新条例的学习培训，强化全局干部、特别是领导干部的法律、法规学习考核，全局干部职工参加了重庆市普法考试。国务院通过新《商检法实施条例》后，重庆市派出业务骨干参加相关培训，制定了宣传、贯彻新条例的工作计划。在新条例实施前，同市人大财经委一道召开了重庆市《商检法实施条例》贯彻实施座谈会，向社会和出口生产经营企业提出了贯彻落实要求，先后在市电视台、电台、重庆日报、重庆经济报等新闻媒体上作了宣传报道。加强执法行为管理。对检验检疫工作原始记录等相关证稿、证书进行了统一规范。制定了一系列行政许可规范性文件，开展了对内执法稽查活动，在持证上岗、执法程序、业务规范审核、业务工作质量监督、过错责任追究和业务投诉处理等重点环节加强管理，进一步规范了执法行为，并顺利通过了总局行政许可执法检查小组的检查，受到检查组的充分肯定。按规范对检验检疫对象实施管理。按照新的管理规范要求，加强代理报检注册登记管理，清理整顿代理报检单位取得初步成果。完善口岸卫生除害处理工作规范，制定了口岸熏蒸场地的管理办法，按规定加强了口岸存储场地的管理。各业务部门通过召开动植物检验检疫工作会、机电轻工产品检验监管会等专业会议，分别就加强动植物产品、食品、机电产品、纺织产品、化矿产品的生产管理同外贸部门、生产企业进行了沟通，提出了要求。全年共开展对外执法稽查活动 17 次，先后发现违反检验检疫法律法规的违法企业 17 家，查处违法企业 16 家，有力地维护了重庆正常的检验检疫秩序。在实施的 16 起行政处罚中，没有一起引起行政复议。

【完善业务管理，检验检疫模式改革取得新进展】 组织对出境货物木质包装生产企业进行标识资格考核，顺利实现了出口货物木质包装检疫监管模式由“检疫处理+出证”向“检疫处理+标识”的转变。在充分的风险分析的基础上，对出口植物源性农产品实施了风险管理。在对出口肠衣和猪肉加工企业的管理中，紧紧抓住疫病管理、残留物管理，以建设出口企业卫生安全自控体系为中心环节，保证了出口产品卫生安全质量，进关顺利，客户满意。出口基地建设工作取得初步进展，辖区所有肉类加工企业都建立了自己的养殖基地，确定了首批 5 个出口花椒、茶叶、榨菜、蔬菜标准化植物产品出口基地，为从源头抓质量打下了基础。出口企业分类管理工作迈出新步伐。新的出口丝类商品分类管理办法在全市出口丝类商品企业中全面正式实施。改进出口丝类商品监管方式和工作流程，通过向企业下达年度监管工作计划，采取调样查验、现场查验等方式，加强了对出口丝类商品生产企业的日常监督管理。在出口机电生产企业进一步推广的分类管理方法，推进了检验监管工作的“前推后移”。检验检疫基础工作进一步加强。完善疫情监控体系，加大了实蝇监测的工作管理力度和诱集标本的分类鉴定力度，首次发现国家二类检疫对象，实蝇疫情监测取得重大突破。举办口岸医学媒介生物监测培训班，对各分支机构的人员进行现场培训，统一采购医学媒介生物监测器材，启动了口岸病媒生物监测计划。开展有毒有害物质的监控工作，完成各项抽样、检测工作，进一步摸清了重庆口岸出口动植物源性产品农残、药残等现状，为今后出口检验检疫工作和质量控制工作打下了坚实基础。

【积极推进“大通关”建设，确保口岸通关安全顺畅】 为推动“三电工程”的健康快速发展，安排了 700 余万资金用于网络建设，成立信息化安全领导小组，制定了 4 个网络管理办法，实现了内外网物理隔离，改造分支机构网络，加快了“三电”数据传输速度，系统也随着总局版本的升级进行了不断的升级维护，确保了 CIQ2000 系统在全局范围内安全、平稳、高效运行。全面推广电子报检，电子报检率基本达到 100%。全局转入转出电子转单 12396 批，金额 6.37 亿美元，没有 1 批因重庆局的原因耽误过企业的出口。继续加大“绿色通道”制度的实施力度。在确保重庆嘉陵集团等 6 家重点出口企业及时得到“绿色通道”通关便利的基础上，又初审通过了 8 家出口企业绿色通道资格申请。口岸部门合作进入规范化轨道。为贯彻落实《海关总署质检总局关于建立关检合作机制备忘录》的精神，同重庆海关签署了《建立关检合作机制推进“大通关”建设协议》，使重庆关检合作迈上了制度化、规范化的轨道，受到重庆市各有关政府部门和外贸企业的热烈欢迎。作为重庆电子口岸的成员单位，在与政府有关部门、口岸联检单位、机场、港口、运输等部门的协作中，积极参与了电子口岸建设活动，探索共同查验、共享信息的有效方法，待实施方案确定后就可开展后续工作。

【发挥职能优势，优化外贸发展环境】 为推进重庆外贸扩大出口，设立了出口摩托车检验监管工作专项，全力支持企业快速通关，推出了推进基地建设和种养殖场备案等 10 项服务措施、促进丝绸出口 4 项措施。为了更好的服务企业，局领导带队深入长安福特、涪陵榨菜集团、华陶瓷业、力帆等企业调研，广泛听取了企业对检验检疫工作的意见和建议，认真解决了企业在生产和进出口过程中遇到的困难。帮助企业提高质量管理水平。按照总局的要求，对所有的出口注册登记企业，严格开展定期监督检查，实行动态管理，通过现场检查等方式，发现问题并提出整改要求，消除工厂的卫生安全隐患，促进了工厂的卫生质量管理工作。配合出口丝绸的发展，对企业检验室、车间建设进行技术指导，为企业培训了管理人员、检验人员、报检员。推动出口食品生产企业建立 HACCP 体系，对 14 家企业进行了 HACCP 官方验证。开展对“零出口”县和上年被注销资格但希望恢复出口企业的帮扶工作，帮助被暂停出口资格的蓝星、宏吉等出口企业进行整改，对 49 家企业进行出口卫生注册登记考核，33 家企业获得卫生注册登记，16 家不符合规范要求的企业被注销证书。对涉及出口质量许可、备案登记的机电、包装、日用陶瓷等企业进行年审及复查换证工作，帮助 45 家企业获得各类出口质量许可、备案登记。完成了 ISO9000、ISO9002 等质量体系认证注册 96 家，监督审核 389 家，复审换证 137 家。在帮助重庆市丝绸企业应对印度反倾销调查的工作中，配合企业做好迎接印方反倾销调查的各项准备，帮助企业突破壁垒。出具外商投资财产价值鉴定证书 32 份，申报价格 1342 万美元，鉴定价值 1218 万美元，降值率为 9.26%，挽回经济损失 124 万美元，净化了重庆的投资环境。服务重庆长安福特二期扩建、摩托车检测项目等重点、大型工程，出具进口商品检验索赔证书 40 份，货值 118.5 万美元。加大普惠制原产地证书的宣传和实施力度，全年签发普惠制产地证书 9284 份，货值 4.5 亿美元，按平均减免关税 5%计算，重庆出口企业可获得关税减免 2250 万美元；落实中国—东盟自由贸易区原产地签证、曼谷协定，开拓了原产地工作新领域。

【坚持“科技兴检”战略，不断提高检验检疫技术实力】 实验室建设步伐加快。组织局各实验室开展计量认证/实验室认可“二合一”考核准备工作，卫生检疫实验室已通过“二合一”考核，技术中心实验室通过了现场评审。与深圳局签订协议，将其支援的 200 万资金用于实验室仪器设备的更新。在资金非常紧张的情况下，通过各种方式筹集了 1000 余万元资金用于提升检测能力，重点对艾滋病、结核病实验室、动物检疫、植物检疫检测设备加大投入，对保健中心和动物检疫实验室进行了改造。目前为止，重庆局共建立国家级重点实验室 1 个，区域中心实验室 8 个，设备近 600 台套，价值 2000 余万元人民币。科研工作取得新进展。科研课题“重庆市猪肉有毒有害物质本底调查、评估及对策研究”结题，其研究成果被纳入重庆市科技进步报告，从课题中摘取的信息受到市委书记黄镇东的重视，批示有关部门采取措施。重点科研计划项目《出口生皮宠物用品生产加工卫生质量的危害分析和关键控制点研究与应用》通过专家验收，制作双宫丝样照、食品中亚硫酸盐的测定——HPLC 法等科研项目进展顺利。围绕工作重点转移，结合重庆口岸及外贸进出口商品特点，年内又申报总局 2006 年科研计划项目 9 项，报市科委 3 项，申报总局 2005 年科研项目 5 项。目前，2 个科研项目、4 个行业标准制修订项目获准立项，《出口猪肉生产安全卫生控制技术研究及示范》项目获重庆市科委立项，作为重点科研项目，该项目总投入将达 130 万元人民币。检测能力进一步增强。各实验室新增食品中苏丹红及口蹄疫检测等 42 个检测项目，通过了认监委（CNAL）组织的食品中苏丹红一号、山梨酸、苯甲酸等 30 项能力验证，为应对苏丹红一号、防控禽流感等工作提供了有力的技术支撑。

贵州口岸工作综述

【口岸开放建设】 2005年9月，经国家验收组的验收，贵阳航空口岸正式扩大对外国籍飞机开放。贵阳航空口岸扩大对外国籍飞机开放是关系贵州省形象、促进贵州省社会经济进一步发展的一件大事，贵州省委、省政府十分重视，从2000年起，即责成相关部门和单位，积极做好贵阳航空口岸扩大对外国籍飞机开放前的各项准备工作。在国家“十五”期间口岸发展规划中明确将贵阳航空口岸列入扩大对外国籍飞机开放的口岸，2003年7月25日,国务院正式批复同意贵阳航空口岸扩大对外国籍飞机开放。

几年来，特别是国务院正式批复同意贵阳航空口岸扩大对外国籍飞机开放后，在贵州省政府的直接领导下，口岸联检部门和贵州省机场集团有限公司等有关单位积极落实迎接国家验收的各项准备工作。一是落实协调机构，专门成立了由贵州省政府副秘书长吴跃同志任组长的贵阳航空口岸扩大对外国籍飞机开放预验收工作领导小组，领导小组办公室设在贵州省人民政府口岸办公室。二是落实了资金，对机场口岸通道及办公环境进行调整改造，安装国际厅闭路电视监控系统，配备、更新相关设备设施，改善口岸配套设施服务功能。三是加强口岸软环境建设。各查验单位和机场集团公司抓紧强化口岸现场工作人员的素质培训，制订完善本单位口岸通关工作规范和管理制度，努力与国际通行做法接轨。四是积极协调口岸查验单位现场提出的用地、用房不能满足现场工作要求等问题。贵阳机场寸土寸金，用地极为紧张，在贵州省政府的大力支持下，贵州省政府口岸办积极协调，克服各种困难，最终解决了这些问题。经过努力，各项工作准备充分，2005年9月22日，贵阳航空口岸扩大对外国籍飞机开放通过验收，12月16日经民航总局批准正式扩大对外国籍飞机开放并更名为“贵阳龙洞堡国际机场”。

【口岸通关情况】 2005年，贵州省人民政府口岸办以提高口岸工作效率为目标，加快口岸基础设施建设，协调全省口岸综合管理工作，加强现场值班制度，及时研究解决问题，提高口岸货物通过能力及作业能力，实现统一行动，密切配合。各查验单位通过完善制度，提高业务水平，加强服务，在把好关的同时，努力为旅客提供一个快速便捷的通关环境。贵阳海关出台《贵阳海关通关作业流程调整方案》，进一步完善业务岗位职能，明晰职责分工与操作权限。按照泛珠三角地区海关区域通关合作的发展要求，推行“多点报关，机场验放”新型通关模式，实现“一次申报，一次检验，一次放行”。同时，业务监管部门增强服务意识，落实加快企业出口通关速度的具体措施。一是实行“首问负责制”，关员一旦接到企业咨询，即认真解答企业提出的问题，或指引其至相关部门解答；二是建立出口通关“快车道”，采取下厂验放、车边验放、优先验放、24小时全天候预约通关方式；三是采取“信用”管理方式，加大对诚实守信企业的扶持力度，对进出口记录、报关记录良好、无违法违规行为的企业实行便捷通关，出口货物主要根据企业的申报审核放行，通关现场一般不开箱查验；四是实行节假日预约通关制度；五是实行查验预约制度。通过内外配套改革，提高了通关速度，受到关区企业的好评。

贵州省公安边防总队通过转变工作观念，强化服务意识，创造优良的口岸通关环境。一是提高官兵执法为民的意识。通过“三访四见”活动的全面开展，让广大官兵将全心全意为人民服务的宗旨牢记于心，培养官兵为群众、弱势群体办好事、办实事的责任感，牢固树立边防检查部队心系群众、做人民子弟兵的新风尚，不断转变作风和思想观念，突出服务出入境旅客和地方经济发展的工作新思路。二是结合《公安机关窗口单位服务规定》的要求，结合部局开展的“三访四见”活动，真正落实“立警为公、执法为民”的思想。不断完善执勤现场的软硬件设施，营造方便快捷的口岸环境。制定实施各种便民措施，同时就出入境检查、口岸服务等内容进行加强、改进，并通过各类新闻媒体向社会宣传，向人民群众承诺、接受人民群众监督，反响强烈，得到社会各界的广泛好评。三是发挥口岸优势，拓宽服务渠道。利用处于口岸一线的有利条件，准确整理出入境数据，收集、分析相关信息，制作报送近十期《贵州边检信息》和《贵州公安工作》。强化对旅行社的指导和管理，通过通报国家最新的旅游政策、建立业务档案、开展领队业务培训、实行预报预检制度，提高中外旅游团队的通关速度。此外,在执勤现场设立宣传资料发放点，专门向出入境旅客发放各种有关贵州省旅游资源、人文地理、经济发展等方面的资料，对广大游客了解贵州起到了一定的作用，也为贵州省的招商引资做出了贡献。

贵州出入境检验检疫局根据《贵阳海关、贵州出入境检验检疫局联络协作机制》和《贵州出入境检验检疫局、贵州省商务厅联络协作机制》的有关规定，加强了与贵阳海关、贵州省商务厅等有关部门的协调联系，分别召开了协作会议，研究解决贵州进出口货物通关和外贸进出口工作中涉及检验检疫的有关事项。通过与贵阳海关的共同努力，于8月20日成功在机场口岸旅检现场实施了“一机双屏”的查验制度，大大方便了出入境旅客，提高了口岸通关速度和查验效率。与贵州省商务厅共同协调解决了出口货物木质包装的有关问题。

【口岸精神文明建设】 贵州口岸办坚持以邓小平理论、“三个代表”重要思想和党的十六大精神为指导，深入开展口岸精神文明建设，通过举办座谈会、联欢会，组织口岸查验单位和各相关单位郊游等多种形式的活动，丰富了口岸工作人员的业余生活，加强了口岸各单位的交流，增强了口岸工作的凝聚力，促进了口岸工作的开展。此外，各查验单位牢固树立国门意识，团结协作，以自身精神文明建设为基础，共建文明口岸为目标，通过多种形式的自建、共建活动，以自建带共建，共建促自建，树立了贵州良好的口岸形象。

【口岸客货运量】 2005年，通过航空贵阳口岸出入境的飞机288架次，同比增长13.39%，其中出境飞机145架次，同比增长16.94%，入境飞机143架次，同比增长10.00%；出入境人员26006人次，同比增长14.72%，其中出境12978人次，同比增长12.70%，入境13028人次，同比增长16.81%。

铁路货运进出口货运量为22112吨，同比下降11.09%，其中进口1643吨，同比下降21.8%，出口20469吨，同比减少10.1%。进出口货值为5011万美元，同比上升30.56%，其中进口货值2646万美元，同比上升41.80%，出口货值2365万美元，同比上升19.90%。

贵州口岸2005年度客货运量表

分类	口岸	航空口岸 数量	航空口岸 同比（±%）	货运口岸 数量	货运口岸 同比（±%）
出入境交通工具（架次、辆次）	总数	288	13.39	—	—
	出境	145	16.94	—	—
	入境	143	10.00	—	—
出入境人员（人次）	总数	26006	14.72	—	—
	出境	12978	12.70	—	—
	入境	13028	16.81	—	——
出入境货物（吨）	总数	67	—	22112	-11.09
	出境	25	-26.50	20469	-10.10
	入境	42	—	1643	-21.80
出入境货值（万美元）	总数	4548	-65.74	5011	30.56
	出境	2228	-69.00	2365	19.90
	入境	2320	-61.90	2646	41.80

贵州口岸查验单位工作综述

贵阳海关

【概述】 2005年，贵阳海关贯彻“依法行政、为国把关、服务经济、促进发展”的工作方针，支持地方外向型经济发展。2005年，贵阳海关共监管进出口转关运输货物12.93万吨，总值4.05亿美元，征收关税和进口环节税0.96亿元人民币，审批减免税1.63亿元人民币。注册备案经营企业181家，监管进出境旅客2.66万人（次），监管行李物品7.69万件。

【快速通关，支持地方经济发展】 2005年，贵阳海关出台《贵阳海关通关作业流程调整方案》，进一步完善业务岗位职能，明晰职责分工与操作权限。按照泛珠三角地区海关区域通关合作的发展要求，推行“多点报关，机场验放”新型通关模式，实现“一次申报，一次检验，一次放行”。同时，业务监管部门增强服务意识，落实加快企业出口通关速度的具体措施。一是实行“首问负责制”，关员一旦接到企业咨询，即认真解答企业提出的问题，或指引其至相关部门解答；二是建立出口通关"快车道",采取下厂验放、车边验放、优先验放、24小时全天候预约通关方式;三是采取"信用"管理方式,加大对诚实守信企业的扶持力度,对进出口记录、报关记录良好、无违法违规行为的企业实行便捷通关,出口货物主要根据企业的申报审核放行,通关现场一般不开箱查验;四是实行节假日预约通关制度;五是实行查验预约制度。贵阳海关通过内外配套改革,提高了通关速度,受到关区企业的好评。

【扩大加工贸易联网监管范围】 2005年,贵阳海关成立加工贸易联网监管推广领导小组,编写了《贵阳海关加工贸易联网监管宣传手册》,各业务部门相互配合,派员50人次到10家加工贸易企业调研,宣传加工贸易联网监管的便利,专门举办加工贸易联网监管推介会,邀请主力电器(贵阳)有限公司、贵州轮胎进出口公司等14家企业负责人及经办人参加。经过认真的推介和宣传,关区加工贸易企业对海关加工贸易管理的新政策、扶持企业发展的新举措等有了进一步的了解,一批加工贸易企业积极向海关申请实行加工贸易联网监管模式。经过资质考察与申报,目前,经海关总署批准,全省共有11家企业实行加工贸易联网监管。

【建立缉私、稽查合作机制,打击走私违法】 2005年,贵阳海关为了解决缉私、稽查工作的饱满程度不同,人力、物力资源利用不充分,行政成本偏高等问题,充分发挥刑事、行政、稽查等多种手段的作用,引导企业诚实守信、依法经营、规范自律,建立了缉私、稽查业务合作新机制,这在全国海关系统是首例。联合开展了完善和运用风险管理平台,推进重点企业海关联络员制度,利用稽查手段,规范企业进出口行为,预防和打击走私违法活动等工作。经过实践,初步实现了缉私、调查业务的优势互补、有机结合。2005年,贵阳海关行政案件立案6起,立案案值176万元;行政案件结案5起,结案案值2803万元;罚没金额20万元,补税649万元。

贵州省公安边防总队

【概述】 按照公安部边防局的部署,贵州省公安边防总队开展了以"访疾问难、访贫问苦、访外问弱,看见、愿见、想见、敢见"为主要内容的"三访四见"活动,并逐步进行了对广大出入境旅客、各联检单位及驻地群众的一系列走访,加强了军民联系,拉近了距离,赢得了社会各界的一致赞誉和支持。作为窗口服务单位,贵州省公安边防总队牢固树立服务地方经济建设的思想,紧跟贵州、贵阳对外开放经济发展的战略部署,立足边防检查主业,积极为地方招商引资,创造高效、便捷、和谐的口岸边检通关环境,受到了省、市领导、广大出入境旅客及社会各界的广泛好评,连续三年被贵阳市政府评为"服务外经贸先进单位"。

【严密查控,严防境内外敌对分子和不法分子内潜外逃】 贵州省公安边防总队认真落实《查控规范》,严密组织查控工作,确保了查控工作的顺利进行。在各类重大节假日、敏感时期加强对重点人员、重点航线的查控力度,完善《处置口岸突发事件预案》,并反复进行"处突"演练,严防境内外各类犯罪分子潜入潜出。加强了隔离区警戒工作,密切与民航、海关等有关部门联系,并结合口岸现场改造的契机,积极争取口岸办等各相关部门的支持,进一步完善执勤现场的封闭条件,充分发挥整体作战的优势,杜绝了漏查漏控事故的发生,确保了查控工作万无一失。

贵阳海关 2005 年 12 月业务量统计表

类 别	项 目	单 位	上月累计	本月统计	本月累计	比上年同期增长%
总值	进口	万美元	20949	4273	25222	-27.0
	出口	万美元	12089	3167	15256	-4.1
	合计	万美元	33038	7440	40478	6.5
货运	进口	吨	99347	3533	102880	—
	出口	吨	23835	2617	26452	-8.9
	合计	吨	123182	6150	129332	-4.2
运输工具	汽车	辆	775	30	805	-10.1
	火车	节	863	51	914	179.0
	飞机	架	1441	32	1473	90.9
集装箱	进口	箱次	698	39	737	0.5
	出口	箱次	616	26	642	11.7
	合计	箱次	1314	65	1379	5.4
税费	进口关税	万元	1902	101	2003	—
	出口关税	万元	48	4	52	-68.0
	环节税	万元	7327	309	7636	-24.4
关税、环节税合计		万元	9277	414	9691	—
保税行邮	办理加工贸易合同	个	181	9	190	—
	加工贸易审批	万美元	25618	4507	30125	-15.9
	到期合同	个	20	29	29	
	核销合同	个	147	32	179	38.8
	延期合同	个	59	9	68	—
	加工贸易补税	万元	829	25	854	32.4
	进出境人员	人次	24331	2266	26597	18.4
	进境	人次	12041	1133	13174	14.5
	出境	人次	12290	1133	13423	22.4
	监管行李物品	件	69655	7288	76943	12.0
	扣留退运物品	件	118	26	144	11.5

【严密勤务组织，严厉打击偷渡，维护口岸正常的出入境秩序】 认真落实《勤务规范》和《公安部打击边境地区违法犯罪活动暨反偷渡专项行动方案》，严密勤务组织，加大对口岸偷渡活动的打击力度，确保各项工作环环相扣。加大了业务培训力度，坚持每周学习和每月研讨的制度，突出针对性和实用性，确保研讨有专题，学习有目的，使业务培训真正满足工作的需要。

【口岸通关】 2005 年，贵州公安边防总队通过转变工作观念，强化服务意识，创造优良的口岸通关环境。

提高官兵执法为民的意识。通过“三访四见”活动的全面开展，让广大官兵将全心全意为人民服务的宗旨牢记于心，培养官兵为群众、弱势群体办好事、办实事的责任感，牢固树立边防检查部队心系群众、做人民子弟兵的新风尚，不断转变作风和思想观念，突出服务出入境旅客和地方经济发展的工作新思路。

结合《公安机关窗口单位服务规定》的要求，结合部局开展的“三访四见”活动，真正落实“立警为公、执法为民”的思想。一方面，根据年初部局下发的《公安机关窗口单位服务规定》的要求，明确执勤人员的岗位职责，要求做到 “热情服务、微笑服务”，在执勤科队之间进行“创优质服务”评比活动，在执勤现场定期进行旅客意见问卷调查，同时严格按照部局《边防检查站执勤现场规范化建设达标考证细则》，不断完善执勤现场软硬件设施，营造方便快捷的口岸环境。另一方面，在公安部推出便民服务三十条措施后，总队也根据工作实际，制定出台便民服务十二条措施，向广大出入境旅客、相关单位及驻地群众发放警民联系卡，将总队实施的便民措施及联系电话进行公布，同时就出入境检查、口岸服务等内容进行加强、改进，并通过各类新闻媒体向社会宣传，向人民群众承诺、接受人民群众的监督，反响强烈，得到社会各界的广泛好评。

发挥口岸优势，拓宽服务渠道。一是利用处于口岸一线的有利条件，准确整理出入境数据，收集、分析相关的信息，制作报送近十期《贵州边检信息》和《贵州公安工作》，向省、市党委、政府和有关部门反映口岸动态、特点和规律，为各级领导决策作参考。二是强化对旅行社的指导和管理，通过通报国家最新的旅游政策、建立业务档案、开展领队业务培训、实行预报预检制度，提高中外旅游团队的通关速度。三是在执勤现场设立宣传资料发放点，专门向出入境旅客发放各种有关贵州省旅游资源、人文地理、经济发展等方面的资料，对广大游客了解贵州起到了一定的作用，也为贵州省的招商引资做出了贡献。

【科技强警】 一是积极与电信、民航等单位协调、联系，严格按照标准搭建了口岸执勤现场至总队到部局的光纤专线，落实站领导报送数据、出入境数据即时传送、口岸封闭期间零数据报送的有关要求，确保出入境数据等信息、资料及时上传。二是将部局配发的文检仪和文检包及时配置到执勤现场，并对使用和证件的识别等基本操作在一线人员内进行全面培训，结合已装备扫描仪、多媒体电脑，有效提高了一线发现、比对、查堵伪假证件和对出入境证件资料的收集能力。三是在总队局域网和网站上，发布各种不涉密的业务文件、证件信息资料和人文地理知识，供各执勤业务科队和人员阅读、下载和使用，与业务培训内容相互补充、相得益彰，形成立体的业务培训、学习架构。

贵阳口岸2005年度边检数据

2003年，贵州省公安边防总队共检查贵阳至泰国、香港等国家和地区出入境旅客26006人次（出境12978人次、入境13028人次），其中内地因公296人次（出境108人次、入境188人次）、内地因私2983人次（出境1738人次、入境1245人次）、港澳同胞3788人次（出境1888人次、入境1900人次）、台湾同胞14818人次（出境7277人次、入境7541人次）、外国籍1975人次；员工2146人次（出境1080人次、入境1066人次）、航班288架次（出境145架次、入境143架次）。

贵州省出入境检验检疫局

【检验检疫业务】 2005年，贵州出入境检验检疫局按照“围绕一个中心，实施两个战略，增强四种能力，突出一个重点，提高五项水平”的工作思路，求真务实、开拓进取，改进服务方式、拓展服务渠道，千方百计促进外贸企业扩大出口，但由于国家实行了一系列宏观调控政策，如限制高能耗、高污染、资源性产品出口，提高电价，取消出口退税等，对贵州省的外贸出口影响非常大，因而检验检疫出入境货物货值同比有所减少。全年检验检疫出入境货物1.65万批次、货值8.36亿美元，同比批次增加了12.4%，货值减少了21.5%。共查验出入境航班291架次、出入境旅客25891人次，同比航班减少了16.9%、旅客增加了17.8%。全年共签发原产地证2802份，同比增加了14%，其中普惠制原产地证2182份，签证金额2.28亿美元，按平均可获减关税5%计算，可为贵州出口的产品获得1136.6万美元的普惠制关税优惠。同时，首次签发了中国—东盟自由贸易区优惠原产地证书20份，签证金额77.4万美元。

【采取措施，促进出口】 针对国家宏观调控政策对全省外贸出口的影响，各业务处室根据局下发的《贵州出入境检验检疫局服务贵州经济、促进外贸出口12条措施》（黔检[2004]1号），结合本部门监管的进出口产品情况，在2004年基础上修订和完善了本部门帮扶企业的各项措施，有计划地组织实施和落实。各业务处室结合实际，采取有效措施，将检验检疫监管前推后移，加强对出口产品的全过程监控，为扩大外贸出口起到了积极的促进作用。尽管受到国家宏观调控政策的严重影响，但经贵州出入境检验检疫局检验检疫的进出口货物批次没有出现大的滑坡，达到1.65万批次，同比增加了12.4%。根据《贵阳海关、贵州出入境检验检疫局联络协作机制》和《贵州出入境检验检疫局、贵州省商务厅联络协作机制》的有关规定，贵州出入境检验检疫局加强了与贵阳海关、贵州省商务厅等有关部门的协调联系，分别召开了协作会议，研究解决贵州进出口货物通关和外贸进出口工作中涉及检验检疫的有关事项。通过与贵阳海关的共同努力，于8月20日成功在机场口岸旅检现场实施了“一机双屏”的查验制度，大大方便了出入境旅客，提高了口岸的通关速度和查验效率。与贵州省商务厅共同协调解决了出口货物木质包装的有关问题。

【加强执法，严格把关】 按照国家质检总局的要求，会同贵州省质量技术监督局开展了“打击非法入境肉类专项行动”，全年共出动执法人员600余人次，共检查了55个冷库、87个肉类产品经销点的 173 吨各种入境肉类产品，货值达 230 万元人民币，对其中 51 吨、货值达 40 万元人民币的非法入境肉类产品进行了集中销毁处理，这是近年来查获非法入境肉类产品数量最大、销毁数量最多的一次。6 月份、8 月份、10 月份分别在来自日本、德国的货物木质包装中和来自意大利的货物纸质包装中截获条脊甲科、赤胸郭公虫、家白蚁等多种有害生物，其中家白蚁是首次截获，均按规定进行了处理。2005 年，共查处企业违法违规案件 2 起，分别按照有关法律法规进行了处罚，5 月份对遵义市大沙水产经营部擅自转移已被封存的 295 箱非法入境鸡爪进行了罚款 2.8 万元人民币的行政处罚。认真抓好入境流向业务的落实，跟踪、检查、督促有关单位报检。全年共收到口岸出入境检验检疫局转来的入境流向业务 122 单，已报检 86 单，涉及货值 3910 万美元，报检率为 71%。

【应对突发事件】 坚持口岸卫生检疫各项制度，认真安排好值班人员，进一步加强出入境航班、货物、人员及旅客携带物品的检疫查验。10 月 15 日，在一入境旅客没有进行申报的情况下，通过 X 光机检查，发现其行李箱内有疑似水果的物品，经开箱检查发现有台湾产火龙果等水果约 5 公斤，检验检疫人员及时进行了截留检疫，并对该旅客进行了宣传和教育。在开展健康体检的工作中，共检出传染性疾病 74 人次、非传染性疾病 358 人次，均按照有关规定进行了处理。为了加强热带病疫情监测力度，还与贵州省机场集团公司急救中心联合开展了“贵州人群登革热血清流行病学调查”。对贵州省兴义机场及与广西毗邻的村寨人群进行了登革热血清流行病学调查，共采集了血清标本和蚊媒标本 200 多份，通过实验室检验，初步了解了兴义机场及周边地区人群登革热感染及分布情况，为制定有效的预防控制方案提供科学依据，防止登革热的流行扩散和蔓延，为贵州省进一步开放和对外经济的持续发展提供切实可靠的保障。为支持贵阳机场创建国际卫生机场，在机场口岸加强了医学生物媒介本底调查，以及温度、相对湿度、风速、二氧化碳、一氧化碳及甲醛浓度、可吸入颗粒、空气细菌总数、噪声、照度等机场微小气候和环境质量指标监测等工作。

【科技与信息化建设】 一是实施科技兴检战略，加强实验室建设。传染病实验室通过 ISO/IEC17025 的年度审核，并通过贵州省临床检验中心组织的 2005 年度贵州省临床检验室间质量评价(External Quality Assessment,简称 EQA)。传染病实验室、农畜食品实验室、动植物检疫实验室三个 CNAL（中国实验室国家认可委员会）认可和计量认证实验室同时于 5 月份顺利通过了由国家认证认可监督管理委员会组织的监督审核。农畜食品实验室检测人员经过多次试验，成功地摸索出了用固相萃取法净化、毛细柱气相色谱法等多种方法测定植物源性食品中乐果、久效磷等多种有机磷类农药及甲氰菊酯、溴氰菊酯等多种除虫菊酯类农药的残留量；动植物检疫实验室引进了 CHARMⅡ 7600 型多功能药物残留检测仪，开展了氯霉素、四环素、磺胺类等残留药物的检测工作，这些科技工作的开展为贵州植物源性食品的出口及实施农药残留监控提供了坚强的技术保障和奠定了扎实的基础。此外还大力开展了对重点敏感产品的新项目检测，如对苏丹红Ⅰ、Ⅱ、Ⅲ、Ⅳ号，山梨酸、苯甲酸、TEHQ（特丁基对苯二酚）、对味红等进行检测。化矿金属实验室 2005 年参加的 CNAL 组织的 T0146 氧化铝中化学成分分析能力验证（国际比对），5 个项目的数据均获全优。二是积极完成科研项目和科技论文。在科技人员和贵州大学教师、研究生组成的课题组一年半的攻关努力下，经贵州出入境检验检疫局批准立项的《酶联荧光技术快速检测辣椒调味品葡萄球菌肠毒素研究》的科研项目通过了考核验收；此外，《企业卫生注册评审管理系统》等其他科研项目也取得了重要进展；2005 年共有 14 篇局科研人员撰写的科技论文在国内外核心刊物上发表。三是开展科研合作。

开展了与贵州大学联合培养硕士研究生的工作，并拟与贵州大学建立“校检”协调机制，共同开展科研工作。四是信息化建设步伐加快。6月份成功实施了办公自动化系统，局内部实施了无纸化办公，与国家质检总局及各直属出入境检验检疫局实行了公文的无纸化传输，极大地提高了办公效率；检验检疫“大通关”技术方案获得国家质检总局批准；积极开展了电子监管的前期准备工作，成立了电子监管工作领导小组，在加强培训、做好宣传的基础上，已选择了一批外贸生产企业开展电子监管试点工作。

（王志文）

2005年贵州省检验检疫业务情况统计表

项目			本年累计	上年同期累计	比上年同期累计增长（%）
货物通关	批次		1489	1443	3.19
	其中	出境	974	936	4.06
		入境	515	507	1.58
	金额（万美元）		15899.68	16474.55	–3.49
	其中	出境	8141.59	9403.70	–13.42
		入境	7758.09	7070.85	9.72
出入境人员检疫查验（人次）			25891	21983	17.78
其中	出境		12966	10893	19.03
	入境		12925	11090	16.55
健康检查及预防接种（人次）	健康检查		1192	1467	–18.75
			1192	1467	–18.75
	艾滋病监测		1187	1399	–15.15
			1187	1399	–15.15
	发现病例数		432	329	31.31
			432	329	31.31
	预防接种		944	3965	–76.19
			944	3965	–76.19

（续表）

			本年累计 出境 入境	上年同期累计 出境 入境	比上年同期 累计% 出境 入境
货物检验检疫	批次		16490	14701	12.4
			15759	13915	113.51
			731	786	-7.00
	金额（万美元）		83556.91	106399.49	-21.47
			69219.57	89636.52	-22.78
			14337.34	16762.97	-14.47
	检验检疫不合格	批次	86	88	-2.27
			66	67	-1.49
			20	21	-4.76
		金额（万美元）	396.96	472.36	-15.96
			319.89	386.98	-17.34
			77.07	85.38	-9.73
交通工具	飞机（架）		291	249	16.87
			146	122	19.67
			145	127	14.17
集装箱（个）			2206	810	172.35
			2206	810	172.35
发现动植物疫情	种类数		1	5	-80.00
			1	—	—
			—	5	-100.00

贵州口岸大事记

1月10日

贵州检验检疫局与贵州省商务厅建立的“检贸”协作机制备忘录签字仪式在贵州饭店举行。

1月10日

省委书记钱运录在贵阳海关2004年工作总结上作了重要批示：“所提建议完全赞同，共同抓好落实。2004年我省海关工作有了新的进展，为我省经济社会加快发展做出了重要贡献。新年到来之际，特向全省的海关干部职工表示亲切慰问，向国家海关总署牟署长等领导表示衷心感谢！我省改革开放和经济社会发展任务很重，希望继续得到国家海关总署和贵阳海关的大力支持和帮助，共创改革开放新局面。”

1月10日

贵州省人民政府分管海关工作的包克辛副省长，李飞跃副秘书长等一行到贵阳海关看望全体干部职工，与业务一线关员交谈，表示亲切的问候和节日的祝贺。

1月12日

贵州省省长石秀诗同志委托秘书长给贵阳海关关长王松同志打电话，转达石省长看了《贵阳海关2004年工作总结》后的指示：

1. 感谢贵阳海关在2004年对贵州经济发展做出的贡献。

2. 请王松关长转达他对全关干部职工及家属的慰问。

3. 希望贵阳海关在2005年里为促进贵州经济发展做出更大成绩，工作再上新台阶。

1月13日

贵阳市委副书记、市长孙国强同志率市委、市政府有关部门的领导来贵阳海关和贵州检验检疫局慰问。

1月21日

贵州省政府肖永安副省长参加贵州检验检疫系局工作会议，并做了重要讲话。

2月1日

贵州检验检疫局集中销毁近期查获的来自美国的非法入境肉类产品50.6吨。省、市电视台，省、市日报，新华社贵州分社等各大新闻媒体派记者进行了采访报道。

2月5日

贵州省委副书记孙淦、省委常委常务副省长王正福、省人大副主任刘思培、省政协副主席相小青等四大班子领导率贵州省“双拥”慰问团一行18人到贵州边防总队，对全体边防官兵进行了新春慰问。

2月21日

新任副省长蒙启良同志（省政府分工联系贵阳海关）率省政府副秘书长等领导到贵阳海关看望全体干部职工。

4月16日

石秀诗省长在贵阳海关撰写的《关于参加首次泛珠三角区域海关关长联席例会会议情况的报告》一文上批示："这是件好事，要广为宣传，把措施真正落到实处"。

6月19日

贵阳市边防检查站接到命令，该站马海灵、吴晟宇、朱波三名同志将作为联合国维和警察，被公安部分别派往东帝汶、苏丹、利比里亚执行维和任务。马海灵同志因此成为贵州省第一位维和女警。

6月20日

贵阳海关举行航空口岸进出境旅客申报制度改革新闻发布会。党组成员尹树兴同志主持发布会，须卫平副关长作对外发布辞，省内25家相关部门航空公司、旅行社代表及各大新闻媒体出席了发布会。

7月1日

贵阳海关在机场业务楼举行军训队列会操。贵州省副省长蒙启良同志、贵州省公安厅、省口岸联检单位领导莅临指导。关员们情绪饱满，队列整齐，动作规范。蒙启良副省长在观看后称赞："很好，贵阳海关准军事化建设很有成效。"

贵阳海关实施航空口岸改革旅客申报制度。

8月8—9日

国家质检总局卫生处理工作检查组检查贵州检验检疫局口岸卫生处理工作，田虹副局长陪同检查。

8月10日

海关缉私办案（JS2003），新增改进业务需求分析论证工作会议在贵阳海关召开，来自海关总署缉私局、17个直属海关代表30人参会。

8月12日

贵州省政府提供150万元资金，用于解决贵州检验检疫局机场办事处检验检疫基础设施建设用地。

8月16日

省委副书记孙淦同志听取贵阳海关党组书记、关长王松同志关于贵阳海关工作情况的汇报。

9月7日

国家质检总局检验检疫科学委员会管理科学技术委员会课题阶段审议会在贵阳召开。

9月8日

贵州省委王富玉副书记主持召开了中共贵州省委常委关于建设开放性机场的专题会议。

9月15日

贵阳海关驻机场办事处正式开关。蒙启良副省长莅临揭牌仪式。

9月22日

国家海关总署会同公安部、质检总局、民航总局等组成的国家验收组对贵阳航空口岸扩大对外国籍飞机开放前的准备工作进行检查验收，一致同意贵阳航空口岸正式扩大对外国籍飞机开放，并形成和签署了《关于贵阳航空口岸对外国籍飞机开放前准备工作的验收纪要》。30日，海关总署同意并印发该验收纪要。

10月10日

国家质检总局批复贵州检验检疫局机场办事处检验检疫基础设施建设项目立项，并纳入2006年度财务预算。

10月28日

台湾新党主席郁慕明先生一行受邀参加在贵阳举办的“筑台两地生态农业研讨会暨台湾农产品展销会”。贵州省公安边防总队主动服务，积极与贵州省台办等相关部门沟通、协调和联系，周密安排部署边防检查任务，专门制定了专项检查预案，开设了专用礼遇通道，以确保高效、快捷地办理好出境检查手续。

11月24日

《进出口商品规范申报目录》价格申报要素审定会在贵阳召开。

12月10日

贵阳边防检查站在执行贵阳至香港航班出境检查勤务过程中，查获一起典型的冒用他人身份资料骗领护照偷渡案。

12月16日

民航总局批复同意贵阳航空口岸正式扩大对外国籍飞机开放并更名为国际机场。

11—12月

贵州省边防总队先后指派专人参加公安部边防局组织的新一代边防检查系统——“梅沙”系统培训，为下一步的检查工作打下了坚实的基础。

云南口岸工作综述

【口岸客货流量】 2005 年全省共检查出入境人员 1452 万人次,同比增长 3.7%；检查出入境交通运输工具 162 万辆（架、艘、列）次，同比增长 8.8%；货运量 447 万吨，同比增长 10.1%；进出口货值 24.3 亿美元（关区统计数），同比增长 38.1%。从云南口岸进出口货值占全省外贸进出口总额的 51.3%。一类口岸出入境人员 1148 万人次，其中出境 574 万人次，入境 574 万人次；出入境交通工具 111 万辆（艘、架、列）次，其中出境 57 万辆（艘、架、列）次，入境 54 万辆（艘、架、列）次；进出口货物 317 万吨，货值 22 亿美元。二类口岸出入境人员 303 万人次，其中出境 155 万人次，入境 148 万人次；出入境交通运输工具 50 万辆次，其中出境 24 万辆次，入境 26 万辆次；进出口货物 144.8 万吨，货值 2.3 亿美元。一类口岸出入境人员、出入境交通运输工具、进出境货运量、进出口货值排名前三位的口岸是瑞丽、河口、昆明机场；瑞丽、畹町、孟定清水河；河口、腾冲猴桥、瑞丽；昆明机场、河口、瑞丽。二类口岸出入境人员、出入境交通运输工具、进出境货运量、进出口货值排名前三位的口岸分别是盈江、章凤、南伞；盈江、片马、打洛；盈江、打洛、孟连；盈江、孟连、打洛。

【口岸规划与开放】 根据 2004 年省政府向国务院上报的《云南省“十一五”口岸发展规划意见》，组织有关部门跟踪落实规划的立项工作，力争在“十一五”期间，云南省新开放 12 个一类口岸,扩大对第三国持护照人员开放 2 个一类口岸。根据省政府批示和丽江旅游业的发展，向海关总署申报了“丽江—香港”临时直航包机计划，并获海关总署审批同意。2005 年 12 月 1 日至 2006 年 2 月 28 日飞行“丽江—香港”航线的中国籍旅客包机在丽江机场临时出入境。及时协调查验单位配合丽江市政府做好飞行包机的准备工作，为云南省“十一五”期间扩大开放航空口岸奠定基础。同时协助东方航空公司和协调联检部门，顺利开通了“昆明—达卡”国际航线。

【口岸建设】 按照云南省政府“十五”口岸建设规划要求，认真落实《云南省边境口岸重点工程建设规划》，继续抓好畹町、片马、沧源、盈江、打洛和关累码头联检楼建设；完成了磨憨、孟连、南伞、田蓬口岸联检楼建设的规划、选址、申报和建设审批工作；完成了天保、金水河、盈江口岸联检楼和国门建设工程的功能验收。争取国家口岸建设补助资金，不断加快口岸基础设施建设，为提升口岸功能，提高口岸通关速度显现了效果。

【口岸便利化通关】 一是抓好通关软环境建设。按照国务院和省政府的要求，对全省口岸“大通关”重点项目、境内外口岸动态、进出口态势进行认真分析研究，及时汇总信息上报。抓好昆明国际机场、河口、瑞丽等一类重点口岸现代化管理和高科技手段的推广应用，积极协调“一关两检”的相关部门，对单证流、货物流、资金流和信息流资源进行整合，使之最大限度地配置合理、管理规范、通道畅通，以较短的时间、较快的速度、较低的成本为企业提供优质服务，把政府行政监管能力和效率体现在“大通关”建设中，不断加快口岸通关速度，促进贸易便利化。二是巩固便利化通关改革成果。2004 年 7 月 1 日起，河口—老街公路口岸延长通关时间、铁路口岸货运 24 小时通关，口岸的人员、货物、交通工具和效益明显增加，成为全省口岸货流量、进出口总值的“领头羊”。为完善货物便利化通关，河口县委、县政府采取政府补助，民营企业投资的融资办法，新建河口北山区查验货场，通过拓宽查验货场，规范查验程序，改进工作方法，实现一个窗口、一条龙服务，提高了通关速度，方便了客户，促进了口岸经济增长。同时，配合有关部门进一步推进河口—老街货物运输便利化“一站式”试点工作。结合瑞丽口岸实行“境内关外”特殊管理模式以来的情况，会同昆明海关、德宏州政府、姐告边贸区管委会等相关单位和部门，在充分用好国务院赋予的“境内关外”特殊管理政策和不断总结 “境内关外”管理工作的基础上，积极争取口岸建设资金，进一步完善口岸查验配套基础设施建设，使特殊监管的作用得到有效发挥。同时，对口岸贸易、加工业、仓储业和旅游业出现的问题进行协调，积极向省政府和上级有关部门反映口岸改革存在的问题和建议，不断完善姐告边境贸易区特殊监管模式，促进了姐告边境贸易区对外贸易发展。三是创新监管模式。经过与有关部门长时间的探索和努力， 11 月 2 日实现了在昆明国际机场海关与广州白云机场海关之间试行“属地报关、口岸验放”的通关监管模式。实行“属地报关、口岸验放”通关监管模式后，进出口企业可自主选择在“泛珠三角”区域内任意一海关（即“主管海关”）办理报关手续（保税区、出口加工区等不适用异地报关模式的特殊区域除外），货物实际出口地海关（即“口岸海关”）对货物实施快速验放。海关报关作业的改革，缩短了货物出入境的时间，提高了货物运输便利化通关的速度，有利于云南省对外经济贸易的发展，加快了与国际现代物流发展接轨的步伐。

【口岸管理】 第一，规范管理。按照省政府的指示，在反复调研、征求边境各州市和省直有关部门及查验单位意见的基础上，代省政府草拟了《云南省边境通道管理办法》（试行）稿，该《办法》结合云南边境口岸的实际，对口岸管理机构、通道的开通、通道的开放和管理、通道的规划和建设、通道的出入境管理等方面做出了详细的规定。《办法》既有利于通道管理部门对各类通道实施依法有效管理，又为云南发展外向型经济、促进边境贸易，增强通关空间，提供服务和保障。此《办法》待继续征求相关部门意见，修改完善，报省政府审定后，颁布实施。第二，加强口岸发展研究。按照省政府政研室 2005 年课题研究计划，在省政府政研室、云南大学、云南省社会科学院和厅有关处室的支持下，完成了《构建云南对外经济贸易新格局研究》课题的研究。课题总结了云南省改革开放二十多年来，口岸规划、建设和发展的历史进程，以及全省口岸建设和管理中存在的主要问题，研究了制约云南省口岸发展的瓶颈，提出了在构建云南对外经济贸易新格局中，如何加强口岸建设，发挥好口岸功能，实现口岸“大通关”和贸易便利化。该课题的研究，为各级领导决策提供了一定的依据。参加德宏州中缅双边经贸旅游研讨会。这次研讨会对德宏州实施“走出去”战略，扩大对外开放，促进中缅两国经贸、旅游合作，发展替代经济和盈江口岸的建设与发展将起到积极的推动作用。促进澜沧江—湄公河商船通航工作。积极配合省交通、航运和西双版纳州政府等有关部门，与湄公河流域四国联委会，就商船航行、成品油运输，以及中方商船在老挝境内遭枪击事件等有关问题，进一步交涉和商谈，达到了预期的目的和效果。

【口岸查验】 2005 年公安边防检查部门共检查管理出入境人员 1452 万人次，其中出境 729 万人次，入境 722 万人次；共检查出入境交通运输工具 162 万辆（架、艘、列），其中出境 82 万辆、入境 80 万辆；查获贩毒案件 389 起 476 人，缴获毒品 711.69 千克；查获边空对象 96 人次，查获网上追逃人员 7 人，查获偷渡案件 25 起 252 人；查获军用枪支 2 支，子弹 714 发。

海关共监管进出口货物447万吨，其中出口货物260万吨，进口货物187万吨；货值达24.3亿美元，其中出口10.9亿元人民币、进口13.4亿美元；缉私立案767起，案值3303.6万人民币；查获各类毒品案件70起，抓获毒品犯罪嫌凝人99人，缴获各类毒品583.15千克，易制毒化学品8.54吨。

出入境检验检疫局共受理报检出入境货物96868批次，货值262937万美元；出入境人员320万人次，交通运输工具30万辆（架、艘、节）次；签发普惠制证书5302份，一般原场地证书3995份，中国—东盟自由贸易区优惠原场地证书2673份；中华人民共和国金伯利进程毛坯钻石证明书94批；检出植物有害生物7356批次，有害生物检出率为15.45 %；对93124人次进行了健康检查。

【口岸业务培训】 7月，在昆明组织召开了第四次西部地区口岸办主任联席会议，西部地区口岸办主任及全省边境各州、市口岸办领导参加了会议。会上共同交流了口岸建设、口岸管理、口岸改革、口岸“大通关”和“电子口岸”建设等方面的先进经验。为进一步加强西部地区口岸管理部门之间的联系和交流建立了互动平台。10月，在思茅市举办了“全省口岸管理干部培训班”。培训围绕《云南省“十一五”口岸发展规划》，立足现实，探索云南口岸建设、口岸管理、口岸发展新思路，为实现《云南省“十一五”口岸发展规划》打好基础。60名口岸业务干部，通过培训，进一步提高口岸业务知识，不断增强了搞好口岸工作的信心。

云南口岸2005年流量统计表

（一类口岸）　　口岸处

口岸名称	人员（人次）			交通工具（艘、架、列、辆）			货物（吨）			货值（万美元）		
	合计	出境	入境	合计	出境	入境	合计	出口	进口	合计	出口	进口
昆明机场	778586	391433	387153	7204	3595	3609	12281	9399	2882	82868	35330	47538
瑞丽	6042598	3018871	3023727	829404	409945	419459	489997	337839	152158	36712	31619	5093
畹町	460487	227872	232615	74028	36979	37049	54797	34427	20370	3294	3018	276
河口	2929347	1457533	1471814	66544	44031	22513	1509654	982289	527365	41262	29576	11686
磨憨	272380	138586	133794	36376	18803	17573	135349	53804	81545	7059	5197	1862
金水河	152933	78006	74927	4540	2327	2213	60083	11443	48640	443	89	354
天保	229827	114859	114968	12334	6009	6325	106183	95108	11075	2093	1974	119
思茅港	0	0	0	0	0	0	0	0	0	0	0	0
景洪港	36935	20070	16865	3131	1567	1564	102789	58688	44101	6710	3761	2949
版纳机场	15653	7629	8024	287	144	143	/	/	/	/	/	/
腾冲猴桥	79365	42737	36628	14414	7810	6604	660381	15067	645314	4495	1153	3342
孟定清水河	482587	246061	236526	68008	40762	27246	33863	13085	20778	1026	673	353
一类合计	11480698	5743657	5737041	1116270	571972	544298	3165377	1611149	1554228	185962	112390	73572

云南口岸2005年流量统计表

（二类口岸）　　　　口岸处

口岸名称	人员（人次）			交通工具（艘、架、列、辆）			货物（吨）			货值（万美元）		
	合计	出境	入境	合计	出境	入境	合计	出口	进口	合计	出口	进口
片马	294910	149559	145351	102398	51411	50987	165850	1253	164597	763	63	700
盈江	771727	375360	396367	134101	65901	68200	482065	64593	417472	9248	2700	6548
章凤	508696	293141	215555	33713	18397	15316	37177	8981	28196	2975	2691	284
南伞	454923	221879	233044	25646	12927	12719	68184	19625	48559	535	418	117
孟连	420151	215494	204657	74172	29470	44702	168908	43610	125298	4495	1971	2524
打洛	340048	168027	172021	76265	38425	37840	182758	39569	143189	3170	2156	1014
沧源	182749	89562	93187	55024	27606	27418	35934	9591	26343	843	171	672
田蓬	61582	40208	21374	2895	1754	1141	8094	4593	3501	1862	1112	750
合计	3034786	1553230	1481556	504214	245891	258323	1148970	191815	957155	23891	11282	12609
一二类共计	14515484	7296887	7218597	1620484	817863	802621	4314347	1802964	2511383	209853	123672	86181
同比±%	3.7	2.7	4.7	8.8	7.3	10.4	4.7	-3.6	11.5	35.5	13	87.9

云南口岸查验单位工作综述

昆明海关

2005年，昆明海关以十六届四中全会精神和“三个代表”的重要思想为指导，认真贯彻海关工作16字方针和队伍建设12字要求，深入贯彻和落实年初全国海关关长会议精神，努力构筑“综合治税大格局”，紧紧围绕建立现代海关制度第二步战略目标，切实增强把关服务能力，继续深化和完善各项改革，坚持全面协调发展，强化管理，狠抓落实，不断加强队伍建设、业务建设和廉政建设，较好地完成了各项工作任务。

【综合治税初见实效】　按照海关总署统一部署，加强内部联系配合，建立海关与税务、银行、商务、质检、重点税源企业的协调合作机制，积极构筑综合治税大格局。一是不断加大税收监控力度，坚持“以质为主、质量并重”的原则，全面加强对税收征管质量的监控和评估，努力提升全关区的整体税收水平。二是研究建立税收征管的长效机制，加大对报关单证及数据的审核力度，加强报关单证规范申报工作。三是积极推进预审价和严格减免税的审批工作，强化关区片区价格管理，以反价格瞒骗为重点，坚决打击进出口贸易渠道偷逃税活动。四是围绕综合治税，稽查部门充分发挥职能作用，强化稽查与其他部门的联系配合，积极组织开展专项稽查行动，稽查补税取得成效。截止12月31日，共完成入库税收6.6亿元。

【保持打私高压态势】 一是积极推进反走私社会综合治理，构建反走私综合治理长效机制。二是以调查职能调整和新增缉私机构为契机，进一步整合关区缉私资源，实现了缉私力量对全关区覆盖并确定了相应的管理体制，打私防控能力得到提高。三是突出了风险分析监控在管理中的主导地位，重点打击价格瞒骗和加工贸易渠道走私。四是提高了监管一线的技术检查手段，加大对反动、淫秽物品的查缉力度。2005年，缉私立案案件数为767起，案值3303.6万元，共查获各类毒品案件70起，缴获各类毒品583.15千克，抓获犯罪嫌疑人99名，易制毒化学品8.54吨。

【业务基础工作不断加强】 一是抓实各项业务基础工作，加大调查研究力度，对昆明关区内口岸、指定通道、非指定通道再次进行了全面调研，完善指定通道和非指定通道的管理制度，整合人力资源，完善和规范了对木材、矿砂等关区大宗税源商品查验方法，加强对边境进出境机动车辆管理，整合监管资源，合理配置监管设备。二是不断完善关区陆路边境口岸监管模式，切实加强一线监管，确保实际监管到位，对瑞丽姐告边贸区实施封闭管理，对版纳240通道进驻实际监管，关区内各个重要口岸均积极推进指定通道进出、顶到一线等切合关区实际的监管模式。三是继续发挥海关在口岸单位中的联络协调主导作用，确保整个口岸的建设和管理能够适应新形势对海关监管工作的要求。四是进一步规范关区边民互市贸易管理，在关区内全面启用边民互市管理系统，目前全关区已有15个边境海关、共22个互市监管点实现了边民互市数据系统管理。五是顺利完成了航空口岸旅客申报制度改革的各项任务；完善了关区邮递物品监管业务开展的有关规程和进口展览品的监管实施细则。

【风险管理机制逐步建立】 按照现代海关制度第二步发展战略中心环节要求，工作中不断增强风险管理意识，并将风险管理理念和风险分析方法，逐步扩大运用到业务领域的各项建设、管理和决策中去。年内，一是充分发挥风险部门职能协调作用，加大风险管理力度，通过风险平台的运用，相继发现了“3.28”加工贸易案件线索和进口硫化橡胶线、矿砂、木材等违规、违法行为，风险管理的作用日渐显现。二是增强了全体关员风险管理意识，围绕各业务环节，深入开展宣传、学习和培训活动，在全关区范围内积极推动风险管理工作。三是建立风险动态监控和风险处置跟踪机制，实现平台运行管理的常规化和制度化，创新风险信息的加工、流转、共享方式，积极开展风险分析，充分发挥风险管理平台的整体效能。

【统计、督审、法制工作成效明显】 统计工作严把数据质量关，认真审核贸易统计数据和业务统计数据，积极开展执法评估和统计分析，为各级领导决策提供参考，较好地发挥了统计服务经济功能，受到上级部门的一致好评。督察内审部门积极开展常规督察和专项督察，有效促进了关区执法的规范和统一；认真执行领导任期审计制度，严格对后勤、教培基地等部门专项审计工作；继续推动“三察合一”工作的深入开展，形成情况互通、优势互补、联合督察的运行机制；认真执行“月清、季查、半年审”制度和总署在关区开展的监督制约长效机制建设试点工作，有效地健全了惩治和预防腐败体系和监督制约长效内控机制。法制工作以提高关区依法行政水平为目标，强化依法行政意识和规范执法行为为重点，全面加强关区法制各项工作。一是充分发挥法制部门职能作用，加强海关法律知识宣传力度，及时维护H2000系统参数，在海关门户网站发布相关法律规定，顺利完成关区“四五”普法验收工作。二是结合海关工作实际需要，组织全员参加《全面推进依法行政实施纲要》知识学习考试，参与率100%，优秀率98.6%。三是积极指导关区执法工作，积极研究对非刑事案件的简易处理程序，对一般违规、轻微走私案件的现场即决处理办法，加强对应诉案件的法律援助和指导工作。四是加大知识产权保护力度，全年共查处涉嫌知识产权侵权案件48起，案值130余万元。

【加快关区“大通关”建设步伐】 一是认真履行海关对外承诺，利用现有资源，开通启用了现场值班系统，继续坚持24小时通关、预约报关、提前报关、鲜活货物快速通关等工作制度，落实分类企业管理便利措施。二是积极参与云南省“大通关”建设，推进中国—东盟自由贸易区合作进程和中国—越南“两廊一圈”合作进程。三是与检验检疫部门开通了“一机两屏”的旅检通关模式，全面开展空港旅客申报制度改革的各项工作。四是认真推动“一站式检查”、“无纸通关”和“电子口岸”的建设，进一步扩大网上税费支付试点范围。

【服务意识进一步增强】 一是坚持把关服务原则，积极为地方外贸经济发展做贡献，掌握好把关和服务的平衡，对超出法律规定的要求，不随意变通、妥协，顶住压力，坚持原则。二是进一步体现信息为领导决策服务的功能，全年向地方党政部门报送了大量有价值的信息。三是在工作中不折不扣落实税收优惠政策，特别是为云南省内几个大型项目的建设做好服务。全年共办理减免税证明1457份，减免税5.72亿元，为地方经济的发展起到了积极的促进作用。四是积极献言献策，明确海关的服务思路，主动促进昆明出口加工区、保税仓库的启动运作，推动省、市加工贸易的发展，年内加工手册数和进出口总值均创历史最高，用实际行动支持了云南省“走出去”和“富民兴边”战略实施。

云南省公安边防总队

2005年是云南省公安边防检查工作发展史上极不平凡的一年，全省边防检查机关在上级业务部门、总队司令部党委的正确指导和坚强领导下，紧紧围绕全面提高边防检查业务水平的总目标，牢牢把握维护出入境秩序稳定的总要求，以深入贯彻落实十六届五中全会和“内蒙边检会议”精神为主线，以开展“三访四见”活动为契机，以“双争”活动、“两个规范”的落实和“三检合一”工作机制为载体，切实加强勤务规范化建设，着力提高边检业务工作效益，圆满完成了各项边防检查任务，对巩固边防检查基础工作，维护边境长治久安，保障地方经济健康发展做出了新的贡献。

【充分发挥职能作用，维护口岸秩序稳定】 一是认清形势，高度关注缅北局势。针对缅甸边境局势变化，坚决执行部局和省委、省政府的指示，及时指导边防检查站和边防支队，启动了处置突发事件工作预案，采取有效措施，延长口岸、通道开关时间，及时调整警力充实到执勤一线，有效地维护了国家主权和口岸的安全稳定。二是狠抓《边民出入境边防检查规范》的落实，践行“三检合一”，全面提高边民出入境查验水平。通过对全省12个一类口岸，8个二类口岸及27条边民通道的工作调研，从责职、制度、标准等三个方面归口管理，统一指导，统一全省出入境边防检查工作，使其朝着部局关于边检工作“三个坚持，四个不能出，两个满意”的工作要求发展。一年来，全省47个口岸、通道已全部实现计算机验证，彻底改变了过去边民出入境靠手工登记的粗放管理模式，并启用了总队自行研制的边民出入境管理验放系统。三是求真务实，改进和加强边防检查工作，有效维护口岸出入境秩序安全、稳定，始终严密对边控和网上追逃人员的管理和控制，狠抓查控和追逃制度的落实，总队于8月1日在德宏章凤口岸实行了网络远程查控，对持《中华人民共和国入出境通行证》从章凤口岸出入境的旅客实施网络远程查控。2005年云南省口岸共查获在控人员51人，网上追逃人员2人，堵获非法出入境人员1239人。

【开展“三访四见”活动，加强勤务规范化建设】 全省边防检查机关积极推进“三访四见”活动，与“争创执法为民窗口，争当执法为民标兵”活动紧密相结合，突出了边检窗口单位的特色。各单位遵循总队关于开展“三访四见”活动的部署和要求，结合口岸特点和边防检查工作实际，加强调查研究，制定为民、亲民、爱民的工作措施，进一步深化“三访四见”活动方案，组织官兵集中时间走访党委政府、出入境旅客、进出口公司、企业单位、驻地群众，了解工作需求，征求对边检服务经济建设、服务旅客群众，执勤执法工作的意见和建议，严格按照总队《关于在边防检查单位中深入开展“三访四见”活动的通知》要求，抓好贯彻落实，确保了实效。

【执法为民便利往来，提高服务“大通道”建设水平】 云南毗邻南亚、东南亚的区位优势，奠定了其“大通道”、“口岸大省”的发展趋势。为此，总队采取了一系列的措施，积极支持企业“走出去”，支持“大通关”政策。充分利用“网上报检系统”，实行了出入境旅游团队预报预检制度，共办理旅游团队519个，有力缩短了旅游团在口岸的停留时间。各边防检查站、边防工作站克服困难，延长了口岸、通道开关时间，最大限度地满足了口岸（通道）出入境需要，均实行了24小时备勤制度，对口岸（通道）闭关后，遇有特殊情况需要出入境的交通运输工具、人员及特殊货物做到随到随检。并在认真落实总队制定的32条便民利民措施基础上，不断推出新的便民利民措施，既保证安全，维护规范出入境秩序，防止失控，又方便来云南省边境地区贸易经商的人员出入境，促进边境地区经济发展和社会稳定。

【强化培训岗位练兵，全面提高队伍综合素质】 部局下发《勤务工作规范》和“满洲里”边防检查工作会议以后，各级领导对边防检查工作的重要性有了进一步的认识，在提高边防检查的业务水平和服务质量上下了很大功夫，取得了很多成绩，尤其是把提高检查员的队伍素质放在了首要位置来抓，采取了业务知识竞赛、强化培训、业务研讨等措施来提高检查队伍素质。2005年共举办了三期由10个边境检查站、45个边防工作站参加的边检业务计算机的培训，235名检查员全部通过了总队“中华人民共和国边境地区出入境通行证管理系统”的考核。同时，在瑞丽、磨憨、红河开办了缅语、老语、越语强化培训班，检查员队伍素质有了较大提高。在思想教育及制度建设中，严格落实部局下发的《关于进一步加强边防检查站“两防”工作的通知》精神，对边防检查“两防”工作进行一次全面检查，重点查找执勤事故隐患、边检职务犯罪苗头、各类违法违纪现象和可能引起群众投诉的薄弱环节。

【加大科技强警投入力度，提高管理规范化水平】 完成了磨憨、天保边防检查站电视监控系统的建设，陆续对部分检查站电视监控系统的硬盘录像机和控制设备进行更换，并对原系统进行必要维修，完成了45个边防工作站的光纤通信接入和执勤计算机购买，并在10个边境检查站、45个边防工作站建立了“中华人民共和国边境地区出入境通行证管理系统”，全部实现了计算机验证。部分单位还积极开展边检执勤现场规范化建设达标活动，并结合实际设立了服务台、咨询台，设置了执勤工作制度公告栏、旅客意见簿、举报箱等各种标识、标志牌，建立拦阻设施。

【落实会谈会晤机制，加强与邻国警方的合作】 2005年，把同周边国家内政、警察部门的交往与合作作为一项重要工作来抓，扩大与其交往与合作，各单位认真落实会谈会晤制度，加强与邻国边防部门的业务联系，在打击跨境犯罪、出入境管理、遣返移交、及时解决边境涉外事务等方面加强合作，促进了双边管理，有效地维护了出入境秩序。年内成功地举行了中老第八次省级边防业务会谈，就出入境管理、联手打击跨国犯罪、遣返移交等共同关心和需要进一步加强合作的问题进行了友好磋商，达成了共识，并签署了《会谈纪要》。中越边境边防检查站认真落实两国《临时协定》，全年就边防检查工作，非法出入境和处理涉外事务，打击偷渡活动，预防“禽流感”和界河治理以及勘界工作等方面加强了与越南边防屯的会谈会晤，收到了很好的效果。中缅边防检查站认真执行中缅《关于边境管理与合作的协定》，加强与缅方对口部门的合作，2005年与缅方共举行会谈会晤6次，参与地方政府及公安机关与缅方会谈会晤9次，和缅方举行联谊活动6次。

云南出入境检验检疫局

2005年，云南检验检疫局紧紧围绕云南边陲安全卫生检验检疫屏障建设的目标，卓有成效地开展各项工作，在认真开展保持共产党员先进性教育活动的同时，实现了检验检疫工作的创新发展，形成适应云南经济发展特殊需要的检验检疫工作体系，使检验检疫各项工作逐步走向规范化、法制化、科学化的轨道。特别是面对进出口贸易迅速增长，疫病疫情不断出现，国外技术贸易壁垒不断加剧，突发性事件接踵而来的形势，云南检验检疫部门强化措施，认真履行保障国家公共安全和人民生命健康安全的重要职责，积极发挥把关、服务作用，为促进云南外贸的发展做出了积极的贡献。

云南检验检疫局牢固树立和贯彻科学发展观，不断增强自主创新能力，自“云南边陲安全卫生检验检疫屏障建设”课题被国家质检总局立项为重大软科学研究课题以来，由程迪龙局长担任组长的课题组带领13个子课题组，全面开展科研，全局上下都积极地参与进来，各部门紧密结合工作实际进行理论研究、探索和创新，并提前完成了40万字的专著。2005年5月，课题研究通过了总局专家组鉴定、验收，提前半年完成了总局下达的重点软科学科研计划。同年8月，《云南边陲安全卫生检验检疫屏障建设理论与实践》专著由科学出版社出版。这项科研工作的实施和完成是云南检验检疫有史以来从未做过的系统工程，满足了社会发展对检验检疫部门提出的公共需求，实现了检验检疫工作模式的创新，提高了检验检疫部门履行工作职责的有效性，为云南检验检疫事业的中长期发展奠定了坚实的基础。

据统计，2005年全年共受理报检96868批次；货值262937万美元，与上年同期相比批次增长21.64%，货值增长26.86%。签发各类证单504162份，其中签发一般产地证3995份，签发普惠制原产地证5302份；签发“中国—东盟自由贸易区”优惠原产地证明书2673份；签发《中华人民共和国金伯利进程毛坯钻石证书》94批。检疫查验出入境人员320万人次、交通工具30万辆（架、艘、节）次。检出植物有害生物7356批次，检出率15.45%；完成外商财产鉴定43批，货值745.74万美元；对外索赔54批次，索赔金额239万美元；2005年全省系统共对4万人次出入境人员进行了艾滋病监测，检出艾滋病感染者366例，占全国系统检出数的62%，较2004年增加了18.5%。同时，云南局还按照总局在部分人群中开展免费艾滋病检测工作的要求，共检测出入境人员1728人次，检出HIV阳性感染者28例。较好地履行了“保国安民”的职责，为促进云南经济社会的健康发展做出了新的贡献。

云南口岸大事记

1月6日

云南省红河州电视台以《大通关需要大口岸》为题，对河口海关2004年加快业务改革步伐的情况进行专题报道。

1月10日

勐腊海关被交通部、云南省政府评为“上湄公河改善工程”先进集体。

1月21日

省口岸办召开2005年昆明国际机场口岸工作座谈会，昆明海关及机场海关、云南出入境检验检疫局及机场办事处、云南省公安边防总队及机场边防检查站、民航云南安监办、东航云南公司、机场集团公司、机场保卫部、航空物流公司等单位领导出席了会议。

1月26日

云南姐告边境贸易区口岸联检中心封闭工程通过验收，昆明海关正式对姐告边境贸易区实施封闭式管理。

1月31日

云南省副省长邵琪伟率省商务厅（口岸办）等18家单位慰问昆明海关，感谢海关一年来对促进地方外向型经济发展做出的突出贡献，向关区全体干部职工致以新年问候。

3月9日

省商务厅（口岸办）组织相关单位联合验收文山州麻栗坡县天保口岸联检楼、国门工程使用功能，并一致同意通过验收投入使用。

3月14日

昆明海关、云南出入境检验检疫局联合印发《昆明海关、云南出入境检验检疫局支持云南省实施“走出去”战略为货物贸易提供便利服务若干措施》。

3月28日

云南出入境检验检疫局在西双版纳主持召开“中泰水果协议贯彻会”。

4月5日

磨憨口岸第三国人员入境签证办事处顺利通过国家公安部的验收。

4月8日

省政府召开云南省制定完善突发公共事件应急预案工作会议。

4月9—13日

云南盈江口岸组织了赴缅甸克钦邦经贸、旅游考察和中缅边境商贸旅游发展研讨会及盈江平原至那邦镇边境公路改扩建竣工庆典。

4月14日

省商务厅（口岸办）组织相关单位联合验收盈江口岸货场综合楼、货场的使用功能，并一致同意通过验收投入使用。

4月12日

公安部副部长张新枫到孟连口岸视察工作。详细了解了口岸的进出口贸易管理情况和口岸查验设施的建设情况。亲切看望了口岸联检人员。

4月12日

由国家禁毒委、公安部、商务部、云南省商务厅组成的中国政府援助缅甸果敢地区替代种植项目考察组考察云南南伞口岸。考察组在口岸现场举行中国政府对缅政府替代种植项下援助的签字仪式。考察组对南伞联检部门在替代种植项目上提供的通关便利给予了肯定。

4月13日

全国人大副委员长成思危到畹町口岸调研。

4月13日

亚洲开发银行顾问威尔逊一行就更新大湄公河次区域（GMS）框架下交通领域的合作战略走访昆明海关。

4月18日

磨憨口岸正式开展口岸签证工作。国务院2004年正式批准磨憨口岸对第三国出入境人员办理落地签证手续。

4月20日

程映萱副省长一行视察云南出入境检验检疫局工作。

4月21日

河口口岸首次验放享受“早期收获”降税优惠的越南产火龙果13.72吨，价值30184元，共减免关税4527.6元。

5月11—12日

中国口岸协会2005年口岸信息工作座谈会在安徽合肥召开。云南省口岸办荣获先进集体和优秀通讯员三等奖。

5月18日

丽江机场通航10周年。

5月18日

中国东方航空公司正式开通北京—昆明—达卡国际航线。这条航线是中国与孟加拉国在1980年签署双边民航协议以来的首次直航。

5月18日

“孟定中国边贸商城”在耿马傣族佤族自治县清水河口岸奠基建设。

5月20日

云南省委书记白恩培到孟连口岸视察。

6月4日

国家质检总局局长李长江到章凤口岸视察工作。

6月10日

昆明海关与云南出入境检验检疫局联合在云南各口岸旅检现场实施“一机两屏”监管模式，并首先在昆明国际机场口岸试行。

6月11日

省政府代表团出席缅甸政府商务部在缅甸木姐市举办的贸易发展研究会。

6月20日

徐荣凯省长主持召开GMS现场办会议，落实会议筹备工作事宜。

7月2日

云南出入境检验检疫局召开全局系统边贸进出口食品监督管理研讨会。

7月18—24日

第四次西部地区口岸办主任联席会议在云南省昆明市召开。会议以西部口岸事业跨越式发展为主题，全面交流了2004年口岸建设、管理经验，深入探讨了口岸“大通关”、“电子口岸”建设、通关便利化和口岸管理体制改革等问题，提出了未来口岸建设发展思路和解决问题的建议。中国口岸协会，重庆、四川、贵州、广西、陕西、内蒙古、甘肃、新疆、湖南、湖北、吉林、云南等西部12个省（区、市）和东、中部部分省（区、市）口岸办领导共76人出席了会议。

7月19日

刘平副省长到云南出入境检验检疫局视察，充分肯定、高度评价了云南检验检疫局的工作对云南省经济发展和对外开放的重要作用。

7月24日

云南出入境检验检疫局举办口岸突发公共卫生事件应急处置培训班。

7月29日

国家质检总局宋明昌司长在昆明主持召开的南方八省热带病联防组学术交流会。

7月20日

国家禁毒委副主任、公安部副部长张新枫在海关总署缉私局刘晓辉副局长陪同下赴南伞口岸检查工作。

8月1–5日

国家质检总局在昆明召开动物检疫标准会。

8 月 11–13 日

驻署监察局要塞局长一行赴勐腊、打洛海关开展调研。

8 月 16 日

科技部、质检总局“十五”食品安全专项调研小组到云南出入境检验检疫局调研。

9 月 22 日

中国昆明大千运输有限公司与泰国亚运物流有限公司在清迈签订物流中心合作意向书，开创了两国间陆路运输的物流系统作业的新局面。

10 月 18—21 日

云南省口岸管理干部培训班在思茅市举办。针对全省口岸管理机构调整，需要加强业务学习的实际，培训班以业务培训、信息传递、智慧共享为主要宗旨，培育口岸管理干部的创新理念，加强口岸管理的责任意识；结合云南口岸管理实际问题，探讨口岸发展思路，提高口岸管理的业务水平，提升口岸管理工作能力。全省各边境州、市、县及丽江市口岸管理部门领导和主管业务科室干部共 60 人参加了培训。

10 月 19 日

腾冲猴桥口岸腾（冲）—密（支那）公路缅甸境内段破土动工，重新修建。

10 月 28 日

云南省副省长秦光荣视察孟连口岸，看望一线查验值班人员。

10 月 28 日

外交部吕新华副部长视察河口口岸，并看望了河口查验单位人员，31 日视察章凤口岸，看望现场值班人员。

10 月 28 日

经过两年多的筹备工作，由地方出资 1600 万余元的大理检验检疫局如期建成，大理检验检疫局挂牌成立办公。

11 月 2 日

海关总署广东分署、广州海关、昆明海关联合在昆明举行“多点报关、口岸验放”通关监管模式推介会。薛屹副关长出席会议并作讲话。当日，首批货物在昆明机场海关报关、广州白云机场海关出口。至此，昆明海关成为泛珠三角区域第 6 个启动该通关监管模式的海关。

11 月 8—9 日

云南出入境检验检疫局召开贯彻实施《中华人民共和国进出口商品检验法实施条例》宣贯会议，云南省人大副主任戴光禄，云南省政府省长助理汤黎路应邀参加了会议并作了讲话。

11 月 10 日

丽江航空口岸建设规划列入国家“十一五”规划。

11 月 20—21 日

刘文杰副署长参与海边防调研组赴瑞丽片区口岸调研。在关长张治洲、副关长邱刚毅的陪同下视察了瑞丽海关、畹町海关。

11 月 28 日

海关总署监管司郑叔平副司长在薛屹副关长陪同下赴河口海关调研。

12 月 6 日

海关总署办公厅主任助理王平赴勐腊海关调研。该关向调研组汇报了口岸现况及进出口情况。同日，调研组赴磨憨口岸实地考察，了解该口岸建设规划、管理体制、基础设施建设等方面的情况。

12 月 8 日

商务部副部长马秀红到畹町口岸考察，听取口岸查验单位对外贸易和口岸监管情况的汇报。

12 月 9 日

海关总署监管司黄熠副司长到腾冲猴桥口岸调研。

12 月 25—26 日

天保海关与越南河江省清水口岸海关分局举行 2005 年第二次会晤。

12 月 28 至 29 日

2006 年全省检验检疫工作会召开，传达了全国检验检疫局长会议精神，表彰了在防控高致病性禽流感及科技、信息化工作中表现突出的先进单位、优秀个人。会上，对云南检验检疫局 2005 年的工作进行了全面总结，并对明年的各项工作进行了安排部署。

12 月 29 日

章凤口岸章（凤）—八（莫）的公路缅甸境内段，破土动工，重新修建。

陕西口岸工作综述

2005年口岸各单位干部职工认真学习贯彻党的十六大精神，以“三个代表”重要思想为指导，继续贯彻执行国务院办公厅和省政府办公厅《关于进一步提高口岸工作效率的通知》精神，不断开拓工作思路，制定新措施，使口岸工作与时俱进，开创了新的工作局面。

【注重调研学习，增强管理协调功能】 为全面了解口岸系统的整体情况，省口岸办领导带领干部先后走访西安海关、陕西省公安边防总队、陕西出入境检验检疫局、省公安厅、中铁集装箱西安分公司、省机场集团管理公司等单位，认真听取对口岸工作的意见和建议，对其提出需要政府出面协调解决的问题及时向省政府反映汇报，其中的部分困难和问题已得到解决；与省政府办公厅共同组织各航空公司、口岸联检单位及铁路部门负责人赴四川、深圳、上海等地进行考察和调研，经过认真思考整理，形成调研报告，将他们成功的经验与做法在陕西省进行推广和试点；为开放榆林陆路货运口岸，省口岸办组织相关单位对当地的外向型企业、货运量及开放口岸对地区经济发展所起的促进作用进行调研，建议地方政府创造条件，制定开放货运口岸的具体方案，促进地方商务工作和经济的发展；在广泛调研和认真学习的基础上，经过反复讨论和研究，提出并形成了《陕西省人民政府关于进一步加快口岸建设的若干意见》。

【充分发挥协调管理职能，圆满完成查验工作任务】 2005年陕西口岸运行情况良好，1-12月口岸监管、检验检疫进出境航班2067架次，进出境旅客226223人次，交通工具员工21371人次；监管货物31.63万吨，货物总额16.44亿美元；检验检疫出入境物品31618批，货值238806万美元。及时处理航空口岸工作中出现的问题和困难，积极为西安—德国纽伦堡货运包机的营运提供口岸有效服务；协调口岸查验单位同马来西亚航空公司执行吉隆坡—西安航线开通前的对接和筹备工作；组织口岸查验单位赴闫良机场现场查验中国飞行试验研究院从俄罗斯引进的伊尔-76飞机的入境工作；协调各有关部门做好日本航空公司部分航线的恢复工作；积极协调口岸查验单位为韩亚航空公司、东方航空公司夜航班机做好查验工作；圆满完成了国民党主席连战先生、亲民党主席宋楚瑜先生、德国联盟党议会、香港瑞安集团总裁、韩国采购团、首届欧亚经济论坛、国际顾问会议、法门寺佛指舍利赴韩国供奉等重大任务。坚持实行每月口岸现场例会制度，进一步提高例会工作质量，充分发挥口岸的协调和仲裁职能，同时做好国际航班出入境管理工作，全年发包机通知111份，保证了出入境国际航班的正常飞行。进一步搞好铁路货运口岸的铁海联运工作，更好地为陕西省进出口工作服务。口岸办领导带领陆运口岸负责同志到西安铁路局东、西站现场办公、调研，积极理顺和完善了西安铁路局西站、东站、大兴路和宝鸡东站的铁海联运工作，使铁海联运工作规范化和科学化，强化了铁海联运工作能力，保证了陕西供港活牛和果汁等产品的正常出运。为加强跨区域口岸部门之间的合作，利用天津海港口岸与边疆口岸的物流通道优势，推进口岸功能延伸，与天津市等12省、市口岸办签署了《跨区域口岸合作天津议定书》，为陕西外向型经济发展提供必要的支持。

【加强学习，完善工作制度，强化工作能力，提高工作水平，增强办事效率】 根据工作实际、与时俱进、重新建章立制，制定了《陕西省人民政府口岸办公室工作制度》、《陕西省人民政府口岸办公室党风廉政建设制度》、《陕西省人民政府口岸办公室精神文明守则》等，提高干部职工勤政、廉政的自觉性。省口岸办发起并制定了《陕西口岸联检公约》，各口岸联检单位积极响应并签约，共同开展创建精神文明口岸。

【抓好口岸基础建设工作】 2005年省口岸办在经费紧张的情况下，争取多方支持，更新了办公室及机场值班室部分办公设备和生活设施；对机场口岸联检小区进行了维修、改造，解决了小区各单位工作人员工作、生活困难问题，为进一步搞好口岸工作创造了基本条件。参与了西安咸阳国际机场二期扩建工作的前期审议工作，对口岸单位办公及生活用房提出了具体意见和建议，并书面向省政府领导作了汇报。

【全面推进电子口岸建设工作】 为贯彻落实国务院领导关于加快电子口岸大通关建设的指示精神及海关总署关于电子口岸建设的总体布署，全面提高陕西省口岸工作效率，促进口岸大通关建设。省口岸办多次与西安海关等有关部门反复研究陕西省电子口岸建设问题，先后召开政府有关部门讨论会、专题会、专家论证会；并与海关总署、中国电子口岸办进行沟通、交流，拟定了陕西电子口岸建设方案。集思广益，经过充分论证、研究，在广泛征求各相关部门意见和建议的基础上，编制了《陕西口岸发展建设“十一五”规划》。

（杜 印 闫 莺）

陕西口岸查验单位工作综述

西安海关

【概述】 2005年是海关系统深入推进现代海关制度第二步发展战略，切实提高把关服务能力的一年。一年来，西安海关以邓小平理论和“三个代表”重要思想为指导，认真贯彻落实党的十六届五中全会和全国海关关长会议精神，坚持海关工作16字方针和队伍建设12字要求，用科学发展观统领全局工作，以提高海关行政能力为主线，全面加强海关总署提出的5种能力建设，切实增强全体关员的学习意识、创新意识、法律意识、服务意识和自律意识，努力建设准军事化海关纪律部队，推动该关各项工作取得了新的成绩。

【税收再创历史新高】 全年税收入库11.92亿元，比上年（下同）增长4.23%，其中关税2.65亿元，进口环节税9.27亿元，超额完成了全年11.35亿元的税收计划，再创历史新高。2005年，针对海关税收形势一度十分严峻的情况，全关同志上下一心，各部门、各单位密切配合，深入开展综合治税工作。一是成立了综合治税工作领导小组，统一协调税收工作，召开全关综合治税工作会议，分析税收形势，明确工作重点和要求，形成了分工协作，齐抓共管，有机统一的综合治税格局。二是进一步规范了减免税货物和加工贸易合同备案的审批，组织开展了减免税货物、加工贸易和敏感商品等专项稽查、核查行动，防止“跑、冒、滴、漏”行为，全年加工贸易内销补征税款 979 万元，稽查企业 18 家，发现并移交给缉私部门涉嫌违规案件 6 起，涉嫌违法货物价值 1 亿元，涉及税款 2300 余万元。三是加大归类审价工作力度。充分运用“同名商品归类差异分析系统”，跟踪分析，及时答疑，有效降低了商品归类差异率，对关区前 100 位进口商品编制了申报规范目录，对进口商品种类多、价格风险较大的企业，实行预先集中审核，有效提高了审价水平，审价补税增长 1.4 倍，归类补税增长 4.7 倍。四是对税款入库情况适时核查，发现商业银行滞留税款情事，及时提请银行主管部门认真整改，保证了税款足额及时入库。五是积极推行网上税费支付，全年通过网上支付缴纳税款 1.02 亿元，增长 65 倍。

【通关监管改革稳步推进】 全年监管进出口货运量 31.63 万吨，增长 1.7 倍，创历史新高；进出口贸易额 16.44 亿美元，增长 26.7%；监管进出境旅客 26.41 万人次，增长 16.8%；监管进出境邮递物品 15.09 万件，增长 42%，该关监管进出境邮递物品业务量在全国海关系统排名上升至第 10 位。一是积极适应形势需要，在关区试行“多点报关、口岸验放”通关模式，与天津海关签订了《区域通关合作备忘录》，为陕西进出口企业提供了更多的通关便利；二是及时调整岗位设置和作业流程，合理调配人力资源，加大宣传力度，制订应急措施，顺利完成旅检现场改造，保证了航空口岸出入境旅客申报单制度改革工作的顺利实施；三是认真做好报关企业和报关员管理工作。全年共注册企业 444 家，年审报关员 227 人，举办报关员培训班 3 期，对 232 名报关员进行了法律法规及海关业务的培训。大力推行报关员 IC 卡管理系统，对报关员实施记分考核管理，同时对未年审的 391 家企业进行了布控，进一步规范了报关市场。

【风险管理初见成效】 根据总署统一部署，该关顺利完成了调查职能调整工作，新设机构运转正常，管理资源得到合理配置，风险管理水平进一步提高。一是成立了西安海关风险分析监控中心，在各业务现场设立了风险管理专（兼）职联络员，修订完善了相关制度。二是围绕综合治税大格局，积极开展风险分析工作。撰写各类风险分析报告 27 篇，编发《风险管理周报》47 期，《风险要情》3 期，进行风险监控 12 次，风险预警 14 次，通过风险线索追征税款 245 万元。三是以风险管理为先导，积极创新查验机制，利用风险分析成果，确定查验的重点企业和重点商品，增强了查验工作的针对性和有效性，各业务现场平均查验率由过去的 10%以上下降到 5%以下，查获率为 4.9%。

【反走私综合治理成效明显】 全年受理刑事案件 1 起，案值 597 万元，涉税 132 万元；结案 1 起，案值 1367 万元，涉税 230 万元。抓获犯罪嫌疑人 3 名。行政案件立案 29 起，其中走私行为案件 1 起，案值 213 万元，涉税 37 万元，违规案件 28 起，案值 1.3 亿元；结案违规案件 16 起，案值 3013 万元。查获淫秽、反动宣传品 6571 件。一是积极探索走私犯罪活动的新规律和新特点，狠抓大要案的侦破，相继开展了“打击加工贸易渠道走私专项行动”和“案件集中处理专项行动”，成功破获一起久侦未果的重大刑事案件，抓获了 2 名涉案案值超过千万元的犯罪嫌疑人；二是主动适应调查职能调整，采取了“一岗双责、一警多能”的办案模式，缓解了人力资源紧张的矛盾，增强了侦办刑事、行政案件的能力，得到了海关总署缉私局的肯定；三是与全省 11 个地（市）级打私办和 9 个专项斗争成员单位建立了通信联络，下发了反走私综治工作要点及调研课题任务，联合有关部门开展了打击光盘走私专项行动，推动了反走私综合治理工作的深入开展；四是认真开展了知识产权保护专项行动，进一步加大货运、旅检、邮递渠道的监管查验力度，查获两起涉嫌侵犯知识产权案件，维护了权益人的合法利益。

【积极提供通关便利和政策服务，优化通关环境】 一是出台了《西安海关支持陕西外贸发展10条措施》，扶持陕西外向型经济发展，受到了省委、省政府领导的肯定；二是召开了企业通关便利座谈会，对17家A类企业实行提前报关、担保验放等便捷通关措施；三是积极争取海关总署支持，密切与有关口岸海关联系配合，促成了西安航空口岸16条国际新航线的开通，为提高西安市国际开放程度，优化投资环境做出了努力；四是重视西安国际物流园区、航空高科技产业基地等物流建设工作，积极协调西安出口加工区B区建设，主动为西安对美国美光、法国空客等全球500强公司的招商活动提供海关政策咨询服务，受到了地方党委政府的充分肯定。

【不断改进管理手段，促进加工贸易快速发展】 大力推进对西安盛赛尔电子有限公司等3家企业加工贸易业务的联网监管试点工作，并于2005年11月10日成功实现了加工贸易联网监管，方便了企业办理加工贸易海关业务，西安海关也因此成为西北5省第一个实现加工贸易联网监管的海关，出口加工区2005年实现出口总值2021万美元，进口总值952万美元，深加工结转7973万美元；推广运用了保税仓库H2000电子账册程序，对保税仓库实现了计算机管理，结束了手工作业的状况，提高了保税监管效能。

【认真落实税收优惠政策，支持地方重点项目建设】 一是认真执行有关减免税政策法规，积极探索外部专家认证机制，解决了审批过程中遇到的各种疑难问题；二是多次派员到省内各大中型企业、大专院校和西安高新技术开发区、西安经济技术开发区、杨凌国家农业示范区，大力宣传国家鼓励发展产业的优惠政策，引导企业用好税收优惠政策；三是特事特办、急事急办，保证了神华集团、韩城第二发电厂、锦界电厂等一批国家重点建设项目所需设备的及时通关和企业的正常生产。全年共办理减免税项目备案216份，审批各类减免税3378份，减免税金额达16.8亿元，增长7.68%。

【进一步提高统计分析能力，发挥预警监测作用】 注重从源头上抓数据质量，规范了统计数据收集、汇总和核查等环节工作，坚持两级审核，确保了数据的准确性。确定专人负责统计数据的对外咨询服务，全年办理咨询服务655人次，增长62%。结合国际政治、经济形势的变化及WTO后过渡期的来临，紧密联系陕西省进出口情况开展统计分析。全年撰写统计分析文章80篇，增长43%，编发统计信息12期，统计资料11期，被省委、省政府采用16篇，其中《陕西省外贸突破40亿美元》、《中泰果蔬零关税实施一年情况调研报告》分别得到陈德铭省长和王寿森副省长批示。

【切实抓好准军事化部队建设和基层建设】 在总结前两年基层建设经验的基础上，进一步修改完善了基层建设考评办法。从基础工作做起，从基本行为准则抓起，制定了《西安海关准军事化海关纪律部队建设实施方案（试行）》，集中学习了《海关内务规范》等有关制度，分3批组织全体关员进行了准军事化训练，使队伍的组织纪律性得到进一步加强。在两个基层单位分别开展了内控长效机制试点和基层党风廉政建设责任制试点工作，对执法活动和管理活动的运行质量、效率进行了不间断监督，建立和完善了多项长效机制，为加强基层建设积累了宝贵经验。

【深入开展精神文明建设】 以开展“三优”（优良秩序、优美环境、优质服务）活动为内容，深入开展“文明窗口”和“青年文明号”创建活动，取得了显著成绩：咸阳机场海关旅检科再次被团中央认定为“全国青年文明号”，宝鸡海关首次被团中央命名为“全国青年文明号”，现场业务处被

西安海关2005年业务统计简表

类别		单位	2005年	2004年	同期对比%
报关单数量		万张	3.69	3.14	17.5%
其中	进口	万张	2.13	1.91	11.5%
	出口	万张	1.56	1.23	26.8%
监管进出口货物		万吨	31.63	11.86	1.7倍
其中	进口	万吨	20.66	5.81	2.6倍
	出口	万吨	10.97	6.05	81.3%
进出口贸易总额		亿美元	16.44	12.97	26.8%
其中	进口	亿美元	12.22	9.77	25.1%
	出口	亿美元	4.22	3.20	31.9%
监管进出境航班及包机		架次	4399	3387	29.9%
查验进出境旅客行李物品		万人次	26.41	22.61	16.8%
其中	进境	万人次	13.32	11.34	17.5%
	出境	万人次	13.09	11.27	16.1%
登记备案加工贸易合同		份	406	300	35.3%
备案进口料件金额		亿美元	4.86	3.07	58.3%
本关区企业登记备案		家	578	761	-24%
征收税款		亿元	11.92	11.43	4.3%
其中	关税	亿元	2.65	2.69	-1.5%
	代征增值、消费税	亿元	9.27	8.74	6.1%
审批减免税金额		亿元	17.34	16.08	7.8%
其中	国内投资项目减免税	亿元	6.16	8.79	-29.9%
	科教用品减免税	亿元	2.03	1.60	26.9%
	国外投资项目减免税	亿元	2.03	1.54	31.8%
	其他减免税	亿元	7.11	4.15	71.3%
立案行政案件		起	23	32	-28.1%
违法价值		万元	12913	4172	2.1倍
偷逃税额		万元	0	715	-
罚没收入		万元	544	104	4.2倍
受案刑事案件		起	1	3	-66.7%
案值		万元	596.97	8364	-92.9%
涉税		万元	131.87	1843	-92.8%
扣押违法所得		万元	0	10	-

共青团陕西省委授予“青年文明号”，该关机关工会被省直机关评为“模范职工之家”。继续组织开展了“五个一”活动，全年组织各类文体活动30余次，活跃了关员文化生活，增强了队伍的凝聚力，广大关员呈现出积极向上的良好精神面貌。

（陈 雄）

陕西省公安边防总队

2005年陕西省公安边防总队进一步贯彻周永康部长“边防部队是现役部队，要严格管理，严格要求，要从边防局机关和总队做起”和孟宏伟副部长的一系列指示精神，深入贯彻落实“二十公”和年初部局、总队两级党委扩大会议精神，积极践行立警为公，执法为民思想，以提高现役制边防检查工作执法水平、窗口形象、执勤执法能力为目标，紧紧抓住全面提升边防检查工作水平和队伍战斗力这条主线，以保持共产党员先进性教育活动为契机，深入开展“双争”和“三访四见”活动，不断增强服务意识，加大科技投入，改善软硬件环境，创造良好的口岸通关环境。2005年共检查出入境旅客226223人次，交通运输工具员工21371人次，交通运输工具2067架次，创历史最高水平，圆满完成了亲民党大陆访问团、西部经贸洽谈会、陕西省国际高级经济顾问会议、海峡两岸高科技论坛、国际古迹遗址理事会第十五届大会、首届欧亚经济论坛、佛指舍利赴韩供奉等重大边防检查任务，实现了“飞机在港零待时，法律服务零距离，规范执法零投诉，保证安全零案件”，有力地维护了西安口岸的正常出入境秩序，树立起立警为公、执法为民的一面旗帜。

【紧扣陕西改革发展和对外开放大局，实施“一跟进”】 按照省、市政府提出的建设“国际化、市场化、人文化、生态化”的发展理念，紧密结合省情、市情和自身特点，适应“大通关”建设要求，充分发挥口岸优势。总队先后向省、市两级党委、政府呈报了《关于陕西省发挥口岸优势，加大开放力度，促进经济发展的几项措施和建议》和《关于西安市发挥口岸优势，加大开放力度，促进经济发展的几项措施和建议》两份专题报告，为党委、政府制定区域经济发展计划提供参考，赢得了省、市两级领导的高度肯定和重视。针对报告中提出的争取外国领事馆进驻西安这一建议，在省市相关单位的高度重视和共同努力下，泰国驻中国领事馆顺利入驻西安，成为陕西省改革开放成果的又一个明显标志。加强联检单位的联系与协作，在总队的积极倡议和省商务厅的协调下，省口岸办、边防、西安海关、检验检疫、机场集团公司等单位共同签署了《陕西口岸联检公约》，形成一套内外、上下、左右关系顺畅、职责明确、目标清晰的工作机制。坚持每季度向党委、政府送一期《边防工作简报》，每半年写一份《西安口岸数据分析报告》，为政府研究制定西安国际航空运力发展规划，增开国际航线提供参考依据，为政府当好“参谋”。提出多开国际航线、提高区位形象的建议，西安—吉隆坡客运航线，西安—纽伦堡货运航线相继开通。

【立足岗位，延伸内涵，热情周到，彰显“三个主动”】 以“执勤执法规范、执勤设施完备、队伍管理正规、组织机构合理、政府群众满意”为标准，引导官兵从以往的“满意”中找“不满意”，从现有的“成绩”中找“差距”，注重细处着眼、小处入手，一言一行塑造形象，一举一动体现服务。4月20日，邀请西北大学公共管理学院薛冰教授给全体官兵进行礼仪知识讲座。将“请”字开头，“谢”字结尾的微笑服务的内涵不断延伸。努力从出入境旅客的需求视角出发，整合服务工作。设立咨询台，公开咨询电话，主动向旅客宣传边防执勤执法依据和旅客应该具有的权利、义务，主动帮助旅客了解出入境的有关知识。在全体执勤人员中开展“假如我是一名旅客的思考”，“如何在流动的角色塑造固定的形象”，有针对性地开展“形象规范”和“执勤规范”的训练，查摆执勤动作、语言、仪表等方面存在的问题，要求官兵做到“仪容不整洁不上岗、思想情绪不稳定不上岗、不带病上岗、不带通讯娱乐设备上岗”，引导官兵争当“形象标兵”和“规范标兵”。坚持“经济发展到哪里，服务就跟进到哪里”，把管理融入到服务当中，全力打造“平安口岸”边防管理品牌，不断优化口岸通关环境，积极为省、市重要来宾提供礼遇服务。台湾原“行政院院长”唐飞夫妇一行5人来陕考察访问，出入境时对边检便捷的通关服务和检查员良好的精神状态给予了高度称赞。唐飞先生动情地说：“一入境就感受到了陕西人民的热情，就像回家一样，希望这次大陆之行能为陕西的经济发展做一点事情。”据不完全统计全年总队官兵共为现场出入境旅客提供咨询2800多人次，帮助填写出入境卡片6000余人次，现场做好事380多人次，得到了出入境旅客的广泛赞誉。

【深化开展“双争”活动的内涵，提升边防检查工作质量和规范化执勤执法水平】 坚持每月一次的勤务分析会议制度，努力提高检查员队伍素质。组织全体检查员立足本职岗位，加强基本知识学习，采取集中培训、在岗培训、走出去学习等方式，强化技能、体能训练，苦练实战本领，有效提高口岸查堵能力。立即召开专题勤务研讨会，研究当前偷渡活动的新情况，掌握新特点，总结、积累反偷渡经验，提高检查员业务实战技能。狠抓新《出入境边防检查勤务规范》和《公安机关办理行政案件程序规定》的落实，全面推进业务正规化建设。7月6日，总队组织全体执勤人员进行了新勤务规范理论考试，进一步调动执勤人员学习新勤务规范的积极性。加强对现场执勤带班领导和科领导的勤务规范的培训，做到人人培训，个个过关；各执勤业务科科领导按照勤务规范的要求严密组织勤务，做到程序规范、动作规范、各种登记记录完备。完善各项工作措施，进一步提高处突能力。完善了《陕西公安边防总队紧急处置境内外敌对分子“闯关”滋事的实施方案》和《陕西公安边防总队处置群体性冲击堵塞口岸的情况预案》，坚持在重大节日前组织各业务科进行处置突发事件勤务演练制度，把有效打击和防范恐怖分子、法轮功分子、民运分子的闯关滋事作为重点，对口岸可能发生的恐怖、闯关、冲关等各类突发事件，加强研究探讨，做到反应迅速、控制得住、处置得当，确保口岸的安全、畅通和稳定。加强与其他单位的协作与配合，掌握工作主动权。根据《陕西省公安厅建立维护社会政治稳定情报信息汇总研判和工作协调机制方案》的要求，总队作为维护稳定信息中心成员单位，确定了一名主管领导为负责人，边防检查处为联络办公室，在日常工作中加强与反邪教、出入境、国保、网监、610办公室等警种的相互协作与配合，定期召开会议，实现情报信息资源共享。

【落实两个《规定》，全面提高部队正规化管理水平】 在抓部队正规化建设中，总队首先突出了对执勤、训练、工作、生活四个秩序的规范，充分调动广大官兵的国门意识，服务意识，立足本职，立足岗位，建立完善各类勤务制度；以开展大练兵活动为契机，突出以训促管，按照训练大纲科学组训，不断提高官兵的军事技能和业务素质；完善细化各级人员职责，制定工作标准，规范工作程序，明确工作要求，使各项工作有据可依，有章可循；按照新的“两个规定”，统一内务设置，建立健全各类库室，达到物品摆放有序，门牌标志一致，设施功能齐全，室内外环境整洁。注重抓了部队中有形的建设和无形的管理，用硬件作基础使软件上层次，先后统一了办公室设置，为中队配置了训练器材，对 机关、直属科队内务设置进行了统一，改善了官兵的训练、生活条件。六月份，总队按照部局《关于印发<公安边防部队机关正规化管理若干规定>和<公安边防部队基层正规化管理若干规定>的通知》要求，对照新修改的内容，对部队一日生活、请假销假、警容风纪、礼节礼貌、库室设置认真对照检查，重点查找官兵在日常养成方面存在的突出问题，制定有力措施，限期进行整改，极大地推动了部队正规化管理水平。

陕西出入境检验检疫局

【业务继续保持快速增长】 2005 年检验检疫出入境货物 31618 批，货值 238806 万美元，比上年分别增长 79%和 45%。其中出境 26805 批，167289 万美元，比上年分别增长 93%和 58%；入境 4813 批，货值 71517 亿美元，比上年分别增长 26%和 20%。出入境动物及动物产品检疫 566 批，货值 835 万美元，比上年批次下降 10%，货值增长 29%。出入境植物及植物产品检疫 7309 批次，货值 20555 万美元，比上年分别增长 110%和 31%。进出口食品、化妆品卫生监督检验 2710 批，货值 22872 美元，比上年分别增长 69%和 97%。传染病监测体检 8131 人次，预防接种 9189 人次。检疫出入境飞机 2070 架次，比上年增长 6%；检疫集装箱 10169 标箱，比上年同期增长 66%。签发一般产地证证书 4446 份，货值 18715 万美元，比上年分别增长 10.35%和 22.06%；签发普惠制产地证书 16650 份，货值 102167 万美元，货值增长 73.67%。检出不合格货物 126 批，货值 9823 万美元。对外索赔 817 万美元。

【全面清查“苏丹红”】 “苏丹红”事件发生后，陕西检验检疫局在第一时间作出反应，迅速成立调查组，对西安重点商场、餐饮酒店等涉及进口食品的单位进行了摸底调查。对咸阳机场口岸有关单位进行了认真清查。作为西北地区唯一具有苏丹红检测能力的检测机构，陕西检验检疫局发挥专业技术优势，协助省内外有关单位和企业开展委托检测，共检出“苏丹红”I 号 9 次，“苏丹红”IV 号 2 次。陕西检验检疫局还编发了《清查苏丹红（I 号）专报》，及时将信息通报地方有关部门。清查苏丹红专项活动确保了进出口食品的安全。

【全力防控禽流感】 陕西检验检疫局从政治高度严防严控禽流感，有效地堵截了高致病性禽流感疫情的传播。一是加强领导，实行 24 小时值班和零报告制度；二是完善应急处理预案，明确责任，细化措施，充实物资储备；三是加强检查督办，重点狠抓落实；四是主动与陕西省防控高致病性禽流感领导小组保持联系，交流情况，共同落实各项防控措施；五是提高警惕，严格检验检疫。

【严把口岸查验关】 陕西检验检疫局不断加强对咸阳机场口岸和西安陆运口岸的查验工作，努力提高截获率，严防疫病疫情及有毒有害物质和生物传入传出。2005 年，截获旅客禁止携带物品 375 批次，714 千克，比上年分别提高 15.9%和 100%，截获植物有害生物 38 批，其中国家禁止进境二类植物危险性有害生物 19 批次，有有力地保护了陕西的农业生产和生态安全。

【排除口蹄疫疫情】 2005 年 3 月，香港方面怀疑来自陕西 4 个注册育肥场的 12 头肉牛发生疑似亚洲I型口蹄疫疫情。陕西检验检疫局立即采取紧急措施，暂停了嫌疑注册育肥场的供港活牛业务，进行疫情调查、协调落实疫苗供应，强化所有注册育肥场的检疫监管，严格检疫，仔细监测，加强出口偶蹄动物肉类及其制品的检验检疫工作。后经陕西检验检疫局细致调查，排除了陕西注册育肥场存在亚洲I型口蹄疫疫情的可能性。

【促进水果出口】 陕西检验检疫局从源头抓质量，完善检验检疫体系，应对技术壁垒，制定的《陕西出口水果检验检疫质量管理体系》，在源头管理、提高质量和检验检疫监管方面发挥了良好作用，形成了一套管理规范、措施得力、运转高效、验放快捷的检验检疫监管模式，有力地促进了陕西水果的出口。为适应水果出口泰国新要求，陕西检验检疫局召开出口泰国水果检验检疫工作会议，指导企业做好注册果园和加工厂质量管理，保证了输泰水果顺利出口。积极争取陕西水果的出口解禁，派员参与了我国水果出口澳大利亚、墨西哥、阿根廷、智利、秘鲁、毛里求斯、南非、美国等国家的技术资料编写；先后接待了墨西哥、澳大利亚和阿根廷植物检疫代表团对陕西水果生产、加工的现场审核。2005年陕西检验检疫局检验检疫出口水果2192批、6.7万吨，货值3786万美元，分别较上年增长127%、71.8%和43%。检验检疫出口果汁29.1万吨，货值2.12亿美元，同比分别增长63%和80%。

【迎接美国FDA检查】 针对美国FDA对陕西3家出口果汁、1家蜂蜜企业的检查，陕西检验检疫局精心准备，深入调研，制定了以“企业全面迎检，政府创造条件，检验检疫机构陪同检查”为原则的迎检方案，多次派员深入迎检企业进行培训和现场指导，迅速有效地完成了迎检企业的硬件与软件整改。同时，按期完成了陕西、河南迎检企业送检的300多份原料和成品的农兽残、重金属等委托检测检验。美方检查官对受检企业的卫生管理与安全质量控制反映良好，并多次对陕西检验检疫局的工作成效给予高度评价。

【确保出口动物产品安全】 陕西检验检疫局对出口动物及其产品的质量从养殖阶段抓起，做好重大疫病防疫，合理科学使用饲料和药物，严格控制有毒有害药物和抗生素残留，确保最终出口的动物及其产品健康与卫生。2005年，在国内外疫情频发的情况下，陕西检验检疫局检验检疫的供港澳活牛、出口猪肉、羊肉、鸵鸟肉、蛋粉等食用动物及其产品的质量均达到了100%的合格。

【推进电子申报和电子监管】 加快检验检疫信息化建设，推进“大通关”步伐。积极推行远程电子申报，远程电子申报的企业达到近200家。积极向企业宣传尽快申请电子密钥，近200家企业办理了申请手续。直通式电子报检企业增加到了108家。积极推进电子监管工作。加强组织领导，成立了专门领导小组；召开了专题工作会议进行动员部署，制定了推广应用计划，选派业务骨干参加培训；确定了18个企业的13种商品列入电子监管推广计划。

【进一步扩大分类管理范围】 陕西检验检疫局为进一步加快验放速度，将全部机电产品、部分矿产品、纺织品、危包等出口生产企业纳入了分类管理范围，确定了两家出口龙头企业作为“出口免验”试点，上报符合实施绿色通道制度条件的企业12家，为企业出口产品快速通关起到重要作用。

【简化业务流程】 对出入境货物通关单、供港澳活牛《动物卫生证》、出口果汁的《健康证书》及《卫生证书》、进口食品/化妆品的《卫生证书》、用于通关的进口中文《检验证书》等7种单证实施签证流程简化，取消了业务处纸质证稿打印和审核环节、检务处证单复审环节。实施简化流程的证单到达12种，为快速核放、电子通关奠定了坚实基础。

【积极服务重点项目、重点企业】 陕西检验检疫局从践行“三个代表”的政治高度，认真抓好重点项目进口设备的检验监管，既把好关，又服好务。陕西的一些单位在重测珠峰和“神舟六号”载人航天工程中肩负重任，其引进设备要求时间特别紧。针对这一情况，陕西检验检疫局研究制定了八条特殊服务措施，为科研单位最大限度地提供便利。多次发现产品规格和图纸差错、设备精度不够等问题，协助找原因，及时解决问题，圆满完成了检验把关任务。陕西检验检疫局高度重视重大外事活动的专机、包机检疫查验工作，提前周密部署，给予应有的礼遇。先后完成台湾新民党主席宋楚瑜大陆访问团专机、我国政府援助巴基斯坦地震灾区物资、法门寺佛指舍利赴韩国供奉和来陕参加农高会等国际性会议的人员等专机的检疫查验工作。

【加强对重点进口商品的检疫监管】 加大对进口旧机电产品监管前伸后延，做好备案、装运前预检验、到货检验和后续的监督管理。全年共完成了15批装运前预检验任务。实施了大宗出口机电产品质量跟踪调查，派员赴欧洲对西安西玛电机有限公司的交流电动机进行调查。加大对虚报、瞒报以及有意逃检等违法行为的查处力度，对多起不如实申报、无木质包装声明、未经3C强制性产品认证的入境验证商品，以及未经检验检疫擅自安装、使用或销售等违法案件，进行了行政处罚或通报批评。

【实验检测能力增强】 陕西检验检疫局不断加大资金投入，改善实验检测条件，围绕检验检疫工作的技术难点，开展科研与制标。抓住陕西出口果汁、水果等重点商品的检验检疫难题，组织开展科研项目申报和本局项目立项工作。加强实验室的硬件建设，添置了X光机、全自动微生物分析系统等设备。目前，陕西检验检疫局对硝酸盐、亚硝酸盐、硫酸盐、磷酸盐、氟离子、溴离子、氯离子等阴离子的检测技术达到国内领先水平。

【信息化建设步伐加快】 陕西检验检疫局积极加快信息化建设，在国家质检总局的部署下，开通了2M SDH光纤线路并与国家质检总局直接互联；对所有需要接入主干网的设备按照要求进行重新规划和调整，并完成了网络切换升级。完成了各分支局2000年上线的业务服务器的更换升级，提高了网络运行质量；完成了技术中心实验室“LRP2000实验室资源管理系统”的安装、调试及使用培训工作，提升了实验室的信息化管理水平、工作效率。信息化建设为提高检验检疫工作质量、效率和有效性起到了非常重要的作用。

（赵海波）

陕西口岸大事记

1月17日

经过近三年的筹备，西安—德国纽伦堡货运包机航线开通，在西安咸阳国际机场举行首航仪式。

3月7日

陕西口岸办召开“研究讨论编制陕西省第十一五口岸发展规划专题座谈会”。

3 月 15 日

由马来西亚航空执行的西安—马来西亚吉隆坡航线开通，在西安咸阳国际机场举行首航仪式。

3 月 29 日

赴闫良机场查验中国飞行试验研究院从俄罗斯引进的伊尔 76 飞机。4 月 18 日赴天津市参加跨区域口岸合作备忘录签字仪式。

4 月 28 日

与西安海关、陕西出入境检验检疫局、陕西省边防总队、省公安厅口岸签证处、中铁集装箱西安分公司、陕西机场管理集团公司等部门签署《陕西口岸联检公约》。

5 月 1 日

韩亚航空公司执行西安—汉城夜航航班。

5 月 5 日

协调给予台湾亲民党主席宋楚瑜先生率领的大陆访问团抵离陕西通关礼遇。

6 月 13 日—9 月 18 日

对西安咸阳国际机场口岸联检小区的食堂、办公、生活设施进行修缮。

6 月 17 日

陕西电子口岸建设工作开始启动。

7 月 16 日

协调给予以日本香川县日中友好协会会长藤井贤为团长的“日本香川县绫南町代表团”通关礼遇。

9 月 30 日

中国国际航空公司开始执行西安至法兰克福、伦敦、巴黎、纽约、旧金山、洛杉矶、温哥华 7 条国际代码共享国际航班。

11 月 3 日—4 日

运载中国政府紧急支援巴基斯坦地震灾区物资的 2 架波音 747 货运包机从西安咸阳国际机场航空口岸运送起飞。

11 月 11 日—12 月 20 日

法门寺佛指舍利赴韩国供奉,11 日凌晨 1:30 从西安航空口岸起飞前往韩国汉城,20 日晚 22:30 供奉归来。

甘肃口岸工作综述

甘肃地处中国内陆腹地，地形狭长，国土总面积42.58万平方公里。全省设14个个市（州）、87个县（市、区），总人口为2600多万，共有45个民族。面积占全国的4.5%，人口占2%，GDP占1.1%。省会兰州市是中国陆域版图的几何中心，在西北地区处于“座中四联”的位置，是西北最大的交通通信枢纽和物流中心，具有较强的中心辐射作用。

甘肃土地资源丰富，现有耕地7485万亩，人均耕地2.16亩；草场面积2.52亿亩，水草质量好，为全国五大牧区之一；林地面积7731万亩，木材蓄积量近2亿立方米。

甘肃水资源主要分属黄河、长江、内陆河3个流域9个水系。全省河流年总径流量415.8亿立方米，水能资源蕴藏量丰富，居全国第四位。

甘肃矿产资源丰富，已发现156种有用矿产。探明D级以上储量的矿产达81种，列全国前10位的有61种，其中镍、钴、锌、铬、铜、锑、重晶石、菱鲜矿等位居全国前列，具有明显优势。

甘肃拥有丰富的旅游资源，全省共有320多个旅游景点，文物古迹1000多处，被列为国家重点文物保护单位的有43处，被列为省级文物保护单位的有526处。著名的艺术宝库敦煌莫高窟、中国六大藏传佛教圣地之一的夏河拉卜愣寺、万里长城最西端的嘉峪关、天水麦积山石窟等享誉全国乃至世界。

甘肃工业以电力、煤炭、有色金属、石油化工、机械电子、轻工纺织、食品医药、建筑材料为主，是全国重要的原材料和能源工业基地。

甘肃国民经济发展较快。2005年全省实现生产总值1928.14亿元，比2004年增长11.7%；财政一般预算收入达123.38亿元，增长18.45%；完成全社会固定资产投资874.53亿元，增长15.68%；城镇居民人均可支配收入达到8086.8元，增长9.63%；农民人均纯收入达到1980元，增长6.9%。

甘肃对外经济贸易发展迅速。2005年全省完成进出口26.33亿美元，同比增长49.5%，首次跨过了20亿元大关，取得了历史性的突破。其中出口完成10.91亿美元，同比增长9.5%；进口完成15.42亿美元，同比增长101.2%。全年新批准外商直接投资合同项目34个，吸收外商直接投资合同金额1.34亿美元，实际使用外商直接投资0.20亿美元。全年对外承包工程和劳务合作合同金额达到0.96亿美元，同比增长141%；对外承包工程和劳务合作完成营业额0.58亿美元，同比增长46.52%。目前，与甘肃省有经济贸易往来的国家和地区已达130多个。对外经贸的快速发展有力促进了口岸的发展。

经过多年的不懈努力，甘肃口岸建设稳步推进，基础设施不断改善，管理和协调功能逐步加强，通关服务水平不断提高，基本保持了与国民经济和社会的同步发展的速度。目前，全省拥有2个一类口岸和1个二类口岸，即兰州航空口岸、马鬃山陆路边境口岸和兰州铁路口岸。公路二类口岸建设正在积极开展前期工作。甘肃电子口岸平台已经正式开始建设。

兰州航空口岸有了新的发展。自2004年起，兰州航空口岸被国家确定为全国穆斯林朝觐的四个出入境口岸之一，顺利完成了甘肃朝觐团包机直飞沙特的往返任务；2005年起又被确定为甘、青、宁三省区穆斯林朝觐的出入境口岸，圆满完成了三省区朝觐团3760多人包机直飞沙特的往返任务，占全国有组织朝觐人数的56.3%，积累了开辟国际直飞航线的经验。作为国际备降机场，还顺利完成了世界银行行长包机等的入（过）境任务。2005年，兰州航空口岸飞行包机出入境航班13个架次，出入境旅客达到4929人次，分别比2004年增长30%和205%。航空口岸物流业发展迈出重要的一步，占地面积60多亩的兰州空港国际物流中心于2005年10月建成投入使用，成为甘肃首家集航空运输、汽车运输与国际物流于一体的现代化海关监管场所。经过多方努力，马鬃山—那然色布斯台边境口岸复通工作取得积极进展。铁路口岸的进出口货物流量不断增长，2005年进出口监管货物达101.3万吨，比2004年增长68%，其中进口95万吨、出口6.3万吨，已具备了一定的规模和基础。

跨区域口岸合作迈出了新的步伐。积极推进东西口岸合作交流，甘肃口岸与沿海口岸、边境口岸的合作日益密切。2005年与天津市签订了《跨区域口岸合作天津议定书》，与新疆签订了《口岸合作协议》，实现了两地口岸联动和功能互为延伸，为甘肃进出口货物快速通关和转关，发展海铁联运、陆路运输提供了便利，提高了运转效率。

甘肃口岸查验单位工作综述

兰州海关

2005年，在海关总署党组的正确领导和地方党政的大力支持下，兰州海关认真贯彻党的十六届四中、五中全会精神、中央经济工作会议、全国海关关长会议精神及全国海关党风廉政建设和反腐败工作会议精神，以科学发展观和构建和谐社会理论为指导，认真落实海关工作16字方针和队伍建设12字要求，“强化基础，规范管理，求真务实，发展创新”，各项工作取得了明显成绩。2005年，各项业务指标均创建关以来历史新高。两税入库6.47亿元，比上年（下同）增长75%；货运总量101.5万吨，增长60%；监管进出口货物总值10.2亿美元，增长141%；加工贸易合同备案金额4.7亿美元，增长150%；实际减免两税8.1亿元，增长2.5倍。立案调查违法违规案件11起，案值6800万元；审理终结行政案件14起，案值12781万元；办结走私犯罪刑事案件3起，案值5722.4万元；罚没款实际入库235万元；稽查企业10家，稽查补税2858万元，监管进出境人员4929人次。

【坚持综合治税，科学征管，税收入库大幅增长】 2005年两税实际入库6.47亿元，比上年增长75%，增幅居全国海关第二位。税收大幅增长的主要原因：一是地方外向型经济的快速发展。2001年以来，甘肃省外贸依存度逐年上升，从6.2%上升至9.4%。加之，海关工作不断适应经济社会发展的需要，立足本职、积极支持、扶持地方外向型经济的发展，也有力的促进和推动了外贸依存度的提升；同时，海关继续坚持以税收工作为“轴心”，建立健全税收征管机制，努力提高综合治税大格局的整体能力。深入关区税源大户企业，认真开展税源调研，掌握关区进出口趋势和税收动态；加强与口岸海关的联系沟通，切实解决转关运输瓶颈问题，努力打造畅通工程，提高属地纳税比例，2005 年属地纳税比例达到 44.6%；综合治税意识明显增强，各涉税部门相互配合、沟通情况，切实加强审价、归类、反价格瞒骗、加工贸易核销补税力度，严防“跑、冒、滴、漏”，保证税款及时足额入库。审价归类补税 2248.66 万元，比上年增长 162%。一般贸易价格水平保持稳定，一直在绿区以内；加工贸易核销补税 678 万元，比上年增长 4.1 倍。

【改革监管模式，通关监管能力进一步提高】 一是进一步规范和完善了海关监管场所，推动甘肃空港国际物流中心监管场所建设，完善了监控硬件设施，制定了管理细则，实行了派员驻场监管。二是进一步规范了提前报关、转关监管、舱单管理等各环节，加强了与转关业务量较大的口岸海关的联系沟通，并对货运量占关区 90%以上的大宗散货和异地到货的监管模式作了有益的探索，确保了监管的有效性。2005 年，转关监管货运量达 101.5 万吨，创建关以来历史新高。三是通过单证分析确定查验重点，保证对于重点敏感商品、必验商品、加工贸易进口料件的重点查验力度，提高查验布控的针对性和命中率，现场查获率达 23%。四是认真做好对朝觐旅客的监管工作。2005 年，兰州被定为甘、青、宁三省（区）朝觐旅客出境点，总人数达到 4929 人，占全国朝觐旅客的一半以上。在任务重、压力大的情况下，海关积极宣传政策，开展内、外部培训，统筹调配人力，制定具体监管实施方案，确保了监管到位。五是天水监管组以打基础、抓管理、促服务为重点，推进业务工作全面有效开展。六是积极推进电子口岸建设。主动与地方政府领导沟通，上报地方电子口岸建设方案，在甘肃省政府的支持下，建立了领导体制和工作机制，推动召开了甘肃电子口岸建设领导小组工作会议，省政府下发了《关于甘肃电子口岸建设的意见》，12 月 30 日，甘肃省政府与海关总署签署了合作建设甘肃电子口岸备忘录；扩大“电子口岸”项目应用范围，积极推进“网上税费支付”项目的实施，使网上支付业务发展迅速，取得明显成效。2005 年，通过“网上税费支付”系统缴税 137 笔，共 3.3 亿元，占入库税款的 51%。

【保持打私高压态势，发挥稽查职能作用，净化进出口环境】 发挥缉私部门刑事、行政执法的职能作用和关警合作的优势，整合资源，人员互动，形成合力，积极组织开展专项行动和专项整治。综合运用侦查、调查、稽查等手段，打击和震慑走私犯罪活动。建立反走私情报和预警机制，充分利用各类情报、信息资源，提高了海关正面监管和防范走私能力。继续落实反走私综合治理，加强与各有关执法部门及行业主管部门的协作配合，坚持打击与规范、整顿与治理一起抓，积极推进建立全社会反走私的长效机制。稽查工作按照实现现代海关制度第二步发展战略的总体要求，实现稽查机构职能调整一步到位，强化稽查工作在后续监管中的职责、地位和作用，以规范企业进出口行为为目的提高稽查效能。2005 年，开展规范企业行为 12 家，建立与企业的新型伙伴关系，与 3 家企业签定了 MOU。

【统计服务意识进一步增强，辅助决策作用进一步发挥】 全面落实统计质量责任制，提高统计数据质量，积极探索新形势下海关统计职能的实现方式。充分运用海关统计数据的优势，更好地为地方党政和相关部门快速、准确地提供进出口数据信息，有针对性的开展多层面、高质量的统计分析及咨询服务，积极拓展统计工作的服务面和影响面。

【转变作风，强化服务，全力支持地方外向型经济发展】 一是走访部分市（州）党委、政府，加强沟通，了解情况，宣传海关的政策、法规，寻找海关工作支持地方经济社会发展的着力点，以更好的服务地方经济社会的发展。二是进一步加大关务公开力度，增强海关执法透明度。开通了兰州海关门户网站，公开各业务部门工作职责、海关办事程序、职业纪律，业务收费标准；增设关长热线，公开有关办公电话，为企业办理海关通关手续提供便利。三是重新修订推出了《兰州海关支持扩大出口服务八项措施》；进一步完善和落实了“兰州海关首问责任制”、“一次退单、两次办结”制度；对通关作业时限作出服务承诺，并通过新闻媒介向社会公开，主动接受社会各界的监督。四是及时维护报关大厅电子大屏幕显示屏、报关实用手册多功能触摸屏查阅系统，向企业宣传国家和海关最新政策、法规，提供报关自动化各种信息及咨询服务，极大的方便了企业。五是落实 24 小时预约通关和处、科长带班制度，及时处理疑难问题；支持重点企业发展，开辟绿色通道，对 A 类企业、重点国有大中型企业进口的技改设备和货物提供“三优先”服务；方便企业办理大宗散货的进出口手续，对采用批量进口且加工周期较长的氧化铝、镍精矿、铜精矿等货物，凭金融机构出具的保函，不必实际交纳保证金，可分批办理海关手续，减少了企业资金占压，提高了企业资金利用率。

【努力提高咨询服务水平】 抓住甘肃经济社会发展中的热点、重点问题撰写统计信息，适时反应甘肃省进出口状况，为省委、省政府领导提供决策依据和参考；除定期向省委、省政府提供进出口相关信息外，每月、每季度还向各市、州党政领导及相关部门提供相关信息。组织专门力量，结合省情调研撰写了《甘肃省外贸与西北其他省、区比较》、《西北五省区省会城市五年来外贸发展比较分析》等 7 篇专题分析文章，得到了地方党、政领导及有关部门的好评，收到了较好的效果。甘肃省委常委、兰州市委书记陈宝生专门致函，对兰州海关主动支持地方经济发展，积极建言献策的做法表示感谢。

【认真执行政策，积极创造条件，促进企业发展】 一是根据甘肃省地形东西狭长的特点，为进一步改善投资环境，方便甘肃省河西地区企业办理进出口海关手续，积极协调推动酒泉海关建设，争取早日揭牌开展业务。二是针对国家对西部地区基础设施建设的投资和大中型国有企业技术改造项目逐年增多，科研项目减免税增加的实际，依法执行减免税政策，积极支持企业享受国家税收优惠，大力支持地方特色产业的发展，促进地方经济社会发展。

【提高加工贸易保税监管能力，促进了地方外贸经济持续健康发展】 积极开展政策宣传，帮助有条件的企业大力开展加工贸易业务，重点扶持国有大型企业的转型升级。如：金川公司基本以一般贸易为主，针对该企业产品在国际、国内市场上具有相当竞争力优势的实际，关领导带队深入企业调查研究，指导和帮助企业开展加工贸易业务。该企业自 2003 年 6 月起开展进料加工贸易业务以来，业务量迅速扩大，出口创汇额大幅度增长。2005 年加工贸易出口创汇 1.29 亿美元，占全省加工贸易出口的 39.1%，成为全省加工贸易出口第一大户。2005 年加工贸易备案金额达 3.9 亿美元，占关区加工贸易总值的 82%。在 2004 年对加工贸易历史遗留问题进行清理的基础上，按照海关总署有关要求，2005 年对 18 家企业的 34 本手册进行了再清理，并上报了海关总署，减轻了企业负担，规范了管理，促进了加工贸易业务健康发展。2005 年，甘肃省加工贸易进出口总值达到 6 亿美元，比上年增长 63.6%，占全省对外贸易额的 22.7%。

【建立良好的关贸、关企新型合作关系，共同营造良好的进出口环境】 与商务、铁路、民航等部门建立联系配合办法，完善联系协调机制；将信任管理与规范企业行为相结合，加强与国有大中型企业的协作、配合，推进以建立关、企合作伙伴关系为主要内容的MOU工作；落实了《兰州海关A类企业信任管理办法》；举办报关员培训班，提高了报关员业务水平；通过报刊、电视等媒体深入企业及时宣传国家最新政策。

【外部执法环境进一步改善，海关工作得到地方党政领导的重视、肯定和社会各界的认可】 年初，省委书记苏荣同志做了重要批示："兰州海关立足本职，着眼全局，为促进甘肃省经济结构调整，加速外向型经济的发展做出了重要的贡献，希望兰州海关进一步加强业务建设和队伍建设，做到依法行政，守好国门，千方百计地促进外贸进出口总额的快速增长，为甘肃全面实现建设小康社会的目标再立新功"。省长陆浩同志在有关材料上批示："我省近年来进出口贸易发展较快，兰州海关做了大量的工作"。副省长孙小系亲自出席兰州海关工作会议并指出："兰州海关主动置身于地方经济建设和发展的格局中，在国家实施西部大开发战略和地方对外开放过程中把握和思考海关工作，依法行政，为国把关，锐意进取，高效服务，为促进甘肃外向型经济的快速发展做出了重要贡献。"特别是近两年以来，立足于"打基础、抓管理、强素质、带队伍"，以求真务实的精神圆满完成了各项工作任务，各方面都取得了有目共睹的成绩，省委和省政府是满意的。最近，省委书记苏荣同志、副省长孙小系同志再次对兰州海关工作给予充分肯定。苏荣同志在《兰州海关2005年工作汇报》上做出批示："今年我省进出口总额增幅较大，兰州海关功不可没。对海关全体工作人员做出的辛勤努力，省委表示感谢。希望海关再接再厉，明年工作再上新台阶。"

兰州海关2005年业务量统计表

项目		单位	2004年	2005年	比上年同期±%
监管进出口货运量		吨	634035	1014986	60
其中	进口货运总量	吨	632681	951820	50
	出口货运总量	吨	1354	63166	4565
监管进出口货运值		万美元	42451	102422	141
其中	进口货运总值	万美元	40353	91073	126
	出口货运总值	万美元	2098	11349	441
税款入库		万元	37034	64748	75
其中	关税	万元	3674	8323	127
	进口环节税	万元	33360	56425	69
上缴罚没收入		万元	241	235	-3
经批准内销补税		万元	111	656	489
减免关税		万元	6408	19708	208
减免进口环节税		万元	17018	61291	260
进出口货物补关税		万元	58	86	49

项　目	单位	2004年	2005年	比上年同期±%
进出口货物补代征关税	万元	798	2163	171
备案加工贸易合同	份	59	53	-10
备案进口料件金额	万美元	18854	47201	150
稽查补税	万元	495	2858	477
查处行政案件	起	8	11	38
行政案件案值	万元	12321	6800	-45
走私犯罪刑事结案	起	—	3	—
走私犯罪刑事结案案值	万元	—	5722	—
监管进出境人员数	人次	1626	4929	203

兰州出入境边防检查站

2005年，兰州边检站在上级党委的正确领导下，坚持以十六大和十六届四、五中全会精神为指针，努力践行“三个代表”重要思想，以“二十公”会议和部局、总队两级党委扩大会议精神为指针，认真开展“双争”活动和“三访四见”活动，圆满完成了朝觐航班和临时包机的检查任务。狠抓边检执勤执法、部队正规化管理和基层建设，各项建设取得了长足发展。

【牢固树立“立警为公、执法为民”思想，激发广大官兵爱岗敬业绩精神，推动了各项工作的发展】 按照总队的统一部署，完成了学习动员、分析评议和整改提高三个阶段的先进性教育。利用时间集中学习了《党章》、《中共中央关于开展以实践“三个代表”重要思想为主要内容的保持共产党员先进性教育活动的意见》、《保持共产党员先进性教育读本》，广大官兵每人完成学习笔记2万字以上，撰写心得体会文章3篇以上，《党性分析材料》5000字以上，并有针对性地提出了个人整改方案。通过教育，广大党员焕发出了前所未有的工作热情和良好的精神风貌；确立了“端正执法思想、强化岗位培训、完善勤务组织、确保服务质量、优化通过环境、提高通关速度”的工作目标，深入开展教育，增强了检查员做好边防检查工作的责任感和使命感。一是加强宗旨教育，增强服务意识。按照部局开展“双争”活动和“三访四见”活动的具体要求，加大了检查员的宗旨教育、爱岗敬业教育、奉献精神教育力度，教育检查员牢固树立管理就是服务的理念，以新的姿态和方式投入工作，获得工作主动权。二是加强法制教育，树立“三个意识”。为保证检查员人人达到自觉学法、自觉守法、正确用法，检查员不分岗位性质，都要掌握基本的法律知识，并督促其加强自学，通过函授、自考等方式，提高法律素质，扩展应用能力，防止发生执法错误。教育检查员从思想上解决好“为谁执法、为谁服务”的问题，牢固树立群众意识、人权意识、法治意识，始终带着对人民群众的深厚感情去做工作，切实杜绝凭个人主观想法和感情办事的现象，确保严格、公正、文明执法。三是加强警示教育，提高防范意识。通过对有关典型案例的学习、分析，使官兵们充分认识了边检工作的重要性、严肃性和严格依法行政的必要性。全体人员都能从讲政治、讲大局和践行“三个代表”重要思想的高度来对待边检工作，达到了筑牢思想防线、正确看待权力的目的。

【严格落实新的《出入境边防检查勤务规范》，严密勤务组织，圆满完成了出入境航班边防检查任务，确保口岸安全畅通】 新《规范》印发以后，全站组织全体检查员对《出入境边防检查勤务规范》进行了集中培训，使各级人员了解新《规范》制定出台的相关背景、原则和特点，熟悉了出入境边防检查勤务各岗位职责，掌握了边防检查各项勤务组织的基本要求、制度、规定和常见勤务问题的处理方法。针对检查员岗位实际，对《规范》中要求的不同岗位职责进行了合并调整，制定了适合检查员队伍现状的岗位及其职责，明确规定了每名检查员的责任。在朝觐包机、金鹿公务机有限公司包机和世界银行行长保罗·沃尔福威茨先生一行 7 人乘坐的东京至兰州包机检查中，严密组织勤务，热情为旅客服务，以饱满的精神状态、严整的警容仪表和一流的服务水平，赢得了旅客和相关单位的高度评价。尤其是在担负甘、青、宁穆斯林群众朝觐航班出入境边防检查工作中，针对任务量较重的情况，主要抓了五个方面的工作：一是规范勤务组织程序，圆满完成了出入境边防检查任务。修改完善了勤务组织制度、《兰州边检站争创“执法为民窗口”、争当“执法为民标兵”活动方案》。全年共检查出入境飞机 13 架次，出入境旅客员工 4861 人次。二是按查控工作制度办事，确保执勤安全。根据查控工作规范要求，坚持科长每周、站长每月检查布控制度落实情况，加强请示汇报工作，确保了接、布、控、查四个环节的绝对安全。三是积极开展检查员岗位练兵活动。组织检查验证模拟训练，举办文检仪使用培训班，组织出入境卡片录入训练，举办法律培训班，通过各种方式和手段，大力开展检查员岗位练兵活动，提高了检查员的业务工作技能。四是立足实际开展“双争”活动，树立良好的窗口形象。制定具体实施方案，明确各级人员责任，迅速组织开展了以端正执法思想，强化岗位培训，完善勤务组织，提高服务质量，优化通关环境，提高通关速度为主要内容的“双争”活动。官兵在执勤过程中，牢固树立形象，扎实开展“三访四见”活动，严格遵守《文明执勤守则》，贯彻落实便民利民措施，用自己的文明形象赢得了旅客们的满意；五是实行警务公开，广泛接受社会监督。深入旅行社和联检单位，征求意见和建议，自觉接受群众监督，不断深化勤务改革。站纪委还定期对执勤工作进行检查，通报存在问题，提出改进意见，促进了边检执勤工作质量的提高。特别是在年底对朝觐穆斯林群众的出入境检查工作，受到了各级政府和地方群众的大力赞扬，树立了形象，做出了榜样。

【积极开展多种形式的培训和学习，提高检查员队伍的综合素质】 兰州边检站把提高检查员业务素质作为落实“双争”活动和“大练兵”活动的基础来抓，注重强化培训的实战性，在理论与实践的结合上下功夫，一是建立检查员业务考核档案，定期对检查员业务学习情况进行考核，督促检查员在规定时间内掌握规定的学习内容，确保随时能够拉得出、打得赢。针对检查员不同层次，制定详细的业务学习计划和目标，要求检查员在规定的时间段内学深学透规定的业务知识，达到一定的技能标准，不断取得新的进步，以适应工作需要。采取笔试和模拟操作等方式，检查学习情况，对考试成绩未达到规定目标的检查员实施谈话制度，提出具体改进意见，督促其加强学习。二是定期组织业务知识专题辅导，指定专人备课、授课，集中检查员共同研究常见护照的防伪暗记，有计划、有步骤地提高检查员的实战技能。三是组织检查验证模拟训练和出入境卡片录入训练，消除检查员因长期不上检查台而造成的心理紧张问题现象，规范检查验证程序，确保平均检查一名出入境旅客的时间在45秒钟以内。四是派出7名业务骨干赴福州机场边检站进行了为期4天的业务学习和交流，实地观摩了伪假证照演示系统和“四位一体”旅客信息综合管理系统，增长了见识，拓宽了视野。五是举办了一期执法办案培训班，聘请甘肃省警察学院的教授、专家前来授课，系统学习了边防检查机关办理行政案件的有关法律、法规及文件规定，规范了法律文书的制作，提高了检查员依法执勤的能力。六是举行了一期普及性边检业务知识培训班。以边防检查工作的任务、性质、职权、特点等为主要内容，从护照签证制度、出入境人员检查、法律法规、情况调研等六个方面，通过专人授课、座谈讨论等形式，使非检查员岗位的人员系统了解了边防检查基础知识。八是抓好检查员等级考试的复习工作，督促新检查员自学等级考试教材，熟练掌握应考内容，早日获得资格证书，投入证件检查工作。全年共有8名干部通过了初级检查员等级考试。

【加强行政管理和军事训练工作，确保部队安全稳定】 坚持以条令条例管理教育部队，规范办公秩序，在四月份进行了“条令条例学习月”活动，根据条令的要求找事故隐患，查思想根源，并制定了《正规化管理实施细则》，重点解决了工作中出现的管理松懈、落实条令不力、秩序不正规等问题。按照训练大纲内容，积极开展大练兵活动。集中时间对队列、擒敌、射击、体能等科目进行了训练，按标准完成了训练任务。为保证部队的安全，预防各类事故案件的发生，站常委始终把“两防”工作贯穿于各项工作中，定期召开“安防”形势分析会，把握重点部位，防患于未然。积极开展“百日安全无事故”和“三无”评比活动，坚持预防为主，严格落实中央军委颁发的《中国人民解放军安全工作条例》、部边防局《安全防事故若干规定》和“五条禁令”，逐级落实安全责任，加强队伍管理，确保部队的安全稳定。

兰州边防检查站2005年业务统计表

出入境航班架（架次）	13
出入境人数（人次）	4861

甘肃出入境检验检疫局

2005年，甘肃检验检疫局在国家质检总局和甘肃省委、省政府的领导下，以邓小平理论和“三个代表”重要思想为指导，以开展保持共产党员先进性教育活动为契机，以深化检验检疫监管执法为主线，以强化服务为重点，以队伍建设为保证，全面落实科学发展观，使检验检疫事业的各项工作都有了新的发展。全年共检验检疫进出口商品9429批，货值11.52亿美元，同比增长16.10%和7.00%。其中出境8503批，货值7.18亿美元，同比增长16.54%和5.00%。入境926批，货值4.3亿美元，同比增长11.84%和10.48%。发现不合格商品44批，货值211万美元。其中出境29批，152万美元；入境15批，59万美元。出入境人员健康体检2138人次，预防接种5270人次，检出检疫性传染病例118人次。

【努力扶持农产品出口】 2005年，甘肃检验检疫局把扩大农产品出口作为支农惠农的一项中心工作，列入议事日程，局领导亲自挂帅，分工负责。把全省农产品出口区域分为4个片，每位局领导负责一片，进行调查研究，现场解决问题。年初，根据局里的建议，省政府召开了全省促进农产品出口工作会议。之后，又在酒泉召开了促进河西地区出口食品、农产品座谈会，研究如何扩大甘肃省的食品、农产品出口和增加农民收入问题；平凉检验检疫局对所辖地区的农产品出口状况进行了调研，提出了促进农产品出口的意见和建议。还与庆阳市政府签署了《关于促进庆阳市农产品出口的合作协议》，积极帮助出口企业及时了解国外有关规定，引导企业适应国际贸易通行规则，增加农产品向国外出口的机会，实现出口市场多元化。双方各自成立了领导小组，各负其责，各司其职，通力合作，目前庆阳已成为甘肃省农产品出口大市。

【禽流感防控取得了阶段性成效】 2005年，一场突如其来的禽流感到处施虐。为了打好全面预防和控制人感染禽流感战役，甘肃检验检疫局认真贯彻落实《口岸人感染高致病性禽流感卫生检疫应急预案》和“口岸防病八项制度”。对出入境人员严格按照口岸查验规定，认真填写“健康申明卡”，要求检验检疫工作人员做到“五个到位”、“五个及时”。严密防控人感染禽流感。在禽类食品加工制作、销售环节中，加强对原料及半成品的采购、加工、储存、运输、销售等各个环节卫生监督，保证产品及原料来源渠道正规，严禁从疫区采购禽类及其产品，从而有效的控制了禽流感在甘肃境内的蔓延。

【从源头抓质量，强化认证认可职能】 为最大限度的避免农产品出口遭遇国外技术壁垒，采取多种措施，及时向出口企业通报国外有关技术法规、标准、规范和要求，从增强企业自身的“造血”功能入手，指导帮助企业建立和完善质量保证体系。有66家企业通过了ISO9000认证，11家完成HACCP认证，11家参与CCC企业检查，5家通过ISO14001环境管理体系认证、OHSAS18001认证。考核包装生产企业12家，受理申请卫生注册企业30家，吊销了4家不符合要求的生产企业的卫生注册证书，并通过有效监管，使甘肃省出口卫生食品企业的整体水平有了进一步提高。

【全面加强检验监管，积极探索新的检验监管模式】 狠抓敏感商品的检验检疫，严防疫病疫情发生。加强对重点商品和特色商品的检验监管，对涉及安全、卫生、环保且质量不稳定的商品实行批批检验；对国有大型企业质量稳定的出口商品实行分类管理；对出口商品包装实行周期性检验；加强对出口食品生产企业产前的督促检查，积极做好驻厂巡回检查工作；把检验业务按照辖区进行了调整；帮助企业改进出口包装，降低成本；及时召开产品质量和各类业务协调会议；努力提升实验室检测能力和水平。通过上述一系列措施，强化了外贸进出口企业人员的质量意识，树立了质量是检验检疫生命线的思想，形成了一整套质量控制管理体系。

【对名、特、优产品实施原产地标记认定】 2005年甘肃局采取加大宣传力度，主动帮助企业创造条件，做好初审及推荐工作。全年共完成了8种产品的原产地地理标记和原产国注册申请，2种产品已通过注册工作，保护了原产地知识产权，增强了甘肃省产品出口竞争力和市场占有率。

对马铃薯、优质果品、草畜产品、蔬菜、啤酒原料、酿造葡萄、中药材、花卉等10大类省重点扶持的具有优势的农产品，开展对病虫害动态及农残的调研和监控工作，通过大量调查和走访农户，了解了病虫害发生的规律以及农药使用情况，加大了抽检频率，严格防止由于农残超标而出现的隐患，使甘肃省农产品生产安全得到保障。

【帮助农产品生产加工企业生产适销对路的产品】 与有关地市相关部门联合，从畜牧业养殖种植生产基地建设抓起，帮助建设进口动植物隔离场，引进国外优良作物和种畜禽良种，实现甘肃省农牧业品种改良，提高农业产品的质量。积极做好供港活牛育肥场的注册工作，局领导先后带队深入宁县兴旺牧业有限责任公司、平凉市景兴清真肉食有限责任公司和平凉市雄风实业有限责任公司所属的活牛养殖场，完善相关条件，并向国家局积极争取，使他们相继成为拥有向港澳地区出口活牛资格的注册育肥场。

【贯彻“科技兴检”战略思想】 审定通过了2005年度科研计划，上报了本年年度科研项目计划任务书，争取总局科研立项3项；确定局立项课题7项，审定了课题经费划拨计划；对2004年度完成的3项总局下达课题、1项甘肃省科委下达的课题和9篇优秀论文进行了评奖和表彰，推荐选拔了3位学科带头人，召开了科技人员座谈会，广泛听取科技人员对科技工作的意见和建议。制定了《科技项目及经费管理办法》、《科学技术管理办法》、《科学技术奖励办法》，进一步提高科技管理水平。

积极申请实验室的认可评审工作。将三个分支局的实验室纳入了中心实验室的质量管理体系，建立了以中心实验室为主体，覆盖三个分支局的实验室网络管理系统，通过该系统，整合实验室资源，实现了实验室资源共享和检测数据及结果的实时传送，提高了检测工作质量和工作效率，保证了检测结果的准确性。九月份向国家实验室认可委员会‘CNAL’提出认可申请，八个实验室综合申请了金属材料、化工矿产、食品、农产品、药材、中成药、植物检疫、动物检疫、兽医等9个领域，申请认可检测的产品/产品类别为21类共169个项目，其中15类产品的106项为现场实验，全部通过了中国实验室国家认可委员会实验室初次评审。

【加快大通关建设】 甘肃局对全局系统网络建设需求进行了科学调研，并根据总局要求，合理布局全局计算机网络体系：一是对广域网通讯设备重新进行调试，解决了国家局、省局、分支局之间的互联互通；二是将互联网接入方式改为10兆光纤，解决了报检企业、报检员电子申报以及电子转单、电子报检、产地证系统通讯不稳定和网速过慢的问题；三是全面运行了办公自动化，避免了文件积压，提高了文件运转速度和工作效率；四是为适应新的信息工作需求，通过充分调研，新改建了计算机中心机房，将原有计算机中心及大通关配备设备进行整合使用，切实提高网络信息化工作水平；五是完成了国家质检主干网的接入；六是和兰州海关签署了合作协议。

【机关内部建设取得新进展】 干部队伍得到了充实。2005年，通过笔试、面试、演讲、民主测评、组织考察等环节，本着公开、公正、透明的原则，公开选拔副局长1名，老干处副处长1名，并增补了4个助理调研员岗位。

精神文明创建再创佳绩。2005年10月26日，中央文明委批准甘肃局为“全国精神文明建设工作先进单位”，从而使甘肃局的精神文明创建工作再上新台阶。

党风行风廉政建设注入了新的内容。开展了整顿办班秩序工作，组织副处以上领导干部参观了“反腐倡廉教育展览”，组织干部职工观看了警示片、党的好干部牛玉儒等电教片。充分利用周例会、中心组学习、党支部活动等时间，对广大职工进行党风、行风和廉政建设教育。对工作中廉洁奉公者和好人好事及时在全局通报表扬。坚持教育为本，干部职工的拒腐、防变能力明显增强，检验检疫形象得到进一步提升。

甘肃出入境检验检疫局 2005 年体检及交通工具、集装箱检疫统计表

		监测体检及预防接种（人次）				交通工具检疫	集装箱检疫
		监测体检	艾滋病监测	发现病例数	预防接种	飞机（架）	合计
2005 年累计		2138	2138	118	5270	20	54
其中	出境	1518	1518	114	5270	14	—
	入境	620	620	4	—	6	54
2004 年累计		2183	2183	59	6093	10	50
其中	出境	1992	1992	56	6093	6	—
	入境	191	191	3	−823	4	50
比上年累计±		−45	−45	59	−823	10	4
其中	出境	−474	−474	58	—	8	—
	入境	429	429	1	−13.51	2	4
比上年累计±%		−20.61	−20.61	100	−13.51	100	1250
其中	出境	−23.80	−23.80	103.57	—	133.33	—
	入境	224.61	224.61	33.33	—	50	1250

甘肃口岸大事记

10 月 12 日

世界银行第十任行长沃尔富威茨一行七人由日本直飞甘肃兰州机场，从兰州航空口岸入境，对甘肃进行考察。口岸各联检单位给于最高礼遇。

12 月 15 日

3760 多名穆斯林群众通过兰州航空口岸直飞麦加参加朝觐活动。口岸各联检单位的工作受到国家宗教局、中国伊斯兰教协会和广大穆斯林群众的好评。

新疆口岸工作综述

【新疆口岸分布概况】 新疆维吾尔自治区地处亚欧大陆腹地，与俄罗斯、哈萨克、吉尔吉斯、蒙古、塔吉克、阿富汗、巴基斯坦、印度等8个国家接壤，边界线长达5600多公里。截止2005年，全区共有经国家批准对外开放一类口岸17个，其中陆地边境口岸15个、航空口岸2个。目前正式对外开放14个，临时对外开放1个，2个口岸尚未对外开放。航空口岸分别为乌鲁木齐国际机场和喀什国际机场。陆地边境口岸的分布是：对蒙口岸4个，即哈密地区的老爷庙口岸、昌吉回族自治州的乌拉斯台口岸、阿勒泰地区的塔克什肯口岸和红山嘴口岸；对哈萨克斯坦口岸7个，即阿勒泰地区的吉木乃口岸、塔城地区的巴克图口岸、博尔塔拉蒙古自治州的阿拉山口口岸、伊犁哈萨克自治州的霍尔果斯口岸和都拉塔口岸，阿勒泰地区的阿黑土别克和伊犁哈萨克自治州的木扎尔特口岸目前尚未对外开放；对吉尔吉斯口岸2个，即克孜勒苏柯尔克孜自治州的吐尔尕特口岸和伊尔克什坦口岸；对巴基斯坦口岸1个，即喀什地区的红其拉甫口岸；对塔吉克斯坦口岸1个，即喀什地区的卡拉苏口岸（临时开放）。在已开放的口岸中，乌鲁木齐国际机场、阿拉山口、霍尔果斯、巴克图、红其拉甫、吉木乃、伊尔克什坦、喀什国际机场等口岸和临时开放的卡拉苏口岸同时向第三国开放。由自治区人民政府批准的11个二类口岸分别设立在边疆宾馆、乌鲁木齐市碾子沟客运站、乌鲁木齐经济技术开发区、商贸城、华凌市场、火车头国际采购基地、奎屯火车站、伊宁口岸、塔城汽车客运站、昌吉市亚中商城综合批发市场、喀什新怡发国际商贸城。

【口岸运行情况】 全区口岸共检查入出境人员951499人次，比上年同期增长16.4%，其中，旅客683324人次，增长31.6%（旅客含边民互市68321人次，减少34.4%；旅游购物37587人次，减少10.4%）；员工268175人次，增长9.4%。检查入出境交通工具165632辆（列、架）次，增长9.7%。其中飞机3239架次，火车8979列次，汽车153414辆次。全疆口岸共完成进出口货物1283.5374万吨，增长19%，其中进口958.356万吨，增加13.1%；出口325.1814万吨，增长41%（一般贸易出口294.8384万吨，增长41.5%，边民互市出口19.5255万吨，增长32%，旅游购物出口10.8175万吨，增长44.2%）。全疆口岸实现贸易额69.4382亿美元，增长64%，占全区对外贸易额的87.4%。其中进口32.8471亿美元，增长26.3%；出口36.5811亿美元，增长123.7%（出口贸易额含旅游购物1.6797亿美元，增长145.9%；边民互市3.4134亿美元，增长133.8%）。

【口岸综合管理】 2005年，全区口岸工作在自治区党委、政府的统一部署下、在外（侨）办党组的领导下，认真贯彻落实十六届四中、五中全会精神，紧紧围绕自治区工作大局，用科学发展观统领口岸工作，以建设“高效、文明、安全、畅通”的口岸为目标，以促进和深化口岸管理，改善通关环境，加快通关速度，完善口岸基础设施建设，提高口岸综合效能为重点，认真落实国务院“关于进一步提高口岸工作效率的通知”精神，充分发挥管理协调职能，及时协调处理全区口岸在运行中出现的问题，保证了口岸各项工作的顺利进行。同时，为了进一步延伸口岸功能，充分利用新疆口岸的优势，最大限度地发挥口岸的效益，新疆口岸办与天津市口岸办、甘肃省口岸办签订了跨区域口岸合作议定书，与宁夏口岸达成两区口岸合作的初步意向，形成了区域联合，优势互补，共谋发展的良好态势。严格执行自治区《关于加强对蒙口岸进口货物管理意见》，对进口蒙古国动物产品和废旧物品实行预申报制度，以防止蒙古国偶蹄类动物及动物产品流入我国，保护了我国的利益，维护了中蒙边境贸易的正常秩序。针对哈萨克斯坦口岸及哈国管理部门长期以来对我出境的货物实行多收钱、少开票，滥罚、乱收，甚至以治理超载超限为名对我出境货物处以高额罚款，致使我大批货物车辆滞留口岸,加重我商户的经营成本, 以及向我出口的放射性超标废旧金属等问题，新疆口岸办通过中哈合作委员会口岸和海关合作分委会第二次会议的机会 ，同哈方进行交涉，双方达成了一些共识，使部分问题得以解决，最大限度地减少了我国企业和商户的损失，保证口岸正常运行。为确保阿拉山口口岸全年完成 1100 万吨的过货任务，新疆口岸办还会同相关部门深入到阿拉山口口岸，现场协调解决口岸通关中存在的问题，如采取 24 小时通关预约、进一步优化口岸通关流程等方式，提高了口岸的通关效率，使该口岸顺利完成年初确定的过货目标。此外，全区各口岸委结合本地实际，加大对口岸大通关建设工作的力度，不断改善软硬环境，口岸各项指标均好于 2004 年。2005 年 3 月，吉尔吉斯国内发生动乱，伊尔克什坦口岸被迫关闭。新疆口岸办立即上报国家有关部门，并根据上级指示精神，积极采取切实可行的措施，稳妥地处理了口岸出现的问题，保证了口岸的安全和我方车辆和人员的安全。为进一步加大对全区口岸的管理、协调和服务功能，加强口岸各部门之间的合作和联系，整合和共享口岸的资源，降低贸易成本，提高通关效率，实现口岸管理的现代化、规范化、科学化，2005 年 10 月，国家海关总署和自治区人民政府在北京签订了《中华人民共和国海关总署新疆维吾尔自治区人民政府关于建设新疆电子口岸的合作备忘录》。目前，电子口岸工作已经开始启动。

【口岸开放】 2005 年 12 月 1 日，新疆区的喀什国际机场、都拉塔口岸通过国家有关部门的验收，正式对外放。在这两个口岸正式对外开放之前，新疆口岸办积极主动与相关查验部门联系，并多次组织查验部门到现场进行调研指导，给予必要的协助，使这两个口岸如期正式对外开放。在做好一类口岸对外开放工作的同时，还对全区的二类口岸工作给予了指导和关注。二类口岸作为一类口岸功能的延伸，方便了企业和商户，同时也缓解了一类口岸的压力，因此做好二类口岸的工作，也是新疆口岸办的主要工作之一。经过多次对乌鲁木齐市火车头国际采购基地申请二类口岸进行严格审验后，经自治区人民政府批准于 12 月 28 日正式设立，并开始运行，现运行情况良好。为支持自治区的经济建设和发展，为经济建设服务，为企业服务，新疆口岸办还多次协调解决了红其拉甫、老爷庙口岸闭关期间临时开关的相关事宜，使我方货物及时出境，避免了在口岸滞留时间过长造成经济损失。还与有关部门一道，对在卡拉苏、红其拉甫、吉木乃口岸设立边民互市贸易区问题进行了专题调研和研究，取得一致意见，红其拉甫口岸边民互市已于 8 月临时开业，吉木乃口岸边民互市即将开业。新疆口岸办还会同有关部门对中哈霍尔果斯边境合作中心前期筹备工作给予积极协助。

【口岸规划建设】 积极做好全区口岸“十一五”规划工作。年初，新疆口岸办组织自治区、新疆军区等部门的有关领导赴地、州一线对口岸规划建设问题进行了专题调研，根据“十一五”规划现场 办公，并将 “十一五”期间自治区口岸开放规划上报国家。其中有的规划现已纳入国家开放口岸的总体规划中。新疆区口岸基础设施落后，通关条件差，功能不全，设施陈旧老化一直是制约新疆区口岸发展的一个重要问题。为此，口岸办历来十分重视对口岸的规划建设，积极想办法，采取各种措施筹集资金，2005 年共筹集口岸建设资金 1964 万元，完成基础设施建设和扩建维修工程共计 19450 平方米，口岸基础设施条件较以往大为改观，通关环境大为改善。

（姬冰洁）

新疆口岸查验单位工作综述

乌鲁木齐海关

2005 年，在海关总署党组的正确领导下，在新疆自治区党委和政府的关心指导下，乌鲁木齐海关认真贯彻中央经济工作会议和全国海关关长会议精神，坚决执行海关工作 16 字方针和队伍建设 12 字要求，紧紧围绕总署党组的整体部署，深化业务改革，加强队伍建设，发挥海关职能作用，出色地完成了全年各项工作任务，关区改革和建设得到了长足发展。

【征收税款再创历史新高】 面对税收增长乏力的不利形势，全关上下认真贯彻全国海关综合治税工作会议精神，齐心协力，积极应对，切实加强税收征管能力建设，全方位地构筑综合治税大格局。积极落实监管、关税、缉私、通关、统计等部门联系配合机制，充分利用“关税分析监控系统”、“执法评估系统”、“风险管理平台”等信息化管理手段，加强各系统相互印证，形成整体联动、全面设防、科学严密的税收防控体系，确保了税收应收尽收。全年征收税款突破 40 亿大关，净入库 40.54 亿元，比去年多收 5.05 亿元，增长 14.23%。其中，征收关税 5.32 亿元，进口环节税 35.22 亿元；通过稽查、打私、归类、审价、督察审计、执法检查、统计监督等各种渠道补税入库 3730 万元。严格执行减免税审批程序，全年审批减免税 20.31 亿元。

【打击走私工作成绩突出】 深刻分析全关缉私工作形势，不断调整缉私办案思路，进一步发挥刑事执法、行政执法有效整合的优势，开展了打击毒品、国家濒危保护动物及其制品、加工贸易渠道走私等专项斗争。缉私部门与各业务现场、各职能部门的深度融合得到巩固，调查职能调整顺利，机构和人员按时到位，各项工作实现了有效衔接。情报工作网络建设和动态性情报信息收集工作得到了进一步加强。加大对旅客携带物品、邮递物品、快件的检查力度，重点防范和查辑了走私武器弹药、毒品、反动宣传品和散发性宗教宣传品等活动。全年共侦办刑事案件 14 起，案值 865 万元，抓获犯罪嫌疑人 26 人；办理行政案件 643 起，案值 5.58 亿；上缴罚没收入 1005 万元，同比增长 285%。加大对知识产权案件的查处力度，查办进出口侵权货物案件 83 起，案值 210 万元，创关区查办侵权案件历史新高。

【通关监管更趋高效便捷】 加强关区物流监控宏观管理，积极探索和总结查验规律，组织开展了调整查验率、提高查获率、加快通关速度、减少货物滞留时间等专题调研，为落实创新查验机制创造了有利条件。进一步充实了现场监管力量，充分发挥 H986 等现代化查验设备的作用，强化对重点、敏感商品的有效监管和动态分析，提高了进出口货物的验放速度。进一步规范了关区转关货物和过境货物的管理，先后派员前往青岛、天津、黄埔、广州等海关进行协调，并与天津海关签订了区域便捷通关备忘录，与杭州海关签订了出口公路转关协议，为企业便利通关创造了有利条件。积极应对高致病性禽流感疫情，紧急启动应急预警机制，严密高效地做好各项防控工作。航空口岸旅客申报制度的顺利恢复，有效地规范了旅检工作。乌鲁木齐出口加工区通过国家九部委正式验收并封关运作。全年共监管进出口货物1166万吨，增长19%。监管运输工具58万辆架次，增长27%；监管出入境人员行李物品100万人次，增长10%。共验收保税仓库1家，备案加工合同手册179份，备案合同金额9811万元。

【统计预警监测作用明显】 统计执法评估系统得到充分运用，统计数据库对海关各部门的开放程度进一步提高。加强统计基础工作，研究出台了《乌鲁木齐海关统计数据质量管理办法》，定期发布贸易统计、业务统计差错通报，严把统计数据的审核和报送关。通过强化海关内部监督，继续完善贸易统计检控程序，确保了业务统计、贸易统计、报关单数据三项指标“零差错”。及时准确地提供进出口动态信息，辅助领导决策，服务经济发展，统计数据和统计信息得到了新疆自治区党委政府、外贸主管部门和行业协会的高度重视。全年累计审核贸易统计报关单24万多张，报关单记录条数35万多条，发现并纠正差错记录130条。全年累计撰写统计信息和分析332篇次，完成执法评估核查报告7篇。全年对内对外开展统计咨询90余次，涉及数据3万余条。共向地方政府和有关部门提供各类海关统计数据图表500余份。

【部分职能和机构的调整顺利完成】 根据全国海关调查职能调整工作会议和全国海关监管工作会议精神，全关严格掌握政策、把握方向，结合关区工作实际，制定具体实施方案及时间进度表，责任到人，狠抓落实，确保调查、审单、监管通关机构职能调整工作顺利完成。在海关机构及人员发生较大变动的情况下，全体同志服从组织安排，以积极的态度应对机构调整，迅速理顺工作关系，做到人心不散、工作不乱，保证了此次机构调整工作的顺利进行。

【风险管理机制初步建立】 进一步调整充实了全关风险管理委员会和专门的管理机构，建立了风险决策处置、信息采集维护、分工协作和绩效考评机制。认真开展了关区风险管理的业务培训、技术支持、人力配置和信息报送等工作，加强了各部门的联系配合。进一步提高了风险管理平台的运行质量，充分发挥了风险中心分析监控服务的特殊作用，分析和掌握了关区税收风险的现状。坚持以风险管理为先导，以价格稽查、贸易调查和企业稽查为手段，把风险分析信息与后续稽查有机地结合起来，实现了风险分析与后续监管的良性互动。一年来，全关通过风险分析和布控发现案件线索10宗，稽查企业15家，稽查案件4起，案值568万元，补税130.7万元。完成了JC2005系统的培训工作，为系统正式运行做好了准备。集中培训了关区涉外运输企业和车辆驾驶人员，同自治区交通厅就国际道路运输有关问题进行了交流。加强对报关企业和报关员的管理和培训，全年对400余名报关员组织了轮训，提高了报关员的业务素质。

【法制建设水平不断提高】 深入开展了执法检查，研究制定了《乌鲁木齐海关行政案件办理协作配合办法》，提高了全关行政执法的规范化程度。积极做好法制咨询和法律服务，全年共接受各类法律咨询110次，进出口贸管政策咨询400余次，对自治区、总署制定的20个法律初稿提出了修改建议。加强对复议和应诉工作的协调和服务，受理行政复议案件5起，行政诉讼案件1起。关区“四五”普法工作圆满完成，总关机关被自治区评为“四五”普法先进单位。加大了督察审计力度，加强了行政执法监督，对阿拉山口、喀什、吐尔尕特、伊尔克什坦、红其拉甫5个海关关长进行了经济责任审计工作，完成了对2004年税款入库和进口零关税商品专项督察任务。

【海关信息化建设逐步推进】 进一步扩大了"联网报关"和"网上支付"业务范围，"联网申报"业务试点成功运行，极大地提高了申报效率。"网上支付"一卡多行业务顺利通过测试并推广应用，简化了企业缴纳税款作业流程，拓宽了企业办理手续的空间。全年共办理"网上支付税费"报关单5014票，征收税款10075.4元。继续推进了铁路信息平台建设，进一步扩展了平台功能，研究制定了运行管理办法，建立健全了运行保障机制和应急联系制度。推动并促成了《新疆自治区人民政府、新疆生产建设兵团与海关总署合作建设新疆电子口岸备忘录》的签署，新疆电子口岸进入了实质性建设阶段。海关政务办公系统（HB2004）推广应用前期工作准备就绪，乌鲁木齐海关子网站顺利开通。阿拉山口海关货运列车检查系统（H986工程）的土建工程和关键项目已竣工并通过验收。

【促进新疆外贸发展成效显著】 继续坚持以促进地方经济发展和社会稳定为己任，把海关工作放在经济建设和社会发展大局中发挥应有的作用，主动出台了《乌鲁木齐海关进一步支持新疆外经贸发展六条措施》，积极推进各项服务措施落到实处。积极分析预测自治区外向型经济发展趋势，为党政领导决策提供了参考。加强同铁路及口岸相关单位部门的协调配合，继续推行24小时通关、值班预约报关、联网报关、货到径放、F通道等便利措施，极大地缓解了铁路口岸通关环节的压力。围绕建立出口加工区、中哈霍尔果斯边境国际贸易合作中心、中哈石油管道铺设工程等重点建设项目，研究提出了具有较强操作性的参考意见。深入开展了贸易调研，新一届党组主动走访了乌石化、独山子炼油厂、美克等重点大型企业，为企业排忧解难，提供政策咨询服务。积极适应新疆对外贸易和文化交流的需要，促成了喀什国际机场和都拉塔口岸的正式验收以及卡拉苏口岸临时对外开放。新疆全年进出口贸易总值达到79.4亿美元，增长41%。其中，出口累计50.4亿美元，增长65.5%；进口29亿美元，增长12.1%。

（张怀念）

新疆公安边防总队

2005年，新疆公安边防总队坚持以十六大、十六届四中全会和"二十公"精神为指针，以边境管理和边防检查为中心，以保持共产党员先进性教育为主线，以领导班子建设为龙头，以队伍建设为根本，以打击"三股势力"为重点，竭诚履行巩固共产党执政地位、维护国家长治久安、保障人民安居乐业三大政治和社会责任，励精图治，积极作为，勤奋工作，稳中求进，圆满完成应对吉国局势战备、自治区成立五十年边防安全保卫和保持共产党员先进性教育等大项工作任务，有效维护了边境地区的安全稳定，部队全面建设得到了长足发展。

【边境管理】 2005年，新疆公安边防总队坚持以打击和防范民族分裂、暴力恐怖、宗教极端三股势力潜入潜出、武器偷运和武装偷袭为重点，竭诚履行边境管理、治安管理两大职能，健全完善边境联防网、情报信息网、重点人口管控网和重点部位防范网为主的边境地区社会治安防控网络，全线设防，严密边境重要通外山口、要道、地段的管理控制，加大案件立、破查工作力度，维护了边境地区安全稳定。全年，共堵截临界或企图越界人员119起264人，抓获外籍人员非法越界4起6人，我方人员越界事件降到历史最低点。受理报警案件25675起，其中立刑事案件2126起。妥善处置群体性事件、闹事苗头39起，抓获公安机关追逃对象24人。收缴各类私藏枪支104支（军用枪1支）、子弹3772发、手榴弹18枚、炸药5989千克、雷管5218枚、导火索2397米。查获涉毒案件36起，查获海洛因6.3千克，查缴大麻34.57千克，铲除毒品原植物3.7万余株。抓获民分嫌疑分子5人，捣毁地下讲经点9处，查处地下塔里甫95人，抓获“法轮功”顽固分子1人，收缴各类反动宣传品233本（盒）。深入贯彻落实全国和全疆公安边防派出所工作会议精神和公安部边防管理局258号文件精神，把派出所工作置于基础性、先导性地位，大力加强边防派出所业务基础建设和规范化建设，深化警务改革，整合警力资源，完成了17个中心派出所建设。扎实开展创建高等级边防派出所和“警务通、辖区通、破案能手”评比活动，警官执法办案能力和派出所全面建设水平明显提升。年内，7个边防派出所进入一级、23个进入二级，三级以上标准达182个，占总数的94%。

【边防检查】 2005年，新疆公安边防总队边防检查工作认真落实公安部边防管理局边防检查深化“双争”（争创执法文明窗口，争当执法文明标兵）暨落实勤务规范化研讨会精神，以“维护稳定，促进通关，服务地方经济社会发展”为目标，坚持“全程查缉”思想，大力推进勤务改革，简化执法程序，重点查缉民族分裂、暴力恐怖、宗教极端三种分子，最大限度方便出入境旅客，有效防止各种违法犯罪人员混入混出，竭诚服务地方经济社会发展。全年，共检查出入境人员951499人次；检查交通运输工具165632辆（架、列）次，其中飞机3239架次，火车8979列次，汽车153414辆次。查获在控对象99人125次（其中涉及民分活动人员23人），查获非在控民分嫌疑分子12人；查获非法出入境案件47起50人；查获其他违法违规人员811人次，查获毒品3起6820克。查获一批民用枪支、弹药、走私物品和非法宗教宣传品。注重硬件、软件配套发展，倾斜财力改造口岸边检设施，下大力提高检查人员业务技能，加强证件研究，开展检查员等级资格评定，检查员队伍整体素质明显增强，口岸查缉工作水平明显提升。根据上级要求结合新疆实际，拟制了建设霍尔果斯口岸中哈国际贸易合作中心的意见，随国家工作组验收开通了喀什机场、都拉塔两口岸，就红其拉甫和卡拉苏口岸建设边贸互市提出了相关意见。重视对外交往，与哈萨克斯坦、吉尔吉斯斯坦、蒙古和巴基斯坦等邻国边检（移民）机关加强合作。总队与对方进行高层会谈1次，各边检站与周边国家边检（移民）机关会谈11次，会晤232次。年内，总队政委崔亚洲随中国公安部边防管理局代表团赴蒙古国进行工作访问；中国新疆公安边防代表团赴巴基斯坦进行高层会谈，双方就反恐特别是打击贩毒等方面加强合作与信息情报交流、有效打击各种跨国际犯罪等问题进行了磋商，达成了共识。

【队伍建设】 2005年，新疆公安边防总队始终坚持把队伍建设摆在基础性、先导性位置，大力加强各级党组织建设和干部建设。按照“政治坚定、开拓创新、团结协调、廉政勤政”的要求，在各级党委班子中开展“讲团结、干事业、谋发展”主题实践活动，制定落实《总队党委作风建设措施》，领导部队全面建设的能力明显提升。重视基层党支部建设，举办党支部书记培训班，本着“先进的治满、中间的治平、后进的治短”的原则，加强传、帮、带，基层党支部“三个能力”明显增强。注重制度建设，在试点的基础上，指导全区支队级单位召开了党的代表大会或党员大会，部队党建工作进一步规范。加强干部管理和培训，以自办培训班，与自治区警高专、新疆大学联合办学，加强干部交流锻炼等形式，全面提高干部队伍素质。深入贯彻落实《建立健全教育、制度、监督并重的惩治和预防腐败体系实施纲要》，加强党风廉政建设，杜绝了职务违纪犯罪问题的发生。

【法制工作】 2005 年，新疆公安边防总队认真开展“规范执法行为，促进执法公正”专项整改活动，圆满完成边境立法任务，加强法制培训，部队执法水平不断提高。年内，按照自治区人民政府立法计划，总队党委指定专人积极参与《新疆维吾尔自治区边境管理条例》（以下简称《条例》）起草工作。2005 年 11 月 21 日，自治区十届人大常委会第二十次会议表决通过了《条例》，12 月 8 日，自治区人大在总队举行新闻发布会颁布了《条例》，《条例》从 2006 年 1 月 1 日起正式施行，为公安边防部队执法提供了强大的法律武器。

【部队管理训练】 2005 年，新疆公安边防总队结合边防执法执勤工作需要，坚持依法治警，从严治警，以制度管理部队，相继开展了“条令学习月”和“百日安全无事故”活动，召开了部队管理座谈会，有效预防了事故、案件的发生，部队战备、训练、工作、生活秩序正规，安全稳定。全面加强部队基础训练、战术技术训练和警官警务实用技能训练，并以各实战单位为主，不断充实完善处置突发事件和反恐怖预案的训（演）练，部队战斗力明显提升，圆满完成了吉国动荡期战备和自治区成立五十周年大庆的边境安全保卫任务。

【边防禁毒工作】 2005 年，新疆公安边防总队党委高度重视边防禁毒工作，针对周边及“金新月”毒品渗透形势，进一步完善工作机制，强化秘密力量队伍建设，情报侦查工作在边境管控、口岸查缉、缉毒破案中发挥了重要作用。根据全国打击毒品犯罪专项行动的统一部署，总队开展了禁毒人民战争专项行动。为加强区域合作，经上级批准，组织承办了福建、云南等七省（市、区）侦办毒品案件区域协作会议，签订了毒品案件协作协议书，规范了毒品案件协作内容和事项，并与乌鲁木齐市公安局、云南边防总队、甘肃边防总队协作，成功侦破了毒品案件 5 起，收缴毒资 410 余万元，移送起诉 20 人，刑拘 12 人，批捕 9 人。全年，共查处涉毒案件 48 起，查获海洛因 67.6 千克、大麻 5 千克、麻烟 3.2 千克，铲除毒品原植物 3.7 万余株。

【两项活动】 为了深入贯彻落实公安部和公安部边防管理局领导指示精神，重点解决领导干部和领导机关转变作风、服务基层的问题，进一步增进边防警官和人民群众的感情，推动部队建设全面发展进步，自 2005 年 7 月开始，新疆公安边防总队集中开展了“三访四见”（三访：访贫问苦、访疾问难、访外问弱；四见：让人民群众对边防警官看见、敢见、愿见、想见）和领导下基层当兵活动，取得了明显成效。活动开展以来，各级部门共驻村走访群众 62429 人，责任区民警分片走访群众 73291 人，复式访查群众 39313 人，整顿建立治保组织 53 个；上门办证 3 万余次，户口纠错 6500 多条；资助入学儿童和困难群众 3971 人，折合人民币 60 万余元；参与抗洪抢险 20 余次。总队处室以上领导和基层支队级单位和机关团以上干部以普通一兵的身份，深入基层所、队，与官兵实行“五同”，切身体会基层官兵的艰辛，从而牢固树立了“基层第一、前方第一、战士第一”的思想。通过开展两项活动，警民关系、官兵关系进一步融洽密切，得到了各级党委、政府和领导的充分肯定和大力支持。7 月 29 日，中共中央政治局常委、国务院副总理黄菊视察霍尔果斯边防检查站，称赞该站“三访四见”活动开展得很好。公安部副部长孟宏伟和自治区党委副书记张秀明及总队党委第一书记、第一政委、自治区公安厅副厅长刘克勤等领导也对两项活动给予充分肯定。

【大接访工作】 2005年，新疆公安边防总队根据上级统一部署，扎实开展了“大接访”活动，部队依法行政、依法办事的意识显著增强。工作中，各级部门高度重视，积极作为，对涉及部队的信访问题，定案到人，限定办结时限，逐案落实。总队集中处理群众信访问题领导小组先后4次召开专题会议，对群众信访问题进行分析研究，并召集13个单位主官对棘手信访问题进行集体研判和“会诊”，逐件提出了具体的解决方法、步骤和要求。公安部第三次集中处理群众信访问题电视电话会议召开后，为打好“大接访”攻坚战，总队结合实际再次提出了9条具体实施意见。同时，派出督导组重点对疑难问题进行督导。“大接访”活动中，各级军政主官接访254人次，派出督导组59个234人次，接待和走访群众9500余人次，受理的29件群众信访问题全部办结。

新疆出入境检验检疫局

【基本概况】 2005年，新疆出入境检验检疫局按照全国质检工作会议的精神，认真落实科学发展观，不断加强党的执政能力建设，紧紧围绕“服务经济、促进发展”这一中心任务，把检验检疫工作置于新疆经济工作的大局中考虑、谋划，找准为地方经济服务的切入点，开拓创新，深化改革，认真履行职责，各项工作均取得了明显的成效。全疆系统共检验检疫出入境货物137414批，货值398459万美元，批次同比增长0.56%，货值同比减少1.5%。其中出境货物检验检疫42234批，货值94685万美元，批次与货值同比分别增长32.11%和5.67%；入境货物检验检疫95180批，货值303771万美元，批次与货值同比分别减少9.07%和3.54%。全年共检验检疫出入境交通工具及集装箱：飞机3044架次（出境1552架，入境1492架），同比增长8.91%；火车441673节（出境220892节，入境220781节），同比增长50.66%；汽车119953辆（出境61064辆，入境58889辆），同比增长9.99%；集装箱16604标箱（出境12322标箱，入境4282标箱），同比增长80.29%。全年卫生检疫查验出入境人员835880人次（出境423608人次，入境412272人次），同比增长20.67%；健康检查出入境人员47258人次，同比减少13.45%；艾滋病监测45118人次，同比减少16.76%；检出各种疾病3392例（其中，艾滋病39人、梅毒172人、肝炎1405人、其他疾病7931人），同比增长49.84%；出境人员预防接种40458人次，同比减少27.91%。全年共签发各种出入境检验检疫证单251553份，其中出境证单70799份；入境证单181454份。签发通关单150369份，货值433649万美元，其中出境通关单50985份，货值131753万美元；入境通关单99384份，货值301896万美元。普惠制产地证签证3492份，货值38109万美元。一般产地证签证1098份，货值3372万美元。

【增强应对疫情疫病突发事件的能力】 2005年，面对严重的疫病疫情和有毒有害物质传入传出的威胁，新疆检验检疫局制发了《新疆检验检疫系统口岸应对流感大流行应急处置预案》、《口岸应对流感大流行应急处置方案》、《航空口岸突发共公卫生事件应急预案》等各口岸应急预案。成立了“新疆出入境检验检疫局应对口岸突发公共卫生事件处置领导小组”、“新疆出入境检验检疫局应对口岸突发公共卫生事件处置技术小组”，建立了口岸疫病疫情指挥体系和防控、处置程序，明确了要求，落实了责任单位和人员，强化技术储备和应急药品、器械储备，并组织举办了新疆检验检疫系统应对突发公共卫生事件培训班和演练。

【强化源头管理，促进农产品出口】 推行一系列行之有效的监管措施，完善企业质量保证体系，努力营造安全卫生的食品生产环境。为恢复肠衣对欧盟的出口，及时通报新疆各地州出口肠衣兽药残留检出情况，加大对出口肠衣残留监控的抽样数量，同时打击使用禁用兽药的行为。积极与当地政府和畜牧业主管部门协作，携手加强了对出口动物源性食品的源头管理。经过不断努力，于5月恢复了新疆肠衣对欧盟的出口，截至年底共出口肠衣34批、2141桶，重量354.64吨，货值1111.58万美元。在新疆境内相继发生禽流感疫情时，新疆检验检疫局积极防控禽流感，同时帮扶企业多出口，对出口备案养禽企业实施严格监控和疫情监测，由于管理到位，新疆出口备案养禽企业无一家发生禽流感疫情，其禽及禽产品在发生禽流感疫情期间先后出口吉尔吉斯斯坦雏鸡20900只，出口吉尔吉斯斯坦和哈萨克斯坦鲜蛋28批，重量达441.05吨，最大限度的减少了禽流感疫情的影响，促进了新疆禽及禽产品的出口。努力扩大新疆地产水果出口高端市场，积极做好出口水果果园注册管理工作。新增出口加拿大香梨注册果园面积8500亩，目前已达到13200亩，较上年注册果园面积（4688亩）增加了2倍。

【进出口重点敏感商品检验检疫监管】 2005年，新疆检验检疫局进一步加快了检验检疫重点的转移，加强了对重点敏感进出口商品的检验检疫监管。对进口废旧金属，一是抓好源头，实施经营企业登记注册制度，不允许不具备登记注册资格的企业经营；二是关口前移，把监管工作前伸到国外，把住废旧金属起运前的第一关，认真做好装运前检验检疫；三是严格口岸检验检疫把关，实行批批落地检验检疫，防止有毒有害物质入境。全年共检验进口废旧金属47914批，重量234.89万吨，货值29312万美元，检出不合格废旧金属810批，重量38818吨，货值484.4万美元。对进境动植物产品的检验检疫，狠抓了进口中亚国家动物皮毛、交通运输工具和其他货物的熏蒸、消毒工作，对下脚料和废弃物实施了有效的防疫消毒处理，加强了进口动物产品定点加工厂、进出加工厂的人员、生产加工过程的防疫消毒，有效地防止了动物疫病的传入。对进口食品、化妆品和禽肉产品等进行了市场专项检查和抽查，有效地防止了苏丹红、孔雀石绿等污染，确保了食品安全。

【规范边境贸易秩序】 制定下发了《关于加强检验检疫工作规范新疆边境贸易秩序的通知》，从边境贸易出口商品报检管理、产地检验、市场采购商品检验监管、口岸查验、出口食品注册登记管理等环节制定了行之有效的监管措施。加大了对各类违反检验检疫法律法规的查处力度，严厉打击逃漏检、夹带假冒伪劣货物出境等违法行为。

【不断改革检验检疫监管模式】 认真贯彻“监管有效，方便进出”的方针，积极探索建立有效监管机制，在推行分类管理上，针对不同类别商品实施不同的检验检疫监管模式。对出口食品和植物产品，在实行风险分级管理的同时，推行“公司+基地”为主的检验监管模式。并对出口番茄酱检验实施电子监管试点工作，制定了《新疆出口番茄酱食品电子监控实施方案》，选择了新疆5家番茄制品质量相对稳定的加工企业作为试点企业。对种植、养殖场实行登记备案制度，健全疫病疫情防控体系和农兽药残留监控体系。对出口机电金属化矿产品在分类检验体系下，实行对企业生产过程的监控，对于质量诚信度一、二类企业实行了过程合格保证、过程检验、符合性评估、符合性验证等快捷检验放行模式，已有40家质量诚信度高的出口企业达到直通式放行范围。对出口羊绒衫、纱线、棉坯布、牛仔布等纺织品实施“专项检测+分类管理”、“抽批检验+生产过程监督”、“抽批检验+周期检验+过程监督管理”等检验监管模式。对主要以边境贸易为主的出口轻工产品，采取“批批检验+封识管理或批次管理”的监管模式。这些监管模式的实施，简化了工作程序，加快了通关速度。

【全力为外经贸发展服务】 结合新疆进出口贸易的特点，通过优质服务，将促进新疆外经贸大发展作为其主要任务来抓。根据自治区的发展规划，找准为地方经济服务的切入点，努力打破国外的技术壁垒，为扩大出口献计献策，拓展出口市场。围绕自治区制定的林果业、畜牧业基地建设规划，调研起草了《关于加快推进林果产业发展促进和扩大新疆水果出口的报告》、《关于加强动物防疫体系建设和促进畜产品出口的报告》。针对新疆番茄酱两年多来霉菌超标比例过大的问题，从番茄种植的源头进行调研，找出了番茄酱质量下降的原因，提出了着手解决当前存在的主要问题的具体建议与措施，向新疆自治区政府提交了专题报告，得到了自治区领导的重视并责成有关部门进行研究。草拟了新疆出口水果抽样检查和抽样量一般性标准。对新疆香梨的有害生物发生情况进行了调研，制定了中国新疆香梨病虫害名单（中英文）以及中国新疆香梨病虫害名单说明（中英文）等技术资料。完成库尔勒香梨对澳大利亚、墨西哥、智利、秘鲁、阿根廷等国家出口的技术资料。在已有的行之有效的做法的基础上，把检验检疫工作向两头延伸，积极为外贸生产企业提供技术、信息咨询，提供超前服务，提醒外贸企业对进出口货物早报检、早出证、早发货，减少在口岸的滞留。进一步用足用好国家给予新疆的政策，保证了从中亚国家进口偶蹄类动物原料皮毛、绒的检疫，监督定点生产加工企业建立了兽医卫生质量管理体系。促进新疆皮革加工产业的发展和皮革产业区域的建立，有力地拉动了新疆口岸进口动物产品企业的经济效益和社会效益。2005年新疆从中亚五国进口动物皮毛的形势良好，共进口原料皮张440万张，蓝湿皮571万张，原毛3000吨，羊绒650吨。广泛建立协作机制，共同维护国家利益。新疆检验检疫局与自治区外经贸厅拟订了《建立检贸协作机制和促进贸易发展的十大措施》；与新疆自治区卫生厅以及疾病预防与控制中心建立了协作机制，理顺了疫情通报工作渠道。进一步深化了关检协作机制，定期协商工作配合事宜。与海关协调解决了进口化肥入境通关单滞发问题，及时纠正进口化肥更正包装标识过程中出现的差错。

【认证监管】 全年共受理出口食品卫生注册登记企业申请51家，经考核符合卫生注册企业42家；对23家卫生注册到期企业进行了复核；出口食品卫生注册登记企业同比新增22家企业，其中新增卫生注册企业16家，卫生登记企业6家。受理出口危险货物包装容器生产质量许可证申请13家，经考核通过4家，其余9家企业正在审核中。122家企业完成了各类质量管理体系认证审核，并获得证书。其中78家企业通过ISO9000质量管理体系认证审核，21家企业通过了ISO14001环境安全管理体系认证审核，14家企业通过了OHSAS18000职业健康安全管理体系认证审核，9家企业通过了HACCP食品安全管理体系认证审核。

【不断提升科技创新能力】 根据新疆对外贸易出入境商品检验检疫的需要，以解决难题为重点，加大科研开发力度，增强检验检疫实力。全年新开验的商品及项目有100多项，主要有鸡血清中禽流感病毒的分离鉴定；羊肝中氯霉素、铅、砷、汞、镉的检测；金属及化工矿产品的中主含量或杂质元素的测定等。共完成科研项目4项，其中“番茄酱中几种微生物检验方法的研究和探索”课题已通过专家验收。同外单位合作课题“葡萄保鲜纸的研究及推广应用”获新疆科技进步三等奖。完成3项SN制标项目；完成18项非标方法。积极参加能力验证和实验室比对实验。局纺织原料实验室参加了中纤局组织的手扯长度、HVI项目的实验室能力验证和北京检验检疫局羊毛羊绒测试中心组织的无毛绒绒含量比对试验。局动植检实验室参加了CNAL组织的滑韧线虫PCR鉴定实验室验证能力和“桔小实蝇的鉴定”能力验证。局食品实验室申请参加国家认监委组织的能力验证计划5项，已完成1项；同喀什、阿勒泰检验检疫局的比对试验2次。局金属化矿实验室参加了“CNAL”组织的铜精矿中S、As、pb、Zn、Ag、Au、Cu测定，并组织了同自治区技术监督局质检所燃料油闭口闪点、润滑油运动粘度及与本实验室不同方法、不同人员、不同检测设备等的比对实验12项，为进口管道原油做好了检测技术的准备。

2005年新疆出入境检验检疫工作统计表

项目		合计	出境	入境
货物检验检疫	总批数	137452	42234	95218
	总货值	398723	94685	304038
	不合格批数	2709	375	2334
	不合格货值	5135	831	4304
商品检验	批数	135303	45253	90050
	货值	356927	66171	290756
	不合格批数	2421	187	2234
	不合格货值	4326	116	4210
动物及动物产品检验	批数	2345	134	2211
	货值	7579	1394	6185
	检出疫情批数			
	检出疫情货值			
植物及植物产品检疫	批数	13676	10653	3023
	货值	13954	7352	6602
	不合格批数	158	92	66
	不合格货值	184	131	53

项　　目		合 计	出 境	入 境
食品及化妆品	批数	5690	5581	109
	货值	19800	19694	106
	不合格批数	101	96	5
	不合格货值	586	584	2
交通工具检疫	飞机（架）	3044	1552	1492
	火车（节）	441673	220892	220781
	汽车（辆）	119953	61064	58889
集装箱监督检疫	标箱数	16604	12322	4282
监测体验及预防接种	疾病监测人数	42758	44221	3037
	艾滋病监测人数	45118	41013	4105
	发现病例数	3292	3223	69
	预防接种人次	40458	40458	—
签发一般原产地证书	份数	1098	1098	—
	货值	3372	3372	—
签发普惠制产地证书	份数	3492	3492	—
	货值	38109	38109	—
签发通关单	份数	150369	50985	99384
	货值	433649	131753	301896

【普法宣传教育】 开展了以宪法、民族区域自治法和行政许可法为主要内容的普法宣传教育，参与新疆自治区组织开展的面向社会公众的普法宣传教育和咨询活动，接受法律法规和相关政策咨询3500多人次。按照“四五”普法规划和年度计划，向全疆13个分支机构和局机关各业务处（室）贯彻执行行政许可法，特别是对检验检疫行政许可工作等情况进行了检查，对查出的程序不到位、执法不规范的行为在全疆系统内进行了通报批评。还通过座谈和走访，听取了外经贸企业对新疆检验检疫系统贯彻落实行政许可法及检验检疫行政审批工作的意见和建议，对工作中存在的不足和问题立即整改。新疆检验检疫局的“四五”普法工作，通过了国家质检总局和自治区的验收。

新疆口岸大事记

1月10日

自治区外（侨）办副主任、口岸办主任吴宪率喀什地区有关负责人赴北京，向国务院有关部委申请喀什机场和卡拉苏口岸临时开放后需增加“一关两检”的人员编制问题。

1月11日

经国家海关总署同意，喀什航空口岸自2005年2月1日—7月31日继续临时开放。

1月31日

自治区外（侨）办副主任、口岸办主任吴宪召开口岸办副主任及各处领导参加的会议，全面安排部署口岸办如何在外（侨）办党组的领导下，把保持共产党员先进性教育活动搞好，并就具体工作进行了研究。

3月23日

吉尔吉斯坦国内发生动荡，伊尔克什坦口岸于当日被迫临时关闭，150多名吉国驾驶员及商人滞留在口岸。由于我方口岸严格按照外交部的对外统一口径并及时采取了切实可行的措施，没有发生重大问题。随着吉国国内局势的相对稳定，口岸于3月28日下午开始恢复通关。

4月19日

自治区口岸办与天津口岸办在天津签署了《跨区域口岸合作天津议定书》。

5月16日

经国家海关总署批准，同意卡拉苏口岸5月至10月继续临时开放，开放时间由每月上、中、下旬后5天改为每月下半月集中开放15天。

5月18日

自治区外（侨）办副主任、口岸办主任吴宪率口岸办相关处室及“一关两检”的领导，前往阿勒泰地区的塔克什肯口岸，就该口岸建设方面存在的问题进行了协调，现场办公，解决具体问题。

5月17—29日

口岸办管理处处长吕晓华随外（侨）办党组书记瞿文智赴北疆进行外事、边防、口岸等方面的工作调研，现场解决了霍尔果斯、阿拉山口、都拉塔和吉木乃口岸存在的具体问题。

6月15日

中巴边民互市贸易区开市仪式在塔什库尔干县举行。

6月16日

自治区人民政府副秘书长玉素甫·哈斯木召集口岸办、伊犁州及“一关两检”的领导，专门就伊犁机场开放问题进行了研究，并同意上报国务院批准。

6月29日

自治区外（侨）办副主任、口岸办主任吴宪率领口岸办及“一关两检”的领导同志前往吉木乃口岸对申请开放的边民互市贸易区的基础设施建设进行了检查验收。

7月28日

经外交部批准，同意吉木乃口岸边民互市一日免签。

8月14日

为进一步发展跨区域口岸合作，扩大对外贸易，自治区外（侨）办副主任、口岸办主任吴宪代表自治区人民政府与甘肃省人民政府签署了《跨区域口岸合作议定书》，与宁夏口岸达成两区口岸合作的初步意向，形成了区域联合，优势互补，共谋发展的良好态势。这对于充分利用新疆口岸的优势，进一步延伸全区口岸功能，最大限度地发挥口岸的效益具有重要意义。

10月27日

为了贯彻落实国务院关于《进一步提高口岸工作效率的通知》要求，海关总署与新疆维吾尔自治区人民政府积极协商，就建设新疆电子口岸相关事项取得共识后，海关总署副署长李克农和新疆维吾尔自治区常务副主席陈雷在北京签定了合作备忘录。新疆电子口岸信息平台的建设将整合口岸信息流资源，加强口岸各部门的相互协作、配合、全面提高通关效率。目前，新疆电子口岸建设项目正式启动。

11月2日

组织查验部门对西域轻工基地二类口岸的设立进行了调研。

11月14日

海关总署和国家有关部门组成验收组，对都拉塔口岸、喀什机场航空口岸正式对外开放情况进行验收。

11月29日

阿拉山口铁路口岸过货量突破1000万吨大关，这标志着阿拉山口口岸经过15年的发展实现了历史性的飞跃，使阿拉山口口岸提前跨入了千万吨大口岸的行列。

12月1日

都拉塔口岸、喀什机场口岸通过海关总署及国家各相关查验部门的验收，正式对外开放。

12月28日

新疆乌鲁木齐市火车头国际采购基地被自治区人民政府批准为二类口岸，开始正式运行。

（阿巴斯·阿不都拉）

西藏口岸工作综述

2005年，西藏口岸办公室在自治区人民政府的正确领导下，坚持以邓小平理论、“三个代表”重要思想和科学发展观为指导，紧密围绕区党委、政府的工作部署和全区经济发展的中心工作，统一思想、团结奋战、深入调研，并结合开展保持共产党员先进性教育活动，全力做好各项工作，为更大程度地发挥口岸的作用创造了条件。

【2005年度全区口岸运行情况】 进出境货物运输：全区口岸进出口货物运量为66415吨，与上年相比增长13%。其中进口8031吨，增长7%；出口58384吨，增长6%。贸易值14150美元，增长40%。其中进口910美元，增长40%；出口13240美元，增长39%。全区口岸进出境客运量84987人次，减少9%。其中入境客运量35790人次，减少12%；出境客运量为49197人次，增长3%。进出境交通运输工具：全区口岸进出境交通工具15488辆次，增长63%，其中：汽车15482辆，增长6%，飞机200架次，增长57%。边民互市贸易：全区边民互市贸易2.83亿元，增长42%。边境小额贸易：全区边境小额贸易进出口总额1221700美元，增长34.76%。其中进口63800美元，增长26.09%；出口1157900美元，增长35.27%。

【口岸调研及协调工作情况】 2005年，西藏口岸办以开展保持共产党员先进性教育活动为契机，坚持深入调研，科学决策，强化管理，优质服务，在提高口岸综合管理水平方面进行了积极的探索。想方设法改善口岸的基础设施条件。随着西藏自治区经济发展的不断攀升，现有口岸设施已经适应不了日益增长的口岸管理、运输、仓储等发展的需要。对此，积极申请经费改善口岸基础设施条件。通过开展大量的调研和协调工作，完成了西藏自治区“十一五”期间拟建口岸的项目收集工作，并向上级部门上报了有关方案及相应意见和建议。不断深化共建社会主义精神文明口岸活动。在抓紧口岸物质文明建设的同时，以开展保持共产党员先进性教育活动为依托，广泛征询各有关单位意见，增强了口岸凝聚力，提升了联检单位的合作力。

【口岸建设及规划情况】 按照西藏自治区政府和西藏自治区商务厅党组部署，积极开展亚东口岸恢复开放的各项工作。2005年，在贯彻落实中印两国政府2003年6月签署的备忘录和自治区政府专题会议纪要的基础上，围绕恢复开放亚东口岸的总体方案，进行了深入细致的考察调研，并多次召开座谈会、赴印度实地调研及赴京汇报工作、收集各类意见建议等。委托规划设计单位编制亚东口岸中长期发展规划及亚东联检楼等配套设施的建设方案，为争取亚东口岸早日恢复开放从各个层面上做出了大量艰苦细致的努力。同时，根据自治区人民政府“鉴于樟木口岸地貌情况，要立足于建设成‘精品口岸’，不宜大面积搞建设，要以科学规划为基础推进口岸建设工作”的要求，协同樟木口岸管委会编制口岸建设规划。

【落实口岸大通关情况】 根据西藏的特殊情况，积极创造条件，改善通关环境。按照“关口前移、人货分流”方式，提出了樟木口岸友谊桥联检大楼改造方案。审批了拉萨—成都—香港航班国内载

2005 年全区口岸运量表

项目类别	货运量（吨）						客运量（人次）					
	进出口累计	同比±%	进口累计	同比±%	出口累计	同比±%	出入境累计	同比±%	进口累计	同比±%	出口累计	同比±%
公路口岸	66217	451.81	7943	13.47	58274	1065.48	107396	−0.37	47891	−4.50	59505	3.23
航空口岸	15	7.14	15	7.14	—	—	19046	−4.77	10776	7.76	8270	−1.73
合计	66232	451.29	7958	13.46	58274	1065.48	126442	−5.14	58667	−2.46	67775	0.20

2005 年全区口岸运量表

项目类别	货物进出口（万吨）		进口（万吨）		出口（万吨）		出入境旅客（万人次）		入境旅客（万人次）		出境旅客（万人次）	
	本年累计	同比±%	本年累计	同比±%	本年累计	同比±%	本年累计	同比±%	本年累计	同比±%	本年累计	同比±%
樟木口岸	6.6217	16.17%	0.7943	13.47%	5.8274	16.55%	7.3820	−5.46%	2.9878	−0.41%	4.3942	9.86%
普兰口岸	–	–	–	–	–	–	3.3576	−11.64%	1.8013	−9.94%	1.5563	−1354%
吉隆口岸	–	–	–	–	–	–	–	–	–	–	–	–
拉萨航空口岸	0.0015	7.14%	0.0015	7.14%	–	–	1.9046	−4.77%	1.0776	7.76%	0.827	−1.73
全年合计	6.6232	16.17%	0.7958	13.46%	5.8274	16.55%	12.6442	−1.22%	5.8667	−2.22%	6.7775	−0.33%

运国内客货业务。积极落实了海关总署要求清理整顿二类口岸的工作。

西藏口岸查验单位工作综述

拉萨海关

【概述】 2005 年，全关共监管进出口货物 66415 吨（其中进口 8031 吨，出口 58384 吨），比上年（下同）增长 6%；进出境人员 84987 人次，减少 4%；进出境运输工具 15682 辆（架）次，增长 6%；邮递物品 20357 件，增长 14%；查获各类反动宣传品 847 件，减少 45%。西藏自治区进出口贸易总值达 2.05 亿美元，减少 8.1%。其中进口 4009 万美元，减少 57%；出口 1.65 亿美元，增长 27%。全年征收税款 1575 万元，减少 26%，超额 43%完成年度税收计划。其中进口关税 717 万元、进口环节税 806 万元、出口关税 52 万元。审批减免税货值 412 万美元，开具《征免税证明》29 份，减免税总额 603 万元，其中减免关税 85 万元，减免进口环节税 518 万元。返还自用物资进口关税 688 万元。2005 年共刑事立案 4 起，案值 1388 万元；行政立案 40 起，案值 190 余万元；刑事拘留 8 人，移送起诉 8 人；查获虎皮 13 张、豹皮 67 张、水獭皮 190 张、熊掌 2 只、仿制式手枪 1 支、子弹 5 发以及其他绕关货物和大量的侵权货物等；共上缴罚没收入 90 万元。6 月 14 日，按照总署有关部门的指示，分别向中科院青藏高原标本馆、中科院动物研究所、东北林业大学、南京森林公安高等专科学校 4 家单位各赠送虎皮 1 张、豹皮 2 张、水獭皮 5 张，作为标本之用。目前全区已有 145 家进出口企业、2 家外贸中介服务企业（专业报关行）、1 家打单行入网电子口岸。区商务厅、工商局、国税局、外汇局、技术监督局、中国银行区分行、拉萨海关等 7 个部门的企业资料在电子口岸备案并经过网上审批；出口退税、进口付汇、出口收汇、汽车证明、报关申报、减免税、企业管理等 7 个项目已投入运行。另外，为了加强联系配合，共同推动口岸体制改革，海关还与西藏检验检疫局、自治区安全厅等部门正式建立了合作机制。

【加强对减免税货物的后续监管】 一是加大对全区重点税源商品走私态势的市场调研，组织专项打击行动，确保税款应收尽收。二是各业务岗位加强联系配合，加大监管力度，切实打击“蚂蚁搬家”式走私活动。三是建立重点商品预警机制，掌握税收动态，提高对关区主要税源的掌控能力。四是加强税收综合管理，做好税收实时监控分析工作和税收政策法规的宣传工作。五是认真开展税款入库专项督察。

【打击“蚂蚁搬家”式的走私活动】 中尼两国边民每天可以享受 3000 元额度的免税进口商品这一优惠政策，被走私分子应用到了极致，走私分子雇佣边民，常年在口岸进行“蚂蚁搬家”式的走私活动，将囤积在德斯港的面粉、大米、饼干等大量货物走私入境。针对这一现状，海关制发《边民自用物资核放表》，下发到持有本地户口的边民手中，采取每月免税放行一次的办法，从根本上杜绝了化整为零的走私活动。

【改革旅客申报制度】 根据总署统一安排，7 月 1 日起顺利实行了航空口岸旅客申报制度改革。密切与内地海关的联系，实现转关数据联网核对，确保了对转关货物的监管到位。制定和完善了《聂拉木海关边民自用物资管理办法》、《聂拉木海关验估岗位操作规程》、《聂拉木海关保金、保函管理工作规范》、《走私违规物品税费计核操作规程》、《财务支出审批办法》等内部规章制度和工作规范，健全了制度体系。

【电子口岸建设】 在继续完善严密监管和便捷通关的措施，深化通关作业改革，强化优质服务的同时，积极推进西藏地方电子口岸建设。10 月 11 日，海关总署与西藏自治区人民政府在北京签署了《关于建设西藏电子口岸的合作备忘录》，继续贯彻落实全国电子口岸建设工作会议精神，稳步推进地方电子口岸建设。

【稽查、风险、知识产权等工作】 2005 年，实施常规稽查和专项稽查共 11 次，涉及 9 家企事业单位。稽查的商品主要有汽车、医疗用品等，货值 602 万元。5 至 6 月份分别在拉萨和樟木口岸对卫生香、铜制品、植物油等部分进口商品开展市场和贸易调研，发挥了贸易调查和市场调查职能。年审企业 102 家，新注册 51 家，报关员年审 21 名。2005 年海关知识产权保护工作成绩喜人，共查处侵权案件 33 起，货值 706246 元，多次受到总署表扬，3 次收到权利人的感谢信。同时切实加强与自

<table>
<tr><th colspan="2">业务名称</th><th>进口</th><th>出口</th><th colspan="2">与上年同期±%</th></tr>
<tr><td colspan="2">货运量</td><td>8031（吨）</td><td>58384(吨)</td><td>+7</td><td>+6</td></tr>
<tr><td colspan="2">贸易值</td><td>910 万（美元）</td><td>13240 万(美元)</td><td>+1</td><td>+39</td></tr>
<tr><td colspan="2">进出境人员</td><td>35790(人次)</td><td>49197(人次)</td><td>−12</td><td>+3</td></tr>
<tr><td rowspan="2">运输工具</td><td>飞机</td><td colspan="4">200（架）</td></tr>
<tr><td>汽车</td><td colspan="4">进出境共计:15482(辆)</td></tr>
<tr><td colspan="2">邮递物品</td><td>7031（件）</td><td>7205(件)</td><td>+27</td><td>+15</td></tr>
<tr><td colspan="2">录音录像制品</td><td>110（件）</td><td>6011(件)</td><td>+206</td><td>+1</td></tr>
<tr><td colspan="2">没收邮递物品</td><td colspan="2">3506（件）</td><td colspan="2">+137</td></tr>
<tr><td colspan="2">关　税</td><td colspan="2">7688668（元）</td><td colspan="2">−16</td></tr>
<tr><td colspan="2">进口环节税</td><td colspan="2">8061003（元）</td><td colspan="2">−34</td></tr>
<tr><td rowspan="2">查获走私行为案件</td><td>案件起数</td><td colspan="2">21(起)</td><td colspan="2">—</td></tr>
<tr><td>案值</td><td colspan="2">470500(元)</td><td colspan="2">—</td></tr>
<tr><td rowspan="2">立案查处走私犯罪案件</td><td>案件起数</td><td colspan="2">4(起)</td><td colspan="2">—</td></tr>
<tr><td>案值</td><td colspan="2">—</td><td colspan="2">—</td></tr>
<tr><td colspan="2">上缴罚没收入</td><td colspan="2">900496（元）</td><td colspan="2">−65</td></tr>
</table>

治区红十字会的联系和协作，先后3次向其转交可用于社会公益事业的侵权货物，价值76万余元。

拉萨海关2005年全年进出口主要业务量表

单位：（人员：人次　交通工具：台次　飞机：架次）

	樟木口岸边检站		拉萨航空口岸边检站		普兰口岸边检站
	人员	交通工具	人员	飞机	人员
总　计	73729	15202	19046	200	33576
出境	43942	7499	8270	100	15563
入境	29787	7703	10776	100	18013

西藏公安边防总队

2005年，全区各出入境边防检查机关在各级党委、政府和公安机关的正确领导下，在上级业务部门的具体指导下，以党的十六届三中、四中全会和“二十公”会议精神为指针，以保持共产党员先进性教育活动和“三访四见”活动为契机，坚持“立警为公、执法为民”，认真贯彻落实周永康部长有关边防检查指示要求、公安部边防管理局党委扩大会议精神和“满洲里勤务规范研讨会”工作部署，忠实履行出入境边防检查职责，严格实施口岸边防查控，加大口岸限定区域管控及重点通外通道巡逻、设卡，从严开展处突实战演练，严密防范和打击民运、分裂等不法分子潜入潜出、群体性闯关、偷渡等违法犯罪活动，全力维护自治区“四十大庆”期间边境地区安全稳定。深入开展“争创执法为民窗口、争当执法为民标兵”活动，强化岗位业务练兵，加强后备检查人才培养，大力推进检查员等级评定，确保检查队伍整体素质持续提高；坚持依法行政，强化内外执法监督，落实便民利民措施，充分尊重和保障出入境旅客、员工合法权益；积极争取各级支持，努力改善执勤、检查设施，进一步提高工作效率，推动口岸“大通关”；开展访贫问苦活动，深入了解群众疾苦，帮助解决实际困难，密切警民鱼水关系，树立国门卫士良好形象。2005年，总队各边防检查站共检查出入境旅客76183人次，其中中国籍旅客32506人次，外国籍旅客43677人次；检查出入境员工19278人次，其中中国籍员工3317人次，外国籍员工15961人次；检查出入境边民177371人次，其中中国籍边民3937人次，尼泊尔籍边民171431人次，印度籍边民2003人次；检查出入境交通运输工具15202台（架）次，其中中国籍交通运输工具1482台（架）次，外国籍交通运输工具13720台次；查获偷渡人员87名，协助他人偷渡人员4名，其他违法违规人员193名。

2005年西藏公安边防总队边检处主要业务统计表

西藏出入境检验检疫局

【概述】 2005年，在国家质检总局和自治区党委、政府的正确领导下，西藏局党组带领全局干部职工，以“三个代表”重要思想为指导，全面落实科学发展观，按照全国质检工作会议精神和总局的各项决策部署，紧紧围绕“严格把关、服务经济、促进发展”这个中心，大力弘扬“老西藏”精神，以昂扬向上、干事创业的精神面貌，真抓实干、开拓进取，在依法行政、促进发展，规范管理、提高质量，热情服务、扩大影响等多方面取得了可喜的成绩。截至2005年12月底，共完成出入境检验检疫2310批，货值10551.4万美元。其中，完成入境商品检验482批次，货值805.7万美元；完成出境商品检验1828批次，货值9745.7万美元；在出境商品中检出不合格商品9批次，货值13.5万美元。查验出入境人员74044人次，依法对出入境人员进行健康体检757人次，艾滋病监测407人次，预防接种311人次，在出入境人员中检出艾滋病、梅毒等病例22例。检疫消毒进出境交通工具20654辆（架）次，其中检疫消毒出入境飞机178架次，检疫出入境车辆20476辆次。

【认真应对突发性公共卫生事件】 6月11日，西藏仲巴县琼果乡发生人间鼠疫，5人发病，2人死亡，直接接触者76人中1人出境到尼泊尔。国家质检总局密电要求西藏局做好协查和防控工作，西藏局按照要求立即启动应急预案，加强了出入境人员、交通工具的检疫和卫生处理。通过口岸检验检疫机构、边防、公安等渠道查找此人，将有关情况上报的同时加大了出入境人员的传染病监测力度；修订完善了《西藏局口岸流感大流行疫情应急处置实施方案》、《西藏出入境检验检疫局突发公共卫生、核事件应急处置总体方案》和演练方案，并在拉萨国际航空口岸实施了演练；认真做好“日本脑炎”、“流行性感冒”等传染病的监测工作，严密防控印度、尼泊尔发生的“日本脑炎”疫情和西藏聂拉木县境内出现的“流感”的传入传出。

【全面做好重大动物疫情防控】 2005年，西藏周边国家相继发生疫情，国内青海、新疆、湖南、辽宁等地相继出现疫情，拉萨也有禽流感疫情报告。对此，根据国家质检总局和党委、政府的部署，西藏局全面部署，全力投入防控工作，确保口岸安全。从11月8日起，正式启动了《西藏地区进出境重大动物疫情应急处理预案》，恢复了西藏局及分支机构领导小组的工作。确定了工作重点和责任制，严格按照“加强领导、密切配合，依靠科学、依法防治，群防群控、果断处理”的工作方针，以一线防范为主、防出防入并重，及时部署各项工作；进一步加强口岸检疫和口岸市场监管，严禁从疫区输入家禽及其产品；加大了禽鸟产品走私的查处力度，严肃处理来自国外的无证禽类产品，依法打击偷运动物及其产品的违法行为。

【口岸卫生监督成效显著】 制定了《西藏国境口岸卫生除害处理管理办法》、《国境口岸食品卫生监管实施方案》、《进出口食品监督实施意见》等业务规章。进一步加大了外国籍交通员工（司乘人员）、口岸从业人员等高危人群的健康检查，从被监测的1335名尼泊尔司乘人员和口岸从业人员中，检出HIV阳性3例（已经实验室确认），梅毒阳性60例，乙肝25例，丙肝16例。

【把帮促企业出口列入年内工作目标并抓好落实】 2005年，西藏局完成出口食品标签审核3个；

完成体系认证咨询3家；积极扶持西藏松茸、西藏活羊等特色产品出口；向国家质检总局申请对旧机电产品进口审核方面的扶持政策；认真落实预约报检、随报随检、随检随放等便利措施。

【原产地保护工作深入开展】 通过卓有成效的工作，进一步扩大原产地保护工作的影响力，努力促进西藏名优土特产品走出区门、国门，提升价值。认真落实《西藏自治区原产地标记保护实施方案》，发挥西藏局在原产地标记保护工作的组织者和牵头人的作用，积极推动企业对名优产品实施保护。2005年6月21日，西藏自治区人民政府新闻办公室组织召开了“西藏原产地标记保护新闻发布及颁证会”。西藏藏药股份有限公司等四家企业的卓攀林牌西藏藏药、那曲冬虫夏草获得了国家质检总局颁发的原产地标记注册证书。

【积极参加自治区食品安全控制、食品放心工程、整顿和规范市场经济秩序等工作】 成立了西藏局食品安全监管小组，配合质监部门开展了对拉萨地区的食品生产企业、大型超市等单位使用和销售含有苏丹红产品调查取样工作，加大了对出入境食品、旅客携带物、国际邮件的检验检疫，强化了口岸食品卫生监督和进口肉类存放场所的监管，加强了口岸食品及其从业人员卫生知识培训等工作。2005年，西藏局被推荐为西藏自治区食品安全先进单位。

【认真开展产地调研工作】 2005年，西藏局多次派出工作组深入特色农产品主产地一线，开展出口油菜籽农药使用情况和病虫、杂草分布情况调查，及时掌握了农药使用情况和主要的病、虫、杂草分布情况的第一手资料，为今后出口农产品的检验检疫工作提供了把关依据；派员到产地实施对日出口松茸检验检疫，对松茸的收购、加工、包装等全过程进行监督，确保出口松茸的质量符合要求。

【加强技术指导促进产品出口】 西藏局积极利用信息、技术优势，帮助、促进西藏农畜产品（糌粑、油菜籽、土豆、大蒜、活羊等）出口，增加农牧民收入；积极指导全区的食品、饮料企业建立质量控制措施和卫生保障条件，先后赴春光食品有限公司、圣鹿食品有限公司、山南雅江饮料厂、拉萨啤酒厂、林芝松茸采集加工场地等进行现场指导。

【对外交流工作】 积极参与“中尼客运直通车”双边会谈、第十次中国西藏——尼泊尔经贸洽谈会、中尼检验检疫合作调研、自治区口岸建设专题调研等工作，为西藏的对外开放献计献策。2005年4月，首次与尼泊尔相关机构举行了检验检疫官方会晤；10月，应尼泊尔驻拉萨总领事之约就中尼检验检疫事宜举行了会晤；积极探索建立樟木局与尼方在中尼边境口岸的相关派驻机构的执行层面的沟通机制。

【认真做好亚东口岸开放的前期准备工作】 积极参与亚东口岸恢复开放的前期调研和准备工作，合理规划口岸基础设施。利用各种途径全面阐述西藏局对亚东口岸定位原则和口岸建设规划的总体思路和建议；及时向政府报告西藏局对口岸检验检疫基础设施需求；派员参加自治区考察团赴印度考察，了解印度的检验检疫政策。

【加强口岸合作机制建设】 建立“关检合作机制”，加快通关速度，方便进出往来。2005年9月20日，西藏局与拉萨海关共同签署了《关检合作机制备忘录》，自治区政府郝鹏副主席莅临并发表了重要讲话；进一步加大与自治区卫生、农牧、商务等部门的沟通和协作，初步形成了互通有无，相互配合的联动机制。

【检验检疫技术能力建设得到全面加强，科技工作有了新的进展】 2005年，西藏局实验大楼综合改造已经完成并交付使用，实验室的环境条件得到了很大改善；全局实验室人员培训、设备投入力度得到了进一步增强；技术中心积极承担自治区食品安全定点实验室的任务，通过了计量认证监督评审，实现了10个检测能力扩项。技术中心、保健中心认可准备工作全面完成；实验室受理政府相关部门委托检测86批359项，检出不合格58批，为西藏自治区的食品安全工作做出了贡献。科技工作迈出实质性步伐。以“拉萨市H5、H9型禽流感血清检测“课题等科研、制标项目正在组织实施；实施了科技奖励工作，评出科技成果奖1项、优秀科技论文15篇，推荐出专业技术学科带头人7名，使西藏局科技专家队伍初具规模。信息化建设成绩显著。省域网搭建工作年内已经完成，樟木、机场可通过VPN方式直接与局本部相连；完成了西藏局与国家质检总局主干网的建设和网络安全项目的集成任务；搭建完成了西藏局机关三个院子及机关与4个分支机构的办公自动化平台；完成了西藏局“电子申报及产地证电子签证”系统的安装调试，已经有14家企业实现电子申报，“新三电”工程已初步跟上了总局的应用步伐；远程视频会议系统即将完成。

2005年西藏出入境检验检疫业务表

金额:美元

机构		货物检验检疫				交通工具			
		批次	金额	检查检疫不合格		船舶（艘）	飞机（架）	火车（节）	汽车（辆）
				批次	金额				
总计		2310	105514025	9	134969	–	178	–	20476
其中	出境	1828	97456545	9	134969	–	89	–	9554
	入境	482	8057480	–	–	–	89	–	10922
西藏局本部		62	20503131	–	–	–	–	–	–
其中	出境	28	18057601	–	–	–	–	–	–
	入境	34	2445530	–	–	–	–	–	–
贡嘎机动办事处		1	1818	–	–	–	178	–	–
出境		–	–	–	–	–	89	–	–
入境		1	1818	–	–	–	89	–	–
樟木局本部		2247	85009076	9	134969	–	–	–	20476
出境		1800	79398944	9	134969	–	–	–	9554
入境		447	5610132	–	–	–	–	–	10922

（续表）

机构		货物通关		出入境员查验（人次）	健康检查及预防接种（人次）			
		批次	金额		健康检查	艾滋病监测	发现病例	预防接种
总计		2437	91315144	407	74044	757	22	311
其中	出境	1977	85522944	295	35974	631	16	311
	入境	460	5792200	112	38070	126	6	–
西藏局本部		25	2484470	247	—	332	7	266
其中	出境	10	2263033	135	—	206	1	266
	入境	15	221437	112	—	126	6	–
贡嘎机动办事处		1	1818	—	20383	–	–	–
出境		–	–	—	8388	–	–	–
入境		1	1818	—	11995	–	–	–
樟木局本部		2411	88828856	160	53661	425	15	45
出境		1967	83259911	160	27586	425	15	45
入境		444	5568945	—	26075	–	–	–

西藏口岸大事记

1月10日

自治区组织部副部长看望、慰问了普兰边检站官兵。

1月13日

吉隆边检站开展义诊活动，为边民群众看病、送药。

3月15日

普兰边检站结合“综治宣传月”开展边防法律法规宣传活动，为边民群众提供法律咨询，发放书籍200多册。

3月29日

2005年度夏秋季成都—拉萨—加德满都国际航班复航。同时，拉萨口岸新国际航站楼投入使用，旅客通关环境及边检执勤办公条件得到较大改善。

4月7日

自治区副主席杨海滨召集自治区交通厅、拉萨海关等单位研究中尼客运直通车谈判情况。会议同意开通中尼直通车。

4月13日

自治区政府主席向巴平措在普兰口岸检查工作时，慰问了普兰边检站斜尔瓦执勤点官兵。

4月18—26日

自治区政府副主席郝鹏在亚东、吉隆、聂拉木口岸调研，对边防检查工作进行了指导，并看望了边检执勤官兵。

4月21日

自治区副主席郝鹏在亚东县主持召开现场办公会议，就亚东仁青岗边境贸易市场建设有关问题进行了研究和部署。在此之前，国务院批准了商务部等十一部委的《关于西藏自治区人民政府建设亚东仁青岗边贸市场有关问题的意见》。

4月22日

国家质检总局党组书记、局长李传卿率工作组莅临西藏出入境检验检疫局视察，并亲切慰问了战斗在西藏的广大检验检疫人员。

4月24日

自治区副主席郝鹏在日喀则地区吉隆县吉隆镇主持召开会议，就吉隆口岸建设和发展问题进行了专题研究。会议经过研究，议定了有关事项。

4月26日

自治区副主席郝鹏在日喀则地区聂拉木县樟木镇主持召开会议，就樟木口岸建设和发展问题进行了专题研究。会议经过研究，议定了有关意见。

4月27日

受国家质检总局委托，西藏出入境检验检疫局副局长詹开瑞率工作组与尼泊尔王国农业合作部官员 Dr.D.R.Ratala 一行在西藏樟木口岸就中尼检验检疫工作进行了首次官方会晤。

5月1日

拉萨—加德满都中尼直通车开通，聂拉木边检站顺利完成首班65名出入境旅客检查任务。

5月13日

自治区副主席武继烈召集自治区发展改革委、拉萨海关等部门，对向中央申请的《进一步加快西藏发展维护西藏稳定的若干优惠政策（征求意见稿)》征求意见，拉萨海关提出延续2001年国务院对西藏实施进口自用物资税收返还特殊优惠政策。该政策2005年12月31日到期。

5月14日

中国驻尼泊尔大使馆大使孙和平一行三人在聂拉木口岸考察中尼边境贸易促进工作。

5月17日

西藏自治区出入境检验检疫局在对拉萨某单位拟聘用的尼泊尔籍男子进行常规体验时检出丙型肝炎阳性1例。这是检验检疫部门首次在拉萨检出丙型肝炎病例。

5 月 31 日

尼泊尔工商联商务考察团在聂拉木口岸考察中尼边境贸易情况。

6 月 14 日

吉隆镇一牧场发生火灾。吉隆边检站出动警力与地方群众并肩奋战 2 个多小时扑灭了大火。

6 月 23 日

聂拉木边检站在口岸限定区域一出租房内查获淫秽光碟 9000 多张，并抓获 1 名尼泊尔籍违法犯罪嫌疑人。

6 月 23—24 日

孟加拉国等六国驻尼泊尔使领馆副馆长在聂拉木口岸考察口岸建设有关情况。

6 月 23 日

西藏自治区新闻办公室在拉萨举行新闻发布会，向社会发布了获得国家质检总局原产地标记注册证书的“西藏藏药”和“西藏那曲冬虫夏草”两类产品。

6 月 27 日—28 日

西藏出入境检验检疫局召开了首次“西藏出入境卫生检疫与动植物检验检疫工作会议”。

8 月 3 日—8 日

国家质检总局党组成员、副局长葛志荣，党组成员夏红民等人组成的工作组先后在西藏拉萨、日喀则、樟木口岸等检查指导西藏质检工作。

6 月

拉萨海关风险分析中心正式成立，标志着海关风险管理工作进入了一个新阶段。

7 月 2 日

拉萨边检站在入境检查中查获 1 名“政嫌”人员。按照“四十大庆”安全保卫要求，拉萨边检站将其移交有关部门作进一步审查。

9 月中旬

武警边防总队组织进行了第二次初级检查员等级考试，共有 16 名边检业务干部取得初级检查员任职资格。

9 月 15 日—10 月 31 日

武警边防总队组织举办了新任检查员培训班和新边防检查“梅沙”系统培训班。

10 月 11 日

海关总署与西藏自治区人民政府在北京签署了《关于建设西藏电子口岸的合作备忘录》。

10 月 31 日

成都—拉萨—加德满都国际航班停航，拉萨边检站圆满完成年度国际航班出入境边防检查工作，安全验放旅客、员工 19046 人次，航班 169 架次。

2005 年，驻机场办事处再次获得全国“青年文明号”荣誉称号和聂拉木海关再次获得省级“青年文明号”荣誉称号。

ORIENT INTERNATIONAL (HOLDING)

上海新海航业有限公司

SHANGHAI NEWSEAS NAVIGATION CORP

东方国际集团上海新海航业有限公司(ORIENT
TERNATIONAL (HOLDING) SHANGHAI NEWSEAS
AVIGATION CORPORATION)于1983年经上海市人
政府批准、并经国家交通部核准成立，是一家专业经营
际、国内沿海及长江中下游货物运输及船舶管理的航运
业。行政关系上隶属于东方国际物流集团有限公司。

目前,公司拥有并经营“新海虹”、“新海利”“新海
”、“新海源”等四艘集装箱船舶，还参股投资了若干
运代理公司和集装箱储运企业。公司设有航运部、船员
术服务部等主要业务部门。直属子公司上海新海国际船舶代
有限公司(SHANGHAI NEWSEAS SHIPPING ABENCY CO.,
D)于1994年1月正式对外开业，是最早成立的地方船代公
之一，目前已取得国际船舶的公共代理和无船承运人资
，经营中外籍各类船舶及集装箱班轮船舶的进出口船务
理业务。2002年12月起作为伊朗国家航运公司及俄罗斯
CL集装箱班轮上海港独家代理。

公司将依托东方国际物流集团的综合优势，进一步在
、港、货、代等各个环节上拓展业务，追求高品质的管
理念，为国内外客户提供配套的优质服务。

地　　址：北苏州路1040号10-11楼
10-11/F,No.1040,North SuZhou Road,
Shanghai 200085
法人代表：丁建中
电　　话：021-63570328(总机)
传　　真：021-63577582
E-mail: newseas-nsn@online.sh.cn
http://www.newseas.com.cn

“新海利”轮下水时情景

新海源”轮航行在日本港口

广州元亨
Guangzhou Yua

公司总经理　王修贵

公司简介

广州元亨计算机科技有限公司是广州海关机关服务中心属下经济实体，主要从事报关电子数据接入以及与通关相关软件系统的开发和运营。现有专业开发人员50余人。员工相关工作经历平均在4年以上，均接受过专业培训，具备较强的理论基础及实践能力；60%以上人员均具有通关行业业务背景。

我司主要参与的大型项目包括广州海关加工贸易平台、EDI报关单证预录入系统、新机场海关物流监管平台、清远口岸通关信息服务平台、省交通厅档案编研信息化平台等,现有客户约500家。

“元亨”二字出自《易经》中的“元亨利贞”。“元”有“兴始”的意思，“亨”有“兴旺发达”的意思。《文言》曰：“元”者善之长也,“亨”者嘉之会也,“利”者义之和也,“贞”者事之干也。君子体仁足以长人，嘉会足以合礼，利物足以和义，贞固足以干事。君子行此四德者，故曰：“乾元亨利贞”。

·算机科技有限公司

g Computer Technology Co.,LTD.

通关信息化服务及其应用

* 通关信息服务平台解决方案——“亨通商网”运营模式及应用

亨通商网是一个综合管理平台，运用数字证书、及时通讯等工具，实现不同级别用户在线信息交流、查询、业务咨询、答疑、统计、计费等功能，是企业、个人与管理部门之间信息交流与沟通的平台。

采用数字证书技术，对用户实行EKEY卡实名制会员管理。不同用户所享受的服务不同。平台让用户自主选择、定制服务，享受更全面、更具个性化的实时信息服务。

可扩展的开放式平台，统一的集成应用接口，模块化设计能够方便、及时地随业务需求的变化而定制新的应用系统。目前已集成的应用包括：广州海关统计处信息咨询查询服务、网上预约报关系统、“企业通”密钥配套系统、手机短信平台等。

通关业务应用解决模式一：

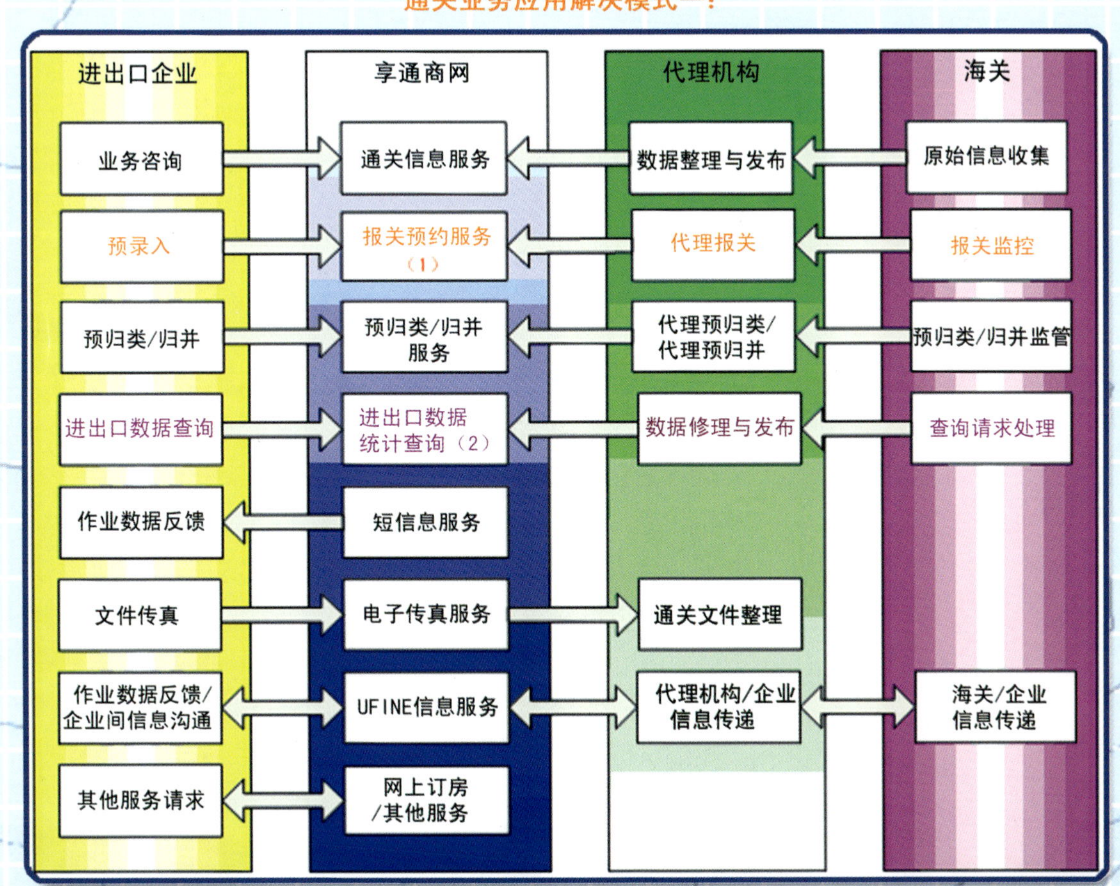

* 通关业务应用系统---业务流程

（1）元亨预约报关系统（已取得软件著作权登记和软件产品登记）

"元亨预约报关系统"是"亨通商网"集成的辅助企业、报关公司开展通关业务的管理系统。可实现网上提前申报，报关公司/报关行网上受理申报数据。系统提供24小时在线服务。企业在办公室即可自动生成或手工录入报关资料并提交申请，节省了大量的往返时间，提高了工作效率和数据的准确性，加快了通关效率。

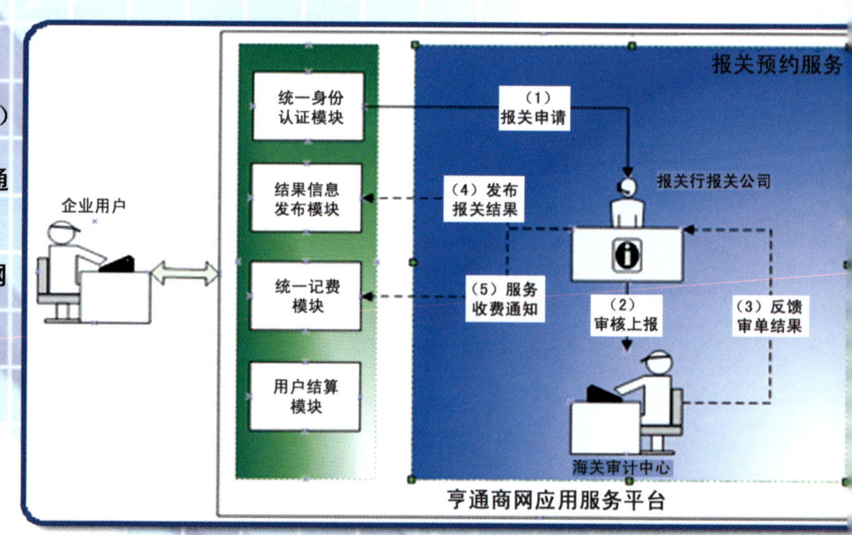

（2）海关咨询统计查询系统（已取得软件著作权登记和软件产品登记）

"海关咨询统计查询系统"是"亨通商网"集成的辅助海关整理统计数据、企业查询信息的软件工具，为用户提供一个专门的网上信息查询通道。企业可以24小时在线提出咨询申请，由"亨通商网"负责数据的整理和传输工作，既可以为企业节省往返于海关职能部门的时间，也极大的提高了职能部门的工作效率。

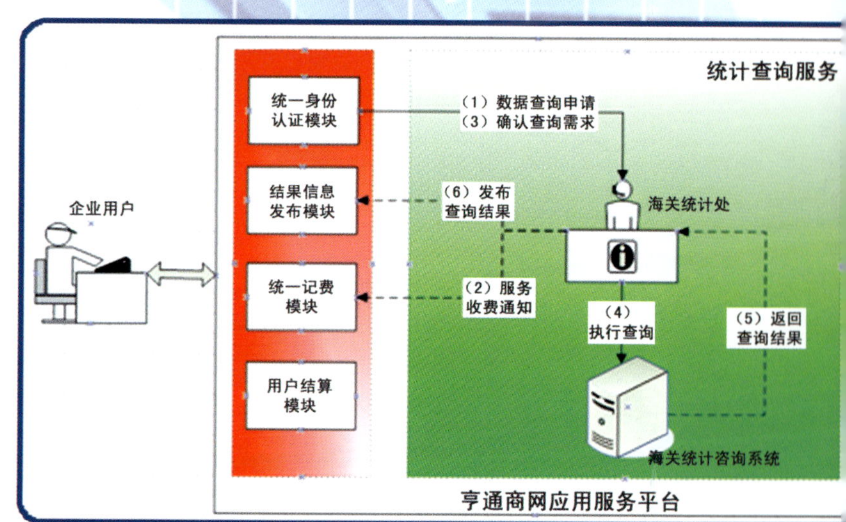

* 通关业务应用案例---货物通关服务平台

为企业"量身定制"更新更全的本地化网上通关数据传输方式，并通过电子密钥实现对数据的安全性保护。

可独立管理本公司的资料和数据。是报关行等服务提供商巩固客户和开拓业务的强大利器。

产品的应用范围及领域：1.进出口企业的报关报检等。2.报关行、车场、口岸和企业之间信息沟通及本地数据管理。

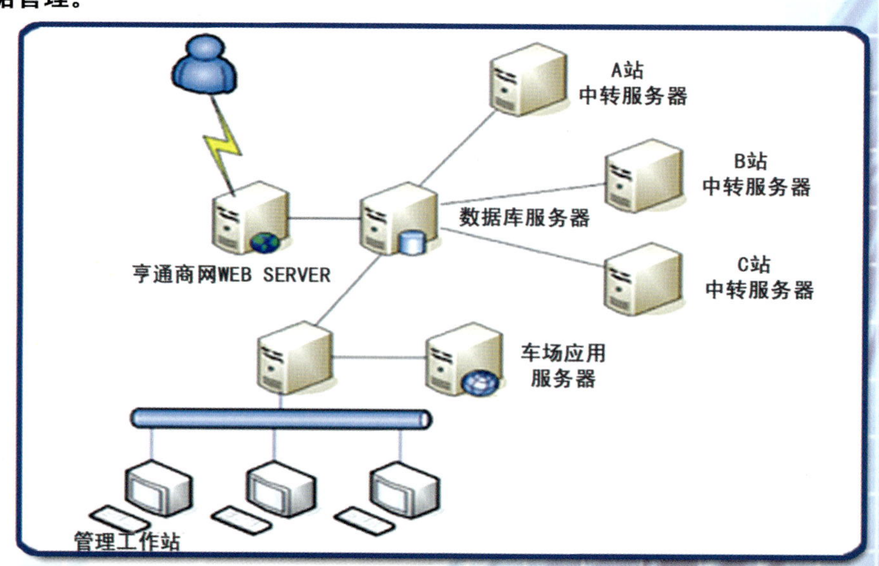

地址：广州天河区科韵路24-26号禾田大厦301　邮编：510630

其它产品简介及应用

a)广州通关行业数字证书，元亨CA数字认证遵循《中华人民共和国数字签名法 》、《广东省电子政务信息安全管理暂行办法》，采用最新的数字加密技术，能够实现对电子文档的数字签名和加密功能，并提供电子印章完全模拟现实流转的公文表现形式，签名加密后数据具有安全性高、不可篡改性特点，可广泛应用于网上通关、报税、报检、办公、招投标、采购、数字工商等大型电子政务和电子商务工程，是信息化系统建设的有力保障。

b)元亨ERP系统，针对中小型（商贸）企业研发，可全面解决中小企业进销存、财务、计划、质量控制、客户关系管理、供应链管理等核心业务问题，具有强大的系统整合能力，灵活的应用环境和实时控制功能，可与其它通关业务系统无缝结合。

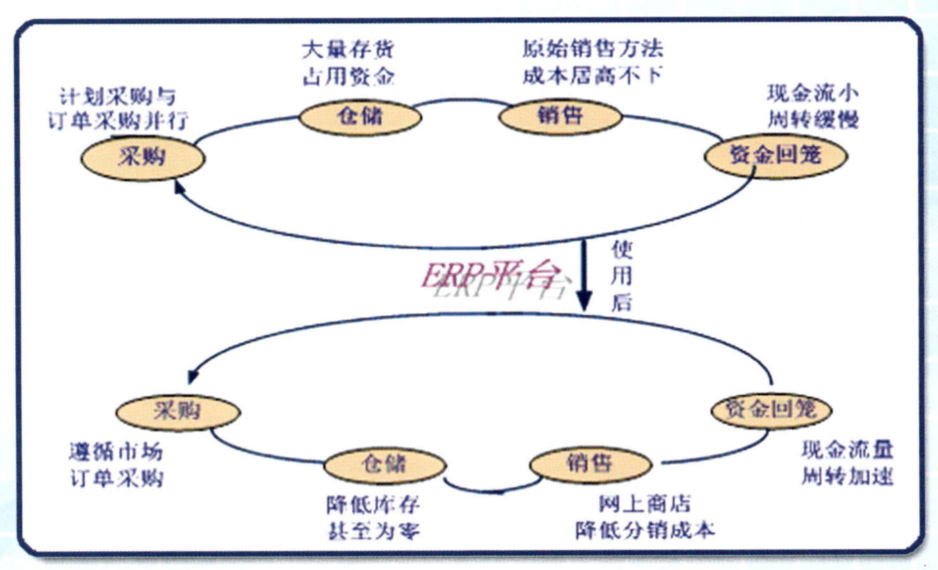

c)“元大当家”——酒店、餐饮管理系统（已获得软件著作权登记和软件产品登记）

系统集成了客房、餐饮、娱乐、仓库、门禁、电信计费、网上订房、客户管理、办公自动化等子系统。设计标准是星级酒店；设计理论是以人为本、充分尊重管理者和操作者的意愿。特点是界面友好、操作简单、系统运行稳定，并且可以根据用户需求，对子系统和功能模块进行拆分和组合。

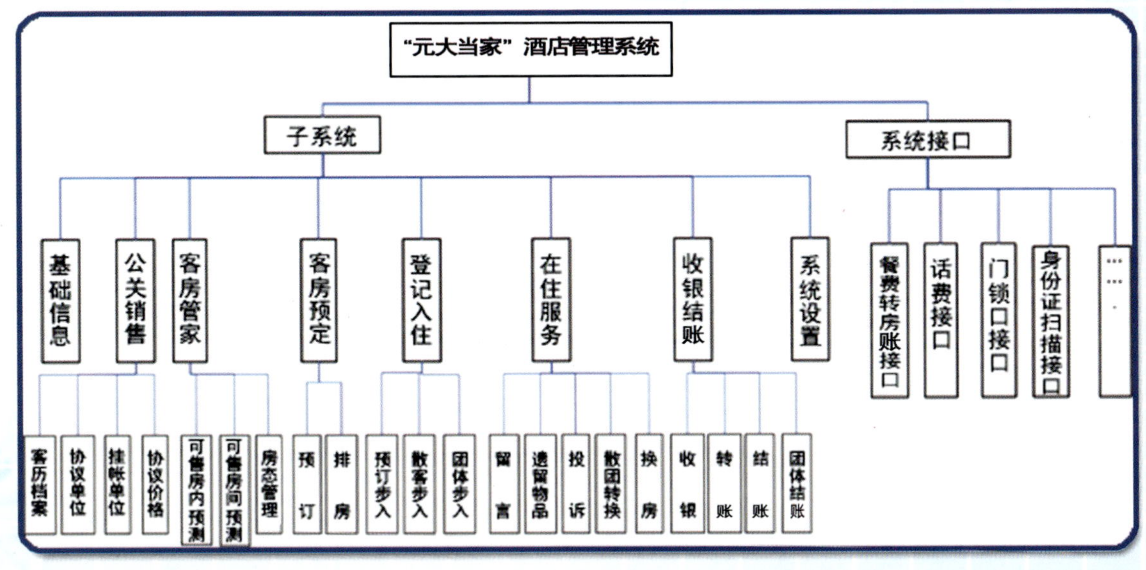

本溪钢铁（集团

中国本溪钢铁（集团）有限责任公司（以下简称"本钢集团公司"）位于中国辽宁省东部的本溪市，距省会沈阳市63 公里 。

本钢始建于 1905 年，是中国历史最悠久的钢铁企业之一。从 1949 年 7 月 3 日, 2 号高炉在解放全中国的隆隆炮声中炼出的第一炉铁水算起，饱经世纪沧桑的本钢集团公司，经过艰苦卓越的努力与拼搏，不断创造出共和国“功勋企业”的一个个辉煌：解放全中国、抗美援朝战争使用的国产“第一支枪”、“第一门火炮”，有本钢提供的主要钢铁材料；社会主义建设时期的国产第一辆“解放牌”汽车、第一台“东方红”拖拉机、第一台汽轮发电机，有本钢生产出的优质钢铁材料；现代化建设的国产第一艘万吨巨轮、第一颗人造地球卫星、第一枚运载火箭……，都有本钢生产的钢铁产品。57 年来，本钢集团公司为共和国的经济建设、社会发展提供 13000 多万吨生铁、 7800 多万吨钢、 5800 多万吨钢材等优质产品；实现销售收入 1900 多亿元、上缴利税 310 多亿元、实现利润 110 多亿元， 1991 年以来实现工业增加值 400 多亿元。

从“一五”到“十五”的 50 多年来，本钢历经一次次大规模改造建设，特别是 在进入 21 世纪的“十五”发展新时期，面对更为激烈的市场竞争，本钢集团公司坚持科技兴企的发展战略，以产品结构优化升级为突破口，坚持“效益技术优先、新建改造并举、生产建设同步、快速达产达效”的原则，制定出建设“品种全、质量高的精品板材基地和具有国际竞争力的现代化企业”战略发展规划，进入了全方位、大规模的高新技术改造“大决战”。为提升炼铁技术水平，本钢集团公司将 5 号高炉改造、 4 号高炉易地大修定位引进具有世界领先水平的无料钟炉顶、高炉专家控制系统、比肖夫煤气清洗等 11 项新技术、新工艺。经过 900 多项全新工艺技术改造后，这 2 座高炉的 5 项关键技术工艺达到世界先进水平，实现了年新增铁 270 万吨的高效、节能、降耗的高指标。为全面提升转炉炼钢工艺技术，炼钢转炉全部采用副枪测试和控制系统、转炉二次烟尘治理、自动化控制、气动档渣、炉气分析和可变程序控制系统等国际最先进工艺技术，使转炉炼钢生产 6 大系统全部实现自动化，转炉炼钢工艺达到国内外最先进水平。为全面提升国产“独生子”的 1700 热连轧机现代化水平，大胆引进当今工业化发达国家先进的机械、电气控制工艺装备，全面实施采用世界最先进的自动宽度控制系统、连续可变凸度控制系统、液压弯辊技术、轧辊横移技术、液压自动厚度控制、层流冷却控制、液压踏步式卷曲机、平整分卷机组、全线计算机控制系统等 8 项顶级技术的全方位改造。改造后的1700热连轧机产量已从原设计年产 159 万吨提升到 400 多万吨，品种规格由过去的

）有限责任公司

大系列 30 多个品种提升到 27 大系列 330 多个品种，已达到满足冷轧优质原料需求和直接轧制具有高附加值、高技术含量的热轧薄板的技术要求，跻身于国内外同类轧机先进水平行列。为全面提升本钢冷轧产品档次和市场占有率，20 世纪 90 年代中期建成投产的冷轧厂坚持一边生产、一边以市场为导向的技术改造，两年间先后对酸洗冷轧联合机组和热镀锌机组进行了技术升级改造，已形成了生产汽车表面板、高档家电板的能力，年产优质冷轧产品连续 3 年实现突破 70 万吨设计能力，进入年产 100 万吨的世界级冷轧厂先进行列。

"十五"期间，本钢集团公司生产规模再登历史新台阶。生铁由 2000 年的 355.9 万吨增加到 2005 年的 660 万吨，增长85%；钢由 2000 年的 363.3 万吨增加到 2005 年的 655 万吨，增长 80%；热轧板由 2000 年的 310 万吨增加到 2005 年的 525 万吨，增长 69%；冷轧板由 2000 年的 78 万吨增加到 2005 年的 111 万吨，增长 42%；镀锌板由 2000 年的 26.3 万吨增加到 2005 年的 34 万吨，增长 29%。经济效益逐年提升，企业整体实力显著增强。工业总产值由 2000 年的 82.45 亿元增加到 2005 年的 238 亿元，增长 1.88 倍；工业增加值由 2000 年的 26.5 亿元增加到 2005 年的 77 亿元，增长 1.9 倍；销售收入由 2000 年的 100.12 亿元增加到 2005 年的 280 亿元，增长 1.8 倍；利税由 2000 年的 12.59 亿元增加到 2005 年的 32 亿元，增长 1.54 倍；利润由 2000 年的 0.75 亿元增加到 2005 年的 9.6 亿元，增长 11.8 倍；上交税金由 2000 年的 11.84 亿元增加到 2005 年的 26.5 亿元，增长 1.24 倍；出口创汇由 2000 年的 0.66 亿美元增加到 2005 年的 3.6 亿美元，增长 4.45 倍，全面实现了"经济总量比 2000 年翻一番"的发展目标。本钢集团公司生产的石油管线钢、集装箱钢、耐候钢、焊瓶钢、汽车大梁钢、汽车车轮钢、热轧高强钢、冷轧深冲钢、热镀锌板等主导产品，广泛应用于航空、航海、汽车、家电、石化、机械、交通、运输、建筑、军工等行业，不仅直供国民经济发展建设的 13 个重点行业 100 多家重点企业，而且还远销欧美、亚洲、非洲、大洋洲的 40 多个国家和地区。

历经"十五"高新技术改造后的本钢集团公司，已成为拥有采矿、选矿、焦化、炼铁、炼钢、轧钢、动力、运输、机械加工制造等钢铁生产设施配套齐全，拥有 400.65 亿元资产总额、220 亿元固定资产净值，具有年产 2050 万吨铁矿石、796 万吨铁精矿、年产 960.2 万吨生铁、900 万吨钢、757 万吨热轧板卷、300 万吨冷轧卷板、61 万吨镀锌卷板、17 万吨彩涂卷板、40 万吨特殊钢材等生产能力和规模，成为位居 2005 年全球钢铁企业粗钢排行第 37 位、中国 500 强企业第 106 位、中国制造业 500 强企业第 45 位的特大型钢铁联合企业。

本钢集团公司按照建设精品板材基地战略的要求，不断深化对产品结构的调整。按照市场需求,不断扩展产品规格，板坯规格为 210 、 230 、 250×800 –1600mm ；热轧板卷规格为 0.8–20×750 –1750mm ；镀锌板卷规格为 0.5–3.0×750 –1525mm ，冷轧板卷规格为 0.5–3.0×750 –1525mm ，可生产石油管线钢、压力容器钢、深冲钢、结构用钢、链条用钢、耐候用钢、模具用钢及热镀锌板为主导的系列产品，研制开发出高强汽车大梁钢、抗氢致裂纹管线钢、 600Mpa 级起重臂用热轧高强钢、超细晶汽车车轮用钢、高强焊瓶钢、高档家电板、深冲高强冷轧板、 400Mpa 级热镀锌板等新品种 25 个，是我国重要的板材生产基地。本钢牌特钢系列产品多达 500 多个品种，是我国重要的军工、航海、铁路运输等高科技产品的原材料生产基地。本钢牌花纹板、冷轧薄板、气轮机叶片钢、弹簧扁钢等共有 30 多个产品先后荣获全国冶金产品实物质量 " 金杯奖 "，实现了由低档产品向高档产品的重大转变。本钢集团公司已形成以生产石油管线钢、压力容器钢、深冲用钢、结构用钢、链条用钢、耐候用钢、模具用钢及热镀锌用钢等 8 大系列具有高技术含量和高附加值的"双高"产品为主导产品系列；形成了能生产满足国民经济建设重点行业、重点企业需求的高档家电用板、高级汽车表面用板、汽车大梁用钢、耐蚀集装箱用板、高级石油管线用钢、气瓶用钢等 300 多个品种规格的规模能力。本钢集团公司已跻身于 "国家级"的品种全、质量高的千万吨级精品板材基地和具有国际竞争力的现代企业先进行列。

本钢集团公司坚持在发展中调整产品结构、在调整中提升产品档次的原则，先后目前，本钢在邓小平理论和 " 三个代表 " 重要思想指引下，认真落实科学发展观，坚持走新型工业化道路，紧紧抓住国家实施东北老工业基地振兴战略的历史机遇，确定了 " 把本钢建设成为品种全、质量高的千万吨级的精品板材基地和具有国际竞争力的现代化企业 " 新的振兴发展目标，并提出了在 2010 年前铁、钢、热轧板卷产量分别达到1200万吨，冷轧板卷 520 万吨 (含镀锌板 145 万吨、彩涂板 35 万吨，冷轧不锈钢 60 万吨，冷轧硅钢片 60 万吨)，合金钢棒材 110 万吨的 " 十一五 " 发展计划。届时，本钢集团公司将成为以汽车板、家电板、集装箱板、管线钢、冷轧硅钢、不锈钢为主导产品的具有千万吨生产能力的精品材基地。

本钢集团国际贸易有限公司

本钢集团国际经济贸易有限公司是本钢集团公司所属的全资子公司，是本钢对外营销的职能部门，具有独立法人资格。其主要负责本钢集团公司、本钢板材股份有限公司等生产的热轧板材、冷轧板材、涂镀板材、特殊钢材、钢坯、生铁、焦炭、硫铵、气体、其他钢铁及焦化副产品等各类产品的市场开发、国内产品销售、产品进出口、技术及劳务输出、客户技术服务等工作。年销售总额近300亿元，出口创汇额近3.6亿美元，年销售各类产品700万吨以上，现有职工275人

本钢国贸公司下设热轧板材、冷轧板材及新产品销售部、出口部、综合产品销售部、热板储运部、冷板储运部、货运部、售中服务部、售后服务部、营销管理部、综合管理部、分公司管理部、财务部等14个职能部（室），分别在香港、韩国、美国及欧洲建立了南亚分公司、韩国办事处、美洲分公司和欧洲办事处等四个境外营销机构；在国内的天津、广州、山东、上海、南京、长春、哈尔滨设立了8个驻外分公司，在沈阳设立了辽宁本钢商贸有限公司，已经建成和同正在筹建的三个大型钢材加工配送中心。

近年来，本钢国贸公司以完善的营销网络，先进的管理手段，高素质的营销队伍，围绕集团公司的“精品板材”战略目标，积极开拓国际、国内两个市场，调整产品结构、用户结构和区域市场布局，多领域、多渠道的面向市场，拥有近300家有信誉、有实力、有代表性的国内外网络用户，主要产品在汽车、家电、建筑、国防、军工、机械制造等领域被广泛应用，其中高等级石油管线钢、集装箱钢、汽车用钢、家电板等高技术含量、高附加值产品市场占有率逐年提高，营销网络遍布国内各发达省份以及东亚、南亚、欧洲、美洲、澳洲等主要地区。与国内多家知名企业，包括一汽集团、二汽集团、华晨公司、海尔集团、海信集团、春兰集团、北汽集团、一拖集团等，与国际知名贸易商和厂家，包括德高公司、嘉吉公司、东部制钢等建立了长期的战略合作伙伴关系。

随着钢铁工业的迅猛发展，随着本钢的腾飞，国贸公司正在向国际化的外贸企业迈进。在完善本钢集团公司钢铁产品主业贸易的基础上，正在向贸易领域多元化、方式网络化、市场国际化的方向发展，将进一步扩大产品链，建立以加工、配送、仓储物流等现代化服务模式基础的贸易链条，致力于将国贸公司打造成我国钢铁贸易流通领域中规模大、功能全、品种多、效率高、服务优的现代外贸流通企业，创综合实力的国内一流。

1. 中小型船舶快速通关系统

中小型船舶快速通关模式，是以海关船舶分类管理为基础，利用全球卫星定位系统（GPS）、公共数据信息平台、中国移动的数据传输系统等高科技手段，对境外或跨省的船舶进行动态的实时监控的管理新模式。

应用新模式的中小型船舶在正常的情况下，可以直航通过中途监管站。海关监管站可收到实时信息，对该艘船进行仓单核查、办理报关手续，不用再停靠码头报关，到达目的地码头后即可提货，实现了快速通关，从而节省了大量的时间，降低了成本，提高了效率。中国移动的有效通信网络，对此系统的建设和应用提供可靠的业务支持。

该业务系统由“舱单数据提前申报”、“GPS和移动通信短信息系统”、“船舶分类管理系统”及“报关信息服务”四大核心模块组成。新模式的推广应用，突出了监管的重点和有效性，为中小型船舶和船务公司提供高效而优质的服务，实现快速通关。

2. 海关通用短信平台

为提高广大进出口企业的通关速度，及时掌握报关进度，同时为进一步提高海关系统办公效率，提升海政务信息化应用水平，全国海关信息中心与中国移动合作在广东分中心试点建设海关通用短信平台。

该短信平台针对不同客户提供了多种服务方式，一般企业客户可通过SMS、IVR、WAP实现报关通知查询；高端企业客户可通过智能手机实现端对端的加密，实现丰富的企业报关与信息查询；海关内部工作人则通过智能手机实现移动办公。短信平台服务内容包括了报关单状态通知与查询，如电子审单、人工审单、税、接单、交税、查验、放行等；海关政策信息查询如税率、许可证、手续等。该平台一期建设面向广东海及泛珠江地区客户，试点成功后将推广全国。

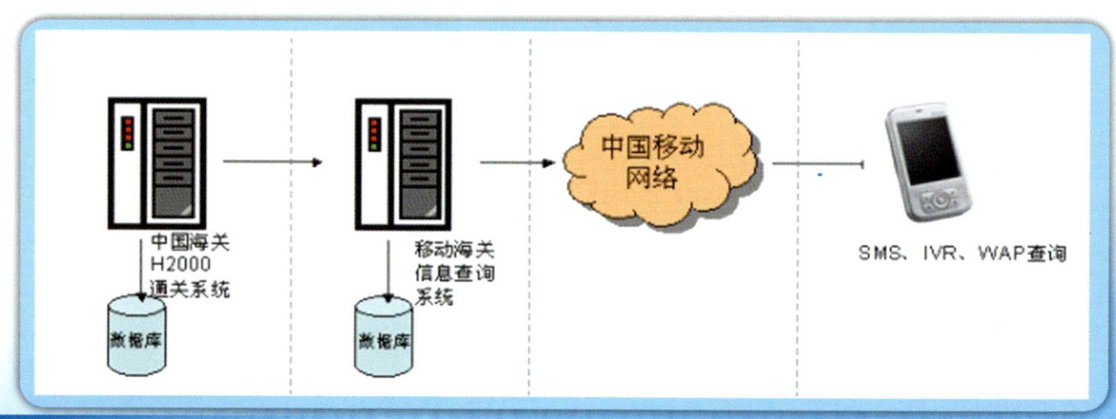

移动短信“报关通”

● 客户需求：

目前中国外向型经济飞速发展，各港口的货物吞吐量与日俱增。海关每日需要处理以及反馈的数据量呈现何级的递增。如何与报关企业取得及时的沟通，告知相应的通关信息，以增进通关效率，成为海关的现实需求

信有限公司

● 功能描述：

海关移动短信报关平台用于跟踪海关报关单流程跟踪和查询报关单的进展情况，实现基于移动通信平台上的各项业务，如手机短信审批功能、报关成功短信提醒功能、报报单验证系统、海关信用卡对账系统等，使海关工作效率大大提高，可以简化商检、报关通关过程。

报关员可通过手机短信形式机接收报关信息：海关报关单、提单处理程序流程以短消息的形式通知报关企业，使报关企业无须派专人跟踪报关单进展情况。

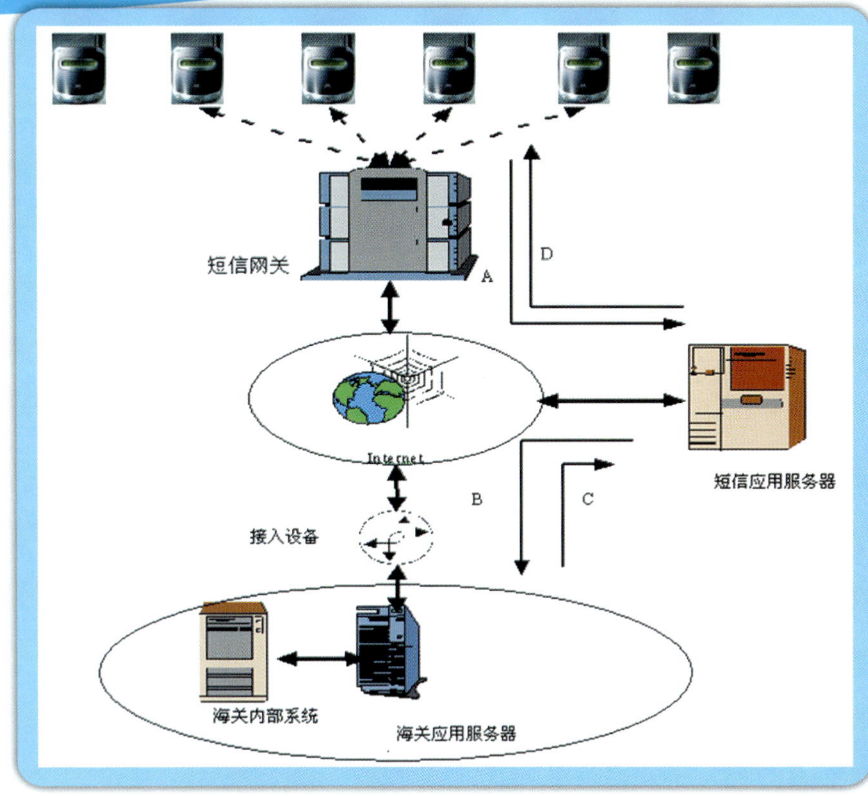

无线车辆监管系统

客户需求

为提高海关的监管力度和通关时间的缩短，海关需要对运载海关监管货物的车辆进行有效的全程监控，防止监管车辆长途运输过程中的监控漏洞。

功能描述

建立对负责运输海关监管货物的车辆进行备案及许可制度，强令其安装GPS/GPRS（SMS）车载终端设备，将车辆的位置信息通过集团无线专网传回监管中心，方便海关关员对运输海关监管货物的车辆实施全程监控，保证车辆按时、按既定路线正常到达监管地，杜绝运输途中一切可能的违规行为，既加强了海关监管力度又提高通关速度。

技术方案

如下图，海关监管中心（内部网）通过中国移动CMNET连到行业应用专用网关或路由器,再通过防火墙与移动的GPRS网络相连。安装在车辆上的GPS终端，通过移动GPRS网络与监控中心相连。中国移动CMNET网络作为承载通道，将数据包透明地发往海关监管中心。

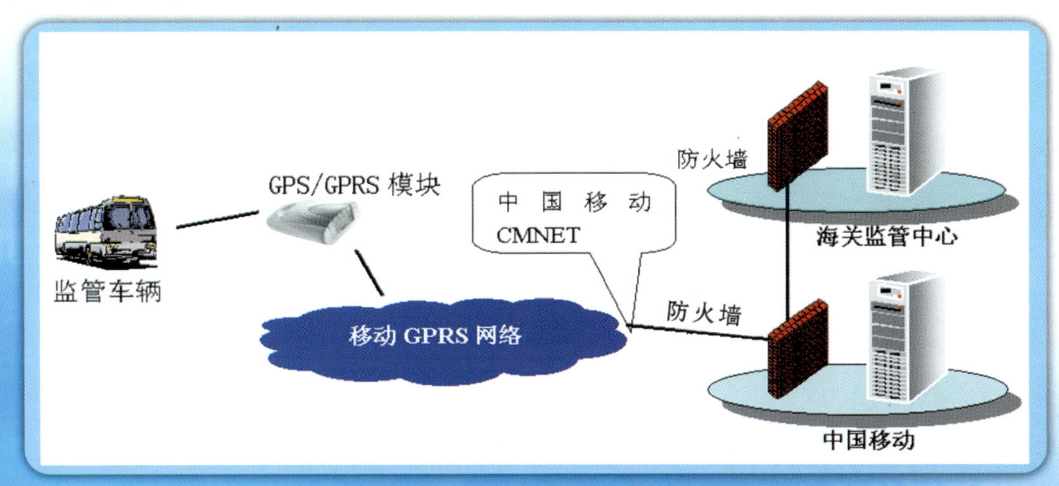

TPV 冠捷电子（福建）有限公司

2005 年 9 月 9 日，国家商务部部长薄熙来（前排右二）莅临冠捷参观指导。

冠捷工厂

产品展示

AOC® EYES VALUE

冠捷电子（福建）有限公司是一家大型高科技外商投资企业，主要从事各种视讯产品的研究开发、制造和销售业务，主要产品为：彩色显示器（CRT MONITOR）、液晶显示器（LCD MONITOR）、液晶电视（LCD-TV）以及等离子电视（PDP-TV）。公司投资金额 17980 万美元，注册资本 8500 万美元，资产总值逾 14 亿美元，占地面积 443 亩，现有员工逾 10000 人，产量跃居全球第一。

2005 年度，冠捷的销售量为 2349 万台，营业额达到 36.77 亿美元，其中出口创汇逾 30 亿美元，缴纳税金逾 13.7 亿元。历年来的优异表现，冠捷获得了“中国科技百强第 1 名”、“全球 100 大科技公司第 14 名”、“国家火炬计划优秀高新技术企业”、“全国百家明星侨资企业”、“全国外商投资“双优”企业”、“全国十大外商投资企业”、“中国进出口企业 500 强第 15 位”、“中国出口额最大的 200 家企业第 8 位”、“全国十大高出口创汇外资企业”等荣誉。

2005 年，冠捷所处福建福清融侨经济技术开发区被认定为国家（福清）显示器产业园，形成产业化生产规模。冠捷产品设计采用许多国际先进技术，着重于技术创新，产品质量达到当前国际同类产品先进水平，是真正的价廉物美、用户满意的环保绿色产品，在国际市场上极具竞争力，AOC 品牌及部分项目产品还荣获“国家优秀火炬计划项目”、“国家重点新产品”、“福建省著名商标”、“福建名牌产品”、“福建省重点新产品”、“福建省优秀新产品奖”等荣誉称号。

冠捷电子（福建）有限公司将会持续加强研发能力，并善用管理团队的专业才能与经验，在激烈的市场竞争中争取更多商机，使经营绩效更臻完美，在市场需求殷切的有利形势下，充满信心迎接 21 世纪的挑战！

拱北口岸客车“一站式”电子验放系统简介

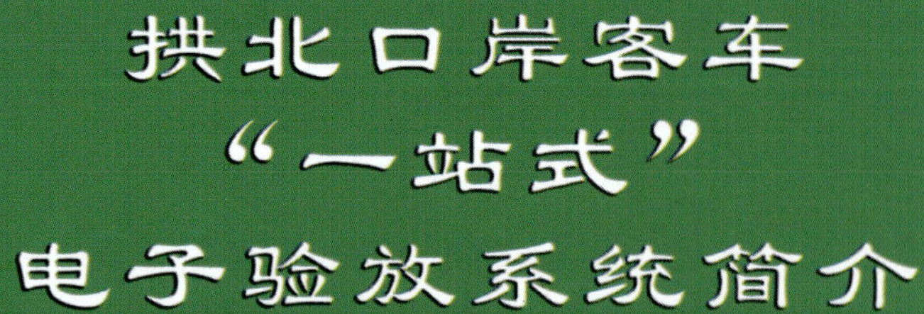

拱北口岸客车“一站式”电子验放系统于2004年8月研发建设，2005年3月投入试运行，8月通过综合验收。该系统是以自动化控制、电子数据和网络高科技手段为依托，实现出入境边防检查、海关监管、检验检疫在同一平台查验、验放。该系统突破了传统的三家查验单位串联式人工查验的瓶颈，开创了以高新技术为基础的“一站式”并联自动查验模式，通过电子信息采集、司机按指膜环节，由系统综合判断相关信息，自动识别、对比、验放。截至2006年7月，共验放车辆二百多万辆次，验放速度平均20秒/辆，提速6倍以上。该系统体现了资源共享的优势，提高了查验和监管水平，简化了查验手续，降低了通关成本，改善了工作环境，实现了源头防腐，推进了廉正建设，整体提提高通关效率。

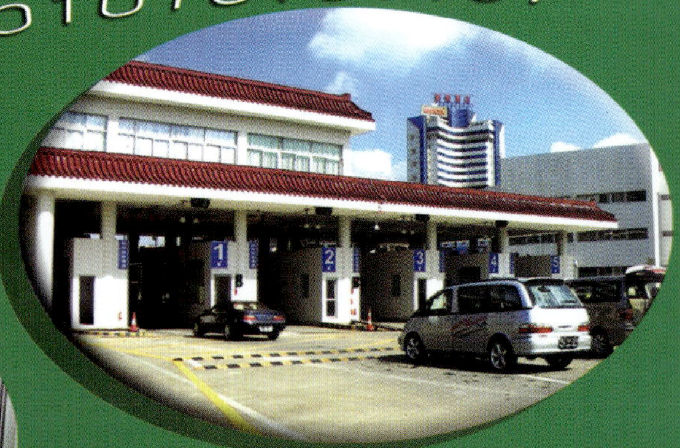

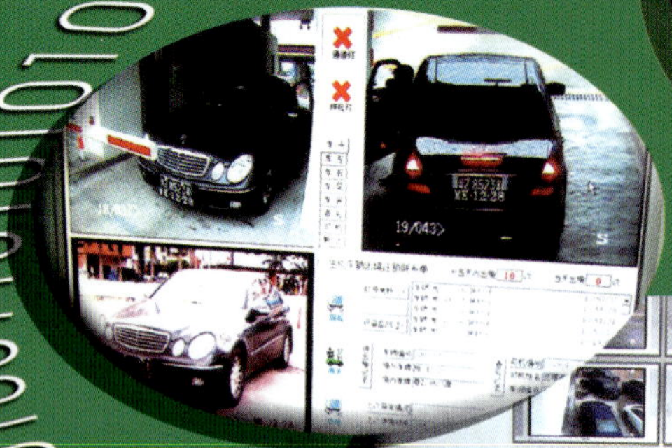

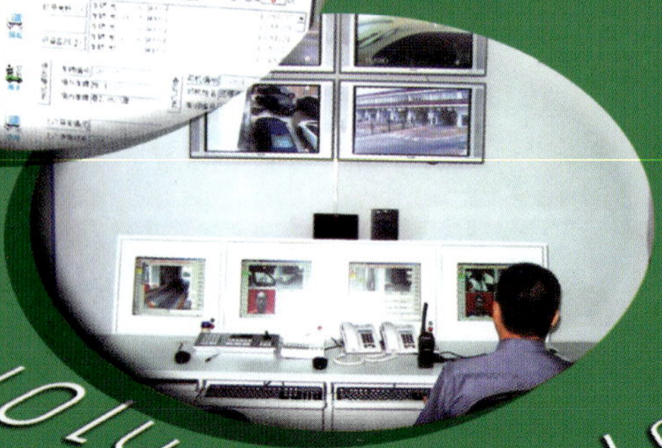

上海电子口岸建设情况简介

2004年10月25日上海电子口岸正式成立以来，遵循“统一品牌、统一认证、统一标准”等基本原则，各项建设均取得了良好进展。2006年，上海电子口岸在健全运作管理机制、夯实基础设施、拓展应用项目等方面取得了显著成绩，朝着“建设集口岸通关执法管理及相关物流商务为一体的大通关统一信息平台”的目标又前进了一大步。

管理机制

完善上海电子口岸建设管理机制，增补上海市对外经济贸易委员会、上海边防总站为联席会议成员单位，增加上海出入境检验检疫局的领导担任联席会议办公室副主任职务，增加联席会议办公室主任助理职务。目前上海电子口岸建设联席会议成员单位已达19家，覆盖了上海口岸通关执法管理及物流商务主要管理部门和相关单位。

基础设施

建成了具有年处理5000万条报文能力的上海电子口岸核心计算机系统；完成了上海电子口岸VPN网的建设，扩大了核心接入带宽；完善了上海电子口岸门户网站运营架构，并着手网站的软硬件升级改造；实现了上海电子口岸呼叫中心与上海外管局、多家商业银行等口岸相关单位呼叫中心或热线电话的联网。

应用项目

主要应用项目数量已由2005年底的46个增加到56个，新增项目包括上海空港出口物流信息管理系统、驳运船舶监管系统、化学工业区液气态原料联网监管系统等。目前上海电子口岸应用主要项目涉及外经贸、港口、交通、国税、海关、检验检疫、海事、机场、港务、银行等政府部门和单位。用户涵盖上海地区海运、空运、内河航运、铁路、公路、码头、仓储、货代、船代、报关、进出口贸易、生产制造以及金融保险等各行业。

发展趋势

上海电子口岸正致力于提高应用层次和扩大应用规模。其应用开发正处于使用IT系统数据信息取代传统纸面单证的信息化应用中级阶段，并逐步向以系统整合与集成为主要特点的高级阶段推进。目前上海口岸58种通关物流单证中，已有41种单证实现电子化，占单证总数的71%。应用开发转向增值性服务项目，部分应用项目突破了个别部门和单位局部应用的范围，实现了全口岸、全流程、大范围的应用。目前，上海口岸加贸、保税监管业务管理电子化率已达70%，海关税费征收电子化率超过60%，项目规模化效应逐步体现。

上海电子口岸将继续坚持“以服务为宗旨，以促进为目的，以需求为导向，以合作促发展”的指导思想，加快建设进程，促进上海口岸信息化建设，提高上海口岸综合竞争力。

浦东国际机场效果图

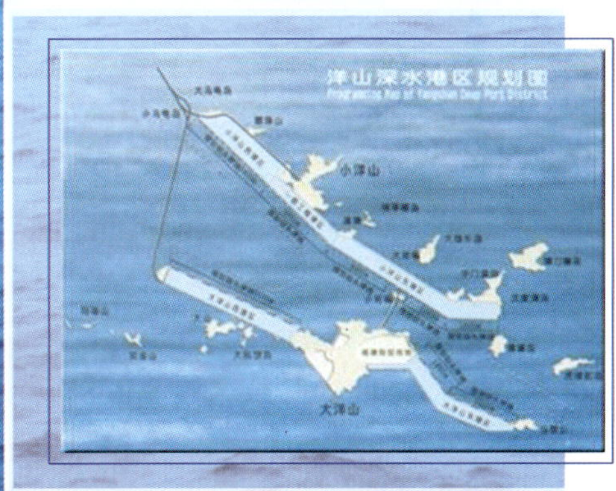

洋山深水港区规划图

上海电子口岸

www.eport.sh.cn

多用途集装货物/车辆检查设备
PB2028-TL

液体检查仪
Liquid X-ray Security Insp

车载移动式集装箱/车辆检查设备
Mobile Container/Vehicle Inspection System

威视股份密云生产基地

四川电子口岸

www.cdeport.gov.cn

成都数据分中心作为四川电子口岸的承建单位之一，于2004年正式筹建完成，系成都海关的直属事业单位，受中国电子口岸数据中心和成都海关的双重管理，服务范围为整个四川省行政区域，面积48.5万平方千米。分中心在成都海关总关大楼、四川省政务服务大厅、成都出口加工区（西区）设有服务点，主要业务包括整个四川地区政务卡、企业卡的录入、制作，为四川地区联网企业提供技术支持、操作培训、热线咨询等各项服务工作。近年来，分中心先后完成了四川口岸企业用户入网注册、企业加工贸易联网核查系统推广、企业网上支付系统推广、快件系统2.0版推广等多项任务，并成功完成了出口加工区快速验放系统的研发工作。分中心自成立以来，坚持以人为本抓好队伍建设，心系发展服务经济建设，自我加压，奋发向上，开拓进取，开创了具有鲜明内陆特色的工作局面。业务工作连创新高，队伍面貌焕然一新，在地方的影响不断扩大，整体工作得到了电子口数据中心、四川省委、省政府的肯定，企业和社会各界也给予赞扬。成都分中心窗口多次被评为四川省政务服务大厅优秀窗口，并有多人次被评为优秀个人。

成都分中心在四川省政务服务中心的办证窗口

成都分中心机房

www.cdeport.gov.cn

国家外汇管理局

北京外汇管理部

2005年北京地区进出口收付汇核销情况概述

一、进出口收付汇情况

2005年是落实“十五”计划的最后一年，经过五年的努力工作，北京市已经奠定了以现代制造业、高新技术产业为主导，支撑外贸出口增长的产业基础；形成了以国有企业、外资企业和民营企业为主体，推动外贸进出口快速发展的局面。2005年，北京地区进口付汇总额为1040.86亿美元，比上年增长34.73%。其中中资企业进口付汇额为858.75亿美元，比上年增长33%；外资企业进口付汇额为180.79亿美元，同比增长39%，其他企业进口付汇额为1.32亿美元。按进口商品分类统计，原油、钢材、成品油、集成电路及微电子组件、铁矿砂及其精矿等五类商品为进口商品的前五位。北京地区出口收汇总额为277.23亿美元，比上年增长48.16%。其中，外商投资企业出口收汇141.8亿美元，比上年增长88.94%，首次超过中资企业的收汇额。出口结构仍以一般贸易为主，一般贸易项下出口总额168.61亿美元，占出口总额的54.5%；加工贸易下出口总额122.24亿美元，占出口总额的39.5%。

二、北京地区推进贸易便利化情况

一 是将出口额大、笔数多，核销率达到95%以上、国际收支申报率为100%，近两年无违反外汇管理规定行为的“出口收汇荣誉企业”纳入“自动核销登记”管理。对未纳入“自动核销”的出口企业，全面采用自主设计开发的“辅助系统”进行“总量核销”。“总量核销”操作简便，企业和外汇局不再需录入正常的出口和收汇数据，企业端不需要安装任何软件，实现了企业端零维护，初步实现了外汇局从现场手工管理到非现场电子化管理的转变。

二 是从2005年11月1日起北京市西城区、北京经济技术开发区企业试行 “出口退税免予提供纸制出口收汇核销单”管理方式。这项工作是运用电子化信息传送手段的里程碑，是优化北京地区的投资环境的又一举措。

三 是在确保贸易真实性基础上，适应石油进口发展规模，在辖区全面展开“石油进口付汇改革试点”，取消石油进口付汇备案手续，从根本上解决了石油进口付汇手续繁杂给企业带来高额成本的问题。

四 是在全国首推进口付汇核销改革。从2005年12月1日起取消“对外付汇进口单位名录”制度，从“国际收支统计监测系统”直接获取企业基本档案信息和付汇信息；放宽付汇条件，取消除“异地付汇”、“黑名单企业”以外的付汇备案管理；优选100家优秀守法企业试行了取消付汇核销纸制单据的报审工作。这一改革实现电子化监管和正常业务的非现场监管。

光宝电子(天

光宝电子(天津)有限公司坐落于天津市武清开发区，系台湾独资企业，总投资额7000万美元。公司建立于1995年10月，1998年1月1日搬迁至福源道11号新厂运营，占地面积77250平方米，建筑面积24510平方米。光宝电子(天津)有限公司之母公司——光宝科技股份有限公司，系台湾第三大资讯产业制造商，所生产的电脑显示器、键盘、光碟机等多项产品市场占有率位居全球第一，以致力于发展成为全球3C整合的领航家的目标享誉业界，2004年年产值达50亿美元。2003年获选美国《商业周刊》（Business Week）全球前一百家IT企业第六十一名；同年获选《亚元》（AsiaMoney）杂志2003年亚洲最佳公司治理科技硬体类第三名。

光宝电子(天津)有限公司是全球最佳光电产品制造商，主要生产表面贴装发光二极管、红外通信模组、数码管、红外发光二极管、光电晶体、光电耦合器、光电开关等系列高新技术产品，产品广泛应用于电脑及周边设备，通讯产品及消费电子产品等领域。公司以诚信、创新、品质为经营理念，实行人性化管理，尊重人才，重视人才，并提供完善的培训和员工个人发展规划，为员工提供优越的就业环境和丰富的文体生活，经过10年的发展，员工人数由成立初期的350人发展至今约1600人的规模，2004年年产值达10亿人民币。产品外销欧洲、美国、日本等地，客户遍及全球几乎所有世界知名的IT企业。公司于1997年4月，2001年9月，2004年10月先后通过了IS09002,QS9000和ISO/TSI6949质量体系认证；并于2004年2月通过了ISO14000和OHSASI8000认证。2003年，光宝电子(天津)有限公司被天津市政府授予“天津市出口50强企业”。

光宝电子(天津)有限公司依托雄厚的资金和先进的技术，将不断推出LED系列高新技术产品，致力于发展成为世界级卓越的公司。

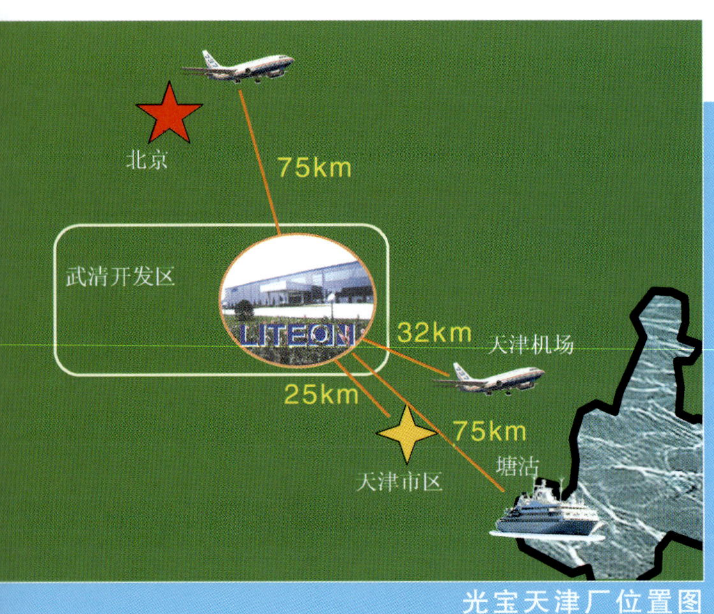

光宝天津厂位置图

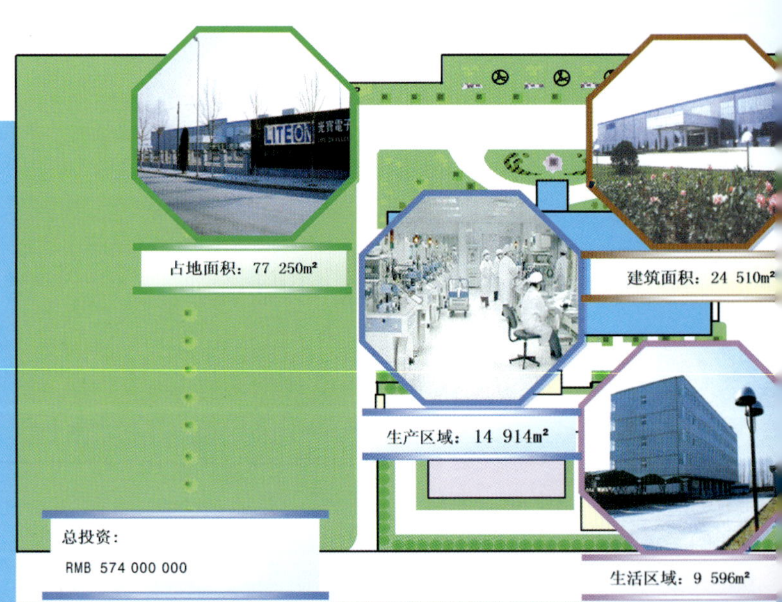

光宝天津厂平

广州保税区

一、广州保税区

广州保税区位于广州市东部，面积为1.42平方公里。1992年5月13日经国务院正式批准设立，1993年5月正式封关营运。参照国际上通行的自由贸易区的建设及管理模式，保税区是实行“境内关外”的海关监管政策的综合性对外开放特殊经济区域，主要开展加工贸易、保税仓储、物流配送、国际服务贸易及商品展示等多功能服务。经过13年的开发建设，广州保税区累计投入基础设施建设资金43.48亿元，区内已建成报关大楼、专用码头、保税仓库、通用厂房、露天堆场、展示厅、海关货检场等设施。截至2005年底，区内正常运作的各类企业共有1096家，主要分为加工、物流仓储和贸易企业。其中，内资企业485家，外资企业611家。区内已形成了电脑及其零配件系统产品、生物医药、模具钢材加工、食用油加工、珠宝加工为主导行业的支柱产业。

2002年6月广州保税区与广州经济技术开发区合并，与广州经济技术开发区、广州高新技术产业开发区、广州出口加工区实行“四区合一”的管理体制，通过整合资源，两区实现了优势互补、互动发展。近年来，广州保税区呈现出健康快速的发展势头：2002年至2005年，全区累计完成工业总产值221.18亿元，年均增长80%；累计完成外贸进出口货物总值81.09亿美元，年均增长49.8%；累计实际利用外资1.57亿美元，年均增长23%；累计完成税收总额23.05亿元，年均增长53%。其中，2005年完成工业总产值106.28亿元，同比增长60.45%，进出区货值42.12亿美元，同比增长27.68%，税收总额9.56亿元，同比增长54.36%。

广州保税区依托独特的区位优势、政策优势和体制优势，建立了通达世界的海、陆、空立体直转通关物流系统，2004年打破了跨关区转关的限制，开通了“超级中国干线”，建立了从香港机场到广州保税区空陆联运直转的“直接通关”；2005年实现了广州新机场至广州保税区空陆联运卡车航班，香港、深圳蛇口至广州保税区水陆联运直转通关，更实现了与内蒙古的满洲里、新疆的阿拉山口货物直转“多点报关，口岸验放”的通关模式，成为全国保税物流功能覆盖面最广、业务形态最丰富的保税区。

当前，适应全球经济一体化的发展，广州保税区正致力于构建多元化、多形式的保税物流体系，建立“区港联动”和“保税物流中心”，进一步整合港口和保税政策资源，带动新的物流需求，开辟出口分拨、进口分销的新天地，为广州市及周边地区企业提供更全面、更快捷的综合配套服务。

综合楼

发车中心

广州保税入口

广州出口加工区

二、广州出口加工区

广州出口加工区位于广州开发区东区内，是2000年4月27日经国家批准成首批15个出口加工区之一，规划总面积3.05平方公里，首期0.9平方公里01年3月31日通过海关总署封关验收，现已建成完善的监管设施和配套设包括围网、海关办公大楼、验货场和“七通一平”设施。

广州出口加工区地理位置优越，毗邻港口和国际空港，交通便捷，通过高路网可以快速连接珠三角各城市及香港、澳门。广州出口加工区与广州开、广州高新区、广州保税区合署办公，实行全国独一无二的“四区合一”体制，机构高效精简，四个功能区优势叠加，互动发展，在管理资源、产套资源、基础设施及环境资源上得到充分利用，彼此辐射，使广州出口加获得了较高的发展起点和强大的配套支持，促进产业链长、产业关联度辐射带动效应大的项目发展。

2002年11月15日，本田汽车（中国）有限公司由国家商务部批准成立，州出口加工区设立了全国第一个和最大的整车全部出口的汽车产业基地，规模为年产量30万辆。该公司于2004年12月开始试投产，2005年全年出车1.1万辆，占我国当年汽车出口总量的6.42%。本田汽车（中国）有限公落户，吸引了70多家汽车配套厂家落户广州开发区。目前，以广州出口加本田轿车出口基地为核心，在广州开发区及周边地区形成了广州市东部汽业基地，成为了广州汽车工业发展整体战略的重要组成部分，带动了华南汽车零部件等产业链的发展。

随着加工贸易的不断优化升级和加工贸易产业不断向族团化、链条化发广州出口加工区正着手拓展增加保税物流功能的业务，不仅为本田（中国)和广州地区的多家汽车生产厂商进行保税物流配送，而且为广州及周边地车企业提供全球化的物流配送和完善的检测、维修、翻新、升级支持等国售后服务，将极大地提升广州及周边地区汽车产业水平。

大码头

码　头

总装车间

厂区全图

出口加工区标志

CA服务台解决方

项目背景

海关通关作业系统H2000系统建成并投入运行后，全国海关通关业务的数据将集中进行管理，相应运行维护管理工作也必须采用统一集中的管理模式，因此海关提出要建立全国海关“一盘棋”的管理机制从管理体系上，海关确定了以全国海关信息中心（以下简称：信息中心）和广东信息分中心（以下简称：息分中心）作为主要运行维护单位，对H2000系统进行分时维护，各地直属关的运行维护部门将配合主运行维护单位对H2000系统提供支持。从管理制度上，海关要求推出了一系列管理框架和管理规定，从度上对管理工作做了明确的规定。这套体系旨在以服务为核心，从人员、流程和技术手段三方面建设与信中心核心运行维护工作相适应的内部业务支撑系统。

建设需求

本项目的工作是在海关服务台一期建设的基础上，在本项目中完成事件管理、问题管理、变更管理知识库管理、及维护工作管理和报表管理的咨询和自动化系统的实施。

在建设过程中，首先要求利用ITIL的最佳实践理论，对全国海关信息中心的IT运维体系提供咨询服务设计和规划更高效，更合理的运行流程，同时帮助海关信息中心建立流程规范。

其次，在CA Unicenter Service-Plus Service Desk服务台产品的基础上，通过实施服务，为全国海关提供自动化的技术服务支持平台系统，实现基于咨询结果的核心流程和管理功能。

本项目是在全国海关服务台一期的基础上实施的二期项目，海关的技术人员对二期服务台建设更有针对性的提出了操作功能上的具体要求。

1. 解决方案

①服务台体系架构

图表1表示的是总署服务台规划的三级体系，即总署信息中心服务台+直属关服务台+分关服务台三级服务台体系。每一级服务台均各自独立运行，建立成为本地的集中式服务台；同时三级体系互相支持和配合，即下级服务台无法独立解决的问题，提交上级服务台协助解决，形成整体上的集中式中心服务台。相对于整体上的集中式中心服务台而言，每一个直属关的服务台成为一个相对独立的分布式服务台；同时相对于直属关的集中式服务台而言，分关的服务台成为一个相对独立的分布式服务台。在这种情况下，客户上报故障的方式为逐级上报，即上图中客户C的报送方式，所有客户在报送故障时，首先报送到分关服务台的现场技术人员，无法解决的故障将上报直属关服务台，仍然无法解决的故障报送总署信息中心服务台。

②服务台的技术实现

本项目使用CA最新版本的服务台产品Unicenter ServicePlus Service Desk，实现了服务台，事件管理、问题管理、变更管理和知识库的自动化服务管理平台；信息中心的运行维护工作在这个平台上通过票单的流转形成闭环；实现工作流程的规范化、统一化、完整化、自动化。

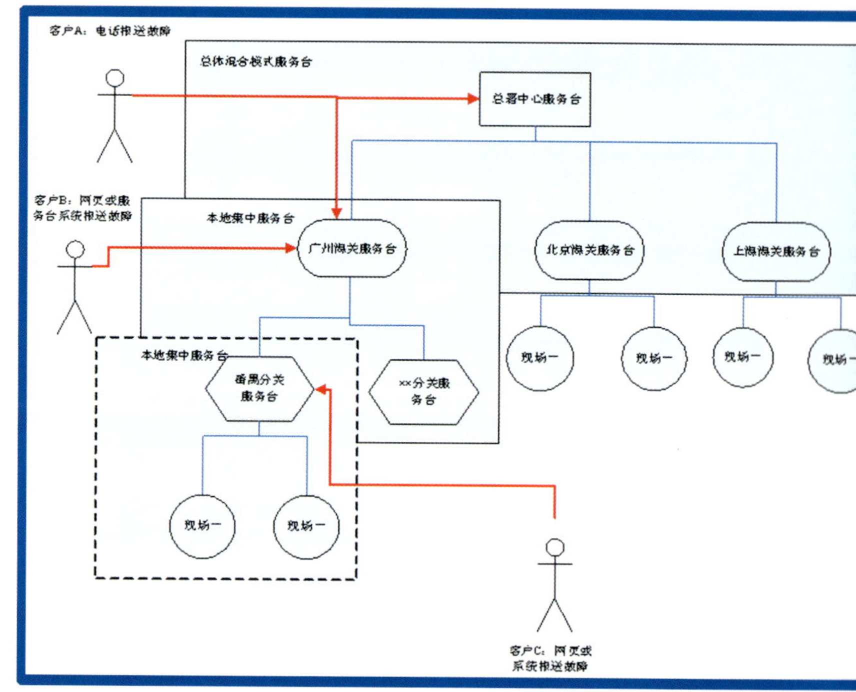

图表1 全国海关技术服务台体系架构

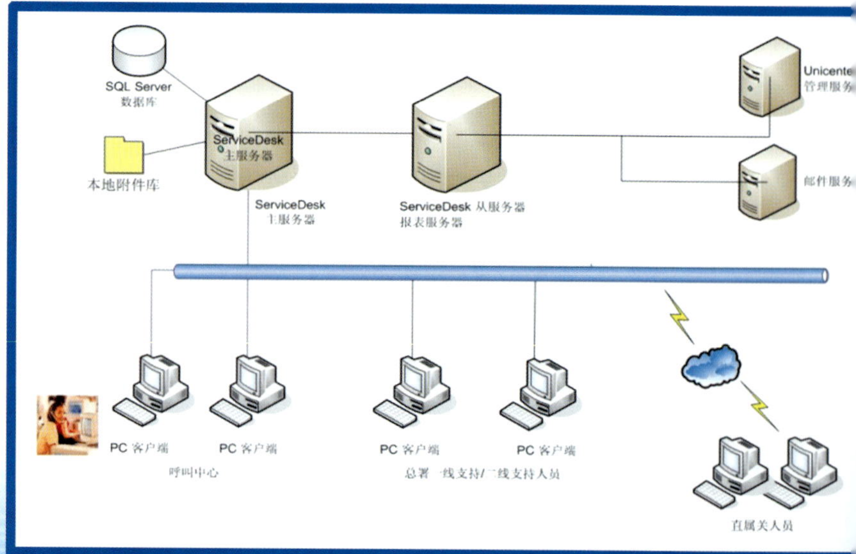

图表2 全国海关技术服务台技术架构图

在全国海关的应用

③系统特点

全国海关技术服务台建成后具有以下显著的特点，对服务流程进行了很好的支持：

○流程规范化 ○职责明确化 ○统计科学化 ○操作人性化

2. 项目实施过程

该项目作为一个IT服务管理的综合性项目，主要分运行维护体系咨询和技术支持平台自动化建设、试运行并上线三个阶段。

第一阶段，运行维护体系咨询阶段。主要内容包括通过访谈、调研、讨论等形式，对信息中心运行维护工作现状和需求进行了解，在此基础上进行差距分析，产生咨询结果。

第二阶段，技术支持平台自动化建设。主要包括自动化平台建设方案设计和自动化平台定制。

第三阶段，系统试运行与上线阶段。在项目的主要工作完成后，在信息中心和信息分中心试运行并最终上线.

3. 项目运行情况

全国海关技术服务台在2005年3月底如期开始试运行。5月，海关广东信息中心也开始使用服务台进行运行维护工作。目前全国海关技术服务台在为海关信息中心的运行维护工作发挥应有的作用。

服务台将在全国海关直属关进一步进行使用推广。

4. 项目社会效益

新的服务台支持平台试运行后，产生了很好的效益：

○规范了海关服务管理流程；○规范了信息中心、广东分中心和各个直属关之间的技术支持流程；○运行维护工作的处理环节清晰、明确、透明；○系统故障和产生的问题易于跟踪、分析、管理；○运维活动能够被有效的控制和管理，减少了人为错误对生产环境的影响；○为主动发现运维工作的薄弱环节，提高服务品质提供了技术上的支持；○实现知识共享，提高工作效率，保证服务质量；○丰富全面的报表为解决运维问题提供分析，为管理决策提供依据；○为贯彻全国海关“一盘棋”的管理思想提供了技术保障。

5. 项目特点

“全国海关技术服务台”项目围绕信息中心的主要工作，以服务为核心，以规范管理流程、提高运行维护水平、提高客户满意度为目标，从人员、制度和流程、技术三个方面建设海关的服务管理体系。该项目有以下特点：

○IT服务管理理论和海关实际相结合 ○从管理的高度展开项目建设 ○自动化服务管理平台适应海关特点

6. 主要经验

服务台建设项目是一个管理和技术相结合的项目。项目能够成功顺利的完成关键得益于以下方面：

○海关管理层的支持

此项目做为管理项目，必然涉及人员、管理制度和流程，没有管理层的支持是不可能取得成功的。在项目实施过程中项目组得到了海关总署科技司领导、信息中心领导的高度重视和中心各部门、相关海关人员的大力支持和推动，使项目能够成功完成。

○项目范围根据需求确定

该项目是从海关运维工作的实际需要出发，并根据时间和资源制定了切实可行的实施计划，避免因建设范围过大而导致项目失败。

○经验丰富的实施团队

全国海关技术服务台的实施团队由CA公司的顾问和海关的开发人员组成。在实施过程中，CA顾问丰富咨询和实施经验与海关人员对业务需求的了解和开发能力相结合，使海关技术服务台系统不仅能够适应海关实际业务工作的需要，同时具备IT服务管理的先进性。不仅为运行维护工作提供平台，更能够进一步帮助海关信息中心提升运行维护工作的质量和水平。

○选择了成熟的服务平台产品

全国海关技术服务台二期由于面向全国海关，涉及范围大，导致流程中的各个环节比较复杂，与其他系统的连接较多；CA Unicenter ServicePlus Service Desk具备较好的开放性，使复杂的管理流程能够在系统中实现固化，并且与集中监控系统、call center,mail系统集成，使操作管理和服务管理有机的结合，有效地对运行维护活动进行控制，同时能够满足海关对服务台系统灵活配置和操作便利的要求。

CA Unicenter ServicePlus Service Desk具备很强的灵活性，能够适应全国海关复杂的网络环境和多样的IT用户管理方式，很好的解决了服务台的部署和用户认证问题。保证海关各个单位都能够正常使用服务台。

广东顺安达太平货柜有限公司

GUANGDONG SHUN AN DA PACIFIC CONTANINER COMOANY LIMITED

展柜展示

广东顺安达太平货柜有限公司位于中国广东省珠江三角洲中部的顺德市勒流镇上，交通十分方便，南联香港、澳门。离厂不到2公里便到达国家二类港口的勒流码头。公司厂区占地面积15万平方米，近2000员工，专门生产20′、40′、40′HC、45′HC等钢质干货集装箱系列产品，生产主车间由一条部件生产线，两条造柜线组成。部件生产线采用现代化的工艺和设备，所有钢材成型加工前均进行喷砂除锈及喷涂锌粉底漆，其质量达到瑞典SA2.5处理标准，两条造柜线设计制造吸收了其它集装箱厂的设计精华，部装线包括门板线、门框线、前框线、顶板线、侧板线和底盘线，主线包括整箱焊接、打砂、喷漆、美妆等29个岗位，工艺合理，成为目前中国最优质高产的集装箱生产线，双线双班年产量达180，00TEU，我公司本着“产品质量好、客户服务好、公司信誉好”的宗旨，不断进步，以满足客户的需要。

鲁泰纺织股份有限公司

LUTHAI TEXTILE CO.,LCD

鲁泰纺织股份有限公司为外商投资股份制企业，A、B股上市公司，是具有棉花种植、纺纱、漂染、织布、整理、制衣综合垂直生产能力的纺织企业集团，世界产量最大的高档衬衣色织面料生产厂家之一。并于1995年、1998年及2003年分别获得ISO9000质量管理体系、ISO14000环境管理体系及OHSAS18000职业健康安全管理体系认证，产品获得欧洲环保纺织品Oeko-Tex Standard 100认证证书。

公司有纺纱、漂染、织布、整理、制衣等11个生产工厂；北京、上海、青岛、深圳办事处四家分支机构；青岛保税区鲁泰国际贸易有限公司、北京鲁泰衬衫有限公司、北京思创服饰有限公司、鲁泰香港有限公司、新疆鲁泰丰收棉业有限责任公司、东营鲁信纺织有限责任公司、山东鲁泰环中制药有限公司7家控股子公司。

公司现拥有从日本、德国、瑞士、比利时等国家引进的、具有国际先进水平的机器设备5000多台（套）。主要产品为纱、色织布、服饰三大系列。产品具有质量好、档次高、技术含量大、花色品种多等特色，公司以富有竞争力的产品、良好的信誉和有效的竞争策略成功地开拓了广阔的国际市场。多年来，产品85%以上销往美国、日本、德国、西班牙、意大利、澳大利亚等30多个国家，为山东省出口创汇大户。公司多次受到国家和省市表彰，荣获“全国外商投资双优企业”和山东省“最佳外商投资企业”、“外商投资高利税企业”等称号。董事长、总经理刘石祯先生获“全国五一劳动奖章”和“省劳动模范”称号。

前进的道路还很漫长，面临的困难也很多，发展的任务仍很艰巨，在百年鲁泰精神的指导下，鲁泰有决心、有信心，再接再厉，充分发挥自己的市场优势、品牌优势、管理优势、战胜一切困难，不断夺取新的更大的成绩。

鲁泰体育广场

黄家铺工业园

物行天下　流通未来

苏州高新区保税物流中心

苏州高新区是以IT产业为主体的全国最重要的出口基地之一，2005年全区进出口总额276亿美元，出口158亿美元，分别增长41%和44%，在苏州市继续处于领先地位。高新技术产业的集聚必然呼唤物流业的集约化、协同化，同时对区内进出口企业提出了“生产零库存、采购全球化”要求。依托与高新区天时地利的条件，2005年8月经国家海关总署批准，苏州高新区保税物流中心（B型）正式设立。2006年3月13日，苏州高新区保税物流中心（B型）顺利通过由国家海关总署、国家财政部、国家税务总局、国家外汇管理局的联合验收，正式封关运行。

苏州高新区位于苏州古城西侧，东起京杭大运河，西濒太湖。自1990年11月开发建设以来，苏州高新区的经济建设和各项社会事业取得了较大发展。1992年11月被国务院批准为国家高新技术产业开发区，并先后被国家有关部委批准为首批对外开发的APEC科技工业园区、国内首家ISO14000国家示范区、高新技术产品出口基地。

高新区保税物流中心近距上海、太仓、常熟、张家港，紧靠312国道、沪宁高速公路和绕成高速、苏虞张高速公路。拥有经国家批准的二类口岸：海关、国检等相关部门入驻，形成清关、直通、中转、转关等大通关运作模式，提高了企业的进出口货物的流动。

苏州高新区保税物流中心总体的规划面积约1300多亩，规划范围为：东至文昌路，南至312国道，北至大同路，西至312国道。其中，一期规划面积23.1万平方米，范围为东至文昌路，南至二渡河，北至大同路，西至312国道。目前已完成道路4000米和交通网络、水电、通讯等配套，建设卡口1353平方米，围网2000米及建筑面积5500平方米的综合办公楼，并完成海关监管仓库2000平方米和专业保税仓库35000平方米及集装箱堆场36000平方米。

苏州高新区保税物流中心（B型）仓库

保税物流中心目前位置在兼顾高新区原来区域企业需求的同时，更将出口加工区，保税物流中心，综合配套区，浒新工业园，配套工业园整合成一个极具竞争力的综合区域，同时满足高新区西部地区开发的需要，是高新区“北扩西进”战略的一项重要措施，有利于完善区域综合投资环境，发挥高新区招商引资新优势。

苏州高新区出口加工区

苏州高新区出口加工区于2003年3月经国务院批准设立，规划面积2.7平方公里。2003年9月一期1.22平方公里封关运作。2004年12月，二期1.48平方公里封关运作，是高新区“北扩西进”“二次开发”战略支撑点。交通便捷、物流通畅。

苏州高新区出口加工区紧密依托苏州高新区产业优势，大力引进加工贸易型项目。截至2006年6月份，在封关不到3年的时间内，引进项目40个，总投资7.1亿美元，注册资本3.5亿美元，成绩显著，在全国四批加工区中也处于领先位置。项目投资方主要来自欧美，其他还有台湾、日韩、东南亚等地区。产品涉及电脑硬盘部件、晶体管、手机零部件、LCD显示器、数码相机零件、精密机床、汽车零部件。苏州高新区出口加工区目前已形成电子和精密机械两大主导产业链，发展势头迅猛、潜力巨大。

源成铝制品（苏州）有限公司，总投资1.3亿美元，从事汽车轮箍生产，为通用、本田、现代等世界主要厂商配套。

倍雅电子护理制品（苏州）有限公司，专业生产各种高档电动剃须刀，其产品主要为菲利普代工，产品行销世界各地。

铭异科技苏州有限公司，总投资5000美元，主要从事电脑和数码相机精密件生产，其产品主要为迈拓、希捷、达等知名厂商配套。

汕头保税区

汕头保税区位于广东省汕头市南区，面积2.34 平方公里。1993年1月经国务院批准设立，同年12 月监管设施通过海关总署验收开关运作。功能主要是发展出口加工、仓储物流、国际贸易和金融信息业。目标是借鉴国际自由贸易区的成功经验，建成现代化、国际性的对外开放新区。

汕头保税区管委会主任陈友烈在威尔信（汕头保税区）仓储加工中心落成剪彩典礼上讲话

汕头保税区万顺包装材料有限公司

汕头保税区开发建设以来，累计投入基本建设资金13.65亿元，完成了2.34平方公里区域的“五通一平”和园林绿化，填海造地1800亩，开发出可供海内外客商投资兴业的土地面积6086亩，目前全区建成44万平方米的厂房、仓库、写字楼。拥有1个3万吨级专用码头，正在加紧建设2个5万吨级以上泊位码头，初步形成区港一体化格局。配套建设11万伏变电站和1万伏开关站，以及移动通讯基地站等设施，园林绿化率达36%以上，营造了一个适合海内外投资者发展的良好投资环境。

汕头保税区管委会是汕头市人民政府的派出机构，行使市一级管理权限，实行精简高效管理机制，逐步与国际惯例接轨。保税区管委会属下仅设置五个职能部门，与驻区海关、检验检疫、工商、税务、公安等部门集中办公，实行“一站式”管理，凡客商投资有关事务均可在区内“一站”办妥，并为投资者提供全程全方位“一条龙”服务，形成简便、快捷、优质、高效的服务格局。保税区企业无干扰、零收费，是投资兴业的理想场所。

汕头保税区实施区港联动、外向带动、品牌推动和可持续发展四大战略，目标是建设仓储物流、高新技术产业和出口加工三大基地，走区港工贸一体化发展路子。初步形成三大优势产业：一是以跨国公司为主体的仓储物流产业。二是以清华大学、北京大学、中国科学院为依托，以生物工程技术为主体的民营企业与高等院校合作的产学研一体化高科技产业。三是以外资、民资为主体的食用油脂、电子电器、化纤纺织、医药、高级包装材料等大型轻工产业。功能开发和经营运作发展态势良好,形成了初具规模的特殊经济区域。

汕头保税区管理委员会

地址：汕头市达濠广澳片区汕头保税区管委大楼　　邮编： 515071

网址：http://www.stftz.gov.cn

联系电话： 0754-3590278　　　　传真电话： 0754-3590224

汕头保税区全貌

海口保税区

海口保税区于1992年10月21日经国务院批准设立，1993年4月13日，经海关总署验收，正式封关运作，原中共中央总书记、国家主席、中央军委主席江泽民等党和国家领导人出席了封关运行典礼。

海口保税区是借鉴世界通行的自由贸易区的管理模式，即实行“境内关外”管理。其经济功能是集出口加工、国际贸易、物流仓储及保税商品展示等为一体。在政策上享受海关、外贸、税收等方面政策优惠。在运作方式上，与国际惯例接轨，实行“一个窗口对外，一条龙服务。”总之，海口保税区同全国其他保税区一样，是中国对外开放程度最高、运作机制最便捷、政策最优惠的经济区域之一。

海口保税区规划面积1.93平方公里,位于海口市中心区南部。从大的地理位置看，毗邻东南亚，处于中国经济最发达的泛珠三角区域内，是亚洲博鳌论坛的口岸所在地，空港水运十分发达。另外，这里空气洁净，阳光充足，海水湛蓝，风景秀丽。是企业家们投资的理想所在地。

海口保税区在产业导向上，坚持以发展高新技术产业为主导，以此带动国际贸易、保税仓储、商品展示等相关产业的发展。经过13年的建设，已初步形成生物制药、汽车制造、电子信息、机电加工为支柱的四大行业。全区生产性企业近200家，从业人员达2万余人。一批国际知名企业如马自达、韩国三星、中和药业、清华华丰等已在区内落户。目前，海口保税区已经成为海口市经济重要的增长点和新兴工业的主要聚集区，其以投资强度120万元/亩成为全省投资强度最大经济区域。2005年工业总产值达88.77亿元，占全市工业产值的41%。

海口保税区园区一角

新建成的五万平方米标准工业厂房

海南汽车集团公司生产车间

世界五百强企业-韩国三星光通信公司

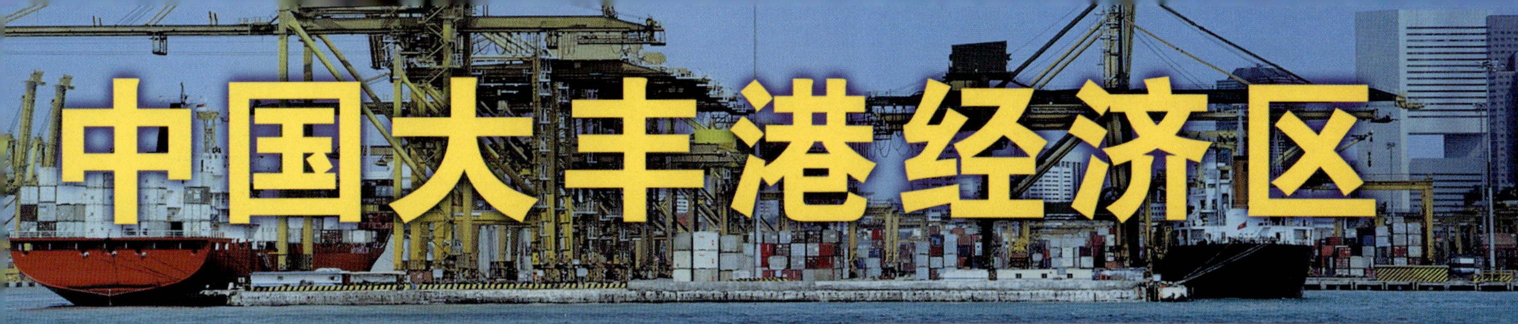

中国大丰港经济区是以大丰港为依托，于2003年5月新成立的省级开发区，位于江苏省中部沿海，辖区总面积500平方公里，规划建设区面积90平方公里，建设启动区面积30平方公里。开发区投资环境优越，交通运输便捷，东有大丰港直通韩国、日本以及东亚各大港口，西接徐大高速公路、沿海高速公路和新长铁路，苏通大桥建成后距上海仅2小时车程，已进入上海2小时经济圈，大丰港海事机场开始规划建设，现代化立体交通格局已初步形成。

区内在建的国家重点工程大丰港是江苏沿海中部唯一的深水大港，是填补江苏沿海港口空白带的中心战略大港。2005年10月18日，大丰港一期工程2个万吨级泊位已建成试通航，2006年上半年开放一类口岸并同时开工建设6个5万吨级泊位,并于“十一五”期间配套建设疏港铁路、疏港航道和高速公路。到2010年，大丰港将形成3000万吨散货、100万标箱的年吞吐能力，成为江苏沿海对外开放的国际综合性中型商港。

按照“以港兴区、以区促港”的方针，大丰港经济区加大基础设施建设和招商引资力度，建区以来特别是随着大丰港一期工程的建成通航，一大批项目相继落户港区，进区千万元以上项目53个，其中亿元以上项目20个，投资总额69亿元，已正式签订总投资50亿元的诚通港口物流项目、总投资18亿元的风力发电项目、总投资10亿元的南化二期工程项目、总投资10亿元的生态湿地公园项目、总投资1.25亿美元的医药项目等5个重点项目，同时一批重特大项目正在洽谈之中，到2005年底，大丰港经济区已完成总投资28亿元，实现GDP 20亿元，财政收入1.5亿元。

2005年10月28日，中共江苏省委书记李源潮视察大丰港时明确要求：要确立“以工兴港、以港兴海、集约开发、保护生态”的发展战略，率先科学和谐发展，将大丰港经济区建设成为国家级开发区。进入“十一五”发展时期，大丰港经济区将以科学发展观为指导，围绕“两个率先”，紧扣“三先”目标，坚持大丰港港口、港区、港城“三港联动”发展方针，全力打造资源节约型、环境友好型港区，全面启动建设仓储物流区、重特大工业区、出口加工区和生态旅游区，重点发展现代物流、新能源、重石化、生物医药、机械制造及汽车零配件和农副产品深加工、商贸旅游等几大产业，用5年时间完成投资300亿至500亿元，建设50亿元以上特大型项目2个，10亿元以上重点项目20个。到“十一五”期末，大丰港吞吐量达3000万吨，GDP达60亿元，财政收入6亿元，累计实际利用外资达3亿美元以上，初步建成经济繁荣、环境优美、社会和谐、开放文明的生态型港口新城。

地　　址：中国江苏省大丰港区中央大道1号
招商热线：86-515-3555069　3555128
3555198　3555065
传　　真：86-515-3555086
邮　　编：224145
网　　址：www.zgdfg.com

国家口岸办副主任罗文金视察大丰港

中共江苏省委书记李源潮视察大丰港

中国诚通集团总投资50亿元建设港口和港城

大丰港位于江苏省沿海中部，距上海港250海里，连云港120海里，秦皇岛港420海里，日本长崎港430海里，韩国斧山420海里，可直达东南亚和欧美各大港口，已融入上海2小时经济圈

吴江经济开发区

吴江经济开发区位于江苏省苏州市南部，依托吴江城区，西濒万顷太湖，横跨千年京杭大运河，苏嘉杭高速公路南北穿区而过，沪苏浙高速公路东西擦肩而行，上海、杭州都在1小时车程半径内，交通极为便捷。

吴江经济开发区成立于1993年，是江苏省首批13个省级开发区之一，并于2003年11月确定为比照国家级开发区赋予相应的经济审批权和行政级别，2002年成为“江苏省电子信息产业基地”之一，2004年成为首批国家信息产业基地成员单位。经过13年的发展，吴江经济开发区已经成长为一个企业数量众多、产品种类丰富、产业特色鲜明、设施配套齐全的高新技术产业区，是吴江市对外开放、产业带动、优势辐射的经济高地。2004年2月，吴江经济开发区管委会获得国家人事部、信息产业部表彰的全国信息产业系统先进集体荣誉称号。目前，开发区区域面积80平方公里，建成区30平方公里，2005年6月经国务院批准设立的吴江出口加工区也座落于区内。到2005年底，累计引进外资企业557家，注册资本40亿美元，到账外资22亿美元。2005年，全区新引进外资项目47个，增资企业49家，注册资本5.65亿美元，其中增资2.88亿美元，到账外资3.4亿美元。民营企业签约34个，总投资33亿元。完成地区生产总值90亿元，同比增长20%；全口径财政收入11.37亿元，一般预算收入4.4亿元，同比分别增长16%和33%；全社会固定资产投资额60.5亿元，同比增长10%；进出口贸易总额105亿美元，其中出口50亿美元，同比均增长19%。完成工业产值684亿元，工业销售收入650亿元，同比分别增长30%和31%，其中电子信息业实现销售收入618亿元，成为吴江市第一大产业。2005年，区内有6家企业进入中国外商投资企业500强名单。

目前开发区内85%的外资企业从事IT产业，自我配套率达到90%以上。落户企业中有50多家台湾、日本、韩国等地上市上柜企业，3家世界500强企业，156家总投资超1000万美元以上企业。华映视讯、台达电子、华宇电脑、瑞仪光电、大智电脑、亚旭电子、华渊电机总投资均超1亿美元。2005年销售收入超10亿元的企业17家，华宇集团、亚旭、台达集团销售额分别达到107亿元、67亿元和60亿元。2006年，可年产500万台彩色液晶显示器、1300万片液晶显示屏、6700万片背光模组、1.8亿只冷阴极管、200万台笔记本电脑、150万台电脑主机、4000万个键盘、1600万台手机、4000万个光读写头、6800万台各类电源供应器、6200多万台（片）数据机、1.5亿只微型电机、25亿只LED、3600万个锂电池、300万个蓝牙耳机、250万芯公里光纤以及大量新型电子元器件及其他电子资讯产品。吴江经济开发区已发展成为国内电脑及周边产品、光电子、通讯及网络、IC封装、新型电子元器件的主要生产基地。2005年5月吴江经济开发区被国家信息产业部确定为首批“国家（吴江）显示器件产业园”。

吴江经济开发区在上海同济大学规划设计院制定的区域总体规划下，按照ISO14000的标准，已经完成30平方公里区域的“七通一平”，规划建设形成出口加工区、加工贸易联网监管区、日资工业园、韩资工业园等特色园区，并具备区内物流中心、公共型保税仓库、海关直通式监管点、保税物流园区。吴江出口加工区首期规划1平方公里，完成投资2亿元，项目进区条件齐备，将重点发展光机电仪一体化、新材料、新能源、生物科技等产业。

吴江经济开发区以提升行政品质为重点，着力构建专业化、个性化、亲情化的服务体系，千方百计让客商满意。形成“小政府、大社会，小机构、大服务”的体制机制，对投资企业提供与国际接轨的专业化服务，为企业提供从立项到报批、从征地到开工的系列化、全过程、多方位服务。全面完善文化、生活、娱乐、健康等设施，积极做好客商子女就学、医疗绿色通道等工作，为客商投资创造配套完备、文明和谐的人文环境。

2005年底，吴江经济开发区和同里镇实行区镇合一管理，在发展先进制造业的同时，着力打造富具特色的江南水乡古镇旅游业。同里是目前江苏省保存最为完整的水乡古镇，也是江苏省首批历史文化名镇，旅游资源丰富，镇内有明清两代园宅38处，寺观祠宇47座，士绅豪富住宅和名人故居数百处，并先后出状元1人，进士42人，文武举人93人，同里退思园是世界文化遗产；镇外四面环水，五湖环抱，水景生态风光宜人。

青岛出口加工区

青岛出口加工区于2003年3月10日获得国务院正式批准，总体规划面积2.8平方公里，其中一期规划面积1.7平方公里，设加工区、仓储区、办公区和海关监管设施区，于2003年12月8日通过海关总署等国家八部委联合验收，2004年8月3日正式封关运作。其开发建设速度在国务院第三批批准的14个出口加工区中居于领先地位。

一、良好的区位优势

青岛出口加工区位于青岛市规划的“三点一线”发展战略要地和环胶州湾产业聚集带的中心位置，东依青岛市区，西临青岛经济技术开发区，有着广阔的发展腹地和空间。它距青岛流亭国际机场19公里、距青岛港33公里、距前湾港36公里，周边区域交通路网发达，形成了极其便利的海陆空立体交通网络。

二、完善的基础设施配套

截止目前，青岛出口加工区一期1.7平方公里基础设施建设已投资2亿多元，达到“九通一平”标准，海关监管设施居于国内领先水平，完全能够满足项目落户需求。二期将于2006年底启动，计划2007年下半年完成围网及基础设施配套建设。与此同时，为解决核心区内企业的生产、生活等配套服务问题，青岛出口加工区还投资5亿多元，加快了周边38平方公里配套产业区开发建设步伐，进一步完善了周边区域城市基础设施配套功能，为企业落户创造了良好条件，已成为企业理想的投资宝地。

三、优质的审批服务

青岛出口加工区管委会具有市级外资项目审批权、基建项目立项审批权、外事审批权、工商管理权、环保审批监管权等经济管理权限，并设立了行政审批综合服务大厅，实行“一站式”服务，可以为企业提供优质、高效的各类服务。

目前，海关、商检已经入驻出口加工区，代表国家对企业实行监管，运行方式更加符合国际惯例。

四、强劲的招商势头

截至目前，累计引进外资项目25个，投资总额4.2亿美元，注册资本1.9亿美元。其中，注册资本1000万美元以上项目达到9个。投产企业8家，在建企业 8家。已初步形成电子信息、精密机械两大产业雏形。开工投产项目中，位居世界500强前列的美国国际泰科公司投资的电子信息项目，投资总额达5000万美元，全部达产后年出口创汇可达3亿美元；世界同行业排名第一的德国斯蒂尔公司投资5000万欧元建设的动力工具项目，达产后将成为亚洲最大的园艺机械生产基地。所引进的项目中，有3个项目产品填补青岛市空白，有3个项目产品全球销量第一，并形成了4大高新技术企业。

上海漕河泾出口加工区

上海漕河泾新兴技术开发区是国家级经济技术开发区和高新技术产业开发区。十几年来，漕河泾开发区致力于高新技术产业的发展，综合经济指标位于全国开发区前列。2003年3月，国务院批转海关总署同意新增设"漕河泾出口加工区"；2004年7月，国务院批准漕河泾开发区在闵行区浦江镇扩建高科技园，成为国家级的经济技术开发区，总面积10.7平方公里。

漕河泾出口加工区位于浦江高科技园的北面,地理位置优越，交通便捷。北侧紧邻外环线、徐浦大桥、卢浦大桥，到市区及周边城市极为便利。规划中的M8地铁线和两条越江隧道将为园区提供更为便捷的公共交通，方便职工上下班。

漕河泾出口加工区一期开发面积为0.9平方公里，英业达集团已入住。此外，泰科医疗、麦迪实、新进电子、德耐宝齿科、安凯等外资企业目前也已入住出口加工区自建标准厂房。

区内企业主要从事笔记本计算机、中大型计算机、新型电子元器件、移动和无线通信产品、DTP、光盘检测、媒体复制和软件包方面产品的设计、开发和生产以及欧美国家的义齿定制加工等。2005年，上海漕河泾出口加工区从利用土地资源招商向"零土地"招商转变，实现有限的土地资源经济效益的最大化，坚持产业导向，走可持续发展之路。出口加工区一方面为现有龙头企业的进一步发展创造有利条件，在协助企业做好增资工作的同时吸引配套产业尽快落户加工区，加快产业链的形成，发挥龙头企业的集聚效应。另一方面积极拓展招商渠道，吸引优质企业进入出口加工区标准厂房。区内已形成以高科技电子产品、设备、医疗器械等现代制造产业为主的产业形态。

漕河泾出口加工区是实行全封闭、卡口管理的特殊监管区，按照"境内关外"的思路设计，实现规范管理、依法行政。其基础设施完备，监管设施技术先进。出口加工区实行一系列税收、外汇管理等优惠政策，有利于入区企业降低成本。同时货物通关最快捷，对企业的管理手续最简便，可极大地提高企业在国际市场上的竞争力。

截止2005年底，漕河泾出口加工区累计批准投资项目7个，100%为外资，吸引投资总额达到3.612亿美元，合同外资1.2535亿美元，实际利用外资1.24亿美元，分别来自中国台湾、美国、日本、新加坡等国家和地区。

漕河泾出口加工区2005年全年工业总产值达到357.45亿元，比上年增长162.61%，实现增加值4.05亿元，较上年增长306.9%。进出口总额达到74.37亿美元，同比上年增长189.6%，其中出口额达到45.8亿美元，同比上年增长214.9%，进口额达到28.57亿美元，同比上年增长156.6%。出口加工区进出口总额占到所在镇的98%、所在区的64%，占上海市2005年进出口总额的2%，占全国出口加工区近13%。漕河泾出口加工区区内企业截至2005年年底，共吸纳从业人员1.7万，为建立和谐园区，振兴地方经济作出了巨大的贡献。

2006年是漕河泾出口加工区开发的第三年，也是出口加工区"十一五"规划实施的第一年，漕河泾出口加工区将深入贯彻落实全国出口加工区工作会议精神，继续深入推进加工区产业结构优化，加快加工区内各项经济指标持续快速的发展，积极促进区域经济协调发展，推动加工区功能升级。漕河泾出口加工区2006年全年预计实现工业产值突破500亿元，同比上年增长30%；进出口额预计达到100亿美元，同比上年增长17%，其中进口额35亿美元，同比上年增长15%，出口额65亿美元，同比上年增长31%。

厦门出口加工区

厦门出口加工区是2000年4月经国务院批准设立并由海关监管的特殊区域，于2002年1月通过国务院所属八部委联合验收，同年9月正式封关运作，规划面积2.4平方公里，一期开发面积1.46平方公里。

厦门出口加工区位于厦门海沧开发区南部，距离海沧港区仅1.5公里，距厦门国际机场仅10公里，距离海沧火车站3公里，地理位置优越，海陆空交通便捷，辐射范围广。其中海运条件尤为出色，濒临的海沧港区是海峡两岸船舶直航试点口岸厦门港的重要组成部分，开辟了欧洲、美洲、澳大利亚、香港等国际航线，以及福州、上海等国内航线，规划可建万吨级泊位36个，年吞吐量可达7000-9000万吨，是中国东南沿海重要的货物出海口。

截止目前，厦门出口加工区基本建设投入累计达11.2亿元，已完成一期的路、水、电、通讯等“七通一平”配套工程，建成通用及专用厂房共约18万平方米，另外建成4000平方米仓库；目前已累计签约内外资项目35个，投资总额1.58亿美元，注册资本7261.43万美元；区内现有21家投产企业，2005年完成工业总产值18.25亿元，实现进出口总额3.15亿美元。2006年1至4月实现工业产品5.3亿元，进出口1.1亿美元。

厦门出口加工区另有160万平方米的通用厂房建设已全面启动，一期25万平方米通用厂房将于2007年2月前全部完成，二期通用厂房占预计于2006年9月全面开工，并于2007年3月陆续完工并投入使用。该部分厂房以五层框架结构通用厂房为主，单幢厂房建筑面积从7000平方米至20000平方米不等，厂房规格多样，适宜不同行业、不同规模企业入驻。同时为做好园区配套，在出口加工区外围已建成12万平方米的员工公寓，另有占地面积19万平方米，建筑面积39万平方米的员工公寓计划于2006年9月开工建设。

厦门出口加工区鼓励以出口为主的高新技术产业，主要包括：电子信息、生物制药、精细化工及精密机械。

厦门出口加工区管理委员会为厦门出口加工区的行政管理机关，负责出口加工区的行政管理工作，为入区企业提供全方位的优质、高效服务。下属厦门出口加工区投资管理有限公司全面负责园区的开发建设、招商引资并为入区企业提供报关、物流、物业管理等相关配套服务。

地址：厦门市海沧区兴港路
邮编：361026
电话：0592－6892770
传真：0592－6892786

东宁口岸对俄贸易

浙江工贸园区

2005年9月24日国务委员唐家璇由黑龙江省委书记宋法棠、东宁县委书记陈殿运和东宁口岸对俄贸易浙江工贸园区管委会主任王作明等陪同视察东宁口岸，王作明向唐家璇汇报工作。

2005年9月19日全国工商联副主席程璐、副秘书长沈建国、俄罗斯滨海边区海参崴副市长兹维年茨基、东宁县委陈殿运书记、上虞市委副书记徐尧峰、东宁口岸对俄贸易浙江工贸园区管委会主任王作明等为浙江工贸园区奠基。

俄罗斯是与中国接壤的最大贸易伙伴。俄罗斯土地辽阔，资源富；中国轻工业发展迅猛且轻工产品丰富，价格低廉深受俄罗斯商的欢迎。随着两国政治经济往来的密切加深，现有的经贸交流已远跟不上形势的发展。为更好、更规范地开展中俄经济贸易，国务于 2000 年批准设立中俄东宁——波尔塔夫互市贸易区。在这个被为“北方明珠”的中俄互贸市场，浙江运能投资管理有限公司抢先手，占据了互市贸易区中方 6 平方公里中 2.81 平方公里的土地，建浙江工贸园区，为中国商品走出国门搭建了新的外贸平台。

浙江工贸园区的创建受到了黑龙江、浙江两省政府领导的高重视和支持。2005 年 4—6 月，黑龙江省委书记宋法棠、省长张左多次视察园区，并就有关外贸平台合作问题进行探讨。2005 年 9 国务委员唐家璇视察东宁口岸时也专程接见了管委会主任王作明俄罗斯的客商们更是对园区的建设充满期待，多次来园区洽谈外合作。

浙江工贸园区不单为中国企业开展对俄贸易营造商机无限，为中国产品进入世界舞台铺就了一条崭新的道路。入驻园区的企业可凭借园区的土地建造厂房，开办加工厂，利用国内的原材料把俄市场上需求的轻工产品加工成半成品，输出到俄境内的中方开办跨国连锁加工园区进行成品组装，以俄罗斯的品牌直销俄市场。利这样的外贸出口形式，不仅可以受到俄罗斯的法律保护，降低高额成本关税，还可以合法的突破独联体、欧美国家对中国产品出口配限制，把中国的产品卖到世界各地。

东宁口岸对俄贸易浙江工贸园区，正努力打造中国商品出口色通道，欢迎各地企业来我园区考察，投资建厂，展开对俄贸易。共开创美好明天！

地址:黑龙江省东宁县光明街1号招商大楼4楼
联系人：章先生
电话：0453-3622569　手机：1350460478
网址：www.zjgm.cn

广东南沙出口加工区（国家级

一、所在区域区位及政策优势：

●国家级经济技术开发区 ●国家级广州高新技术产业开发区南沙科技园 ●国家级出口加工区

●珠三角地理几何（物流）中心 ●国家级保税物流中心(B型) ●国际海运深水码头

完善基础设施：公路\铁路\地铁\客运港

优美生活环境：高尔夫\酒店\学校\超市

二、广东南沙出口加工区

广东南沙出口加工区位于广州南沙开发区范围内，于2005年6月3日经国务院正式批准设立,计划于2007年初通过国家海关总署等九部委联合验收，并计划于2007年4月左右正式封关运作。届时将成为广东省第三家正式封关运作的国家级出口加工区。

广东南沙出口加工区位于广州市南沙区万顷沙镇十涌至十一涌（国家级经济技术开发区范围内），东北向临蕉门水道，初期规划面积1.36平方公里。

广东南沙出口加工区是经国务院批准设立，实行“境内关外”的政策，是由海关监管的特殊区域，海关实行“一次申报、一次审单、一次查验”，全年365×24小时通关服务的新通关模式。区内企业不仅享有海关、检验检疫、外管部门提供的简单、快捷的各种业务便利措施，还享有国家级出口加工区和国家级经济技术开发区特有的多项优惠政策。园区建有“七通一平”的市政基础设施，海关、商检、银行、运输、仓储等机构一应具全，落户企业不出园区即可办理完一切进出口手续。

三、广州南沙开发区

南沙开发区，位于广州市东南部，处于整个珠江三角洲的地理几何中心及珠江的出海口，有着优越的海上、陆路交通地理优势。陆路方圆100公里范围内把整个珠三角的主要城市网络其中，水路距离香港38海里，距澳门41海里。南沙一方面背靠珠三角4000万人口的广阔市场腹地,另一方面又通过广州、深圳、珠海、香港、澳门等城市连接海内外市场部。其战略地位、市场潜力和辐射力十分突出。

四、南沙区八大产业基地规划及周边产业配套

汽车产业基地、石化产业基地、龙穴岛现代港口物流产业基地、钢铁产业基地、高新技术产业基地（电子等产业）、造船产业基地、机械装备产业基地、粮食物流基地。

南沙区周边东莞、中山、佛山、番禺的主导产业是电子信息产业、光电子产业、机电一体化产业、汽车零部件产业、生物制药产业、机械装备制造业等。

五、广东南沙出口加工区享受的相关政策、便利措施

（一）享受国家级出口加工区和国家级经济技术开发区特有的多项税收等优惠政策

（二）配额、许可证管理优惠政策

（三）快速通关便利措施

（四）商检便利措施

（五）外汇管理优惠政策

南沙区在珠三角的地理位置:地理几何中心

六、联系方式：（以上详情请联系）

广州市南沙开发区经济发展局 广州市南沙区经济贸易局

广东南沙出口加工区管理局(筹建)

地址：广州市南沙区港前大道1号 邮编：511458

电话：0086-020-84986379、（0）13711206323

传真：0086-020-84986699、84986646

广州市南沙区区政府网站：http://www.gzns.gov.cn

E-mail: rockyfei@sohu.com

联系人：邱云飞

江苏省吴中经济开发区

江苏省吴中经济开发区于1993年11月经江苏省人民政府批准为首批省级经济开发区。2002年8月，经中国质量认证中心认证，通过ISO14001环境管理体系标准认证，2003年6月通过ISO9001质量管理体系标准认证。

建区10多年来，苏州吴中经济开发区已迅速发展成为苏州城南一个新兴的工业化城区，具备了大容量吸纳工业项目投资和适应居住的优美环境。从1992年第一家企业进驻，目前开发区已经集聚了2500多家中外企业，这些企业来自美国、日本、荷兰、德国、新加坡、韩国、加拿大、台湾、香港等18个国家和地区以及国内10多个省、市，形成了以精密机械制造、电子及IT产业、生物医药和精细化工、新型材料、工艺服装服饰等为特色的产业集聚。

目前，苏州吴中经济开发区下辖建成区、河东高新工业园、东吴工业园、旺山高科技工业园、苏州市吴中越溪城市副中心、苏州吴中出口加工区和苏州吴中科技城。

江苏吴中出口加工区于2005年6月经国务院正式批准。出口加工区的设立和建设，将对加快发展外向型经济，提高招商引资竞争力发挥重要作用。吴中出口加工区规划面积3平方公里，其中启动区1.4平方公里。

目前，出口加工区启动区规划设计等前期工作已经完成，海关、商检大楼以及海关监管仓库、一期标准厂房已基本建成，有关道路（包括水电等市政管线）、填土等的建设全面动工，主干道已基本完工。已有3家大企业签约进驻出口加工区。启动区将于2006年10月正式封关运行。

魅力洋山

激情临港

洋山深水港，位于杭州湾口、长江口外的浙江省嵊泗崎岖列岛，由大、小洋山等岛屿组成，是中央相关部委以及上海市市政府关于建设上海国际航运中心的重要战略，是世界上唯一建在外海岛屿上的离岸式集装箱码头港区，是中国首个在海岛建设的港口，也是距上海最近的深水良港。深水港一期码头于2005年12月10日顺利开港，目前拥有5个泊位，岸线1600米，水深达15米，可接纳全球最新一代超巴拿马型集装箱船靠泊作业，实际年吞吐量可达到300万标准箱。二期码头4个泊位，岸线长1400米，将于2006年底建成投入使用。规划至2010年，将建成泊位30多个，年吞吐量达到1500万标准箱。港区通过总长32公里，双向六车道外加紧急停车带，桥面宽31.5米，设计行车速度80公里/小时的东海大桥直通临港产业区和临港物流园区，并与上海综合交通运输网络相连，辐射全国各地包括内陆地区。依靠上海以及长三角经济腹地广阔，箱源充足的优势，洋山深水港将成为亚太的枢纽，中国与世界航运的门户，成为东北亚的重要港口。

洋山保税港区，是中国第一个保税港区，综合了保税区，保税物流园区和出口加工区的政策优势。一期规划8.14平方公里，包括临港陆域6平方公里和小洋山岛上区域2.14平方公里。短期之内将成为亚太分拨中心、多国集拼中心和发挥保税加工功能。长期目标则定位于物流、资金流、贸易流自由多向流动的自由港。为此保税港积极发展国际中转、国际配送、国际采购、国际转口贸易和出口加工等业务，同时与物流园区的非保税区部分、装备产业区和国内其他保税区实现联动。

为了最大程度发挥洋山深水港和洋山保税港的功能和政策优势，洋山海关，商检，口岸办，外汇管理，金融等各个相关职能部门积极与企业一起共同探讨新的业务模式，和更加快捷简便的运作方式，为园区入驻企业和在港区运作的企业提供完整，优质的服务。

上海临港经济发展（集团）有限公司，成立于2003年11月，负责临港200平方公里产业区的开发建设和招商引资。产业区包括重装备产业区，综合产业区，三新高科技园区和物流园区。其中重装备产业区是国家级现代装备业园区，以船用，航空，轨道，汽车，装备制造业为主；综合产业区以光仪电，IT，零部件，通用机械装备等产业为集群；三新高科技园区将大力发展知识、技术和产业的创新，努力建成国际级装备制造技术创新的发源地。海港新城，作为临港产业区的配套生活城市，提供行政，金融，法律，娱乐等各项服务。城市以面积5.6平方公里的滴水湖为中心辐射开，人口将达到50万。

配合产业区的发展，上海临港国际物流发展有限公司主要致力于临港物流园区的开发建设，园区包括保税港，国际物流园区和自营物流园区。依托洋山深水港和临港物流园区的的地理和政策优势，物流公司始终瞄准国际物流产业发展的最新趋势，把握国际产业发展的潮流，以一种"海纳百川"的开放型发展模式，广泛吸收世界先进的管理和开发模式，我们与世界顶级船公司，第三方物流公司和物流地产公司进行战略合作，包括马士基，中远，中海，普洛斯，丰树，海博斯班塞，中储等等。随着临港物流园区的价值日益体现，临港物流将和全世界物流行业的佼佼者共同合作，推动临港作为东北亚物流基地的发展。

以产业发展和产业集聚的需求出发，充分发挥深水港、铁路、内河码头等独特资源优势，以发展现代装备制造业和物流业为核心，合理安排产业配套和功能开发的布局，临港产业区与临港物流园区定位于产业链发展，高新技术，高附加值，国内自主品牌建设，突出临港制造的品牌，通过2年多时间的招商引资，面对机遇与挑战，成功实施了上海航运中心建设和临港产业、物流基地建设的战略规划。

上海临港经济发展（集团）有限公司
Shanghai Lingang Economic Development (Group) Co.,Ltd.

上海临港国际物流发展有限公司
Shanghai Lingang International Logistics Development Co., Ltd.

中国上海市南汇区新元南路555号招商中心物流部
Add: Marketing Center, Logistics Department,
555 South Xinyuan Rd., NanHui District, Shanghai 201
Tel: +86-21-6828 4340　Fax: +86-21-6828 4168
Web: www.linganglogistics.com　www.shlingang.com

天津保税区

天津保税区于1991年5月经国务院批准设立，是中国北方规模最大的保税区，具有国际贸易、现代物流、临港加工和商品展销四大功能，享有海关、外汇、税收等优惠政策。建区15年来，经济始终保持30%以上的增长速度，位居全国保税区前列，累计协议外资127亿美元，实际利用外资56亿美元，有6500多家企业注册，其中外资企业3900多家，世界500强投资的企业59家，初步形成了电子信息、生物制药、机械及汽车零部件、民用航空、绿色食品等产业群。目前，天津保税区已经形成了海港保税区、空港加工区、空港物流区、空港保税区和保税物流园区，成为天津滨海新区的重要经济功能区和中国开放度最高的特殊经济区域。

保税区门区标志

叶水福物流园

保税区国际汽车城

保税区全景图

广州海关电子口岸

开拓进取 锐意创新 稳步推进广州海关电子口岸业务建设

2001年2月，根据国务院及海关总署关于做好口岸电子执法系统推广工作的通知要求，广州海关开始了口岸电子执法系统有关项目试点应用推广工作，主要包括为口岸电子执法系统的企业用户集中制发法人卡及操作员卡、试点推广“出口收汇”、“出口退税”、“进口付汇”等项目，这一系列的工作揭开了我关电子口岸业务建设的序幕。

2003年3月，根据《海关总署关于设立中国电子口岸数据分中心有关的通知》（署人发[2002]342号）精神，中国电子口岸数据中心广州分中心（以下简称广州数据分中心）注册成立。该机构是广州海关的直属事业单位，其主要职责是承办本关区电子口岸IC卡的制发工作；负责本关区电子口岸应用项目及联网企业的技术支持、操作培训、技术维护；负责本关区自行开发的应用项目外网部分的开发及技术支持。广州数据分中心的成立促进了广州海关电子口岸业务建设健康、有序发展，标志着我关电子口岸建设步入崭新的时期。

在广州海关科技应用领导小组的正确领导下，我关技术部门与业务部门密切配合，共同努力，稳步推进我关区电子口岸建设各项工作，取得了良好成效。目前，我关区共有中国电子口岸用户15000多家、操作员2万多名。在平台运行中的子系统共有10个：报关预申报（报关行版）系统、出口收汇核查系统、进口付汇系统、网上税费支付、出口退税系统、进出口快件通关系统、加工贸易联网监管系统（电子帐册、电子手册）、汽车零部件进口管理系统、电子通关单联网核查系统和进口增值税联网核查系统。其中，报关预申报系统和加工贸易联网监管系统的推广、维护是工作重点。

目前，我关区共有21个隶属关和办事处67个报关现场的近400台客户端微机使用电子口岸报关预申报系统，每日通过该系统申报的报关单均近7000份。共有300多家加工贸易企业使用加工贸易联网监管系统。

电子口岸应用项目在广州海关关区的推广，增强了广州口岸各管理部门的管理综合效能，使管理部门在进出口环节的管理更加完整和严密，提高了行政执法透明度，实现了政府部门行政执法公平、公正、公开。

此外，为贯彻落实吴仪副总理、海关总署关于加快推进地方电子口岸建设的有关指示精神，广州海关积极参与广州电子口岸建设，在广州市政府的组织领导下，我关与口岸各共建单位精心组织、密切配合，紧紧围绕全国地方电子口岸建设现场会所确定的电子口岸建设基本内容、指导原则和发展目标，共同推进广州电子口岸建设稳步发展。目前，广州电子口岸业务范围覆盖整个广州市区，企业用户约3万家，通过广州电子口岸门户网站实现的业务项目共有口岸电子执法、本地大通关、咨询服务、效能分析4大类93项。电子口岸的成功应用不仅在驻穗的海关、边检、海事等部门取得比较好的工作成效，而且在外商中迅速产生了良好的效应。国际上一些知名的大机场和物流公司（如联邦快递转运中心）等都纷纷通过各种渠道加强在穗的投资合作。

广州海关电子口岸业务建设走过了不平凡的五年，取得了可喜的成绩，今后我关将继续发扬开拓进取、锐意创新的精神，推动电子口岸业务建设、广州口岸大通关信息化建设健康有序地发展。

广州九恒条码有限公司

广州九恒条码有限公司是以生产可变条码、数据处理为核心业务的高新技术企业，是集条码印刷、条码耗材与设备、电脑连续表格印刷、彩色印刷、智能卡、纸张贸易为一体的综合性印刷厂家，属于国家重点鼓励发展的企业类型。

公司自设立以来，依靠多年积累的行业经验和自身创新能力，在电脑表格印刷、可变条码印刷、可变信息输出、条码设计、条码设备与耗材等专业领域不断取得突破，形成了九恒条码在行业内的特色；在彩色印刷、纸张贸易等传统项目中，稳健发展，不断开拓；在电脑表格、保密信封、银行POS单/ATM卷纸、条码单、可变信息输出、各类本装单据方面有很强的生产效率优势和成本优势，保持了良好的竞争势态。在海关、保险、邮政、银行、电信、物流、快递等行业客户中赢得良好的信誉。公司现为中国自动识别技术协会团体会员、中国防伪行业协会团体会员。

公司始终致力于立足印刷新技术革命的前端，真诚与业内同仁开展业务合作，竭诚为国内外的新老用户提供优质服务，共同开创美好未来！

公司管理工作会议

车间场面

深圳港航网络系统有限公司
SHENZHEN CYBER-HARBOUR NETWORK CO.,LTD

深圳港航网络系统有限公司是一家专门从事海运物流电子商务的高科技企业，三大主营业务是：通关物流信息服务、物流园区信息平台建设以及集装箱码头操作管理软件的开发。目前正从事深圳前海湾保税物流园区信息系统研发。

招商局深圳西部港区电子商务平台从初期单一的海关电子数据交换平台发展为集海关、国检、边检等口岸单位于一体的大通关信息平台。

国内唯一与港口物流链上如此众多的节点企业联网，并善于利用与口岸单位联网的优势，结合港区业务情况开发港区应用系统，是国内最好的电子商务平台之一。

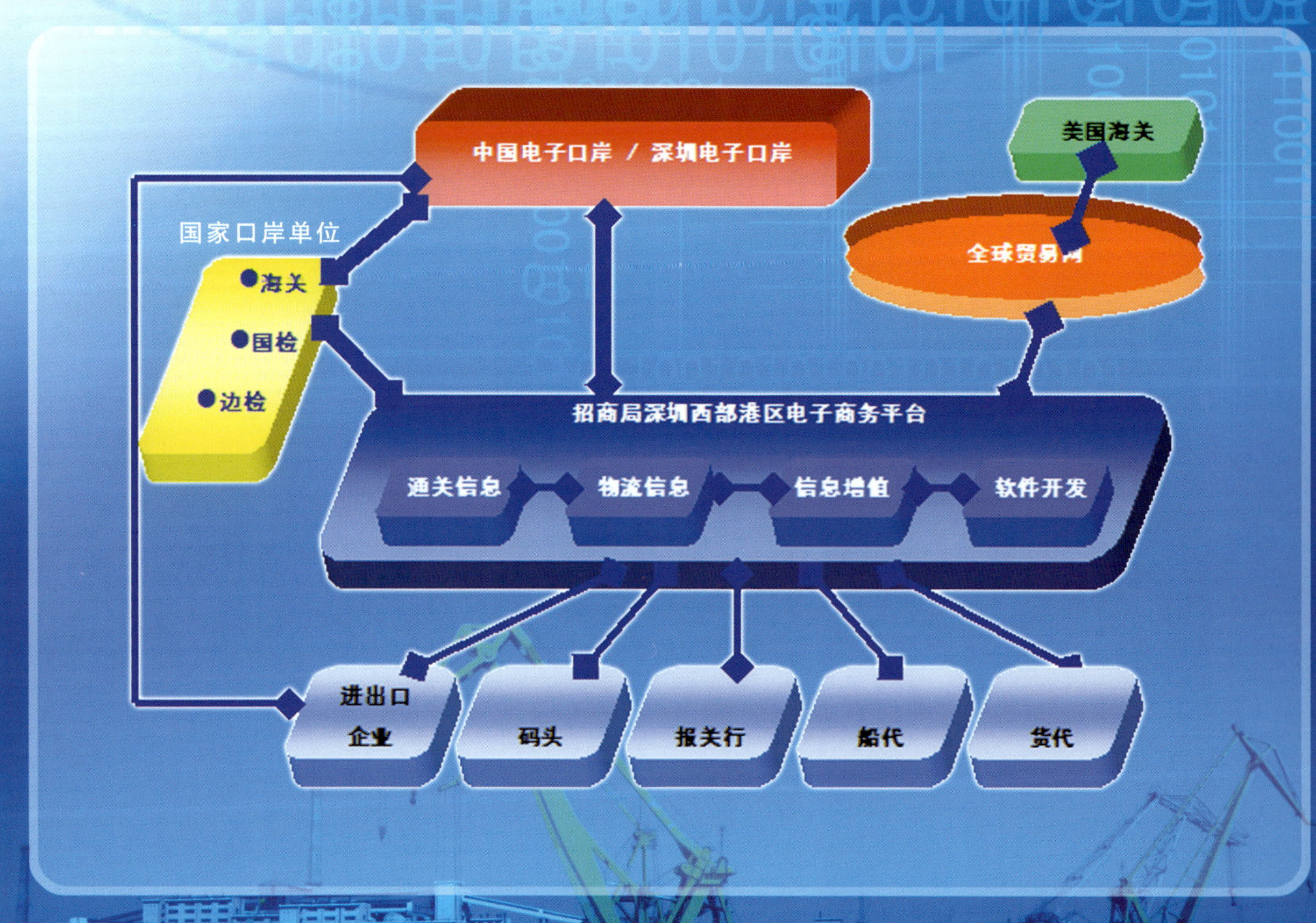

上海外高桥英得网络信息有限公司

上海外高桥英得网络信息有限公司成立于1996年，是由上海外高桥（集团）有限公司率上海外高桥保税区投资实业有限公司、上海外高桥保税区联合发展有限公司、上海市外高桥保税区新发展有限公司、上海市外高桥保税区三联发展有限公司共同投资开发的从事信息技术开发与系统集成的高科技公司，企业注册资金1000万人民币，为上海首批、外高桥保税区内唯一的具有ISP/ICP资质的公司。

一、物流产品

FMS是英得网络针对物流企业所提供的一套先进的、全方位的物流解决方案，它几乎提供了对物流业务中所有环节、所有服务的管理、监控和分析的功能。

FMS具有如下特点：

1.基于集团的管理应用模式，集团公司可以实时监控分公司的业务情况，并提供了强大的数据分析和数据挖掘功能。

2.简洁明了的操作界面，支持子系统共同协作和单独运行两种业务操作模式，提供灵活方便的系统配置。

3. 模块化设计，独立性强，可靠性高。

4. 方便全面的查询方式。

5. 实时的物流跟踪信息反馈。

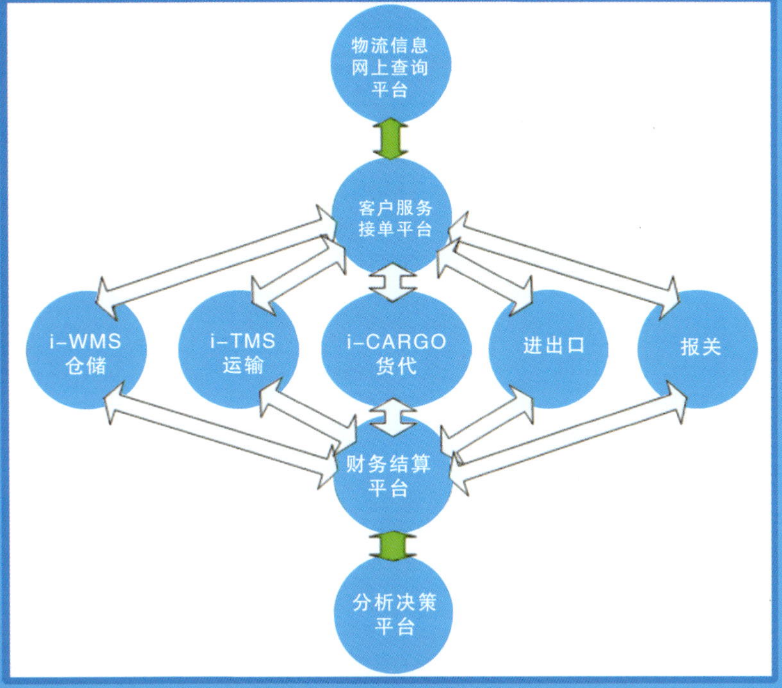

综合物流解决方案

二、保税区海关监管系统

保税区海关监管系统由保税区海关仓储物流电子监管系统（CIQ）和海关加工贸易联网监管系统等软件产品组成，实现了海关对保税区仓储物流和加工贸易业务的动态和高效监管，提升了保税区海关对区内企业的监管水平和力度，使人工进行风险分析与控制转向由计算机依据大量的历史数据所建立的风险数据库进行风险分析控制。也为海关加工单耗数据库的建立、分析和比较提供了科学的依据，同时也简化了企业业务操作流程，提高了货物通关速度，有效地减少了企业工作人员往来海关的次数，降低了保税区企业的运营成本。从而进一步优化了区内投资环境，并为保税区管委会、海关和相关政府部门的整体规划及布局提供科学的决策依据。

该系统主要由海关端、通信服务器及企业端应用程序组成，具有如下特点：

1. 双机CLUSTER技术，有效地提高了系统的健壮性、可靠性和稳定性。

2. N层架构体系，实现负载均衡，既有效地提高了系统运行效率，也使系统资源得到有效的利用，并提高了系统的可伸缩性。

3. 可靠的数据加密技术，保证了数据的合法性、安全性，确保系统数据不被非法访问或修改。

4. 并发访问控制技术，在大并发量的情况下保证较高的通讯效率，使整个系统的运行效率得到了保证。

5. 完善的安全控制机制，内部网络与外界物理隔离，为系统架设了一套严密的安全屏障，确保海关监管业务的正常进行。

6. 自动在线升级，节省大量的人力和物理资源，并可第一时间更新系统。

资深IT服务 创造客户价值

太极计算机股份有限公司

TAIJI COMPUTER CORPORATION LIMITED

太极计算机股份有限公司是我国IT产业的开路先锋，是中国最具竞争力的IT服务提供商。其前身太极计算机公司始创于1987年，是中国电子科技集团公司第十五研究所下属的科研院所企业。2002年，经信息产业部、国家经贸委批准，吸收其它投资资本，整体改制为太极计算机股份有限公司。

多年来，依托华北计算技术研究所雄厚技术实力和科研开发能力，太极自主研发的多项高科技产品已为众多行业客户广泛应用，创造了非常好的经济效益和社会效益，成为我国信息产业科研生产的骨干企业，先后承担了数百项国家大型应用系统的研制开发和信息系统建设项目，积累了雄厚的技术实力，培养了一批专业人才队伍，成为国内重大信息系统总体设计和工程建设的主要承担者和组织者。遵循“专注、一体化与合作”的业务发展策略，太极集中现有资源专注于 “IT专业咨询、面向重点行业的解决方案、楼宇智能化与数字社区工程、IT产品增值服务”四大业务领域，并凭借多年来获得的众多国家级行业资质，以完善的服务、良好的信誉服务于政府、教育、能源、金融、企业、智能楼宇等多个重点行业用户。

面对新的机遇和挑战，太极计算机股份有限公司将一如既往地坚持“全面以客户需求为导向”的服务宗旨和“IT服务创造价值”的经营理念，积极改革，全面创新，致力于用最优质的产品、最完善的服务和最专业的解决方案来回报客户的支持与信任。

太极计算机股份有限公司和海关总署缉私局合作开发了全国大集中的“海关缉私办案系统”，采用.Net开发平台，首次对全行业的刑事、行政办案业务在系统上得到了统一，并实现了全套法律文书自动生成。系统中采集了各类重要的案件及相关实体基础信息，为辅助办案、信息共享、管理决策提供了支撑。该系统于2005年1月1日正式上线，同年1月通过双方综合评测进入使用维护期。太极计算机股份有限公司本着专注行业、积极合作的态度，后期又对系统进行了功能、性能的调整，不断改善加强该业务系统的可用性。随着业务的不断变化，系统的不断完善是必然的趋势，我们期待着有机会为海关行业的信息化建设贡献我们的力量，我们也有信心依靠我们的技术积累和业务积累能够为用户提供高质量的服务。

太极计算机股份有限公司

公司地址：北京市海淀区北四环中路211号

通讯地址:北京619信箱8分箱

邮编:100083

电话：010-51616134 010-51616888-8534

传真:51616017

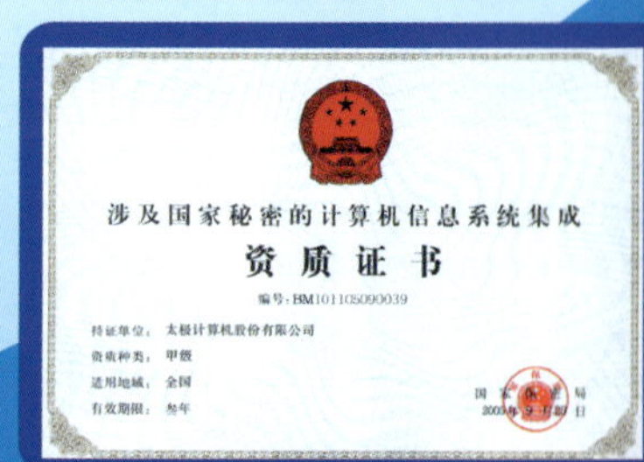

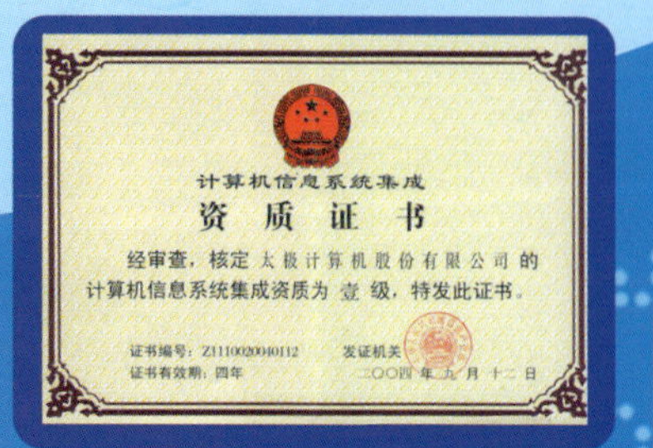

前进中的郑州数据分中心

河南省史济春副省长、郑州海关周冀中关长出席电子口岸加工贸易联网监管新闻发布会及签字仪式并作重要讲话。

郑州数据分中心自2003年成立以来，在总署数据中心和郑州海关领导的关心指导和大力支持下，通过实行“五个一”服务守则、绩效考核奖惩制度等狠抓内部管理，夯实业务基础，在摸索中前进，在学习中发展。

工作中注重加强与河南地区电子口岸联合审核单位的联系沟通，尽最大可能为进出口企业使用电子口岸创造便利条件。2005年共为900多家企业办理了电子口岸入网手续，目前全河南地区电子口岸用户已达3500家。

郑州数据分中心大力推广电子口岸项目在河南的应用，积极配合海关业务改革，目前共有10个应用项目上线运行，对5家企业实施了加工贸易联网监管，与7家银行和24家进出口企业签订了网上支付协议。2005年郑州关区通过联网监管的加工贸易货物总值占全关区加工贸易货物总值的18%；通过“网上支付”系统征收的税款总值占关区同期入库税款总值的34%。

郑州数据分中心积极贯彻落实全国地方电子口岸现场会议精神，大力推进河南电子口岸的建设，目前河南省政府已与海关总署就建立河南电子口岸事宜达成合作意向。

郑州海关副关长魏欣平出席“电子口岸网上支付合作协议”签字仪式。

郑州海关周冀中关长在电子口岸加工贸易联网监管企业进行调研。

郑州海关常开建副关长与企业签署电子口岸加工贸易联网监管协议。

郑州数据分中心主持召开河南地区电子口岸联审单位工作会。

海南电子口岸

海南省自2001年5月开始推广应用中国电子口岸至今，已经有近1100家企业和6家商业银行加入到了用户的行列，有6个政府管理部门为广大用户提供着日常业务和技术支持，应用人数已经超过3000人。

中国电子口岸的“进口付汇”、“出口收汇”、“出口退税”、“海关税费网上支付”、“加工贸易联网监管”、“无纸通关”、“企业基础信息交换”和“构成整车特征汽车零部件进口管理”等多个联网应用项目在海南省得到有效的推广应用。其中，“进口付汇”、“出口收汇”和“出口退税”项目得到了进出口企业的广泛应用；“海关税费网上支付”项目自2004年10月成功推广应用后，至2006年4月，共成功支付海关税费2500多万元；“加工贸易联网监管”项目在2005年推广之后，逐步被广大加工贸易企业所认识，现已有3家企业正式应用，其他许多企业也表现出应用的意向。

为了进一步加快口岸通关效率，提高口岸信息化管理水平，改善投资环境，推动现代化物流业的规范发展，海南省人民政府和海关总署积极合作，联合海南口岸的海关、检验检疫、海事、边检和边防等有关管理部门于2005年建成了海南电子口岸。

海南电子口岸是中国电子口岸的组成部分，是海南地区以口岸通关执法管理为主，逐步向相关物流商务服务延伸的大通关统一信息平台。通过这个平台，可以实现跨部门、跨行业、跨地区的与大通关流程相关的数据共享和联网核查，在网上办理各种口岸业务。

海南电子口岸目前设置7大功能板块，28个栏目，直接运行中国电子口岸30多个联网应用项目和链接运行海南口岸管理部门6个项目，初步形成与中国电子口岸在覆盖范围、服务对象和应用项目上层次分明、功能互补的海南大通关统一信息平台，达到网上业务申办、加快实货验放、共享口岸资源、降低企业成本的预期建设要求。海南电子口岸的成功建设，将会更进一步促进电子口岸在海南省的深入广泛应用。

电子口岸在海南省的有效推广应用，为海南口岸增强执法能力，提升服务质量，加快通关效率，降低贸易成本，优化口岸管理，改善投资环境，发挥了重要作用。

中国电子口岸数据中心海口分中心人员到企业指导其业务人员应用电子口岸项目

中国电子口岸数据中心海口分中心人员在为电子口岸用户提供业务咨询

中国电子口岸数据中心海口分中心技术人员在对即将投入实际应用的电子口岸项目进行综合测试

海关总署服务局培训
学校

海关总署秦皇岛培训学校

阶梯教室

海关总署秦皇岛培训学校(原海关总署秦皇岛海关学校)，1985年建成招生，承担海关中专学历教育和海关干部培训任务。根据新形势的需要，学校于2002年结束学历教育，自2003年起专司海关干部教育培训。建校以来，学校坚持“严谨办学、为关育才”的方针，围绕海关中心工作，深化教学改革，加强队伍建设，积极探索新形势下的海关学历教育和培训教育模式，不断提高教学水平、管理水平和服务水平。到2006年8月，共计培养中专学历毕业生3487人，培训学员6529人次。目前，学校建筑面积36764平方米，具有较完备的培训教学设施和配套生活条件，同期可容纳培训学员300人。

学员阅览室

会议室

美食楼

深圳市华成峰实业有限公司

深圳市华成峰实业有限公司成立于1997年，目前注册资本4000万人民币，是一家专业提供IT应用产品与技术服务的高新科技企业，目前，已在深圳市高新技术园区内，建立了以IBM技术为主的小型机中低端机器的生产基地。

公司目前是美国蓝色巨人IBM公司系列产品（IBM eServer pSeries RS/6000/ IBM eServer xSeries/ IBM PCD/ IBM Storage/IBM AIM/DM/Tivoli）中国地区授权分销商、解决方案供应商。以IBM产品分销为核心，公司还致力于数据产品分销、IBM小型机服务外包、系统集成项目工程外包、人力资源外包、加工生产IBM中低端小型机等多方面业务。公司同时还是华为3COM数据产品方案解决供应商，SUN整体解决方案供应商、HP特约增值经销商、CISCO高级认证代理商、联想电脑代理商......。

公司主要进口商品为：IBM小型机及其配件。含不同配置的具体型号：9119-590、9119-595、9117-570、9116-561、9113-550、9111-520、9131-52A等。小型机配件：CPU、内存、硬盘、机柜、磁带机、磁带库、存储柜、扩展柜、显示器、电源、软件、光驱、网卡、光纤卡、SSA卡、异步卡、鼠标、键盘等等。

货物的主要技术含量：IBM p系列服务器采用最新的64位RISC CPU技术——POWER5、POWER5+，是业界性能最高的服务器芯片之一。操作系统运行稳定可靠的UNIX系统 软件 AIX 5L。通过可选的增强的POWER虚拟硬件特性，可以支持最多20个LPARs，包括子处理器分区。

自成立以来，公司秉承"诚信、开拓、弘毅"的企业精神，不断发展、持续创新，短短数年内已成为行业中的佼佼者，所分销广泛应用于政府、电信、银行、保险、电力、证券、教育等行业；已建立了成熟稳健的客户体制、分销体制、研发体制、技术体制、生产加工体制、物流体制等战略体系和现代化的测试、实验、研发、生产环境。总部办公地点位于深圳华强北，面积逾五千平方米；公司在国内设有11个分公司（办事处），分布于北京、上海、广州、南京、成都等地；在海外已有7个办事处，分布于香港、埃及、乌克兰、孟加拉等地，公司员工400余人，80% 以上为高级专业人才。

凭借雄厚的技术实力与优质高效的服务，公司在竞争激烈的IT行业中迅速成长，近三年年营业收入增长在180%以上，销售规模达10多亿人民币，力争在未来两年内达50亿人民币以上。目前公司IBM P SERVER小型机产品市场份额居华南第一、大中国区第二。业务范围也在不断扩展，并逐步建立了一个以华南为中心，辐射中国华东、华北、西南、西北以及海外的稳定、高效的营销服务网络。

诚信，不光是企业的市场准入证和无形资产，而且，是企业自下而上与发展、提高综合竞争力的根本保证。为了企业的明天、为了维护海关的正常秩序，我们会一如既往遵纪守法、诚实守信。

辽宁省大连海洋渔业集团公司冷冻厂

辽宁省大连海洋渔业集团公司冷冻厂（以下简称：辽渔冷冻厂），隶属于辽宁省大连海洋渔业集团公司，以水产品冷藏为主的专业厂，企业成立于1966年，经过40年的发展壮大，目前已建成由六座大型现代化冷库组成、总储藏能力12万吨、年货物吞吐量超过60万吨的国内规模最大的水产品冷藏企业。

冷冻厂位于大连市重要港口之一——大连湾新港，毗邻新港散船码头，距大窑湾集装箱码头21公里，与大连国际水产品交易中心近在咫尺，具备优越的水产品物流和交易环境，在大连乃至东北地区发展水产品流通加工业，活跃国内水产品市场的进程中发挥着重要作用。该厂于2003年经大连海关批准设立的3万吨级水产品公共型保税冷库，使储藏范围由国内一般贸易货物扩大到国际水产品进出境贸易货物，为大连腹地开展水产品过境保税贸易货主构筑了储藏平台。鉴于在同行业中的不凡表现，2005年该厂被大连港口与口岸局评为“放心库”称号。

辽渔冷冻厂始终秉承“服务保宾朋满意，管理让客户放心”的服务宗旨，树立了“以人为本，打造国际冷藏企业知名品牌”的发展目标，在不断增强自身竞争优势的同时，正为地区经济发展贡献力量！

地址：大连市甘井子区大连湾街8-58号　　邮编：116113
电话：86-411-87125745　　传真：86-411-87600821
网址：www.lfg.com.cn/bsk　　电子信箱:ldsc@lfg.com.cn

LIAOYU PROVINCE DALIAN OCEAN FISHERY GROUP OF COPORATION FREEZING FACTORY

Liaoning Province Dalian Ocean Fishery Group of Corporation Freezing Factory(the simple name: Liaoyu Freezing Factory)is under the management of Liaoning Province Dalian Ocean Fishery Group Of Corporation. It is a special factory for refrigerating aquatic products, it started in 1966. For 40 years' development, nowadays it has six large cold stores with capacity of 120 thousands tons, and its thruput has exceeded 600 thousands tons. Its refrigeration capacity of aquatic products is the largest interiorly.

Liaoyu Freezing Factory located in one of the most important port－Dalianwan New Port Administration Co., and nearby the vessel of the New Port, it's only 21 miles away from Dayaowan Harbor Administration Co.(DCT). It's by the side of Dalian International Aquatic Products Bargaining Centre, so it has the convenient satuation for aquatic products' circulation and bargaining. In Dalian, even in the Northeast of China Liaoyu Freezing Factory exerts the important effect on flourishing the aquatic products market's circulation and processing. The bonded cold store of Liaoyu Freezing Factory with capacity of 30 thousands tons getting a certificate of bonded warehouse issued by The People's Republic of China's Customs in 2003, which made the store area enlarge to international aquatic products import & export cargo. In the past its store area is only in general trade cargo interiorly. It also constructs a store flat for the aquatic products' owner, whose cargo pass through the territory of China. On account of its excellent representation, Dalian Port and Harbor Bureau judged it "reassurance warehouse".

Liaoyu Freezing Factory insists "Management and services satisfaction of our client" all the time, and make the aim that "Person is the root, create the famous brand in refrigeration enterprise". When it boost up its owner competition advantage ceaselessly, it is offering up its strength for the development of the district's economic.

Add: No.8-58 Dalianwan Street Ganjingzi District , Dalian, China
Tel: 86-411-87125745　　Fax: 86-411-87600821
Http: //www.lfg.com.cn/bsk　　E-mail: ldsc@lfg.com.cn

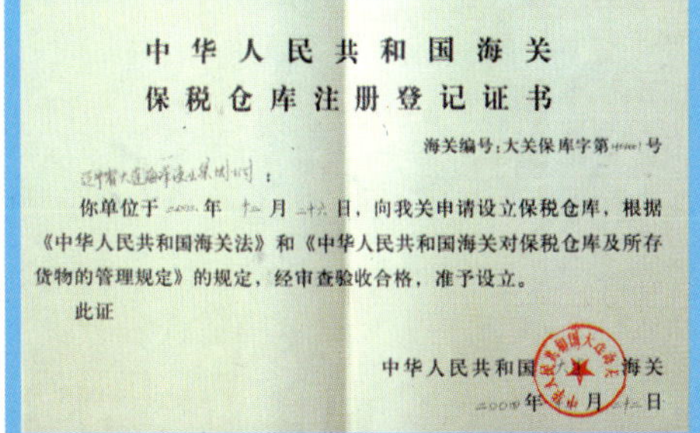

中华人民共和国海关
保税仓库注册登记证书

海关编号:大关保库字第　号

你单位于　年　月　日，向我关申请设立保税仓库，根据《中华人民共和国海关法》和《中华人民共和国海关对保税仓库及所存货物的管理规定》的规定，经审查验收合格，准予设立。

此证

中华人民共和国　海关
年　月　日

包头铝业股份有限公司

企业简介

包头铝业股份有限公司（以下简称包头铝业）成立于2001年6月28日。2005年5月9日，包头铝业股票在上交所上市发行，公司现注册资本43100万元，总股本为43100万元。

包头铝业现有电解铝生产能力30万吨，碳素制品20万吨。其中铝加工产品产能占全部产能的75%以上，已经成为我国最大的合金铝生产基地。公司主要产品有“BTL”牌重熔用铝锭、A356系列铝合金、稀土电工圆铝杆、铝合金棒材、稀土铝应用合金和高级铝等7大系列40多个合金铝品种以及各种铝电解用碳素制品。其中“BTL”牌重熔用铝锭为国家优质产品，阳极糊为部优产品,稀土铝应用合金为国家级新产品。A356铝合金和电工圆铝杆市场占有率居全国同行业首位。公司积极拓展营销领域，坚持国际、国内并重的营销模式，通过试单销售的方式，努力拓宽国际销售渠道，产品出口中东、沙特、韩国、菲律宾、南非、新西兰、澳大利亚、阿曼、美国等国家和地区，合金出口量列全国同行业第一。2003年和2004年连续成为全国自营进出口创汇百强企业之一，居全国同行业和自治区之首，2005年进出口总额达1.2亿美元，同时被国家海关总署评为2004年度红名单位企业，并被商务部国际贸易经济合作研究院授予AA3级诚信企业。

近年来，企业通过了ISO9001、ISO/TS16949质量管理体系认证、英国国家质量保证公司NQA认证，中国国家出入境检验检疫实验室认可委员会ISO/IEC17025认可及ISO14001环境体系认证。铝产品在伦敦金属交易所注册。

包头铝业以“诚信、创新、超越”为企业精神，先后荣获“全国质量效益型先进企业”、“自治区采用国际标准先进企业”、“全国优秀进出口企业”、“全国质量管理奖”等荣誉称号。2005年包铝被评为“全国文明单位”。

大连周水子国际机场

2005年，大连周水子国际机场完成旅客吞吐量541万人次，货邮吞吐量13万吨，分别比上年增长17.2%和9.9%，在全国133个民用机场中分别排第14位、第12位；全年完成航班起降5万架次，比上年增长7.8%。至此，大连机场旅客吞吐量、货邮吞吐量、航班起降架次三项指标连续8年居东北三省各机场之首，各占东北机场总量的三分之一强，为东北地区唯一年旅客吞吐量超500万人次的机场。

年内，新开通国际航线11条，其中与东方航空公司开展战略合作，开通10条大连经上海至欧美澳亚的国际航线,分别通往洛杉矶、伦敦、曼谷、温哥华、吉隆坡、悉尼、墨尔本、德里、新加坡、普吉、巴黎；此外，开通大连—韩国济州航线1条。新开通国内航线2条，大连—杭州—南昌、北京南苑—大连—北京南苑。截至年底，共有19家国内外航空公司在大连机场运营，共开通航线102条，其中国内航线71条，国际和地区航线31条；与世界15个国家、79个国内外城市通航，其中国际、地区通航城市28个，基本形成覆盖全国、辐射日韩、连接欧美澳亚的航线网络。

年内，大连机场实现通航32个安全年，连续17年无飞机复飞或中断起飞，机务飞机维修10万架次无差错。获全国“安康杯”竞赛优胜单位、大连市2003—2005年度安全生产先进单位、2005年大连市“安全生产月”先进集体等荣誉称号。

完成第五届亚欧经济部长会议等大型国际会议专包机及来宾抵离连的保障任务。全年旅客满意率为98.2%，航班放行正常率为97.4%，专机保障率为100%。机场在民航系统开展的“全国旅客话民航”活动中获得用户满意优质奖和辽宁省及大连市“春运保障先进单位”等荣誉。

2005年5月17日，大连周水子机场航站区扩建工程竣工投用。工程于2004年4月1日开工建设，工程总投资6.7亿元，建设项目包括4万平方米候机楼、7万平方米停机坪、3万平方米停车场、560平方米中水处理系统和3.8万平方米绿化带工程。新航站楼由民航设计总公司设计，客运流程设计更加顺畅、合理、方便快捷。扩建后新老候机楼总面积达6.5万平方米，值机柜台47个，安检通道10个，拥有独立的贵宾区，贵宾通道与贵宾停车场相连。旅客登机廊桥增至10个，并同时拥有11个远机位。

2005年10月14日，大连周水子机场飞行区应急改造工程通过民航总局行业验收并投入使用。飞行区应急改造工程于2004年10月开工建设，工程总投资1.1亿元；工程施工利用航后时间实施不停航施工。该工程为五合一工程，主要包括：道面基础灌浆加固及修补、道面沥青加盖、助航灯光改造、排水系统改造、新建快速滑行道等工程。

竣工后的大连周水子国际机场新候机楼

大连经上海至欧美澳亚十城市首航仪式

大连周水子国际机场航站区扩建工程竣工典礼

鞍钢国贸国际货运有限公司

鞍钢国贸国际货运有限公司于2002年7月22日成立，主要从事国际、国内贸易所需的海、陆、空及多式联运运输服务业务，提供各种现代物流、国际多式联运、报关、报验、仓储、中转、拼箱服务、货物运输保险、项目开发与管理等服务。为提高物流过程一体化和专业化能力，2006年3月，鞍钢集团国际经济贸易公司依托鞍钢国贸国际货运有限公司对国际国内贸易物流资源进行重新整合，按租船、通关、仓储、管理重新组建机构。目前，鞍钢国贸国际货运有限公司下属大连分公司、鲅鱼圈分公司，同时在大连已经建立了自有仓储物流基地，并与中远集团合资组建了中远鞍钢航运有限公司。

鞍钢国贸国际货运有限公司是目前鞍钢集团唯一专业提供各种现代物流服务的物流公司，有较强的人才和资金实力，为集团公司的贸易和改造提供了良好的服务和支持，并利用自身优势为鞍钢集团以外的用户提供了大量良好的物流服务。在多年的国内外贸易运输业务中积累了丰富的经验，与国内外诸多著名船公司、港口、保险公司、银行建立了良好的合作伙伴关系，并且以良好的声誉取得了各地海关、商检局的大力支持。截止到2005年底累计运输和管理进出口产品总值达到80.16亿美元，年运输和管理物流量达1200万吨以上，为鞍钢众多改造大型项目设计并实施了物流解决方案，并向中国联通公司CDMA（爱立信）设备提供辽宁地区的物流配送服务。

鞍本集团的组建，为鞍钢国贸国际货运有限公司提供了广阔的发展空间，我们将充分利用物流规模优势，全力打造物流核心竞争能力，以“做最强的冶金行业物流服务商”为目标，秉承“一切为了客户满意”为中心，以准确的市场定位为导向的经营理念，以发展现代物流事业为己任，以科学管理为手段，以高素质人才队伍为基石，以国际化物流服务体系为依托，以传统运输代理业务为基础，悉心打造以现代科技为支撑的物流操作平台，通过先进的管理理念、优化的物流方案，优质的服务质量，为客户提供总体个性化物流解决方案，为广大客户实现价值最大化架设安全、便捷的通道，为客户提供“成本低、质量高、周期快”的物流服务，全力打造鞍钢国际经济贸易公司的核心竞争力。“THE BEST CAN BE SATISFIED ONLY BY THE BEST”，欢迎广大客户与我公司开展合作，共创美好未来。

地　址：辽宁省鞍山市铁东区南中华路322号
电　话：0412-6728101　传　真：0412-6734992
联系人：袁 龙

东芝信息机器（杭州）有限公司

本公司是由日本东芝集团全资在杭设立的以生产笔记本电脑为主业的制造公司。投资额为7200万美元，注册资金为2400万美元。

公司自2002年6月得到营业批准后经过了繁忙的筹建期间，从2003年4月份开始了正式的投线生产。当年产量为70万台，获得了杭州市外商投资企业2003年度自营出口第一名，出口额为36649.36万美元,并获得销售收入第6名。2004年产量为120万台，获得自营出口第一名，出口额为110834万美元，同时获得销售收入第2名（销售金额为953396万元）和出口先进企业“金龙奖”。2005年延续前2年的好势头，连续三年获得自营出口和销售收入前10名及先进企业“金龙奖”的佳绩。同时此期间内连续3年获得杭州经济技术开发区的“工业总产值十佳企业”和“纳税总额十佳企业”。

现在我公司员工总人数为3700人（含派遣工），一线操作员工的平均年龄仅为19岁，整个公司员工的平均年龄为27岁。月生产能力为20万张笔记本电脑主基板，20万台笔记本电脑成品，生产将近20种机型，其中多为一些附加价值较高的机型，如超轻超薄的机型和把映像卫星接受功能融为一体的AV-Note，生产的产品除一部分内销以外，绝大部分销往欧美、日本、东亚、东南亚、大洋洲等海外市场。

我公司在加强生产能力和提高生产品质的同时，也建立了研发机构。2004年开始筹建我公司的设计中心。目前已有130余位从事软件、硬件、模具开发设计和测试的技术的研发人员。

在我公司迎来了新的2006年挑战的同时我们对自己也提出了如下的口号：Note Book PC世界NO.1。

Differentiated Products

AV Notebook | Thin&Light | Commodity

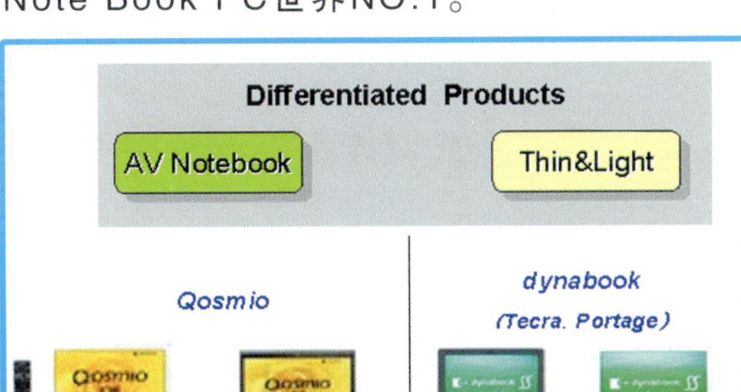

搭载了媲美液晶电视的高亮度液晶屏，独特的高画质专用引擎，harman kardon扬声器等优异的AV机能，不仅是笔记本电脑，还兼具电视、DVD数字音频性能，是集四种功能于一体的AV Notebook PC。

dynabook

超薄、轻巧、电池待电时间长，在提高便携度和移动性的同时，为了使顾客放心、安全的使用，提高牢固性和安全性的移动电脑。

Satellite

控制成本的同时，考虑市场的性价比又兼备电脑基本性能的普及品。

北京·松下彩色显象管有限公司

北京·松下彩色显象管有限公司(以下简称BMCC)是在中国领导人邓小平及松下创始人松下幸之助的亲自关心、指导下，由日本松下电器产业株式会社(现日方出资方已变更为松下东芝映象显示株式会社)和北京市四家公司(现变更为三家) 于1987年9月在北京共同投资成立的合资企业。注册资本284亿日元，中日双方各出资50%，现有职工4900余人。主要生产14英寸至34英寸全系列彩色显象管（含16：9宽屏彩管）及7英寸投影管，年产量达1000多万只。产品除国内销售外，还销往海外十多个国家与地区，年营业额达40多亿元，其中出口创汇超过1.3亿美元。是目前全球彩管制造业中单个工厂生产品种最全、自主开发及竞争能力最强的企业。截止2005年末已为国家上缴税金约41亿元人民币。

BMCC秉承了松下“与地球环境共生存”的理念，在努力经营事业的同时，针对北京水资源缺乏的现状，BMCC2005年斥巨资导入废水再制纯水工程，预计每年将节约用水100万吨，为推行循环经济、建立节约型社会做出了自己的贡献。该项目被中国投资协会评为优秀投资项目奖。

BMCC追求“人正品真”的理念，共享“相互关爱、相互激励”的价值观，这种以“以德兴社”为核心的企业文化强化了每一位职工对企业的归属感和使命感，使BMCC能够在激烈的市场竞争中乘风破浪、勇往直前。BMCC成立18年以来，多次被评为全国十佳合资企业,海关总署首批红名单企业，并在安全、质量、税务等领域获得多项国家级的荣誉称号。

BMCC作为全球彩管行业的领先企业，在不断推出包括高清晰度电视系列用管的同时，将不断追踪新技术的发展趋势，为满足全球消费者的需求，为映像产业的持续发展做出自己应有的贡献。

酒泉钢铁（集团）有限责任公司

酒泉钢铁（集团）有限责任公司（以下简称酒钢）位于万里长城西端、古丝绸之路中段的甘肃省嘉峪关市。

酒钢始建于1958年，现已形成从"采、选、烧"到"铁、钢、材"完整配套的钢铁工业生产体系和以钢铁业为主，火力发电、机械制造、电器修造、耐材化工、水泥建材、钢结构制作、工业民用建筑、汽车运输、房产物业、高科技种植养殖、餐饮商贸、工业旅游等多元产业并举的跨地区、跨行业、跨所有制的新格局。改革开放以来，酒钢组建了大型企业集团，建立了母子公司体制及法人治理结构，2000年12月，通过重组优质资产组建了宏兴钢铁股份有限公司，"酒钢宏兴"股票上市交易。经过"十五"期间的快速发展，酒钢以嘉峪关本部为基础，山西翼城与兰州榆中两个异地钢厂为延伸的钢铁生产基地，铁、钢、材综合产能达到500万吨以上，技术装备水平进入国内同行业先进行列。2005年铁、钢、材产量均突破500万吨，营业收入170亿元。收入规模居于中国企业500强第183位，钢产量规模居于中国钢铁企业排名第18位。

酒钢可生产普碳钢、高碳钢、焊丝钢、焊条钢及不锈钢等，是我国西北地区最大的建材、中厚板材、热轧卷板及不锈钢生产基地。主要产品有高速线材、棒材、中厚板材、热轧碳钢、不锈钢薄板等系列。主产品全部通过英国标准协会(BSI)ISO9001质量管理体系；A、B、D级船板钢通过中国、英国、挪威、德国和日本五国船级社认证；钢筋混凝土用热轧带肋钢筋被国家质量技术监督局批准为"中国免检产品"；普通碳素结构钢高速无扭控冷热轧圆盘条、压力容器用钢板、碳素结构钢热轧钢板、钢筋混凝土用热轧带肋钢筋HRB400、低合金钢板等产品获得中国冶金工业协会"金杯奖"；高速无扭控冷热轧圆盘条系列产品、中厚板系列产品、钢筋混凝土用热轧带肋钢筋被评为"甘肃省名牌"产品。产品远销国内外30多个国家和地区，深受用户的信赖和赞誉。

酒钢注重技术研发和科技进步，取得国家级企业研发中心资质，注重用现代工业技术改造生产工艺，坚持技术引进与消化、吸收、创新相结合，不断开发新品种，为企业永续健康发展积聚动力。

酒钢追求可持续发展，依托对资源的循环利用和经济开发拓展新的产业，大力治理工业污染和保护生态环境，2001年通过ISO14001环境管理体系认证，2004年被国家旅游总局确定为306个"全国工农业旅游示范点"之一。

酒钢高度重视企业文化建设。酒钢人在特殊的地理人文环境与曲折波荡的发展历程中凝练了以"艰苦创业、坚韧不拔、勇于献身、开拓前进"为核心的"铁山精神"，并一年一个主题，与时俱进地不断推动企业文化的创新与发展。"铁山精神"曾被列为全国冶金系统树立和推广的六种企业精神之一。酒钢先后荣获全国五一劳动奖状、全国思想政治工作优秀企业、全国先进基层党组织、全国精神文明建设工作先进单位、全国文明单位、全国质量管理先进企业、全国重合同守信用企业、甘肃省诚信企业示范单位等多项殊荣。在酒钢的发展历程中，邓小平、江泽民和胡锦涛等党和国家领导人曾先后亲临视察，给予酒钢极大的关怀和鼓舞。

酒钢坚持"发展是硬道理"，以人为本，科技推动，转变观念，创新模式，走"高起点、精产品、高质量、高效益"、全面协调可持续发展之路，打造"百年基业"。以甘肃"工业强省"战略和国家西部大开发为契机，深化企业改革，追求技术进步，优化产品结构，创新经营管理，提升企业竞争力，力争2006年实现铁、钢、材各600万吨，营业收入200亿元；"十一五"末期铁、钢、材综合生产能力均达到800万吨（其中不锈钢90万吨），营业收入450亿元，进入全国工业企业综合排名前100名，成为区域最具有竞争力的钢铁企业集团。

诚信广场远景

诚信广场大厅

诚信广场夜景

美丽的酒钢

PHILIPS 飞利浦（中国）投资有限公司

飞利浦公司创立于1891年，1920年就进入了中国市场。从1985年设立第一家合资企业起，飞利浦就秉承扎根中国的长期承诺，将医疗保健、时尚生活与核心技术（HLT）三大领域中领先的产品和服务带到了中国市场。目前，飞利浦已成为中国电子行业最大的投资合作伙伴之一，至2005年底累计投资总额超过40亿美元，在中国建立了32家合资及独资企业(15家合资，17家独资)，共有18000多名员工。飞利浦在华营业额和出口创汇额持续增长，2005年飞利浦中国的销售额达到30亿欧元。长期以来，飞利浦为中国的消费者和商业伙伴提供了高品质的产品，拥有很好的品牌形象。在医疗保健、时尚生活、核心技术（Healthcare, Lifestyle, Technology）三大领域中处于领先地位。

飞利浦于2004年引入了新的品牌定位“精于心、简于形”，指导着飞利浦与合作伙伴及供应商之间的交往。

飞利浦公司重视知识产权的发展，为了加强知识产权的开发和发展，在全球建立了13个研究和技术开发中心，2000年在上海建立了东亚研究实验室。目前，基于22000个发明，飞利浦现已拥有115000件专利；飞利浦还拥有26000件商标、15000个外观设计和大约1600个域名。

飞利浦知识产权及标准部作为飞利浦知识产权的管理机构，现在全球有26家办公单位，300名左右的知识产权专业人员和约200名助理人员在为保护和发展飞利浦的知识产权而工作。

飞利浦知识产权及标准部负责飞利浦知识产权的开发、管理、保护，包括知识产权的许可使用，保护飞利浦的知识产权权益以及对假冒和其他侵害飞利浦合法权益的行为进行打击。

同时，飞利浦知识产权及标准部还致力于建立光存储等领域的行业标准和规则，包括DVD+RW和Blu-ray标准。

飞利浦中国知识产权及标准部的总部位于上海，在北京、深圳、香港、沈阳设有办事处。自成立以来，就一直重视与海关等各国家行政机关的协作，打击假冒商标等侵犯飞利浦知识产权的不法行为，保护飞利浦享有的合法的知识产权的权益，同时规范了市场经济的秩序，取得了良好的社会效益和经济效益。

飞利浦相信，随着中国的改革与知识经济的发展，将不断深化对知识产权的重视和保护。飞利浦知识产权及标准部将继续努力，为中国的知识产权制度的完善和发展做出更大的贡献。

海关与飞利浦有着良好的合作基础，各地海关对飞利浦知识产权海关保护做了大量工作。在此，飞利浦向海关致以真诚的感谢。

飞利浦知识产权海关保护联系人：王志平

电话：8621-63541088 / 5055　传真：8621-63543020

电子信箱：steven wang_2@philips.com

海关备案证书号：T2001-02213

OSRAM 欧司朗广州（OSRAM GZ）-番禺中德电控有限公司

德国照明专家“欧司朗”为“西门子”的全资子公司，总部位于德国慕尼黑，是世界领先的两大照明公司之一，已具有一百年的悠久历史。欧司朗以其出色的光源产品而举世闻名，2005财政年度营业额达43亿欧元，聘用员工38,000名。欧司朗在全球19个国家共有49个生产基地，为150个国家的客户提供优质服务。番禺中德电控有限公司是欧司朗集团的子公司，位于广州市番禺市桥，公司占地13,980平方米，内有多个标准化生产车间及仓库。现有员工约4000人，自1993年成立至今一直非常成功，在本地区及欧司朗集团内已赢得美誉。公司致力于生产经营高效节能的先进电子镇流器、节能灯线路板组件等有关照明的电子科技产品，产品远销美国、德国、加拿大及亚洲等世界各地。番禺中德电控有限公司还被中华人民共和国海关评为2005年度诚信企业。

● 欧司朗专注于创新科技，并将其作为利润增长的有力推动器。

■ 欧司朗40%的销售业绩来自于推出不到5年的创新产品；

■ 欧司朗提供照明系统解决方案（灯+电子镇流器），并保证系统适配性。

● “全面质量管理”(TQM)是全公司的理念。

■ 不断优化各领域的操作流程；

■ 全球认证的推广；

■ 高品质的产品，富有竞争力的价格；

■ 顾客满意度。

● 欧司朗致力于保护环境，节省能源。

■ 在全球各工厂实施高标准“生态生产”模式；

■ 紧跟全球最新环境保护规定例如：EUP, WEEE, RoHs；

■ 其产品及照明系统具有超群的节能效益，同时特别耐用；

■ 环保也是欧司朗业务发展的一个重要推动因素。

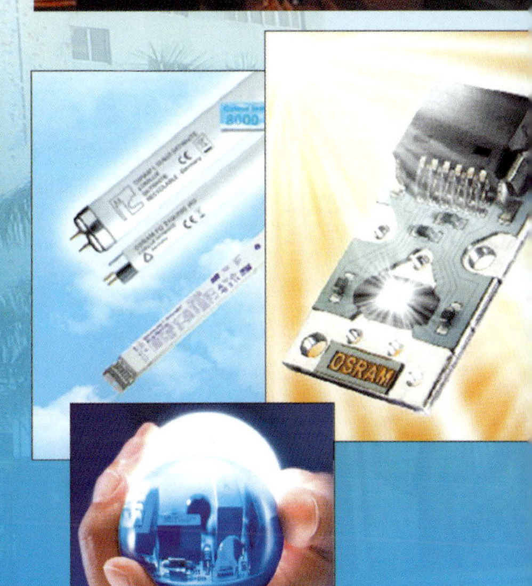

广州钢铁股份有限公司

广州钢铁股份有限公司（简称：广钢股份）是广州钢铁企业集团有限公司旗下的三大主体企业之一。1988年广钢与香港粤海企业（集团）有限公司合资，成为全国冶金系统首家中外合资企业，1996年广钢股份在上交所成功上市。广钢股份是全国三大建筑钢材生产基地之一，生产各类规格齐全、品质精良的建筑钢材。

广钢股份生产的“五羊”牌建筑钢材质量好、信誉高，连续十年被评为广东省和广州市名牌产品；获得全国冶金产品实物质量最高奖——“金杯奖”；被国家技术监督总局列为免检产品；“五羊”牌建筑钢材是大亚湾核电站二期工程唯一指定使用的钢材，也是华南及港澳地区很多重点工程的指定选用钢材，如：粤赣高速、西部沿海、环城高速公路、广惠高速、全国九运会场馆设施、广州白云国际机场、广州国际会展中心、广州地铁、深圳地铁、广州大学城、珠江新城西塔、东深供水工程、香港西线以及香港国际会展中心等。公司新开发的优质Ⅱ级、Ⅲ级钢和按英标、美标、加标生产的钢材供出口及国内重点工程使用，增强了广钢股份产品的附加值和市场适应性，受到了国内外市场的欢迎和客户的好评。

近年来，广钢股份加大了对国际市场的开拓力度，在产品出口及冶金原材料的采购方面均取得了飞速发展，进出口规模及效益屡创新高：

——产品出口方面，公司2005年的产品出口量达25万吨，出口创汇超过1亿美元。2006年呈现出更为强劲的发展态势，至8月份，广钢股份的产品出口量已达到了33万吨，出口创汇已超过了1.3亿美元。除了出口到传统的国家及地区外（如：东南亚、韩国、日本等），广钢股份还制定了全球营销的业务战略，积极推进拓展出口市场工作，进一步建立和完善公司的物流、配送及售后服务体系及分销中心，为全球客户提供更为便捷、满意的服务。目前，我们的产品已远销至欧洲、美洲及非洲等地国家和地区。

——冶金原材料进口方面，冶金原材料进口是广钢股份原材料采购的重要渠道，进口矿石的年采购量达到了200万吨，进口废钢每年需要采购25万吨。多年来，我们致力于原材料海外供应基地和渠道的建设工作，与多家国际知名的原材料供应商建立了长期的合作关系。

展望未来，广钢股份将在做好国内钢材市场的基础上，进一步加快对国际钢材市场的拓展步伐，充分利用我们的地理优势，将公司产品推向世界，并积极寻求与全国钢铁兄弟企业合作，携手共创企业发展的新辉煌！

最具影响力品牌

信用等级证书

Credit Rating Certificate

广州钢铁股份有限公司

GUANGZHOU IRON & STEEL CORP.LTD.

经评定，你单位信用等级为 AAA 级，特发此证。

This is to certify, according to our assessment, that the credit rating of your company is AAA.

质量信用等级证书

产品质量免检证书

高线生产

连轧生产

公司电话：020-81891212

公司网址：www.chinagis.com

上海延锋江森座椅有限公司

上海延锋江森座椅有限公司是由延锋伟世通汽车饰件系统有限公司和美国江森自控国际有限公司按50.01%:49.99%的比例共同投资的汽车座椅总成及其零部件的专业生产企业（延锋伟世通汽车饰件系统有限公司出资1238.78万美元，美国江森自控有限公司出资1238.29万美元），于1997年12月正式成立。目前总投资为5308万美元，注册资本为2477.07万美元。主要客户有上海大众、上海通用、广州风神、东风悦达起亚及北美、欧洲和日本的汽车制造商，如通用、福特、克莱斯勒及日产等。公司的目标是成为中国领先的一级汽车座椅供应商，并成为中国座椅零部件与座椅开发服务最大的出口商。

地址：上海南汇县康桥工业区康安路669号　　邮编：201315

法人代表：赵启华　　总经理：Holger Jetses

电话：021-68079000　　传真：021-68121919

国家物资储备局上海七处

上海七处成立于1953年，是国家物资储备局在上海以及华东地区的重点仓库之一。单位总占地面积212亩，其中仓储作业184亩，行政生活区面积28亩。现有铁路专用线760米、装卸站台一次作业可同时停靠25节车皮。在铁路专用线、部分露天场及室内共有各种吨位龙门吊14台，各种液压和电瓶叉车共24台。计量设备包括3 6吨机械磅秤6台，电子秤4台，100电子衡1台。七处目前存储的国家储备物资主要是有色金属、橡胶和纸浆三大类,现有库房有效面积可存放14万吨综合物资，史最高储量高达25万吨。有色金属年吞吐量达120万吨。

在长期的国家储备物资管理实践中，上海七处培养了一支高素质的管干部队伍和专业技术人员队伍，运用丰富的物资储运经验，熟练的业务能，圆满的完成各类国储及代管物资的进出库、保管业务。特别是近几来在保税铜的运作和保值增值过程中发挥了极为重要的作用。

上海七处作为国家物资储备在上海乃至华东地区的重点仓库之一，主承担着国家储备物资储存、周转和社会物流服务功能。自2000年4月1始，上海七处成为上海期货交易所指定的有色金属交割仓库、签发仓，是上海期货交易所在全国范围内所指定的十四家指定交割仓库之一，时也是联合国国际橡胶组织在中国第一家指定保税仓库，是荷兰世天威司在中国指定的保税仓库，是华通有色金属现货中心批发市场指定交割库。多年以来我们始终在服务上力求达到最高水准，为客户提供最优质意的服务。

自2003年起，上海七处已连续三年被评为中国海关统计数据排列出的年度"中国外贸200强单位"，其中2003年位列第118，进出口总值68760万美元；2004年位列第48位，进出口总值92420.9万美圆2005年位列第50位，进出口总值达11000万美元。

为更好的满足目前国家储备物资存储和向社会提供物流服务的需要，目前由国家发改委立项投资建设的国家物资储备局上七处临港、黄渡仓库将于2008年底建成投产使用。临港、黄渡仓库建设紧紧围绕节能降耗、提高劳动生产率这一中心，本着起点、高水平、高档次的原则，采用先进适用的物流技术、高效可靠的装备和现代化的设计方法对国家物资储备库进行全面技术提升，建立起一个面向21世纪的借助计算机管理的现代化物资储备仓库，形成规模适度、功能齐备、布局合理、管理科的国家物资储备基地。新仓库的建成使用必将对加强上海及华东地区国家物资储备，发挥储备参与宏观调控、应对突发事，维护国家经济安全方面的作用，具有十分重要的意义。

大连锦程通关学校

学校概况

大连锦程通关学校（Dalian JinCheng Import & Export Service College）是经大连市教育局批准，并被指定为中国口岸协会（大连）培训基地，是培养高素质的通关操作人才和服务贸易专业人员的创新型学校。学校坐落在风景秀丽、气候宜人的大连市新城区域内大连湾海滨，与实德集团、中远船务毗邻，校园占地面积 13.8 万平方米，建筑面积 7.6 万平方米，具有现代化的教学设施和完善的后勤服务。

学校分为高、中级部和培训部，还创办了教学基地——通天物流公司，并经营四海报关行，为学生提供良好的实践条件。学校是中国口岸协会会员单位，是辽宁省货代协会、大连物流协会、大连国际人才交流协会、大连民办教育协会常务理事单位，与东北财经大学、大连水产学院、大连海事大学交通工程与物流学院等高校开展了多层次办学合作。在内地还设有分校。学校现有教职员工 198 人，在校生近 1000 人，业余班近 1000 人。几年来，学校采用创新型的教学方法为港航、外贸、物流、货代、船代、报关、报检等外向型企业培养了大批专业人才，为“大通关”系统工程的实施做出了有益的贡献。同时，帮助许多大中专毕业生实现就业，堪称“为民解忧、为国育才”的功德善举。学校还被大连市教育局评为“诚信学校”。

全新教学模式，打造通关航母

学校坚持“教育服务社会”的理念，本着“为民解忧、为国育才”的宗旨，打破陈旧观念的束缚，以满足东北老工业基地振兴与大连国际航运中心建设对人才需求为目标，主要采取以案例教学、现身说法传授操作技能为主的教学方法，定期召开口岸专家教学研讨会、用人单位联谊会、毕业生交流会，组织学生到大连港、DCT 码头、原油码头、矿石码头及报关报检现场上实践课。为毕业生上岗后独立承担专业工作打好基础，受到领导和用人单位的好评，被誉为“培养通关精英的摇篮”。

雄厚的师资，骄人的成绩

学校拥有一批一流的专业教师队伍，硕士研究生以上学历占 61%，教授 5 人，副教授 4 人，业务专家 9 人，讲师 18 人，外教 1 人，教学质量名列前茅。 2005 年全国报关员资格考试及格率高达 71%，报检员资格考试及格率高达 80%，货代员考试及格率高达 86%，物流员考试及格率高达 98%，计算机考试 100%。2005 年合格毕业生就业率已达 100%。

校长王兵

叶剑会长到校视察工作并同老师座谈

专业	招生对象	学制	学历层次	学费（元/年）	录取人数	主要专业课程	可考取职业资格证书
国际贸易（通关方向）	初中	四年	大专	5800	240	报关实务商品归类国贸实务单证缮制WTO规则经贸地理报检实务现代物流货代实务专业英语国际礼仪港口管理计算机时事政治	报关员（海关总署颁发）报检员（质检总局颁发）物流师（物流协会颁发）货代员（商务部颁发）商务单证员（商务部颁发）计算机操作员（劳动部颁发）
国际贸易（通关方向）	高中	二年	大专	9800	240		
		四年	本科	9800	240		
	专科	二年	本科	9800	160		
大通关	大专	一年	职业资格认证	7800	240		
	本科				160		

地　　址：大连市大连湾宋家 135 号

邮　　编：116113

咨询电话：0411-7108500

87108900　800-709-7079

网　　址：WWW.JCTG.CN

宁波市科技园区
鹏程通关学校

简 介

宁波市科技园区鹏程通关学校是经教育部门批准，与海关总署所属中国口岸协会紧密合作，在宁波市口岸协会领导下，致力于促进宁波国际航运中心建设和国际经贸发展，定向培养操作性通关物流人才的培训学校。

学校作为海关总署所属中国口岸协会教育培训（宁波）基地，由双方共同组成培训基地管理委员会对学校的发展起到监督、指导、协调的作用。同时学校与宁波工程学院等高校及宁波成人教育学校、宁波外事学校等开展了深层次办学合作。学校面向宁波外向型国际港口城市的需要，积极培养适应口岸经济建设人才，有针对性开办报关、报检、国际货贷、物流、外贸单证考前培训外，还有计划开设大通关大专班，物流就业班等学历教育，为我市“大通关”工程的实施，培养口岸复合型人才做出积极贡献。

学校坚持“教育服务社会”的理念，本着“为民解忧，为国育才”的宗旨，打破传统教育观念的束缚，聘请口岸专家、高校教师和有实践经验的操作人才执教，利用口岸协会行业优势和网络优势，在考试报名、毕业实习、就业分配诸方面均具有不可替代的有利条件。

学校致力于保证培训质量，以考试高通过率打出品牌，立足于宁波市方兴未艾的成人培训教学之林，并面向全省及华东地区招生。

鹏程通关学校，你的明智选择。

校　　长:胡东明
邮　　编:315000
电　　话:0574-87323489
传　　真:0574-87195012
邮　　箱:nbkapc@163.com
办公地址:浙江省宁波市大梁街48号天之海大厦B206室

第三篇

2005 年颁布的
口岸工作有关法规

中华人民共和国海关总署令
第124号

《中华人民共和国海关进出口货物征税管理办法》已经2004年12月15日署务会议审议通过，现予公布，自2005年3月1日起施行。1986年9月30日发布的《海关征税管理办法》同时废止。

署长 牟新生

二〇〇五年一月四日

中华人民共和国海关进出口货物征税管理办法

第一章 总 则

第一条 为了保证国家税收政策的贯彻实施，加强海关税收管理，确保依法征税，保障国家税收，维护纳税义务人的合法权益，根据《中华人民共和国海关法》(以下简称《海关法》)、《中华人民共和国进出口关税条例》(以下简称《关税条例》)及其他有关法律、行政法规的规定，制定本办法。

第二条 海关征税工作，应当遵循准确归类、正确估价、依率计征、依法减免、严肃退补、及时入库的原则。

第三条 进出口关税、进口环节海关代征税的征收管理适用本办法。

进境物品进口税和船舶吨税的征收管理按照有关法律、行政法规和部门规章的规定执行，有关法律、行政法规、部门规章未作规定的，适用本办法。

第四条 海关应当按照国家有关规定承担保密义务，妥善保管纳税义务人提供的涉及商业秘密的资料，除法律、行政法规另有规定外，不得对外提供。

纳税义务人可以书面向海关提出为其保守商业秘密的要求，并具体列明需要保密的内容，但不得以商业秘密为理由拒绝向海关提供有关资料。

第二章 进出口货物税款的征收

第一节 申报与审核

第五条 纳税义务人进出口货物时应当依法向海关办理申报手续，按照规定提交有关单证。海关认为必要时，纳税义务人还应当提供确定商品归类、完税价格、原产地等所需的相关资料。提供的资料为外文的，海关需要时，纳税义务人应当提供中文译文并对译文内容负责。

进出口减免税货物的，纳税义务人还应当提交主管海关签发的《进出口货物征免税证明》(以下简称《征免税证明》，但本办法第七十二条所列减免税货物除外。

第六条 纳税义务人应当按照法律、行政法规和海关规章关于商品归类、审定完税价格和原产地管理的有关规定，如实申报进出口货物的商品名称、税则号列(商品编号)、规格型号、价格、运保费及其他相关费用、原产地、数量等。

第七条 为审核确定进出口货物的商品归类、完税价格、原产地等，海关可以要求纳税义务人按照有关规定进行补充申报。纳税义务人认为必要时，也可以主动要求进行补充申报。

第八条 海关应当按照法律、行政法规和海关规章的规定，对纳税义务人申报的进出口货物商品名称、规格型号、税则号列、原产地、价格、成交条件、数量等进行审核。

海关可以根据口岸通关和货物进出口的具体情况，在货物通关环节仅对申报内容作程序性审核，在货物放行后再进行申报价格、商品归类、原产地等是否真实、正确的实质性核查。

第九条 海关为审核确定进出口货物的商品归类、完税价格及原产地等，可以对进出口货物进行查验，组织化验、检验或者对相关企业进行核查。

经审核，海关发现纳税义务人申报的进出口货物税则号列有误的，应当按照商品归类的有关规则和规定予以重新确定。

经审核，海关发现纳税义务人申报的进出口货物价格不符合成交价格条件，或者成交价格不能确定的，应当按照审定进出口货物完税价格的有关规定另行估价。

经审核，海关发现纳税义务人申报的进出口货物原产地有误的，应当通过审核纳税义务人提供的原产地证明、对货物进行实际查验或者审核其他相关单证等方法，按照海关原产地管理的有关规定予以确定。

经审核，海关发现纳税义务人提交的减免税申请或者所申报的内容不符合有关减免税规定的，应当按照规定计征税款。

纳税义务人违反海关规定，涉嫌伪报、瞒报的，应当按照规定移交海关调查或者缉私部门处理。

第十条 纳税义务人在货物实际进出口前，可以按照有关规定向海关申请对进出口货物进行商品预归类、价格预审核或者原产地预确定。海关审核确定后，应当书面通知纳税义务人，并在货物实际进出口时予以认可。

第二节 税款的征收

第十一条 海关应当根据进出口货物的税则号列、完税价格、原产地、适用的税率和汇率计征税款。

第十二条 海关应当按照《关税条例》有关适用最惠国税率、协定税率、特惠税率、普通税率、出口税率、关税配额税率或者暂定税率，以及实施反倾销措施、反补贴措施、保障措施或者征收报复性关税等适用税率的规定，确定进出口货物适用的税率。

第十三条 进出口货物,应当适用海关接受该货物申报进口或者出口之日实施的税率。

进口货物到达前,经海关核准先行申报的,应当适用装载该货物的运输工具申报进境之日实施的税率。

进口转关运输货物,应当适用指运地海关接受该货物申报进口之日实施的税率;货物运抵指运地前,经海关核准先行申报的,应当适用装载该货物的运输工具抵达指运地之日实施的税率。

出口转关运输货物,应当适用启运地海关接受该货物申报出口之日实施的税率。

经海关批准,实行集中申报的进出口货物,应当适用每次货物进出口时海关接受该货物申报之日实施的税率。

因超过规定期限未申报而由海关依法变卖的进口货物,其税款计征应当适用装载该货物的运输工具申报进境之日实施的税率。

因纳税义务人违反规定需要追征税款的进出口货物,应当适用违反规定的行为发生之日实施的税率;行为发生之日不能确定的,适用海关发现该行为之日实施的税率。

第十四条 已申报进境并放行的保税货物、减免税货物、租赁货物或者已申报进出境并放行的暂时进出境货物,有下列情形之一需缴纳税款的,应当适用海关接受纳税义务人再次填写报关单申报办理纳税及有关手续之日实施的税率:

(一)保税货物经批准不复运出境的;

(二)保税仓储货物转入国内市场销售的;

(三)减免税货物经批准转让或者移作他用的;

(四)可暂不缴纳税款的暂时进出境货物,经批准不复运出境或者进境的;

(五)租赁进口货物,分期缴纳税款的。

第十五条 补征或者退还进出口货物税款,应当按照本办法第十三条和第十四条的规定确定适用的税率。

第十六条 进出口货物的价格及有关费用以外币计价的,海关按照该货物适用税率之日所适用的计征汇率折合为人民币计算完税价格。完税价格采用四舍五入法计算至分。

海关每月使用的计征汇率为上一个月第三个星期三(第三个星期三为法定节假日的,顺延采用第四个星期三)中国人民银行公布的外币对人民币的基准汇率;以基准汇率币种以外的外币计价的,采用同一时间中国银行公布的现汇买入价和现汇卖出价的中间值(人民币元后采用四舍五入法保留4位小数)。如果上述汇率发生重大波动,海关总署认为必要时,可另行规定计征汇率,并对外公布。

第十七条 海关应当按照《关税条例》的规定,以从价、从量或者国家规定的其他方式对进出口货物征收关税。

海关应当按照有关法律、行政法规规定的适用税种、税目、税率和计算公式对进口货物计征进口环节海关代征税。

除另有规定外,关税和进口环节海关代征税按照下述计算公式计征:

从价计征关税的计算公式为:应纳税额=完税价格 X 关税税率

从量计征关税的计算公式为:应纳税额=货物数量 X 单位关税税额

计征进口环节增值税的计算公式为: 应纳税额=(完税价格+实征关税税额+实征消费税税额)X 增

值税税率

从价计征进口环节消费税的计算公式为:应纳税额=[(完税价格+实征关税税额)÷(1-消费税税率)]×消费税税率

从量计征进口环节消费税的计算公式为:应纳税额=货物数量×单位消费税税额

第十八条 除另有规定外,海关应当在货物实际进境,并完成海关现场接单审核工作之后及时填发税款缴款书。需要通过对货物进行查验确定商品归类、完税价格、原产地的,应当在查验核实之后填发或者更改税款缴款书。

纳税义务人收到税款缴款书后应当办理签收手续。

第十九条 海关税款缴款书一式六联,第一联(收据)由银行收款签章后交缴款单位或者纳税义务人;第二联(付款凭证)由缴款单位开户银行作为付出凭证;第三联(收款凭证)由收款国库作为收入凭证;第四联(回执)由国库盖章后退回海关财务部门;第五联(报查)国库收款后,关税专用缴款书退回海关,海关代征税专用缴款书送当地税务机关;第六联(存根)由填发单位存查。

第二十条 纳税义务人应当自海关填发税款缴款书之日起 15 日内向指定银行缴纳税款。逾期缴纳税款的,由海关自缴款期限届满之日起至缴清税款之日止,按日加收滞纳税款万分之五的滞纳金。纳税义务人应当自海关填发滞纳金缴款书之日起 15 日内向指定银行缴纳滞纳金。滞纳金缴款书的格式与税款缴款书相同。

缴款期限届满日遇星期六、星期日等休息日或者法定节假日的,应当顺延至休息日或者法定节假日之后的第一个工作日。国务院临时调整休息日与工作日的,海关应当按照调整后的情况计算缴款期限。

第二十一条 关税、进口环节海关代征税、滞纳金等,应当按人民币计征,采用四舍五入法计算至分。

滞纳金的起征点为 50 元。

第二十二条 银行收讫税款日为纳税义务人缴清税款之日。纳税义务人向银行缴纳税款后,应当及时将盖有证明银行已收讫税款的业务印章的税款缴款书送交填发海关验核,海关据此办理核注手续。

海关发现银行未按照规定及时将税款足额划转国库的,应当将有关情况通知国库。

第二十三条 纳税义务人缴纳税款前不慎的直属海关提出延期缴纳税款的书面申请并随附相关材料,同时还应当提供缴税计划。

货物实际进出口时,纳税义务人要求海关先放行货物的,应当向海关提供税款担保。

第二十五条 直属海关应当自接到纳税义务人延期缴纳税款的申请之日起 10 日内审核情况是否属实,情况属实的,应当立即将有关申请材料报送海关总署。海关总署接到申请材料后,应当在 20 日内作出是否同意延期缴纳税款的决定以及延期缴纳税款的期限,并通知报送申请材料的直属海关。因特殊情况在 20 日内不能作出决定的,可以延长 10 日。

延期缴纳税款的期限,自货物放行之日起最长不超过 6 个月。

纳税义务人在批准的延期缴纳税款期限内缴纳税款的,不征收滞纳金;逾期缴纳税款的,自延期缴纳税款期限届满之日起至缴清税款之日止按日加收滞纳税款万分之五的滞纳金。

第二十六条 经海关总署审核未批准延期缴纳税款的,直属海关应当自接到海关总署未批准延期缴纳税款的决定之日起 3 个工作日内通知纳税义务人,并填发税款缴款书。

纳税义务人应当自海关填发税款缴款书之日起15日内向指定银行缴纳税款。逾期缴纳税款的，海关应当自缴款期限届满之日起至缴清税款之日止，按日加收滞纳税款万分之五的滞纳金。

第二十七条 散装进出口货物发生溢短装的，按照以下规定办理：

(一)溢装数量在合同、发票标明数量3%以内的，或者短装的，海关应当根据审定的货物单价，按照合同、发票标明数量计征税款。

(二)溢装数量超过合同、发票标明数量3%的，海关应当根据审定的货物单价，按照实际进出口数量计征税款。

第二十八条 纳税义务人、担保人自缴款期限届满之日起超过3个月仍未缴纳税款或者滞纳金的，海关可以按照《海关法》第六十条的规定采取强制措施。

纳税义务人在规定的缴纳税款期限内有明显的转移、藏匿其应税货物以及其他财产迹象的，海关可以责令纳税义务人向海关提供税款担保。纳税义务人不能提供税款担保的，海关可以按照《海关法》第六十一条的规定采取税收保全措施。

采取强制措施和税收保全措施的具体办法另行规定。

第三章 特殊进出口货物税款的征收

第一节 无代价抵偿货物

第二十九条 进口无代价抵偿货物，不征收进口关税和进口环节海关代征税；出口无代价抵偿货物，不征收出口关税。

前款所称无代价抵偿货物是指进出口货物在海关放行后，因残损、短少、品质不良或者规格不符原因，由进出口货物的发货人、承运人或者保险公司免费补偿或者更换的与原货物相同或者与合同规定相符的货物。

第三十条 纳税义务人应当在原进出口合同规定的索赔期内且不超过原货物进出口之日起3年，向海关申报办理无代价抵偿货物的进出口手续。

第三十一条 纳税义务人申报进口无代价抵偿货物，应当提交下列单证：

(一)原进口货物报关单；

(二)原进口货物退运出境的出口报关单或者原进口货物交由海关处理的货物放弃处理证明；

(三)原进口货物税款缴款书或者《征免税证明》；

(四)买卖双方签订的索赔协议。

因原进口货物短少而进口无代价抵偿货物，不需要提交前款第(二)项所列单证。

海关认为需要时，纳税义务人还应当提交具有资质的商品检验机构出具的原进口货物残损、短少、品质不良或者规格不符的检验证明书或者其他有关证明文件。

第三十二条 纳税义务人申报出口无代价抵偿货物，应当提交下列单证：

(一)原出口货物报关单；

(二)原出口货物退运进境的进口报关单；

(三)原出口货物税款缴款书或者《征免税证明》;

(四)买卖双方签订的索赔协议。

因原出口货物短少而出口无代价抵偿货物,不需要提交前款第(二)项所列单证。

海关认为需要时,纳税义务人还应当提交具有资质的商品检验机构出具的原出口货物残损、短少、品质不良或者规格不符的检验证明书或者其他有关证明文件。

第三十三条 纳税义务人申报进出口的无代价抵偿货物,与退运出境或者退运进境的原货物不完全相同或者与合同规定不完全相符的,应当向海关说明原因。

海关经审核认为理由正当,且其税则号列未发生改变的,应当按照审定进出口货物完税价格的有关规定和原进出口货物适用的计征汇率、税率,审核确定其完税价格、计算应征税款。应征税款高于原进出口货物已征税款的,应当补征税款的差额部分。应征税款低于原进出口货物已征税款,且原进出口货物的发货人、承运人或者保险公司同时补偿货款的,海关应当退还补偿货款部分的相应税款;未补偿货款的,税款的差额部分不予退还。

纳税义务人申报进出口的免费补偿或者更换的货物,其税则号列与原货物的税则号列不一致的,不适用无代价抵偿货物的有关规定,海关应当按照一般进出口货物的有关规定征收税款。

第三十四条 纳税义务人申报进出口无代价抵偿货物,被更换的原进口货物不退运出境且不放弃交由海关处理的,或者被更换的原出口货物不退运进境的,海关应当按照接受无代价抵偿货物申报进出口之日适用的税率、计征汇率和有关规定对原进出口货物重新估价征税。

第三十五条 被更换的原进口货物退运出境时不征收出口关税。

被更换的原出口货物退运进境时不征收进口关税和进口环节海关代征税。

第二节 租赁进口货物

第三十六条 纳税义务人进口租赁货物,除另有规定外,应当向其所在地海关办理申报进口及申报纳税手续。

纳税义务人申报进口租赁货物,应当向海关提交租赁合同及其他有关文件。海关认为必要时,纳税义务人应当提供税款担保。

第三十七条 租赁进口货物自进境之日起至租赁结束办结海关手续之日止,应当接受海关监管。

一次性支付租金的,纳税义务人应当在申报租赁货物进口时办理纳税手续,缴纳税款。

分期支付租金的,纳税义务人应当在申报租赁货物进口时,按照第一期应当支付的租金办理纳税手续,缴纳相应税款;在其后分期支付租金时,纳税义务人向海关申报办理纳税手续应当不迟于每次支付租金后的第 15 日。纳税义务人未在规定期限内申报纳税的,海关按照纳税义务人每次支付租金后第 15 日该货物适用的税率、计征汇率征收相应税款,并自本款规定的申报办理纳税手续期限届满之日起至纳税义务人申报纳税之日止按日加收应缴纳税款万分之五的滞纳金。

第三十八条 海关应当对租赁进口货物进行跟踪管理,督促纳税义务人按期向海关申报纳税,确保税款及时足额入库。

第三十九条 纳税义务人应当自租赁进口货物租期届满之日起 30 日内,向海关申请办结监管手续,将租赁进口货物复运出境。需留购、续租租赁进口货物的,纳税义务人向海关申报办理相关手续应当不迟于租赁进口货物租期届满后的第30日。

海关对留购的租赁进口货物,按照审定进口货物完税价格的有关规定和海关接受申报办理留购的相关手续之日该货物适用的计征汇率、税率,审核确定其完税价格、计征应缴纳的税款。

续租租赁进口货物的,纳税义务人应当向海关提交续租合同,并按照本办法第三十六条和第三十七条的有关规定办理申报纳税手续。

第四十条 纳税义务人未在本办法第三十九条第一款规定的期限内向海关申报办理留购租赁进口货物的相关手续的,海关除按照审定进口货物完税价格的有关规定和租期届满后第30日该货物适用的计征汇率、税率,审核确定其完税价格、计征应缴纳的税款外,还应当自租赁期限届满后30日起至纳税义务人申报纳税之日止按日加收应缴纳税款万分之五的滞纳金。

纳税义务人未在本办法第三十九条第一款规定的期限内向海关申报办理续租租赁进口货物的相关手续的,海关除按照本办法第三十七条的规定征收续租租赁进口货物应缴纳的税款外,还应当自租赁期限届满后30日起至纳税义务人申报纳税之日止按日加收应缴纳税款万分之五的滞纳金。

第四十一条 租赁进口货物租赁期未满终止租赁的,其租期届满之日为租赁终止日。

第三节 暂时进出境货物

第四十二条 经海关批准暂时进境或者暂时出境的货物,海关按照有关规定实施管理。

第四十三条《关税条例》第四十二条第一款所列的暂时进出境货物,在海关规定期限内,可以暂不缴纳税款。

前款所述暂时进出境货物在规定期限届满后不再复运出境或者复运进境的,纳税义务人应当在规定期限届满前向海关申报办理进出口及纳税手续。海关按照有关规定征收税款。

第四十四条《关税条例》第四十二条第一款所列范围以外的其他暂时进出境货物,海关按照审定进出口货物完税价格的有关规定和海关接受该货物申报进出境之日适用的计征汇率、税率,审核确定其完税价格、按月征收税款,或者在规定期限内货物复运出境或者复运进境时征收税款。

计征税款的期限为60个月。不足一个月但超过15天的,按一个月计征;不超过15天的,免予计征。计征税款的期限自货物放行之日起计算。

按月征收税款的计算公式为:

每月关税税额=关税总额×(1/60)

每月进口环节代征税税额=进口环节代征税总额 ×(1÷60)

本条第一款所述暂时进出境货物在规定期限届满后不再复运出境或者复运进境的,纳税义务人应当在规定期限届满前向海关申报办理进出口及纳税手续,缴纳剩余税款。

第四节 进出境修理货物和出境加工货物

第四十七条 纳税义务人在办理进境修理货物的进口申报手续时,应当向海关提交该货物的维修合同（或者含有保修条款的原出口合同），并向海关提供进口税款担保或者由海关按照保税货物实施管理。进境修理货物应当在海关规定的期限内复运出境。

进境修理货物需要进口原材料、零部件的,纳税义务人在办理原材料、零部件进口申报手续时,应当向海关提交进境修理货物的维修合同(或者含有保修条款的原出口合同)、进境修理货物的进口报关单(与进境修理货物同时申报进口的除外),并向海关提供进口税款担保或者由海关按照保税货物实施管理。进口原材料、零部件只限用于进境修理货物的修理,修理剩余的原材料、零部件应当随进境修理货物一同复运出境。

第四十八条 纳税义务人在办理进境修理货物及剩余进境原材料、零部件复运出境的出口申报手续时,应当向海关提交该货物及进境原材料、零部件的原进口报关单和维修合同(或者含有保修条款的原出口合同)等单证。海关凭此办理解除修理货物及原材料、零部件进境时纳税义务人提供税款担保的相关手续;由海关按照保税货物实施管理的,按照有关保税货物的管理规定办理。

因正当理由不能在海关规定期限内将进境修理货物复运出境的,纳税义务人应当在规定期限届满前向海关说明情况,申请延期复运出境。

第四十九条 进境修理货物未在海关允许期限(包括延长期,下同)内复运出境的,海关对其按照一般进出口货物的征税管理规定实施管理,将该货物进境时纳税义务人提供的税款担保转为税款。

第五十条 纳税义务人在办理出境修理货物的出口申报手续时,应当向海关提交该货物的维修合同(或者含有保修条款的原进口合同)。出境修理货物应当在海关规定的期限内复运进境。

第五十一条 纳税义务人在办理出境修理货物复运进境的进口申报手续时,应当向海关提交该货物的原出口报关单和维修合同(或者含有保修条款的原进口合同)、维修发票等单证。

海关按照审定进口货物完税价格的有关规定和海关接受该货物申报复运进境之日适用的计征汇率、税率,审核确定其完税价格、计征进口税款。

因正当理由不能在海关规定期限内将出境修理货物复运进境的,纳税义务人应当在规定期限届满前向海关说明情况,申请延期复运进境。

第五十二条 出境修理货物超过海关允许期限复运进境的,海关对其按照一般进口货物的征税管理规定征收进口税款。

第五十三条 纳税义务人在办理出境加工货物的出口申报手续时,应当向海关提交该货物的委托加工合同;出境加工货物属于征收出口关税的商品的,纳税义务人应当向海关提供出口税款担保。出境加工货物应当在海关规定的期限内复运进境。

第五十四条 纳税义务人在办理出境加工货物复运进境的进口申报手续时,应当向海关提交该货物的原出口报关单和委托加工合同、加工发票等单证。

海关按照审定进口货物完税价格的有关规定和海关接受该货物申报复运进境之日适用的计征汇率、税率,审核确定其完税价格、计征进口税款,同时办理解除该货物出境时纳税义务人提供税款担保的相关手续。

因正当理由不能在海关规定期限内将出境加工货物复运进境的,纳税义务人应当在规定期限届满前向海关说明情况,申请延期复运进境。

第五十五条 出境加工货物未在海关允许期限内复运进境的,海关对其按照一般进出口货物的征税管理规定实施管理,将该货物出境时纳税义务人提供的税款担保转为税款;出境加工货物复运进境时,海关按照一般进口货物的征税管理规定征收进口税款。

第五十六条 本办法第四十七条至第五十五条中所称“海关规定期限”和“海关允许期限”,由海关根据进出境修理货物、出境加工货物的有关合同规定以及具体实际情况予以确定。

第五节 退运货物

第五十七条 因品质或者规格原因,出口货物自出口放行之日起1年内原状退货复运进境的,纳税义务人在办理进口申报手续时,应当按照规定提交有关单证和证明文件。经海关确认后,对复运进境的原出口货物不予征收进口关税和进口环节海关代征税。

第五十八条 因品质或者规格原因,进口货物自进口放行之日起1年内原状退货复运出境的,纳税义务人在办理出口申报手续时,应当按照规定提交有关单证和证明文件。经海关确认后,对复运出境的原进口货物不予征收出口关税。

第四章 进出口货物税款的退还与补征

第五十九条 海关发现多征税款的,应当立即通知纳税义务人办理退税手续。纳税义务人应当自收到海关通知之日起3个月内办理有关退税手续。

第六十条 纳税义务人发现多缴纳税款的,自缴纳税款之日起1年内,可以向海关申请退还多缴的税款并加算银行同期活期存款利息。

纳税义务人向海关申请退还税款及利息时, 应当提交下列材料:

(一)《退税申请书》;

(二)原税款缴款书和可以证明应予退税的材料。

第六十一条 已缴纳税款的进口货物,因品质或者规格原因原状退货复运出境的,纳税义务人自缴纳税款之日起1年内,可以向海关申请退税。

纳税义务人向海关申请退税时,应当提交下列材料:

(一)《退税申请书》;

(二)原进口报关单、税款缴款书、发票;

(三)货物复运出境的出口报关单;

(四)收发货人双方关于退货的协议。

第六十二条 已缴纳出口关税的出口货物,因品质或者规格原因原状退货复运进境,并已重新缴纳因出口而退还的国内环节有关税收的,纳税义务人自缴纳税款之日起1年内,可以向海关申请退税。

纳税义务人向海关申请退税时,应当提交下列材料:

(一)《退税申请书》;

(二)原出口报关单、税款缴款书、发票;

(三)货物复运进境的进口报关单;

(四)收发货人双方关于退货的协议和税务机关重新征收国内环节税的证明。

第六十三条 已缴纳出口关税的货物,因故未装运出口申报退关的,纳税义务人自缴纳税款之日起1年内,可以向海关申请退税。

纳税义务人向海关申请退税时,应当提交下列材料:

(一)《退税申请书》;

(二)原出口报关单和税款缴款书。

第六十四条 散装进出口货物发生短装并已征税放行的,如果该货物的发货人、承运人或者保险公司已对短装部分退还或者赔偿相应货款,纳税义务人自缴纳税款之日起1年内,可以向海关申请退还进口或者出口短装部分的相应税款。

纳税义务人向海关申请退税时,应当提交下列材料:

(一)《退税申请书》;

(二)原进口或者出口报关单、税款缴款书、发票;

(三)具有资质的商品检验机构出具的相关检验证明书;

(四)已经退款或者赔款的证明文件。

第六十五条 进出口货物因残损、品质不良、规格不符原因,或者发生本办法第六十四条规定以外的货物短少的情形,由进出口货物的发货人、承运人或者保险公司赔偿相应货款的,纳税义务人自缴纳税款之日起1年内,可以向海关申请退还赔偿货款部分的相应税款。

纳税义务人向海关申请退税时,应当提交下列材料:

(一)《退税申请书》;

(二)原进口或者出口报关单、税款缴款书、发票;

(三)已经赔偿货款的证明文件。

第六十六条 海关收到纳税义务人的退税申请后应当进行审核。纳税义务人提交的申请材料齐全且符合规定形式的,海关应当予以受理,并以海关收到申请材料之日作为受理之日;纳税义务人提交的申请材料不全或者不符合规定形式的,海关应当在收到申请材料之日起5个工作日内一次告知纳税义务人需要补正的全部内容,并以海关收到全部补正申请材料之日为海关受理退税申请之日。

纳税义务人按照本办法第六十一条、第六十二条或者第六十五条的规定申请退税的,海关认为需要时,可以要求纳税义务人提供具有资质的商品检验机构出具的原进口或者出口货物品质不良、规格不符或者残损、短少的检验证明书或者其他有关证明文件。

海关应当自受理退税申请之日起30日内查实并通知纳税义务人办理退税手续或者不予退税的决定。纳税义务人应当自收到海关准予退税的通知之日起3个月内办理有关退税手续。

第六十七条 海关办理退税手续时,应当填发收入退还书,并按照以下规定办理:

(一)按照本办法第六十条规定应当同时退还多征税款部分所产生的利息的,应退利息按照海关填发收入退还书之日中国人民银行规定的活期储蓄存款利息率计算。计算应退利息的期限自纳税义务人缴纳税款之日起至海关填发收入退还书之日止。

(二)进口环节增值税已予抵扣的,该项增值税不予退还,但国家另有规定的除外。

(三)已征收的滞纳金不予退还。

退还税款、利息涉及从国库中退库的,按照法律、行政法规有关国库管理的规定以及有关规章规定的具体实施办法执行。

第六十八条 进出口货物放行后,海关发现少征税款的,应当自缴纳税款之日起1年内,向纳税义务人补征税款;海关发现漏征税款的,应当自货物放行之日起1年内,向纳税义务人补征税款。

第六十九条 因纳税义务人违反规定造成少征税款的,海关应当自缴纳税款之日起3年内追征税款;因纳税义务人违反规定造成漏征税款的,海关应当自货物放行之日起3年内追征税款。海关除依法追征税款外,还应当自缴纳税款或者货物放行之日起至海关发现违规行为之日止按日加收少征或者漏征税款万分之五的滞纳金。

纳税义务人违反规定造成海关监管货物少征或者漏征税款的,海关应当自纳税义务人应缴纳税款之日起3年内追征税款,并自应缴纳税款之日起至海关发现违规行为之日止按日加收少征或者漏征税款万分之五的滞纳金。

前款所称"应缴纳税款之日"是指纳税义务人违反规定的行为发生之日;该行为发生之日不能确定的,应当以海关发现该行为之日作为应缴纳税款之日。

第七十条 海关补征或者追征税款,应当制发《海关补征税款告知书》。纳税义务人应当自收到《海关补征税款告知书》之日起15日内到海关办理补缴税款的手续。

纳税义务人未在前款规定期限内办理补税手续的,海关应当在规定期限届满之日填发税款缴款书。

第七十一条 根据本办法第三十七、四十、四十五、六十九条的有关规定,因纳税义务人违反规定需在征收税款的同时加收滞纳金的,如果纳税义务人未在规定的15天缴款期限内缴纳税款,海关依照本办法第二十条的规定另行加收自缴款期限届满之日起至缴清税款之日止滞纳税款的滞纳金。

第五章 进出口货物税款的减征与免征

第七十二条 纳税义务人进出口减免税货物,应当在货物进出口前,按照规定持有关文件向海关办理减免税审批手续。下列减免税进出口货物无需办理减免税审批手续:

(一)关税、进口环节增值税或者消费税税额在人民币50元以下的一票货物;

(二)无商业价值的广告品和货样;

(三)在海关放行前遭受损坏或者损失的货物;

(四)进出境运输工具装载的途中必需的燃料、物料和饮食用品;

(五)其他无需办理减免税审批手续的减征或者免征税款的货物。

第七十三条 对于本办法第七十二条第(三)项所列货物,纳税义务人应当在申报时或者自海关放行货物之日起15日内书面向海关说明情况,提供相关证明材料。海关认为需要时,可以要求纳税义务人提供具有资质的商品检验机构出具的货物受损程度的检验证明书。海关根据实际受损程度予以减征或者免征税款。

第七十四条 除另有规定外,纳税义务人应当向其主管海关申请办理减免税审批手续。海关按照有关规定予以审核,并签发《征免税证明》。

第七十五条 特定地区、特定企业或者有特定用途的特定减免税进口货物,应当接受海关监管。

特定减免税进口货物的监管年限为:

(一)船舶、飞机:8年;

(二)机动车辆:6年;

(三)其他货物:5年。

监管年限自货物进口放行之日起计算。

第七十六条 在特定减免税进口货物的监管年限内,纳税义务人应当自减免税货物放行之日起每年一次向主管海关报告减免税货物的状况;除经海关批准转让给其他享受同等税收优惠待遇的项目单位外,纳税义务人在补缴税款并办理解除监管手续后,方可转让或者进行其他处置。

特定减免税进口货物监管年限届满时,自动解除海关监管。纳税义务人需要解除监管证明的,可以自监管年限届满之日起1年内,持有关单证向海关申请领取解除监管证明。海关应当自接到纳税义务人的申请之日起20日内核实情况,并填发解除监管证明。

第六章 进出口货物的税款担保

第七十七条 有下列情形之一,纳税义务人要求海关先放行货物的,应当按照海关初步确定的应缴税款向海关提供足额税款担保:

(一)海关尚未确定商品归类、完税价格、原产地等征税要件的;

(二)正在海关办理减免税审批手续的;

(三)申请延期缴纳税款的;

(四)暂时进出境的;

(五)进境修理和出境加工的,按保税货物实施管理的除外;

(六)因残损、品质不良或者规格不符,纳税义务人申报进口或者出口无代价抵偿货物时,原进口货物尚未退运出境或者尚未放弃交由海关处理的,或者原出口货物尚未退运进境的;

(七)其他按照有关规定需要提供税款担保的。

第七十八条 除另有规定外,税款担保期限一般不超过6个月,特殊情况经直属海关关长或者其授权人批准可以酌情延长。

税款担保一般应为保证金、银行或者非银行金融机构的保函,但另有规定的除外。

银行或者非银行金融机构的税款保函,其保证方式应当是连带责任保证。税款保函明确规定保证期间的,保证期间应当不短于海关批准的担保期限。

第七十九条 在海关批准的担保期限内,纳税义务人履行纳税义务的,海关应当自纳税义务人履行纳税义务之日起5个工作日内办结解除税款担保的相关手续。

在海关批准的担保期限内，纳税义务人未履行纳税义务，对收取税款保证金的，海关应当自担保期限届满之日起 5 个工作日内完成保证金转为税款的相关手续；对银行或者非银行金融机构提供税款保函的，海关应当自担保期限届满之日起 6 个月内或者在税款保函规定的保证期间内要求担保人履行相应的纳税义务。

第七章 附 则

第八十条 纳税义务人、担保人对海关确定纳税义务人、确定完税价格、商品归类、确定原产地、适用税率或者计征汇率、减征或者免征税款、补税、退税、征收滞纳金、确定计征方式以及确定纳税地点有异议的，应当按照海关作出的相关行政决定依法缴纳税款，并可以依照《中华人民共和国行政复议法》和《中华人民共和国海关实施〈行政复议法〉办法》向上一级海关申请复议。对复议决定不服的，可以依法向人民法院提起诉讼。

第八十一条 违反本办法规定，构成违反海关监管规定行为、走私行为的，按照《海关法》、《中华人民共和国海关行政处罚实施条例》和其他有关法律、行政法规的规定处罚。构成犯罪的，依法追究刑事责任。

第八十二条 保税货物和进出保税区、出口加工区、保税仓库及类似的海关监管场所的货物的税收管理，按照本办法规定执行。本办法未作规定的，按照有关法律、行政法规和海关规章的规定执行。

第八十三条 通过电子数据交换方式申报纳税和缴纳税款的管理办法，另行制定。

第八十四条 本办法由海关总署负责解释。

第八十五条 本办法自 2005 年 3 月 1 日起施行。1986 年 9 月 30 日由中华人民共和国海关总署发布的《海关征税管理办法》同时废止。

中华人民共和国海关总署令
第 125 号

根据《汽车产业发展政策》及有关规定，海关总署、国家发展改革委、财政部、商务部制定了《构成整车特征的汽车零部件进口管理办法》，现予发布，自 2005 年 4 月 1 日起执行。

海关总署署长　牟新生
国家发展改革委主任　马凯
财政部部长　金人庆
商务部部长　薄熙来

二〇〇五年二月二十八日

构成整车特征的汽车零部件进口管理办法

第一章 总则

第一条 为规范和加强对汽车零部件的进口管理,促进汽车产业健康发展,依据有关法律法规规定,制定本办法。

第二条 本办法适用于对经国家有关部门核准或备案的汽车生产企业,生产组装汽车所需的构成整车特征的汽车零部件进口的监督管理。

汽车生产企业进口全散件(CKD)或半散件(SKD)的,可在企业所在地海关办理报关手续并缴纳税款,不适用本办法。

第三条 本办法所称汽车,是指《机动车辆及挂车分类》(中华人民共和国国家标准 GB/T 15089—2001)中规定的 M 类和 N 类机动车辆。

M 类机动车辆是指,至少有 4 个车轮并且用于载客的机动车辆;N 类机动车辆是指,至少有 4 个车轮并且用于载货的机动车辆。

第四条 本办法所称汽车总成(系统),包括车身(含驾驶室)总成、发动机总成、变速器总成、驱动桥总成、非驱动桥总成、车架总成、转向系统、制动系统等。

第五条 本办法所称构成整车特征和构成总成(系统)特征,是指汽车生产企业使用的进口汽车零部件在装车状态时已经构成整车特征、或在装机状态时已经构成总成(系统)特征。

第六条 海关总署、国家发展和改革委员会(以下简称发展改革委)、商务部、财政部按照本办法规定对构成整车特征的进口汽车零部件实施管理。

海关总署、发展改革委、商务部、财政部成立构成整车特征的汽车零部件进口管理领导小组(以下简称领导小组)。领导小组办公室设在海关总署,负责领导小组的日常事务。整车特征国家专业核定中心(以下简称核定中心)接受海关总署委托,负责对进口零部件是否构成整车或总成(系统)特征进行核定。

第二章 备案管理

第七条 汽车生产企业以在国内市场销售为目的使用进口汽车零部件生产汽车,应当依据本办法对所生产车型中使用的进口零部件是否构成整车特征进行自测。经自测确定构成整车特征的,生产企业应当在汽车零部件进口前,将有关车型向海关总署备案。同一汽车生产企业的不同车型,应当分别备案。

产企业自测后认为不构成整车特征的,应当向海关总署申请复审。海关总署应当委托核定中心进行简单复审或现场复审。经复审,构成整车特征的,由生产企业补充备案;不构成整车特征的不需备案。

汽车生产企业在向发展改革委申请《道路机动车辆生产企业及产品公告》和向商务部申请自动进

口许可证时，应当提供有关车型的自测结果；如进口零部件不构成整车特征，还应提供海关总署的复审意见。

发展改革委在《道路机动车辆生产企业及产品公告》中对使用构成整车特征的进口零部件生产的车型标注“整车特征”字样，商务部在构成整车特征的进口零部件的自动进口许可证上标注“整车特征”字样。

第八条 备案车型应当是已经列入发展改革委《道路机动车辆生产企业及产品公告》的产品。

第九条 生产企业在申请备案时应当提供以下材料：

(一)企业基本概况；

(二)备案车型年度生产计划；

(三)备案车型的零部件分类和价格比例清单；备案车型的总价和国产件、进口件的分项价格(均以不含税价格计算)；

(四)备案车型全部采购件的国内和国外供应商及供货品种清单；

(五)列入《道路机动车辆生产企业及产品公告》的证明。

第十条 海关总署在收到申请备案的材料后向发展改革委、商务部和企业所在地直属海关分送有关备案材料。发展改革委、商务部和企业所在地海关在收到备案材料后分别按各自职责实施备案管理。

第十一条 企业所在地直属海关收到海关总署发来的企业备案材料后，应当进行审核，对符合条件的汽车生产企业及生产车型给予登记备案，并通知该汽车生产企业。

第十二条 汽车生产企业在登记备案后，应当根据汽车零部件的进口计划，在汽车零部件进口前向企业所在地海关提供税款总担保。税款总担保的担保数额应当不低于企业月平均进口零部件需缴纳的税款总额。

汽车生产企业应当根据备案车型数量及进口计划的调整，及时向其所在地海关申请变更税款总担保的担保数额，经核实无误后，海关办理相关的担保数额变更手续。

第三章 通关管理

第十三条 汽车生产企业进口构成整车特征的汽车零部件，应当在企业所在地海关办理报关手续并缴纳税款。

汽车生产企业从其所在地以外口岸进口构成整车特征的汽车零部件，须在完成备案登记和税款总担保手续后，向企业所在地海关申请办理转关运输，海关按照转关运输的有关规定办理转关手续。

其他未构成整车特征的汽车零部件进口，不适用前款规定。

第十四条 企业在办理报关手续时应当向海关递交进口货物报关单、标明“整车特征”的汽车零部件自动进口许可证、其他有关许可证件以及海关要求的随附单证等。

第十五条 构成整车特征的汽车零部件进口时，涉及许可证件的，在通关环节验核证件。进口货物报关单征免性质栏应当填写“整车特征”；收货单位栏应当填写汽车生产企业名称。

不同车型的汽车零部件，应当分别填写报关单。

第十六条　构成整车特征的汽车零部件进口时，海关比照保税货物管理的有关规定办理相关进口手续,并按照进口状态列入海关统计。

第四章 整车特征核定标准及核定

第十七条 整车特征核定由汽车生产企业向海关总署提出申请,海关总署委托核定中心核定。海关依据核定中心出具的《核定报告》确定适用税率和完税价格,办理征税手续。进口汽车零部件整车特征核定办法由海关总署另行制定发布。

第十八条 核定中心依据海关总署的指令,对汽车生产企业的有关车型开展核定工作,出具核定报告。

第十九条 备案车型生产组装成第一批整车后10日内,汽车生产企业应当向海关总署申请进行整车特征核定。核定中心应当在接受海关总署指令后的1个月内,完成对有关车型的核定并出具核定报告。

本办法实施前已经投产的车型,汽车生产企业应当在本办法实施后1个月内完成自测,并将自测结果报海关总署。自测结果为构成整车特征的,汽车生产企业应当在完成自测后10日内向海关总署备案,并向海关总署申请进行整车特征核定;不构成整车特征的,应当向海关总署申请复审。复审结果为构成整车特征的,汽车生产企业应当在复审结果公布后10日内向海关总署补充备案,并向海关总署申请进行整车特征核定。核定中心依据海关总署的指令,应当在3个月内完成对已经投产的备案车型的核定,并出具核定报告。

第二十条 核定中心核定的车型为基型车。在经过核定的基型车基础上选装进口部件的,汽车生产企业应当向所在地海关和核定中心提供选装类型,并在实际选装时如实申报。经核定中心复核并提出报告后,海关在核定完税价格计税时做出调整。

汽车生产企业在生产过程中,构成整车特征的状况发生改变的,可向海关总署申请对基型车重新核定。海关根据核定中心出具的新的核定报告,确定计税的完税价格。经核定,不再构成整车特征的,海关不再按照本办法对该车型实施管理。

第二十一条 有下列情形之一的,进口汽车零部件构成整车特征:

(一)进口全散件(CKD)或半散件(SKD)组装汽车的;

(二)在本办法第四条规定的认定范围内:

1.进口车身(含驾驶室)、发动机两大总成装车的;

2.进口车身(含驾驶室)和发动机两大总成之一及其他3个总成(系统)(含)以上装车的;

3.进口除车身(含驾驶室)和发动机两大总成以外其他5个总成(系统)(含)以上装车的。

(三)进口零部件的价格总和达到该车型整车总价格的60%及以上的。本项整车特征核定标准自2006年7月1日起开始生效。

第二十二条 有下列情形之一的,进口汽车零部件构成汽车总成(系统)特征:

(一)进口整套散件组装总成(系统)的;

(二)进口关键零部件或分总成组装总成(系统),其进口关键零部件或分总成达到及超过规定数量标准的；

(三)进口零部件的价格总和达到该总成(系统)总价格的60%及以上的。

第二十三条 国内汽车总成(系统)生产企业生产的总成(系统)所使用的进口零部件不构成总成(系统)特征的,该总成(系统)视为国产总成(系统)。

第二十四条 国内汽车及零部件生产企业,对进口零部件(不含总成、分总成)及生产零部件用的毛坯件进行实质性加工的,所生产的配套零部件视为国产件。

所称“实质性加工”是指,产品加工后,达到《中华人民共和国进出口货物原产地条例》规定的实质性改变确定标准。

第二十五条 核定中心对备案车型进行整车特征核定时,汽车生产企业应当积极配合,并提交以下单证：

(一)核定申请报告；

(二)企业自测报告；

(三)《备案车型零部件采购清单》；

(四)核定中心认为需要的其它资料。

第二十六条 汽车生产企业应当申请备案或者整车特征核定而未申请的,海关总署可以指令核定中心进行核定。

第五章 征税原则及税款计征

第二十七条 构成整车特征的进口汽车零部件从报关放行到纳税前，由企业所在地海关比照保税货物实施监管。为提高管理效能,有条件的汽车生产企业,应当与所在地海关进行电子联网。

第二十八条 进口汽车零部件生产组装成整车后,汽车生产企业向海关作纳税申报,海关按照《中华人民共和国海关法》(以下简称《海关法》)、《中华人民共和国进出口关税条例》及《中华人民共和国进出口税则》的有关规定,进行归类和征税。

对经核定中心核定为构成整车特征的进口零部件,海关按照整车归类,并按照整车税率计征关税和进口环节增值税;对核定为不构成整车特征的,海关按照零部件归类,并按照相应的适用税率计征关税和进口环节增值税。

第二十九条 海关在对构成整车特征的进口零部件按照整车归类征税时，如果其中由配套厂家提供的零部件在进口时已经缴纳了进口关税和进口环节增值税,并且汽车生产企业能够提供进口纳税证明的,已经缴纳的税款应当扣除。

企业按照本办法规定进口的汽车零部件,1年之内未用于生产汽车整车的,应当在1年届满之日起30日内向海关作纳税申报,海关按照有关规定办理征税手续。

第三十条 加工贸易项下生产的汽车转内销的,适用本办法。

加工贸易汽车生产企业在申请对其使用构成整车特征的进口汽车零部件生产组装的汽车产品内销前,应当按照本办法的规定向海关总署补办备案手续,并接受核定中心的核定。海关根据核定的结果,对构成整车特征的，凭企业提交的《加工贸易保税进口料件内销批准证》和相应的进口许可证件，按照本办法规定适用的税率计征税款，并补征全部进口零部件的缓税利息。

保税区、出口加工区等海关特殊监管区域汽车生产企业在申请对其使用构成整车特征的进境入区汽车零部件生产组装的汽车产品内销前，应当按照本办法的规定向海关总署补办备案手续，并接受核定中心的核定。海关根据核定的结果，对构成整车特征的，凭相关进口许可证件办理有关手续，按照内销实际状态征税。

第三十一条 汽车生产企业应当自核定中心出具构成整车特征的核定报告后的次月起，每月第10个工作日前，向企业所在地海关作纳税申报。海关对汽车生产企业上个月生产有关车型所使用的进口零部件按照整车税率集中计征关税和进口环节增值税。

汽车生产企业在作首次纳税申报时，应当将核定报告出具前已用于生产整车的进口零部件一并向海关申报纳税。

第三十二条 汽车生产企业应当自核定中心出具不构成整车特征的核定报告后30日内，向所在地海关申报其已进口但尚未缴纳税款的汽车零部件。海关按照汽车零部件税率计征关税和进口环节增值税，并对有关车型不再按照本办法规定实施管理。

第三十三条 汽车生产企业的所有备案车型经核定中心核定均不构成整车特征，并且企业缴清有关税款的，海关应当通知企业办理解除税款总担保手续。

第三十四条 汽车生产企业向所在地海关申报纳税时应当提交以下单证和资料：

(一)核定中心的核定报告；

(二)企业上月有关车型的整车生产数量(核定结果为不构成整车特征的除外)；

(三)企业上月进口的已用于生产组装整车的有关车型汽车零部件清单(核定结果为不构成整车特征的除外)；

(四)海关认为需要提供的其他单证。

第三十五条 企业向海关申报构成整车特征的汽车零部件时，征免性质栏填报“整车征税”，成交方式栏填报“CIF”；企业向海关申报不构成整车特征的汽车零部件时，征免性质栏填报“零部件征税”，成交方式栏填报“CIF”。

第六章 法律责任

第三十六条 对违反本办法规定，构成走私或者违反海关监管规定行为的，海关依照《海关法》、《中华人民共和国海关行政处罚实施条例》予以处罚。构成犯罪的，依法追究刑事责任。

第三十七条 汽车生产企业申报《道路机动车辆生产企业及产品公告》和备案时，违反本办法的有关规定，未如实申报进口零部件构成整车特征的，或者采用分散进口方式进口的零部件构成整车特征，进口前未向海关总署申请备案的，由发展改革委暂停有关车型的《道路机动车辆生产企业及产品公告》，待汽车生产企业纠正后，再予以恢复。

第七章 附则

第三十八条 本办法自2005年4月1日起施行。

中华人民共和国海关总署令
第 126 号

《中华人民共和国海关出口加工区货物出区深加工结转管理办法》经2005年3月9日署务会审议通过,现予公布,自2005年5月1日起施行。

署长 牟新生

二〇〇五年三月二十一日

中华人民共和国海关出口加工区货物出区深加工结转管理办法

第一条 为进一步完善出口加工区管理,方便区内企业生产经营,鼓励扩大外贸出口,促进加工贸易转型升级,根据《中华人民共和国海关法》、《中华人民共和国海关对出口加工区监管的暂行办法》及其他有关法律、行政法规,制定本办法。

第二条 出口加工区货物出区深加工结转是指区内加工企业(以下简称转出企业)按照《中华人民共和国海关对出口加工区监管的暂行办法》的有关规定办理报关手续,将本企业加工生产的产品直接或者通过保税仓储企业转入其他出口加工区、保税区等海关特殊监管区域内及区外加工贸易企业(以下简称转入企业)进一步加工后复出口的经营活动。

第三条 转出企业未经实质性加工的保税料件不得进行出区深加工结转。

第四条 出口加工区企业加工生产的产品转入其他出口加工区、保税区等海关特殊监管区域企业深加工的,不列入海关统计。

出口加工区企业加工生产的产品转至区外加工贸易企业深加工的,列入海关单项统计。

第五条 转入企业、转出企业有下列情形之一的,不得开展出口加工区货物出区深加工结转:

(一)不符合海关监管要求,被海关责令限期整改,在整改期内的;

(二)涉嫌走私已被海关立案调查、侦查,尚未结案的;

(三)有逾期未报核《加工贸易手册》的;

(四)专营维修、设计开发的;

(五)其他不符合深加工结转监管条件的。

第六条 出口加工区企业开展深加工结转时,转出企业凭出口加工区管委会的批复,向转出企业所在地的出口加工区海关办理海关备案手续后,方可开展货物的实际结转。

对转入其他出口加工区、保税区等海关特殊监管区域的,转入企业凭其所在区管委会的批复;对转入出口加工区、保税区等海关特殊监管区域外加工贸易企业的,转入企业凭商务(外经贸)主管部门的批复,按照前款规定办理结转手续。

第七条 对结转至其他出口加工区、保税区等海关特殊监管区域外的加工贸易企业的货物,海关按照对加工贸易进口货物的有关规定办理手续,结转产品如果属于加工贸易项下进口许可证件管理商品的,企业应当向海关提供相应的有效进口许可证件。

第八条 转出企业、转入企业可以采用"分批送货、集中报关"的方式办理结转手续。

对转入其他出口加工区、保税区等海关特殊监管区域的,转出企业、转入企业分别在主管海关办理结转手续;对转至其他出口加工区、保税区等海关特殊监管区域外加工贸易企业的,转出企业、转入企业在转出地主管海关办理结转手续。

第九条 出口加工区货物出区深加工结转除特殊情况外,对转入其他出口加工区、保税区等海关特殊监管区域的,比照转关运输等有关规定办理海关手续。

转出企业生产的产品结转至其他出口加工区或者保税区等特殊监管区域,不能比照转关运输监管方式办理结转手续的,在向转出地或者转入地主管海关提供相应的担保后,由企业自行运输。

第十条 出口加工区企业加工生产的产品转至其他出口加工区、保税区等海关特殊监管区域外加工贸易企业的,转出企业、转入企业向海关申报结转计划时应当提交《中华人民共和国海关出口加工区货物出区深加工结转申请表》(以下简称《申请表》,并按照要求如实填写《申请表》的各项内容。

一份《申请表》只能对应一个转出企业和一个转入企业,但可对应转入企业多本《加工贸易手册》。

第十一条 转入企业、转出企业应当按照以下规定办理结转计划备案手续:

(一)转入企业在《申请表》(一式四联)中填写本企业的转入计划,凭《申请表》向转入地海关备案;

(二)转入地海关备案后,留存《申请表》第一联,其余三联退转入企业交转出企业;

(三)转出企业自转入地海关备案之日起三十日内,持《申请表》其余三联,填写本企业的相关内容后,向转出地海关办理备案手续。转出企业向海关递交《申请表》的内容如果不符合海关规定的,海关应当当场或者在签收《申请表》后五日内一次告知转出企业需要补正的全部内容。不予受理的应当制发《海关行政许可申请不予受理决定书》,并告知申请人享有依法申请行政复议或者提起行政诉讼的权利。转出企业、转入企业应当重新填报和办理备案手续;

(四)转出地海关审核后,将《申请表》第二联留存,第三联、第四联交转出企业、转入企业凭以办理结转收发货登记及报关手续。

第十二条 转出企业、转入企业办理结转备案手续后,应当按照经双方海关核准后的《申请表》进行实际收发货。转出企业的每批次发货记录应当在一式三联的《出口加工区货物实际结转情况登记表》

(以下简称《登记表》)上进行如实登记。由海关在转出地卡口签注《登记表》后货物出区。

第十三条 转出企业、转入企业每批实际发货、收货后,转出企业、转入企业可以凭《申请表》和转出地卡口签注的《登记表》分批或者集中办理报关手续。转出、转入企业每批实际发货、收货后,应当在实际发货、收货之日起三十日内办结该批货物的报关手续。

一份结转进口报关单对应一份结转出口备案清单。转出、转入企业应当按照海关规定如实、准确地向海关申报结转货物的品名、商品编号、规格、数量、价格等项目。转出地海关、转入地海关应当对申报数据进行审核。

第十四条 区内转出的货物因质量不符等原因发生退运、退换的,转入企业为出口加工区、保税区等海关特殊监管区域外加工贸易企业的,由转出地主管海关按照退运、退换的有关规定办理相关手续,并将实际退运、退换情况在《登记表》中进行登记,注明"退运"或者"退换"字样;转入企业为其他出口加工区、保税区等海关特殊监管区域内企业的,转入企业、转出企业分别在其主管海关办理退运和退换手续。

区内转出的货物因质量不符等原因需要返回区内维修的,比照上述退换规定办理手续。

第十五条 转出企业对以深加工结转方式出区的货物一律开具出口发票。转入企业、转出企业应当以外币计价结算,海关按照有关规定签发报关单外汇核销证明联。

第十六条 出口加工区出区深加工结转货物应当全部加工复出口,对确有特殊原因需要内销或者转用于生产内销产品的,区外加工贸易企业应当按照国家相关规定办理手续。

第十七条 实行计算机联网管理的企业可以通过网络办理结转手续。

第十八条 转入企业、转出企业违反本办法的,海关按照《中华人民共和国海关法》及《中华人民共和国海关法行政处罚实施条例》的有关规定处理;构成犯罪的,依法追究刑事责任。

第十九条 本办法由海关总署负责解释。

第二十条 本办法自 2005 年 5 月 1 日起施行。

中华人民共和国海关总署令
第 1 2 7 号

《中华人民共和国海关对报关单位注册登记管理规定》已经 2005 年 3 月 9 日署务会议审议通过,现予公布,自 2005 年 6 月 1 日起施行。

署 长　牟新生

二〇〇五年三月三十一日

中华人民共和国海关对报关单位注册登记管理规定

第一章 总则

第一条 为规范海关对报关单位的注册登记管理，根据《中华人民共和国海关法》及其他有关法律和行政法规，制定本规定。

第二条 中华人民共和国海关是报关单位注册登记管理的主管机关。

第三条 报关单位办理报关业务应当遵守国家有关法律、行政法规和海关规章的规定，承担相应的法律责任。

报关单位对其所属报关员的报关行为应当承担相应的法律责任。

第四条 除法律、行政法规或者海关规章另有规定外，办理报关业务的报关单位，应当按照本规定到海关办理注册登记。

第五条 报关单位注册登记分为报关企业注册登记和进出口货物收发货人注册登记。

报关企业应当经直属海关注册登记许可后，方能办理注册登记。

进出口货物收发货人可以直接到所在地海关办理注册登记。

第六条 进出口货物收发货人应当通过本单位所属的报关员办理报关业务，或者委托海关准予注册登记的报关企业，由报关企业所属的报关员代为办理报关业务。

第七条 已经在海关办理注册登记的报关单位，再次向海关提出注册登记申请的，海关不予受理。

第八条 本规定下列用语的含义：

报关单位，是指按照本规定在海关注册登记的报关企业和进出口货物收发货人。

报关企业，是指按照本规定经海关准予注册登记，接受进出口货物收发货人的委托，以进出口货物收发货人名义或者以自己的名义，向海关办理代理报关业务，从事报关服务的境内企业法人。

进出口货物收发货人，是指依法直接进口或者出口货物的中华人民共和国关境内的法人、其他组织或者个人。

报关业务负责人，是指具体负责对本企业报关业务进行管理的企业法定代表人或者总经理、部门经理等企业管理人员。

报关员，是指依法取得报关员从业资格，并在海关注册登记，向海关办理进出口货物报关业务的人员。

报关业务，是指：

(一) 按照规定如实申报进出口货物的商品编码、实际成交价格、原产地及相应优惠贸易协定代码等，并办理填制报关单、提交报关单证等与申报有关的事宜；

(二) 申请办理缴纳税费和退税、补税事宜；

(三) 申请办理加工贸易合同备案、变更和核销及保税监管等事宜；

(四) 申请办理进出口货物减税、免税等事宜；

(五)办理进出口货物的查验、结关等事宜。

(六)应当由报关单位办理的其他报关事宜。

第二章 报关企业注册登记许可

第一节 报关企业注册登记许可规定

第九条 报关企业应当具备下列条件：

(一)具备境内企业法人资格条件；

(二)企业注册资本不低于人民币150万元；

(三)健全的组织机构和财务管理制度；

(四)报关员人数不少于5名；

(五)投资者、报关业务负责人、报关员无走私记录；

(六)报关业务负责人具有五年以上从事对外贸易工作经验或者报关工作经验；

(七)无因走私违法行为被海关撤销注册登记许可记录；

(八)有符合从事报关服务所必需的固定经营场所和设施；

(九)海关监管所需要的其他条件。

第十条 申请报关企业注册登记许可，应当提交下列文件材料：

(一)报关企业注册登记许可申请书；

(二)《企业法人营业执照》副本或者《企业名称预先核准通知书》复印件；

(三)企业章程；

(四)出资证明文件复印件；

(五)所聘报关从业人员的《报关员资格证》复印件；

(六)从事报关服务业可行性研究报告；

(七)报关业务负责人工作简历；

(八)报关服务营业场所所有权证明、租赁证明；

(九)其他与申请注册登记许可相关的材料。

第十一条 申请人应当到所在地海关提出申请并递交申请注册登记许可材料。

直属海关应当对外公布受理申请的场所。

第十二条 申请人可以委托代理人提出注册登记许可申请。

申请人委托代理人代为提出申请的，应当出具授权委托书。授权委托书应当具体载明下列事项，由委托人签章并注明委托日期：

(一)委托人及代理人的简要情况。委托人或者代理人是法人或者其他组织的，应当载明名称、地址、电话、邮政编码、法定代表人或者负责人的姓名、职务；委托人或者代理人是自然人的，应当载明姓名、性别、年龄、职业、地址、电话及邮政编码；

(二)代为提出注册登记许可申请、递交申请材料、收受法律文书等委托事项及权限；

(三)委托代理起止日期；

(四)法律、行政法规及海关规章规定应当载明的其他事项。

第十三条 对申请人提出的申请，海关应当根据下列情况分别作出处理：

(一)申请人不具备报关企业注册登记许可申请资格的，应当作出不予受理的决定；

(二)申请材料不齐全或者不符合法定形式的，应当当场或者在签收申请材料后五日内一次告知申请人需要补正的全部内容，逾期不告知的，自收到申请材料之日起即为受理；

(三)申请材料仅存在文字性、技术性或者装订等可以当场更正的错误的，应当允许申请人当场更正，并且由申请人对更正内容予以签章确认；

(四)申请材料齐全、符合法定形式，或者申请人按照海关的要求提交全部补正申请材料的，应当受理报关企业注册登记许可申请，并作出受理决定。

第十四条 所在地海关受理申请后，应当根据法定条件和程序进行全面审查，并于受理注册登记许可申请之日起二十日内审查完毕，将审查意见和全部申请材料报送直属海关。

直属海关应当自收到所在地海关报送的审查意见之日起二十日内作出决定。

第十五条 申请人的申请符合法定条件的，海关应当依法作出准予注册登记许可的书面决定，并通知申请人。

申请人的申请不符合法定条件的，海关应当依法作出不准予注册登记许可的书面决定，并且告知申请人享有依法申请行政复议或者提起行政诉讼的权利。

第二节 报关企业跨关区分支机构注册登记许可规定

第十六条 报关企业如需要在注册登记许可区域以外从事报关服务的，应当依法设立分支机构，并且向拟注册登记地海关递交报关企业分支机构注册登记许可申请。

报关企业对其分支机构的行为承担法律责任。

第十七条 申请分支机构注册登记许可的报关企业应当符合下列条件：

(一)报关企业自取得海关核发的《中华人民共和国海关报关企业报关注册登记证书》之日起满二年；

(二)报关企业自申请之日起最近两年未因走私受过处罚。

报关企业每申请一项跨关区分支机构注册登记许可，应当增加注册资本人民币50万元。

第十八条 报关企业跨关区设立的分支机构拟取得注册登记许可的，应当具备下列条件：

(一)符合境内企业法人分支机构设立条件；

(二) 报关员人数不少于3名；

(三) 有符合从事报关服务所必需的固定经营场所和设施；

(四)分支机构负责人应当具有五年以上从事对外贸易工作经验或者报关工作经验；

(五)报关业务负责人、报关员无走私记录。

第十九条 报关企业申请跨关区分支机构注册登记许可的,应当到分支机构所在地海关提交下列申请材料:

(一)报关企业跨关区分支机构注册登记许可申请书;

(二)《中华人民共和国海关报关企业报关注册登记证书》复印件;

(三)分支机构从事报关服务业可行性研究报告;

(四)拟聘的报关从业人员《报关员资格证书》复印件;

(五)分支机构负责人、报关业务负责人工作简历;

(六)报关服务营业场所所有权证明、租赁证明;

(七)由报关企业注册登记地直属海关出具的该报关企业符合本规定第十七条的证明材料;

(八)申请设立报关企业分支机构注册登记许可的其他材料。

第二十条 海关比照报关企业注册登记许可程序作出是否准予跨关区分支机构注册登记许可的决定。

第三节 报关企业注册登记许可限制

第二十一条 报关企业可以在取得注册登记许可的直属海关关区内各口岸地或者海关监管业务集中地从事报关服务,但是应当在拟从事报关服务的口岸地或者海关监管业务集中的地点依法设立分支机构,并且在开展报关服务前,持本规定第十九条(二)、(三)、(五)、(六)项规定的文件材料和分支机构营业执照向直属海关备案。

取得注册登记许可的跨关区报关企业分支机构应当在所在地口岸或者海关监管业务集中的地点从事报关服务。

第二十二条 报关企业及其跨关区分支机构注册登记许可期限均为二年。被许可人需要延续注册登记许可有效期的,应当办理注册登记许可延续手续。

报关企业未办理注册登记许可延续手续或者海关未准予注册登记许可延续的,自丧失注册登记许可之日起,其跨关区分支机构注册登记许可自动终止。

第四节 报关企业注册登记许可变更和延续

第二十三条 报关企业及其跨关区分支机构注册登记许可中有下列内容变更的,应当持《中华人民共和国海关报关企业报关注册登记证书》、企业变更决议等材料原件及复印件以书面形式到注册地海关申请变更注册登记许可:

(一) 企业及其分支机构名称;

(二) 企业注册资本;

(三) 法定代表人(负责人)。

第二十四条 对被许可人提出的变更注册登记许可申请,注册地海关应当按照注册登记许可程序进行初审,并且上报直属海关决定。直属海关应当依法进行审查,对符合法定条件、标准的,应当准予变更,并且作出准予变更决定。

海关准予变更注册登记的报关企业及其跨关区分支机构,应当到相关管理部门办理变更手续。

第二十五条 报关企业办理注册登记许可延续手续应当在有效期届满四十日前向海关提出申请并递交以下材料:

(一)注册登记许可延续申请书;

(二)企业法人营业执照复印件;

(三)报关业务分析、报关差错情况及原因;

(四)《报关单位情况登记表》;

(五)海关认为应当提交的其他资料。

取得跨关区分支机构注册登记许可的报关企业向分支机构注册地海关申请注册登记许可延续的还应当提交:

(一)分支机构营业执照副本复印件;

(二)所属报关企业的《中华人民共和国海关报关企业报关注册登记证书》复印件。

第二十六条 海关应当比照注册登记许可程序在有效期届满前对报关企业的申请予以审查,对符合注册登记许可条件的,并且符合法律、行政法规、海关规章规定的延续注册登记许可应当具备的其他条件的,应当依法作出准予延续二年有效期的决定。未按照规定申请的,海关不再接受其办理报关业务。

海关应当在注册登记许可有效期届满前作出是否准予延续的决定;逾期未作出决定的,视为准予延续,依法为其办理注册登记许可延续手续。

第二十七条 海关对不再具备注册登记许可的条件,或者不符合法律、行政法规、海关规章规定的延续注册登记许可应当具备的其他条件的报关企业或者其分支机构,不予延长其注册登记许可。

第五节 报关企业注册登记许可撤销、注销和监督

第二十八条 有下列情形之一的,作出注册登记许可决定的直属海关,根据利害关系人的请求或者依据职权,可以撤销注册登记许可:

(一)海关工作人员滥用职权、玩忽职守作出准予注册登记许可决定的;

(二)超越法定职权作出准予注册登记许可决定的;

(三)违反法定程序作出准予注册登记许可决定的;

(四)对不具备申请资格或者不符合法定条件的申请人准予注册登记许可的;

(五)依法可以撤销注册登记许可的其他情形。

被许可人以欺骗、贿赂等不正当手段取得注册登记许可的,应当予以撤销。

依照前两款的规定撤销注册登记许可,可能对公共利益造成重大损害的,不予撤销。

依照本条第一款的规定撤销注册登记许可,被许可人的合法权益受到损害的,海关应当依法对其直接损失给予赔偿。依照本条第二款的规定撤销注册登记许可的,被许可人基于注册登记许可取得的利益不受保护。

第二十九条 有下列情形之一的,海关应当依法注销注册登记许可:

(一)有效期届满未延续的;

(二)报关企业或其跨关区分支机构依法终止的;

(三)注册登记许可依法被撤销、撤回,或者注册登记许可证件依法被吊销的;

(四)因不可抗力导致注册登记许可事项无法实施的;

(五)法律、行政法规规定的应当注销注册登记许可的其他情形。

第三十条 上级海关应当加强对下级海关实施注册登记许可的监督检查,及时纠正许可实施中的违法行为。

第三十一条 报关企业在作出注册登记许可决定的海关管辖区域外,违法从事报关服务的,违法行为发生地的直属海关应当依法将报关企业的违法事实、处理结果抄告作出注册登记许可决定的直属海关。

第三十二条 海关依法对报关企业从事报关服务活动及其经营场所进行监督和实地检查,依法查阅或者要求报关企业报送有关材料。报关企业应当积极配合,如实提供有关情况和材料。

第三章 报关单位注册登记

第三十三条 报关企业申请人经直属海关注册登记许可后,应当到工商行政管理部门办理许可经营项目登记,并且自工商行政管理部门登记之日起九十日内到企业所在地海关办理注册登记手续。逾期海关不予注册登记。

第三十四条 报关企业申请办理注册登记,应当提交下列文件材料:

(一)直属海关注册登记许可文件复印件;

(二)《企业法人营业执照》副本复印件(分支机构提交营业执照);

(三)税务登记证书副本复印件;

(四)银行开户证明复印件;

(五)组织机构代码证书副本复印件;

(六)《报关单位情况登记表》、《报关单位管理人员情况登记表》;

(七)报关企业与所聘报关员签订的用工劳动合同复印件;

(八)其他与报关注册登记有关的文件材料。

第三十五条 进出口货物收发货人应当按照规定到所在地海关办理报关单位注册登记手续。

进出口货物收发货人在海关办理注册登记后可以在中华人民共和国关境内各个口岸地或者海关监管业务集中的地点办理本企业的报关业务。

第三十六条 进出口货物收发货人申请办理注册登记,应当提交下列文件材料:

(一)企业法人营业执照副本复印件(个人独资、合伙企业或者个体工商户提交营业执照);

(二) 对外贸易经营者登记备案表复印件 (法律、行政法规或者商务部规定不需要备案登记的除外);

(三)企业章程复印件(非企业法人免提交);

(四)本规定第三十四条(三)、(四)、(五)、(六)项规定的文件材料;

(五)其他与注册登记有关的文件材料。

第三十七条 注册地海关依法对申请注册登记材料是否齐全、是否符合法定形式进行核对。

申请材料齐全是指海关按照本规定公布的条件要求申请人提交全部材料完备。

申请材料符合法定形式是指申请材料符合法定时限、记载事项符合法定要求、文书格式符合规范。

申请材料齐全、符合法定形式的申请人由注册地海关核发《中华人民共和国海关报关企业报关注册登记证书》或者《中华人民共和国海关进出口货物收发货人报关注册登记证书》,报关单位凭以办理报关业务。

第三十八条《中华人民共和国海关报关企业报关注册登记证书》有效期限为二年,《中华人民共和国海关进出口货物收发货人报关注册登记证书》有效期限为三年。

报关企业应当在办理注册登记许可延续的同时办理换领《中华人民共和国海关报关企业报关注册登记证书》手续,进出口货物收发货人应当在有效期届满前三十日到注册地海关办理换证手续。

逾期未到海关办理换证手续的,《中华人民共和国海关报关企业报关注册登记证书》或者《中华人民共和国海关进出口货物收发货人报关注册登记证书》自动失效。

第三十九条 进出口货物收发货人换证应当向注册地海关递交下列资料:

(一)企业法人营业执照副本复印件(个人独资、合伙企业或者个体工商户提交营业执照);

(二)对外贸易经营者登记备案表复印件(法律、行政法规或者商务部规定不需要备案登记的除外);

(三)《中华人民共和国外商投资企业批准证书》、《中华人民共和国台、港、澳、侨投资企业批准证书》复印件(限外商投资企业提交);

(四)《报关单位情况登记表》;

(五)《报关员情况登记表》(无报关员的免提交);

(六)《报关单位管理人员情况登记表》。

第四十条 材料齐全、符合法定形式的报关单位由注册地海关换发《中华人民共和国海关报关企业报关注册登记证书》或者《中华人民共和国海关进出口货物收发货人报关注册登记证书》。

第四十一条 下列单位未取得对外贸易经营者备案登记表,按照国家有关规定需要从事非贸易性进出口活动的,可以办理临时注册登记手续:

(一)境外企业、新闻、经贸机构、文化团体等依法在中国境内设立的常驻代表机构;

(二)少量货样进出境的单位;

(三)国家机关、学校、科研院所等组织机构;

(四)临时接受捐赠、礼品、国际援助的单位;

(五)国际船舶代理企业;

(六)其他可以从事非贸易性进出口活动的单位。

第四十二条 临时注册登记单位在向海关申报前应当向拟进出境口岸地或者海关监管业务集中地海关办理临时注册登记手续。

第四十三条 办理临时注册登记,应当持本单位出具的委派证明或者授权证明及非贸易性活动证明材料。

第四十四条 临时注册登记单位海关不予核发注册登记证书。仅出具临时报关单位注册登记证明。

临时注册登记有效期最长为七日,法律、行政法规、海关规章另有规定的除外。

已经办理报关注册登记的进出口货物收发货人,海关不予办理临时注册登记手续。

第四章 报关单位变更和注销注册登记

第四十五条 报关企业取得变更注册登记许可后或者进出口货物收发货人单位名称、企业性质、企业住所、法定代表人(负责人)等海关注册登记内容发生变更的,应当自批准变更之日起三十日内,向注册地海关提交变更后的工商营业执照或者其他批准文件及复印件,办理变更手续。

第四十六条 报关单位有下列情形之一的,应当以书面形式向注册地海关报告。海关在办结有关手续后,应当依法办理注销注册登记手续:

(一)破产、解散、自行放弃报关权或者分立成两个以上新企业的;

(二)被工商行政管理机关注销登记或者吊销营业执照的;

(三)丧失独立承担责任能力的;

(四)报关企业丧失注册登记许可的;

(五) 进出口货物收发货人的对外贸易经营者备案登记表或者外商投资企业批准证书失效的;

(六)其他依法应当注销注册登记的情形。

第五章 报关单位的职责和义务

第四十七条 报关企业从事报关服务,应当履行以下义务:

(一)遵守法律、行政法规、海关规章的各项规定,依法履行代理人职责,配合海关监管工作,不得违法滥用报关权;

(二)依法建立账簿和营业记录。真实、正确、完整地记录其受委托办理报关业务的所有活动,详细记录进出口时间、收发货单位、报关单号、货值、代理费等内容,完整保留委托单位提供的各种单证、票据、函电,接受海关稽查;

(三)报关企业应当与委托方签订书面的委托协议,委托协议应当载明受托报关企业名称、地址、委托事项、双方责任、期限、委托人的名称、地址等内容,由双方签章确认;

(四)不得以任何形式出让名义,供他人办理报关业务;

(五)对于代理报关的货物涉及走私违规情事的,应当接受或者协助海关进行调查。

第四十八条 报关单位应当妥善保管海关核发的注册登记证书等相关证明文件。发生遗失的,报关单位应当及时书面向海关说明情况,并在报刊声明作废。海关自收到情况说明和报刊声明证明之日起三十日内应当予以补发。在补办期间,报关单位可以办理报关业务。

第四十九条 报关单位向海关递交的纸质进出口货物报关单必须加盖本单位的报关专用章。报关专用章启用前应当向海关备案。

报关专用章应当按照海关总署统一规定的要求刻制。

报关企业的报关专用章仅限在其标明的口岸地或者海关监管业务集中地使用,每一口岸地或者海关监管业务集中地报关专用章应当只有1枚。

进出口货物收发货人的报关专用章可以在全国各口岸地或者海关监管业务集中地通用,有多枚报关专用章的,应当按照次序注明编号。

第五十条 报关单位所属的报关员离职,应当自报关员离职之日起七日内向海关报告并将报关员证件交注册地海关予以注销。报关员未向报关单位交还报关员证件的,报关单位应当在报刊声明作废,并向注册地海关办理注销手续。

第五十一条 进出口货物收发货人不得委托未取得注册登记许可、未在海关办理注册登记的单位或者个人办理报关业务。

第六章 法律责任

第五十二条 报关单位违反本规定的,海关按照《中华人民共和国海关法》、《中华人民共和国海关行政处罚实施条例》等有关规定予以处理;构成犯罪的,依法追究刑事责任。

第五十三条 报关单位有下列情形之一的,海关予以警告,责令其改正,并可以处人民币1000元以上5000元以下罚款:

(一)报关企业取得变更注册登记许可后或者进出口货物收发货人单位名称、企业性质、企业住所、法定代表人(负责人)等海关注册登记内容发生变更,未按照规定向海关办理变更手续的;

(二)未向海关备案,擅自变更或者启用"报关专用章"的;

(三)所属报关员离职,未按照规定向海关报告并办理相关手续的。

第七章 附则

第五十四条 申请人按照海关规定提交有关文件资料,其中规定提交复印件的,应当将正(副)本原件交海关验核。

第五十五条 《中华人民共和国海关报关企业报关注册登记证书》、《中华人民共和国海关进出口货物收发货人报关注册登记证书》、《报关单位情况登记表》、《报关单位管理人员情况登记表》、《报关员情况登记表》等证书及表格,由海关总署统一样式。

第五十六条 本规定由海关总署负责解释。

第五十七条 本规定自2005年6月1日起施行。海关总署1992年9月9日公布的《中华人民共和国海关对报关单位和报关员的管理规定》(海关总署令第36号)、1994年10月24日公布的《中华人民共和国海关对专业报关企业的管理规定》(海关总署令第50号)、1995年7月6日公布的《中华人民共和国海关对代理报关企业的管理规定》(海关总署令第52号)、《海关总署关于对外贸易经营者办理报关注册登记事项的公告》(〔2004〕25号)、《海关总署关于办理报关企业注册登记事项的公告》(〔2004〕26号)同时废止。

中华人民共和国海关总署令
第128号

《中华人民共和国海关征收进口货物滞报金办法》已经2004年11月16日署务会审议通过,经商财政部、国家发展改革委,现予公布,自2005年6月1日起施行,原《中华人民共和国海关征收进口货物滞报金办法》同时废止。

署长　牟新生

二〇〇五年三月三日

中华人民共和国海关征收进口货物滞报金办法

第一章 总则

第一条 为加强海关对进口货物的通关管理,加快口岸货物运输,促使进口货物收货人(包括受委托的报关企业,下同)及时申报,根据《中华人民共和国海关法》以及有关法律、行政法规规定,制定本办法。

第二条 进口货物收货人超过规定期限向海关申报产生滞报,海关依法应当征收滞报金的,适用本办法。

第三条 滞报金应当由进口货物收货人于当次申报时缴清。进口货物收货人要求在缴清滞报金前先放行货物的,海关可以在其提供与应缴纳滞报金等额的保证金后放行。

第二章　滞报金的计算与征收

第四条 征收进口货物滞报金应当按日计征,以自运输工具申报进境之日起第十五日为起征日,以海关接受申报之日为截止日,起征日和截止日均计入滞报期间,另有规定的除外。

第五条 征收下列进口货物滞报金应当按照下列规定计算起征日:

（一）邮运进口货物应当以自邮政企业向海关驻邮局办事机构申报总包之日起第十五日为起征日；

（二）转关运输货物在进境地申报的，应当以自载运进口货物的运输工具申报进境之日起第十五日为起征日；在指运地申报的，应当以自货物运抵指运地之日起第十五日为起征日；

邮运进口转关运输货物在进境地申报的，应当以自运输工具申报进境之日起第十五日为起征日；在指运地申报的，应当以自邮政企业向海关驻邮局办事机构申报总包之日起第十五日为起征日。

第六条 进口货物收货人在向海关传送报关单电子数据申报后，未在规定期限或核准的期限内递交纸质报关单，海关予以撤销电子数据报关单处理、进口货物收货人重新向海关申报，产生滞报的，按照本办法第四条规定计算滞报金起征日。

进口货物收货人申报并经海关依法审核，必须撤销原电子数据报关单重新申报的，经进口货物收货人申请并经海关审核同意，以撤销原报关单之日起第十五日为起征日。

第七条 进口货物因收货人在运输工具申报进境之日起超过三个月未向海关申报，被海关提取作变卖处理后，收货人申请发还余款的，比照本办法第四条规定计征滞报金。滞报金的截止日为该三个月期限的最后一日。

第八条 进口货物因被行政扣留或者刑事扣押不能按期申报而产生滞报的，其扣留或者扣押期间不计算在滞报期间内。扣留或者扣押期间起止日根据决定行政扣留或者刑事扣押部门签发的有关文书确定。

第九条 滞报金的日征收金额为进口货物完税价格的千分之零点五，以人民币“元”为计征单位，不足人民币一元的部分免予计征。

征收滞报金的计算公式为：进口货物完税价格 × 0.5‰ × 滞报期间

滞报金的起征点为人民币 50 元。

第十条 海关征收进口货物滞报金时，应当向收货人出具滞报金缴款通知书。海关收取滞报金后，应当向收货人出具财政部统一印（监）制的票据。

不属于本办法第十二条所列的减免滞报金情形的，海关可以直接向收货人出具财政部统一印（监）制的票据，收货人持票据到海关指定的部门或者开户银行缴款，海关凭指定部门或者银行加盖收讫章的票据予以核注。

属于本办法第十二条所列的减免滞报金情形的，进口货物收货人收到滞报金缴款通知书后，应当按照本办法第十三条规定向海关申请减免进口货物滞报金。经海关审核批准免予征收滞报金的，由现场关员凭有关批复在系统中予以核注；如经海关审核仍需征收部分或者全部滞报金的，海关向收货人出具财政部统一印（监）制的票据，收货人持票据到海关指定的部门或者开户银行缴款，海关凭指定部门或者银行加盖收讫章的票据予以核注。

若通过中国电子口岸“网上税费支付”系统缴纳滞报金的，按照“网上税费支付”的操作程序办理滞报金的征收手续。

第十一条 转关运输货物在进境地产生滞报的，由进境地海关征收滞报金；在指运地产生滞报的，由指运地海关征收滞报金。

第三章　滞报金的减免

第十二条 有下列情形之一的,进口货物收货人可以向海关申请减免滞报金:

(一)政府主管部门有关贸易管理规定变更,要求收货人补充办理有关手续或者政府主管部门延迟签发许可证件,导致进口货物产生滞报的;

(二)产生滞报的进口货物属于政府间或国际组织无偿援助和捐赠用于救灾、社会公益福利等方面的进口物资或其他特殊货物的;

(三)因不可抗力导致收货人无法在规定期限内申报,从而产生滞报的;

(四)因海关及相关执法部门工作原因致使收货人无法在规定期限内申报,从而产生滞报的;

(五)其他特殊情况经海关批准的。

第十三条 进口货物收货人申请减免滞报金的,应当自收到海关滞报金缴款通知书之日起 30 个工作日内,以书面形式向申报地海关提交申请书,申请书应当加盖公章。

进口货物收货人提交申请材料时,应当同时提供政府主管部门或相关部门出具的相关证明材料。

收货人应当对申请书及相关证明材料的真实性、合法性、有效性承担法律责任。

第十四条 现场海关负责受理减免滞报金的申请,核实情况并提出初步意见;直属海关及海关总署按照各自的审批权限负责审批。

第十五条 有下列情形之一的,海关不予征收滞报金:

(一)收货人在运输工具申报进境之日起超过三个月未向海关申报,进口货物被依法变卖处理,余款按《海关法》第三十条规定上缴国库的;

(二)进口货物收货人在申报期限内,根据《海关法》有关规定向海关提供担保,并在担保期限内办理有关进口手续的;

(三)进口货物收货人申报并经海关依法审核,必须撤销原电子数据报关单重新申报,因删单重报产生滞报的;

(四)进口货物经海关批准直接退运的;

(五)进口货物应征收滞报金金额不满人民币 50 元的。

第四章 附则

第十六条 从境外进入保税区、出口加工区等海关特殊监管区域、以备案清单方式向海关申报的进口货物产生滞报的,比照本办法第九条计征滞报金。

第十七条 本办法规定的滞报金起征日如遇法定节假日,则顺延至其后第一个工作日。

第十八条 本办法所指的进口货物完税价格是指《中华人民共和国进出口关税条例》第十八条规定的完税价格。

第十九条 本办法规定的滞报金缴款通知书采用统一格式。

第二十条 本办法由海关总署负责解释。

第二十一条 本办法自2005年6月1日起施行。

中华人民共和国海关总署令
第129号

《中华人民共和国海关对保税物流中心(A型)的暂行管理办法》已经2005年6月6日署务会议审议通过,现予公布,自2005年7月1日起施行。

署长　牟新生

二〇〇五年六月二十三日

中华人民共和国海关对保税物流中心(A型)的暂行管理办法

第一章 总则

第一条 为适应现代国际物流的发展,规范海关对保税物流中心(A型)及其进出货物的管理和保税仓储物流企业的经营行为,根据《中华人民共和国海关法》和国家有关法律、行政法规,制定本办法。

第二条 本办法所称的保税物流中心(A型)(以下简称物流中心),是指经海关批准,由中国境内企业法人经营、专门从事保税仓储物流业务的海关监管场所。

第三条 物流中心按照服务范围分为公用型物流中心和自用型物流中心。

公用型物流中心是指由专门从事仓储物流业务的中国境内企业法人经营,向社会提供保税仓储物流综合服务的海关监管场所。

自用型物流中心是指中国境内企业法人经营,仅向本企业或者本企业集团内部成员提供保税仓储物流服务的海关监管场所。

第四条 下列货物,经海关批准可以存入物流中心:

(一)国内出口货物;

(二)转口货物和国际中转货物;

(三)外商暂存货物;

(四)加工贸易进出口货物;

(五)供应国际航行船舶和航空器的物料、维修用零部件;

(六)供维修外国产品所进口寄售的零配件;

(七)未办结海关手续的一般贸易进口货物;

(八)经海关批准的其他未办结海关手续的货物。

物流中心经营企业应当按照海关批准的存储货物范围和商品种类开展保税仓储物流业务。

第二章　物流中心的设立

第五条 物流中心应当设在国际物流需求量较大,交通便利且便于海关监管的地方。

第六条 物流中心经营企业应当具备下列资格条件:

(一)经工商行政管理部门注册登记,具有独立的企业法人资格;

(二)注册资本不低于 3000 万元人民币;

(三)具备向海关缴纳税款和履行其他法律义务的能力;

(四)具有专门存储货物的营业场所,拥有营业场所的土地使用权。租赁他人土地、场所经营的,租期不得少于 3 年;

(五)经营特殊许可商品存储的,应当持有规定的特殊经营许可批件;

(六)经营自用型物流中心的企业,年进出口金额(含深加工结转)东部地区不低于 2 亿美元,中西部地区不低于 5000 万美元;

(七)具有符合海关监管要求的管理制度和符合会计法规定的会计制度。

第七条 物流中心经营企业申请设立物流中心应当具备下列条件:

(一)符合海关对物流中心的监管规划建设要求;

(二)公用型物流中心的仓储面积,东部地区不低于 20000 平方米,中西部地区不低于 5000 平方米;

(三)自用型物流中心的仓储面积(含堆场),东部地区不低于 4000 平方米,中西部地区不低于 2000 平方米;

(四)建立符合海关监管要求的计算机管理系统,提供供海关查阅数据的终端设备,并按照海关规定的认证方式和数据标准,通过“电子口岸”平台与海关联网,以便海关在统一平台上与国税、外汇管理等部门实现数据交换及信息共享;

(五)设置符合海关监管要求的安全隔离设施、视频监控系统等监管、办公设施;

(六)符合国家土地管理、规划、消防、安全、质检、环保等方面的法律、行政法规、规章及有关规定。

第八条 申请设立物流中心的企业应当向直属海关提出书面申请,并递交以下加盖企业印章的材料:

(一) 申请书;

(二) 市级(设区的市)人民政府意见书(附可行性研究报告);

(三)企业章程复印件；

(四)企业法人营业执照复印件；

(五)法定代表人的身份证明复印件；

(六)税务登记证复印件；

(七)开户银行证明复印件；

(八)会计师事务所出具的验资报告等资信证明文件；

(九)物流中心内部管理制度；

(十)选址符合土地利用总体规划的证明文件及地理位置图、平面规划图；

(十一)报关单位报关注册登记证书复印件。

第九条 设立物流中心的申请由直属海关受理，报海关总署审批。

第十条 企业自海关总署出具批准其筹建物流中心文件之日起1年内向直属海关申请验收，由直属海关会同省级税务、外汇管理等部门按照本办法的规定进行审核验收。

物流中心验收合格后，由海关总署向企业核发《保税物流中心(A型)验收合格证书》和《保税物流中心(A型)注册登记证书》，颁发保税物流中心(A型)标牌。

物流中心在验收合格后方可以开展有关业务。

第十一条 获准设立物流中心的企业确有正当理由未按时申请验收的，经直属海关同意可以延期验收，但延期不得超过6个月。如果有特殊情况需要二次延期的，报海关总署批准。

获准设立物流中心的企业无正当理由逾期未申请验收或者验收不合格的，视同其撤回设立物流中心的申请。

第三章 物流中心的经营管理

第十二条 物流中心不得转租、转借他人经营，不得下设分中心。

第十三条 物流中心经营企业可以开展以下业务：

(一)保税存储进出口货物及其他未办结海关手续货物；

(二)对所存货物开展流通性简单加工和增值服务；

(三)全球采购和国际分拨、配送；

(四)转口贸易和国际中转业务；

(五)经海关批准的其他国际物流业务。

第十四条 物流中心经营企业在物流中心内不得开展下列业务：

(一)商业零售；

(二)生产和加工制造；

(三)维修、翻新和拆解；

(四)存储国家禁止进出口货物，以及危害公共安全、公共卫生或者健康、公共道德或者秩序的国家限制进出口货物；

(五)法律、行政法规明确规定不能享受保税政策的货物；

(六)其他与物流中心无关的业务。

第十五条 物流中心负责人及其工作人员应当熟悉海关有关法律行政法规，遵守海关监管规定。

第四章 海关对物流中心的监管

第十六条 海关采取联网监管、视频监控、实地核查等方式对进出物流中心的货物、物品、运输工具等实施动态监管。

第十七条 海关对物流中心实施计算机联网监管。物流中心应当建立符合海关监管要求的计算机管理系统并与海关联网，形成完整真实的货物进、出、转、存电子数据，保证海关开展对有关业务数据的查询、统计、采集、交换和核查等监管工作。

第十八条 主管海关通过视频监控系统对物流中心实施远程监管。

第十九条《保税物流中心(A型)注册登记证书》有效期为2年。

物流中心经营企业应当在《保税物流中心(A型)注册登记证书》每次有效期满30日前向直属海关办理延期审查申请手续。

物流中心经营企业办理延期审查申请需提交以下加盖企业印章的材料：

(一)经会计师事务所审计的本年度资产负债表和损益表复印件；

(二)报关注册登记证书正本；

(三)经工商行政管理部门加贴本年度通过年检标识的营业执照及企业法人营业执照副本复印件；

(四)企业进出口业务情况报告书；

(五)海关要求的其他说明材料。

对审查合格的企业准予延期2年。

第二十条 物流中心需变更经营单位名称、地址、仓储面积等事项的，企业申请并由直属海关报海关总署审批。其它变更事项报直属海关备案。

第二十一条 物流中心经营企业无正当理由连续6个月未开展业务的，视同物流中心经营企业撤回物流中心设立申请。由直属海关报海关总署办理注销手续，并收回《保税物流中心(A型)验收合格证书》和《保税物流中心(A型)注册登记证书》。

物流中心经营企业因故终止业务的，由物流中心提出书面申请，经海关总署审批后，办理注销手续并交回《保税物流中心(A型)验收合格证书》和《保税物流中心(A型)注册登记证书》。

第二十二条 物流中心内货物保税存储期限为1年。确有正当理由的，经主管海关同意可以予以延期，除特殊情况外，延期不得超过1年。

第五章 海关对物流中心进出货物的监管

第一节 物流中心与境外间的进出货物

第二十三条 物流中心与境外间进出的货物,应当在物流中心主管海关办理相关手续。物流中心与口岸不在同一主管海关的,经主管海关批准,可以在口岸海关办理相关手续。

第二十四条 物流中心与境外间进出的货物,除实行出口被动配额管理和中华人民共和国参加或者缔结的国际条约及国家另有明确规定的以外,不实行进出口配额、许可证件管理。

第二十五条 从境外进入物流中心内的货物,其关税和进口环节海关代征税,按照下列规定办理:

(一)本办法第四条中所列的货物予以保税;

(二)物流中心企业进口自用的办公用品、交通、运输工具、生活消费用品等,以及物流中心开展综合物流服务所需进口的机器、装卸设备、管理设备等,按照进口货物的有关规定和税收政策办理相关手续。

第二节 物流中心与境内间的进出货物

第二十六条 物流中心内货物跨关区提取,可以在物流中心主管海关办理手续,也可以按照海关其他规定办理相关手续。

第二十七条 企业根据需要经主管海关批准,可以分批进出货物,并按照海关规定办理月度集中报关,但集中报关不得跨年度办理。

第二十八条 物流中心货物进入境内视同进口,按照货物实际贸易方式和实际状态办理进口报关手续;货物属许可证件管理商品的,企业还应当向海关出具有效的许可证件;实行集中申报的进出口货物,应当适用每次货物进出口时海关接受申报之日实施的税率、汇率。

第二十九条 货物从境内进入物流中心视同出口,办理出口报关手续。如需缴纳出口关税的,应当按照规定纳税;属许可证件管理商品,还应当向海关出具有效的出口许可证件。

从境内运入物流中心的原进口货物,境内发货人应当向海关办理出口报关手续,经主管海关验放;已经缴纳的关税和进口环节海关代征税,不予退还;

除法律、行政法规另有规定外,按照以下规定办理:

(一)以下情况,海关给予签发用于办理出口退税的出口货物报关单证明联:

1、货物从境内进入物流中心已办结报关手续的;

2、转关出口货物,启运地海关在已收到物流中心主管海关确认转关货物进入物流中心的转关回执后;

3、境内运入物流中心供物流中心企业自用的国产的机器设备、装卸设备、管理设备、检验检测设备等。

(二)以下情况,海关不予签发用于办理出口退税的出口货物报关单证明联:

1、境内运入物流中心供物流中心企业自用的生活消费用品、交通运输工具;

2、境内运入物流中心供物流中心企业自用的进口的机器设备、装卸设备、管理设备、检验检测设备等;

3、物流中心之间,物流中心与出口加工区、保税物流园区、物流中心(B 型)和已实行国内货物入仓环节出口退税政策的出口监管仓库等海关特殊监管区域或者海关保税监管场所的货物往来。

第三十条 企业按照国家税务总局的有关税收管理办法办理出口退税手续。按照国家外汇管理局有关外汇管理办法办理收付汇手续。

第三十一条 下列货物从物流中心进入境内时依法免征关税和进口环节海关代征税：

(一)用于在保修期限内免费维修有关外国产品并符合无代价抵偿货物有关规定的零部件；

(二)用于国际航行船舶和航空器的物料；

(三)国家规定免税的其他货物。

第三十二条 物流中心与保税区、出口加工区、保税物流园区、物流中心(A 型、B 型)、保税仓库和出口监管仓库等海关特殊监管区域或者海关保税监管场所之间货物的往来，按照有关规定办理。

第六章 法律责任

第三十三条 保税仓储货物在存储期间发生损毁或者灭失的，除不可抗力外，物流中心经营企业应当依法向海关缴纳损毁、灭失货物的税款，并承担相应的法律责任。

第三十四条 违反本办法规定的，海关依照《中华人民共和国海关法》、《中华人民共和国海关行政处罚实施条例》予以处理；构成犯罪的，依法追究刑事责任。

第七章 附则

第三十五条 本办法下列用语的含义：

“流通性简单加工和增值服务”是指对货物进行分级分类、分拆分拣、分装、计量、组合包装、打膜、加刷唛码、刷贴标志、改换包装、拼装等辅助性简单作业的总称。

“国际中转货物”是指由境外启运，经中转港换装国际航线运输工具后，继续运往第三国或者地区指运口岸的货物。

第三十六条 本办法由海关总署负责解释。

第三十七条 本办法自 2005 年 7 月 1 日起施行。

中华人民共和国海关总署令
第 130 号

《中华人民共和国海关对保税物流中心(B 型)的暂行管理办法》已经 2005 年 6 月 6 日署务会议

审议通过,现予公布,自2005年7月1日起施行。

署长　牟新生

二〇〇五年六月二十三日

中华人民共和国海关对保税物流中心(B型)的暂行管理办法

第一章 总则

第一条 为适应现代国际物流业的发展,规范海关对保税物流中心(B型)及其进出货物的管理和保税仓储物流企业的经营行为,根据《中华人民共和国海关法》和国家有关法律、行政法规,制定本办法。

第二条 本办法所称保税物流中心(B型)(以下简称物流中心)是指经海关批准,由中国境内一家企业法人经营,多家企业进入并从事保税仓储物流业务的海关集中监管场所。

第三条 下列货物,经海关批准可以存入物流中心:

(一)国内出口货物;

(二)转口货物和国际中转货物;

(三)外商暂存货物;

(四)加工贸易进出口货物;

(五)供应国际航行船舶和航空器的物料、维修用零部件;

(六)供维修外国产品所进口寄售的零配件;

(七)未办结海关手续的一般贸易进口货物;

(八)经海关批准的其他未办结海关手续的货物。

中心内企业应当按照海关批准的存储货物范围和商品种类开展保税物流业务。

第二章　物流中心及中心内企业的设立

第一节 物流中心的设立

第四条 设立物流中心应当具备下列条件:

(一)物流中心仓储面积,东部地区不低于10万平方米,中西部地区不低于5万平方米;

(二)符合海关对物流中心的监管规划建设要求;

(三)选址在靠近海港、空港、陆路交通枢纽及内陆国际物流需求量较大,交通便利,设有海关机构且便于海关集中监管的地方;

(四)经省级人民政府确认,符合地方经济发展总体布局,满足加工贸易发展对保税物流的需求;

(五)建立符合海关监管要求的计算机管理系统,提供供海关查阅数据的终端设备,并按照海关规定的认证方式和数据标准,通过"电子口岸"平台与海关联网,以便海关在统一平台上与国税、外汇管理等部门实现数据交换及信息共享;

(六)设置符合海关监管要求的安全隔离设施、视频监控系统等监管、办公设施。

第五条 物流中心经营企业应当具备下列资格条件:

(一)经工商行政管理部门注册登记,具有独立企业法人资格;

(二)注册资本不低于5000万人民币;

(三)具备对中心内企业进行日常管理的能力;

(四)具备协助海关对进出物流中心的货物和中心内企业的经营行为实施监管的能力。

第六条 物流中心经营企业具有以下责任和义务:

(一)设立管理机构负责物流中心的日常管理工作;

(二)遵守海关法及有关管理规定;

(三)遵守国家土地管理、规划、消防、安全、质检、环保等方面法律、行政法规及有关规定;

(四)制定完善的物流中心管理制度,协助海关实施对进出物流中心的货物及中心内企业经营行为的监管。

物流中心经营企业不得在本物流中心内直接从事保税仓储物流的经营活动。

第七条 申请设立物流中心的企业应当向直属海关提出书面申请,并递交以下加盖企业印章的材料:

(一) 申请书;

(二)省级人民政府意见书(附可行性研究报告);

(三)企业章程复印件;

(四)企业法人营业执照复印件;

(五)法定代表人的身份证明复印件;

(六)税务登记证复印件;

(七)会计师事务所出具的验资报告等资信证明文件;

(八)物流中心所用土地使用权的合法证明及地理位置图、平面规划图。

第八条 物流中心内只能设立仓库、堆场和海关监管工作区。不得建立商业性消费设施。

第九条 设立物流中心的申请由直属海关受理,报海关总署审批。

企业自海关总署出具批准其筹建物流中心文件之日起1年内向海关总署申请验收,由海关总署会同国家税务总局、国家外汇管理总局等部门或者委托被授权的机构按照本办法的规定进行审核验收。

物流中心验收合格后,由海关总署向物流中心经营企业核发《保税物流中心(B型)验收合格证书》(样式见附件1)和《保税物流中心(B型)注册登记证书》(样式见附件2),颁发标牌(样式见附件5)。

物流中心在验收合格后方可以开展有关业务。

第十条 获准设立物流中心的企业确有正当理由未按时申请验收的，经海关总署同意可以延期验收。

获准设立物流中心的企业无正当理由逾期未申请验收或者验收不合格的，视同其撤回设立物流中心的申请。

第二节 中心内企业的设立

第十一条 中心内企业应当具备下列条件：

(一)具有独立的法人资格或者特殊情况下的中心外企业的分支机构；

(二)具有独立法人资格的企业注册资本最低限额为500万元人民币；属企业分支机构的,该企业注册资本不低于1000万人民币；

(三)具备向海关缴纳税款和履行其他法律义务的能力；

(四)建立符合海关监管要求的计算机管理系统并与海关联网；

(五)在物流中心内有专门存储海关监管货物的场所。

第十二条 企业申请进入物流中心应当向所在地主管海关提出书面申请,并递交以下加盖企业印章的材料：

(一) 申请书(样式见附件3)；

(二) 企业内部管理制度；

(三)企业法人营业执照复印件；

(四)法定代表人的身份证明复印件；

(五)税务登记证复印件；

(六)股权结构证明书(合资、合作企业)和投资主体各方的注册登记文件的复印件；

(七)开户银行证明复印件；

(八)会计事务所出具的验资报告等资信证明文件；

(九)物流中心内所承租仓库位置图、仓库布局图及承租协议；

(十)报关单位报关注册登记证书。

第十三条 主管海关受理后报直属海关审批。

直属海关对经批准的企业核发《中华人民共和国海关保税物流中心(B型)企业注册登记证书》(样式见附件4)。

第三章 物流中心的经营管理

第十四条 物流中心不得转租、转借他人经营,不得下设分中心。

第十五条 中心内企业可以开展以下业务：

(一)保税存储进出口货物及其他未办结海关手续货物；

(二)对所存货物开展流通性简单加工和增值服务;

(三)全球采购和国际分拨、配送;

(四)转口贸易和国际中转;

(五)经海关批准的其他国际物流业务。

第十六条 中心内企业不得在物流中心内开展下列业务:

(一)商业零售;

(二)生产和加工制造;

(三)维修、翻新和拆解;

(四)存储国家禁止进出口货物,以及危害公共安全、公共卫生或者健康、公共道德或者秩序的国家限制进出口货物;

(五)法律、行政法规明确规定不能享受保税政策的货物;

(六)其他与物流中心无关的业务。

第十七条 物流中心经营企业及中心内企业负责人及其工作人员应当熟悉海关有关法律法规,遵守海关监管规定。

第四章 海关对物流中心及中心内企业的监管

第十八条 海关采取联网监管、视频监控、实地核查等方式对进出物流中心的货物、物品、运输工具等实施动态监管。

第十九条 海关对物流中心及中心内企业实施计算机联网监管。物流中心及中心内企业应当建立符合海关监管要求的计算机管理系统并与海关联网,形成完整真实的货物进、出、转、存电子数据,保证海关开展对有关业务数据的查询、统计、采集、交换和核查等监管工作。

第二十条 主管海关通过视频监控系统对物流中心实施远程监管。

第二十一条《保税物流中心(B型)注册登记证书》有效期为3年。

物流中心经营企业应当在《保税物流中心(B型)注册登记证书》每次有效期满30日前向直属海关办理延期审查申请手续。

物流中心经营企业办理延期审查申请需提交以下加盖企业印章的材料:

(一)经会计师事务所审计的本年度资产负债表和损益表复印件;

(二)经工商行政管理部门加贴本年度通过年检标识的营业执照及企业法人营业执照副本复印件;

(三)海关要求的其他说明材料。

对审查合格的企业准予延期3年。

第二十二条 物流中心需变更名称、地址、面积及所有权等事项的,由直属海关受理报海关总署审批。其他变更事项报直属海关备案。

第二十三条 中心内企业需变更有关事项的,由主管海关受理后报直属海关审批。

第二十四条 物流中心经营企业无正当理由连续1年未开展业务的,视同撤回物流中心设立申请。

由直属海关报海关总署办理注销手续并收回标牌和《保税物流中心(B型)验收合格证书》。

物流中心经营企业因故终止业务的,物流中心经营企业向直属海关提出书面申请,经海关总署审批后,办理注销手续并交回标牌和《保税物流中心(B型)验收合格证书》。

第二十五条 中心内企业无正当理由连续6个月未开展业务的,视同其撤回进入保税物流中心的申请,由主管海关报直属海关办理注销并收回《保税物流中心(B型)企业注册登记证书》。

第二十六条 物流中心内货物保税存储期限为2年。确有正当理由的,经主管海关同意可以予以延期,除特殊情况外,延期不得超过1年。

第五章 海关对物流中心进出货物的监管

第一节 物流中心与境外间的进出货物

第二十七条 物流中心与境外间进出的货物,应当在物流中心主管海关办理相关手续。物流中心与口岸不在同一主管海关的,经主管海关批准,可以在口岸海关办理相关手续。

第二十八条 物流中心与境外之间进出的货物,除实行出口被动配额管理和中华人民共和国参加或者缔结的国际条约及国家另有明确规定的以外,不实行进出口配额、许可证件管理。

第二十九条 从境外进入物流中心内的货物,其关税和进口环节海关代征税,按照下列规定办理:

(一)本办法第三条中所列的货物予以保税;

(二)中心内企业进口自用的办公用品、交通、运输工具、生活消费用品等,以及企业在物流中心内开展综合物流服务所需的进口机器、装卸设备、管理设备等,按照进口货物的有关规定和税收政策办理相关手续。

第二节 物流中心与境内间的进出货物

第三十条 物流中心货物跨关区提取,可以在物流中心主管海关办理手续,也可以按照海关其他规定办理相关手续。

第三十一条 中心内企业根据需要经主管海关批准,可以分批进出货物,并按照海关规定办理月度集中报关,但集中报关不得跨年度办理。

第三十二条 物流中心货物进入境内视同进口,按照货物实际贸易方式和实际状态办理进口报关手续;货物属许可证件管理商品的,企业还应当向海关出具有效的许可证件;实行集中申报的进出口货物,应当适用每次货物进出口时海关接受申报之日实施的税率、汇率。

第三十三条 货物从境内进入物流中心视同出口,办理出口报关手续,如需缴纳出口关税的,应当按照规定纳税;属许可证件管理商品,还应当向海关出具有效的出口许可证件。

从境内运入物流中心的原进口货物,境内发货人应当向海关办理出口报关手续,经主管海关验放;已经缴纳的关税和进口环节海关代征税,不予退还;

除法律、行政法规另有规定外，按照以下规定办理：

(一)以下情况，海关给予签发用于办理出口退税的出口货物报关单证明联：

1、货物从境内进入物流中心已办结报关手续的；

2、转关出口货物，启运地海关在已收到物流中心主管海关确认转关货物进入物流中心的转关回执后；

3、境内运入物流中心供中心内企业自用的国产的机器设备、装卸设备、管理设备、检验检测设备等。

(二)以下情况，海关不予签发用于办理出口退税的出口货物报关单证明联：

1、境内运入物流中心供中心内企业自用的生活消费用品、交通运输工具；

2、境内运入物流中心供中心内企业自用的进口的机器设备、装卸设备、管理设备、检验检测设备等；

3、物流中心之间，物流中心与出口加工区、保税物流园区、物流中心(A型)和已实行国内货物入仓环节出口退税政策的出口监管仓库等海关特殊监管区域或者海关保税监管场所的货物往来；

第三十四条 企业按照国家税务总局的有关税收管理办法办理出口退税手续。按照国家外汇管理局有关外汇管理办法办理收付汇手续。

第三十五条 下列货物从物流中心进入境内时依法免征关税和进口环节海关代征税：

(一)用于在保修期限内免费维修有关外国产品并符合无代价抵偿货物有关规定的零部件；

(二)用于国际航行船舶和航空器的物料；

(三)国家规定免税的其他货物。

第三十六条 物流中心与保税区、出口加工区、保税物流园区、物流中心(A型、B型)、保税仓库和已实行国内货物入仓环节出口退税政策的出口监管仓库等海关特殊监管区域或者海关保税监管场所之间货物的往来，按照有关规定办理。

第三节 中心内企业间的货物流转

第三十七条 物流中心内货物可以在中心内企业之间进行转让、转移并办理相关海关手续。未经海关批准，中心内企业不得擅自将所存货物抵押、质押、留置、移作他用或者进行其他处置。

第六章 法律责任

第三十八条 保税仓储货物在存储期间发生损毁或者灭失的，除不可抗力外，中心内企业应当依法向海关缴纳损毁、灭失货物的税款，并承担相应的法律责任。

第三十九条 违反本办法规定的，海关依照《中华人民共和国海关法》、《中华人民共和国海关行政处罚实施条例》予以处理；构成犯罪的，依法追究刑事责任。

第七章 附则

第四十条 本办法下列用语的含义：

“中心内企业”是指经海关批准进入物流中心开展保税仓储物流业务的企业。

“流通性简单加工和增值服务”是指对货物进行分级分类、分拆分拣、分装、计量、组合包装、打膜、加刷唛码、刷贴标志、改换包装、拼装等辅助性简单作业的总称。

“国际中转货物”是指由境外启运，经中转港换装国际航线运输工具后，继续运往第三国或地区指运口岸的货物。

第四十一条 本办法由海关总署负责解释。

第四十二条 本办法自 2005 年 7 月 1 日起施行。

中华人民共和国海关总署令
第 131 号

《中华人民共和国海关立法工作管理规定》经 2005 年 9 月 30 日署务会审议通过，现予公布，自 2006 年 1 月 1 日起施行。2002 年 10 月 28 日公布的《海关规范性文件制定管理办法》同时废止。

署　长 牟新生

二〇〇五年十月二十四日

中华人民共和国海关立法工作管理规定

第一章 总 则

第一条 为了加强对海关规章及其他规范性文件制定工作(以下简称海关立法工作)的管理，规范程序，保证质量，根据《中华人民共和国立法法》和国家有关行政法规的规定，结合海关工作实际，制定本规定。

第二条 本规定适用于海关总署、直属海关在职权范围内依法按照规定程序对规章及其他规范性文件进行的立项、起草、审查、决定、公布、备案、解释、修订、废止等立法活动。

海关总署与国务院有关部门联合制定、公布规章以及以公告形式发布其他规范性文件,适用本规定。

第三条 本规定所称规章,是指海关总署依照《规章制定程序条例》及本规定制定、公布的规章。

本规定所称其他规范性文件,是指海关总署及各直属海关制定并以海关总署公告或直属海关公告形式对外发布的涉及行政管理相对人权利、义务、具有普遍约束力的文件。

第四条 完整、全面规范某一类海关行政管理关系,并涉及行政管理相对人权利义务的,应当由海关总署制定规章。

制定规章应当经过立项、起草、征求意见、法制部门审查、提交审议、署务会审议、公布等程序。

第五条 海关总署可以按照本规定对涉及行政管理相对人权利义务的具体事项作出规定,以公告形式对外发布。

直属海关可以按照本规定对本关区内涉及行政管理相对人权利义务的事项作出规定、制定管理规范,以公告形式对外发布。

发布公告应当依照公文管理的有关程序进行。

第六条 海关立法工作应当符合下列原则:

(一)符合宪法、法律、行政法规和其他上位法的规定;

(二)保障行政管理相对人的合法权益;

(三)体现海关的职权与责任相一致;

(四)科学规范行政行为,正确履行政府职能;

(五)实事求是,切实可行,便于操作;

(六)公开透明;

(七)符合精简、统一、效能的要求。

第七条 海关规章和其他规范性文件在公布、发布前应当经过海关法制部门审查。

第八条 海关规章和其他规范性文件应当结构严谨、内容完备、形式规范、条理清楚、用词准确、文字简洁。

第九条 海关规章和其他规范性文件公布、发布后应当通过海关互联网站、海关公告栏等途径向社会公开。

第十条 文件有下列情形之一的不得在海关行政执法过程中作为执行依据,对行政管理相对人没有约束力:

(一)与宪法、法律、行政法规、海关规章及其他上位法相抵触的;

(二)海关公文中有涉及行政管理相对人权利义务内容但未按规定制定规章或以公告形式公开的。

第十一条 海关总署法制部门负责对全国海关立法工作进行指导、监督,承担海关总署负责起草的法律、行政法规草案、海关总署制定的规章及其他规范性文件的计划、组织起草、审查、监督等工作,负责与全国人大法制部门、国务院法制部门进行联系、协调及规章备案等工作,负责与国家有关部门法制机构就法规管理工作进行联系。

广东分署法制部门负责协助海关总署法制部门指导、协调广东地区海关的立法工作，根据海关总署的授权行使立法监督职能。

直属海关法制部门负责对本关区的规范性文件进行组织起草、审查、协调、备案等工作，负责组织在本关区内对总署下发的法律、行政法规、规章及其他规范性文件的草案征求意见，并向总署反馈，负责了解收集基层执法情况，提出立法建议。

第二章　规　章

第一节 立 项

第十二条 海关总署实行立法年度制度，每年的3月1日起至次年2月最后一日为一个立法年度，按照立法年度制定年度立法计划，确定需要制定、修订规章的项目。

第十三条 海关总署法制部门负责年度立法计划的拟定、报审、检查工作。

第十四条 海关总署各业务部门认为需要制定、修订规章的，应当在新的立法年度开始前提出立项申请，报海关总署法制部门。

第十五条 报送制定、修订规章的立项申请，应当包括必要性、可行性、拟解决的主要问题、拟确立的主要制度以及起草单位项目负责人、经办人、拟完成起草的时间等内容的说明。

有关项目涉及海关总署多个部门或者国务院其他部门业务的，立项申请部门在拟订立项申请时应当征求相关部门的意见。

第十六条 广东分署和直属海关认为需要制定、修订规章的，应当在新的立法年度开始前向海关总署法制部门提出本年度的立法建议，并抄报有关业务部门。海关总署法制部门应当主动征求广东分署和各直属海关的立法建议。

立法建议的内容参照立项申请的有关内容。

第十七条 海关总署法制部门对制定、修订规章的立项申请进行汇总、协调，确定本年度的立法项目以及负责起草的部门，拟定海关总署的年度立法计划，经署务会审议通过后印发全国海关。

第十八条 海关总署法制部门应当根据年度立法计划，并征求各有关业务部门的意见，制定立法计划实施方案，内容包括规章的名称、起草部门、项目负责人、联系人、拟完成时间和各阶段时间安排等。

第十九条 年度立法计划应当严格执行。海关总署法制部门负责对年度立法计划执行情况进行检查、督促，并定期通报计划执行的情况。署务会审议新的年度立法计划以前，海关总署法制部门应当就上一年度立法计划的执行情况进行汇报。

第二十条 有以下情形之一的，总署有关部门可以申请对立法项目进行调整：

(一)由于情况紧急，需要立即制定、公布规章但未能列入年度立法计划的；

(二)由于客观情况发生重大变化，原已列入年度立法计划的项目不能按照原定计划完成的。

第二十一条 需要调整立法项目的，按照以下程序办理：

(一)有关起草部门向海关总署法制部门提出需要增加立法项目或立法项目需要延期完成的书面申请;

(二)海关总署法制部门对有关起草部门的申请进行复核,确属本规定第二十条规定的情形的,起草关于变更立法计划的签报,报署领导审批;

(三)署领导批准对立法计划进行调整的,由海关总署法制部门重新编制立法计划实施方案。

第二节 起 草

第二十二条 综合性规章由海关总署法制部门负责起草或组织起草,其他规章由有关业务主管部门负责起草。

起草部门可以根据情况委托有关直属海关从事具体的起草工作。必要时,可以邀请有关单位、社会团体参与起草工作。

第二十三条 负责起草的部门应当确定一名行政领导为项目负责人,并至少确定一名既熟悉海关业务,同时又熟悉法律知识的人员具体负责起草工作。

起草的规章涉及多个部门时,由主要起草部门负责牵头组织,有关部门共同派人组成联合起草小组。

第二十四条 起草规章应当根据情况进行立法调研,了解实践中存在的问题,研究国内外的先进经验,并完成调研报告。

第二十五条 规章应当根据情形明确规定下列内容:

(一)制定的目的和依据;

(二)适用范围;

(三)主管机关或部门;

(四)管理原则;

(五)具体管理措施和办事程序;

(六)海关和行政管理相对人的权利和义务;

(七)法律责任;

(八)施行日期;

(九)需要废止的文件或文件中的条款;

(十)其他需要规定的内容。

第二十六条 规章的层次结构依次为条、款、项、目。内容复杂的规章可分章、节。

规章在起草时应当归纳条文的主要内容并在每一条的条文前标注条标。

第二十七条 起草的规章根据下列情形区分稿次:

(一)起草部门起草完成拟征求各方面意见的,称为“××司征求意见稿”;

(二)起草部门修改完成送海关总署法制部门审查的,称为“送审稿”;

(三)海关总署法制部门对送审稿进行修改后征求各方面意见的,称为“政策法规司征求意见稿”;

(四)海关总署法制部门送署内各部门进行立法复核的,称为“立法复核稿”;

(五)海关总署法制部门拟提交署务会审议的,称为“草案”。

第二十八条 规章起草完毕后,应当征求有关单位、署内有关部门、直属海关及行政管理相对人等各方面的意见。听取意见可以采取书面征求意见、座谈会、论证会、听证会等多种形式。

第二十九条 有以下情形之一的,起草部门应当将规章征求意见稿向社会公布,必要时可举行听证会:

(一)涉及行政管理相对人切身利益的;

(二)征求意见时存在重大分歧的;

(三)其他需要向社会公布的情形。

第三十条 听证会应当公开举行,并依照下列程序组织:

(一)举行听证会的30日前应当公布听证会的时间、地点和内容;

(二)根据情况通过社会公开报名、邀请等形式确定参加听证会的有关机关、组织和公民代表;

(三)向参加听证会的代表就起草的规章进行解释和说明;

(四)参加听证会的代表对起草的规章,有权提问和发表意见;

(五)听证会应当制作笔录,如实记录发言人的主要观点和理由;

(六)起草部门应当认真研究听证会反映的各种意见。

第三十一条 起草规章的同时应当撰写起草说明。起草说明应当包括下列内容:

(一)立法的必要性;

(二)立法的主要依据;

(三)现行的有关规范性文件规定,是否需要修改或废止;

(四)起草过程;

(五)拟采取的管理措施及可行性分析;

(六)征求意见情况及采纳、协调情况;

(七)需要说明的其他问题。

有不同意见经协商不能达成一致的,起草部门应当在起草说明中注明。举行听证会的,起草说明中应当说明对听证会意见的处理情况及其理由。

第三节　审查

第三十二条 报送审查的规章送审稿及起草说明应当由起草部门负责人签署后报法制部门审查。

几个部门共同起草的规章送审稿及起草说明，应当由起草部门负责人共同签署后报法制部门审查。

第三十三条 法制部门可以要求起草部门将下列材料与规章送审稿、起草说明送审稿一并报送法制部门审查:

(一)与起草规章内容有关的规范性文件;

(二)各方意见的原始材料及关于采纳情况的说明;

(三)国内外有关立法的背景材料;

(四)听证会笔录;

(五)有关调研报告;

(六)其他需要报送的材料。

第三十四条 法制部门应当从以下方面对送审稿进行审查:

(一)是否符合宪法、法律、行政法规和其他上位法的规定;

(二)是否符合法定权限和程序;

(三)是否符合立法原则;

(四)是否与其他规章相协调、衔接;

(五)是否已对有关不同意见进行协调;

(六)是否具有法律可行性;

(七)是否符合立法技术要求;

(八)需要审查的其他内容。

第三十五条 海关总署法制部门在审查过程中应当与起草部门充分进行沟通,了解起草的意图、背景、业务流程、要解决的主要问题。起草部门应当主动配合海关总署法制部门的审查工作,介绍有关情况,提供有关资料。

法制部门审查过程中提出重大修改意见的,应当与起草部门协商。

第三十六条 海关总署法制部门在审查过程中应当将规章送审稿和起草说明送署内各部门征求意见,必要时可以征求有关直属海关单位的意见。征求意见应当以书面方式进行,必要时以召开座谈会的方式进行。海关总署法制部门可以根据需要进行立法调研,并可以按照规定的程序举行听证会。

第三十七条 规章送审稿有下列情形之一的,海关总署法制部门可以予以缓办或退回起草单位:

(一)制定规章的基本条件尚不成熟的;

(二)起草单位未与有关部门进行协商的;

(三)有关部门对送审稿的内容有较大争议且理由较为充分的;

(四)送审稿所附材料不齐全的;

(五)未按规定程序办理的;

(六)其他不宜提交署务会审议的情况。

被缓办或退回的规章送审稿经起草单位按要求改正符合报审条件的,可以按照规定程序重新报送法制部门审查。

第三十八条 海关总署法制部门应当在提请署务会审议前,将规章立法复核稿送署内各部门复核。署内各部门无不同意见的,部门主要负责人应当在复核单上签名。

有重大修改意见的,应当另行出具书面意见,并由部门主要负责人签名。

第三十九条 海关总署法制部门完成对规章立法复核稿的审查修改工作后,形成规章草案和起草说明。

第四节 审议与公布

第四十条 规章应当经海关总署署务会审议决定。

第四十一条 海关总署法制部门经过审查认为规章草案已经成熟,可以提交署务会审议的,应当申请召开署务会。

第四十二条 署务会审议规章草案时,海关总署法制部门负责人对规章草案作起草说明,起草部门负责人可以就具体问题进行补充说明。

第四十三条 规章草案经署务会审议并原则通过后,海关总署法制部门应当根据审议中提出的修改意见会同起草部门对草案进行修改,按照立法技术要求进行删除条标等文字处理,并起草署令,按照公文办理程序以海关总署令形式予以公布。

除特殊情况外,规章应当在署务会审议通过后30日内公布。

对审议中存在重大原则性分歧意见未予通过的草案,由海关总署法制部门根据署务会要求,会同起草部门、有关业务部门与有分歧意见的部门再次协调、讨论,提出修改稿,提交署务会再次审议。

第四十四条 海关总署与国务院其他部门联合公布的规章应当在草案经署务会讨论原则通过并按照公文办理程序由署长签发后送联合公布的部门签发。

由国务院其他部门主办并与海关总署联合公布的规章经海关总署法制部门及有关业务主管部门提出意见后,原则上应由海关总署法制部门提交署务会审议通过,特殊情况下,经署长批准,由主管署领导签发。

第四十五条 海关总署令应当载明序号、规章名称、署务会审议通过日期、有关规定的废止情况、施行日期、署长署名、公布日期等内容。

海关总署与国务院其他部门联合公布的规章由署长及联合制定部门的首长共同署名公布,使用主办机关的命令序号。

第四十六条 除特殊情况外,规章应当自公布之日起至少30日后施行。

第四十七条 规章公布后30日内, 由海关总署法制部门按照有关行政法规规定的程序和要求具体办理规章备案手续。

第四十八条 规章签署公布后应当在《海关总署文告》上刊登。

规章的文本以《海关总署文告》刊登的文本为标准文本。

第四十九条 规章的外文正式译本,应当由海关总署法制部门组织翻译,或进行审定。

第五节 修改与废止

第五十条 遇有下列情形之一的,规章应当及时修改:

(一)因有关法律、行政法规的修改或废止,需要作相应修改的;

(二)因实际情况发生变化,需要增减或者改变内容的;

(三)其他应当予以修改的情况。

第五十一条 规章修改的篇幅较小,未改变条文顺序和结构的,可以由起草部门起草修改规章的决定,比照制定规章的程序,经法制部门审查并提交署务会审议后,以署令形式公布,同时重新公布修改后的规章全文。

规章修改的篇幅较大或对条文顺序和结构有重大修改的,应当按照制定规章的程序重新公布新的规章。原规章应当明文废止。

第五十二条 遇有下列情形之一的,规章应当及时废止:

(一)因有关法律、行政法规废止或者修改,失去制定依据或者没有必要继续执行的;

(二)因规定的事项已执行完毕或者因实际情况变化,没有必要继续执行的;

(三)新的规章已取代了旧的规章的;

(四)其他应当予以废止的情况。

第五十三条 对需要废止或者已经失效的规章由海关总署明文废止或者宣布失效。

对新制定的规章可以替代旧的规章的,应当在新的规章中列出详细目录,明文废止被替代的规章。

第六节 解 释

第五十四条 规章的解释权归海关总署,海关总署各部门及直属海关均无权对规章进行解释。

第五十五条 规章有下列情形之一的,可以进行解释:

(一)规章的规定需要进一步明确具体含义的;

(二)规章制定后出现新的情况,需要明确适用规章依据的。

第五十六条 广东分署、直属海关可以向海关总署提出对规章进行解释的请示,海关总署也可主动对规章进行解释。

第五十七条 规章解释可以由规章的原起草部门起草,也可由海关总署法制部门起草。规章解释起草完毕后应当连同起草说明一并报海关总署法制部门进行审查。海关总署法制部门审查同意的,提交署务会审议决定,并参照公布规章的程序以海关总署令形式予以公布。

第五十八条 海关总署对规章作出的解释与规章具有同等效力。

第五十九条 法律、行政法规授权海关总署进行解释的比照上述程序办理。

涉及海关行政管理的法律、行政法规的有关条文、规定不够具体,立法机关又没有作出解释的,海关总署可以进行行政解释。行政解释比照上述程序办理,并与海关规章具有同等效力。

第三章 其他规范性文件

第六十条 海关总署制定规范性文件要求行政管理相对人遵守或执行的,应当以海关总署公告形式对外发布,但不得设定对行政管理相对人的行政处罚。

第六十一条 以海关总署公告形式发布的规范性文件(以下简称为海关总署公告)应当按照公文程序办理。起草部门完成起草后应当连同起草说明一并送海关总署法制部门审查。

第六十二条 海关总署法制部门在对海关总署公告草案进行审查时应当注意审查以下方面:

(一)合法性,是否有与法律、行政法规、规章相抵触的内容,是否符合规定的程序,是否超越法定权限;

(二)公开性,对外公告内容是否与对内通知分开;

(三)规范性,发文形式、用语等方面是否规范;

(四)协调性,与其他规范性文件是否协调、衔接;

(五)其他应当审查的方面。

第六十三条 海关总署法制部门在审查中对海关总署公告草案有不同意见的，应当与起草部门协商。

第六十四条 以公告形式发布的规范性文件如需要修改或废止,应当以公告形式重新发布,不得以制发其他公文形式予以代替。

第六十五条 直属海关制定的关于本关区某一方面行政管理关系的涉及行政管理相对人权利义务的规范,应当以公告形式对外发布,有关的管理规范可作为公告的附件。直属海关制发的公文中有涉及行政管理相对人权利义务内容的,应当就有关内容以公告形式对外发布。

第六十六条 直属海关依照本规定以公告形式发布的规范性文件(以下简称为直属海关公告)应当限于下列情形:

(一)本关区特有的情况;

(二)根据海关总署规范性文件制定的涉及行政管理相对人权利、义务的具体操作规程。

直属海关公告的内容属于海关总署尚未明确事项的,应经海关总署批准。有关内容经海关总署批准的直属海关公告应当以直属海关名义对外发布。

第六十七条 直属海关公告应当由本关法制部门或业务部门起草。起草部门在起草过程中应当听取本关区有关部门的意见,也可以听取有关单位及行政管理相对人的意见。听取意见可以采取书面征求意见、座谈会、论证会等多种形式。

第六十八条 直属海关业务部门起草的公告在起草完毕后应当将公告文稿连同起草说明一并送法制部门审查。直属海关法制部门审查业务部门起草的公告参照海关总署法制部门审查公告的要求办理,并提出书面审查报告。必要时可再次征求本关区各有关部门及行政管理相对人的意见。

第六十九条 直属海关公告的内容属于需报海关总署批准的或属于其他重要事项的,应当经关务会或关长办公会议审议决定。

第七十条 直属海关公告应当自发布之日起 15 日内报送海关总署备案。

第七十一条 报送备案的直属海关应当以关发文形式将备案报告及直属海关公告径送海关总署法制部门,并按规定报送电子文本,同时抄报总署有关业务主管部门。

第七十二条 直属海关的法制部门负责本关直属海关公告的报送备案工作。海关总署法制部门对备案工作进行检查监督。

第七十三条 对于报送备案的直属海关公告,符合形式要求的,海关总署法制部门予以备案登记,不符合规定的,不予备案登记,并可以要求报送海关重新报送。

第七十四条 经备案登记的直属海关公告由海关总署法制部门定期公布目录。

第七十五条 海关总署法制部门对报送备案的直属海关公告,就下列事项进行审查:

(一)是否超越权限;

(二)是否违反上位法的规定;

(三)其他应当审查的内容。

第七十六条 海关总署法制部门可以请求与报送备案的直属海关公告内容相关的业务部门协助提出审核意见,有关业务部门应当予以协助。

第七十七条 经审查,报送备案的直属海关公告超越权限、违反上位法的规定或有其他重大问题的,由海关总署法制部门建议直属海关自行纠正,或者由海关总署法制部门提出处理意见,报署领导决定。

第四章 附 则

第七十八条 海关总署起草法律、行政法规比照本规定所规定的程序办理。

第七十九条 对于违反本规定制定的规范性文件,海关总署可以责令限期改正、对有关规范性文件予以撤销,并可以根据情况对有关单位和责任人员给予通报批评或者行政处分。

第八十条 本规定自2006年1月1日起施行。2002年10月28日公布的《海关规范性文件制定管理办法》同时废止。

中华人民共和国海关总署令
第132号

《中华人民共和国海关对免税商店及免税品监管办法》已于2005年9月30日经署务会审议通过,现予公布,自2006年1月1日起施行。

署 长 牟新生

二〇〇五年十一月二十八日

中华人民共和国
海关对免税商店及免税品监管办法

第一章　总则

第一条 为规范海关对免税商店及免税品的监管,根据《中华人民共和国海关法》及其他有关法律和行政法规的规定,制定本办法。

第二条 免税商店的设立、终止以及免税品的进口、销售(包括无偿提供)、核销等适用本办法。

第三条 免税品应当由免税商店的经营单位统一进口,并且办理相应的海关手续。

第四条 免税品的维修零配件、工具、展台、货架等,以及免税商店转入内销的库存积压免税品,应当由经营单位按照一般进口货物办理有关手续。

第五条 免税商店所在地的直属海关或者经直属海关授权的隶属海关(以下统称主管海关)应当派员对经营单位和免税商店进行核查,核查内容包括经营资质、免税品进出库记录、销售记录、库存记录等。经营单位及其免税商店应当提供必要的协助。

第六条 主管海关根据工作需要可以派员驻免税商店进行监管,免税商店应当提供必要的办公条件。

第二章　免税商店的设立和终止

第七条 经营单位设立免税商店,应当向海关总署提出书面申请,并且符合以下条件:

(一)具有独立法人资格;

(二)具备符合海关监管要求的免税品销售场所及免税品监管仓库;

(三)具备符合海关监管要求的计算机管理系统,能够向海关提供免税品出入库、销售等信息;

(四)具备一定的经营规模,其中申请设立口岸免税商店的,口岸免税商店所在的口岸年进出境人员应当不少于5万人次;

(五)具备包括合作协议、经营模式、法人代表等内容完备的企业章程和完备的内部财务管理制度;

(六)有关法律、行政法规、海关规章规定的其它条件。

第八条 海关总署按照《中华人民共和国行政许可法》及《中华人民共和国海关实施〈中华人民共和国行政许可法〉办法》规定的程序和期限办理免税商店的审批事项。

第九条 免税品销售场所的设立应当符合海关监管要求。口岸免税商店的销售场所应当设在口岸隔离区内;运输工具免税商店的销售场所应当设在从事国际运营的运输工具内;市内免税商店的销售提货点应当设在口岸出境隔离区内。

第十条 免税品监管仓库的设立应当符合以下条件和要求：

(一)具备符合海关监管要求的安全隔离设施；

(二)建立专门的仓库管理制度，编制月度进、出、存情况表，并且配备专职仓库管理员，报海关备案；

(三)只允许存放所属免税商店的免税品；

(四)符合国家有关法律、行政法规、海关规章规定的其它条件和要求。

第十一条 经批准设立的免税商店，应当在开展经营业务一个月前向主管海关提出验收申请。经主管海关验收合格后，向主管海关办理备案手续，并且提交下列材料：

(一)海关总署批准文件的复印件；

(二)工商营业执照正、副本的复印件；

(三)税务登记证的复印件；

(四)免税品经营场所和监管仓库平面图、面积和位置示意图；

(五)免税商店业务专用章印模；

(六)免税商店法定代表人身份证件的复印件。

要求提交复印件的，应当同时提交原件验核。

上述材料所载内容发生变更的，应当自变更之日起10个工作日内到主管海关办理变更手续。

第十二条 经营单位申请暂停、终止或者恢复其免税商店经营需要报经海关总署批准。免税商店应当在经营单位提出暂停或者终止经营申请前办理库存免税品结案等相关海关手续。

经批准设立的免税商店，自批准之日起一年内无正当理由未对外营业的，或者暂停经营一年以上的，或者变更经营合作方的，应当按照本办法第七条规定重新办理有关申请手续。

第十三条 更改免税商店名称、免税品销售场所或者监管仓库地址或者面积，应当由经营单位报经海关总署批准。

第三章　免税品进口、入出库和调拨

第十四条 经营单位为免税商店进口免税品，应当填写《中华人民共和国海关进口货物报关单》，并且加盖经营单位在主管海关备案的报关专用章，向主管海关办理免税品进口手续。

免税品从异地进口的，经营单位应当按照《中华人民共和国海关对转关运输货物监管办法》的有关规定，将免税品转关运输至主管海关办理进口手续。

第十五条 免税品进入监管仓库，免税商店应当填写《免税品入/出监管仓库准单》(式样见附件1)，并且随附其他有关单证，向主管海关提出申请。主管海关经审核无误，监管免税品入库。

未经海关批准，免税品入库后不得进行加工或者组装。

第十六条 免税商店将免税品调出监管仓库进入经营场所销售前，应当填写《免税品入/出监管仓库准单》，向主管海关提出申请。主管海关经审核无误，监管有关免税品从监管仓库调出进入销售场所。

第十七条 免税商店之间调拨免税品的，调入地免税商店应当填写《免税品调拨准单》(式样见附件2)，向其主管海关提出申请。经批准后，调出地免税商店按照《中华人民共和国海关对转关运输货物监管办法》的规定,将免税品转关运输至调入地免税商店。

第四章　免税品销售

第十八条 免税商店销售的免税进口烟草制品和酒精饮料内、外包装的显著位置上均应当加印“中国关税未付(China Duty Not Paid)”中、英文字样。

免税商店应当按照海关要求制作免税品销售发货单据,其中口岸免税商店应当在免税品销售发货单据上填写进出境人员搭乘运输工具凭证或者其进出境有效证件信息等有关内容。

第十九条 口岸免税商店的销售对象限于已办结出境手续、即将前往境外的人员,以及尚未办理进境手续的人员。免税商店应当凭其搭乘运输工具的凭证或者其进出境的有效证件销售免税品。

第二十条 运输工具免税商店销售对象限于搭乘进出境运输工具的进出境人员。免税商店销售免税品限运输工具在国际(地区)航行期间经营。免税商店应当向主管海关交验由运输工具负责人或者其代理人签字的《免税品销售明细单》(式样见附件3)。

第二十一条 市内免税商店的销售对象限于即将出境的境外人员,免税商店凭其出境有效证件及机(船、车)票销售免税品,并且应当在口岸隔离区内将免税品交付购买人员本人携带出境。

第二十二条 外交人员免税商店的销售对象限于外国驻华外交代表和领事机构及其外交人员和领事官员,以及其他享受外交特权和豁免的机构和人员,免税商店应当凭上述机构和人员所在地的直属海关或者经直属海关授权的隶属海关按照有关规定核准的限量、限值销售免税品。

第二十三条 供船免税商店的销售对象限于出境的国际(地区)航行船舶及船员。供船免税商店应当向主管海关提出供船申请,填写《免税品供船准单》(式样见附件4),在海关监管下进行国际(地区)船舶的供船工作。

第五章　免税品报损和核销

第二十四条 免税品在办理入库手续期间发生溢卸或者短缺的,免税商店应当及时向主管海关书面报告。主管海关核实无误后出具查验记录,准予免税商店修改《免税品入/出监管仓库准单》相关数据内容。

第二十五条 免税品在储存或者销售期间发生损毁或者灭失的,免税商店应当及时向主管海关书面报告。如果由不可抗力造成的,免税商店应当填写《免税品报损准单》(式样见附件5),主管海关核实无误后准予免税结案。

免税品在储存或者销售期间由于其它原因发生损毁或者灭失的,免税商店应当依法缴纳损毁或者灭失免税品的税款。

第二十六条 免税品如果发生过期不能使用或者变质的,免税商店应当向主管海关书面报告,并且填写《免税品报损准单》。主管海关查验核准后,准予退运或者在海关监督下销毁。

第二十七条 免税商店应当建立专门帐册,并且在每季度第一个月25日前将上季度免税品入库、出库、销售、库存、调拨、损毁、灭失、过期等情况编制清单,填写《免税品明细帐》(式样见附件 6),随附销售发货单、《免税品库存数量单》(式样见附件 7)、《货物出口报关单》等有关单据,向主管海关办理免税品核销手续。主管海关认为必要时可以派员到免税品经营场所和监管仓库实地检查。

第六章　法律责任

第二十八条 经营单位或者免税商店有下列情形之一的,海关责令其改正,可以给予警告;情节严重的,可以按照《中华人民共和国海关行政处罚实施条例》第二十六条、第二十七条的规定进行处理:

(一)将免税品销售给规定范围以外对象的;

(二)超出海关核准的品种或规定的限量、限值销售免税品的;

(三)未在规定的区域销售免税品的;

(四)未按照规定办理免税品进口报关、入库、出库、销售、核销等手续的;

(五)出租、出让、转让免税商店经营权的。

第二十九条 经营单位或者免税商店违反本规定的其它违法行为,海关将按照《中华人民共和国海关法》、《中华人民共和国海关行政处罚实施条例》予以处理;构成犯罪的,依法追究刑事责任。

第七章　附则

第三十条 本办法下列用语的含义:

"经营单位"是指经国务院或者其授权部门批准,具备开展免税品业务经营资格的企业。

"免税商店"是指经海关总署批准,由经营单位在中华人民共和国国务院或者其授权部门批准的地点设立符合海关监管要求的销售场所和存放免税品的监管仓库,向规定的对象销售免税品的企业。具体包括:口岸免税商店、运输工具免税商店、市内免税商店、外交人员免税商店和供船免税商店等。

"免税品"是指经营单位按照海关总署核准的经营品种,免税运进专供免税商店向规定的对象销售的进口商品,包括试用品及进口赠品。

"免税品销售场所"是指免税商店销售免税品的专用场所。

"免税品监管仓库"是指免税商店专门用来存放免税品的库房。

第三十一条 本办法由海关总署负责解释。

第三十二条 本办法自 2006 年 1 月 1 日起施行。

中华人民共和国海关总署令
第 1 3 3 号

《中华人民共和国海关对出口监管仓库及所存货物的管理办法》已经 11 月 2 日署务会审议通过，现予公布，自 2006 年 1 月 1 日起施行。

署　长 牟新生

二○○五年十一月二十八日

中华人民共和国海关对出口监管仓库及所存货物的管理办法

第一章　总则

第一条　为规范海关对出口监管仓库及所存货物的管理，根据《中华人民共和国海关法》和其他有关法律、行政法规，制定本办法。

第二条　本办法所称出口监管仓库，是指经海关批准设立，对已办结海关出口手续的货物进行存储、保税物流配送、提供流通性增值服务的海关专用监管仓库。

第三条　出口监管仓库的设立、经营管理以及对出口监管仓库所存货物的管理适用本办法。

第四条　出口监管仓库分为出口配送型仓库和国内结转型仓库。

出口配送型仓库是指存储以实际离境为目的的出口货物的仓库。

国内结转型仓库是指存储用于国内结转的出口货物的仓库。

第五条　出口监管仓库的设立应当符合区域物流发展和海关对出口监管仓库布局的要求，符合国家土地管理、规划、交通、消防、安全、环保等有关法律、行政法规的规定。

第六条　出口监管仓库的设立，由出口监管仓库所在地主管海关受理，报直属海关审批。

第七条　经海关批准，出口监管仓库可以存入下列货物：

(一)一般贸易出口货物；

(二)加工贸易出口货物；

(三)从其他海关特殊监管区域、场所转入的出口货物；

(四)出口配送型仓库可以存放为拼装出口货物而进口的货物，以及为改换出口监管仓库货物包装而进口的包装物料；

(五)其他已办结海关出口手续的货物。

第八条　出口监管仓库不得存放下列货物：

(一)国家禁止进出境货物；

(二)未经批准的国家限制进出境货物；

(三)海关规定不得存放的其他货物。

第二章　出口监管仓库的设立

第九条　申请设立出口监管仓库的经营企业，应当具备下列条件：

(一)已经在工商行政管理部门注册登记，具有企业法人资格；

(二)具有进出口经营权和仓储经营权；

(三)注册资本在300万元人民币以上；

(四)具备向海关缴纳税款的能力；

(五)具有专门存储货物的场所，其中出口配送型仓库的面积不得低于5000平方米，国内结转型仓库的面积不得低于1000平方米。

第十条　企业申请设立出口监管仓库，应当向仓库所在地主管海关递交以下书面材料和证件：

(一)《出口监管仓库申请书》；

(二)《出口监管仓库申请事项表》；

(三)申请设立出口监管仓库企业的申请报告及可行性报告；

(四)申请设立出口监管仓库企业成立批文或者有关主管部门批准开展有关业务的批件复印件；

(五)申请设立出口监管仓库企业工商营业执照和税务登记证复印件；

(六)申请设立出口监管仓库企业《进出口货物收发货人注册登记证书》或者《报关企业注册登记证书》复印件；

(七)出口监管仓库库址土地使用权证明文件或者租赁仓库的租赁协议复印件；

(八)仓库地理位置示意图及平面图。

前款所列文件凡提供复印件的，应当同时提交原件以供海关核对。

第十一条　海关依据《中华人民共和国行政许可法》和《中华人民共和国海关实施〈中华人民共和国行政许可法〉办法》的规定，受理、审查设立出口监管仓库的申请。对于符合条件的，作出准予设立出口监管仓库的行政许可决定，并出具批准文件；对于不符合条件的，作出不予设立出口监管仓库的行政许可决定，并应当书面告知申请企业。

第十二条　申请设立出口监管仓库的企业应当自海关出具批准文件之日起1年内向海关申请验收出口监管仓库。

申请验收应当符合以下条件：

(一)符合本办法第九条第(五)项规定的条件；

(二)具有符合海关监管要求的安全隔离设施、监管设施和办理业务必需的其他设施;

(三)具有符合海关监管要求的计算机管理系统,并与海关联网;

(四)建立了出口监管仓库的章程、机构设置、仓储设施及账册管理和会计制度等仓库管理制度;

(五)自有仓库的,具有出口监管仓库的产权证明;租赁仓库的,具有租赁期限5年以上的租赁合同;

(六)消防验收合格。

企业无正当理由逾期未申请验收或者验收不合格的,该出口监管仓库的批准文件自动失效。

第十三条　出口监管仓库验收合格后,经直属海关注册登记并核发《中华人民共和国海关出口监管仓库注册登记证书》,可以投入运营。《中华人民共和国海关出口监管仓库注册登记证书》有效期为3年。

第三章　出口监管仓库的管理

第十四条　出口监管仓库必须专库专用,不得转租、转借给他人经营,不得下设分库。

第十五条　海关对出口监管仓库实施计算机联网管理。

第十六条　海关可以随时派员进入出口监管仓库检查货物的进、出、转、存情况及有关账册、记录。

海关可以会同出口监管仓库经营企业共同对出口监管仓库加锁或者直接派员驻库监管。

第十七条　海关对出口监管仓库实行分类管理及延期审查制度,具体办法由海关总署另行制定。

第十八条　出口监管仓库经营企业负责人和出口监管仓库管理人员应当熟悉和遵守海关有关规定,并接受海关培训。

第十九条　出口监管仓库经营企业应当如实填写有关单证、仓库账册、真实记录并全面反映其业务活动和财务状况,编制仓库月度进、出、转、存情况表和年度财务会计报告,并定期报送主管海关。

第二十条　出口监管仓库经营企业需变更企业名称、注册资本、组织形式、法定代表人等事项的,应当在变更前向直属海关提交书面报告,说明变更事项、事由和变更时间。变更后,主管海关按照本办法第九条的规定对其进行重新审核。出口监管仓库变更类型的,按照本办法第二章出口监管仓库的设立的有关规定办理。

出口监管仓库需变更名称、地址、仓储面积等事项的,应当经直属海关批准。

第二十一条　出口监管仓库有下列行为之一的,海关注销其注册登记,并收回《出口监管仓库注册登记证书》:

(一)无正当理由连续6个月未开展业务的;

(二)无正当理由逾期未申请延期审查或者延期审查不合格的;

(三)仓库经营企业书面申请变更出口监管仓库类型的;

(四)仓库经营企业书面申请终止出口监管仓库仓储业务的;

(五)仓库经营企业,丧失本办法第九条规定的条件的。

第四章　出口监管仓库货物的管理

第二十二条　出口监管仓库所存货物存储期限为6个月。经主管海关同意可以延期,但延期不得超过6个月。

货物存储期满前,仓库经营企业应当通知发货人或者其代理人办理货物的出境或者进口手续。

第二十三条　存入出口监管仓库的货物不得进行实质性加工。

经主管海关同意,可以在仓库内进行品质检验、分级分类、分拣分装、加刷唛码、刷贴标志、打膜、改换包装等流通性增值服务。

第二十四条　对经批准享受入仓即予退税政策的出口监管仓库,海关在货物入仓结关后予以签发出口货物报关单证明联。

对不享受入仓即予退税政策的出口监管仓库，海关在货物实际离境后签发出口货物报关单证明联。

第二十五条　经转入、转出方所在地主管海关批准,并按照规定办理相关手续后,出口监管仓库之间、出口监管仓库与保税港区、保税区、出口加工区、保税物流园区、保税物流中心、保税仓库等特殊监管区域、场所之间可以进行货物流转。

货物流转涉及出口退税的,按照国家有关规定办理。

第二十六条　存入出口监管仓库的出口货物,按照国家规定应当提交许可证件或者缴纳出口关税的,发货人或者其代理人应当提交许可证件或者缴纳税款。

第二十七条　出口货物存入出口监管仓库时,发货人或者其代理人应当向主管海关申报。发货人或者其代理人除按照海关规定提交有关单证外,还应当提交仓库经营企业填制的《出口监管仓库货物入仓清单》(见附件1)。

海关对报关入仓货物的品种、数量、金额等进行审核、核注和登记。

经主管海关批准,对批量少、批次频繁的入仓货物,可以办理集中报关手续。

第二十八条　出仓货物出口时,仓库经营企业或者其代理人应当向主管海关申报。仓库经营企业或者其代理人除按照海关规定提交有关单证外,还应当提交仓库经营企业填制的《出口监管仓库货物出仓清单》(见附件2)。

出仓货物出境口岸不在仓库主管海关的,经海关批准,可以在口岸所在地海关办理相关手续,也可以在主管海关办理相关手续。

第二十九条　出口监管仓库货物转进口的,应当经海关批准,按照进口货物有关规定办理相关手续。

第三十条　对已存入出口监管仓库因质量等原因要求更换的货物，经仓库所在地主管海关批准,可以更换货物。被更换货物出仓前,更换货物应当先行入仓,并应当与原货物的商品编码、品名、规格型号、数量和价值相同。

第三十一条　出口监管仓库货物,因特殊原因确需退运、退仓,应当经海关批准,并按照有关规定办理相关手续。

第五章　法律责任

第三十二条　出口监管仓库所存货物在存储期间发生损毁或者灭失的，除不可抗力外，仓库应当依法向海关缴纳损毁、灭失货物的税款，并承担相应的法律责任。

第三十三条　企业以隐瞒真实情况、提供虚假资料等不正当手段取得设立出口监管仓库行政许可的，由海关依法予以撤销。

第三十四条　出口监管仓库经营企业有下列行为之一的，海关责令其改正，可以给予警告，或者处1万元以下的罚款；有违法所得的，处违法所得3倍以下的罚款，但最高不得超过3万元：

(一)未经海关批准，在出口监管仓库擅自存放非出口监管仓库货物；

(二)出口监管仓库货物管理混乱，账目不清的；

(三)违反本办法第十四条规定的；

(四)经营事项发生变更，未按照本办法第二十条的规定办理海关手续的。

第三十五条　违反本办法的其他违法行为，由海关依照《中华人民共和国海关法》、《中华人民共和国海关行政处罚实施条例》予以处理。构成犯罪的，依法追究刑事责任。

第六章　附则

第三十六条　出口监管仓库经营企业应当为海关提供办公场所和必要的办公条件。

第三十七条　本办法由海关总署负责解释。

第三十八条　本办法自2006年1月1日起施行。1992年5月1日起实施的《中华人民共和国海关对出口监管仓库的暂行管理办法》同时废止。

中华人民共和国海关总署令
第 1 3 4 号

《中华人民共和国海关对保税物流园区的管理办法》经2005年11月1日署务会审议通过，现予公布，自2006年1月1日起施行。

署　长 牟新生

二〇〇五年十一月二十八日

中华人民共和国海关对保税物流园区的管理办法

第一章　总　则

第一条　为了规范海关对保税物流园区及其进出货物、保税物流园区企业及其经营行为的管理，根据《中华人民共和国海关法》和有关法律、行政法规的规定，制定本办法。

第二条　本办法所称的保税物流园区（以下简称园区）是指经国务院批准，在保税区规划面积或者毗邻保税区的特定港区内设立的、专门发展现代国际物流业的海关特殊监管区域。

第三条　海关在园区派驻机构，依照本办法对进出园区的货物、运输工具、个人携带物品及园区内相关场所实行24小时监管。

第四条　园区与中华人民共和国境内的其他地区（以下简称区外）之间，应当设置符合海关监管要求的卡口、围网隔离设施、视频监控系统及其他海关监管所需的设施。

第五条　园区内设立仓库、堆场、查验场和必要的业务指挥调度操作场所，不得建立工业生产加工场所和商业性消费设施。

海关、园区行政管理机构及其经营主体、在园区内设立的企业（以下简称园区企业）等单位的办公场所应当设置在园区规划面积内、围网外的园区综合办公区内。除安全保卫人员和相关部门、企业值班人员外，其他人员不得在园区内居住。

第六条　经海关总署会同国务院有关部门对本办法第四条、第五条第一款规定的有关设施、场所验收合格后，园区可以开展有关业务。

第七条　园区可以开展下列业务：

（一）存储进出口货物及其他未办结海关手续货物；

（二）对所存货物开展流通性简单加工和增值服务；

（三）进出口贸易，包括转口贸易；

（四）国际采购、分销和配送；

（五）国际中转；

（六）检测、维修；

（七）商品展示；

（八）经海关批准的其他国际物流业务。

第八条　园区内不得开展商业零售、加工制造、翻新、拆解及其他与园区无关的业务。

第九条　有下列情形的，园区企业应当在规定的时间内书面报告园区主管海关并办理相关手续：

（一）遭遇不可抗力等灾害；

（二）海关监管货物被行政执法部门或者司法机关采取查封、扣押等强制措施；

（三）海关监管货物被盗窃；

(四)法律、行政法规规定的其他情形。

上述情形的报告时间,第(一)项在发生之日起5个工作日内,第(二)至(四)项在发生之日起3个工作日内。

第十条　对园区与区外之间进出的海关监管货物,园区主管海关可以要求企业提供相应的担保。

第十一条　法律、行政法规禁止进出口的货物、物品不得进出园区。

第二章　海关对园区企业的管理

第十二条　园区企业应当具有企业法人资格。园区企业在开展业务前,应当按照《中华人民共和国海关对报关单位注册登记管理规定》及相关规定向海关办理注册登记手续。

特殊情况下,经直属海关批准,区外法人企业可以依法在园区内设立分支机构。

第十三条　园区企业应当具备下列条件:

(一)具有向海关缴纳税款及履行其他法定义务的能力;

(二)在园区内拥有专门的营业场所。

第十四条　园区企业变更营业场所面积、地址等事项的,应当报经直属海关批准;变更名称、组织机构、性质、法定代表人、注册资本等注册登记内容的,应当在变更后5个工作日内报直属海关备案。

园区企业有前款以外的其他变更情形的,应当按照法律、行政法规的有关规定向园区主管海关报告并办理相关手续。

第十五条　海关对园区企业实行电子账册监管制度和计算机联网管理制度。

园区行政管理机构或者其经营主体应当在海关指导下通过"电子口岸"建立供海关、园区企业及其他相关部门进行电子数据交换和信息共享的计算机公共信息平台。

园区企业应当建立符合海关监管要求的计算机管理系统,提供供海关查阅数据的终端设备,按照海关规定的认证方式和数据标准与海关进行联网。

第十六条　园区企业应当依照《中华人民共和国会计法》及有关法律、行政法规的规定,规范财务管理,设置符合海关监管要求的账簿、报表,记录本企业的财务状况和有关进出园区货物、物品的库存、转让、转移、销售、简单加工、使用等情况,如实填写有关单证、账册,凭合法、有效的凭证记账和核算。

园区企业应当编制月度货物进、出、转、存情况表和年度财务会计报告,并定期报送园区主管海关。

第三章　海关对进出园区货物的监管

第一节　对园区与境外之间进出货物的监管

第十七条　海关对园区与境外之间进、出的货物实行备案制管理,但园区自用的免税进口货物、国际中转货物或者法律、行政法规另有规定的货物除外。境外货物到港后,园区企业(或者其代理人)可以先凭舱单将货物直接运至园区,再凭进境货物备案清单向园区主管海关办理申报手续。

第十八条　园区与境外之间进出的货物应当向园区主管海关申报。园区货物的进出境口岸不在园区主管海关管辖区域的，经园区主管海关批准，可以在口岸海关办理申报手续。

第十九条　园区内开展整箱进出、二次拼箱等国际中转业务的，由开展此项业务的企业向海关发送电子舱单数据，园区企业向园区主管海关申请提箱、集运等，凭舱单等单证办理进出境申报手续。

第二十条　从园区运往境外的货物，除法律、行政法规另有规定外，免征出口关税。

第二十一条　下列货物、物品从境外进入园区，海关予以办理免税手续：

(一)园区的基础设施建设项目所需的设备、物资等；

(二)园区企业为开展业务所需的机器、装卸设备、仓储设施、管理设备及其维修用消耗品、零配件及工具；

(三)园区行政管理机构及其经营主体和园区企业自用合理数量的办公用品。

第二十二条　下列货物从境外进入园区，海关予以办理保税手续：

(一)园区企业为开展业务所需的货物及其包装物料；

(二)加工贸易进口货物；

(三)转口贸易货物；

(四)外商暂存货物；

(五)供应国际航行船舶和航空器的物料、维修用零配件；

(六)进口寄售货物；

(七)进境检测、维修货物及其零配件；

(八)供看样订货的展览品、样品；

(九)未办结海关手续的一般贸易货物；

(十)经海关批准的其他进境货物。

第二十三条　园区行政管理机构及其经营主体和园区企业从境外进口的自用交通运输工具、生活消费用品，按一般贸易进口货物的有关规定向海关办理申报手续。

第二十四条　园区与境外之间进出的货物，不实行进出口许可证件管理，但法律、行政法规、规章另有规定的除外。

第二节　对园区与区外之间进出货物的监管

第二十五条　园区与区外之间进出的货物，由园区企业或者区外收、发货人(或者其代理人)在园区主管海关办理申报手续。

园区企业在区外从事进出口贸易业务且货物不实际进出园区的，可以在收、发货人所在地的主管海关或者货物实际进出境口岸的海关办理申报手续。

第二十六条　园区货物运往区外视同进口，园区企业或者区外收货人(或者其代理人)按照进口货物的有关规定向园区主管海关申报，海关按照货物出园区时的实际监管方式的有关规定办理。

第二十七条　园区企业跨关区配送货物或者异地企业跨关区到园区提取货物的，可以在园区主管海关办理申报手续，也可以按照海关规定办理进口转关手续。

第二十八条　除法律、行政法规、规章规定不得集中申报的货物外，园区企业少批量、多批次进、出货物的，经园区主管海关批准可以办理集中申报手续，并适用每次货物进出口时海关接受该货物申报之日实施的税率、汇率。集中申报的期限不得超过1个月，且不得跨年度办理。

第二十九条　区外货物运入园区视同出口，由园区企业或者区外发货人(或者其代理人)向园区主管海关办理出口申报手续。属于应当征收出口关税的商品，海关按照有关规定征收出口关税；属于许可证件管理的商品，应当同时向海关出具有效的出口许可证件，但法律、行政法规、规章另有规定在出境申报环节提交出口许可证件的除外。

用于办理出口退税的出口货物报关单证明联的签发手续，按照下列规定办理：

(一)从区外进入园区供园区企业开展业务的国产货物及其包装物料，由园区企业或者区外发货人(或者其代理人)填写出口货物报关单，海关按照对出口货物的有关规定办理，签发出口货物报关单证明联；货物转关出口的，启运地海关在收到园区主管海关确认转关货物已进入园区的电子回执后，签发出口货物报关单证明联；

(二)从区外进入园区供园区行政管理机构及其经营主体和园区企业使用的国产基建物资、机器、装卸设备、管理设备等，海关按照对出口货物的有关规定办理，并签发出口货物报关单证明联；

(三)从区外进入园区供园区行政管理机构及其经营主体和园区企业使用的生活消费用品、办公用品、交通运输工具等，海关不予签发出口货物报关单证明联；

(四)从区外进入园区的原进口货物、包装物料、设备、基建物资等，区外企业应当向海关提供上述货物或者物品的清单，按照出口货物的有关规定办理申报手续，海关不予签发出口货物报关单证明联，原已缴纳的关税、进口环节增值税和消费税不予退还。

第三十条　从园区到区外的货物涉及免税的，海关按照进口免税货物的有关规定办理。

第三十一条　经园区主管海关批准，园区企业可以在园区综合办公区专用的展示场所举办商品展示活动。展示的货物应当在园区主管海关备案，并接受海关监管。

园区企业在区外其他地方举办商品展示活动的，应当比照海关对暂时进口货物的管理规定办理有关手续。

第三十二条　园区行政管理机构及其经营主体和园区企业使用的机器、设备和办公用品等，需要运往区外进行检测、维修的，应当向园区主管海关提出申请，经园区主管海关核准、登记后可以运往区外。

第三十三条　运往区外检测、维修的机器、设备和办公用品等不得留在区外使用，并自运出之日起60日内运回园区。因特殊情况不能如期运回的，园区行政管理机构及其经营主体和园区企业应当于期满前10日内，以书面形式向园区主管海关申请延期，延长期限不得超过30日。

第三十四条　检测、维修完毕运回园区的机器、设备等应当为原物。有更换新零配件或者附件的，原零配件或者附件应当一并运回园区。

对在区外更换的国产零配件或者附件，如需退税，由园区企业或者区外企业提出申请，园区主管海关按照出口货物的有关规定办理，并签发出口货物报关单证明联。

第三十五条　区外原进口货物需要退运出境或者原出口货物需要复运进境的，不得经过园区进出境或者进入园区存储。

根据无代价抵偿货物规定进行更换的区外原进口货物,留在区外不退运出境的,也不得进入园区。

第三节 对园区内货物的监管

第三十六条 园区内货物可以自由流转。园区企业转让、转移货物时应当将货物的具体品名、数量、金额等有关事项向海关进行电子数据备案,并在转让、转移后向海关办理报核手续。

第三十七条 未经园区主管海关许可,园区企业不得将所存货物抵押、质押、留置、移作他用或者进行其他处置。

按照本办法第二十一条规定免税进入园区的货物、物品,适用本条前款的规定。

第三十八条 园区企业可以对所存货物开展流通性简单加工和增值服务,包括分级分类、分拆分拣、分装、计量、组合包装、打膜、加刷唛码、刷贴标志、改换包装、拼装等具有商业增值的辅助性作业。

第三十九条 申请在园区内开展维修业务的企业应当具有企业法人资格,并在园区主管海关登记备案。园区企业所维修的产品及其零配件仅限于来自境外,检测维修后的产品、更换的零配件以及维修过程中产生的物料等应当复运出境。

第四十条 园区企业自开展业务之日起,应当每年向园区主管海关办理报核手续。园区主管海关应当自受理报核申请之日起 30 日内予以核库。企业有关账册、原始数据应当自核库结束之日起至少保留 3 年。

第四十一条 进入园区的国内出口货物尚未办理退税手续的,因品质或者规格原因需要退还出口企业时,园区企业应当在货物申报进入园区之日起 1 年内提出申请,并提供出口企业所在地主管税务部门出具的未办理出口退税证明,经园区主管海关批准后,可以办理退运手续,且无需缴纳进口关税、进口环节增值税和消费税;海关已征收出口关税的,应当予以退还。货物以转关方式进入园区的,园区企业出具启运地海关退运联系单后,园区主管海关办理相关手续。

进境货物未经流通性简单加工,需原状退运出境的,园区企业可以向园区主管海关申请办理退运手续。

已办理出口退税的货物或者已经流通性简单加工的货物(包括进境货物)如需退运,按照进出口货物的有关规定办理海关手续。

第四十二条 除已经流通性简单加工的货物外,区外进入园区的货物,因质量、规格型号与合同不符等原因,需原状返还出口企业进行更换的,园区企业应当在货物申报进入园区之日起 1 年内向园区主管海关申请办理退换手续。海关按照《中华人民共和国海关进出口货物征税管理办法》的有关规定办理。

更换的货物进入园区时,可以免领出口许可证件,免征出口关税,但海关不予签发出口货物报关单证明联。

第四十三条 园区企业需要开展危险化工品和易燃易爆物品存储业务的,应当取得安全生产管理、消防、环保等相关部门的行政许可,并报园区主管海关备案。有关储罐、装置、设备等设施应当符合海关的监管要求。

通过管道进出园区的货物,应当配备计量检测装置和其他便于海关监管的设施、设备。

第四十四条　除法律、行政法规规定不得声明放弃的货物外,园区企业可以申请放弃货物。

放弃货物由园区主管海关依法提取变卖,变卖收入由海关按照有关规定处理。依法变卖后,企业凭放弃该批货物的申请和园区主管海关提取变卖该货物的有关单证办理核销手续;确因无使用价值无法变卖并经海关核准的,由企业自行处理,园区主管海关直接办理核销手续。放弃货物在海关提取变卖前所需的仓储等费用,由企业自行承担。

对按照规定应当销毁的放弃货物,由企业负责销毁,园区主管海关可以派员监督。园区主管海关凭有关主管部门的证明材料办理核销手续。

第四十五条　因不可抗力造成园区货物损坏、损毁、灭失的,园区企业应当及时书面报告园区主管海关,说明理由并提供保险、灾害鉴定部门的有关证明。经园区主管海关核实确认后,按照下列规定处理:

(一)货物灭失,或者虽未灭失但完全失去使用价值的,海关予以办理核销和免税手续;

(二)进境货物损坏、损毁,失去原使用价值但可以再利用的,园区企业可以向园区主管海关办理退运手续。如不退运出境并要求运往区外的,由园区企业提出申请,并经园区主管海关核准,根据受灾货物的使用价值进行估价、征税后运出园区外;

(三)区外进入园区的货物损坏、损毁,失去原使用价值但可以再利用,且需向出口企业进行退换的,可以退换为与损坏货物同一品名、规格、数量、价格的货物,并向园区主管海关办理退运手续。

需退运到区外的,如属于尚未办理出口退税手续的,可以向园区主管海关办理退运手续;如属已经办理出口退税手续的,按照本条第(二)项进境货物运往区外的有关规定办理。

第四十六条　因保管不善等非不可抗力因素造成货物损坏、损毁、灭失的,按下列规定办理:

(一)对于从境外进入园区的货物,园区企业应当按照一般贸易进口货物的规定,以货物进入园区时海关接受申报之日适用的税率、汇率,依法向海关缴纳损毁、灭失货物原价值的关税、进口环节增值税和消费税;

(二)对于从区外进入园区的货物,园区企业应当重新缴纳因出口而退还的国内环节有关税收,海关据此办理核销手续。

第四十七条　园区货物不设存储期限。

第四节　对园区与其他海关特殊监管区域保税监管场所之间往来货物的监管

第四十八条　海关对于园区与海关特殊监管区域或者保税监管场所之间往来的货物,继续实行保税监管,不予签发出口货物报关单证明联。但货物从未实行国内货物入区(仓)环节出口退税制度的海关特殊监管区域或者保税监管场所转入园区的,按照货物实际离境的有关规定办理申报手续,由转出地海关签发出口货物报关单证明联。

第四十九条　园区与其他海关特殊监管区域、保税监管场所之间的货物交易、流转,不征收进出口环节和国内流通环节的有关税收。

第四章 对进出园区运输工具和人员携带货物、物品的监管

第五十条 运输工具和人员应当经海关指定的专用通道进出园区。

第五十一条 对园区和其他口岸、海关特殊监管区域或者保税监管场所之间进出的货物，应当由经海关备案或者核准的运输工具承运。承运人应当遵守海关有关运输工具及其所载货物的管理规定。

第五十二条 园区与区外非海关特殊监管区域或者保税监管场所之间货物的往来，企业可以使用其他非海关监管车辆承运。承运车辆进出园区通道时应当经海关登记，海关可以对货物和承运车辆进行查验、检查。

第五十三条 下列货物进出园区时，按照海关规定办理相关手续并经园区主管海关查验后，可以由园区企业指派专人携带或者自行运输：

(一)价值1万美元及以下的小额货物；

(二)因品质不合格复运区外退换的货物；

(三)已办理进口纳税手续的货物；

(四)企业不要求出口退税的货物；

(五)其他经海关核准的货物。

第五章 附 则

第五十四条 除国际中转货物和其他另有规定的货物外，从境外运入园区的货物和从园区运往境外的货物列入海关进出口统计。从区外运入园区和从园区运往区外的货物，列入海关单项统计。

园区企业之间转让、转移的货物，以及园区与其他海关特殊监管区域或者保税监管场所之间往来的货物，不列入海关统计。

第五十五条 本办法下列用语的含义：

园区综合办公区，是指园区行政管理机构或者其经营主体在园区规划面积内、围网外投资建立，供海关、园区企业和其他有关机构使用的具有办公、商务、报关、商品展示等功能的场所。

拼箱，是指从境外启运的国际集装箱中转货物，在中转港存放期间由园区企业根据收发货人指令单独进行流通性简单加工和增值服务，或者与中转港所在国、地区的其他进口或者出口货物重新组合拼箱后，再次装船集中运往境外同一目的港的物流活动。

核库，是指经企业申请，由海关盘查企业实际库存，并对海关及企业电子账册进、出、转、存的数据进行比对确认的行为。

海关特殊监管区域，是指经国务院批准设立的保税区、出口加工区、园区、保税港区及其他特殊监管区域。

保税监管场所，是指经海关批准设立的保税物流中心(A、B型)、保税仓库、出口监管仓库及其他保

税监管场所。

第五十六条　违反本办法规定，构成走私或者违反海关监管规定行为的，海关按照《中华人民共和国海关法》、《中华人民共和国海关行政处罚实施条例》的有关规定进行处理；构成犯罪的，依法追究刑事责任。

第五十七条　本办法由海关总署负责解释。

第五十八条　本办法自2006年1月1日起施行。

中华人民共和国海关总署令
第 135 号

《中华人民共和国海关关于报关员资格考试及资格证书管理办法》已于2005年9月30日经署务会审议通过，现予发布，自2006年1月1日起施行。2003年3月18日发布的《中华人民共和国海关关于报关员资格考试的管理规定》同时废止。

署长　牟新生

二〇〇五年十一月三十日

中华人民共和国海关关于报关员资格考试及资格证书管理办法

第一条　为了规范报关员资格考试、资格申请及取得事项，根据《中华人民共和国海关法》和其他有关法律、行政法规的规定，制定本办法。

第二条　报关员资格考试实行全国统一考试制度。

考试合格者可以向海关申请取得报关员资格。

第三条　海关总署组织报关员资格全国统一考试(以下简称“考试”)，确定考试原则，制定考试大纲、规则，统一命题；指导、监督各地海关具体实施考试，处理考试工作中的重大问题；组织阅卷，公布考试成绩；管理各海关审核报关员资格申请、颁发报关员资格证书事宜。

第四条　直属海关在海关总署指导下具体实施考试；受理、审查报关员资格申请，颁发报关员资格证书。

直属海关可以委托隶属海关受理、审核报关员资格申请,并办理颁发证书等事宜。直属海关应当将受委托的隶属海关和委托的内容予以公告。

海关对颁发报关员资格证书的条件、程序等应当依法进行公示。

第五条　报关员资格全国统一考试每年举行一次。特殊情况下,经海关总署决定,可以进行调整。

考试实行公平、公开、公正、诚信的原则,采取全国统一报名、统一命题、统一考试、统一评分标准、统一阅卷核分和统一合格标准的方式进行。

第六条　考试主要测试考生从事报关业务必备的基础知识和技能,考试内容包括报关专业知识、报关专业技能、报关相关知识以及与报关业务相关的法律、行政法规及海关总署规章。

海关总署在考试3个月前对外公告考试事宜。

第七条　报名参加考试的人员应当符合下列条件:

(一)具有中华人民共和国国籍;

(二)年满18周岁,具有完全民事行为能力;

(三)具有大专及以上学历。

第八条　有下列情形之一的,不得报名参加考试,已经办理报名手续的,报名无效:

(一)因故意犯罪,受到刑事处罚的;

(二)因在报关活动中发生走私或严重违反海关规定的行为,被海关依法取消报关从业资格的;

(三)因向海关工作人员行贿,被海关依法撤销报关注册登记、取消报关从业资格的;

(四)曾被宣布考试成绩无效,并被撤销报关员资格、吊销资格证书,不满3年的。

第九条　考试实行网上报名与现场确认相结合。考生应当在网上报名后,自行打印准考证主证,并按照公告规定及时到有关海关进行现场确认。

第十条　考生进行现场确认时,应当如实向海关交验下列证件:

(一)准考证主证;

(二)学历证书原件及复印件;

(三)本人有效身份证件(居民身份证、军官证、士兵证)原件及复印件。

香港、澳门特别行政区居民中的中国公民凭有效香港、澳门身份证可以报名参加考试。

台湾居民报名参加考试的,比照前款规定办理。

第十一条　经现场确认的考生,应当于考试前1个月内自行从网上打印准考证副证。

考生凭准考证主证、副证及身份证件参加考试。

第十二条　海关总署核定并公布全国统一合格分数线。

直属海关及受委托的隶属海关应当根据统一合格分数线,及时公布成绩合格、可以申请报关员资格的考生名单。

第十三条　考生对考试分数有异议的,可以申请对本人试卷卷面各题已得分数的计算、合计、登录是否有误进行核查。核查结果通知本人后,不进行再次核查。

第十四条　根据海关公布的名单可以申请报关员资格的考生,应当自名单公布之日起6个月内向原报名海关申请报关员资格。

第十五条　向海关申请报关员资格的，应当提交下列材料：

(一)《报关员资格证书申请表》(见附件 1)

(二)准考证主证；

(三)学历证书；

(四)身份证件。

第十六条　申请人委托代理人代为提出报关员资格申请的，应当出具《授权委托书》(见附件 2)。《授权委托书》应当由委托人签章并注明委托日期。

第十七条　海关对申请人授予报关员资格的申请进行受理、审查、作出决定，以及对报关员资格予以撤销、注销等活动，应当依据《中华人民共和国行政许可法》、《中华人民共和国海关行政处罚实施条例》、《中华人民共和国海关实施〈中华人民共和国行政许可法〉办法》等法律、行政法规、海关总署规章规定的程序进行。

第十八条　除当场作出决定的外，海关应当自受理申请之日起 20 个工作日内作出是否授予报关员资格的决定。

决定不授予报关员资格的，应当向申请人制发不授予报关员资格决定书。

第十九条　海关决定授予报关员资格的，应当自作出决定之日起 10 个工作日内颁发报关员资格证书。

颁发报关员资格证书的，可以不再制发准予行政许可决定书。

第二十条　报关员资格证书由海关总署统一制作，在全国范围内有效。

取得报关员资格证书者可以按规定向海关申请注册。

第二十一条　取得报关员资格证书后，因故损毁、遗失的，可以按照下列程序向原发证海关申请补发：

(一)申请人向原发证海关书面说明情况，并在省级报刊声明；

(二)海关自收到情况说明和报刊声明之日起 30 个工作日内予以补发。

第二十二条　考生以伪造文件、冒名代考或者其他欺骗行为参加考试，取得报关员资格的，海关经查实应当宣布成绩无效，并撤销其报关员资格。

第二十三条　海关工作人员有泄漏考题、纵容作弊、篡改考分等行为的，应当给予行政处分，构成犯罪的，依法追究刑事责任。

第二十四条　本办法由海关总署负责解释。

第二十五条　本办法自 2006 年 1 月 1 日起施行，2003 年 3 月 18 日发布的《中华人民共和国海关关于报关员资格考试的管理规定》同时废止。

本办法施行前通过 2005 年度报关员资格考试成绩合格的考生，可以按照本办法规定的程序向原报考海关申请取得报关员资格证书。

中华人民共和国海关总署令
第 1 3 6 号

《中华人民共和国海关行政许可听证办法》已于 2005 年 12 月 8 日经署务会审议通过，现予公布，自 2006 年 2 月 1 日起施行。

署 长 牟新生

二〇〇五年十二月十五日

中华人民共和国海关行政许可听证办法

第一章 总 则

第一条 为了规范海关实施行政许可活动，保护公民、法人和其他组织的合法权益，根据《中华人民共和国行政许可法》的有关规定，制定本办法。

第二条 海关在依法作出行政许可决定前举行听证的，适用本办法。

第三条 法律、行政法规、海关总署规章规定海关实施行政许可应当听证的，海关应当举行听证。

对直接关系公共资源配置、提供公共服务等涉及公共利益的重大行政许可事项，海关认为需要举行听证的，可以举行听证。

海关根据前两款规定举行听证的，应当在听证前向社会公告。

第四条 海关行政许可直接涉及行政许可申请人与他人之间重大利益关系，行政许可申请人、利害关系人依法提出听证申请的，海关应当举行听证。

第五条 海关行政许可听证应当遵循公开、公平、公正、便民的原则。

第六条 具体办理海关行政许可事项的部门负责实施海关行政许可听证活动。

海关法制部门负责海关行政许可听证活动的指导、协调等工作。

第七条 听证应当在便利海关管理相对人和社会公众参加的海关办公地点举行。

第八条 除涉及国家秘密、商业秘密或者海关工作秘密外，听证应当公开举行。

第九条 海关应当根据听证笔录中认定的事实作出海关行政许可决定。

第二章　海关公告后举行的听证

第十条　海关按照本办法第三条的规定在听证前向社会进行公告的，公告应当载明下列内容：

(一)海关行政许可事项名称；

(二)行政许可申请人基本情况；

(三)行政许可申请的主要内容；

(四)申请参加海关行政许可听证的申请人应当具备的条件；

(五)提出申请的方式；

(六)其他需要在公告中列明的事项。

第十一条　举行听证的公告期一般为30日。

举行听证的海关行政许可事项有特殊时间要求的，其听证公告期按照有关规定确定。

第十二条　申请参加海关经公告举行的听证活动的人员应当符合下列条件：

(一)具有完全民事行为能力；

(二)未被依法剥夺或者限制政治权利。

举行听证的海关行政许可事项对参加听证的人员有特殊要求的，应当在听证公告中列明。

第十三条　申请参加海关经公告举行的听证活动的，应当在听证公告期届满之前向海关提交下列相应材料：

(一)《海关行政许可听证参加申请书》(见附件1)；

(二)法人或者其他组织的注册登记证件复印件；

(三)参加人员的有效身份证件复印件；

(四)符合参加听证条件的其他证明材料。

提交复印件的，应当同时交验原件。

第十四条　海关应当根据拟进行听证的海关行政许可事项的内容、性质及其他客观条件，合理确定参加听证的人员。

经海关确定参加听证的人员(以下简称听证参加人)应当能够保证听证的广泛性和代表性。

第十五条　海关应当在听证公告期届满之日起20日内组织听证。

第三章　依申请举行的听证

第十六条　对本办法第四条所规定的行政许可事项，海关在作出行政许可决定之前应当告知海关行政许可申请人、利害关系人享有要求听证的权利。

第十七条　告知海关行政许可申请人、利害关系人享有听证权利的，海关应当向行政许可申请人、利害关系人制发《海关行政许可听证告知书》(以下简称《听证告知书》，见附件2)，并加盖海关行政许可专用印章。

《听证告知书》应当载明下列内容：

(一)有关海关行政许可事项及其设定依据；

(二)海关行政许可申请人及行政许可申请的主要内容；

(三)海关行政许可申请人、利害关系人的听证权利及提出听证要求的期限。

第十八条　海关行政许可申请人、利害关系人要求听证的,应当在收到《听证告知书》之日起5日内向海关提交《海关行政许可听证申请书》(以下简称《听证申请书》,见附件3),列明听证要求和理由,并予以签字或者盖章。

第十九条　海关行政许可申请人、利害关系人逾期未提出听证要求的,视为放弃听证的权利。

行政许可申请人、利害关系人明确放弃听证权利的,海关应当将可以表明行政许可申请人或者利害关系人已经明确放弃听证权利的证明材料归入有关行政许可档案,或者在有关行政许可档案中进行书面记载。

第二十条　海关行政许可申请人或者利害关系人依照本办法第十八条规定提出听证申请的,海关应当在收到《听证申请书》之日起20日内组织听证。

第二十一条　海关行政许可申请人或者利害关系人无正当理由超过本办法第十八条规定的期限提出听证申请,或者海关行政许可申请人、利害关系人以外的公民、法人或者其他组织提出听证申请的,海关可以不组织听证。

不组织听证应当制发《海关行政许可不予听证通知书》(见附件4),载明理由,并加盖海关行政许可专用印章。

第二十二条　申请听证的利害关系人人数众多的,由利害关系人推选代表或者通过抽签等方式确定参加听证会的代表。

第四章　听证程序

第二十三条　海关应当于举行听证的7日前将下列事项通知海关行政许可申请人、利害关系人或者听证参加人：

(一)听证事由；

(二)举行听证的时间、地点；

(三)听证主持人、听证人员及记录员的姓名、身份；

(四)有关委托代理人、申请回避等程序权利。

海关通知上述事项应当制发《海关行政许可听证通知书》(见附件5),并加盖海关行政许可专用印章,必要时予以公告。

第二十四条　海关行政许可申请人、利害关系人或者听证参加人应当按照海关通知的时间、地点参加听证。

第二十五条　海关行政许可申请人、利害关系人或者听证参加人可以委托1至2名代理人代为参加听证,但是资格授予、资质审查等行政许可事项不得委托他人代为参加听证。

第二十六条　委托代理人代为参加听证的,应当在举行听证之前向海关提交授权委托书。

授权委托书应当具体载明下列事项:

(一)委托人及代理人的简要情况。委托人或者代理人是法人或者其他组织的,应当载明名称、地址、电话、邮政编码、法定代表或者负责人的姓名、职务,委托人或者代理人是自然人的,应当载明姓名、性别、年龄、职业、地址、电话以及邮政编码;

(二)代理人代为提出听证申请、递交证据材料、参加听证、撤回听证申请、收受法律文书等权限;

(三)委托的起止日期;

(四)委托日期和委托人签章。

第二十七条　海关行政许可申请人、利害关系人或者听证参加人无正当理由未按照海关告知的时间、地点参加听证,经海关通知仍不参加的,视为放弃听证权利,海关应当在有关行政许可档案中进行书面记载。

第二十八条　海关行政许可听证实施部门应当指定 1 名听证主持人,负责组织听证活动。

听证主持人可以根据需要指定 1 至 2 名听证人员协助工作,并指定专人为记录员。

第二十九条　听证主持人、听证人员及记录员应当在审查该行政许可申请的人员以外的工作人员中指定。

听证主持人、听证人员及记录员与行政许可事项有利害关系的,应当申请回避;海关行政许可申请人、利害关系人或者听证参加人及其代理人也可以申请其回避。

第三十条　听证主持人的回避由海关行政许可听证实施部门负责人决定,听证主持人为听证实施部门负责人的,其回避由举行听证的海关负责人决定。

听证人员和记录员的回避由听证主持人决定。

第三十一条　有下列情形之一的,海关可以决定延期举行听证:

(一)因不可抗力或者其他客观原因导致听证无法按期举行的;

(二)海关行政许可申请人、利害关系人申请延期举行听证,有正当理由的;

(三)临时决定听证主持人、听证人员或者记录员回避,当场不能确定更换人选的。

延期举行听证的,海关应当书面通知海关行政许可申请人、利害关系人或者听证参加人,并说明理由。

海关应当在延期听证的原因消除之日起 5 日内举行听证,并书面通知海关行政许可申请人、利害关系人或者听证参加人。

第三十二条　听证按照下列程序进行:

(一)听证主持人宣布听证开始,并宣布听证事由;

(二)听证主持人介绍本人、听证人员、记录员的身份、职务;

(三)听证主持人宣布海关行政许可申请人、利害关系人或者听证参加人,并核对其身份;

(四)告知海关行政许可申请人、利害关系人或者听证参加人有关的听证权利和义务;

(五)海关行政许可申请人、利害关系人或者听证参加人申请听证主持人回避的,听证主持人应当宣布暂停听证,报请有关负责人决定;申请听证人员、记录员回避的,由听证主持人当场决定;

(六)宣布听证秩序;

(七)审查海关行政许可申请的工作人员陈述审查意见和依据、理由,并提供相应的证据;

(八)海关行政许可申请人、利害关系人或者听证参加人可以陈述自己的观点,提出证据,可以进行申辩和质证;

(九)听证主持人可以对审查海关行政许可申请的工作人员、海关行政许可申请人、利害关系人或者听证参加人进行询问;

(十)审查海关行政许可申请的工作人员、海关行政许可申请人、利害关系人或者听证参加人可以进行总结性陈述;

(十一)听证主持人宣布听证结束。

第三十三条　在听证过程中,因不可抗力或者其他客观原因不能继续举行听证,听证主持人应当决定中止听证。

中止听证的,海关应当在听证笔录中作书面记载。

海关应当在中止听证的原因消除之日起 5 日内恢复听证,并书面通知海关行政许可申请人、利害关系人或者听证参加人。

第三十四条　在听证过程中,海关行政许可申请人、利害关系人未经听证主持人同意中途退出听证会场的,海关应当终止听证。

第三十五条　经公告举行的听证,具有下列情形之一,但不影响听证参加人广泛性、代表性的,听证不予延期、中止或者终止:

(一)部分听证参加人申请延期;

(二)部分听证参加人无正当理由未按照公告规定的时间、地点参加听证;

(三)部分听证参加人未经听证主持人同意,中途退出听证会场的。

第三十六条　听证应当制作笔录。

听证笔录应当记载下列事项:

(一)听证事由;

(二)举行听证的时间、地点;

(三)海关行政许可申请人、利害关系人或者听证参加人的姓名或者名称;

(四)听证主持人、听证人员、记录员和审查海关行政许可申请的工作人员的姓名;

(五)申请回避的情况;

(六)审查海关行政许可申请的工作人员的审查意见、依据、理由及相应的证据;

(七)海关行政许可申请人、利害关系人陈述、申辩和质证的内容;

(八)其他需要记载的事项。

听证笔录应当由海关行政许可申请人、利害关系人或者听证参加人确认无误后签字或者盖章。对记录内容有异议的可以当场更正后签字或者盖章确认。

海关行政许可申请人、利害关系人或者听证参加人无正当理由拒绝签字或者盖章的,由听证主持人在听证笔录上注明。

第五章　附　则

第三十七条　依照本办法的规定进行公告的，应当将有关文书的正本张贴在海关公告栏内，并在报纸上刊登公告。

第三十八条　组织听证的时间不计入海关作出行政许可决定的期限内。

第三十九条　组织海关行政许可听证的费用由海关承担。

海关行政许可申请人、利害关系人或者听证参加人不承担组织听证的费用。

第四十条　本办法规定的“5 日”、“7 日”、“20 日”以工作日计算。

第四十一条　本办法由海关总署负责解释。

第四十二条　本办法自 2006 年 2 月 1 日起施行。

中华人民共和国海关总署令
第 137 号

《中华人民共和国海关关务公开办法》已于 2005 年 12 月 8 日经海关总署署务会审议通过，现予公布，自 2006 年 2 月 1 日起施行。

署　长 牟新生

二〇〇五年十二月二十七日

中华人民共和国海关关务公开办法

第一条　为了增强海关行政执法透明度，保障公民、法人和其他组织的知情权、参与权和监督权，加强执法监督，根据法律、行政法规的有关规定，制定本办法。

第二条　关务公开，是指海关在依法行使职权的过程中，对涉及公民、法人和其他组织权利义务事项的内容、程序等信息，予以公开并接受监督的行为或者措施。

第三条　关务公开应当遵循严格依法、全面真实、及时便民、因地制宜和利于监督的原则。

第四条　关务公开由海关总署、直属海关、隶属海关和各派出机构依照本办法组织实施。

第五条　海关应当指定关务公开工作的有关管理部门，具体承办下列事项：

（一）研究制定关务公开方案，确定关务公开的具体范围、形式、程序等事宜；

（二）受理向海关提出的关务公开申请；

（三）更新关务公开信息；

（四）对关务公开涉及的相关档案资料及时立卷、归档保存。

关务公开有关管理部门的名称、办公地址、办公时间、联系电话应当向社会公开。

海关有关监督部门应当对关务公开的执行情况进行检查监督。

第六条　下列内容海关应当公开：

（一）涉及公民、法人或者其他组织权利义务的法律、行政法规、海关总署规章、海关总署公告、直属海关公告、行政裁定等；

（二）涉及公民、法人或者其他组织利益的重大事项的目的、决策依据、决策结果和论证情况等；

（三）海关行政许可项目和审批项目的相关情况；

（四）海关实施其他具体行政行为的具体部门的名称、地址、电话，实施其他具体行政行为的依据、条件、程序、时限，是否收费、收费标准，办理结果以及救济途径等；

（五）海关的机构设置、职责权限以及办公地点、办公时间；

（六）现场业务作业流程、服务时限承诺，以及办理现场业务海关人员的姓名、职务、职责、工号、办公电话；

（七）海关职业纪律、工作纪律和行为规范；

（八）其他法律、行政法规以及海关总署规定应当公开的事项。

第七条　海关对行政管理相对人作出行政处理决定时，应当向其告知下列内容：

（一）作出决定的机关；

（二）决定程序；

（三）决定依据和理由；

（四）决定结果；

（五）救济途径和时限。

第八条　本办法第六条未列明的其他内容，公民、法人或者其他组织认为海关应当对外公开的，可以向海关申请公开。

与本办法第七条规定的行政处理决定有直接利害关系的公民、法人或者其他组织可以要求海关告知本办法第七条未列明的其他有关内容。

公民、法人或者其他组织有权要求海关向其公开有关自己的信息，发现该信息的内容有错误或者不准确的，可以向海关说明理由，并有权要求更正。

第九条　有下列情形之一的，不予公开：

（一）涉及国家秘密的；

（二）属于商业秘密或者公开可能导致商业秘密被泄露的；

（三）属于海关工作秘密的；

(四)属于个人隐私或者公开可能导致对个人隐私权造成不当侵害的;

(五)公开后可能会影响公共利益或者公民、法人、其他组织合法权益的;

(六)法律、行政法规、海关总署规定不予公开的其他情形。

第十条　海关应当保证公开内容的有效性。公开内容发生变化的,应当及时进行更新。

第十一条　依据本办法第六条规定公开的内容,海关应当根据不同情况采取以下一种或者几种形式及时予以公开:

(一)报刊、杂志;

(二)互联网海关门户网站;

(三)广播、电视等公共媒体;

(四)在主要办公地点设立供公众查阅的资料室、在公告栏和宣传橱窗进行张贴公布、通过计算机触摸屏、电子屏幕对外公开等;

(五)免费发放资料;

(六)新闻发布会;

(七)听证会;

(八)征求意见会;

(九)制定关务公开手册、关务公开指南;

(十)其他便于公众及时准确获得信息的形式。

以海关总署令形式公布的海关规章以及以海关总署公告形式发布的其他海关规范性文件应当在《海关总署文告》上刊登。

第十二条　海关行政管理相对人向海关申请公开本办法第八条第一款所列内容,并经海关同意的,海关应当按照本办法第十一条规定的形式公开。

第十三条　依据本办法第八条规定公开的内容,海关可以视条件安排适当的时间和场所,供申请人当场阅读或者自行抄录。

第十四条　海关拟作出的决策、制定的规定或者编制的规划、计划、方案等,涉及公民、法人或者其他组织的重大利益,或者有重大社会影响的,在制定过程中,起草或者决定机构应当将草案和理由向社会公开,在充分听取公众意见后进行调整,再作出决定。

第十五条　海关应当在主要业务现场设立专门接受咨询的岗位。

第十六条　海关应当设立关长接待日,并对外公开关长接待日的时间和地点。

第十七条　公民、法人或者其他组织依照本办法第八条申请公开的,应当提出书面申请。

申请书应当包含以下内容:

(一)申请人的基本情况,包括姓名或者名称、地址、身份证明、联系方式等;

(二)请求公开的内容描述或者相关资料;

(三)申请人的签名或者盖章;

(四)申请时间。

第十八条　海关收到申请后,应当区分不同情况作出如下处理:

(一)属于公开范围的,应当按照本办法的规定及时对外公开,并告知当事人;

(二)属于不予公开范围的,应当告知申请人不予公开,并说明理由;

(三)不属于受理海关掌握范围的,应当告知申请人;能够确定掌握该信息的海关或者部门的,应当告知联系方式;

(四)申请公开的信息不存在的,应当告知申请人;

(五)申请公开的内容不明确的,应当告知申请人更改、补充申请。

能够当场予以答复的,海关可以直接对有关情况进行登记,不再制发相关文书。

第十九条　关务公开工作应当接受公民、法人和其他社会组织的监督。

第二十条　海关应当公布关务公开举报电话和举报地址。

公民、法人和其他组织有权将海关关务公开内容不真实、程序不合法等违反本办法的行为向海关监督部门进行反映、举报或者投诉。监督部门应当在接到反映、举报或者投诉之日起 15 日内调查核实处理。

对监督部门在规定的期限内未作处理,或者对处理结果不满意的,可以向其上一级监督部门反映,上一级监督部门应当责成原监督部门限期办理,或者直接组织调查处理。

第二十一条　缉私部门适用警务公开的有关规定。警务公开规定没有明确的,适用本办法。

第二十二条　本办法由海关总署负责解释。

第二十三条　本办法自 2006 年 2 月 1 日起施行。

中华人民共和国海关总署令
第 138 号

《中华人民共和国海关进出口货物查验管理办法》已于 2005 年 12 月 8 日经署务会审议通过,现予发布,自 2006 年 2 月 1 日起施行。

署　长 牟新生

二〇〇五年十二月二十八日

中华人民共和国海关进出口货物查验管理办法

第一条　为了规范海关对进出口货物的查验,依法核实进出口货物的状况,根据《中华人民共和国海关法》以及其他有关法律、行政法规的规定,制定本办法。

第二条　本办法所称进出口货物查验(以下简称查验),是指海关为确定进出口货物收发货人向海关申报的内容是否与进出口货物的真实情况相符,或者为确定商品的归类、价格、原产地等,依法对进出口货物进行实际核查的执法行为。

第三条　查验应当由2名以上海关查验人员共同实施。查验人员实施查验时,应当着海关制式服装。

第四条　查验应当在海关监管区内实施。

因货物易受温度、静电、粉尘等自然因素影响,不宜在海关监管区内实施查验,或者因其他特殊原因,需要在海关监管区外查验的,经进出口货物收发货人或者其代理人书面申请,海关可以派员到海关监管区外实施查验。

第五条　海关实施查验可以彻底查验,也可以抽查。按照操作方式,查验可以分为人工查验和机检查验,人工查验包括外形查验、开箱查验等方式。

海关可以根据货物情况以及实际执法需要,确定具体的查验方式。

第六条　海关在对进出口货物实施查验前,应当通知进出口货物收发货人或者其代理人到场。

第七条　查验货物时,进出口货物收发货人或者其代理人应当到场,负责按照海关要求搬移货物,开拆和重封货物的包装,并如实回答查验人员的询问以及提供必要的资料。

第八条　因进出口货物所具有的特殊属性,容易因开启、搬运不当等原因导致货物损毁,需要查验人员在查验过程中予以特别注意的,进出口货物收发货人或者其代理人应当在海关实施查验前声明。

第九条　实施查验时需要提取货样、化验,以进一步确定或者鉴别进出口货物的品名、规格等属性的,海关依照《中华人民共和国海关对进出口货物实施化验鉴定的规定》等有关规定办理。

第十条　查验结束后,查验人员应当如实填写查验记录并签名。查验记录应当由在场的进出口货物收发货人或者其代理人签名确认。进出口货物收发货人或者其代理人拒不签名的,查验人员应当在查验记录中予以注明,并由货物所在监管场所的经营人签名证明。查验记录作为报关单的随附单证由海关保存。

第十一条　有下列情形之一的,海关可以对已查验货物进行复验:

(一)经初次查验未能查明货物的真实属性,需要对已查验货物的某些性状做进一步确认的;

(二)货物涉嫌走私违规,需要重新查验的;

(三)进出口货物收发货人对海关查验结论有异议,提出复验要求并经海关同意的;

(四)其他海关认为必要的情形。

复验按照本办法第六条至第十条的规定办理,查验人员在查验记录上应当注明“复验”字样。

已经参加过查验的查验人员不得参加对同一票货物的复验。

第十二条　有下列情形之一的，海关可以在进出口货物收发货人或者其代理人不在场的情况下，对进出口货物进行径行开验：

(一)进出口货物有违法嫌疑的；

(二)经海关通知查验,进出口货物收发货人或者其代理人届时未到场的。

海关径行开验时,存放货物的海关监管场所经营人、运输工具负责人应当到场协助,并在查验记录上签名确认。

第十三条　对于危险品或者鲜活、易腐、易烂、易失效、易变质等不宜长期保存的货物,以及因其他特殊情况需要紧急验放的货物,经进出口货物收发货人或者其代理人申请,海关可以优先安排查验。

第十四条　进出口货物收发货人或者其代理人违反本办法的，海关依照《中华人民共和国海关法》、《中华人民共和国海关行政处罚实施条例》等有关规定予以处理。

第十五条　海关在查验进出口货物时造成被查验货物损坏的,由海关按照《中华人民共和国海关法》、《中华人民共和国海关行政赔偿办法》的规定承担赔偿责任。

第十六条　查验人员在查验过程中,违反规定,利用职权为自己或者他人谋取私利,索取、收受贿赂,滥用职权,故意刁难,拖延查验的,按照有关规定处理。

第十七条　海关在监管区内实施查验不收取费用。对集装箱、货柜车或者其他货物加施海关封志的,按照规定收取封志工本费。

因查验而产生的进出口货物搬移、开拆或者重封包装等费用,由进出口货物收发货人承担。

在海关监管区外查验货物,进出口货物收发货人或者其代理人应当按照规定向海关交纳规费。

第十八条　本办法下列用语的含义：

外形查验,是指对外部特征直观、易于判断基本属性的货物的包装、唛头和外观等状况进行验核的查验方式。

开箱查验,是指将货物从集装箱、货柜车箱等箱体中取出并拆除外包装后,对货物实际状况进行验核的查验方式。

机检查验,是指以利用技术检查设备为主,对货物实际状况进行验核的查验方式。

抽查,是指按照一定比例有选择的对一票货物中的部分货物验核实际状况的查验方式。

彻底查验,是指逐件开拆包装、验核货物实际状况的查验方式。

第十九条　本办法由海关总署负责解释。

第二十条　本办法自 2006 年 2 月 1 日起施行。

中华人民共和国海关总署令
第 139 号

《中华人民共和国海关关于执行〈中国-巴基斯坦自由贸易区原产地规则〉的规定》已经 2005 年 12 月 27 日署务会审议通过,现予发布,自 2006 年 1 月 1 日起施行。

署　长 牟新生

二〇〇五年十二月二十九日

中华人民共和国海关关于执行《中国－巴基斯坦自由贸易区原产地规则》的规定

第一条　为了执行《中华人民共和国政府与巴基斯坦伊斯兰共和国政府关于自由贸易协定早期收获计划的协议》(以下简称《早期收获协议》)项下《中国—巴基斯坦自由贸易区原产地规则》,正确确定《早期收获协议》项下进口货物的原产地,促进我国与巴基斯坦的经贸往来,根据《中华人民共和国海关法》,制定本规定。

第二条　本规定适用于从巴基斯坦进口的《早期收获协议》项下货物(产品清单详见《中华人民共和国进出口税则》),但以加工贸易方式进口的货物除外。

第三条　从巴基斯坦直接运输进口的符合以下任何一项要求的货物，应当视为巴基斯坦原产货物,并可以享受《早期收获协议》协定税率:

(一)完全在巴基斯坦获得或者生产的货物;

(二)符合第五条、第六条或者第七条规定的非完全获得或者生产的货物。

第四条　本规定第三条第(一)项所称"完全在巴基斯坦获得或者生产的货物"是指:

(一)在巴基斯坦收获、采摘或者收集的植物及植物产品;

(二)在巴基斯坦出生和饲养的活动物;

(三)在巴基斯坦从本条第(二)项活动物中获得的产品;

(四)在巴基斯坦狩猎、诱捕、捕捞、水生养殖、收集或者捕获所得的产品;

(五)从巴基斯坦领土、领水、海床或者海床底土开采或者提取的除本条第(一)项至第(四)项以外的矿物质或者其他天然生成的物质；

（六）在巴基斯坦领水以外的水域、海床或者海床底土获得的产品，但该国应当按照国际法规定有权开发上述水域、海床及海床底土；

（七）在巴基斯坦注册或者悬挂该国国旗的船只在公海捕捞获得的鱼类及其他海产品；

（八）在巴基斯坦注册或者悬挂该国国旗的加工船上仅使用本条第（七）项产品加工、制造的产品；

（九）在巴基斯坦从既不能用于原用途，也不能恢复或者修理的物品上回收的零件或者原材料；

（十）在巴基斯坦收集的既不能用于原用途，也不能恢复或者修理，仅适于用作弃置或者部分原材料的回收，或者仅适于作再生用途的物品；

（十一）在巴基斯坦境内生产加工过程中产生的废碎料；

（十二）仅用本条第（一）至（十一）项所列产品在巴基斯坦加工获得的产品。

第五条　本规定第三条第（二）项所称"非完全获得或者生产的货物"是指，如果货物中巴基斯坦原产成分的比例不小于40%，该货物应当视为原产于巴基斯坦。

在计算原产成分时，应当适用下列公式：

$$\frac{\text{非原产材料的价格}}{\text{船上交货价格(FOB)}} \times 100\ \% < 60\%$$

上述公式中，非原产材料的价格应当为：

（一）材料进口时的成本、保险费加运费价格（CIF）；或者

（二）最早确定的在巴基斯坦境内为使用不明原产地材料进行制造或者加工支付的价格。

第六条　除另有规定外，符合本规定第三条的货物在巴基斯坦境内用作生产享受《早期收获协议》协定税率的制成品的材料时，如果该制成品中原产中国、巴基斯坦的成分累计不低于40%，则该货物应当视为原产于巴基斯坦。

第七条　在巴基斯坦加工、制造的货物符合《中国-巴基斯坦自由贸易区原产地规则》项下的产品特定原产地标准规定的，巴基斯坦为其原产国。该标准是本规定的组成部分，由海关总署另行公布。

第八条　下列加工或者处理应当视为微小加工及处理，按照本规定第三条确定货物原产地时不予考虑：

（一）为使货物在运输或者贮存中保持良好状态的处理，例如干燥、冷冻、盐水保存、通风、摊开、冷却、置于盐或者二氧化硫水溶液中、去除已破损部分等类似处理；

（二）除尘、筛选、分类、分级、匹配（标示组成成套物品），洗涤、涂抹和切割；

（三）改换包装及为发货而进行的分拆、装配；

（四）简单的切割、切片和再包装，或者装瓶、入袋、装箱、固定在硬纸板或者木板上，以及其他所有的简单包装操作；

（五）在产品或者包装上粘贴标志、标签或者其他类似的区别标记；

（六）简单混合不论是否同种类的产品，而且该混合得到的一个或者多个组成部分不得因满足本规定的条件而获得原产地资格；

（七）将产品的各部件简单组装成一个完整品；

(八)拆装;

(九)屠宰动物;

(十)仅用水或者其他物质稀释而不改变货物的性质;

(十一)第(一)到(十)项中的两项或者两项以上操作的组合。

第九条　本规定第三条所称“直接运输”是指《早期收获协议》项下的进口货物从巴基斯坦直接运输到我国。

进口货物运输至我国,并且同时符合下列条件之一的,视为从巴基斯坦直接运输:

(一)货物未经过任何中国和巴基斯坦之外的国家或者地区境内运输;

(二)货物运输途中经过一个或者多个中国和巴基斯坦之外的国家或者地区,不论是否在这些国家或者地区转换运输工具或者作临时储存,并且同时符合下列条件:

1.仅是由于地理原因或者运输需要;

2.货物未在这些国家或者地区进入贸易或者消费领域;

3. 除装卸或者其他为使货物保持良好状态的处理外,货物在这些国家或者地区未经任何其他加工。

第十条　货物的包装、包装材料、容器以及附件、备件、工具、介绍说明性材料与货物一起报关进口,并在《中华人民共和国进出口税则》中与该货物一并归类的,在确定货物原产地时应当忽略不计。

十一条　除另有规定外,在确定货物原产地时,用于该货物的生产、测试和检查,但没有实际物化到该货物中的货物;或者是用于与该货物生产有关的厂房维护或者设备操作的货物;或者制造过程中未留在货物里的材料,以及未构成货物组成部分的材料的原产地不予考虑,包括:

(一)燃料与能源;

(二)工具、模具及铸模;

(三)用于设备及厂房维护的零件和材料;

(四)用于生产或者设备操作和厂房的润滑剂、润滑油、混合材料及其他材料;

(五)手套、眼镜、鞋、衣服、安全装置及用品;

(六)用于货物的测试或者检查的设备、装置和用品;

(七)催化剂和溶剂;

(八)其他任何可以被证明用于货物的生产但未构成货物组成部分的货物。

第十二条　进口货物收货人应当在向海关申报货物进口时,主动向海关申明适用《早期收获协议》协定税率,并在有关货物进境报关时向海关提交巴基斯坦指定的政府机构签发的原产地证书(原产地证书格式见附件)。

进口货物经过一个或者多个中国和巴基斯坦之外的国家或者地区运输的,进口货物收货人应当向海关提供下列单证:

(一)在巴基斯坦签发的联运提单;

(二)巴基斯坦有关政府机构签发的原产地证书;

(三)货物的原始商业发票副本;

(四)符合本规定第九条第二款所规定条件的证明文件。

第十三条　进口货物收货人应当向申报地海关提交原产地证书正本,该原产地证书必须按照附件所列格式用国际标准 A4 纸印制,所用文字为英语。

原产地证书不得涂改及叠印。

进口货物收货人提交的原产地证书应当由巴基斯坦有关政府机构根据《中国-巴基斯坦自由贸易区原产地规则》在货物出口前或者出口时,或者在货物实际出口后15日内签发。

第十四条　未能按照第十三条第三款规定的日期签发原产地证书的货物,进口货物收货人可以向申报地海关提交在货物装运之日起1年内签发的注明"补发"字样的原产地证书。

第十五条　如果原产地证书被盗、遗失或者毁坏,在该证书签发之日起1年之内,进口货物收货人可以要求出口货物发货人向原签证机构申请签发经证实的原产地证书真实复制本，原产地证书第12栏中需注明"经证实的真实复制本"。该复制本应当注明原证正本的签发日期。

第十六条　除不可抗力外,原产地证书应当自签发之日起6个月之内向我国海关提交;如果符合本规定第九条第(二)项的情况,货物运输经过一个或者多个中国和巴基斯坦之外的国家或者地区,上述所规定的原产地证书提交期限延长至8个月。

能遵守上述期限提交的原产地证书,海关不予接受。

进口货物在本条第一款规定期限内已经实际进口的,原产地证书的提交期限可以不受第一款规定的限制。如果进口货物收货人未能在货物进口申报时提交符合规定的原产地证书,海关应当按照该货物适用的最惠国税率或者普通税率征收相当于应缴税款的等值保证金后先予放行货物,并按规定办理进口手续,进行海关统计。

第十七条　原产于巴基斯坦的进口货物,每批的船上交货价格(FOB)不超过200美元的,可以不提交原产地证书。

第十八条　申报地海关对原产地证书内容的真实性产生怀疑时,可以通过海关总署或者其指定部门请求巴基斯坦有关政府机构对该原产地证书进行核查。原产地证书核查结果应当在收到核查请求的6个月内作出。

在等待核查结果期间,申报地海关可以按照该货物适用的最惠国税率或者普通税率征收相当于应缴税款的等值保证金后先予放行货物,并按规定办理进口手续,进行海关统计。

核查完毕后,申报地海关应当根据核查结果,立即办理退还保证金手续或者保证金转为进口关税手续。

在本条第一款规定的核查时限内未能作出核查结果时,申报地海关应当立即办理保证金转为进口关税手续。海关统计数据应当作相应修改。

进口货物属于国家限制进口货物,或者有违法嫌疑的,海关在原产地证书核查完毕前不得放行货物。

第十九条　除海关进出口贸易统计数据外,海关对与巴基斯坦之间交流的用于原产地证书核查的资料应当予以保密。

第二十条　从巴基斯坦进口享受《早期收获协议》协定税率的货物在向海关申报之后,海关放行之前,目的地发生变化需要运往其他国家的,进口货物的收货人应当向海关提出书面申请。

海关将货物运输目的地变化情况在原产地证书上签注确认后,将原产地证书正本返还进口货物收货人。

第二十一条　由巴基斯坦运至我国展览并在展览期间或者展览后销售到我国的货物，如果符合《中国-巴基斯坦自由贸易区原产地规则》的要求,可以享受《早期收获协议》协定税率,但应当同时满足下列要求：

(一)出口货物发货人已将货物从巴基斯坦境内实际运送到我国并已在我国展出；

(二)出口货物发货人已将货物实际卖给或者转让给我国的进口货物收货人；

(三)货物已经以送展状态在展览期间或者展览后立即运到我国。

为实施前款规定,进口货物收货人必须向海关提交原产地证书,并提供我国有关政府机构签发的注明展览会名称及地址的证明书以及本规定第十二条第(四)项所列的证明文件。

本条中"展览"是指任何以出售外国货物为目的的商贸、农业或者手工业展览会、交易会或者在商店或者商业场所举办的类似展览或者展示。展览期间,货物应当处于海关的监管之下。

第二十二条　违反本规定的,由海关依照《中华人民共和国海关法》和《中华人民共和国海关行政处罚实施条例》等有关法律、行政法规的规定予以处理;构成犯罪的,依法追究刑事责任。

第二十三条　本规定中,下列用语的定义是：

"成本、保险费加运费价格(CIF)"是指实付或者应当付给出口货物发货人的货物在进口港从运输工具卸下后价格。它包括货物的成本和将货物运至指定目的港所需的保险费和运费。

"船上交货价格(FOB)"是指实付或者应当付给出口货物发货人的货物在指定出口港装上运输工具后的价格。它包括货物的成本和将货物运至运输工具上所需的所有成本。

"海关估价协议"指 WTO 协议中《关于实施 1994 年关税与贸易总协定第七条的协定》。

"材料"包括组成成分、零件、部件、组装件、已实际上构成另一个货物部分或者已用于另一货物生产过程的货物。

"产品特定原产地标准"是指规定材料已经发生税则归类改变或者特定制造或者加工工序,或者满足某一从价百分比标准,或者混合使用任何这些标准的规则。

"非原产材料"是指用于货物生产中的非中国-巴基斯坦自贸区原产的材料,以及不明原产地的材料。

"生产"是指获得货物的方法,包括制造、生产、装配、加工、饲养、种植、繁殖、开采、提取、收获、捕捞、诱捕、采集、收集、狩猎和捕获。

第二十四条　本规定由海关总署负责解释。

第二十五条　本规定自 2006 年 1 月 1 日起施行。

中华人民共和国海关总署令
第 140 号

《中华人民共和国海关行业标准管理办法(试行)》已于 2005 年 12 月 8 日经海关总署署务会议审议通过,现予公布,自 2006 年 2 月 1 日起施行。

署 长　　牟新生

二〇〇五年十二月二十九日

中华人民共和国海关行业标准管理办法(试行)

第一章　总则

第一条　为了加强海关行业标准的管理,建立科学、完整的海关标准体系,根据《中华人民共和国海关法》、《中华人民共和国标准化法》以及其他有关法律、行政法规的规定,制定本办法。

第二条　海关行业标准是在海关行业范围内,对需要进行统一规范的业务和信息技术要求所制定的标准。

第三条　海关行业标准分为海关业务标准和海关信息技术标准(见附件 1)。

海关业务标准指海关各项业务工作所涉及的规范性操作程序、定量管理方法以及为此而采取的技术手段和要求,主要包括单证格式与代码标准、化验指标、业务规范等标准。

海关信息技术标准是指海关各项信息资源使用及管理规范,主要包括信息与网络技术、通信技术、信息系统安全等标准。

第四条　海关行业标准的编号由海关行业标准代号、年代号及标准顺序号组成。海关行业标准代号为 HS。

第五条　海关行业标准的制定应当依据国家有关海关工作和标准工作的法律、行政法规,符合科学、合理、可行的原则。

海关执行强制性国家标准并积极采用相应的国际标准和推荐性国家标准。

海关行业标准与其他行业标准应当保持协调。

第二章　标准的管理

第六条　海关总署标准化管理委员会是海关行业标准的最高决策管理机构，承担下列职责：

(一)审批海关行业标准化工作的中长期发展规划；

(二)审批具有基础性、全局性的海关行业标准；

(三)协调解决海关行业标准工作中出现的重大问题。

第七条　海关总署法制部门是海关行业标准的主管部门，负责统一管理海关行业标准，承担下列职责：

(一)制定并组织实施海关行业标准管理办法和相关管理制度；

(二)组织制定海关行业标准化工作的规划和年度计划，建立和完善海关行业标准体系；

(三)组织审查海关行业标准；

(四)审批、发布海关行业标准并报国家标准化主管部门备案；

(五)组织海关行业标准的实施并对实施情况进行指导、监督和检查，协调处理标准化工作的有关问题；

(六)组织海关行业标准的复审；

(七)组织海关标准化工作的培训、宣传和对外交流。

海关总署科技部门负责海关行业标准中海关信息技术标准的制定、审查、实施、培训等工作。

第八条　海关总署各部门承担下列职责：

(一)提出本部门业务范围内海关行业标准的立项申请；

(二)起草本部门业务范围内海关行业标准；

(三)在本部门业务范围内负责海关行业标准的具体实施及监督检查。

第九条　直属海关承担下列职责：

(一)提出制定海关行业标准的需求；

(二)根据海关总署委托，参与海关行业标准的制定；

(三)在本关区内负责海关行业标准的实施和监督检查。

第三章　海关行业标准的立项

第十条　海关行业标准工作实行年度立项制度，每年的3月1日起至次年2月最后一日为一个标准化工作年度。

海关总署各部门应当于新的工作年度开始前向海关总署法制部门报送制定或者修订海关行业标准的立项申请(见附件2)。

立项申请应当包括拟确立的标准内容、项目负责人、经办人、拟完成起草的时间等内容的说明。

第十一条　海关总署法制部门负责组织对上报的海关行业标准立项申请进行审核，确定本年度的海关行业标准项目以及负责起草的部门,拟定海关总署的标准项目年度计划,经海关总署标准化管理委员会审议通过后,于每年3月公布标准的工作年度计划(见附件3)。

在确定年度工作计划过程中,海关总署法制部门应当与海关行业标准立项申请部门进行充分沟通和协调。

第十二条　申请立项制定、修订的海关行业标准应当符合以下条件:

(一)海关实际工作需要;

(二)无符合相应需求的国家标准或者行业标准,或者现行的行业标准应当予以修改;

(三)属于海关行业标准体系管理的范围。

第十三条　海关行业标准年度计划应当严格执行。

确有特殊原因需要在年中补充立项的,经海关总署法制部门审查合格并报分管署领导批准,可以补充列入标准项目年度计划。

第十四条　列入标准项目年度计划的海关行业标准,起草部门应当在年度内完成海关行业标准的报批稿,并送海关总署法制部门审批。

因特殊原因不能在年度内完成的标准项目,可以向海关总署法制部门书面申请转入下一工作年度。

第四章　海关行业标准的制定、修订、发布与实施

第十五条　根据标准项目年度计划的安排,海关总署各部门负责组织海关行业标准制定与修订的起草工作。

第十六条　海关行业标准应当按照国家标准GB/T1《标准化工作导则》的有关规定编写。

第十七条　负责海关行业标准起草工作的部门应当成立标准起草小组。起草小组成员应当具备相应的法律、业务、技术和标准化等专业知识。

起草小组负责标准的草拟、提出标准征求意见稿和标准编制或者修订说明。

起草部门负责将标准征求意见稿送相关部门和单位征求意见,同时编制意见汇总表(见附件4)。标准中有涉及海关管理相对人权利义务事项的,起草过程中应当以适当方式征求有关管理相对人的意见。

第十八条　起草部门完成起草工作后,应当将标准送审稿、标准编制或者修订说明、标准审查会议纪要、意见汇总表和其他有关附件及时报送审查。

第十九条　海关行业标准送审稿由海关总署法制部门组织审查小组进行审查。

海关行业标准审查小组的成员应当包括相关的法律专家、业务专家、具有高级技术职称的技术人员和熟悉标准化工作的管理人员。

第二十条　对海关行业标准的审查应当采用审查会议的方式进行,出席审查会议的成员不得少于7人。

审查会议应当进行充分讨论,需要表决时,应当有不少于出席会议成员人数的四分之三同意为通

过。

审查会议的结果应当编写会议纪要,如实反映各方面的意见。

第二十一条　起草部门应当将经审查小组审查的海关行业标准整理成报批稿,并连同审查会议纪要及时报送海关总署法制部门。

第二十二条　海关行业标准由海关总署法制部门负责审批。具有基础性、全局性的核心标准由海关总署法制部门审核后报海关总署标准化管理委员会批准。

海关总署法制部门在审核中认为需要作重大修改或者有重要意见分歧的,应当退起草部门再次征求意见并予修改。

第二十三条　海关行业标准在制定过程中应当充分发挥行业协会、科研机构和学术团体的作用,并充分听取各方意见。

第二十四条　经审核批准的海关行业标准应当由海关总署法制部门统一编号,并以海关总署公告的形式对外发布。

第二十五条　海关总署法制部门应当在海关行业标准发布后 30 日内，将已发布的海关行业标准及编制或者修订说明连同发布文件送国家标准化主管部门备案。

第二十六条　海关行业标准发布后,应当严格执行。

海关总署各部门和各直属海关对在标准实施过程中发现的问题应当及时报告海关总署法制部门和标准起草部门。

第五章　附则

第二十七条　海关行业标准实施后,海关总署法制部门应当根据业务的变化和科学技术的发展适时组织起草部门进行复审,复审周期一般不超过 5 年。

第二十八条　出现下列情况时,相关的海关行业标准应当废止:

(一)标准的适用环境或者条件已不复存在;

(二)相应的国家标准或者新的行业标准已经发布;

(三)与新发布的法律、法规、制度相违背;

(四)其他应当修改和废止的情况。

第二十九条　本办法由海关总署负责解释。

第三十条　本办法自 2006 年 2 月 1 日起施行。

中华人民共和国海关总署令
第 141 号

《海关总署关于修改〈中华人民共和国海关关于执行《内地与香港关于建立更紧密经贸关系安排》项下《关于货物贸易原产地规则》的规定〉的决定》已于 2005 年 12 月 27 日经署务会审议通过,现予公布,自 2006 年 1 月 1 日起施行。

署　长 牟新生

二〇〇五年十二月三十日

海关总署关于修改《中华人民共和国海关关于执行〈内地与香港关于建立更紧密经贸关系安排〉项下〈关于货物贸易原产地规则〉的规定》的决定

为了促进内地与香港建立更紧密经贸关系,海关总署决定对《中华人民共和国海关关于执行〈内地与香港关于建立更紧密经贸关系安排〉项下〈关于货物贸易原产地规则〉的规定》(海关总署令第 106 号公布,以下简称《规定》)作如下修改:

一、《规定》第六条修改为:

"第六条　本规定第三条第(二)项所称'实质性加工',应当采用'制造或者加工工序'标准、'税号改变'标准、'从价百分比'标准、'其他标准'或者'混合标准'认定,在规定的情形下可以采用其他附加条件认定。具体按照《安排》项下《享受货物贸易优惠措施的香港货物原产地标准表》的规定执行。该表是本规定的组成部分,由海关总署另行公布。

'制造或者加工工序'是指赋予加工后所得货物基本特征的主要工序。在香港境内完成该工序的视为进行了实质性加工。

'税号改变'是指非香港原产材料经过在香港境内加工生产后,所得产品在《中华人民共和国进出口税则》中 4 位数级的税目归类发生了变化,并且该产品不再在香港以外的国家或者地区进行任何改变4位数级税目归类的生产、加工或者制造。

‘从价百分比’是指完全在香港获得的原料、组合零件、劳工价值和产品开发支出价值的总和与出口制成品船上交货价格(FOB)的比值。该比值大于或者等于30%,并且产品的最后制造或者加工工序在香港境内完成的,视为进行了实质性加工。用公式表示如下:

$$\frac{\text{原料价值+组合零件价值+劳工价值+产品开发支出价值}}{\text{出口制成品的船上交货价格(FOB)}}\times 100\% \geq 30\%$$

公式中的‘产品开发’是指在香港境内为生产或者加工有关出口制成品而实施的产品开发。产品开发支出价值应当与该出口制成品有关,包括生产加工者自行开发、委托香港境内的自然人或者法人开发以及购买香港境内的自然人或者法人拥有的设计、专利权、专有技术、商标权或者著作权而支付的费用。该价值应当能够依据公认的会计准则和《关于实施1994年关税与贸易总协定第7条的协定》的有关规定明确确定。

‘从价百分比’的计算应当符合公认的会计准则和《关于实施1994年关税与贸易总协定第7条的协定》的有关规定。

‘其他标准’是指除上述‘制造或者加工工序’标准、‘税号改变’标准和‘从价百分比’标准之外,内地与香港主管部门一致同意采用的确定原产地的其它方法。

‘混合标准’是指确定原产地时同时使用的上述两个或者两个以上的标准。

其他附加条件是指当上述‘实质性加工’有关认定标准不足以确认原产地时,经内地与香港主管部门一致同意,可以采用品牌要求等附加条件”。

二、《规定》第十四条修改为:

“违反本规定的行为,海关按照《中华人民共和国海关法》和《中华人民共和国海关行政处罚实施条例》的规定处理;构成犯罪的,依法追究刑事责任”。

本决定自2006年1月1日起施行。

《中华人民共和国海关关于执行〈内地与香港关于建立更紧密经贸关系安排〉项下〈关于货物贸易原产地规则〉的规定》根据本决定作相应的修正,重新公布。

中华人民共和国海关关于执行《内地与香港关于建立更紧密经贸关系的安排》项下《关于货物贸易的原产地规则》的规定

(2003年12月30日海关总署令第106号公布,根据2005年12月30日海关总署令第141号公布的《海关总署关于修改〈中华人民共和国海关关于执行《内地与香港关于建立更紧密经贸关系安排》项下《关于货物贸易原产地规则》的规定〉的决定》修正)

第一条　为了促进内地与香港的经贸往来,正确确定《内地与香港关于建立更紧密经贸关系的安排》(以下简称《安排》)项下进口货物的原产地,根据《海关法》和《安排》,制定本规定。

第二条　本规定适用于从香港进口的《安排》项下货物(产品清单详见《中华人民共和国进出口税则》),但以加工贸易方式进口的货物除外。

第三条　对于直接从香港进口的《安排》项下货物,应当根据下列原则确定其原产地:

(一)完全在香港获得的货物,其原产地为香港;

(二)非完全在香港获得的货物,只有在香港进行了实质性加工的,其原产地才可以认定为香港。

第四条　本规定第三条第(一)项所称"完全在香港获得的货物"是指:

(一)在香港开采或者提取的矿产品;

(二)在香港收获或者采集的植物或者植物产品;

(三)在香港出生并饲养的活动物;

(四)在香港从本条第(三)项所述动物获得的产品;

(五)在香港狩猎或者捕捞所获得的产品;

(六)持香港牌照并悬挂香港特别行政区区旗的船只在公海捕捞获得的鱼类和其他海产品;

(七)在持香港牌照并悬挂香港特别行政区区旗的船只上加工本条第(六)项所述产品获得的产品;

(八)在香港收集的香港消费过程中产生的仅适于原材料回收的废旧物品;

(九)在香港加工制造过程中产生的仅适于原材料回收的废碎料;

(十)利用本条第(一)项至第(九)项所述产品在香港加工所获得的产品。

第五条　下列加工或者处理,无论是单独完成还是相互结合完成,均视为微小加工处理,在确定货物是否完全获得时应当不予考虑:

(一)为运输或者贮存货物而进行的加工或者处理;

(二)为便于货物装运而进行的加工或者处理;

(三)为货物销售而进行的包装、展示等加工或者处理。

第六条　本规定第三条第(二)项所称"实质性加工",应当采用"制造或者加工工序"标准、"税号改变"标准、"从价百分比"标准、"其他标准"或者"混合标准",在规定的情形下可以采用其他附加条件认定。具体按照《安排》项下《享受货物贸易优惠措施的香港货物原产地标准表》的规定执行。该表是本规定的组成部分,由海关总署另行公布。

"制造或者加工工序"是指赋予加工后所得货物基本特征的主要工序。在香港境内完成该工序的视为进行了实质性加工。

"税号改变"是指非香港原产材料在香港境内加工生产后,所得产品在《中华人民共和国进出口税则》中4位数级的税目归类发生了变化,并且该产品不再在香港以外的国家或者地区进行任何改变4位数级税目归类的生产、加工或者制造。

"从价百分比"是指完全在香港获得的原料、组合零件、劳工价值和产品开发支出价值的总和与出口制成品船上交货价格(FOB)的比值。该比值大于或者等于30%,并且产品的最后制造或者加工工序在香港境内完成的,视为进行了实质性加工。用公式表示如下:

$$\frac{\text{原料价值+组合零件价值+劳工价值+产品开发支出价值}}{\text{出口制成品的船上交货价格(FOB)}}\times 100\% \geqslant 30\%$$

公式中的"产品开发"是指在香港境内为生产或者加工有关出口制成品而实施的产品开发。产品开发支出价值应当与该出口制成品有关,包括生产加工者自行开发、委托香港境内的自然人或者法人开发以及购买香港境内的自然人或者法人拥有的设计、专利权、专有技术、商标权或者著作权而支付的费用。该价值应当能够依据公认的会计准则和《关于实施1994年关税与贸易总协定第7条的协定》的有关规定明确确定。

"从价百分比"的计算应当符合公认的会计准则和《关于实施1994年关税与贸易总协定第7条的协定》的有关规定。

"其他标准"是指除上述"制造或者加工工序"标准、"税号改变"标准和"从价百分比"标准之外,内地与香港主管部门一致同意采用的确定原产地的其它方法。

"混合标准"是指确定原产地时同时使用的上述两个或者两个以上的标准。

其他附加条件是指当上述"实质性加工"有关认定标准不足以确认原产地时,经内地与香港主管部门一致同意,可以采用品牌要求等附加条件。

第七条　简单的稀释、混合、包装、装瓶、干燥、装配、分类或者装饰不应当视为实质性加工。

以规避本规定为目的的加工或者定价措施不应当视为实质性加工。

第八条　货物制造过程中使用的能源、工厂、设备、机器、工具的产地,以及不构成货物组成成分或者组成部件的材料的产地,在确定货物原产地时不予考虑。

第九条　随货物一起报关进口,并在《中华人民共和国进出口税则》中与该货物一并归类的包装、包装材料、容器以及附件、备件、工具、介绍说明性材料,在确定货物原产地时应当忽略不计。

第十条　《安排》项下的进口货物应当从香港直接运输至内地口岸。

第十一条　《安排》项下的进口货物报关时,收货人应当主动向申报地海关申明该货物适用零关税,并提交符合《安排》项下《关于原产地证书的签发和核查程序》规定的有效原产地证书。原产地证书经海关联网核对无误的,海关准予按照零关税办理货物进口手续。经海关核对确认证书无效的,不适用零关税。

申报地海关因故无法进行联网核对,且收货人要求放行货物的,海关可以按照非《安排》项下该货物适用的税率征收相当于应缴税款的等值保证金后先予放行货物,并按规定办理进口手续,进行海关统计。申报地海关应当自该货物放行之日起90天内核定其原产地证书真实情况,根据核定结果办理退还保证金手续或者保证金转为进口关税手续,海关统计数据应当作相应修改。

第十二条　申报地海关对原产地证书内容的真实性产生怀疑时,可以经海关总署或者其授权的海关向香港海关提出协助核查的请求。在等待香港海关核查结果并确认有关原产地证书期间,申报地海关可以按照非《安排》项下该货物适用的税率征收相当于应缴税款的等值保证金后先予放行货物,并按规定办理进口手续,进行海关统计。香港海关核查完毕后,申报地海关应当根据核查结果,立即办理退还保证金手续或者保证金转为进口关税手续,海关统计数据应当作相应修改。

第十三条　海关对进口货物收货人提供的用于原产地证书核查的资料负有保密义务。未经收货人同意,海关不得泄露或者用于其他用途,但法律、行政法规及相关司法解释另有规定的除外。

第十四条　违反本规定的行为,海关按照《中华人民共和国海关法》和《中华人民共和国海关行政处罚实施条例》的规定处理;构成犯罪的,依法追究刑事责任。

第十五条　本规定由海关总署负责解释。

第十六条　本规定自2004年1月1日起施行。

中华人民共和国海关总署令
第142号

《海关总署关于修改〈中华人民共和国海关关于执行《内地与澳门关于建立更紧密经贸关系安排》项下《关于货物贸易原产地规则》的规定〉的决定》已于2005年12月27日经署务会审议通过,现予公布,自2006年1月1日起施行。

署　长　牟新生

二〇〇五年十二月三十日

海关总署关于修改《中华人民共和国海关关于执行〈内地与澳门关于建立更紧密经贸关系安排〉项下〈关于货物贸易原产地规则〉的规定》的决定

为了促进内地与澳门建立更紧密经贸关系,海关总署决定对《中华人民共和国海关关于执行〈内地与澳门关于建立更紧密经贸关系安排〉项下〈关于货物贸易原产地规则〉的规定》(海关总署令第107号公布,以下简称《规定》)作如下修改:

一、《规定》第六条修改为:

“第六条　本规定第三条第(二)项所称‘实质性加工’,应当采用‘制造或者加工工序’标准、‘税号改变’标准、‘从价百分比’标准、‘其他标准’或者‘混合标准’认定,在规定的情形下可以采用其他附加条件认定。具体按照《安排》项下《享受货物贸易优惠措施的澳门货物原产地标准表》的规定执行。该表是本规定的组成部分,由海关总署另行公布。

‘制造或者加工工序’是指赋予加工后所得货物基本特征的主要工序。在澳门境内完成该工序的视为进行了实质性加工。

‘税号改变’是指非澳门原产材料在澳门境内加工生产后,所得产品在《中华人民共和国进出口税则》中4位数级的税目归类发生了变化,并且该产品不再在澳门以外的国家或者地区进行任何改变4位数级税目归类的生产、加工或者制造。

‘从价百分比’是指完全在澳门获得的原料、组合零件、劳工价值和产品开发支出价值的总和与出口制成品的船上交货价格(FOB)的比值。该比值大于或者等于30%,并且产品的最后制造或者加工工序在澳门境内完成的,视为进行了实质性加工。用公式表示如下:

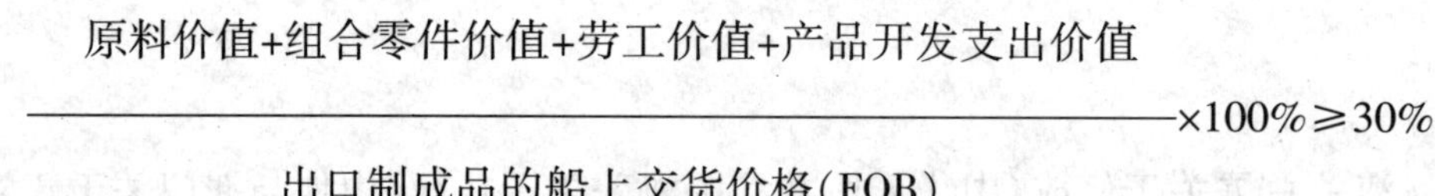

$$\frac{\text{原料价值}+\text{组合零件价值}+\text{劳工价值}+\text{产品开发支出价值}}{\text{出口制成品的船上交货价格(FOB)}}\times 100\% \geq 30\%$$

公式中的‘产品开发’是指在澳门境内为生产或者加工有关出口制成品而实施的产品开发。产品开发支出价值应当与该出口制成品有关,包括生产加工者自行开发、委托澳门境内的自然人或者法人开发以及购买澳门境内的自然人或者法人拥有的设计、专利权、专有技术、商标权或者著作权而支付的费用。该价值应当能够依据公认的会计准则和《关于实施1994年关税与贸易总协定第7条的协定》的有关规定明确确定。

‘从价百分比’的计算应当符合公认的会计准则和《关于实施1994年关税与贸易总协定第7条的协定》的有关规定。

‘其他标准’是指除上述‘制造或者加工工序’标准、‘税号改变’标准和‘从价百分比’标准之外,内地与澳门主管部门一致同意采用的确定原产地的其它方法。

‘混合标准’是指确定原产地时同时使用的上述两个或者两个以上的标准。

其他附加条件是指当上述‘实质性加工’有关认定标准不足以确认原产地时,经内地与澳门主管部门一致同意,可以采用品牌要求等附加条件”。

二、《规定》第十五条修改为:

“违反本规定的行为,海关按照《中华人民共和国海关法》和《中华人民共和国海关行政处罚实施条例》的规定处理;构成犯罪的,依法追究刑事责任”。

本决定自2006年1月1日起施行。

《中华人民共和国海关关于执行〈内地与澳门关于建立更紧密经贸关系安排〉项下〈关于货物贸易原产地规则〉的规定》根据本决定作相应的修正,重新公布。

中华人民共和国海关关于执行《内地与澳门关于建立更紧密经贸关系的安排》项下《关于货物贸易的原产地规则》的规定

(2003年12月30日海关总署令第107号公布,根据2005年12月30日海关总署令第142号公布的《海关总署关于修改〈中华人民共和国海关关于执行《内地与澳门关于建立更紧密经贸关系安排》项下《关于货物贸易原产地规则》的规定〉的决定》修正)

第一条　为了促进内地与澳门的经贸往来,正确确定《内地与澳门关于建立更紧密经贸关系的安排》(以下简称《安排》)项下进口货物的原产地,根据《海关法》和《安排》,制定本规定。

第二条　本规定适用于从澳门进口的《安排》项下货物(产品清单详见《中华人民共和国进出口税则》),但以加工贸易方式进口的货物除外。

第三条　对于直接从澳门进口的《安排》项下货物,应当根据下列原则确定其原产地:

(一)完全在澳门获得的货物,其原产地为澳门;

(二)非完全在澳门获得的货物,只有在澳门进行了实质性加工的,其原产地才可以认定为澳门。

第四条　本规定第三条第(一)项所称"完全在澳门获得的货物"是指:

(一)在澳门开采或者提取的矿产品;

(二)在澳门收获或者采集的植物或者植物产品;

(三)在澳门出生并饲养的活动物;

(四)在澳门从本条第(三)项所述动物获得的产品;

(五)在澳门狩猎或者捕捞所获得的产品;

(六)持澳门牌照并悬挂澳门特别行政区区旗的船只在公海捕捞获得的鱼类和其他海产品;

(七)在持澳门牌照并悬挂澳门特别行政区区旗的船只上加工本条第(六)项所述产品获得的产品;

(八)在澳门收集的澳门消费过程中产生的仅适于原材料回收的废旧物品;

(九)在澳门加工制造过程中产生的仅适于原材料回收的废碎料;

(十)利用本条第(一)项至第(九)项所述产品在澳门加工所得的产品。

第五条　下列加工或者处理,无论是单独完成还是相互结合完成,均视为微小加工处理,在确定货物是否完全获得时应当不予考虑:

(一)为运输或者贮存货物而进行的加工或者处理;

(二)为便于货物装运而进行的加工或者处理;

(三)为货物销售而进行的包装、展示等加工或者处理。

第六条　本规定第三条第(二)项所称“实质性加工”,应当采用“制造或者加工工序”标准、“税号改变”标准、“从价百分比”标准、“其他标准”或者“混合标准”认定,在规定的情形下可以采用其他附加条件认定。具体按照《安排》项下《享受货物贸易优惠措施的澳门货物原产地标准表》的规定执行。该表是本规定的组成部分,由海关总署另行公布。

“制造或者加工工序”是指赋予加工后所得货物基本特征的主要工序。在香港境内完成该工序的视为进行了实质性加工。

“税号改变”是指非澳门原产材料在澳门境内加工生产后,所得产品在《中华人民共和国进出口税则》中4位数级的税目归类发生了变化,并且该产品不再在澳门以外的国家或者地区进行任何改变4位数级税目归类的生产、加工或者制造。

“从价百分比”是指完全在澳门获得的原料、组合零件、劳工价值和产品开发支出价值的总和与出口制成品船上交货价格(FOB)的比值。该比值大于或者等于30%,并且产品的最后制造或者加工工序在澳门境内完成的,视为进行了实质性加工。用公式表示如下:

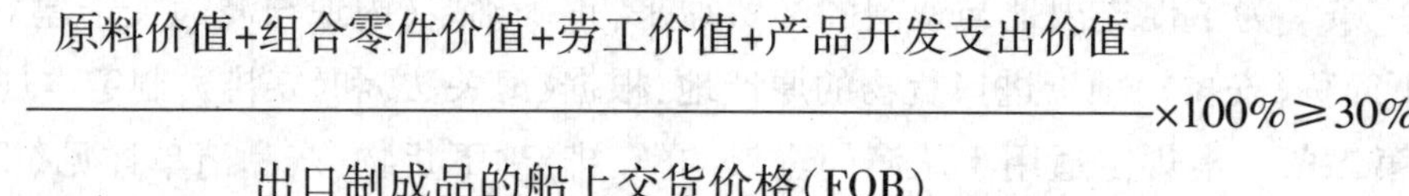

$$\frac{\text{原料价值+组合零件价值+劳工价值+产品开发支出价值}}{\text{出口制成品的船上交货价格(FOB)}}\times 100\% \geqslant 30\%$$

公式中的“产品开发”是指在澳门境内为生产或者加工有关出口制成品而实施的产品开发。产品开发支出价值应当与该出口制成品有关,包括生产加工者自行开发、委托澳门境内的自然人或者法人开发以及购买该方境内的自然人或者法人拥有的设计、专利权、专有技术、商标权或者著作权而支付的费用。该价值应当能够依据公认的会计准则和《关于实施1994年关税与贸易总协定第7条的协定》的有关规定明确确定。

“从价百分比”的计算应当符合公认的会计准则和《关于实施1994年关税与贸易总协定第7条的协定》的有关规定。

“其他标准”是指除上述“制造或者加工工序”标准、“税号改变”标准和“从价百分比”标准之外,内地与澳门主管部门一致同意采用的确定原产地的其它方法。

“混合标准”是指确定原产地时同时使用的上述两个或者两个以上的标准。

其他附加条件是指当上述“实质性加工”有关认定标准不足以确认原产地时,经内地与澳门主管部门一致同意,可以采用品牌要求等附加条件。

第七条　简单的稀释、混合、包装、装瓶、干燥、装配、分类或者装饰不应当视为实质性加工。

以规避本规定为目的的加工或者定价措施不应当视为实质性加工。

第八条　货物制造过程中使用的能源、工厂、设备、机器、工具的产地,以及不构成货物组成成分或者组成部件的材料的产地,在确定货物原产地时不予考虑。

第九条　随货物一起报关进口,并在《中华人民共和国进出口税则》中与该货物一并归类的包装、包装材料、容器以及附件、备件、工具、介绍说明性材料,在确定货物原产地时应当忽略不计。

第十条 《安排》项下的进口货物应当从澳门直接运输至内地口岸。

进口货物从澳门经过香港运输至内地口岸，并且同时符合下列条件的，视为从澳门直接运输：

(一)仅是由于地理原因或者运输需要；

(二)未在香港进行贸易或者消费；

(三)除装卸或者保持货物处于良好状态所需的加工外，在香港未进行其他任何加工。

第十一条 《安排》项下的进口货物报关时，收货人应当主动向申报地海关申明该货物适用零关税，并提交符合《安排》项下《关于原产地证书的签发和核查程序》规定的有效原产地证书。

从澳门经过香港运输至内地口岸的进口货物，除符合前款规定外，收货人还应当向申报地海关补充提供下列单证：

(一)在澳门签发的联运提单；

(二)货物的原厂商发票；

(三)符合本规定第十条第二款规定的相关证明文件。

第十二条 原产地证书经海关联网核对无误的，海关准予按照零关税办理货物进口手续。经海关核对确认证书无效的，不适用零关税。

申报地海关因故无法进行联网核对，且收货人要求放行货物的，海关可以按照非《安排》项下该货物适用的税率征收相当于应缴税款的等值保证金后先予放行货物，并按规定办理进口手续，进行海关统计。申报地海关应当自该货物放行之日起 90 天内核定其原产地证书真实情况，根据核定结果办理退还保证金手续或者保证金转为进口关税手续，海关统计数据应当作相应修改。

第十三条 申报地海关对原产地证书内容的真实性产生怀疑时，可以通过海关总署或者其授权的海关向澳门海关或者澳门经济局提出协助核查的请求。在等待澳门海关或者澳门经济局核查结果并确认有关原产地证书期间，申报地海关可以按照非《安排》项下该货物适用的税率征收相当于应缴税款的等值保证金后先予放行货物，并按规定办理进口手续，进行海关统计。澳门海关或者澳门经济局核查完毕后，申报地海关应当根据核查结果，立即办理退还保证金手续或者保证金转为进口关税手续，海关统计数据应当作相应修改。

第十四条 海关对进口货物收货人提供的用于原产地证书核查的资料负有保密义务。未经收货人同意，海关不得泄露或者用于其他用途，但法律、行政法规及相关司法解释另有规定的除外。

第十五条 违反本规定的行为，海关按照《中华人民共和国海关法》和《中华人民共和国海关行政处罚实施条例》的规定处理；构成犯罪的，依法追究刑事责任。

第十六条 本规定由海关总署负责解释。

第十七条 本规定自 2006 年 1 月 1 日起施行。

中华人民共和国国家质量监督检验检疫总局令

第69号

《出境货物木质包装检疫处理管理办法》经2004年12月24日国家质量监督检验检疫总局局务会议审议通过，现予公布，自2005年3月1日起施行。

局　长　李长江

二〇〇五年一月十日

出境货物木质包装检疫处理管理办法

第一条　为规范木质包装检疫监督管理，确保出境货物使用的木质包装符合输入国家或者地区检疫要求，依据《中华人民共和国进出境动植物检疫法》及其实施条例，参照国际植物检疫措施标准第15号《国际贸易中木质包装材料管理准则》（简称第15号国际标准）的规定，制定本办法。

第二条　本办法所称木质包装是指用于承载、包装、铺垫、支撑、加固货物的木质材料，如木板箱、木条箱、木托盘、木框、木桶、木轴、木楔、垫木、枕木、衬木等。

经人工合成或者经加热、加压等深度加工的包装用木质材料（如胶合板、纤维板等）除外。薄板旋切芯、锯屑、木丝、刨花等以及厚度等于或者小于6mm的木质材料除外。

第三条　国家质量监督检验检疫总局（以下简称国家质检总局）统一管理全国出境货物木质包装的检疫监督管理工作。国家质检总局设在各地的出入境检验检疫机构（以下简称检验检疫机构）负责所辖地区出境货物木质包装的检疫监督管理。

第四条　出境货物木质包装应当按照本办法附件1列明的检疫除害处理方法实施处理，并按照附件2的要求加施专用标识。

第五条　对木质包装实施除害处理并加施标识的企业（以下简称标识加施企业），应当向所在地检验检疫机构提出除害处理标识加施资格申请并提供以下材料：

（一）《出境货物木质包装除害处理标识加施申请考核表》（附件3）；

（二）工商营业执照及相关部门批准证书复印件；

（三）厂区平面图，包括原料库（场）、生产车间、除害处理场所、成品库平面图；

（四）热处理或者熏蒸处理等除害设施及相关技术、管理人员的资料；

（五）木质包装生产防疫、质量控制体系文件；

(六) 检验检疫机构要求的其他材料。

第六条　直属检验检疫机构对标识加施企业的热处理或者熏蒸处理设施、人员及相关质量管理体系等进行考核，符合要求的（附件4），颁发除害处理标识加施资格证书（附件5），并公布标识加施企业名单，同时报国家质检总局备案，标识加施资格有效期为3年；不符合要求的，不予颁发资格证书，并连同不予颁发的理由一并书面告知申请企业（附件6）。未取得资格证书的，不得擅自加施除害处理标识。

第七条　标识加施企业出现以下情况之一的，应当向检验检疫机构重新申请标识加施资格：

(一) 热处理或者熏蒸处理设施改建、扩建；

(二) 木质包装成品库改建、扩建；

(三) 企业迁址；

(四) 其他重大变更情况。

未重新申请的，检验检疫机构暂停直至取消其标识加施资格。

第八条　标识加施企业应当将木质包装除害处理计划在除害处理前向所在地检验检疫机构申报，检验检疫机构对除害处理过程和加施标识情况实施监督管理。

第九条　除害处理结束后，标识加施企业应当出具处理结果报告单（见附件7、附件8）。经检验检疫机构认定除害处理合格的，标识加施企业按照规定加施标识。

再利用、再加工或者经修理的木质包装应当重新验证并重新加施标识，确保木质包装材料的所有组成部分均得到处理。

第十条　标识加施企业对加施标识的木质包装应当单独存放，采取必要的防疫措施防止有害生物再次侵染，建立木质包装销售、使用记录，并按照检验检疫机构的要求核销。

第十一条　未获得标识加施资格的木质包装使用企业，可以从检验检疫机构公布的标识加施企业购买木质包装，并要求标识加施企业提供出境货物木质包装除害处理合格凭证（附件9）。

检验检疫机构对出境货物使用的木质包装实施抽查检疫。

第十二条　检验检疫机构对标识加施企业实施日常监督检查。

第十三条　标识加施企业出现下列情况之一的，检验检疫机构责令整改，整改期间暂停标识加施资格：

(一) 热处理/熏蒸处理设施、检测设备达不到要求的；

(二) 除害处理达不到规定温度、剂量、时间等技术指标的；

(三) 经除害处理合格的木质包装成品库管理不规范，存在有害生物再次侵染风险的；

(四) 木质包装标识加施不符合规范要求的；

(五) 木质包装除害处理、销售等情况不清的；

(六) 相关质量管理体系运转不正常，质量记录不健全的；

(七) 未按照规定向检验检疫机构申报的；

(八) 其他影响木质包装检疫质量的。

第十四条　因标识加施企业方面原因出现下列情况之一的，检验检疫机构将暂停直至取消其标识加施资格，并予以公布：

（一）因第十三条的原因，在国外遭除害处理、销毁或者退货的；

（二）未经有效除害处理加施标识的；

（三）倒卖、挪用标识等弄虚作假行为的；

（四）出现严重安全质量事故的；

（五）其他严重影响木质包装检疫质量的。

第十五条　伪造、变造、盗用标识的，依照《中华人民共和国进出境动植物检疫法》及其实施条例的有关规定处罚。

第十六条　输入国家或者地区对木质包装有其他特殊检疫要求的，按照输入国家或者地区的规定执行。

第十七条　本办法由国家质检总局负责解释。

第十八条　本办法自2005年3月1日起实施。

中华人民共和国国家质量监督检验检疫总局令

第71号

《保税区检验检疫监督管理办法》已经2004年12月24日国家质量监督检验检疫总局局务会议审议通过，现予公布，自2005年3月1日起施行。

局　长　李长江

二〇〇五年一月十二日

保税区检验检疫监督管理办法

第一章　总　则

第一条　为加强和规范保税区检验检疫监督管理工作，促进国家经济贸易的快速健康发展，根据《中华人民共和国进出口商品检验法》及其实施条例、《中华人民共和国进出境动植物检疫法》及其实施条例、《中华人民共和国国境卫生检疫法》及其实施细则、《中华人民共和国食品卫生法》及其他有关法律法规，制定本办法。

第二条　本办法适用于对进出保税区，法律法规规定应当实施检验检疫的货物及其包装物、铺垫材料、运输工具、集装箱（以下简称应检物）的检验检疫及监督管理工作。

第三条　国家质量监督检验检疫总局（以下简称国家质检总局）统一管理全国保税区的检验检

疫监督管理工作。国家质检总局设在保税区的出入境检验检疫机构（以下简称检验检疫机构），对进出保税区的应检物实施检验检疫和监督管理。

第四条 进出保税区的应检物需要办理检验检疫审批手续的，应当按照检验检疫法律法规的规定办理审批手续。

第五条 应检物进出保税区时，收发货人（货主）或者其代理人应当按照国家质检总局有关规定向检验检疫机构办理报检手续，检验检疫机构按照国家有关法律、法规、规章以及国家质检总局的规定实施检验检疫，海关凭检验检疫机构签发的货物通关证明验放。

第六条 检验检疫机构应当加强与海关的配合和协作，并按照简便、有效的原则对进出保税区的应检物实施检验检疫。

第二章 输入保税区应检物的检验检疫

第七条 从境外进入保税区的应检物，属于卫生检疫范围的，由检验检疫机构实施卫生检疫；应当实施卫生处理的，由检验检疫机构进行卫生处理。

第八条 从境外进入保税区的应检物，属于动植物检疫范围的，由检验检疫机构实施动植物检疫，应当实施动植物检疫除害处理的，在检验检疫机构的监督下，依法进行除害处理。

第九条 检验检疫机构对从境外进入保税区的可以用作原料的固体废物、旧机电产品、成套设备实施检验和监管，对外商投资财产按照有关规定进行价值鉴定，对未办理通关手续的货物不实施检验。

第十条 保税区内企业从境外进入保税区的仓储物流货物以及自用的办公用品、出口加工所需原材料、零部件免予实施强制性产品认证。

第十一条 应检物从中华人民共和国境内非保税区（不含港澳台地区，以下简称非保税区）进入保税区时，不需要办理海关通关手续的，检验检疫机构不实施检验检疫；需要办理海关通关手续的，检验检疫机构应当按照规定对应检物实施检验检疫。

第三章 输出保税区应检物的检验检疫

第十二条 从保税区输往境外的应检物，检验检疫机构依法实施检验检疫。

第十三条 从保税区输往非保税区的应检物，除法律法规另有规定的，不实施检疫。

第十四条 从保税区输往非保税区的应检物，属于实施食品卫生监督检验和商品检验范围的，检验检疫机构实施检验。对于集中入境分批出区的货物，可以分批报检，分批检验；符合条件的，可以于入境时集中报检，集中检验，经检验合格的出区时分批核销。

第十五条 按照本办法第九条的规定在入境时已经实施检验的保税区内的货物，输往非保税区的，不实施检验。

按照本办法第十一条的规定，从非保税区进入保税区的货物，又输往非保税区的，不实施检验。

第十六条　从保税区输往非保税区的应检物，列入强制性产品认证目录的，应当提供相应的认证证书，其产品上应当加贴强制性产品认证标志。

第十七条　从保税区输往非保税区的预包装食品和化妆品，应当向检验检疫机构申请办理标签审核手续。

第十八条　从非保税区进入保税区后不经加工直接出境的，保税区检验检疫机构凭产地检验检疫机构签发的检验检疫合格证明换证放行，不再实施检验检疫。超过检验检疫有效期、变更输入国家或地区并又有不同检验检疫要求、改换包装或重新拼装、已撤销报检的，应当按规定重新报检。

第十九条 保税区内企业加工出境产品，符合有关规定的，可以向检验检疫机构申请签发普惠制原产地证书或者一般原产地证书、区域性优惠原产地证书、专用原产地证书等。

第四章　经保税区转口的应检物的检验检疫

第二十条　经保税区转口的动植物、动植物产品和其他检疫物，入境报检时应当提供输出国家或地区政府部门出具的官方检疫证书；转口动物应同时提供国家质检总局签发的《动物过境许可证》和输入国家或地区政府部门签发的允许进境的证明；转口转基因产品应同时提供国家质检总局签发的《转基因产品过境转移许可证》。

第二十一条　经保税区转口的应检物，在保税区短暂仓储，原包装转口出境并且包装密封状况良好，无破损、撒漏的，入境时仅实施外包装检疫，必要时进行防疫消毒处理。

第二十二条　经保税区转口的应检物，由于包装不良以及在保税区内经分级、挑选、刷贴标签、改换包装形式等简单加工的原因，转口出境的，检验检疫机构实施卫生检疫、动植物检疫以及食品卫生检验。

第二十三条　转口应检物出境时，除法律法规另有规定和输入国家或地区政府要求入境时出具我国检验检疫机构签发的检疫证书或检疫处理证书的以外，一般不再实施检疫和检疫处理。

第五章　监督管理

第二十四条 保税区内设立的进出口加工、国际贸易、国际物流以及进出口商品展示企业，应向检验检疫机构申请备案。

第二十五条 保税区内从事加工、储存出入境动植物产品的企业应当符合有关检验检疫规定。

第二十六条 保税区内从事加工、储存出境食品的企业应办理出口食品生产企业卫生注册登记，输入国家或地区另有要求的，还应符合输入国家或地区的要求；加工、存储入境食品的企业应当按照食品企业通用卫生规范要求接受检验检疫机构的监督管理。

第二十七条 保税区内设立检验检疫查验场地以及检疫熏蒸、消毒处理场所应当符合检验检疫有关要求。

第二十八条 检验检疫机构按照有关法律法规规定对保税区实施疫情监测，对进出保税区的动植物及其产品的生产、加工、存放和调离过程实施检疫监督。

第二十九条 保税区内企业之间销售、转移进出口应检物，免予实施检验检疫。

第三十条 入境动植物及其产品已经办理检疫审批的，需要变更审批事项的，应当申请变更检疫审批手续。

第六章 附则

第三十一条 保税仓库、保税物流园区等区域的检验检疫和监督管理参照本办法执行。

第三十二条 对违反本办法规定的行为，检验检疫机构依照有关法律法规规定予以行政处罚。

第三十三条 本办法由国家质检总局负责解释。

第三十四条 本办法自 2005 年 3 月 1 日起施行。原中华人民共和国动植物检验局 1998 年 4 月 10 日发布的《保税区动植物检疫管理办法》同时废止。

中华人民共和国国家质量监督检验检疫总局令

第 77 号

《进出口商品复验办法》已经 2005 年 5 月 16 日国家质量监督检验检疫总局局务会议审议通过，现予公布，自 2005 年 10 月 1 日起施行。

局 长 李长江

二〇〇五年六月一日

进出口商品复验办法

第一章 总 则

第一条 为了加强进出口商品检验工作，规范进出口商品复验行为，维护对外贸易有关各方的合法权益，根据《中华人民共和国进出口商品检验法》及其实施条例的规定，制定本办法。

第二条 进出口商品的报检人（以下简称报检人）对出入境检验检疫机构（以下简称检验检疫机构）作出的检验结果有异议的，应当按照法律法规的规定申请复验。

第三条　国家质量监督检验检疫总局 (以下简称国家质检总局) 统一管理全国的进出口商品的复验工作，国家质检总局及其设在各地的检验检疫机构负责组织实施所受理的进出口商品复验工作。

第四条　复验工作应当遵循公正、公开、公平的原则。

第二章　申请与受理

第五条　报检人对检验检疫机构作出的检验结果有异议的，可以向作出检验结果的检验检疫机构或者其上级检验检疫机构申请复验，也可以向国家质检总局申请复验。受理复验的检验检疫机构或者国家质检总局负责组织实施复验。

检验检疫机构或者国家质检总局对同一检验结果只进行一次复验。

第六条　报检人申请复验，应当自收到检验检疫机构的检验结果之日起 15 日内提出。

因不可抗力或者其他正当理由不能申请复验的，申请期限中止。从中止的原因消除之日起，申请期限继续计算。

第七条　报检人申请复验，应当保证 (持) 原报检商品的质量、重量、数量符合原检验时的状态，并保留其包装、封识、标志。

第八条　报检人申请复验，应当按照规定如实填写复验申请表 (见附件)，并提供原报检所提供的证单、资料及原检验检疫机构出具的检验证书。

报检人应当对所提供的证单及资料的真实性和有效性负责。

第九条　检验检疫机构或者国家质检总局自收到复验申请之日起 15 日内，对复验申请进行审查并作出如下处理：

(一) 复验申请符合本办法规定的，予以受理，并向申请人出具《复验申请受理通知书》；

(二) 复验申请内容不全或者随附证单资料不全的，向申请人出具《复验申请材料补正告知书》，限期补正，逾期不补正的，视为撤销申请；

(三) 复验申请不符合本办法规定的，不予受理，并出具《复验申请不予受理通知书》，书面通知申请人并告之理由。

第十条　复验申请人应当按照规定交纳复验费用。

受理复验的检验检疫机构或者国家质检总局的复验结论认定属原检验的检验检疫机构责任的，复验费用由原检验检疫机构负担。

第三章　组织实施

第十一条　检验检疫机构或者国家质检总局受理复验后，应当在 5 日内组成复验工作组，并将工作组名单告知申请人。

复验工作组人数应当为 3 人或者 5 人。

第十二条　复验申请人认为复验工作组成员与复验工作有利害关系或者有其他因素可能影响复验公正性的，应当在收到复验工作组成员名单之日起 3 日内，向受理复验的检验检疫机构或者国家质检总局申请该成员回避并提供相应证据材料。

受理复验的检验检疫机构或者国家质检总局应当在收到回避申请之日起 3 日内作出回避或者不予回避的决定。

第十三条　作出原检验结果的检验检疫机构应当向复验工作组提供原检验记录和其他有关资料。复验申请人有义务配合复验工作组的复验工作。

第十四条　复验工作组应当制定复验方案并组织实施：

（一）审查复验申请人的复验申请表、有关证单及资料。经审查，若不具备复验实施条件的，可书面通知申请人暂时中止复验并说明理由。经申请人完善重新具备复验实施条件后，应当从具备条件之日起继续复验工作；

（二）审查原检验依据的标准、方法等是否正确，并应当符合相关规定；

（三）核对商品的批次、标记、编号、质量、重量、数量、包装、外观状况，按照复验方案规定取制样品；

（四）按照操作规程进行检验；

（五）审核、提出复验结果，并对原检验结果作出评定。

第十五条　受理复验的检验检疫机构或者国家质检总局应当自受理复验申请之日起 60 日内作出复验结论。技术复杂，不能在规定期限内作出复验结论的，经本机构负责人批准，可以适当延长，但是延长期限最多不超过 30 日。

第十六条　复验申请人对复验结论不服的，可以依法申请行政复议或者依法提起行政诉讼。

第十七条　在复验过程中抽取的样品，应当按照国家质检总局关于检验样品的有关规定妥善处理。

第十八条　国家质检总局和检验检疫机构工作人员应当严格遵守国家法律法规的规定，并按照本办法规定作好复验工作。

第四章　附　则

第十九条　进口商品的发货人或者出口商品的收货人对检验检疫机构作出的检验结果有异议的，可以参照本办法的有关规定办理。

第二十条　本办法由国家质检总局负责解释。

第二十一条　本办法自 2005 年 10 月 1 日起施行，原国家进出口商品检验局 1993 年 6 月 1 日发布的《进出口商品复验办法》同时废止。

中华人民共和国国家质量监督检验检疫总局令

第78号

《地理标志产品保护规定》经2005年5月16日国家质量监督检验检疫总局局务会议审议通过，现予公布，自2005年7月15日起施行。

局 长 李长江
二〇〇五年六月七日

地理标志产品保护规定

第一章 总 则

第一条 为了有效保护我国的地理标志产品，规范地理标志产品名称和专用标志的使用，保证地理标志产品的质量和特色，根据《中华人民共和国产品质量法》、《中华人民共和国标准化法》、《中华人民共和国进出口商品检验法》等有关规定，制定本规定。

第二条 本规定所称地理标志产品，是指产自特定地域，所具有的质量、声誉或其他特性本质上取决于该产地的自然因素和人文因素，经审核批准以地理名称进行命名的产品。地理标志产品包括：

（一）来自本地区的种植、养殖产品。

（二）原材料全部来自本地区或部分来自其他地区，并在本地区按照特定工艺生产和加工的产品。

第三条 本规定适用于对地理标志产品的申请受理、审核批准、地理标志专用标志注册登记和监督管理工作。

第四条 国家质量监督检验检疫总局（以下简称“国家质检总局”）统一管理全国的地理标志产品保护工作。各地出入境检验检疫局和质量技术监督局（以下简称各地质检机构）依照职能开展地理标志产品保护工作。

第五条 申请地理标志产品保护，应依照本规定经审核批准。使用地理标志产品专用标志，必须依照本规定经注册登记，并接受监督管理。

第六条 地理标志产品保护遵循申请自愿，受理及批准公开的原则。

第七条　申请地理标志保护的产品应当符合安全、卫生、环保的要求，对环境、生态、资源可能产生危害的产品，不予受理和保护。

第二章　申请及受理

第八条　地理标志产品保护申请，由当地县级以上人民政府指定的地理标志产品保护申请机构或人民政府认定的协会和企业（以下简称申请人）提出，并征求相关部门意见。

第九条　申请保护的产品在县域范围内的，由县级人民政府提出产地范围的建议；跨县域范围的，由地市级人民政府提出产地范围的建议；跨地市范围的，由省级人民政府提出产地范围的建议。

第十条　申请人应提交以下资料：

（一）有关地方政府关于划定地理标志产品产地范围的建议。

（二）有关地方政府成立申请机构或认定协会、企业作为申请人的文件。

（三）地理标志产品的证明材料，包括：

1.地理标志产品保护申请书；

2.产品名称、类别、产地范围及地理特征的说明；

3.产品的理化、感官等质量特色及其与产地的自然因素和人文因素之间关系的说明；

4.产品生产技术规范（包括产品加工工艺、安全卫生要求、加工设备的技术要求等）；

5.产品的知名度，产品生产、销售情况及历史渊源的说明。

（四）拟申请的地理标志产品的技术标准。

第十一条　出口企业的地理标志产品的保护申请向本辖区内出入境检验检疫部门提出；按地域提出的地理标志产品的保护申请和其他地理标志产品的保护申请向当地（县级或县级以上）质量技术监督部门提出。

第十二条　省级质量技术监督局和直属出入境检验检疫局，按照分工，分别负责对拟申报的地理标志产品的保护申请提出初审意见，并将相关文件、资料上报国家质检总局。

第三章　审核及批准

第十三条　国家质检总局对收到的申请进行形式审查。审查合格的，由国家质检总局在国家质检总局公报、政府网站等媒体上向社会发布受理公告；审查不合格的，应书面告知申请人。

第十四条　有关单位和个人对申请有异议的，可在公告后的2个月内向国家质检总局提出。

第十五条　国家质检总局按照地理标志产品的特点设立相应的专家审查委员会，负责地理标志产品保护申请的技术审查工作。

第十六条　国家质检总局组织专家审查委员会对没有异议或者有异议但被驳回的申请进行技术审查，审查合格的，由国家质检总局发布批准该产品获得地理标志产品保护的公告。

第四章　标准制订及专用标志使用

第十七条　拟保护的地理标志产品，应根据产品的类别、范围、知名度、产品的生产销售等方面的因素，分别制订相应的国家标准、地方标准或管理规范。

第十八条　国家标准化行政主管部门组织草拟并发布地理标志保护产品的国家标准；省级地方人民政府标准化行政主管部门组织草拟并发布地理标志保护产品的地方标准。

第十九条　地理标志保护产品的质量检验由省级质量技术监督部门、直属出入境检验检疫部门指定的检验机构承担。必要时，国家质检总局将组织予以复检。

第二十条　地理标志产品产地范围内的生产者使用地理标志产品专用标志，应向当地质量技术监督局或出入境检验检疫局提出申请，并提交以下资料：

（一）地理标志产品专用标志使用申请书。

（二）由当地政府主管部门出具的产品产自特定地域的证明。

（三）有关产品质量检验机构出具的检验报告。

上述申请经省级质量技术监督局或直属出入境检验检疫局审核，并经国家质检总局审查合格注册登记后，发布公告，生产者即可在其产品上使用地理标志产品专用标志，获得地理标志产品保护。

第五章　保护和监督

第二十一条　各地质检机构依法对地理标志保护产品实施保护。对于擅自使用或伪造地理标志名称及专用标志的；不符合地理标志产品标准和管理规范要求而使用该地理标志产品的名称的；或者使用与专用标志相近、易产生误解的名称或标识及可能误导消费者的文字或图案标志，使消费者将该产品误认为地理标志保护产品的行为，质量技术监督部门和出入境检验检疫部门将依法进行查处。社会团体、企业和个人可监督、举报。

第二十二条　各地质检机构对地理标志产品的产地范围，产品名称，原材料，生产技术工艺，质量特色，质量等级、数量、包装、标识，产品专用标志的印刷、发放、数量、使用情况，产品生产环境、生产设备，产品的标准符合性等方面进行日常监督管理。

第二十三条　获准使用地理标志产品专用标志资格的生产者，未按相应标准和管理规范组织生产的，或者在2年内未在受保护的地理标志产品上使用专用标志的，国家质检总局将注销其地理标志产品专用标志使用注册登记，停止其使用地理标志产品专用标志并对外公告。

第二十四条　违反本规定的，由质量技术监督行政部门和出入境检验检疫部门依据《中华人民共和国产品质量法》、《中华人民共和国标准化法》、《中华人民共和国进出口商品检验法》等有关法律予以行政处罚。

第二十五条　从事地理标志产品保护工作的人员应忠于职守，秉公办事，不得滥用职权、以权谋私，不得泄露技术秘密。违反以上规定的，予以行政纪律处分；构成犯罪的依法追究刑事责任。

第六章　附　则

第二十六条　国家质检总局接受国外地理标志产品在中华人民共和国的注册并实施保护。具体办法另外规定。

第二十七条　本规定由国家质检总局负责解释。

第二十八条　本规定自 2005 年 7 月 15 日起施行。原国家质量技术监督局公布的《原产地域产品保护规定》同时废止。原国家出入境检验检疫局公布的《原产地标记管理规定》、《原产地标记管理规定实施办法》中关于地理标志的内容与本规定不一致的，以本规定为准。

中华人民共和国国家质量监督检验检疫总局令

第 81 号

《认证培训机构管理办法》已经 2005 年 8 月 31 日国家质量监督检验检疫总局局务会议审议通过，现予公布，自 2005 年 11 月 1 日起施行。

局　长　李长江

二〇〇五年九月二十九日

认证培训机构管理办法

第一章　总则

第一条　为加强对认证培训机构的监督管理，规范认证培训活动，根据《中华人民共和国行政许可法》、《中华人民共和国认证认可条例》以及国务院有关规定，制定本办法。

第二条　本办法所称的认证培训机构，是指对从事认证评审、审核、检查以及其他与认证活动有关的人员进行基本培训活动的组织。

第三条　在中华人民共和国境内从事认证培训活动，应当遵守本办法。

第四条　国家认证认可监督管理委员会（以下简称国家认监委）负责认证培训机构及其认证培训活动的统一管理和监督工作。

各级地方质量技术监督部门和各地出入境检验检疫机构（以下统称地方认证监督管理部门）按照各自职责分工，依法对所辖区域内的认证培训活动进行监督检查。

第五条　国家鼓励认证培训机构取得国家认监委确定的认可机构（以下简称认可机构）的认可，以保证其持续、稳定地具有认证培训能力。

第二章　设立条件和批准程序

第六条　设立认证培训机构，应当经国家认监委批准，并依法取得法人资格后，方可从事批准范围内的认证培训活动。

第七条　设立认证培训机构，应当符合下列条件：

（一）有固定的经营场所和必要的培训教学设施及办公条件；

（二）注册资金不得少于人民币20万元；

（三）有4名以上具有注册培训教师资格的专职教师，每项课程的专职教师不得少于2名；

（四）有符合有关认证培训机构要求的质量管理体系文件；

（五）拥有自有或者相关组织授权的知识产权培训课程；

（六）依法应当具备的其他条件。

设立外商投资的认证培训机构除应当符合上述条件外，外方投资者还应当取得其所在国家或者地区法律规定的认证培训从业资格和认证培训授权，并具有认证培训授权相应的师资。

第八条　设立认证培训机构的审批程序：

（一）设立认证培训机构的申请人（以下简称申请人），应当向国家认监委提出书面申请，并提交相关证明材料；

（二）国家认监委应当对申请人提交的申请材料进行初步审查，并自收到申请材料之日起5日内作出受理或者不予受理申请的书面决定；

（三）国家认监委应当自受理申请之日起，对申请材料的实质内容进行审查和核实，并在20日内，作出是否批准的决定。决定批准的，向申请人出具《认证培训机构设立批准通知书》，不予批准的，应当书面通知申请人，并说明理由；

（四）申请人凭国家认监委出具的《认证培训机构设立批准通知书》，依法办理有关登记手续，凭依法办理的登记手续领取《认证培训机构批准书》。

国家认监委应当公布依法设立的认证培训机构名录。

第九条　《认证培训机构批准书》有效期为4年。

认证培训机构需要延期使用《认证培训机构批准书》的，应当在《认证培训机构批准书》有效期届满前90日内向国家认监委提出申请。

第十条　境外认证培训机构在中华人民共和国境内设立的常驻代表机构应当经国家认监委书面备案，方可从事有关业务联络、市场调研、技术交流等宣传推广活动，但不得从事认证培训经营性活动。

第十一条　认证培训机构分包境外认证培训机构或者组织的相关培训课程，应当经国家认监委批准。

第十二条　认证机构、认证培训机构、认证咨询机构可以从事其批准范围内的内审员培训活动，但认证机构不得对向委托其认证的认证委托人开展内审员培训活动。

内审员培训教师应当具有高级审核员或者高级咨询师资格。

第三章　行为规范

第十三条　认证培训机构应当按照国家认监委制定的认证培训基本规范、认证培训课程准则、规则等有关要求从事认证培训活动。

属于认证培训新领域，尚未制定统一认证培训课程准则、规则的，认证培训机构可以自行制定相应的认证培训课程准则和规则。

第十四条　认证培训机构应当公开认证培训基本要求、收费标准等信息，并保证信息的真实、准确、全面。

第十五条　认证培训机构应当完成认证培训机构和认证培训课程准则、规则规定的课程设计、课程管理、学员管理、证书管理和管理评审等基本程序，保证认证培训的完整、真实、有效，不得减少、遗漏认证培训程序和内容。

认证培训机构应当对认证培训过程作出完整记录，并归档留存。

第十六条　认证培训机构应当建立与认证培训课程准则、规则相适应的培训课程管理和培训教师能力评价制度，必要时可以取得认可机构的确认。

第十七条　认证培训机构及其认证培训教师应当及时作出认证培训结论，并保证认证培训结论的客观、真实。

经认证培训符合要求的，认证培训机构应当及时颁发认证培训合格证书；不符合要求的，应当告知被培训人，并说明理由。

第十八条　认证培训结论经培训教师签字后，由认证培训机构负责人或者其授权的人员签署。认证培训机构及其认证培训教师对认证培训结论负责。

第十九条　认证培训机构应当对其认证培训活动的有效性实施监控和评价，至少每 12 个月实施 1 次内部质量体系审核和管理评审。

认证培训机构应当于每年 1 月底前向国家认监委和所在地方认证监督管理部门提交上 1 年度工作报告。

第二十条　有下列情形之一的，认证培训机构应当在发生变更之前向国家认监委报告，并办理相关变更事宜：

（一）认证培训业务范围发生变更；

（二）法定代表人、股东发生变更；

（三）专职教师发生变更；

（四）认证培训机构名称发生变更。

第四章　监督检查

第二十一条　国家认监委应当对认证培训机构实施监督检查。监督方式包括：年度报告审查；现场监督；对认证培训活动及结果进行抽查；组织同行评议；向认证培训对象征求意见。

第二十二条　认可机构对已取得认可的认证培训机构应当实施认可监督。

第二十三条　地方认证监督管理部门应当依照本办法的规定对认证培训活动实施监督检查，对违法行为予以查处。

第二十四条　任何单位和个人对认证培训违法违规行为，有权向国家认监委和地方认证监督管理部门举报。国家认监委和地方认证监督管理部门应当及时调查处理，并为举报人保密。

第二十五条　有下列情形之一的，国家认监委应当依法办理认证培训机构批准决定注销手续：

（一）《认证培训机构批准书》有效期届满未延续的；

（二）认证培训机构依法终止的；

（三）认证培训机构已经不具备认证培训能力的；

（四）法律法规规定的应当注销认证培训机构批准决定的其他情形。

第二十六条　有下列情形之一的，国家认监委根据利害关系人的请求或者依据职权，可以撤销对认证培训机构作出的批准决定：

（一）工作人员滥用职权、玩忽职守作出批准决定的；

（二）超越法定职权作出批准决定的；

（三）违反法定程序作出批准决定的；

（四）对不具备申请资格或者不符合法定条件的申请人准予批准的；

（五）依法可以撤销批准决定的其他情形。

第五章　罚则

第二十七条　未经批准擅自从事认证培训活动的，责令其停止认证培训活动，处 3 万元罚款，并予以公布。

第二十八条　未经批准擅自分包境外认证培训机构或者组织的相关课程培训的，责令其停止所分包的培训业务，处 2 万元罚款；情节严重的，国家认监委应当责令停业整顿，直至撤销批准文件，并予以公布。

第二十九条　申请人申请设立认证培训机构时，隐瞒有关情况或者提供虚假材料的，国家认监委应当不予受理或者不予批准，并给予警告。

第三十条　认证培训机构以欺骗、贿赂等不正当手段取得批准文件的，责令其停止认证培训活动，处 3 万元罚款；国家认监委应当撤销批准文件，并予以公布。

第三十一条　认证培训机构超越国家认监委批准的业务范围进行认证培训活动的，责令改正，处3万元罚款；情节严重的，国家认监委应当责令停业整顿，直至撤销批准文件，并予以公布。

第三十二条　认证培训机构涂改、出租、出借批准证书或者以分包本机构认证培训业务、委托招生等形式非法转让认证培训业务的，责令改正，处3万元罚款；情节严重的，国家认监委应当责令停业整顿，直至撤消批准文件，并予以公布。

第三十三条　认证培训机构在公开信息、网站和广告等宣传活动中进行虚假或者误导性宣传的，责令改正，处5000元罚款；情节严重的，国家认监委应当责令停业整顿，并予以公布。

第三十四条　违反本办法第十三条至第二十条规定的，责令改正，给予警告；情节严重的，处5000元以上2万元以下罚款。

第三十五条　认证培训机构在国家认监委或者地方认证监督管理部门对其实施的监督检查中，隐瞒有关情况、提供虚假材料或者拒绝提供反映其活动情况的真实材料的，责令改正，处1万元以上3万元以下罚款；情节严重的，国家认监委应当责令停业整顿，并予以公布。

第三十六条　境外认证培训机构在中华人民共和国境内设立的常驻代表机构未经国家认监委备案或者从事认证培训经营性活动的，责令改正，处2万元罚款，并予以公布。

第三十七条　认证培训机构聘用未经认可机构注册或者确认的培训教师进行认证培训活动的，责令改正，处5000元罚款；情节严重的，国家认监委应当责令停业整顿，并予以公布。

第三十八条　认证培训机构在被国家认监委责令停业整顿期间，继续从事认证培训活动的，责令改正，处3万元罚款；情节严重的，国家认监委应当撤销批准文件，并予以公布。

第三十九条　买卖、伪造或者冒用批准文件、认证培训证书以及其他认证培训证明文件的，责令改正，处3万元罚款。

认证培训机构有前款规定的违法行为的，国家认监委应当责令停业整顿，直至撤销批准文件，并予以公布。

第四十条　国家认监委和地方认证监督管理部门的工作人员在认证培训机构审批工作中，违反本办法第二十六条第一项至第四项规定的，由其主管部门给予行政处分；构成犯罪的，依法追究其刑事责任。

第六章　附则

第四十一条　香港特别行政区、澳门特别行政区和台湾地区的申请人在中华人民共和国其他省、自治区、直辖市设立认证培训机构或者常驻代表机构，应当比照本办法办理有关审批以及其他事项。

第四十二条　认证培训收费，应当符合国家有关价格法律、行政法规的规定。

第四十三条　本办法由国家质量监督检验检疫总局负责解释。

第四十四条　本办法自2005年11月1日起施行。

有关认证培训机构审批以及其他管理规定不符合本办法规定的，自本办法施行之日起停止执行。

中华人民共和国国家质量监督检验检疫总局令

第82号

《认证咨询机构管理办法》已经2005年8月31日国家质量监督检验检疫总局局务会议审议通过，现予公布，自2005年11月1日起施行。

局 长　李长江

二〇〇五年九月二十九日

认证咨询机构管理办法

第一章 总则

第一条　为规范认证咨询活动，加强对认证咨询机构的监督管理，根据《中华人民共和国行政许可法》、《中华人民共和国认证认可条例》以及国务院的有关规定，制定本办法。

第二条　本办法所称的认证咨询机构，是指为使产品、服务和管理体系符合相关认证标准和技术规范而提供技术指导和服务的组织。

第三条　在中华人民共和国境内从事认证咨询活动应当遵守本办法。

第四条　国家认证认可监督管理委员会（以下简称国家认监委）负责认证咨询机构及其认证咨询活动的统一管理和监督工作。

国家认监委委托省、自治区、直辖市人民政府质量技术监督部门（以下简称省级质量技术监督部门）承办其所辖区域内的认证咨询机构的审批工作。

第五条　省级质量技术监督部门应当以国家认监委的名义，并在委托权限内实施认证咨询机构审批工作，不得再委托其他组织或者个人实施审批。

第二章 设立条件和批准程序

第六条　设立认证咨询机构，应当经国家认监委批准并依法取得工商登记后，方可从事批准范围内的认证咨询活动。

（一）有固定的场所和必要的设施；

（二）注册资金不得少于人民币10万元；

（三）有符合认证咨询要求的管理文件；

（四）有4名以上取得注册的专职认证咨询师，其中至少有1名高级咨询师；

（五）依法应当具备的其他条件。

第七条 设立认证咨询机构应当符合下列条件：

（一）有固定的经营场所和必要的培训教学设施及办公条件；

（二）注册资金不得少于人民币20万元；

（三）有4名以上具有注册培训教师资格的专职教师，每项课程的专职教师不得少于2名；

（四）有符合有关认证培训机构要求的质量管理体系文件；

（五）拥有自有或者相关组织授权的知识产权培训课程；

（六）依法应当具备的其他条件。

设立外商投资的认证培训机构除应当符合上述条件外，外方投资者还应当取得其所在国家或者地区法律规定的认证培训从业资格和认证培训授权，并具有认证培训授权相应的师资。

第八条 设立认证咨询机构的审批程序：

（一）设立认证咨询机构的申请人（以下简称申请人），应当向所在地省级质量技术监督部门提出书面申请，并提交相关证明材料；

（二）省级质量技术监督部门应当对申请人提交的申请材料进行初步审查，并自收到申请材料之日起5日内作出受理或者不予受理申请的书面决定；

（三）省级质量技术监督部门应当自受理申请之日起，对申请材料的实质内容进行审查和核实，并在20日内，作出是否批准的决定。决定批准的，向申请人出具《认证咨询机构设立批准通知书》，不予批准的，应当书面通知申请人，并说明理由；

（四）申请人凭《认证咨询机构设立批准通知书》依法办理有关工商登记手续，并凭工商登记手续领取《认证咨询机构批准书》。

省级质量技术监督部门应当公布依法设立的认证咨询机构名录，并向国家认监委报送本辖区内获得批准的认证咨询机构名录。

第九条 《认证咨询机构批准书》有效期为4年。

认证咨询机构需要延期使用《认证咨询机构批准书》的，应当在《认证咨询机构批准书》有效期满前90日内向所在地省级质量技术监督部门重新提出申请。

第十条 省级质量技术监督部门应当按国家认监委统一制定的认证咨询机构审批文书格式办理审批事项。

第十一条 认证咨询机构设立分支机构，应当向设立分支机构的所在地省级质量技术监督部门备案。

第十二条 境外认证咨询机构在中华人民共和国境内设立的常驻代表机构应当经国家认监委备案，方可从事有关业务联络、市场调研、技术交流等宣传推广活动，但不得从事认证咨询经营性活动。

第三章 行为规范

第十三条 认证咨询机构应当建立对认证咨询实施有效控制的质量体系和程序，并至少每12个月实施1次内部质量体系审核和管理评审。

第十四条 认证咨询机构应当建立与认证咨询活动相适应的认证咨询实施程序，并按照认证咨询实施程序为认证咨询委托人提供认证咨询服务，保证认证咨询活动的真实、有效。

认证咨询实施程序包括：调研诊断、体系策划、人员培训、文件编写、文件发布、体系运行(至少要保证有3个月的运行期)、内部审核、管理评审和符合性审核。

环境管理体系、职业健康与安全管理体系等特殊领域的认证咨询还需要包括环境、危险因素识别、评价等程序；产品认证咨询还需要包括产品符合性确认、设计等程序。

认证咨询机构应当对认证咨询实施过程作出完整记录，并归档留存。

第十五条 认证咨询机构应当建立专、兼职认证咨询人员聘用、培训、考核及能力评价制度。认证咨询机构在聘用认证咨询人员时，应当选聘具有良好职业道德、一定专业知识和相关行业实践经验，并取得认证咨询师注册资格的人员。

第十六条 认证咨询机构应当对认证咨询过程实施管理、监控和评价，并建立相应程序，以衡量其咨询活动的进度、质量和有效性。必要时应当将认证咨询过程情况和评价结果向客户反馈。

第十七条 认证咨询机构应当在每年1月底前向所在地省级质量技术监督部门提交年度报告，年度报告包括上年度本机构所咨询的组织名录、在本机构执业的专、兼职认证咨询人员的咨询规范性和有效性评价情况、本机构内部质量体系审核和管理评审情况。

第十八条 有下列情形之一的，认证咨询机构应当自发生变更之日起30日内向所在地省级质量技术监督部门报告,并办理相关变更事宜：

(一) 法定代表人、经营范围、经营场所等有关内容发生变更；

(二)《认证咨询机构组织章程》发生变更；

(三) 股东、负有执行职责的最高管理者发生变更；

(四) 专职认证咨询人员不再符合认证咨询机构批准所规定的基本要求；

(五) 分支机构发生变更。

第十九条 认证咨询机构不得有下列行为：

(一) 使用不具备认证咨询师注册资格的人员独立进行认证咨询；

(二) 向其他机构分包认证咨询业务或者以其他合作方式从事认证咨询活动；

(三) 认证咨询机构的办事机构从事认证咨询经营活动；

(四) 干涉被咨询方自主选择认证机构的权力；

(五) 代收认证费用或者接受对认证咨询活动产生公正影响的资助；

(六) 介入认证机构的审核活动或者作为认证机构的分支机构及以其他方式从事认证活动；

(七) 为被咨询方编造体系文件运行记录或者帮助、授意被咨询方隐瞒自身实际情况；

(八) 作出误导、欺诈性宣传或者承诺；

（九）向未经国家认监委批准的认证机构推荐经其认证咨询的单位进行认证；

（十）其他违反法律、行政法规、部门规章规定的行为。

第四章 监督检查

第二十条 国家认监委应当对受委托的省级质量技术监督部门实施的认证咨询机构审批行为进行监督、指导。

省级质量技术监督部门超越委托权限实施审批，给当事人合法权益造成损害的，自行承担法律责任。

第二十一条 各级质量技术监督部门和各地出入境检验检疫机构（以下统称地方认证监督管理部门）应当依照本办法的规定对认证咨询活动实施监督检查，对违法行为予以查处。

省级质量技术监督部门应当对所辖区域内的认证咨询机构提交的年度报告进行审查，并于每年3月底前将审查情况上报国家认监委。

第二十二条 任何单位和个人对认证咨询违法违规行为，有权向国家认监委和地方认证监督管理部门举报。国家认监委和地方认证监督管理部门应当及时调查处理，并为举报人保密。

第二十三条 有下列情形之一的，省级质量技术监督部门应当依法办理认证咨询机构批准决定注销手续：

（一）《认证咨询机构批准书》有效期届满未延续的；

（二）认证咨询机构依法终止的；

（三）认证咨询机构已经不具备认证咨询能力的；

（四）法律法规规定的应当注销认证咨询机构批准决定的其他情形。

第二十四条 有下列情形之一的，国家认监委或者省级质量技术监督部门根据利害关系人的请求或者依据职权，可以撤销对认证咨询机构作出的批准决定：

（一）工作人员滥用职权、玩忽职守作出批准决定的；

（二）超越法定职权作出批准决定的；

（三）违反法定程序作出批准决定的；

（四）对不具备申请资格或者不符合法定条件的申请人准予批准的；

（五）依法可以撤销批准决定的其他情形。

第五章 罚则

第二十五条 未经批准擅自从事认证咨询活动的，责令其停止认证咨询活动，处3万元罚款，并予以公布。

第二十六条 申请人申请设立认证咨询机构时，隐瞒有关情况或者提供虚假材料的，省级质量技术监督部门应当不予受理或者不予批准，并给予警告。

第二十七条 认证咨询机构以欺骗、贿赂等不正当手段取得批准文件的，责令其停止认证咨询活动，处3万元罚款；国家认监委应当撤销批准文件，并予以公布。

第二十八条 认证咨询机构及其分支机构超越批准业务范围进行认证咨询活动或者分支机构未经备案的，责令改正，处1万元以上3万元以下罚款；情节严重的，国家认监委应当责令停业整顿，直至撤销批准文件，并予以公布。

第二十九条 违反本办法第十三条至第十八条规定的，责令改正，给予警告；情节严重的，国家认监委应当责令停业整顿，并予以公布。

第三十条 违反本办法第十九条规定的，责令改正，处1万元以上3万元以下罚款；情节严重的，国家认监委应当责令停业整顿，直至撤销批准文件，并予以公布。

第三十一条 认证咨询机构在国家认监委或者地方认证监督管理部门对其实施的监督检查中，隐瞒有关情况、提供虚假材料或者拒绝提供反映其活动情况的真实材料的，责令改正，处1万元以上3万元以下罚款；情节严重的，国家认监委应当责令停业整顿，并予以公布。

第三十二条 境外认证咨询机构在中华人民共和国境内设立的常驻代表机构未经国家认监委备案或者从事认证咨询经营性活动的，责令改正，处2万元罚款，并予以公布。

第三十三条 认证咨询机构聘用被暂停或者撤销认证咨询执业资格的人员从事认证咨询活动的，责令改正，处2万元罚款；情节严重的，国家认监委应当责令停业整顿，直至撤销批准文件，并予以公布。

第三十四条 认证咨询机构在被国家认监委责令停业整顿期间，继续从事认证咨询活动的，责令改正，处3万元罚款；情节严重的，国家认监委应当撤销批准文件，并予以公布。

第三十五条 国家认监委和地方认证监督管理部门的工作人员在认证咨询机构审批工作中，违反本办法第二十四条第一项至第四项规定的，由其主管部门给予行政处分；构成犯罪的，依法追究其刑事责任。

第六章 附则

第三十六条 香港特别行政区、澳门特别行政区和台湾地区的申请人在中华人民共和国其他省、自治区、直辖市设立认证咨询机构或者常驻代表机构，应当比照本办法办理审批以及其他事项。

第三十七条 认证咨询收费，应当符合国家有关价格法律、行政法规的规定。

第三十八条 本办法由国家质量监督检验检疫总局负责解释。

第三十九条 本办法自2005年11月1日起施行。

有关认证咨询机构审批以及其他管理规定不符合本办法规定的，自本办法施行之日起停止执行。

中华人民共和国国家质量监督检验检疫总局令

第83号

《出入境特殊物品卫生检疫管理规定》已经2005年5月16日国家质量监督检验检疫总局局务会议审议通过，现予公布，自2006年1月1日起施行。

局 长 李长江

二〇〇五年十月十七日

出入境特殊物品卫生检疫管理规定

第一章 总则

第一条 为规范出入境特殊物品的卫生检疫监督管理，根据《中华人民共和国国境卫生检疫法》及其实施细则的有关规定，制定本规定。

第二条 本规定适用于入境、出境的微生物、人体组织、生物制品、血液及其制品等特殊物品的卫生检疫监督管理。

第三条 国家质量监督检验检疫总局（以下简称国家质检总局）统一管理全国出入境特殊物品的卫生检疫监督管理工作；国家质检总局设在各地的出入境检验检疫机构（以下简称检验检疫机构）对辖区内出入境特殊物品实施卫生检疫监督管理。

第四条 出入境特殊物品的卫生检疫管理实行卫生检疫审批、现场查验和后续监督管理制度。

第五条 取得《入/出境特殊物品卫生检疫审批单》（以下简称《卫生检疫审批单》），并经卫生检疫合格的出入境特殊物品，方准入境、出境。

第六条 出入境特殊物品由国家质检总局指定并公布的口岸入境、出境。

第二章 卫生检疫审批

第七条 直属检验检疫局负责所辖区域内出入境特殊物品的卫生检疫审批。

第八条 入境、出境特殊物品的货主或者其代理人应当在交运前向入出境口岸直属检验检疫局提交《入/出境特殊物品卫生检疫审批申请单》（下简称《审批申请单》）。

货主或者其代理人应当根据出入境特殊物品的分类填写《审批申请单》，每一类别填写一份。

第九条　申请办理出入境微生物、人体组织、血液的卫生检疫审批手续的，应当提供以下材料：

（一）相关主管部门出具的准许出入境证明（原件和复印件）；

（二）特殊物品所含病原微生物的学名（中文和拉丁文）和生物学特性（中英文对照件）的说明性文件；

（三）含有或者可能含有 3 至 4 级病原微生物的入境特殊物品，及含有或者可能含有尚未分级病原微生物的入境特殊物品，使用单位应当具备 BSL-3 级（p3 级）实验室，并提供相应资质的证明；

（四）科研用特殊物品应当提供科研项目批准文件原件或者科研项目申请人与国内外合作机构协议（原件和复印件，中、英文对照件）；

（五）供移植用器官应当提供有资质医院出具的供体健康证明和相关检验报告。

第十条 申请办理生物制品、血液制品的卫生检疫审批手续的，货主或者其代理人应当提供以下材料：

（一）用于治疗、预防、诊断的入境生物制品、血液制品，应当提供国家药品监督管理部门出具的进口注册证明；

（二）用于治疗、预防、诊断的出境生物制品、血液制品，应当提供药品监督管理部门出具的《药品销售证明》；

（三）用于其他领域的出入境生物制品、血液制品，应当提供相关主管部门出具的进口批件。

第十一条　直属检验检疫局对申请材料齐全，符合法定形式的申请，应当予以受理。

第十二条　受理申请的直属检验检疫局对申请材料进行实质性审查，并在 20 个工作日内作出准予许可或者不准予许可的决定，20 个工作日内不能作出决定的，经负责人批准可以延长 10 个工作日，并应当将延长期限的理由告知申请人。

准予许可的，应当签发《卫生检疫审批单》，不准予许可的，应当书面说明理由。

对于尚未认知其传染性的特殊物品，直属检验检疫局应当报请国家质检总局开展技术分析。技术分析所需时间不计入审批期限，但应当书面告知货主或者其代理人。

第十三条 出入境的特殊物品卫生检疫审批单只能使用一次，有效期限为 90 天。

第十四条　供移植用器官因特殊原因未办理卫生检疫审批手续的，入境、出境时检验检疫机构可以先予放行，货主或者其代理人应当在放行后 10 日内申请补办卫生检疫审批手续。

第三章　卫生检疫

第十五条　入境、出境特殊物品到达口岸后或者离开口岸前，货主或者其代理人应当依法向口岸检验检疫机构报检。有下列情形之一的，检验检疫机构不予受理报检：

（一）不能提供《卫生检疫审批单》的；

（二）《卫生检疫审批单》超过有效期的；

（三）伪造、涂改有关文件或单证的；

（四）其他不符合检验检疫要求的。

第十六条　受理报检的口岸检验检疫机构按照下列要求对出入境特殊物品实施现场查验，并填写《入/出境特殊物品卫生检疫现场查验记录》：

（一）检查出入境特殊物品名称、批号、规格、数量、输出/输入国和生产厂家等项目是否与审批单列明的内容相符；

（二）检查出入境特殊物品包装是否安全无破损，不渗、不漏；

（三）对出境的特殊物品应核查出厂检验合格报告，检查生产记录、原材料来源，以及生产流程是否符合卫生要求。

第十七条　对需抽样检验的入境特殊物品，经口岸检验检疫机构许可，货主或者其代理人可先运至有储存条件的场所，待检验合格后方可移运或使用。口岸检验检疫机构不具有检验能力的，应当委托国家质检总局指定的实验室进行检验。

第十八条　邮寄、携带的出入境特殊物品，因特殊情况未办理卫生检疫审批手续的，检验检疫机构应当予以截留，要求按照规定办理卫生检疫审批手续，并按照第十六条进行查验，经检疫合格后方可放行。

第十九条　口岸检验检疫机构对经卫生检疫符合要求的出入境特殊物品予以放行。发现有下列情况之一的，签发《检验检疫处理通知书》，并予以封存、退回或者销毁：

（一）名称、批号、规格、数量等与审批内容不相符的；

（二）包装或者保存条件不符合要求的；

（三）超过有效使用期限的；

（四）经检验不符合卫生检疫要求的；

（五）被截留物品自截留之日起60日内未获准许可的。

口岸检验检疫机构对处理结果应当做好记录、归档，并上报国家质检总局。

第四章　后续监管

第二十条　检验检疫机构对辖区内含有或可能含有病原微生物的入境特殊物品实施后续监管。需要后续监管的入境特殊物品，未经检验检疫机构的同意，不得擅自使用。

第二十一条　对需要实施异地后续监管的入境特殊物品，口岸检验检疫机构应当出具《入境货物调离单》，并及时电子转单给目的地检验检疫机构。使用单位应当在特殊物品入境后30日内，持《入境货物调离单》到目的地检验检疫机构申报，并接受后续监管。

第二十二条　检验检疫机构对入境特殊物品实施后续监管的内容包括：

（一）含有或者可能含有病原微生物入境特殊物品的使用单位是否具有相应等级的生物安全实验室，P3级以上实验室必须获得国家认可机构的认可；

（二）使用单位实验室操作人员是否具备相应的资质；

（三）入境特殊物品使用情况记录，是否按照审批用途使用。

使用单位应当及时向检验检疫机构提供使用情况说明。

第二十三条　检验检疫机构在后续监管过程中发现有不符合要求的，应当责令限期整改，并对已入境的特殊物品进行封存，直至整改符合要求。如经整改仍不符合要求的，责令其退运或者销毁。

第二十四条　检验检疫机构对后续监管过程中发现的问题，应当立即报告国家质检总局，并通报原审批的直属检验检疫局。

第五章　附则

第二十五条　违反本规定，有下列行为之一的，检验检疫机构可以给予警告或者处以5000元以下的罚款：

（一）瞒报或者漏报禁止进口的微生物、人体组织、生物制品、血液及其制品等特殊物品的；

（二）未经检验检疫机构许可，擅自移运、销售和使用特殊物品的；

（三）在规定时限内未向检验检疫机构申报或者拒绝接受特殊物品卫生检疫后续监管的；

（四）伪造或者涂改检疫单、证的。

第二十六条　对违反本规定，引起检疫传染病传播或者有引起检疫传染病传播严重危险的，依照《中华人民共和国刑法》的有关规定追究刑事责任。

第二十七条　本规定下列用语的含义：

（一）微生物是指病毒、细菌、真菌、放线菌、立克次氏体、螺旋体、衣原体、支原体等医学微生物；

（二）人体组织是指人体胚胎、器官、组织、细胞、人体分泌物、排泄物；

（三）生物制品是指细菌类疫苗、病毒类疫苗、抗毒素、各种诊断用试剂、干扰素、激素、酶及其制剂以及其他活性制剂（毒素、抗原、变态反应原、单克隆抗体、重组DNA产品、抗原-抗体复合物、免疫调节剂、微生态制剂、核酸制剂等），以及其他生物材料制备的有关制品；

（四）血液及其制品是指全血、血浆、血清、血细胞以及由血液分离、提纯或者应用生物技术制成的血浆蛋白组分或者血细胞组分制品。

第二十八条　进出保税区、出口加工区的出入境特殊物品的卫生检疫管理，按照本规定执行。

第二十九条　本规定由国家质检总局负责解释。

第三十条　本规定自2006年1月1日起施行。

中华人民共和国国家质量监督检验检疫总局令

第84号

《进境货物木质包装检疫监督管理办法》已经2005年12月31日国家质量监督检验检疫总局局务会议审议通过，现予公布，自2006年1月1日起施行。

局 长　李长江

二〇〇五年十二月三十一日

进境货物木质包装检疫监督管理办法

第一条　为规范进境货物木质包装检疫监督管理，防止林木有害生物随进境货物木质包装传入，保护我国森林、生态环境，便利货物进出境，根据《中华人民共和国进出境动植物检疫法》及其实施条例，制定本办法。

第二条　本办法所称木质包装是指用于承载、包装、铺垫、支撑、加固货物的木质材料，如木板箱、木条箱、木托盘、木框、木桶（盛装酒类的橡木桶除外）、木轴、木楔、垫木、枕木、衬木等。

本办法所称木质包装不包括经人工合成或者经加热、加压等深度加工的包装用木质材料（如胶合板、刨花板、纤维板等）以及薄板旋切芯、锯屑、木丝、刨花等以及厚度等于或者小于6mm的木质材料。

第三条　国家质量监督检验检疫总局（以下简称国家质检总局）统一管理全国进境货物木质包装的检疫监督管理工作。

国家质检总局设在各地的出入境检验检疫机构（以下简称检验检疫机构）负责所辖地区进境货物木质包装的检疫监督管理工作。

第四条　进境货物使用木质包装的，应当在输出国家或者地区政府检疫主管部门监督下按照国际植物保护公约（以下简称IPPC）的要求进行除害处理，并加施IPPC专用标识。除害处理方法和专用标识应当符合国家质检总局公布的检疫除害处理方法和标识要求。

第五条　进境货物使用木质包装的，货主或者其代理人应当向检验检疫机构报检。检验检疫机构按照以下情况处理：

（一）对已加施IPPC专用标识的木质包装，按规定抽查检疫，未发现活的有害生物的，立即予以放行；发现活的有害生物的，监督货主或者其代理人对木质包装进行除害处理。

（二）对未加施 IPPC 专用标识的木质包装，在检验检疫机构监督下对木质包装进行除害处理或者销毁处理。

（三）对报检时不能确定木质包装是否加施 IPPC 专用标识的，检验检疫机构按规定抽查检疫。经抽查确认木质包装加施了 IPPC 专用标识，且未发现活的有害生物的，予以放行；发现活的有害生物的，监督货主或者其代理人对木质包装进行除害处理；经抽查发现木质包装未加施 IPPC 专用标识的，对木质包装进行除害处理或者销毁处理。

第六条　检验检疫机构对未报检且经常使用木质包装的进境货物，可以实施重点抽查，抽查时按照以下情况处理：

（一）经抽查确认未使用木质包装的，立即放行。

（二）经抽查发现使用木质包装的，按照本办法第五条规定处理，并依照有关规定予以行政处罚。

第七条　检验检疫机构对木质包装违规情况严重的，在报经国家质检总局批准同意后，监督货主或者其代理人连同货物一起作退运处理。

第八条　对木质包装进行现场检疫时应当重点检查是否携带天牛、白蚁、蠹虫、树蜂、吉丁虫、象虫等钻蛀性害虫及其为害迹象，对有昆虫为害迹象的木质包装应当剖开检查；对带有疑似松材线虫等病害症状的，应当取样送实验室检验。

第九条　需要将货物运往指定地点实施检疫或者除害处理的，货主或者其代理人应当按照检验检疫机构的要求，采取必要的防止疫情扩散的措施。集装箱装运的货物，应当在检验检疫人员的监督下开启箱门，以防有害生物传播扩散。

需要实施木质包装检疫的货物，除特殊情况外，未经检验检疫机构许可，不得擅自卸离运输工具和运递及拆除、遗弃木质包装。

第十条　过境货物裸露的木质包装以及作为货物整批进境的木质包装，按照本办法规定执行。进境船舶、飞机使用的垫舱木料卸离运输工具的，按照本办法规定执行；不卸离运输工具的，应当接受检验检疫机构的监督管理，在监管过程中发现检疫性有害生物的，应当实施除害或者销毁处理。

第十一条　检验检疫机构应当加强与港务、海关、运输、货物代理等部门的信息沟通，通过联网、电子监管及审核货物载货清单等方式获得货物及包装信息，根据情况作出是否抽查的决定。

第十二条　检验检疫机构应当根据检疫情况做好进出口商和输出国家或者地区木质包装标识企业的诚信记录，对其诚信作出评价，实施分类管理。对诚信好的企业，可以采取减少抽查比例和先行通关后在工厂或其他指定地点实施检疫等便利措施。对诚信不良的企业，可以采取加大抽查比例等措施。对多次出现问题的，国家质检总局可以向输出国家或者地区发出通报，暂停相关标识加施企业的木质包装入境。

第十三条　来自中国香港、澳门特别行政区（以下简称港澳地区）和中国台湾地区的货物使用木质包装的，参照本办法规定执行。

第十四条　经港澳地区中转进境货物使用木质包装，不符合本办法第四条规定的，货主或者其代理人可以申请国家质检总局认定的港澳地区检验机构实施除害处理并加施 IPPC 标识或者出具证明文件，入境时，检验检疫机构按照本办法的规定进行抽查或者检疫。

第十五条　为便利通关，对于经港澳地区中转进境未使用木质包装的货物，货主或者其代理人可以向国家质检总局认定的港澳地区检验机构申请对未使用木质包装情况进行确认并出具证明文件。入境时，检验检疫机构审核证明文件，不再检查木质包装，必要时可以进行抽查。

第十六条　旅客携带物、邮寄物使用的木质包装未加施 IPPC 标识的，经检疫未发现活的有害生物的，准予入境；发现活的有害生物的，对木质包装进行除害处理。

第十七条　有下列情况之一的，检验检疫机构依照《中华人民共和国进出境动植物检疫法》及其实施条例的相关规定予以行政处罚：

（一）未按照规定向检验检疫机构报检的；

（二）报检与实际情况不符的；

（三）未经检验检疫机构许可擅自将木质包装货物卸离运输工具或者运递的；

（四）其他违反《中华人民共和国进出境动植物检疫法》及其实施条例的。

第十八条　有下列情况之一的，由检验检疫机构处以 3 万元以下罚款：

（一）未经检验检疫机构许可，擅自拆除、遗弃木质包装的；

（二）未按检验检疫机构要求对木质包装采取除害或者销毁处理的；

（三）伪造、变造、盗用 IPPC 专用标识的。

第十九条　国家质检总局认定的检验机构违反有关法律法规以及本办法规定的，国家质检总局应当根据情节轻重责令限期改正或者取消认定。

第二十条　检验检疫人员徇私舞弊、滥用职权、玩忽职守，违反相关法律法规和本办法规定的，依法给予行政处分；情节严重，构成犯罪的，依法追究刑事责任。

第二十一条　本办法由国家质检总局负责解释。

第二十二条　本办法自 2006 年 1 月 1 日起施行。本办法施行前颁布的有关规章及规范性文件与本办法规定不一致的，按照本办法执行。

中华人民共和国交通部令

2005 年第 13 号

《港口统计规则》已于 2005 年 12 月 15 日经第 29 次部务会议通过，现予公布，自 2006 年 2 月 1 日起施行。

部长 李盛霖

2005 年 12 月 30 日

港口统计规则

第一章 总 则

第一条 为规范港口统计工作，保障港口统计资料的准确、及时、全面，依据《中华人民共和国统计法》和《中华人民共和国港口法》，制定本规则。

第二条 本规则适用于中华人民共和国境内港口建设、经营、管理及相关活动的统计工作。

第三条 交通部负责全国港口统计工作。

省级人民政府交通（港口）主管部门负责本行政区域的港口统计工作。

省级人民政府、港口所在地设区的市级人民政府或县级人民政府确定的具体实施港口行政管理的部门负责其管理的港口统计工作。

本条第二、三款所述部门统称港口管理部门。

第四条 交通部根据需要确定港口统计范围和口径，并在相关统计制度中予以明确。港口管理部门不得擅自调整港口统计范围和口径。

第五条 交通部和港口管理部门依据法律、法规和规章的规定，要求港口统计调查对象提供统计资料及相关信息时，港口统计调查对象应当如实提供，不得虚报、瞒报、拒报、迟报，不得伪造、篡改。

交通部和港口管理部门应当将港口统计调查对象提供的统计资料及相关信息按照有关规定如实报送，并为港口统计调查对象保守商业秘密。

本条所称港口统计调查对象是指从事港口建设、经营及相关活动的组织和个人。

第六条 交通部、港口管理部门和港口统计调查对象（以下简称“港口统计主体”）的统计机构和统计人员应当依据法律、法规和规章的规定，独立行使统计调查、统计报告、统计监督的职权，及时完成统计任务。

各港口统计主体的统计机构和统计人员有权拒报不符合规定的统计报表。

第七条　各港口统计主体负责人不得强令或者授意统计机构、统计人员篡改统计资料或者编造虚假数据，不得擅自修改统计资料。如果发现数据有误，应当责成统计机构、统计人员会同有关人员核实更正。

第八条　各港口统计主体应当加强对港口统计工作的领导，解决港口统计存在的问题，为港口统计提供必要的条件。

第二章　统计机构和统计人员

第九条　交通部履行下列统计职责：

（一）依据法律、行政法规的规定，制定全国港口统计的规章、制度、指标体系和技术标准，并颁布实施；

（二）组织、指导全国港口统计工作，统一管理港口统计调查项目；

（三）组织和参与与港口有关的国家统计调查；

（四）制定全国港口统计发展规划，编制统计调查计划和统计调查方案，并组织实施；

（五）搜集、整理、审核、汇总全国港口统计数据，编印、提供、管理全国港口统计资料，定期发布全国港口统计信息；

（六）分析、预测全国港口经营、建设、管理及相关活动的情况，提供统计咨询；

（七）组织全国港口统计业务培训，推进全国港口统计信息化建设；

（八）完成有关港口统计的其他工作。

第十条　港口管理部门应当设立专门统计机构或指定相关职能机构负责港口统计工作。

第十一条　港口管理部门履行下列统计职责：

（一）执行国家统计法律、法规和规章，根据本行政区域的实际情况，制订港口统计细则，并颁布实施；

（二）组织、指导本行政区域内的港口统计工作，统一管理统计调查项目；

（三）组织和参与本行政区域内与港口有关的国家及行业统计调查；

（四）制定本行政区域内的港口统计发展规划，编制统计调查计划和统计调查方案，并组织实施；

（五）根据实际需要，依据行业标准，扩充或细化港口统计指标；

（六）搜集、整理、审核、汇总、报送本行政区域内的港口统计数据，编制、提供、管理港口统计资料，定期发布港口统计信息；

（七）分析、预测本行政区域内的港口经营、建设、管理及相关活动的情况，提供统计咨询；

（八）组织本行政区域内港口统计业务培训，推进本行政区域内的港口统计信息化建设；

（九）完成有关港口统计的其他工作。

第十二条　港口统计调查对象应当指定机构或人员负责港口统计，履行下列职责：

（一）按照法律、法规和规章有关规定，准确、及时地填报统计报表，提供统计资料；

（二）分析、预测本单位的经营、建设、管理和经济效益等状况，并按照有关规定报送分析材料；

（三）管理本单位港口统计原始记录、统计台账、统计报表及其他统计资料；

（四）完成有关港口统计的其他工作。

第十三条　各港口统计主体的统计机构和统计人员享有下列权利：

（一）统计调查权，要求被调查者如实填报统计资料，检查与港口统计资料有关的原始记录、凭证和统计台帐；

（二）统计报告权，向上级有关单位提出统计报告时，任何单位或个人不得阻挠、扣压和篡改统计报告；

（三）统计监督权，检查或举报瞒报、虚报、伪造、篡改统计资料及统计调查中的其他违法行为，并责成有关单位改正。

第十四条　各港口统计主体的统计人员应当具备国家规定的从业资格。

第十五条　各港口统计主体应当依据国家有关规定，组织统计人员参加统计专业培训、专业技术职务考试或评审。

第十六条　各港口统计主体应当保持统计机构和统计人员的相对稳定。各港口统计主体如有统计机构或统计人员变动，应当办理统计业务和统计资料的交接，并及时将变动后的情况及联系方式通告有关单位。

第三章　统计调查

第十七条　港口统计调查包括为搜集港口的基础设施、装备、经营、安全、能源消耗、环境保护、固定资产投资、劳动工资及其他资料而进行的各类统计调查。

第十八条　港口统计调查必须依据经批准的统计调查计划和调查方案（统计报表制度）组织实施。港口统计调查计划按统计调查项目编制。在编制港口统计调查计划时，必须同时编制港口统计调查方案。

第十九条　交通部和港口管理部门应当定期公布港口统计调查项目清单。

第二十条　出现重大情况或发生突发事件时，交通部可以在港口统计调查项目清单以外组织临时性调查，并可以指定有关单位直接报送相关统计资料。

第二十一条　港口统计调查项目包括港口综合统计调查项目和港口专业统计调查项目。

港口综合统计调查项目是反映港口总体状况的统计调查项目。

港口专业统计调查项目是反映港口某一方面具体状况的统计调查项目。

第二十二条　港口综合统计调查项目由交通部或港口管理部门的统计机构拟订，经本部门审核并报同级人民政府统计机构审批或备案，交通部或港口管理部门的统计机构负责实施。

港口专业统计调查项目在交通部或港口管理部门统计机构的指导下，由其相应职能机构拟订，经本部门统计机构审核并报同级人民政府统计机构审批或备案，由相应职能机构负责实施。

港口综合统计调查项目和港口专业统计调查项目应当明确分工、互相衔接、避免重复。

第二十三条　拟订港口统计调查项目，应当先提出立项申请，填写申请表，说明立项依据、调查目的、调查范围、主要指标、调查频率、报送渠道及经费预算和来源。

立项申请批准后，应当编制港口统计调查计划和调查方案。调查计划包括项目名称、调查机关、调查目的、调查范围、调查对象、调查方式、调查时间和调查内容。调查方案包括供调查对象填报用的统计调查表和说明书、供整理上报用的统计综合表和说明书。

第二十四条　交通部和港口管理部门分别负责批准有行政隶属关系的机构和单位提出的港口统计调查项目的立项申请，审核调查计划和调查方案。经批准立项的调查项目，涉及港口统计调查对象的应当申请同级人民政府统计机构审批，只涉及港口管理部门的应当提交同级人民政府统计机构备案。

交通部和港口管理部门的统计机构在正式收到经审核的调查项目有关资料后的20个工作日内，完成向同级人民政府统计机构的审批或备案申请手续；在收到同意实施该调查项目复函后的20个工作日内，将布置调查的正式文件、调查方案和调查表式提交同级人民政府统计机构备案。

第二十五条　实施港口统计调查计划和调查方案，应当确定和培训调查人员，建立统计资料搜集、处理和报送的工作系统。根据工作需要，编制相应的港口统计调查软件。

第二十六条　重大港口统计调查项目实施前应当进行试点，在对调查方案修改完善的基础上组织实施。

第二十七条　各港口统计主体应当按照有关统计制度的要求及时搜集、整理港口统计资料，对资料进行统计分析，并按照有关规定报送。

第二十八条　港口统计资料的搜集包括准备、实施和评估。

准备阶段应当明确资料搜集的内容，确定信息源，选择搜集方法，制定搜集策略。

实施阶段应当从信息源中提取所需的信息，并进行集中处理。

评估阶段应当根据评估指标体系衡量资料搜集的质量、水平、效率和效益。

第二十九条　港口统计资料的整理包括审核和汇总。

审核阶段应当核查资料的准确性、及时性和完整性。

汇总阶段应当对原始资料分组，并对总体和各组的指标进行汇总。

第三十条　港口统计分析应当明确分析目的，设计分析方案，搜集相关资料，运用适当的统计分析方法进行研究，形成统计分析报告。

第三十一条　交通部和港口管理部门的统计机构统一组织港口统计资料的报送。统计资料的报送应当依据交通部和港口管理部门每年印发的港口统计报表制度的规定采取直接报送或逐级报送模式。

直接报送是指港口统计调查对象或港口管理部门直接将统计资料提供或报送给交通部。

逐级报送是指港口统计调查对象将统计资料提供给当地港口行政管理部门，经逐级整理后报送交通部。

交通部和港口管理部门的职能机构报送的统计资料应当经本部门统计机构审核，并在报送的同时抄送统计机构。

第三十二条　港口统计分析报告的报送应当按照交通部的有关规定执行。

第三十三条　交通部和港口管理部门应当建立、健全港口统计调查项目的数据质量控制和评估体系，跟踪检查港口统计调查项目的执行情况，发现问题应当提出解决方案并监督实施。

第四章　统计资料管理与发布

第三十四条　交通部和港口管理部门应当逐步建立港口统计信息共享机制。

第三十五条　各港口统计主体应当依据国家档案管理规定建立、健全统计资料档案制度，指定机构或专人管理原始记录、统计台账、统计报表及其他统计资料。

第三十六条　各港口统计主体应当依据有关保密的法律、法规和规定，建立港口统计资料的保密制度。

第三十七条　交通部和港口管理部门应当逐步建立港口统计信息发布的预告制度，在指定媒体上定期公布港口统计信息发布时间和发布内容。

第三十八条　交通部和港口管理部门对外提供、发布港口统计调查项目的统计资料应当经统计负责人审核，由部门负责人签发。

第五章　附　则

第三十九条　港口管理部门有下列违法行为之一的，由国务院主管部门责令改正，予以通报批评；情节较重但尚未构成犯罪的，可以由有关部门对负有直接责任的主管人员和其他直接责任人员依法给予行政处分：

（一）虚报、瞒报统计资料的；

（二）伪造、篡改统计资料的；

（三）拒报或者屡次迟报统计资料的。

第四十条　港口统计工作的考评根据交通部制定的有关交通统计工作评比表彰办法执行。

第四十一条　海事管理机构负责完成进出港船舶统计及交通部交予的其他港口统计调查项目。海事管理机构应当准确、及时报送统计资料。

第四十二条　本办法自 2006 年 2 月 1 日起施行。

中华人民共和国交通部令

2005 年第 3 号

《国际道路运输管理规定》已于 2005 年 4 月 6 日经第七次部务会议通过，现予公布，自 2005 年 6 月 1 日起施行。

部长　张春贤

2005 年 4 月 13 日

国际道路运输管理规定

第一章　总　则

第一条　为规范国际道路运输经营活动，维护国际道路运输市场秩序，保护国际道路运输各方当事人的合法权益，促进国际道路运输业的发展，根据《道路运输条例》和我国政府与有关国家政府签署的汽车运输协定，制定本规定。

第二条　从事中华人民共和国与相关国家间的国际道路运输经营活动的，应当遵守本规定。本规定所称国际道路运输，包括国际道路旅客运输、国际道路货物运输。

第三条　国际道路运输应当坚持平等互利、公平竞争、共同发展的原则。

国际道路运输管理应当公平、公正、公开和便民。

第四条　交通部主管全国国际道路运输管理工作。

省级人民政府交通主管部门负责组织领导本行政区域内的国际道路运输管理工作。

省级道路运输管理机构负责具体实施本行政区域内的国际道路运输管理工作。

第二章　经营许可

第五条　申请从事国际道路运输经营活动的，应当具备下列条件：

（一）已经取得国内道路运输经营许可证的企业法人；

（二）从事国内道路运输经营满 3 年，且近 3 年内未发生重大以上道路交通责任事故。道路交通责任事故是指驾驶人员负同等或者以上责任的交通事故。

（三）驾驶人员符合第六条的条件，从事危险货物运输的驾驶员、装卸管理员、押运员，应当符合危险货物运输管理的有关规定；

（四）拟投入国际道路运输经营的运输车辆技术等级达到一级；

（五）有健全的安全生产管理制度。

第六条　从事国际道路运输的驾驶人员，应当符合下列条件：

（一）取得相应的机动车驾驶证；

（二）年龄不超过60周岁；

（三）经设区的市级道路运输管理机构分别对有关国际道路运输法规、外事规定、机动车维修、货物装载、保管和旅客急救基本知识考试合格，并取得《营运驾驶员从业资格证》；

（四）从事旅客运输的驾驶人员3年内无重大以上交通责任事故记录。

第七条　拟从事国际道路运输经营的，应当向所在地省级道路运输管理机构提出申请，并提交以下材料：

（一）国际道路运输经营申请表；

（二）《道路运输经营许可证》及复印件；

（三）法人营业执照及复印件；

（四）企业近3年内无重大以上道路交通责任事故证明；

（五）拟投入国际道路运输经营的车辆的道路运输证和拟购置车辆承诺书，承诺书包括车辆数量、类型、技术性能、购车时间等内容；

（六）拟聘用驾驶员的机动车驾驶证、从业资格证，近3年内无重大以上道路交通责任事故证明；

（七）国际道路运输的安全管理制度，包括安全生产责任制度、安全生产业务操作规程、安全生产监督检查制度、驾驶员和车辆安全生产管理制度等。

从事定期国际道路旅客运输的，还应当提交定期国际道路旅客班线运输的线路、站点、班次方案。

从事危险货物运输的，还应当提交驾驶员、装卸管理员、押运员的上岗资格证等。

第八条　已取得国际道路运输经营许可，申请新增定期国际旅客运输班线的，应当向所在地省级道路运输管理机构提出申请并提交下列材料：

（一）《道路运输经营许可证》及复印件；

（二）拟新增定期国际道路旅客班线运输的线路、站点、班次方案；

（三）拟投入国际道路旅客运输营运的车辆的道路运输证和拟购置车辆承诺书；

（四）拟聘用驾驶员的机动车驾驶证、从业资格证，驾驶员近3年内无重大以上道路交通责任事故证明。

第九条　省级道路运输管理机构收到申请后，应当按照《交通行政许可实施程序规定》要求的程序、期限，对申请材料进行审查，作出许可或者不予许可的决定。

决定予以许可的，应当向被许可人颁发《道路运输经营许可证》或者《道路旅客运输班线经营许可证明》。不能直接颁发经营证件的，应当向被许可人出具《国际道路运输经营许可决定书》或者《国际道路旅客运输班线经营许可决定书》。在出具许可决定之日起 10 日内，向被许可人颁发《道路运输经营许可证》或者《道路旅客运输班线经营许可证明》。

《道路运输经营许可证》应当注明经营范围；《道路旅客运输班线经营许可证明》应当注明班线起讫地、线路、停靠站点以及班次。

省级道路运输管理机构予以许可的，应当由省级交通主管部门向交通部备案。

对国际道路运输经营申请决定不予许可的，应当在受理之日起 20 日内向申请人送达《不予交通行政许可决定书》，并说明理由，告知申请人享有依法申请行政复议或者提起行政诉讼的权利。

第十条　非边境省、自治区、直辖市的申请人拟从事国际道路运输经营的，应当向所在地省级道路运输管理机构提出申请。受理该申请的省级道路运输管理机构在作出许可决定前，应当与运输线路拟通过口岸所在地的省级道路运输管理机构协商；协商不成的，由省级交通主管部门报交通部决定。交通部按照第九条第一款规定的程序作出许可或者不予许可的决定，通知所在地省级交通主管部门，并由所在地省级道路运输管理机构按照第九条第二款、第五款的规定颁发许可证件或者《不予交通行政许可决定书》。

第十一条　被许可人应当按照承诺书的要求购置运输车辆。购置的车辆和已有的车辆经道路运输管理机构核实符合条件的，道路运输管理机构向拟投入运输的车辆配发《道路运输证》。

第十二条　从事国际道路运输经营的申请人凭《道路运输经营许可证》及许可文件到外事、海关、检验检疫、边防检查等部门办理有关运输车辆、人员的出入境手续。

第十三条　国际道路运输经营者变更许可事项、扩大经营范围的，应当按照本规定办理许可申请。国际道路运输经营者变更名称、地址等，应当向省级道路运输管理机构备案。

第十四条　国际道路旅客运输经营者在取得经营许可后，应当在 180 日内履行被许可的事项。有正当理由在 180 日内未经营或者停业时间超过 180 日的，应当告知省级道路运输管理机构。国际道路运输经营者需要终止经营的，应当在终止经营之日 30 日前告知省级道路运输管理机构，办理有关注销手续。

第十五条　外国道路运输企业在我国境内设立国际道路运输常驻代表机构，应当向交通部提出申请，并提供以下材料：

（一）企业的董事长或总经理签署的申请书，内容包括常驻代表机构的名称、负责人、业务范围、驻在期限、驻在地点等；

（二）企业所在国家或地区有关商业登记当局出具的开业合法证明或营业注册副本；

（三）由所在国金融机构出具的资本信用证明书；

（四）企业委任常驻代表机构人员的授权书和常驻人员的简历及照片。

提交的外文资料需同时附中文翻译件。

第十六条　交通部应当按照《交通行政许可实施程序规定》要求的程序、期限，对申请材料进行审查，作出许可或者不予许可的决定。予以许可的，向外国道路运输企业出具并送达《外国（境外）运输企业在中国设立常驻代表机构许可决定书》，同时通知外国（境外）运输企业在中国常驻代表机构所在地的省级交通主管部门；不予许可的，应当出具并送达《不予交通行政许可决定书》，并说明理由。

第三章　运营管理

第十七条　国际道路运输线路由起讫地、途经地国家交通主管部门协商确定。

交通部及时向社会公布中国政府与有关国家政府确定的国际道路运输线路。

第十八条　从事国际道路运输的车辆应当按照规定的口岸通过，进入对方国家境内后，应当按照规定的线路运行。

从事定期国际道路旅客运输的车辆，应当按照规定的行车路线、班次及停靠站点运行。

第十九条　外国国际道路运输经营者的车辆在中国境内运输，应当具有本国的车辆登记牌照、登记证件。驾驶人员应当持有与其驾驶的车辆类别相符的本国或国际驾驶证件。

第二十条　从事国际道路运输的车辆应当标明本国的国际道路运输国籍识别标志。

省级道路运输管理机构按照交通部规定的《国际道路运输国籍识别标志》式样，负责《国际道路运输国籍识别标志》的印制、发放、管理和监督使用。

第二十一条　进入我国境内从事国际道路运输的外国运输车辆，应当符合我国有关运输车辆外廓尺寸、轴荷以及载质量的规定。

我国与外国签署有关运输车辆外廓尺寸、轴荷以及载质量具体协议的，按协议执行。

第二十二条　我国从事国际道路旅客运输的经营者，应当使用《国际道路旅客运输行车路单》。

我国从事国际道路货物运输的经营者，应当使用《国际道路货物运单》。

第二十三条　进入我国境内运载不可解体大型物件的外国国际道路运输经营者，车辆超限的，应当遵守我国超限运输车辆行驶公路的相关规定，办理相关手续后，方可运输。

第二十四条　进入我国境内运输危险货物的外国国际道路运输经营者，应当遵守我国危险货物运输有关法律、法规和规章的规定。

第二十五条　禁止外国国际道路运输经营者从事我国国内道路旅客和货物运输经营。

外国国际道路运输经营者在我国境内应当在批准的站点上下旅客或者按照运输合同商定的地点装卸货物。运输车辆，要按照我国道路运输管理机构指定的停靠站（场）停放。禁止外国国际道路运输经营者在我国境内自行承揽货物或者招揽旅客。

第二十六条　国际道路运输经营者应当使用符合国家规定标准的车辆从事国际道路运输经营，并定期进行运输车辆维护和检测。

第二十七条　国际道路运输经营者应当制定境外突发事件的道路运输应急预案。应急预案应当包括报告程序、应急指挥、应急车辆和设备的储备以及处置措施等内容。

第二十八条　国际道路旅客运输的价格，按边境口岸地省级交通主管部门与相关国家政府交通主管部门签订的协议执行。没有协议的，按边境口岸所在地省级物价部门核定的运价执行。

国际道路货物运输的价格，由国际道路货物运输的经营者自行确定。

第二十九条　对进出我国境内从事国际道路运输的外国运输车辆的费收，应当按照我国与相关国家政府签署的有关协定执行。

第四章 行车许可证管理

第三十条　国际道路运输实行行车许可证制度。

行车许可证是国际道路运输经营者在相关国家境内从事国际道路运输经营时行驶的通行凭证。

我国从事国际道路运输的车辆进出相关国家，应当持有相关国家的国际汽车运输行车许可证。外国从事国际道路运输的车辆进出我国，应当持有我国国际汽车运输行车许可证。

第三十一条　我国国际汽车运输行车许可证分为《国际汽车运输行车许可证》和《国际汽车运输特别行车许可证》。

在我国境内从事国际道路旅客运输经营和一般货物运输经营的外国经营者，使用《国际汽车运输行车许可证》。

在我国境内从事国际道路危险货物运输经营的外国经营者，应当向拟通过口岸所在地的省级道路运输管理机构提出申请，由省级道路运输管理机构商有关部门批准后，向外国经营者的运输车辆发放《国际汽车运输特别行车许可证》。

第三十二条　《国际汽车运输行车许可证》、《国际汽车运输特别行车许可证》的式样，由交通部与相关国家政府交通主管部门商定。边境省级道路运输管理机构按照商定的式样，负责行车许可证的统一印制，并负责与相关国家交换。

交换过来的相关国家《国际汽车运输行车许可证》，由边境省级道路运输管理机构负责发放和管理。

我国从事国际道路运输的经营者，向拟通过边境口岸所在地的省级道路运输管理机构申领《国际汽车运输行车许可证》。

第三十三条　《国际汽车运输行车许可证》、《国际汽车运输特别行车许可证》实行一车一证，应当在有效期内使用。

运输车辆为半挂汽车列车、全挂汽车列车时，仅向牵引车发放行车许可证。

第三十四条　禁止伪造、变造、倒卖、转让、出租《国际汽车运输行车许可证》、《国际汽车运输特别行车许可证》。

第五章　监督检查

第三十五条　县级以上道路运输管理机构在本行政区域内依法实施国际道路运输监督检查工作。

口岸国际道路运输管理机构负责口岸地包括口岸查验现场的国际道路运输管理及监督检查工作。

口岸国际道路运输管理机构应当悬挂“中华人民共和国 XX 口岸国际道路运输管理站”标识牌；在口岸查验现场悬挂“中国运输管理”的标识，并实行统一的国际道路运输查验签章。

道路运输管理机构和口岸国际道路运输管理机构工作人员在实施国际道路运输监督检查时，应当出示交通部统一制式的交通行政执法证件。

第三十六条　口岸国际道路运输管理机构在口岸具体负责如下工作：

（一）查验《国际汽车运输行车许可证》、《国际道路运输国籍识别标志》、国际道路运输有关牌证等；

（二）记录、统计出入口岸的车辆、旅客、货物运输量以及《国际汽车运输行车许可证》，定期向省级道路运输管理机构报送有关统计资料。

（三）监督检查国际道路运输的经营活动；

（四）协调出入口岸运输车辆的通关事宜。

第三十七条　国际道路运输经营者应当接受当地县级以上道路运输管理机构和口岸国际道路运输管理机构的检查。

第六章　法律责任

第三十八条　违反本规定，有下列行为之一的，由县级以上道路运输管理机构以及口岸国际道路运输管理机构责令停止经营；有违法所得的，没收违法所得，处违法所得 2 倍以上 10 倍以下的罚款；没有违法所得或者违法所得不足 2 万元的，处 3 万元以上 10 万元以下的罚款；构成犯罪的，依法追究刑事责任：

（一）未取得道路运输经营许可，擅自从事国际道路运输经营的；

（二）使用失效、伪造、变造、被注销等无效道路运输经营许可证件从事国际道路运输经营的；

（三）超越许可的事项，非法从事国际道路运输经营的。

第三十九条　违反本规定，非法转让、出租、伪造《道路运输经营许可证》、《道路旅客运输班线经营许可证明》、《国际汽车运输行车许可证》、《国际汽车运输特别行车许可证》、《国际道路运输国籍识别标志》的，由县级以上道路运输管理机构以及口岸国际道路运输管理机构责令停止违法行为，收缴有关证件，处 2000 元以上 1 万元以下的罚款；构成犯罪的，依法追究刑事责任。

第四十条　违反本规定，国际道路运输经营者的运输车辆不按照规定标明《国际道路运输国籍识别标志》、携带《国际汽车运输行车许可证》或者《国际汽车运输特别行车许可证》的，由县级以上道路运输管理机构以及口岸国际道路运输管理机构责令改正，处 20 元以上 200 元以下的罚款。

第四十一条　违反本规定，国际道路运输经营者有下列情形之一的，由县级以上道路运输管理机构以及口岸国际道路运输管理机构责令改正，处 1000 元以上 3000 元以下的罚款；情节严重的，由原许可机关吊销道路运输经营许可证：

（一）不按批准的国际道路运输线路、站点、班次运输的；

（二）在运输途中擅自变更运输车辆或者将旅客移交他人运输的；

（三）未报告原许可机关，擅自终止国际道路旅客运输经营的。

第四十二条　国际道路运输经营者违反道路旅客、货物运输有关规定的，按照相关规定予以处罚。

第四十三条　外国国际道路运输经营者有下列行为之一，由县级以上道路运输管理机构以及口岸国际道路运输管理机构责令停止运输或责令改正，有违法所得的，没收违法所得，处违法所得2倍以上10倍以下的罚款，没有违法所得或者违法所得不足1万元的，处3万元以上6万元以下的罚款：

（一）未取得我国有效的《国际汽车运输行车许可证》或者《国际汽车运输特别行车许可证》，擅自进入我国境内从事国际道路运输经营或者运输危险货物的；

（二）从事我国国内道路旅客或货物运输的；

（三）在我国境内自行承揽货源或招揽旅客的；

（四）未按规定的运输线路、站点、班次、停靠站（场）运行的；

（五）未标明本国《国际道路运输国籍识别标志》的。

第四十四条　违反本规定，外国道路运输经营者，未经批准在我国境内设立国际道路运输常驻代表机构的，由省级道路运输管理机构予以警告，并责令改正。

第四十五条　县级以上道路运输管理机构以及口岸国际道路运输管理机构有下列行为之一的，对负有责任的主管人员和责任人员，视情节轻重，依法给予行政处分；造成严重后果、构成犯罪的，依法追究其刑事责任：

（一）不按照本规定规定的条件、程序和期限实施国际道路运输行政许可的；

（二）参与或者变相参与国际道路运输经营的；

（三）发现未经批准的单位和个人擅自从事国际道路运输经营活动，或者发现国际道路运输经营者有违法行为不及时查处的；

（四）违反规定拦截、检查正常行驶的道路运输车辆的；

（五）违法扣留运输车辆、车辆营运证的；

（六）索取、收受他人财物，或者谋取其他利益的；

（七）违法实施行政处罚的；

（八）其他违法行为。

第七章　附　则

第四十六条　依照《道路运输条例》的规定，收取《道路运输经营许可证》、《道路运输证》、《道路旅客运输班线经营许可证明》、从业资格证、《国际汽车运输行车许可证》、《国际汽车运输特别行车许可证》、《国际道路运输国籍识别标志》等许可证件的工本费，具体收费标准由省、自治区、直辖市人民政府财政部门、价格主管部门会同同级交通主管部门核定。

第四十七条　本规定自 2005 年 6 月 1 日起施行。交通部 1995 年 9 月 12 日公布的《中华人民共和国出入境汽车运输管理规定》（交公路发〔1995〕860 号）同时废止。

第四篇

全国口岸运行
主要数据统计表

进出口商品总值表（1）

单位:百万元人民币

年 份	进出口总值	出 口 总 值	进 口 总 值	差 额 (+出超、-入超)	比上年增减±%	
					出 口	进 口
1981 年	73534	36761	36773	-12		
1982 年	77137	41383	35754	5629	12.6	-2.8
1983 年	86015	43833	42182	1651	5.9	18.0
1984 年	120103	58056	62047	-3991	32.4	47.1
1985 年	206671	80886	125785	-44899	39.3	102.7
1986 年	258037	108211	149826	-41615	33.8	19.1
1987 年	308416	146995	161421	-14426	35.8	7.7
1988 年	382179	176672	205507	-28835	20.2	27.3
1989 年	415592	195606	219986	-24380	10.7	7.0
1990 年	556012	298584	257428	41156	52.6	17.0
1991 年	722575	38271 0	339865	42845	28.2	32.0
1992 年	911962	467629	444333	23296	22.2	30.7
1993 年	1127102	528481	598621	-70140	13.0	34.7
1994 年	2038190	1042184	996006	46178	97.2	66.4
1995 年	2349994	1245181	1104813	140368	19.5	10.9
1996 年	2413386	1257643	1155743	101900	1.0	4.6
1997 年	2696724	1516068	1180656	335412	20.5	2.2
1998 年	2684968	1522354	1162614	359740	0.4	-1.5
1999 年	2989623	1615977	1373646	242331	6.1	18.2
2000 年	3927325	2063444	1863881	199563	27.7	35.7
2001 年	4218362	2202444	2015918	186526	6.7	8.2
2002 年	5137815	2694787	2443027	251760	22.4	21.2
2003 年	7048345	3628789	3419556	209232	34.7	40.0
2004 年	9553909	4910333	4643576	266757	35.3	35.8
2005 年	11692177	6264809	5427368	837441	27.6	16.9

进出口商品总值表（2）

进口单位:百万美元

年 份	进出口总值	出 口 总 值	进 口 总 值	差 额 (+出超、-入超)	比上年增减±% 出 口	 进 口
1981年	44022	22007	22015	–8	—	—
1982年	41606	22321	19285	3036	1.4	–12.4
1983年	43616	22226	21390	836	–0.4	10.9
1984年	53549	26139	27410	–1271	17.6	28.1
1985年	69602	27350	42252	–14902	4.6	54.1
1986年	73846	30942	42904	–11962	13.1	1.5
1987年	82653	39437	43216	– 3779	27.5	0.7
1988年	102784	47516	55268	–7752	20.5	27.9
1989年	111678	52538	59140	–6602	10.6	7.0
1990年	115436	62091	53345	8746	18.2	–9.8
1991年	135634	71843	63791	8052	15.7	19.6
1992年	165525	84940	80585	4355	18.2	26.3
1993年	195703	91744	103959	–12215	8.0	29.0
1994年	236621	121006	115615	5391	31.9	11.2
1995年	280864	148780	132084	16696	23.0	14.2
1996年	289881	151048	138833	12215	1.5	5.1
1997年	325162	182792	142370	40422	21.0	2.5
1998年	323949	183712	140237	43475	0.5	–1.5
1999年	360630	194931	165699	29232	6.1	18.2
2000年	474297	249203	225094	24109	27.8	35.8
2001年	509651	266098	243553	22545	6.8	8.2
2002年	620766	325596	295170	30426	22.4	21.2
2003年	850988	438228	412760	25468	34.6	39.8
2004年	1154554	593326	561229	32097	35.4	36.0
2005年	1421906	761953	659953	102000	28.4	17.6

全国海关出入境人员排序表

【2005年01—12月】

序号	海关名称	出入境人员(人次)	比重(%)	比去年同期±%
0	合　计	310892203	100.0	10.6
1	深圳关区	164121363	52.8	7.6
2	拱北关区	79403741	25.5	17.3
3	上海关区	15115184	4.9	14.9
4	北京关区	10813843	3.5	12.0
5	广州关区	9134284	2.9	6.4
6	哈尔滨关区	3708965	1.2	21.7
7	南宁关区	3625808	1.2	6.4
8	昆明关区	2779161	0.9	-21.2
9	青岛关区	2724582	0.9	21.8
10	厦门关区	2211931	0.7	12.4
11	满洲里关区	1892022	0.6	13.4
12	大连关区	1818466	0.6	7.1
13	呼和浩特关区	1482535	0.5	27.3
14	黄埔关区	1427456	0.5	-1.3
15	杭州关区	1163676	0.4	34.0
16	南京关区	1069172	0.3	30.0
17	乌鲁木齐关区	995444	0.3	10.2
18	天津关区	981980	0.3	19.5
19	长春关区	899201	0.3	-8.8
20	沈阳关区	851853	0.3	44.8
21	江门关区	797675	0.3	1.1
22	福州关区	769841	0.2	10.8
23	成都关区	680090	0.2	17.7
24	宁波关区	557452	0.2	21.4
25	海口关区	482635	0.2	-1.6
26	西安关区	300431	0.1	15.2
27	汕头关区	182886	0.1	-2.3
28	重庆关区	164824	0.1	13.8
29	石家庄关区	153093	0.0	32.6
30	武汉关区	116708	0.0	-6.2
31	湛江关区	90511	0.0	6.0
32	长沙关区	89429	0.0	11.9
33	拉萨关区	84987	0.0	-3.6
34	郑州关区	67379	0.0	5.5
35	合肥关区	46223	0.0	-4.0
36	南昌关区	37436	0.0	10.8
37	贵阳关区	26588	0.0	12.6
38	太原关区	18419	0.0	-33.1
39	兰州关区	4929	0.0	203.1
40	银川关区	-	-	-
41	西宁关区	-	-	-

监管邮递物品、印刷品和音像制品、快递物品进出口排序表

【2005 年 01—12 月】

序号	海关名称	邮递物品		印刷品和音像制品		快递物品	
		数量（件）	同比±%	数量（件）	同比±%	数量（件）	同比±%
0	合　计	8083447	19.6	118451648	13	86455177	24.5
1	北京口岸	2818278	9.5	48711402	20.7	6322347	9.0
2	广东口岸	1699534	45.2	35493668	4.3	47718954	29.4
3	上海口岸	1231196	50.6	5874336	9.8	23293722	23.8
4	辽宁口岸	408503	–1.1	3665518	–43.6	1678246	15.3
5	浙江口岸	333425	5.4	1370705	20.3	1394699	19.6
6	福建口岸	309473	–0.3	7980303	147.2	1383973	22.3
7	山东口岸	185337	7.8	1308537	1.1	1564939	16.5
8	江苏口岸	162259	–0.4	1896432	1.4	956857	–2.8
9	陕西口岸	152125	43.4	1207246	17.5	129555	11.3
10	天津口岸	135532	8.6	4971163	2.3	589621	10.6
11	吉林口岸	101602	–2.9	434641	–6.4	385027	13.3
12	河南口岸	97562	55.2	117497	7.4	109569	158.7
13	黑龙江口岸	97451	–4.5	777916	9.6	205236	13.9
14	四川口岸	60102	5.9	2286400	9.2	216955	19.5
15	湖南口岸	52565	2.4	200970	16.5	119412	36.3
16	湖北口岸	50328	25.9	771637	42.6	171031	–0.3
17	广西口岸	49477	2.3	210008	–10.0	35731	3.0
18	云南口岸	38751	20.7	213124	20.2	35250	10.9
19	内蒙古口岸	26171	–13.6	55178	–38.1	31912	–20.5
20	新疆口岸	21708	23.1	135779	7.1	17048	6.9
21	重庆口岸	19817	10.3	667704	58.8	69308	57.1
22	河北口岸	12661	20.3	37581	274.5	—	—
23	海南口岸	12123	6.4	41990	18.6	23602	2.5
24	西藏口岸	7467	18.2	11044	2.0	1801	163.3
25	山西口岸	—	—	—	—	—	–100.0
26	安徽口岸	—	—	—	—	—	—
27	江西口岸	—	—	10869	–30.6	369	57.7
28	贵州口岸	—	—	—	—	13	–76.8
29	甘肃口岸	—	—	—	—	—	—

2005年进出口商品口岸总值表

单位:千美元

关别	进出口总值		出口		进口	
	金额	比重%	金额	比重%	金额	比重%
总值	1421906172	100.0	761953410	100.0	659952762	100.0
北京口岸	42177189	3.0	17411405	2.3	24765784	3.8
天津口岸	81736924	5.7	44631794	5.9	37105131	5.6
河北口岸	7629823	0.5	4789749	0.6	2840073	0.4
山西口岸	1882353	0.1	863055	0.1	1019298	0.2
内蒙古口岸	7139377	0.5	988578	0.1	3880317	0.9
辽宁口岸	51794706	3.6	27424700	3.6	24370006	3.7
吉林口岸	3286086	0.2	693660	0.1	2592425	0.4
黑龙江口岸	5326369	0.4	3896841	0.5	1429528	0.2
上海口岸	350586941	24.7	212340433	27.9	138246508	20.9
江苏口岸	139712766	9.8	53643809	7.0	86068957	13.0
浙江口岸	84305110	5.9	41182282	5.4	43122828	6.5
安徽口岸	1605033	0.1	570445	0.1	1034588	0.2
福建口岸	54359769	3.8	34696525	4.6	19663244	3.0
江西口岸	1160479	0.1	492388	0.1	668091	0.1
山东口岸	93652520	6.6	49216172	6.5	44436349	6.7
河南口岸	1490566	0.1	501187	0.1	989379	0.1
湖北口岸	4842522	0.3	1865637	0.2	2976885	0.5
湖南口岸	2293908	0.2	862644	0.1	1431264	0.2
广东口岸	459442345	32.3	253189308	33.2	206253037	31.3
海南口岸	1747821	0.1	672435	0.1	1075386	0.2
广西口岸	5503330	0.4	2266322	0.3	3237008	0.5
四川口岸	2449785	0.2	521738	0.1	1928047	0.3
重庆口岸	3107583	0.2	1631620	0.2	1475963	0.2
贵州口岸	336786	0.0	122716	0.0	214070	0.0

（续表）

关别	进出口总值		出口		进口	
	金额	比重%	金额	比重%	金额	比重%
云南口岸	2427714	0.2	1341985	0.2	1085729	0.2
西藏口岸	141005	0.0	132406	0.0	8599	0.0
陕西口岸	1643678	0.1	421630	0.1	1222048	0.2
新疆口岸	8608167	0.6	5303065	0.7	3305102	0.5
甘肃口岸	1042922	0.1	112710	0.0	930211	0.1
宁夏	197495	0.0	1443	0.0	196053	0.0
青海	275098	0.0	164728	0.0	110369	0.0

2005 年进出口商品国别（地区）总值表

单位:千美元

进口原产国（地） 出口最终目的国（地）	2005 年			2004 年		
	出　口	进　口	出入超	出　口	进　口	出入超
总值	761953410	659952762	102000647	593325581	561228748	32096833
亚　洲	366407575	441479449	-75071874	295486976	369419492	-73932516
阿富汗	51209	1512	49697	56973	947	56026
巴林	186999	68940	118059	120570	92396	28174
孟加拉国	2402740	78603	2324137	1906268	57007	1849261
不丹	466	2	464	349	171	178
文莱	53141	207728	-154587	47891	251055	-203164
缅甸	934847	274395	660452	938436	206940	731496
柬埔寨	536031	27305	508726	451774	29932	421842
塞浦路斯	287277	2840	284437	185225	1693	183532
朝鲜	1081104	499141	581963	799500	585661	213838
香港	124473252	12224784	112248467	100868566	11796722	89071843
印度	8934277	9766216	-831939	5936008	7678030	-1742022
印度尼西亚	8350368	8436960	-86592	6256423	7215671	-959248
伊朗	3296585	6786678	-3490093	2554761	4490694	-1935933
伊拉克	408109	415680	-7571	149553	320250	-170697
以色列	1954337	1073542	880795	1541986	942863	599123
日本	83986277	100407681	-16421404	73509042	94326727	-20817685
约旦	831806	78865	752941	622270	88489	533781
科威特	628472	1020502	-392030	484051	764059	-280008
老挝	103377	25545	77832	100883	12654	88229
黎巴嫩	472035	4189	467846	483852	9704	474148
澳门	1605066	264539	1340526	1617599	215879	1401719
马来西亚	10606347	20093205	-9486858	8086059	18174737	-10088678
马尔代夫	16933	27	16906	7910	180	7729

(续表)

进口原产国（地） 出口最终目的国（地）	2005 年			2004 年		
	出　口	进　口	出入超	出　口	进　口	出入超
蒙古	318885	541028	-222143	233354	461068	-227714
尼泊尔	187936	8495	179441	163244	8231	155014
阿曼	190993	4138913	-3947920	111021	4278487	-4167466
巴基斯坦	3427662	833169	2594493	2465792	594749	1871043
巴勒斯坦	23598	229	23369	9843	74	9769
菲律宾	4687631	12869689	-8182058	4268718	9059443	-4790725
卡塔尔	203668	472719	-269050	103518	334259	-230741
沙特阿拉伯	3824415	12245715	-8421300	2775458	7522645	-4747187
新加坡	16632262	16514596	117667	12687600	13994473	-1306873
韩国	35107776	76820404	-41712628	27811560	62234102	-34422542
斯里兰卡	939670	36595	903075	694856	22590	672266
叙利亚	888629	17739	870890	692654	28014	664640
泰国	7819296	13991887	-6172591	5801575	11540505	-5738930
土耳其	4253726	621744	3631981	2821292	591381	2229911
阿拉伯联合酋长国	8729839	2045599	6684240	6841135	1304476	5536659
也门共和国	547096	2667691	-2120595	457704	1458548	-1000844
越南	5643899	2552838	3091061	4260028	2481989	1778039
中华人民共和国	–	55162905	-55162905	–	38654538	-38654538
台湾省	16549563	74680329	-58130766	13544427	64759316	-51214889
东帝汶	1273	1	1272	1709	0	1708
哈萨克斯坦	3896752	2909355	987397	2211814	2286271	-74457
吉尔吉斯斯坦	867153	105050	762103	492741	109546	383195
塔吉克斯坦	143738	14197	129541	53561	15366	38194
土库曼斯坦	90876	19084	71792	84549	13889	70660
乌兹别克斯坦	230064	450495	-220431	172442	403066	-230624
亚洲其他国家(地区)	119	105	14	433	1	432
非　洲	18681598	21062132	-2380534	13813218	15646059	-1832841

（续表）

进口原产国（地） 出口最终目的国（地）	2005 年			2004 年		
	出　口	进　口	出入超	出　口	进　口	出入超
阿尔及利亚	1404420	363733	1040687	980519	259078	721442
安哥拉	372794	6581829	-6209035	193518	4717339	-4523821
贝宁	952952	139393	813559	577262	111273	465990
博茨瓦那	58513	4004	54509	49541	2861	46681
布隆迪	11889	327	11562	4814	319	4495
喀麦隆	129873	66753	63119	100017	148906	48889
加那利群岛	39046	–	39046	52678	13	13
佛得角	5188	–	5188	2746	–	2746
中非	7088	8990	-1902	3324	6245	-2922
塞卜泰(休达)	1588	–	1588	1443	–	1443
乍得	14932	191083	-176151	5939	222586	-216647
科摩罗	1827	1	1826	1295	–	1295
刚果	144707	2278030	-2133322	93032	1569061	-1476029
吉布提	111459	536	110923	72220	514	71705
埃及	1934036	211136	1722900	1388435	187936	1200499
赤道几内亚	18801	1437834	-1419033	10125	996650	-986525
埃塞俄比亚	284001	85709	198292	194055	14386	179668
加蓬	41277	351678	-310401	14158	400286	-386127
冈比亚	124350	170	124180	124230	124	124105
加纳	672424	96006	576417	510400	80383	430016
几内亚	144313	3002	141311	93017	14795	78222
几内亚(比绍)	5794	–	5794	5994	29	5965
科特迪瓦共和国	137025	85085	51939	123014	108455	14559
肯尼亚	456915	17652	439263	348794	16969	331825
利比里亚	149634	14170	135464	181808	16519	165288
利比亚	360499	941719	-581220	254985	416758	-161773
马达加斯加	182640	13997	168642	152079	14081	137998

(续表)

进口原产国（地） 出口最终目的国（地）	2005 年			2004 年		
	出　口	进　口	出入超	出　口	进　口	出入超
马拉维	16351	2068	14283	18765	45	18720
马里	65937	79250	–13313	58768	106755	–47987
毛里塔尼亚	74296	4057	70238	64333	50399	13934
毛里求斯	177342	8277	169064	151190	6654	144536
摩洛哥	1206426	277448	928978	943480	214082	729398
莫桑比克	91478	73527	17951	75154	44286	30868
纳米比亚	60354	76389	–16034	52539	46576	5963
尼日尔	33900	1	33900	24995	12	24984
尼日利亚	2303162	526879	1776283	1718559	463216	1255343
留尼汪	31332	8	31324	23635	–	23635
卢旺达	12009	11532	477	5130	16026	10896
圣多美和普林西比	550	–	550	223	1338	–1115
塞内加尔	133080	7880	125200	108308	3941	104367
塞舌尔	3403	10	3393	1782	28	1755
塞拉利昂	30756	1361	29396	28257	1603	26654
索马里	16567	3074	13492	9522	7811	1711
南非	3825965	3443052	382913	2951904	2960203	–8299
西撒哈拉	22	–	22	585	–	585
苏丹	1293592	2614462	–1320870	815887	1705877	–889990
坦桑尼亚	303582	170718	132864	215972	68269	147703
多哥	538095	31874	506221	398654	46472	352182
突尼斯	295537	44088	251449	245090	34131	210959
乌干达	79366	20002	59364	76427	11641	64786
布基纳法索	16135	163266	–147131	12335	124112	–111777
民主刚果	49709	175772	–126063	36986	99585	–62599
赞比亚	48495	252062	–203567	51042	171105	–120062
津巴布韦	125370	157918	–32548	113063	141178	–28115

(续表)

进口原产国（地） 出口最终目的国（地）	2005 年			2004 年		
	出　口	进　口	出入超	出　口	进　口	出入超
莱索托	55820	331	55489	47454	1	47453
梅利利亚	3239	0	3239	2794	3	2791
斯威士兰	11031	23181	−12149	11491	14633	−3142
厄立特里亚	7829	408	7420	7542	511	7031
马约特岛	921	–	921	690	–	690
非洲其他国家(地区)	1962	398	1564	1220	–	1220
欧　洲	165628209	96430899	69197311	122386195	88999332	33386863
比利时	7738745	4005465	3733280	5859680	3519780	2339901
丹麦	2788884	1190358	1598526	1945968	1205774	740195
英国	18976474	5523783	13452691	14966962	4758503	10208459
德国	32527131	30722928	1804203	23755732	30356021	−6600289
法国	11639358	9006789	2632569	9921389	7648199	2273190
爱尔兰	3184340	1423066	1761274	2140223	1187896	952327
意大利	11688888	6925286	4763602	9223774	6451388	2772386
卢森堡	2039604	150767	1888836	917517	129083	788434
荷兰	25875735	2926721	22949014	18518819	2969411	15549408
希腊	1935285	86689	1848596	1380330	86309	1294022
葡萄牙	911953	323834	588118	588259	280897	307363
西班牙	8439658	2081639	6358019	5475738	1745921	3729818
奥地利	883068	1609216	−726148	780601	1509822	−729221
芬兰	3625937	2628129	997808	2493623	3021425	−527802
瑞典	2576501	3122198	−545697	1858587	3339569	−1480981
阿尔巴尼亚	83210	7043	76167	63248	5957	57290
安道尔	3231	9	3222	2113	4	2109
保加利亚	441637	89119	352517	337968	67141	270827
直布罗陀	661	0	661	752	–	752
匈牙利	2493489	365529	2127960	2650963	475591	2175372

(续表)

进口原产国（地） 出口最终目的国（地）	2005 年			2004 年		
	出　口	进　口	出入超	出　口	进　口	出入超
冰岛	74698	46732	27966	45968	27337	18631
列支敦士登	9216	9749	-532	6656	23671	-17014
马耳他	301105	237935	63170	273180	252182	20998
摩纳哥	9240	9984	-744	14325	6442	7883
挪威	1321906	1143960	177945	1028512	1397798	-369285
波兰	2595437	557320	2038117	1843723	487270	1356453
罗马尼亚	1369263	292306	1076957	1056956	326779	730177
圣马力诺	1617	5	1612	615	3	611
瑞士	1946956	3880552	-1933596	1505887	3613046	-2107159
爱沙尼亚	311426	57669	253758	202019	20640	181379
拉脱维亚	281699	8555	273143	178997	19813	159184
立陶宛	360709	11478	349232	272360	13523	258836
格鲁吉亚	40758	2659	38099	22884	34174	-11290
亚美尼亚	23030	351	22678	11685	2156	9529
阿塞拜疆	233646	24401	209245	143736	40209	103527
白俄罗斯	81279	490442	-409163	64946	153954	-89008
摩尔多瓦	51485	140	51345	23909	186	23723
俄罗斯联邦	13211283	15889943	-2678660	9098116	12127411	-3029295
乌克兰	2492521	784801	1707719	1443292	1044609	398683
塞尔维亚和黑山	201084	21414	179670	163199	12559	150639
斯洛文尼亚	265565	57242	208323	206899	41959	164940
克罗地亚	573658	43831	529827	344515	21904	322610
捷克	1667414	371779	1295635	1351082	442243	908839
斯洛伐克	308355	183020	125335	159870	128530	31339
前南斯拉夫马其顿	21498	12654	8843	26409	1465	24944
波斯尼亚－黑塞哥维那	19572	103406	-83835	14205	780	13425
梵蒂冈城国	2	–	2	2	0	2

（续表）

进口原产国（地） 出口最终目的国（地）	2005 年			2004 年		
	出　口	进　口	出入超	出　口	进　口	出入超
欧洲其他国家(地区)	–	–	–	–	–	–
拉丁美洲	23680500	26785265	–3104766	18238086	21762537	–3524451
安提瓜和巴布达	146899	–	146899	118526	–	118526
阿根廷	1324429	3799210	–2474781	852302	3254874	–2402572
阿鲁巴岛	5636	137	5499	3747	60	3687
巴哈马	155450	188	155261	98686	695	97992
巴巴多斯	19207	211	211	10376	241	10135
伯利兹	32075	205	31870	22578	–	22578
玻利维亚	50541	31053	19488	23591	29548	–5957
博内尔	4	–	4	5	–	5
巴西	4827209	9992524	–5165315	3674104	8672861	–4998757
开曼群岛	4038	–	4038	2469	–	2469
智利	2149476	4991536	–2842060	1688431	3666724	–1978293
哥伦比亚	930153	205154	724999	629273	175507	453766
多米尼克	49046	946	48100	45553	1753	43800
哥斯达黎加	228767	922082	–693315	154418	641290	–486872
古巴	635867	236955	398912	328284	194943	133341
库腊索岛	47525	1040	46484	42887	556	42331
多米尼加共和国	264154	29102	235052	232756	15590	217166
厄瓜多尔	467351	42718	424632	343598	92217	251381
法属圭亚那	1473	58	1415	1082	16	1066
格林纳达	2727	1	2725	785	0	784
瓜德罗普岛	6154	–	6154	3818	209	3609
危地马拉	473637	94693	378943	392639	42907	349733
圭亚那	27209	7569	19640	21184	1175	20009
海地	30197	272	29925	22216	260	21957
洪都拉斯	133805	14174	119631	123140	11663	111476

(续表)

进口原产国（地） 出口最终目的国（地）	2005 年			2004 年		
	出　口	进　口	出入超	出　口	进　口	出入超
牙买加	104073	220997	−116924	126066	269846	−143780
马提尼克岛	4096	–	4096	1748	–	1748
墨西哥	5537687	2225295	3312393	4972754	2139840	2832914
蒙特塞拉特	76	–	76	39	3	36
尼加拉瓜	113997	14167	99830	101593	2950	98643
巴拿马	3151121	22197	3128924	2186951	14915	2172037
巴拉圭	252560	58549	194011	234940	58289	176651
秘鲁	608884	2277994	−1669109	418408	1522896	−1104488
波多黎各	289710	119591	170119	206927	91322	115606
萨巴	1	–	1	62	–	62
圣卢西亚	2829	32707	−29878	2294	27	2267
圣马丁岛	2442	–	2442	1441	–	1441
圣文森特和格林纳丁斯	15211	–	15211	13196	–	13196
萨尔瓦多	193896	10499	183397	196884	3786	193097
苏里南	38682	7318	31364	30270	961	29309
特立尼达和多巴哥	100433	18656	81777	75909	3676	72234
特克斯和凯科斯群岛	248	19	229	2	22	−21
乌拉圭	282571	173326	109245	209551	110301	99250
委内瑞拉	907853	1234120	−326267	595526	737943	−142417
英属维尔京群岛	22182	2	22180	820	2670	−1850
圣其茨 -- 尼维斯	582	–	582	195	1	194
圣皮埃尔和密克隆	36	–	36	–	0	0
荷属安地列斯群岛	37722	–	37722	24878	1	24877
拉丁美洲其他国家(地区)	581	–	581	1184	–	1184
北美洲	174668397	56162264	118506133	133230483	52030142	81200341
加拿大	11653669	7511155	4142513	8161179	7352990	808189
美国	162890749	48621767	114268981	124942028	44656547	80285481

（续表）

进口原产国（地） 出口最终目的国（地）	2005 年			2004 年		
	出　口	进　口	出入超	出　口	进　口	出入超
格陵兰	1666	29339	–27673	452	20578	–20126
百慕大群岛	122231	3	122228	126698	–	126698
北美洲其他国家(地区)	84	–	84	126	27	99
大洋洲	12887131	18013597	–5126466	10170623	13333685	–3163063
澳大利亚	11061501	16193627	–5132126	8838251	11552489	–2714238
库克群岛	444	5472	–5027	826	81	745
斐济	43000	2272	40727	32532	6180	26352
盖比群岛	6	–	6	248	–	248
马克萨斯群岛	22	–	22	–	–	–
瑙鲁	30	0	29	99	0	99
新喀里多尼亚	15148	78413	–63266	8258	57782	–49524
瓦努阿图	7798	475	7323	7228	264	6964
新西兰	1353438	1325995	27443	1077366	1413218	–335851
诺福克岛	256	–	256	359	0	358
巴布亚新几内亚	66585	309464	–242879	52524	243856	–191333
社会群岛	5715	–	5715	3910	0	3910
所罗门群岛	5078	96603	–91524	3320	57952	–54632
汤加	2941	1	2940	6278	–	6278
土阿莫土群岛	–	–	–	–	7	–7
土布艾群岛	–	–	–	–	–	–
萨摩亚	5941	41	5901	5885	975	4909
基里巴斯	1405	21	1383	873	–	873
图瓦卢	6349	–	6349	2244	–	2244
密克罗尼西亚联邦	2417	19	2398	7448	–	7448
马绍尔群岛共和国	280973	0	280973	104577	2	104575
帕劳共和国	683	–	683	433	–	433
法属波利尼西亚	15662	1068	14593	7584	852	6732

(续表)

进口原产国（地） 出口最终目的国（地）	2005 年			2004 年		
	出　口	进　口	出入超	出　口	进　口	出入超
瓦利斯和浮图纳	59	53	6	–	0	0
大洋洲其他国家(地区)	11680	72	11608	10382	26	10356
国别(地区)不详	–	19156	–19156	–	37501	–37501
东南亚国家联盟	55367200	74994148	19626948	42899387	62967399	20068012
欧洲联盟	143704037	73580235	70123802	107151520	70093439	37058080
亚太经济合作组织	522443086	493309781	29133305	416390946	419165250	2774304

注释：

一、东南亚国家联盟包括：文莱、缅甸、柬埔寨、印度尼西亚、老挝、马来西亚、菲律宾、新加坡、泰国、越南。

二、欧洲联盟包括：比利时、丹麦、英国、德国、法国、爱尔兰、意大利、卢森堡、荷兰、希腊、葡萄牙、西班牙、奥地利、芬兰、瑞典、塞浦路斯、匈牙利、马耳他、波兰、爱沙尼亚、拉脱维亚、立陶宛、斯洛文尼亚、捷克、斯洛伐克。

三、亚太经济合作组织包括：文莱、香港、印度尼西亚、日本、马来西亚、菲律宾、新加坡、韩国、泰国、越南、中华人民共和国、台湾省、俄罗斯、智利、墨西哥、秘鲁、加拿大、美国、澳大利亚、新西兰、巴布亚新几内亚。

四、自 2004 年 5 月起，欧洲联盟（欧盟）的统计范围增加塞浦路斯、匈牙利、马耳他、波兰、爱沙尼亚、拉脱维亚、立陶宛、斯洛文尼亚、捷克、斯洛伐克。本表在计算对欧盟贸易与上年同期增长率时，按照新的范围口径对 2003 年同期的数据进行了调整。

2005 年进出口商品构成表

单位:千美元

商　品	出　口		进　口	
	金　额	比重%	金　额	比重%
总　值	761953410	100.0	659952762	100.0
一、初级产品	49037330	6.4	147713736	22.4
0 类 食品及活动物	22480341	3.0	9387991	1.4
00 章 活动物	328771	0.0	108905	0.0
01 章 肉及肉制品	1944965	0.3	619851	0.1
02 章 乳品及蛋品	175880	0.0	465142	0.1
03 章 鱼、甲壳及软体类动物及其制品	7511298	1.0	2874648	0.4
04 章 谷物及其制品	1841504	0.2	1468140	0.2
05 章 蔬菜及水果	7319940	1.0	1362848	0.2
06 章 糖、糖制品及蜂蜜	619547	0.1	452711	0.1
07 章 咖啡、茶、可可、调味料及其制品	1077675	0.1	225425	0.0
08 章 饲料(不包括未碾磨谷物)	496862	0.1	1305592	0.2
09 章 杂项食品	1163898	0.2	504729	0.1
1 类 饮料及烟类	1183038	0.2	782527	0.1
11 章 饮料	645793	0.1	398718	0.1
12 章 烟草及其制品	537246	0.1	383809	0.1
2 类 非食用原料(燃料除外)	7484409	1.0	70225890	10.6
21 章 生皮及生毛皮	12505	0.0	1484869	0.2
22 章 油籽及含油果实	704328	0.1	7999957	1.2
23 章 生橡胶(包括合成橡胶及再生橡胶)	185663	0.0	3663477	0.6
24 章 软木及木材	959713	0.1	4923912	0.7
25 章 纸浆及废纸	35710	0.0	6182634	0.9
26 章 纺织纤维及其废料	1185593	0.2	6854035	1.0
27 章 天然肥料及矿物(煤、石油及宝石除外)	1555892	0.2	2395530	0.4
28 章 金属矿砂及金属废料	1148328	0.2	36182090	5.5
29 章 其他动、植物原料	1696677	0.2	539386	0.1
3 类 矿物燃料、润滑油及有关原料	17621878	2.3	63947062	9.7
32 章 煤、焦炭及煤砖	6638623	0.9	1387382	0.2

商　　品	出　口		进　口	
	金　额	比重%	金　额	比重%
33 章 石油、石油产品及有关原料	10033084	1.3	59462510	9.0
34 章 天然气及人造气	233490	0.0	2837440	0.4
35 章 电流	716681	0.1	259730	0.0
4 类 动植物油、脂及蜡	267663	0.0	3370267	0.5
41 章 动物油、脂	15544	0.0	147868	0.0
42 章 植物油、脂	212521	0.0	3095482	0.5
43 章 已加工的动植物油、脂及动植物蜡	39598	0.0	126917	0.0
二、工业制品	712916080	93.6	512239026	77.6
5 类 化学成品及有关产品	35772126	4.7	77734209	11.8
51 章 有机化学品	9895695	1.3	27926507	4.2
52 章 无机化学品	6930266	0.9	2217048	0.3
53 章 染料、鞣料及着色料	2466636	0.3	3090387	0.5
54 章 医药品	3777728	0.5	2308799	0.3
55 章 精油、香料及盥洗、光洁制品	1529412	0.2	1179629	0.2
56 章 制成肥料	984968	0.1	3033487	0.5
57 章 初级形状的塑料	3079798	0.4	26171485	4.0
58 章 非初级形状的塑料	2492322	0.3	4634842	0.7
59 章 其他化学原料及产品	4615301	0.6	7172026	1.1
6 类 按原料分类的制成品	129120653	16.9	81157313	12.3
61 章 皮革、皮革制品及已鞣毛皮	2485865	0.3	3732232	0.6
62 章 橡胶制品	5101262	0.7	1891340	0.3
63 章 软木及木制品(家具除外)	5465265	0.7	815015	0.1
64 章 纸及纸板;纸浆、纸及纸板制品	3776495	0.5	4094177	0.6
65 章 纺纱、织物、制成品及有关产品	41050174	5.4	15502669	2.3
66 章 非金属矿物制品	13671725	1.8	5165419	0.8
67 章 钢铁	19278257	2.5	26341085	4.0
68 章 有色金属	10940238	1.4	17087426	2.6
69 章 金属制品	27351372	3.6	6527949	1.0
7 类 机械及运输设备	352233915	46.2	290477893	44.0
71 章 动力机械及设备	7833047	1.0	11787767	1.8

商　品	出　口		进　口	
	金　额	比重%	金　额	比重%
72 章 特种工业专用机械	7923287	1.0	21950338	3.3
73 章 金工机械	1973571	0.3	9982217	1.5
74 章 通用工业机械设备及零件	25787417	3.4	24178019	3.7
75 章 办公用机械及自动数据处理设备	110695168	14.5	35789886	5.4
76 章 电信及声音的录制及重放装置设备	94855981	12.4	29362316	4.4
77 章 电力机械、器具及其电气零件	75502736	9.9	137657399	20.9
78 章 陆路车辆(包括气垫式)	21722462	2.9	12249146	1.9
79 章 其他运输设备	5940246	0.8	7520804	1.1
8 类 杂项制品	194183386	25.5	60861720	9.2
81 章 活动房屋;卫生、水道、供热及照明装置	6041848	0.8	242649	0.0
82 章 家具及其零件;褥垫及类似填充制品	16571814	2.2	615506	0.1
83 章 旅行用品、手提包及类似品	7388101	1.0	163998	0.0
84 章 服装及衣着附件	74162523	9.7	1628521	0.2
85 章 鞋靴	19052503	2.5	541702	0.1
87 章 专业、科学及控制用仪器和装置	16971051	2.2	41351872	6.3
88 章 摄影器材、光学物品及钟表	6769125	0.9	7487477	1.1
89 章 杂项制品	47226422	6.2	8829995	1.3
9　类未分类的商品	1606000	0.2	2007891	0.3

2005年进出口商品类章总值表

单位:千美元

类章		出口 金额	出口 比重%	进口 金额	进口 比重%
	总值	761953410	100.0	659952762	100.0
第一类	活动物;动物产品	6700680	0.9	4257975	0.6
01章	活动物	328771	0.0	108905	0.0
02章	肉及食用杂碎	742812	0.1	586729	0.1
03章	鱼、甲壳动物、软体动物及其他水生无脊椎动物	4349658	0.6	2879068	0.4
04章	乳品;蛋品;天然蜂蜜;其他食用动物产品	267374	0.0	461780	0.1
05章	其他动物产品	1012064	0.1	221492	0.0
第二类	植物产品	8282201	1.1	11161471	1.7
06章	活树及其他活植物;鳞茎、根及类似品;插花及装饰用簇叶	77100	0.0	68675	0.0
07章	食用蔬菜、根及块茎	3052133	0.4	523581	0.1
08章	食用水果及坚果;甜瓜或柑桔属水果的果皮	1067337	0.1	658727	0.1
09章	咖啡、茶、马黛茶及调味香料	927362	0.1	41617	0.0
10章	谷物	1412431	0.2	1393780	0.2
11章	制粉工业产品;麦芽;淀粉;菊粉;面筋	200004	0.0	185642	0.0
12章	含油子仁及果实;杂项子仁及果实;工业用或药用植物;稻草、秸秆及饲料	1383327	0.2	8158744	1.2
13章	虫胶;树胶、树脂及其他植物液、汁	113318	0.0	62905	0.0
14章	编结用植物材料;其他植物产品	49189	0.0	67798	0.0
第三类	动、植物油、脂及其分解产品;精制的食用油脂;动、植物蜡	284002	0.0	3310799	0.5
15章	动、植物油、脂及其分解产品;精制的食用油脂;动、植物蜡	284002	0.0	3310799	0.5
第四类	食品;饮料、酒及醋;烟草、烟草及烟草代用品的制品	11196045	1.5	3458001	0.5
16章	肉、鱼、甲壳动物、软体动物及其他水生无脊椎动物的制品	4364475	0.6	28711	0.0
17章	糖及糖食	417512	0.1	451396	0.1
18章	可可及可可制品	109878	0.0	177457	0.0
19章	谷物、粮食粉、淀粉或乳的制品;糕饼点心	759492	0.1	239386	0.0
20章	蔬菜、水果、坚果或植物其他部分的制品	3094305	0.4	156716	0.0
21章	杂项食品	716491	0.1	305453	0.0
22章	饮料、酒及醋	718411	0.1	409610	0.1

类	章	出口		进口	
		金额	比重%	金额	比重%
23 章	食品工业的残渣及废料;配制的动物饲料	478235	0.1	1305462	0.2
24 章	烟草、烟草及烟草代用品的制品	537246	0.1	383809	0.1
第五类	矿产品	20920148	2.7	92292578	14.0
25 章	盐;硫磺;泥土及石料;石膏料、石灰及水泥	2174230	0.3	2171102	0.3
26 章	矿砂、矿渣及矿灰	1123265	0.1	26032520	3.9
27 章	矿物燃料、矿物油及其蒸馏产品;沥青物质;矿物蜡	17622652	2.3	64088956	9.7
第六类	化学工业及其相关工业的产品	31852645	4.2	50583220	7.7
28 章	无机化学品;贵金属、稀土金属、放射性元素及其同位素的有机及无机化合物	6944126	0.9	4811789	0.7
29 章	有机化学品	12132620	1.6	28019360	4.2
30 章	药品	1364015	0.2	1958711	0.3
31 章	肥料	1010701	0.1	3051433	0.5
32 章	鞣料浸膏及染料浸膏;鞣酸及其衍生物;染料、颜料及其他着色料;油漆及清漆;油灰及其他类似胶粘剂;墨水 、油墨	248724	0.3	3081405	0.5
33 章	精油及香膏;芳香料制品及化妆盥洗品	1200608	0.2	500506	0.1
34 章	肥皂、有机表面活性剂、洗涤剂、润滑剂、人造蜡、调制蜡、光洁剂、蜡烛及类似品、塑型用膏、" 牙科用蜡 " 及牙科用熟石膏制剂	935871	0.1	1237017	0.2
35 章	蛋白类物质;改性淀粉;胶;酶	591586	0.1	884542	0.1
36 章	炸药;烟火制品;火柴;引火合金;易燃材料制品	456804	0.1	6260	0.0
37 章	照相及电影用品	1073064	0.1	980077	0.1
38 章	杂项化学产品	3655999	0.5	6052120	0.9
第七类	塑料及其制品;橡胶及其制品	23285506	3.1	38893157	5.9
39 章	塑料及其制品	17782741	2.3	33308205	5.0
40 章	橡胶及其制品	5502764	0.7	5584951	0.8
第八类	生皮、皮革、毛皮及其制品;鞍具及挽具;旅行用品、手提包及类似品;动物肠线(蚕胶丝除外)制品	15600620	2.0	5423541	0.8
41 章	生皮(毛皮除外)及皮革	1565809	0.2	4826639	0.7
42 章	皮革制品;鞍具及挽具;旅行用品、手提包及类似容器;动物肠线(蚕胶丝除外)制品	11420303	1.5	253125	0.0
43 章	毛皮、人造毛皮及其制品	2614508	0.3	343777	0.1
第九类	木及木制品;木炭;软木及软木制品;稻草、秸秆、针茅或其他编结材料制品;篮筐及柳条编结品	7569664	1.0	5746160	0.9

类章		出口		进口	
		金额	比重%	金额	比重%
44章	木及木制品;木炭	6408678	0.8	5712843	0.9
45章	软木及软木制品	16300	0.0	26083	0.0
46章	稻草、秸秆、针茅或其他编结材料制品;篮筐及柳条编结品	1144686	0.2	7234	0.0
第十类	木浆及其他纤维状纤维素浆;纸及纸板的废碎品;纸、纸板及其制品	5113639	0.7	11002890	1.7
47章	木浆及其他纤维状纤维素浆;纸及纸板的废碎品	35710	0.0	6182634	0.9
48章	纸及纸板;纸浆、纸或纸板制品	3928803	0.5	4387339	0.7
49章	书籍、报纸、印刷图画及其他印刷品;手稿、打字稿及设计图纸	1149127	0.2	432917	0.1
第十一类	纺织原料及纺织制品	107661239	14.1	23444911	3.6
50章	蚕丝	1336264	0.2	136173	0.0
51章	羊毛、动物细毛或粗毛;马毛纱线及其机织物	1845085	0.2	2147278	0.3
52章	棉花	7437870	1.0	7077507	1.1
53章	其他植物纺织纤维;纸纱线及其机织物	617955	0.1	477302	0.1
54章	化学纤维长丝	5890401	0.8	3775957	0.6
55章	化学纤维短纤	4387235	0.6	3257496	0.5
56章	絮胎、毡呢及无纺织物;特种纱线;线、绳、索、缆及其制品	860253	0.1	706884	0.1
57章	地毯及纺织材料的其他铺地制品	932224	0.1	62391	0.0
58章	特种机织物;簇绒织物;花边;装饰毯;装饰带;刺绣品	2709120	0.4	845779	0.1
59章	浸渍、涂布、包覆或层压的纺织物;工业用纺织制品	1754978	0.2	1450124	0.2
60章	针织物及钩编织物	3652153	0.5	1878256	0.3
61章	针织或钩编的服装及衣着附件	30870775	4.1	695456	0.1
62章	非针织或非钩编的服装及衣着附件	35030828	4.6	814993	0.1
63章	其他纺织制成品;成套物品;旧衣着及旧纺织品;碎织物	10336099	1.4	119314	0.0
第十二类	鞋、帽、伞、杖、鞭及其零件;已加工的羽毛及其制品;人造花;人发制品	22773067	3.0	671320	0.1
64章	鞋靴、护腿和类似品及其零件	19052503	2.5	541702	0.1
65章	帽类及其零件	1443345	0.2	12690	0.0
66章	雨伞、阳伞、手杖、鞭子、马鞭及其零件	960726	0.1	9464	0.0
67章	已加工羽毛、羽绒及其制品;人造花;人发制品	1316493	0.2	107463	0.0
第十三类	石料、石膏、水泥、石棉、云母及类似材料的制品;陶瓷产品;玻璃及其制品	12256884	1.6	3383676	0.5

类章		出口		进口	
		金额	比重%	金额	比重%
68章	石料、石膏、水泥、石棉、云母及类似材料的制品	2756843	0.4	535829	0.1
69章	陶瓷产品	5037375	0.7	301071	0.0
70章	玻璃及其制品	4462666	0.6	2546776	0.4
第十四类	天然或养殖珍珠、宝石或半宝石、贵金属、包贵金属及其制品;仿首饰;硬币	5532838	0.7	3469747	0.5
71章	天然或养殖珍珠、宝石或半宝石、贵金属、包贵金属及其制品;仿首饰;硬币	5532838	0.7	3469747	0.5
第十五类	贱金属及其制品	57085500	7.5	56592767	8.6
72章	钢铁	15089710	2.0	26209943	4.0
73章	钢铁制品	19032492	2.5	5696076	0.9
74章	铜及其制品	3055292	0.4	12896362	2.0
75章	镍及其制品	305480	0.0	2176705	0.3
76章	铝及其制品	6109102	0.8	5011554	0.8
78章	铅及其制品	484601	0.1	80350	0.0
79章	锌及其制品	382375	0.1	1005866	0.2
80章	锡及其制品	231461	0.0	404570	0.1
81章	其他贱金属、金属陶瓷及其制品	2300365	0.3	652322	0.1
82章	贱金属工具、器具、利口器、餐匙、餐叉及其零件	5177325	0.7	1598724	0.2
83章	贱金属杂项制品	4917298	0.6	860295	0.1
第十六类	机器、机械器具、电气设备及其零件;录音机及放声机、电视图像、声音的录制和重放设备及其零件、附件	322008127	42.3	271118933	41.1
84章	核反应堆、锅炉、机械器具及零件	149694351	19.6	96283691	14.6
85章	电机、电气设备及其零件;录音机及放声机、电视图像、声音的录制和重放设备及其零件、附件	172313776	22.6	174835242	26.5
第十七类	车辆、航空器、船舶及有关运输设备	28409985	3.7	19835143	3.0
86章	铁道及电车道机车、车辆及其零件;铁道及电车道轨道固定装置及其零件、附件;各种机械(包括电动机械)交通信号设备	6406091	0.8	482520	0.1
87章	车辆及其零件、附件但铁道及电车道车辆除外	16594447	2.2	12309091	1.9
88章	航空器、航天器及其零件	745972	0.1	6561255	1.0
89章	船舶及浮动结构体	4663474	0.6	482277	0.1
第十八类	光学、照相、电影、计量、检验、医疗或外科用仪器及设备、精密仪器及设备;钟表;乐器;上述物品的零件、附件	28397582	3.7	51187706	7.8

类章		出口		进口	
		金额	比重%	金额	比重%
90章	光学、照相、电影、计量、检验、医疗或外科用仪器及设备、精密仪器及设备;上述物品的零件、附件	25479425	3.3	49963325	7.6
91章	钟表及其零件	1994359	0.3	1096881	0.2
92章	乐器及其零件、附件	923798	0.1	127500	0.0
第十九类	武器、弹药及其零件、附件	28283	0.0	2822	0.0
93章	武器、弹药及其零件、附件	28283	0.0	2822	0.0
第二十类	杂项制品	45345281	6.0	2104236	0.3
94章	家具;寝具、褥垫、弹簧床垫、软坐垫及类似的填充制品;未列名灯具及照明装置;发光标志、发光名牌及类似品;活动房屋	22361426	2.9	820527	0.1
95章	玩具、游戏品、运动用品及其零件、附件	19123739	2.5	608554	0.1
96章	杂项制品	3860116	0.5	675154	0.1
第二十一类	艺术品、收藏品及古物	44797	0.0	7073	0.0
97章	艺术品、收藏品及古物	44797	0.0	7073	0.0
第二十二类	特殊交易品及未分类商品	1604675	0.2	2004638	0.3
98章	特殊交易品及未分类商品	1604675	0.2	2004638	0.3

2005年进出口商品贸易方式总值表

单位:千美元

类 章	进出口总值		出 口		进 口	
	金 额	比重%	金 额	比重%	金 额	比重%
总 值	1421906172	100.0	761953410	100.0	659952762	100.0
一般贸易	594696073	41.8	315062702	41.3	279633371	42.4
国家间、国际组织无偿援助和赠送的物资	273930	0.0	225082	0.0	48848	—
其他境外捐赠物资	18786	0.0	—	0.0	18786	0.0
补偿贸易	770	0.0	770	0.0	—	0.0
来料加工装配贸易	150996221	10.6	83968405	11.0	67027816	10.2
进料加工贸易	539482760	37.9	332499067	43.6	206983692	31.4
寄售代销贸易	7422	0.0	1130	0.0	6292	0.0
边境小额贸易	13131210	0.9	7408943	1.0	5722267	0.9
加工贸易进口设备	2862111	0.2	—	0.0	2862111	0.4
对外承包工程出口货物	1702815	0.1	1702815	0.2	—	0.0
租赁贸易	3719955	0.3	88556	0.0	3631399	0.6
外商投资企业作为投资进口的设备、物品	27660306	1.9	—	0.0	27660306	4.2
出料加工贸易	59979	0.0	26821	0.0	33158	0.0
易货贸易	20613	20613	17358	0.0	3255	0.0
免税外汇商品	7640	0.0	—	0.0	7640	0.0
保税仓库进出境货物	28022622	2.0	7957025	1.0	20065597	3.0
保税区仓储转口货物	55867863	3.9	11615147	1.5	44252716	6.7
出口加工区进口设备	1410902	0.1	—	0.0	1410902	0.2
其他	1964192	0.1	1379587	0.2	584605	0.1

2005 年出口商品贸易方式企业性质总值表

单位:千美元

企业性质 / 贸易方式	合 计	国有企业	中外合作	中外合资	外商独资	集体企业	私营企业	其 他
	金额±%	金额±%	金额±%	金额±%	金额±%	金额±%	金额±%	金额±%
总 值	761953410 (28.4)	168801599(9.9)	5663960 (5.9)	135986926 (24.0)	292531631 (36.5)	36507903 (14.8)	12221506 (62.0)	239886 (86.3)
一般贸易	315062702 (29.3)	113109121(9.4)	4550552 (13.1)	43179759 (30.4)	38605153 (48.3)	25695583 (12.7)	91586128 (63.6)	134616 (1790.5)
国家间、国际组织无偿援助和赠送的物资	225082 (20.6)	160639 (9.1)	— —	— —	— (—100.0)	6647 (171.8)	277 (—56.2)	57519 (61.5)
补偿贸易	770 (—91.7)	— (—100.0)	755 (475.1)	— (—100.0)	— —	— —	15 —	— —
来料加工装配贸易	83968405 (22.4)	30078206 (—0.5)	1705425 (—12.6)	6571873 (14.1)	35408076 (59.2)	3129868 (7.8)	7073894 (28.8)	1063 (15217.0)
进料加工贸易	332499067 (28.1)	16806468 (21.1)	9215 082 (6.3)	81746428 (21.2)	211968797 (32.2)	6400236 (26.2)	6360630 (56.8)	1427 (49522.4)
寄售代销贸易	1130 (55.0)	376 (—34.8)	— —	— (—100.0)	— —	— —	754 (1431.1)	— —
边境小额贸易	7408943 (67.2)	1764435 (45.4)	— —	— —	— —	753049 (22.1)	4891431 (88.0)	28 —
对外承包工程出口货物	1702815 (49.8)	1699299 (50.5)	— —	129 (—32.6)	— —	509 (—41.2)	2210 (—65.5)	668 —
租赁贸易	88556 (483.0)	59688 (425.4)	—	309 —	1151 —	— —	27409 (615.7)	— —
出料加工贸易	26821 (0.2)	8537 (—38.7)	8498 (154.2)	4599 (—34.2)	3556 (101.3)	42 —	1589 (122.8)	— —
易货贸易	17358 (—38.4)	5406 (—60.0)	— —	— —	— —	208 —	11744 (—20.0)	— —
保税仓库进出境货物	7957025 (38.6)	5233934 (35.7)	175368 (33.7)	1294478 (56.6)	421287 (28.1)	484597 (40.5)	307896 (84.4)	39466 (—52.5)
保税区仓储转口货物	11615147 (24.1)	1557629 (24.0)	7785 (24.8)	3173609 (27.5)	6119432 (15.3)	33708 (—8.3)	722983 (176.7)	— —
出口加工区进口设备	— —	— —	— —	— —	— —	— —	— —	— —
其他	1379587 (67.3)	116072(—3.1)	495 (—50.0)	15741 (386.6)	4179 (953.0)	3454 (—88.7)	1234546 (85.1)	5100 (87.0)

2005 年进口商品贸易方式企业性质总值表

单位:千美元

企业性质 贸易方式	合 计	国有企业	中外合作	中外合资	外商独资	集体企业	私营企业	其 他
	金额±%	金额±%	金额±%	金额±%	金额±%	金额±%	金额±%	金额±%
总 值	659952762 (17.5)	19715192 8(11.7)	9585393 (–10.6)	118346194 (8.4)	259524532 (26.8)	20460915 (15.4)	53978936 (28.6)	904865 (27.6)
一般贸易	279633371 (12.6)	14834584 1(9.6)	1910327 (–10.6)	46174019 (3.7)	33243132 (26.6)	13451374 (15.2)	36469497 (29.3)	39181(–32. 9)
国家间、国际组织无偿援助和赠送的物资	48848 (–49.9)	33864 (–53.7)	– –	– –	– –	331 (–76.0)	1515 (660.6)	13138 (–42.1)
其他境外捐赠物资	18786 (58.1)	8836 (133.6)	– –	– –	– –	106 (–79.7)	907 (155.9)	8936 (23.8)
补偿贸易	– –	– –	– –	– –	– –	– –	– –	– –
来料加工装配贸易	67027816 (24.7)	21349984 (2.7)	1185699 (–23.2)	5206409 (13.1)	31853179 (55.6)	1942918 (4.2)	5488295 (23.0)	1333 (6973.0)
进料加工贸易	206983692 (23.2)	7791720 (22.5)	5497729 (–9.7)	44675451 (16.3)	142810413 (26.9)	2858101 (13.8)	3348637 (59.2)	1641 (24233.4)
寄售代销贸易	6292 (–20.9)	6245 (–21.5)	– –	– –	– –	– –	47 –	–
边境小额贸易	5722267 (13.4)	1576043 (9.5)	– –	– –		374340 (23.0)	3768701 (14.2)	3183 (699.3)
加工贸易进口设备	2862111 (9.9)	1417528 (–7.9)	19334 (3.6)	143115 (0.4)	991549 (42.9)	193135 (54.6)	97449 (18.2)	– –
租赁贸易	3631399 (63.9)	3238076 (101.3)	410 (–88.3)	64206(–75. 4)	29553 (441.0)	210639 (–36.9)	88515 (5490.4)	– –
外商投资企业作为投资进口的设备、物品	27660306 (–11.2)	– –	932621 (5.3)	10158394 (–20.3)	16569291 (–5.3)	– –	– –	– –
出料加工贸易	33158 (37.4)	13446 (–1.7)	9077 (158.9)	4068 (–7.2)	5051 (104.9)	12 –	1505 (1573.9)	– –
易货贸易	3255 (–74.7)	785 (–76.0)	– –	– –	– –	2 (–97.8)	2468 (–74.1)	– –
免税外汇商品	7640 (22.6)	7639 (22.5)	– –	– –	– –	– –	1 –	– –
保税仓库进出境货物	20065597 (81.1)	9374768 (72.8)	4741 (–83.8)	6832834 (86.7)	822375 (76.1)	1121800 (122.7)	1183039 (138.1)	726039 (44.9)
保税区仓储转口货物	44252716 (17.3)	3808226 (4.5)	11205 (51.3)	4947522 (7.6)	31724678 (22.9)	296965 (–22.1)	3464121 (5.6)	– –
出口加工区进口设备	1410902 (59.9)	23138 (460.9)	5214 (24996.5)	41165 (–63.3)	1340626 (75.2)	305 (–3.1)	326 (50.0)	129 –
其他	584605 (8.4)	155789 (–9.8)	9038 (44.8)	99011 (2.8)	134686 (54.1)	10886 (–26.1)	63912 (50.1)	111283 (–6.4)

2005年进出口商品经营单位所在地总值表

单位:千美元

经营单位所在地	进出口总值		出口		进口	
	金额	比重%	金额	比重%	金额	比重%
总值	1421906172	100.0	761953410	100.0	659952762	100.0
北京市	125506425	8.8	30865901	4.1	94640525	14.3
北京新技术产业开发实验区	2659766	0.2	981410	0.1	1678356	0.3
北京经济技术开发区	6686682	0.5	2091594	0.3	4595088	0.7
天津市	53276804	3.7	27380881	3.6	25895924	3.9
天津新技术产业园区	1232116	0.1	647587	0.1	584529	0.1
天津经济技术开发区	24909714	1.8	13610853	1.8	11298861	1.7
天津港保税区	7925720	0.6	928485	0.1	6997235	1.1
河北省	16070353	1.1	10924299	1.4	5146055	0.8
石家庄市	4424296	0.3	3720743	0.5	703553	0.1
石家庄高新技术产业开发区	17592	0.0	7065	0.0	10527	0.0
秦皇岛市	2668560	0.2	1840937	0.2	827623	0.1
秦皇岛经济技术开发区	873172	0.1	261090	0.0	612082	0.1
山西省	5545655	0.4	3528494	0.5	2017161	0.3
太原市	3429136	0.2	2121114	0.3	1308023	0.2
内蒙古自治区	4876254	0.3	1773624	0.2	3102629	0.5
呼和浩特	1067820	0.1	597108	0.1	470713	0.1
二连浩特	580437	0.0	61131	0.0	519306	0.1
满洲里市	1386895	0.1	54575	0.0	1332320	0.2
辽宁省	41013265	2.9	23438322	3.1	17574944	2.7
沈阳市	4561705	0.3	2344161	0.3	2217544	0.3
沈阳南湖科技开发区	1034058	0.1	558097	0.1	475960	0.1
大连市	25594159	1.8	13815827	1.8	11778332	1.8
大连经济技术开发区	11351215	0.8	5071960	0.7	6279255	1.0
大连市高新技术产业园区	553263	0.0	285743	0.0	267520	0.0
大连大窑湾保税区	1949957	0.1	909637	0.1	1040320	0.2
丹东市	1654602	0.1	1221131	0.2	433472	0.1

经营单位所在地	进出口总值		出 口		进 口	
	金 额	比重%	金 额	比重%	金 额	比重%
吉林省	6527723	0.5	2466156	0.3	4061567	0.6
长春市	4540010	0.3	1265092	0.2	3274918	0.5
长春新技术开发区	143084	0.0	40242	0.0	102842	0.0
珲春市	219963	0.0	168196	0.0	51767	0.0
黑龙江省	9566017	0.7	6069437	0.8	3496580	0.5
哈尔滨市	2631775	0.2	1177181	0.2	1454594	0.2
哈尔滨高技术开发区	68591	0.0	36528	0.0	32063	0.0
黑河市	577646	0.0	464563	0.1	113083	0.0
绥芬河市	3069601	0.2	1904548	0.2	1165054	0.2
上海市	186336738	13.1	90717519	11.9	95619219	14.5
上海漕河泾新兴技术开发区	6746655	0.5	3587943	0.5	3158712	0.5
上海经济技术开发区	12849	0.0	0	0.0	12848	0.0
上海浦东新区	89327645	6.3	37133369	4.9	52194276	7.9
上海外高桥保税区	35263684	2.5	9666257	1.3	25597428	3.9
江苏省	227922762	16.0	122966712	16.1	104956050	15.9
南京市	27088036	1.9	14243578	1.9	12844458	1.9
南京高新技术外向型开发区	855118	0.1	309335	0.0	545783	0.1
苏州市	140670702	9.9	72815188	9.6	67855514	10.3
苏州工业园	37108125	2.6	17145019	2.3	19963105	3.0
南通市	8203082	0.6	5533244	0.7	2669837	0.4
南通经济技术开发区	1705650	0.1	1038408	0.1	667242	0.1
连云港市	2037803	0.1	930271	0.1	1107533	0.2
连云港经济技术开发区	956901	0.1	259435	0.0	697466	0.1
浙江省	107389656	7.6	76802448	10.1	30587208	4.6
杭州市	29868676	2.1	19802933	2.6	10065742	1.5
杭州高新技术产业开发区	971729	0.1	475958	0.1	495771	0.1
宁波市	33470845	2.4	22216992	2.9	11253853	1.7
宁波经济技术开发区	5713956	0.4	2446755	0.3	3267201	0.5
温州市	6773305	0.5	5353032	0.7	1420273	0.2
温州经济技术开发区	413439	0.0	366102	0.0	47338	0.0

经营单位所在地	进出口总值		出口		进口	
	金额	比重%	金额	比重%	金额	比重%
安徽省	9119388	0.6	5188504	0.7	3930884	0.6
合肥市	4183307	0.3	2793535	0.4	1389772	0.2
合肥高新技术产业开发区	303800	0.0	178424	0.0	125376	0.0
芜湖市	634516	0.0	462246	0.1	172270	0.0
福建省	54411187	3.8	34841868	4.6	19569319	3.0
福州市	14582981	1.0	9419951	1.2	5163030	0.8
福州经济技术开发区	2104431	0.1	791624	0.1	1312806	0.2
福州市科技园区	12819	0.0	11478	0.0	1341	0.0
厦门市	28565236	2.0	17265687	2.3	11299549	1.7
厦门特区	21595206	1.5	13317111	1.7	8278095	1.3
厦门火炬高技术产业开发区	4072753	0.3	2956072	0.4	1116681	0.2
江西省	4064606	0.3	2439340	0.3	1625266	0.2
南昌市	1744743	0.1	1240025	0.2	504718	0.1
九江市	184788	0.0	108959	0.0	75829	0.0
山东省	76735872	5.4	46122893	6.1	30612978	4.6
济南市	3759804	0.3	1776722	0.2	1983082	0.3
济南市高技术产业开发区	12048	0.0	9810		2238	0.0
青岛市	32957424	2.3	19365440	2.5	13591984	2.1
青岛经济技术开发区	2584091	0.2	1060417	0.1	1523674	0.2
烟台市	10217606	0.7	5593484	0.7	4624121	0.7
烟台经济技术开发区	4384911	0.3	1807819	0.2	2577093	0.4
威海市	5523865	0.4	3402679	0.4	2121187	0.3
威海火炬高技术产业开发区	1321513	0.1	875728	0.1	445785	0.1
河南省	7724918	0.5	5087533	0.7	2637386	0.4
郑州市	1954595	0.1	1396428	0.2	558166	0.1
郑州高新技术产业开发区	83729	0.0	69668	0.0	14060	0.0
湖北省	9054752	0.6	4428684	0.6	4626068	0.7
武汉市	6156909	0.4	2524428	0.3	3632481	0.6
武汉东湖新技术开发区	241485	0.0	99159	0.0	142326	0.0
湖南省	6000189	0.4	3747136	0.5	2253053	0.3

经营单位所在地	进出口总值		出　口		进　口	
	金　额	比重%	金　额	比重%	金　额	比重%
长沙市	2681534	0.2	1594891	0.2	1086644	0.2
长沙高新技术产业开发区	35771	0.0	21135	0.0	14636	0.0
岳阳市	160023	0.0	39533	0.0	120490	0.0
广东省	427964967	30.1	238158830	31.3	189806137	28.8
广州市	53448311	3.8	26665764	3.5	26782547	4.1
广州经济技术开发区	9816938	0.7	4437939	0.6	5378999	0.8
广州天河高新技术产业开发区	482974	0.0	176185	0.0	306789	0.0
广州保税区	3285872	0.2	1304935	0.2	1980937	0.3
深圳市	182787111	12.9	101521894	13.3	81265216	12.3
深圳特区	87588751	6.2	46782243	6.1	40806507	6.2
深圳科技工业园	1153035	0.1	517801	0.1	635235	0.1
深圳保税区	30690437	2.2	15837862	2.1	14852576	2.3
珠海市	25727655	1.8	10766209	1.4	14961446	2.3
珠海特区	16749086	1.2	6386656	0.8	10362429	1.6
汕头市	4959945	0.3	3181911	0.4	1778034	0.3
汕头特区	3359506	0.2	1971394	0.3	1388111	0.2
湛江市	1826496	0.1	956520	0.1	869976	0.1
湛江经济技术开发区	384261	0.0	247642	0.0	136619	0.0
中山市	18751288	1.3	12254230	1.6	6497058	1.0
中山火炬高技术产业开发区	20630	0.0	1746	0.0	18884	0.0
广西壮族自治区	5181504	0.4	2876634	0.4	2304869	0.3
南宁市	800628	0.1	646443	0.1	154184	0.0
桂林市	441265	0.0	308297	0.0	132969	0.0
桂林新技术产业开发区	22788	0.0	12352	0.0	10436	0.0
北海市	200785	0.0	137698	0.0	63087	0.0
凭祥市	413298	0.0	347188	0.0	66109	0.0
东兴县	189376	0.0	59908	0.0	129468	0.0
海南省(全省为特区)	2542338	0.2	1022544	0.1	1519794	0.2
海口市	2158395	0.2	879429	0.1	1278966	0.2
海南洋浦经济技术开发区	164573	0.0	3889	0.0	160684	0.0

经营单位所在地	进出口总值		出口		进口	
	金额	比重%	金额	比重%	金额	比重%
四川省	7901964	0.6	4701605	0.6	3200359	0.5
成都市	4513335	0.3	2661657	0.3	1851678	0.3
成都高新技术产业开发区	724752	0.1	418553	0.1	306199	0.0
重庆市	4292842	0.3	2520578	0.3	1772265	0.3
重庆高新技术产业开发区	129512	0.0	99657	0.0	29855	0.0
贵州省	1403572	0.1	858937	0.1	544635	0.1
贵阳市	1135595	0.1	760751	0.1	374844	0.1
云南省	4743441	0.3	2641725	0.3	2101716	0.3
昆明市	3449404	0.2	1736019	0.2	1713385	0.3
畹町市	26601	0.0	15072	0.0	11529	0.0
瑞丽县	223954	0.0	175073	0.0	48880	0.0
河口县	225103	0.0	162089	0.0	63014	0.0
西藏自治区	205468	0.0	165383	0.0	40085	0.0
拉萨市	189931	0.0	160137	0.0	29794	0.0
陕西省	4576868	0.3	3076887	0.4	1499981	0.2
西安市	3901586	0.3	2635528	0.3	1266057	0.2
西安新技术产业开发区	855401	0.1	482730	0.1	372671	0.1
甘肃省	2630274	0.2	1090995	0.1	1539279	0.2
兰州市	715520	0.1	501628	0.1	213892	0.0
兰州新技术产业开发区	50285	0.0	11584	0.0	38701	0.0
青海省	413307	0.0	323198	0.0	90109	0.0
西宁市	368678	0.0	282772	0.0	85906	0.0
宁夏回族自治区	966574	0.1	687424	0.1	279150	0.0
银川市	531192	0.0	363941	0.0	167251	0.0
新疆维吾尔族自治区	7940487	0.6	5038919	0.7	2901568	0.4
乌鲁木齐市	2392919	0.2	1427770	0.2	965150	0.1
乌鲁木齐经济技术开发区	139968	0.0	123164	0.0	16804	0.0
博乐市	1727045	0.1	668039	0.1	1059006	0.2
伊宁市	1869910	0.1	1473261	0.2	396649	0.1

2005年进出口商品境内目的地/货源地总值表

单位:千美元

境内目的地/货源地	进出口总值		出口		进口	
	金额	比重%	金额	比重%	金额	比重%
总值	1421906172	100.0	761953410	100.0	659952762	100.0
北京市	53485980	3.8	18396613	2.4	35089367	5.3
北京新技术产业开发实验区	1931859	0.1	774357	0.1	1157502	0.2
北京经济技术开发区	8569403	0.6	3360146	0.4	5209257	0.8
天津市	54631618	3.8	26032148	3.4	28599470	4.3
天津新技术产业园区	776943	0.1	383564	0.1	393379	0.1
天津经济技术开发区	23582634	1.7	13079302	1.7	10503332	1.6
天津港保税区	7234345	0.5	536794	0.1	6697551	1.0
河北省	19327787	1.4	12033613	1.6	7294174	1.1
石家庄市	4296054	0.3	3110917	0.4	1185137	0.2
石家庄高新技术产业开发区	17043	0.0	5522	0.0	11520	0.0
秦皇岛市	2074377	0.1	925804	0.1	1148573	0.2
秦皇岛经济技术开发区	733164	0.1	200994	0.0	532170	0.1
山西省	9093167	0.6	6304923	0.8	2788244	0.4
太原市	2531438	0.2	1307740	0.2	1223697	0.2
内蒙古自治区	5304183	0.4	2287425	0.3	3016758	0.5
呼和浩特	896935	0.1	469070	0.1	427865	0.1
二连浩特	467115	0.0	63498	0.0	403618	0.1
满洲里市	1208854	0.1	12266	0.0	1196588	0.2
辽宁省	47037188	3.3	24671616	3.2	22365572	3.4
沈阳市	5124412	0.4	2362326	0.3	2762086	0.4
沈阳南湖科技开发区	960193	0.1	526750	0.1	433443	0.1
大连市	28310945	2.0	13816610	1.8	14494336	2.2
大连经济技术开发区	10975610	0.8	4832437	0.6	6143173	0.9
大连市高新技术产业园区	954808	0.1	529355	0.1	425452	0.1
大连大窑湾保税区	2002146	0.1	900620	0.1	1101525	0.2
丹东市	1418243	0.1	941745	0.1	476498	0.1
吉林省	7361648	0.5	2764164	0.4	4597484	0.7

境内目的地／货源地	进出口总值		出　口		进　口	
	金　额	比重%	金　额	比重%	金　额	比重%
长春市	3990681	0.3	881792	0.1	3108890	0.5
长春新技术开发区	103773	0.0	29442	0.0	74331	0.0
珲春市	193690	0.0	150861	0.0	42829	0.0
黑龙江省	10469118	0.7	5789388	0.8	4679730	0.7
哈尔滨市	5511128	0.4	3808997	0.5	1702131	0.3
哈尔滨高技术开发区	70445	0.0	32293	0.0	38152	0.0
黑河市	153666	0.0	54733	0.0	98933	0.0
绥芬河市	1261531	0.1	134899	0.0	1126631	0.2
上海市	181504743	12.8	86582707	11.4	94922036	11.4
上海漕河泾新兴技术开发区	6856242	0.5	3647989	0.5	3208253	0.5
上海经济技术开发区	26924	0.0	4365	0.0	22559	0.0
海浦东新区	82889887	5.8	33447009	4.4	49442878	7.5
上海外高桥保税区	36030530	2.5	9645514	1.3	26385016	4.0
江苏省	238475214	16.8	124596788	16.4	113878426	17.3
南京市	26412112	1.9	13229911	1.7	13182202	2.0
南京高新技术外向型开发区	767432	0.1	254699	0.0	512734	0.1
苏州市	144923961	10.2	73436563	9.6	71487398	10.8
苏州工业园	37943442	2.7	17563244	2.3	20380197	3.1
南通市	9304448	0.7	5782005	0.8	3522444	0.5
南通经济技术开发区	1532058	0.1	930049	0.1	602008	0.1
连云港市	3001542	0.2	727606	0.1	2273936	0.3
连云港经济技术开发区	879767	0.1	219620	0.0	660147	0.1
浙江省	123810567	8.7	81551040	10.7	42259527	6.4
杭州市	27297389	1.9	18838103	2.5	8459286	1.3
杭州高新技术产业开发区	945996	0.1	453907	0.1	492089	0.1
宁波市	46147749	3.2	22339112	2.9	23808636	3.6
宁波经济技术开发区	5120920	0.4	2003046	0.3	3117874	0.5
温州市	7340354	0.5	6140674	0.8	1199680	0.2
温州经济技术开发区	240170	0.0	213753	0.0	26417	0.0
安徽省	9263713	0.7	5080647	0.7	4183067	0.6

境内目的地/货源地	进出口总值		出口		进口	
	金额	比重%	金额	比重%	金额	比重%
合肥市	3255277	0.2	2252302	0.3	1002975	0.2
合肥高新技术产业开发区	229591	0.0	134530	0.0	95061	0.0
芜湖市	771389	0.1	518227	0.1	253161	0.0
福建省	56799084	4.0	35945507	4.7	20853576	3.2
福州市	13754087	1.0	8560066	1.1	5194021	0.8
福州经济技术开发区	1438140	0.1	509444	0.1	928696	0.1
福州市科技园区	12412	0.0	11460	0.0	951	0.0
厦门市	23649239	1.7	13027307	1.7	10621932	1.6
厦门特区	16292514	1.1	8751598	1.1	7540916	1.1
厦门火炬高技术产业开发区	4067009	0.3	2952287	0.4	1114722	0.2
江西省	4959213	0.3	2654003	0.3	2305209	0.3
南昌市	1603808	0.1	1087861	0.1	515947	0.1
九江市	880750	0.1	170181	0.0	710568	0.1
山东省	89115276	6.3	47721022	6.3	41394253	6.3
济南市	3559875	0.3	1645358	0.2	1914517	0.3
济南市高技术产业开发区	16900	0.0	9343	0.0	7557	0.0
青岛市	40091120	2.8	18784248	2.5	21306872	3.2
青岛经济技术开发区	2499271	0.2	999840	0.1	1499431	0.2
烟台市	11532503	0.8	5843657	0.8	5688845	0.9
烟台经济技术开发区	4368763	0.3	1790025	0.2	2578737	0.4
威海市	5668673	0.4	3525643	0.5	2143030	0.3
威海火炬高技术产业开发区	1318787	0.1	875278	0.1	443509	0.1
河南省	9065804	0.6	5613204	0.7	3452599	0.5
郑州市	1714197	0.1	1074950	0.1	639247	0.1
郑州高新技术产业开发区	41467	0.0	27523	0.0	13944	0.0
湖北省	9992860	0.7	4193841	0.6	5799019	0.9
武汉市	5981855	0.4	2092115	0.3	3889740	0.6
武汉东湖新技术开发区	243557	0.0	96836	0.0	146722	0.0
湖南省	6959650	0.5	3856069	0.5	3103581	0.5
长沙市	2229709	0.2	1199047	0.2	1030662	0.2

境内目的地／货源地	进出口总值		出口		进口	
	金额	比重%	金额	比重%	金额	比重%
长沙高新技术产业开发区	42662	0.0	19999	0.0	22663	0.0
岳阳市	727227	0.1	62959	0.0	664268	0.1
广东省	439184106	30.9	240975111	31.6	198208995	30.0
广州市	53685861	3.8	24614314	3.2	29071547	4.4
广州经济技术开发区	9377434	0.7	4104774	0.5	5272660	0.8
广州天河高新技术产业开发区	301696	0.0	77332	0.0	224364	0.0
广州保税区	3313186	0.2	1304720	0.2	2008465	0.3
深圳市	179002195	12.6	98000322	12.9	81001873	12.3
深圳特区	63524381	4.5	35541507	4.7	27982874	4.2
深圳科技工业园	841677	0.1	401278	0.1	440399	0.1
深圳保税区	30687713	2.2	15837376	2.1	14850337	2.3
珠海市	21411862	1.5	10403901	1.4	11007961	1.7
珠海特区	11359418	0.8	6009131	0.8	5350287	0.8
汕头市	5407449	0.4	3314532	0.4	2092916	0.3
汕头特区	3318433	0.2	1732923	0.2	1585511	0.2
湛江市	4004018	0.3	1384654	0.2	2619363	0.4
湛江经济技术开发区	303594	0.0	205939	0.0	97655	0.0
中山市	19562738	1.4	12979516	1.7	6583222	1.0
中山火炬高技术产业开发区	22049	0.0	1798	0.0	20251	0.0
广西壮族自治区	5762804	0.4	2871988	0.4	2890816	0.4
南宁市	797364	0.1	416577	0.1	380787	0.1
桂林市	540990	0.0	385219	0.1	155771	0.0
桂林新技术产业开发区	21981	0.0	10614	0.0	11367	0.0
北海市	425563	0.0	228627	0.0	196936	0.0
凭祥市	15096	0.0	3999	0.0	11098	0.0
东兴县	13690	0.0	3807	0.0	9883	0.0
海南省(全省为特区)	2119887	0.1	852038	0.1	1267849	0.2
海口市	1360948	0.1	427669	0.1	933279	0.1
海南国际科技工业园	131	0.0	131	0.0	–	0.0
海南洋浦经济技术开发区	198684	0.0	2598	0.0	196085	0.0

境内目的地／货源地	进出口总值		出　口		进　口	
	金　额	比重%	金　额	比重%	金　额	比重%
四川省	7674567	0.5	4092371	0.5	3582197	0.5
成都市	3668605	0.3	1874744	0.2	1793861	0.3
成都高新技术产业开发区	365896	0.0	216395	0.0	149501	0.0
重庆市	4230824	0.3	2397639	0.3	1833185	0.3
重庆高新技术产业开发区	94870	0.0	75775	0.0	19095	0.0
贵州省	2039465	0.1	1134954	0.1	904511	0.1
贵阳市	1328366	0.1	748183	0.1	580183	0.1
云南省	4995350	0.4	2385756	0.3	2609595	0.4
昆明市	3680211	0.3	1550238	0.2	2129973	0.3
畹町市	6480	0.0	5754	0.0	727	0.0
瑞丽县	53174	0.0	5948	0.0	47226	0.0
河口县	37881	0.0	18020	0.0	19861	0.0
藏自治区	131583	0.0	107266	0.0	24317	0.0
拉萨市	114910	0.0	104012	10897	0.0	0.0
陕西省	6149314	0.4	3840885	0.5	2308429	0.3
西安市	3972110	0.3	2202886	0.3	1769225	0.3
西安新技术产业开发区	546472	0.0	319188	0.0	227284	0.0
甘肃省	2986920	0.2	1106098	0.1	1880821	0.3
兰州市	707713	0.0	399375	0.1	308337	0.0
兰州新技术产业开发区	6926	0.0	5293	0.0	1633	0.0
青海省	490231	0.0	313496	0.0	176735	0.0
西宁市	370266	0.0	222147	0.0	148119	0.0
宁夏回族自治区	1181133	0.1	807759	0.1	373374	0.1
银川市	443610	0.0	243396	0.0	200214	0.0
新疆维吾尔族自治区	8303175	0.6	4993329	0.7	3309846	0.5
乌鲁木齐市	4300865	0.3	3104297	0.4	1196568	0.2
乌鲁木齐经济技术开发区	108721	0.0	73171	0.0	35550	0.0
博乐市	1192092	0.1	235850	0.0	956242	0.1
伊宁市	1366169	0.1	971816	0.1	394353	0.1

2005年进出口商品运输方式总值表

单位:千美元

运输方式	进出口总值		出口		进口	
	金额	比重%	金额	比重%	金额	比重%
总值	1421906172	100.0	761953410	100.0	659952762	100.0
江、海运输	871629657	61.3	496259230	65.1	375370428	56.9
铁路运输	15617516	1.1	4996008	0.7	10621508	1.6
汽车运输	258240183	18.2	132914382	17.4	125325800	19.0
空运	270781944	19.0	123028859	16.1	147753085	22.4
邮运	1080770	0.1	669983	0.1	410787	0.1
其他	4556101	0.3	4084948	0.5	471154	0.1

2005年进出口商品前40位国别（地区）总值表

单位:千美元

最终目的国(地区)	出口额	名次	原产国(地区)	进口额	名次
总 值	761953410		总 值	659952762	
美国	162890749	1	日本	100407681	1
香港	124473252	2	韩国	76820404	2
日本	83986277	3	台湾省	74680329	3
韩国	35107776	4	中华人民共和国	55162905	4
德国	32527131	5	美国	48621767	5
荷兰	25875735	6	德国	30722928	6
英国	18976474	7	马来西亚	20093205	7
新加坡	16632262	8	新加坡	16514596	8
台湾省	16549563	9	澳大利亚	16193627	9
俄罗斯联邦	13211283	10	俄罗斯联邦	15889943	10
意大利	11688888	11	泰国	13991887	11
加拿大	11653669	12	菲律宾	12869689	12
法国	11639358	13	沙特阿拉伯	12245715	13
澳大利亚	11061501	14	香港	12224784	14
马来西亚	10606347	15	巴西	9992524	15
印度	8934277	16	印度	9766216	16
阿拉伯联合酋长国	8729839	17	法国	9006789	17
西班牙	8439658	18	印度尼西亚	8436960	18
印度尼西亚	8350368	19	加拿大	7511155	19
泰国	7819296	20	意大利	6925286	20
比利时	7738745	21	伊朗	6786678	21
越南	5643899	22	安哥拉	6581829	22
墨西哥	5537687	23	英国	5523783	23
巴西	4827209	24	智利	4991536	24
菲律宾	4687631	25	阿曼	4138913	25
土耳其	4253726	26	比利时	4005465	26

（续表）

最终目的国(地区)	出口额	名次	原产国(地区)	进口额	名次
哈萨克斯坦	3896752	27	瑞士	3880552	27
南非	3825965	28	阿根廷	3799210	28
沙特阿拉伯	3824415	29	南非	3443052	29
芬兰	3625937	30	瑞典	3122198	30
巴基斯坦	3427662	31	荷兰	2926721	31
伊朗	3296585	32	哈萨克斯坦	2909355	32
爱尔兰	3184340	33	也门共和国	2667691	33
巴拿马	3151121	34	芬兰	2628129	34
丹麦	2788884	35	苏丹	2614462	35
波兰	2595437	36	越南	2552838	36
瑞典	2576501	37	刚果	2278030	37
匈牙利	2493489	38	秘鲁	2277994	38
乌克兰	2492521	39	墨西哥	2225295	39
孟加拉国	2402740	40	西班牙	2081639	40

2005 年出口商品排序表（前 100 位）

单位:千美元

商品编号	商品名称	数量单位	数量	金额
		总值	–	761953410
84713000	重量≤10 公斤的便携数字式自动数据处理设备	台	41346301	29896553
84733090	8471 所列其他机器的零件、附件	千克	1177419105	23766346
85252022	手持(包括车载)无线电话机	台	227906403	20635054
84716011	液晶显示器	台	74583455	14539497
85299020	手持式无线电话机零件	千克	37343951	10989926
90138030	液晶显示板	个	1610392492	10855834
85219012	数字化视频光盘(DVD)播放机	台	145932802	6554030
85199990	其他声音重放设备	台	71714661	5621350
85254050	其他数字照相机	台	75994050	5534884
85422119	其他线宽≤0.18 微米数字单片集成电路	个	1024834860	5104153
		千克	3313854	
64039900	其他橡、塑或再生皮革外底皮革鞋面的鞋靴	双	951866810	5082805
61103000	化纤制针织钩编套头衫、开襟衫、外穿背心等	件	1490370667	4414289
		千克	472905461	
64029900	未列名橡胶或塑料制外底及鞋面的鞋靴	双	2380718077	4301991
84716032	激光打印机	台	23258057	4149911
84717010	硬盘驱动器	台	99887040	4110767
85422129	其他 0.18 微米＜线宽≤0.35 微米数字单片集成电路	个	5638650601	3987986
		千克	4224483	
95041000	与电视接收机配套使用的电子游戏机	台	74029141	3888966
		千克	116321371	
84717030	光盘驱动器	台	164588308	3807240
61091000	棉制针织或钩编的 T 恤衫、汗衫、背心	件	2490227474	3803072
		千克	437588997	
85340090	四层及以下的印刷电路	块	11557666038	3704392
		千克	126719139	

商品编号	商 品 名 称	数量单位	数 量	金 额
62046200	棉制女裤	条	1003542904	3646155
		千克	473117955	
42021290	塑料或纺织材料作面的提箱、小手袋等	个	2661550961	3610346
84715040	微型机的数字式处理部件	台	9265606	3521226
27011290	其他烟煤	千克	60770632296	3222635
86090020	40 英尺集装箱	个	724340	3134800
85299090	8525 至 8528 所列其他装置或设备用其他零件	千克	64902089	3083870
39269090	未列名塑料制品	千克	1478251815	2865109
61102000	棉制针织钩编的套头衫、开襟衫、外穿背心等	件	1069884572	2834147
		千克	323732519	
90091291	多功能静电感光复印一体机(间接法)	台	9172397	2816449
84718090	未列名自动数据处理设备其他部件	台	123204307	2790248
84733029	其他打印机零件、附件	千克	171000155	2768888
95039000	其他玩具	个	15664564723	2724862
		千克	1429217265	
85229039	其他视频信号录制或重放设备的零件、附件	千克	39182133	2720887
27090000	石油原油及从沥青矿物提取的原油	千克	8066869912	2696013
27101110	车用汽油和航空汽油	千克	5596639533	2678668
54075200	聚酯变形长丝≥85%染色布	米	3021753191	2486187
		千克	591516198	
95049010	其他电子游戏机	台	232880785	2472537
		千克	60122558	
62034290	棉制其他男裤	条	618701429	2424751
		千克	342804350	
85044099	未列名静止式变流器	个	1677639220	2354194
27040010	焦炭及半焦炭	千克	12764092614	2340584
85078020	锂离子电池	个	748595256	2319184
42031000	皮革或再生皮革制的衣服	件	56166593	2275853
		千克	76637018	

商品编号	商品名称	数量单位	数量	金额
84716033	喷墨打印机	台	36328117	2271405
94036099	未列名木家具	件	91912375	2216746
40112000	客车或货运机动车辆用新的充气橡胶轮胎	条	35255195	2064837
76011000	未锻轧的非合金铝	千克	1136470886	2055218
64031900	橡、塑或革外底皮革制鞋面的其他运动鞋靴	双	284627415	2054100
73089000	其他钢铁结构体;钢结构体用部件及加工钢材	千克	1849433054	1987834
84714140	其他微型数字式自动数据处理机	台	3059060	1978861
87089999	8701 至 8704 所列其他车辆用未列名零、附件	千克	388714402	1886245
43031010	毛皮衣服	千克	8838623	1872489
		件	6448728	
94032000	其他金属家具	千克	1452199661	1861430
84733010	大、中、小型计算机及其部件的零件、附件	千克	54050699	1790210
85165000	微波炉	个	42230132	1763806
84714940	系统形式的微型机	台	3161421	1717712
62019390	未列名化纤男式带风帽防寒短上衣、防风衣等	件	246592926	1710733
		千克	200742025	
94049040	化纤棉填充的其他寝具及类似用品	千克	369569886	1695369
03042090	其他冻鱼片	千克	621678127	1684013
85340010	四层以上的印刷电路	块	609388302	1633649
		千克	24765748	
85044013	品目 84.71 所列机器用的稳压电源	个	204388629	1627189
85175036	调制解调器	台	104347789	1610505
85171100	无绳电话机	台	96037153	1603102
84716012	阴极射线管显示器	台	20969194	1591044
85281223	阴极射线显像管彩电 52 厘米<屏幕尺寸≤74 厘米	台	15880300	1582909
94054090	未列名电灯及照明装置	千克	563849099	1582148
73269090	未列名钢铁制品	千克	1131147668	1575639
95034100	填充的玩具动物	个	2198414477	1570720
		千克	313155975	

商品编号	商品名称	数量单位	数量	金额
39264000	塑料制小雕塑品及其他装饰品	千克	911527045	1554493
64021900	橡胶或塑料制外底及鞋面的其他运动鞋靴	双	418202779	1544210
64041900	其他橡胶或塑料外底纺织材料鞋面的鞋靴	双	982104411	1503393
27101911	航空煤油	千克	2633553445	1499704
86090010	20英尺集装箱	个	682065	1490744
69111010	瓷餐具	千克	1841751449	1473785
85091000	真空吸尘器包括干式及湿式真空吸尘器	台	83909976	1465232
87087090	未列名车辆用车轮及其零件、附件	千克	388962223	1451661
84151010	独立窗式或壁式空气调节器	台	12021831	1450642
72071200	其他矩形截面的半制普通钢铁C<0.25%	千克	3636321591	1436091
39232100	供运输或包装货物用的乙烯聚合物制袋及包	千克	1043909801	1432444
85239000	未列名未灌(录)制的媒体	个	3855709834	1411482
71023900	其他非工业用钻石	克拉	2402341	1399452
61099090	未列名纺材制针织或钩编 T 恤衫、汗衫、背心	件	899637134	1394316
		千克	177775757	
85445190	其他有接头电导体80伏<耐压≤1000伏	千克	412040288	1393184
85369000	其他连接用电气装置线路伏≤1000伏	千克	74811217	1389467
84716070	键盘、鼠标器	台	474851494	1382151
85273100	其他收录(放)音组合机	台	66028841	1379954
62052000	棉制男衬衫	件	350404603	1342625
		千克	110925408	
85283010	彩色视频投影机	台	2069695	1335821
85253099	其他电视摄像机	台	163422601	1332169
42022200	塑料片或纺织材料作面的手提包	个	1152401322	1316540
85252092	移动通讯基地站	台	55328	1316412
62029390	未列名化纤女式带风帽防寒短上衣、防风衣等	件	178177937	1282783
		千克	120085129	
94017900	其他金属框架坐具	个	165514348	1280178
68022300	花岗岩碑石或建筑用石及其制品	千克	5250042122	1276441

商品编号	商品名称	数量单位	数量	金额
84818090	龙头、旋塞及类似装置	套	694005723	1274087
		千克	231161426	
85414000	光敏半导体器件;发光二极管	个	26566540026	1257539
		千克	30662935	
94051000	枝形吊灯及天花板或墙壁上的电气照明装置	千克	462015401	1255003

2005年进口商品排序表（前100位）

单位:千美元

商品编号	商 品 名 称	数量单位	数 量	金 额
		总 值	–	659952762
27090000	石油原油及从沥青矿物提取的原油	千克	126817381985	47722764
85422119	其他线宽≤0.18微米数字单片集成电路	个	7476272802	30592152
		千克	10468785	
90138030	液晶显示板	个	1507907755	27505764
85422900	其他单片集成电路	个	37060667909	17427469
		千克	29029557	
26011100	未烧结的铁矿砂及其精矿	千克	251604883942	15954914
85299020	手持式无线电话机零件	千克	15583710	10383314
85422129	其他0.18微米＜线宽≤0.35微米数字单片集成电路	个	8353054750	10301046
		千克	6617106	
84733090	8471所列其他机器的零件、附件	千克	135998815	9885106
85422199	其他线宽＞0.35微米数字式单片集成电路	个	11434268485	8434620
		千克	6633339	
12010091	黄大豆	千克	26589946630	7778302
84717010	硬盘驱动器	台	106473844	7225062
27101922	5-7号燃料油	千克	24945087385	6844550
85426000	混合集成电路	个	5463553635	6681205
		千克	6708879	
85422121	0.18微米＜线宽≤0.35微米数字单片集成电路原片	个	5899217	6153931
		千克	365599	
29173610	对苯二甲酸	千克	6497316298	5214954
84798990	未列名具有独立功能的机器及机械器具	台	61707425	4816991
88024010	45000公斤≥空载重量＞15000公斤的飞机等航空器	架	116	4442020
74031100	未锻轧的精炼铜阴极及阴极型材	千克	1217054156	4312026
85340090	四层及以下的印刷电路	块	16790823839	4298309
		千克	71859898	

商品编号	商品名称	数量单位	数量	金额
26030000	铜矿砂及其精矿	千克	4059999021	3720781
29053100	12- 乙二醇	千克	4000073165	3528377
84717030	光盘驱动器	台	76226269	3238331
52010000	未梳的棉花	千克	2567723731	3191113
74040000	铜废碎料	千克	4821213793	3179868
84733029	其他打印机零件、附件	千克	81703965	3015923
39021000	初级形状的聚丙烯	千克	3019175025	3015510
29025000	苯乙烯	千克	2813464723	2986945
90139090 90	1380 所列货品的零件、附件	千克	26910363	2806768
84733010	大、中、小型计算机及其部件的零件、附件	千克	39289764	2738438
28182000	氧化铝但人造刚玉除外	千克	7016164265	2594741
39033000	初级形状丙烯腈 - 丁二烯 - 苯乙烯共聚物	千克	1986942576	2578623
85414000	光敏半导体器件;发光二极管	个	28401633027	2565452
		千克	7453464	
39012000	初级形状的聚乙烯比重在 0.94 及以上	千克	2446752002	2511755
85078020	锂离子电池	个	999550794	2490419
85369000	其他连接用电气装置线路伏≤1000 伏	千克	53175025	2457706
26011200	已烧结的铁矿砂及其精矿	千克	23594173057	2423717
85389000	8535、8536 或 8537 所列装置的其他零件	千克	87663428	2282368
85340010	四层以上的印刷电路	块	867721309	2272412
		千克	22343439	
72044900	未列名钢铁废碎料	千克	9345377081	2226341
72091790	其他冷轧普通钢铁卷材 0.5 毫米≤厚≤1 毫米	千克	3480660257	2220297
90019000	其他未装配的光学元件	千克	25016224	2179732
85412100	耗散功率小于 1 瓦的晶体管	个	50010231621	2166034
		千克	10610812	
39074000	初级形状的聚碳酸酯	千克	730639396	2130763
87082990	车身(包括驾驶室)的未列名零件、附件	千克	231353495	2108671
85299049	其他电视摄像机等及数字照相机的零件	千克	4355107	2055494

商品编号	商 品 名 称	数量单	数 量	金 额
98010010	单项记录价值≤¥2000 非税、证进口商品	千克	1	2004638
85322410	片式多层瓷介电容器	千克	8632707	2003808
		千个	537257191	
85411000	二极管但光敏二极管或发光二极管除外	个	92500308011	1931529
		千克	19462580	
38249090	未列名化学工业及相关工业化学产品及配制品	千克	453078469	1906200
31042090	其他氯化钾	千克	8833517937	1824065
39019020	初级形状的线型低密度聚乙烯	千克	1705198137	1762996
27101911	航空煤油	千克	3131547805	1745098
90318090	其他未列名测量或检验仪器、器具及机器	台	2587375	1739381
85366900	插头及插座线路伏≤1000 伏	个	13709117942	1670978
		千克	37844210	
72191320	经酸洗热轧不锈钢卷材 3 毫米≤厚<4.75 毫米	千克	794702751	1587006
84818010	其他阀门	套	113006036	1575182
		千克	56322842	
87089999	8701 至 8704 所列其他车辆用未列名零、附件	千克	162019081	1567428
85299090	8525 至 8528 所列其他装置或设备用其他零件	千克	14189404	1554704
84798962	自动贴片机	台	8981	1477228
72104900	其他镀或涂锌普通钢铁板材	千克	1920668925	1468948
47032100	半漂白或漂白的针叶木烧碱木浆或硫酸盐木浆	千克	2894241973	1467028
27111390	其他液化丁烷	千克	3171640776	1454854
29024300	对二甲苯	千克	1607893175	1440217
72083990	其他热轧铁或非合金钢卷材 1.5 毫米≤厚<3 毫米	千克	2561731928	1423212
85416000	已装配的压电晶体	个	10788165737	1385273
		千克	3138792	
85229039	其他视频信号录制或重放设备的零件、附件	千克	18471866	1380077
76020000	铝废碎料	千克	1687209754	1368589
39269090	未列名塑料制品	千克	192238470	1351754
27111200	液化丙烷	千克	2921660283	1345997

商品编号	商品名称	数量单位	数量	金额
47071000	回收(废碎)的未漂白牛皮纸或瓦楞纸及纸板	千克	8921370564	1328006
75021000	未锻轧的非合金镍	千克	89683777	1321923
85419000	8541 所列货品的零件	千克	13943287	1310672
39031900	其他初级形状的聚苯乙烯	千克	1280084872	1296883
72103000	电镀锌的铁或非合金钢平板轧材	千克	1733052324	1280987
47032900	半漂白或漂白非针叶木烧碱木浆或硫酸盐木浆	千克	2597998638	1260650
40012200	技术分类天然橡胶(TSNR)	千克	910210880	1252383
85239000	未列名未灌(录)制的媒体	个	1312344762	1240062
85412900	耗散功率 1 瓦及以上的晶体管	个	18331697576	1228167
		千克	8638551	
71023100	未加工或简单锯开、劈开或粗磨的非工业钻石	克拉	5246828	1223225
39011000	初级形状的聚乙烯比重小于 0.94	千克	1108289706	1205929
85252022	手持(包括车载)无线电话机	台	12671363	1192664
85045000	其他电感器	个	47142457220	1178662
15119010	棕榈 液油(熔点 19-24℃)	千克	2671285291	1131900
51011100	未梳含脂剪羊毛	千克	214811523	1116143
88024020	空载重量>45000 公斤的飞机等航空器	架	18	1113234
84099199	其他点燃式活塞内燃发动机的零件	千克	71083595	1095362
85044099	未列名静止式变流器	个	228959525	1087748
23012010	饲料用鱼粉	千克	1580480239	1082648
29337100	6-己内酰胺	千克	493140890	1072670
74102100	衬背精炼铜箔厚(除衬背)≤0.15 毫米	千克	215626508	1070634
39041000	初级形状的聚氯乙烯未掺其他物质	千克	1308243104	1069994
87032430	汽油小轿车排量>3000 毫升	辆	18293	1066216
72091810	仅冷轧铁或非合金钢卷材厚<0.3 毫米	千克	1363039552	1015053
85254050	其他数字照相机	台	6616292	1004363
85243920	其他已录制的 8471 所列机器用激光盘	张	607913987	987474
87032440	汽油越野车排量>3000 毫升	辆	27987	979508

商品编号	商品名称	数量单位	数量	金额
84807100	塑料或橡胶用注模或压模	套	529517	962475
		千克	42760032	
03036000	冻鳕鱼但鱼肝及鱼卵除外	千克	670099862	953024
90012000	偏振材料制的片及板	千克	11559435	945499
85422191	线宽>0.35 微米数字单片集成电路原片	个	22984789	941470
		千克	100682	

2005年进出口商品经营单位排序表（前100位）

单位:千美元

经营单位	出口额	名次	经营单位	进口额	名次
总　值	761953410		总　值	659952762	
鸿富锦精密工业(深圳)有限公司	14474165	1	中国国际石油化工联合有限责任公	24722802	1
东莞市对外加工装配服务公司	10871950	2	鸿富锦精密工业(深圳)有限公司	12692800	2
深圳市宝安外经发展有限公司	7149995	3	东莞市对外加工装配服务公司	8917621	3
摩托罗拉(中国)电子有限公司	6450993	4	中国联合石油有限责任公司	7041532	4
名硕电脑(苏州)有限公司	6211269	5	中国石化国际事业有限公司	4943767	5
英顺达科技有限公司	4199277	6	中化国际石油公司	4859930	6
深圳龙岗区对外经济发展有限公司	4121429	7	深圳市宝安外经发展有限公司	4843577	7
达丰(上海)电脑有限公司	4038885	8	名硕电脑(苏州)有限公司	4795972	8
三星电子(苏州)半导体有限公司	3537890	9	三星电子(苏州)半导体有限公司	4320190	9
诺基亚首信通信有限公司	3503249	10	伯灵顿物流(上海)有限公司	3989553	10
达功(上海)电脑有限公司	3363288	11	综合信兴仓运(深圳)有限公司	3934519	11
达业(上海)电脑科技有限公司	3238411	12	珠海振戎公司	3848790	12
长城国际信息产品(深圳)福保公司	3028151	13	友达光电(苏州)有限公司	3452743	13
仁宝电子科技(昆山)有限公司	2797446	14	天津叶水福物流有限公司	3313732	14
英华达(上海)电子有限公司	2713098	15	五矿钢铁有限责任公司	2928875	15
英特尔产品(上海)有限公司	2490131	16	乐金飞利浦液晶显示(南京)有限公司	2906160	16
戴尔(中国)有限公司	2433951	17	大连西太平洋石油化工有限公司	2892044	17
仁宝资讯工业(昆山)有限公司	2376133	18	英特尔产品(上海)有限公司	2403175	18
中海石油(中国)有限公司	2367741	19	摩托罗拉(中国)电子有限公司	2357641	19
明基电通信息技术有限公司	2362528	20	英顺达科技有限公司	2343180	20
福建捷联电子有限公司	2336049	21	深圳龙岗区对外经济发展有限公司	2214473	21
北京索爱普天移动通信有限公司	2302228	22	英华达(上海)电子有限公司	2149472	22
华为技术有限公司	2051601	23	达功(上海)电脑有限公司	2035883	23
希捷国际科技(无锡)有限公司	1947677	24	伟创力实业(珠海)有限公司	1949704	24
深圳富泰宏精密工业有限公司	1915696	25	天津三星通信技术有限公司	1847218	25
友达光电(苏州)有限公司	1830751	26	达丰(上海)电脑有限公司	1766203	26

经营单位	出口额	名次	经营单位	进口额	名次
乐金电子(惠州)有限公司	1802933	27	昆山飞力仓储服务有限公司	1736491	27
伟创力实业(珠海)有限公司	1585301	28	诺基亚首信通信有限公司	1642043	28
佛山市顺德区顺达电脑厂有限公司	1563807	29	希捷国际科技(无锡)有限公司	1554877	29
群康科技(深圳)有限公司	1531955	30	深圳富泰宏精密工业有限公司	1538481	30
神华煤炭运销公司	1483956	31	宝山钢铁股份有限公司	1487144	31
苏州三星电子液晶显示器有限公司	1467595	32	群康科技(深圳)有限公司	1470816	32
无锡夏普电子元器件有限公司	1454100	33	上海宝钢国际经济贸易有限公司	1409205	33
中国石化国际事业有限公司	1431598	34	苏州三星电子液晶显示器有限公司	1404019	34
中国联合石油有限责任公司	1425900	35	佛山市顺德区顺达电脑厂有限公司	1394509	35
大连西太平洋石油化工有限公司	1419958	36	一汽－大众汽车有限公司	1391898	36
联想国际信息产品(深圳)有限公司	1360503	37	华映视讯(吴江)有限公司	1378541	37
广东省东莞机械进出口有限公司	1318105	38	仁宝电子科技(昆山)有限公司	1368866	38
杭州摩托罗拉移动通信设备有限公司	1311108	39	武钢集团国际经济贸易总公司	1364797	39
东芝信息机器(杭州)有限公司	1291433	40	中国南方航空进出口贸易公司	1298144	40
建兴光电科技(广州)有限公司	1287203	41	乐金电子(惠州)有限公司	1266591	41
深圳市勤辉投资开发有限公司	1239085	42	东方航空进出口有限公司	1260897	42
乐金飞利浦液晶显示(南京)有限公司	1215881	43	无锡夏普电子元器件有限公司	1245343	43
飞索半导体(中国)有限公司	1188691	44	达辉(上海)电子有限公司	1219689	44
天津三星通信技术有限公司	1177769	45	北京索爱普天移动通信有限公司	1185835	45
联建(中国)科技有限公司	1170635	46	上海通用汽车有限公司	1170765	46
恩斯迈电子(深圳)有限公司	1122490	47	恩斯迈电子(深圳)有限公司	1134444	47
苏州飞利浦消费电子有限公司	1110287	48	福建捷联电子有限公司	1129303	48
深圳富泰宏精密工业有限公司	1048553	49	深圳富泰宏精密工业有限公司	1121160	49
晶冠科技(深圳)有限公司	1010153	50	国家物资储备局上海七处(保)	1110332	50
中国煤炭工业秦皇岛进出口有限公司	1009084	51	中国农业生产资料集团公司	1095561	51
上海振华港口机械(集团)股份有限公司	984156	52	达业(上海)电脑科技有限公司	1091232	52
佳能珠海有限公司	978556	53	华为技术有限公司	1061677	53
乐金电子(天津)电器有限公司	959258	54	深圳市东风置业有限公司	1024107	54
中芯国际集成电路制造(上海)有限	946933	55	国航集团进出口贸易公司	1013587	55

经营单位	出口额	名次	经营单位	进口额	名次
鞍钢集团国际经济贸易公司	939073	56	联建(中国)科技有限公司	1006395	56
佛山普立华科技有限公司	922319	57	纬创资通(昆山)有限公司	998982	57
爱普生技术(深圳)有限公司	920012	58	鑫茂科技(深圳)有限公司	996596	58
苏州三星电子电脑有限公司	884630	59	广东省东莞机械进出口有限公司	969166	59
宝山钢铁股份有限公司	882165	60	张家港浦项不锈钢有限公司	968492	60
纬新资通(昆山)有限公司	849186	61	深圳市怡亚通供应链股份有限公司	955707	61
迈拓科技(苏州)有限公司	844619	62	上海浦东国际机场进出口有限公司	928713	62
伟创力科技(珠海)有限公司	838956	63	金川集团有限公司	924963	63
深圳赛意法微电子有限公司	824660	64	中国第一汽车集团进出口公司	902459	64
上海西门子移动通信有限公司	816898	65	中国石油物资装备(集团)总公司	887377	65
达福(上海)电脑科技有限公司	814097	66	中国粮油食品(集团)有限公司	871692	66
纬创资通(中山)有限公司	812881	67	纬创资通(中山)有限公司	867914	67
鑫茂科技(深圳)有限公司	799701	68	伯灵顿物流（厦门）有限公司	838375	68
南京 LG 同创彩色显示系统有限责任	797748	69	飞索半导体(中国)有限公司	837720	69
富士施乐高科技(深圳)有限公司	796014	70	建兴光电科技(广州)有限公司	837045	70
惠州三星电子有限公司	790798	71	深圳赛意法微电子有限公司	836883	71
中兴通讯股份有限公司	783966	72	近铁国际物流(深圳)有限公司	825438	72
山东三星通信设备有限公司	783529	73	中国烟草进出口（集团）公司	821846	73
新疆野马经贸有限公司	783101	74	中国中化集团公司	817837	74
佳能(中山)办公设备有限公司	780008	75	东海粮油工业(张家港)有限公司	813197	75
广东美的制冷设备有限公司	766694	76	南京瀚宇彩欣科技有限责任公司	812776	76
飞思卡尔半导体(中国)有限公司	763806	77	深圳综合信兴物流有限公司	806745	77
海尔集团电器产业有限公司	756181	78	中艺华海进出口有限公司	800373	78
金堆城钼业公司进出口公司	755278	79	明基电通信息技术有限公司	793314	79
亚旭电子科技(江苏)有限公司	744216	80	深圳长城开发科技股份有限公司	792162	80
浪潮乐金数字移动通信有限公司	743832	81	东方国际集团上海市对外贸易有限	791111	81
志合电脑(苏州工业园区)有限公司	736313	82	马钢国际经济贸易总公司	789077	82
深圳长城开发科技股份有限公司	735848	83	飞思卡尔半导体(中国)有限公司	785506	83
仁宝电脑工业(中国)有限公司	729756	84	晶冠科技(深圳)有限公司	781556	84

经营单位	出口额	名次	经营单位	进口额	名次
华宝通讯(南京)有限公司	717150	85	中钢贸易公司	776820	85
上海近铁国际物流有限公司	713020	86	北京京东方光电科技有限公司	776795	86
魏桥纺织股份有限公司	712313	87	戴尔(中国)有限公司	771236	87
苏州三星电子有限公司	701276	88	江苏沙钢国际贸易有限公司	766006	88
深圳中外运储运有限公司	696690	89	伟创力科技(珠海)有限公司	745908	89
纬智资通(昆山)有限公司	694559	90	中国技术进出口总公司	725736	90
长城国际系统科技(深圳)有限公司	691615	91	鞍钢集团国际经济贸易公司	724694	91
纬创资通(昆山)有限公司	683544	92	浪潮乐金数字移动通信有限公司	709277	92
日立显示器件(苏州)有限公司	682282	93	中外运国际贸易公司	708038	93
佳能(苏州)有限公司	681374	94	北京现代汽车有限公司	706892	94
捷普电子(广州)有限公司	679057	95	五矿有色金属股份有限公司	706574	95
华宇电脑(江苏)有限公司	678158	96	北京金长科国际电子有限公司	704715	96
TCL 王牌电器(惠州)有限公司	674054	97	上海近铁国际物流有限公司	699556	97
广东核电合营有限公司	670489	98	星科金朋(上海)有限公司	686809	98
东莞三星视界有限公司	658479	99	深圳三星科健移动通信技术有限公司	682977	99
旭丽电子(广州)有限公司	650092	100	魏桥纺织股份有限公司	670961	100

全国海关进出口货运量统计表

【2005 年 12 月】

指 标	单位	进出口		进口		出口		累计比去年同期 ±%		
		本月	累计	本月	累计	本月	累计	进出口	进口	出口
合计(货运量)	吨	192595320	2121211072	75940544	819910318	116654776	1301300754	2.5	15.2	-4.2
海运	吨	109880493	1180080060	69598025	753304938	40282468	426775122	15.5	15.7	15.0
转关运输	吨	6322655	65644351	3540864	33712991	2781791	31931360	30.1	27.3	33.1
集装箱数量	箱次	4882915	52496958	2709051	28408029	2173864	24088929	7.7	26.1	-8.1
重箱数量	箱次	3380681	36451294	1379392	14335716	2001289	22115578	3.7	29.6	-8.2
集装箱载货量	吨	28086114	309564764	11468416	127789325	16617698	181775439	7.9	10.7	6.0
监管转关货运量	吨	3729117	46622055	2110285	25506074	1618832	21115981	10.3	1.3	23.5
接受转关申报单	份	36417	396985	7918	98000	28499	298985	16.2	-5.3	25.6
核销转关申报单	份	35301	392975	7923	97655	27378	295320	19.3	-2.9	29.1
铁路运输	吨	3989218	43471968	3600119	38536408	389099	4935560	18.6	19.5	12.5
转关运输	吨	119705	1234858	11189	171638	108516	1063220	-8.2	-43.9	2.3
集装箱数量	箱次	5749	67474	1336	22879	4413	44595	-18.4	-32.6	-8.5
重箱数量	箱次	4994	61086	845	18870	4149	42216	-17.1	-33.8	-6.6
集装箱载货量	吨	50697	654990	7264	200393	43433	454597	-18.4	-39.5	-3.6
监管转关货运量	吨	1651421	15434345	1469010	13674554	182411	1759791	56.1	66.9	3.7
接受转关申报单	份	6232	67156	2469	28024	3763	39132	12.7	23.4	6.1
核销转关申报	份	5947	65070	2408	27007	3539	38063	13.8	29.8	4.7
公路运输	吨	5700569	57164629	2655164	27161998	3045405	30002631	-0.6	-2.5	1.1
转关运输	吨	1513902	18746877	697459	8844920	816443	9901957	-9.4	-7.2	-11.3
集装箱数量	箱次	387103	4744203	183259	2193608	203844	2550595	-6.7	6.6	-15.8
重箱数量	箱次	218745	2750739	71934	903670	146811	1847069	-20.0	-5.1	-25.7
集装箱载货量	吨	1353143	16635264	689666	8603688	663477	8031576	-22.5	-10.0	-32.6
监管转关货运量	吨	3992534	50135419	1697063	17526539	2295471	32608880	21.9	10.5	29.0
接受转关申报单	份	502639	5690265	130745	1471480	371894	4218785	13.6	7.3	16.0
核销转关申报单	份	509349	5683404	132473	1468524	376876	4214880	13.7	7.3	16.0

（续表）

指　标	单位	进出口		进口		出口		累计比去年同期±%		
		本月	累计	本月	累计	本月	累计	进出口	进口	出口
空运	吨	472208	86099	4316344	897199	386109	3419145	32.8	18.3	37.2
转关运输	吨	59273	22010	575295	223250	37263	352045	34.5	27.5	39.4
集装箱数量	箱次	—	—	—	—	—	—	-100.0	-100.0	-100.0
重箱数量	箱次	—	—	—	—	—	—	-100.0	-100.0	-100.0
集装箱载货量	吨	—	—	—	—	—	—	-100.0	-100.0	-100.0
监管转关货运量	吨	12932	7187	126574	63264	5745	63310	15.9	9.0	23.8
接受转关申报单	份	39656	24673	407646	251622	14983	156024	17.9	10.9	31.3
核销转关申报单	份	39226	24562	402047	248107	14664	153940	19.2	13.6	29.7
邮运	吨	2066	690	14549	4203	1376	10346	176.8	33.6	390.1
转关运输	吨	500	416	2946	2163	84	783	39.4	68.9	-6.0
集装箱数量	箱次	—	—	—	—	—	—	—	—	—
重箱数量	箱次	—	—	—	—	—	—	—	—	—
集装箱载货量	吨	—	—	—	—	—	—	—	—	—
监管转关货运量	吨	1	1	1	1	—	—	-99.1	—	-100.0
接受转关申报单	份	1785	3	17384	36	1782	17348	9.1	-25.0	9.2
核销转关申报	份	1784	3	17379	35	1781	17344	9.1	-25.5	9.2
其他	吨	72550766	447	836163522	5572	72550319	836157950	-12.0	-26.1	-12.0
转关运输	吨	131	120	2591	141	11	2450	-56.3	540.9	-58.5
集装箱数量	箱次	—	—	12	1	—	11	20.0	-50.0	37.5
重箱数量	箱次	—	—	12	1	—	11	20.0	-50.0	37.5
集装箱载货量	吨	—	—	80	9	—	71	281.0		491.7
监管转关货运量	吨	330342	329801	2038718	2037611	541	1107	34.4	34.4	1603.1
接受转关申报单	份	275	72	2898	935	203	1963	82.5	-12.2	275.3
核销转关申报单	份	257	62	2790	857	195	1933	78.8	-17.8	273.2